博士生导师学术文库

A Library of Academics by
Ph.D.Supervisors

刑事一体化的承继与拓展

——刘广三教授文集

（上）

刘广三　著

光明日报出版社

图书在版编目（CIP）数据

刑事一体化的承继与拓展：刘广三教授文集 / 刘广三著 . -- 北京：光明日报出版社，2021.4

ISBN 978-7-5194-5927-7

Ⅰ. ①刑⋯ Ⅱ. ①刘⋯ Ⅲ. ①刑事犯罪—中国—文集 Ⅳ . ① D924.114-53

中国版本图书馆 CIP 数据核字（2021）第 071519 号

刑事一体化的承继与拓展：刘广三教授文集
XINGSHI YITIHUA DE CHENGJI YU TUOZHAN: LIUGUANGSAN JIAOSHOU WENJI

著　　者：刘广三			
责任编辑：陆希宇		责任校对：赵鸣鸣	
封面设计：一站出版网		责任印制：曹　诤	

出版发行：光明日报出版社

地　　址：北京市西城区永安路 106 号，100050

电　　话：010-63169890（咨询），010-63131930（邮购）

传　　真：010-63131930

网　　址：http://book.gmw.cn

E － mail：luxiyu@gmw.cn

法律顾问：北京德恒律师事务所龚柳方律师

印　　刷：三河市华东印刷有限公司

装　　订：三河市华东印刷有限公司

本书如有破损、缺页、装订错误，请与本社联系调换，电话：010-63131930

开　　本：170mm×240mm

字　　数：1025 千字　　　印　　张：61

版　　次：2021 年 4 月第 1 版　　印　　次：2021 年 4 月第 1 次印刷

书　　号：ISBN 978-7-5194-5927-7

定　　价：198.00 元（全二册）

目　录
CONTENTS

第一部分　犯罪学

第二部分　刑事诉讼法学

第三部分 刑事证据法学

第一部分 **01**

|犯 罪 学|

论犯罪当量 ①

一、问题的提出

在很多情况下，人们出于探讨犯罪原因和预防控制犯罪的方略，需要精确地描述一定时空范围内的犯罪状况，并对不同时空条件下的犯罪严重程度进行科学的比较。

人们曾经以犯罪率作为指标来进行这种比较研究，但犯罪率的可比性至少在下列方面陷入了困境：（1）隐案问题。大量的潜伏犯罪虽确已发生但由于种种原因而未能被计算到官方正式的犯罪统计中去。被害人不报案的案件仍然无法统计。（2）刑法对犯罪的规定问题。此时此地被规定为犯罪的行为，彼时彼地不一定是犯罪。（3）用于计算犯罪率的犯罪总量指标包括各种类型的犯罪，因而反映不出案件类型、犯罪情节、危害程度、损害结果等，不能准确地反映社会实际情况。（4）总人口结构问题。即使异时异地的两个犯罪率在统计意义上相等，但由于总人口中可能犯罪的人在不同的地区有多有少，因此犯罪率的社会内容也并不一定等值。把并不具有犯罪倾向的人计入总人口作为计算犯罪率的参照数是一种很不精确的急功近利的做法。

后来，在犯罪研究中，为了解决上述问题，有的将犯罪分为暴力型与侵犯财产型两大类来研究，有的分成几类大案如杀人、抢劫、强奸、盗窃等进行比较。这些方法尽管比单纯依靠犯罪率统计有所进步，但仍然不能解决问题。因为有些案件介于两者之间，有的案件虽属同类案件但严重程度不同，更困难的是即使分

---

① 此文原载《法学研究》1994年第1期。

类研究也无法互相做量的比较。也就是说，人们缺乏一个直观的、操作方便、精密科学的尺度去测试犯罪，他们无法回答类似下面这样的问题：一起杀人案件的严重程度是一起盗窃案件的多少倍？这起杀人案件的严重程度究竟比另一起杀人案件大多少？在这种背景下，人们越来越感觉到，仅从犯罪案件、犯罪人的数量和比率、分配率上来认识和比较犯罪状况是不能令人满意的。于是，以犯罪的社会危害性为交点，建立各种犯罪的可比性量值体系，大力开展犯罪学计量研究的问题就被提出来了。

有些人认为可以把各种犯罪的刑罚（法定刑或决定刑）经折合计算以后作为犯罪社会危害性的量值，并以此作为总量指标来计算犯罪率用于比较不同时空条件下犯罪的严重程度[①]。这种简单地确定犯罪社会危害性量值的做法是本末倒置的。应该说是犯罪的社会危害性决定了犯罪的法定刑，而不是犯罪的法定刑决定社会危害性。而且这种做法只考虑了立法者、司法者对犯罪社会危害性的评价。它不但没有摆脱犯罪率的困境，反而具有更多的局限性：一是它无法排除在各刑种量值的规定上所具有的很多主观随意性的因素——事实上也不可能有一个客观统一的标准，而且，一起（种）犯罪应该处以何种刑罚，异时异地的立法者和司法者有不同的理解；二是即使两个人犯同一种罪行被判处同一刑种相同的刑期，但由于各自的犯罪手段、后果、情节等不尽相同，所造成的社会危害性的程度也可能差别很大，这种做法无法体现这一极为重要的差别。

鉴于此，从理论到实践，从宏观到微观全方位地研究犯罪的社会危害性及其量化的任务十分迫切。

二、犯罪当量的基本范畴

所谓犯罪当量，是犯罪统计部门为了认识和比较犯罪严重程度，通过一系列的定量分析方法，用数来表示一定时空范围内实际发生的犯罪的社会危害性的等级、规模、程度等量的规定性。简单地说，是对各种犯罪的社会危害性的数量化。

"当量"一词在这里是为了达到某种目的而便于折算和表述的一种人为规定的数量，它不以绝对量的形式表现出来。在犯罪学中则用以表示犯罪的社会危害

---

① 杨春洗. 刑事法学大辞书 [M]. 南京：南京大学出版社，1990.

性按照某些规定的方法、步骤折算而成的相对数量。

"犯罪当量"的称谓把有些学者主张的"犯罪量"这一名词中许多模糊不清的内容明确化了。如"犯罪量"很容易使人认为是犯罪的数量，而犯罪的数量一般总是指犯罪案件的数量或犯罪人的数量。"犯罪当量"明确地宣告是专用以表示犯罪的社会危害性的数量，并不是犯罪的数量，尽管这二者之间有着密不可分的联系。另外，它与"犯罪指数"也截然不同。"犯罪指数"是美国联邦调查局以某几种犯罪作为犯罪总量指标计算的犯罪率，它归根结底是依据犯罪案件数或犯罪人数来确定的。当然有时出于比较的需要，也可以用犯罪当量作为总量指标来计算犯罪率，但犯罪当量本身并不以比率的形式表现出来，而且从内容上说，犯罪当量是以犯罪的社会危害性的量为内容的。再如，"犯罪量"给人的印象通常是一种绝对量，一种可以看得见、摸得着的实实在在的量，尽管这实际上是人们目前的认识水平所无法做到的。"犯罪当量"把犯罪社会危害性数量化过程的相对性明确无误地表示出来了，这本身无疑就是一个进步。

犯罪当量具有以下几个方面的特征。

（一）它以犯罪的社会危害性为依据

在犯罪学研究中，社会危害性是衡量某一行为是否属于犯罪学研究范畴的重要标准，而犯罪当量之所以选取犯罪诸方面中的社会危害性作为依据，更重要的是社会危害性是衡量一定时空范围内犯罪严重程度的唯一标准。任何形式的犯罪统计数据，只有把它折算成一定数量的社会危害性来表示，才能最终全面准确地说明犯罪状况；而且，社会危害性本身是有轻重大小之分的，这就为从数量上对之进行研究奠定了基础。

从结构上说，犯罪的社会危害性的轻重大小主要决定于犯罪行为所侵犯的具体的社会关系，犯罪行为的手段、后果以及时间、地点，和犯罪人的情况等主观因素。这些情况对社会危害性程度起着一定的制约作用。

从本质上说，社会危害性是人们对犯罪行为的一种评价因素，这种评价当然有来自国家的，通过立法机关将危害行为中的一部分规定为犯罪和司法机关对犯罪行为的惩罚表现出来；也有来自犯罪学研究专家和公众的，就认识和比较犯罪状况而言，他们的评价具有更高的准确性和可比性。应该说在大多数情况下上述这些评价之间是相互协调一致的，不过有些时候，如案件未侦破或不能侦破，犯罪行为虽已发生而司法机关尚未获悉，等等，国家对犯罪社会危害性的评价无法实现。在这种情况下，了解和掌握专家，特别是公众对社会危害性的实际评价就显得尤为重要。犯罪当量正是综合考虑了国家立法机关、司法机关、犯罪学研究专家和公众对一定时空范围内犯罪的社会危害性的评价（这充分体现在犯罪当量的统计过程中），它是对犯罪的社会危害性最客观、公正的分析和认识。

总之，只有紧紧抓住社会危害性这一犯罪本质特征进行深入分析，才能客观、科学地认识犯罪状况，也只有运用社会危害性这一标准才能对不同时空条件下的犯罪进行有实质意义的比较，舍此则无以为据。

（二）它是运用一系列的定量分析方法来说明犯罪的

定量分析是定性分析的延伸和近景归宿，又为新的定性分析做必要的准备。离开了定量分析，定性分析就会失去准确性和科学性，就会偏离预定的目标。犯罪当量的定量分析方法其实就是数量化的方法，是对犯罪的社会危害性的数量化。以前，人们对犯罪社会危害性的评价，主要是运用一些间接的统计数据从各个侧面做一些说明和比较。只有大小之分，而无大多少、小多少定量化的精确分析。自然我们也应该认识到，定量分析是以定性分析为基础的。犯罪概念、犯罪分类、犯罪人分类、犯罪行为结构、犯罪被害结构、犯罪社会危害性的结构等，这些定性分析的内容直接决定了犯罪当量这一定量分析方法的统计方向，其是否严密、准确和科学也直接影响到犯罪当量的可信性、应用性和应用以后的效果。

（三）它以现代应用数学和电子计算机技术为手段

就犯罪当量的研究而言，我们不仅要把司法机关获悉、掌握的犯罪的社会危害性量值计入犯罪当量，还要考虑如何对已经发生但尚未被司法机关知悉的犯罪的社会危害性进行量化，并统计到犯罪当量中去。这的确是一件相当困难的事情。而模糊数学的运用，为解决定性因素的定量化开辟了一条通道。与犯罪的社会危害性数量内容有关的许多因素都具有模糊性，也就是具有在传统观点看来只能定性不能定量的性质。模糊数学解决这一难题的办法是确定一个隶属度，采用专家意见咨询型的"特尔菲法"，在隶属度中测定某一模糊概念的精确数量。隶属度是模糊数学中的一个重要概念，以此为基础，模糊数学提出了一套定量的表示自然语言的理论和方法，使犯罪社会危害性的许多定性因素能定量描述的理想变成了现实。从这点上说，统计犯罪当量活动的实质是一个从模糊到精确的运动过程。

数理统计技术是我们打开成功之门的一把钥匙。可以运用它对一定时空范围内司法机关完全掌握的犯罪进行客观的统计分析来从一定程度上描述犯罪现状，并确定犯罪社会危害性结构中已经出现的现有要素。在此基础上，发挥模糊数学解决定性因素定量化问题的优势，通过经验型调查统计对这些要素一一赋值，并以这些量值作为参数，借助灰色系统理论、黑箱理论和相似理论这些现代应用数学的最新成果，展开对已经发生但尚未为司法机关获悉或掌握的犯罪社会危害性的定量研究。在上述过程中，数理统计技术几乎无处不用，无时不用，它对犯罪当量数学模型的建立起着极其重要的作用。

电子计算机技术也是我们必须采取的手段之一。目前，在西方一些发达国家的法律领域，电子计算机已被广泛应用于刑事侦查、法律研究、律师业务、法律教学、法官判案、犯罪统计等许多方面。在我们统计犯罪当量的工作中，离开了电子计算机是无法想象的。

（四）对犯罪当量的统计是犯罪统计部门的一项重要工作

统计犯罪当量需要有大量的、长期的资料准备，艰苦、细致的作风，和周密严谨的计划。这项工作必须纳入国家各级犯罪统计部门的工作日程中。犯罪统计部门应成立专门的犯罪当量统计小组，并从人力、物力上保证这项工作的顺利进行。

三、统计犯罪当量的基本思路

（一）司法机关完全掌握的犯罪

首先必须对犯罪的社会危害性结构的组成要素及其重要程度进行分析。这种分析可以通过专家判断法，借助两两要素的比较判断来完成。具体方法是设计一张关于犯罪社会危害性结构的组成要素及其重要程度的调查问卷，提出的问题是："您认为犯罪的社会危害性结构的组成要素及其层次是怎样的？并请您具体地指出各组成要素在结构中的重要程度。"可以在问卷中尽可能全面地列举组成要素，请专家们一一予以甄别，并就两两要素的比较判断及其含义等进行统计分析，而后对各组成要素的每项具体指标一一赋值，给出绝对评价的数量等级标准（即给分）。对犯罪手段和犯罪后果的具体指标的赋值由于其形式太过复杂而显得异常困难，但这是决定犯罪当量的最为关键的步骤。可以参考美国的塞林和沃尔夫岗采取的"全国犯罪严重性调查"①方法。为精确计算，可以分为三种方式先后进行：以对公众的分层随机抽样调查法为基础，以社会各界人士代表的评价为补充，以专家判断法进行检验和修正。经过集中后的统计处理，可以分别确定犯罪手段和犯罪后果的社会危害性量值标准，从而构成一个综合量表，据此可以对具体犯罪案件的犯罪手段、后果进行定量分析。

根据上述分析，可以对一定时空范围内司法机关完全掌握的犯罪——计算犯罪当量，以其总和构成该时空范围内犯罪当量总值的基数。

（二）司法机关虽已获悉案件的发生但其中的某些方面尚未彻底查清的犯罪

这类犯罪的社会危害性是客观存在的，并且也是可以对之进行量化的。对每一个具体的犯罪来说，可以先将已知要素的量值计算出来，然后将这些量值简单相加得出一个算术平均数，用此平均数参照相似理论对未知的要素进行评分，并根据各要素的重要程度表计算该案的犯罪当量。同理，可对这类犯罪——量化，以其总和构成一定时空范围内犯罪当量总值的基数。

（三）虽已发生但尚未被司法机关获悉的犯罪

我们可以结合对隐案的研究展开对这类犯罪社会危害性的量化。方法主要是"自我报告调查"②和"犯罪被害调查"③，其目的并不是要弄清隐案的绝对数量，而是要确定司法机关获悉的犯罪与虽已发生但尚未被司法机关获悉的犯罪之间的比率。根据这种犯罪分类，在自我报告调查和犯罪被害调查所取得的初步成果的基础上，通过专家判断法，对上述两类的犯罪当量值进行归类计算，在此基础上，计算一定时空范围内此类犯罪的犯罪当量总值的基数。

至此，我们可以最终统计一定时空范围内的犯罪当量总值。

对上述计算犯罪当量的基本思路有必要做如下几点说明。

第一，它仅仅是一种思路，是笔者在前人研究成果的基础上所提出的一种设想，它与我们最终所要达到的目标尚有一段距离。对犯罪的社会危害性进行量化

---

① 戴宣生.美国犯罪学计量研究的重大成果：全国犯罪严重性调查 [M]// 当代国外犯罪学研究：第一集.北京：中国人民公安大学出版社，1991：136.

② 美国首先使用的一种犯罪人调查，由调查者在社会上向随机抽取的被试者发出不具名问卷，要求被试者回答何时何地实施过哪类违法犯罪行为，这种调查不仅对隐案的估算有所帮助，而且为犯罪原因的研究提供了依据。详见施奈德《犯罪学》。

③ 美国首先使用的一种被害调查，由调查者向随机抽取的被试者发出不具名问卷，要求被试者回答在一定时间内是否受到犯罪的侵害，受害过程的细节，财产损失及身体伤害情况，是否向警方报告等。它对发现隐案有重大作用。

既是一个重大的理论问题，又是操作性很强的实践问题，仅通过一次努力就企望解决所有问题是不现实的。这一思路如能对犯罪学界同仁开阔视野有所裨益，笔者则不胜荣幸。

第二，犯罪当量统计小组必须由精通犯罪统计的专家学者组成，有效地组织起对犯罪当量的调查统计，从而为专家判断法的推行奠定良好的基础。专家判断法是统计犯罪当量的必由之径。它是不受时空限制，不受环境和人为干扰的专家群体的综合意志的体现，因而更具有权威性、公允性和普遍意义。

四、犯罪当量的意义

对犯罪当量的研究力图通过运用数学方法揭示犯罪的社会危害性的数量特征，从定性分析到定量分析，又以定量分析深化定性分析，为我们具体、精确、客观、科学地认识一定时空范围内的犯罪状况提供了一个简明的计量指标。犯罪当量可以取代犯罪案件数或犯罪人数，并用一定时地可能犯罪的人数代替人口总数来计算犯罪率，对不同时空条件下的犯罪进行定量的、直观的比较，可以相应地制订、修正或调整预防、控制犯罪的具体措施，为刑事法律的修改完善和刑事司法活动的精确化奠定基础，是推进犯罪原因和犯罪预测研究的重要途径。

犯罪的相对性 [①]

内容摘要：本文不仅论述了犯罪存在的相对性，而且突出了犯罪概念的相对性，更强调了犯罪功能的相对性。指出犯罪行为既有危害的一面，也有积极的一面。从而对犯罪相对性的认识提高到一个新阶段，形成一种客观、公正的犯罪观。

从根本上说，犯罪的相对性属于人类对犯罪这一特殊社会现象的认识问题。恩格斯说："人的全部认识是沿着一条错综复杂的曲线发展的。"[②] 当人们沿着一条片面的道路去追求对犯罪的绝对认识的理想时，实际上必然有意无意地把这条曲线的某一小段、某一环节加以直线化，其结局不是搁浅在平庸的形而上学犯罪观的礁滩上，就是被卷入唯心主义和神秘主义的暗流中，而永远不能获得对犯罪的真理性认识。特别是在刑法学界和犯罪学界，犯罪的相对性更是经常被人们忽视的一个问题。在浩如烟海的著述中，专门论述犯罪相对性内容的不过几千字，在某种程度上甚至不如普通的公众或一个"局外人"看得透彻，这不能不引人深思。可以说，专家、学者们关于犯罪和犯罪原因的许多争论长期以来之所以一直纠缠不清，其原因正是发轫于此。无论是从理论上还是在实践中，正确认识犯罪的相对性问题已经变得十分迫切。在我国当前建立社会主义市场经济体制、深化改革的过程中，社会变迁加剧，犯罪现象呈现出日益复杂的特点，认识犯罪的相对性，澄清一些理论问题并用以指导司法实践具有非常重要的现实意义。

---

① 此文原载《中国法学》1994年第4期。

② 马克思恩格斯选集：第3卷 [M]. 北京：人民出版社，1979：561.

一、"犯罪存在"的相对性

犯罪是阶级社会所特有的一种社会法律现象，它产生于奴隶社会初期，消亡于社会主义社会末期。也就是说，犯罪的存在是相对于人类阶级社会的历史而言的，在无阶级的原始社会和共产主义社会是不存在犯罪的。当然，正如犯罪的产生是一个漫长的过程，它经历了由无阶级社会进化到有阶级社会的阵痛；犯罪的消亡也要走过一个艰难的历程，伴随着人类由有阶级社会进化到无阶级社会的巨大喜悦而姗姗来临。

"犯罪存在"的相对性为我们显示了这样一个追求目标：极大地提高社会生产力，同时加强人民群众的精神文明建设，在人类发展的适当时机消灭私有制和阶级对立，实现共产主义，最终使犯罪消亡。

二、犯罪功能的相对性

不只是刑法学和犯罪学，法官和警察部门，而且整个社会和社会内部许多团体以及个人都在关注犯罪问题。因为所有这些各式各样的团体和个人都用他们自己的观点来评价犯罪现象，并且对之做出各种直觉的、道义的和非理性的反应，于是在社会上长期以来对犯罪和犯罪人形成一些固定不变的成见：他们"习惯于将犯罪只视为阶级斗争的表现，从政治意义上界定犯罪，并予以否定的政治评价；或者将犯罪视为一种恶，从伦理意义诠释犯罪，予以否定的道德评价"[①]；他们将犯罪人视为异己的社会以外的群体，是可怕的怪物和坏人。

毋庸置疑，犯罪具有严重的社会危害性，它给人类带来了灾祸，成为困扰人类发展的一大难题。但这只是一个方面。从功能分析的意义上说，犯罪的存在也有其一定的合理性，甚或是"有益的"。法国著名社会学家埃米尔·杜尔海姆（Emile Durheim）在一本著作中认为犯罪本身对道德与法律的正常发展来说是不可缺少的，犯罪是社会变革的必要前提，它可以帮助社会准备变革。他举例说，曾受苏格拉底法律惩罚的犯罪人，后来为雅典人所需要的新道路和信仰铺平了道路。他一方面承认犯罪是一种偏离行为，另一方面又认为如果不允许有任何偏离，社会就不会前进。就是说，当社会体制或者价值规范落后于社会生活的时候，作为违反这种社会体制或者价值规范的所谓犯罪往往成为要求社会变革的先

---

① 高铭暄，陈兴良.挑战与机遇：面对市场经济的刑法学研究 [J]. 中国法学，1993：6.

兆，以其独特的形式影响社会的发展，最终引起犯罪观念的变化，并将自身从法律规范意义上的犯罪桎梏中解脱出来，完成从罪到非罪的历史性飞跃。例如，在我国计划经济体制下，长途贩运、私人开设工厂被视为投机倒把罪；科技人员业余兼职收受报酬被视为受贿罪，受到法律制裁。正是大量这种所谓犯罪行为不断冲击着计划经济体制，在从计划经济体制向市场经济体制转换的过程中起着催化作用。

无独有偶，马克思在《剩余价值论》附录11中也有一段意味深长的论述："罪犯生产印象，有时是道德上有教益的印象，有时是悲惨的印象，看情况而定；而且在唤起公众的道德感和审美感这个意义上说也提供一种'服务'"；"罪犯打破了资产阶级生活的单调和日常的太平景况。这样，它就防止了资产阶级生活的停滞，造成了令人不安的紧张和动荡，而没有这些东西，连竞争的刺激都会减弱。"不仅如此，马克思认为还可以很细致地研究犯罪对生产力发展的影响，他列举说："如果没有小偷，锁是否能达到今天的完善程度？如果没有伪造钞票的人，银行券的印制是否能像现在这样完善？如果商业中没有欺骗，显微镜是否会应用于通常的商业领域？应用化学不是也应当把自己取得的成就，像归功于诚实生产者的热情那样，归功于商品的伪造和为发现这种伪造所做的努力吗？犯罪使侵夺财产的手段不断翻新，从而也使保护财产的手段日益更新。这就像罢工推动机器的发明一样，促进了生产。[①]"我们姑且不去推测马克思这段论述的原始用意，就对犯罪的认识而言，它无疑恰当地表达了在犯罪的社会功能上所具备的相对性。诚然，犯罪为社会提供了一定的张力，社会不能强迫全体成员一致服从社会指令，否则就会抑制个人对社会的贡献，而社会正是在这种有序与无序、罪与非罪的交替嬗变中前进的。

有趣的是，杜尔海姆还具体论述了犯罪所具有的特殊的社会功能。他说："犯罪把正直和良知聚集在一起，并对它们起到强化作用。我们应该提及一些曾经发生的事情，特别是在某些小城镇中发生的故事。当一些罪犯被监禁之时，街上的人们互相招呼，停下来谈论所发生的一切。为了能谈论所发生的事，一些人奔走相告，寻找机会聚在一起，以平息他们的愤怒感。"在杜尔海姆看来，社会成员相互作用的增加会促使社会更加团结、有凝聚力和形成明确的道德界线，等

---

① 马克思恩格斯全集：第26卷 [M]. 北京：人民出版社，1979：415–416.

等，因而对犯罪又产生制约作用，使犯罪行为减少。也就是说，犯罪行为的发生是有利于维护社会秩序的。杜尔海姆为后来的进一步研究奠定了基础，尽管截至目前，人们仍然还没能系统地证明犯罪是如何有利于维护社会秩序的。

犯罪功能的相对性使我们对犯罪和犯罪人的印象焕然一新，而我们也终于获得了对犯罪和犯罪人的全面、客观的认识，并且能够抛弃成见，从这种新的认识当中得到我们早已应该得到的东西。其一，犯罪是阶级社会的一种正常现象，我们既不能面临当前日趋严重的犯罪问题惊慌失措，以为大祸临头，也不能对之放任自流，销蚀了预防控制犯罪的信心和勇气。其二，应该反对任何过分的犯罪化（太多和太严厉的刑法）和任何过分的监狱化（太多的监狱和太多的囚犯），因为一种过分的反应，一种不是恰如其分的反应不仅是不公正的，而且可能事与愿违，产生副作用，特别可能使违法和犯罪行为固定化。过分的控制本身就可能成为一种祸害，幼稚地、急躁冒进地试图消灭一切犯罪和违法行为可能导致整个社会规范体系的崩溃。其三，在犯罪人与非犯罪人之间不存在一种明确的二分法，犯罪行为只是一种或多或少、或轻或重的现象，这一事实将对司法机关的实际工作产生重大影响。就是说，司法机关要给予那些较轻的犯罪行为自发消失的机会（不干预），可以让当事人自己处理。即使是严重的犯罪分子，也不能被当作社会的替罪羊，他有权根据法治国家的原则要求人道待遇。

三、犯罪概念的相对性

在有些情况下，人的某一具体行为构成犯罪，但在另一种情况下，这一行为却可能不构成犯罪。或者情形恰恰相反。这是因为犯罪的概念不论是法律意义的，还是社会意义的均为相对的，往往因时间、空间的不同而改变其内容。在某一时代有某一时代的犯罪，在某一社会也有某一社会的犯罪。例如，掠夺、海盗等行为，在今天虽为世界文明各国公认的犯罪行为，但在古时，很多国家却将其认可为谋生的方法。在古代的斯巴达，曾奖励杀害畸形或虚弱的婴儿，但当时的雅典却禁止此种行为。时至今日，杀害婴儿与杀害成年人一样都构成犯罪。在古代的犹太，如果不能牺牲自己的婴儿以供祭神的父亲，则被认为是不诚实的男子，但到后来，这种习惯却成为犯罪。在一些古代社会，当家族的利益受到威胁时，甚至谋杀也被看作是正当的。祭杀或乱伦也不总是被看作犯罪。在欧洲如果对巫术的审判还不过时的话，那么在大街上的预言家和占卜家也可能会被处以磔刑。再如，1789年的普鲁士法律，禁止母亲或乳母将两岁以下婴幼儿放入同一张床内睡觉。在14世纪的英国，农奴子弟被禁止进学，地主阶级以下人等被禁止养狗，等等，这些行为现在都已不构成犯罪。反之，由现在的法律所规定的犯罪，有很多是古代所没有的，如劫持航空器罪、危害环境罪等。因此，犯罪的概念依时代或社会的不同而不同，不管是在西班牙，还是在丹麦，不管是在中国，还是在美国，或是在纳米比亚，罪名一览表并不一样。不仅如此，即使在同一时代的同一社会中，往往也因法域的不同而使犯罪的范围有所差异。例如，美国1938年的印第安纳州法律规定，汽车挡风玻璃上须贴上表示所有者的检定纸，但在其近邻州，则为了不妨碍视线，禁止在挡风玻璃上贴任何东西。有的州甚至规定动物也可以成为犯罪的主体，这在其他地区是不可想象的。有的州允许一个男人同时娶几个女人作为妻子，但在别的地区，这种行为却被法律规定为重婚罪。我们还可以做进一步的分析，即使在同一个法域之内，因为对法律的解释和适用有所差异，也可能导致对某一具体行为的定性发生出入，这往往与行为本身的性质及行为人所处的地位等有关。例如，粗大的单纯形成的诈骗，容易被发现而定罪，但在许多企业或职业的内部，利用各种巧妙手段进行的诈骗，却往往不被作为犯罪处理。

犯罪概念在时间上的相对性变化，反映了法律特别是刑法日臻完善和科学的过程，在空间上的相对性反映了特定社会制度的体制、特定社会的文化、风俗习惯以及政治、思想和道德信念的差异。有人认为存在一种独立于时空之外的犯罪概念，这种犯罪概念与先验的价值认知论相一致。如意大利犯罪学家加罗法洛在他的名著《犯罪学》中竭力主张一种"天然的犯罪行为"的设想，对此他理解为一切必然为每个文明社会评价为犯罪的行为。他的目的在于使犯罪概念与某一时期特殊的条件与要求、某个立法者特殊的观点相分离，他认为这样才能阐述犯罪概念。他把触犯怜悯和诚实的平均标准看成是这种"天然犯罪行为"的本质。另一名荷兰的犯罪学家赫尔曼纳斯·比安基提出了一种相似的绝对化的犯罪概念。他所理解的犯罪是一种有罪孽的、受到伦理谴责的、挑衅性的错误行为，这种行为可能通过刑法被禁止并绝对要求社会方面对此自觉做出反应。比安基在此不仅用犯罪概念混淆了词语罪孽的含义，而且还企图用一种客观价值规律来说明这一概念。如今一种客观的价值主义已经不再受到普遍承认，相反，价值和规范都是因时因地而异的。如果确实存在不管什么时候哪一种社会都评价为犯罪的行为，那也是极少的，极少到人们已无法用语言概念表达的地步。因此我们可以告知九泉之下的加罗法洛先生：不存在一种"天然的犯罪行为"。

也许人们在很多国家还可以发现这样的例子，单就杀人行为而言，下列行为是不构成犯罪的：国家对死刑犯执行死刑或国家工作人员执行公务的特定情形时；正当防卫或紧急避险的特殊条件下；不够刑事责任年龄或不具备刑事责任能力的人杀人；医生在特殊情况下实施的安乐死；战争中的杀人等。这类行为之所以不构成犯罪，是因为国家法律的规定或授权。这不仅在一定程度上表明了犯罪概念的法律性和复杂性，而且也从一个侧面说明了犯罪概念的相对性，因为不是所有的国家或地区在所有的时期都允许上述杀人行为的。

还有一种情况值得一提，在我国，粗懂现行刑法的人都知道，即使征得同意，一个男人与不满14周岁的幼女发生性关系也构成犯罪。而在征得对方同意的条件下，通常一个男人与已满14周岁的精神正常的女人发生性关系是不构成犯罪的。这种由于被害人的年龄不同而影响到行为性质的情况并不罕见。在财产犯罪中，经常仅仅是由于造成损失的财产数额的多少就决定了行为是否构成犯罪。这些是犯罪概念相对性的表现。

犯罪概念的相对性说明，试图提出一个一般的、绝对的和普遍的关于犯罪的定义将是徒劳的和危险的。同时，它也使我们感受到对不同时空条件下的犯罪进行比较研究的困难。认识到这一点，会使我们更加谨慎地使用不同时空范围内的犯罪统计数据资料。而这又会促使我们寻找更多的途径和方法来科学地认识和比较复杂多变的犯罪现象。

犯罪的相对性是客观存在的，它反映了犯罪现象发展变化的动态过程。正如不能过分地夸大对犯罪的绝对认识一样，我们也不能过分地夸大犯罪的相对性。否则，就会背离马克思主义的犯罪观，陷入唯心主义和神秘主义的认识误区。研究犯罪的相对性为我们客观全面地认识犯罪提供了多种视角和方位，是人类对犯罪的认识史上的一大进步。

论犯罪率 ①

就传统意义而言，犯罪率作为犯罪统计中的强度（或密度）相对指标之一，是指一定时空范围内的犯罪人数或刑事案件数与该时空范围内的人口总数对比而计算的比率，通常用万分比或十万分比来表示。犯罪率的主要功能是反映一个国家或地区的社会治安状况和比较不同时空条件下犯罪的严重程度。正是由于犯罪率具有这种无可替代的重要作用，才使许多人把眼光的焦点投注到犯罪率的数字表现形式上，而忽略了它所依托的背景内容和存在于其自身的那些致命的局限性。也正是由于这个缘故，才使许多人对我国的犯罪状况过分乐观，低水平的犯罪比率掩盖了我国社会治安的严峻形势，从而使我国的犯罪预防、控制工作在相当长的时间内缺乏客观、准确的科学依据而失去针对性，浪费了大量的人力、物力但收效甚微。当前社会变迁加剧，人们的思想观念和行为规范受市场大潮的猛烈冲击，犯罪趋势有进一步恶化的极大可能性。在这种情况下，如果不对犯罪率进行深入的研究而沉湎于用传统的计算方法获得的数据中，那将带来十分不利的结果。从一定意义上说，一个国家犯罪率的研究水平，标志着这个国家犯罪学的研究水平。

一、对传统犯罪率的评价

传统的犯罪率包括人犯率和发案率两种表现形式。

人犯率是一定时地经法定诉讼程序确认的犯罪人数与人口总数的比率，其计

---

① 此文原载《烟台大学学报》（哲学社会科学版），1994年第2期，与刘晓合作。

算公式是：

$$人犯率 = \frac{一定时地的犯罪人数}{一定时地的人口总数} \times 10000‰$$

在这里，犯罪人数必须经法定诉讼程序予以确认，它包括被法院做出的有罪判决者以及被检察机关免予起诉者。非经法定诉讼程序确认，即使是事实上的犯罪人也不包括在内。同时，考虑到人犯率主要是用以表示犯罪力量的强弱，因此虽经法定诉讼程序确认但已死亡的犯罪人也不应计入。

人犯率能够间接地反映一定时地的社会治安状况。一般来说，人犯率越高，说明犯罪力量越强，社会治安状况越差；人犯率越低，说明犯罪力量越弱，社会治安状况越好，但是，人犯率的准确程度往往难以保证，这主要是因为下列原因。

1. 人犯率受破案率的影响和制约。破案率越高，意味着经法定诉讼程序确认的犯罪人数越接近事实上的犯罪人数，就反映社会治安状况而言，人犯率也就越准确。反之，如果破案率太低，大量的犯罪人逍遥法外，无法经法定诉讼程序予以确认，那么这时候计算人犯率显然是没有多大意义的。可见，破案率的高低直接决定了人犯率的准确度。也就是说，只有破案率高，人犯率才有可能准确；如果破案率低人犯率一定不准确。众所周知，破案率的高低受各种因素的影响，目前世界各国的破案率普遍较低。而我国的一些侦查机关由于采取"不破不立"的做法，制造破案率较高的假象，致使人们对人犯率的准确度报以过高的期望值，从而做出错误的刑事决策。值得注意的是，并不是破案率高，人犯率就绝对准确。破案率是保证人犯率准确的一个必要条件，但不是充分条件。

2. 人犯率受破案速度和诉讼速度的影响。人犯率一般是按月份或年度来计算的，比如可以这样说，我国某地区今年一月份的人犯率是万分之五。这一人犯率中的犯罪人数都是一月份经法定诉讼程序所确认的，但并不是所有的犯罪人都是在本年一月份作案的，更多的犯罪人可能是在上年或者前年甚至更早些时候作案的，只不过是最近才破案并于今年一月份经法定诉讼程序予以确认。实际上由于破案速度和诉讼速度有快有慢，因此要想即时取得当月发生案件的犯罪人数是不可能的。一般为了方便起见，都以当月经法定诉讼程序确认的犯罪人数代替当月发生案件的犯罪人数。但应该明确，这二者在性质上是迥然不同的。当月经法定诉讼程序确认的犯罪人数既可能包括一部分当月发生案件的犯罪人数，又可能包括最近破案并于当月定罪的以往不同月份或年度发生案件的犯罪人数，所以当月经法定诉讼程序确认的犯罪人数并不能代替当月发生案件的犯罪人数。除非当月发生的所有案件，当月都能破获并于当月经法定诉讼程序予以确认，而这绝无可能。往往越是能反映犯罪状况的大案、要案，由于案情复杂和出于审慎的需要，其侦破时间越长，诉讼速度越慢。以当月经法定诉讼程序确认的犯罪人数代替当月发生案件的犯罪人数，无异于以不定时期的犯罪人数来衡量一定时期内的犯罪状况，自然有失精确。通过这种方法计算的人犯率也不可能客观、准确，这是人犯率无法弥补的一个缺陷。

3. 人犯率受司法管辖的影响。犯罪地法院管辖是刑事诉讼最基本的原则，但对于那些流窜于各地犯罪或者犯罪行为的行为地、结果地分别处于不同法院辖区内的罪犯来说，并非在每一个管辖法院都要接受审判，而是由主要犯罪地的法院行使管辖权，对该罪犯的全部犯罪行为一并做出判决。虽然犯罪人的罪行涉及不同地区，但由于多数地区的法院没有管辖权，势必减少该地区经法定诉讼程序确认的犯罪人数以及影响人犯率的准确度。这一点在分析人犯率时不可不察。

犯罪率的另一个表现形式——发案率则不受上述几个方面的影响。

发案率是一定时地由公安、检察机关立案侦查和法院直接受理的刑事案件数与人口总数的比率，其计算公式为：

$$发案率 = \frac{一定时地的刑事案件数}{一定时地的人口总数} \times 10000‰$$

这里的刑事案件数包括公安、检察机关立案侦查的刑事案件数和法院直接受理的告诉才处理以及其他不需要进行侦查的较轻微的刑事案件数。它不受是否已破案或做出有罪判决的限制，也不受破案速度、诉讼速度和司法管辖的影响。因此发案率比人犯率更能真实地反映社会治安状况，它从犯罪事实的角度及时准确地表达了一定时地的犯罪信息：犯罪事实出现愈多，说明社会秩序愈紊乱；反之，则说明社会秩序愈良好。就反映犯罪状况而言，发案率不失为一个合理的衡量尺度，如甲地与乙地犯罪状况的比较，或现在与过去犯罪状况的认识，均非发案率不足以适切显示。但是，发案率也存在一定的局限性。

1. 立案标准比较复杂。某一行为是否应当作为刑事案件予以立案，在不同的时空条件下，即使宏观的犯罪规定完全相同，各侦查机关、司法机关仍然会有不同的做法。在我国，由于各地经济发展很不平衡，各民族风俗习惯等差异很大，因此要想确立一个全国统一的立案标准几乎不可能。例如，在财产犯罪、经济犯罪等方面，其立案标准，经济发达与经济落后的两个地区可能差额很大，从而使刑事案件数产生相当大的出入，这是犯罪统计中很难处理的一个问题。

2. 在有些时候，确定刑事案件数的多少比较困难。在连续犯、持续犯、牵连犯、吸收犯等犯罪形态中，罪数只有一种，件数则多少不定。而计算发案率要以件数为准，这在统计中是相当困难的，在某些情况下，甚至无法统计。

犯罪率的上述两种表现形式在反映一定时地犯罪状况的准确度方面存在的这些不足之处和困难，必然会直接影响到它的另一个主要功能——比较不同时空条件下的犯罪状况——的正常发挥。不仅如此，我们在运用犯罪率对不同时空条件下的犯罪状况进行比较时，还要考虑以下3个方面的因素。

1. 犯罪的实际总量（绝对指标）。如果不同时空条件下犯罪的实际总量差别很大，即使犯罪率相同，也不能说明犯罪的严重程度适等。犯罪率作为一种相对指标，它不能直接反映犯罪的实际总量（绝对指标），但对每一个公民，即每个可能的犯罪被害人来说，他更关心的也许并不是犯罪的比率，而是犯罪的实际总量，即他可能受到多少个犯罪人或多少起刑事案件的侵害。比如某年度甲、乙两地的发案率都是万分之二十，但甲地的刑事案件数为10起，人口总数5000人；乙地的刑事案件数为200起，人口总数10万人。对甲地的每个公民来说，他可能面临着10起案件的侵害；而对乙地的每个公民来说，他可能面临着200起案件的侵害。就这一点而言，一个正常的公民是宁愿生活在甲地也不愿生活在乙地的。而作为相对指标的犯罪率却反映不出这种差别。

2. 人口总数结构的变化及其原因。我们再举一个例子来说明问题：某年度甲乙两地的发案率都是万分之二十，人口总数都是1万人，但甲地的人口结构是0岁至14岁为2000人，14岁以上为8000人；乙地的人口结构是0岁至14岁为8000人，14岁以上为2000人。在这个例子中，甲乙两地的犯罪率、犯罪的实际总量、人口总数都完全相同，但我们并不能因此断定甲乙两地的犯罪状况也是一样的，相反，我们可以断定乙地的犯罪状况要比甲地严重得多。这是因为，甲地可能实施犯罪的人有8000人，而乙地可能实施犯罪的只有2000人。也就是说，如果把犯罪率计算公式中的人口总数看成是可能实施犯罪的人或者是有刑事责任能力的人，结果就会大有不同。鉴于此，我们还可以做如下进一步分析：

（1）如果总人口增加是由于出生率剧增或总人口减少是由于成年人非正常死亡率的上升，这都意味着总人口中可能实施犯罪的人少了，即使这时犯罪率不变，犯罪状况也恶化了；

（2）如果总人口增加是由于进口劳动力或外来移民剧增，而出生率又无明显变化，这意味着总人口中可能实施犯罪的人多了。在此情况下，即使犯罪率不变，也应认识到犯罪状况和缓了。

可见，只有把犯罪率与总人口结构的变化及其原因结合起来考虑，才能得出比较全面准确的结论。因此，有人提出犯罪率最科学的计算公式应该是：

$$犯罪率 = \frac{一定时地的犯罪人数或刑事案件数}{一定时地总人口中可能犯罪的人数} \times 10000‰$$

至于如何确定一定时地总人口中可能犯罪的人数，最简单的办法是用有刑事责任能力的人数予以代替，或者采用排除法，先计算出一定时地不可能犯罪的人数，然后用人口总数减去不可能犯罪的人数，所得之差即为可能犯罪的人数。值得注意的是，限制刑事责任能力的人应该属于可能犯罪的人。

3. 犯罪的结构特征，包括犯罪人的结构特征和犯罪案件的结构特征。犯罪率只是各类犯罪人数或犯罪案件数之和为内容的相对数，这种相对数不能反映出不同性质的犯罪人或犯罪案件所造成的不同程度的社会危害性。也就是说，重犯罪人是一个犯罪人，轻犯罪人也是一个犯罪人；重犯罪案件是一起案件，轻犯罪案件也是一起案件。盗窃价值300元财物的案件在构成犯罪总量指标的犯罪率统计上与杀人碎尸案同样重要。犯罪率反映不出案件类型、犯罪情节、危害程度、损害结果等，反映不出轻重犯罪在社会危害性的量上的差别，不能准确地反映社会实际情况，从而容易使人们得出错误的结论。如我国"严打"以后，犯罪的总量指标下降，尤其是轻微刑事案件大幅度减少，犯罪率较"严打"前也有所下降，似乎社会治安状况已有很大好转。但是，"严打"以后重罪比例明显上升的事实却不容人们过于乐观地评价犯罪率所显示的成绩。

以上我们从微观上对犯罪率自身所存在的局限性进行了较为详细的探讨，这对于研究犯罪率来说是必不可少的。更重要的是，从宏观上看，无论是犯罪率的哪一种表现形式，也无论是犯罪率对犯罪状况的反映性抑或其可比性，都还要受到以下两个大方面的影响和制约。

1. 犯罪规定与犯罪率。犯罪统计中的任何数据只是在有相同犯罪规定的时空范围内才具有可比性，犯罪率也不例外。我们不能简单地无条件地说犯罪率万分之十比万分之五的犯罪状况要严重。由于改变犯罪规定使犯罪率下降从而得出犯罪状况和缓的结论无异于"掩耳盗铃"，是不足取的。从客观上说，由于世界各国各地区，每一个时期社会政治、经济、文化等因素发展始终不会平衡，因此犯罪规定也不可能保持一致。

具体地说：（1）对反社会现象的定罪处罚标准不同。某一行为在一个国家被认为是犯罪，而在另一个国家则可能不认为是犯罪，或者情况恰恰相反。

（2）刑事责任年龄规定的不同。我国刑法规定的刑事责任年龄是14周岁，而有些国家规定得高些，有些国家相对低一些。

（3）构成犯罪的社会危害性行为的最低界限不同。例如各国对财产犯罪、经济犯罪定罪数额的规定不尽相同。

（4）各国实行大赦的不同。

（5）许多具体的犯罪规定可能对某种犯罪行为的动态产生影响。例如在国外随着堕胎的合法化，继之而来的是杀婴案件的下降。中华人民共和国成立后废除了通奸罪等一系列旧罪名，从而使有关的案件数量急速下降。

（6）刑法中规定新的罪名，使许多原来不认为是犯罪的行为犯罪化，从而可能引起有关犯罪案件的上升。

2. 犯罪黑数与犯罪率。无论采取如何科学的犯罪统计方法，所取得的原始数据与现实生活中的实际犯罪数目都并不能绝对一致。官方的犯罪统计只能作为对一定种类的犯罪的一种社会反映标志，而不能作为社会上实际存在的犯罪数量的标志。总会有大量的潜伏犯罪虽然确已发生，但由于各种原因而未被计算到官方正式的犯罪统计中去，对这部分潜伏犯罪的总量指标的估计值就是犯罪黑数。

在通常情况下，我们可以将犯罪黑数划分为若干个组。

（1）司法机关完全没有掌握的犯罪行为。

（2）业已发现犯罪行为，但犯罪人数不明。

（3）已被揭露的犯罪行为，但由于诉讼上的原因，没有进行起诉或判决。

（4）犯罪案件已进行判决产生法律上的效力，但并非已决犯的全部罪行都已被司法机关掌握并反映在起诉书或判决书中。

犯罪黑数的存在及其量的大小，决定于许多因素，其中最有意义的是：被害人不报案，犯罪分子作案手段狡猾，侦查机关、司法机关工作上的失误，犯罪统计方法不当等。国外有的犯罪学家对犯罪黑数进行调查、分析判断后认为，官方所完全掌握的犯罪行为数量与犯罪黑数的比率大约为：杀婴案件1∶10，一般盗窃案件1∶20，团伙盗窃案件1∶8，抢劫案件1∶5，诈骗案件1∶20，放火案件1∶9。这些数据尽管有些耸人听闻，但至少从一个侧面揭示出犯罪黑数对犯罪率的影响是巨大的，即统计中犯罪黑数越少，犯罪率越能真实地反映社会治安状况；反之，则犯罪率一无是处。

二、传统犯罪率的弥补

为了弥补传统犯罪率的种种缺陷和不足，保证其可比性和可信性，并充分发挥它的重要功能，至少有以下3种途径可供选择。

1.将犯罪率与犯罪分配率、专门犯罪率结合起来全面评价一定时地的犯罪状况，从而制定相应的刑事对策。

所谓犯罪分配率，是指同一犯罪数列中各项数值对总数值的百分比率。它有三种形式。（1）犯罪主体分配率，指同一犯罪人数列中各项数值对总数值的百分比率。例如某地一年中有人犯987人，其中少年犯296人，青年犯395人，壮年犯247人，老年犯49人，可分别求出各类人犯对人犯总数的比重为30%、40%、25%、5%。如果犯罪数列中项数过多，又有条件使用电子计算机，可采用倒数法求得各项数值对总数值的比重。（2）犯罪种类分配率，指同一犯罪种类数列中各项数值对总数值的百分比率。（3）犯罪侵害分配率，指同一犯罪侵害数列中各项数值对总数值的百分比率，包括被害人分配率和财物损失分配率。作为一种犯罪结构相对指标，犯罪分配率是从定性和定量的结合上来说明犯罪的，它弥补了传统犯罪率只反映数量特征而无法表现性质结构的缺陷。所以犯罪分配率也是刑事政策制定的客观依据之一。但犯罪分配率的计算要符合两个基本要求。第一按某一标准对总体进行划分时，各项数值之和要等于所划分的总体数值。例如，少年犯、青年犯、老年犯各项数值之和，就不等于犯罪人数总值，因为数列中漏掉了壮年犯一项。第二，对总体的一次划分，只能使用同一标准。例如，不能在同一犯罪人数列中同时出现青少年犯、女犯、初犯。

所谓专门犯罪率是一定时地某类犯罪人数或某类刑事案件数与具有特殊刑事责任能力的人口总数对比而计算的万分或十万分比率。例如：青少年专门犯罪率是一定时地经法定诉讼程序确认的青少年犯罪人数与青少年人口总数对比而计算的比率；强奸罪的专门犯罪率是一定时地由公安机关立案侦查的强奸案件数与具有刑事责任能力的男性人口总数对比而计算的比率。可用专门犯罪率与犯罪率进行比较，如果前者大大超出后者，则说明这类犯罪人或犯罪案件高于平均水平，值得重视并采取相应的对策。

2. 用犯罪指数代替犯罪率。如美国联邦调查局为了比较各州的犯罪状况，在它每年出版的"统一犯罪报告"中以八种犯罪作为计算犯罪率的总量指标的内容。这八种犯罪是：（1）谋杀和非过失杀人（2）暴力强奸（3）抢劫（4）加重伤害（5）非法侵入的夜盗（6）盗窃（7）盗窃机动车（8）纵火。美国联邦调查局认为这八种犯罪最有可能被报告到警察部门，而且，由于其犯罪性质严重或其数量众多，可以为犯罪状况提供比较适当的基础，因此，选择这八类犯罪为"指数犯罪"，而且把它们规定为"重罪"，用它们作为犯罪总量指标而计算的犯罪率就是"犯罪指数"（crime index）。统一犯罪报告中所使用的这种方法的局限性是显而易见的，而且也是美国联邦调查局自己所承认的。例如人们注意到，大多数引起身体伤害的犯罪（如轻伤害），都被算作非指数犯罪而未计算到犯罪指数当中，但这些犯罪从性质上说并不比盗窃罪轻。人们尤其对把盗窃汽车列入指数犯罪之内感到极为不满。因为在被盗的汽车中，有80%的都找到了。这种犯罪的报案率高是由于保险需要引起的，而且事实上即使没有保险，由于国家对汽车进行法律控制也使得汽车所有人对于任何丢失都向警察报告。"犯罪指数"所面临的类似批评不一而足，但是，就其对传统犯罪率在反映不同性质犯罪造成的不同程度社会危害性方面的无能为力所做的努力而言，却是非常有意义的，至少在提高传统犯罪率的可比性程度方面，是一种积极的尝试。其中可供我们学习借鉴的不仅是其方法本身，而更重要的是他们研究解决某个问题的科学设想和探索精神。

3. 建立各种犯罪的可比性量值体系，用犯罪量取代传统犯罪率中的案件数或人犯数。犯罪量即犯罪的社会危害性的等级、规模、严重程度，是用数字来表示的社会危害性这一犯罪本质特征的量的规定性。认识犯罪量，正是为了使各种性质不同的犯罪具有定量的可比性。例如，一起杀人案件的社会危害程度究竟等于一起盗窃案件的多少倍？这起杀人案件的危害程度究竟比另一起杀人案件大多少？这类问题必须用统计学上的分类加权来解决，而如何确定加权数是一个亟待解决的问题。目前最简单的办法是把各种犯罪的刑罚（法定刑或决定刑）经折合

23

计算以后作为它的犯罪量值。假定死刑的犯罪量规定为60，死缓为45，无期徒刑为30，有期徒刑和拘役按实际刑期计算犯罪量，管制按2∶1折算，这样就能计算出一定时地的总犯罪量，并用此总犯罪量来计算犯罪率。其公式为：

$$犯罪率＝\frac{一定时地的总犯罪量}{一定时地总人口中可能犯罪的人数}×10000‰$$

但是这种简单地确定犯罪量的做法局限性太多。一是它必然受破案率、破案速度、诉讼速度和司法管辖的影响和制约。二是它无法排除很多主观因素，如各刑种犯罪量的规定具有很大的主观随意性，事实上也不可能有一个客观统一的量值标准。而且，一起（种）犯罪应该处以多重的刑罚，异时异地的立法者和司法者有不同的理解，其中也不乏很多主观成分。三是即使两个犯罪人犯同一种罪行被判处同一刑种相同的刑期，但由于各自的犯罪情节不尽相同，他们所造成的社会危害性的程度也可能差别很大，而这种确定犯罪量的做法却无法体现这一差别。

另一种做法是由社会各界人士的代表对各种犯罪的严重程度进行定量评价，以其结果作为各种犯罪的犯罪量。如美国犯罪严重性调查，其基本方法是：先设计出具有代表性的204种不同类型和情况的案例（主要是犯罪后果上有所不同），然后在全国分层随机抽样，抽出6万名18岁以上的公民，由调查员进行访谈，说明调查意义和对本人意见保密，然后给被调查者一个基准案："一个人在街上偷了一部自行车，其严重性定为10分。"在被调查者理解其意义后，让其随意抽出一组进行评分（所有案例共分12组，每组20个案例，有些案例有重复）。数据集中后，经过综合计算，得出每起案例的平均分数，从而构成一个综合量表。根据这个综合量表，可以计算出一定时地的总犯罪量，从而计算犯罪率。这种确定犯罪量的方法已取得一定的应用效果，其最终结果如何，尚无定论，目前正在进一步进行研究。

三、犯罪率与刑事政策

研究犯罪率的目的是为了全面、准确地认识犯罪状况，以便对不同时空条件下的犯罪程度进行比较进而采取相应的犯罪预防、控制措施。有时人们会发现这样的现象：犯罪率在城市中心的传统的危险地区下降，但同时却在城市的其他地区剧烈上升，这实际只是反映了司法人员的空间排列；其次某种特殊犯罪，如强奸，在一个时期着重打击占优势的时候，它就急剧下降，这仅仅反映了警察部门工作安排的重点。诚然，犯罪率是评价现行刑事政策的客观尺度，警察部门可以根据它来修正工作策略，调整工作重点和警力配置，从而有重点地打击某一个地区的犯罪或某一种类型的犯罪。然而，有重点绝不等于偏废。否则，这里的社会秩序刚刚趋于稳定，那里的犯罪气焰却日渐嚣张；这种犯罪现象刚被控制住，那种犯罪又死灰复燃。警察不是主动出击，而是陷于被动应付的局面，致使社会治安状况像一只断线的风筝在空中飘来飘去，无法控制。所以，制定刑事政策，采取打击措施一定要注意点与面的结合，强调打击重点的同时还要兼顾一般，只有这样，才能企望整个社会秩序的根本好转。

犯罪率对于采用、修正、评价犯罪预防控制措施的指导意义不言而喻。但是，对于犯罪率的适时变化还应当加以区分。例如：1992年底中共中央综合治理办公室宣布我国报警案件数下降了6%。我们要注意，哪些是一般下降趋势，哪些是经过特殊努力所导致的下降。这样做，对更好地发挥犯罪率的评价作用意义很大。另外，对犯罪率的分析应当超出地域范围和时间界限。从范围上，应当了解掌握各邻近地区的犯罪率情况，在不同地区犯罪率的对比中找到各自的特殊性，因为发生在一地的犯罪类型，总是很快就传播到邻近地区；从时间上，应当根据犯罪率的变化尽可能全面地了解和掌握过去以及现在的犯罪状况，并据此准确地对未来一定时期内的犯罪趋势做出推测。

也许人们并不完全知道以下的情况：犯罪统计的含义并不确切，它只意味着司法程序从一年到另一年的改变；犯罪率可以并不反映犯罪的实际数量，而只反映警察部门活动的方法和活动本身的改变。我们曾经宣称从1984年以后连续四五年我国的犯罪率保持在万分之五左右的低水平，而从1987年开始，公安部就一直三令五申要纠正立案不实之风，一直到1992年公安部宣布把犯罪统计的某项指标改为向警方报案数，用这个数字计算1991年的比率是万分之四十左右。这样，我们才算终于取得了比较接近实际的数字。作为反映犯罪状况的相对指标，犯罪率只有真实才能保证其具有可比性和可信性，才能成为衡量社会治安状况的客观尺度，而不能成为单纯用以鼓动或证明一定政治利益的工具。

本文参考了《刑事法学大辞书》（杨春洗主编，南京大学出版社1990年版）中有关"犯罪率"的词条。

城市居住环境与犯罪预防 ①

人是离不开环境的，尤其是他的社会邻近环境。住宅、住宅楼和居住区都是社会邻近环境的重要组成部分。如果城市居民的居住区犯罪发案率高，人们就会缺少安全感。大城市人可以接受某些市区不安全的现实，例如娱乐区。为了降低受害风险，他们回避这些地方或者只是偶尔特别警惕地进入这些地区，但是，当住宅及其周围环境都不再安全时，整个社会结构就有解体的危险。因此，必须确保城市居住区的安全，使之免受犯罪侵害。

犯罪行为的分布是复杂的社会力量、政治力量和经济力量相互作用的直接结果。
——路易丝·谢利 [美]

越来越多的统计资料表明，犯罪的地区分布极不平衡。当今社会，随着城市化进程的日益加速，大量的农村人口涌入城市，使城市犯罪跃居整体犯罪的首位，而农村的犯罪已不再像以前那样占主要地位。在大城市里发生犯罪冲突的可能性随着人口密度而增长。高价值的物质财富比在农村地区容易获得，而且由于大城市里匿名的生活方式，对物质财富的监督变得困难。这些因素都在不同程度上刺激了城市犯罪率的急速上升。从这个意义上说，现代的犯罪问题主要是一种城市社会现象。

但是我们不能据此就认定，所有的城市居住区都存在严重的犯罪问题。事

---

① 此文原载《山东法学》1994年第3期。

实上，即使是处于极度变革的城市社会，也有一些居住区在很长一段时间内几乎没有发生违法和犯罪案件。在任何国家的任何城市里，犯罪行为并不是平均分布的，而是存在着犯罪被害的重灾区。在我国，自20世纪70年代末80年代初实行改革开放政策以来，特别是90年代建立了社会主义市场经济体制，随着经济的持续发展和城市生活水平的同步提高，城乡差别进一步加大，民工潮的涌现，给城市的社会治安带来了严峻的考验。城市的犯罪案件迅速增多，而增长的相当大比例的犯罪发生在城市居住区，特别是大部分犯罪集中在那些经济收入处于中下水平的居民居住区。一般地说，不容易发生违法和犯罪案件的城市居住环境具备以下特征：形成了具有良好的非正式社会监督的小集体，居民中间存在一种休戚相关的感觉（"命运共同体"），这种感觉由于来自外界的危险和压力而不断加强；这些地区的情况容易把握，居民大都彼此相识并且都了解各自的生活习惯。与此相反，那些违法、犯罪滋生地的城市居住环境则是社会团结很脆弱，集体瓦解，家庭生活、邻里关系和业余社团都很不完善，非正式监督不够有效；居民的社会经济地位较低，而且迫不及待地从这里搬走；住宅过分拥挤，但是个人却常常处在社会孤立之中。

在违法犯罪滋生地的城市居住环境中，面对外部的威胁，居民们会通过不在夜间出门和不探亲访友而限制自己对环境的利用。他们还可能采取诸如乘出租汽车、使用特大号锁以及携带刀剑棍棒等措施来减少遭受犯罪袭击的可能。美国洛杉矶市公共住宅区的一项调查表明，几乎75%的居民，当没人在家时，出于对犯罪的恐惧，他们让电灯、电视机或收音机都开着；一半以上的居民不在夜里单独出门；几乎25%的居民限制自己探亲访友的次数。不出门访友和让孩子们长期待在家里，客观上就减少了犯罪发生时相互支援的机会。这样下去，一个地区越是不安全，人们越是要逃避这个地方，因而它实际上就越不安全。

人类行为塑造地区的格局，影响地区的风貌和建筑造型，而地区风貌、建筑造型又对人类行为产生反作用，它改变、加剧和诱发人类行为。

——汉斯·约阿希姆·施奈德［德］

地区和行为是在一定的社会结构和社会过程中发生相互作用的两个方面，当人们用所有的智慧和百倍的努力去营建、改造一个地区时，逐渐形成的地区风格又反过来对人们的行为和心理结构产生潜移默化的影响。犯罪行为、被害人以及对犯罪的恐惧心理正是在此过程中油然而生的。虽然建筑物和建筑结构通常并不直接引起犯罪，但是它们却能促使个人完全向私生活隐退和社会孤立，导致社会联系削弱与集体和非正式监督瓦解的心态，从而诱发犯罪行为。相反，如果一种居住环境建筑结构能促进地区意识的增强，使居民自己承担他们居住区里的非正式监督，震慑潜在的犯罪人，就能达到预防犯罪、维护社会治安的客观效果。因此，为了犯罪预防的目的，必须对城市居住环境进行新的建筑规划和设计，不造成有利于犯罪、诱发犯罪行为的机会。

今天的城市人在很大程度上必须在缺少热心的人际互助情况下应付一切。城市建设和居住区建筑结构形式的千篇一律及单调乏味强化了这种沉闷、空虚和冷漠的心态。城市居民自己给自己的活动施加了很多限制，中、上层躲进堡垒般的高层住宅或小区保安设施良好的孤独别墅里，在一定程度上是由于对犯罪行为的恐惧心理造成的，而且是一种退却和漠不关心的表示，当然这并不能解决犯罪问题。城市的某些生活方式也可能促使犯罪行为发生，人死在家里而长时间不被发现，袖手旁观暴力犯罪而不帮助被害人，是冷漠和无同情心的表现。这与城市建筑结构导致非正式社会监督瓦解有关。居住区和高层住宅楼居民的匿名化使罪犯易于作案和逃脱，一种由犯罪、破坏行为和对犯罪的恐惧造成的恶性循环导致了居民的迁出，这反过来又造成可能导致更多犯罪的社会条件。

一些分析家认为住房的自然形成和社会环境对居民控制自己环境中的生活质量（和犯罪数量）的能力起着主要作用。对高犯罪率和居民犯罪恐惧发生重大影响的城市居住环境因素包括：住宅的位置，建筑式样和住房类型，场所规划，房间的内部设计，社会环境以及住房管理政策等。

尽管住宅区犯罪不是由失败的设计引起的，但一项糟糕的设计无疑会加剧潜在的安全问题。

——唐纳德·J. 珀尔格特［美］

城市居住区的建筑设计与犯罪的关系可以用美国密苏里州圣路易斯的普鲁伊特——艾戈的住宅建设规划来加以说明。在这项1957年建成的建筑物中，由于建筑构造上的问题而发生了那么多的伤害人身、强奸、拦路抢劫、入室盗窃和破坏公共财产案件。这个20世纪50年代营造时曾获建筑奖的工程，变成了一个不考虑工程真正使用者需要的"糟糕设计"的相片。到了70年代初期，它的空房率达到80%。许多人认为，计划失败是导致这一公共住宅区最后被取消的重要原因。这里的住户不能为自己划定半公用和半私用的场地，于是不能形成非正式社会监督网；楼梯间的建筑造型使大楼的居民无法进行监督；社会相互作用的消失，电梯、楼梯和过道的隔离以及不在入口处设立正式或非正式监督（例如门房、对讲机）导致非正式监督的彻底瓦解。这种自我破坏过程无法加以制止，越来越多的住户搬走，空住宅被无家可归者和吸毒者利用并被他们破坏，整个建筑物变得破烂不堪。由于遭受高度的犯罪侵害，圣路易斯好几条街道的居民决定由他们自己来实现一项计划，以便稳定居民集体并震慑罪犯。市政府以减税为条件，让他们自己对那几条街道以及街道的清洁和照明负责。这些街道的一端被封闭起来，禁止车辆穿行和陌生人自由进出。从对入室窃贼的采访中获悉，他们选择那些容易进入又容易逃出的作案地点，而回避那些容易被当作陌生人识别出来的街道。圣路易斯那几条"私人管理的街道"的监视比较严密，因为居民把这些街道看成是他们自己的，而且在街道的居住区里形成了集体。于是比较容易较早识破陌生人的可疑行为，从而使该居住区里的犯罪案件明显下降。

另外，在犯罪恐惧与城市建筑造型之间也存在一种关系，公路干线拆散了居住集体，公路干线上的暴力犯罪比限速交通的市区高出一倍。1977年美国的一项经验型犯罪学调查结果表明，那些靠着街道、最容易到达的大楼和住宅特别是靠着通衢大道的住宅楼，经常遭到入室盗窃危害。犯罪学家们在65个居住区里对各种街道类型进行调查，发现有3种街道类型（死胡同、有大转弯的死胡同以及L型街道）比通衢大道上的入室盗窃案明显的低。通衢大道不仅最便于犯罪分子潜入和逃脱，而且还破坏集体，使非正式社会监督更加困难。

在违法犯罪滋生地的城市居住环境中，由于住宅设计得过分拥挤，儿童和青少年几乎没有自己的天地，他们主要在马路上通过同龄人群体而"社会化"，并且在社会化过程中学会了违法犯罪行为方式和心态，从而成为犯罪的生力军。他们既是被害人又是可能的犯罪者。因此，城市居住环境的犯罪预防措施存在一个问题，即当这些措施赶走了非居民罪犯时，居民们自己可能正在产生大多数犯罪。

防卫空间：一种自然特点——建筑布局和场地规划——职能促使居住者成为保证自身安全的主要力量的居住环境。

——奥斯卡·纽曼［美］

对如何重新设计城市居住区的自然环境才能有效地减轻犯罪被害状况，存在着几种意见。第一种意见认为通过加固门、窗、墙体，使用特大号锁或各种功能的防盗锁等，自然环境就能够独立地预防犯罪（或使犯罪非常困难）；第二种意见认为自然环境的变更是为了改变居民的行为方式，以增强阻止或发现罪犯的可能性；第三种意见认为不管居民干什么，城市居住环境的建筑设计和布局应具有阻止罪犯选择特定位置作为侵害目标的潜在作用；最后一种意见主张，只要把同犯罪和居民有关的社会和经济因素的考虑贯穿到犯罪预防计划的实施中，城市居住环境建筑设计和规划的作用就会更加显著地发挥出来。

上述意见都不约而同地注意到了一种最新出现的犯罪预防策略——环境预防。这是一种社会理论，它始于1961年美国社会学家伊丽莎白·伍德的住房设计。她的设计方针为城市居住区低收入的居户提供了锻炼、正式会见、偶然碰面的特定场所和其他设施。伍德通过居民监督扩充了住宅区社会控制理论，这一理论曾由美国的简·杰科布斯在同一年出版的《美国大城市的存亡》一书中提出。杰科布斯的著作是第一部提出积极的市民生活能够遏制犯罪机会的有影响的著作。1968年施劳姆·安奇尔通过提出某种预防犯罪的自然结构并创造了"环境预防"一词而发展了上述理论。然而，直到奥斯卡·纽曼用公式表述了"防卫空间"的概念，这种犯罪预防的新方法才开始得到真正的注意。总的来说，"防卫空间"体现了在社区内最大限度地对行为——尤其是犯罪——实行住宅区控制的特点。

尽管新发现的许多证据把犯罪问题和城市居住环境的失败联系到了一起，但是全国性住房改革政策的组成部分却很少花气力或篇幅来讨论这些问题。建筑设计师在设计城市居民住宅时，对美化环境、方便生活考虑得比较多，而对犯罪预防方面却思之甚少，比如在我国目前的许多城市住宅中，楼梯缓步台的窗户离居室阳台太近，通往楼顶水箱之路畅通无阻，城市居住环境的非正式监督和集体意识极其淡薄，这些方面皆为犯罪分子所看重。

为了将城市居住环境的非正式社会监督与个人自由和个人选择更好地结合起来，通过住宅区建筑规划和设计来创造更多的机会，在邻里和朋友间形成利益共同体并形成集体意识是可取之举。居民们为了实现更好的非正式社会监督聚集在一起，在这样的集体里人的个性通过社会联系才能真正发挥作用，人的品质和能力才能在充分保证个人自由、个人隐私和意见多样性的前提下互补互利。城市居住环境的居民集体意识对地区主权和行使监督的要求有利于进行比较有成效的犯罪预防，但这并不是要求在打击犯罪时依靠集体范围内的自助，而是为警察能够有效地执行任务创造前提。

一个非常关键的措施是将城市居住环境的所有地区都明显地划分为公共区、半公用和半私用区、私人区3种情况。建筑设计把每一个空间都交给有权使用它的居民，使所有的地域都与特定的建筑或建筑群相连，成为各幢建筑"影响的地带"，不留任何没有标记的"公共场所"。由于大多数住宅犯罪发生在半公用和半私用地区（如电梯、楼梯井、门厅、庭院、停车场等处），因此地域界定把这些地区置于更强大的居民控制之下。居住环境为居民对自己范围内可疑的活动做出反应提供了帮助。从一块任何人在那里出现都不会引起疑问的公共区，进入半公用和半私用区，就要说明到那里的理由，经过受到住户非正式监督的半公用和半私用区才进入私人领域，私人领域是受到半公用和半私用区保护的。在这样的居住环境中可疑的行为受到严格限制。如果通过建筑造型给予住户保卫他们地区的可能性，那么住户就是他们那个地区里防止犯罪的最好卫士。

地域界定的具体措施是设置实际的和象征性的障碍，如围墙、栅栏、院门、台阶、篱笆、墙墩、房门、标志以及铺设不同颜色的路面砖，等等。地域的界定主要是象征性的，它不是利用物理上的障碍，阻塞通路，而是利用心理上的障碍限制通路。许多措施虽然只具有象征意义，但能使犯罪引人注意，从而对罪犯起震慑作用。在入口障碍以内，居民集体不仅能通过窗口随时、顺便地眺望半公用和半私用区，而且可以通过使用如母亲照看玩耍的孩子，居民在那里聊天，老人们在那里晒太阳、下棋打牌等来监视着同楼人和陌生人的来来往往。

城市居住环境的地域界定带来责任心、对环境一目了然的能力以及识别熟人和陌生人的可能性，而有效的非正式监督的作用还在于它能对降低居民中不合理的恐惧和直觉的害怕起一种示范性的影响，并引起一种实现良性循环的心态：一种通过共同监督、充分利用该地区而产生的较安全的感觉，这种感觉又促使住户更经常地利用该地区，并由此进一步增强安全感。如果在住宅区的设计阶段就认真考虑了上述措施，那么在对现存住宅区的进一步设计中就很容易采用这些概念和方法。更普遍的能见度、更高水平的照明度和大量的"有效证人"无疑会阻止许多犯罪的发生。

总之，在多家庭住宅的设计中，应更多地关心"用户需要"。一心想着用户群体的住宅区设计可能同住户创造积极的生活环境计划不谋而合。把地区观念和集体意识作为一种犯罪预防方法来使用，正是根据这样一个假定，即"居民很愿意保护他们感到自己所属的那个空间并且采取某种措施对空间加以控制，使之免遭未经允许的闯入"（奥斯卡·纽曼语）。

诚然，防卫空间论不是那种不需要进一步限制和验证就可以适用于昂贵的重建工程或环境附加设计的灵丹妙药，其中的某些措施在犯罪预防实践中应当谨慎地适用。至于有人指责城市居住环境犯罪预防的设想是把犯罪问题从城市住宅区赶到工商业中心或其他地区，也就是"犯罪转移"问题。对此必须加以反驳：许多犯罪行为取决于是否存在易于犯罪作案和容易被害的机会，而不都是事前预谋的。如果消除或有效地减少这种机会，那么这类犯罪行为中的大部分也随之消失。即使像人指责的那样，犯罪问题从城市住宅区转移到另一些市区，这一犯罪对策的基本设想也不是完全不适用的，因为与住宅区相比，工商业中心受到警察和电子防盗及监视装置的保护更好。

参考文献：

1.汉斯·约阿希姆·施奈德.犯罪学 [M].吴鑫涛，马君玉，译.北京：中国人民公安大学出版社，1990.

2.汉斯·约阿希姆·施奈德.国际范围内的被害人 [M].许章润，译.北京：中国人民公安大学出版社，1992.

3.路易斯·谢利.犯罪与现代化：工业化与城市化对犯罪的影响 [M].何秉松，译.北京：群众出版社，1986.

4.《比较犯罪学》编写组.比较犯罪学 [M].北京：中国人民公安大学出版社，1992.

有组织犯罪的相对性研究 ①

随着现代社会经济的发展演变，犯罪也从手工阶段进入产业阶段，并且逐步形成一个真正的犯罪工业。"这个工业有自己的干部、自己的跨国公司，这就是对国界不屑一顾的有组织犯罪。……这些组织以合理的方式经营一些非常赢利的活动，像赌博、卖淫或贩卖毒品。这些组织在国际上设有分支，并更多地与工业企业结缘，而不是与粗俗的犯罪团伙为伍，这些组织或多或少地与社会结构融合在一起，因此很难被发现。"② 美国学者认为有组织犯罪是"旨在通过非法活动获得经济利益而组织起来的商业企业"③。从类似上面这样的关于有组织犯罪的描述当中，我们不仅应当认识到有组织犯罪的复杂性、有组织性及其严重的社会危害性，而且应当认识到蕴含于有组织犯罪之中的那些相对性内容。

恩格斯说："人的全部认识是沿着一条错综复杂的曲线发展的。"④ 当人们沿着一条片面的道路去追求对有组织犯罪的绝对认识的理想时，实际上必然有意无意地把这条曲线的某一小段、某一环节加以直线化，其结局不是搁浅在平庸的形而上学犯罪观的礁滩上，就是被卷入唯心主义和神秘主义的暗流中，而永远不能获得对有组织犯罪的真理性认识。应当说，在刑法学界和犯罪学界，犯罪的相对性是一个经常被人们忽视的问题。在浩如烟海的著述中，专门论述犯罪相对性内容

① 此文原载《犯罪现象论》第六章，北京大学出版社1996年出版。

② 乔治·比卡. 犯罪学的思考与展望 [M]. 北京：中国人民公安大学出版社，1992：3.

③ D. 斯坦利·艾兹恩. 犯罪学 [M]. 北京：群众出版社，1988：263.

④ 马克思恩格斯选集：第3卷 [M]. 北京：人民出版社，1979：561.

的不过几千字，在某种程度上甚至不如普通的公众或一个"局外人"看得透彻，这不能不引人深思。事实上，对犯罪相对性的认识是形成客观公正的犯罪观的基础，也是犯罪学研究中"价值无涉"原则的体现。如果不具备客观公正的犯罪观，那么所有对犯罪现象、犯罪原因和犯罪控制的研究都将不仅于事无补，而且可能带来极大的危害。在对有组织犯罪的研究方面，这一点显得尤为重要。

显而易见的是，有组织犯罪的存在是相对的。有组织犯罪不是从来就有的，也不是永恒存在的，而是人类社会发展到一定历史阶段的产物。在这一点上，我们必须坚决彻底地同资产阶级犯罪学家所主张的"犯罪永恒论"划清界限。正确地认识到这一点，不仅能够深化我们对有组织犯罪现象及其原因的研究，而且使我们坚定了在现实生活中与有组织犯罪作斗争以及预防控制并最终消灭有组织犯罪的决心和信念。

不仅如此，在对有组织犯罪的相对性进行研究的过程中，我们还可以发现许多全新的认识视角，从而重新审视有组织犯罪及其所带来的问题。从方法论的角度而言，这无疑具有非常重要的意义。

一、法律的困惑

考察美国有组织犯罪的形成历史，我们对法律产生了困惑。1920年美国颁布了《禁酒法》，从此果酒、啤酒和烈性酒成了非法物品。"有组织犯罪业者弄清了美国人不能没有这些商品。一个巨大得惊人的市场为有组织的犯罪所利用。"[①]据联邦人员估计，在1927年仅芝加哥的卡彭组织违禁卖酒的年收入就可能达到6000万美元。同样，由于法律禁止赌博和卖淫，前述的卡彭组织每年的非法赌博收入达到2500万美元，从组织卖淫等提供"非法罪恶服务行业"中获利1000万美元。众所周知，有组织犯罪的主要活动就是提供非法商品和服务，从而谋取高额非法利润。到20世纪80年代的美国，"在有组织犯罪每年约1500亿美元的收入中[②]，估计有1000亿美元是通过非法销售非法的商品、服务和活动获得的：630亿美元来自毒品的销售（300亿美元以上来自海洛因的销售这一项），220亿美元来

---

① D. 斯坦利·艾兹恩. 犯罪学 [M]. 北京：群众出版社，1988：258.

② 实际上，对有组织犯罪的这种地下经济的规模是很难做出估计的。在1977年，古特曼得出了2000亿美元的地下经济这个数字。后来，菲吉认为更精确的数字可能接近7000亿美元，大约是1980年美国国民生产总值的30%。

自赌博，80亿美元来自卖淫和色情文学，其余是来自下列活动，如私贩香烟、放高利贷（年利息率常常超过200%）以及……血汗工厂和非法倾销有毒的废品。"①

从相对性认识的角度来看，上述这些收入的来源是由法律来提供的。试想，如果没有法律对这些非法活动的禁止，有组织犯罪所进行的上述活动绝不会有如此可观的利润，他们也绝不会趋之若鹜地长期从事这些活动。简言之，法律越禁止什么，有组织犯罪分子就越愿意做什么。在多数现代发达的和民主的社会，法律的权威已经被削弱，至少法律不是以同样的力量施用于每一个人，而是由每个人或多或少地接受，甚至毫不接受。对有组织犯罪分子而言，法律不仅不能束缚他们的行为，相反却为他们的活动提供了明确的方向。以美国的禁酒法为例，它对有组织犯罪分子是形同虚设的，"由于许多政治核心人物在政治上依靠其社区和邻里来继续维持其对市政府的控制，因此他们及其警察机关并不过分地极力实施禁酒法。如果这不足以保证不实施禁酒法，那么有组织的犯罪通过贿赂和分赃警察和对核心人物进行腐蚀就足以保证了。"② 就这一点而言，即使是最严厉的刑法，也经常是被有组织犯罪业者所利用，而不是使他们产生畏惧从而止步。

从上述认识中我们也许可以得到这样一些启示。第一，尽管不能把有组织犯罪的形成归咎于法律，但不适当的立法却必然给有组织犯罪以可乘之机，而法律本身的这种错误是永远无法弥补的。美国的禁酒法在其出台以后，一直受到各方的猛烈攻击，终于在1933年被罗斯福政府和第二十一条宪法修正案所取消。但是"禁酒为有组织的犯罪起到了一些作用，其中最突出的是发展了大批熟练的经理和积累了大量资本"③。具备了这一基础，有组织的犯罪不仅顺利度过取消禁酒法的时期，而且在其许多首领受到监禁和经济大萧条时期得以生存下来，并逐步发展成为当代社会的一个愈演愈烈的严重社会问题。第二，与立法相比，执法是一个要困难得多的问题。任何一部法律，自其出台以后，都会面临一个不被执行的问题。如果所有的法律都完全被自觉地执行，则法律的使命就可以结束了。从本质上看有组织犯罪就是在法治社会中依靠不执行法律从事非法活动而获取高额利润的。而且消费者、企业家、警察和市政官员都能从有组织犯罪的这种不执行法律中获得好处："消费者能够饮酒、赌博和满足性要求。提供这些服务使工人

①　D. 斯坦利·艾兹恩. 犯罪学 [M]. 北京：群众出版社，1988：264.

②　D. 斯坦利·艾兹恩. 犯罪学 [M]. 北京：群众出版社，1988：260.

③　D. 斯坦利·艾兹恩. 犯罪学 [M]. 北京：群众出版社，1988：261.

阶级的企业家获得了从事小规模商业的途径。警察和其他市政官员因对非法活动熟视无睹而获得可观的分红。而且在罪恶与不执行法律之间所搞的交易为政治核心人物提供了坚实的基础。……在这种环境下，执法必定失败，而有组织的犯罪注定要渔利。"[1] 第三，必须对法律（包括刑法）的功能重新进行审视。有组织犯罪就是通过对被社会和人民奉为至上的法律进行粗暴践踏而迅速发展起来的。如前所述，无论在何时何地发生犯罪化，就会产生潜在的由有组织犯罪非法提供法律禁止的商品和服务的市场。实际上，有组织犯罪的新市场取决于新的犯罪化。在美国，随着饮酒的非犯罪化，有组织的犯罪便转向其他犯罪化的市场，包括非法销售毒品、涉足于非法赌博、放高利贷以及组织卖淫等。因此，试图从法律上寻求遏制有组织犯罪的对策无异于以卵击石。在这方面，法律本身的功能受到严重的阻滞。比如1970年美国国会通过了《有组织的犯罪控制法》[2]，这是有史以来美国政府为对付有组织的犯罪所做出的最大努力。为了实施这一法令，美国各州都建立了相应的机构，制订了相应的计划，但是多数犯罪组织在实施上述法令中并未受到多大触动。

二、合法与非法的相对性

从最一般的意义上讲，有组织犯罪经久不衰的原因有下述3个：消费者对各种非法商品、非法服务的需求；有机构能够不断地生产和供应非法的商品和服务；部分政府官员和司法官员的腐化，他们为了自己的利益和好处对犯罪组织及其活动提供保护。在美国，现代有组织犯罪的特定活动包括三类：非法销售和提供法律禁止的商品和服务（主要是赌博、毒品、卖淫和色情活动）；非法控制和赞助合法活动和合法商业（从发放高利贷、购置和经营别墅和旅馆到投资并控制不动产业及商行等）；以及非法经营"敲诈行业"（主要是通过工会向合法企业敲诈勒索）。

从这些活动来看，"非法"是有组织犯罪行为的代表性特征。但是有组织犯罪业者能够在非法和不正当企业中积累资本，并重新向合法和正当企业投资。一旦投资是采用合法和正当的形式，判定投资的1元（或数10亿元）是"合法"还

---

[1] D. 斯坦利·艾兹恩. 犯罪学 [M]. 北京：群众出版社，1988：260.

[2] 郭建安. 美国犯罪学的几个基本问题 [M]. 北京：中国人民公安大学出版社，1992：113.

是"非法"就极为困难。特别是随着现代"洗钱犯罪"的发展，有组织犯罪业者能够将非法提供性服务而获得的资本转变成在华尔街的合法投资，其非法积累的金钱甚至成为世界上最大的工业和金融法人合法资本的来源。正如有的犯罪学家所揭示的那样："有组织的犯罪在美国已发展成为一个巨大的商业，并成为政治经济不可缺少的组成部分。大量的非法赢利每年被转变成社会所欢迎的投资。精细的法人和财政结构现在被结合到有组织的犯罪之上。"①

由于有组织犯罪业者进行的非法活动与合法活动结合得如此紧密，以致已经越来越难以分清他们所进行的活动究竟是非法还是合法的了。虽然在合法与非法商业企业之间的联系变得越来越明显，但要认定那些从事这些活动者并不总是一目了然的。正如我们已发现的那样，有组织犯罪行为总的说来完全未被犯罪化。实际上，有组织犯罪在现代社会有相当程度的地位和声望，并且常常与政治经济权力和地位的最高层相联系，从而成为政治经济制度的必要组成部分。就此而言，绝不能把有组织犯罪仅仅看作是健康的道德的和合法的经济的一种偏差、一种变态或者一种破坏性因素，相反，有组织犯罪应被认为是一种自然的产物，或是私有利益经济一般制度的促进发展的附属物。有组织犯罪行为的合法与非法之间的这种相互交叉关系，不仅可以导致非法获得的资本被投资到合法冒险事业中，而且也可以导致合法资本被用于非法商业活动中。因此可以说，有组织的非法事业是为在经济生活中发挥着作用的正当和合法事业的发展活动和生存所必需的。

有组织犯罪的合法与非法的相对性说明，现代多数发达的民主社会的基础既是合法的，也是犯罪的。这种社会的政治经济利用的是对既是合法又是非法的资本和利润进行既是合法又是非法的私人积累的过程。同时，为非法资本和利润的积累所必需的有组织犯罪不仅得到容忍和宽恕，而且它是现代社会的结构和活动所产生和要求的。"在发达的资本主义民主社会不存在有两种经济，而是存在着一种具有两个相互关系十分紧密的范围———一个是合法的，一个是非法的———的经济。"② 因此，司法和犯罪控制部门常常在结构上不能保证有效地控制有组织犯罪，而更可能的是在这方面未能实施任何司法措施，甚或是在偷偷地助长有组织犯罪。

---

① D. 斯坦利·艾兹恩. 犯罪学 [M]. 北京：群众出版社，1988：265.

② D. 斯坦利·艾兹恩. 犯罪学 [M]. 北京：群众出版社，1988：287.

三、有组织犯罪功能的相对性

有组织犯罪的最终目的就是最大限度地谋取利润和获得物质上的成功，而在以何种方式达到以上目的方面则不那么苛求。这种由于对物质财富的无休止、无节制的非法追求所对社会造成的危害是触目惊心、罄竹难书的，而且根本无法统计。在美国仅吸毒一项所直接造成的总损失据估计就在75亿到100亿美元之间，该损失包括因犯罪而减少的税收、司法投资以及用于法院和矫正机构的额外费用而导致的财政损失。除此以外，还存在着许多与毒品交易和吸毒有关的其他街头犯罪活动，诸如杀人、抢劫、盗窃、卖淫等。事实上，有组织犯罪已成为目前世界各国政府和人民面临的最严重的社会问题之一。它不仅使整个社会的正义观念、道德准则和公共秩序遭受破坏，而且使公民的基本权利乃至人权受到蔑视，公众的社会安全感系数大为降低。同时，在社会上造成一种恶性循环：公众对政府和法律越来越不信任，而有组织犯罪的规模、利润和非法权力却越来越膨胀。

但这只是问题的一个方面。从功能分析的意义上说，有组织犯罪在其给人类社会造成巨大危害的同时也对社会起着许多直接或者间接的有益作用。有组织犯罪通过提供各种形式的增长和利润促进并稳定着现代经济结构，其自身的经济生产力在社会中还起着"控制作用"。美国激进犯罪学家认为，以对工业资本和生产几乎垄断的控制为特点的法人资本主义社会，不可避免地导致了在生产和消费过程中出现越来越多的过剩人口。有组织犯罪的作用就是吸收这部分"过剩人口"让他们去工作——犯罪工作，从而使"失去控制"的过剩人口能够"受到控制"。而且由于目前世界范围内经济继续趋于衰退，过剩人口越来越多，因此，我们只会看到有组织犯罪活动的扩大，而不是像我们希望的那样日渐萎缩乃至消亡。

激进犯罪学家斯蒂芬·施皮策认为有组织的犯罪已成功地创造了一个"平行的机会结构"——给那些在相反情况下将会失业的人们在非法活动中的就业机会，这种结构能够遏制可能产生于过剩人口中的对政治不满者或持不同政见者。他主张由有组织犯罪提供给过剩人口的商品和服务，有助于防止这些过剩人口很容易地看出在社会中上层阶级对他们进行政治和经济剥削的根源。有组织犯罪对非法商品和服务的非法生产和销售的垄断实际上促进了社会上的公共秩序，这种秩序被证明是有益于上层统治集团或阶级的。

美国学者D.斯坦利·艾兹恩进一步具体地论述了非法海洛因工业的经济生

产力问题[①]。他说："通过海洛因贸易，货币与资本得以形成，然后通过各种各样的途径——有些是合法的，有些是非法的——流入全世界。这些途径增加了海洛因的经济效益，并进一步将它确立为资本主义经济的组成部分。"他还特意指出，海洛因工业的非法附属产物，包括在刑事司法系统本身的犯罪，也产生资本和利润。如海洛因工业增加了警察的收入：给予保护就得收取贿赂，而被没收的海洛因再在非法的开放市场倒卖。资本这样流通并未因警察而停止，它继续通过了刑事司法系统并流进矫正官员、地区检察官、法官以及联邦、州和地方官员的政治资本之中。这种收入可转变成"奢侈品"和其他摆阔性消费，以及转化成更多的生产性投资，从而使整个新的消费线得以维持。除此以外，海洛因工业还产生许多合法的附属产物，包括以下几个方面。

1. 扩大警察人员和技术。由于服用和滥用海洛因的流行及其与上升的街头犯罪率的关系所带来的增长了的恐惧，已导致警察要求有更多的投资用于改进和扩大犯罪控制人员和技术。随着扩大治安技术的生产部分得到资金上的扶助，就业机会也随之增加。

2. 医疗和药品公司的增加。联邦政府以财政援助来生产美沙酮，并使之转变成对付海洛因的一种合法医疗品。而且随着像海洛因这样的非法毒品市场竞争的增加，大的药品公司就投入越来越多的资源来生产和销售合法替代品（如巴比妥酸盐等）。

3. 毒品预防和治疗工业。在全美国，由联邦、州和地方政府、私立医院以及教会创办的诊所、过渡期治疗所以及咨询方案蜂拥而生。关于毒瘾原因和治疗的理论急剧增多，有关研究得到资助，实验方案得到了基金。伴随这些方案而来的是大量的工作人员：方案执行人、文书工作人员、社会工作人员、药品顾问、精神病医生、临床心理学家、毒品和酗酒问题社会学家以及由改正的吸毒者担任的训诫者。而且在刑事司法系统中的职业范围扩大，需要许多在法院和矫正机关（缓刑、假释和监狱机关）工作的人员，同时犯罪学家的工作前景也得到了改善。另外，矫治吸毒者需要有运动场，这要花费数百万元来购买土地，建造新的运动中心或改造旧的运动中心，要聘请建筑师和承包人等。计划即使绝不能够实现，但也要为之投资。

总之，上述所有这些机会都是非法海洛因工业所提供的。随着有组织犯罪在

---

① D. 斯坦利·艾兹恩. 犯罪学 [M]. 北京：群众出版社，1988：281—284.

非法海洛因工业方面的进一步发展，整个社会对非法海洛因工业的依赖程度就越来越高。如果有一天有组织犯罪业者不做非法海洛因方面生意了，那么上述所有人员都将面临失业的危险。

还有一点是我们绝不能忽视的："有组织犯罪在20世纪80年代比在30年代更少使用暴力，这主要是由于它能够用赃款和贿赂取代枪支和铜指节套。"这种政治收买已发挥着既有利于有组织犯罪的经济利益，也有利于政权当局的政治利益的作用。当然，其损害不仅包括对人民主义和社会主义等反对派的镇压，而且也包括曲解了民主过程的内容，这就是"犯罪辛迪加在其中通过扼杀社会上的相对无权者所拥有的真正民主来支持资本主义社会中的统治阶级"的情况。不过也应该认识到，由有组织犯罪的活动所导致并总是有利于社会中的统治阶级的社会控制总体说来是"无意识的"，而不是某种巨大阴谋的最终结果。

四、结语

对有组织犯罪的相对性研究表明，如果我们的着眼点注重的是社会控制而不是犯罪控制，那么许多关于有组织犯罪的刑事政策都不可能实现。这也从另一个角度说明，对于有组织犯罪，我们似乎更多的是要研究它的"组织问题"，而不是"犯罪问题"。同时，对有组织犯罪相对性的认识，使我们消灭有组织犯罪的希望一度化为泡影。因为对有组织犯罪活动发动"全面进攻"很可能意味着也是对许多最正当、合法和"神圣"的机构的"全面进攻"。如果不摧毁保护有组织犯罪的上层社会中的最宝贵的组成部分，就不可能对之发动有效的攻击。换句话说，消灭了有组织犯罪，就是消灭了所有现存的政治经济制度本身。就目前的情况而言，与其说是要消灭有组织犯罪，不如说这只是我们的理想，对之进行有效的控制以兴利除弊是我们的目标，而对之进行严厉的打击只是我们所要采取的许多措施当中的一个手段而已。

但是以马克思主义犯罪观的立场来看，人类社会发展到共产主义阶段，所有现存的政治经济制度，包括法律、阶级和国家都确乎要消亡，到那时，所谓的有组织犯罪也会寿终正寝。正如列宁所言："虽然我们不知道消亡的速度与进度怎样，但是，我们知道这种行为一定会消亡。"[①]

---

① 列宁全集：第25卷[M].北京：人民出版社，1959：450—451.

论一般犯罪现象的立体分析 [①]

内容摘要：本文从一个全新的角度构建了对一般犯罪现象进行立体分析的科学模式，以期达到迅速、准确、有效地描述犯罪现象这一目标。文章首先肯定了立体分析的轴心是马克思主义犯罪观，然后强调从横断面上分析犯罪现象的结构以及从纵截面上分析犯罪现象的过程，并从中分析犯罪现象发展、变化的规律。文中还主张从定性与定量的结合上对犯罪现象进行"定位分析"。最后提出应对犯罪现象的主体辐射进行研究。

在科学的犯罪学理论体系大家族中，犯罪现象论是一个极其重要的独立的组成部分，它是整个犯罪学研究的前提和基础。无论是犯罪原因的研究，还是犯罪预防的研究，离开对犯罪现象的科学描述和分析，都必将步履维艰，甚或误入歧途。

目前国内犯罪学研究中对一般犯罪现象的研究很不充分，即使有限的研究也陷入莫衷一是的窘境，且大多从某一平面上将一般犯罪现象割裂开来进行研究。这不仅是缺乏立体感的问题，更重要的是这种研究很难得出整体的、带有全局性的指导论点，从而使实践中的刑事政策无所适从，甚至是因为时空条件的改变，造成犯罪失控的严重后果。鉴于此，我们试图运用立体化的分析方法，构建分析一般犯罪现象的科学模式，以达到迅速、准确、有效地描述犯罪现象这一我们一直期望达到的目标。

---

①　此文原载《烟台大学学报》（哲学社会科学版），1996年第1期，本文与王林清合作。

一、立体分析的轴心——马克思主义犯罪观

对一般犯罪现象进行立体分析首先是出于这样一种认识：犯罪现象是有始有终、有头有尾的，呈现出一种阶段性的特点。它始于奴隶社会初期，终于社会主义社会末期，只此起彼伏于人类阶级社会的历史上。无阶级的原始社会还未产生犯罪，而进入共产主义社会后，犯罪现象终将消亡。当然，正如犯罪的产生是一个漫长的过程，它经历了由无阶级社会进化到有阶级社会的阵痛；犯罪的消亡也要走完一个艰难的历程，伴随着人类由有阶级社会进化到无阶级社会的巨大喜悦而姗姗来临。

关于犯罪的产生，马克思、恩格斯在《德意志意识形态》一书中指出："犯罪——孤立的个人反对统治关系的斗争，和法一样，也不是随心所欲地产生的。相反地，犯罪和现行的统治都产生于相同的条件"[①]。这个"相同的条件"就是由于原始社会末期人类物质生活条件的改变导致私有制和社会分工的出现，社会逐渐分裂为两大对立阶级，从而产生了不可调和的对抗性矛盾。而在原始社会里，"一切问题，都由当事人自己解决，在大多数情况下，历来的习俗就把一切调整好了"，当事人所不能解决的争端和纠纷，则由"当事人的全体即氏族或部落来解决，或者由各个氏族相互解决"，那时候，"没有军队、宪兵和警察"，没有"法官，没有监狱，没有诉讼"[②]，当然也没有犯罪。马克思主义经典作家们的这些论述充分说明犯罪是阶级社会所特有的一种社会现象，同时也有力地驳斥了某些犯罪学家所主张的"犯罪是自古以来就有的"谬论。

关于犯罪的消亡，列宁说得好："虽然我们不知道消亡的速度和进度怎样，但是，我们知道，这种行为一定会消亡。"[③]因为人类发展到共产主义社会，私有制、阶级、国家和法统统都要消亡，犯罪现象又怎么会独自存在呢？有人虽然承认犯罪是奴隶社会初期产生的，但又认为："迄今为止的历史经验表明，犯罪是不会消亡的。"其言下之意是，在今天妄谈人类遥远的未来尚操之过急。这实质上是历史虚无主义和不可知论在现实生活中的反映，其论点是与马克思主义犯罪观背道而驰的。

---

① 马克思恩格斯全集：第3卷 [M]. 北京：人民出版社，1979：379.

② 马克思恩格斯全集：第21卷 [M]. 北京：人民出版社，1979：111.

③ 列宁全集：第25卷 [M]. 北京：人民出版社，1959：450.

对一般犯罪现象进行立体分析还出于这样一种认识：犯罪现象是有边界的，呈现出一种范围性的特点。在一定的时空条件下，它与非犯罪现象之间泾渭分明，存在一条不可逾越的鸿沟。无论哪个国家哪种形式的刑法，罪与非罪的分野都是第一个原则性问题。当然由于犯罪概念的相对性，有时也会发生此时此地被规定为犯罪的行为，彼时彼地却不认为是犯罪，或者情况相反，致使犯罪现象与非犯罪现象之间界限模糊不清，常给人以难以启齿之感，这与犯罪现象的复杂性、多变性和人们的认识水平以及社会物质生活方式的矛盾有很大关系。但是我们不能因此否认犯罪现象与非犯罪现象之间在某一时点上的明确的"三八线"。犯罪现象的范围性特点不容抹杀。

上述分析使我们顺理成章地树立了一个信念：犯罪现象是立体的。当这种有始有终、有明确边界的立体形象跃入我们脑海的时候，对之进行立体分析的大致轮廓就已经勾勒出来了。但是确立一个分析轴心仍然是非常必要的，而确立怎样的分析轴心更是十分关键，这是关系到研究立场和方向的一个基本问题。马克思主义犯罪观是我们对一般犯罪现象进行立体分析的轴心，是科学深入地揭示犯罪现象本质内核的思想武器。这一轴心贯穿到立体分析的方方面面，是立体分析的灵魂。无论哪一种视角的分析方法，都只能与这一轴心并行不悖，围绕这一轴心运作。否则，就会得出互相矛盾的结论，陷入进退维谷的两难境地。

马克思主义犯罪观是博大精深的。马克思主义经典作家并没有关于犯罪问题的专门论著，其犯罪学思想的光辉散见于他们关于哲学、政治、经济、历史等一系列著述中。也许我们目前还没有能力做到一无所漏地描述马克思主义犯罪观的所有内容，但对一般犯罪现象的立体分析确立这一轴心，实在具有脊梁的意义。

二、结构式分析与过程式分析

结构式分析是立体分析的横轴，过程式分析是立体分析的纵轴，二者纵横交错，构成对一般犯罪现象进行立体分析的基本框架。

结构式分析就是对立体的犯罪现象横断面的研究，也就是分析犯罪现象的结构。结构是什么？系统论认为，结构是系统内各要素的组织规则和形式，是要素间的关系，系统通过结构将要素联结起来。系统对要素的制约和要素对系统的作用都要经过结构的中介。结构通过对要素的制约，使系统保持稳定性，要素的变化被限制在一定范围内，这就是量变；一旦要素突破结构的制约，系统就会瓦解、转化，这就是质变。不过，系统结构是有高、低层次之分的，低层次的要素并不会直接对系统发生作用，它必须先作用于高层次的要素，并通过它来影响系统整体。

犯罪现象的结构就是联结犯罪现象各要素的组织规则和形式。我们可以用三种主要特性来确定犯罪现象的结构概念：（一）等级。犯罪现象各要素从最小到最大，从低层次到高层次逐步归并。（二）关系。犯罪现象的每个要素都与其他同级或不同级的要素处在一组关系之中。（三）功能。犯罪现象的每个要素都具有一种它这一级的功能，也有一种与上一级要素有关的功能。具体来说，犯罪现象的结构通过犯罪主体、犯罪行为、犯罪危害状况三要素及其相互关系体现出来。从这个角度看，犯罪现象就是犯罪主体通过他们的犯罪行为所造成的某种危害状况。上述三要素对犯罪现象都是必不可少的，它们构成了犯罪现象结构的第一个层次。但仅有这种认识是远远不够的，结构式分析还要求我们寻找第二个层次、第三个层次直至最低层次的要素。在这个过程中，经常运用的方法是计算结构相对数，也就是结构指标。它反映某一统计总体中各部分所占比重的相对数，通常用百分数表示。例如，在全体犯罪人数中，各类犯罪人所占的比重；在全部犯罪行为中，各类犯罪行为所占的比重。值得注意的是，统计总体中各结构相对数的总和应等于100%，也就是组织系统本身。

结构式分析属于横向的、相对静止的分析，目前这种分析已经显示了它在方法论上的优越性，通过对犯罪现象的结构式分析，人们发现，犯罪低龄化、国际化和新技术领域犯罪等犯罪现象的结构特征变得非常突出，并且引起愈来愈多的犯罪学家、刑法学家和司法实践部门对之展开重点研究，以期找到相应的预防对策。可以说，没有结构式分析的犯罪现象论不会是科学的有价值的犯罪现象论。

与结构式分析不同，过程式分析是对立体的犯罪现象纵截面的研究，也就是分析犯罪现象的过程。犯罪现象的过程大到泛指人类社会犯罪现象产生、发展、变化和消亡的过程，小到指某个国家或地区或全世界在一定时期内犯罪现象发展和变化的动态，也可指某一类型的犯罪在一段时期内的演变经过或趋势，甚至对个体从一般违法行为到犯较轻的罪行，再发展到严重犯罪的规律性研究也属于过程式分析。犯罪现象的过程式分析属于纵向的、动态的分析。它向人们展示了犯罪现象的脉络，使立体的犯罪现象呈现出"纤维束集合体"的特点。任何特定时期的犯罪现象都不是独立地存在的，过程式分析方法将过去、现在和未来一定时期的犯罪现象串联起来，它是揭示犯罪的根源、原因，预测未来犯罪发展变化规律，制定有效的刑事政策必不可少的环节，这对犯罪学的理论和实践都是极为重要的内容。通过对犯罪现象的过程式分析，人们坚定了预防、控制乃至消灭犯罪现象的决心和信念，它为人们实现梦寐以求的消灭犯罪的目标做出了方法论上的贡献。

对犯罪现象的立体分析以结构式分析为横轴，以过程式分析为纵轴，二者纵横交错，支撑起立体分析的大厦。应当看到，结构式分析和过程式分析都不是孤立的，两者之间存在极为密切的联系。结构是过程的内容，过程是结构的形式。犯罪现象过程的动态正是通过犯罪现象结构的发展变化表现出来的。同样，犯罪现象结构的静态也是一定过程中的相对静止，是运动的一系列变化中暂时的静止。没有结构的过程是形式主义，没有过程的结构是机械唯物主义，这两种片面认识都应该抛弃。只有把结构式分析与过程式分析结合起来，从动静的结合上准确地说明犯罪现象，才能较好地完成对犯罪现象进行立体分析的科学构想，这才是马克思主义的分析方法。

三、定性分析与定量分析

定性分析是立体分析的经线，定量分析是立体分析的纬线，二者经纬交织，构成对犯罪现象的网络状立体分析体系。

定性分析与定量分析原本都是自然科学中分析化学的分支。后来，这两种自然科学的分析方法被按照各自不同的用途广泛应用于社会科学的各个领域当中对社会现象的研究，并且很自然地逐渐被犯罪学家们所采纳，用以对犯罪现象的分析研究。

对犯罪现象的定性分析就是对犯罪现象质的规定性的分析。犯罪现象质的规定性表示犯罪的性质、规律、结构、特征等。只有研究犯罪现象质的方面，才能真正把握犯罪现象的规律性和本质特征，才能对犯罪现象做出判断和采取正确的对策。毛泽东说，我们看事情必须要看它的实质，而把它的现象只看作入门的向导，一进了门就要抓住它的实质，这才是可靠的科学的分析方法[①]。人们对事物的认识过程就是"从现象到本质，从不甚深刻的本质到更深刻的本质的深化的无限

[①]　毛泽东选集：第1卷 [M]. 北京：人民出版社，1968：98.

过程"①。对犯罪现象进行定性分析，其目的就在于透过现象揭示本质，把握犯罪现象发展变化的方向和趋势。

对犯罪现象的定量分析就是对犯罪现象量的规定性的分析。犯罪现象量的规定性表示犯罪的等级、规模、数量、形式及其变化的速度、程度等。这种从数量上来认识犯罪现象的分析方法其实就是数学化的方法。马克思认为："任何一门科学，只有充分运用了数学时，才能成为真正的科学。"美国著名科学家汤姆生说："你所研究的问题，如果不能用数学来表示，那么你的认识是不够的，不能令人满意的，在你的思想上还没有上升到科学的阶段。"对犯罪现象的定量分析通过充分地运用数学方法，特别是现代应用数学的理论和数理统计技术，极大地提高了人们认识犯罪和解决犯罪问题的精确性、科学性。

辩证唯物主义认为，任何具体事物都既有质的规定性，又有量的规定性，是质与量的统一体。任何事物的质都是一定量的质，事物的量也是一定质的量。质是量的基础，量又制约着质，没有质的量和没有量的质的事物是不存在的。这一基本原理使我们深刻地认识到，定性分析与定量分析是唇齿相依、紧密联系的，二者是一个问题的两个方面，共处于矛盾的对立统一体中。定性分析是定量分析的基础，离开了定性分析，定量分析就成为空中楼阁。如果定性分析不准，再科学的定量分析方法也毫无用武之地。另一方面，定量分析是定性分析的延伸和近景归宿，它为新的定性分析做必要的准备。离开了定量分析，定性分析就会失去准确性和科学性。如果定量分析不当，定性分析就会偏离预定目标，得出错误的结论。

犯罪现象的立体分析以定性分析为经线，以定量分析为纬线，并将二者有机地结合起来，使之经纬交织形成网络状的分析体系，具有理论方法论上的深远意义。它就像一架"定位器"，将所有时点上的犯罪现象及其要素置于立体分析的网结上予以"定位"分析，从定性与定量的结合上将犯罪现象零散、游离的表现事实归引到一个崭新的更高的层次，为我们登上精确地认识犯罪现象和有效地预防控制犯罪的科学殿堂打开成功之门。

---

① 列宁全集：第38卷 [M]．北京：人民出版社，1959：239．

四、犯罪现象的立体辐射

我们曾经强调过犯罪现象具有阶段性和范围性的特点，但这并不意味着犯罪是凌空架置在人类社会上方的一座重负。相反，犯罪现象作为人们与之面对面进行斗争的一个社会问题，即使在当今社会它也无时无刻不在发生，就像系在人们心头的一块铅坠，一旦提起就牵动五脏六腑。毫不夸张地说，犯罪现象就存在于你我他之间，它根植于人类社会，又危害社会。

毋庸置疑，犯罪现象不是远离人类社会独立存在于其他社会现象之外的，它与许多社会现象之间都有着千丝万缕的联系，这种斩不断、理还乱的乱麻式联系正是通过犯罪现象的立体辐射演示出来的。

我们应该承认，在原始社会和共产主义社会，也有违反世代相传的习惯和公共生活准则的捣乱行为，有争端和械斗，有杀人和强奸等等。正如列宁所言"我们丝毫也不否认个别人捣乱的可能性与必然性，同样也不否认有镇压这种捣乱的必要性"[1]。但是，由于原始社会和共产主义社会没有阶级统治的社会经济条件，没有统治与被统治的关系，因而这些行为不可能具有"反对统治关系"的社会内容。也就是说，不管把这些行为叫作捣乱行为，还是取个别的什么名称，但不能把它们称作"犯罪"。至于如何镇压这种捣乱行为，列宁认为"做这件事情用不着什么特别的镇压机器，特别的镇压机关，武装的人民自己会来做这项工作，而且做起来非常简单容易，正像现代社会中任何一群文明人都很容易去劝解打架的人或制止虐待妇女一样"[2]。这与在阶级社会里人们对待犯罪现象的正式反应或非正式反应都是截然不同的。从把犯罪还原为人们违反规范的行为这点上而言，原始社会和共产主义社会的"捣乱行为"就是有阶级社会犯罪现象的阶段性立体辐射。这难道不正是马克思主义犯罪观与"犯罪永恒论"的分水岭吗？而且从这种阶段性立体辐射当中，人们不难看出，探讨犯罪的本源和预防控制犯罪的有效途径，仅把着眼点局限于人类阶级社会是远远不够的，人们的研究触角必须前后延伸至无阶级社会，对犯罪现象阶段性立体辐射所致的人类形形色色的行为进行一番重新审视。只有这样，犯罪学研究才有希望达到光辉的顶点。

我们还应当承认，犯罪现象的范围性特点是相对的，犯罪现象的立体外缘并

---

① 列宁全集：第25卷 [M]. 北京：人民出版社，1959：451.

② 列宁全集：第25卷 [M]. 北京：人民出版社，1959：451.

不如人们想象中那样刀削斧凿般整齐，而是高低不平、跌宕起伏的。犯罪现象的复杂性、多变性使得与犯罪有联系的越轨行为、悖德行为以及近似犯罪的违法行为、准犯罪行为等成为犯罪现象范围性立体辐射的辐射物。这种横断面上的立体辐射拓展了犯罪学研究中"犯罪"概念的范围，从犯罪本身的发展变化规律上看，绝大多数法定犯罪都是由一些违法、越轨行为逐渐演变而来的。个体之所以最终走上犯罪道路，也往往是先有一定的越轨、违法行为，而后才恶性转化为实施严重危害社会的犯罪行为。犯罪学把一些轻微危害社会的行为视为犯罪现象的立体辐射，对犯罪学所研究的犯罪进行扩大解释，是符合犯罪原因和犯罪控制研究要求的，是由犯罪学本身的特点所决定的。

　　总之，从一个全新的视角将一般犯罪现象立体化，宏观抽象地对之进行立体分析，从定性与定量的结合上既分析犯罪现象的结构，又分析犯罪现象的过程，并对犯罪现象的立体辐射展开研究，是犯罪学研究方法上的一个升华，是犯罪现象论的一个重大理论突破，它也为研究犯罪原因、犯罪控制提供了崭新的思维动向。

计算机犯罪的手段 [①]

计算机犯罪手段主要分为暴力和非暴力两种。暴力手段是指对计算机资产实施物理性破坏，如使用武器摧毁系统设备和设施，炸毁计算机中心等活动。非暴力手段是指用计算机技术知识及其他技术进行犯罪活动。后者称高技术犯罪或智能犯罪，而且这部分犯罪最为常见。为了在设计计算机安全保护功能时，能充分考虑到计算机犯罪手段复杂性及多样化，从而有效地预防计算机犯罪，并为有关计算机犯罪的立法提供基础，了解当前计算机犯罪的主要手段是非常必要的。

1. 特洛伊木马术（Trojan Horse）。特洛伊木马术是借用公元前1200年古希腊特洛伊战争中，把士兵隐藏在木马腹中进入敌方城堡，出其不意而攻占城堡的故事，来表示以软件程序为基础进行欺骗和破坏的方法。这种方法是在一个计算机程序中先指定任务的情况下，执行非授权的功能进行犯罪活动。在日本发生的"PC—VAN"事件是一例。"PC—VAN"是日本最大的个人计算机通信网络。但在1988年8月中旬，网络中成员都可以在屏幕上看到意义不明的文章。经过跟踪调查，确认这一意义不明的文章是一种暗号，是"罪犯"用以盗窃其他成员口令的（密码文字）一个手段。"罪犯"通过电子邮件把带有"机关"的程序从网络中发送给用户，网络成员只要一启动个人计算机，这一"机关"便立即潜入该机的操作系统，并在屏幕上出现意义不明的文章。为了弄清其含义，用户往往输入自己的密码，以寻求系统的帮助。这样，"罪犯"便能窃取到对方的密码了。这是计算机犯罪中典型的特洛伊木马术。

---

① 此文原载《法学》1996年第8期。

2. 数据欺骗（Data Deceiving）。非法篡改输入、输出数据或输入假数据。如伪造或冒充输入文件，用事先准备好的替换内容更换正常的输入内容等。这种犯罪常常发生在数据输入前或输入过程中，包括数据的产生、记录、传送、编辑、校对、调试、变更和转移等各个环节。这是计算机犯罪中最简便、最普通、最常见的方法。由于罚款理由一项数据被人篡改，信件内容变成了收信人因谋杀和敲诈勒索犯罪而必须交纳罚款，一时间造成极坏的社会影响。当然，该办公室的几万封道歉信也赶紧发出去了。

3. 意大利香肠术（Salami Techniques）。Salami 是指意大利式香肠。这种犯罪是采用不易觉察的手段，使对方自动做出一连串的细小让步，最后达到犯罪的目的。如美国的一个银行计算机操作员在处理数百万份客户的存取账目时，每次结算都截留一个四舍五入的利息尾数零头，然后将这笔钱转到另一个虚设的账号上，经过日积月累，积少成多，盗窃一大笔款项。这种截留是通过计算机程序控制自动进行的。

4. 逻辑炸弹（Logic Bombs）。有意设置并插入程序的编码。这些编码只有在一个特定时间（没有定时器）或是特定的条件下才执行，如以进行某种特定事务处理的输入作为触发信号而发起攻击的"炸弹"。逻辑炸弹是对系统的潜在威胁和隐患，它有可能抹除数据文库，或者破坏系统功能，使整个系统瘫痪。例如美国某公司负责工资表格的程序员在文件中事先秘密放置了一段程序，当他本人被公司解雇或名字从工资表中去掉时，在他离开公司 3 个月后，该程序破坏了系统的文件库。

5. 超级冲杀（Superzapping）。Superzap 是由大多数 IBM 计算机中心使用的公用程序（共享程序）。它是一个仅在特殊情况下（当计算机出现故障、停机或其他需要人工干预时）方可使用的高级计算机系统干预程序。若被非授权用户使用，就可能从事非法存取或破坏数据及系统功能的犯罪活动。如美国新泽西州一家银行的计算机操作人员不通过通常的控制日记记录，而是利用干预程序直接修改客户的账目，盗走 128 万美元。

6. 活动天窗（Trapdoors）。它是一种由程序开发者有意安排的指令语句。该种语句利用人为设置的窗口侵入系统，在程序查错、修改或是再启动时通过这些窗口访问有关程序。窗口的操作只有程序开发者掌握其秘密，而别人则往往会进入死循环或其他歧路。例如，美国底特律的几位汽车工程师通过佛罗里达商用分时服务系统中的一个活动天窗，查到了公司总裁的口令，进而获得了具有重要商业价值的计算机文件。

7. 废品利用（或称拾垃圾 Scavenging）。有目的或有选择地从废弃的资料、磁带、磁盘中搜寻具有潜在价值的数据和信息、密码等。例如，有一个用户从磁盘上窃取到若干石油公司暂存的地震测量数据，并把这些具有商业价值的数据转卖给其他的石油公司从中牟利。

8. 寄生术（Worms Similar to ZapPing）。用某种方式紧跟享有特权的用户打入系统，或者在系统中装入"寄生虫"。它主要以小型机和分布式网络系统为攻击目标，并通过网络进行传播，进而危害整个系统。通常情况下，其恶性作用会造成正常的网络服务遭到拒绝或发生死锁。

9. 数据泄露（Data Leakage）。这是一种有意转移或窃取数据的手段。例如，有的作案者将一些关键数据渗漏混杂在一般性的报表之中；有的计算机间谍在计算机系统的中央处理器上安装微型无线电发射机，将计算机处理的内容传送给几公里外的接收机。

10. 浏览（Browsing）。利用合法使用手段查找搜寻不允许访问的文件。通常，这种活动并没有明确的目标，只是对"只读""妨写"或加密的文件感兴趣。如利用合法访问某一指定部分文件的机会，趁此访问非授权文件。

11. 截收（Intercept）。用必要的设备从系统通信线路上直接截取信息，或者接收计算机设备和通信线路辐射出来的电磁波信号并用以犯罪。

12. 冒名顶替（Impersonation）。通过非法手段获取他人口令或许可证明之后，冒充合法使用者从事欺骗或其他犯罪活动。例如，从旁窥探终端用户进入终端时键入的密码口令；趁用户临时有事暂离或去接电话之机使用终端或以用户身份进行非授权访问；冒领或"代领"用户程序或打印结果；冒充上机用户领取存放在计算机中心的磁带或软磁盘，等等。

13. 伪造（Fabrication）。如伪造他人的信用卡、磁卡、存折等。如我国1986年发现的首例计算机犯罪。1986年7月22日，港商李某前往深圳人民银行和平路支行取款，微机显示，其存款少了2万元人民币。2个月后，迎春路支行也发生了类似情况，某省驻深圳办事处赵某存入银行的3万元港币，经微机检索也已不翼而飞。经侦查认定，上述存款均被同一犯罪分子利用计算机知识伪造存折和隐形印鉴诈骗而去。这类犯罪极为常见，举不胜举。

14. 制造或传播计算机病毒（ComPuter Virus）。计算机病毒是隐藏在可执行程序中或数据文件中，在计算机内部运行的一种干扰程序。计算机病毒已经成为计算机犯罪者的一种有效手段，也是对计算机进行攻击的最严重的方法。它具有可传播、可激发和可潜伏性，可能会夺走大量的资金、人力和计算机资源，甚至破坏各种文件及数据，造成机器的瘫痪，带来难以挽回的损失。它同一般生物病毒一样，具有多样性和传染性，可以繁殖和传播，因此有人将它比喻为计算机系统的"艾滋病"。如美国康奈尔大学一名25岁的大学生、计算机能手罗伯特·莫里斯在1988年11月2日编制了名为"蚯蚓"的淘气程序，使包括美国宇航局、军事基地和一些主要大学在内的6000台计算机染上病毒，陷于瘫痪。最终法院根据有关法律判处其3年缓刑并罚款1万美元，同时必须参加400小时的社区服务。

计算机病毒最初起源于美国，十几年前首先发生在美国电报电话公司的贝尔实验室，由于工作人员失误而制造出了病毒。计算机病毒的本质是非授权的程序加载。它可以按指数模式进行传播或扩散。所以，计算机病毒的破坏力不在于软件的大小，相当程度上取决于病毒的再生机制。在某种意义上，计算机病毒也是对缺乏软件安全意识和随意拷贝软件的一种惩罚。

目前发现的计算机病毒已有上千种，传入我国的病毒也已过百种，以小球病毒和大麻病毒为甚。小的计算机病毒程序只有20多条指令，不到50个字节；而大的计算机病毒程序则像是一个操作系统，有上万条指令组成。不同的病毒有不同的症状特征。有的可直接察觉，有的则表面无异常，而在系统内部造成危害，还有的病毒在不同的条件下呈现不同的症状；有些病毒传播很快，并且一旦侵入就马上摧毁系统，而另一些病毒则有较长的潜伏期，潜伏一段时间后才发作；另外，不同种类的病毒传播介质也不尽相同。根据病毒所寻找的宿主，可将病毒分为源码病毒（Source Code Viruses）、入侵病毒（Intrusive Viruses）、外壳病毒（Shell Viruses）和操作系统病毒（OS Viruses）。前3种病毒是相对于主程序或源程序而言；而操作系统病毒程序是把大量的攻击逻辑隐藏在虚假地标明为坏磁道的扇区上，其他部分则装在常驻内存的程序或设备的驱动器之中，以便秘密地从内存进行感染或攻击。

论犯罪调查 ①

犯罪调查，是指国家司法机关、统计部门、有关学者为描述犯罪现象，解释犯罪原因，对犯罪案件、犯罪人和犯罪侵害诸情况所进行的调查。犯罪调查，特别是调查与犯罪有关的社会各阶层人士的情感、志趣、好恶以及社会关系的种种状态乃至政策、法律实施的社会效果，是了解犯罪之所以发生以及如何对之进行预防与处置的有效方法。只有把犯罪这种社会现象的现状及其动态调查清楚，并找出其发生、发展和变化的规律，才有可能从根本上解决犯罪问题。

一、犯罪调查的内容

犯罪调查依调查对象的不同，可分为以下几项专门性调查。

（一）犯罪案件调查

犯罪案件调查是指对一定时空内犯罪的发生及分布状况的调查。这种调查的主要作用在于了解社会治安状况，就是说根据调查结果，我们可以获悉一定时空内的犯罪严重程度。可依3种分类标准来进行犯罪案件的调查：第一，以刑法（包括特别刑法、国际刑事法规）规定的罪名、刑种、同类客体或其他犯罪为标准；第二，以犯罪学上的犯罪分类为标准；第三，以其他刑事科学及统计需要的犯罪分类为标准。犯罪调查中对各类刑事案件数目的计算不同于刑法中罪数的计算。犯罪案件调查中计算件数的目的，是客观描述社会治安状况，而不是如何正确适用刑罚。例如，连续犯罪的数次犯罪行为，在刑法中以单一罪论，而在犯罪

---

① 此文原载《检察理论研究》1996年第5期。

案件调查中则应以数件计。

1. 犯罪案件的一般调查。指对于犯罪案件的一般事项所做的调查。这种调查主要包括两项。

（1）犯罪案件发生调查。犯罪案件的发生有两种情况，一是实际发生；一是检举发生。实质发生指犯罪事实即经成立，不问检举与否，均视为犯罪案件发生。如告诉才处理的案件被害人为顾全名誉而不予告诉或者告诉后撤回告诉的，以及因其他原因未被检举告发的犯罪案件。这些案件在犯罪调查中，虽未列入统计，但其社会危害性是客观存在的，因此应当视为犯罪案件的发生。所谓检举发生，是指犯罪案件发生后，经过他人报案或检举才发现。就衡量社会治安状况而言，采用犯罪案件的实质发生比采用检举发生更为恰当，但如何获得犯罪案件的实际发生数，却是一个不易解决的问题。从我国当前的犯罪案件发生调查来看，仅以司法机关获悉的犯罪为限，因此属于调查检举发生，而非调查实际发生。如何能使检举发生数接近于实质发生数，是犯罪调查中值得研究的课题。

犯罪案件的发生调查又可以进一步分为发生的时间性调查和空间性调查两类。

①发生的时间性调查。具体包括：A.年度调查。以年度或年份为单位，调查刑事案件的发生，其主要用途在于为我们观察犯罪的长期趋势做准备。B.季节月份调查。四季月份的气候不同，农产物也不同，尤其经济现象受季节月份的影响很大，如物价的变动，利率的升降等。至于犯罪是否也受季节月份的影响，很值得研究。近年来，日本和我国台湾地区的犯罪统计资料表明杀人、伤害、盗窃、性犯罪等与季节月份的变动密切相关。C.节假日调查。犯罪案件是否因人们工作繁忙而减少？或者是否因人们在节假日休息闲散而增多？这也是一个值得研究的问题。根据日本1956年的犯罪统计，盗窃自行车案件，以星期日和星期六为最多，这充分说明犯罪与节假日有若干关系。此外，还有犯罪案件发生的时刻调查、发生时的气候调查等也都有某一方面的积极意义。

②发生的空间性调查。具体包括：A.行政区调查。即分别对各省（自治区、直辖市）、市（地区）、县（区）、乡（镇）、街道（村）等行政区域范围内发生的犯罪案件的调查。这种调查的目的在于了解本行政区内的犯罪状况和比较各地的犯罪严重程度。B.治安管区调查。治安管区是指警察所辖管的区域，因为警察是维护社会安全的主体力量，所以任何地方均设置警察单位。如我国的公安部、

公安厅、公安局、公安分局、公安处以及基层派出所等，自下而上分别划定其固定的执勤地区和责任范围。而治安管区的犯罪发生调查不仅便于了解每一管区内的治安状况，同时易于比较不同管区治安工作的成绩。C.行为地调查。行为地调查又有农村与城市之别，在城市的犯罪行为地中，又有住宅区、交通场所区、文教卫生区、工商金融邮电区和其他特殊场所如舞厅、酒家、旅馆、剧院、浴室等之分。这类调查的目的在于掌握各种行为地犯罪发生的特点和规律，以为重点防范提供依据。

（2）犯罪案件的侦破调查。犯罪案件的发生调查对预防犯罪有很大作用，同样犯罪案件的侦破调查对促进犯罪的侦查工作也有相当裨益。这类调查具体包括3种情形。

①侦破的时间调查。所谓侦破时间调查，是指对破案所需的时间进行调查。侦破案件有的需时长，有的需时很短，需时较长者，时效较小；需时较短者，时效较大。我们之所以要争取时效，一方面，是为了使被害人在精神上或物质上早日获得补偿；另一方面，迅速破案，无异会加强社会成员的心理安全，恢复国家维护社会治安的信誉。不仅如此，争取时效对侦破案件也有极大的帮助。实践证明，凡愈能争取时效的，其破案率愈高；反之，对时效愈不重视，其破案率则愈低。这是因为破案的证据随着时间的延长会逐渐丧失其证明力，从而使破案更加困难。侦破时间的起算以犯罪案件发生时起至破案时止。如果犯罪案件的发生时间不能确定时，应以弹性推定其适当的时间。

②破案单位及状况调查。这种调查在破获的案件为同一单位时并无困难，但如果涉及两个以上单位，应如何处置？在调查方案中应当予以明确，才不致因争功诿过而降低侦破效率。关于破案的状况，大致可分为直接破获和间接破获。直接破获又可以分为若干情形，如警察因巡逻而破获的案件，或根据被害人陈述破获的案件，或侦破甲案时附带破获乙案等。间接破案的情形有根据公众的举报线索破案，或发现证物及犯罪嫌疑人因而破获的案件等。上述调查对于检验侦破效能是否有所提高具有很强的说服力。

③诉讼调查。主要是指对犯罪案件侦查终结是否提起诉讼的有关调查。根据新刑事诉讼法的规定，犯罪案件经侦查机关侦查终结以后，应当移送检察机关审查决定是否提起公诉。如果人民检察院认为犯罪嫌疑人的犯罪事实已经查清，证据确实、充分，依法应当追究刑事责任的，应当做出起诉决定。反之，如果人民

检察院认为证据不足，不符合起诉条件或者犯罪情节轻微、依照刑法规定不需要判处刑罚或者免除刑罚的，可以做出不起诉决定。诉讼调查主要是弄清提起公诉的案件有多少，不起诉的案件有多少，以明了侦查的状况，这不仅可减少草率结案的弊端，而且可以促进司法机关对侦查的慎重。

2. 个案调查。指对少数比较重要的案件所做的特别调查。与一般调查不同，个案调查侧重于某种案件的特有性进行调查。值得调查的刑事案件很多，究竟哪些案件可作为个案调查的对象，必须有一个适当的选择，才不致本末倒置枉费精力。关于个案调查对象的选择应根据何种标准，迄今尚未形成一致的看法。笔者以为至少应遵照以下几种原则：第一，当前呈剧增趋势的刑事案件，如青少年犯罪、计算机犯罪、交通肇事、经济犯罪等；第二，有彻底根绝必要的刑事案件，如毒品犯罪、赌博、公务员犯罪等；第三，暴力凶杀案件，如杀人、强奸、放火、抢劫、恐怖活动等。

个案调查的具体内容包括：（1）个案的起因调查。个案的起因是指某种个案发生的直接原因，如吸毒案的起因，根据美国医学联合会的报告，在患有吸毒癖者1225人中有23%是由于医生曾用此药料医治患者的某种疾病；有17%是由于患者本人曾用此药料为止痛的方法；52%是由于患者的心绪不宁，而用此药料镇定精神，或在患者友人中有类似做法的；此外还有8%有难以确定的原因。又如关于青少年犯罪的原因，根据近年来学者的不断研究，大多认为其受客观环境方面的影响很大，如不健全的家庭、不良的社会环境等。所谓不健全家庭，指足以影响青少年身心，而使其沦入不良途径的家庭，如父母离异、死亡，或有不良习惯及恶行等。在学校教育方面如教学不能引起学生学习兴趣，或学业督导不严，或忽略了思想品德教育，等等。

（2）犯罪方法调查。犯罪方法随犯罪人的经验不同而不同，犯罪人经验愈丰富其犯罪方法愈高明。要想有效地预防犯罪，必须先对犯罪方法有所了解。任何一种犯罪，都有其特殊的犯罪方法，要对所有的犯罪方法都做详尽的介绍，事实上不可能。可以对犯罪进行有目的的分类，然后对不同类型犯罪的方法进行调查，以查明各种犯罪常见的犯罪方法，为预防犯罪提供基础。

（3）犯罪组织调查。有些犯罪是在犯罪组织的策划下进行的，如流氓组织、盗窃组织等。犯罪组织愈庞大，其为非作歹的程度也愈严重。对犯罪组织进行调查，主要是对共犯人数作调查。共犯人数可分二人犯、三人犯、四人犯等。

此外就共犯人数与被害人数之间的比例也要进行调查，以对案情的分析研究提供帮助。

此外对犯罪发生的线索和犯罪人与被害人的关系也可以进行调查。

（二）犯罪人调查

犯罪人调查是以犯罪人为对象的调查，也可以说是专门研究犯罪人的生活环境、性格、体质等遗传因素的综合调查。其目的不仅是描述犯罪现象的特点，更主要是为犯罪原因研究提供事实依据。同时，犯罪人调查的结果也是个体犯罪行为预测和监狱选择犯罪人处遇的依据。

犯罪人调查依其内容的不同可分为6个方面。

1. 犯罪人的分类调查。包括按年龄分为成年犯和未成年犯，按性别分为男犯和女犯，按国籍分为本国人犯和外国人犯，按犯罪次数分为偶犯和累犯，按犯罪性质分为暴力犯和智力犯等。

2. 犯罪人家庭环境调查。具体包括以下3种。

（1）家庭经济调查。分为：①家庭人口调查。不仅要调查家庭人口的数量，还要调查家庭人口的质量。关于家庭人口的质量，首先依年龄的不同，可分为6岁以下幼儿，6岁以上12岁以下的儿童，12岁以上18岁以下的少年，18岁以上50岁以下的壮年，50岁以上65岁以下的次壮年，以及65岁以上的老年等。其次，还要调查家庭中赚钱维持家计者几个，依赖他人生活者几人等。②家庭财富调查。指对家庭中的固定奖状及其他流动财物所做的调查。③家庭所得与消费调查。家庭所得包括家庭的经常所得如财产、薪资等，家庭的临时所得如遗赠所得等，及家庭的杂项所得如中奖、保险金等。家庭消费大致可分为食物、衣着、居住、杂费等4项。

（2）家庭潜化力调查。分为以下2种。①父母行为调查。对犯罪人父母的行为应予调查的有以下数项：其一，恶劣的习惯，如嗜酒、嗜赌、嗜嫖或淫荡及吸食毒品等；其二，不良行为，如盗窃、斗殴、欺骗，或其他行为不检等。②父母职业调查。家庭的类别与父母的职业有很大关系。而家庭的类别对子女的生活习惯有很大影响。如果父母从事不相适宜的职业，如开设酒家、经营妓院、从事舞厅、歌厅等职业，对于子女的不良诱导有显著作用。另外家庭潜化力量，除去父母行为以外，兄弟姐妹的行为也彼此互有影响。

（3）家庭变故调查。分为以下2种。①父母存亡与婚配调查。根据美国纽约对犯罪儿童的调查，其中有55%皆无父母，被捕的儿童有60%为父母不全或离异。又据意大利的统计，青少年犯罪人中有18%—23%属于孤儿，疯人院中孤儿占51%，可见儿童时期父母的存亡，关系到他以后品行的发展。另外，父母的婚配状况等家庭变故，也对幼儿的心灵有极深刻的影响，对之进行调查自然十分必要。②犯罪人的婚姻状况与其他变故调查。如是否有离婚、丧偶或者其他变故，足以使家庭经济发生崩溃或对个人身心发生严重的伤害。

3. 犯罪人的社会环境调查。具体包括以下3个方面。

（1）居处环境调查。分为籍贯调查、邻居状况调查、搬迁情况调查等几方面。

（2）教育环境调查。其内容主要有2个方面。①学校环境调查。包括 A. 教育程度调查。受教育程度的高低，对犯罪是否有绝对影响，迄今尚无人作积极的研究，有人认为教育是助人作恶的一种工具，受教育的程度越高，其犯罪的技巧方法也越高明。有资料表明，犯罪较多者，多为稍受教育之人，至于不识字的文盲，犯罪的反而少。另一种观点认为，接受教育是个体改善气质、培养品德的根本途径。究竟受教育的程度与犯罪之间有何关系，有待于对犯罪人的教育程度调查证明。B. 操行品德调查。学生在校遵守校规，努力学习，则其操行品德良好。反之，不能遵守校规，如说谎、偷窃、侮辱师长、打骂同学，或在校外斗殴滋事等，则其操行品德不良。一般来说，操行品德不良的学生，将来走向社会很可能不受社会法律的拘束而走向犯罪的道路。C. 学校成绩调查。犯罪遗传学派认为，犯罪多半属于低能的人所为。假如真是这样的话，那么学生在校成绩的优劣与其将来的犯罪之间必然具有密切联系。要检验这一点，就有赖于对学生在校成绩的调查。

②社会教育环境调查。社会教育环境是指学校以外的教育环境，如戏剧、电影、图片展览、报刊、审查影片、提倡正当娱乐等。社会教育环境调查主要包括：A. 娱乐爱好调查。娱乐爱好因人而异，范围很广，对犯罪人的娱乐爱好进行调查，只能由大众化娱乐爱好方面着手，如戏剧、电影、球类、跳舞等，至于个人化的娱乐，则可以忽略不予考虑。B. 嗜读书刊调查。良好的书刊，可对读者产生良好的反应；不良的书刊，则可能产生不良的后果。对犯罪人嗜读的书刊进行调查，尤其是对不良书刊的反应，应当广为调查收集，以利参考。此外，还可以对犯罪人的宗教信仰进行调查，以发现它同犯罪之间是否具有某种联系。

（3）职业环境调查。分为职业种类调查和工作态度调查等几个方面。

4.犯罪人受刑环境调查。具体包括以下3个方面。（1）受刑前调查。其主要内容包括检举种类调查、羁押方式调查、侦查结果调查以及劣行前科调查等。（2）受刑中调查。其主要内容包括初审判决调查、上诉经过及结果调查、狱囚生活调查、狱囚赏罚调查、囚犯健康调查、囚犯技能调查、囚犯释放方式调查等。（3）受刑后调查。其主要内容包括获释后家庭状况调查以及就业状况调查等。

5.犯罪人出生及外形遗传调查。分为犯罪人出生调查包括性别、出生年月日等和犯罪人外形遗传调查（包括面相如脸型、眼眉、口鼻耳和头形头发、手相、四肢、肤色等）。

6.犯罪人内质及心理遗传调查，分为内质调查（包括血型、内分泌、排泄系统等）和犯罪人心理遗传调查（包括情感气质类型、变态心理、变态行为、变态历史等）。

（三）犯罪侵害调查

犯罪侵害调查指对犯罪行为造成的各种有形损害结果的调查。分为对人的侵害调查和对物的侵害调查两种。（1）对人的侵害调查，分为以下4种情形：被害人数（包括死亡人数、伤害人数等），被害人身份（包括姓名、性别、职业、年龄、籍贯、教育程度等），被害程度（包括轻伤、重伤、内伤、外伤、伤害部位等），致死原因（包括利刃、枪弹、钝器、殴打、坠撞、服毒、碾压、灼烫、勒缢等）。（2）对物的侵害调查，又可分为5种情形：对物的所有权的侵害调查（包括对公共财产、集体财产、个人财产的侵害），损害补偿程度的调查（包括追回赃物的种类、数量、货币总值以及还给失主的情况等），侵害物的种类调查（包括货币、金银珠宝、衣着被褥、家用电器、土产家畜、食品、交通器材以及其他物品），还有侵害物的数量调查和侵害物的价值调查等。

二、犯罪调查的方法

犯罪调查的方法很多，需要进行分类说明。

（一）按调查的内容分

1.普通调查法，就是基本情况调查，着重对一个社会或地区犯罪问题的一般调查。其特点是范围广、规模大，时间性强，能够获得对犯罪现象的比较全面、完整的了解，为国家和各司法领导部门掌握基本情况，制定政策，采取重大措施提供依据，但这种调查不够深入、细致，而且由于其涉及面广，花费大量的人力、物力，有时需要较长时间才能得出全部结果，所以这种调查不能经常进行。

2. 专题调查法，又叫特别调查法。相对于普通调查法而言，它着重于对犯罪问题中某一个方面进行调查，如青少年犯罪调查。这种调查方法强调详细，但不全面，其特点是可以从大量相同案件中归纳分析其原因，深入分析和把握调查对象的特点和规律。

3. 个案调查法，即对特定案件进行历史的系统的深入调查。个案调查法多用于个人研究中，如调查某罪犯整个的人生过程及其家族中或其中与犯罪有关的一段经历，分析其犯罪的个体原因和宏观背景，由个人而考察社会，"以小见大"。

（二）按与调查对象接触的方式分

1. 直接调查法：调查者直接参与调查的方法，这种方法取得的信息资料来得直观。

2. 长期观察法：指预先定下需要调查的内容和指标，建立观测点、站，对犯罪问题做长期的资料收集工作的调查方法。

（三）从调查的时间角度分

1. 周期性调查法：又称定期调查法，是指约定或规定一段时间，有规律地对某地区的犯罪问题进行调查的方法。

2. 长期观察法：指预先定下需要调查的内容和指标，建立观测点、站，对犯罪问题做长期的资料收集工作的调查方法。

（四）按调查采用的方式分

1. 抽样调查法，指从全部待调查的对象中抽出一部分进行调查，以达到了解整体情况的目的的方法。如我们要了解各类刑事犯罪的原因，就可以从各类刑事犯罪分子中抽取若干个罪犯进行调查，然后根据对这部分罪犯调查的结果来推断整个刑事犯罪的原因。抽样调查是按照科学的原则组织的，可以取得适用于实际工作和理论研究的可靠资料。目前这种方法在犯罪调查领域内正在得到广泛的应用。它又可分为随机抽样调查法，即从待调查的对象中不加选择地、随机抽调部分对象进行调查的方法，这种方法有很大的随意性。非随机抽样调查法，即由调查者根据自己的需要，有选择地抽取待调查的对象进行调查的方法。这种方法注入了调查者的意志成分，故又称判断抽样调查法。

2. 档案分析调查法，就是调查者根据事先精心制订的计划，调取某一地区、系统、部门的档案进行审核分析，在审阅了相当数量的档案材料以后得出可信的研究结论的方法。运用这种方法进行研究是一项比较可靠但也非常困难的工作。要做好这项工作，需要极大的毅力和耐心细致的态度。这样的研究具有极强的针对性。例如调查者可以将调查对象限定为某一类型的犯罪（如暴力犯罪、过失犯罪），也可以限定为某一些犯罪（如诈骗案件、盗窃汽车案件），或者限定为某些类型的犯罪人（如未成年人、妇女、外国人），或者限定为某一特定的社会职业阶层的犯罪。一旦对调查对象做了这样的限定，那么在审阅档案材料时，研究人员就仅仅着眼于与调查对象有关的材料。

3. 访谈调查法，就是在犯罪多发的地区和部门选取适当的对象，进行座谈访问，从中获取信息并进行研究的方法。运用这种方法并对其结果进行统计分析，可以帮助研究人员了解犯罪现象的规模及犯罪的各种形态。访谈调查法对于了解犯罪"重灾区"或那些易被当局忽略的地区或部门尤其有效。

4. 反馈调查法，拟定具体的调查计划后，在调查过程中触及了新问题而针对计划外的问题所做的调查，也称为补充性调查。

5. 追踪调查法，即对已调查过的对象在一定的时间间隔之后再次进行调查，以便获得一系列关于同一对象的动态资料，进行比较研究，找出其规律性的东西。发现犯罪后，调查者在时间上采用平行方式对犯罪人的活动进行调查的方法。又可分为同步追踪和间歇追踪两种：同步追踪从形式上类似于长期观察法，是要求紧随犯罪现象的发展变化严密地进行调查的方法；间歇追踪是可定时或不定时地进行追踪调查的方法，其要求不似同步追踪那样严格。

6. 问卷式调查法，指将要调查的内容具体化为一系列有机联系的可测指标进行调查的方法。这种调查方法根据既定的调查目的，提出一系列问题，制作表格或问卷，请调查对象做出书面回答，然后加以统计归纳分析，得出结论。所谓问卷，是指一组与研究目标相关的问题或是一份为进行调查而设置的问题表格。问卷可分为结构型问卷、无结构型问卷、半结构型问卷三类。结构型问卷是指调查者根据需要提问并将问题及可能的答案列在表中以供选择的封闭式问卷；无结构型问卷也叫开放式问卷，指调查者只提出问题而对回答不做任何限制，任由被调查者自由发挥；半结构型问卷指调查者提出问题后列出几个可能的答案，同时给一个机会供被调查者在不同意所给答案时提出自己的看法。

论犯罪黑数 [①]

一、问题的提出

至少一个世纪以来，统计是衡量犯罪的主要尺度，而且正如人们所看到的，犯罪社会学也是随着统计学的发展及其对社会现象的应用而发展起来的。犯罪统计可以引导刑事政策的制定，可以安稳舆论或使其不安，可以证明改革的正确或否定改革。但犯罪统计是十分复杂也是最困难的任务之一，各种因素都对犯罪统计产生决定性影响：公众对犯罪行为的承受能力及其告发意愿、国家刑事司法系统的作用范围和有效性、犯罪统计的方法和效率，等等。无论如何，科学的统计方法所获得的原始数据，与现实生活中实际存在的犯罪数目都不可能绝对一致。警方获悉并记录在案的犯罪行为只是"实际犯罪行为"的那座冰山露出水面的尖顶。尽管看起来很奇怪，但我们的确对犯罪只掌握很少的有用的情况。描述同样也是记数，而犯罪统计描述的只是犯罪现象最表面的东西即可以记数的表象。在很多不掌握更好的统计工具的国家甚至更糟。法国学者罗杰·胡德和理查德·斯帕克斯在其著作《犯罪》一书中认为："没有什么能比犯罪统计更能让人做出错误的解释了。"

官方正式的犯罪统计作为社会主管当局的工作报告是理所当然的，但是必须认识到这种统计的局限性和弱点，只有在利用这种统计材料时，始终明白它的来历，才能使之成为刑事司法系统的计划和监督工作以及犯罪学研究工作的宝贵而

---

① 此文原载《安徽大学学报》（哲学社会科学版），1996（6）.

可靠的测量工具。官方的犯罪统计同时也测定有关刑事司法系统的作用范围和工作效率，正如法国司法部的一份报告指出的：这些统计"系由政府机构进行的，因此不适用于对其与其他部门的关系进行直接的研究"。换句话说，统计资料的重要目的不是告诉我们犯罪的状况，而主要是衡量做出这些统计的机构如警察机构和其他司法机构的活动及其效率。因此，单单官方的犯罪统计还不是衡量犯罪状况的标准，上面曾提到的法国司法部的报告强调："对所有的犯罪活动和犯罪分子，这些统计只是忠实地反映了一部分，对其他的只是片面的反映，还有的甚至没能包括。"第六届联合国预防犯罪大会也肯定："即使是涉及的那些被法律禁止的行为，所实施的犯罪并不总是反映在犯罪统计中，因为这些犯罪未被发现，未被报告，或是因为这些犯罪未被追究，或是因为刑事司法制度对这些犯罪的实施者给予了优待。"因此，为了查明犯罪的规模、结构、发展和分布，必须掌握一切可以利用的统计数据。除了官方公布的犯罪统计之外，有关犯罪黑数的调查统计资料是最为引人注目的。

二、犯罪黑数的基本范畴

犯罪黑数（dark figure of crime），又称犯罪暗数或犯罪隐蔽数字，是对潜伏犯罪的总量指标的估计值。潜伏犯罪是确已发生，但由于各种原因未被计算到官方正式的司法犯罪统计中的犯罪，又称未知的犯罪或未登记的犯罪。潜伏犯罪是实在发生的犯罪，不是指还未付诸实施的潜在犯罪倾向。由于潜伏犯罪的实际总量很难精确测定，所以犯罪黑数只能是一个估计值。它表明实际犯罪的总量指标往往大于已知犯罪的总量指标。也就是说，实际的犯罪危害往往比官方了解或公布的犯罪危害严重。例如1976年法国的暴力行为研究委员会强调："在许多犯罪领域，未被澄清的案件以及未被告发的案件的数量是巨大的。……有二分之一的谋财害命案、四分之一的抢劫案、六分之一的破门入室案是这种情况。"由上述委员会提议进行的一次民意调查表明，在100个刑事案件中，只有48件完全被告发，有25件部分被告发，有27件根本未被告发。1979年美国人口调查局的调查结果表明，当年全美国刑事案件的发案数约为警方登记的发案数的5倍。这表明各国政府同样十分关心对未被发现或未被统计的犯罪的数量做出更好的估计。

在犯罪黑数中，有一类所谓的绝对黑数，是指那些虽然已经犯下，但谁也没有觉察和识别，或者谁也回忆不起来的违法和犯罪行为。另有一类相对黑数，是指那些罪行不能侦破、作案人不能查明或者已发现的犯罪嫌疑人未被审判（由检察院不起诉或停止侦查）或者未被判罪（由法院因缺乏证据而宣告无罪）的案件。这两类黑数对犯罪统计的意义微不足道，因为两者都难以查明而且很可能再也搞不清究竟是否涉及犯罪行为。但是，谁也不能否认它们存在的可能性。还有一类叫作犯罪生涯黑数，许多被判罪的犯人实际上所犯的罪行比司法机关所发现或所能证明的要多得多。这类犯罪生涯黑数对于发现再犯、职业犯和危险的连续作案犯具有重要的犯罪学意义，因而对之要予以特别关注。

从犯罪学研究一开始，犯罪黑数就是犯罪统计的大难题。最早提出犯罪黑数问题的是比利时犯罪统计学家凯特莱，他说："如果我们对已发现、被判决的罪犯与未被发现的犯罪总数之间存在着的某种固定关系缺乏估计的话，那我们所掌握的犯罪统计毫无用处。"此后，日本检察官、学者大场茂马于1908年博士论文《难以矫治的罪犯及其处遇》中第一次使用了"不明数"这一概念，后来这一概念被德语区的犯罪学研究所采纳。在20世纪上半叶，犯罪黑数的研究越来越引人注目。经验型研究始于1941年库尔特·迈尔和1957年贝恩特·魏纳所做的犯罪黑数估计，这种估计绝不是以直觉和灵感为基础，而是以犯罪学的经验知识为基础的。但也有许多关于犯罪黑数的很不稳定的估计，尽管这种估计建立在警察局和法官在刑事案件中所积累起来的经验以及可靠的知识水平的基础上，也仍然不能令人满意。因为人们一直期望着对关于犯罪黑数的估计提出更有说服力的根据。

有人试图把犯罪黑数排除在犯罪统计的考虑之外，并且不再说明理由。发生这种情况主要是由于阿道夫·雅克·凯特莱在1835年发明了"恒比定律"。他认为在明数（官方获悉的犯罪行为）与黑数（未获悉的犯罪行为）之间存在一种固定不变的比例关系，就是说那些明数大的犯罪行为的黑数也同样大，那些明数小的犯罪行为的黑数也同样小。根据这条定律，有人认为列入官方统计的犯罪行为对于实际的犯罪状况具有征候性和代表性意义，因而无须研究犯罪黑数。"恒比定律"直到很久以后才被认识到是错误的。现在人们都能认识到，犯罪黑数因不同罪行而不同，而且年年都不相同。

第二次世界大战期间和战后在北美揭开了经验型犯罪黑数研究的新篇章。现实主义者与学院派相对立。现实主义者要弄清"实际的犯罪状况"，也就是那些确实已经犯下、并且至少对此做出过非正式反应的犯罪。而学院派认为，"世界上"只存在那些犯罪行为，对此司法机关已经采取了官方措施。现实主义者最终赢得了这场争论，这主要是由于以下原因。（1）他们具有清教主义传统，不放过任何一起哪怕是无足轻重的逾越法律行为。（2）在美国，充分发达的"民意调查工业"乐意担当向居民调查犯罪被害人的任务。（3）犯罪学发现对犯罪行为的反应的重要意义。人们不再仅仅对那些被别人定义为犯罪者的人的行为感兴趣，也对把别人定义为犯罪者的人的行为感兴趣（例如警察、法院、监管人员）。人们对正式社会监督主管当局越来越不信任并担心它们在做犯罪统计时可能陷入利害冲突。（4）人们想弄明白，那些受到司法当局追究的犯罪行为作案人与那些虽然犯有同样罪行，但未被正式社会监督发现的作案人有什么区别，而且想把那些酿成犯罪行为的因素与被官方认定违法或犯罪的决定因素相区别。

犯罪黑数的存在及其量的大小决定于许多因素，其中最有意义的是：犯罪行为的被害人或证人不报案，犯罪行为人不自首，以及司法机关工作上的失误和犯罪统计方法不当等。关于如何估计犯罪黑数的方法，被害调查和自我报告调查是积极的尝试。目前西方各国在这方面积累了大量的统计资料，我国对犯罪黑数的研究则刚刚起步，实践中的认识不一，有关文章和专著尚不多见。

三、犯罪黑数研究对犯罪学的意义

不管犯罪行为是通过犯罪黑数研究还是由官方的犯罪统计查明的，这两种调查犯罪统计数据的形式不是互相排斥的，而是互相补充的，对犯罪学研究都具有重要意义。通过犯罪黑数研究，犯罪学理论的形成有了新的事实基础。具体来说，犯罪黑数研究对犯罪学的意义表现在以下几方面。

（一）犯罪黑数研究为犯罪学的认识开辟了新的领域。它说明由违法和犯罪行为造成的物质损失以及人身和精神的创伤，说明个人和居民群体成为被害人的风险。它还可以查明居民对刑事立法和适用的感觉、期待、信念、态度以及居民在这方面的价值观念。在此意义上它是在居民中了解由犯罪行为造成的"不安心理"的测量工具。

（二）犯罪黑数研究更多地考虑到犯罪学研究，通过它能更多地了解到较轻的犯罪和违法行为。

（三）通过犯罪黑数研究可以查明犯罪率的变化是真实的还是虚假的。可能由于居民的告发意愿增强，正式社会监督主管当局的刑侦效率提高而导致犯罪黑数减少的结果。在相反情况下，犯罪率可能呈现下降，而实际上犯罪黑数却增加了。

（四）通过把犯罪黑数研究的结果与警察、法院和监狱的犯罪统计结果相比较，可以查明正式社会监督主管当局的工作是否卓有成效。当犯罪率呈虚假下降时（实际是犯罪黑数增加），就说明正式社会监督主管当局的工作没有成效。

（五）通过犯罪黑数研究使国际性的犯罪比较研究变得简便易行，因为被害人调查几乎避免事实调查中发生的一切方法上的错误，而这种错误在警察、法院、缓刑帮教以及监狱服刑统计中是必然会出现的。

（六）犯罪黑数研究对现代犯罪对策具有重要意义。它表明违法与犯罪行为只是一种或多或少、或轻或重的现象，彻底地侦破一切犯罪和违法行为可能导致整个社会规范体系的崩溃，因此刑事司法系统只能靠一定量的犯罪黑数来维持生存。但是犯罪黑数的量不能变得太大，而必须符合明智和合理的标准。这就是说，首先要给予那些较轻的违法和犯罪行为自发消失的机会，可以让当事人自己处理。刑事司法系统必须集中力量对付那些构成违法和犯罪行为核心领域的违法和犯罪表现形式，例如有组织犯罪、经济犯罪等。

四、犯罪黑数研究的局限性

犯罪黑数研究不可能毫不失真地澄清事实。认为通过该项研究可以查明"真实的"违法和犯罪案件，而官方的犯罪统计只提供通过正式社会监督主管当局的反应而歪曲了数据，这是错觉。任何一种犯罪统计都只是接近于事实。犯罪黑数研究也可能"虚构"事实，它具有严重的局限性和缺点。

（一）关于毒品犯罪、有组织犯罪、经济犯罪和家庭内部的犯罪行为等，犯罪黑数研究提供的数据都太少。在这些重要方面，犯罪学还一直有赖于个案研究。

（二）一部分犯罪行为既没有向警方举报，也没有在犯罪黑数调查中作报道。作案人害怕被发现、受惩罚；被害人有一种心理和社会的创伤。许多情况说明犯罪黑数研究中也隐瞒了违法和犯罪案件。

（三）编制的每一份有待调查的违法和犯罪行为目录都只是从违法和犯罪行为总数中挑选出来的一部分。在各种犯罪黑数调查表中，这种目录的组成各不相同，因此难以将各种调查结果做相互比较。

（四）由于重大犯罪行为和屡犯作为作案人和被害人都是少有的现象，犯罪黑数研究统计到这种违法和犯罪行为的重要形式太少。即使在大规模的抽样调查中，重大罪行以及屡次成为作案人和被害人的出现频率对于一种系统周密的研究工作来说都不够。此外，那些屡犯或屡次的被害人不能回忆起他们成为作案人和被害人的详情，由于犯罪事件的频繁性而使他们的回忆变得混乱。

参考文献：

1. 郭建安，徐久生 . 当代国外犯罪学研究：第一集 [M]. 北京：中国人民公安大学出版社，1991.

2. 汉斯·约阿希姆·施奈德 . 犯罪学 [M]. 北京：中国人民公安大学出版社，1990.

3. 汉斯·约阿希姆·施奈德 . 国际范围内的被害人 [M]. 许章润，译 . 北京：中国人民公安大学出版社，1992.

4. 乔治·比卡 . 犯罪学的思考与展望 [M]. 王立宪，徐德瑛，译 . 北京：中国人民公安大学出版社，1992.

略论犯罪学的现实功能——兼评关于犯罪学的认识误区 ①

内容摘要：本文通过对当前关于犯罪学认识误区的评析，批驳了那种认为犯罪学研究毫无用处的错误观点。作者认为犯罪学的现实功能主要表现在4个方面：公众生活的教科书；刑事立法的指南针；刑事司法的润滑剂；刑事政策的推行器。而真正发挥犯罪学的这些现实功能，还有赖于国家、公众、媒介和犯罪学研究人员的共同努力，从而建设一个犯罪行为被真正控制的有序化社会。

一、关于犯罪学的认识误区

（一）犯罪学是"不可信的科学"

纵观犯罪学产生与发展的历史，人们经常产生这样一种印象：论述犯罪学本身的著作比解决犯罪实际问题的著作更多。对于科学形象的追求使众多的犯罪学家一再对从经验中总结出来的可靠的研究成果提出怀疑，并且把区别各种研究流派或学派的意见分歧强调到了不必要的地步。另一方面，使犯罪学统一起来的共同点却强调得太少，从而给局外人造成一种犯罪学始终众说纷纭、莫衷一是的印象。这个不确切的印象以不合理的方式使整个犯罪学变得不可信，而人们也有理由怀疑犯罪学家的动机并进而怀疑犯罪学。于是犯罪学研究成果就不能转变为对实际工作的指导，以防那些希望保持犯罪学在刑事司法实践中不尽如人意状况的人说三道四。

其次，有些"犯罪学家"不认为自己的任务是采集硬数据来说明问题，以培

---

① 此文原载《烟台大学学报》（哲学社会科学版）1997年第4期。

训公众、警察、法官、监狱、缓刑帮教和刑满安置等国家机构，而在于有计划地把公众和这些国家机构搞得不知所措，在社会上起瓦解作用，给社会造成困难。他们把传统的犯罪学称之为"陈旧"的犯罪学，"认证科学"或"警察科学"，而给自己冠以"新"的、"批判性"的犯罪学的美名。他们在相当程度上助长了那些广为流传的成见：认为犯罪学不过是采用社会学和心理学的"软"方法进行研究，热衷于在"象牙塔里争吵不休"，而对于为刑事司法提供实际帮助不感兴趣的狂热分子的政治意识形态，因而犯罪学"不可信"。

再次，从犯罪学产生之日起，就以指导刑事实践为己任。但是刑法学家和其他刑事法律工作者却习惯于从刑法学的角度审视被犯罪学纳入视野的那些问题，从而否认犯罪学独立存在的必要或者有条件地接受犯罪学。这个条件就是：使犯罪学沦为刑法学的附庸并把它简单地理解为刑法释义学。在他们看来，犯罪学的任务仅仅是为刑法条文进行辩护，或者是对刑法领域内的每一次变革以自己特有的方式提供科学性的佐证。但实质上，决定变革与否的权力始终掌握在刑法学家而不是犯罪学家的手中。当犯罪学家试图以其科学研究争取这一权力，而刑事法律工作者却固执地否认某一变革的必要性时，他们的矛盾便产生了，后者会斥前者的理论为外行的评论，从而在社会上造成犯罪学是"不可信的科学"的印象。

（二）犯罪学是"为坏人开脱的科学"

当犯罪学家们把研究的焦点由犯罪行为投向犯罪人，又由犯罪人指向受害人，再由受害人转向社会环境时，他们的研究视野愈益开阔，整个犯罪学研究的门径似乎豁然开朗。事实也正是这样，他们掌握了打开犯罪学这一科学殿堂的钥匙。但同时，他们发现，另外两扇他们本来可以畅通无阻的大门向他们关闭了。他们遇到了来自社会大众和官方的双重阻力：让犯罪被害人对其被害负责，尽管不是全部的，却是令广大被害人无法忍受的，社会大众因而认为犯罪学是"为坏人开脱的科学"；另一方面，对社会环境善意的批评，往往使官方处境尴尬。尽管这些批评是中肯的，客观上也减轻了犯罪人的罪责，但政府却认为这会危及它一贯推行的刑事政策和其他一些他们自视甚高的社会政策。因此，他们不愿轻易向科学犯罪学做出让步，相反，为犯罪学研究设置官方障碍。另外，如果犯罪学试图把犯罪与越轨行为的规模、表现形式、发展和原因做出可以理解的解释，并建议对犯罪和越轨行为做出理智的反应，也会贬成"为坏人开脱"的科学并被搞得声名狼藉。因为，人们习惯于把犯罪分子视为可怕的怪物和"异己的力量"，认为他们应该对自己的行为负完全责任，因此社会对他们只需以其人之道还治其人之身，而不必接受犯罪学家的科学解释和建议。

（三）犯罪学是"不严肃的科学"

新闻记者热衷于报道奇特的刑事案件，传播媒介对那些大量发生的，具有代表性的犯罪事实置之不理，而他们所津津乐道的、极富轰动效应的案情中虚夸、编造的成分足以损害犯罪学的科学形象。这不仅使公众对犯罪问题的理解远离犯罪现实，而且可能影响到国家的刑事政策，从而造成新的犯罪问题或使原有的犯罪问题复杂化。传播媒介只能满足社会的猎奇心理，而不能引导人们客观地认识犯罪现状并从中汲取更多的预防和控制犯罪的经验与教训。

犯罪学追求科学的认识，它不是讲一些稀奇古怪的事件。正是在这一点上它有别于"奇闻轶事式的"犯罪学。本来没有必要反对这种奇闻轶事式的"犯罪学"，如果它不是通过不正当的方法追求耸人听闻的效果的话。但实际上它经常使犯罪学的批评者误认为犯罪学是"不严肃的"，根本不追求科学的认识，或者根本做不到这一点。因此犯罪学的研究人员必须拿出宝贵的时间与精力与这种"奇闻轶事式的"犯罪学作直面的斗争，彻底划清科学与伪科学之间的界限，恢复犯罪学本来的严肃形象。

（四）犯罪学是"脱离实际的科学"

对刑事司法实践中的工作人员来说，他们自己所要完成的任务最为重要，这一点很好理解。而犯罪学的主要任务是以科学的方法研究犯罪和越轨行为的社会和心理原因并提出有针对性的预防和控制对策，因此它不能直接地而只能间接地回答刑事司法过程中的实际问题。于是，刑事司法人员就越来越倾向于认为犯罪学是一门同他们所要解决的具体实际问题离得太远的科学。他们从来就不去想象，如果犯罪发生得少了，他们的工作就会轻松得多。对于收集和评定证据，适用刑罚和量刑这些重要问题，他们满足于在科学上不可靠并且常常只是代表社会成见的那些实际的"生活经验"和"鉴别人的能力"，而对犯罪学的科学研究成果漠视不见，并且反复指责犯罪学"脱离实际"，不能给他们直接提供帮助。

另外，一些犯罪学研究人员对某种背景科学的偏爱，也在很大程度上加剧了刑事司法人员对犯罪学的恶劣印象：似乎任何人只要拥有一点背景科学的知识就能研究出令人莫测高深的犯罪学理论并且堂而皇之地加入喋喋不休的争论大军中。

上述认识误区，严重阻碍了犯罪学现实功能的发挥，也阻碍了犯罪学本身的正常发展。这些误区的形成既与犯罪学内部的研究对象、研究方法及其特点有关，又与来自犯罪学外部的种种因素有关。因此，要走出这些认识误区，关键就在于及时地将科学犯罪学的研究成果有针对性地应用于刑事司法实践，推动刑事实践的科学化，并重新树立犯罪学的科学形象。同时，政府对犯罪学研究与争论应持宽容态度，不能将学术问题政治化。另外，传播媒介和公众也应该努力对犯罪学做出尽可能公正的不抱偏见的分析，以求得科学的客观性。

二、犯罪学的现实功能

（一）公众生活的教科书

犯罪学家们以自己特有的研究方法和各种社会前沿学科的最新研究成果作为工具，以科学的态度竭力让犯罪以其本来面目出现在人们的视野中，并解剖它的每一个细节，分析其形成的原因，还要力排众议，使那些外行认为已不可救药而实际上依然隐含生机的部分恢复其正常机能。犯罪学传播科学认识犯罪的知识与信息，教会公民如何预防和对付犯罪，进而影响公民的生活方式。在美国，犯罪学家的某些结论一经大众传播媒体传出，就会直接影响公民的生活，犯罪学家经调查研究如果说女学生在校园内被强奸或被性骚扰的很多，学校女生及其家长就会上街游行，抗议当局不采取妥善的防范措施。当被害情况的调查结果显示出哪一些人最容易被害之后，这类人就会购置相应的防范设施以免被害。另外，犯罪学还培养社会成员对各种违法现象、犯罪现象、反社会现象、不道德现象的"不妥协""不容忍"精神，增强和提高公民的法律意识和法制观念。因此，犯罪学应当成为公众生活的教科书。而犯罪学一旦成为人们生活的一部分，就必然会为一个国家刑事政策的推行创造良好的社会条件。

犯罪学研究的终极目的在于控制犯罪。犯罪学研究在犯罪预防方面的作用首先表现在犯罪学能够对消除犯罪的个人因素起帮助和指导作用。运用犯罪心理学理论对犯罪人格的研究成果，人们可以增强抵御犯罪的心理机制，改变对犯罪行为的麻木消极态度，从而遏制犯罪。犯罪社会学理论则明白无误地表明：既然犯罪是各种社会因素消极作用的结果，那么犯罪的对策也就应当从社会方面着手。预防犯罪和改造社会是两个并行不悖的过程。而犯罪被害者学则时刻提醒人们要针对自己的被害倾向采取有效的防范措施，而且无论人们愿意与否，都必须面对那些从监狱中重返社会的人。犯罪学家试图让他们和谐共处的努力曾经一度被误解为"为坏人开脱"，但实践却雄辩地驳斥了这种指责，因为与重返社会者建立了和谐关系的社区的再犯率明显低于那些采取相反做法的社区。可见，关注犯罪学家的研究成果，并以之指导公众的生活，必将提高社会生活的质量。

（二）刑事立法的指南针

刑法规范的相对稳定性使它在获得可操作性的同时，也在一定程度上由于社会的发展而与犯罪现实相脱节。在这种情况下，犯罪学往往通过大量的调查与统计资料对刑法规范的修改与完善从理论和实践的双重角度进行详尽而周密的论证。同样，新法在实施过程中的社会效果在很大程度上也要由犯罪学家的调查研究加以体现。随着社会的发展，一些未被刑法纳入其调整范围之内的社会关系可能已成为社会发展的桎梏，而另一些被规定为犯罪的行为可能会随着人们观念的变化，某些社会事物的消失，以及新事物的产生而变成无害的，或者其危害性已降至可由刑法之外的其他规范加以调整的程度。将不该纳入刑法调整范围之内的社会关系纳入其中无疑会刺激犯罪的增长，同样将严重危及社会发展与进步的社会关系排除于刑法调整的视野之外，也必将纵容和鼓励犯罪。

犯罪学家是一些"超前的思想家"，他们为一些可行性的刑法草案阐明构想。长期以来，刑法和刑事诉讼法忽视从受害者这一角度思考和观察犯罪。第二次世界大战及战后，"受害者心理学"的思维进程引起了反响，并发挥了重大作用。在欧洲、美国及联合国，犯罪学家们真正参与了刑事立法，特别是在美国，犯罪学家的研究大多是在立法者或行政当局的资助下进行的。他们的研究结论如果被立法者或政府采纳，就可直接影响有关的立法和刑事政策。犯罪学也为立法部门惩治和预防犯罪从立法角度提供了各种对策，在社会生活中发挥了巨大的作用，这突出表现在计算机犯罪的防治上。20世纪70年代以来急剧增长的计算机犯罪，日益困扰着日本社会。而日本犯罪学界通过对各类计算机犯罪的分析，对其原因的探讨，为日本政府选定各种立法措施提供了周密的咨询意见，从而使日本政府在惩治和预防计算机犯罪方面取得了显著的成就。原联邦德国各个州的司法部门定期收集和分析犯罪学知识，以便使他们的刑事立法能因而获益。正是从这些意义上说，犯罪学是刑事立法的指南针。

（三）刑事司法的润滑剂

犯罪学家还通过培训警察与法官，使他们具备犯罪学家所应该具备的敏锐目光、探索精神和高度的社会责任感。从某种角度上说，这对于促进社会生活民主化和科学化发挥着更为直接重大的作用。

在法治国家里，法官的职责是经过严格的刑事诉讼对被告做出正确的判决。在"法官造法"的判例法国家，法官必须具备这样的素质：着重法的"应为"，抓住社会变迁的脉搏，由现实和经验归纳出一般原理，能灵便地切合实践的需要。在这样的国家里，刑事法官必须高度重视犯罪学的研究成果，甚至他本身就应该是犯罪学专家，这是不难理解的。舍此他们无法胜任他们的工作或者将工作做得更出色。即使在拥有统一刑法典和刑事诉讼法典的大陆法系国家，法官面对案件事实与书面法律条文，也并非机械地对号入座而无所作为。无论对犯罪人的分析，犯罪事实的审查，还是对法律精神的领会，诉讼程序的把握，都要求法官对犯罪学研究成果有最起码的了解。从某种角度上说，大陆法系国家法官的审判依然拥有相当大的自由裁量权，为避免擅断，保证审判质量，法官必须关注犯罪学，研究犯罪学。其次，在剧烈变化的社会面前，成文法的滞后性是难免的，这必然导致法律解释。无论采用哪种解释，都对法官的犯罪学修养提出了更高的要求。

警察对犯罪的预防作用主要是通过防范性的日常巡逻以及侦查犯罪和逮捕罪犯来实现的。人们对警察政绩的评价往往侧重于他们对已然犯罪做出的反应，即侦查犯罪和逮捕罪犯，然而防患于未然似乎更具有现实意义。在这里，犯罪学研究又一次显示了其独到之处。犯罪地理学，犯罪地形学，犯罪生态学无疑为警察防患于未然提供了便捷的认识工具和控制犯罪的武器。同时，犯罪学研究并没有忘记在已然犯罪时助警察一臂之力：TAP 防御理论（警察及时到达犯罪现场预防犯罪的理论）建议警察加强警力及装备，迅速准确及时地抓获罪犯，提高破案率，形成"法网难逃"的社会心态，消除犯罪人的侥幸心理，这对一般预防与特殊预防都起到了十分重要的作用。

当监狱作为一种社会防御手段还不能为社会放弃的时候，犯罪学家们对监狱问题展开了全方位的研究。他们对监狱内关押处理所取得的效果进行追踪研究的结论使人们有理由怀疑监狱的作用，但这种研究无疑也推进了狱政管理的科学化，从而为犯人的重返社会在一定程度上扫除了障碍，使监狱在最大限度上发挥了监狱设立者期待于它的功效。

（四）刑事政策的推行器

刑事政策是国家或执政党依据犯罪态势对犯罪行为和犯罪人运用刑罚和有关措施以期有效地实现惩罚和预防犯罪的各种方略的总称。意向性是刑事政策的首要属性，它反映了国家在一定时期内对付犯罪的意志倾向。但这种意志倾向绝不是主观随意的，而只能奠基于对社会经济状况和特定的政治需要以及治安形势的认识上，奠基于从这种认识中抽象出来的犯罪规律的把握上。犯罪学正是在这个意义上对刑事政策的制定起着极为重要的作用。当今世界占主导地位并对刑事政策有影响作用的犯罪原因理论是犯罪社会学理论。该理论认为犯罪原因是一个复杂的动态系统，同社会结构的现状与变化都有着内在的联系。这不仅要求刑事政策的决策者深刻检讨政策的社会效果，而且要求社会上所有的人对自己的社会行为进行反省。正如德国刑事社会学派的主要代表李斯特所言："最好的社会政策就是最好的刑事政策。"

刑事政策由于代表了法的基本精神，使得执法者即使在"无法可依"的情况下，仍然能把握住法的精神实质，充分发挥法的功能。人们有理由寄厚望于刑事政策，但刑事政策的实施过程必须以犯罪学的研究成果为指导，否则，就会偏离既定的目标，犯极左或极右的各种错误。另外，刑事政策的顺利推行不只是国家的事情，它需要克服来自社会大众的心理阻力。只有人们对刑事政策给予充分的理解，并内化为法律信念，从而自觉用以指导自己的行为，刑事政策顺利推行的社会环境才能得以真正确立。犯罪学在赋予人们批判精神的同时，无疑也培养了人们对所有旨在控制犯罪的方案付诸实践时的宽容精神，它教会人们以科学态度看待国家关于犯罪控制的尝试。这难道不正是推行刑事政策所必须具备的条件吗？还有，评价刑事政策实施的优劣得失也有赖于犯罪调查统计学。这种评价要求尽可能全面地收集刑事政策实施的各种信息资料，具体编制功效评估的科学量化指标并尽可能客观地分析反映一定功效信念的指数和各项结论。在这个基础上所做的科学分析将最终决定刑事政策的命运：坚持、修改还是废除。

综上所述，犯罪学作为一门独立的、跨学科的、国际的、经验型与联系实际的科学，通过科学准确地描述犯罪的现状及动态，全面深刻地揭示犯罪的原因与条件，积极探索有效的犯罪控制的方法和措施，在国家生活和社会生活中发挥着极为重要的作用。随着犯罪学研究科学化的进展和宣传媒介对犯罪学理论的客观公正的评价与介绍，以及刑事司法实践的各个环节对犯罪学研究成果的自觉应用，人们对犯罪学的偏见与误会必将被科学的态度所取代。犯罪学将不仅在人们的观念中而且在现实生活中作为一门真正的科学发挥其应有的越来越多的功能从而引起生活质量的深刻变化，为我国市场经济的有序化提供有力的保障。

犯罪学上的犯罪概念 ①

一、面临的困难与机遇

研究和把握犯罪的概念，是犯罪现象论的中心课题之一，也是整个犯罪学乃至刑事法律科学的一个重大问题。研究犯罪的概念，主要就是回答"犯罪是什么"的问题。对这个问题要给出科学的答案，相当困难。长期以来，关于什么是犯罪的问题，古今中外的刑法学者和犯罪学者提出了种种定义，众说纷纭，莫衷一是。有从神学上来解释的，有从法律上来解释的，有从社会学上来解释的，有从心理学上来解释的，也有从生理学或医学上来解释的。但迄今为止尚没有一个答案或看法获得普遍的认可，特别是没有一个定义可以跨越中西方的界限而获得大体上的共识。

这种状况的存在有3个基本的原因。

首先，这与犯罪的复杂性、多变性和多发性有关。犯罪的范围包括从相对来说较为轻微的商店行窃和交通肇事直至那些诸如抢劫、强奸和谋杀等公众反应强烈的、人们认为严重的犯罪行为。人们在日常生活和文学语言中总是无所顾忌并不加批判地在上述范围中使用犯罪的概念，甚至"浪费他人的时间也是一种犯罪"。犯罪涉及社会生活的方方面面。从政治、经济领域到文化科技战线，从商品的生产、流通环节到消费使用阶段。犯罪涉及的地域则遍及全球。从地球的南北两极到烈日炎炎的赤道，从安宁静谧的居民楼到硝烟弥漫的战场，可以说，只要有人生活的地方，犯罪每时每刻均有可能发生。犯罪涉及的人员则可能是每一个人。上至总统元首下至平民百姓，都有可能在某一天成为罪犯或者犯罪的被害

---

① 此文原载《法学研究》，1998（2）.

人。这就不免引起无数人对犯罪的关注和对它的议论纷纷，而无数人的议论纷纷，就容易导致分歧的发生。"再想一下，如果犯罪概念，覆盖着诸如街头犯罪、政治犯罪、有组织犯罪、经济犯罪、交通肇事和职业犯罪等不同现象，那就不难看出给犯罪概念下定义是非常困难的。"①

其次，这与社会物质生产方式的矛盾有关。不同的阶级，不同社会制度的国家，对于什么是犯罪，往往有着截然不同的理解。各个阶级都有自己的犯罪观。同一行为，剥削阶级认为是犯罪，而被剥削阶级则可能认为不是犯罪，甚至认为是革命，反之也是如此。这正是由一定社会中生产力与生产关系之间的矛盾所决定的。从根本上说，犯罪的产生就是这一基本矛盾运动斗争的结果。反映在犯罪的概念问题上，得出互相矛盾的结论，也是在所难免的。

再次，在人类的主观方面，人的认识一般都带有时空的局限性。由于人们认识层次的差异和人的总体认识水平受历史的、阶级的、科技发达程度的制约，在不同时代、不同国情之下的人们之间，即使是同一时代、同一国情之下的不同个体之间，在对"犯罪是什么"这个同一问题的认识上也必然出现种种分歧。

困难横亘于面前，但是在进行要求有科学水平的理论型和经验型犯罪学调查和研究之前，为调查和研究奠定基础而澄清当时设定的犯罪概念是有益的。即使犯罪学内部不同流派得出不同定义，由于当时设定的概念而能够明确标志出不同的出发点，这就有助于避免误解和有助于实事求是地讨论。"仅仅断言不会有一种具有普遍约束力的、到处适用的、内容一致的犯罪概念是不够的，犯罪学自己必须对怎样理解犯罪提出一条准则。"②只有这样，犯罪学家才有可能求得一种最低标准，以便在必须估计哪里可能出现问题方面有一致意见。否则，他们就缺少一种坐标系和指南针，从而不能在疑团莫释的汪洋大海中游向彼岸。科学研究发展到今天，为人们在犯罪概念的问题上获得大体共识提供了远比先前优越的条件。几千年间所出现的纷繁复杂的犯罪定义，固然为弄清问题添了许多麻烦，但更主要的是为我们解决这一问题准备了足够的材料和可资借鉴的经验。应当承认，我们不可能得出一个永恒的犯罪概念，但我们在全面总结前人得失的基础

---

① 汉斯·约阿希姆·施奈德.犯罪学 [M].吴鑫涛，马君玉，译.北京：中国人民公安大学出版社，1990：73.

② 汉斯·约阿希姆·施奈德.犯罪学 [M].吴鑫涛，马君玉，译.北京：中国人民公安大学出版社，1990：74.

上，却完全可以对这一问题得出比前人科学的结论。

二、犯罪概念种种

试图一览无地列举古今中外所有的犯罪概念是徒劳的，既无可能又无必要。但是，根本不考虑、研究和借鉴人类在解决犯罪概念问题上的历史经验，也是不恰当的。诚然，犯罪的概念是社会动态的现实主义的，因为犯罪不只是对某些事件与行为的定义和反应方式，而且这种定义和反应在刑事司法系统内外都具有应用上的现实性。同时，犯罪又是世界范围内的一种社会现象，各国都必须对纷繁复杂的犯罪形式进行理论上或法律上的抽象，这种抽象经常带有人类认识的共性特征。

迄今为止，人类在回答"犯罪是什么"这个问题的过程中，所产生的有影响的观点至少有数十个，其中具代表性的有以下几种。（1）犯罪是出于不道德的动机而实施的不道德的行为，犯罪的本质就在于犯罪人为了实现个人自由而实施侵害他人自由的行为。（2）犯罪就是违反人类不论在任何时期都应有的两种道德感情即诚实和怜悯的行为。（3）犯罪是个人严重违背正义、理性和福利的行为。（4）犯罪是侵害社会规范的行为（至于哪些行为属于此类行为，应由法律明文规定，法官不能任意解释，也不允许类推）；任何人在其罪行没有得到证明之前，根据法律应被认为是无罪的（无罪推定）。（5）犯罪是侵犯了根据社会契约形成的整个社会利益的行为。（6）犯罪是在实际生活中触犯法律应受刑罚制裁的非法行为。（7）犯罪是违犯以中庸制定的法律，对于两极端的思想及行为的处罚。（8）犯罪是在没有抗辩理由或正当防卫权的情况下，有意识地违反刑法的作为（即积极行为）和不作为（即消极行为）。（9）犯罪是对公共秩序侵害的行为，是给社会造成的痛苦大于快乐的邪恶行为。（10）凡是从行为的有害倾向性观点出发，被认为是反对整个社会的违法行为，都是犯罪行为。（11）一切国家的法律，必须以人民的社会安宁为唯一目的。因此，凡是反对和破坏这种安宁的行为，都应当认为是犯罪行为。（12）从社会文化、信仰和观点看来，犯罪是无价值的、同所确定的整个社会秩序相抵触的行为。（13）犯罪是危害社会的侵犯人类基本权利的行为。因此，种族歧视、性别歧视、殖民主义、经济剥削、侵略战争等也属于犯罪行为。（14）社会中的各个集团有着不同的价值准则和利益，当人们的行为侵犯了社会上有势的集团的价值准则和利益时，即被认为是犯罪；即使按照法律并不构成犯罪，也可处以惩罚。（15）社会是由许多有利益冲突的群体组成的。在一定的条件下，这种利益冲突会导致社会紧张和对立，从而需要由法律加以解决。如果解决的办法对一方有偏袒，则未受偏袒的一方在难以接受的情况下，便会无视法律而依照自己的利益去行为，这种现象就有可能被认定为犯罪[①]。（16）犯罪是孤立的个人反对统治关系的斗争[②]。（17）蔑视社会秩序最明显、最极端的表现就是犯罪[③]。（18）把犯罪定义分成法律意义上和社会意义上两种：法律意义上的犯罪是责任能力人于无违法阻却原因时，基于故意或过失，所为之侵害法益应受刑罚制裁的不法行为；社会意义上的犯罪是一种社会偏差行为，它是与社会所公认的行为规范相冲突，并且侵害到社会公益，而为社会所否定并加制裁的反社会行为。（19）犯罪是一种违反了由社会中拥有政治和经济权力的人所制定的刑事法律中所解释和表述的行为规则的行为。违反这些规则的人要承受国家当局的惩罚和社会歧视以及失掉社会地位等惩罚。（20）犯罪是一种命名，一种由外界赋予某种人类行为的命名，而且最终这种命名在一个民主社会里取决于居民的多数，而在一种专制制度下取决于当权者的意志。归根结底，犯罪是制定和执行刑法者用来称谓人类行为的一种命名。[④]

这些观点，是人类在解决"犯罪是什么"这个问题方面主要智慧的反映，体现了不同的人们在社会发展的不同阶段上对于犯罪问题的认识深度和广度。它们所提供的资料和经验，对我们研究和界定犯罪的概念有宝贵的借鉴作用，其中大都包含有合理因素，有的还包含有真知灼见。归纳起来，它们无非是从下列几个角度来认识犯罪概念的：一是伦理角度；二是刑法角度；三是刑法与社会角度；四是社会角度；五是犯罪的本质、阶级性的角度。但是，就犯罪学上所研究的犯罪而言，这些认识角度都没有充分地考虑到犯罪学自身的特点和研究需要，因而都不能精确地成为犯罪学上的犯罪概念。

我们知道，在刑法上，之所以要给犯罪下一个定义，主要是基于罪刑法定

---

① 曹妙慧. 西方资本主义国家犯罪学主要流派及观点简介 [M]./ 当代国外犯罪学研究：第1集. 北京：中国人民公安大学出版社，1991.

② 马克思恩格斯全集：第1卷 [M]. 北京：人民出版社，1972：379.

③ 马克思恩格斯全集：第2卷 [M]. 北京：人民出版社，1972：416.

④ 汉斯·约阿希姆·施奈德. 犯罪学 [M]. 吴鑫涛，马君玉，译. 北京：中国人民公安大学出版社，1990：82.

主义的要求，为了科学准确地进行定罪量刑，同时也是为了保障无罪的人免受国家的刑事追究。而在犯罪学上，之所以要给犯罪下一个定义，是为了便于对犯罪进行研究，至少使人们在讨论问题时有共同的出发点，在认识和比较不同时空范围内的犯罪状况时有共同的客观基础。刑法学是一门规范学，它要以刑事法律的有关规定为依据展开研究；而犯罪学是一门事实学，它是以客观存在的社会危害事实为依据的，不管这种事实是否被刑法规定为犯罪。例如我国刑法规定年满14周岁杀人才构成犯罪，如果不满14周岁，即使杀了人也不认为是犯罪，因为这是刑法典规定的。而犯罪学不仅要研究年满14周岁的杀人行为的原因及预防，也要研究不满14周岁的杀人行为的原因及预防，尽管刑法上并不认为这类行为是犯罪。也就是说，犯罪学上所研究的犯罪原因和预防并不仅限于严格意义上刑法所规定的犯罪行为的原因和预防，而包括所有严重危害社会的行为的原因和预防。我们还可以换一个角度来认识这个问题。例如某地发生了一例明显的他杀案件，凶手尚未抓获。这在犯罪学上就是一起犯罪案件，并且应当在犯罪状况的统计指标上反映出来。但在刑法上这是不是犯罪尚不可知，因为凶手年龄可能不满14周岁，也可能凶手是精神病人。可见，犯罪学上的犯罪不能仅以刑法上规定的犯罪为限，否则是违背犯罪学的研究初衷的，也不可能达到预防、控制犯罪的最终目的。同时，犯罪学的研究历史也表明，从来没有一个犯罪学家把自己的研究范围局限在刑法上所规定的犯罪范围之内的。[①] 但是另一方面，如果完全抛开刑事法律的规定，仅从社会意义上来看待犯罪学上的犯罪也是片面的，因为犯罪毕竟是一种社会法律现象，是对危害社会行为及行为人进行法律评价的结果。离开了法律特别是刑法的评价，人类的所有行为都无所谓犯罪。那种在犯罪学研究中极端的"反法律主义"倾向必须摒弃。

鉴于此，可以认为，犯罪学上的犯罪包括绝大多数法定犯罪以及虽然未被法定为犯罪但类似法定犯罪带有犯罪性并且严重危害社会的行为。一言以蔽之，犯罪学上的犯罪是指具有严重社会危害性的行为，这就是功能性犯罪定义的核心。

三、功能性犯罪定义 [②]

在犯罪学上，并不需要回答什么行为应当判定为犯罪以及如何对之进行惩

---

① 张甘妹. 犯罪学原论 [M]. 台北：汉林出版社，1985：3.

② 关于功能性犯罪定义问题，可参见白建军的《犯罪学原理》。

罚的问题。因为这是一个刑法问题，是刑法的任务所在。犯罪学上的犯罪要回答的是哪些行为应当被视为犯罪来进行研究，以期找到预防控制这类行为的有效途径，实际上它所解决的是犯罪学所研究的犯罪范围问题。这一问题的中心是确定何种行为属于犯罪学上犯罪的原则。在功能性犯罪定义看来，这个原则就是是否具有严重的社会危害性。值得注意的是，并不是所有具有社会危害性的行为都属于犯罪学上的犯罪范围，而只有社会危害性达到严重的程度，才成为功能性犯罪定义所指的犯罪。至于判断严重的标准是什么，不同的认识主体有不同的看法。笔者认为，严重社会危害性的成立，要求同时具备行为的侵害性和与该社会形态主体意志（统治意志）的不相容性。行为的侵害性既表现为对一定客体造成实际危害的实害性；也表现为虽未对一定客体造成实际危害，但对之具有相当威胁的危险性。而某一行为是否与其所存在的社会形态的主体意志相一致，与决定该社会形态主体意志的政治、经济、文化以及历史传统等有密切的联系，也与该社会形态的容忍度以及一般公众的心理承受能力关联。

（一）功能性犯罪定义的范围

功能性犯罪定义的范围实际上就是其形式。在刑法中，犯罪定义的基本形式就是刑法分则及有关刑事法律规范中的具体条文，这些条文所规定的行为就是法定犯罪定义的范围。凡是在这以外的行为，任何人都无权把它判决为犯罪并处以刑罚。但是，法定犯罪定义以外的行为，犯罪学是否需要对之进行有针对性的研究则另当别论。甚至犯罪学是否需要对所有的法定犯罪都展开研究也值得探讨。而这些问题正是功能性犯罪定义的范围所要解决的。严格来说，功能性犯罪定义本身并没有严谨的形式，它只为说明哪些行为应当属于犯罪学上的犯罪提供一个客观标准，一个学者和立法者共用的标准。具体分析功能性犯罪定义的范围，包括以下几个方面。

1. 绝大多数法定犯罪

之所以说是绝大多数法定犯罪，而不说是所有的法定犯罪，是因为法定犯罪当中包括一些"待非犯罪化"的犯罪。所谓待非犯罪化的犯罪是指，不具有或已经失去严重的社会危害性，应当非犯罪化为一般违法行为或正当行为，但仍未被非犯罪化而具有刑事违法性的行为。这类行为既然不具有或已经失去严重的社会危害性，犯罪学当然就没有必要去研究这类行为的形成原因、表现方式及其对策。因而它也就不是功能性犯罪定义外延的组成部分，而是有些历史条件下法定犯罪定义的组成部分。之所以说在有些历史条件下，是因为待非犯罪化的犯罪的实际范围或有无并不是一成不变的。

举例来说，英国曾经有一条法律条款规定，如果天气预报不准确，预报人将被处以死刑。以今天的观点来看，所谓"天气预报不准确罪"已近似玩笑，人们很难设想天气预报不准确究竟有多么严重的社会危害性。当然，以学者的眼光来看，天气预报不准确是有社会危害性的，比如在远海作业的渔民是靠天气预报来决定是否出海作业的，如果天气预报不准，就有可能导致船覆人亡的灭顶之灾。但是随着人们实践经验的积累和控制、改造自然能力的增强，人们一方面认识到造成天气预报不准确的因素是多方面的，另一方面抗御恶劣天气的能力也有了大幅度的提高，特别是对刑法调整功能的认识日益更新，人们越来越感到没必要把天气预报不准确行为纳入刑法规范的调整范围之中，因而英国将这条法律条款废除了。即使不废除，犯罪学也不会去研究"天气预报不准确罪"的成因、表现形式及对策。从某种角度来说，这不正是气象学家的工作吗？此外，"安乐死"行为在许多国家都以杀人罪论处。实际上，某些担心只是出于实际鉴定上的困难，并非基于对这种行为是否具有严重社会危害性的判断。如果只是出于司法上的考虑，就把真正的"安乐死"行为与假借"安乐死"之名的杀人犯罪统称为犯罪，那恰恰说明，法定犯罪定义中所包括的行为，除了真正严重危害社会的行为以外，还包括不具有严重的社会危害性且只具有刑事违法性的所谓犯罪。而这种犯罪，正是我们所说的待非犯罪化的犯罪，它不属于功能性犯罪定义所指的犯罪之列。不过，从总体上来看，绝大多数法定犯罪都包括在功能性犯罪定义的外延之内。这一点无须细述。

2. 准犯罪

所谓准犯罪，是指那些不具有应受刑罚处罚性因而未被法定为犯罪，却具备严重的社会危害性因而应当作为犯罪来研究的行为。[①] 这种行为大体有：不满法定最低刑事责任年龄的少年实施的严重危害社会的行为；精神病人实施的严重危害社会的行为；自杀行为；滥用麻醉剂行为；依照治安管理处罚条例应当处罚的行为；以及我国新刑法第13条"但书"所指的行为，等等。

功能性犯罪定义之所以认为这些行为属于犯罪学上的犯罪，主要是出于以下几方面考虑。

---

① 白建军. 犯罪学原理 [M]. 北京：现代出版社，1992：97.

首先，从表现形式上看，这些行为类似法定犯罪。其中有些行为的手段、方式、后果、危害程度等都与法定犯罪无异，只是由于法律对行为主体的刑事责任年龄或刑事责任能力的规定才使其不成为法定犯罪；有些行为是出于司法实践中便于操作而在司法解释中对数额进行规定，由于未达到法定最低数额才使其不成为法定犯罪；还有些行为是由于其他种种原因使立法者认为对此没有实施刑罚处罚必要的，因而不成为法定犯罪。凡此种种，无一不昭示出这类行为与法定犯罪之间千丝万缕的联系，或许也可以将它们称为"犯罪性行为"。

其次，从客观效果说，这些行为也都在不同程度上对社会构成了比较严重的危害。例如，少年犯罪问题，已形成世界性严重社会问题，其社会危害性是不言而喻的。有些少年明确表示，反正现在没达到刑事责任年龄，犯了罪也不会承担刑事责任，所以要及时行乐，偷盗抢劫无所不为。少年犯罪的社会危害性还不仅仅表现在行为本身对社会造成的直接损害，因为实施各种犯罪对少年身心所带来的潜在危害是无法估量的。而且，从行为本身来看，许多少年犯罪与成年人犯罪并无本质区别。很难说差几天不满14周岁的少年实施的故意杀人行为就不是危害社会的行为，而14周岁刚满几天的少年实施杀人行为才是危害社会的行为。所以犯罪学把这些行为也作为犯罪来研究是有理由的。又如，在我国根据有关法律，构成盗窃罪数额须达到400元—600元。如果一个人盗窃了390元又无其他严重情节，则不构成犯罪。但我们并不能绝对肯定，盗窃400元的行为，其社会危害性一定要比盗窃390元大很多。因此，犯罪学不能只研究盗窃400元以上的犯罪行为，而对盗窃390元以下的行为置之不顾。相反，犯罪学对所有的准犯罪行为的原因都做出解释，并提出相应的预防控制措施是很有必要的，也是很有价值的。

再次，从犯罪本身的产生、发展、变化的规律上看，绝大多数法定犯罪都是由一些一般违法行为或其他越轨行为逐渐演变而来的。个体之所以最终走上犯罪道路，也往往是先有一定的越轨、违法行为，而后才恶性转化为实施严重危害社会的犯罪行为。从某种意义上说，绝大多数法定的犯罪行为只是许许多多越轨行为、危害社会行为中最严重的一种。因此，犯罪学把一些轻微危害社会的行为和严重危害社会的行为视为一个渐进的动态系统来研究，对犯罪学上的犯罪进行扩大理解是符合犯罪原因研究和犯罪控制研究要求的，是由犯罪学本身的特点所决定的。事实上，很少有犯罪学家明确表示，应把受到劳教处分或保安处分以及治安管理条例处分的行为排除在犯罪学的研究范围之外。相反，许多公认的著名犯罪学理论，都不限于对法定犯罪的研究。法国社会学家杜尔海姆关于自杀行为的研究，对后世犯罪学产生了重要影响。在美国学者默顿的社会异常论中，除了研究法定犯罪外，还有精神性神经病患者、精神病患者、长期孤独症患者、无赖、流浪汉、游民、流氓、乞丐、老酒鬼和毒品嗜好者的某些活动。当代著名的犯罪学理论——标签论所说的初级越轨就包括了许多我们所谓的准犯罪行为。

3. 待犯罪化的犯罪

所谓待犯罪化的犯罪，是指具有严重的社会危害性，应当法定为犯罪但未被法定为犯罪的行为。待犯罪化的犯罪不同于准犯罪。二者都具有一定的社会危害性，都不具有刑事违法性，所不同的主要是是否具有应受刑罚处罚性和是否应当法定为犯罪。准犯罪不具有当罚性，因而不应当法定为犯罪。当罚不当罚，一是看行为社会危害性的严重程度，二是看对行为人施以刑罚是否有意义。待犯罪化的犯罪对社会的危害性并不亚于许多法定犯罪，而且对其处以刑罚有实际意义。所以待犯罪化的犯罪应当法定为犯罪，但由于立法者的意志和立法技术上的原因使其暂时未能成为法定犯罪。可以说，待犯罪化的犯罪是应当法定为犯罪的合法行为。

在当代犯罪学著作中，我们可以看到许多有关论述。批判犯罪学的重要代表人物昆尼说过："犯罪未必是违反刑法的或法律范畴之内的行为。"他还指出，发现"什么是"犯罪的企图，应被理解"什么会是"犯罪的努力所代替。按照赖斯的话说，就是"在还没有弄清'可能'是什么（和应当是什么）的情况下，人们不可能完全理解'是'什么"①。

在我国，这种待犯罪化的犯罪在现实生活中也比比皆是。从某种程度上说，待犯罪化的犯罪由多到少的过程正是反映了我国刑事法律日臻完善的趋向。笔者认为，从当前来看，至少对下列行为有犯罪化的必要：破坏个体、合资、私营企业生产行为，挥霍浪费行为，滥用职权行为，公害行为，放高利贷行为，破坏监管秩序行为，制造冤狱行为，不法约定把持市场行为，污染环境行为，等等。随着社会主义市场经济的建立和发展，经济领域当中的这类行为还会越来越多。当然，此种犯罪的实际范围不是一成不变的，但它存在本身就意味着对社会构成了极大的危害，绝不仅仅只是具有刑事违法性的法定犯罪才具有这种危害。社会上

---

① 理查德·昆尼. 犯罪问题 [M]. 纽约：布朗·利特尔出版有限公司，1979：10.

或多或少地存在一些合法的、不被人们视为犯罪的危害社会行为，正因为它们不具有刑事违法性，它们对社会的实际危害才更加不容忽视。待犯罪化的犯罪是功能性犯罪定义的重要组成部分。犯罪学对这种犯罪进行研究，不仅仅是由其本身的特点决定的，而且是发展、完善刑事立法和刑事司法实际工作的需要。

现在，我们可以完整地表述什么叫功能性犯罪定义了。功能性犯罪定义实际上是仅仅以严重的社会危害性去划分什么应当是犯罪，什么不应当是犯罪的一种尺度。按照这种认识，犯罪只是严重危害社会的行为，包括绝大多数法定犯罪、待犯罪化的犯罪和准犯罪3部分。这3类行为又可统称为实质犯罪。可见，功能性犯罪定义所指的这些行为，是自成一体，具有共同本质（严重的社会危害性）的独立的客观存在。这些行为是否被称为犯罪可以由人来定，但它们是否存在，是否具有共同本质，却是不依立法者和学者的主观意志为转移的。

（二）功能性犯罪定义与法定犯罪定义之间的关系

功能性犯罪定义的外延与法定犯罪定义的外延二者之间的关系，可以用下图表示：

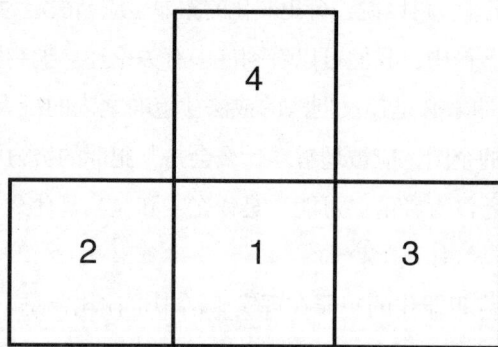

（1+2+3）为功能性犯罪定义的外延；（1+4）为法定犯罪定义的外延

注：1. 既是功能性犯罪定义所指的犯罪，又是法定犯罪；2. 待犯罪化的犯罪；3. 准犯罪；4. 待非犯罪化的犯罪。

如图所示，实质犯罪与法定犯罪的关系是交叉关系。二者的重合部分时大时小，理论上还可能有二者完全重合的情况，即最佳的犯罪定义。但从司法实践的实际情况来看，二者在关系上绝对重合几乎是不可能的，因为很多准犯罪行为确实没有施以刑罚处罚的必要，而且任何刑法的运作过程中，都很难避免存在待非犯罪化的犯罪。同时，随着时空条件的转移，从动态的刑法学的角度来看，社会总是需要对某些表现出严重社会危害性的行为进行犯罪化，以使之纳入刑法规范的调整范围之内。而这些正是法定犯罪与实质犯罪不重合的原因所在。

（三）功能性犯罪定义的功能

首先，功能性犯罪定义依据犯罪的共同本质——严重的社会危害性，勾画出犯罪现象的实在轮廓，这对以后整个犯罪学研究的各个环节都是十分重要的。这一实在轮廓的划定，不仅具有方法论上的指导意义，而且更重要的是它初步明确了犯罪学的研究范围，使不同阶层、不同风格、不同国别的犯罪学研究人员在探讨问题时具备了一个共同的聚焦点。如果缺乏这一轮廓，仅仅以人们主观上划定的界限为准，就可能把一些实际上是犯罪的行为排除在研究范围之外，也可能把不是犯罪的行为仍当作犯罪来研究。这不啻在疑团莫释的汪洋大海中徒劳往返，只开花不结果，永远抓不住真理的脉搏。就犯罪学研究的角度而言，如果犯罪现象的轮廓都不清楚，那么描述、解释、预测、控制这一现象，也不可能清楚。

其次，功能性犯罪定义对犯罪学直接为刑事立法、刑事政策服务具有重要意义。我们知道，作为事实学的犯罪学是从自成一体的严重危害社会行为本身去研究犯罪的，它主要不是间接地从法律条文中去研究已被定义为犯罪的行为。因此，功能性犯罪定义不仅能从本质上回答刑法为什么把某些行为法定为犯罪或不法定为犯罪，而且能为刑法应当对哪些行为犯罪化或应当对哪些行为非犯罪化提供理论根据。而各种行为的犯罪化或非犯罪化正是动态的刑事立法和刑事政策立、改、废的过程。这并不是说犯罪学与刑事立法和刑事政策是指导与被指导的关系，而是说功能性犯罪定义并没有给人们提供一个绝对严格的、可供操作的定罪标准，它所指的行为就是经常在发生变化的实际的严重危害社会的行为。因此，它比无法朝令夕改的刑法规范更为活跃。刑事立法尽可能缩小法定犯罪与实质犯罪的不一致，实际上是缩短法定犯罪定义与客观实际之间可能存在的距离。

最后，功能性犯罪定义基本可以结束人们几千年来关于犯罪概念问题的纷争。特别是在犯罪学上，它给人们提供了一个明确的概念坐标系，从而省却了人们在犯罪概念问题上所投入的过多而又无谓的时间和精力，同时也是对有关犯罪概念问题研究成果的一次总结。这与其说是功能性犯罪定义的贡献，倒不如说是人们经过几百年代代相沿的思索之后在犯罪观上的一场彻底的革命。

犯罪统计初探[①]

一、犯罪统计概述

统计的含义有三：一指统计资料，即反映大量现象的特性和规律性的数字资料；二指统计工作，即收集、整理和分析统计资料并进行推论的工作；三指统计学，即以统计活动和统计资料为研究对象的科学，如经济统计学、卫生统计学、数理统计学、犯罪统计学等。统计作为一种科学研究的方法，对于分析复杂的社会现象，并从中找出规律性的东西，具有十分重要的作用。因此，在犯罪研究方面，犯罪统计的作用是不可低估的。

犯罪统计，是指国家司法机关、统计部门、有关学者定期而又系统地就犯罪现象、犯罪原因、犯罪控制所收集和出版的犯罪资料进行的统计研究。

17世纪初，人们就已开始用统计方法来分析、说明犯罪现象，其主要代表为德国的康林（Herman Conring 1606—1682）等人，但当时对犯罪统计的研究并不系统。18世纪末，英国人边沁（J.Bentham 1748—1832）曾设想过拟定一项与死亡统计表相类似的青少年犯罪统计表。19世纪初，被后人称为犯罪统计学创始人的比利时学者凯特莱（A.Quetelet 1796—1874）运用统计学的理论方法，对各种社会现象与犯罪间的联系做了大量研究，提出了犯罪的社会原因说，并认为犯罪不是偶然性产物而是合乎规律的必然结果，从而奠定了现代犯罪统计学的基础。在凯特莱的倡议下，1853年召开了第一届国际统计学大会，犯罪统计被列为大会议程中需要收集的十类统计之一。继凯特莱之后，法国社会学家勒普莱（Leplay

---

① 此文原载《山东法学》1998年第4期。

1806—1882）及李斯特等人的研究进一步完善了犯罪统计学的体系。1827年法国的犯罪统计年报较早地公开了官方的犯罪统计。到19世纪末，犯罪统计学已成为一门独立的学科。第二次世界大战以后，随着电子计算机技术的逐渐普及，运用统计方法研究犯罪问题获得迅速发展。目前许多国家都有了比较健全的犯罪统计系统和研究手段。例如，美国的各主要犯罪预防机关中，都设有至少10年的统计资料库，研究不同年龄组、地区、部门、职业的犯罪原因和特点，提供经验依据。在东欧，许多国家从20世纪60年代起就开始运用电子计算机来整理犯罪情报。日本的警视厅、最高法院和法务省每年都发行司法、检察统计年报、矫正统计年报以及犯罪白皮书等。这些统计年报和犯罪白皮书，使得公众及时了解了近年来全国犯罪的重大变化。

犯罪统计依其主体不同可分为：（1）官方犯罪统计，即司法机关和政府统计部门所进行的犯罪统计；（2）学者犯罪统计，即教学、科研部门的有关学者为研究犯罪及其原因所做的统计分析。依其对象不同可分为：（1）犯罪状况统计，即对相对静止时点中的犯罪密度、分布的统计；（2）犯罪动态统计，即对一段时期内犯罪变动的方向、速度的统计；（3）犯罪绝对水平统计，即用总量指标描述犯罪总规模的统计；（4）犯罪相对水平统计，即用各种相对指标描述犯罪的结构、密度（强度）、比例、动态的统计。此外，还可分为犯罪案件统计、犯罪人统计、犯罪侵害统计。依统计内容的不同可分为：（1）描述犯罪现象特征的犯罪统计；（2）分析犯罪原因的犯罪统计；（3）预测犯罪趋势及控制效果的犯罪统计。依其形式不同可分为：（1）犯罪统计活动，包括犯罪调查统计资料的收集、整理和分析3个步骤；（2）犯罪统计资料，包括各种犯罪调查问卷、统计表格、统计年报等；（3）犯罪统计学，即运用统计学的理论和方法，分析、比较、说明犯罪现状和趋势并探讨其规律的科学。

犯罪统计是测量社会治安状况，研究犯罪手段、特征和原因，预测未来犯罪，制定刑事政策的重要方法和依据。但是，用犯罪统计结果指导刑事政策的制定是有条件的：第一，作为犯罪统计资料来源的已知犯罪往往少于实际中存在的犯罪，因此制定刑事政策还要考虑到犯罪黑数的大小；第二，犯罪定义在不同时空条件下可能具有不同的内容，犯罪统计数字在具有相同犯罪定义的时空条件下才具有可比性。因此，比较不同时空中的犯罪，还要考虑到犯罪定义是否相同。

二、犯罪统计资料的整理

犯罪统计资料的整理一般要经过资料的审查、概数的产生和调查表格的处理等3个不可或缺的步骤。

（一）犯罪统计资料的审查

犯罪统计资料的审查包括下列内容。

1. 审查工作进行的方式，分为单独审查和分部审查两种。所谓单独审查，即由一人单独担任全部犯罪统计资料的审查工作。它没有人数上的限制，但因为审查项目较多，意志难免分散，审查效果不太理想；所谓分部审查，即采用分工原理将资料内容分成若干部分，分别由若干人担任全部审查工作，如轮带转动一样流水作业。由于各人审查范围较小，所以意志容易集中，错误可以减少，审查速度也可加快。但分部审查的全体参与人员不能有一人缺席，否则审查工作无法进行。上述两种审查方式均有其利弊，究以何种方式为宜，应视资料的繁简和审查人员的合作程度而定。

2. 审查的要点，包括表格页数的审查、科目的审查、项目的审查、数量单位的审查、数量资料的审查等。

3. 错误资料的改正，原则上均应经过调查员的复查后才能进行。不过有些明显的错误，如数量单位错误，审查人员根据有关资料证实的，可随即合理地予以改正。至于调查员的复查，可采取通信复查、电话复查和传真复查等方式。

（二）犯罪概数的产生

统计结果的产生，大致可分为两类：一为初步的结果，也即我们所说的概数；二为正式的结果，也即详细的统计分析。犯罪统计资料内容极为烦琐，其正式结果的产生自然需要相当的时日。为了应付瞬息万变的犯罪情势，就有必要先产生犯罪统计的初步结果，即所谓的犯罪概数。

1. 犯罪概数的内容。就犯罪的时间性而言，例如本月内共计发生了多少案件？破获了多少案件？有多少人犯？发生的都是些什么案件？每类案件发生的情形如何？破获的情形又如何？比上月是增加还是减少？增加或者减少的又是哪些案件？就犯罪的空间性而言，例如属于甲地的案件有多少？属于乙地的案件又有多少？各辖区发生的都是些什么案件？有无特殊变化？以上种种犯罪概数，都是研究犯罪现状随时不可或缺的犯罪资料，自应提前产生。

2.犯罪概数产生的方法。虽没有固定的方式可言，但在手续上应力求迅速，在数字上应力求确实。因为只有迅速才可以应及时之需，只有确实才能发挥统计的参考价值。这是设计犯罪概数的产生方法所必须遵循的原则。

（三）调查表格的处理

处理调查表格的目的，在于将杂乱的原始资料整理得有系统、有条理，并分门别类地求得有关的统计数字。为了达成以上目的，在处理表格的原则上，就必须力求经济、便利及确实。调查表格的处理方法可分为人工处理和机器处理两种。人工处理费用较少，简单易行；机器处理迅速确实，节省人力，但必须利用机器设备方可进行。

1.人工处理方法，包括人工划记法和人工卡片法。所谓划记法，也称记号法，即根据原始资料划记归类的统计方法。所谓人工卡片法，即根据原始资料卡片归类的统计方法。这两种方法均有其利弊：划记法虽简便省钱，但划记归类如有错误则不易发现；卡片法虽比较费钱费时，但卡片归类如有错误则容易查出更正。就准确性而言，卡片法优于划记法。因此大量的犯罪统计资料如用人工处理，应当采取卡片处理法。

2.机器处理法。其处理程序可分为以下五步。第一，规定号码。即对调查表中的资料均编以一定的号码，也就是使应行分类的事项都变成数量形式。例如人犯的性别分男女，以（1）表示男性，以（2）表示女性；又如人犯的教育程度可分不识字、小学程度、中学程度、大学程度、国外留学等，可分别以（0）代表不识字，（1）代表小学程度，（2）代表中学程度，（3）代表大学程度，（4）代表国外留学等。但这些号码均应在事先妥为规定并熟练记忆于心，否则临时编号不仅会影响工作，而且容易导致发生错误。第二，标注代号。即对于调查表内的各个项目，分别标注对应的号码。为了醒目起见，注号应使用红色作为标记。第三，卡片打孔。即根据资料表内的注号，在特制卡片的相应位置上打孔。卡片打孔完后，为免除打孔的错误，尚须经过核对手续。这通常利用核对机，按照原来的资料重复进行。第四，卡片分类。即将打孔卡片置于分类机上，通以电流，则打孔位置相同的卡片即自动归成一类。然后将各类卡片数字，填入预先制就的记数单内，至此卡片分类工作即告完成。第五，制表。即编制报告表，可利用制表机来进行。也可使用打纸带和磁性带，配合电子计算机高速运算，能迅速产生所需的各种统计结果。

三、犯罪统计资料的分析

犯罪统计资料的分析是指根据资料的性质，运用统计方法将资料化繁为简，互相比较，对之进行透彻的认识。分析资料不仅应有一定的体系，而且应有分析的重点和方法。

（一）资料分析的内容

资料分析的内容包括以下5种。

1. 状况性分析。是研究犯罪资料的总体轮廓，它是发掘问题的第一步，也是引起我们对问题发生兴趣的开端。

2. 平均性分析。是根据统计资料平均数的性质，分析其原因，推究其结果。平均性分析使我们视界更为宽阔，分析方法更为具体，得到的结论更为正确。平均的方法有算术平均、几何平均、倒数平均、中位数平均和众数平均等。

3. 差异性分析。是根据统计资料差异数的性质，分析事物的差异原因或推论其结果。差异性分析重视差异状况，在差异状况中，可以发现我们应研究的中心问题。表示差异的方法，可分绝对差异和相对差异，前者用原单位表示，后者用不名数表示。计算差异的方法，有标准差、平均差、两极差及四分位差、相互平均差等。

4. 相关性分析。是就两种或两种以上可能有关的事物，利用相关分析方法，研究彼此间的因果关系。

5. 综合性分析。是根据以上四种分析所得，做更具体的一种结论性分析。综合分析的方法可分为物理性综合分析和化学性综合分析两类。前者以不改变原有的分析内容为原则，后者改变原有的分析内容，成为一种新的分析结果。

（二）犯罪的动态分析

犯罪动态分析是按照时间历程对犯罪状况的过去、现在和将来的动向所做的分析，包括季节性动态、长期性动态、循环性动态和非常性动态四种。季节性动态，是指一年之内的变动情况，通常以指数形态来表示。求季节指数的方法有平均法、移动平均法、环比法、配线趋势法及混合法等，其中常用的是平均法和移动平均法。长期性动态，指事物在若干年内缓和而平滑地向上或向下的移动。长期性动态可分直线和曲线两种类型，原数列近于直线的用直线趋势表示，近于曲线的用曲线趋势表示。通常测绘长期动态的方法有随手绘线法、半平均法、移动平均法及最小二乘法等。循环性动态和非常性动态的分析比较复杂，不再细述。

（三）犯罪的相关分析

所谓相关，是指两种或两种以上的数列彼此相依的趋势。数列间的相关现象大致可分为三类：一为正相关，即一种数列的增加，同时伴有他种数列的增加；二为负相关，即一种数列的增加同时伴有他种数列的减少；三为零相关，即一数列的增加或减少与他种数列的增加或减少之间无任何关系。犯罪的形成是错综复杂的，它与外界的许多事物有相当的关系存在，这是不可否认的。究竟哪些事物与犯罪有密切的关系，哪些事物又与犯罪有较少的关系，或竟毫无关系存在，值得详细地进行分析。在统计上解决相关问题，常用方法有相关系数、回归方程式及估计标准误等。相关系数，用简单的话来说，就是专门用来表示两种事物间相关程度与方向的适当量数。由相关系数可以看出相关的确实程度，相关的程度愈密切，相关系数就愈高；反之相关程度愈疏远，相关系数也愈低。但是不能认为任何一种事物与犯罪之间只要含有相关系数，就有直接的连带关系。对于二数列间的相关研究，应当有合理的选择，也就是说，对于两种现象认为有相当的相互关系时，才可以计算相关系数。如失业人口与犯罪人口，或物价上升与盗窃行为增多等，其间可能有若干关系，经过研究发现彼此有相同或相反方向的变动，这才有助于我们对犯罪问题的分析。

四、犯罪统计资料的刊布和管理

犯罪问题经过以上的调查、整理、分析，最后编成统计报告公之于世，使关心犯罪问题的人们有所参考，这是编成犯罪统计报告的主要目的。因此有必要对统计资料的刊布和管理进行一番研究。

（一）编制统计报告书

1.统计报告书的种类。报告书可依不同标准分为若干种类：如依发行期别不同，可分为定期性报告和不定期性报告。定期性报告的编制有一定期限限制，如日报、周报、旬报、月报、季报、半年报及年报；不定期性报告是专以某种特殊问题或某项调查统计结果所做的临时性研究报告，其中属于专门性研究的，以分析性报告居多，属于专案调查或普查报告的，多半以资料的发布为主。报告书依照资料的内容，可分为资料性报告和分析性报告，前者注重资料的绝对性，以发布各种统计资料及报道政府施政成果为主，后者着重资料的研究分析。依研究对象的不同，可分为一般统计报告和专题性统计报告，前者如研究一般的犯罪问题，后者如专门研究少年犯罪问题等。

2. 报告书材料的选择。在日报中可以概括提供当日犯罪的发生数、破获数，当日与昨日的差异数以及近期的累积数或简单变动数等，以简单明白为佳；在月报中应包含犯罪统计的主要对象并能简单展示本月的变动及空间分配，如本月犯罪的发生数与破获案件的数量，执行逮捕的数字，青少年犯罪和有关警察活动的数字，实验室成绩等，使之尽可能显示犯罪的趋势，警察的政策和方法以及所属各单位的效率与效果；年报的资料范围最为广泛，内容极其详细，可供选择的标准有：能显示当年该项统计的全部状况；在长期变动中有永久保存价值的资料；可供研究的季节性资料；与犯罪的其他问题有密切相关的资料；能提纲挈领地表示每类犯罪的主要数字等。特别是选用相关资料时，应注意该资料的正确性、合理性，以免相关研究发生偏误。

3. 报告书的编排。报告书的版面大小不一，纵横有别，使用和储藏很不方便，美观上也有问题，建议有关的法律予以合理的规定，还有封面的设计以及如何装订也很重要；在报告书的列表方面，一般分为总表和分表，总表提纲挈领，择要展示，故应居前，分表剖析总表的内容，篇幅较多，故应居后。分表的先后，有法定顺序的应按法定顺序排列，无法定顺序的应按自然顺序或其他一定顺序排列；在报告书的插图方面，应注意：图的名称简明切合图意，纵横尺度上的数值不必逐一写出，图示线应粗大显明等。

4. 报告书的发布。发布报告书一方面是基于国际协定的义务，另一方面也是基于国家和公众本身的利益。因此在发布时应把握资料的时效，以免时过境迁失去资料的利用价值。另外还要注意保密：有些统计资料在未发布前应绝对保密；统计资料有暴露特定人的隐私的可能时，未征得利害人的同意不宜发布；属于国防军事机密或富有情报价值的资料应予保密。为了解决发布上的有关问题，有些国家成立了专门的评审委员会审核报告书的发布问题。

（二）撰写分析报告

撰写分析报告之前应先拟定大纲，然后才可以条分缕析，写出有组织、有内容的好报告。大纲是写作的提要和体系，任何书面报告不论篇幅长短，在撰写之前都要拟定大纲。其次要剖析报告书的内容。报告书的内容概括地可区分两大类，即泛论和本论。泛论是指对本论以外有关问题的探讨，诸如引言、目录、调查方法、调查经过、注脚、附录及索引等。所谓本论是指研究事物本体的论述，它在报告中是主要内容。本论可分概论、各论和结论3部分：概论是对根本问题的概述，它以提要的方法说明问题发展的大致情形，或以简明扼要的统计图陈述其演变过程；各论是对各有关问题的详细论述，也就是将问题分解成若干个小问题去讨论，分析的问题愈小，范围愈确定，研究愈容易，所得的结果也愈正确。各论的具体内容包括演变过程、反映背景和因果解释，还包括结论所依据的事实和理由，以证明结论的正确性；结论是根据各论的分析所做出的最后判断，是对各论的总括。结论的叙述方法要提纲挈领，用字力求简洁，含意力求明显，并须脉络相承，条理分明。在编排上，结论可放在每章之末或把它叙述在最末一章，前者为章结论，后者为总结论。结论的内容至少应包括以下几点：（1）结论中应明白提出对问题所研究的结果是什么；（2）结论中应说明问题对于现阶段的影响，以及将来可能发展的趋势；（3）结论中应提出建议事项，诸如今后的努力方向，有关方法与技术的改进，渴望社会同情等；（4）提出研究的得失和研究的不足之处，以及其他有待研究的问题。报告编成以后，为了使报告完整无误，还要对之进行最后的审查，审查的方式可分为以下3种：一是将报告送上级机关审查；二是将报告送专家学者审查；三是将报告交由共同编撰者互相审查。经审查确认无误以后，报告书才能发布。

（三）犯罪统计资料的管理

1.电子资料的贮存。犯罪资料就其用途而言可分为两类：一类为统计用的资料，一类为记录性的资料。前者指由原始资料产生统计结果的有关资料；后者指记录某种特定的犯罪资料，如指纹资料、通缉犯资料、毒品犯罪资料、盗窃犯资料及前科犯资料等。为充分发挥犯罪资料的效用，必须利用电子计算机，并建立全国犯罪资料中心，直接连接各地犯罪侦查、预防单位。他们可利用电子计算机输出装置随时随地将各地方的犯罪动态和有关情况供给犯罪资料中心贮存备用，反之，资料中心也可以应各有关单位的请求，同样利用电子计算机设备迅速提供所需的资料。

2.参考资料的保管。统计所需的参考资料相当繁多，概括起来不外以下4类：一是原始资料类，二是次级资料类，三是统计报告类，四是专门著作类。为了有效运用参考资料，必须重视资料的保管方法。首先应建立参考资料档柜，并将它存放在专室以利保管，因为统计资料得之不易，一旦损失则很难补救。其次应对资料进行分类编号，统计报告可依其性质、出版机关、期别等标准分类储藏，并将资料以类、纲、项、目四级分别赋予相应的号码，以利保管。再次对资料的出纳也要注意保管。在纳入方面，应注意验收、审查、编号、编制索引、装订及入档等手续；在资料的借出方面，应有专门的规则进行详细规定。尤其犯罪资料为国家重要的安全情报，其提供参考应本着慎重态度，才不致泄密。

3. 失效资料的消除。失效资料大致可分以下3种：无效用的资料、已产生结果的资料和逾时的资料。消除失效资料的方法有两种：一是无形的消除，二是有形的销毁。所谓无形的消除，就是预先防止失效资料的产生，可从彻底简化报表、严格管制以及提高人员素质等方面着手。所谓有形的销毁，是将失效的资料焚烧或用碎纸机粉碎或制成纸浆等。在销毁现场应派人员加以切实的监督，同时为方便日后查考，销毁之前应将所毁资料呈主管部门核准，并应登录在备忘簿中，注明销毁的资料名称、销毁日期、监督人以及核准人的姓名等。

参考文献：

1. 杨家录. 犯罪调查统计学 [M]. 台北：台湾中华书局，1969.

2. 康树华. 犯罪学 [M]. 北京：北京大学出版社，1992.

3. 杨春洗. 刑事法学大辞书 [M]. 南京：南京大学出版社，1990.

计算机犯罪司法角度之思考 [①]

内容摘要：计算机犯罪是知识经济时代的新犯罪类型，针对这种新类型犯罪，文章列举了妨碍发现和举报计算机犯罪的因素，指出了侦破计算机犯罪的困难以及审判计算机犯罪的困难，以期刑事司法部门对计算机犯罪更加重视，提高对计算机犯罪控制与预防的水平。

关键词：计算机犯罪　侦破　审判

计算机的诞生和计算机技术的发展，开辟了人类发展史的新纪元，使人类文明成果迅速由全世界共享成为现实，促进了社会的进步与发展。而计算机技术这柄锋利的双刃剑一旦为犯罪分子所利用，就会对国家和社会造成严重的危害。有关资料表明美国计算机犯罪造成的损失已在千亿美元以上，年损失达几十亿至上百亿美元。英国、德国在计算机犯罪方面的损失也达几十亿美元。我国自1986年发现首例计算机犯罪起，犯罪数量直线上升，且随着新技术的推广和普及，计算机犯罪已严重威胁到我国经济、社会管理秩序，危及国家的安全、民族的利益。有关专家评论道："如果说第一次世界大战是'化学家的战争'，第二次世界大战是'物理学家的战争'，那么21世纪将是'计算机专家的战争'。"[②] 这绝非危言耸听。据美国国会总审计署报告，1995年五角大楼计算机系统受到袭击达25万次，其中63%被"黑客"（HACKER）侵入。法国国防部最近证实，法国海军

---

①　此文原载《福建公安高等专科学校学报》1999年第1期，与崔泽花、王海鹰合作。

②　王建华，刘连全．网络在改变战争[N]．光明日报，1996-11-11.

行动力量参谋部的计算机系统所储存的军事机密于1995年7月底被人盗窃[1]。

计算机犯罪的社会危害性之大非普通刑事犯罪所能及。信息社会的发展使人们日益依赖计算机，商业、企业、运输业、军队、政府医疗保健等等均已离不开计算机。各部门对计算机技术的依赖，增大了其遭受计算机犯罪侵害的危险系数。计算机犯罪的迅猛发展，其原因是多方面的，如计算机安全技术水平落后，管理手段不严，对计算机犯罪打击与预防不力等。由于受计算机犯罪的特点制约，整个刑事司法系统也面临一系列的困难。据有关专家估计仅有5%的计算机犯罪案件向警方报案。1986年美国的官方报道表明，在向警方报告的计算机犯罪案件中只有1%的案件被侦破，而侦破以后最终受到法律制裁的比例却更小。美国IBM公司的安全分析专家罗伯特·亨特内于1985年对国家技术评估办公室说，"他所知道的1406起计算机犯罪案件中有89%的案件未经法律程序，而且在余下的那些案件中只有18%的罪犯服罪"[2]。对计算机犯罪惩治的不力，关键在于刑事司法系统面对一系列的困难而没有合理的措施。本文试就刑事司法系统面对计算机犯罪所处的困境予以阐释，以抛砖引玉，期望对增强刑事司法系统运作的能力有所裨益，并有利于对计算机犯罪的控制与预防。

一、妨碍发现和举报计算机犯罪的因素

（一）计算机安全管理本身存在缺陷

首先，在应用计算机的部门，计算机的实际操作者具有高明的专业技术，长期的系统操作使他们很容易发现和利用计算机程序或其监测系统中的缺陷，面对计算机犯罪所得利益的巨大诱惑及其为显示其超群智力的欲望而诱发犯罪。而与此同时，计算机部门的管理者，随着计算机技术的迅猛发展，尖端计算机技术应用于本部门实践之中时，他们往往难以跟上技术进步的步伐。此种现象在我国尤为明显，这为计算机犯罪提供了可乘之机，而计算机犯罪的发现又迟延滞后，以至于犯罪分子有充足的时间消灭或伪造证据，难以发现或侦破，从而刺激计算机犯罪的增长。

其次，应用计算机部门人事管理上的缺陷。如计算机程序设计人员亲自应用

---

① 胡永.信息安全恐慌症 [J].生活周刊，1997（6）.

② 曹南燕.计算机犯罪引起的思考 [J].清华大学学报（哲学社会科学版），1997（3）.

其设计的程序进行业务处理，或计算机控制操作员与计算机终端机人员，一人兼两职。尤其银行系统收款业务人员又管理付款业务等等，内部责任划分不明确且缺乏相互的制约机制，从而纵容了犯罪。1986年7月13日，中国银行深圳分行蛇口支行会计兼计算机控制主管陈某某伙同该行东门支行会计苏某某，伪造计算机活期储蓄存款存折，骗取人民币2万元、港币3万元。该案犯罪分子之所以得逞，很大一部分原因是因为人事管理上为犯罪分子提供了可乘之机，从而导致犯罪发生。

（二）内部监测系统不完善及网络化计算机犯罪的信息监测缺陷

人们往往相信计算机是永远正确的，"而银行及保险等机构内部的监查人员往往也只是核实那些明显不符的账目，而一个有经验的计算机犯罪分子却能盗取金钱后仍能使账面平衡且很长时间不被查出。"[1] 盲目迷信计算机结果缺乏相应的监督检查使犯罪长期潜伏，如"日本某银行总负责人用虚报贷款的方法，从该银行贷款资金中冒领1300万日元，事后，他在计算机程序中抹掉了上述虚报贷款的资料，并制作新程序，将其编入计算机程序中，从而长期隐瞒这一犯罪事实。"[2] 德国于1990年修正其《个人资料保护法》，规范了其个人资料的运转，设立联邦资料保护监察人，加强了对个人资料的监察保护。近年来计算机信息网络化取得突飞猛进的发展。互联网络中黄毒及非法信息的侵扰破坏，计算机互联网络中犯罪的发生，阻碍了我国信息化的发展，加强网络经营管理机构对保护网络中公民合法权益的义务，增强网络信息监测力量势在必行。

（三）罪犯外在形象与心理的逆向距离

与传统犯罪有别，计算机犯罪的罪犯外在形象有其特点。计算机犯罪的行为人大多是受雇佣及信任的计算机专家或具有较高学历与经济地位的计算机专业人员，他们往往被视为人才及能人，据有关人士统计，目前的计算机犯罪中7%以上是计算机工作人员所为，尤其是我国银行系统工作人员计算机犯罪较其他部门居多，这足以引起有关部门重视。且有些计算机犯罪人并非出于功利性目的，仅因好奇与为显示其超群智力而起犯意。1988年美国康奈尔大学的罗伯特·莫尔斯制作的病毒使全美6000多台计算机遭受病毒侵害。同年，"联邦德国汉诺威大学学生马蒂亚斯·斯佩尔将自己的计算机同美国军方和军工承包商的30台计算机

---

① 刘广三. 犯罪现象论 [M]. 北京：北京大学出版社，1996：238.

② 魏平雄. 市场经济条件下犯罪与对策 [M]. 北京：群众出版社，1995：539.

联网，在两年的时间内收集到大量的美国国防机密，包括'星球大战计划'、北美防空司令部核武器和通信卫星等方面的情报，此事震惊了美国国防部和联邦调查局"①。上述两名犯罪人的动机仅仅是为了游戏与试验展示其卓越的才能或出于恶作剧以获得刺激和乐趣。

（四）计算机犯罪本身的高智能性也导致发现举报计算机犯罪的困难

据美国联邦调查局估计，只有1%的计算机犯罪为人所知，而在已发现的案件中，大多是偶然发现的，或因计算机故障改由人工方式处理才发现犯罪，再或者罪犯自我暴露而发现，凭查账或安全稽核而查处的为数不多。而犯罪分子凭借自己高超的计算机技术，使犯罪程序在完成犯罪行为后自动删除，不留痕迹，且计算机犯罪共同犯罪少，因而给侦破工作带来更大困难。即使被发现，或因证据问题或因其他因素只有少数被披露，进入审判程序的更少。

（五）功利性考虑

遭受计算机犯罪侵害的部门从自身的利益出发，为不失去外界对其信任及考虑自身信誉，或担心其运营体制不善公之于众会产生负面影响而不希望举报计算机犯罪。目前计算机犯罪的侦破率之低也令这些部门失去报案的信心。其次若法院公开审理计算机犯罪案件则可能起到传播犯罪手段的作用，可能引发更多的犯罪。衡量其利弊得失，大多数部门不报案。基于此种功利性考虑，计算机犯罪黑数之大可想而知。

综上所述，必须加强计算机的安全管理和对整个人机系统的管理，完善监督体制，加强职业道德及计算机安全教育，增强司法人员素质，加强安全意识及法制教育，以有效地打击和防范计算机犯罪。

二、侦破计算机犯罪的困难

计算机犯罪是高智能犯罪，且具有无痕性，其发现与举报又具有事后性，这给计算机犯罪的侦破工作带来极大的困难，具体体现于调查取证方面。

（一）证据本身的问题

在社会生活各方面应用越来越普遍的计算机给各国的刑事立法、司法提供了发展的契机。单就证据问题，传统的经济犯罪多发生于银行领域而大多数犯罪证

---

① 管会生.银行计算机[M].兰州：甘肃科学技术出版社，1991：303—304.

据储存于计算机中。随着计算机犯罪的渐趋严重，计算机证据方面的研究越来越重要。

计算机系统中的数据和信息都是以电信号代码（如0或1的组合）形式存贮在计算机各级存贮介质中（如 RAM、ROM、磁盘、磁带、光盘），输出的文件资料中的数据和信息，都是以不可直接读取的形式出现。经计算机输入或传输、处理、存贮或输出的数据和信息，均为二进制电磁代码，而此种电磁记录能否作为证据各国规定不同。1984年英国颁布了《警察刑事证据法》，第19条第四款规定"警察可根据计算机中的情报作为证据"，共包括：①该证据是警察在搜查中的犯罪或其他犯罪有关的证据；②该证据是犯罪行为造成的结果；③有正当理由的情况下，认为防止证据的隐藏、遗失、改变或消灭时，可以命令在保证能阅读的前提下提取证据①。该证据法明确规定了计算机记录证据。"1985年联合国国际法委员会发表了一份《计算机记录的法律价值》（Legal Value of Computer Records）的报告，指出："司法程序中使用计算机记录，在普通法国家已经从理论上被普遍承认可行，在其他法律制度下也正推广着。"② 该报告在计算机记录成为诉讼中合法有效的证据，促进各国证据法的完善方面起了重要的推动作用。

我国现行《刑事诉讼法》第42条明确规定视听资料为刑事诉讼中一项独立的证据，因而电子计算机记录成为一项独立证据有了合法依据。储存于软盘、硬盘、磁带、光盘等载体中的计算机信息数据经审查核实成为分析案情，认定犯罪的合法证据，同时也能生动形象准确地为侦破案件提供信息以发现和搜集新的证据。

然而，计算机犯罪证据的收集与调取不同于普通刑事犯罪，目前我国对计算机化环境下证据的收集与审查经验甚少，而且我国《刑事诉讼法》对此方面具体的操作性的规定又极少，因而给司法过程带来一系列困难，出现一系列不规范行为。欧洲许多国家规定了在调查中可以采取强制力，但计算机化环境下的收集证据较普通刑事犯罪更为复杂。目前在许多国家计算机犯罪案件的侦破中，因合法占有的计算机资产被迫向司法部门移交，造成严重财产损失的例子已相当多。而且，如果储存信息的计算机不能被扣押取走到警察局处理时，就只能使用此种检查中的计算机系统来分析。而在分析时，侦查人员收集与提取计算机资料的过程

---

① 安富洁. 日本刑事程序和计算机犯罪 [J]. 法学研究（日文版），1990（5）.

② 冯树梁. 中国预防犯罪方略 [M]. 北京：法律出版社，1994：548—549.

中，其一，必须先进入计算机系统，其二，对数据信息进行提取。而此种合法进入计算机系统不同于合法入室搜查，计算机系统的智能性和敏感性决定了，随意一个指令的输入，可能会产生意想不到的结果，合法范围内的数据及个人受保护的不公开的数据的界限范围自觉与不自觉间便超越了，尤其是对网络系统的调查极易侵犯公民的隐私权。

《德国联邦个人资料保护法》第7条明确规定"公务单位（包括司法机关）违反本法或其他资料保护规定而为不合法或不正确之个人资料自动化处理，致当事人遭受损害者，不论有无过错，应当对当事人损害负赔偿义务""于严重侵害人格权之情形，应以金钱适当赔偿当事人非财产性损害。"第4条规定"个人资料的处理与利用限于本法或其他法规允许或命令，或经当事人同意适得为之。"因而不得滥用侦查权，以保护个人资料不受侵犯，保护公民的隐私权及财产、人身权利。近年来欧洲人权法法庭也被呼吁制定有关合法收集和储存个人资料的规定。

我国也应制定和完善个人资料保护方面的法规及证据法以解决证据本身的问题及证据收集中的问题，同时规范实践中的工作。法律应当明确规定：档案材料、计算机储存的个人资料，不得非法公开或扩大知晓范围；凡泄露公民的个人材料或公之于众者或扩大公开范围者，为侵害隐私的行为。社会文明愈加发展，个人精神生活空间愈来愈小，保护公民的隐私权具有重要意义，也受到各国的重视。侦查人员的调查权与个人的隐私权方面的价值选择关系到公众的安全感及个人人格的尊严。

（二）跨时空性给调查取证带来巨大困难

计算机技术的发展，使人们的信息交流跨越时空，加强了交流的速度，加大了信息容量。同时计算机犯罪涉及的国家与地区相应增加，尤其是目前网络化情况下，收集计算机犯罪的证据更为困难。

20世纪80年代几名德国学生利用远程登录技术经过德国到日本再到美国，进入美国军事系统，"而在此互联网络中把一条信息从一地传到另一地，其中间要经过成千上万台计算机和许多不同的环节，而要证明从 A 点确切地到达 B 点是非常困难的。"[①]而此种证明恰恰是审判计算机犯罪所需要的。高智能的计算机

---

① 姚茂文.计算机犯罪及实践问题 [J]. 人民检察，1997（7）.

犯罪分子，使犯罪的发现具有滞后性，而寻找确切的证据更为不易，因而给侦破此种跨国跨地区的犯罪增加了难度。

跨国跨地区的计算机犯罪同时涉及各国的管辖问题，管辖问题的解决关系到侦破的效率。当今高科技的发展"通过 A 国控制键盘来改变 B 国计算机存贮的数据资料程序，并将其传送到 C 国，获得欺诈性后果是可能的。"就传播计算机病毒犯罪而言，一国的计算机程序中若染上了计算机病毒，此种传染性病毒可以被拷贝几百次到几千次，从而使多国计算机受到侵害，其犯罪的结果发生在许多国家，这就产生了哪国对该计算机犯罪拥有刑事管辖权问题。是键盘操纵国，还是后果发生国或后果最严重的国家？是犯罪人所在国，还是证据易取得国或是其他国家？合理解决管辖问题有助于有效地打击和预防计算机犯罪。

跨国跨地区犯罪的惩治原则之一是普遍管辖原则，即世界性原则，指不论犯罪人的国籍以及犯罪行为发生于何地，也不论犯罪行为的直接受害者是哪一国家或其公民，只要行为严重侵害了由国际公约、条约所保护的国际社会的共同利益，危害国际和平与安全，破坏国际社会的良好秩序，危及人类的生命和健康，被众多缔约国公认为构成犯罪，各国在其领土内一旦发现该罪犯，即有权适用本国刑法对其进行审判和惩罚。而目前计算机犯罪未被国际条约及公约明确规定为危害国际社会共同利益的国际犯罪，适用普遍管辖原则可能会导致管辖过宽。目前已经出现了把计算机当作"人质"或利用计算机进行各种阴谋恐怖活动等。1986年在罗马举行的国际计算机犯罪会议宣称有60多起恐怖案件与计算机或计算机技术有关。而此种恐怖活动有可能造成原子弹爆炸或防洪大坝决堤等。未来的计算机战争可能会导致全人类的毁灭，这绝非危言耸听，亟须引起国际社会的重视。

完善计算机犯罪的国际管辖将有利于防范和打击计算机犯罪。普遍管辖原则问题已引起各国注意。而对某些特定的犯罪，例如：侵入重要系统领域的计算机犯罪，此种犯罪关系到一国的重大利益及安全。对此种犯罪按照保护管辖原则为好。即如果犯罪人在他国实施犯罪或结果发生于他国，犯罪人除了按照属人原则应受其国籍国的刑事管辖外，还可受犯罪地国的刑事管辖；如果受计算机犯罪侵害的国家或个人既不属于犯罪地国，也不属于犯罪人国籍国，那么此种犯罪按照保护管辖原则，应受到受害国或受害人国籍国的刑事管辖。对特定的计算机犯罪实行保护管辖原则是必要的。

针对跨国跨地区计算机犯罪，许多国家要求扩大其境外管辖权，以保护本国利益。因而，面对计算机犯罪的挑战加强国际间合作有利于同犯罪做斗争。各国管辖权问题争议若得不到有效解决，有可能形成"计算机犯罪避难所"，难以有效侦破和惩处计算机犯罪。

由于互联网络的存在，使储存于他国的数据资料能够调用到本国使用。为了刑事调查的目的，快速获取或保存证据材料而需进入被调查的他国计算机系统中，而进行计算机犯罪侦查的国家直接进入他国未公开的数据和其他系统也关系到对他国权利的侵犯，同时大量的数据信息存放于机器之中，而要获取其中之一的信息，必然会威胁到其他信息的安全：由于高科技的原因，调查者要想得到一千条相关信息就必须接收一百万条信息[1]。因而加强国际间调查取证方面的合作有利于高效迅速地打击犯罪。

国际刑警组织在惩治跨国跨地区犯罪中确保了各成员国刑警当局最大限度地相互协助，加强了刑事司法合作。1995年，国际刑警组织建成一个巨型电子邮件网，各成员国相互联结。此电子邮件系统每年可处理100万封英、法、西班牙、阿拉伯文的"情报"，此种快速传递信息的手段适应了对各种犯罪尤其是计算机犯罪快速反应的要求，快速、准确地开展司法协助。如果A国需要协助取证，A国家中心局向B国中心局提出请求且叙述案件的简要情况，明确具体地提出所需收集证据的种类和可能的特征，B国中心局或秘书处在其职责范围内有效地帮助A国收集证据。国际刑警组织的合作有效地避免了对他国权利的侵犯及其他问题。

（三）计算机办案人员的专业素质低是调查取证的一个难点

计算机犯罪侦破专家顿·巴尔凯尔曾对计算机犯罪的侦查人员的专业素质进行过一次专门的调查，调查结果表明仅有50%的被调查者能够回答出计算机的基本结构、程序工作原理和功能，以及程序编制人员的工作情况，其中少数人能解释程序设计语言指令、读懂计算机的信息转储，极少数能分辨罪犯的"木马计""异步冲杀"等作案手段[2]。计算机犯罪侦查人员的计算机素质的提高具有重要的意义。不具备计算机知识的侦查人员收集不到犯罪证据，甚至收集到之后也会因为自己的无知而破坏这些重要证据。据报道，1991年7月，美国得克萨斯州

---

[1]　European Committee on Crime Problem.Computer Related-crime[M].Strasbourg：1990。

[2]　杨文成.浅谈西方计算机犯罪的对策[J].现代法学，1990（5）.

警察局在一次缉毒行动中，警察发现了一套正在运转的计算机及一堆贮存贩毒成员名单及活动网络的软盘，这些将成为瓦解贩毒团伙的重要线索资料，而在场的警察不懂计算机技术，无法提取出计算机内的信息，于是将计算机及软盘一起搬入警车，与车上的无线电通信设备放在一起运往警察局，而回到警察局后，警察将计算机接上电源，却一无所获，此后连计算机专家也无能为力。因为在搬运途中，计算机和贮存数据的磁盘同无线电通信设备放在一起，受到磁场的干扰，同时不懂计算机技术的警察胡乱操作，使贮存的信息大部分被抹去。此案虽非计算机犯罪案件，然而仅就计算机内储存资料的提取和收集有关证据方面，计算机犯罪侦查人员的无知造成的后果极为恶劣。

提高侦查人员的素质势在必行，美国联邦调查局开设了计算机课程，加拿大计算机犯罪的侦查工作全部由计算机专家组成的队伍负责；日本自1980年就设置了"设备使用的新型犯罪政策研究部门会议"，目前日本各都、道府、县警察机关都设立了"计算机犯罪对策研究会"，广泛调查研究情报产业的现状，国内外计算机犯罪的发案情况及法律上的相关问题等，为提高侦破计算机犯罪的技术，提供实践上的材料及立法上的依据。目前我国由于公安机关人员计算机技术知识缺乏，致使有些案件因缺乏证据而不能被侦破。因而，有计划、有步骤地培养既具有法律知识又具有较高计算机知识的人员是我国与计算机犯罪作斗争的迫切要求。我国幅员辽阔，各省可设立自己专门的计算机犯罪监察办公室，中央设立总的计算机犯罪国家监察委员会，以统筹安排、管理计算机犯罪案件，以解决目前我国侦查机关面对计算机犯罪的困难。

三、审判计算机犯罪的困难

（一）法律本身的不完善给司法造成的困难

随着计算机犯罪日益严重，各国纷纷加强了对计算机犯罪的理论研究，同时逐步完善计算机犯罪方面的立法。然而目前各国的计算机犯罪立法仍有许多缺陷，对某些计算机犯罪的处罚无法可依，从而在一定程度上刺激了计算机犯罪的高发。

1986年6月瑞士报告了一起计算机诈骗案件，一笔5300万瑞士法郎的资金在由瑞士金融中心通过计算机转账到 S–E·Baken 中 Spp 账户下的过程中，被人利用磁带运送过程中的安全保护的漏洞，非法篡改了磁带结构，并把磁带上的账目转入同案犯 Bengt 的账户下。案发后，地方法院根据非法修改磁带上的数据，并转账到同案犯 Bengt 账户下这一犯罪事实，判其有罪。而上诉法院却认为，修改磁带不能算是完全犯罪，修改磁带者未从中获得赃物，未构成犯罪事实，所以认定地方法院的判决无效①。

近年来瑞士、美国、加拿大、日本、英国、法国等先后颁布了有关计算机犯罪的法规，国际在打击计算机犯罪方面的交流与合作也日益得到加强，每届国际刑法学协会和国际犯罪学协会都将计算机犯罪列入重要议事日程。

美国是计算机的诞生地，也是计算机犯罪最猖獗的国家之一。1974年美国的《隐私权法》规定了三种与计算机有关的犯罪。1978年佛罗里达州首先制订了计算机犯罪的法律，1984年12月美国联邦通过了第一部联邦计算机犯罪成文法《伪造使用设备及计算机欺诈及滥用法》，规定了计算机犯罪包括下列行为：①合法用户以非法目的使用计算机；②非法用户侵入计算机系统；③为个人利益而将经济或其他信息储存于计算机中；④以篡改、破坏或其他更改信息储存之目的接近计算机系统者。《美国刑法典》第18编1030（a）（1）—（6）规定了六种未经许可而故意进入政府计算机系统的行为：①未经许可或者越权进入计算机系统，获取联邦带密级的国防或外交信息，并意图将该信息用于损害合众国或者给某一外国带来利益；②未经许可或越权进入计算机系统并从财政机构或者消费者报告机构的财政文档中获取信息；③未经许可而故意进入政府计算机系统并妨碍政府对计算机的操作；④未经许可或者越权为行骗意图进入与联邦利益相关的计算机系统，并获益；⑤未经许可进入与联邦利益相关计算机系统并因而变更、损坏信息，或妨碍对计算机的有权使用；⑥未经许可骗取可进入政府计算机系统或者影响洲际或对外贸易的计算机系统通行口令。② 目前，美国是计算机犯罪立法较为完善的国家。

日本于1987年增订了计算机犯罪的刑法条款，增加了四个罪名：①伪造计算机数据罪；②提供他人使用伪造的电磁记录罪；③妨碍计算机罪；④计算机诈欺罪。

1997年3月14日通过的《中华人民共和国刑法》第285条、第286条、第287条规定了：非法侵入国家重要计算机信息系统罪；破坏计算机信息系统功能罪；

---

① 杨博.计算机犯罪问题的若干法律思考 [J].法商研究，1995（2）.

② 冯英菊.计算机犯罪罪名设置的立法探讨 [J].法学与实践，1997（4）.

破坏计算机信息系统数据、程序罪；制作、传播破坏性程序罪。同时规定了利用计算机实施金融、诈骗、盗窃、贪污、挪用公款、窃取国家秘密或其他犯罪的行为。只此笼统规定并不能完全解决问题，从我国长远观点来看应制定单行的计算机犯罪惩治法。如计算机信息系统管理单位犯罪及对被害人的补偿，窃用计算机服务、网络上传播非法信息、制作非法资料以及对计算机犯罪行为触犯多个罪名的处罚问题等等，并没有具体法律明文规定，从而给刑事司法造成困难。

（二）证据的采信问题

司法过程的目的是查明案件以定罪量刑，而证据是一切案件得以解决的关键。在法庭审理中，对计算机数据和打印资料的审查采信经常关系到整个案件的处理，而我国目前很少有运用计算机证据资料的经验，也导致了刑事司法系统的困难。

对计算机数据信息资料在审判中的可采性，各国均依靠其证据法原则来确定。法国、意大利、日本、奥地利等国，其法律是建立在证据的自由采用和自由评价原则基础上的，这些国家的法庭原则上能够使用各种证据且考虑它们的可采程序，这些国家一般来讲采用计算机记录作为证据。只有当法律有特别规定时，此种计算机记录可能被看作一个"拷贝"，法庭有可能调查别的更可靠的基本数据。

而普通法国家，如英、美、加拿大等国则认为，证人仅能证明其所知情况，且法庭可通过询问来证明其陈述，传闻证据如他人陈述、书籍或记录等在原则上是不被接受的。但也有例外，如日常商业活动中形成的商业记录即使无证人证明也可作为证据。普通法系的国家中一部分直接将计算机记录视作如商业记录的例外而采用，而另一些国家则在满足一定条件下也将计算机记录作为证据。如英国1984年《警察与刑事证据条例》第69条（a）项中指出：计算机生成文件中的陈述作为证据必须满足下列条件：①没有合理的理由相信，由于计算机使用不当，陈述是不准确的；②计算机一直正常运转，或者如果不是这样，它不正常运转或不运转，不影响文件生成或其内容的准确性；③满足在法庭规则中指定的任何条件。满足上列三项条件即可将计算机记录采信为证据。

美国多个州的法律中也特别指出了计算机证据的问题。加利福尼亚州证据法第1500条第5部分指出：计算机记录的信息或计算机程序，或计算机记录的信息或计算机程序的拷贝，不应当被证据规则修正为不可接受的。打印出的计算机记录将可以用来证明计算机信息的存在及其内容。1984年的 LOWA 州计算机犯罪法第716条 A16部分指出：尽管有相反的证据可适用的规则，但计算机打印品（以打印方式表示计算机计算结果）应被看作任何包含在或来自计算机软件、程序或数据的证据。

我国刑事诉讼法及其他有关法律中未有明确规定证据的具体适用规则，实践中仅注重审查视听资料的形成时间及内容、制作过程、真伪的判断及要求结合其他证据综合评断。此种零散的实践经验，未明确视听资料的证明价值，尤其是对计算机信息资料的审查，传统的审查判断证据的模式应用起来不免要出现困难，尚有待于专家人士对有关证据进行深入研究。

（三）刑事司法人员的本身素质问题

由于刑事司法人员本身的素质难以应付高科技犯罪，人为的因素造成了审判计算机犯罪的困难，高智能、高科技水平的罪犯与技能、素质有待提高的司法人员的强烈反差，使执法部门面对计算机犯罪束手无策。

总之，信息化刚刚开始的我国社会既要考虑科技发展必须的条件，又要保证信息化的顺利进行，完善法制，健全司法，解决现实中的困难是我们努力的方向。

计算机网络与犯罪 ①

内容摘要：计算机网络的发展速度令人目不暇接。但是最能满足信息共享要求的最开放的网络系统恰恰是最不安全的系统，事实上信息共享与信息安全是网络上最大的悖论。由于受网络的影响，犯罪也呈现出新的形式和特点。网络不仅在犯罪中担任重要的角色，而且使有关犯罪的社会心态和个人心理发生相应的变化。特别应当指出的是，犯罪在一定程度上对网络的发展也具有积极的作用。

关键词：计算机网络　影响　犯罪

当今世界，以指数方式迅速发展的计算机网络已形成了势不可挡的潮流，将我们卷入新的世纪。现在因特网（INTERNET）已拥有两亿多的用户，而且以成倍的速度递增，这也仅仅是开始而已。今后，网络将会变得无时不有，无处不在，它将影响到社会生活的每个方面，带给我们一种全新的生存方式。

然而，科学技术从来就是一把双刃剑，网络也不例外。互联网在给我们带来 E-MAIL、MP3、电子商务、虚拟现实、数字地球的同时，也带来了黑客（HACKER）、计算机病毒、网络色情和网络恐怖主义。犯罪这一社会历史自然现象，随着网络的出现也有了新的发展。

一、计算机网络概述

所谓计算机网络，就是两台以上的计算机以直接或者通过电话线的方式连接

---

① 此文原载《山东公安专科学校学报》2000年第2期，与杨厚瑞合作。

起来，以实现信息和资源共享的系统。根据不同的标准可以把网络分为不同的类型，如根据连接的计算机的台数和范围，可以把网络分为局域网、城域网和广域网。人们所熟知的因特网就属于广域网，它由美国军方的 ARPANET 发展而来，现已成为世界上最大的"网际网"。所谓网络犯罪，主要指运用计算机技术借助于网络实施的具有严重社会危害性的行为。不包括通过其他途径对网络实施的犯罪，如盗窃联网的计算机等。

美国贝尔公司官员阿尔图罗·海尔指出，目前，因特网连接着世界上200多个国家和地区，全球互联网有两亿多用户，主要集中在欧美国家。预计到2006年，全球互联网用户将增至12亿左右。互联网已成为新兴产业，预计到2001年，全球互联网产值将达6500亿美元。另据国际数据公司市场调查显示，到2004年，亚太地区（日本除外）互联网用户将增长近五倍，达到9520万人，每年电子商务支出将从目前的22亿美元激增到875亿美元。

自1994年4月20日中关村教育科研网（NCFC）以 TCP/IP 协议正式与因特网连接以来，我国的网络建设也迅猛发展。现已建成中国科技网（CSINET）、中国教育和科研计算机网（CERNET）、中国金桥信息网（CHINAGBN）、中国联通互联网（UNINET）和中国公用计算机互联网（CHINANET）等五大主干网，国际出口总带宽为24IM，连接的国家有美国、加拿大、澳大利亚、英国、德国、法国、日本、韩国等。据 CNNIC 发布的调查报告，截至1999年6月30日，中国上网计算机共146万台，上网人数突破400万，WWW 站点9906个。另据 Yankee 调查公司称，到2000年年底，中国互联网用户将达4000万，到2005年将超过美国。

可见，未来的世界，将是网络化的世界；未来的中国，也将是网络化的中国。然而，当人们为进入数字化生存而欢呼的同时，也日益感觉到一种前所未有的威胁正向我们逼近——这就是网络犯罪。

二、网络的特性及其对犯罪的影响

（一）开放性。开放性是因特网最根本的特性，整个因特网就是建立在自由开放的基础之上的。最初，美国军方在建立因特网的前身 ARPANET 的时候，为了能使其经受住苏联的核打击，没有采用传统的中央控制式网络体系，而是建成了分布式的网络体系。同时放弃了传统的线路交换式的信息传递方式，采用了全新的包切换技术。分布式使得因特网上的各个计算机之间没有从属关系，每台计算机都只是网络的一个节点，它们之间都是平等的。同时，包切换使得人们无法阻止网上信息的传递，除非把因特网全部摧毁，否则就是无法阻止仍然连在网上的计算机之间互相传递信息。后来，为了在不同的计算机之间实现信息的交流和资源的共享，又采用了 TCP/IP 协议，这使得不同类型、不同操作系统的计算机都能通过网络交流信息和共享资源。1991 年，伯纳斯·李又发明了超文本标识语言，将网上的信息以全新的方式联系起来，使得任何一个文件在任何操作系统、任何浏览器上都具有可读性。

这样，分布式体系以及包切换的信息传递方式为互联网设立了总的开放框架，TCP/IP 协议和超文本标识语言又为其开放性提供了软件保障，使因特网发展为现在的样子。互联网的开放性不仅仅是技术层面上的，它还有更深的底蕴。开放性意味着任何人都能够得到发表在网络上的任何事物，意味着任何个人、任何组织包括国家和政府，都不能完全控制互联网。这实质上意味着个体权利和能力的扩张及其对传统的金字塔模式的社会政治经济结构和体制的消解。任何一个国家都是一个封闭程度不一的实体，它垄断着信息，孤立的个人在强大的垄断组织面前是弱小无依的，根本没有力量同国家对抗。而开放网络的出现在很大程度上削弱了国家对信息的控制，为个体对国家和社会的基于实力平等的挑战提供了可能。

犯罪实质上就是一种典型的个体反社会、反国家的行为，而网络的开放性一方面大大提高和扩展了犯罪人的个体力量，另一方面又削弱了国家和政府的力量，使国家和政府在获取和控制信息方面不再有任何优势可言，这就使得国家难以有效地威慑和控制犯罪，从而导致犯罪率的上升。

（二）不确定性。互联网的开放性必然带来不确定性。只有封闭的、孤立的系统才是确定的、可控制的。而开放的系统由于存在着太多的不可预知的因素，必然是不确定的，难以控制的。同时开放性又造就一个个能力空前强大的个体，这也是导致不确定性的一个因素。不确定性使得对网络犯罪的预防变得十分困难，因为不可预见的因素太多了。同时，不确定性还意味着我们往往无法正确预知，也无法完全控制自己行为的后果。年复一年，我们迅速获取前所未有的能力，但也同样迅速丧失着对局面的控制力。一个无意之举也可能造成巨大的危害。比如有不少计算机病毒，最初的制造者并不是要制作病毒，只是由于其设计中的一个小 BUG，使无伤大雅的小程序变成了恶性病毒，并一发不可收拾，造成了谁也预料不到的巨大损失。

（三）巨大的信息量。信息就是经过加工处理的数据。从某种意义上说，网上流动着的一切都是信息，网络的功能也就集中在信息的搜集、加工、传输、检索、存储、发布上，每个人都是信息的使用者，又是信息的制造者和传播者，这使得网上的信息每时每刻都在迅速增加。开放性为个体打破组织对信息的垄断提供了可能，而网上巨大的信息量为其实现提供了保证。在网上，人们可以轻易地得到色情图片、黑客教程、信用卡密码破解程序、制造炸弹甚至核武器的方法，并且可以很轻易地将其传播、发布出去。巨大的信息量不仅为犯罪提供了条件，而且成了犯罪的对象，如信息间谍等。甚至传播信息有时也会构成犯罪。

（四）交互性。人们可以通过网络在网络上犯罪，但我们从来没有听到有人能通过电视在电视上犯罪。其原因就在于计算机和网络的交互性。电视是单向的、被动的，人们只能通过被动地看和听接受电视所传达的信息，计算机和网络则不同。人们在使用计算机时，看上去就像在和它"交流"，你执行一个操作，计算机就返回一个结果。然后你再据此判断下一步的行为……网络更是将交互性发展到极致，因为在网络上不仅面对的是计算机，还有各个计算机背后的人。交互性使得人们可以在网络上互相交流，使人们得以参与事件并能影响事件的发展，这奠定了网上社会形成的基础。交互性还意味着人们在网上的任何行为都会影响到网络，当然其影响程度有大小强弱之分，这使得网上犯罪成为可能。比如故意传播病毒，这在单向的电视中是绝不可能实现的。

（五）超越时空性。互联网消除了物理时空的限制，将古人"天涯若比邻"的美好愿望变成了现实，但这也给犯罪人带来了极大的便利。传统犯罪总要受到时空条件的制约，而网络则消除了这种限制，不仅使"通过 A 国控制键盘来改变 B 国计算机存贮的数据资料，并将其送到 C 国，获得欺诈性的后果是可能的"[①]，而且使得犯罪人可以同时对多个国家和地区实施犯罪，如故意传播恶性病毒。这也给各国带来了刑事管辖权的冲突及调查取证的困难，使得很多法律的规定被架空了。如美国法律严禁网上赌博，但即使是美国的小孩也可以轻易地登录到不禁止网上赌博的国家的服务器上进行赌博，美国禁赌的法令实质上成了一纸空文。

网络当然还有其他特性，但对犯罪有较大影响的主要是上述几个，它们相辅

---

① European Committee On Crime Problem. Computer Related‐Crime[M].Strasbourg，1990：76.

相成，共同作用于犯罪，在使得犯罪成本急骤减少的同时，又使得犯罪的危害性大大增加，而且还削弱了国家对犯罪的预防和控制能力。这一切都会使犯罪率上升。或许，这正是我们享受网络的好处所必须付出的代价。

三、受网络影响的犯罪的形式

（一）受网络影响的传统犯罪。在这类犯罪中，网络只是起一个诱因的作用，往往是通过对犯罪人的潜移默化或对心理状态的影响而使其实施犯罪，而且实施的仍是传统犯罪。如受网上"黄毒"的影响去实施强奸。

（二）借助于网络进行的传统犯罪。在这类犯罪中，网络起一种次要的辅助工具的作用，只是使犯罪变得更加方便。没有网络，犯罪人通过其他途径仍然可以实施该犯罪。比如通过互联网进行电子转账、洗钱或通过网上购物的方式销赃等。

（三）传统犯罪与网络结合而产生的新型犯罪。这类犯罪与第二种犯罪有类似之处，但它对网络的依赖性要高得多。没有网络，就不会有这类犯罪。网络在这类犯罪中起着重要的作用，比如通过互联网攻入某公司的计算机系统，在其内部设置"逻辑炸弹"，借以敲诈勒索等。

（四）纯粹由网络产生的新型犯罪。这类犯罪形式过去没有，而且从其对象、手段、特征等方面都不同于传统犯罪。如故意传播恶性病毒，电脑盯梢等等。随着网络的普及，各种传统犯罪将逐步向网络犯罪转化，同时新的犯罪形式也会出现，而且还会影响到其他的犯罪形式。现在，网络犯罪已涉及盗窃、诈骗、掠夺、侵占、敲诈、放火、爆炸、间谍等绝大部分社会犯罪现象。随着技术的进步，通过网络进行凶杀、伤害等人对人的犯罪活动并非不能实现。有人报道："一个病人在医院死亡，原因是运用计算机整理的有关他的医疗档案中的材料在一次计算机盗用中被人改动。"

总之，通过社会的网络化和网络的社会化，网络日益成为影响犯罪的重要因素，网络犯罪也将成为犯罪的主要标志。

四、网络犯罪的特点

（一）犯罪主体的多样性。以前，计算机犯罪、网络犯罪属于所谓的白领犯罪，是少数计算机专家的专利。然而随着计算机技术的发展和网络的普及，各种职业、各种年龄、各种身份的人都可能实施网络犯罪，这是由网络较差的可控性决定的。

（二）犯罪主体的低龄化。据统计，网络犯罪人多数都在35岁以下，甚至有很多是尚未达到刑事责任年龄的未成年人。如美国有名的计算机网络流氓莫尼柯只是个15岁的少年，1998年2月2日我国第一起非法入侵中国公众多媒体网络案中的两个犯罪嫌疑人都不满25岁。

（三）犯罪手段的复杂多样性和先进性。科技迅猛发展使得犯罪手段也随之水涨船高，犯罪人总是比大众能够更早、更快地掌握更先进的技术去实施犯罪。据公安部透露，仅发现的黑客攻击方法就达近千种。

（四）犯罪对象的广泛性。随着社会的网络化，网络犯罪的对象从个人隐私到国家安全，从信用卡密码到军事卫星，无所不包，甚至网络本身也成为犯罪的对象。

（五）巨大的社会危害性。网络的普及程度越高，网络犯罪的危害也就越大，而且网络犯罪的危害性远非一般的传统犯罪所能比拟。涉及财产的网络犯罪，动辄就会造成上百万、上千万甚至上亿元的损失。仅一个 Melissa 病毒就造成了数十亿美元的损失，连英特尔、微软公司都未能幸免。网络犯罪不仅会造成财产损失，而且会危及公共安全和国家安全，甚至会发动导致人类灭亡的核战争。这绝不是危言耸听，已经有数次黑客入侵使得美军进入临战状态，大批核弹蓄势待发。

（六）极高的隐蔽性。由于网络的开放性、不确定性、超越时空性等特点，使得网络犯罪具有极高的隐蔽性。由于网络犯罪行为的时间极短，往往在毫秒级或微秒级就可以完成一系列指令，而且犯罪是通过比特来实现的，只要足够谨慎，就可以不留下任何作案痕迹。这使得网络案件很难侦破，因而犯罪黑数极高。据公安部门估计，已发现的网络违法案件只占总数的15%。即使被发现的案件，也有很多是由于犯罪人粗心大意或故意炫耀自己而暴露的。

五、网络在犯罪中的角色

（一）诱因。网上充斥着大量不良信息，很可能诱使人们去犯罪，尤其对辨别能力差、好奇心和模仿性较强的未成年人来说更是如此。据调查，美国的校园杀手们就是十足的网络暴力游戏迷，他们许多杀人方法是从互联网上学到的，甚至连杀人武器都和网上一模一样。网络既可能诱发传统犯罪，更有可能诱发网络犯罪。由于网络犯罪十分容易而且隐蔽性强，成本极低而收益却很大，很多以前不敢犯罪的人可能会忍不住去尝试网络犯罪。更有人将网络犯罪当成一种智力游戏并乐此不疲。

（二）工具。网络是进行网络犯罪必不可少的工具，各种网络犯罪都必须借助于网络才能实施。犯罪人可以通过网络方便地获取信息，进行联系。他们可以把网络作为犯罪的准备工具、通讯工具、作案工具、销赃工具、销毁、伪造证据的工具等等。

（三）助手。由于网络功能的空前强大及其在网络犯罪中的重要作用，在很多情况下与其说它是犯罪的工具不如说它是犯罪人的高级智能助手。网络可以为犯罪人提供必要的信息，为犯罪人出谋划策，乃至通过执行犯罪人的指令进行犯罪活动。

（四）对象。有时网络本身就是犯罪人攻击的对象。如故意传播病毒使网络瘫痪等。

（五）犯罪空间。网络给我们提供了一个全新的虚拟空间——赛博空间（Cyber Space），"这一空间是基于真实的物理架构（即各种线路及各种计算机设备所联结构成的系统）的一个数字化的空间，人们虽然不能物理地进入这一空间，但通过各种数字化的界面，可以与真实空间相似地通过网络来完成各种活动"[①]。

由于网络本身的特性，使得现实世界中的法律和道德价值标准在赛博空间中往往行不通，同时与网络发展相适应的价值规范和文化体系还没有形成，以至有人说网络是一个"没有法律没有边界的新大陆"。在这块新大陆上，犯罪人更是如鱼得水，他们制造病毒、传播色情信息，进行在线欺诈、网上跟踪，无所不为。而现实世界的法律又往往难以制裁他们，即使一些与网络相关的法规也往往没有真正考虑到网络的特性而成了一厢情愿的规定。正如尼葛洛庞帝所言："我们的法律就仿佛在平板上吧嗒吧嗒挣扎的鱼一样，这些垂死挣扎的鱼拼命喘着气，因为数学世界是个截然不同的地方。"

六、网络对有关犯罪的社会心态和个人心理的影响

（一）网络改变了人们对犯罪的印象和看法。一提起犯罪，人们总是会联想

---

① 孙铁成. 计算机网络办法律问题 [J]. 法学前沿，1999（3）.

起残忍、暴力以及潸潸垂泪的被害人，因而对犯罪产生一种痛恨。网络则给犯罪蒙上了一层文雅的面纱。使得人们并不将网络犯罪视为"真实的、日常的、一般的"犯罪。网络犯罪通常不附加任何暴力，而且犯罪人大多文质彬彬，他们穿着睡衣，喝着咖啡，坐在计算机面前轻轻敲打几下键盘就可以实施犯罪。网络犯罪的被害人大多是国家、企业等大型组织，一般不直接针对公众，这使得网络犯罪的严重危害性在一定程度上被遮蔽了，不少人都对网络犯罪怀有羡慕赞叹之情，"甚至可能有人会这样想：这计算机我拼命学还搞不大懂，可他竟能用它来干'坏事'，这家伙定非等闲之辈！倘若我也有干这一手儿的本事……"①

（二）网络犯罪人的心理因素。美国的一项研究表明，促使犯罪者实施计算机犯罪最有影响力的因素是个人财产上的获利，其次是进行犯罪活动的智力的挑战。这种智力挑战的因素在所谓的"黑客案件"中表现得尤为突出。他们把攻入防卫严密的计算机系统作为智力上的挑战，并乐此不疲。德国学者施奈德指出："作案人想要'打败机器'的动机常常起一定作用。他们在进行犯罪活动之前设法从心理上自我安慰，他们想象：被害人是匿名的，万一造成损失也会落到许多人头上，不会给企业造成重大损失。"②此外，网络犯罪的隐蔽性也会增强犯罪人的侥幸心理。

（三）网络对青少年的负面影响。网络的影响当然有正面的，也有负面的，而它的负面影响在伴随着网络成长的青少年身上或许体现得更加明显。有的青少年"网络成瘾"，过分沉溺于网络而对其他一切都不感兴趣。"英国诺丁汉特伦特大学心理学家格里弗斯认为，'互联网瘾'严重会导致心理变态，对有的人来说其危害不亚于吸毒上瘾或酗酒上瘾。"③美国麻省理工学院的心理专家安德森指出，经常接触暴力、色情光盘的青少年往往非常不合群，久而久之，对罪与非罪也变得麻木不仁，一旦有适当条件，就可能激发犯罪。有人还指责"网络是一条通往罪恶的道路，孩子们沉湎于此，丧失了对现实生活的了解，被一种虚幻的情感所控制。网络一代的青少年缺少责任感、自私自利，他们的心灵几乎是一片荒

---

① 西田修.浅谈电子计算机犯罪[M].北京：群众出版社，1986：2.

② 汉斯·约阿希姆·施奈德.犯罪学[M].吴鑫涛，马君玉，译.北京：中国人民公安大学出版社，1990：72.

③ 孙铁成.计算机网络办法律问题[J].法学前沿，1999（3）.

漠。"① 这或许过于偏激，但不断响起的校园杀手的枪声说明他们并非杞人忧天。"这些由网络文化滋养出来的孩子，一面毫不留情地抛弃传统文化，同时新的文化形式还没有建立起来，整整一代人的心灵将置于这种变化之中。"因此，如何尽量减少网络对青少年的负面作用必须引起高度重视。

七、犯罪对网络的积极作用

犯罪的消极作用毋庸多言，而犯罪的积极作用却少有人论及。其实，迪尔凯姆早就指出，犯罪是一种正常的社会现象，是健康的社会整体的一个组成部分②。犯罪是有着积极作用的，网络犯罪自然也不例外。今天被我们认为是犯罪的一些行为可能就是未来新秩序的先兆。本文只分析一下网络犯罪对网络的积极作用，至于网络犯罪对社会的作用则置之不论，尽管这种影响可能要深远得多。

（一）犯罪在客观上促进了网络的发展。如网络色情业。正如以前色情业促进了印刷术的推广，促进了电影和摄影行业的兴盛一样，现在色情也成了网络的重要推动力。尽管网络色情业受到正义之士的抨击和法律的禁止，而不得不限于地下活动，网络色情业仍然是互联网上规模最大的产业。1998年，仅美国的色情图片业就占了网络贸易这块价值达90亿美元的市场份额中的11%。会计出身的贝斯·曼斯菲尔德一年就从凯第的成人网站上捞取了100万美元。如此巨额的利润吸引着成千上万的人投身这一产业，这也客观上促进了网络的普及和发展③。

（二）犯罪使得网络安全机制逐步健全。正是由于犯罪人无休止地发现和利用网络安全的漏洞，我们才得以不断地弥补这些漏洞，使网络的安全机制逐步形成，加密技术、防火墙等安全技术的出现就是最好的证明。

（三）犯罪使得防范犯罪的相关产业兴盛。网络犯罪的增多，使防范网络犯罪的相关产业逐步兴盛，从而促进了经济的发展，提供了就业机会。比如计算机病毒的盛行造成了生产杀毒防毒软件的公司的兴旺发达。再比如网络犯罪也使得国际网络安全软件市场迅速发展。美国的 ISS（互联网安全系统）公司雇佣160名员工，其中包括为美国联邦调查局提供网络安全咨询服务的 X 行动小组。该公司上市后，其创始人 Chris Klaus 一夜之间身价就上升到1.8亿美元。

---

① 童林子.网络滋养出的青春 [J].PC-life, 1999（10）.

② 迪尔凯姆.社会学方法的准则 [M].北京：商务印书馆，1995：84.

③ 邹波.网络色情业 [J].PC-life, 1999（7）.

计算机犯罪的新走向 ①

内容摘要：随着计算机技术的普及和发展，计算机犯罪将出现犯罪手段复杂多样化，犯罪对象更加广泛，犯罪危害程度更明显，犯罪主体更多样化的新走向。

关键词：计算机技术　计算机犯罪　新走向

计算机技术的广泛应用促使社会向无纸化办公、自动化生产与管理、自动化指挥与控制、自动化决策、非现金转账（电子转账）、电子购物和销售、电子邮件、视听电话等方面发展。计算机的生产在向小型化、实用方便、价格低廉方面发展，个人计算机的数量大为增加，计算机信息系统网络将延伸到社会每个角落，懂得计算机知识和使用计算机的人数也要迅速增加。由于上述原因，加之社会其他因素，计算机犯罪会在各方面以新走向表现出来：

第一，计算机科学技术的发展使犯罪手段复杂多样化。计算机技术已被公认在当代科学技术中发展最为迅猛。对犯罪者而言，计算机科学技术越发展，他们所可能掌握的犯罪方法就越先进、越有效、越快捷、越安全。就此而言，计算机科学就是他们犯罪的科学；计算机技术就是他们犯罪的技术。计算机技术的复杂多样（先进性），带来了计算机犯罪手段的复杂多样（"先进性"）。计算机犯罪的手段主要有：（1）意大利香肠术（Salami Techniques）；（2）活动天窗（Trapdoors）；（3）废品利用（或称拾垃圾 Scavenging）；（4）数据泄露（Data Leakage）；（5）浏览（Browsing）；（6）截收（Intercept）；（7）冒名顶替

---

① 此文原载《山东公安专科学校学报》2000年第3期。

（Impersonation）；（8）特洛伊木马术（Trojan Horse）；（9）数据欺骗（Data Deceiving）；（10）逻辑炸弹（Logic Bombs）；（11）超级冲杀（Super zapping）；（12）寄生术（Worms Similar to Zapping）。

第二，计算机技术的广泛应用使犯罪对象更加广泛。计算机网络将会在世界范围内得到迅速发展。随着国家级、部门级计算机网络的建成，各种信息会大开门户令人共享。人们一方面能够享受到信息时代为我们创造的资源，一方面也将要面临计算机犯罪的严重威胁。计算机通信技术的广泛应用，使作案距离将更加不受限制，犯罪能力在空间上得到极大的扩展。国际计算机网络的形成、业务量的不断增大和使用成本的大幅度降低，将带来全球性的指数增长型的计算机犯罪。目前的网络犯罪呈现日益多样化的类型：（1）网络入侵。网络入侵是指利用计算机网络非法侵入他人网站，窥探他人的资料信息，破坏他人的网络程序的行为，它可能对网络所有人或者用户造成严重损失。网络入侵者一般可分为黑客、怪客和毁客三种。黑客通常是先建立自己的系统，然后将其渗入到被保护的资料中，以达到破坏他人程序，或者窥探利用他人资料的目的。黑客一般不威胁资料库，他们往往认为自己是网络的建设者，而非资料或者网络的破坏者。黑客会依照其需要编写密码和程序，认为进入他人网络系统或发现他人的网络漏洞是一种战绩，对此产生满足感。怪客是常出现在计算机犯罪案件的网络破坏者。怪客常常非法改变他人网络程序，有时则利用在网络中发现软件，对无安全措施的系统进行无害入侵。毁客是最具危险性的网络入侵者。他们出于种种动机，甚至受雇于犯罪组织，从事破坏网络的活动。在金融领域，毁客经常使用迟延或者窃取方式阻断信息传递，或者干脆输入拒绝执行指令。侵入者可利用此方法关闭网络使用通道，造成无以挽救的后果。对于军用网络而言，选择性资料取代是最具危险性的计算机入侵行为，其隐蔽性在于使用者很难察觉这种细微的变化。（2）网络盗用或诈骗。有的是在互联网上盗窃可用以支付的货币、账单、银行账目结算单等，以非法获取他人财产所有权；有的是实施信用卡犯罪；有的是滥用电话网等通讯网络，盗用电话、电讯资源，主要是通过渗透电讯网络技术，为他人提供国际电讯通话机会牟取非法利益。特别是随着网上销售和网上股票买卖以及利用计算机网络提供金融服务和调拨资金等电子商务活动的红火，网络欺诈必然会随之而来。（3）信息轰炸。这是一种技术手段非常简单的破坏网络方式，攻击者根本不侵入网站，而是用大量的信息炸弹，使得网站的网络服务瘫痪。也就是说，任何一个人都可能通过这种简单的方法让一个投资巨大、技术十分先进的网站在一秒钟之内遭受重量级的轰炸。攻击者的轰炸必然导致网络邮件服务的中断，如果这种服务是有偿的，网络公司遭受的损失将不堪设想。(4)传播有害信息或数据。这类犯罪主要表现为利用计算机网络散布种族主义言论，战时造谣扰乱军心，煽动军人逃离部队，宣扬色情内容，侵犯少数民族风俗习惯，传授犯罪方法，传输危害国家安全的非法信息等。由于是在互联网上散布有害信息，其涉及面宽广，传播速度快捷，社会危害极大。(5)非法盗版，实施侵犯知识产权的犯罪。网络和计算机技术的发达为盗版活动提供了更为方便的途径。例如，经销商大量翻制和销售标准软件的非法拷贝，作为其销售硬件的一部分。在多媒体技术和通讯技术日益结合的情况下，数据处理和数据通信相结合，文化产品发行的数字化正成为信息化软件盗版最普遍的根源。(6)非法获取国家安全信息，严重威胁国家安全。当今，美国政府与军方普遍认为监视技术、调整运算的计算机网络、复杂的信息系统和高精度制导系统的出现，必将改变战争的形态。发达国家的信息战研究部门可以通过网络方式把破坏性程序植入对方计算机主机或各类传感器等，以伺机破坏敌方从事战争的高敏感的网络系统。如今，网络系统变得越来越容易受到非友好国家或者恐怖分子的信息袭击。一旦非法组织或个人在入侵国家安全网络盗取国家安全信息后，利用这些信息从事敌对活动，势必给国家安全带来巨大危险。(7)其他新型的网络犯罪。随着计算机网络的发展与普及，新型的网络犯罪还会不断出现，其具体方式方法已经很难预测。

第三，计算机技术的广泛应用使犯罪危害程度明显增加。人们总是将最先进的科学技术应用于最重要的工作。由于越来越多的重要工作由计算机系统来进行，由于社会的信息化使信息的价值得到提高，加之计算机犯罪行为的隐蔽性，会使计算机犯罪的危害程度得到明显增加。这种危害程度的增加有两个方面的含义：就人们觉察到的方面是如此；就人们觉察不到的方面可能更是如此。相应的，对计算机犯罪客观危害性的研究，应该从可察觉的方面与难以察觉的方面同时入手。当然，这是十分困难的。值得强调的是，计算机病毒将得以进一步发展并给社会带来更大的危害。在我国，由于计算机病毒出现时间不长，未被危及地区和部门尚未充分认识到它的现实性和危害性，因此，它的蔓延在范围上仍处于有增无减之势。此外，由于在进出境管理中缺乏有效机制，"进口病毒"仍会从多种途径流入我国，加之对新病毒缺乏检测措施，科技发达国家所普遍存在的病毒都会在我国出现。病毒总是先于检测、消除病毒的措施而出现，这种滞后性总会使一种新病毒开始出现时是难以预防的。

第四，计算机知识的普及使犯罪主体更加多样化。在美国，中学计算机知识的普及率几乎达到100%，同计算机有关的从业人数的比例也大幅度增加。我国自20世纪80年代后期开始，计算机知识得到迅速普及，使大量原先不能接触计算机的各种人员尝试使用计算机从事非法行为。犯罪者的计算机知识提高到一定程度，便会从采用已知的犯罪方法向尝试新方法转变。这种多样化的犯罪主体的出现，要受两方面的制约：一方面，他们得具备计算机知识包括操作技能；另一方面，他们得有条件接触能通过犯罪活动给他们带来利益的计算机系统。

值得我们重视的是，仅就财产性犯罪在各国犯罪比例中稳定地占据多数而言，人类全面步入信息化社会后，绝大多数财产犯罪将以计算机犯罪形式表现出来，因此，计算机犯罪极有可能成为未来社会的主要犯罪形式之一。今天，计算机犯罪还只是一个犯罪的"支流"，而在明天，它可能成为犯罪的"主流"。无论是领导者、科学技术工作者还是法律工作者，都应做好准备，与全人类一起，迎接日益临近的挑战。

"标签论"述评 ①

内容摘要："标签论"认为，个体演变为罪犯的主要原因是由于社会给其贴上了"越轨者"的标签，社会按照一定标准将某些行为规定为"犯罪"，因而产生了"罪犯"，而并非"罪犯"个体原因所致。"标签论"运用形象互动论的原理，认为犯罪是社会反应与行为人形成自我形象之间相互作用的结果。"标签论"认为犯罪是相对的，阐明了"贴标签"与法定犯罪定义产生之间的因果联系及与犯罪行为之间的因果联系，为犯罪学的研究特别是犯罪原因的研究提供了新思路。但标签理论有其局限性，其主观唯心色彩浓重，对标签化的后果解释简单化，对社会反应的揭示不全面，片面强调了犯罪因素中外部条件的作用，否定了犯罪行为与行为人间的内在联系。

关键词：犯罪学　犯罪原因　标签论

"标签论"（labeling theory）又称"烙印化论"，是当代西方资产阶级犯罪学流派中研究犯罪原因的社会心理学理论。它产生于20世纪30年代后期，主要代表人物有美国的坦南鲍姆（Frank Tanenbaum）、贝克尔（H.S.Becker）、克雷西（D.R.Cressey）和莱莫特（E.M.Lemert）等人。这个概念最早于1938年由坦南鲍姆在其著作《犯罪与社区》（Crime and the Community）中提出来的。虽然这种理论有一定阶级的、历史的局限性，但它对犯罪现象的解释也有一定的科学性和合理性，值得我们研究和借鉴。

---

① 此文原载《江苏公安专科学校学报》2000年第6期，与徐永芹合作。

一、"标签论"的主要理论观点

"标签论"认为，个体演变为罪犯的主要原因是社会给其贴上了"越轨者"的标签，是社会按照一定标准将某些行为规定为"犯罪"，因而产生了"罪犯"，犯罪并非"罪犯"个体的原因所致。

这里所说的"标签"，是一种标记，是社会按照某种规定给一些人烙上的印记。在"标签论"者看来，犯罪行为并非自成一类的行为，世界上没有一种行为其本身就是犯罪；犯罪是社会按照当时的法律规定给某些人留下的特殊印记。换句话说，犯罪是社会通过立法、司法把某些行为规定为"犯罪"，给其贴上标签，从而人为地制造出来的。

"标签论"的主要代表人物贝克尔于1963年在《局外人对违法行为的社会学研究》一书中这样阐述，"违法行为并不是一个人行为的性质，而是他人应用法规惩罚一个罪犯的结果。所谓违法者只不过是一个被成功地赋予了一定标记的人，而所谓违法行为不过是一种被人如此标定的行为。"这里，贝克尔把违法犯罪等越轨行为看作是他人执行法规实施制裁的结果，与越轨者的行为属性无关。"罪犯"或"越轨者"所以具有的这种"身份"并不是由其本身固有的特性决定的，而是由社会上大多数人的看法决定的。所以，正常人和"越轨者"之间的区别，就在于该人是否被社会或他人标签过。例如，一个小偷，其偷窃行为在没有被发现前，其人在他人看来是正常的；而一旦被他人发现了其越轨行为（偷窃），就会被标签为"越轨者"——小偷。

但是，由于人们在社会中所处的地位不同，具有同样越轨行为的人（如均有"杀人"行为的贵族与平民）被社会标签为"罪犯"的可能性也是不同的。显然，平民在这种情形下（指杀人后）被标签为"罪犯"的可能性更大一些；而贵族因其所处地位，享有的权利高人一等，被标签的可能性就小一些，或不被标签，仅仅被看作行使其特定权利而已。这样，就产生了社会标签的不公正性。在美国，由于种族歧视和民族歧视，社会往往把黑人、少数民族及生活在贫民窟的某些人，特别是青少年，看作行为不轨者和"坏蛋"。这种社会的偏见，促成了对上述人贴标签的倾向。

"标签论"的另一个主要观点是社会给确有轻微违法行为的人贴上标签，使其逐渐形成"越轨者"的自我印象，并自甘堕落，一再违法，从而造成犯罪现象不断增多。

可以说，贴标签是违法犯罪的催化剂，一个人一旦被打上了罪犯的烙印，便很难改变过来，因此，贴标签会强化违法行为和越轨行为。有些"标签论"者还用"初级越轨"向"次级越轨"的转化过程来说明标签化对罪犯形成的影响。"初级越轨"指行为人已实施了一定不良行为，但由于未被发现或其他原因还未被作为"越轨者"来看待，行为人也没有按越轨者及其行为模式去理解自我形象。次级越轨也叫二级越轨，指行为人已经实施了一系列越轨行为，行为人已被社会标定为"越轨者"，即已具有了公开的"越轨者"的身份，行为人亦形成了"越轨者"的自我形象，相信自己的本来面目就是个"越轨者"。对一个次级越轨者来说，只有继续越轨，才是真实的我，表里如一，必然的我；如果不再越轨了，就是对自己的一种自我背叛，自我压抑。

当然，由初级越轨向次级越轨的转化，不是突然实现的，而是在不同程度上交替进行的，或者说是被他人理解与自我理解，贴标签与被贴标签之间不断互动的过程。为了阐述这个过程，我们还应当了解标签论的理论根据——形象互动论。

形象互动论的一个基本概念就是"形象"，它是指由语言符号所代表的事物的意义。形象互动论的主要内涵就是"一个事物到底是什么，须由另一个事物来说明，必须有一个参照物与之相对应；一个事物本身是不能够自己来说明自身的属性的。"若世界上只有一个孤立的"我"，那么，我永远不会知道"我"是什么。因此，"形象"是人赋予客观事物的主观意义，是人对客观事物的主观理解，而不是事物本身。

根据这一理论，"标签论"者认为，人们对各种客观事物的主观理解，是指引其行为的主要依据。行为就是人们根据自己的对客观事物的理解而对外界事物做出的能动反应，并不是对事物本身做出的被动应答。有什么样的主观认识，就会有什么样的行为。而"自我"作为一个客体也是个体所要认识的对象，个体正是依据对这一对象的理解去行为的。有什么样的自我理解和自我印象，就会有什么样的行为。

那么，人对"自我"的认识是从哪里来的呢？形象互动论认为，自我的认识来自社会、来自他人。主体的"我"从社会、从他人对客体的"我"的反应中获得"自我形象"，然后按获得的自我形象去指引自我的行为。当社会、他人对

"你"的行为做出"越轨""不正常"等否定性反应时，"你"就会自觉不自觉地用"越轨""不正常"等来理解自我印象，从而逐渐形成"越轨者"的自我印象，继而就会再三地按照越轨者的行为模式去行为，去触犯刑律。

因此，当一个确有一定不良行为的人（初级越轨者）被社会或他人标签为"越轨者"后，他就会用"越轨者"的形象来理解自我，进而形成自我形象——越轨者，并按越轨者的行为模式去行为，至此，他也就完成了初级越轨到次级越轨的转化，一个越轨者的全部"身份"就这样形成了。

二、"标签论"的特色

在"标签论"出现之前的西方资产阶级犯罪学界有一种绝对主义的传统。著名学者道格拉斯在其名著《越轨社会学概论》中评价这种绝对主义的犯罪学思想道，"道德和不道德被认为是普遍的，对社会中的任何人都同样适用的，根本不考虑个人的处境、愿望和选择。道德和非道德还被看成是显而易见、不成问题的东西，似乎任何普通人都能轻而易举地分辨道德和不道德"。就是说，绝对主义犯罪学思想的前提是一种假设："社会上有一套人们普遍公认的价值观念或道德，这样就可以把越轨简单定义为对社会各种价值观念的违反"（同上书）。如果全社会所有群体奉行的道德和价值观念是一致的、统一的，那么，刑法所维系的道德也应当是违法者所属群体奉行的道德。而违法者之所以触犯刑法则只能用各种程度的变态、失常、失范来解释。

标签论的第一个特色是认为"犯罪"并不是绝对的，而是相对的。这就为犯罪学的研究开辟了新的领域，注入了新鲜血液。

标签论学者对前述绝对主义犯罪学思想提出疑问，在他们看来，对同一行为，不同的人有不同的认识。被一部分人称之为"犯罪"的行为，在另一部分人看来，可能不认为是"犯罪"，甚至认为是应予赞许的行为。这是因为，不同的人、不同的集团，出于不同的视角可能对同一客观事物赋予不同的意义，形成不同的主观认识。也就是说，对同一事物、同一行为在不同的人或集团、群体中可能形成不同的看法。因此，绝对主义犯罪解释论中的"社会的普遍奉行的道德或价值观念"的假设是不能成立的。现实社会中存在着各种阶级、集团、群体，由于他们各自的传统习惯、地位、权利的不同，这些集团或群体所奉行的道德和价值观念也是不一致的，各行其道。人们对是与非、善与恶的标准经常大相径庭。

在某些触犯刑律的人看来，其行为并非越轨，而仅仅是按照自己群体的特有规范行事的正常行为而已。

简单地讲，社会之所以把某些行为规定为"越轨"，实际上仅是社会上某些阶级、群体的缘故，这些阶级、群体往往在社会中居于统治地位。这些阶级、群体认为某些行为与其自身的行为规范不相符合、相悖离，于是，这些行为就被标签为"违法"或"越轨"，并予以刑法制裁。如果没有这种人为地赋地标签的活动，也就没有犯罪的概念，当然也就不存在犯罪行为了。正是在这个意义上，标签论者主张犯罪是相对的，不是绝对的，罪与非罪不过是依据标签的方法人为制造出来的概念。

"标签论"的第二个特色是阐明了"贴标签"与法定犯罪定义的产生之间的因果联系，从而为犯罪学的研究特别是犯罪原因的研究提供了新的思路、新的见解。

标签论者首先提出问题：社会为什么要把一些行为规定为犯罪，即某些行为为什么要被犯罪化？如杀人行为：有战场上杀死敌人的行为（为了本民族或国家的利益），枪决罪犯的行为（维护社会正义、公理）、正当防卫中的杀人、抢劫杀人和报复杀人等，同是杀人行为（剥夺他人生命权利），为什么有些被规定为"犯罪"（杀人罪），而有些却受到社会的允许甚至鼓励呢？

美国的标签论学者贝克尔通过一项研究回答了这个问题。在美国，服用大麻在1937年以前是合法的。1937年联邦"大麻印花税法"通过之后，服用大麻就成为非法行为。原来，美国麻醉品管理局的官僚们为了提高自己的社会地位和权力，发动了大规模的宣传活动，竭力把服用大麻与暴力犯罪联系起来。结果，在这种夸大性宣传的推动下，立法机关果然把服用大麻规定为非法了。可见，"越轨行为"抑或犯罪是通过贴标签的方式人为地制造出来的，是社会上的某些人出于一定目的给一些本来不被视为非法的行为贴上了"越轨"的标签，制造了新的越轨行为。

多数标签论学者认为，犯罪是两种活动的统一体：一种是某些人制定一经违反就是犯罪的准则；一种是某些人触犯这些准则。而参与制定准则的人与可能触犯准则的人对同一事物理解的一致性程度是这一问题的关键。如果这两类人对同一行为的理解分歧较大、一致性较低，则制定准则的人就会把更多的行为看作并规定为犯罪，而可能触犯准则的人就会把更多的行为视为正当。其结果是被规定为"犯罪"的行为越来越多，实施这些"犯罪"行为的人也越来越多。相反，如果两类人对各种行为的理解分歧较小，一致性较高，立法者和守法者都把某种行为视为正当，则制定准则的人只会把较少的行为看作并规定为犯罪，守法者也会较少地触犯准则。其结果是，犯罪行为少了，犯罪人也少了。

标签理论的第三个特色是阐明了"贴标签"与犯罪行为之间的因果联系，解释了"犯罪"事实产生的原因。

标签论者认为，社会对确有一定越轨行为的人"贴标签"，反而刺激、加强或促进了被标签者的恶性转化。标签论的先驱坦南鲍姆指出，给罪犯贴上标签会产生不良的羞辱效应。道格拉斯也说："罪犯的形成是一个贴标签、认识、识别、分离描述获得意识和自我意识的过程；它变成了刺激、暗示、强调并唤起那些令人不满的品质的方式"。刑罚的执行反而强化了行为人进一步触犯刑律的主观倾向。

例如，英国维恩·布朗的经历就具有十分典型的意义。维恩·布朗在其著作《越轨少年的另一面》中回忆少年时的经历时说："学校和社会反复失败的羞辱刺激我寻求任何可能的认可，叛逆成为我新的性格的核心。"他感觉关在学校的禁闭室犹如"野兽被关在笼中，我们按照野兽的感觉行动"。可见，一个无知的少年无意中或由于其他原因实施了某种不良行为，被家长、老师、警察局简单地贴上"越轨者"甚至"不可救药者"的标签。时间一长，该少年就会意识到自我是个"坏孩子""超轨者"，也许这是在不知不觉中获得的潜意识。当其面临下一次是否越轨的选择时，他就会自觉不自觉地选择继续越轨，因为在他看来，这才是他的真实的行为模式。就这样，一个偶有不良行为的少年因为被简单地贴上标签而逐渐演变成真正的越轨者——罪犯。

这就是"贴标签"与犯罪行为间的因果联系；人之所以犯罪，是因为他内心就确信，自己是一个与他人不同的越轨者；由于人人都具有追求自己的历史的一贯性和按照自己本来面目去行为的本性，所以，形成越轨者自我形象的人按照越轨者的模式去行为是理所当然的。而行为人的这种自我形象是从社会中获得的，是社会给其贴上"越轨者"标签的结果。

三、标签论的启迪意义

首先，标签论为犯罪学的研究提供了全新的视角。

　　它把法定犯罪定义的产生原因问题纳入了犯罪原因的研究范畴，使我们回过头来重新思考这样一个问题：犯罪的定义到底是什么？如何才能使法定犯罪定义达到科学、公正？如果法定犯罪定义只是社会上某个或某些群体特有价值观念的体现，它所保护的就不是全社会共同的最大利益。这对其他群体来说就是不公正的，那么，这本身就对为什么会有人犯罪这一问题做出了很好的回答。

　　标签论认为，在阶级社会中，很多犯罪的产生应归责于统治阶级，归责于统治阶级握有可以将其意志强加于他人的标签的权力。统治阶级为维护本阶级的权益，总是将本阶级所奉行的道德、价值观念上升为全社会普遍公认的道德、价值观念，并把触犯这些道德、价值观念的行为标定为"越轨"行为，一旦越轨，就会受到国家强制力的惩罚。法律及法定犯罪定义并非为统治者所标榜地那样"公正、平等"，它只不过是维护现存的有利于统治阶级制度的工具，司法机关的作用就是维护社会现状（有利于统治阶级的秩序），为超越现状的人贴上越轨者的标签。因此，它要迫害那些品德高于一般水平并试图建立新的合理的社会制度的人，即所谓的"政治犯"；同时，也要迫害品德低于一般水平的人，即"罪犯"。因为这些人均属"越轨者"之列，均触犯了统治阶级的利益。因此，标签论提示我们随着社会的进步，要逐步扩大法律的社会职能，以追求社会正义为终极理念，使法定犯罪得到尽可能广泛社会成员的内心认可，从而增加自觉守法者的范围，减少犯罪。

　　其次，标签理论重视社会反应，把社会反映问题提到了应有的地位上，这无疑是相当重要的。

　　在犯罪学的历史上，贝卡利亚的古典犯罪学理论曾经把社会对犯罪的反应作为犯罪的一种原因来研究。但在贝卡利亚的理论中，坏的法律是通过行为人趋利避害的比较这种心理特征起作用的，前提是将人视为功利比较的奴隶。而标签论运用形象互动论的原理，把社会反应与行为人视为互动的双方，认为犯罪是社会反应与行为人形成自我形象之间相互作用的结果。同时，标签论揭示了社会反应的消极面，这具有现实意义。某些社会反应本身可能带有不合理性；某些社会反应缺乏发展、变化，不能适应标签对象的特征；某些社会反应也会产生歪曲的情形。

　　再次，标签论提示我们对具体对象不能划一对待。

　　违法犯罪者是千差万别的，我们不能从统一的社会反应出发来看待他们，而应重视个别分析、注意个体差异。事实上，并非所有被标签、受到刑罚处罚的人都是因为他们有越轨行为，有些只是因为其行为妨碍了统治阶级的利益或他们所处的非归责于自己的原因所致。这就提醒我们要预防抵制犯罪，一方面应致力于符合理性的法律的制定，尽量缩小法律执行上的消极因素的影响；另一方面，我们不应歧视违法犯罪者，因为从某种意义上讲他们也属于被害者，在一定的社会条件下还可能属于正义者。因此，我们在对之进行积极有效地挽救、帮教的同时，还应注意不断完善我们的越轨评价制度，改善我们的社会环境、社会条件，以达到控制和减少犯罪的目的。

四、标签论的局限性

第一，标签论对标签化的后果，进行了简单化的解释。

好像只要被贴上"越轨者"的标签，就一定会转入次级越轨，成为不可救药的罪犯。事实上，很多人被判刑后（即标签化）确实不再犯罪了。有的学者已经指出，对有不良行为的人标签化后不一定都产生消极后果，也有可能产生积极效果，这就要求我们具体情况具体分析，这方面的因素恰恰为标签论者忽视了。很多学者认为，在青少年社会化的不同阶段，标签化的后果是不同的。对参加了不良团体的青少年贴上标签，效果的确不好，因为这会造成青少年对社会反应的逆反心理，进而我行我素，他们继续为社会所标签的越轨行为。如果社会反应的对象已有某种规范或其他因素的约束，或贴上的标签比较容易改变的话，或已被贴上标签，却有朋友及他人的帮助，对之进行帮教，效果很可能是积极的。另外，好的标签，如赞扬等，也可能产生积极效果。

第二，标签论对社会反应的揭示是不全面的，仅仅揭示了社会反映的消极面，却忽视了其积极的一面。

社会反应确有消极的一面，尤其在资本主义社会里，这种消极面更为突出，但却不应由此而全面否定社会反映，把社会对待犯罪行为的对策的积极作用也否定了，这就不免陷入了以偏概全的迷宫。这与标签论的理论基础——形象互动论有关，该理论是一种主观唯心主义的哲学，这就决定了标签论带有很大的主观唯心主义色彩，缺乏严谨的科学性。

第三，标签论片面强调犯罪因素中外部条件的作用，强调社会标签的作用，否定了违法犯罪行为与行为人之间的内在联系。

　　这实际上割裂了犯罪行为产生原因中外部条件与内在因素的联系，忽略犯罪行为所特有的"犯罪性"，将犯罪原因主要归结为社会标签（外部条件）的作用。在标签论者看来，似乎所有的犯罪行为的产生都是社会标签的结果，但这种理论所能解释犯罪原因的范畴是有限的。例如它不能解释一定的危害行为自身形成的过程，即有些秘密的、还未被定义的，没有法律明文禁止的、没有标签可贴的但实际上危害社会的行为的形成过程。标签论使人怀疑难道被社会标签为越轨的违法犯罪行为其本身就没有必然的，客观存在的社会危害性？假若没有，那社会为什么只把少数行为如杀人、抢劫、盗窃、强奸等严重危害社会的行为视为"犯罪"呢？显然，标签论夸大了意识的作用，而否定了产生意识的存在的意义。标签论客观上对违法犯罪者进行了美化和辩解。违法犯罪人基于此，就会将矛头指向社会，而不是反省自己，从自己方面找原因，其结果并不有利于他们改过自新，重新适应社会。在某些情形下，还会助长违法犯罪者的嚣张气焰，愈发为所欲为，危害社会。

　　标签论发展到现在，仍为西方大多数犯罪学家所继续主张，仍有其合理性。但标签论可供我们学习和借鉴的主要不是其观点和内容本身，而是他们研究和解决犯罪问题的科学方法和探索精神。

犯罪进化论 ①

内容摘要：犯罪的本质从古到今并未发生根本变化，始终是一种破坏社会秩序的反社会行为。犯罪在物质形态上的变化远大于观念形态上的变化，尤其在动机上仍保持着浓厚的原始色彩。现代犯罪只不过是原始犯罪的延伸，是文化变异的结果，在文明外衣掩盖下的仍是人的生物冲动向文明的挑战。文明社会中之犯罪无异于古老社会中犯罪的变种。

关键词：犯罪 进化 规律 控制

一、引言

提起犯罪，人们常常将其比喻为"潘多拉匣子被打开后，一群恶魔立时飞遍整个世界"②，确实现实生活中的一系列杀人、抢劫、强奸、盗窃、诈骗等刑事犯罪案件，不仅给人们的物质生活造成了无价的损失，更给人们的精神生活造成了严重的焦虑、震撼和不安。在步入21世纪的今天，被列入世界三大公害之一的犯罪已经引起了全世界的关注和重视，人们甚至将犯罪与战争一起评论："……对于和平和发展的威胁主要来自战争和犯罪两个方面，战争的威胁是区域性的，犯罪的威胁是全球性的；战争的威胁是暂时的，犯罪的威胁是长期的。因此从一定意义来说，犯罪对世界的威胁已经超过了战争，犯罪使人类付出的代价也超过

---

① 此文原载《法学评论》2002年第1期，与吴长征合作。

② 皮艺军，肖剑鸣. 犯罪学引论 [M]. 北京：警官教育出版社，1992：24.

了战争。"①

如何控制犯罪和预防犯罪成为各国政府工作的重中之重，而控制和预防的前提就是对犯罪的明晰的认识，对其本质、根源的深刻了解以及与现代文明的紧密结合。尤其近年来我国犯罪率逐年攀升，一大批过去已经消失的犯罪死灰复燃，如吸毒、卖淫、赌博、组织邪教组织等犯罪形式；出现了各种新型犯罪如计算机犯罪、环境犯罪、洗钱犯罪等。除此之外，还有日益猖獗的青少年犯罪，呈急剧上升趋势的女性犯罪，晚节不保的职务犯罪，农民大量涌入城市引起的犯罪，以及包括犯罪集团、黑社会犯罪在内的有组织犯罪等，这些犯罪引起了社会各阶层的恐慌和不安，于是一系列的严打措施出台，以严厉的刑事制裁来控制犯罪，但收效甚微。如何摆脱这种令人尴尬的局面，是我们目前面临的最大困难和问题，这个问题不解决，将会严重影响我们的社会主义现代化建设。但是我们是否真正思考过犯罪的本质，挖掘过其深刻的根源？长期以来我们一直对其缺乏冷静的思考和科学的研究，没有形成统一的观点。笔者认为现代犯罪不过是原始犯罪的延伸和演化，是文化变异的结果，针对不同时代、不同社会制度、社会结构、生产生活方式及阶级阶层等与犯罪的相关性，定能寻出现代犯罪控制、预防的良方妙策。笔者从犯罪在人类文明进程中的进化过程入手，寻找犯罪进化演变的轨迹，了解其形式，把握其精髓，希望能找到一个解决现代犯罪问题的方向，对现代犯罪控制、预防提供一种新的思路。

二、犯罪的进化历程

（一）犯罪的起源

正如人类的进化一样，万物皆有其本源，犯罪亦是如此。马克思、恩格斯在《德意志意识状态》中指出"犯罪——孤立的个人反对统治关系的斗争，和法一样，也不是随心所欲的产生的。相反的，犯罪和现行统治都产生于相同的条件。""相同条件"即现实社会生产方式的自我矛盾②。笔者认为若探其源，必先给犯罪以合理的定义，何谓犯罪？一种具有严重社会危害性的行为，是和谐整体中的不和谐因素。

---

① 史蒂文·拉布.美国犯罪预防的理论实践与评价 [M].北京：中国人民公安大学出版社，1993.

② 王牧.犯罪根源是理论逻辑上的一种指向 [J].中国刑事法杂志，1998（3）.

源于自然法则，笔者认为人性与社会环境是影响犯罪产生的至关重要的因素，二者相互依赖，缺一不可。人性既包括人的生物属性，又包括人的社会属性[①]，人的生物属性指人作为一种高级动物生来就具有的本质属性，是以生存为目的以自我为中心的天然的排他性、自私性。如果没有社会环境的熏陶，人就会沿着其生物属性向兽的方向发展，如许多的"狼孩""虎孩"就是明证。唯有在社会环境的塑造下，人才会产生社会性与生物性制衡，通过文明的教化来控制其生物性，以"超我"来升华"本我"，这样人类才能进步，而人的生物性则会隐藏得越来越深，如同人类在其丑陋的面孔上戴上了一层又一层的面具，当受到外界强烈刺激时，才会猛地迸发出来。

所以人类犯罪的起源应当追溯至人类自身隐藏着的生物性，当个人的欲求与集体的秩序产生矛盾时，犯罪即可能随之产生。当然，这种犯罪与现代刑事意义上的犯罪相去甚远，只是个人欲求的本能冲动，其根源于最初生命体形式的基因分子，其自私性、排他性是世间一切动荡因素的根源。

（二）原始社会的犯罪——基于生命欲求的本能冲动性犯罪

原始社会是人类社会步入的第一个阶段，由于生产力的极端落后，个体的力量与恶劣的自然环境相比是微不足道的，人类在遗传进化中所获得的生命物质决定了初民的个性特征即向群性和生存适应能力，原始人类不得不组成群体以弥补本能的孱弱，更好地满足欲求：安全、生育、食欲、交往[②]。这一时期由于生产力极端落后，人们组成部落、氏族仍须不断为生存而奋斗，在出现剩余财产前的绝大部分时期人们都挣扎在生存线上，人们的基本生存需求得不到满足，彼此生存利益相互冲突，于是出现了最初的犯罪形式——吃人。如老人、儿童成为有用的食物，原始群婚制，以及私藏、偷盗食物、乱伦等。这些行为是由于人的生存欲求得不到满足而产生的，但随着这些行为如乱伦在群婚制社会中普遍通行，人们逐渐认识到其危害并达成共识，以对偶婚形式代之。人类文明正是如此一步步走出蛮荒，也顺应了社会存在决定社会意识的原理，有了这些犯罪，才有了诸多规范、禁忌，乃至刑法。

到了原始社会末期，随着生产力的发展，氏族部落出现了剩余财产，部落首领已拥有较大的权力来维护个人地位，如中国上古时代的尧舜禹时代，舜帝继位

① 皮艺军，肖剑鸣. 犯罪学引论 [M]. 北京：警官教育出版社，1992：124.

② 皮艺军，肖剑鸣. 犯罪学引论 [M]. 北京：警官教育出版社，1992：138.

时曾"流共工于幽州，放鹱兜于崇山，窜三苗于三危，殛鲧于羽山，四罪而天下咸服"[①]。由于贫富差距的拉大，私有制出现，氏族贵族阶层因大权在握而出现权力的争夺、滥用，人类从为了生存而斗争的阶段开始步入为了富有而斗争的阶段。

恩格斯曾在《家庭、私有制和国家的起源》中指出荷马时代已处于原始公社制向奴隶制过渡的阶段，这时生产力水平随着铁器的应用而进一步提高，同时推动了阶级的分化和阶级分层，这时的政治体制实行军事民主制，由军事首领、长老会议行使权力，全民参与的民进会形同虚设。由于生产力的不发达，人的生存需求得不到满足，犯罪充斥着暴力、凶残，杀人、偷盗、拐骗、强奸、乱伦等形式。这时人们崇拜诸神，认为犯罪是神灵降罪或恶魔缠身，通过禁忌、规范来约束、控制犯罪，同时允许血亲复仇、同态复仇。

总的来说，原始社会特别是其早期历史阶段，犯罪产生的原因在于生产力的极度落后性，以及与之相适应的人伦意义上的蒙昧。不管是饥食人肉，还是溺杀婴儿，都源起于人类刚刚脱胎于兽类社会，兽性犹存，囿于其所存在的外部社会物质生活条件的影响及由此所决定的世代相沿的道德习惯[②]。同时原始社会并非理想的大同社会，它同样有着性别、地位、长幼、等级、集团尊卑等不公平现象，尤其在所有制方面，原始社会虽然没有后世的"私有财产"观念，但对山林资源、耕地水利等原始生产资料存在着优先占有、排斥异族特殊需求等不同程度多种层次的财产占有方式和使用权益，从而某项财产或某块土地经常被某个拥有一定特权的个人或集团霸占[③]。纵观整个原始社会，犯罪主要是由于生产力的极端落后，原始公社为保证其生活必需之秩序而惩罚的成员的个人意志，这种个人意志是极端有害的。

（三）奴隶社会的犯罪——生存欲求型犯罪向追求享受型犯罪的过渡

由于私有制的发展使阶级分化，人类迎来了奴隶社会，如我国历史上的夏、商、周，古埃及、苏美尔、阿卡德等王朝都在这一时期创造了灿烂的文化，同时这一时期也是阶级对立最尖锐、人性践踏最严重的时期。由于私有制导致了严重的贫富分化，出现了高高在上的奴隶主阶层和最底层的贫民和奴隶，在生产力有

---

① 《尚书·尧典》。

② 皮艺军，肖剑鸣. 犯罪学引论 [M]. 北京：警官教育出版社，1992：210.

③ 皮艺军，肖剑鸣. 犯罪学引论 [M]. 北京：警官教育出版社，1992：207.

所发展的情况下，社会主要矛盾成为奴隶主阶层同广大奴隶和贫民阶层的矛盾，犯罪形式由为满足生存需求的本能冲动行为有了新的转变，贫富分化造成贫民向往富裕生活的欲求与社会难以满足的矛盾，统治阶层权力的拥有造成滥用权力、争夺权力等权欲的欲求与社会难以满足的矛盾，以及阶级的严重压迫引起的被奴役的奴隶的自由欲求与社会难以满足的矛盾等，这些足以达到生发出犯罪因素的社会矛盾引发了奴隶社会的各种形式的犯罪。

以古希腊为例，由于铁矿的开采促进了生产力的发展，整个社会经济如农业、手工业、商业的大力发展推动了政治体制的进程，由军事民主制——氏族贵族专政——寡头政治，如科林斯（民主政治，如雅典）①。这时足以引发犯罪因素的社会矛盾如下：贵族阶层同下层自由民和奴隶之间的矛盾，由于奴隶主滥用权力、残酷压榨，奴隶过着暗无天日的生活，大量没有土地的平民和政治上失势的人被迫移民，这种情况下引发了奴隶主和奴隶的多种犯罪，如奴隶通过逃跑、怠工、击杀奴隶主、告密赎身、大规模逃亡等形式反抗压迫；此外由于城邦之间的大量战争造成了人们的安全欲求得不到满足的矛盾，由此出现了大批外来移民带有侵略性质的犯罪和成分复杂的雇佣兵犯罪。

希腊文化在对犯罪的研究和挖掘上较之前人有了较大进步，除了沿袭以前的骨相学判断人性优劣外，一些大哲学家如柏拉图在《理想国》中提出了灵魂善恶说，从人性的角度出发认为犯罪是人性中的恶性取得了支配性地位的结果，亚里士多德则认为贫穷、追求享乐，追求无穷的权威是犯罪的根源，他们认为通过后天教育、学习可以抑制犯罪的产生。

总的看来，这一时期随着生产力的发展，人类的思维开始诉诸理性，而犯罪则永远是以非理性冲动为特征的，所不同的是文明的发展给犯罪的原始动力灌输了新的燃料（诱因、观念、技巧、工具）②，使得犯罪的破坏力量大大增强了。奴隶制社会中的犯罪较之原始社会的犯罪有了较大变化，一方面社会无端压制奴隶的基本生活欲求，另一方面奴隶主却人欲横流，这种人的越轨冲动冲破社会束缚，违反社会公德，导致社会中人性被兽性取代，出现人性的堕落③。

---

① 周一良.世界通史：上古部分 [M].北京：人民出版社，1973.

② 皮艺军，肖剑鸣.犯罪学引论 [M].北京：警官教育出版社，1992：153.

③ 皮艺军，肖剑鸣.犯罪学引论 [M].北京：警官教育出版社，1992：126.

（四）封建社会的犯罪——日趋成熟的社会性犯罪

在封建社会时期，中西方文明都有了较大程度的发展，犯罪在保留了部分过去形式的同时也随着新的文明而发展演变，同时新的文明也衍生了新的犯罪形式。

这一时期的社会矛盾是封建统治阶层与下层贫苦农民和手工业者的矛盾，土地大量集中，广大农民难以维持基本的生活欲求，同时地主阶层对农民残酷压迫，导致农民的大规模暴动、杀死地主乃至推翻政权，地主阶层的纵奴行凶、杀人、伤害、强奸等犯罪形式。统治阶层内部由于分配不均而围绕权、财发生大量争权夺利的犯罪。此外由于战乱等社会环境造成了人们的安全欲求得不到满足，人们处于焦虑不安的状态下易引发各种犯罪。还有从没落地主、商人、手工业者、农民等各阶层中分化出的一批社会闲散人员，社会难以满足他们在权、财、性上的欲求而引发的如打架斗殴、抢夺财物、调戏妇女等形式的犯罪。

中国历史上的唐朝，创造了举世瞩目的灿烂文化，尤其"贞观之治""开元盛世"代表了封建社会的最高成就。一时社会稳定，国富民强，社会机制与人的欲求达到较好的平衡，犯罪率极低。史载贞观初年，社会动荡，农业落后，数年之后，"天下大稔，流散者咸归乡里，斗米不过三四钱，终岁断死刑才二十九人。东至于海，南极五岭，皆外户不闭，行旅不赍粮，取给于道路焉。"①虽过誉之词，但反映出当时的社会治安达到了较高的程度。但文明的进步亦推动了犯罪形式的多样化。荷兰人高罗佩所著《狄公案》取材于当时的资料，通过一系列的传奇展现了一幅宏大的犯罪画面：如《玉珠串》中由于统治阶层内部的争权夺利引发出的操纵杀人集团实施杀人、盗窃等形式的犯罪；《黄金案》中描述了一群道貌岸然的和尚借禅杖偷运黄金进行走私及通过做饭发出的蒸汽热化蜡丸进行偷渡等犯罪形式；《圣水观》中道士拐卖、强奸年轻女子并杀人灭口等；《柳园图》将官宦阶层虐杀婢女、强抢民女以及卖艺女子报复杀人等，揭示了唐朝乃至整个封建社会中不可调和的社会矛盾所引发的各种犯罪。

在对犯罪原因的探索上大诗人白居易提出了"贫困思邪而多罪""仓廪足而知礼节"，认为应从满足人们的基本生活欲求——温饱入手来控制犯罪，同时就各种官僚腐败问题提出了高薪养廉的措施；此外还有沿承汉朝董仲舒的"性三品"

---

① 《资治通鉴》卷一九三。

论，认为贪利是导致犯罪的根源，以及社会因素如政治压迫、官吏镇压也是重要原因。以上观点均从人性或社会问题等某个方面入手，过于片面，如果综合在一起考虑就可以比较全面地挖掘到犯罪的根源。

总之，作为人类文明进程的第三个阶段，随着文明地向前演进，新的物质成果不断激发出人类的新的欲望，在增强进取心的同时也同步强化了人类的越轨行为，这一时期的犯罪亦以其复杂性、多样性显示了对社会的更强有力的破坏。犯罪形式除承继以往并有所改变的下层劳动人民为实现生活欲求而反抗压迫的犯罪、统治集团内部争权夺利的犯罪外，由于生产力的发展，封建统治秩序的完善而相应衍生出官僚腐败犯罪，如贪污受贿、徇私枉法等，以及经济的繁荣而滋生的社会闲散阶层所引发的犯罪等。受文明进步的影响，犯罪的血腥味正日趋减少，智力型因素增多，这也是犯罪在文化演进中自身所做出的必要选择，暴力犯罪的支配型地位正被财产犯罪所代替。由于经济的繁荣，犯罪主体日趋复杂，形形色色的犯罪人组成犯罪集团，这种由于共同的犯罪欲求所组成的集合体对社会造成巨大的破坏，也是社会难以满足其欲求或压制其需要而招致的疯狂的反噬，如海盗、山贼等结成团伙实施了大量杀人、抢劫的犯罪。值得一提的是，在犯罪控制方面，封建统治者及知识分子给后人留下了宝贵的经验，如从科学的角度诠释犯罪，宋代的法医学家宋慈的《洗冤集录》从医学的角度为犯罪的侦破和预防做出了突出贡献，还有统治者的选拔能吏、道德教化，均取得了较好的效果。这一时期的犯罪是在奴隶社会犯罪的基础上的进一步扬弃，随着生产力的进步，经济的日趋繁荣，犯罪涉及了社会的各个层面，社会性已经成为犯罪的主要属性。

（五）资本主义社会的犯罪——犯罪的多元化时代

资本主义在短短数百年间，使人们创造的物质财富超过了过去任何时代的总和，人类文明前进的步伐大大加快，犯罪亦不断紧随文明进程，完成着自身的进化。

以英国19世纪的维多利亚时代为例，经济比较繁荣，在1850年生产了世界上40%的机器，半数以上的棉纱和铁，三分之二的煤，经济的繁荣推动了文化的繁荣，社会风气浮华，人们追求享受，整个社会沉浸在一种强烈的满足感中[①]。虽然这个当时最强大的资本主义国家创造了令人叹为观止的水晶宫时代，却掩饰

---

① 罗伯特，罗伯兹.英国史 [M].贾士蘅，译.台北：台湾五南图书出版公司，1986.

不住各个角落此起彼伏的犯罪。

这一阶段由于生产力的迅速发展，资产阶级政府的民主制度及一些较成熟的政策的出台，在一定程度上缓解了各个阶层之间的矛盾，一种阶级间的和谐潜伏于社会表面之下，这是社会物质财富极大丰富、可以在相当程度上满足人们欲求的结果，但由于资本主义社会自身的特点难以解决一系列的社会问题，如失业、贫富差距悬殊等，不可避免地造成大量犯罪对其体制弊病的攻击。这时私有制的发展已经到了登峰造极的程度，绝大部分财富被聚敛到极少数人手中，他们控制了整个经济命脉，也操纵了上层建筑，这种无形的压迫隐藏在浮华的社会风气中，而使下层社会的贫苦人民仇视上流社会乃至整个社会，社会不能满足他们向往财富的欲求而克服自身的弊病，必然导致形形色色的犯罪。同时统治阶层内部由于在权、财欲望上的天生的自私、专横，矛盾不断，彼此派别林立，保守党、自由党、工党相互争夺权力。

这一时期的犯罪主体遍布各行各业，一般有身份地位的人幕后策划，由贱民阶层直接实施，贱民主要是指失业者、流浪汉、工作量重而工资低的人、沿街叫卖的小贩、孤儿、老人、病人、娼妓等，他们大多住在贫民窟，以微薄的薪水维持生活，靠慈善事业救济及乞讨、偷窃等，他们大多每晚由伦敦东端暗淡的住宅中钻出来，到皮卡地利广场及莱西斯特广场四周煤气灯照耀通明、充满罪恶的街道上干活[1]，从事各种各样的犯罪，扒手帮遍布在每一个角落，而1851年伦敦警察计算有8000名妓女，这只是实际数目的一部分[2]。

这时期的犯罪对策更为有力，1830年—1840年为减少社会罪恶，政府官员的积极改革取得实效，一系列法案的出台如1866年工场法案、1870年教育法案、1887年犯罪法案，对抑制犯罪产生了积极影响；慈善事业的涌现在一定程度上缓解了社会压力；严肃的道德观念平息了人们因欲求得不到满足而引起的怀疑、紧张等情绪；刑事警察部门的打击，如1829年苏格兰场的成立，在控制和预防犯罪上取得了一定的成绩；鉴于改革运动减少了再犯率，有利于罪犯的回归社会。

总之，资本主义时期由于生产力的迅速发展，极大缓解了社会阶级间的矛盾，但由于工业化的集中带来的人口集中，使被压迫阶级、阶层日益贫困化，失业流浪人数急剧增加，从而引发各种矛盾。因此资本主义的犯罪是资本主义制

---

① 罗伯特，罗伯兹 . 英国史 [M]. 贾士蘅，译 . 台北：台湾五南图书出版公司，1986.

② 罗伯特，罗伯兹 . 英国史 [M]. 贾士蘅，译 . 台北：台湾五南图书出版公司，1986.

度潜伏的必然结果（包括犯罪数量和犯罪选择），实施犯罪的人只不过是一个工具[1]，如政府面对地方政府的放任以及在童工问题上的软弱无力导致的大量犯罪。因此必须从资本主义的自身特征出发来认识犯罪，工业社会以竞争、创新为主要特征，人的心态由过去的自然经济人、财、物僵滞造成的知足常乐、安贫乐道、淡薄寡欲等转变为急功近利、不安现状、欲求不满等[2]，在创造巨大物质财富的同时，也促使了为达欲求不择手段，乃至犯罪。这一时期由于巨大的生产力不断推动文明的进步，文化呈多元化，犯罪的多元化趋势更加明显，如堕胎、卖淫、同性恋、自杀、通奸等，各国法律规定均有不同。

三、犯罪在自身进化中体现出的规律

在任何文化形态中，人们行为的规范性和相符性都不是完全一致的，因而不可能有一种尽善尽美的文化模式能够使人与自然、人与人和人与自我的关系完全相容。平衡只是相对的，二者当中的不平衡因素必然使矛盾和冲突转化成为社会的、生态的、心理的压力，从而使人们适应行为分化，即按文化规范、价值准则在一部分人中间出现两种低适应行为分化状态——变态的和越轨犯罪的[3]。犯罪作为人类创造文明过程中制造出的副产品，其本质从古到今并无根本改变，始终是一种破坏社会秩序的反社会行为，虽然在人类文明的历史进程中，它也随之演变，但仅是形态上的变化，观念上的变化甚微，尤其在动机上甚至仍保持着极浓厚的原始色彩。

由于生产力与生产关系的矛盾的永恒性，生产方式对人类社会矛盾运动的动力性，决定了犯罪存在的长远性[4]。经济的发展与犯罪的同步相关规律在理想社会未实现之前仍是相对真理。而犯罪的类型作为人类社会的特殊表现形态，将随着人类社会的发展不断演变，改变其固有的存在形式，并因不同时空范围而更新其具体内涵。

具体说：

1.犯罪是跟人类的文明进程同步的，随着生产力由极度落后到今天的迅速发

---

① 皮艺军，肖剑鸣.犯罪学引论 [M].北京：警官教育出版社，1992：166.
② 皮艺军，肖剑鸣.犯罪学引论 [M].北京：警官教育出版社，1992：125.
③ 皮艺军，肖剑鸣.犯罪学引论 [M].北京：警官教育出版社，1992：88.
④ 皮艺军，肖剑鸣.犯罪学引论 [M].北京：警官教育出版社，1992：207.

展，文明由蛮荒走向进步，犯罪由暴力型趋向财产型，不断吸收着文明的成果完成自身的晋级。犯罪是不能被消灭的，如同生活在和煦的阳光下就必须接受光照下的身影的存在一样，人类在享受文明成果的同时必须接纳犯罪的存在。

2. 虽然犯罪不能被消灭，但它是内形于外的东西，是可以摸索的，在现实生活中它通过不同的形式表现出来，通过把握这些形式我们就可以逐步把握犯罪的内涵。犯罪的具体形式是与当时的社会特征紧密结合的，同时又呈现一种承继性、递进性，如原始社会的生产力决定了杀人是基于食物不足而引起的以石块、木器实施的行为，绝对的兽的行径，而奴隶社会、封建社会、资本主义社会的杀人就因社会特征的差异出现基于财富的不均、对权力的渴求以及对压迫的反抗引起的行为，而实施的工具和手段日趋多样化、技巧化。

3. 犯罪的诸多形式令人眼花缭乱，但就其类型上划分只表现为暴力型犯罪、财产性犯罪、性犯罪三种，从犯罪的进化历程我们可以看出这三种类型的犯罪在不同的阶段所处的地位是不同的：暴力犯罪是伴随着人类的诞生而存在的，在原始社会和奴隶社会时期占据决定性的地位，这时期的各种犯罪多表现为凶残、野蛮的形式。随着生产力的发展，社会物质生活的极大丰富，财产性犯罪逐步在封建社会和资本主义社会乃至目前占据支配性地位，人类对财富的向往超越了一切，经济领域产生了人类前进的动力也孕育了各种形式的财产犯罪。性犯罪则是基于人的性的欲求难以得到合理的满足而出现的行为，它是在人伦秩序建立起来之后才出现的，存在于此后的各个时期，包含强奸、卖淫、乱伦、同性恋等形式。犯罪的进化是暴力型向财产型的进化，性犯罪渗透其中。

4. 犯罪的类型在不同的社会阶段表现不同，说明犯罪的社会相关性，前面已经谈到不同的社会阶段、社会结构、生产生活方式、教育方法与犯罪均有一定的相关性，犯罪正是基于这些综合因素的影响而形成与不同时代相适应的不同特色，如海盗的出现就是特定的历史环境（海上交通运输的发展，造船业的兴旺）的特定产物，因此在认识犯罪的过程中必须与相关因素相结合，切忌只见树木，不见森林。

5. 认识到犯罪的相关性，在挖掘犯罪原因和进行犯罪预防上就能较全面地进行，古往今来在犯罪原因的挖掘上可谓硕果累累，生产力的不发达，人体的生物性在作怪，阶级矛盾，贫穷，人的贪欲，等等，众说纷纭。从以上的分析我们可以得出犯罪的产生是社会诸多因素的共同结果，归结为一种原因是不科学和不完善的；进行犯罪预防靠单纯的刑事打击是很难奏效的，以往社会的成功经验表明，控制犯罪必须从社会政策、教育、法律改革、官员的选拔以及道德的教化、监狱的改善等方面入手，综合治理是正确的途径。

四、现实意义

以上我们对犯罪的进化历程有了较全面的了解，对犯罪有了整体上的认识，克特烈认为"社会在它自己里包含了许多将来犯罪的萌芽，从某种意义上说，准备犯罪的是社会，个人只是它实行的工具而已"，是有一定道理的，但同时不要忘记，人性亦起着至关重要的作用。环境造就犯罪的人，同时人也造就犯罪的环境[①]。

就目前我国的犯罪形式而言，社会处于转型时期，人们的心理、思维呈摆动状态，对于犯罪既有某种心理趋向性，又表现为极度的厌恶，缺乏理性的思考。或许受传统观念的影响，"中国历史上从未产生过与犯罪并存的社会心理机制，从未公认过犯罪现象中所隐匿的内在历史动力作用和文化功能，对犯罪历来是不容共处、必欲剪除而后快"[②]，所以我们始终存在着这样一个误区。面对现代文明的飞速发展，犯罪作为与之相伴生的产物更是一日不见如隔三秋，再不对犯罪进行细致的了解，不进行社会心理的适当调节，现代犯罪的控制和预防就真的难以望犯罪之项背了。

因此笔者试图从犯罪所走过的轨迹中找到一些能抑制它的东西，为现代所用，为今天犯罪控制找到一条出路。

第一，今天的物质生活的极大丰富使人类正在日趋失去以往在艰难环境中培养起来的优秀品质，我们的心理承受力正在变弱，文化的多元化冲击使得人们的心理出现失衡，甚至渴望计划经济时代的领袖崇拜。这种烦恼情绪不利于社会稳定和长治久安，因此必须加强公众对犯罪的认识，了解自己离犯罪还有几步之遥以便进行合理的控制。简单说来就是培养公众对待犯罪的正确态度：文明是推动人类历程的积极因素，与文明相伴生的犯罪则成为不利于人类进程的消极因素，二者相互伴生，相互制约，是一对矛盾。

---

① 皮艺军，肖剑鸣. 犯罪学引论 [M]. 北京：警官教育出版社，1992：166.

② 皮艺军，肖剑鸣. 犯罪学引论 [M]. 北京：警官教育出版社，1992：6.

第二，从犯罪的进化历程看来，财产犯罪是当今犯罪的主流，尤其我国正处于市场经济体制建立的攻坚阶段，不完善、不合理的一切环节都可能成为孕育犯罪的温床，因此必须加大经济领域的管理力度，加强经济立法，尽可能减少犯罪产生的可能性。

第三，社会环境的改善是当前迫切需要努力的方向，历史上各个较为稳定的时期的社会安全系数都是很高的，如贞观年间就是明例。人们的安全感是否得到应有满足直接决定着犯罪预防的成败。值得一提的是二战以来英国在这一方面取得较大成绩，实施了情景预防策略，即对犯罪实行由多机构参与的、有深厚群众基础的综合治理，如通过一系列的环境设计、管理、邻里守望、目标加固、转移、正式监视等增加犯罪成本和风险，减少各种目标对犯罪人的吸引力，值得我国充分采纳借鉴。

第四，道德预防是应大力发展的犯罪预防方略，"道德是从黑夜行人的前方射来的一束光芒，它既规范又引导人们追求至善至美的路程"，德育质量的提高对于犯罪的减少有着突出重要的意义，以往社会的道德教化取得的成就及现代社会中如新加坡在建设现代化过程中以提高公民道德素质来控制犯罪的成功经验都昭示了这一点。当前我们应该不断加强道德建设，赋予传统道德以新的时代内涵，使精神文明逐步与物质文明同步，这是一个长远的过程，也是必要的一步。

第五，立法的及时性、预见性和通俗化，是进行犯罪预防、控制的重要方面。当前我国立法渐趋成熟，尤其新刑法典于1997年颁布后，对犯罪的预防起到了重要作用，但应该看到短短三年之后这部法典已经明显跟不上时代的步伐，计算机犯罪仅用短短的三条规定已经远远不够，越来越多的高科技因素渗透入了犯罪之中，因此法典的制定亦应有高科技的专家人士的加盟，在与犯罪的较量中仅靠一个领域的知识已经愈来愈力不从心。

第六，柏拉图、亚里士多德等先贤提出的教育、后天的学习，对犯罪的预防有着积极的意义，刑法学之父贝卡利亚也曾提出在犯罪的预防中教育和学习的重要性，今天在普及义务制教育之后，较之以前的国民素质正应该不可同日而语时，青少年犯罪却"如火如荼"起来，哪儿出了毛病？正是教育和学习这个环节走了弯路。因此在当前人们受到各种思想观念冲击的时候，提倡学习、重视教育有着非同寻常的意义。

五、结束语

犯罪的进化历程是人类发展历程的伴随品，笔者以上对它的描述正是试图赋予人们一种观念上的认识，使人们对犯罪的了解真正从感性上升到理性，"魔由心生"，许许多多可以避免的犯罪皆是因为人们内心的莫名恐惧而无所适从，以致犯罪乘虚而入。假如人们对犯罪有了一定的认识，勇于从人性的角度反省自己，抑制自身生物性的无理欲求，社会该是一幅多美妙的画卷，恐怕前贤们构筑的理想国亦不过如此。因此在与犯罪的较量之中，犯罪观的普遍建立是文明社会前进发展之必要，仅是学者之间的探讨不会起到现实效果，只有学者—警察—大众传媒—公众结合起来，尽管有学识上的差别但能达成基本的共识时，这时整个社会犯罪控制网络就形成了共同的心理机制，即犯罪控制的基石。

论计算机"黑客"犯罪及其防范 [①]

20世纪的后半叶，计算机和通讯网络技术以极快的加速度提高和发展。如今，国际互联网络（Internet）正在覆盖全球，已拥有两亿多个用户，并且以成倍的速度递增。21世纪变成了网络时代，网络将会变得无时不有无处不在，它已渗透到经济、政治、金融、司法、军事等各个领域，带给我们一种数字化的生存方式。

然而，科学技术从来就是一把双刃剑，网络也不例外，互联网在给人类的社会生活带来极大便利的同时，也带来了网络上的犯罪。其中以"黑客"（Hacker）所实施的计算机犯罪最为严重，它如同游荡在网络上空的"幽灵"，伺机便会作案。

一、"黑客"概述

所谓"黑客"就是指那些专门以计算机信息系统为攻击对象的犯罪人。具体地说，就是那些非法侵入计算机系统，并且对计算机系统以及有关程序、数据库等进行破坏的人。"黑客"这一词据说来源于麻省理工学院。当时一个学生组织的一些成员因不满当局对某个计算机系统的使用所采取的限制，而开始自己闲逛系统。他们认为任何信息都是公开的，任何人都可以平等地获取 [②]。早先的"黑

---

① 此文原载2002年《中国犯罪学研究会第三届会员代表会议——暨第十一届学术研讨会会议论文》，与杨希泽合作。

② 黄绍平. 黄与黑——计算机空间犯罪面面观 [N]. 计算机报，1999-04-05（5）.

客"行为是开玩笑或恶作剧式的，并不认为是犯罪。从20世纪60年代到70年代，早期的"黑客"都是计算机研究方面的深入研究者。正是这些"计算机疯子"对已有计算机技术不遗余力地挑战，带来了计算机革命，促成了计算机微型化，促成了电子信息系统网络化和信息系统网络全球化。但是，随着"黑客"的辉煌历史在20世纪80年代中期的结束，新一代的"黑客"开始走向计算机技术和电子信息网络技术发展进步的对立面，越来越成为危害计算机信息系统和网络的犯罪者。今天，"黑客"已成为针对网络犯罪的犯罪者的代名词。

"黑客"犯罪给社会带来的危害是巨大的。1984年，美国律师协会出版的一份重要报告做出结论，经美国商业和政府确认的计算机犯罪招致的损失，"用任何方法计算都是巨大的"，仅1995年盗用移动电话号码的犯罪就发生了70多万起，给电话公司和用户造成损失高达6.5亿美元[①]。据有关专家估算，目前美国每年由于"黑客"犯罪而遭受的总损失超过百亿美元。

计算机创造了前所未有的犯罪机会。"黑客"犯罪在数量上的上升势在必行，并且有取代白领犯罪的趋势。

二、"黑客"行为及内容

（一）网上偷窥或剽窃

有一些"黑客"，出于好奇心或别的目的，非法侵入国家重要计算机信息系统，恣意翻阅大量绝密文件，并毫无顾忌向外透露这些绝密文件，从而造成巨大损失。如1993年英国少年布里顿"侵入"美国国防部计算机系统，接触到了包括弹道武器研究报告、美国情报部门内部机要通讯材料在内的大量机密，并把部分机密输入了有3500万用户的国际计算机网络。

（二）非法更改他人计算机信息系统

有一些黑客，虽称得上是计算机高手，但是他们道德素质极其低下，他们经常出没于网络之中，伺机篡改计算机网络中的有关信息。其目的说是为了要弄别人，显示自己的高明与才干。

最著名的此类事件发生在美国，1996年8月和9月，美国司法部和中央情报局先后遭"黑客"入侵。"黑客"将司法部主页改成了"美国不公正部"，将司

---

① 高凤仪.美国着力打击盗用移动电话号码的犯罪 [N]. 光明日报，1996-6-19.

法部长的照片换成了希特勒的照片，将司法部徽章换成了纳粹党的徽章，并加上一张色情女郎的照片作为司法部部长的助手，还在主页上留下了许多攻击美国司法政策的文字。接着，又一名"黑客"将中央情报局的主页名称改为"中央愚蠢局"，并同样将主页改得面目全非。最后迫使美国以搜集情报著称的中央情报局关闭了其网络服务器[①]。

在中国也已发现此类的"黑客"犯罪。1999年8月，一"黑客"在互联网一个网站的公告网（BBS）上，针对就职于上海某进出口公司的孙小姐发布淫秽言词，并将孙小姐的住址、电话复制在上面。结果，孙小姐在家中收到无数语言暧昧的电话，一连串的污言秽语，令她十分气恼。经警方调查得知，此"黑客"是孙小姐的同学，为了泄愤报复，在网上实施了针对孙小姐的侮辱行为[②]。

（三）传播有害信息或数据

这类"黑客"犯罪主要表现为利用计算机网络散布种族主义言论，宣扬色情内容，传输危害国家安全的非法信息等。由于是在网上传播，涉及面广，传播速度快捷，社会危害极大。

尤其该引起注意的是"黑客"在网上制黄贩黄来诱惑和骚扰用户，尤其是青少年，使他们身陷其中而不能自拔，严重影响了青少年的心理健康。在网络中所形成的"红灯区"已引起公众的密切关注。许多青少年家长对此深感忧虑和不安。只要个人计算机进入网络就避免不了"计算机妓女"和色情信息的诱惑和骚扰。国际社会已对此引起足够重视。联合开展行动打击这类"黑客"。

（四）网络盗用

网络盗用的犯罪情形多种多样，有的是在互联网上盗窃可用以支付的货币、账单、银行账目结算单，以非法获取他人财产所有权。有的是实施信用卡犯罪，据统计，全球每年通过计算机网络使用假信用卡的非法所得额已达数亿美元，且多数属于有组织犯罪。1995年，一个叫多特尼克的"黑客"被指控闯入许多计算机网络，偷窃了2万张信用卡号和复制软件。还有的是盗用电话网等通讯网络，盗用电话，电讯资源。1999年3月，有"黑客"侵入美国电话电报公司等多家电话公司窃取电话卡号码，这些电话号码最后落入意大利有组织犯罪集团手中。1995年，仅盗用移动电话号码就给美国造经济损失6.5亿美元，可见此类"黑客"

---

① 蔺剑. 各国计算机犯罪与防范新动向 [J]. 国外法制信息，1997（5）.

② 张雄. 网络上的中国警察 [N]. 新民晚报，2000-2-27.

犯罪是多么触目惊心。

（五）网络欺骗

由于国际互联网的存在而出现的"虚拟空间"为"黑客"们进行欺骗提供了可能，欺骗活动有下列情形：

1. 以商业为进攻目标的欺骗。在不久的将来，大多数银行都实现了业务电子化。用计算机处理的业务数额远远超过了以支票和现金方式处理的业务量。甚至所有商业都实现电子化。在某种程度上，接近商业计算机就等于接近钱。臭名昭著的"欺骗大师"黑客集团的奠基者李·约翰在谈到其从12岁就开始，已干了10年的这种勾当时吹嘘说，自己目前已具备以下技能：一是改变信用卡记录和银行收支平衡记录；二是不花钱就能弄到大轿车、乘飞机旅行、在宾馆里住宿无须付账；三是改变设备和房租的租金；四是为互联网用户免费分发计算机软件程序；五是轻易获取绝密内幕交易信息[①]。

2. 以证券业为对象的欺骗。在美国，在网络空间中已出现了股票和债券的欺骗活动——出现在市场上的股票和债券短时间内频频被人倒手，然后不声不响地消失了。事实上，这些股票和债券根本上不存在，只有电子脉冲是真实的。将来，虚拟现实专家可能会根据一位受人尊敬的股票经纪人或房地产经销商的模样绘制地幅综合衍射图，然后再建议计算机网络空间用户来购买某种股票、债券或房地产。如果无任何警觉的受害者按照其建议去做，事后就会发现他们只是撑大了虚拟专家的钱包，而自己所买的只是一文不值或根本不存在的财产。

3. 以广告业为对象的欺骗。最典型的就是我们所说的"金字塔阴谋"，他们利用因特网对公众进行高回报的集资，把后来者的资金作为先期者的回报而不去进行任何实际投资，这种现象与我国刚取缔的"非法传销"有异曲同工之处。

（六）信息轰炸

"黑客"根本不侵入网站，而是用大量的信息炸弹，使得网站的网络服务瘫痪。如果这种服务是有偿的，网络公司遭受的损失将不堪设想。今年2月份，美国 Yahoo、eBay、CNN 等8家著名网站被黑客袭击的事件震惊了全世界。他们遭受袭击的形式几乎都是如此。同月8日，我国新浪网的 E-mail 系统出遭到这种形式"黑客"袭击。"黑客"两次袭击的方法就是发短信，由几个通道同时不间断

---

① 吉恩·史蒂芬斯 . 计算机网络空间犯罪面面观 [J]. 编译参考，1997（1）：31.

地发。由于信很短，入网速度又非常快，量又大，很快就把网络设备堵塞。

（七）制造和传播网络病毒

这种病毒进入系统后，从各种各样的文件核心部分的路径表中检索其他系统的地址，以便向这些地址开始新的病毒繁殖，所到之处都毫不客气地自我复制数百次。使系统负载变得越来越大，以致不可承受。1988年11月2日傍晚，美国康奈尔大学计算机系的研究生罗伯特·莫里斯通过美国最大的计算机网络，把自己设计的一种网络病毒"蠕虫程序"输入五角大楼远景规则网络，导致美国军事基地和国家航空航天局以及 MIT、兰德公司等大学和研究机构的8500台计算机瘫痪24小时。造成经济损失就超过一亿美元[①]。

（八）网上恐怖活动

互联网的出现，也为恐怖分子犯罪提供了便利。1993年以来，几伙被西欧人称为"塞巴网络恐怖分子"的国际计算机匪帮通过设置"逻辑炸弹"破坏各网络公司目地计算机系统，并借以进行敲诈勒索的勾当，先后作案40起，共勒索6亿多美元[②]。

还有一些反政府、反社会性的黑客，又叫"计算机朋客"，他们会定期侵入国家重要计算机信息系统，经常截获秘密材料，有时甚至干扰或篡改计算机系统。从而达到他们的政治目的。

（九）控制军用计算机系统

军用秘密历来被各国保护严密，军用计算机系统更是层层设防，然而对"黑客"却无计可施。世界上第一个将黑手伸向军用计算机系统的是15岁美国少年米尼克。1979年他运用破译计算机密码的特殊才能，成功地打入北美防空指挥中心计算机系统，将美国瞄准苏联的核弹头绝密资料浏览无余[③]。以后这方面事件层出不穷。例如克罗地亚三名中学生闯入美国五角大楼的军用计算机系统。1988年德国汉诺威大学计算机系24岁学生马蒂亚斯·斯佩尔两年内收集到包括美国"星球大战"计划、北美防空司令部、核武器和通讯卫星等方面的情报。1993年，英国少年布里顿侵入美国国防部计算机系统等等。

如果说"黑客"的犯罪活动在和平时期给军界造成泄密和经济损失的话，那

---

① 刘广三.计算机犯罪论 [M]. 北京：中国人民大学出版社，1999：79.

② 苏明.计算机匪帮横行英美 [N]. 法制日报，1995-6-18.

③ 王建华，刘连全."黑客"在军事领域活动猖獗 [N]. 光明日报，1996-9-23.

么在战争时期，"黑客"的此类活动对战争的进程和结局所造成的损失将是难以估量的。据美国国防部官员透露，海湾战争期间，一批自称"高技术支持和平者"的荷兰"黑客"曾向伊拉克驻巴黎大使馆表示，他们能够通过攻击信息网络，搞乱美国与沙特阿拉伯之间的军事后勤和作战部署，开价100万美元。据说萨达姆拒绝了这一建议，否则，海湾战争的历史有可能重写。

现代，美国高级指挥官甚至把网络战争当作国家安全最可能受到的挑战来考虑，认为其严重性远远超过常规战争。他们认为，不费一枪一弹的战争威胁，现在已成为现实。为了提高网络的安全性。美国1996年投资了10亿美元，并准备在今后5—10年内将电子方面预算的10%用于信息战系统。

三、"黑客"犯罪的社会心理因素

美国的一项研究表明，促使犯罪者实施计算机犯罪最有影响力的因素是个人财产上的获利，其次是进行犯罪活动的智力挑战。这种智力挑战的因素在"黑客"案件中表现得尤为突出。他们把攻入防卫严密的计算机系统作为智力上的挑战，并乐此不疲。德国学者施奈德认为："作案人想要'打败机器'的动机常常起一定作用。他们在进行犯罪活动之前设法从心理上自我安慰，他们想象：被害人是匿名的，万一造成损失也会落到许多人头上，不会给企业造成重大损失……"[1]。

另外，人们对计算机犯罪的严重危害性认识不足，不将网络犯罪视为"真实的、日常的、一般的"犯罪，在一定程度上导致了计算机犯罪的高发。日本学者西田修曾发表评论说："要说犯罪感，恐怕拾起他人掉在路上的一万日元钞票塞进自己的腰包，要比通过电子计算机搞到一亿日元现金其犯罪感还要来得强烈些。"对于不附任何暴力、稳稳当当地实施计算机犯罪，不少人都怀着羡慕的心情不禁赞叹道："干得真漂亮！甚至有人会这样想：这计算机我拼命学还搞不懂，可他竟能来干'坏事'，这家伙定非等闲之辈！倘若我也有干这一手本事……"[2]

---

① 汉斯·约阿希姆·施奈德. 犯罪学 [M]. 吴鑫涛，马君玉，译. 北京：中国人民公安大学出版社，1991：72.

② 西田修. 浅谈电子计算机犯罪 [M]. 北京：群众出版社，1980.

四、防范对策

"黑客"所实施的网络犯罪具有危害性大，隐蔽性强等特点。如何防范他们是一个非常迫切需要研究解决的问题。本文在学者们已有的研究成果的基础上，就网络犯罪的技术防范、法律防范和社会文化防范谈点看法。

（一）技术防范

现在计算机和网络信息系统的安全防卫能力是脆弱的。"黑客"们频频侵入说明了这点。"目前由于系统本身设计上存在着缺陷，系统的安全可靠性并不是很高的，罪犯常常得用系统的弱点侵入系统。有如下几种攻击类型：窃取存取流；猎取口令；企图截获信息；改变或者创立 UAF 记录；转让或者偷窃额外权利；特洛伊木马软件；将计算机病毒渗入到命令过程和他们希冀的程序中，以便他们能成功地将病毒传到某些已授权账号中；窃取磁盘信息；同一个节点作为通向另一个节点的通道。"① 对此，日本学者西田修认为：计算机犯罪完全可能发生。从电子计算机使用系统的现状来看，它根本无法防范。而且在现阶段无法防范也绝不是什么耻辱的事情。我们所要做的只是随着时间的推移，使电子计算机的"防御系统"强健起来。这是使用电子计算机的企业对社会应负的责任②。怎样使计算机和网络信息系统强健起来，正是网络犯罪的技术防范所要解决的问题。

综合学者们的研究结论，网络犯罪的技术防范手段目前主要有这样几种：一是采用路由器把住国际 Internet 出口并在用户服务器上运用专门软件设置过滤网关以对抗利用网络传播淫秽内容的犯罪；二是运用预防和杀毒相结合的办法以对抗传播计算机病毒的犯罪；三是运用别密措施和设置防火墙以对抗非法侵入计算机系统以及泄密、窃密、盗窃软件程序等犯罪；四是运用主体识别和验证技术以对抗针对金融系统的计算机和网络信息系统的犯罪。

但从现实看，这些安全技术在防止"黑客"入侵方面显得苍白和无力，几乎所有高科技手段都立即在"黑客"面前吃了败仗，正如美国计算机软件专家科恩所说："我们甚至有理由怀疑，绝对可靠的防范措施可能永远也找不到。"这说明了寻找新的安全技术任重而道远。

---

① 刘广三. 计算机犯罪论 [M]. 北京：中国人民大学出版社，1999：265.

② 西田修. 浅谈计算机犯罪 [M]. 北京：群众出版社，1980.

（二）法律防范

关于网络安全与犯罪的立法、是防范"黑客"非法侵入的重要措施。通过网络安全与犯罪的立法，一方面可以使安全措施法律化、规范化、制度化，从而遏制网络犯罪的条件；另一方面可以为打击网络犯罪提供有力的法律依据，并对违法犯罪的"黑客"起到一定威慑作用。

西方国家（主要是一些信息较发达的国家）为了打击日益猖獗的网络犯罪、已制定了较为详尽的法律：如美国颁布《伪造访问设备、计算机欺骗与滥用法》《联邦计算机安全保护法》，对信息上网做出明确限制以及违章信息上网应受惩罚。从客观上讲，国外的刑事立法主张轻刑化，但他们在惩治计算机犯罪领域却重刑化。在我国，1991年通过了《计算机软件保护条例》，1994年以后开始规范互联网的立法，特别是1997年以来采取一系列步骤，防止Internet用户卷入非法在线行为。1997年12月由公安部发布的《计算机信息网络国际联网安全保护管理法》第五条和第六条对禁止利用国际互联网制作、复制、查阅和传播信息的范围，以及哪些属于危害计算机信息网络安全的活动，都做了列举性规定。不过，我国现行刑法对计算机犯罪的规定比较简单，对于一些可能出现的严重网络违法行为难以追究其刑事责任。

通过法律防范网络犯罪，还应注意几个问题：一是程序法与实体法的衔接问题，如司法程序如何解决电子证据的提取、鉴定问题，如何解决案件管辖问题；二是法律的具体实施问题，有了好的法律规定，就要求有一支好的警察队伍来实施。这不仅要求他们具有足够的法律知识和传统侦查技能，而且要求他们熟练掌握计算机技术和电子信息网络技术。

（三）文化防范

黑客有自己的道德准则。其内容包括：

1. 对计算机的使用应该是不受限制的和完全的。

2. 所有信息都应当是免费的。

3. 怀疑权威，推动分析。

4. 你可以在计算机上创造艺术和美。

5. 计算机将使你的生活变得更美好[①]。

---

① 史蒂文·利维.黑客：计算机革命的英雄[M]// 胡涛，范海燕.黑客：计算机时代的牛仔.北京：中国人民大学出版社，1997：135.

这些道德准则来源于20世纪60年代青年人自由不羁，反抗既有体制的观念和精神。正是由于他们无畏的开拓创新，才有了计算机革命的成功。今天，计算机技术和网络技术已发展到一个很高的水平。在这样一个技术水平上，个人独立的创造性工作已难以取得技术创新方面的突破性进展。死抱住黑客道德准则不放，抗击有关规制和禁限，只有对计算机技术和网络技术造成的社会利益造成损害。

这就要求社会加强对青少年的法制教育和道德教育，尤其是培养青少年对计算机和电子信息网络的正确观念，使他们充分认识到网上世界是现实的一部分，在网上世界的一切行为都必须遵循社会中所有道德规范和法律制度。同时，还应重视对网络犯罪社会危害性的宣传，正确疏导青少年的好奇心，培养他们预防和抗击这方面违法犯罪的能力。

经济全球化与网络犯罪 ①

内容摘要：经济全球化正在推动着现代化社会和世界秩序的重组，但其所带来的负面影响与冲突也不可低估。网络是全球化发展的产物，全球化的进程将深刻影响互联网业的发展。与此相关的问题是，网上诈骗活动日益猖狂，网上毒品交易渐趋频繁，网上银行的安全问题突出。漠视这些问题的存在，将会使经济全球化变为一场泡影。

关键词：经济全球化　网络诈骗　网上毒品交易　网络银行安全

—

市场经济的法则、商业活动的原则、自由民主的律令、迅速发展的网络通讯技术，渐渐地拆去了民族国家的藩篱，把人类带入一个"地球村"的时代。它既能给人类带来富有，也能给人类带来贫穷。现代世界的主要矛盾并不仅是不同文明与族群的冲突，也并不仅是不同宗教信仰间的敌视，更为根本的是一种贫穷与富裕之间的较量、一种全球化与反全球化的对抗。1999年12月美国西雅图WTD会议期间大规模的抗议事件，2000年7月意大利热那亚反全球化的骚动，都表明了民众对全球化过程中所导致的负面影响的思考与抗争。全球化的负面影响值得反思。

20世纪后半叶以来，人类不断地跨越空间、制度和文化等障碍让生产要素、资金等在全球范围内迅速自由流动向人们指出了一条通向富裕之路。但是，全球自由市场的法则让初始条件先进的国家，特别是美国，成了最大的受益者，而让一些初始条件落后的国家与民众踏上难以翻身的一穷二白之路。因为，以往的经

---

① 此文原载《山东公安专科学校学报》2002年第4期。

济全球化使得国际间的生产要素及资本的流动更多的是向发达国家或在发达国家之间进行，由此产生了很大的"排弱"效应。

有人把经济全球化看作以非军事强制为先导，以市场和资本为杠杆，没有流血与暴力，通过资本、信息和市场来冲击国家主权，来弱化他国政府的权力和掠夺他国财富的新方式。这种弱化使得市场强大的跨国公司在世界范围内盛行。而这些跨国公司以利用经济全球化对发展中国家进行的经济渗透，使得发展中国家失去了市场、人才、资源，从而使其国家竞争力大大削弱。这就是一些非洲国家和中东地区国家长期落后的根源。

国际市场是唯一的不由跨越其上的政治权威所控制的市场。因此，国际市场上进行交易具有最小的内在合法性。这本身就是全球化与社会之间冲突的根源。当社会上一部分人已经割断了他们与当地社会的联系，变得没有约束时，这个问题就会进一步恶化。而这种结果所造成的贫穷与积弱一定会改变人们的生活方式，改变人们的价值观念与行为法则，社会冲突也就油然而起。

毫无疑问，经济全球化所带来的负面影响与冲突不可低估，但在信息化的时代，经济全球化是推动社会、政治和经济转型的主要动力，并且正在推动着现代化社会和世界秩序的重组。问题是我们应该更多地来审视以往自由市场的游戏规则所存在的缺失。不是把全球化所带来的负面影响制造出更多的鸿沟，而是借此机会设计适宜的政策和制度来缓解这种冲突，以容忍、包容、平和、理性的原则让无权的弱势者来表达自己的诉求。只有这样，才能找到一条通向现代文明之路。

网络是全球化发展的产物，是经济一体化的典型表现手段和形式，全球化的进程将深刻影响互联网业的发展。首先是经济压力，发达国家拥有领先的网络技术和充足的资本积累，他们的发展甚至是大量涌入，给发展中国家造成的压力是不可估量的。其次是文化压力，互联网使在传播方面占有强势的价值观念突破国家种族界限，散布到世界每一个角落，软化异质文化，带来文化和道德观念的强烈冲突。如何反对灌输和恃强凌弱，在吸收先进文化的同时，把握尺度，保持既有特色，是值得探讨的问题。全球化是无可回避，也无须回避的潮流，只有面对其挑战，积极融入竞争，增强自身实力，争取强势，才是最为可行的办法。

二

不断走向全球化的电子商务为商界和消费者都提供了重要的机遇，互联网的优势既吸引了众多商家守法经营，也为那些骗子行骗提供了沃土。高明的诈骗犯可在网上突然出现，对消费者迅速实行欺诈，然后消失得无影无踪，根本无法确认他的身份或地址。要想制止这种诈骗，执法人员需行动迅猛，并需要前所未有的协同作战。

美国联邦贸易委员会认为，与其他国家同行协同行动是在经济全球化背景下打击网络诈骗犯罪的关键所在。联邦贸易委员会同世界各地执法人员合作了多项具体行动。如在澳大利亚和葡萄牙，有人策划了一项大规模的互联网阴谋来"网页劫持"世界上2500万个网站，把不知情的访问者从他们想要去的网站转移开，连接到色情网站。委员会在澳大利亚同行的协作下，依法禁止了他们的欺诈活动并取消了诈骗者的域名注册。

面对此领域执法工作中的挑战，执法人员尝试了几种新的技术方法打击国际诈骗活动。首先，那些网上骗子所用的技术手段同样可为执法人员利用，以跟踪追捕及制止他们的非法活动。联邦贸易委员会组织了一个名为国际"浏览日"的活动，让执法人员和消费者团体在一个特定时间在网上搜寻某一特定种类的诈骗活动，瞄准目标，依法惩治。在搜寻之后，联邦贸易委员会向那些违规者发出"警示性电子邮件"，警告他们可能违反了国家的有关法律，如不改正或停止，将会受到法律制裁。最近的一个实例是联邦贸易委员会搞的一次针对"迅速致富"诈骗的搜寻浏览，28个国家的150个组织参加了这次最大的国际执法活动，主要目标是打击以互联网为依托的连锁投机诈骗、贸易和投资机会诈骗、在家工作诈骗以及欺骗性的当日买卖活动。联邦贸易委员会号召了几十个国际组织，包括挪威、巴西、澳大利亚、日本的消费者权益保护机构及国际消费者组织，连同美国许多联邦机构、49个州级和地方消费者保护组织都参加了这次浏览活动。结果搜寻了1600多个涉嫌进行"迅速致富"诈骗的网站，所用招牌形形色色，如"装信封每周赚5000美元，做邮售生意每天赚4000美元，经营虚拟商场保证一年净赚20万美元"，等等。这次搜索活动的特点之一就是提供一个带密码的网站，为参与活动的执法人员和消费者保护机构一步一步地提供搜寻指南、目标网站描绘、建议采用的搜索引擎及关键词等。这个带密码网站让浏览者能够将发现的可疑"迅速致富"网站的信息直接输入在网页表格中，然后发给联邦贸易委员会的数据库。发现了可疑网站之后，有关机构联合签发了一个警示邮件，发给网上骗子，警告他世界上的执法机构和消费者保护机构正在打击跨国界的欺诈活动。

一个月后，再次进行搜寻检查可疑网站是否停止了非法活动或关闭了网站。对那些不思悔改的网站，执法人员将深入调查，决定是否对其实施法律制裁。

其次，"消费者哨兵"是联邦贸易委员会设计的另一种侦察和打击网上诈骗的工具。这是北美最早、最大的消费者投诉数据库。2001年，"消费者哨兵"收到18,600条互联网欺诈投诉，联邦贸易委员会将信息分别提供给有关国家，以协同全面打击犯罪。联邦贸易委员会参与了"经济合作和发展组织"的消费者政策委员会，该委员会制定了在电子商务活动中保护消费者权益的国际准则。商务活动可自觉采用准则所规定的做法，有关机构也可参照准则评估电子商务活动中的消费者权益保护。准则还强调了国际执法合作的目的就是保证消费者在网上和网外购物同样安全。

近年来，网上购物人数和金额与日俱增。全球40%的互联网用户即，1.2亿人至少进行过一次网上购物。2001年，美国节日购物潮中网上购物额高达约70亿美元，是1998年节日期间网上购物额的两倍多。有观察家预言，网上年消费额将从1999年的150亿美元猛升至2003年的780亿美元。消费者以令人瞠目的速度拥抱新技术，技术本身也在日新月异地进步和变化着，这就要求国际社会协同合作制定战略，在全球范围内维护电子交易安全和保护网上消费者利益，以增强消费者对全球经济的信心。

三

经济全球化和网络通讯技术改变了我们的生活方式，并给社会的经济、教育和文化等方面带来了诸多益处。然而，这些益处正在受到追求非法收入的个人和犯罪集团的破坏。网络技术不仅给公众提供了很多的机会，同时也给毒品贩运及犯罪等反社会行为提供了很多机会。这些对国际麻醉品管制公约（1961年）的任务构成了新的挑战，联合国麻醉品管制局作为国际麻醉品管制公约的捍卫者，有责任提醒各国政府和公众警惕全球化和网络通讯技术所引发的对实施麻醉药品法的挑战。

与合法的商业组织一样，麻醉品贩运组织也在进行重新调整、分散和全球化。比起以往，麻醉品贩运活动更为扩散，跨过了原来某些权限的管辖范围，因此用通常的执法技术手段很难发现这些犯罪活动。计算机犯罪利用新技术进行的犯罪活动主要有：（1）在线进行毒品交易；（2）利用因特网聊天室相互联系，因受到网络防火墙的保护而无法对他们进行了解；（3）通过使用可以匿名预先支付费用的电话卡，用移动电话进行联系。

加密技术使得毒品走私者能够进行毒品交易而几年不被发现。网络新技术使得犯罪活动容易进行，麻管局称有关毒品犯罪呈"业余化"的趋势：将来可能成为麻醉品药剂师的人和毒品贩运者不再需要有特殊的联系和资源，他们可以利用因特网功能检索到很多有用的信息。因特网也把在世界不同地方的有类似意向或目的的人联系到一起，并且使他们能通过因特网确定供应来源。

在这种环境下，传统的利用等级结构图和清晰的地域边界的执法方式通常是不够的。交叉多种司法权限和利用网络的跨国界毒品相关的犯罪活动，对传统的药品执法是一种挑战。面对利用高新技术的犯罪，法律上还没有起诉这类犯罪的参考标准。对国家来说，政府应当建立专门的机构和高科技麻醉药品管理组织。这种专门用于对付计算机犯罪的组织应当具备其信息和情报数据库免受"计算机攻击"所必要的关键基础设施。对国际社会来说，应当尽可能地协调措施以确保对罪名、制裁及证据标准在世界各国大致相同，防止数据避风港的增加。欧洲理事会公布的《打击计算机犯罪公约》代表了迄今在打击高技术犯罪领域的最先进的国际协作，并考虑制定一项关于打击计算机犯罪的联合国公约。公约必须考虑到安全和保护人们不受犯罪之害的问题与人权、尊严和隐私问题之间的平衡。

联合国麻管局对阿富汗的情况已关注多年了，因为阿富汗是世界上最大的罂粟非法生产国。2000年7月，塔利班宣布全面禁止非法罂粟种植，结果使绝大多数塔利班控制区在2000—2001年种植季节种植的罂粟急剧减少①。然而目前有迹象表明，某些地区又恢复了罂粟的非法种植。阿富汗过渡期政府迅速做出反应，要强制禁止罂粟非法种植和生产及贩运鸦片制品。麻管局将继续与阿富汗政府对话，并与秘书长、阿富汗高级大使专门代表及其他联合国机构会谈，一同协助阿富汗，以保证禁令的执行。多年来，阿富汗一直是世界上最大的鸦片生产国。内战、暴力、不稳定和腐败导致麻醉品贩运、恐怖活动泛滥，给阿富汗和整个世界带来了破坏性的后果。国际社会必须付出非常大的努力，确保这样的局面不再在阿富汗或世界其他地方出现。

对大麻管制措施问题上的分歧目前正在增加。全球绝大多数国家都实行了公约中规定的严格的管制措施。一些国家还采取了更全面的措施，把管制扩大到

---

① 联合国国际麻醉品管制局. 联合国麻醉品管制局2001年年度报告 [R]. 纽约：联合国，2011.

控制大麻叶和大麻籽。然而，欧洲一些国家的政府修改了立法，将大麻的使用合法化，涉及将个人使用和这种使用的准备行为如种植和拥有大麻合法化。这是非常荒谬的。一个国家禁止种植大麻，另一国家却无大碍。这违背了应遵守的国际法，因为国际法应当保证全球范围行动的一致和统一。如果多数政府确实认为大麻不再需要国际管制，那么1961年公约中管制条款应随之变动。这将使大麻从公约中列出的管制药物中去除。然而，麻管局认为，把一种药物算作酒精和烟草的同类将是一个历史性的错误，尤其是在人们对于反对滥用这两种物质的政策给予应有的注意时更是如此。

四

随着经济全球化和网络新技术的发展，全球首家以网络银行冠名的金融组织——安全第一网络银行（SFNB）于1995年10月18日打开了它的"虚拟之门"，从此一种新的银行模式诞生，并对300年来的传统金融业产生了前所未有的冲击。究竟什么是网络银行？是否一家拥有互联网网址和网页的银行就可以算作是网络银行？其实不然。全美国最大的100家银行均拥有自己的网址和网页，但是其中只有24家被列为"真正的网络银行"，因为只有在这24家银行的网站上客户才可以查询账户余额、划拨款项和支付账单；更多的网站只是提供银行的历史资料、业务情况等信息，而没有提供网上银行业务。

网络银行又称在线银行，是指银行利用网络技术，通过网络向客户提供开户、销户、查询、对账、行内转账、跨行转账、信贷、网上证券、投资理财等传统服务项目，使客户可以足不出户就能够安全便捷地管理活期和定期存款、支票、信用卡及个人投资等[①]。可以说，网上银行是在 Internet 上的虚拟银行柜台。"网上银行"究竟能给银行和用户以及商户带来什么好处呢？首先，网上银行可以减少固定网点数量、降低经营成本，而用户却可以不受空间、时间的限制，只要一台 PC、一根电话线，无论在家里，还是在旅途中都可以与银行相连，享受每周7天、每天24小时的不间断服务。其次，网上银行的客户端由标准 PC、浏览器组成，便于维护。网上 E-mail 通信方式也非常灵活方便，便于用户与银行之间，以及银行内部之间的沟通。

---

① 吕永朝. 网络银行：e 时代的恐龙或泡沫 [J]. 重庆商界，2001（8）.

在美国，有调查研究机构估计，到2001年年底，美国已有16%的家庭应用网上银行服务，网上银行利润占银行利润的30%。"一卡在手，走遍天下"已成为一种现实，而家庭银行系统和企业银行系统的建立，则使广大公众和企业足不出户就可以办理各种金融业务。网上银行业务尽管是银行业发展的趋势之一，也方便了客户，但网络的安全问题却让人十分担忧。对电脑的超级"黑客"来说，破译各家银行的程序、密码并不是一件难事，在国外，类似的事件层出不穷。如此脆弱的网络安全体系不能不令人担忧，而商业银行经营的"三性"原则，即安全性、流动性、盈利性，安全性是决定一切的前提。只有保证了安全，才谈得上盈利。资金安全对银行、顾客和商家永远是至关重要的。在我国尚没有法规来对付那些没有造成危害或危害较轻的黑客的时候，如何确保交易安全，为个人保密，就成为网络银行发展亟须解决的问题。毋庸置疑，网上银行以安全为第一原则。据调查，有60%的网上用户认为"安全"是进行网上购物时首要考虑的因素。

有人把网上银行支付业务在电子商务这根"链条"中的作用比作"接头"，是"链条"得以运转的关键。中国建设银行网上银行部某负责人说，电子商务涉及信息流、物资流、资金流三大因素，信息沟通、配送体系和在线支付是其发展必须翻越的"三座大山"。其中在线支付在电子商务发展中处于中心环节，也是"瓶颈"所在。因为消费者、商家、运送者及其他各环节都有一个建立相互信任的问题。在传统商业模式下，这种信任是通过银行的中介性结算服务建立起来的，如今的电子商务同样需要银行的中介服务来进行交易各方的身份认证和在线支付。专家指出，网上银行是电子商务发展的支撑点，也可能是最早实现电子商务的行业。

为了防止诸如外部黑客入侵、行内人员作案、资料被截取和篡改、非授权访问、病毒干扰等网络犯罪，网络银行亟须防范风险、确保安全，切实解决金融认证、网络支付的安全和可靠问题，同时银行为保证网上客户安全而设计的网上支付程序，要更有利于客户，而非银行操作，这样才能消除客户疑虑，吸引客户上网，扩大市场规模。

网络银行要发展，监管问题无法回避。如何对迅速发展的没有时间和地域限制的网络银行进行监管是我们必须研究解决的问题。网络银行的监管不是网络监管和银行监管的简单叠加，而有其自身新的内容，如对网络银行推出的虚拟金融服务品种、价格的监管等问题。更复杂和艰巨的任务还在于对跨国、跨境的金融数据流的监管问题。

犯罪是一种评价——犯罪观的主体角度解读[①]

内容摘要：毋庸置疑，犯罪是一种事实，是犯罪人实施犯罪行为的系列事实。对这种事实以犯罪命名的背后依托着不同利益集团的利益观和价值观。在这个意义上，犯罪是一种评价。这种评价大体上来自三个方面：其一是强有力的国家；其二是广大的社会民众；其三是犯罪学研究者。

关键词：犯罪　评价

从认识论上看，对犯罪[②]的评价是认识主体对犯罪这一认识客体的认识结果，可以说，这是犯罪观的主要内容。对犯罪进行评价的主体主要包括国家、社会[③]民众和犯罪学研究者，评价的内容无非两大类：一是将哪些行为评价为犯罪；二是对已经被评价为犯罪的行为的否定程度。受主体的利益和认识能力以及其他因

---

① 此文原载《北大法律评论》2005年第2卷，与单天水合作。

② 该文是从犯罪学角度使用"犯罪"一词的，它与刑法上的"犯罪"概念有所不同。

③ 该文从社会学角度使用"国家"和"社会"两个词，根据马克斯·韦伯的定义，如果而且只要政治机关团体的管理班子能够为贯彻秩序，成功地要求垄断对人身的正当强制，这个团体便应称作国家。如果，而且只要社会行为取向的基础是理性（价值理性或目的理性）驱动的利益平衡，或者理性驱动的利益联系，这时的社会关系就应当称作"社会"（参见马克斯·韦伯.社会学的基本概念 [M].胡景北，译.上海：上海人民出版社，2000：62、87.）。关于"国家"，也可借用"社会学家眼中的国家"理解，即"在其形成和发展为新时代立宪国家的过程中可以作为一般的社会现象来加以探究的国家。"（参见弗兰茨·奥本海.论国家 [M].沈蕴芳，王燕生，译.北京：商务印书馆，1994：3）。对于社会可以简单地以一个普遍的定义这样理解：以共同的物质生产活动为基础而相互联系的人类生活共同体。社会在广义上包含国家，该文作狭义的理解指相对国家独立、国家之外的社会力量的共同体。

素的影响，这三类主体对犯罪做出的评价不尽相同，在犯罪观上也大相径庭。

一、国家的评价

国家对犯罪的评价主要通过刑事立法和刑事司法活动表现出来。在宏观上，国家通过刑事立法将某类行为评价为犯罪，并做出程度不同的否定；在微观上，国家通过刑事司法对某个具体行为做出的评价，实际上是对立法评价的具体化。自从国家产生以来，无论是专制的国家还是民主的国家，都将评价和打击犯罪作为一项重要任务，而且，对某些类型的犯罪的评价带有很大的共同性。但是，众所周知，不同的国家对犯罪的评价是不尽相同的，同一个国家在不同的历史时期对犯罪的评价也存在很大差别，甚至同一个国家在同一个历史时期对犯罪的评价也会有所不同，所以我们说国家在评价犯罪上也具有很大的个性。

（一）国家对犯罪进行评价的共性内容

国家对犯罪的评价之所以带有很大的共性，是因为不同国家在对待犯罪这个问题上存在着共同的利益，国家对犯罪的评价能满足国家的一些共同的需要。对犯罪的评价究竟能满足国家的哪些需要，笔者认为主要有以下几个方面。

1. 国家需要从评价和打击犯罪的活动中获得政权存在的正当性基础

古往今来，无论是专制的政权还是民主的政权，无论这个政权是宣扬"君权神授"还是宣扬"主权在民"，都有一个共同的特点，就是任何政权的存在都要力求谋取政权存在的正当性。所谓政权存在的正当性无非是政权的存在要得到民众的接受、认同和支持，"君权神授"和"主权在民"的宣传也都是为了获取民众精神上接受和支持该政权的统治。从这个基本观点出发，我们可以这样认为，国家做出的对犯罪的评价和打击的行为在很大程度上也是为了获取民众的认同和支持，也就是为了获得政权存在的正当性。其理由主要有以下两点。

第一，国家通过对犯罪的评价争取民众的支持。首先，对于严重地侵犯民众人身安全和财产安全的行为，每个国家一般都要将其评价为犯罪，以表明国家对这种行为的否定态度。国家的这种否定性评价无疑维护了民众的利益，从而能够获得民众对其统治的支持。其次，国家通过将上述行为评价为犯罪并予以打击，表明了自己同犯罪的对立，体现出在犯罪面前国家与民众同仇敌忾，使民众逐渐将国家列入同一个阵营，在感情上更能接受这个政权的存在和统治。可以说，犯罪的存在使国家和民众拥有了一个共同的敌人，这个共同敌人的存在，使国家与民众之间连接的纽带变得更加坚韧，国家也因此获得了民众的认同和支持。再次，国家通过利用其强大的力量评价和打击犯罪，能够有效地保护民众的人身安全和财产安全，犯罪的存在使民众对国家产生了依赖感，从而现实地感觉到国家存在的必要性。

第二，国家需要通过做出与社会的道德具有一致性的评价而获得民众的道德伦理支持。如前文所述，每个国家一般都要将严重地侵犯民众人身安全和财产安全的行为评价为犯罪，如杀人、强奸、抢劫等暴力犯罪，这也可以说是不同国家评价犯罪的一个共同点所在。这个共同点似乎给人一种感觉，就是有一些犯罪能够超越特定的国家而存在。也许正是这种感觉使犯罪学的先驱加罗法洛先生无法满足于犯罪的法律概念，而去积极地探寻独立于某个时代的环境、事件或立法者的特定观点之外的犯罪的社会学概念，最终加罗法洛通过情感分析提出了"自然犯罪"的经典概念，他指出："我借用'自然犯罪'一词是因为我相信，对于指明那些被所有文明国家都毫不困难地确定为犯罪并用刑罚加以镇压的行为，它是最清楚和不准确成分最少——我并未说最准确——的一个词。"[1]加罗法洛认为，犯罪一直是一种有害的行为，但它同时又是某种伤害被某个聚居体共同承认的道德情感的行为。尽管道德观念存在很大的区别，而且，在没有它就不存在能被称作犯罪的有害行为的那一种不道德中，这种区别并非不值得考虑。但是，参考一下道德感的进化过程，当我们抛弃道德是普遍的这一观念的同时，我们却可能发现在人类存在这个非常广泛的领域中某种情感具有同一性，犯罪就在于其行为侵犯了这些同样的情感[2]。加罗法洛进一步分析，将道德感区分为基本情感和非基本情感，非基本情感与犯罪无关，但基本情感却与犯罪关系重大，他称这种情感为利他情感。加罗法洛又将利他情感概括为怜悯感和正直感两种类型，他最终这样阐述了自然犯罪的概念："在一个行为被公众认为是犯罪前所必需的不道德因素是对道德的伤害，而这种伤害又绝对表现为对怜悯和正直这两种基本利他情感的伤害。而且，对这些情感的伤害不是在较高级和较优良的层次上，而是在全社会都具有的平常程度上，这种程度对个人适应社会来说是必不可少的。我们可以确切地把伤害以上两种情感之一的行为称为'自然犯罪'。"[3]

---

① 加罗法洛.犯罪学[M].耿伟，王新，译.北京：中国大百科全书出版社，1996：20.

② 加罗法洛.犯罪学[M].耿伟，王新，译.北京：中国大百科全书出版社，1996：21-29.

③ 加罗法洛.犯罪学[M].耿伟，王新，译.北京：中国大百科全书出版社，1996：44.

　　加罗法洛在情感分析的道路上走得很远，他超越了不同社会中道德的差别。尽管在不同的社会中由于道德的差异，国家将侵犯了社会赖以生存的伦理和道德的行为评价为犯罪的具体表现有所不同，但是国家普遍将这类行为评价为犯罪。那么国家为什么要将所谓的自然犯罪行为评价为法律上的犯罪？这是因为对侵犯了基本道德情感的自然犯罪的否定性评价一定能够得到社会民众的道德和伦理支持，我们说这种评价是正当的。国家政权通过做出这种与道德具有一致性的评价表明政权要遵守社会的道德规范，从而政权的存在和统治也能够得到来自社会伦理和道德的支持，国家的存在和统治也因此能够得到民众的理解和尊重。所以，"在'应该'的意义上，刑法上的所有犯罪都必须与社会道德之恶保持一致，否则刑法就有被民众所唾弃的危险"①。正是因为国家对犯罪的评价与道德具有一致性，国家评价所带来的后果——刑罚的存在才有了足够的理由支持，否则，其作为一种正当的法律制裁手段难以得到民众的理解和尊重，刑法乃至国家的正当性也会因此而受到怀疑。

　　正是因为国家对犯罪的评价具有正当性，一个国家动用刑事手段镇压对手的反抗就意味着要比赤裸裸的武装镇压更能获得民众的理解，所以，"从古到今，任何一个专制政府，要压迫他的对手第一步所要做的就是用刑事程序。"②

　　2. 国家需要从评价和打击犯罪的活动中获得政权存在的合法性基础

　　国家出现以后，公力救济逐步取代了私力救济在社会救济手段中的主导地位，逐步排斥并禁止个人对犯罪的私刑报复，国家对犯罪的刑罚权取得了垄断的地位。既然国家要禁止社会成员个人对犯罪的私刑报复，那么评价和惩罚犯罪也就成为国家的一项义不容辞的义务。从社会契约论的角度来看，人们为了克服自然状态下的种种弊端，"要寻找出一种结合的形式，使它能以全部共同的力量卫护和保障每个结合者的人身和财富"。这种结合的形式就是国家，国家是由人们以平等的资格订立契约让渡自己的权利产生的。③国家的统治权来源于社会成员权利的让渡，国家既然接受了这种让渡的权利，就要承担保障每个在其统治下的社会成员的人身安全和财产安全的义务。国家为了履行这项义务必须首先将侵犯民众人身和财产安全的行为评价为犯罪并对其予以严厉惩罚，这是一项更为

① 　冯亚东.理性主义与刑法模式 [M]. 北京：中国政法大学出版社，1999：55–56.

② 　孙长勇.沉默权 [M]// 陈兴良.法治的界面.北京：法律出版社，2003：16.

③ 　卢梭.社会契约论 [M]. 何兆武，译.北京：商务印书馆，1980：22–24.

前提性的义务。从国家存在的物质基础来看，国家所有的物质力量都是民众所提供的，但民众的纳税不会没有任何目的地白白缴纳给国家。要求国家保障自身的安全无疑是民众纳税的目的之一，国家既然接受民众的纳税，就有义务满足民众的安全需要。但在强调国家的义务上，自由主义者走向了极端，在自由主义者看来，"国家的主要任务——如果不是说唯一的——是关心公民的'负面福利'，即保障公民的权利不受外敌的侵犯和不受公民之间的相互侵犯。"[①] 不仅如此，他们将国家评价犯罪的标准严格地限定为是否侵犯了公民的安全，他们认为，国家之所以可以惩罚一些行为，也就是说，可以把一些行为作为罪行提出来，国家追求的终极目的无非是公民的安全，除了那些违反这个终极目的的行为外，国家也不允许限制其他的行为[②]。不管怎么说，对犯罪进行评价和打击是国家应该履行的一项义务，国家也只有履行这项义务才能获得政权存在的合法性。

3. 国家评价和打击犯罪是维护社会秩序的需要

秩序是一切社会得以生存与发展的基本前提。"社会秩序则是倾注了某个特定社会情感的人为规则，不管什么性质的社会，其秩序都是为了维护最有利于该社会生存和发展的内部与外部环境，营造一种和谐与安定的氛围。这是由秩序的本质所决定的。"[③] 对于国家而言也不例外，国家通过评价犯罪，向人们表明国家期待人们应该选择什么行为，不应该选择什么行为，并且国家依靠具有威慑力的刑罚作为后盾强制性地建立和维护国家所选择的社会秩序。所以，国家通过评价犯罪建立并维持最有利于自身存在和发展的社会秩序。

社会秩序包括政治秩序、经济秩序、公共安全秩序、国家的社会管理秩序和军事秩序，任何国家一般都会将破坏这几类秩序的行为评价为犯罪。但对国家而言，与国家利益最为密切相关的应该是政治秩序，因为政治秩序关系着国家自身生存的安全。国家自身的安全应该是国家评价犯罪的最高标准，任何类型的国家

---

① 威廉·冯·洪堡.论国家的作用 [M]. 林荣远，冯兴元，译.北京：中国社会科学出版社，1998：60.

② 威廉·冯·洪堡.论国家的作用 [M]. 林荣远，冯兴元，译.北京：中国社会科学出版社，1998：143.应当指出，洪堡作为自由主义者，他认为人在国家中处于中心位置，他理想的国家就是自由主义的"守夜人"的国家，他完全否认国家的独立的利益。这一点如果说对反对封建专制还有积极的意义，那么意义也仅限于此，因为它不仅与现实不符，在社会发展中也难以实现。公民的安全不会是国家评价犯罪的唯一标准，任何一个国家都会有自己独立的利益，国家也会将侵犯这些利益的行为首先评价为犯罪，如政治犯罪。

③ 谢望原.作为刑罚价值的秩序 [J]. 中国人民大学学报，1999（2）.

首先要评价为犯罪的行为便是危害政治秩序的行为。尽管从长远来看，这种政治犯罪在一定程度上也许对民众的利益更为有利。而且，相对危害其他社会秩序的行为而言，国家评价政治犯罪的否定程度一般也是最高的，这从各国对国事犯罪的惩罚上就可以表现出来。对于其他的几种社会秩序，国家同样会从有利于自身的存在和统治出发，将不利于统治秩序的行为评价为犯罪。

（二）国家对犯罪进行评价的个性内容

1. 国家对犯罪的评价受国家性质和政权组织形式的影响

国家评价犯罪总是为了自身的存在和发展，而国家性质和政权的组织形式总是直接或间接地、或多或少地影响着一个国家政治和经济的利益要求，当然也就不可避免地影响到国家评价犯罪的"目光"。根据马克思主义的观点，在阶级社会中，所谓国家性质，又称国体，是指社会各阶级在国家中的地位，即哪个阶级是统治阶级，哪个阶级是被统治阶级。毋庸置疑，在评价犯罪上，国家首先要满足统治阶级的利益要求，其次才会考虑被统治阶级的需要，所以，不同性质的国家对犯罪的评价也会有所不同。例如，在奴隶制社会中，奴隶主杀死奴隶的行为一般不会被评价为犯罪，奴隶的反抗却往往被评价为犯罪，而到了标榜自由、民主、平等的资本主义社会，故意杀人的行为一般都要被评价为犯罪，自由、安全、反抗压迫则是公民的基本人权。

政权的组织形式，也就是政体，是指特定的国家采取何种原则和方式去组织政权机关。政权组织原则的不同会直接影响到国家政权利益的表达方式，从而影响到国家对犯罪的评价。例如，专制的国家政权可能为了统治阶级的利益而无视被统治的社会各个阶层的利益要求而一意孤行，民主的国家则会重视社会各个阶层的利益表达。所以，在专制的国家里的民主运动往往被评价为政治犯罪，而在民主的国家里，虽然也会将危害政治秩序的行为评价为政治犯罪，但是与前者比较而言，民主国家对政治犯罪的评价更具有宽容性，这在对待言论自由的态度上就能明显地表现出来，例如，民主的国家一般会允许各个阶层通过新闻媒体、游行、结社、示威等方式表达自己的利益要求甚至是批评政府的言论，而在专制国家则可能会将这些行为评价为政治犯罪。

2. 国家对犯罪的评价受该国经济制度和经济发展水平的影响

一个国家的经济制度与国家的利益息息相关，国家总是要通过评价犯罪推行有利于自身利益的经济制度，巩固自身统治的物质基础，经济制度的不同也就会导致国家对犯罪评价的差异。例如，我国计划经济时代曾将长途贩运等行为评价为投机倒把罪，而在市场经济条件下，这种行为却是国家大力提倡的搞活经济的行为。

国家评价还受到经济发展水平的影响，经济发展水平的高低会影响到国家评价犯罪时的容忍度。例如，我国刑事司法中，盗窃罪的构成数额在不断地提高，就是因为随着我国经济的发展，我国容忍了低数额的盗窃行为，也就不再将这些行为评价为犯罪。现在，我国各个省市几乎都有自己本地区的盗窃罪的构成数额，这也是因为各个省市的经济发展水平不同，导致各个省市对盗窃罪的容忍度不同。

3. 国家对犯罪的评价受社会对犯罪的评价的影响

如前文所述，国家在评价犯罪时必须要得到社会的道德伦理支持。但是在不同的社会中，国家要适应不同的道德伦理要求，因而对犯罪的评价亦会有所不同。纵观所有的犯罪，就社会道德伦理对国家评价的影响这一点而言，社会风化犯罪无疑是最敏感的。我们首先采取纵向的分析，任何一个国家的道德都是在不断地发展变化的，每个国家在不同的历史时期对犯罪的评价也是不同的。如法国在1986年修改了刑法，修改后的新刑法将亵渎圣物罪、通奸罪、妨碍公共风化罪、行乞罪、流浪罪、堕胎罪等等不再评价为犯罪，对此法国的司法部部长巴丹泰解释说：这些古老的罪行是19世纪的象征，目前风俗的进化已使之变得毫无意义。拿妨碍公共风化罪来说，现在法国的海滩上到处可见裸体浴场，民众已习之为长、熟视无睹，所以何必要由刑法来操心呢？[①] 我们再用横向的目光来分析，在同一个历史时期，由于各个国家伦理道德差异，每个国家都会伴随本国的社会伦理道德做出不同的评价。例如，在一些阿拉伯国家一个男人可以同时娶四个妻子，而在别的国家或地区这种行为恐怕就要被评价为重婚罪。

社会的伦理道德最终还是要通过社会的评价才能体现出来。国家对犯罪的评价要受到社会伦理道德的影响，其实就是受到社会对犯罪的评价的影响。社会的伦理道德变化首先要通过社会对犯罪的评价体现出来，其次再由社会的评价去影响国家的评价，可见，与国家评价相比，社会评价是更基础性的。所以，对某个行为"民众已习之为长、熟视无睹"，就反映出社会伦理道德的变化已经使社会

---

① 冯亚东.理性主义与刑法模式 [M].北京：中国政法大学出版社，1999：12.

对这类行为做出了非犯罪化的评价，相应地，国家对此类行为也会做出非犯罪化的评价，从而就没有必要由刑法来"操心"了。但现在的问题是，由于社会的复杂性、价值观的多元化，社会的评价也是复杂多变的（对社会评价的形成机制将在下文详细论述），对同样的行为，社会中可能要存在着多种不同的甚至是截然相反的评价，而国家从根本上说只能是代表一部分人去进行评价，那么国家应采取社会的哪种评价作为依据？笔者认为，社会的各种评价都能对国家的评价产生或大或小的影响，而其中起决定作用的是社会主流的价值观。这一点，下文将详细论述。

4. 国家对犯罪的评价受政权组成人员的影响

无论是在宏观上国家通过立法将一类行为评价为犯罪的过程中，还是在微观上通过司法活动将一个具体行为评价为犯罪的过程中，国家政权组成人员都发挥着不可忽视的作用，国家在评价犯罪上难免要受到国家组成机构和人员的利益观、价值观的影响。如在立法上，美国麻醉品管理局的官僚们为了提高自己的社会地位和权力，发动了大规模的宣传活动，竭力把服用大麻与暴力犯罪联系起来，结果在这种夸大性宣传的推动下，立法机关把服用大麻的行为规定为非法。在司法上，这种影响表现得就更为明显了，作为一种职业的司法活动，犯罪的存在实际上是司法官员生存的条件，这在某种程度上会导致司法官员通过评价犯罪故意营造犯罪严重的气氛，以求增加社会的投入。而且，司法过程中司法官员个人的影响就更大了，如腐败的司法官员也许会因为受贿对某个犯罪行为做出违反刑事法律的评价。

5. 国家对犯罪的评价受人类认识能力的影响

一些行为是因为人类在提高了认识能力之后，才将其评价为犯罪的。如滥伐树木的行为，在古代没有将这类行为评价为犯罪，是因为没有认识到这种行为与环境恶化之间的关系，所以才发生了两河文明没落和楼兰古国消失的悲剧。现代社会，在人类认识到这一点之后，就将这类行为评价为犯罪。所以，由于每个国家科学技术发展水平的不同，导致认识能力的参差不齐，从而对部分犯罪做出迥然不同的评价。

（三）国家对犯罪进行评价的特点

1. 国家评价犯罪有严格的程序

因为国家的评价对构建社会秩序发挥着巨大的作用，并且总是与刑罚后果相联系，关系着行为人的自由和生死，因此，国家的评价必须要有严格的程序。在宏观上，国家评价某类行为依照严格的立法程序制定刑事法律。在微观上，刑事司法机关评价具体的行为，也要遵守严格的刑事诉讼程序。在现代民主社会中，对诉讼程序提出了更高的要求，程序不仅要求严格，而且还要有充分的民主性、公正性。

2. 国家对犯罪的评价具有权威性

国家的评价由专门的国家机关来进行，所以是正式的、权威的。国家在评价犯罪上严格的程序本身就是权威性的一个保障，国家又通过刑罚强制推行这种评价，进一步强化了评价的权威性。所以说，在对犯罪的评价中，国家的评价最具有权威性。

3. 国家的评价具有明确性

因为国家的评价总是与刑罚后果相联系，所以要求国家的评价必须是明确的。国家评价的明确性是对现代刑法的一项基本要求，它充分体现在刑法的基本原则——罪刑法定原则之中。国家对犯罪评价的明确性包括国家评价要具有明确的刑事违法性、有明确的罪名、有明确的犯罪构成和明确的刑罚。

二、社会民众的评价

除了国家之外，社会民众也是一个重要的评价犯罪的主体。社会对犯罪会做出自己的评价，而且如前文所述，社会的评价是更具有基础性的。

（一）社会对犯罪进行评价的共性内容

社会的评价最终来源于社会成员个体对犯罪的评价，它通过社会舆论、新闻媒体，甚至是大众的口头交流等正式或非正式的形式表达出来。社会对犯罪的评价出于满足以下几点需要。

1. 社会需要通过评价犯罪维持和加强社会团结

法国著名社会学家迪尔凯姆认为，任何社会的组成都要求社会成员做出一定的牺牲，取得一定的一致。如果没有人们永久的昂贵的牺牲，社会就不可能组成。这些牺牲体现在集体意识要求之中，他们是个人取得社会成员资格的代价，对这种要求的满足是给个别社会成员提供一种集体认同感，这是社会团结的重要来源，但是，更重要的是一些人无法满足集体意识的要求，这些人数量很大，但没有大到包括社会大部分的程度，这就使得大部分满足集体意识的人产生一种优越感，认为自己是良好的，正确的，使自己与那些道德上低劣的、不能满足这些要求的违法犯罪者形成对照。这种优越感、良好感、正确感是社会团结的主要来源①。

迪尔凯姆的论述可谓闪烁着智慧的光芒，社会的团结的确需要社会规范来维系。而破坏社会规范的社会成员一般能够通过对社会规范的破坏来满足自己的个体利益，相比之下，遵守社会规范的社会成员可以说是做出了牺牲。社会只有将破坏社会规范的行为评价为犯罪，对行为者也予以否定，才能使遵守社会规范的社会成员产生心理上的优越感、良好感、正确感，从而获得了心理上的平衡。这种优越感、良好感、正确感激励着每一位社会成员去遵守社会规范，我们无法想象如果社会不将破坏社会规范的行为评价为犯罪，社会规范何以支撑，社会团结何以维系？

2. 社会需要通过评价犯罪明确道德的界限，促进道德的完善

根据迪尔凯姆的观点，人们衡量行为的道德标准往往是含糊不清的，社会并没有提供一个明确的划分，去判断行为是否符合道德规范。而犯罪的存在，使人们心目中确立了道德的界限。特别是国家通过用刑事法律规定犯罪，用刑罚处理犯罪人，更加清楚地确立了道德的最低界限②。诚然，迪尔凯姆的论述是针对国家的评价而言的，但对社会的评价同样适用，因为社会评价对国家评价具有基础性的作用，国家的评价无非是用法律的形式将社会的评价表达出来。

社会通过评价犯罪，在人们心目中明确了罪恶的典型，刺激着人们的罪恶意识，这对道德完善具有不可低估的作用。黑格尔的"恶动力"理论对此分析得更为深刻，他认为：人如果没有"罪恶意识"就绝对不会有道德完善和自我超越的动力和要求。在某种意义上说，社会上许多人道德上的钝化和被动是与缺乏罪恶意识存在一定的关系的③。

3. 社会需要通过评价犯罪维护全社会共同的利益

尽管社会成员的利益纷繁复杂，却也有许多共同之处。人的利益源于人的需要，根据马斯洛的研究，人的需要可分为安全、归属、爱、尊重、自我实现等几个由低到高的层次，当低层次的需要满足后，人才会产生更高层次的需要。就全

---

① 吴宗宪.西方犯罪学 [M].北京：警官教育出版社，1997：160.

② 吴宗宪.西方犯罪学 [M].北京：警官教育出版社，1997：160.

③ 许发民，于志刚.论犯罪的价值及其刑事政策的意义 [J].中国人民大学学报，1999（5）.

体社会成员来说，尽管需要的层次有所不同，但最低层次的安全需要是他们一致追求的。所以，我们可以得出这样的结论：对安全的需要是全社会的共同利益。在评价侵犯社会公共安全的行为上，社会表现出很大的一致性，每个社会都需要将侵犯社会公共安全的行为评价为犯罪以维护全社会的共同利益。这类犯罪大都属于加罗法洛所谓的"自然犯罪"行列，正是社会对这类行为评价的一致性，才产生了不同国家评价的一致性，这类行为才会"被所有文明国家都毫不困难地确定为犯罪并用刑罚加以镇压"。

（二）社会对犯罪进行评价的个性内容

社会对犯罪的评价更具有个性，不同形态的社会对同样行为的评价可能差异极大、甚至截然相反。在同一个社会中，不同的阶级、不同的阶层、不同的党派、不同的民族等对同一行为的评价也可能有差异、甚至是激烈冲突的，表现出相当程度的混乱，这种局面是由以下几种因素决定的。

1. 社会对犯罪的评价依据的道德标准不同

在不同形态的社会中，道德标准肯定不是完全相同的，提出"自然犯罪"的加罗法洛也承认各个社会中的道德具有形式上的差别。而社会评价犯罪依据的主要标准就是道德标准，不同社会道德的差异当然会直接导致不同的社会对犯罪做出不同的评价。

在同一个社会中，由于社会成员利益要求的多样化，也很难存在单一的道德标准，价值观的多元化在每个社会都不同程度地存在，现代自由社会更是多种价值观并存并且互相激烈地碰撞。而拥有相同或者相近的理想和利益的社会成员自然结成一个社会群体，在对人的行为的社会评价上，这种特定的群体能够表现出相当的一致性。但每个社会群体都在努力表达用自己的群体价值标准对犯罪做出的评价，以影响国家的评价，并努力使自己的群体价值标准上升为国家评价犯罪的价值标准。于是，各个社会群体之间呈现出互相竞争的状态，社会对犯罪的评价也呈现出百家争鸣的局面。

不过，在任何一个社会中，社会成员的大多数一般会产生共同或相近的利益要求，积淀成共同的价值标准，结成在价值观念上占主导地位的社会群体，我们将其称之为主文化群体，其他的社会群体则称之为亚文化群体。国家在评价犯罪时依据的往往是社会主文化群体的价值标准，亚文化群体的社会成员虽然是从事自己认为是正当的行为，却往往难以避免被社会主文化群体和国家评价为犯罪的后果。

2. 社会评价犯罪受到社会成员利益的影响

利益对社会评价犯罪的影响是更深层的，因为任何一个社会群体的价值标准无非都是基于成员需要和利益而形成的，美国学者费格尔说："人类的需要和利益为道德标准提供了坚实的基础。"[①] 每个社会群体努力提高自己的价值标准的影响力无非也是为了维护自己的利益，正如马克思所言："人们所奋斗的一切，都同他们的利益有关。"

一个行为侵犯了某些人的利益，就会引起这些人的憎恨。但是，当一个被社会主文化群体或国家评价为犯罪的行为能满足特定人的利益和需要时，这些人就会对其表现出无比的宽容甚至是认同。这样的例子很多，例如，在走私严重的地区，群众和当地政府部门都得到了一定的利益，因而部分群众甚至是某些政府部门都对当地的走私犯罪持宽容态度。还有，使用盗版的知识产品也给许多人带来了巨大的实惠，因而他们在心理上对侵犯知识产权的犯罪行为也是认同的。因为对犯罪的评价受到利益的影响，而社会中的利益要求又是复杂的，所以，社会对犯罪的评价也具有复杂性的特点，对相同的行为可能会做出不同的甚至是完全相反的评价。

3. 社会对犯罪的评价受到国家评价的影响

如前文所述，犯罪的社会评价对国家的评价具有基础性的作用，但是，国家的评价对社会评价的影响作用也是不容忽视的。毕竟国家的评价是最具有权威性的，国家的评价总能对本国各个社会群体的价值标准产生影响，而且，国家对某一社会群体的价值标准的选择会改善这个群体的社会地位。在国家政权的更迭时期，往往会出现这种情况，原来在社会中处于亚文化群体地位的社会群体，因政权的改变而成为社会的主文化群体。既然国家的评价对社会的评价有不容忽视的影响作用，那么对犯罪的社会评价就会因为国家性质的不同而有所改变。

（三）社会对犯罪进行评价的特点

与国家评价相比，社会对犯罪的评价有以下特点：

（1）社会对犯罪的评价没有任何程序。对犯罪的社会评价往往只是社会成员对犯罪评价的一种表达，没有一个专门的评价机关，并且带有很大的随意性，也

---

① 冯亚东. 理性主义与刑法模式 [M]. 北京：中国政法大学出版社，1999：75.

就没有程序性要求。

（2）对犯罪的社会评价没有权威性。社会的评价与刑罚的后果没有必然联系，也就没有强制性，而且还会受到其他社会群体的怀疑，所以，这种评价与国家评价相比没有权威性。

（3）对犯罪的社会评价具有模糊性。社会评价犯罪时，往往从被评价的行为危害到自身利益出发，将其评价为犯罪，带有过多的情感因素，评价的结果也显得宽泛、多变，缺乏国家评价的明确性。

三、国家评价与社会评价之间的互动

前文简单分析了国家评价和社会评价的相互影响，两者之间的关系在宏观上是国家与社会之间关系的一种具体体现。作为统治机构的国家与构成统治对象的社会之间存在着相互制衡的关系，国家通过怀柔与镇压的手段介入社会，社会一方面为国家渗透，另一方面对国家的介入具有退避、抗议和忠诚的选择值①。国家评价与社会评价的相互影响与政治体制也无不相关，在专制体制下，国家是社会的绝对代表，社会绝对服从国家的专制统治，国家评价也对社会评价具有主宰作用，而社会评价对国家评价却只有微弱的影响。资产阶级启蒙运动以来，"社会"的地位被资产阶级思想家发现并日益得到重视，社会本体论得以逐步确立，社会评价对国家评价的影响也逐步增大，而国家评价对社会评价的影响相对减弱。至近现代实现宪政的国家，政治国家与市民社会分离形成二元制社会结构，市民社会自治程度提高，社会私权利扩张，并通过种种途径限制国家公权力的滥用和扩张，要求国家权力服务于市民社会，而维护和保障其自由权利，现代意义的"法治"在此基础上才得以实现②。相应的，社会评价对国家评价的影响也一再增强，两者之间的互动日益明显。应该指出，马克思主义经典作家同样主张社会对于国家的优位，马克思在《法兰西内战》、恩格斯在《家庭、私有制和国家的起源》、

---

① 退避指社会对国家的介入抱否定态度，同时在社会对向国家反馈的可能性方面也持否定态度。抗议指社会抗议和反对国家的介入，要求改变国家的介入，社会能够对于国家的压迫、剥夺或放置表达不满。国家越是权威主义的强行勒索，社会中就越会蔓延这样一种现象——表面忠诚而实际人心背离。忠诚指社会至少在当时接受国家的介入，在压迫严厉的体制下，至少表面忠诚是几乎所有人的唯一选择值。

② 马长山.西方法治产生的深层历史根源、当代挑战及其启示：对国家与市民社会关系视角的重新审视[J].法律科学，2001（6）.

列宁在《国家与革命》中都表达了国家应服务于社会并历史地消亡而实现社会自治的思想。所以社会评价对国家评价影响力的增强体现了社会发展的方向，只有在高度民主的体制下，国家评价与社会评价才能实现较为良性的互动。

（一）国家的立法评价与社会评价的互动

国家通过刑事立法以法律形式确定犯罪和刑罚的标准，表达出国家对各类行为罪与非罪的评价和对各类犯罪否定程度上的评价，并将这种评价体现为人人必须遵守刑法规范。在强制力的保障下，国家评价对社会评价发挥着巨大影响，这一点在前文已经具体分析过。

在刑事立法过程中，最终选择将哪些行为评价为犯罪以及给予这些行为多大程度的否定评价其实是国家和社会多种力量相互博弈的一个结果。国家作为一个实体，其各个机关和当权派会试图左右立法机关做出符合自身利益的评价，而社会的评价也要汇集成不同的声音以各种方式努力地去影响立法者的目光，一般说来，社会评价对立法评价的影响力度要取决于一个国家的民主程度。所以，社会评价最终总能不同程度地转化为国家的立法评价，国家的立法评价在不同程度上也是社会评价的法律化、定型化和规范化。

（二）国家的司法评价与社会评价的互动

国家的立法评价能否在被应用、贯彻、执行等一系列活动中得到延伸，最终还有赖于一个从立法到司法的刑事活动过程，通过司法机关对犯罪个案的评价对社会评价产生具体、现实的影响。

国家的司法评价不仅仅是在具体的犯罪个案中落实国家的立法评价，立法评价有赖于实际操作的司法人员根据其对立法评价的理解和对待裁判行为的认识进行裁判，司法机关甚至是司法人员对犯罪的评价所产生的影响也不容忽视，否则，为什么会有那么多的案件被公诉机关评价为犯罪而提起公诉，最终却被法院评价为无罪？立法评价只有通过解释才能在具体的案件中得到贯彻，司法机关和司法官员在适用法律的过程中，会根据自己对犯罪的评价解释和适用法律，如我国已满14周岁不满16周岁的人绑架人质并杀害被绑架人的，司法机关将其评价为故意杀人罪追究刑事责任。司法评价最终也能影响到立法评价，这其实是司法评价与立法评价之间的互动。

司法机关和司法人员对犯罪的评价不可避免地要受到社会评价的影响，在裁判一个案件时定罪与量刑都要考虑社会的反应，如民愤等。所以，在司法活动中，社会评价也会以正式的方式如申诉、上访等或非正式的方式如媒体评论等对司法评价产生影响，并通过影响司法评价影响国家的立法评价。

社会评价的反作用还可以通过一种方式表现出来，当国家评价与社会评价严重抵触时会遭到社会的顽强抵抗，立法评价（法律）得不到社会成员的自觉遵守，司法评价（判决）的执行困难重重，国家评价失去权威性，此时就不难理解为什么有的国家法网严密，却无奈民不畏死。其结果是要么国家在一定程度上改变其评价以迎合社会，要么就被颠覆。

四、对上述两种评价的反思

（一）认为犯罪是一种恶仅仅是评价的一种结果

许多人常常会不加任何思考地说：犯罪是一种恶，因为犯罪的本质特征是社会危害性。但是从上文的分析中，我们可以看到，无论是国家还是社会，都很难对犯罪取得一致性评价。既然犯罪的本质特征是社会危害性，那么为什么对同一个行为，这个国家或社会将其评价为犯罪，而另外一个国家或社会却将其评价为合法的行为？难道是这种行为的本质特征在变化吗？答案显然是否定的，实际上，社会危害性也是一定社会利益集团对行为的一种评价。这让笔者不得不怀疑，犯罪是理所当然的一种恶吗？

认为犯罪是一种恶，是因为犯罪行为具有社会危害性，"社会危害性的基本意义在于危害了社会的利益。就这一含义来看，它只是一定的社会利益集团对妨害自己生存秩序的行为的一种感受和评价……社会危害性以行为的存在为前提……但却并不意味着可以是孤立的行为本身包含的现实；它只是反映着与行为主体相对立的社会主体的客观利益现实，行为是否危害社会、行为的诸多属性中哪一点或哪一方面危害了社会，是由具体的、现实的社会利益所决定的"[1]。我们之所以认为犯罪行为具有社会危害性，仅仅只是相对于人类社会的存在而言的，是人们对犯罪行为的自然属性与自己的利益之间所形成的一定价值关系的评价[2]。例如，人类对动物的猎杀行为，历史上很少将这种行为评价为具有社会危害性，但是到了现代社会，大多数国家都认为猎杀野生动物行为具有社会危害性，进而

---

① 冯亚东. 理性主义与刑法模式 [M]. 北京：中国政法大学出版社，1999：12.

② 冯亚东. 理性主义与刑法模式 [M]. 北京：中国政法大学出版社，1999：15.

将这种行为评价为一种恶——犯罪。原因很简单，古代由于野生动物资源丰富，而人类的捕猎能力有限，因此那时人类的捕猎行为远远不会造成野生动物的灭绝而危害人类自身的利益。现代科技则使人类捕猎能力迅速提高，造成野生动物的迅速减少甚至灭绝，危及了人类的生存利益，因此才认为这种行为具有社会危害性。类似的行为还有人类对珍稀林木资源的采伐，人类生产和生活本身对环境的污染等。

综上所述，评价主体选择将哪些行为评价为犯罪的出发点是自己的利益，评价主体在评价犯罪时对犯罪的否定程度依据的也是犯罪对自己利益的侵害程度。对同一个行为，不同的国家和不同的社会可能做出不同的评价，国家和社会对犯罪的评价，就这样一直处于不断变化的复杂状态之中。但是，被评价的行为没有变化，变化的只是评价主体的利益要求和价值标准，在评价不断变化的运动过程中，被评价的行为是相对静止的，而评价则是在运动着的，可见犯罪是在与评价主体的利益关系中存在和变动[1]。从这个角度出发，我们与其说犯罪是以社会危害性为本质特征的行为，不如说是犯罪这个概念表达了评价主体与被评价的行为之间的利益对立关系。

我国可以将对立的观点大致这样归纳：犯罪作为一种客观存在的社会现象，与其他社会现象相比，特殊的本质是社会危害性，其本性就是一种给社会制度痛苦的恶，否则，为什么在人类历史上有那么多行为始终、普遍地被认为是犯罪？他们反复强调，是犯罪行为的属性决定了人们对它的评价。

应当承认，被评价为犯罪的一类行为，其存在都会侵犯到某些社会主体的利益，对某些社会主体利益的侵犯性可以说是这类行为的特殊本质，这类行为也因此进入了评价主体的视野。对于利益被侵犯的评价主体而言，无疑会对这种侵犯性做出"危害性"的价值判断，进而将其评价为一种"恶"。但是，能否将部分评价主体所做出的这种"危害性"的评价推而广之称为"社会危害性"，却是一个值得我们怀疑的问题。社会危害性是指对社会秩序和社会关系具有破坏作用的行为对社会造成损害的事实特征，对部分评价主体的利益具有危害性的行为未必

[1] 这就是储槐植教授主张的关系犯罪观，储先生认为，犯罪本质（利益损害）与犯罪原因（利益冲突）统一在"利益"上，利益是一种关系。从本体层面上阐述关系犯罪观，说明犯罪在"关系"中存在和变动，犯罪的原因和本质统一在"关系"中。操作层面上关系犯罪观由犯罪的内部关系和犯罪的外部关系组成。参见储槐植的《刑事一体化与关系刑法论》，根据储先生的观点，犯罪与评价之间的关系应该属于犯罪的外部关系。

对其他大多数评价主体同样具有危害性，甚至有时这种"危害"对其他大多数评价主体甚至整个社会的存在和发展是一种有益的行为。所以，对这种侵犯性行为的评价因为评价者利益的不同无时不处于冲突和变化之中，并非所有的侵犯性行为都会被评价为犯罪，被评价为犯罪的行为也并非都是有所谓的社会危害性。

笔者亦不否认的确存在那么一部分行为始终、普遍地被评价为犯罪，这是因为人类作为社会动物，只有在群体中才能产生和生存，所有的评价主体包括国家和社会都是赖以社会而存在的。群体的存在必然要具有最基本的秩序，否则群体就存在解体的危险而最终威胁每个个体的生存，这一点甚至在动物界都能得到证实。评价主体的群体生存方式决定了对最基本秩序的保护成为评价主体的共同的基本利益，侵犯这种最基本利益的行为当然会遭到普遍的谴责，评价主体在主观上会做出"社会危害性"的价值判断，并且将其评价为犯罪。但是笔者同时也敢断言，无论是罪与非罪的评价还是对某种具体犯罪的否定程度评价，没有一种犯罪评价无时不处于冲突和变化之中。以故意杀人罪为例，尽管故意杀人的行为被普遍评价为犯罪，但是同时奴隶主杀死奴隶的行为却被奴隶制国家所认可，欧洲中世纪决斗场的杀人却被视为一种荣耀，在当今一些部落中将老人杀死的行为却被视为一种安然的归宿，而历史上对故意杀人罪惩罚程度的不断变化则表现出评价主体对其否定程度的不断变化。行为的存在始终是客观的，评价中这种无所不在的冲突和变化至少也可以说明"社会危害性"或"恶"不是这类行为固有的属性，而仅仅是在评价中存在。

所以，我们可以这样说，被评价为犯罪的行为在本质上是客观存在的、自然的行为，是没有是否具有社会危害性之分的。人们称犯罪的本质特征是社会危害性，是人们将这种客观的、自然的行为所产生的作用同自己的利益要求联系起来，又以自己一定的价值标准作为参照，对被评价的客体与自己的需要和利益之间所形成的价值关系进行评价的结果，如果被评价的客体不符合自己的需要和利益，就给他带上社会危害性的"帽子"。"生活中人们往往就是这样将自己的利益感受、自己的善恶评价强加于客观事物，视为是事物自身固有的属性。"[①] 上述对立观点试图从行为的性质出发界定犯罪，而该文则以评价主体为出发点去接触犯罪，在一定程度上，这种视角顺应了人类认识犯罪的发展方向，纵观目前在西方

---

① 许发民，于志刚．论犯罪的价值及其刑事政策的意义 [J]．中国人民大学学报，1999（5）．

最流行的三种犯罪观：一致论犯罪观、冲突论犯罪观和互动论犯罪观，尽管内容不尽相同，却无不是以评价主体为出发点[①]。由此出发去探求犯罪行为的本质，并尝试着对犯罪的评价进行再评价，揭示因评价主体的利益和价值观的不同而带来的对犯罪评价的差异和局限及其对犯罪产生的双面影响，正是该文所要努力的方向。

社会生活中，人们对事物的认识，总是包括两方面的内容：一方面是事实判断的过程，这是人们认清事物固有的自然属性，探知事物内在的规定性和外在的结构的认识过程；另一方面是价值判断的过程，这是人们认清事物的存在同自己的生存和发展的利害关系，从而对事物进行价值评价的过程。事实判断是价值判断的前提，价值判断是事实判断的目的。这就是休谟提出的充满着真知灼见的事实——价值二元论，在对犯罪的认识和评价上，又何尝不是如此？至此，我们可以看出：认为犯罪是一种恶，犯罪的本质特征是社会危害性，属于人们对犯罪的价值判断。美国学者爱因·兰德女士一语中的："一个机体的生存就是它的价值标准：凡是递进它的生存的就是善，威胁它生存的就是恶。"[②] 既然犯罪的社会危害性这个价值判断都在不断地变化之中，那么犯罪就更不应评价为一种固有的、一成不变的恶了。

如果要坚持认为犯罪实质上就是一种绝对的"恶"，那么还要有一个前提，就是与犯罪对立的评价主体依据的价值标准是绝对的善、绝对的正义。但是什么是正义？正义有着一张普罗透斯似的脸，变幻无常，随时可能呈现出不同的形状并且具有极不相同的面貌[③]。正义（善）尚且如此，那么犯罪就永远是一种绝对的恶吗？其实，对犯罪的反应并不都是一种天然的正义，如在意大利历史上，墨索里尼的铁腕曾将黑手党消灭殆尽，我们却不敢说纳粹政权的此举是正义的。既然如此，我们能说犯罪在实质上就是一种当然的恶吗？

所以，对犯罪的评价浸透着评价主体的利益和价值观，认为犯罪是一种恶仅仅是一种评价的结果，这是该文的一个基本观点。但是，一旦认为犯罪是一种恶的观念在人们头脑中定型并积淀下来，未来生活中在对同一类客体的认识上事实判断和价值判断也就融为一体了。事实本身就意味着一定的价值，而价值也就表

---

① 冯亚东. 理性主义与刑法模式 [M]. 北京：中国政法大学出版社，1999：16.

② 冯亚东. 理性主义与刑法模式 [M]. 北京：中国政法大学出版社，1999：76.

③ 博登海默. 法理学：法律哲学与法律方法 [M]. 邓正来，译. 北京：中国政法大学出版社，1999：252.

现为活生生的事实。结果是只要提及犯罪，人们就想到了恶，只要提及恶，人们就联想到了犯罪。由于历史的积淀，犯罪这个名称承载了越来越多的恶的价值评判，"恶"成了犯罪的当然含义，犯罪成了人间罪恶的代名词。这对客观的评价犯罪带来了以下消极的影响：如果表明自己是与犯罪势不两立的，就能获得对自己"善"的评价，而这正是一般人所追求的，可见对犯罪的评价本身就能给评价主体带来利益。所以，犯罪的评价主体在评价犯罪时在很大程度上难免倾向绝对化的观点，总是给予犯罪彻底的否定评价，总是力图与犯罪"划清界限"，将犯罪排除于文明之外，"把犯罪人的心理品质、行为方式认定为是与常人截然不同的犯罪人特有的心理和行为模式。从而在犯罪人与守法人之间人为地划定一条难以逾越的鸿沟，不承认潜在犯罪人的存在"[①]。这些消极的影响从某种角度说明坚持该文的基本观点对客观的评价犯罪是不无裨益的。

对犯罪的评价作为社会对犯罪的一种反应与犯罪之间是互动的。犯罪互动理论主要包括以下内容：第一，所谓互动是指包括刑法意义上的犯罪在内的所有越轨行为与社会反应之间的相互作用。第二，互动主要是受社会规律支配的社会行动主体之间的相互作用。第三，互动中更前提性的影响过程是环境与个体之间的刺激反应过程，其次才是人性本身对行为的驱使过程。第四，互动中的犯罪不完全源于恶因，互动中社会对犯罪的反应也不是天然的正义，互动过程和伦理取向不完全相关。第五，互动主要是正常人的思维、需要、价值、方式与社会反应之间的相互作用，其次才是犯罪行为模式与社会的否定评价之间的互动[②]。根据互动理论，我们不仅要关注犯罪对国家和社会的评价的影响，还应该关注国家和社会的评价对犯罪的影响。

从积极方面看，评价本身对犯罪而言就是一种控制，因为无论是国家还是社会公众，对犯罪的评价都是否定的和谴责的，即使是犯罪者本人在实施犯罪行为时也往往带有一种罪恶感，这种罪恶感是控制犯罪的重要情感因素。另一方面，我们更应该看到国家和社会的评价所带来的消极后果，这将在下文具体分析。

（二）对国家评价的反思

第一，国家在评价犯罪中获得正当性和合法性基础，容易导致一个国家刑事政策上的泛刑主义和重刑主义。因为既然评价犯罪可以获得民众的拥护，国家会

---

① 皮艺军.论犯罪学研究中的"价值无涉"原则 [J]. 政法论坛，1993（3）.

② 白建军.控制社会控制 [M]// 陈兴良.法治的使命.北京：法律出版社，2001：104.

尽可能地将所有的社会民众评价为犯罪的行为全部评价为犯罪，以获得社会的道德伦理支持，这就会导致泛刑主义。正如储槐植教授所指出的："经历过资产阶级革命的国家的刑法有个相似点即高度道德主义，刑法几乎把大多数道德不容的行为都宣布为犯罪，因此当前非犯罪化的一个主要领域是所谓道德罪。"① 国家评价犯罪的否定程度是通过刑罚表现出来的，对犯罪的惩罚越严厉似乎就能表明国家与犯罪"势不两立"的态度之坚决和"为民除害"的愿望之强烈，再加上对刑罚威慑力的迷信，就自然而然地将一个国家的刑事政策引向了重刑主义。特别是在犯罪率上升，社会治安形势恶化的时候，"面对公众和决策者的指责，立法机关和司法机关本能的反应就是加重刑罚"②。

第二，国家对犯罪的评价具有滞后性而可能成为历史发展的绊脚石。如前文所述，政治犯罪是一个国家首要评价为犯罪而且否定程度最高的行为，但是，政治犯罪却未必具有社会危害性，相反还往往具有一定程度的历史进步意义，是推动历史前进的力量，对这类行为的评价恐怕是国家评价本身永远难以愈合的创伤。正如菲利所言，当代统治者一方面为前一代的人类思想先锋树碑立传，同时又把当代的人类思想先锋投入监狱③。国家评价的这种滞后性可能会阻碍历史前进的步伐。

第三，国家对犯罪的评价可能会刺激某些犯罪的发生。国家在将一类行为评价为犯罪时，会增加实施这类行为的危险性，提高这类行为的机会成本，同时也提高了这类犯罪行为的价格，给实施这类行为带来更为丰厚的利益，这反而刺激了这类犯罪行为的发生。如美国政府1917年公布了禁酒令，这一举动几乎在一夜间创造了一个可获利数百万美元的组织——贩卖私酒的组织，结果禁酒法不但没有取得禁止酒类生产、贸易与销售的效果，相反，却在美国制造了规模日益庞大的犯罪组织。从这个意义上讲，国家对犯罪的不当评价可能会为胆大妄为的犯罪人指明犯罪的方向。

（三）对社会评价的反思

第一，社会评价的混乱状况会使社会成员无所适从并导致犯罪的多发。如前文所述，社会评价犯罪的价值标准是在不断地发展变化的，即使在同一个社会

---

① 储槐植. 刑事一体化与关系刑法论 [M]. 北京：北京大学出版社，1997：322.

② 梁根林. 合理地组织对犯罪的反应 [M]// 陈兴良. 法治的使命. 北京：法律出版社，2001：136.

③ 梁根林. 合理地组织对犯罪的反应 [M]// 陈兴良. 法治的使命. 北京：法律出版社，2001：119.

形态中，每个社会群体也都会依据自己群体的价值标准去评价犯罪，特别是在价值多元化的今天，更不存在一个全社会普遍奉行的价值标准，这就使得社会对犯罪的评价也是复杂多变的，社会评价的多变性和多样性造成了社会评价混乱的局面。其结果是，在社会变迁时随着社会的价值标准发生变化，社会成员会无所适从，进而导致犯罪的发生。在同一个社会中，即使社会成员遵守一个文化群体的行为规范，也可能会被主流的文化群体评价为犯罪，"亚文化"理论就是从这个角度解释犯罪原因的。

第二，社会对犯罪的评价本身同样可以刺激和诱发犯罪。"标签论"者认为，社会给某些确有一定越轨行为的人贴上"越轨者"的标签，反而刺激和促进了"初级越轨者"向"次级越轨者"的恶性转化，导致犯罪行为的不断增多。笔者认为"标签论"可以解释一部分人走向犯罪的原因，社会评价在有些时候的确会刺激犯罪的发生[①]。

如前文所述，当犯罪能满足部分人的某种需要的时候，他们对犯罪的评价往往是宽容甚至是认同的，这种评价更能刺激犯罪的发生。例如，在许多情况下，通过非法渠道、非法手段比合法方式更有效、快捷得多，消费者也常常因需要的满足而忽略消费行为的法律和道德性质，对犯罪所提供的非法商品和服务予以认可和接受甚至是追寻，他们的这种行为是对"犯罪市场"最强有力的支持和激励[②]。还有，人们对公务人员的腐败行为可能会恨得咬牙切齿，但是当腐败的筵席上有自己一双筷子的时候，人们对腐败行为却表现出莫大的宽容，这种宽容的态度恰恰是诱发职务犯罪的心理基础。

五、犯罪学研究者应该对犯罪做出的评价

从上文的分析可以看出，无论是国家的评价还是社会民众的评价，都或多或少地受到评价主体利益的影响，这些评价主体在评价犯罪时不可避免地带有一定的情感色彩。犯罪学研究者作为社会的一分子，其评价属于社会评价的一部分，但是作为专业研究犯罪的人员，有责任在评价犯罪时努力坚持"价值无涉"的原则，根据德国著名的社会学家马克思·韦伯主张的狭义的"无涉个人意念的价值

---

① 笔者对"标签论"的研究结论并不完全赞成，因为其结论并不具有一般性，即标签论无法解释为什么很多被标签为"越轨者"的人却没有走上犯罪道路的问题。
② 皮艺军. 再论犯罪市场 [J]. 政法论坛，1998（3）.

判断"的要求，调查研究者应无条件地与经验事实的建立（包括他正予以考察之经验个体的"有价值倾向的"行为）保持距离，并与他本人的实际评价以及他的对这些事实圆满或是不圆满的评价保持距离。要起码做到"以知识诚实正直为戒律"，抑制个人因素的预测和"世界观"的教诲。还要有能力正确地认识事实，即使是那些个人不满意的事实，区分事实时能否摆脱个人评价的因素。当然，即使韦伯本人也认为要做到他要求的那种"把事实的经验陈述与价值判断区分开来"是困难的，但是作为研究者自觉地追求这一原则①。只有在研究过程中做到"价值无涉"原则，才能全面、深刻、真实地获得对犯罪的了解。结合上文的分析，根据"价值无涉"原则，我们可以得出以下本来早已应该得出的结论：

（一）犯罪是一种自然的、正常存在的行为

前文已经分析，被评价为犯罪的行为在本质上是客观存在的、自然的行为，是无所谓善恶的。我们常常将犯罪与秩序对立，认为犯罪是一种非正常的行为，我们无法否认秩序是人类的需要，良好的秩序更是人类的追求，犯罪则通常表现为对秩序的破坏，所以，人们在评价犯罪时往往将犯罪与无序联系起来，似乎犯罪就意味着无序。但是，秩序并不是当然地意味着是一个和谐的没有犯罪的状态，相反秩序恰恰是在与犯罪的互动中得以维持。人类社会至今为止犯罪从来没有在行为上消失过，而且基本呈上升的趋势，但我们不能因此就说人类社会从来没有有序的存在，而且社会对犯罪程序化的处理构成了社会秩序的一部分，所以，犯罪应该是一个正常社会秩序的组成部分。"秩序并不意味着没有犯罪，恰恰相反，正是犯罪的存在才是检验秩序能否真正被称之为秩序的试金石，才是衡量制度化安排合理性的标尺，秩序本身应当具有承受、吸纳、化解犯罪的能力并通过法律程序化的方式使犯罪得到惩治，使遭受侵害的权益得到补救，也使犯罪人的合法权益得到保障并在此过程中强化法治的权威从而达到新的秩序。"②

从犯罪产生的心理基础来看，评价犯罪的出发点是评价主体的利益和需要，犯罪的出发点也是为了满足犯罪主体的需要，两者在心理层面有共同的出发点，我们无法对人的需要横加指责而做出价值判断，也无法把需要截然分成非法的和合法的。动机基于需要而产生，动机因为具有指向性，人们可以对其做出社会评

---

① 迪尔克·克斯. 马克斯·韦伯的生平、著述及影响 [M.] 郭锋，译. 北京：法律出版社，2000：233-234.

② 蔡道通. 犯罪与秩序：刑事法视野考察 [J]. 法学研究，2001（5）.

价，如犯罪动机，即人们想通过违法的方式满足需要。但是，犯罪动机却是每个正常人都能产生的，有谁能说自己从来没有产生过犯罪动机呢？所以，我们可以这样说，犯罪动机即犯罪的行为的原动力是一个正常人所具备的。

从犯罪产生的心理动力来看，如前文所述，国家与社会民众的犯罪评价都会在一定程度上刺激犯罪的发生，也就是说，我们每个人的行为都或多或少地与犯罪之间有着某种联系，每个人对满足自己需要的追求（欲望），都在一定程度上对犯罪的发生负责，而欲望同时又是社会文明发展的动力，社会文明在本质上也并不完全排斥犯罪，即使旨在教育子民的文化本身，也可能包含着与犯罪同质的因素[①]。"理性化地、科学地看待犯罪，会发现它是一种与文明相伴的社会现象，一种与人性共生的类似动物性的行为。"因为"人的欲望与物质文明是水涨船高的关系，欲望永远超前于现存的文明程度，一旦这个规律被打破，人的欲求受到空前的压制而萎缩，这个社会的文明也必然会出现相应的停滞和萎缩。"[②] 所以，欲望在推动社会文明发展的同时也不可避免地催生了犯罪。

综上，我们又可以得出这样的结论：犯罪是正常人的一种正常的反应方式，人人都是潜在的犯罪人，人人都有可能犯罪，犯罪并不是某类人特有的行为方式，而是我们每个人都可能实施的行为。在这个意义上，可以说犯罪是"我们"的行为，而不是"他们"的行为，在犯罪人与非犯罪人之间不存在一种明确的二分法，犯罪行为只是一种或多或少、或轻或重的现象[③]。

（二）犯罪根源于我们现实的社会

本文无意探讨犯罪的根源，但既然犯罪是一种正常存在的现象，所以犯罪根源于我们现实的社会中也是正常的。但是，受犯罪是一种"恶"的观念的影响，似乎主张犯罪根源于社会主义社会，就与社会主义的优越性不符，所以，就出现了诸如私有制根源论、残余论、流毒论、外来论等观点，把产生犯罪的责任归结于外部，坚决地与"恶"划清界限，以标榜自身的"善"（优越性）。其实，只要我们把犯罪视为一种正常存在的现象，承认犯罪根源于现实的社会中，并不会否定社会主义的优越性，社会主义的优越性也没有必要依靠不会产生犯罪来体现。正如迪而凯姆所言："我们不要犯错误，将犯罪从常态社会学的现象中划分

---

① 陈兴良. 法治的使命 [M]. 北京：法律出版社，2001：106.

② 皮艺军. 犯罪学研究论要 [M]. 北京：中国政法大学出版社，2001：19.

③ 刘广三. 犯罪现象论 [M]. 北京：北京大学出版社，1996：40.

出来……犯罪是公共健康的一种因素，是任何社会中都不要缺少的部分。"他主张只能从社会的本身之中寻找犯罪的原因①。而且，我们在"探索犯罪之源时，如果不是立足于足下这块现实土壤，不是从现实社会结构、社会制度的矛盾，不是从现实社会关系的协调程度去找原因，目光仅仅注视着历史遗留和外部渗透，那就不可能真正找到社会主义社会犯罪之源的"②。这对有效地控制犯罪是极其不利的。

所以，在犯罪根源这个问题上，笔者认为下列学说更富有逼近真理的探索意义：如犯罪的根源是现实社会的自身生产方式的矛盾③，犯罪根源是社会生产方式中的生产力与生产关系的矛盾④；人与人之间的差异性是犯罪的根源⑤，以及文化本性说、犯罪张力场论、本能异化论、三大差异论和犯罪动力论⑥。

（三）从行为上"消灭犯罪"的想法是不现实的

既然犯罪是我们正常人的一种正常反应方式，犯罪和犯罪人并不是"异类"，我们甚至无法把犯罪和犯罪人与合法行为和正常人截然分开，甚至具体把哪些行为评价为犯罪，因时空的不同也会有巨大的差异，就是说连"消灭"的对象都无法搞清，再谈"消灭犯罪"岂不是幻想？探究"消灭犯罪"的思想根源，也是把犯罪视为一种绝对的"恶"的观念，既然犯罪是一种绝对的恶，没有任何存在的理由，就必然要把犯罪"斩尽杀绝"。"消灭犯罪"的提法也是犯罪根源论中私有制论、残余论、流毒论、外来论的一个理论结果，因为既然社会主义社会中不存在犯罪的根源，"消灭犯罪"也就理所当然了。但在我们看来，犯罪是与社会文明相伴生的现象，是一种必然的社会存在，即使认为犯罪是一种"恶"，也是一种无奈的"恶"，一种评价上的"恶"。相反，如果把犯罪视为一种正常存在的行为，我们就大可不必给犯罪的存在抹上太浓的政治色彩，把存在犯罪看成社会主义的"耻辱"，刻画一个社会制度的美好也完全不必以能够"消灭犯罪"为笔调。

---

① 冯亚东. 理性主义与刑法模式 [M]. 北京：中国政法大学出版社，1999：111.

② 周良沱. 犯罪根源论 [J]. 湖北公安高等专科学校学报，2001（3）.

③ 王牧. 犯罪根源是一种逻辑上的指向：再论犯罪根源 [J]. 中国刑事法杂志，1998（3）.

④ 周良沱. 犯罪根源论 [J]. 湖北公安高等专科学校学报，2001（3）.

⑤ 鞠青. 我的犯罪观 [J]. 福建公安高等专科学校学报——社会公共安全研究，1999（5）.

⑥ 李晓明先生在文中使用的概念是犯罪本源，但根据其定义"犯罪本源当然是指犯罪产生的根本来源，也即犯罪现象普遍性的终极原因"。笔者认为犯罪本源与犯罪根源在含义上是相同的。

　　犯罪从行为上是无法消灭的，我们不得不容忍犯罪的存在，但这并不意味着对犯罪放任自流，睿智的学者提出了"控制犯罪"的设想，并进一步指出"犯罪正常度是犯罪控制的标准"①。笔者认为，犯罪的正常度的确是存在的，国家没有把不具有严重的社会危害性的行为，如没有达到盗窃罪构成数额的盗窃行为评价为犯罪，就说明国家刑法容忍了这些行为的存在。所以，我们要现实地面对犯罪的存在，只要能够把犯罪控制在国家和公众的容忍度之内就是正常的，而不再妄想从行为上消灭犯罪。正如有的学者指出的"只要犯罪被控制在社会能容忍的范围内，只要犯罪仍在国家控制力所涉及的层面内，更为主要的，只要犯罪在社会控制范围内能够通过程序化方式得到有效公正的惩处与矫正，这个社会仍不失为一个有秩序的社会"②。

　　行文至此，不得不提及犯罪率这个犯罪严重程度的量化指标。迪尔凯姆从犯罪的功能出发，指出："当犯罪率下降到明显低于一般水平时，那不但不是一件值得庆贺的事，而且可以肯定，与这种表面的进步同时出现并密切相关的是某种社会的紊乱。"③即使不赞成犯罪的功能性，从社会效益角度出发，也可以得出相似的结论，犯罪率的高低与国家的投入呈反比关系，把犯罪率控制在极低的程度，一方面意味着国家在物质上极高的投入量，另一方面还意味着对公民自由的极大程度限制。因为，犯罪是我们的行为，国家对犯罪的控制程度决定了我们的自由空间，正是从这个意义上讲，当犯罪率下降到明显低于一般水平时，那并不是一件值得庆贺的事。因此，犯罪的存在是正常的，犯罪率也是客观存在的。

　　如果说不能消灭犯罪，就触及一个更为敏感的话题——犯罪永恒论。根据马克思主义的观点，同样形式的事物，在有阶级社会和无阶级社会，有本质上的不同。有阶级社会的犯罪概念与无阶级社会的"异常行为"有本质的不同，尽管有时在形式上完全一致。所以，按照马克思主义的观点，犯罪是可以消灭的，而"异常行为"则将永远存在下去。这主要是因为评价异常行为的标准会因社会的发展变化而不断变化。当阶级消灭后，管理公共事务的机构和调整人们生活的规

---

①　对于"正常度"的界定，储槐植先生在《犯罪学引论》从衡量对象（犯罪的量和质以及它们之间的关系）、衡量主体（社会公众）、衡量依据（外国和本国情况）、衡量方法（抽样调查、民意测验、专家评估）、衡量结论（定性结论）等角度做了细致的论述。

②　蔡道通.犯罪与秩序——刑事法视野考察 [J].法学研究, 2001（5）.

③　许发民，于志刚.论犯罪的价值及其刑事政策的意义 [J].中国人民大学学报, 1999（5）.

范，不是现在意义上的国家和法，人的"异常行为"也不是现在意义上的犯罪，正如列宁所说的那样，叫"捣乱行为"。笔者认为，"犯罪"是人类在阶级社会里对所谓的"异常行为"的评价，当阶级消亡后，这类行为则被评价为"捣乱行为"等，两者的差别在实质上是评价主体有无阶级性。如果把犯罪看成阶级社会中国家和法的产物，到了共产主义社会，国家和法消亡，犯罪这种评价当然也就随之消亡了。

倡导上述这样一种犯罪观是犯罪学研究者的使命，其现实意义在于能够理性地组织起全社会对犯罪行为的适度反应，避免在刑事政策、刑事立法和司法上出现类似"严打"中的一些过激措施。在刑事诉讼中，能够重视对犯罪人人权的保障，因为犯罪是我们的行为，犯罪人并不是我们的"异类"，保障他们的人权就是保障我们的人权，所以，我们完全可以从犯罪人的人权状况来窥视一个国家的人权状况。更为根本的是，我们终于可以在一个多元化的社会中与形形色色的犯罪行为和平共处，只要实际发生的犯罪行为没有超出我们这个社会能够容忍的程度，那就不失为一个美好的社会，或许更是一个前进动力十足的社会。

"中和技术理论"与青少年犯罪研究 ①

内容摘要："中和技术理论"是一种研究少年犯罪心理的社会学理论，它指出奉行传统价值观念的犯罪人如何使用中和技术抵消其内心的罪恶感，从而将其犯罪行为合理化。这一理论可以拓宽青少年犯罪研究视野，对青少年犯罪的预防和控制具有现实指导意义。当然，"中和技术理论"也有其局限性。

关键词：中和技术 少年犯罪人 犯罪 价值观

"中和技术理论"（techniques of neutralization theory）又称为"中立化技术理论""中立化理论""抵消论"，是当代西方资产阶级犯罪学流派中解释犯罪现象的一种重要的社会心理学理论。它是由美国犯罪学家格雷沙姆·赛克斯（Gresham Sykes）和戴维·马茨阿（David Matza）于1957年在他们合写的论文《中和技术：一种少年犯罪理论》中首先提出来的，其实质是论述犯罪人如何将犯罪行为合理化的一种理论②。这一理论在犯罪学领域产生了很大影响，值得我们研究和借鉴。

一、"中和技术理论"的主要理论观点及内容

"中和技术理论"认为，大多数犯罪人都具有传统的为社会普遍公认和接受的价值观和态度，而并不完全信奉犯罪的价值观，所以也就不把自己看成是犯罪人。赛克斯和马茨阿对传统少年犯罪理论进行的批评，主要集中在某些社会学观

---

① 此文原载《烟台大学学报》（哲学社会科学版）2005年第4期，与咸丰刚合作。

② 赛克斯·马茨阿. 中和技术：一种少年犯罪理论 [J]. 美国社会学评论，1957（22）：667—670.

点所强调的"信奉少年犯罪的价值观可以引起少年犯罪"上。他们反对整个亚文化理论的决定论，认为即使最明显的"罪犯"或者不良少年遵守的都不是另外一套文化价值，实际上，他们的信仰是传统的[①]。少年犯罪人通常是按照传统的规范性文化（normative culture）行动，遵守规范性文化的价值观和标准[②]。

正如马茨阿所说，有些少年犯罪人之所以认为自己信奉少年犯罪的价值观，是因为他们不愿意做胆小鬼，但私下的交往却表明，少年犯罪人并不看重少年犯罪行为本身，相反，他们认为这种行为在道德上是错误的，是与他们内心所接受的价值观相对立的。理查德·A.保尔认为，赛克斯和马茨阿的观点不仅仅是中和观点，还驳倒了科恩的"犯罪亚文化群论"。"中和技术理论"认为，犯罪人只是将这种规范在一定程度上进行了抵消或中和，因而不同于包含着同社会中占统治地位的价值观有区别的价值观的亚文化群论。在中和理论看来，社会中有着普遍的共同的价值观，各个社会阶层大都承认占主流地位的社会规范，并且也愿意去遵守这种规范。大多数犯罪人准备进行犯罪活动时，就会受到他们所信奉的传统的价值观和态度的阻抑和排拒，但为了顺利实施犯罪行为，他们学会了一些抵消或中和其行为的犯罪性质，将其合理化的技巧。其实，少年犯罪人并不是生活在与我们的价值观相反的社会中，他们也分享了一般的社会传统的价值观。然而，社会的价值观结构不是一致的、综合的，而是充满了冲突和价值层级。那么，为什么一个人接受了传统社会道德，已经从根本上融入社会之后，并且在遵守社会规则的同时还会违反社会的传统？"中和技术理论"认为少年犯罪人的犯罪行为就是通过中和技术将其非法行为进行合理化，从而使自己摆脱从童年起就习惯了的道德的结果。

中和技术包括以下五项技能：（1）否认责任（denial of responsibility）。少年犯罪人宁可认为自己是行为客体，而不愿承认是行为主体。他只是环境的受害者。（2）否认损害（denial of injury）。少年犯罪人不认为自己的行为对社会或他人造成损害，没有任何人因为他们的行为而遭受不幸。（3）否认被害人（denial of victim）。少年犯罪人不认为自己对被害人实施的行为是违法的，而是认为被害人应该受到报复和惩罚。例如，攻击同性恋者，对女性的猥亵行为等。他们认为这些人故意挑起事端，所以应当受到攻击。（4）谴责那些谴责他们的人（the

---

① 韦恩·莫里森.理论犯罪学：从现代到后现代[M].北京：法律出版社，2004：305.

② 吴宗宪.西方犯罪学史[M].北京：警官教育出版社，1997：587.

condemn nation of the condemner）。少年犯罪人认为所有谴责自己的人都是伪君子，戴假面具的恶人。（5）高度效忠群体（the appeal to higher loyalties）。即青少年对整个社会要求的破坏，被一个人以忠诚和顺从的名义对小集团所做的一切中和了。

"中和技术理论"认为，违法者的价值体系不会永远同社会大多数人所遵循的社会秩序相对立，但是由于环境的改变，违法者可能改变某些他所承认的行为规范，从而实施不受赞扬的行为。为了摆脱对某些行为的犯罪性质的认识，违法者认为，大多数违法行为就其本质不是这样的，他们为自己的行为寻找借口，提供证据，而且在他们看来，这种证据是有说服力的，能够抵消和掩饰其内心的罪恶感。因此，随着对中和技术的应用，青少年犯罪人就能够接受并实施各种各样的犯罪行为了。在一些人的心理中，对共同的价值体系和道德观念的内化程度较高，个人能够明确地辨别行为的性质，但是却在明知自己的行为是错误的情况下仍然实施这种行为。正是由于使用中和技术将其犯罪行为合理化，他才能够在内心保持共同的价值体系与道德观念并且认识到自己的行为是错误的同时，却实施这种行为。

二、"中和技术理论"的特色

应用社会学的理论来研究犯罪，是美国犯罪学的一大特色。作为一种犯罪社会心理学理论的"中和技术理论"，从一个全新的视角解释犯罪现象，着重于探寻犯罪人尤其是少年犯罪人对犯罪行为的态度，而不仅仅从犯罪人与环境之间的相互作用方面来研究犯罪问题，从而为犯罪学的研究提供了新的思路，开辟了新的视野。

（一）能够解释大部分少年犯罪人并没有成为成年犯罪人的事实

"中和技术理论"认为大多数少年犯罪人并不信奉犯罪的价值观，而只是在某一特定时期做了一些他们并不认为是犯罪的行为，而且他们也不把自己看成社会普遍定义的犯罪人。虽然在青少年时期由于心理和生理的不成熟，他们做过一些为社会规范和传统价值观念所否定的行为，但因为他们使用了中和技术减轻了罪恶感，这些行为在他们内心并没有留下越轨的印象，所以也就没有形成越轨者的自我形象。这与"少年亚文化群论"和"标签论"的论述有很大的区别。"少年亚文化群论"表示一个人在同自己一样的人组成的集团中或在一个帮伙中的发展状态，该集团和该帮伙的成员有着固定的价值体系，这种价值体系不同于大社会中现存的价值体系①。"亚文化群论"认为个人的价值观与社会整体信奉的价值观是有区别的，并且个人发展受到自己周围环境的价值体系的影响更大。因此，处于亚文化集团的青少年就不自觉地接受了亚文化群的观点，进而会忠实于这个集团。在这种背景下，青少年就自然而然地走上了犯罪的道路，并且越陷越深，难以自拔，以至于成年后有很大一部分发展成为惯犯。而"标签论"认为，青少年由于轻微的违法行为被贴上了越轨者的标签，从而形成了越轨者的自我形象，导致他们慢慢地习惯了作为一个越轨者而存在，所以会不断地实施越轨行为，否则就不能实现真实的自我，由此就会在犯罪的道路上越走越远，变成成年犯罪人也就理所当然了。这两种理论都很难或不能令人信服地解释大部分少年犯罪人为什么没有变成成年犯罪人这一事实。而"中和技术理论"则给我们提供了合理的解释，这就为我们更好地研究和预防青少年犯罪增强了信心。

（二）为正确理解和界定少年犯罪行为提供了全新的视角

"中和技术理论"首先肯定了少年犯罪人大都奉行传统的价值观和态度，而排拒犯罪的价值观。在中和观念看来，问题不在于违法者具有自己的一套规范，而在于他们支持一般的规范，以便利用他们来为自己的偏差行为进行辩解。在任何情况下，少年犯罪人都不是真正的犯罪人，而是社会中"地下价值观念"的遵从者，这种地下价值观念不言而喻地鼓励青少年追求刺激和进行不负责任的行为②。赛克斯和马茨阿在他们合写的《少年犯罪与秘密价值观念》中也阐明了这种地下价值观念体系对少年犯罪行为的促进作用，认为这种价值观念体系有助于青少年将其犯罪行为进行中和。与认为信奉少年犯罪的价值观念引起少年犯罪的社会学观点不同的是，"中和技术理论"主要分析了少年犯罪人在认为少年犯罪行为是错误的和不道德的前提下，如何运用中和技术为自己的行为进行辩护，他们认为自己的少年犯罪活动是"无罪过的"③。"在将常规价值观念与犯罪价值观念中和之后，他们便在合法与犯罪行为之间来飘荡，他们也上学，也作为家庭成员参加家庭的正常活动。"④

---

① 赵可. 犯罪学概论 [M]. 北京：中国矿业大学出版社，1989：106.

② 吴宗宪. 西方犯罪学史 [M]. 北京：警官教育出版社，1997：590.

③ 吴宗宪. 西方犯罪学史 [M]. 北京：警官教育出版社，1997：590.

④ 郭建安. 美国犯罪学的几个基本问题 [M]. 北京：中国人民公安大学出版社，1992：62.

（三）能够很好解释各社会阶层青少年犯罪

中和观点不像有些社会学观点那样，认为处于不同社会阶层的居民具有不同的价值观和态度，所以低阶层的居民就会受到低阶层的价值体系的影响，与社会中占主流的中上阶层的价值体系及文化发生冲突，导致他们的行为受到中上阶层制定的法律的谴责。正如亚文化群论所认为的：在现代社会中存在着许多违法的、犯罪的及其他越轨的亚文化群，因此在许多场合会引起尖锐的规范冲突。美国著名犯罪学家艾伯特·科恩（Albert K.Cohen，又译为"柯恩""柯亨"）在其著名的少年犯罪亚文化群理论（theory of delinquency subcultures）中指出，下层阶级青少年的犯罪行为是对美国中产阶级主流文化中的规范和价值观的一种反抗[1]。这种理论能够解释下层阶级青少年的犯罪行为，却难以解释中上阶层大量青少年犯罪的存在。从赛克斯和马茨阿的观点中我们可以看到，使用中和技术将其犯罪行为合理化的青少年在各个社会阶层中都是存在的，只是不同阶层的青少年的违法犯罪行为性质及种类存在差别而已。但他们都会利用中和技术来为自己辩解。这也就能解释为什么各阶层青少年的违法犯罪率是大致相同的了。

三、"中和技术理论"的启迪意义

（一）"中和技术理论"为研究青少年犯罪开辟了新的视野

在犯罪学的历史上，各种理论在研究犯罪时都注重于外部社会环境及社会反应对犯罪行为发生的影响。但"中和技术理论"却从犯罪人自身对违法行为的态度展开研究，具有很大的启发性。它摆脱了以往若干理论适用对象、适用范围狭窄的缺陷，可以广泛解释不同文化、不同社会阶层、不同类型的青少年犯罪。因此这一理论具有一般性和普适性，可以作为我们制订犯罪预防计划的基础。面对日益严峻的青少年犯罪，我们不能单纯从外部环境入手来消除犯罪因素，更要着重治理青少年犯罪的内部因素，只有这样才能达到预防犯罪的目的。

（二）"中和技术理论"对预防少年犯罪具有现实意义

"中和技术理论"提出的少年常用的五种中和技能启示我们要加强对少年的教育，采取相应的措施从源头上杜绝犯罪动机的产生。

1. 对于少年犯罪人否认责任的思想，应该让他们认识到每个人都是行为主

---

[1]　吴宗宪．西方犯罪学史 [M]．北京：警官教育出版社，1997：658.

体，由他引起的一切行为他都负有责任。人人都是社会群体中的一员，每个人的行为都要对他人造成影响，而不仅仅是行为客体、社会环境的牺牲者和受害者。犯罪人自身的犯罪行为不能恣意地归咎于他人，作为一个正常的有理性的人，要认识到有控制自己行为的义务。

2. 赛克斯和马茨阿指出有些青少年犯罪人否认自己的行为给他人造成损害。对此，我们应该使其正确认识到任何违法行为都会对社会及他人的法益造成损害。如何评价自己的行为应站在社会的角度，而不能以他们自己的认识程度为标准。

3. 在青少年犯罪人的认识中，被害者都是有过错的，受到攻击也是理所当然的，因此具有这种观念的青少年就不会把他们造成的危害看成是违法的。这就需要他们明确，在法治社会中任何人都无权也被禁止对他人的财产或人身造成伤害，否则就应受到法律的谴责。

4. 中和观点指出，青少年犯通过对谴责者进行谴责以将谴责转嫁给他人，从而消除自己内心的罪恶感。这就提示我们，不仅应注重青少年自身道德价值观的培养，还要为他们创造一个健康、公正、有秩序的社会环境，尤其是对青少年影响较大的父母、教师，更应该成为他们的人生楷模，以使他们形成一种健康正确的世界观。

5. 青少年犯经常声称自己的所为是为了最高的忠诚，在他们的观念中，忠于朋友就意味着不能完全遵守社会的准则，而严格遵守社会的法律和其他准则就意味着背叛朋友。在朋友和社会之间，他们选择了忠实于朋友，因为朋友的要求是急迫的和实际的，社会的要求是虚的[1]。法国社会学家迪尔凯姆指出，个人是社会有机体的一部分，应对社会有机体的发展做出贡献，使社会有机体和谐统一，这是社会存在的基本条件。遵守和维护社会规范是每个个体的义务，任何对规范的腐蚀和中和都是不允许的。赫希（Hirshi）也指出："违法者不是一般的人，因为他经常为了自己集团的利益而行动，尽管这个集团不值得如此。"[2] 所以，如果以违反社会法律和准则来满足小集团的利益，那么整个社会秩序就会受到破坏，最终个人、群体、社会都会受到伤害。

---

[1] 郭建安. 美国犯罪学的几个基本问题 [M]. 北京：中国人民公安大学出版社，1992：63.

[2] 赵可. 犯罪学概论 [M]. 北京：中国矿业大学出版社，1989：114.

四、"中和技术理论"的局限性

赛克斯和马茨阿认为，犯罪人，尤其是少年犯罪人，都奉行传统的社会价值观念。但柯恩的少年犯罪亚文化理论认为："在下层阶级贫民区中存在着一种少年犯罪亚文化和少年犯罪亚文化群，它们是下层阶级少年为克服社会适应困难或地位挫折感而产生的群体性反应，这些亚文化与中产阶级的文化相矛盾。"[1] 社会学者不同意把美国这样的社会说成是有一个中心的价值体系的社会，在许多现代社会也都是如此[2]。在美国社会中各个不同阶层的人的行为，不可避免会受到本阶层文化的影响，处于低阶层的人由于其所处的社会环境和受教育程度不同，因此其价值观念与中上阶层的价值观念必然会有所区别甚至冲突。只不过有些在成长的过程中逐渐接受了中上阶层的价值观并为之奋斗，成为守法公民，而有些人则因为不能按照中上阶层的价值观取得成功而受到挫折，从而继续坚持其原有的价值观念。笼统地说整个社会的公民（守法的和违法的、低阶层的和中上阶层的）都奉行统一的价值观，这是一种对社会文化价值观念的简单化的解释，由此得出的结论也必然难以全面地解释犯罪现象。

"中和技术理论"详细论述了犯罪人使用什么技术来中和犯罪行为以及如何使用中和技术，但却没能对犯罪人何时使用中和技术进行论证。笔者认为，犯罪人的心理结构在不同犯罪阶段是有差别的，因此他们对中和技术的使用也是有所区别的。不同犯罪经历的犯罪人，其心理特征和行为特征有很大的差异。对初犯来说，在犯罪前侥幸心理突出，并且经过激烈的动机斗争，最后选择了犯罪动机[3]。初犯大都是经过预谋的，对犯罪有一定的心理准备，他们就会运用中和技术来对其将要实施的犯罪行为进行中和，使其合理化。对偶犯来说，犯罪动机产生时间短，具有瞬时性，这就使得偶犯极少出现动机斗争，大多为冲动性、情景性犯罪，因此在其犯罪前动机冲突不明显，但在实施犯罪的过程中开始逐渐意识到行为的违法性质和严重后果[4]。尤其是在犯罪后，往往会产生后悔、自责心理。所以，偶犯大多在犯罪中和犯罪后使用中和技术。

"中和技术理论"过于抽象与模糊，它没能解释为什么有些人犯罪，而有些

---

① 吴宗宪. 西方犯罪学史 [M]. 北京：警官教育出版社，1997：658.

② 刘强. 美国犯罪学研究概要 [M]. 北京：中国人民公安大学出版社，2002：164.

③ 罗大华，何为民. 犯罪心理学 [M]. 北京：中国政法大学出版社，1999：201.

④ 罗大华，何为民. 犯罪心理学 [M]. 北京：中国政法大学出版社，1999：205.

人没有犯罪。如果我们不能找到具体哪些原因促使青少年"漂"向犯罪，那么我们就很难在预防青少年犯罪中正确使用这种理论。笔者认为，人的本能需要是一切人类现象的根源，个人从事一切行为的原因无不是为了满足自身的需要，犯罪也不例外。每个人的需要强度、需要层次及个人能力均有不同，有些青少年的需要由于个人能力欠缺，在遵守社会规范的情况下得不到满足，因此就求助于反社会行为，走上犯罪的道路。对他们来说，犯罪就是一种需要，其他一些外部因素只是在某种程度上激发或加强了这种需要而已。那么如何预防和控制青少年犯罪？目前，要消除个体之间的差异性是难以实现的，因为这关系到整个人类社会的发展水平和解放程度。我们只有重建道德，完善法律，来加强对少年的教育和约束，使他们通过正常渠道满足自身发展的需要，以便阻止他们"漂"向犯罪。

网络恐怖主义及其防治
——以犯罪学中的遏制理论为视角 ①

　　内容摘要：利用网络实施颠覆性破坏是恐怖主义发展的一个新趋向，如何有效地防控网络恐怖主义，已成为世界各国面临的一个共同课题。本文以犯罪学家雷克利斯的遏制理论为视角剥离出网络恐怖主义的产生原因——宗教冲突、民族矛盾等众多内生性矛盾是促成恐怖主义升级为网络恐怖主义的内部推力，实践中恐怖组织的不断受挫和利用网络实施恐怖活动的种种便利是推动网络恐怖主义产生的外部推力。因此，创建公平、公正、和谐的国际经济、政治、文化新秩序是消除网络恐怖主义的内部遏制力量，以立法防控为主导的综合防控对策的建构是防控网络恐怖主义的外部遏制力量。

　　关键词：遏制理论　网络恐怖主义　防控

一、网络恐怖主义概述

（一）网络恐怖主义的现状

　　"9·11"恐怖袭击发生后，一场以美国为首的反恐战争在全球范围内打响，在2001年的阿富汗战争中，"基地"组织在阿富汗的训练营地被美军摧毁殆尽。当人们庆幸恐怖分子纷纷落网时，网络上却不断出现各种恐怖文字、图片和视频，以侵扰电脑网络、破坏国家关键设施、危害人们生命财产安全为特征的"网络恐怖主义"越来越受到关注。据统计，互联网上恐怖网站数量在阿富汗战争后

---

　　① 此文原载《山东警察学院学报》2006年第2期，与李艳霞合作。

激增，至今已有4000个。1998年，在30个被美国冠以恐怖主义的组织中，有一半拥有自己的网页，现在，几乎所有以观点激进著称的集团在网上都有自己的一席之地，它们还把其宣传材料翻译成至少40种不同的语言。现在，极端组织中大大小小的人物不仅拥有自己的网页，而且还建立了论坛和留言板，以方便与支持者直接交流。

按照美国联邦调查局的说法，网络恐怖主义（cyber terrorism）是任意的"有预谋的，有政治动机地对信息，计算机系统，计算机程序，以及一些引起次国家组织或秘密组织武力反对非战斗目标的数据的攻击。"网络恐怖主义主要是指以网络瘫痪来达成恐怖目的的信息攻击、破坏活动，有时也指电子恐怖主义或信息战争。美国关键基础设施保护委员会指出，可能的网络恐怖主义的目标包括银行业，军队装置，发电站，空中交通控制中心以及水系。恐怖主义与网络的结合，可能引发出利用网络攻击核电站及其他电力设施、交通、通讯、军事、银行、证券等国家重要基础设施、经济命脉的网络恐怖主义，将给世界政治、经济、安全局势造成重大冲击，而且这种影响随着社会对网络依赖程度的提高而不断增强。互联网的不断拓展已使得网络成为国家安全的"无形疆域"。从某种意义上说，谁拥有制网权谁才可能拥有国家安全，这种无形"信息边疆"的安全对一个国家来说，和传统的领土、领海和领空安全地位同等重要。反恐专家警告说，利用网络实施颠覆性破坏是恐怖主义发展的一个新趋向，网络恐怖主义已成为信息时代恐怖主义手段和方式发展的新领域，成为非传统安全领域挑战国家安全的新的全球性问题。如何有效地防控网络恐怖主义，已成为世界各国面临的一个共同课题。

目前，网络已成为恐怖分子最具威力的武器之一。据有关方面统计，目前美国每年由于网络安全问题而遭受的经济损失超过170亿美元，德国、英国也均达数十亿美元，法国为100亿法郎，日本、新加坡损失也很严重。在国际刑法界列举的现代社会新型犯罪排行榜上，网络犯罪已名列榜首。更为严峻的是，现实空间的恐怖袭击正与网络空间的恐怖袭击更紧密地结合在一起，成为人类社会面临的新的恐怖威胁。计算机专家也警告，在数字化时代的今天，"网络恐怖袭击"带来的后果可能更为可怕。袭击者的目标将是国家的电信网络以及电力系统、金融系统等基础设施和政府运营系统，以达到其胁迫政府或人民的目的。2004年12月在美国休斯敦瑞斯大学举办的一次防止网络恐怖主义研讨会上，美国中央情报局前局长罗伯特·盖茨表示，网络恐怖主义可能成为最具有破坏力的大规模杀伤性武器，并导致美国经济崩溃。

网络恐怖主义的破坏性主要取决于两个因素：一是现实世界对信息网络的依赖性。现实世界对信息网络的依赖性越大，网络恐怖主义可能达成的破坏性就越大。从20世纪90年代中期以来，互联网的发展速度之快令人惊叹。1996年全球互联网用户量不到4000万，1998年达到1个亿，2000年超过2个亿；1998年互联网的网页只有5亿个，到2000年年底已有11亿个。另外，到2000年到全球上网计算机已过亿台。这种发展使人类社会的各个方面几乎不约而同地与互联网息息相关：从金融、交通、通讯、电力、能源等国家重要基础设施，到卫星、飞机、航母等关键军用设施，以及与人民群众生活密切相关的教育、商业、文化、卫生等公共设施，都越来越依赖互联网。在这种情况下，任何一个依赖于互联网运行的系统遭到网络恐怖主义的袭击而瘫痪，结果皆是不堪设想的。二是信息网络自身的脆弱性，这是由互联网的全球性、开放性、共享性、快捷性等固有特性决定的。信息网络本身越脆弱，网络恐怖主义可能达成的破坏性就越大。尽管网络安全技术也在不断发展，但网络攻击技术的发展也非常快。随着网上攻击技术的不断更新，网上攻击在距离、速度上已突破传统的限制，并拥有多维、多点、多次实施隐蔽打击的能力。这种情况决定了网络的漏洞总是存在的，网络安全总是相对的，因而网络被破坏的可能性也就总是存在的。

（二）网络恐怖主义的主要表现形式

网络恐怖主义是信息时代恐怖主义手段和方式发展的新领域，成为人类社会面临的新恐怖威胁，我们应对人类社会日益高度依赖的信息网络的脆弱性以及信息攻击的破坏性有清醒的认识。在这方面，国外特别是美国从国家和国防安全的高度关注信息战的威胁。美国21世纪国家安全委员会早在1999年就将信息战武器定义为大规模破坏性武器，并将其与专指核、生、化武器的大规模毁灭性武器相提并论，认为通过信息战对一个国家和国防的信息基础设施进行破坏，有可能对经济命脉或军事系统的正常运行造成重大影响，其战略破坏性将是以往任何武器都无法比拟的。美国国防部也在2001年的官方文件中正式明确将"新的恐怖技术、弹道导弹和巡航导弹，以及包括先进的生物武器和对关键信息基础设施实施攻击的信息战手段在内的大规模毁伤性武器"，共同可作为威胁美国的新手段。目前，网络恐怖活动犯罪主要表现为三种形式，即网上散布恐怖信息、网络恐怖攻击和网上组织恐怖活动。

1. 网上散布恐怖袭击信息，进行心理威胁。互联网覆盖范围广和速度的便捷性使之成为恐怖分子发动心理战的最佳途径。网上散布恐怖袭击信息，一方面能制造社会恐慌，给对方造成经济损失和社会混乱；另一方面能为真实的恐怖袭击打掩护，真假恐怖袭击构成一体，能使对方国家长时间笼罩在恐怖袭击的阴云之下。一些专家认为，现在恐怖分子正在利用互联网对美国展开"更加有的放矢"的心理战。恐怖主义分子借助新技术帮助，成功将大量有关外国人质在伊拉克被斩首的血淋淋录像或其拍摄的恐怖活动短片就通过互联网传轻松播到了世界各地，同白宫在虚拟世界上大唱对台戏，极大削弱了美国为促进伊和平与稳定而进行宣传战的效果。武装分子经常借助网络资源汇报工作或是向特定国民群体致信。通过因特网，恐怖分子向公众发出恐吓，威胁发动新的恐怖主义袭击。人心惶惶，不可终日，国民经济遭受重创，股市一再下挫，经济遭受挫折。恐怖袭击信息散布的范围越广，制造的社会恐慌越大，对社会的危害越严重。

2. 网络恐怖攻击。所谓网络恐怖攻击，指的是出于政治、宗教和意识形态的目的，非法攻击或者威胁攻击某的计算机、网络系统及其中的信息的行为。网络恐怖攻击的形式多种多样，但利用"混合性病毒"（Mixed Virus）攻击成为危害最大的一种。其中"尼姆达"病毒和"Cam 先生"病毒所侵害的电脑数量约占全球受病毒感染电脑总数的一半，造成的经济损失约18亿美元。尼姆达（Nidma）是在"9·11"恐怖袭击后整整一个星期后出现的，半小时之内就传遍了整个世界，随后在全球各地侵袭了830万部电脑，总共造成将近10亿美元的经济损失。新的网络攻击方式使网络恐怖攻击的破坏力和破坏范围成倍增加，在互联网和无线通讯普及的情况下，将会在信息网络产生连锁反应，对信息社会的正常运行构成致命威胁。另一方面，随着恐怖主义发展，防护相对薄弱却关系国计民生的重要领域日益成为恐怖袭击的主要目标。以遭受网络恐怖袭击最多的美国为例，美国虽然拥有世界上最先进的信息技术、最强的经济实力来对付网络恐怖攻击，但其网络亦不时受到恐怖主义的攻击①。

3. 网上组织恐怖活动。"基地"及其外围组织对因特网的利用涉及具体行动，从招募人员和资金，到协调行动、进行宣传，"基地"组织的绝大部分活动都搬

---

① 皮勇. 论网络恐怖活动犯罪及对策 [J]. 武汉大学学报，2004（5）.

到了互联网上进行。用一名专家的话说："如果你想搞一次袭击，因特网上就能找到需要的东西。"在"基地"组织"先知的利剑"网站上，有"绑架指南"，对如何实施袭击的详细说明，对爆炸物的介绍尤其详细，其中包括汽车炸弹的制作、爆炸装置的威力甚至是制造生化武器的等等各种内容都有详细的说明。看完这些说明，就连美国中央情报局的高级官员也感到毛骨悚然。"基地"组织及其分支机构在网络上建立了一个巨大的图书馆，存储了大量训练材料。一些专家会在网络聊天室、实时信息传递平台上回答问题，其内容涵盖从如何制造蓖麻毒素、使用日用化学品制造炸弹，到如何化装成渔民从叙利亚潜入伊拉克，如何射杀美军士兵，如何在沙漠里靠星星辨别方向，等等。这些信息在网上以阿拉伯语、乌尔都语、普什图语等语言大量传播。

（三）遏制理论是解决网络恐怖主义的良方

遏制理论是当代西方犯罪学中很有影响的理论，几乎所有重要的犯罪学著作在论述犯罪学的理论时，都要提到遏制理论。犯罪学家哈斯克尔和雅布隆斯基这样评价雷克利斯的遏制理论：遏制理论吸收了关于犯罪原因的心理学观点和社会学观点的优点，推动了对促进个人实施犯罪的内部人格力量的分析，同时也考虑了塑造个人动机和人格的社会文化的力量[1]。在1961年发表的论文《少年犯罪与犯罪的一般新理论》中，沃尔特·雷克利斯首次提出了犯罪的遏制理论，犯罪是个人内在的控制能力和社会中存在的外部控制因素缺乏的结果，是对推动和引诱个人进行犯罪的驱力和控力缺乏遏制引起的。雷克利斯用四个基本概念来解释他的遏制理论，这四个基本概念是：外部推力；外部遏制；内部遏制；内部推力。外部推力，包括贫困、冲突和倾轧、诱惑、外部束缚、在社会结构中缺乏获得成功的途径等条件。外部遏制包括社会中存在着一致的道德状况，规范与责任，有效的纪律、社会控制，规定了合理的活动范围（包括限制和责任），提供使个人获得接受、认同或归属感的机会等。内部推力指推动个人进行活动的身体或心理力量，包括驱动力、动机、敌意、自卑等。而内部遏制主要由自我的成分组成，包括自我遏制、良好的自我和超我概念、较高的挫折耐受力、高度的责任感，降低紧张的合理化技巧等，这些因素都是内部调节器。

雷克利斯认为，外部压力和内部推力促进人产生越轨行为和犯罪行为；

---

[1] 吴宗宪.西方犯罪学史 [M].北京：警官教育出版社，1997：705.

而外部遏制和内部遏制则阻止、中和、抵抗个人产生越轨行为和犯罪行为。当外部压力或环境拉力和内部推力比外部遏制和内部遏制强大时，个人就会产生越轨及犯罪行为，相反，当外部压力或环境拉力和内部推力比外部遏制和内部遏制软弱时，个人就不会产生越轨及犯罪行为，如图所示。实践证明，遏制理论是一种可适用于治疗犯罪人和有效的适用于犯罪预防的可操作性理论[1]。

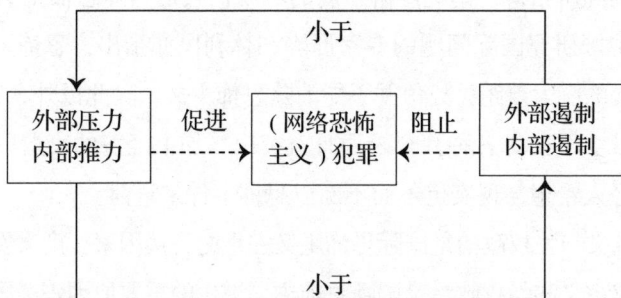

如果将网络恐怖主义看作一个整体，那么经济、政治、宗教、民族等众多世界上存在的矛盾可看作促成恐怖主义升级为网络恐怖主义的内部推力，而实践中恐怖组织的不断受挫和利用网络的恐怖活动的种种便利则可认定为导致网络恐怖主义产生的外部推力。根据遏制理论，良好、积极的自我形象是遏制犯罪的内在力量，最重要的外部遏制是期待个人遵从群体中占优势的行为准则和社会压力。由此可推演出：一方面，欲防控网络恐怖主义犯罪一方面须从网络恐怖主义犯罪的内部出发，创建公平、公正、和谐的国际经济、政治、宗教和民族新秩序，这是防控网络恐怖主义的内部遏制力量；另一方面则应从其外围入手，构建以立法防控为主导，结合技术、信息、国际合作和社会广泛参与等多方面综合防控的对策体制，这是防控网络恐怖主义的外部遏制力量。

二、恐怖主义升级为网络恐怖主义的驱动力

（一）恐怖主义升级为网络恐怖主义的内部推力：国际社会的内生性矛盾

恐怖主义的产生与升级是诸多因素共同作用的结果，人们对恐怖主义产生与升级的根源众说纷纭，但总体来说包括贫富差距拉大、民族宗教冲突等因素，更

---

[1] 吴宗宪. 西方犯罪学史 [M]. 北京：警官教育出版社，1997：702–705.

重要的是不公正不合理的国际政治经济秩序。

1. 贫穷、南北经济矛盾与被剥夺造成的国际社会经济发展极不均衡是恐怖主义产生的重要原因。有西方学者认为："南北关系恶化和不发达国家贫困加剧是产生打击纽约的疯狂势力的温床……美国近十年来的经济自由化和令人难以置信的高增长并没有给那些落后国家带来好处，第三世界国家感到，在各种国际谈判中，它们要比发达国家做出更多的让步。"[1] 比较普遍的意见认为，贫穷是恐怖主义滋生的经济根源，南北经济矛盾的不断扩大是国际恐怖主义滋生的重要经济根源。中国研究国际问题的专家邢骅和林利民亦指出，恐怖主义产生的根源是南北发展的巨大差距，战争并不能消除恐怖主义。除此以外，在不少国家，贫富悬殊、社会不公等各种社会矛盾日益突出，加上经济的衰退以及失业等原因，许多年轻人希望与现实抗争而不断以恐怖事件来宣泄。

2. 霸权主义与强权政治是国际恐怖主义滋生的直接因素。广大发展中国家大多认为，霸权主义和强权政治是国际恐怖主义滋生的重要原因。美国等西方国家在国际事务中基于本国利益对他国的不断干涉和对人对己的双重标准导致南北矛盾日益突出，恐怖主义就是在这样一种打击之下的本能反应，极不理智但并非毫无缘由。而美国等少数西方国家则不以为然，他们认为少数"无赖国家"和极端势力对美国和西方式的"民主和自由的政治制度、文明和生活方式"的反对与仇视，才是国际恐怖主义的内在原因。

3. 宗教冲突与民族矛盾是当今国际恐怖主义发生的主要诱因[2]。随着全球化时代的到来，整个世界的经济、政治、宗教、民族等事务联系日益密切，经济、政治上的不平衡和宗教冲突、民族矛盾的汇流使得整个世界的危机日益显露出来。全球化时代不合理的国际经济秩序日益加剧了贫富差距，为恐怖主义营造了适宜的土壤；不合理的国际政治秩序为恐怖分子提供了生长空间[3]；再加上宗教冲突、民族矛盾和诸如毒品泛滥、生态灾难等问题，使人们产生了信仰危机，恐怖主义组织乘机兴起并日益甚嚣尘上，并逐渐借助于新科学技术不断升级。以侵扰电脑网络、破坏国家关键设施、危害人们生命财产安全为特征的"网络恐怖主义"越

---

① 罗会钧. 当今国际社会反恐怖主义对策再探讨 [J]. 湘潭大学社会科学学报，2003（5）.

② 据统计，目前世界上大约有30%的国际恐怖主义组织是由极端民族主义者组成的，大约有25%的恐怖活动起源于宗教目的。

③ 向海峰. 恐怖主义研究综述 [J]. 求实，2005（1）.

来越受到关注，成为恐怖活动的一种新趋势。网络恐怖主义已成为信息时代恐怖主义手段和方式发展的新领域。

（二）网络恐怖主义产生的外部推力：网络犯罪的种种便利

"9·11"事件后，美国政府竖起"反恐""反大规模杀伤性武器扩散"的大旗，将战火向本土之外延散，在2001年的阿富汗战争中，"基地"组织在阿富汗的训练营地被美军摧毁殆尽，但仍很难根本上遏止新的恐怖事件发生，而更为隐秘的网络恐怖主义接踵而至。网络恐怖主义是随着因特网的发展和网络犯罪活动的出现而引起人们关注的。对于已经转入地下的"基地"组织来说，因特网有着无可比拟的便利。

1. 减少人员流动风险。在虚拟空间里，"基地"成员和支持者们不需要担心现实世界中的军队或警察。现实世界中，如果一些人要策划袭击，他们通常需要找一个地方碰头，或者携带伪造的证件穿越边界，这不可避免地带来风险，而在网络上，他们能够更安全地工作。正因为网络的安全性，利用网络实施恐怖主义活动甚嚣尘上。据以色列海法大学教授加布里埃尔·魏曼统计，8年前，与恐怖主义有关的网站数量仅8个；而现在，已有4500个。特别是两年多以前美国入侵伊拉克后，具有类似背景的网站迅猛增加。

2. 便捷连接、招募各地恐怖分子。恐怖组织可以通过网络，以独特方式向潜在支持者传递信息。现在，"基地"组织的电脑专家已建立了自己的电脑信息网络，依靠网络进行通信联络。"基地"过去的招募战略是通过阿富汗训练营来教化那些来自阿拉伯世界、对恐怖主义所知不多的年轻小伙子。但在阿富汗战争后，"基地"失去了在阿富汗建立多年的恐怖训练营，现在日益倚重互联网来招募新成员。当然，虚拟网络世界还不能完全取代现实世界。目前，与"基地"组织有联系的所有重大袭击事件，制造者都有在传统训练营和极端宗教场所受训的经历。但是随着反恐国家的一系列措施的出台，恐怖活动不断受挫，网络在连接、招募恐怖主义分子方面日益发挥了越来越大的作用。

3. 因特网使现实中的组织更牢。过去两年已经证明，"基地"正在因特网上使想法一致的陌生人组成一个个小组，让现实世界中已经存在的小组变得更加牢固。在因特网上，一伙"弟兄"达成协议更加安全，因为从一开始就没人知道其他人的身份。一旦小组成员间达成默契，就开始观看培训录像。此后，大家才真正见面，实地操作。近年来，"基地"组织就曾多次利用网络进行重组以加强组织性，"基地"头目也曾多次在网上出现，扬言要对美国实施新一轮恐怖袭击。

4. 便于传播恐怖主义信息。在各国传统的法律中一般都对大众媒体的传播内容有所约束，即使是号称绝对自由的西方民主国家对有关色情、暴力、反社会和恐怖主义的言论、信息也有相应的限制措施。但是，在国际互联网上这种限制几乎就不存在了。互联网作为信息的通道具有与生俱来的无政府主义的特性，国际互联网恐怖主义、反社会等的非法信息的传播已成为各国政府头痛的事，任何人能够轻而易举地访问到这些信息，而且，通过电子邮件、新闻讨论组（Usenet）和新闻邮件（News letter）等方式，这些信息的传播蔓延速度和广度是传统媒体所无法比拟的。全球大约有10亿多台计算机接入了互联网，这为恐怖组织"网上发言人"提供了绝好的伪装。目前，全球已有几百家散布极端主义情绪的网站，所有以观点激进著称的集团在网上都有一席之地。大量的免费电子信箱和网络空间也对此积极推波助澜。现在，几乎每个激进武装力量都拥有自己的网上代言人，他们在网上传播恐怖袭击信息，进行心理威胁。

5. 网络反恐难以追究。网络的分散特性使调查人员很难追踪和阻止恐怖分子在网上发布信息。一个视频片段在网上出现后，会立即传播到各地。上网者可以通过论坛、聊天室或电子邮件发布视频文件地址。恐怖分子甚至自己建立网站，并不断更换域名，政府部门难以应对。支持者可以用网名在恐怖网站的论坛上留言，没有人知道他们的真实身份。负责追踪网络犯罪的美国执法机构官员说："在互联网上寻找消息、图片和视频的最初发布者就像大海捞针。"为了杜绝网络恐怖主义的危害，有人主张将这些网站统统关闭，但要想彻底关闭这些网站根本不可能。一则，多数此类网站的服务器都设在美国以外地区，美执法人员鞭长莫及，根本无力自行将其关闭；另则，关闭恐怖网站意味着失去情报来源，更加增加了追查恐怖主义线索的难度；而且，网站数量繁多，信息传播速度快，美国政府无力阻止"基地"组织和宗教极端势力在因特网上的存在。恐怖组织在开设网站时就清楚定会遭到"围剿"，所以"基地"组织及其分支机构从固定因特网网址转向电子公告牌（BBS）和提供上传服务、可在网上储存文件的网站，或者从看管不严的服务器中偷窃空间，从一个网址跳到另一个网址以逃避追击者。而且，"基地"网络宣传者还发明了至关重要的秘密联络技巧，包括发送大量垃圾信件、掩盖重要信件的真实目的地等。资料显示，"9·11"恐怖袭击的筹备工作正是通过发送译成密码的电子邮件进行的。2003年年底，美国首次将一些网站列入国外恐怖组织名单。根据美国立法，这些网络资源如今都是非法的，禁止向网站提供物质支持，网站合作者不准进入美国领土，美国的银行应冻结他们的账户。然而，据路透社报道，甚至连美国国务院都不清楚，这一切应该如何付诸实施。

三、消除网络恐怖主义的遏制力量

（一）消除网络恐怖主义的内部遏制力量：国际新秩序的创建

如前所述，导致当今国际恐怖主义猖獗的原因有很多，因此，国际社会应该共同努力，消除上述产生恐怖主义的根源。人类社会要彻底铲除恐怖主义，必须加强国际合作，建立公正、公平、和谐的国际政治、经济、文化、宗教、民族新秩序，一个价值多元化的，多种文明和制度共存的世界新秩序，遏制政治强权，缩小贫富差距，公平利用人类资源，这样，彻底铲除贻害人类的恐怖主义犯罪的努力才可能实现，人类社会才有安定的发展环境。

1. 建立公平的经济新秩序以缓解南北矛盾和贫困问题。法国全国科学研究中心研究主任利昂认为，要反对恐怖主义，就"必须铲除恐怖主义的根源——贫穷和愚昧"[①]。"9·11"事件发生后的第4天，德国总统约翰内斯·劳在一次哀悼"9·11"事件伤亡者的群众集会上发表讲话指出："防止恐怖、暴力和战争的最好方法就是建立一个公正的国际秩序，公正的果实将是和平的到来。"[②]有鉴于此，国际社会应该通过共同努力建立一个公正、合理的国际经济新秩序，缓解在经济全球化进程中出现的许多发展中国家贫困化加剧、富国与穷国间的贫富悬殊加剧等种种弊端，同时西方发达国家应对发展中国家提供更多的资金与技术支持，以缩小正在加剧的南北差距和南北矛盾。

2. 反对霸权主义和强权政治。霸权主义与强权政治一直是产生国际矛盾与冲突、引起敌视情绪的主要原因。冷战结束后，霸权主义与强权政治得到了进一步的发展。美国凭着世界唯一超级大国的地位，对外极力推行"人权高于主权"的新干涉主义，对人对己采取双重标准，大搞霸权主义和强权政治，企图实现美国主导下的"世界新秩序"，美国等西方国家的霸权主义行为引起了弱势国家的反

---

① 李久. 经济全球化与世界形势 [J]. 国际问题研究，2002（2）.

② 闫瑾. "9·11"事件与国际反恐怖主义途径分析 [J]. 教学与研究，2001（11）.

美与反西方情绪。美国一直是国际恐怖主义袭击的主要目标，这与美国的对外政策行为有很大的关系。法国《解放报》2001年9月27日一篇题为《谁真恨美国？》的文章认为，"9·11事件""或许是美国在世界上称王称霸、四处干涉所造成的不可避免的恶果"。我国有学者指出，"9·11事件"发生的"真正原因在于冷战后美国挟一超强势，到处推行霸权主义政策，引起普遍反弹"①。因此，在反对恐怖主义的同时，必须反对霸权主义与强权政治，以和平共处五项原则为指导，使国际关系朝着健康、和平的方向发展②。

3. 加强不同国家、民族、宗教间的相互理解与对话。国际社会应倡导不同文明、不同宗教之间的交流与相互尊重，妥善处理国内的民族、宗教等矛盾，公正合理地解决因民族与宗教矛盾而引起的国内冲突及地区冲突。我国也应在坚持民族和睦等既有政策的前提下，加强不同民族间的相互理解和对话；整顿国内的宗教事务，逐步建立与政治分离的建立在法制基础上的宗教自由，坚决抵御境外势力利用宗教对中国内政进行干预、进行渗透；加强对宗教势力较强地区的立法、执法、教育、宣传、民族沟通等各方面的工作。

（二）防控网络恐怖主义的外部遏制力量：综合防控对策体制的建构

欲遏制恐怖主义，除了从内部着眼，创建公正、公平、和谐的国际政治、经济、文化、宗教、民族新秩序，消除网络恐怖主义产生的根源外，更要标本兼治，着手从外部遏制网络恐怖主义。法律体系不完善、互联网防控技术薄弱、广泛传播的信息监控不力、国际合作领域的缺乏都促使网络恐怖主义的迅速蔓延并给社会造成严重危害的条件。有鉴于此，构建以立法防控为主导，结合技术、信息、国际合作和社会广泛参与等多方面综合防控的对策体制，使其丧失发展蔓延的条件，这是防控网络恐怖主义的外部遏制力量。

1. 立法防控

美国是社会信息化程度最高的国家，拥有世界上最大规模的信息基础设施，对信息基础设施的依赖性最深。"9·11事件"发生后，由于担心国际恐怖分子采取网络袭击的办法攻击和破坏美国庞大的信息基础设施，美国政府成立了"国土安全办公室"，将打击网络恐怖作为其主要职责之一；在美国联邦调查局内新设反网络犯罪局，专司打击网络犯罪之责。为使反网络恐怖袭击有法可依，2002年

① 杨明杰. 恐怖主义根源探析 [J]. 现代国际关系，2002（1）.
② 罗会钧. 当今国际社会反恐怖主义对策再探讨 [J]. 湘潭大学社会科学学报，2003（5）.

7月17日美众议院压倒多数票通过加强网络安全法，该法案将准许法官对恶意电脑黑客判处终身监禁。众议院通过的反计算机犯罪法还规定，警方今后可以在未得到法院命令的情况下监控互联网或监听电信通话。"9·11"事件后，为了反击电子入侵和"网络恐怖主义"等的威胁，立法者几乎一致地通过了加强网络安全法（Cyber Security Enhancement Act）。2002年10月通过的《反恐怖主义法》将黑客攻击视为恐怖主义行为之一，并把打击网络恐怖列为其中的一项重要内容，为反恐怖主义设立了特殊的法律措施，如允许执法机构窃听恐怖嫌疑分子的电话并跟踪其联网和电子邮件的使用；允许司法部门在提出犯罪指控和驱逐之前对有犯罪嫌疑的外国人拘留7天；把庇护恐怖分子的行为定为犯罪；加大对恐怖犯罪的打击与惩罚力度等。加拿大联邦政府也成立了"反网络恐怖特别小组"，以保障国家公共基础设施网络管理系统的安全。

在欧洲，英国2000年通过的"2000年反恐怖主义法"把黑客入侵列为恐怖行为，2001年12月英国议会通过了新的紧急反恐法案，又把网络恐怖活动列入打击目标。英国的很多政府部门都有责任响应网络恐怖活动，这些部门包括通信总部（GCHQ）、通信与电子安全小组（CESG）以及内阁办公室等。国家基础设施安全协调中心（NISCC）的主要任务是监控那些针对关键的国家基础设施、公有的或者私有网络中必不可少的服务的攻击。2005年7月英国政府计划检查或关闭向那些煽动恐怖主义行为恐怖主义网站，并且英国最高级警官要求政府给予警方新的权力，准许警方攻击恐怖分子的网站。根据这些建议，如果没有披露加密键和使用互联网推动恐怖主义行为将被看作是攻击行为。德国外交部和国防部在2001年年底发布报告称，城市基础设施和全国通讯网络系统可能成为恐怖袭击的目标，提出要尽快采取措施加以防范。德国政府正筹划建立一个特别安全机构和制定相关防御计划，研制更多独立的、全国性的软件和密码程序，以应对网络恐怖攻击。

在亚洲，日本"IT战略本部"提出将过于集中在东京的因特网转换枢纽分散到地方，建立全国网络系统备用中心，日本防卫厅还举办了对付网络入侵的模拟演习，以增强网络防御的有效性。韩国信息通讯部将每月15号定为"预防网络恐怖袭击日"，以使政府、企业、民众定时对计算机和网络系统进行自我检查，提高预防网络袭击的能力。2005年5月，新加坡推出了它的"计算机滥用法"，赋予警察机关和其他安全机构全面的权利，以便能够在"网络恐怖分子发动他们的进攻之前粉碎他们的行动。"允许警察机关和安全机构采取先发制人的措施。

任何通过黑客手段攻击或者破坏网站的行为都有可能被判入狱监禁三年或者对其罚款10000美元。

网络恐怖活动犯罪具有跨国性、高技术性等特征，使各国运用国内力量打击犯罪时，遇到了诸多困难，这促使国际社会加深合作，携手共同对付网络恐怖威胁。2001年11月23日欧洲委员会国家及美国、加拿大、日本、南非正式签署《网络犯罪条约》，这是针对网络犯罪的第一个国际公约，其主要目标是寻求打击网络犯罪的共同刑事政策，特别是建立适应网络犯罪的法律体系和国际协助，这一条约揭开了国际社会合作打击包括网络恐怖活动犯罪在内的网络犯罪的序幕，对整合国际反恐怖主义力量，有效遏制网络恐怖主义将发挥重要作用。

我国1997年《刑法》中已有了打击网络恐怖活动犯罪的法律依据，在"妨害社会管理秩序罪"规定了非法侵入计算机信息系统罪、破坏计算机信息系统罪。其中第285条规定：违反国家规定，侵入国家事务、国防建设、尖端科学技术领域的计算机信息系统的，处三年以下有期徒刑或者拘役。第286条规定：违反国家规定，对计算机信息系统功能进行删除、修改、增加、干扰，造成计算机信息系统不能正常运行，后果严重的，处五年以下有期徒刑或者拘役；后果特别严重的，处五年以上有期徒刑。违反国家规定，对计算机信息系统中存储、处理或者传输的数据和应用程序进行删除、修改、增加的操作，后果严重的，依照前款的规定处罚。故意制作、传播计算机病毒等破坏性程序，影响计算机系统正常运行，后果严重的，依照第一款的规定处罚。在2001年的《刑法修正案》（三）中增加了编造、故意传播虚假恐怖信息罪，规定"编造爆炸威胁、生化威胁、放射威胁等恐怖信息，或者明知是编造的恐怖信息而故意传播，严重扰乱社会秩序的，处五年以下有期徒刑、拘役或者管制；造成严重后果的，处五年以上有期徒刑"。在《维护互联网安全的决定》中规定，利用计算机、互联网实施21种行为，构成犯罪的，应当追究刑事责任。这些惩治网络恐怖主义的法律依据反映了我国已高度重视恐怖主义犯罪问题，已经建立了比较完善的打击网络恐怖活动犯罪的法律体系。但这远远不能适应我国惩治网络恐怖主义犯罪的需要，与我国当前所面临的惩治恐怖主义的任务十分不相适应，也与其他国家的立法不相协调，我国应借鉴他国的立法经验，参加有关国际条约，完善我国防控网络恐怖主义的相关法律体系。

2. 技术防控

网络安全成为信息时代人类共同面临的挑战，网络恐怖活动犯罪是一类技术性很强的犯罪，防控这类犯罪需要高科技作为后盾。2005年10月上旬共有25个国家或经济体的外交官、网络安全和反恐专家和官员出席了的论坛上，专家们说，东盟国家解决网络恐怖主义所面临的一个问题是成员国之间的技术差距。东盟各国之间的技术差距使东盟各国政府打击网络恐怖主义的努力变得很困难。为了对抗恐怖主义分子，开发能够监测潜伏的恐怖分子的信息签名的数据探勘和知识发现技术，美国国防部高级研究所成立了信息全面意识办公室，负责开发运用在线交易记录的超级数据库和分析程序可以辨识恐怖主义分子交易时的信息签名和恐怖主义活动开展之前的交易信息。另外，美国也启动了相关的反对网络恐怖主义的项目。美国中央情报局于2004年向联邦政府的研究项目投资，进行监视互联网聊天室的研究，以便通过先进的技术建立与恐怖分子作斗争的新的能力。恐怖主义信息认知项目是通过扫描大量的来自公共和私人的旅游，经济和其他数据来监测恐怖袭击的早期准备活动，该程序是国家安全法案中的一部分，并由国防部高级研究计划局管理。西班牙、德国、法国、英国和意大利等欧洲五国内政部长在2005年3月15日结束的格拉纳达会议上联合发表声明说："为了打击恐怖主义和有组织犯罪，五国将建立一个控制国际恐怖主义分子和有组织犯罪集团的因特网技术合作小组，对炸药、武器、核材料、生化武器和汽车等物品被盗窃的快速反应体系，以防止恐怖分子用来作案"。当前，我国公安部门成立了专司恐怖活动犯罪、计算机犯罪的机构，打击网络恐怖活动犯罪的专业人员越来越多。但整体而言，我国侦查网络恐怖活动犯罪的队伍专业水平还比较薄弱，有经验、有技术的专业司法工作人员还十分缺乏，这与防控网络恐怖主义的任务十分不相适应。另一方面，我国的反网络恐怖主义犯罪的技术还比较初级，先进的网络犯罪侦查工具、对抗反侦查的技术能力等都有待提高。侦破这类犯罪需要高素质的侦查人员正确应用高技术措施，才能保障案件的及时侦破。我国应当充分利用国内信息技术人才充裕的优势，与国内信息技术企业合作开发先进的侦查工具，积极吸纳有效的技术支持，以提高我国侦破网络恐怖活动犯罪的整体水平[①]。

3. 信息防控

互联网是信息交流的新空间，在互联网上人们可以不受时间空间限制，获取、交换极为丰富的信息，在当今的因特网时代，维护信息安全已成为各国保障

---

① 皮勇．论网络恐怖活动犯罪及对策[J]．武汉大学学报，2004（5）．

国家安全的重要内容之一。但同时互联网也能成为网络恐怖活动犯罪散布恐怖信息、交换犯罪信息、获取犯罪工具的隐蔽空间。为了便于打击网络恐怖主义分子，欧洲网络存储工业协会（Snia Europe）将协调其全球会员，帮助 IT 人士明确欧洲刚出台的反恐数据留存政策。欧洲五国内政部长在 2005 年 3 月 15 日结束的格拉纳达会议上联合发表声明说："五国将建立关于恐怖主义嫌疑分子的情报交流网络，并将所有在阿富汗接受"基地"组织培训过的恐怖嫌疑分子的名单在每个国家的一个网站上公布"。同时呼吁电信公司能够在全欧洲范围内储存通话记录，以便依法查询。这些将加大欧洲相关机构与涉嫌的恐怖威胁斗争力度。美国华盛顿在 2005 年 5 月下旬作为其打击恐怖主义活动计划的一部分，布什政府要求一家联邦法院恢复其强迫互联网接入服务商提供有关它们客户和订户的资料的能力。2005 年 7 月英国外交与欧盟事务办公室将与情报机构建立数据库，搜集那些煽动恐怖主义行为人详细信息。英内务部长说，移民官员可以利用这个数据库，部长们还可在决定将不法分子驱逐出境时使用这个数据库。另一方面，鉴于一些分裂分子、恐怖分子及其他敌对势力日益频繁地利用因特网从事各种危害各国政治稳定与社会安全的分裂、恐怖活动，许多国家政府开始积极采取相关措施，建立审查和监控因特网信息传播的有效制度。"9·11"之后，美国曾这样做过。目前，很多国家都已采取类似举措。2004 年 8 月越南成立的特警分队为此类机构树立了第一个样板，分队的任务是调查在线犯罪和监控违禁出版物在网络空间的传播。建立监督因特网内容的机构，成立"在线巡警"对于防控网络恐怖主义信息是很有必要的。

我国已经着手互联网信息控制方面立法，如《互联网信息服务管理办法》第15、16 条规定，互联网信息服务提供者不得制作、复制、发布、传播含有法定 9 类内容的信息，互联网信息服务提供者发现其网站传输的信息明显属于这些内容的，应当立即停止传输，保存有关记录，并向国家有关机关报告。在《互联网电子公告服务管理规定》《高等学校计算机网络电子公告服务管理规定》等法规规章也有所涉及，这些规定在防控网络恐怖活动犯罪利用互联网危害社会中发挥了重要作用[①]。但我国目前对互联网信息的控制管理仍然非常有限，缺乏系统、详尽的互联网管理体系，我国应借鉴国外成功经验，广泛吸纳各信息服务提供单位参

---

① 皮勇. 论网络恐怖活动犯罪及对策 [J]. 武汉大学学报，2004（5）.

与，建立综合的信息控制系统。

4. 国际合作防控

任何孤立的反击恐怖主义行为都难以收到实效，唯有国际社会的精诚合作，彻底铲除贻害人类的恐怖主义犯罪的努力才可能实现，人类社会才有安定的发展环境。国际社会正在着手加强合作共同对付网络恐怖威胁；2001年5月，法国和日本共同主持了题为"政府机构和私营部门关于网络空间安全与信任对话"的八国集团会议，这是世界上首次以打击网络犯罪为主要议题的国际性会议；2001年10月6日，西方七国集团财长会议制定《打击资助恐怖主义活动的行动计划》，呼吁加强反恐信息共享、切断恐怖分子的金融网络以及确保金融部门不为恐怖分子所利用。2002年年初，国际反恐联盟将网络监控纳入反恐范畴，防范网络恐怖成为国际反恐合作的内容之一。2005年11月底，在由中国检察官协会和国际高科技监管协会共同举办的"2005年高科技犯罪及其控制国际研讨会"上，重点讨论网络恐怖主义等问题。防控网络恐怖主义需要全球各国政府、企业甚至每个人的合作，从预防入手，在每个环节采取防范措施，才能使网络世界安全。目前我国在这方面参与的国际合作还不够，为了有效地防控网络恐怖主义犯罪，我国应当积极参与国际合作，研究并加入相关国际条约，融入国际合作共同打击网络恐怖主义犯罪的潮流中。

5. 社会防控

应充分利用互联网提供的技术和条件，设立网站提供专门的咨询服务，使广大群众了解到网络恐怖主义犯罪的巨大危害性，认识到网络恐怖主义犯罪的各种形式，增加群众在信息网络方面的相关知识，使人民群众对网络恐怖主义有足够的认识，使得恐怖分子引起人们心理恐惧的目的难以达成。在此基础上，提高群众对于利用网络实施恐怖主义活动的警惕性，争取人民群众的合作与支持，积极倡导广大人民群众的支援配合，鼓舞民众反恐的斗志。群众路线是我国在斗争中取得胜利的法宝，面对甚嚣尘上的恐怖主义活动，为了惩治网络恐怖主义犯罪，我国应充分发挥群众的作用，扩大恐怖活动情报信息收集的途径，发挥有效监督和群防群治的作用，最终建立人民群众同心反恐的人民战线，这对有效防控网络犯罪至关重要。

我国犯罪原因研究的现状与困境 [①]

内容摘要：在经历了早期的繁荣与发展之后，我国的犯罪原因研究一直进展缓慢，目前几乎陷入困境。主要表现在：犯罪原因理论的概念范畴含糊不清；实证研究方法极为匮乏；理论基础较为薄弱；中庸思想盛行；功能性目的性不明确等5个方面。如何突破困境，厘清对犯罪原因的科学认识，是摆在我国犯罪学研究者面前的重要课题。这就需要重视实证研究方法，摒弃中庸思想的不良影响，恢复犯罪原因研究的科学品性，建构犯罪原因研究与犯罪控制之间的桥梁。

关键词：犯罪原因　困境　实证

犯罪原因是犯罪学研究的核心问题。可以说，正是基于千百年来人们对犯罪原因的不懈追问，犯罪学才得以独立成为一门科学。在这个意义上，不少学者把犯罪学称之为犯罪原因学。如法国《世界百科全书》认为，"犯罪学通常被视为关于犯罪原因的科学"[②]。即使持广义犯罪学观点的学者，也承认犯罪原因研究是犯罪学的重要课题。

正是因为犯罪原因研究如此重要，各国的犯罪学家无不重视对犯罪原因的研究，提出了形形色色关于犯罪原因的解释，极大地丰富和促进了犯罪学的繁荣和发展。我国犯罪学界同样重视对犯罪原因的研究。但在经历了20世纪80年代到90年代的飞速发展之后，我国犯罪原因研究一直进展缓慢，似乎已近于停滞。如

---

① 此文原载《法学论坛》2007年第2期，与杨厚瑞合作。

② 赵宝成. 犯罪学专论 [M]. 北京：中国人民公安大学出版社，2005.

何突破困境，进一步实现对犯罪原因的科学认识，是摆在我国犯罪学研究者面前的重要课题。

一、我国犯罪原因研究的现状

（一）我国犯罪原因理论简介

改革开放以来，随着犯罪学研究的恢复和发展。我国犯罪学界对犯罪原因的研究取得了巨大的进步，从简单介绍西方犯罪学理论到提出自己的犯罪原因论，从单纯的阶级斗争一元论到综合因素系统论，从整体上论证犯罪原因到研究各种类型犯罪的具体原因，短短几十年的时间就涌现出了数十种关于犯罪原因的理论。

这些理论研究视角各有侧重，有的理论主要注重于解释犯罪的根本原因或犯罪根源问题，认为犯罪根源是最深层次的具有普遍性和终极性的犯罪原因，它处于犯罪因果链条的终端，在它背后没有什么还需要认识了。学者们提出了诸多犯罪根源论，如私有制论、阶级斗争论、生产力与生产关系矛盾论、犯罪张力场论、本能异化论、罪熵论、犯罪源流论、三大差异论、抑制系统功能弱化论、文化冲突论、环境论等等。犯罪张力场论借用了自然科学中"张力场"的概念，认为在人格的深层结构中存在着以"善""恶"为两极的张力场，其中"恶"的原动力本质上是追求快乐的"原欲"，当一个人未完成社会化，"原欲"没有得到"善"的约束，而又受到环境中"恶"的信息的刺激时，人格深处的"恶"就会形成抵御社会化的反向力量从而形成反社会倾向[1]。

有的理论注重从各种社会结构要素方面寻找犯罪原因，其中有从经济方面解释犯罪原因的，如经济决定论、代价论、反比论、同步增长论、相对增长论、远正近负效应论等；有从政治文化方面解释犯罪原因的，如弊端论、和平演变论、传统遗毒论、外来不良文化影响论、亚文化论、传统文化与现代法治冲突论等等；有的则研究家庭环境因素对犯罪的影响，指出家庭关系、家庭结构、家庭职能等方面的因素均能导致犯罪的发生；有的则研究社区、学校等因素对犯罪的影响，从学校教育的内容、教育的方法、教育结构和教育制度的缺陷、特殊的社区环境等诸多方面论述犯罪的原因。

---

[1] 周良沱.张力场——犯罪原因新论[J].青少年犯罪研究，1989（16）.

有的理论注重研究心理方面的犯罪原因，如内因论、外因论、主客观因素相互作用论、犯罪心理结构论、人格缺陷论、动力因素论、综合动因论、聚合效应论、综合动力论，等等。如人格缺陷论认为，犯罪的主观原因就是个人在长期的社会生活中逐步形成的与社会规范、价值、风尚等相背离的人格缺陷，这种人格缺陷会支配、强化犯罪动机，从而可能产生犯罪行为[①]。还有少部分学者从生理方面研究犯罪原因，如有的学者指出，缺钙是青少年犯罪的重要原因，认为青少年发育期中血清钙含量处在一生中最低的水平，与血清钙正相关的脑脊液钙也同样处在一生中最低的水平，低水平的脑脊液钙使神经信号的传递发生困难，使大脑皮层发生了类似"抑制"的影响，这种影响与轻度缺氧或浅度酒醉时的状态是相似的。处在这种生理状态下的青少年当然容易发生犯罪[②]。

还有学者认为我国应重视犯罪生物学的研究，指出"行为倾向的遗传性、大脑缺陷、性染色体畸变、性激素的作用和生物化学因素的失衡，都会导致人的行为异常乃至易于犯罪"[③]。

还有的理论综合多方面的因素论述犯罪原因，早期的原因论大多只是把各种因素简单罗列在一起，如多种消极因素综合论，认为在社会主义社会，犯罪是政治、经济、文化、思想、道德等各方面存在的多种消极因素综合作用的结果，一般包括文革遗毒、剥削阶级腐朽的意识形态、错误的人生观和价值观以及政府和群众组织工作中的漏洞和失误等方面[④]；后来学者多从系统论的观点出发，构造出一个由多种因素按照其不同的作用、功能，不同的层次组合而成的罪因系统，如储槐植先生提出的四维犯罪原因结构加犯罪场论，认为犯罪原因是引起犯罪发生和变化的决定性因素和影响因素相互作用而形成的一个系统，其中决定性因素由生产方式结构、社会意识、个体心理结构和人生观等四维构成，影响犯罪存在和变化的因素则包括时间、空间、犯罪对象的有关情况和犯罪控制机制弱化情况等方面，称之为犯罪场[⑤]。此外还有五维结构犯罪原因论、多层次犯罪原因论等

---

① 宋浩波.犯罪学理论研究综述 [M].北京：群众出版社，1998：382.

② 罗新安.缺钙——青少年犯罪的一个生理因素 [J].青少年犯罪问题，2002（5）.

③ 贾宇，莫洪宪，康均心.我国应重视犯罪生物学研究 [J].法律科学，1995（1）.

④ 阴家宝.中华人民共和国犯罪学研究综述 [M].北京：民主法制出版社，1997：102.

⑤ 储槐植.刑事一体化与关系刑法论 [M].北京：北京大学出版社，1997：26.

等①。还有的理论把静态的结构要素和动态的过程结合起来，如双因双化统一论，认为"犯罪形成机制是犯罪相关因素（包括个体自身各种因素组合成的三个结构和外部条件：大小社会环境、自然环境、具体情境等）以侵害社会或他人为向度，通过外因内化和内因外化而相互衔接起来的按各结构本身的运动规律而动所起的作用联系。就是说它是以生理结构为基础，双化后形成的犯罪心理结构导致犯罪行为的发生。"② 此外还有综合动因论、犯罪动力论等。

除了提出总体的犯罪原因论外，还有很多学者研究各种类型犯罪的具体原因。此类犯罪原因论通常是先按照不同的标准把犯罪人和犯罪划分为不同的类型，然后解释某类具体犯罪的成因，常见的有青少年犯罪原因、女性犯罪原因、暴力犯罪原因、性犯罪原因、贪污贿赂犯罪原因、农村犯罪原因、金融行业犯罪原因等等。

（二）我国犯罪原因理论的共性

统观我国各种犯罪原因论，可以发现它们具有两个明显的共性：

1. 大多数犯罪原因理论都把犯罪原因视为由多种因素构成的系统，单一因素论已经无人坚持。

研究者们多从系统论的观点出发，把诸多致罪因素组合成罪因系统。尽管在犯罪原因系统结构的具体内容上学者们有不同的观点："有的学者强调犯罪原因体系的层次性；有的学者关注犯罪原因体系致罪的动态过程；有的注重犯罪原因的致罪因素之间的相互作用关系；有的关切犯罪原因的个体犯罪致罪因素体系，等等。"③ 但是对于犯罪不是由某一个原因引起而是由多种因素组成的罪因系统所致，已成为多数人的共识。如康树华教授认为，"凡是诱发、促成和影响犯罪现象及其过程的，均为犯罪因素；各犯罪因素按其作用层次和作用机制构成的系统便是犯罪原因。因此，犯罪原因是一个多质多层次的、综合的、变化的、彼此互为作用的相关系统，它包含有社会因素、心理因素、生理因素、自然环境因素以及文化等多种因素。这诸种因素有机结合而形成一定的罪因结构时，便可能导致某种犯罪现象的发生。"④

① 阴家宝.中华人民共和国犯罪学研究综述 [M].北京：民主法制出版社，1997：104-105.

② 于真.机制论的罪因观——双因双化统一论 [J].中南民族学院学报（哲学社会科学版），1995（6）.

③ 张小虎.犯罪原因的基本蕴意 [J].河南省政法干部管理学院学报，2005（2）.

④ 康树华.论中国犯罪学研究现状 [J].法学论坛，1997（3）.

2. 大多数犯罪原因理论都是从人与社会的关系层面解释犯罪原因的。

犯罪学者大多把犯罪人视为社会人而非生物人，把犯罪现象视为社会现象而非自然现象进行研究，倾向于在人与社会关系的层面寻找犯罪原因。当然不同的犯罪原因论侧重点各不相同，有的原因论侧重于社会方面的因素，如私有制论、经济决定论等；有的原因论则侧重于人本身，如犯罪张力场论、本能异化论等。有的原因论论证的主要是人与社会之间单向的关系，私有制论，认为私有制是导致犯罪产生的总根源；而有的则从人与社会的双向的互动模式中解释犯罪的原因。

需要注意的是，尽管不同的犯罪原因论各有不同侧重，但其研究进路即从人与社会关系层面把握犯罪原因这一点上却是一致的。如本能异化论把犯罪的根源归结于人性，认为人的本能异化是犯罪的终极原因。而人的本能之所以会异化，正是人与社会互动的结果"这种互动性在个体论的层面上便反映为人的生物性与社会性的互动。"① 原始人为了生存不得不组成群体过社会生活，为了维持社会秩序又不得不遵守各种规范，以此来压制人本能的欲望。这样一来，在动物界合理的本能行为在社会中就成了不合理的非规范行为。由此，人本能的异化正是发生在人的社会化过程之中。

二、我国犯罪原因研究的困境

相对于20世纪80年代和90年代初期犯罪原因研究的突飞猛进，目前我国犯罪原因的研究已经近于停滞。在几乎穷尽了社会环境、生理心理等各个方面的致罪因素的情况下，尤其在缺乏政治学、经济学、人类学、生物学、医学、精神病学及其他自然科学的知识背景的情况下，从人与社会关系层面寻找犯罪原因似乎走到了尽头。尽管每年仍有大量关于犯罪原因的论文论著发表，其中不乏新意的突破之作，但从总体而言，仍然没有超出前述犯罪原因论的范畴，基本上还是在罪因系统的框架内罗列各种致罪因素，然后泛泛指出各因素互相作用，有机构成一个系统而已。"极少有人从这种基本认识出发，对各种因素相互作用的模式，不同因素之间的纵横关系，某一因素在犯罪原因体系中所处的地位等，进行深入细致的研究。以至于这种犯罪原因说，成了解释犯罪及其增减变化的'万能答

---

① 皮艺军. 漫谈犯罪学研究的方法与基础理论 [J]. 江西公安专科学校学报，1999（4）.

案'。犯罪原因的研究，由片面的具体变成了综合的笼统，由具体的简单化变为抽象简单化"①。中国犯罪原因的研究步入困境，主要体现在以下5个方面：

（一）犯罪原因理论的概念范畴含糊不清

具体而言表现在两个方面：

1."犯罪原因"及其相关概念界定不清。

仔细考察各种犯罪原因论就会发现，不同的犯罪原因论对"犯罪原因"的界定并没有一个统一的认识。有的认为"所谓犯罪原因，就是引起和影响犯罪发生的事物或现象"②；有的认为"犯罪原因是指那些能够对人的心理产生作用和影响的，并导致犯罪行为发生的主客观因素的总称"③；有的则认为"犯罪学所研究的犯罪原因，是指现实社会生活中客观存在的、能够使犯罪产生并且能够为人们所克服、改变或避免的因素"④；还有的"将犯罪原因的概念表述为：与犯罪的产生、发展、变化之间具有因果联系的事物所组成的静态关系和动态关系"⑤；还有学者把犯罪原因分为广义的犯罪原因和狭义的犯罪原因，认为广义的犯罪原因是指"引起犯罪发生的各种因素相互作用而形成的一个系统。……它包括犯罪根源、犯罪原因（指狭义的、直接引起犯罪的原因）、犯罪条件、犯罪的相关因素四个层次"⑥。

学界关于"犯罪原因"的提法也多至数十种，如犯罪的主观原因和客观原因、内因和外因、直接原因和间接原因、自然原因和社会原因、群体原因和个体原因、宏观原因和微观原因、主要原因和次要原因、政治原因和经济原因、普遍性原因和特殊性原因、事实原因和定义原因、广义的原因和狭义的原因；还有诸如犯罪的缘由、犯罪的诱因、犯罪的成因、犯罪的根源、犯罪的根本原因、终极原因、犯罪原因系统、犯罪原因丛、致罪因素、犯罪源、犯罪流、犯罪场等等。

一方面是没有对"犯罪原因"达成统一的认识，另一方面这些含义不一、相互混杂的概念又在犯罪原因理论中大量使用，有时甚至不加任何解释限制的使

① 周长远，王勇哲.试谈我国犯罪研究的低质态 [J].公安研究，1999（1）.

② 宋浩波.犯罪学原理 [M].北京：中国人民公安大学出版社，2001：137.

③ 阴家宝.中华人民共和国犯罪学研究综述 [M].北京：民主法制出版社，1997：87.

④ 张智辉.犯罪学 [M].成都：四川人民出版社，1989：63.

⑤ 白建军.关系犯罪学 [M].北京：中国人民大学出版社，2005：347.

⑥ 莫洪宪.犯罪学概论 [M].北京：中国检察出版社，1999：99.

用，导致了犯罪原因理论研究的混乱。尤其是在一些类型犯罪，特别是青少年犯罪的犯罪原因理论中，在对尚未对"犯罪原因"以及相关概念如"家庭原因""心理原因"等进行界定的情况下，就直接分别论述各种具体的犯罪原因的做法更是屡见不鲜。

2. 在阐述犯罪原因论时大量使用含义模糊的词句，而不加任何限定与说明。

犯罪原因论中常见的一个论断，就是"价值观人生观的扭曲是青少年犯罪的重要原因"。想明确了解这一论断的意思，仅仅明确青少年、价值观、人生观和原因的概念是远远不够的，还必须明了什么是"扭曲"，什么又是"重要"？作为一个有说服力和解释力的科学理论，后者的界定才是"重要"的，因为价值观等概念比较容易理解，"扭曲""重要"则弹性较大，比较模糊。比如，"扭曲"是相对于什么标准而言的？与正常标准存在多大程度上的背离才是"扭曲"？一个家庭贫困父亲重病的少年对金钱有着超出一般同龄人的渴望，算不算价值观的"扭曲"？13岁的少年因为喜欢 NBA 而立志移民去美国，算不算人生观的"扭曲"？如果都算的话，这两种"扭曲"是否相同，有没有程度上的差别？有差别的话差别多少？这种差别对犯罪的作用又是怎样的？再如"重要"，相对于什么因素（基因的影响还是失恋的打击？）价值观的扭曲才是"重要"的？相对于不同的因素是否"重要"的程度有所不同？相同的因素对于不同的犯罪是否"重要"的程度不同？这种"重要"程度的不同能否用一套数量指标来表示？（如相对于因素 A 价值观扭曲的重要度为1，相对于因素 B 重要度为2，相对于因素 C 重要度为5）这些问题不搞清楚，只是泛泛地说"价值观人生观扭曲是青少年犯罪的重要原因"，再举上几个相关案例作为论据，这样构建的犯罪原因论是没有多少意义的。

作为犯罪学的核心理论，犯罪原因论的首要任务就是对现实的犯罪原因做出科学合理的解释，而要做到这一点，必备的前提则是概念的明确和理论的清晰。在尚未对犯罪原因及其相关概念、命题做出明确界定的情况下，就急于罗列各种犯罪的具体因素以构建自己的犯罪原因系统，这样匆匆出炉的概念不清、理论不明的"犯罪原因论"本身都没有表述清楚，对于现实世界的犯罪现象又能有多少解释力呢？同理，学术争议的前提是相关概念、命题的明确界定和统一认识。对一种犯罪原因论而言，只有概念明确、命题清晰，其理论才能为人所理解和验证；只有理论为人所理解，人们才能发表有针对性的意见，有意义的学术探讨与争鸣才能够展开。在彼此所说的犯罪原因内涵外延不一致甚至没有明确界定的情况下，不同犯罪原因论之间的争议又有多大价值呢？如果说第一种情形还有相当数量的学者注意到并在自己的犯罪原因论中明确界定其使用的"犯罪原因"及相关概念的话，能避免第二种情形的却少之又少。这种概念不清、理论不明的现象在很多犯罪原因论中不同程度地存在，这就严重影响了我国犯罪原因研究的质量，使得很多犯罪原因论缺乏对现实犯罪现象的解释力，同时造成了学术研究中一些不必要的争议。

（二）实证研究方法极为匮乏

作为一门事实学科，犯罪学在方法论上天生地要求主要用实证的方法研究犯罪事实，强调要通过科学的、可操作的步骤、方法对犯罪事实进行定量的调查分析，但在我国犯罪原因研究中欠缺的正是科学的实证方法。

我国犯罪学界一向有"长于思辨，短于实证"之说。应当承认，在犯罪学的研究中思辨和实证都是不可或缺的方法。但是自龙勃罗梭首次全面应用实证的方法研究犯罪人从而使犯罪学真正独立成为一门科学（Science）以来，犯罪学研究中尽管存在着龙勃罗梭等不做任何预设前提的实证与迪尔凯姆等强调一定理论指导的实证方法的差异，但是实证研究在犯罪学研究中的基础地位从未变过。正如美国犯罪学家昆尼（Richard Qinney）指出的，在某种意义上可以讲，所有的现代犯罪学在方法基本阐述上都是实证主义的，而且19世纪的犯罪社会学也像龙勃罗梭的生物犯罪学一样是实证主义的，就是说，大部分犯罪学者在某种意义上都是实证主义者。现代美国犯罪学界强调实证甚至到了"有理无数莫进来"的地步。在对外学术交流中，经常有外国犯罪学家大惑不解地问："中国学者怎么没有实证得来的数据就能写文章呢？"但我们还是在不停地让外国的犯罪学家们迷惑，犯罪学在我国发展了几十年，犯罪原因的研究也持续了几十年，我们能拿得出手的实证成果仍然寥寥可数。充斥在报刊、论文论著中的仍是"观点加例子"式的犯罪原因论。

实证研究方法的匮乏使得我们的犯罪原因论难以精确化或者数量化。只依靠纯粹的理论思辨、定性分析难以对犯罪原因做出精确的、数量化的分析和解释，只能使用各种弹性较大、含义模糊的词汇提供一种大概的观念上的描述，也就使得我们的犯罪原因论有着极大的模糊性。而这种模糊性恰恰是一种科学理论应当竭力避免的。法国著名社会学家迪尔凯姆曾经指出，那种放弃观察、描述和比较事物，而习惯于用观念来代替实在并作为思考、推理的材料的研究方法，不能得出符合客观实际的结果①。

实证方法的匮乏还使得犯罪原因理论的检验出现困难。对于一种犯罪原因论科学性的验证和评价，仅仅依靠从概念到概念、从命题到命题的演绎推理是远远不够的。必须将其置之于活生生的犯罪事实和犯罪控制实践之中，通过实证的方法对之证实或者证伪。比如有论者提出"父母离异是青少年犯罪的原因"，经过足够数量地对父母离异青少年犯罪及守法情况的实证调查，我们才能得知这一理论是否成立。实践是检验真理的唯一标准，不管看上去多么有道理，没有经过实践检验的理论总是带有或多或少的虚妄色彩。

实证方法的匮乏也使得犯罪原因研究中实证资料缺失。当我们在争论经济发展是否与犯罪增多同步的时候，我们却无法举出中国历年真实的犯罪率；当我们在论述当前中国社会变迁、城市化进程对犯罪的影响的时候，引用的最多的却是美国芝加哥学派实证调查的数据；当我们在列举导致犯罪人重新犯罪的种种因素的时候，我们却不知道每年究竟有多少走出监狱的人又重新踏上犯罪之路；当我们讨论有组织犯罪的原因的时候，我们却不知道一个城市中究竟有多少个犯罪组织，他们的运作情况又是怎样的……没有大量的翔实的实证调查资料，没有对这些实证资料的科学分析，这样的犯罪原因理论，又怎能不被人讥为空谈呢？离开了足够的实证基础的支撑，再精妙的理论、再庞大复杂的罪因体系，也都不过是缺乏现实根基的空中楼阁而已。

最后，实证方法的匮乏使得当前犯罪原因的研究链条中断，使对犯罪原因的探究难以深入。有学者指出："人们认识犯罪问题的过程，就是不停顿地往返于犯罪现象的质和量两类规定性之间的过程。一方面，人们把定性问题转化为定量问题，从定性走向定量。在这个阶段，犯罪学家将关于犯罪的概念、命题进行操作化处理。比如，将智力操作化为智商，将刑罚执行效果操作化为再犯次数，然后计算二者的相关。操作化是从定性走向定量的桥梁。另一方面，还需要把定量问题在新的层面上转化成定性问题，找到统计数字的经验对应物和理论含义，从定量走向新的定性。从定性到定量，再到更高层次的定性，是犯罪问题研究的一般模式。"②定性分析主要靠的是思辨的方法，而定量分析则是实证的重要方法和

---

① E. 迪尔凯姆 . 社会学方法的准则 [M]. 狄玉明，译 . 北京：商务印书馆，1995：35-36.

② 白建军 . 关系犯罪学 [M]. 北京：中国人民大学出版社，2005：19.

特征。实证方法的匮乏使得犯罪原因研究的链条出现了中断，定性问题无法转化为定量问题，更难向更高层次的定性转化？这也可以解释为什么我们自诩"长于思辨"而真正高质量的思辨成果却并不多见的奇怪现象。

一方面实证研究匮乏，另一方面离开了实证的思辨又缺乏现实的根基，难以向更高的层次升华，实证和思辨两败俱伤，使得犯罪原因研究几乎难以为继。

（三）理论基础较为薄弱

当前犯罪原因研究陷入困境还突出表现在理论基础的薄弱上。

1. 哲学基础的薄弱。

作为研究人及其行为的科学，犯罪原因研究中哲学的基础地位和指导作用是不可忽视的，但是我国犯罪原因研究的哲学根基并不牢固。

首先，在一些犯罪原因研究中存在一种倾向，即过于强调犯罪学的应用价值，忽视哲学思辨的功能。特别是在一些类型犯罪原因研究中，过于强调犯罪原因研究的应用性、技术性，拒绝对犯罪原因做任何哲学的思辨。这类研究往往从某个或某几个案例出发，致力于罗列各种具体的致罪因素，满足于对某个因素与犯罪之间关系表面化的说明，而对各种致罪因素之间的层次、作用机制等殊少论及，多是简单地用"各种因素综合作用"一笔带过。这种倾向一方面使得各种致罪因素凌乱不堪、难成体系，另一方面也使其对犯罪原因的解释停留在表面上，难以深入下去。

其次，与前一种相反的倾向则是混淆哲学与犯罪学的界限，用哲学特别是马克思主义哲学的某些论断来代替具体的犯罪原因的研究。由于我国犯罪学界多以马克思主义作为犯罪原因研究的哲学基础和指导思想，有一些研究者就把马克思主义教条化，机械适用马克思主义著作中的经典论述对犯罪原因做出解释。为我国犯罪学界引用最多的马克思主义经典论述有两段：一段是马克思、恩格斯在《德意志意识形态》中说的："犯罪——孤立的个人反对统治关系的斗争，和法一样，也不是随心所欲地产生的。相反的，犯罪和现行的统治都产生于相同的条件。"[①] 另一段是恩格斯在《英国工人阶级状况》一书中指出的："蔑视社会秩序的最明显最极端的表现就是犯罪"[②]。有部分犯罪原因理论解释当前中国犯罪原因的时候，不顾中国当前社会及犯罪的实际情况，直接照搬照用这些马克思主义经

---

① 马克思恩格斯全集：第3卷 [M]. 北京：人民出版社，1960：397.

② 马克思恩格斯全集：第2卷 [M]. 北京：人民出版社，1957：416.

典论断，把犯罪原因的科学解释变成了马克思主义教条的机械适用，把不同视角不同层面的犯罪原因的探讨简化成了对马克思主义经典论断具体词句的解释和争论，导致我国犯罪原因研究中哲学基础的教条化和空洞化。

总之，这两种倾向使得犯罪原因研究的哲学基础并未夯实，而根基不稳的犯罪原因论难有长久的生命力。

2. 其他相关学科理论的薄弱。

犯罪学是一门开放的综合性的学科，它要综合运用社会学、生物学、心理学、经济学等等各种社会科学和自然科学的理论和方法研究犯罪问题。龙勃罗梭之所以能够提出"天生犯罪人论"除了实证主义的指导，主要的还得益于其丰富和专业的医学、精神病学的理论知识。尤其是近现代以来，西方的犯罪学家们以各个学科的理论知识为基础，对犯罪原因提出了各种各样的解释，系统和丰富了人们对犯罪原因的认识。社会失范论、标签论、染色体异常论、内分泌失调论等等，无不依赖于现代各个学科理论知识的运用。

与外国学者相比，我国犯罪学界对相关学科理论知识的掌握却不尽人意。由于历史的原因，我国犯罪学自改革开放后才发展起来，与西方犯罪学家来源的多样化和知识结构的合理化相比，我国犯罪学家的来源和知识结构比较单一。在我国，对犯罪原因进行研究的主要是由法学家转行或兼职而成的犯罪学家，以及犯罪控制实践部门的相关人员进行的，少有社会学、医学、精神病学、生物学、经济学等学科的专业人士参与。而且受制于历史条件，我国受过相关学科系统专业训练的犯罪学家更是不多。这导致了我国犯罪学界对犯罪原因的研究在广度和深度上都远远不及欧美同行。比如一本犯罪学研究综述的书中广泛介绍和探讨了犯罪的根源以及政治、法律、社会控制、经济、文化、教育、家庭和主观等各方面的犯罪原因，但对于生理、生物等方面的因素却几乎没有论及[①]。在另一本犯罪学理论综述中，犯罪个体生理原因虽然被列为专题，但其中介绍的却全都是西方犯罪学家的理论[②]。再比如，系统论现在在犯罪原因理论中的广为运用，人们多以此为指导构建一个罪因体系，但是由于缺乏系统专业的训练，我们对系统论的引进更多的还停留在观念层面上，"不少罪因体系研究中提及的'系统论'，仅是'整

---

① 阴家宝. 中华人民共和国犯罪学研究综述 [M]. 北京：民主法制出版社，1997：85-314.
② 宋浩波. 犯罪学理论研究综述 [M]. 北京：群众出版社，1998：366-377.

体论'原则的运用，而未真正全面掌握系统科学理论的实质内容"①。

没有厚实的理论基础，犯罪原因的研究就缺乏深入研究的动力，也容易陷入一叶障目不见泰山的困境。

（四）中庸思想盛行

自龙勃罗梭以来，犯罪学的科学品性日见彰显。作为一门"科学"，它属于求"真"的领域，强调要对各种因素或变量进行经验性的或物理性的观察，并在此基础上提出具有"可证伪性"的理论假设，通过不断的"猜想——反驳"来实现对真理的探求。儒家思想中崇尚过犹不及的"中庸"之道，更多地属于道德哲学或者伦理学"善"的范畴。两者本来是风马牛不相及，但是当前犯罪原因研究中实证方法和理论基础的不足使得犯罪原因论的科学性受到了抑制，同时在几千年的传统文化的影响下，中庸思想趁机大行其道，使得当前犯罪原因理论平庸化、笼统化、简单化、雷同化，极大地损害或阻碍了人们对犯罪原因的科学探究。

在中庸思想的影响下，研究者们生怕被人指责为"不客观""走极端"，生怕自己的原因论被"证伪"，从而不敢或者不能提出具有高度"可证伪性"的犯罪原因论。因此，一个个立论都四平八稳。正如皮艺军先生指出的："作者把更多的精力放到了观点的保险系数上，在论及'社会存在决定社会意识'之后，并未忘记谈及'人对环境具有主观能动性'，这已经成为一种稳固的类似于八股的思维定式。宁守'中庸'，不走极端。论述者大都要在文章中说完'一方面'之后，一定不会忘记说出'另一方面'。"②犯罪原因论在越来越面面俱到的同时也变得越来越平庸。

在中庸思想的影响下，研究者们生怕落入"不全面"或"片面"之讥，不敢或不愿针对某一方面的具体因素进行深入的研究和论证，因此学者们不是致力于通过持续、深入、系统的实证观测和调查来研究或检测某种具体的变量与犯罪之间的关系，而是把精力集中于尽可能地罗列各种能想得到的犯罪相关因素，从而构建庞大无比的笼统的罪因体系。从社会环境、经济基础到主观心态、个性气质，从性善、性恶到遗传基因、生理病患，乃至传统文化、地理气候等等，无不包括在内，使得犯罪原因论成了什么都有，什么都卖的"杂货铺"。实践中遇到

① 李晓明.中国犯罪学论纲[M].北京：中国审计出版社，1996：388.
② 皮艺军.犯罪学研究论要[M].北京：中国政法大学出版社，2002：49.

具体的犯罪，只需对号入座，各取所需就行。这样构造的全面而笼统的犯罪原因论，并不能提供对未然犯罪的事先的科学预测，只能在犯罪发生后提供"事后诸葛亮"式的解释，科学的犯罪原因论沦为现代"占星术"。

貌似客观的平庸化，貌似全面的笼统化，导致的是对犯罪原因解释的简单化。学者们用一个个包罗万象的犯罪原因系统取代了对某个或某些具体致罪因素的深入探索，用笼统的论断取代了细致精确的研究，貌似复杂，实则只是对犯罪原因做出了简单的想象中的解释，而回避了对之深入的科学的探求。

貌似客观的平庸化，貌似全面的笼统化，导致的是犯罪原因研究结论的雷同化。大家都在尽可能地周延自己的理论，尽量穷举各种致罪因素，结果最后得出的结论都差不多。翻开各种介绍犯罪原因理论的论著，经常会让人产生似曾相识的感觉。一提犯罪原因就主观客观因素等等，一提青少年犯罪就是社会、家庭、个体三方面因素的互相作用。而一旦具体到罪因体系中某种具体的因素与犯罪的相关程度或因果关系究竟如何，却又都变得语焉不详。犯罪原因理论雷同化的同时犯罪原因的学术争鸣也就日益沉寂。

（五）功能性目的性不明确

一个科学的犯罪原因论，不仅应该能够合理地解释已然的犯罪事实，而且应该能够以之为基础对未然的犯罪现象和趋势进行科学的预测，并且能够为犯罪控制实践提供明确的指引或提供切实可行的犯罪控制途径或方法。这也正是犯罪原因研究的功能或目的所在。但是这一功能或目的在我国的犯罪原因研究中却没有得到应有的重视，研究者们似乎更乐意构建一个无所不包的庞大而复杂的罪因体系，而不怎么关注其所构造的罪因系统对犯罪控制实践究竟有何作用。或许，不少研究者都沉迷于复杂庞大的罪因体系之中，力图构建包含所有的因素或变量在内的罪因系统，而有意无意地忘记或者忽视了为什么要探求犯罪原因，忘记了犯罪原因论除了要科学地解释犯罪原因之外，还肩负着为犯罪控制服务的功能，成了单纯的为原因而原因。

这种对犯罪原因研究的功能性、目的性有意无意的忽视，使得研究者们把主要的精力放在了穷举各种致罪因素、尽可能地周延自己的罪因体系上，而不愿意花力气对某一可控制的、具体的因素进行深入的考察与分析。

研究者们构建的各种罪因系统，大都按照一定的标准把各种致罪因素进行了分类。这种分类遵循的大致是同样的思路，即不同的因素对犯罪的作用不同，把对犯罪的作用大致相同的因素合为一类，再把作用力不同的犯罪因素类别合成一个罪因系统。这样构造出来的犯罪原因论把各种各样的因素都糅合在一起，却忽视了不同因素在可控制性方面的差异。比如有的因素是永远或者至少在可预见的未来，是人类无法消除或控制的，甚至是无法完全证明的，如人性善恶、宏观的气候等；有些因素的控制或改变可能需要漫长的时间，如生产资料所有制、饮食习惯等；有些因素的控制或改变可能需要国际社会的统一行动与合作，如关税过高会导致走私犯罪增多，但降低或取消关税是一个多国利益互相博弈的过程；有些因素的控制或改变需要整个社会的共同努力，如提高教育水平、减少失业等；这些因素都不是犯罪控制实践部门能够控制的。而且有些因素即使能够控制，但控制行为却有可能会造成犯罪控制与其他价值的冲突，如女士衣着暴露可能诱发性犯罪，但是立法部门不可能为了减少性犯罪而禁止女士穿超短裙上街。

这些可控性或可操作性各不相同的因素不加区别地充斥在种种犯罪原因论之中，而为犯罪控制部门以及社会公众最关注的、能够为其所控制的因素，又缺乏深入细致的科学考证，这使得研究者们构造的种种精妙的犯罪原因论对犯罪控制实践几乎难以起到有效的指导作用。所以长期以来我国犯罪原因的研究得不到犯罪控制部门的重视，对普通公众的影响就更加微弱了。而没有了来自犯罪控制部门和社会公众的重视、支持和配合，犯罪原因的研究就丧失了官方支持和群众基础，仅依靠势单力孤的学者，犯罪原因的研究尤其是大范围大规模的实证研究根本不可能进行。

我们经常抱怨犯罪学研究得不到官方的重视，或者批评犯罪控制部门不理解不配合等阻碍了犯罪学的研究。平心而论，这些都是事实，但是我们也应该反思一下自身，问一问我们的研究究竟能为犯罪控制部门或普通公众提供些什么？犯罪控制部门和普通公众根本没有义务去重视或配合一项对其工作或生活没有切实作用的研究。如果犯罪原因研究仍然忽视其功能性、目的性，则犯罪控制部门乃至普通公众对犯罪原因研究"成果"的不屑一顾就是顺理成章的了。应当说，犯罪原因研究和犯罪控制实践之间的良性互动关系之所以难以建立，与当前犯罪原因研究的功能性、目的性不明确是有很大关系的。

建筑学格言与犯罪学研究的展开 ①

内容摘要：建筑是住人的机器、凝固的音乐和石头的史书，这是建筑学的三条格言。从某种意义上说，建筑艺术可以折射出人类行为的所有方面，包括形形色色的犯罪行为。建筑与犯罪学研究之间有着极为密切的联系。

关键词：建筑　犯罪学研究　遏制理论　社会防卫理论

一、建筑是住人的机器

所谓建筑，广义而言即一个空间的形成。中国古人以"宅"为建筑的代称，强调：人以宅为家。《黄帝宅经》表述了这一有关住宅与人的哲学思想：宅者，人之本。人因宅而立，宅因人而存。人宅相扶，感通天地。人一生中大部分时间都是在住宅中度过，雅典政府对雅典居民一天离家活动做了统计，结果如下图：

雅典居民每日时间分配图

地点	百分比
住宅中	76.1%
社区中	5.0%
相邻社区中	5.1%
市中心	5.2%
城市其他地方	4.8%
超出城市地区以外	3.8%

① 此文原载《河南公安专科学校学报》2007年第1期，与李艳霞合作。

由雅典居民一天离家活动百分比[①]，可见住宅在人类生活中的重要地位。而且住宅是人类生活的主要私密空间，是人类退守和保护自己的最终领域，所以安全是住宅区的首要要求，预防犯罪就成为住宅区建筑设计首先要解决的问题。住宅区建筑设计不良可能引发高犯罪率，这已为许多国家的犯罪统计数据所证明，其中城市中的住宅区犯罪更是令人骇然。从地域上分，住宅区可分为城市住宅、乡村住宅与过渡区域的住宅区三种。城市作为人类文明的重要集中地，其犯罪更是居高不下。现在每年犯罪量中近90%是发生在城市，据证实，自1973年以来，整个犯罪量日益抬头，其主要原因在于城市犯罪的大量增加，城市犯罪这一顽疾已病入膏肓[②]。据日本犯罪学家调查，日本的犯罪形势是以城市犯罪为主导的，大、中、小城市的犯罪形势又以大城市为先导，东京、大阪、名古屋三大城市圈的犯罪形势起着决定性作用[③]。实证表明，城市发展水平越高，发生犯罪的危险就越大。人口100万以上的特大城市左右着城市犯罪的发展，目前这种趋势愈发明显。

城市的高犯罪率同样也影响着住宅建筑的安全，在城市化进程中，引发人类住宅区变化的空间环境主要是：一方面，人口密度过大，引起土地需求量的增大和土地价格的飞涨，人们为了争夺低廉的土地而大量流入市郊，从而引起郊外住宅区的高度发展，市中心的住宅区分过细，市中心趋于冷僻、空荡[④]；另一方面也是最重要的，钢筋混凝土等高层住宅区不断建造使广大市民对犯罪活动的监视作用丧失殆尽，城市成为犯罪形成的温床。现代人类为了节约有限的土地资源，不断兴建高层建筑作为人类的住宅区，随着高层建筑的增多，犯罪也有增长的趋势。建筑物越高，楼层越高，相互隔离的空间就越多，因盲目兴建高层密集住宅的单元式住房和电梯等隔离空间的大量增多，这些空间是人们视线所不及的地方，不利于对犯罪活动实施监控。此外，大楼与大楼间的空间形成了一个无法监视的"气旋"地带[⑤]，易成为引发犯罪的"空间死角"。德国犯罪学家进行了许多

---

① 李道增. 环境行为学概论 [M]. 北京：清华大学出版社，1999：65.

② 伊藤滋. 城市与犯罪 [M]. 夏金池，郑光林，译. 北京：群众出版社，1988：30.

③ 伊藤滋. 城市与犯罪 [M]. 夏金池，郑光林，译. 北京：群众出版社，1988：38.

④ 伊藤滋. 城市与犯罪 [M]. 夏金池，郑光林，译. 北京：群众出版社，1988：2.

⑤ 伊藤滋. 城市与犯罪 [M]. 夏金池，郑光林，译. 北京：群众出版社，1988：78.

调查，结果均证明，住在高层建筑里的犯罪率高于一般地区的犯罪率。德国社会学家谢尔曼教授曾于1979年在联邦刑警局出版的《城市建筑与犯罪》一书中公布了他的研究成果，在被老百姓称为"小曼哈顿"（"曼哈顿"是摩天大楼林立城市的代称）的德国不来梅市卫星城——奥斯特、霍尔茨–泰内诺尔调查发现，与不来梅市相比，卫星城14—17岁居民的犯罪率是前者的两倍；18—20岁居民的犯罪率是前者的三倍。在德国其他一些城市，如基尔、汉诺威、慕尼黑等地进行的调查得到了类似结果。除此以外，美国建筑学家、犯罪学家奥斯卡·纽曼还考虑了高层住宅楼和低层住宅楼每一层犯罪率的关系。根据纽曼的经验，高层住宅楼（他指五层以上）的犯罪率明显高于低层住宅楼，他认为建筑物的犯罪率几乎是按照比例随建筑物的增高而增加的[①]。尽管在建筑结构与犯罪之间是否存在某种联系这个问题上，犯罪学界存在着两种不同观点，但目前已基本达成共识，即两者之间虽没有直接联系，却存在着间接联系。德语国家犯罪预防的实践证明：那些坚持认为建筑结构与犯罪之间存在间接联系的学者们的观点是正确的[②]。

　　近年来，侵犯住宅区的犯罪呈现出种类多样、数量增加的趋势。据调查显示，高层住宅建筑的犯罪形式主要有入室盗窃、电梯间的抢劫、强奸，最为突出的是毁坏、破坏财产等[③]。从建筑的角度奥斯卡·纽曼发现，在高层建筑大楼里最容易作案的地点：入口处、电梯间的走廊。另一方面，独居住宅（这类住宅主要包括单居一人的独居室和远离住宅区的独立住户）这类居住形式遭犯罪袭击的数量不断增加，这一"空间死角"易形成完全与外隔绝的空间，居民彼此漠不关心，毫不团结，对坏人坏事的监视不善，再加上物质诱惑与效益—成本的分析，易成为犯罪攻击的对象。除此，独居住宅本身亦为居住者提供了社会无法控制的便利作案场所。据中国某市对478名独居青少年的调查，其中有81名具有犯罪活动，比非独居青少年的犯罪活动率高16%[④]。此外，在现代城市，由于成年男女上班，家中仅有老人或儿童而形成间接性的独居最易招致犯罪。

　　为了提高人们生活的总体水平，住宅建筑应该从其为人类服务的功能出发，建筑设计应与犯罪预防相结合，这就是奥斯卡·纽曼的"可防御空间"理论。"可

---

① 徐久生 . 德语国家的犯罪学研究 [M]. 北京：中国法制出版社，1999：351.

② 徐久生 . 德语国家的犯罪学研究 [M]. 北京：中国法制出版社，1999：375.

③ 徐久生 . 德语国家的犯罪学研究 [M]. 北京：中国法制出版社，1999：351.

④ 储槐植，许崇德 . 犯罪学 [M]. 北京：法律出版社，1997：181.

防御空间"这一思想的理论根据：利用环境设计改变物理环境空间样式的功能，以此改变居民的行动方式和增加相互间的社会联系，达到预防犯罪的目的[①]。防卫空间就是一种本身具有防范犯罪自然属性的建筑设计模式，这种建筑设计模式向居民和潜在犯罪人都表明，这座建筑内外所有人都受到监视，从而对潜在犯罪人心理产生抑制作用，使其不敢在这一地区进行犯罪[②]。纽曼提出，既然任何犯罪都是在一定空间内发生的，有必要通过环境设计，制造一种防卫空间以预防犯罪发生，应该让建筑设计师、城市规划师、建筑公司等清楚地了解，如何在设计和规划的最初阶段就着手解决住宅区安全问题，并在《可防御的空间：通过城市设计预防犯罪》（1973年）一书中将这种方法系统化。

纽曼提出的"防卫空间"措施包括：①区域性，指某一区域的合法使用者对这一地区行使权利的愿望和能力。指某一区域的居民能够区分合法使用者和陌生人，从而产生一种自治的气氛，在自己所属的区域内实行控制，防卫陌生人接近，减少本区域的被害机会；②监视，在环境设计时即考虑到该区域的合法使用者能够观察到这一区域内的日常活动，以便于发现可疑活动以采取对策；③外形，也就是某一区域的外观，这种外观应当既不吸引犯罪分子，也不与周围的社区隔离。有经验的犯罪分子有时从外观上就能看出哪些地方容易实施犯罪；④环境，建筑设计时要选择环境，尽量将房屋建在低犯罪率而又容易监视的地方[③]。

防卫空间的这几个要素能够在一定程度上预防被犯罪侵害，因为犯罪分子在这种空间内犯罪要冒很大风险，他们通过代价—收益分析，可能觉得在这里犯罪得不偿失，从而放弃犯罪的念头，使这个地区保持较低的犯罪率。该理论还提出两种减少犯罪机会的环境设计，即信道设计和监察系统控制。前者就是通过设计栅栏屏障，加强过道守卫、增加门锁等防止未经允许的人进入某建筑物或者区域，预防与减少犯罪；后者就是配置现代的观察监视系统，将闯入社区的人和潜在的犯罪者置于监视之下。

防卫空间理论的实践运作主要从以下三个方面着手：1. 制造作案障碍。其中又可分为三项：（1）目标加固。包括门窗加固，安装报警系统。（2）目标转移。包括以信用卡代替现金使用。（3）控制作案工具。例如控制武器、炸药等。2. 制

---

① 伊藤滋. 城市与犯罪 [M]. 夏金池，郑光林，译. 北京：群众出版社，1988：187.

② 魏平雄，欧阳涛，王顺安. 市场经济条件下的犯罪与对策 [M]. 北京：群众出版社，1994：205.

③ 冯树梁. 中国预防犯罪方略 [M]. 北京：法律出版社，1994：756.

造犯罪"得不偿失"的条件，增加犯罪分子被抓、被判刑的可能性，使其感到犯罪的威慑，以增大犯罪的"失"的方面。而威慑的最大的发挥，不在于威慑之重，而在于违法必究，罚必当罪。3.加强正规（警察和司法人员）与非正规（居民、邻里、亲友）的监视巡逻，使犯罪分子不敢轻易动手等。目前，国外运行的"社区预防""邻里守望"，即发动街区的居民所采取的以"环境预防为主要内容的行动"[①]。

防卫空间理论是一种难度不大、可行性较强的预防犯罪理论，所以这一理论经过二十年发展，已在预防犯罪领域产生了巨大的影响。它不仅在北美颇为流行，在具体预防犯罪实践中得到比较广泛的应用，而且在世界范围内，其研究成果已广泛应用在社区规划和建筑设计之中。在加拿大，警察部门参与城市规划的建筑设计，从控制和预防犯罪的角度对城市规划建筑设计提出意见性的建议；新的建筑蓝图不仅要送交消防部门审批，也要送交警察部门和犯罪学家审批，提出改进意见[②]。我国随着城市居民楼向高层和密集型发展的趋势，一些城市也对居民的安全预防进行了有益探索，取得了很大成效。1990年2月在莫斯科召开的预防犯罪国际研讨会上，已将这一理论提高到与社会防卫理论同等重要的战略意义。有犯罪学家指出："与其坐等'治本'的药，不如寻求可得'治标'的药更为现实。"实践证明，防卫空间理论也有一定的局限性，各种防卫空间措施在不同的地区实施，所表现出的效果并不相同；而且可防御性空间计划必须与其他正式预防措施相配套时，才能发挥其应有的作用；再次，防卫空间理论在预防财产犯罪方面效果显著，对于其他类型犯罪的预防效果甚微。不过，由于财产犯罪在世界各国犯罪中所占比例较大，所以防卫空间理论在一定程度上显示了预防犯罪的效果[③]。

二、建筑是凝固的音乐

高技术需要高情感，这一思想在建筑世界中得到广泛体现。每当一种新技术被引进社会生活，人类必然会给它配上一种起补偿作用的、加以平衡的反映，否则，人们就会感到由于高技术所造成的孤独感，新技术就会受到排斥。建筑和城

①　肖剑鸣，皮艺军.犯罪学引论 [M].北京：警官教育出版社，1992：76.

②　魏平雄，欧阳涛，王顺安.市场经济条件下的犯罪与对策 [M].北京：群众出版社，1994：206.

③　肖剑鸣，皮艺军.犯罪学引论 [M].北京：警官教育出版社，1992：78.

市同样如此，代表今天科学成就的冷冰冰的摩天大楼林立于城市中，使城市的尺度远离人的尺度，人们在城市中感到的是紧张和压抑[①]，由此易造成人类的精神残疾，程度严重则引发各种反社会现象特别是犯罪行为持续增多，使社会长期处于动荡之中。

城市化在促进整个空间在物理环境和空间方面发生了翻天覆地变化的同时，却少了对其主体——人的情感方面的关注，最终造成人类的精神残疾：一方面，个人主义、私人自由至高无上盛行；另一方面，邻里关系冷漠，彼此缺乏了解，互不干涉，互不关心，致使人们对不良现象宽容姑息，诱发犯罪的隐患处处丛生。具体而言主要包括以下两个方面：首先，城市人口的快速流动，不仅体现在城市与城市、城市与农村间的人口流动，每天上下班及繁华场所的临时流动人口也加速了城市人口的流动。前者所言的流动人口在城市中较为频繁且多是从事二、三产业的青壮年，大部分分散到了城市内部的特定区域或流入卫星城的新兴居民区。他们多暂时栖身，使得邻里关系冷漠疏远，进一步加剧了他们之间乃至全体市民邻里间的毫不关心；他们对可疑分子不闻不问、姑息容忍，难以形成预防犯罪的良好社区秩序。芝加哥学派研究发现，城市中人口的流动地区常常就是下列现象丛聚的地区：青少年犯罪、犯罪、贫困、遗弃、离婚、弃婴等恶习[②]。其次，社会经济的多元化发展导致价值观的多元化倾向。以消费产业和信息产业为中心的服务产业的出现，促使聚居在城市的市民形成了不同的价值观和各不相同的生活方式，他们一方面物质生活富足，另一方面精神生活却十分贫乏，紧张、压抑、承受力差等现象层出不穷，造成"富庶之中的贫困"这一城市疾病。支配市民生活行为的是私人自由至高无上思想，生活个人主义化倾向；邻里之间井水不犯河水，市民对其他人缺乏关心的同时又不能使自己的紧张、压力等不良情绪得到排泄。据日本社会学家调查证实，市民之间的关系大都只是保持在见面寒暄的程度上，更有甚者，连左邻右舍也互不相识，过着一种老死不相往来的生活，这由图可见一斑。市民之间交往的深浅有以下几种情况：1. 不太熟悉；2. 见面时寒暄几句；3. 相遇时停步交谈；4. 彼此登门拜访；5. 遇到困难时大力相助[③]。而只

---

① 刘先觉. 现代建筑理论 [M]. 北京：中国建筑工业出版社，2001：56.

② R.E. 帕克，E.N. 伯吉斯，R.D. 麦肯齐. 城市社会学 [M]. 宋俊岭，吴建华，王登斌，译. 北京：华夏出版社，1987：59.

③ 伊藤滋. 城市与犯罪 [M]. 夏金池，郑光林，译. 北京：群众出版社，1988：73.

是见面时寒暄的竟占到70%，能登门拜访和大力相助的却仅仅只有1%，但人却是一种社会动物，如此的城市社会的精神环境令人骇然。

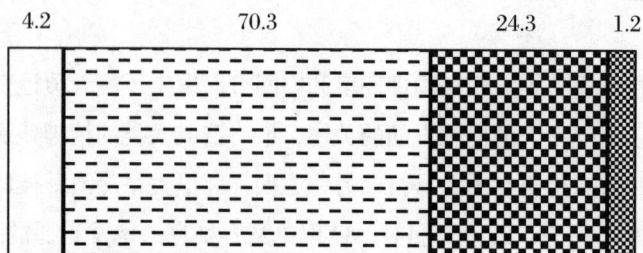

| 4.2 | 70.3 | 24.3 | 1.2 |

注： □ 不太熟悉
　　 □- 见面时寒暄几句
　　 ▨ 相遇时停步交谈
　　 ▩ 彼此登门拜访和遇到困难时大力相助

总之，城市社会关系的特征是肤浅而又节制，人们在本地区或本单位内相互保持一种适可而止的临时性社会关系①，大多数市民之间的关系冷淡疏远，原来那种地区性的和睦关系被当作与城市"现代化"格格不入的东西抛弃了，使城市成为一个素不相识的陌生社会，城市生活及人们之间的关系产生了严重的危机。在这种情况下，即使人们客观上居住得很密集，但在心理方面却过着一种与人敬而远之的生活。在这种市民意识、态度和社会关系的背景下，整个城市社会的发展将呈现出以下不良趋势：过去那种便于防范的家庭式的有机联系日益削弱；市民们对不良现象的监视作用大大降低；居民之间的不熟悉为犯罪分子提供了藏身之所。三种城市状态日趋严重是滋生犯罪的温床②，一旦发生案件，在侦破方面难以取得市民的协助，市民们更不可能严格监视犯罪行为或作案分子，如此，犯罪现象必然层出不穷③。

城市的这一病态发展早已引起了社会学家和犯罪学家的关注。法国社会学家、犯罪学家齐尔的统计结果表明：19世纪，在城市地区发生的大多数犯罪都是暴力犯罪而不是财产犯罪，并且在工业化的最初阶段，城市地区的暴力犯罪和财

① 伊藤滋.城市与犯罪 [M].夏金池，郑光林，译.北京：群众出版社，1988：2.
② 伊藤滋.城市与犯罪 [M].夏金池，郑光林，译.北京：群众出版社，1988：5.
③ 伊藤滋.城市与犯罪 [M].夏金池，郑光林，译.北京：群众出版社，1988：3.

产犯罪都是上升的。他解释说，城市中的暴力犯罪的这种最初上升，是城市生活的应激、紧张与用暴力犯罪方式处理应激情况的农村相结合的产物。所以，这种暴力行为的最初爆发似乎意味着对传统的价值和联系的保留，而不是打破[①]。早期的芝加哥学派对此分析得更为透彻。芝加哥学派认为城市绝不是一种与人类无关的外在物，也不仅是住宅区的组合；相反，城市本身包括了人性的真正特征，它是人类的一种道德表现形式。该学派的代表人物帕克则直截了当地指出：城市是人性的产物[②]。城市更应表现人类的精神世界。马克思也曾强调，人的本质是一切社会关系的总和。那么，城市规则，城市建设就应当千方百计地体现这种"社会关系的总和"，否则，必定要给人民的生活造成诸多不便，甚至会影响社会的进步。因此，必须重视人类精神环境的培育，为此，他们引入了社区的概念。芝加哥学派认为，人和其他生物一样，也生存在一定的生活环境中，他们给这个生活环境定义为社区，指一个人类群体多少固定在一个地点，而这个群体又形成一种共生关系[③]。社区是一个相互竞争而又相互联系的各部分构成的一个系统，其各个构成部分之间存在着一种追求平衡的自然趋向。但由于社会处于一种经常性的运动状态，环境也随时间而不断变化，这些变化会使社区逐渐处于一种非平衡状态，引发社会的动荡，他们指出，犯罪原本不是个人的问题，而是群体的问题[④]。芝加哥学派的代表人物帕克与伯吉斯围绕探讨邻里（社区）特征与那里犯罪的关系开展犯罪与社会问题的研究，肯和麦凯根据他们的统计分析，城市中确实存在少年犯罪区就是与那里的精神缺乏密切相关的。少年犯罪率最高的都是位于重工业区或商业区内或与其毗邻的区域，这种邻里中的废弃建筑物的数量也最多，在少年犯罪区，常规传统、邻里机构、公共舆论以及通过它们发挥的邻里对儿童行为的控制作用都大大被瓦解[⑤]。肖认为，少年犯罪和其他社会问题与城市发展中的侵入、统治和接替过程密切相关，这种过程决定着城市的同心圆发展模式。随着

① 吴宗宪.西方犯罪学史[M].北京：警官教育出版社，1997：165.

② R.E. 帕克，E.N. 伯吉斯，R.D. 麦肯齐.城市社会学[M].宋俊岭，吴建华，王登斌，译.北京：华夏出版社，1987年版，中译本序言，第5.

③ R.E. 帕克，E.N. 伯吉斯，R.D. 麦肯齐.城市社会学[M].宋俊岭，吴建华，王登斌，译.北京：华夏出版社，1987：3.

④ R.E. 帕克，E.N. 伯吉斯，R.D. 麦肯齐.城市社会学[M].宋俊岭，吴建华，王登斌，译.北京：华夏出版社，1987：107.

⑤ 吴宗宪.西方犯罪学史[M].北京：警官教育出版社，1997：626.

最初人的离去，在邻里中存在的正式的社会组织可能瓦解，邻里处在变化之中，居民间不再打成一片，不会过多地关注邻里的声誉，通过"睦邻关系"来控制青少年行为的可能性大为降低。

对城市和建筑的这一精神职能对于人类行为的影响论述最为深刻的是雷克利斯的遏制理论。遏制理论是当代西方犯罪学中很有影响的理论，几乎所有重要的犯罪学著作在论述犯罪学的理论时，都要提到遏制理论。犯罪学家哈斯克尔和雅布隆斯基这样评价雷克利斯的遏制理论：遏制理论吸收了关于犯罪原因的心理学观点和社会学观点的优点，它推动了对促进个人实施犯罪的内部人格力量的分析，同时也考虑了塑造个人动机和人格的社会文化的力量[1]。在1961年发表的论文《少年犯罪与犯罪的一般新理论》中，沃尔特·雷克利斯将早期的研究中提出的许多概念和因素加以整合提出了犯罪的遏制理论，认为，犯罪是个人内在的控制能力和社会中存在的外部控制因素缺乏的结果，是对推动和引诱个人进行犯罪的驱力和控力缺乏遏制（检查和控制）引起的[2]；忽略了个人特征的社会学理论，并不能充分地解释个人和群体的犯罪现象。雷克利斯用4个基本概念来解释他的遏制理论，这4个基本概念是：外部压力或外部控力，又称社会压力或社会控力；外部遏制；内部遏制；内部推力。外部压力或称为环境压力，包括贫困和剥夺，冲突和倾轧，外部束缚，少数民族群体的地位，在社会结构中缺乏获得成功的途径等条件。外部拉力或称为环境拉力，包括精神涣散、引人注意的事物、诱惑、越轨行为、广告、宣传、少年犯罪和成年犯罪人、少年犯罪亚文化群等。外部遏制包括社会中存在着一致的道德状况，明确的社会角色，规范与责任，有效的监督和纪律（社会控制），规定了合理的活动范围（包括限制和责任），规定了替代性活动与安全阀（宣泄精力的渠道），提供了使个人获得接受、认同或归属感的机会，社会规范，目标及期待对个人的强化，健全的家庭和有效的家庭纪律与管理等。这些结构有助于家庭和其他支持性群体对个人的遏制。外部遏制是个人周围的社会环境中存在的结构性缓冲器，能有效地约束个人。内部推力又称为正常推力，是指推动个人进行活动的身体或心理力量，包括驱力、动机、挫折、不安、失望、敌意、自卑等。而内部遏制主要由自我的成分组成，包括自我遏制、良好的自我概念（即个人对自己在社会中的地位或个人对他人或社会的价值的一

---

[1] 吴宗宪. 西方犯罪学史 [M]. 北京：警官教育出版社，1997：705.

[2] 吴宗宪. 西方犯罪学史 [M]. 北京：警官教育出版社，1997：702.

种印象或观念）、良好的超我、较高的挫折耐受力、较高的娱乐抵抗力、高度的责任感、获得替代性满足的能力，降低紧张的合理化技巧等[①]。这些因素都是内部调节器。

雷克利斯认为，外部压力或环境拉力和内部推力促进人产生越轨行为和犯罪行为；而外部遏制和内部遏制则阻止、中和、抵抗个人产生越轨行为和犯罪行为。当外部压力或环境拉力和内部推力比外部遏制和内部遏制强大时，个人就会产生越轨及犯罪行为，相反，当外部压力或环境拉力和内部推力比外部遏制和内部遏制软弱时，个人就不会产生越轨及犯罪行为。

雷克利斯指出，这4种因素是从自我中派生出来的不同方面或层次，所以，自我是内部推力的遏制因素，而亲社会的交往则是抵御外部压力的缓冲器和外部拉力的遏制力量。最重要的外部遏制是期待个人遵从群体中占优势的行为准则和社会压力，而最重要的内部遏制因素是一个像绝缘体那样起作用的、排斥违法犯罪行为的自我概念。一个积极的自我概念，可以把个人引向守法行为，而一个消极的自我概念则会把个人引向违法犯罪的道德[②]。在城市化的过程中可充分地体现出这四者之间的运作。城市这个纷繁复杂的大环境下，充满了各种压力——贫困、生存、竞争，同时又有各种诱惑，既包括物质的又有精神的；但城市在经济高度发展的同时往往忽视人们精神的关注，不能提供使个人获得接受、认同或归属感的足够的社会机会和健全的家庭与社区的建设，社会道德每况愈下、社会精神监督和纪律缺失；但作为主体的个人在种种失望、挫折、不满与欲望的面前，由于缺乏良好的自我信念、较高的挫折耐受力、高度的责任感与降低紧张的合理化技巧等，终成为犯罪人或被害人。正如马克思所言，蔑视社会秩序的最明显、最极端的表现就是犯罪。对城市主体精神的注重是保持良好社会秩序的重要方面。

良好、积极的自我形象是遏制犯罪的内在力量，而社区之间良好的交往秩序则是抵御犯罪的外部力量。作为人性产物的城市应履行其精神职能，从建筑设计、城市规划的早期阶段考虑主体的精神需求，一方面，在形成良好的社区秩序的同时更有利于良好的犯罪内部遏制机制的建立；另一方面，人们需要自己的住宅、自己的城市满足自己的精神需求，舒缓自己的紧张情绪。高技术的社会使人

---

① 吴宗宪. 西方犯罪学史 [M]. 北京：警官教育出版社，1997：703.

② 吴宗宪. 西方犯罪学史 [M]. 北京：警官教育出版社，1997：703.

们需要高情感，关心人类情感的建筑文化，必将进一步向多元化发展并且具有更加丰富的精神内涵。一方面，住宅在建筑结构创造上应结合当地的自然环境、民族文化传统及风俗习惯、审美观念等。德国曾于20世纪70年代以定点爆破的方式炸毁了一座早期"无生命感"的住宅，从而宣布了人们对建筑态度的彻底改观，而更加强调居住的人性化。德国的规划手法抛弃了"兵营式"建筑而使之变得更加开放与活泼，这一举动被德国称之为"把城市交还给居民"。在城市住宅建筑领域从居住环境到居住条件等多方面给予"都市细胞"——人类以更趋人性化的关照，这业已成为人居住宅的主导方针。另一方面，应广泛兴建公共建筑和娱乐设施。近年来，茶馆、咖啡屋、酒吧及其他休闲类型和各类公园都发展起来，并出现了书吧等新的休闲类型，市民休憩交往空间扩大了，紧张气氛得到舒缓。同时这一运动影响到城市的设计与规划，房屋、街道、城镇都不再是平静的公共场所，而成为人们交流的良好空间，人际关系得到很好的改善，社会人情味有所增强。除此以外，咖啡屋逐步成了一些研究机构和大公司必不可少的建筑形式，喝咖啡闲聊已盛行起来，如诺贝尔获奖者密度最高的 IBM 瑞士研究所的早茶和下午茶的时间特别长，各专业的专家们常常毫无拘束地议论设想。有人说，创见发源于喝咖啡的时间。放慢生活节奏，补充精神食粮，使人的精神得到休憩，有利于人心灵的安宁与平静，有利于社会的稳定。只有这样，城市和其中的建筑才发挥了它应有的职能，使凝固的音乐变成流动的心声，在建立外部遏制力量的同时也修补了人类内心的精神世界，形成健全的内部遏制机制，有利于人类心灵的健康成长。

　　遏制理论是最适合解释大量居于中间位置[①]的少年犯罪和犯罪的理论，它比任何其他理论都更适合于中间范围的条件（middle range case）。正如雷克利斯所指出的，它是一种精神病学家、心理学家、社会学家和实际工作者都能同样得心应手地适用的理论。这些领域的专家都可以寻找内部和外部力量的成分，用他们自己领域中的术语对这些力量进行详细说明。精神病学家和心理学家大多对不同交往、环境压力不感兴趣，而社会学家大多对推力理论不很重视。但他们都可以探讨内部和外部的缺陷和力量。遏制理论是一种可适用于治疗犯罪人的有效的操

---

① 雷克利斯认为，其遏制理论是一种中距离论（middle range theory），适用于解释大量处在极端性少年犯罪和犯罪之间的正常违法行为，解释占所有犯罪的2/3或3/4的中间多数，探讨居于中间地位的大量的犯罪人的问题。

作性理论，它赞成重建个人的环境或加强自我，大多数有见地的缓刑官员、假释官员、矫正机构的工作人员都在某种程度上注意帮助少年犯罪人或成年犯罪人增强自我力量，发展新的目标，培养新的行为模式；他们也影响犯罪人的社会联系，精神支柱、支持性关系、限制和其他替代性机会，以帮助犯罪人重建新的遏制系统。遏制理论也是一种有效地适用于犯罪预防的操作性理论。但关于遏制理论的批评也不少。首先，基本概念、关键术语上含糊不清，施拉格在其《犯罪与司法：美国的风格》一书中指出：雷克利斯的遏制理论没有指出这些概念的经验性证据，如压力、控力等，仅仅是通过指出它们的功能和列举它们的成分来说明的，所以，这些概念很难验证[①]。其次，对某些因素或变量的分类不清楚，一些因素在它们产生促成少年犯罪的力量时，将它们划入一种类型，但是，当它们产生阻止少年犯罪的力量时将它们划入另一种类型[②]。但无论如何，遏制理论是当代西方犯罪学中占有很重要的地位。

三、建筑是石头的史书

雨果说过：人民的思想就像宗教的法则一样，也有它们的纪念碑，人类没有任何一种重要的思想不被建筑艺术写在石头上。大部分人类产品都和人类某一特定的物质生活和精神生活发生联系，而建筑却和人类的全部生活发生联系，它有最广阔的生活基础。当前经济全球化波及各国，全球化在促进各国经济发展的同时，也使得贫富差距日益扩大。发达国家是经济全球化最大的受益者，而发展中国家则面临着更大的风险和更加严峻的挑战。当今的世界秩序造成了以贫养富、贫国动荡、富国腐败的状态，进而引起各类国与国之间的犯罪，爆发各种社会危机。国际犯罪作为严重危害人类生存状况的重要犯罪类型，种类不断增多，作案手段日趋多样，科技含量越来越高，已成为国际社会面临的严峻挑战和危及国际社会安全与稳定的突出问题，而建筑也正是作为历史事件的见证而存在的，记录

---

① 吴宗宪. 西方犯罪学史 [M]. 北京：警官教育出版社，1997：704.

② 同上。

了国际犯罪的严重危害性。国际犯罪至少包括28种[①]，分为三类：危害人类安全和和平的犯罪、破坏国际秩序的犯罪、危害公共利益的犯罪，它们大多与石头的史书——建筑密切相连。本文从三类国际犯罪中各选一种——国际恐怖犯罪、非法获取和使用核材料罪和战争罪加以论述。

国际恐怖犯罪的出现是20世纪国际犯罪的基本特征之一。国际恐怖主义在我们这个时代表现的特点是，犯罪数目上升（据美国估计，1983年至1986年间犯罪翻了一番）、悲惨和耸人听闻，犯罪目标重点放在国际政治舞台。国际恐怖主义早已有之，但直到1984年，国际刑警组织大会通过决议，把恐怖主义定义为："有组织的团体为引起恐怖而试图达到所谓政治目的而进行的暴力犯罪活动"，这是第一个国际组织所下的"恐怖主义"的定义[②]。国际恐怖犯罪通常是指种类不同的有组织犯罪集团有预谋的实施暴力或以暴力相威胁制造各种恐怖气氛，从而使其罪行易于得逞或使其侵害对象放弃抵抗，以实现其政治、文化、经济和社会目的的行为[③]。恐怖犯罪具有极大的残暴性，最常用的犯罪手段是爆炸。据估计全世界每年有近一半的恐怖犯罪活动是采用爆炸方式进行的，其中建筑物成为爆炸案的现象最为多见，而且多是重要的公共建筑物，如商贸城、大使馆等。手段包括：在房屋大楼安放手榴弹或在附近安放爆炸物，将埋设了爆炸物的汽车停放在机构大楼前，将内有爆炸物的行李安放在火车站或火车站行李寄存处等等[④]，这些爆炸案严重威胁着国际社会的安全和秩序，造成严重的人员和经济损失，并且其发生地多为重要的行政或经济、文化建筑物，使建筑物遭到重创，另一方面这些建筑物也成为这些历史事件的见证。

非法获取和使用核材料罪是指采取抢劫、盗窃等非法手段获得核材料或者

---

① 邓正刚在其著作《穿越时空的较量》中认为，已经出现的国际犯罪至少包括28种类型：（1）侵略罪；（2）战争罪；（3）反人类罪；（4）非法使用武器罪；（5）种族隔离罪；（6）灭绝种族罪；（7）种族歧视罪；（8）劫持人质罪；（9）贩卖和使用奴隶罪；（10）国际贩卖人口罪；（11）酷刑罪；（12）侵害国家受保护人员罪；（13）劫持航空器罪；（14）危害民用航空安全罪；（15）妨害国家航空罪；（16）海盗罪；（17）危害海上航行安全罪；（18）危害大陆架固定平台安全罪；（19）破坏海上电缆、管道罪；（20）非法使用邮件罪；（21）有组织犯罪；（22）毒品犯罪；（23）金融犯罪；（24）网络化犯罪；（25）环境犯罪；（26）国际恐怖犯罪；（27）非法获得和使用核材料罪；（28）毁坏、盗窃、非法转移国家和文物罪。

② 安德烈·伯萨尔德.国际犯罪 [M].北京：商务印书馆，1997：13.

③ 邓正刚.穿越时空的较量 [M].北京：法律出版社，2001：11.

④ 安德烈·伯萨尔德.国际犯罪 [M].北京：商务印书馆，1997：13.

非法使用或胁迫他人非法使用核材料，可能引起死亡、重伤或其他财产损失的行为。核材料由于本身拥有巨大的能量，一旦被用于军事目的，会产生巨大的杀伤力和破坏力；一旦被用于犯罪目的或不适当地加以使用，同样会对人类安全造成极大的威胁。因此，国际社会十分关注有关使用核材料的犯罪行为，尽管这类犯罪在国际上并不多见，但由于其潜在的危险性，国际社会普遍认为，应采取适当的手段和有效措施，务求防止和惩治这类犯罪行为。核材料的巨大危害可从二战期间广岛、长崎遭受的历史窥见一隅，其他尚不论，仅从建筑物的角度而言，危害就十分惨重。对日本遭受核袭击的调查表明，小型砖石建筑可能被冲击波卷走，并全部倒塌，一些住宅被冲击波毁坏，随后又被火烧毁。钢筋结构的工业建筑物的屋顶和墙壁被掀起来，只剩下歪歪曲曲的框架。在爆点附近，除了一些钢筋水泥建筑外，凡一切东西都被摧毁，电线杆从地面拔起，电线被扯断。许多离爆点较远看来是安全的建筑，经过仔细观察后发现内部一切都被摧毁，并被大火掠夺一空。这可能是冲击波间接作用和热辐射的结果。冲击波对所有建筑物破坏后还将大量砖头（以及其他石块）、玻璃、金属片和木块组成"飞片"，这些"飞片"对建筑物和其他设施造成严重的间接破坏，并造成大量的人员伤亡[①]。以多层钢筋混凝土建筑为例，日本曾于1903年遭受严重地震，其后规定所有大型建筑的高度不得超过100米，且能够防止地震破坏。广岛有许多按此规定建造的多层钢筋混凝土建筑，长崎少一些。此类建筑由于其结构坚固，遭核袭击后，外观很少遭到破坏，楼内却损坏严重，大部分是由于冲击波破坏窗户而引起楼内燃烧所致。两城市建筑物破坏情况如下图所示[②]。

原子弹轰炸前后广岛、长崎建筑物破坏状况图

城市	爆炸前建筑物的数目	烧毁（%）	全部破坏（%）	严重破坏（%）	总计（%）
广岛	76327	62.9	5.0	24.0	91.9
长崎	51000	22.7	2.6	10.8	36.1

战争罪亦指违反战争法规罪，它是指在战争和武装冲突中，违反国际社会

---

① 乔登江，朱焕金.人类的灾难——核武器和核爆炸 [M].北京：清华大学出版社、广州：暨南大学出版社（联合出版），2000：85.

② 乔登江，朱焕金.人类的灾难——核武器和核爆炸 [M].北京：清华大学出版社、广州：暨南大学出版社（联合出版），2000：86.

公认的战争法规则的行为。战争罪是1946年12月11日联合国大会决议所确认的《欧洲国际军事法庭宪章》第六条和《远东国际军事法庭宪章》第五条规定的战争犯罪中的一种。按照上述宪章的规定，战争罪是违反战争法规和惯例的行为，因此违反应包括但不仅限于对所占领土内的居民的杀害、虐待，使其从事奴隶劳役或者其他任何目的的放逐，对战俘或海上人员的杀害、虐待，劫掠公私财物，任意破坏城市、集镇或乡村，或从事非军事需要的其他蹂躏。除此之外，还包括，在没有证据证明的情况下，利用历史纪念物、技术品或礼拜场所以支持军事努力并在这类物体内部署军事目标，使特别安排如在主管国际组织范围内的安排保护的、构成各国人民文化或精神遗产的、公认的历史纪念物、艺术品，或礼拜场所成为攻击对象，其结果使历史纪念物、艺术品或礼拜场所遭到毁坏①。历史证明，战争、大动乱对城市和建筑的摧残十分严重，世界史上一战、二战对城市建筑的打击几近于灾难性的摧毁。若从我国历史来看，则表现得更为明显。在我国，战国以后的城市由国家根据政治需要设立而不是随经济的需要自然发展起来，所以，我国古代城市特别是大城市的兴衰，往往取决于它们在政治上的重要性，且政治上越重要越容易成为战争中的必争之地，所受的打击越严重。东汉末年，大军阀董卓焚毁洛阳城，胁迫献帝西迁长安，洛阳居民也被迫迁徙，沿途积尸累累，一直到魏文帝时，中原一带仍人烟稀少，昔日繁华的都城洛阳附近仍树木成林，田芜罕耘，建筑稀见。唐代长安人口近200万，唐末以及五代动乱，对以长安为中心的经济富庶地区的打击也最为猛烈，长安从此没落。开封在盛唐时不过是个周围8.3公里的小城，唐末发展成为周围五六十公里的城市，宋代以开封为都城，它成为全国经济最繁荣的地区，城方圆达193公里，11世纪末人口达百万以上。但经过大动乱，公元1330年，开封人口只有九万人，周围8.5公里，倒退到六百年前盛唐时开封市的规模了②。可见，战争对城市、建筑以及居民的影响之大。

为了预防和控制这些超出意识形态、经济和文化制度的国际犯罪，国际社会在不同的法域范围内签署了一系列的国际条约、协定，界定了有关国际犯罪的构成，确定了双边或者多边安全型的原则，以及联合预防和控制国际犯罪的具体措施，与此同时，各国各地区又各自在其域内法中设定了相应的刑事法条款。控

---

① 张智辉.国际刑法通论[M].北京：中国政法大学出版社，1999：162.

② 金观涛，刘青峰.兴盛与危机：中国社会的超稳定结构[M].长沙：湖南人民出版社，1984：158.

制国际犯罪的国际化原则、规则和制度已经成为国际法的一个发展最为迅速的分支——国际刑法，其显要任务是预防、禁止和惩治国际犯罪。国际司法协助的发展使得具有"软法"之称的国际刑法具有了越来越多的"硬法"的因素[①]，从而形成了一个虽然松散但却十分庞大的国际刑事法律体系，这对于预防和控制国际犯罪，维护国际社会的正常秩序，保护人类社会的安全与秩序稳定，促进世界各国的共同发展，起了很大的作用[②]。不仅如此，国际刑法学家和犯罪学家也开始探讨和推进一种新的刑事政策，以有效地推动国际社会刑法和刑事司法改革的进程来达到预防和控制国家犯罪的目的，社会防卫论应运而生。

20世纪的国际犯罪已成为国际社会面临的严峻挑战和危及国际社会安全与稳定的突出问题，在世纪末和新世纪初已显现出复杂多样的局面。犯罪的预防是治理犯罪的最根本途径，社会学和犯罪学的许多研究成果都已表明，犯罪的根本在于社会。犯罪是生态失去平衡所造成的，如果要恢复平衡，还必须依靠社会本身的努力[③]。可见，国际犯罪预防与控制的对象并非是孤立的犯罪行为本身，而是促成其犯罪行为生成的一切方面，正如犯罪学家李斯特所言，最好的社会政策就是最好的刑事政策，社会防卫论应运而生。社会防卫论是20世纪40年代在欧洲大陆国家兴起的一个以强调社会免受犯罪侵害、对犯罪人进行再社会化和实行人道化的刑事司法改革的理论流派。这个理论流派学者们的理论学说，被称为"社会防卫论"，同时由于这个学派的代表人物不仅从事理论研究，而且强调对刑事立法、刑事司法、和社会环境进行改革，因此，又被称为"社会防卫运动"。新社会防卫论是社会防卫发展中所出现的刑事政策运动，它提倡人道化的改革刑法和刑事司法制度有效地推动了国际社会刑法和刑事司法改革的进程，在国际上产生了深刻的影响。

二战后社会防卫思想成为刑事政策学的主要思想潮流，从二战中解放出来的西欧国家，在经历了一场专制制度（法西斯主义制度、国家社会主义制度和战时立法）的考验后，重新开始注意社会防卫思想，并在这种思想的指导下，研究在新的社会环境下如何发展社会防卫学理论及进行刑事司法改革的问题。在这种形势下，于1945年领导成立了社会防卫研究中心，使社会防卫学派得到了最初的

---

① 邵沙平，余敏友. 国际法问题专论 [M]. 武汉：武汉大学出版社，2002：209.

② 邓正刚. 穿越时空的较量 [M]. 北京：法律出版社，2001：3.

③ 邓正刚. 穿越时空的较量 [M]. 北京：法律出版社，2001：167.

重要承认。1948年联合国在维也纳成立社会防卫科，意味着社会防卫学派的学说和社会防卫运动得到了政治组织的承认，大大推动了该学说及运动的发展。[①]1950年为与战前德国刑事政策派的社会防卫论加以区别，马克·安赛尔在第12次国际刑法及刑事事务会议上，作为德国代表，做了题为《人道的社会防卫》的报告，提出了"新社会防卫论"[②]，其在与格拉马迪卡代表的社会防卫论的论战中得到越来越多人的拥护，并多次得到国际社会防卫大会的正式确认，新社会防卫思想已基本上代表了社会防卫思想。马克·安塞尔是新社会防卫论的主要代表人物，其主要贡献是提出了比较缓和而更加现实的社会防卫学说，大大推进了社会防卫学说的应用。

安赛尔在《新社会防卫论：人道主义的刑事政策运动》中，提倡应该适应战后新形势开展刑事政策运动的研究，并提出了一种改革刑法和刑事司法的新途径[③]：一方面更加强调人道主义、保障人权的观点，即防卫社会必须以人道主义为核心；另一方面积极把人类各种科学的新成就纳入刑事政策的实践活动之中。主要内容可以归结为以下五点：1. 新社会防卫论的宗旨是保护社会。"将与犯罪作斗争视为社会所面临的关键性任务之一，同犯罪作斗争的各种手段应当看作保护社会、社会成员以及反对进行犯罪的冒险，而不是对人的惩罚。"2. 新社会防卫论的中心是研究犯罪问题，将犯罪问题与预防犯罪相联系，并利用一系列通常不属于刑法本身的措施以有效地保护社会。[④] 3. 新社会防卫论倡导这样一种刑事政策：以对犯罪人的个人预防为着眼点，以犯罪人重新社会化为目的。安塞尔所提倡的社会防卫论是一种积极主动地防卫，主张从国家利益的观点来实行刑事政策，认为国家有义务使陷入犯罪的人复归社会。4. 新刑法的"人道化"应成为一种发展趋势，也就是对西方现行的刑罚制度进行"人道化"改革，改革的内容应以恢复犯罪人的自信和个人责任感作为前提[⑤]。5.刑法和刑事司法的人道化要以对犯罪现象和犯罪人人格的科学理解为基础[⑥]。综上，新社会防卫论的根本目标是：

① 吴宗宪.西方犯罪学史 [M].北京：警官教育出版社，1997：876.

② 肖剑鸣，皮艺军.犯罪学引论 [M].北京：警官教育出版社，1992：70.

③ 吴宗宪.西方犯罪学史 [M].北京：警官教育出版社，1997：881.

④ 肖剑鸣，皮艺军.犯罪学引论 [M].北京：警官教育出版社，1992：69.

⑤ 肖剑鸣，皮艺军.犯罪学引论 [M].北京：警官教育出版社，1992：71.

⑥ 康树华.犯罪学：历史·现状·未来 [M].北京：群众出版社，1998：285.

建立以犯罪学为指导的刑法和刑事司法体系，从而有效地保护社会免受犯罪的侵害，将犯罪人转变为守法的公民。

新社会防卫论具有许多优势：1. 与时俱进性。新社会防卫思想与客观世界的发展、人的主观要求的演变是密切相连的。2. 科学的批判性。社会防卫思想的第一个特征就是它的反教条主义即科学的批判精神。3. 新社会防卫论在研究范围、研究方法和研究主体上体现出综合性。它综合运用各种方法将犯罪学、刑法学、刑事诉讼法学、监狱法学等各种学科的知识和方法结合起来，综合性地研究如何更好地运用刑罚，改革刑法和改革刑事司法体制，而且还研究了犯罪人的再社会化，替代刑法的措施和预防犯罪的种种问题[①]。4. 实践性。新社会防卫论的代表人物不仅从事理论研究，而且强调对刑事立法、刑事司法、和社会环境进行改造和完善，所以社会防卫首先是一场改革运动。其倡导大力开展改革刑法和刑事司法的实践活动，以促使其主张的实现，组织开展了旨在帮助和释放犯罪人重归社会的再教育运动，又称为"再社会化"；并倡导研究有效的再教育和再社会化的方法，这些活动产生了巨大的影响，尽管效果不如预期的那样好，但的确大大推进了社会防卫论的发展[②]。除此，社会防卫思想在产生之初就超出了一国的界限，致力于国际合作，发展与国际组织的交流，积极影响联合国在刑事司法领域内的活动，努力促使许多国家刑法和司法改革，力图超越各国的本位主义，大力推行全球刑事立法和刑事司法的科学化和人道化，并在20世纪后半期掀起了一场影响广泛的全球性的社会防卫运动。

---

① 吴宗宪. 西方犯罪学史 [M]. 北京：警官教育出版社，1997：874.

② 卢建平. 社会防卫思想 [J]. 刑法论丛，1998（1）.

《联合国反腐败公约》与腐败犯罪预防机制的一般理论 ①

　　内容摘要:《联合国反腐败公约》本身和我国加入反腐败公约的政府决策,对腐败犯罪预防机制的贡献在于从法律规范的角度对这种机制的肯定。条件控制和成本控制是两种基本的腐败犯罪预防机制的作用机理。目前腐败犯罪预防机制的制度性机制则呈现出法律化、统一化、专门化和专业化的发展方向。就腐败犯罪预防机制的主要途径而言,各种腐败犯罪的预防机制大都以经济手段和政治手段作为基本的控制性手段,是实现腐败犯罪预防的条件控制和成本控制的主要方法。而腐败犯罪预防的刑事政策机制作为一种具有开放性的问题解决机制,也是建立完善的腐败预防机制的必需部分。

　　关键词:《联合国反腐败公约》　腐败犯罪预防　一般性作用机理

　　2005年10月27日,第十届全国人大常委会第十八次会议审议并批准了《联合国反腐败公约》(以下简称《公约》)。加入《公约》,对我国以反腐败为内核的相关犯罪控制有着重大的影响和政策指向作用,标志着我国政府向国际社会昭示的反腐败承诺和治理腐败问题的决心。《公约》确立了反腐败的5个基本机制,包括预防机制、刑事定罪和执法机制、国际合作机制、资产追回机制、履约监督机制。除了履约监督机制作为国际条约的特殊需要之外,其他四种反腐败机制是我国政府第一次在法律、国际法中,明确对腐败犯罪的控制性机制做

---

　　①　此文原载《烟台大学学报》(哲学社会科学版)2007年第3期,与李文伟合作。

出肯定性的规范性规定和政治回应。这几种犯罪控制机制，为我国反腐败法律体系增加了国际刑事法性质的法律渊源，以及相关的履行义务和规范约束力。

《公约》本身和我国加入反腐败公约的政府决策，对腐败犯罪预防机制的贡献重点在于从法律规范的角度对这种机制的肯定。之前腐败犯罪控制机制的注意重点，大多属于政治性的号召和学术建议，没有上升到法律规范和法律渊源的高度，也没有履行义务和规范约束力。对腐败犯罪控制机制的规范性肯定，是我国反腐败立法、反腐败斗争法律化、专门化过程的开端。另一方面，作为一项国际性公约，《公约》在具有纲领性和规范性的双重意义的同时，囿于缔约国主权坚持和各国的具体情况，对腐败犯罪控制机制的肯定，其纲领性意义大于法律科学所要求的规范性意义；其具体程度和针对各国国情的特殊处理，仍需要缔约国进一步完善，这也是条约履行义务的应有含义。

《公约》中关于腐败犯罪的预防机制，主要有8个方面：一是规定专门的预防腐败机构，制定和执行协调有效的反腐败政策，定期对反腐败的相关法律、措施进行评估以确定是否有效；二是建立科学的非选任公职人员的管理制度，规定公职人员的廉政制度，并建议以技术性手段，比如给予公职人员充分的报酬和防止利益冲突的方法，降低腐败发生率；三是建立以透明、竞争、客观为标准的公共采购制度，维持公共财政管理制度的公开、透明；四是简化行政程序，建立公众与国家机关的联系管道；五是建立和完善司法腐败预防机制；六是针对私营部门的腐败，制定私营机构廉洁的标准和程序，防止利益冲突，形成良好商业惯例；七是促进社会参与，开展反腐败的公共宣传活动；八是打击洗钱活动，加强反洗钱犯罪的国际合作。

这8个方面对缔约国腐败犯罪的预防机制提出了纲领性要求，我们首先要从这些纲领性要求中抽象出腐败犯罪预防机制的一般性规律，以期对符合我国国情的腐败犯罪预防机制进行构建和规范。其次，如上文所述，《公约》对腐败犯罪预防机制的贡献重点在于从法律规范的角度对这种机制的肯定，其纲领性意义大于法律科学所要求的规范性意义，这就需要将这种肯定性态度和纲领性要求进一步转化为具体的犯罪控制措施，做出符合法律科学规范性要求的制度化、法律化反应。相应的，对腐败犯罪预防机制进行一般性的延伸研究，为条约的履行和目的性实现提供参考，也是犯罪学研究的责任所在。

一、腐败犯罪预防机制的一般性作用机理

腐败犯罪预防机制的一般性作用机理是指腐败犯罪预防机制发生作用的基本原理。从机制内部因素相互联系的角度，对此能够得到更好的解读。理论上可以分为目的性联系和功能性联系。目的性联系是指犯罪预防机制和希望达到的犯罪预防目的之间的联系，是一种纵向联系，多表现为条件和结果的关系。功能性联系是指犯罪预防机制中，能够实现某种功能的组成部分之间的横向联系，多表现为条件关系。

据此，腐败犯罪预防机制的一般性作用机理，从犯罪控制的角度而言，针对犯罪控制客体的条件控制和成本控制是两种基本的作用机理。条件控制利用了犯罪预防机制中的功能性联系，通过减少犯罪机会、增强犯罪预防机制内部配合的健壮性、减少机制漏洞、增加犯罪成功[①]的条件等途径，增大实施犯罪成功的难度，降低犯罪成功率，尽可能为刑事侦查存留更多的常规性线索，降低犯罪黑数。成本控制利用了犯罪预防机制中的目的性联系，通过调整条件和结果之间的比例关系，阻断由存有实施犯罪的条件向犯罪成功的转化。犯罪预防机制的成本控制，充分利用了犯罪人实施犯罪的几项基本规律：第一，实施犯罪的主体。无论是自然人犯罪还是单位犯罪，实施犯罪的最基本的单位是人。犯罪人必然存有一定的犯罪心理。第二，某些犯罪，在其犯罪心理的自我决策过程中，犯罪成本的决策是必然内容。腐败犯罪则是这类犯罪中的典型。第三，犯罪人心理的自我决策受制于犯罪的心理成本，犯罪的心理成本是可以被控制的。犯罪的心理成本控制是犯罪预防的主要途径之一，此外，通过理顺反腐败司法体系的运作机制、增强司法权威等手段，降低司法成本，也是犯罪预防成本控制的主要途径。

作为一般性作用机理的条件控制和成本控制，并非集合性质的两个不同范畴，而是一般性作用机理的一体多面，大多数具体的犯罪控制机制都运用了这两种一般性机理。这也是我们从理论上将其抽象出来的原因。

---

① 此处在犯罪学中所言"犯罪成功"与刑法学中的犯罪既遂概念有所不同。犯罪既遂是指从刑法规范角度，在刑事诉讼过程中，认定行为人的行为符合刑法规定的犯罪完成之构成要件。此处"犯罪成功"是指从犯罪学的事实角度，犯罪人对自己的行为结果和本来所持犯意的主观肯定性认定。大多数"犯罪成功"的行为包含了犯罪既遂的情况。而有的"成功的犯罪"，从刑法上而言，根本就不属于犯罪，比如低于刑事责任年龄人群的犯罪等。而"最成功的犯罪"则是没有被刑事司法制裁的，甚至不为人知的犯罪黑数。

二、腐败犯罪预防的制度性机制

腐败犯罪预防的制度性机制，包含三层含义：第一层含义是指在腐败犯罪的预防机制中，存有若干的具体制度。这些制度可能分属于不同的体系，比如公务员制度、刑事诉讼制度、政党内部的监察制度等，也包括国家的某些上位制度，比如立法制度——世界各国惩治腐败犯罪的法律化潮流，离不开立法制度对反腐败的积极关注与重视。腐败犯罪的预防机制要发挥作用，必须依赖和利用这些具体的制度。第二层含义是腐败犯罪预防的制度性机制具体需要哪些具体制度的参与，现有的哪些制度可以纳入腐败犯罪预防的机制，为完善犯罪预防机制还需要建立哪些制度。比如，关于公务员的财产申报制度，特别针对腐败犯罪的非任意性侦查制度（典型的是银行的保密制度和司法取证），都是在这个层面的讨论之中。第三层含义是腐败犯罪预防制度性机制的核心内容，主要是指腐败犯罪所设立的制度或具有反腐败犯罪功能的制度之间如何形成紧密的联系，如何相互配合协作，避免各自为政，形成共同预防腐败犯罪的顺畅机制。比如在我国，"腐败分子"在党内的纪律监察机关的认定和腐败相关犯罪的"刑事犯罪人"在刑事司法中的认定的联系；对"腐败分子"的党纪处分、对腐败相关犯罪的"刑事犯罪人"的刑事责任承担和公务员制度中的处分措施，以及某些行业内的竞业禁止之间的相互联系；惩治腐败犯罪的国际协作等，都是在此层面需要进一步探讨的内容。综合以上三层含义，目前腐败犯罪预防机制的制度性机制有以下几种发展方向。

（一）法律化发展方向，或者法律渊源的多样化发展方向

首先，预防腐败的政治性号召和政策性措施，转化为有着更高效力、更强稳定性的反腐败法律。大多数国家并没有简单地在《刑法》[①]中采取针对腐败行为的刑罚扩大化的方法，而是通过将反腐败的政治性号召和政策性措施法律化的途径，预防和惩治腐败犯罪。其次，出现了专门针对腐败犯罪的反腐败法律，由国家立法机关颁布反腐败单行法是典型的做法。再次，惩治腐败犯罪的法律渊源多样化，腐败行为的惩治性措施，不再仅仅只存在于刑法典之中；腐败犯罪的一般预防[②]不再仅仅由刑法来承担。第四，不仅仅有实体性的反腐败法律，也发展出

---

① 限于成文法国家。而不成文法国家也并不影响反腐败单行法的颁布。

② 此处的一般预防，指的是刑法学意义上的一般预防。

了众多的程序性反腐败法律。在某些反腐败单行法中，混合了程序性和实体性法律的特征。

腐败犯罪预防制度性机制的法律化发展方向，各国有着众多的立法例。比如英国1883年颁布的《净化选举、防止腐败法》，1889年颁布的《公共机构贿赂法》，1906年和1910年分别颁布的《防止贿赂法》；美国1971年颁布的《联邦竞选法》和《海外贿赂法》，1987年颁布的《政府道德法》；印度1947年和1988年分别颁布的《防止腐败法》；新加坡1970年颁布的《防止贿赂法》，1988年颁布的《没收贪污所得利益法》；泰国1975年颁布的《反贪污法》，1981年颁布的《关于官员申报资产和负债的王室法令》；韩国1981年颁布的《韩国公职人员道德法》；菲律宾1989年颁布的《公共官员与雇员品行道德标准法》；马来西亚1961年颁布的《防止腐败法》；文莱1982年颁布的《防止贿赂法》；南非1991颁布的《严重经济犯罪调查法》（Investigation of Serious Economic offences Act）。

（二）统一化的发展方向

腐败犯罪预防制度的统一化是建立腐败犯罪预防机制的核心要求。只有加强犯罪预防制度的统一化，才能够使针对腐败犯罪所设立的制度或具有反腐败犯罪功能的制度之间形成紧密的联系，避免各自为政，减少不必要的冲突，形成共同预防腐败犯罪的顺畅机制。腐败犯罪预防制度的统一化，主要表现为建立稳定的反腐败法秩序、建立不同框架内反腐败制度的协同机制、建立反腐败国际协作机制。

首先，建立稳定的反腐败法秩序，是腐败犯罪预防法律化的产物。由于多种单行法的颁布、法律渊源的多样化，反腐败法律之间出现法律冲突的可能性也随之增加。从腐败犯罪预防法律化的目的来讲，也必须建立稳定的反腐败法秩序。

其次，建立稳定的反腐败法秩序，不仅仅是针对实体法而言，也包含着反腐败相关程序法和程序性规定。尤其是反腐败的特别法与作为普通法的刑事诉讼法的冲突与协同问题，反腐败的特别法与上位法（比如宪法中的人权条款）的冲突与协调问题。

再次，建立稳定的反腐败法秩序，不仅仅是针对成文法或者不成文法而言，其一个主要的重点在于不同框架内的制度性协调。尤其是不同领域内的制度性冲突，往往超出了相关法律关系的范围，需要建立另外的协调性机制。比如作为社会团体的执政党的党内监察制度与国家反腐败法律制度的冲突，则需要多方的协调。如何建立这种协调性机制，有多种手段，如设立专门的协调性、权威性组织机构，建立国家宪法法院的违宪审查机制，依赖执政党的内部政策调整，等等。

最后，建立反腐败国际协作机制是一种有效的腐败犯罪预防机制，对于有逃避管辖企图的腐败犯罪有着明确的针对性，可以非常有效地起到犯罪预防作用。《公约》中明确倡导建立反腐败国际协作机制，也是腐败犯罪预防制度统一化发展方向的具体体现。

（三）专门化和专业化的发展方向

腐败犯罪预防的专门化和专业化是腐败犯罪预防统一化的现实要求。需要进一步说明的是，腐败犯罪预防的专门化和专业化不是"达标"性质的建立某些制度、满足某些条件、形成某种机制，而是腐败犯罪预防的目的性要求，重点在于"更加"专门化和"更加"专业化。一些国家尽管已经设立专门的反腐败机构，颁布了专门的反腐败法律，配置了专业的反腐败人员，但面临日益多变的、更加隐秘的、更加国际化的腐败犯罪，建立和完善"更加"专门化和"更加"专业化的腐败犯罪预防机制，是永远不会过时的发展主题。腐败犯罪预防的"更加"专门化和"更加"专业化主要表现为机构专门化、权威化；法律中针对腐败犯罪的分类科学化、具体化[1]，增强腐败犯罪预防机制的针对性等[2]。

三、腐败犯罪预防的手段性机制

从腐败犯罪预防的途径而言，主要包含经济手段和政治手段两种基本机制。这两种手段是腐败犯罪预防的主要手段，各种腐败犯罪的预防机制大都以此作为基本的控制性手段。通过经济手段和政治手段实施的腐败犯罪预防，充分利用了腐败犯罪预防的一般作用机理，是实现腐败犯罪预防的条件控制和成本控制的主要方法。而国家采取有针对性的政治手段和经济手段的预防理念及措施，形成了能够整体运作的手段性机制。

腐败犯罪预防的这两种手段性机制，表现形式多样，可以以政治理念、制

---

[1] 日本刑法将受贿罪分为若干种，其中根据受贿的时间、途径、手段、情节，是否枉法的不同，将其分为单纯受贿罪（日本刑法197条1项）、事前受贿罪（日本刑法197条Ⅱ项）、第三者供贿罪（日本刑法197条之2）、事后受贿罪（197条之3之Ⅲ项）、枉法受贿罪（日本刑法197条之3之1项）以及斡旋受贿罪（日本刑法197条之4）等。

[2] 建立反腐败国际协作机制，有针对性地及时调整腐败犯罪控制机制，得益于腐败犯罪控制的专门化和专业化。

度、法律的形式出现，也可以以监督、教育、舆论的方式出现。现代国家，多采用"分权"的方式，避免权力格局的高度集中，减少腐败犯罪产生的可能性。资本主义国家的三权分立制度，我国的人民代表大会制度，其设计初衷都包含着预防腐败犯罪的目的。国家权力分属多个部门，利用各个部门职能的相互制约，来减少腐败犯罪产生的可能性。在机制形成方面，各国通过建立专门反腐败机构、颁布反腐败法律、进行有利于反腐败的政治改革等政治性手段，建立腐败行为的预防机制。

在国家文官制度中规定官员、公务人员腐败行为的严厉政治性消极后果，是利用政治手段预防腐败犯罪的核心机理。因为并不是所有的腐败行为都是腐败犯罪，刑事司法有着严格的规范性，某些腐败行为，由于主体、数额、情节、取证、证明等实体和程序的原因，没有进入刑事司法的范围，这就存在一定数量的处于灰色地带的腐败行为。规定腐败行为的严厉政治性后果，能够有效控制这部分腐败行为，及时停止发现的腐败行为，减少损失，实现对腐败犯罪的有效预防。此外，较之一般的腐败行为，腐败犯罪导致的更加严厉的政治性消极后果，也有利于反腐败法律秩序的统一。

公务员的财产登记和申报制度是利用经济手段进行犯罪预防的典型。违背财产登记和申报制度的严重后果和公务员的养廉制度，是从正反两个方面利用经济手段进行腐败犯罪的预防。《公约》在腐败犯罪的预防机制部分明确提出，建立公职人员的廉政制度，以技术性手段给予公职人员充分的报酬和用防止利益冲突的方法降低腐败发生率，就是充分肯定了通过经济手段的犯罪预防机制。

四、腐败犯罪预防的刑事政策机制

腐败犯罪预防的刑事政策机制是一种问题解决机制。腐败犯罪预防的刑事政策[①]机制较之前述两种机制，有着更强的灵活性和开放性，需要根据腐败犯罪预防的形势变化及时调整，指导立法、司法改革和相关制度改革。由于我国目前腐败犯罪预防机制尚不成熟，腐败犯罪预防的刑事政策机制很大程度上是一种问题解决机制、改革机制。如何发现我国腐败犯罪预防机制的缺陷，建立何种机制能将发现的问题迅速传递到决策层和立法机关，如何建立高效的有针对性的犯罪预

---

① 在此采用广义的刑事政策概念。

防机制，如何改革现有的犯罪预防机制，是刑事政策机制的主要任务。简言之，就是要在反腐败决策过程和立法过程中，建立一种发现问题、反映问题、解决问题的机制。腐败犯罪预防的刑事政策机制与犯罪学研究、刑事法学的研究有着共同的目的与紧密的联系，能够更好地体现犯罪学研究、刑事法学研究的意义。《公约》第五部分的"履约监督机制"也对刑事政策机制的建立提出了要求。

腐败犯罪预防的刑事政策机制是一种开放性机制。不同的观察角度和出发点会有不同的方案提出，现有的刑事政策也要根据反腐败形势不断调整。根据腐败犯罪预防的一般作用机理，腐败犯罪的预防应该重点针对腐败犯罪的具体特点。腐败犯罪具有较强的隐蔽性，对此应该设立和完善举报制度，加强对举报人和刑事诉讼中证人的保护。腐败犯罪具有明显地对人性，大多在多方关系中进行，对此应该利用多方关系中的矛盾，鼓励案内人举报，认可腐败犯罪同案犯向证人的转化。腐败犯罪主体是政府官员和公务人员，其手中掌握的公权力，既是寻租的标的，也是腐败犯罪心理成本的重要砝码。因而司法权力有效地对公权力进行制约和控制，是腐败犯罪预防成本控制的主要手段之一，这就需要改革司法的地方化、行政化等现实问题。根据我国政治制度的特点和党建理论，腐败犯罪的预防也要加强对腐败犯罪主体的思想政治教育，加强党性修养的教育和考核，加强干部管理等。

腐败犯罪预防的刑事政策机制作为一种具有开放性的问题解决机制，能够适应腐败犯罪国际化、有组织化的形势需要，是建立完善的反腐败预防机制的必需部分。各国具有不同的社会制度和刑事法文化，对腐败犯罪的预防手段和方式也有很大区别，《公约》的出台，体现了加强腐败犯罪控制的国际交流、国际合作的趋势，也是刑事政策国际化、适应价值多元化的一种体现。

"染色体异常"与犯罪学研究 [①]

内容摘要：现代犯罪生物学认为，个人的遗传因素与其犯罪行为之间存在着密切的联系。20世纪60年代，西方有学者将医学尤其是精神病学，遗传学中的方法应用到犯罪学的研究中，发现性染色体异常可能是犯罪人暴力犯罪行为产生的诱因，并试图进一步揭示它们之间的关系。这种理论在当时的犯罪学界曾经风靡一时，也引发过激烈的争论，对社会生活也产生了很大的影响。虽然随着人类行为遗传学的发展，这种理论在今天看来是不成熟和不严谨的；但是它开辟了犯罪学一个重要的研究领域，引发了越来越多的人从染色体和基因方面去更深层次的寻找犯罪的根源，在人类认识犯罪和预防犯罪的道路上进行了宝贵的探索。

关键词：染色体异常 犯罪

以龙勃罗梭为代表的实证主义学派独特的研究方法，一直对西方犯罪学的理论研究产生着重要的影响。在"天生犯罪人论"遭到了广泛的批判和指责之后，以人的生物性特征为主要研究内容的犯罪生物学派又提出了犯罪具有遗传天性的勇敢假说。20世纪60年代，对犯罪遗传基因的研究进入了被称为染色体的新领域，这方面的研究主要集中在男性性染色体异常与犯罪之间的关系上，在解释犯罪原因时提出了染色体异常理论。这种理论认为，犯罪行为产生的原因应归结为犯罪人与正常人相比，其染色体呈现异常状态。生物学研究表明，人体的染色体总量是固定的，一般有46个，其中44个为常染色体，另外两个为性染色体。"X"

---

① 此文原载2007年《中国犯罪学研究会第十六届学术研讨会论文集（下册）》。

为女性染色体,"Y"为男性染色体,一般男子正常染色体的配合形式是 XY,女子是 XX。当个别男子染色体多了一个 Y,呈现 XYY 型时,称之为强男性,即为不正常。多出的一个染色体畸变容易导致犯罪行为,这种男性一般带有攻击性,易犯暴力和性方面的犯罪[①]。

一、研究背景

染色体有性染色体与常染色体之分。在人类,性染色体是指 X 和 Y 染色体,而基因则是位于染色体上的遗传功能单位。由性染色体上的基因决定的性状在遗传时常与性别有关,这被称为伴性遗传[②]。

一般来说,每个物种的染色体组都是稳定的、内在平衡的,每条染色体都有不可替代的功能。根据 1960 年国际遗传学会的决议,人的染色体被确定为:女性 22 对 AA+XX,男性 22 对 AA+YY,共计 46 条,其中 44 条为男女相同的常染色体,另外两条是男女互异的性染色体[③]。染色体结构和数量的改变,必然导致遗传物质的不平衡,危及生物的生存、生育能力,以及产生诸多畸变。染色体病就是由于染色体畸变,包括染色体数目和结构的改变所导致的遗传病,目前已知这类遗传病有 500 多种,其中 75% 为性染色体异常,25% 为常染色体异常。睾丸发育不全综合征(47,XXY)、性腺发育不全(45,XO)是最常见的性染色体异常遗传病。

关于染色体异常与犯罪之间关系的研究始于 20 世纪 50 年代后期,60 年代后期达到了高潮。早期一些零星的研究试图了解染色体异常与某些疾病的关系。同时,间接地把染色体异常与反社会行为联系起来。而专门将男性性染色体异常与犯罪联系起来的研究,是在美国的监狱和鲍斯特机构(Borstal institutions)中开始的。

其中最先受到研究的是 XYY 型男性染色体异常。1961 年,桑德伯格(A.A.Sandberg)等在《柳叶刀》杂志(第 219 卷)上发表题目为《性染色体》的论文首先报道了 XYY 性染色体的存在。他们报告说这种男性没有什么特殊的症状,智力属于中等,没有诉说有心理或犯罪方面的异常,但是却很难使不同的雇主感到满意。大约在同时,凯西(M.D.Casey)和他在谢菲尔德(Sheffield)的同

① 唐磊. 犯罪学 [M]. 成都:四川大学出版社,2000:129.

② 张惟杰. 生命科学导论 [M]. 北京:高等教育出版社,2000:114.

③ 张筱薇. 比较外国犯罪学 [M]. 上海:百家出版社,1996:129.

事们在英格兰的莫斯·撒萨德（Moss Side）和兰普顿（Rampton）医院的研究中，第一次注意到 XYY 男性在犯罪人中有很高的比率。这也是第一次将 XYY 染色体异常与犯罪联系了起来。

1965 年雅各布斯和她的同事们在《自然》杂志上发表了题目为《攻击行为、亚正常与 XYY 男性》的论文，在这篇文章中他们发现：XYY 性染色体异常的比率相当高；初次犯罪年龄也比一般犯罪人年龄小；XYY 男性的平均身高明显高于同一机构中性染色体正常的男性。但并没有发现 XYY 性染色体异常的家族中有明显多的精神病史和犯罪史，排除了环境决定论者关于社会和家庭引起了 XYY 染色体异常的反社会的观点。他们将凯西等人的研究和他们在苏格兰的精神病院中的研究做了比较，得出了这样的假设：其一，第二个 Y 染色体可能是促使这种男性犯罪的重要因素；其二，有可能在收容精神病犯罪人的特殊医院中发现 XYY 男性。

他们的研究，引起了人们进一步探讨 XYY 性染色体异常与犯罪的关系问题，许多人试图在研究中证实或反驳雅各布斯等人的观点，引起了一系列这方面的研究。许多犯罪学著作都把雅各布斯等人的研究当作 XYY 性染色体异常与犯罪方面研究的开端。1967 年，英国医学研究委员会在其《医学研究委员会年度报告》（1966 年 4 月—1967 年 3 月）中指出，在一些犯罪人中发现 XYY 男性有较高的出现率，这可能有助于开辟人类行为遗传学的一般研究。从而使有关 XYY 性染色体异常与犯罪的研究又掀起了一个高潮，在世界范围内产生了重要影响[①]。

自从 1961 年关于 XYY 染色体异常的报道公开后，以后的研究似乎在进一步证实 XYY 男性具有暴力和犯罪倾向。20 世纪 60 年代，在新闻媒介和犯罪学专业文献中，把染色体结构异常作为解释犯罪成因的尝试成了一个热门的话题，甚至被写进了一些法学院的教科书里。人们开始习惯于将 XYY 染色体异常与攻击性行为联系在一起。当时认为患有性染色体异常的男女都会有异常行为的倾向，并且他们常常会因此被送入监狱或精神病院。到 20 世纪 60 年代中期人们已经习惯于称 XYY 染色体为犯罪染色体（criminal chromosome）。于是有人开始将此类在基因遗传方面存在缺陷的人划分为"基因劣等人"，并由此猜测将会产生一个犯罪阶层。这种歧视带来的压力引起了一系列的恐慌，一些 XYY 染色体异常的人甚

---

① 吴宗宪.西方犯罪学史[M].北京：警官教育出版社，1997：404-407.

至组成了一些自助小组和民间慈善机构来进行自救。人们认为，社会的不平等比起基因的不同来更能决定人类的行为，而且生物学决定论者的观点更能产生歧视而不是帮助那些有缺陷的人。由此也产生了一些被误导的政府政策，类似于在20世纪大规模的对于"劣等人"的绝育措施等，这项社会工程学措施虽然得到了立法的通过，但在日益高涨的犯罪率面前人们又不得不对这种过分简单化的生物学上的决定论模式产生了怀疑，因此也导致了人类遗传基因学在研究和发展上的暂时性间断。

当时的一些研究也试图调查 XYY 染色体组型在一般人口中的实际发生率和其与不正常的社会行为间的关系，并且试图在较大的范围内对新生儿做出染色体异常的标记来做更长期的跟踪调查，但由此却引起人权保护方面的冲突。最有代表性的例子是哈佛大学医学院1974年的这类试验，一些社会组织认为这项研究唯一的结果可能就是破坏社会的努力。他们征募到了其他一些关心儿童的社会安全和福利社会组织的支持，共同抗议这项研究的开展，并在新闻媒体上宣传，最终获得了成功，阻止了 Walzer 和 Gerald 还有其他研究者对新生儿做 XYY 标记的行为。

二、对刑事司法活动的影响

大量的有关 XYY 染色体异常与犯罪特别是暴力犯罪的关系的研究成果发表，对刑事司法活动产生了一定的影响。

在美国的有些州允许犯罪嫌疑人以 "XYY chromosome defense" 做无罪辩护。XYY 染色体辩护（XYY chromosome defense）指的是，在有的刑事案件中男性犯罪嫌疑人可以以具有一条多余的 Y 染色体为理由为自己做无罪辩护，即其犯罪行为的产生归因于这种遗传的畸形，由此所导致的攻击性行为是自身所无法控制的。1966年7月，24岁的查德·斯贝克（Richard Speck）夜间闯入芝加哥的一家修女院，残忍地杀害了八名见习修女。行为人的辩护律师以染色体组合结构的异常增强人的侵犯欲望，以他的委托人无责任能力，因而不能对其行为负责为由，要求法官对其委托人宣判无罪，被告未被判处徒刑，而是被送进了有关医疗机构[①]。但许多情况下法庭并没有采纳这种辩护理由。1968年在法国巴黎审判达尼埃尔·雨

---

① 　徐久生.德语国家的犯罪学研究 [M].北京：中国法制出版社，1999：74.

果（Daniel Hugon）时，他以有 XYY 性染色体异常为理由对杀人罪进行无罪辩护。但是法庭没有采纳这种辩护理由，并没有将他的杀人罪宣判无罪。但是在第二年劳伦斯·汉纳尔（Lawrence E.Hannel）在澳大利亚以精神错乱为理由进行了成功的辩护，使杀人罪被宣判无罪。汉纳尔在辩护中也出示了有关精神发育不全、异常的脑电图和颞叶癫痫的证据，这些证据增强了 XYY 染色体异常的说服力[①]。但是，在英国没有关于 XYY 基因遗传诊断的证据被法庭采纳的案例。

三、研究进展

后来在英、美和法国的进一步研究，没有证实这些资料所取得的结果[②]。1976年有研究说导致 XYY 男子更容易进监狱的原因在于他们较低的智商，以及更低的社会经济地位。有迹象表明那条多余的 Y 染色体在人的犯罪行为倾向方面没有任何影响。也有越来越多的研究发现 XYY 性染色体异常的男性不善社交活动行为发生的频率并不明显高于处于来自同样社会背景的正常男子。

另外当时发表于《柳叶刀》上的一篇社论也推测说预先关于 XYY 性染色体异常的男性具有更高的犯罪倾向可能是错误的，绝大多数的 XYY 性染色体异常的男性过着正常人的生活，以往关于这个问题的大量研究存在着方法论上的缺陷，而且其依据的数据也是不确切的。普林斯顿大学心理学家赫尔曼·威特金及其助手通过对丹麦的大量资料进行统计研究后发现，XYY 的人既不比正常人更具有攻击性，也不显示任何与其他丹麦人不同的特殊的行为模式，唯一反常的是他们的平均智力较，最简单的解释是，XYY 型的人被监禁的比例之所以较高，不过是因为他们不那么机灵，易被发现罢了[③]。

许多西方学者相信具有 XYY 染色体异常的人具有强烈的犯罪倾向，其主要原因在于这种染色体异常往往导致智能及其他精神、行为上的障碍而与犯罪行为发生关联[④]。比如在欧洲，第一个具有遗传畸形 XYY 的被判刑者但尼耶利·龙岗身上表现出许多值得注意的因素：他在4岁时患脑炎，神经病发作，出生时脊椎畸形，致使其活动能力遭到破坏，他成为兄弟姐妹和同龄人嘲笑的对象；在童年

① 吴宗宪.西方犯罪学史 [M].北京：警官出版社，1997：408.

② 凯泽.遗传与犯罪 [M].北京：群众出版社，1992.

③ E.O. 威尔逊.论人的天性 [M].林和生，等，译.台北：运流出版事业公司，1990：38.

④ 马宝善，黎智国.犯罪行为控制论 [M].北京：中国检察出版社，2002：87.

时他的心灵受到不能平复的严重创伤，成为他试图自杀的原因；他不可能受到职业训练，得不到某种固定工作，他15岁开始工作，从此就开始饮酒。俄国学者让·格拉温于1986年这样推定：关于染色体影响不可抗拒性问题已经淹没在各种复杂的不利因素中，对此不可能有一个明确而实在的回答[①]。

也有人认为就整体而言，XYY男性并不一定都存在智力障碍问题，但是如伴有智力障碍则会产生犯罪倾向，容易进行杀人和性犯罪，攻击性强，且不能自治[②]。1988年美国犯罪学家威廉·钱布里斯（William.J.Chambliss）在其《《探索犯罪学》》（Exploring Criminology）一书中，概括了以往的研究。他指出，尽管以往关于XYY男性特征的论述不一致，但是这些研究也发现了XYY男性所共有的一些特征：（1）XYY男性往往比XY男性高大；（2）XYY男性被宣判的犯罪更有可能是财产罪，他们实施的暴力犯罪比XY男性少；（3）XYY男性犯人的家庭中犯罪或精神疾病的历史往往比XY犯人的家庭少；（4）XYY男性在精神病院和刑罚机构中的出现率似乎比一般人高[③]。

英国2001年3月的《医学遗传学》杂志发表的研究报告显示，有性染色体异常（SCA）的男女也能够完成高中学业，做全职工作，甚至结婚和生小孩。研究员对35位已知患有各种类型性染色体异常疾病的男女进行了持续36年的追踪，并与16位与性染色体异常病人有兄弟姐妹关系的正常人进行比较。结果发现，性染色体异常者所受教育程度一般要低于正常人，性染色体异常组中有27人完成了中学阶段的学习，只有12人继续升读大学至毕业；在事业方面，性染色体异常组的成就也较低，29个性染色体异常者有全职工作；在婚姻家庭方面，性染色体异常组中有22人结了婚，9人离了婚，11人有小孩。

根据这一研究结果，美国国家犹太医学研究中心和丹佛科罗拉多大学研究中心的布鲁斯·G.奔得认为：这是到目前为止全球唯一的一项从出生到成年一直追踪一组性染色体异常病人的研究。尽管大部分的人都有这样一种感觉，即一个染色体异常的人出现精神上的迟钝并且需要公共机构照料，但事实上很多性染色体异常的病人是过着一种相对正常的生活。

更有研究指出，有的人虽然性染色体异常，但并不犯罪；犯罪者中，染色体

① 阿伊道尔戈娃.犯罪学[M].赵可等，译.北京：群众出版社，2000：262.

② 康树华，张小虎.犯罪学[M].北京：北京大学出版社，2004：142.

③ 吴宗宪.西方犯罪学史[M].北京：警官出版社，1997：410.

异常者也不超过0.4%。因此，性染色体异常并非大多数犯罪的原因。甚至有学者这样认为对犯罪的生物学研究诸如性染色体异常论、双生子论、内分泌论、体型性格理论等等，并没有引起众多犯罪学家的兴趣，并且受到了批判，是一种谬论。

在苏联的学者也对其进行了批判，认为将染色体异常现象视为犯罪的原因是缺乏科学依据的。将犯罪人与实施社会危害行为的精神病人混为一谈是极其荒谬的，苏联在20世纪70年代所做的抽样调查表明：在犯罪者和实施社会危害行为的精神病患者中，染色体异常现象为千分之三，主要是从无责任能力的人身上发现的。因此，断言某些人天生就有犯罪因素是不可信的。那种不对犯罪人进行综合研究，不去揭示影响其内心世界形成的社会条件，而企图寻找"决定"反社会行为的独立的遗传因素。在社会学与生物学的交界点上寻找解决犯罪问题的做法，是站不住脚的[①]。

但是在这些相反的结果和观点出来之后，在一些坚持犯罪遗传论和对这种反社会现象实施相应措施的学者和追随者中间，犯罪遗传论实际上并没有被遗忘。同时必须指出，生物学流派的犯罪观继续对同犯罪做斗争的实践产生着严重的影响。在很大程度上他们包含着所谓临床犯罪学的基础。在以后制定和采用矫正犯罪人个性的大量医疗措施时，就依赖于生物学流派的犯罪观[②]。

四、犯罪学上的意义

XYY染色体异常的理论限制了适当和有效的犯罪控制政策和刑事司法实践的种类。由于犯罪的根源存在于犯罪人本身，那么，其行为早已由基因决定而非来源于自由意志，他们的犯罪行为将不再具有当罚性。

那么我们将如何对待此类犯下罪行的人呢？历来对于刑罚的意义的见解主要有"报应思想"和"预防思想"。报应思想着眼于已发生的犯罪行为。这种理论认为"犯罪人因其实施的恶，必须得到该有的痛苦"。但如果固执"罪罚均衡"的报应思想，那么对于行为时无自由意志的犯罪人，刑罚则无发动的理由。即使其再有社会危险性，也不能有任何的社会防卫措施加以对付。依据报应理论，刑

---

① 比较犯罪学编写组 . 比较犯罪学 [M]. 北京：中国人民公安大学出版社，1992：272.

② 阿伊道尔戈娃 . 犯罪学 [M]. 赵可，译 . 北京：群众出版社，2000：375.

罚本身只是赋予犯罪人得到应有的等量的痛苦而已，此时即已实现正义。但如果犯罪人的病情没有得到适当的治疗，人类社会的和平共处的生活将会面临潜在的危险。

而预防理论是前瞻未来的。"特别预防思想"认为刑罚主要是针对犯罪人的社会危险性；"一般预防思想"认为刑罚主要在于威吓一般社会大众。"一般预防"是建立在心理强制的威吓逻辑上，其前提条件必须是行为人对于刑法规范有认识与权衡厉害轻重的能力。这两种能力都不具有，则无从产生心理强制。而且该理论着重于对一般大众的威吓作用。犯罪人的再社会化、社会对于犯罪人应有何种防卫措施，都不是一般预防理论关心的。所以报应理论与一般预防理论对于回答如何对待和预防犯罪人的社会危险性方面都是僵硬和消极的。特别预防理论以犯罪人的再犯危险性为立论基础。犯罪人有再犯的危险性，刑罚则有发动的理由。如刑罚无法发挥功效，则用其他的方法来根除或另立善策，以达到社会防卫的目的。

实践中从司法上来讲对于该类罪犯只有三种选择方法：从肉体上消灭、极端隔离和治疗。而对待此类病人似乎只能依赖于治疗[①]。20世纪90年代暴力浪潮冲击美国。既然政权不能遏止暴力犯罪，那么解决这一社会问题就要依靠各种社会组织。其中医疗组织就成为这类社会组织中的领先者。同时在影响这种消极社会现象中，医学的作用一年比一年显得更为重要，以致于使警方的力量逐步退居次要地位（警察在自己的工作方法中从新的白衣助手那里借用了很多东西）。

医学开始把暴力作为某种神秘传染或新的社会疾病的结果进行研究。在这个意义上术语"暴力流行病"，不单纯是形象的比较。医学的创造给犯罪遗传中关于遗传因素的作用的科学争论提供了新的动力。遗憾的是医学领域的职业人员往往缺少犯罪学领域的专门知识。借助绝育的简单方法来解决自古就有的犯罪问题的前景是很有诱惑力的。许多学者反对数十年前已经被证实是有缺陷的观点的复活。在1993年波士顿举行的美国科学进步协会的会议上，绝大多数学者得出结论，认为"生出罪犯而不是变成罪犯"的论题是对理论的强暴。许多学者希望在目前美国在对犯罪因素所进行的大规模犯罪学研究过程中将能找到该问题的最终答案[②]。20世纪60年代末70年代初，临床犯罪学的威望很高，人们对临床学家的

① 斯坦利·艾兹恩，杜格·A.蒂默.犯罪学 [M].谢正权，译.北京：群众出版社，1989：14.

② 阿伊道尔戈娃.犯罪学 [M].赵可，译.北京：群众出版社，2000：376.

研究寄予厚望。二战后不久，在美国、荷兰及北欧国家，为了矫治危险性特别重大的犯人，都设有特殊的机构，用以达到再社会化的目的。在此机构中，对于受刑人提供的是医学治疗，这种构想被称为"医疗模式"[①]。

然而此种机构面临着设置上的困难、经费来源以及适合的医疗人员的聘用问题。而且危险预防的重要工具是"危险预测"，然而对于社会危险性的认定，实际上却非常不容易应用。虽然对于此类病人的再社会化在执行中存在着困难，也有相当的国家财政上的负担，而且事实上有人格异常的病人是非常不易矫正的。但也只有真正重视，才能达到保护社会的目的，因为一个法治国家是不可能将此类犯人永远隔绝于人类社会的。现在对此类病人的治疗手段上也有所改进：20世纪80年代末到90年代初，美国 Anderson 等探索用 ADA（腺苷酸脱氨酶）基因治疗 ADA 缺陷症取得了成功，由此，人类基因治疗研究在世界各国普遍展开，迅速取得了可喜的进展，积累了丰富的经验。为根治那些运用现有医学技术无法根治的此类疾病点燃了希望，指明了方向。

性染色体异常的精神病患者过去常被误诊为普通的功能性精神障碍患者，而采用传统的高剂量药物长期治疗，此治疗方法并不适于此症，且副作用很大。为此，有专家提出对精神疾病患者应及时进行细胞遗传学检查，以防止性染色体异常患者混同于一般的功能性精神病。

五、对该理论的评价

（一）该理论的局限性

笔者认为基于以下两点原因，这种理论是不成熟和有缺陷的。

1. 这种理论在统计学和方法论上是存在很大的缺陷的。

从现有的研究报告中我们可以看出，所有这些报告都犯有同一个毛病，他们都只涉及具有 XYY 型的染色体的个别犯人或者挑选出来的一批犯人，而且没有同正常的具有 XY 型染色体的男子做对照比较。在一份单独的在丹麦所做的调查中，最好地反映了当时对这个问题的犯罪学研究状况。他们1944年至1947年间在哥本哈根出生的28884名男子中挑选那些身高184或184以上的人，这些人共计4591名，占总数的15.9%。他们以当时的研究结果为起点，就是说 XYY 型构造是

---

① 张丽卿.法精神医学：刑事法学与精神医学之整合 [M].北京：中国政法大学出版社，2003：167.

同高个子相联系的。如果要测定所有28884名男子的染色体结构，那代价就太高了。于是他们设法挑出个子最高的那4591名男子的染色体异常情况。最后查明有12名具有XYY型染色体畸变的男子。那些被确认为具有正常XY染色体结构的男子作为对照组。除染色体结构外，他们还调查实验组的男子中有5人（将近24%）的犯罪，而对照组只有9.3%的人犯罪。那几个具有XY型染色体的男子不涉及特别重大案件或暴力犯罪。他们大多犯了财产罪。虽然可以认定具有XYY型染色体构造的男子具有更多的犯罪行为（梅德尼克·沃拉夫卡1980），但是那个附加的Y染色体是那样的罕见，以致对解释普遍的犯罪成因不具有任何意义[①]。而且过去大多数研究都是针对那些已经在临床上被确认为有问题的性染色体异常病人，因此有很严重的选择误差。没有对具有XYY染色体异常但行为正常的患者与已经出现问题的患者进行比较研究，无法解释两者之间究竟为何存在差别，进而回答XYY染色体异常是否必然会导致犯罪[②]。

2. 这种理论研究绝对地重视了暴力犯罪的行为，但无法承认和解释困扰人们的更多的其他类型的犯罪，如白领犯罪，有组织犯罪，无被害人犯罪等。这种犯罪学理论观点并不承认社会的不平等、贫穷、失业等属于经济、政治生活中的其他矛盾和危机在产生犯罪或无力控制犯罪中所可能起到的作用。这也将导致越来越多的人认为犯罪人个人应该对犯罪负责，从而减少对改替预防和控制社会条件的努力。例如美国里根政府期间就试图出台裁减自大萧条以来美国福利国家许诺的社会援助的方案。

（二）该理论的积极意义

综合来看，该理论也有其积极的意义。

1. 该理论的推行，使犯罪人能够获得更加公正的审判机会。现在大脑扫描与基因图谱已经开始作为死刑审判的旁证。在审理1999年在约塞米蒂国家公园连杀三人的凶手凯利·斯塔伊尼一案时，著名行为基因研究专家阿利森·麦克因尼斯出庭作证。她试图向法官证明基因影响了凯利的思维状态，从而导致他连杀三名游客；第二名科学家作证说："大脑图像扫描显示出来的异常，可能使凯利更易于采取暴力行动。"但最后陪审团决定，从法律上说，当时凯利是清楚的，因

---

① 汉斯·约阿希姆·施耐德 . 犯罪学 [M]. 北京：中国人民公安大学出版社，1990：407—408.

② 罗大华 . 西方学者的犯罪原因论 [M]// 肖鸣剑，皮艺军 . 犯罪学引论 [M]. 北京：警官教育出版社，1992：254.

此将他判处死刑。在乔治亚州的一起死刑案中，被判有罪的杀人凶手史蒂芬·穆布雷就他的死刑提出上诉，理由是他有权要求对与冲动与难以控制的暴力行为有关的基因进行测验。但他的要求被美国第11巡回上诉法庭驳回。

2. 这种理论摒弃了人类学派着重研究身体的外部形状与犯罪的关系，并用隔代遗传的观点来解释犯罪行为发生的根本关系的观点，把研究的重点放在个人素质上，并使用了更为发达的生物学理论来解释犯罪人独特的身体素质形成的原因，使用了更为精确的研究方法。这为我们提供了一种在人类基因遗传水平上研究与异常行为之间关系的崭新思路。随着基因研究的不断深入，今天已经确认有30多种基因变化会影响人的行为，有的影响表现为神经紊乱，如果研究人员可以更好地理解基因如何影响大脑的话，那么，将来有一天，他们就可以预测谁有可能出现暴力行为；或者在未造成伤害之前，找出干预的办法。对于犯罪人也可以用基金治疗的方式给予有效的矫正。现在，美国所有50个州都建立了犯人DNA序列电脑数据库，至少20个州准许科学家使用这些数据库进行基因研究。科学家相信，基因标志在刑事审判和法医鉴定方面的用途要大于在医学方面的用途。近几年来，一些科学家已经采用基因分析法，对同性恋、吸烟、离婚、自杀、精神分裂、酗酒、羞怯、政治自由主义、智力以及犯罪行为等进行了解释[①]。

最后不得不指出的是，一项科学的研究，像任何其他的社会活动，是受它所处的时代的影响的。因为科学技术是得到社会资助的，社会对其进行最后的分析，社会作为技术的资助者与支持者，有权影响技术的发展方向，大量的资金需求使得作为个人的科学家和技术专家对其研究成果不能完全地做出决定[②]。在染色体异常与犯罪的研究一开始就是受到美国司法部法律强制执行协助机构（the Law Enforcement Assistance of the Justice）和国家精神健康研究机构犯罪与不良行为研究中心（the Center for the Study of Crime and Delinquency of the National Institute of Mental Health）的资助的。所以该项研究一开始就带有某种很强的主观目的色彩。

---

① 康树华，张小虎. 犯罪学 [M]. 北京：北京大学出版社，2004：142.

② C·G. 威拉曼特里. 人权与科学技术发展 [M]. 张新宝，译. 北京：知识出版社，1997：14.

网络诈骗犯罪的常见手段研究 ①

在数字化时代，各种各样的骗子也渐渐地认识到网络这一虚拟空间有着十分丰富的可资利用的诈骗资源，于是形形色色的网络诈骗犯罪日益增多。与传统诈骗行为相比，网络诈骗犯罪更具欺骗性和手段的多样性。据路透社消息，美国联邦贸易委员会（FTC）称它在2004年共收到了63.5万份关于网络犯罪的投诉，违法活动包括通过在线拍卖网站，如 eBay，出售根本不存在的商品，或是用窃取的信用卡进行购物等。2004年1月1日至2004年12月31日，美国互联网犯罪举报中心提交了10.4万起诈骗类举报，其中，互联网拍卖诈骗举报次数最多，占提交举报的71.2%，在线交易欺诈占提交举报的15.8%，信用卡诈骗占提交举报的5.4%，这三类以及支票诈骗、投资诈骗、信用诈骗、身份窃取，位居提交给司法部门各类举报案件的前七位②。因此，研究网络诈骗犯罪的常用手段，对于防止被害，控制这类诈骗行为持续增多的势头，增强网络安全，净化网络环境，具有重要的意义。

按照不同标准，可以将网络诈骗犯罪的常见手段概括为下列十种。

一、网络拍卖诈骗

网络拍卖诈骗是当前最为常见的网络诈骗犯罪手段。诈骗者采用的具体拍卖形式会随着时间的变化而不断改变。网络拍卖诈骗通常有以下三种表现形式：

---

① 此文原载《犯罪学论丛》，中国检察出版社，2007年版，与陈雷合作。

② 云雀．美国2004年身份窃取、网络诈骗犯罪呈上升趋势 [EB/OL]. [2005-02-02].

（一）以普通卖家身份诈骗

网络拍卖诈骗的这种表现形式是诈骗者借助互联网或专业网，通过在网站上发布虚假信息或利用电子邮件向公众发送虚假广告，或通过移动通讯网向公众发送虚假短信，构建一个虚拟的销售市场，放出大量具有诱惑性的信息。有些人看见此极具诱惑力的信息，便上当受骗，按照骗子的意思，要求汇出款项，但支付之后，往往得到的是价值较低的商品，或者什么也得不到。如以福建人李全才、李胜杰等为首的犯罪团伙，通过设立网站或申请网络销售账号等方式，在网站上发布虚假的商品信息，以远低于市场的价格销售电脑配件、笔记本电脑、汽车、手机、数码相机、摄像机等货物，并留下手机号码或电子邮件地址供购买者联系，让购买者预交定金或补交税款等，当购买者交上款项后，却一无所得。此案中诈骗分子骗取人民币几十万元，案件波及全国，于2003年3月被厦门警方破获。台湾警方侦破的首宗网络诈骗案的犯罪分子也是采用网络拍卖形式。骗子在网络上刊登广告，贩卖手机、游戏机等热门电子商品，购买者将货款汇入指定的账号后，却没有货品寄达。通过此法诈骗分子骗得新台币千万元。美国西雅图市以网上诈骗的罪名起诉并最终裁定有罪的第一位罪犯——年仅20岁的艾伦，所采用的诈骗手法也属于网上拍卖形式。他在网上发布虚假的电脑销售广告，等待别人上钩。当有购买者与他接洽时，他便要求对方预付一部分款项，为了诱骗对方上钩，他会给对方寄去包裹，他在包裹上编造货物承运商的号码，以使对方相信货物即将发出。其实他寄给购买者的根本就是空纸箱，有时他甚至什么都不寄。在大约18个月的时间里他一共骗到12万美元。

（二）以特殊卖家身份诈骗

网络拍卖诈骗的这种表现形式是诈骗者伪装成出卖人，要求购买者在网络上竞标，购买者中标后，却收不到商品；或购买者收到商品，但所得实物与拍卖时卖方所声称的商品相差很大；或出卖人伪装成其他购买者，一同参与竞标，借以哄抬中标价格；或出卖人在购买者中标后，以其他理由要求加价。如国内某著名拍卖网站上发生一起集体受诈骗的案件，单个购买者被骗金额从240元至8000元不等，数额初步估约10万元。诈骗者的诈骗形式主要是通过利用假身份证在拍卖网站注册一个账号，然后在开始阶段通过"托"进行几次低金额的交易以换取高等级的评价，然后，便在网上推出价格极其低廉的产品，当购买者汇款后，此名"安全等级"为优秀级的诈骗者便消失得无影无踪，无论是固定电话还是移

动电话都无法接通 [①]。

（三）以买家身份诈骗

网络拍卖诈骗的这种表现形式是诈骗者利用网络故意编造购买商品的虚假信息以取得卖家的信任，当卖家发货后却收不到款项。此种形式与前两种不同，前两种是卖者欺骗买者，而这种则是买者欺骗卖者。如2001年3月，浙江省德清一家灯具公司通过互联网向外发布产品情况后，各地来电、来函络绎不绝。3月下旬，该公司接到一个从海南打来的电话，对方要订购产品。通过电话和传真，双方进行了深入的洽谈，对方在样品都没看的情况下，表示要订5000套"极光"牌专用灯，价值达140余万元，并催促该公司经理去海南签订合同。后因公司经理警惕性较高，发现买方文件里有不少漏洞，终使这起欲通过网络进行欺诈的事件最终流产。又如，浙江云和县立信玩具厂在互联网上，得到湖南岳阳某公司的一笔订单，价值140万元。优厚的条件使立信玩具厂感到不踏实，于是向工商部门求助，云和工商局与岳阳工商部门取得联系后发现，该公司是空壳公司。这样一起网上诈骗案被制止了。

二、网络钓鱼诈骗

Phishing 是网络钓鱼的英文拼写，是"Fishing"和"Phone"的综合体，由于早期的黑客是以电话作案，所以用"Ph"来取代"F"，创造了"Phishing"一词。网络钓鱼诈骗是诈骗者利用欺骗性的电子邮件和伪造的 Web 站点来进行诈骗，受骗者往往会泄露自己的财务数据，如信用卡号、账户用户名或口令等内容。诈骗者通常会将自己伪装成知名银行、在线零售商和信用卡公司等可信的品牌或利用著名的网络销售商 eBay 的账号，向大量用户发送经过伪装的看似正规公司发出的邮件，让用户对电子邮件的真实合法性深信不疑。在所有接触诈骗信息的用户中，有高达5%的人都会对这些骗局做出响应。网络钓鱼诈骗案例在我国已开始见诸报端，2005年5月26日哈尔滨市某妇幼保健院麻醉医生付志受审，其利用类似"网银大盗"木马病毒在网上传播、盗取了各类密码达7000多个，并已经成功盗取12000元。

网络钓鱼诈骗作为一个网络蛀虫，自从2004年出现以后，迅速成为威胁互

① 刘向阳，杨茜. 绕开网络诈骗的陷阱 [J]. 计算机安全，2005（4）.

联网安全的主要攻击方式。进入2005年，网络钓鱼诈骗备已经从最初的为技术痴迷的病毒爱好者，变成受利益诱惑的职业人。他们不断地挖掘系统的漏洞、规则的失误，利用病毒、人们的好奇心，四处进行着"钓鱼"、诈骗。具体来说网络钓鱼诈骗又分为以下五种形式。

（一）电子邮件形式

诈骗者发送邮件时携带木马程序，或是发送用户中奖、有奖问答、对账等诱惑性的邮件，引诱用户在邮件中填入账号和密码。随即这些用户信息就会被邮件携带的木马程序、病毒加以存储。网络钓鱼诈骗在2004年及以前，多以邮件方式投递到用户邮箱中，如今这种方式已经不能满足利欲熏心的制造者。

（二）木马盗号形式

诈骗者通常以欺骗用户安装木马程序的方式使其系统感染，如"证券大盗"和"网银大盗"等木马程序。当用户在使用网络进行电子商务交易时，木马程序便记录下用户敲击的键盘，伺机盗取账号、密码等信息。

（三）网址欺骗形式

当木马程序监测到用户在输入银行网站时，在用户不知情的情况下，通过木马程序先进入伪造的网站。当用户输入账号和密码时，伪造的页面上则显示输入错误，接着弹出的网页则是真的网站页面。当用户第二次输入账号和密码后，发现可以正常操作，这时用户便误以为第一次真的输入了错误的账号和密码。这样诈骗者神不知鬼不觉地盗取了用户的账号和密码。

（四）伪造网站形式

诈骗者使用虚假的网站，犯罪分子利用数字1和字母i非常相近的特点企图蒙蔽粗心的用户。受害者会以为他们在访问过去一直在访问的网站。然后诈骗者用经过巧妙伪装的电子邮件信息，告诉用户如果不点击邮件信息所提供的超级链接地址来提交他们的信用卡等财务信息的话，他们的银行账号将会被冻结。这样，就把用户引导到一些虚假网站进行所谓的个人数据和信息的升级。通过这种方法，诈骗者得到了用户的机密材料。许多人的银行存款就因此而消失了。

（五）免费网页形式

有的网站特别是一些色情网站，在网页上宣称，可以免费浏览，但是要求浏览者输入信用卡号以证明自己已经成年，当浏览者按照网页提示输入这些信息后，信用卡号便被窃取了；或者当浏览者打开网页后却有大量意想不到的东西是收费的。2001年3月20日，《环球时报》报道了美国新月出版社集团利用旗下的网站，以免费浏览作为幌子，骗去用户1.88亿美元，其主要就是骗取网民的信用卡号后再进行诈骗。

实际上，2005年网络钓鱼诈骗者在实施网络诈骗的犯罪活动过程中，经常采取以上几种形式交织、配合进行，还有的通过手机短信、QQ、MSN等进行各种各样的网络钓鱼诈骗活动。2005年5月，我国网络钓鱼案件比上月激增226%，创有史以来最高纪录。随后的几个月，网络钓鱼的攻击方式仍以平均每月73%的比例向上增加。据国家计算机病毒应急处理中心统计，目前中国的网络钓鱼网站约占全球钓鱼网站的13%，名列全球第二位[1]。

三、信用卡诈骗

信用卡诈骗犯罪与可网上支付的信用卡业务活动紧密相关，网上经济活动要求资金支付实时、迅速，传统的现金、票据支付等方式难以适应，而可网上支付的信用卡业务很好地满足了以上要求，成为网络经济活动中资金支付的主要形式。网络信用卡诈骗犯罪的形式有多种，如破解信用卡密码后伪造并使用信用卡、伪造并冒用他人信用卡、与信用卡特约商户勾结冒用他人信用卡等[2]。当前，比较典型的信用卡诈骗犯罪形式主要有三种。

（一）冒用他人信用卡进行网上消费

与传统信用卡诈骗不同的是，这类犯罪中冒用他人信用卡无须持被害人的信用卡进行，只要得到被害人的信用卡账号、密码，犯罪人就能进行信用卡诈骗，如重庆秦某偷窥他人信用卡账号、密码并用于网上购物[3]。

（二）伪造信用卡并使用

这类行为多由高技术能力的"黑客"或者信用卡内部人员所为，犯罪人在管理信用卡信息的计算机信息系统中虚设信用卡账户信息，并在客户服务端上使用这些非法信用卡信息进行诈骗活动，如青岛曾某伪造信用卡和信用卡诈骗案[4]。

---

① 徐郁华.2005年网络安全报告出炉，间谍软件渐成首害 [N]. 江南时报，2005-12-8.

② 皮勇.电子商务领域犯罪研究 [M]. 武汉：武汉大学出版社，2002：109.

③ 张劲.重庆抓获电子商务扒手 [N]. 人民公安报，2000-03-21.

④ 钱欣.全国首例自制信用卡"盗"款70余万元巨款案告破，"电脑奇才"曾某一审被判处有期徒刑14年 [N]. 楚天都市报，1999-01-10.

（三）使用信用卡后拒付

这是新近产生的一类犯罪。美国联邦法院法律规定，当信用卡发生盗用投诉时，除非特约商户能够证明商品的确送到持卡人的账单地址并取得签名，否则商户将承担损失。而在网上交易特别是网上信息服务中，商户除了通过网络传过来的持卡人数字资料之外，根本得不到签名、身份证或照片，因此，多数情况下商户成为因"盗划"所造成损失的承担者[①]。在这样的技术、法律环境下，有的信用卡用户在完成信用卡交易后（多是要求将商品发往某公共场所的邮箱或电子邮箱），向信用卡公司提出拒付投诉，将交易费用转嫁给商户，从而非法占有交易的商品。

四、国际数据拨号诈骗

国际数据拨号诈骗是一种骗取长途电话费的诈骗形式。根据中国互联网络发展状况统计报告的数据显示，目前我国专线上网的网民数为2910万人，拨号上网的网民数为5100万人，宽带上网的网民数为6430万人。专线上网的网民指通过以太网方式接入局域网，然后再通过专线的方式接入互联网的网民；拨号上网的网民包括 ISDN 网民；宽带上网的网民指使用 XDSL、Cable Modem 等方式上网的网民。

国际数据拨号诈骗有以下三种常见的表现形式。

（一）切断本地连接，改接长途电话

在某网站首页上有一个是否进入该网站的提示，如果用户选择"确定"，进入该网站，该网站的程序则会自动切断用户的调制解调器，然后重新连接，在用户不知情的情况下，让用户接入国际长途电话，蒙受巨额国际长途话费损失。

（二）诱骗用户安装拨号软件

某些所谓的色情和游戏网站表面上会让用户"免费浏览"，但当用户尝试打开某些图片或运行某些游戏时，会被要求下载某一软件以观看该图片或运行该游戏。实际上这个软件是一个拨号软件，用户在下载后运行这一软件时，电脑将自动关闭调制解调器，切断用户原来的本地网连接，并改用国际长途电脑线路重新拨号上网，从而使用户在不知不觉中产生了巨额国际长途话费。

---

① 皮勇.刑事诉讼中的电子证据规则研究 [M].北京：中国人民公安大学出版社，2005：268.

（三）诱骗用户直接拨打长途电话

用户可能收到一封要求拨打某个区号的电话号码的电子邮件。诱饵一般是用户在一次竞赛中获胜或赢得一笔奖金。如拨打区号为"809"地区的电话号码（这是加勒比海地区的区号），当用户拨打后，巨额话费将出现在下个月的电话账单上，价格高达每分钟20美元。

五、投资诈骗

投资诈骗，是指诈骗者利用电子邮件、信使服务、网站，宣称他们掌握十分诱人而独特快速的致富方式，从而骗取用户的投资。如2001年7月5日，广东警方根据群众举报，发现广州市东方神龙数码科技有限公司涉嫌非法投资诈骗。诈骗者在互联网上开设4个网址，宣称购买神龙数码广告卡，凭卡上神龙网站点击该网站广告，3个月可获利511元。并称每人凭身份证限购5张卡，每张卡零售价约380元，每卡每天最多只能点击33次，每点击一次可获得0.3元回报，3个月最多可获得891元回报。经查，神龙卡所附条款都是虚构的，根本无法兑现，纯属骗局。这起网上诈骗案涉案金额达2.9亿元人民币，受骗群众涉及全国30个省、区、市。在美国，一个网络诈骗团伙打着吸引投资的幌子，骗取了5800万美元的黑钱，有大约60个国家的1.5万人成为他们的"牺牲品"。有关法官和检举人透露说，这起案件是迄今发现的最大网络诈骗案之一。诈骗者成立了一家"哈勒姆通用公司"，并设立了一个专门的网站，他们推出了一个"三西投资俱乐部"，由该俱乐部发起一项"金融债券贸易计划"，吸引世界各国的投资者。宣称只要愿意投资，投资收益率肯定可以达120%。其实"哈勒姆通用公司"根本就没有进行任何登记注册。但是，诈骗者却公然声称，所有网上贸易均由"哈勒姆通用公司"负责办理，该公司是"世界上最大、最有声望的贸易公司之一，有着30年的历史，一贯给投资者以高回报"。从1999年到2001年9月期间，诈骗者获得非法钱财总计5800万美元，共有1.5万名投资者上当受骗，受害者分别来自美国、加拿大、哥斯达黎加、墨西哥、洪都拉斯等60个国家 [①]。

---

① 刘向阳，杨茜.绕开网络诈骗的陷阱 [J].计算机安全，2005（4）.

六、非法多层次传销诈骗

非法多层次传销又称网络老鼠会，"老鼠会"是一种有着相当历史的非法传销活动。网络老鼠会与传统传销所不同的是网络老鼠会利用了互联网。非法多层次传销诈骗有各种各样的形式，最常见的有以下两种。

（一）利用"注册会员"的形式发展下线

如"全球教育网"宣称：网站是为世界各国人民提供全面互联网教育服务的国际性公司，2000年在美国加利福尼亚成立，并在网页上链接了8个不同国家的版本。用户只要花160美元注册后，就可以获得一套电子商务包。之后如果你为公司推广两个注册用户，这两个用户分别列在左区和右区，这两个用户每人再继续推广两个注册用户，依此向下，当你的左区总用户数加上右区总用户数达到9个时，就可以得到70美元的奖金。此后每增加9个你都可以得到奖金70美元。会员为终身制。表面看来，注册用户的确可以迅速发财，但是获得奖金的一个必要条件是两条发展的线必须均衡。而随着网络向下发展，不可能保证两条线均衡，巨额佣金就会被公司截留，随之而来的将是一大批传销"难民"。

（二）一些变通的形式

近几年，"步步高致富工程""跨世纪钱卡""99航空互助工程"等网络致富工程不断地在全国各地出现。这些所谓的致富工程其实只是网络老鼠会的变通表演。1998年1月，欧凤照成立"广西钟山县宏达科信部网络集团"公司，推出跨世纪钱卡，"钱卡900元入网，分八层制，每位网员6张卡，处在第八层售出6张卡（即找到6条下线）即得回报6*150元，按照网络倍增的计算原理，售出每张卡（即找到6条下线）后，6条下线又各找6条下线把八层网员推到七级，一直推到一级，应得的钱是1679616*200元"。之后，欧凤照又推出航空互助工程。宣称航空互助工程设计独特，运作规范，管理严密，回报快捷，整个工程八级制，以1*5的扩展比例，隔级互助的方式，在基层就开始有互助回报，总投资905元，分配制度为发行员150元，七级、五级、三级各100元，一级200元，总部250元；网员应得回报是七级25*100元，五级625*100元，三级15625*100元，一级390625*200元。一般人年获利几十万元，佼佼者可达几百万元，现总部已有37个百万富翁，12个千万富翁。

七、虚假机会诈骗

虚假机会诈骗，是指诈骗者采用向用户提供诸多机会的方法，骗取用户钱财的诈骗形式。虚假机会诈骗通常有以下六种表现形式。

（一）旅游机会

诈骗者创建"很有名头"的假单位，以单位的名义在网络上刊登广告，或利用电子邮件大面积地向特定对象寄发邀请函。宣称这是一种高层次的活动，参加这种活动既能获奖，还能公费旅游。于是，有些人便怀着私心，按照诈骗者的意思，前往指定地点，而他们交上会务费后发现上当受骗。例如，2001年1月四川人李某与潘某为了行骗，创建了"成都时代经济文化交流中心"，并伪刻公章，以办大型学术研讨暨颁奖会的名义，在某门户网站上大做广告，并向全国20多个省市发出来2万多封电子"邀请函"。经过一番大面积"捕捞"，最终有90余位大学教授、政府官员、企业领导、学术界知名人士上钩，向两骗子"贡献"了27万元会务费。这种诈骗形式还有另外一种表现，以低价旅游、"零团费"等为诱饵，待旅行者上团后旅行社又提出各种隐蔽费用或增加费用的要求，使旅行费用大大增加。

（二）中奖机会

诈骗者利用电子邮件、网站、信使、手机短信等，通知不特定的对象已获大奖，但得奖者需交纳一定数额的邮寄费和更大数额的"偶然所得税"，并汇到指定的账户方能领取奖品。当得奖者汇出钱后当然是什么奖都没有得到。这种诈骗形式的一种变通表现是提供"六合彩信息"，发信息者称其可以向他人透露香港"六合彩"内部特码，如需此信息则必须交数百元的信息费。这些都是十分拙劣的诈骗形式，但因诈骗者利用现代化的网络通信工具大面积地"播种"，总会有人上当受骗。

（三）替考机会

诈骗者在网站上或通过邮寄电子邮件，声称可以为参加考试者提供"枪手"，或可在某门科目考试若干小时前将答案传给考生。需要者则需汇款数千元现金到某某账户上。而当需要者真的汇出款项后，却不见"枪手"，或收不到答案。

（四）获奖机会

诈骗者在网站上声称：只要你注册成会员，就能获得某展览会金奖、成为某科学院院士，被收入名人录，还可以被聘为工程师等。当然，你要获得证书必须交纳一笔费用。而当你交纳费用后，确实也得到了你想得到的证书、称号等，但这些证书、称号都是不被社会承认的。

（五）招揽广告机会

诈骗者利用自己的网站或通过电子邮件发布虚假信息，声称某某知名网站将开展网络广告新业务，现欲招商，有意加盟者应缴纳一定的费用。当然，诈骗者在发布信息时自然提出一些十分诱人的条件，一些商家难免受骗。如2000年6月下旬，全国几百家集团、企业机构的电子信箱里陆续收到一封发自北京四通利方信息技术有限公司新浪网的 E-Mail，其中说到为了提高企业、机构自己站点的访问量，新浪网将建立一个新的实行有偿服务的分类检索的搜索引擎，名称叫"超级站点搜索"。全国有不少企业、集团的老总们对这个信息产生了浓厚的兴趣。一些心急的商家马上进行了申请，并将费用寄到了指定的账户上。

（六）网络求职机会

诈骗者利用求职者求职心切的心理，借助互联网实施该种诈骗。主要形式有两种：第一，诈骗者在网上声称有相当好的职位，只要你交了介绍费就可受聘于该职。当求职者按要求寄上介绍费后便杳无音信。第二，以求职者介绍工作为由，要求求职者提供个人资料，而当诈骗者获取资料后，再利用这些资料进行其他非法活动。如诈骗者在网上公布"招聘信息"，在受到求职者的应聘通知后，利用求职者急于找到工作的心理，要求求职者将自己的一切详细信息都发送到该公司的电子信箱里，然后再利用这些求职者的个人资料进行非法活动。

八、网络赌场诈骗

网络赌场诈骗，是指诈骗者在网上开设赌场，行骗牟利。如一家名叫"SG"的公司，执照来自多米尼加，以赌博网站的形式进行经营。有意参赌者，可以以支票、信用卡、现金或汇票，购买网站所提供的"虚假股票"。一旦网站接获玩家的资金，玩家就能够"投资"于网站上的11支虚拟公司的虚拟股票。所有的11只股票分成3类。第一类是号码从1至8的"普通公司"，SG 表示，普通公司的股价波动剧烈，就同现实的市场一样。而9号的公司则被归类为"特殊公司"，SG 向玩家保证，此股票每个月的回报率达10%。最后一类的公司为10及11号的"高回报、高风险"公司，它们能够在一个月里给予玩家50% 甚至是100% 的回报率，不过也可能一夜之间暴跌。其实，这也只是一种骗局，股票的"市值"是由 SG 公司定下的，SG 公司拥有一套复杂的机制来决定股票的市值及每天的波动，从幕后操纵股价的价格。

九、操纵股市诈骗

操纵股市诈骗，指诈骗者利用网络向不特定的股民散布虚假的信息已到达操纵股价并获利的行为。由于网络传递信息的快速和便捷，诈骗者利用网络操纵股市的目的很容易实现。诈骗者操纵股市常用的一种形式被称作"打气和倾销"术，即通过散布有关某公司的虚假好消息为该公司的股票打气，待上当受票的投资者把股价抬上去后，就开始倾销股票。如洛杉矶加州大学应届毕业生古尔萨尼和德尔扎克哈里安，串通另一名男子米拉梅德于某日以低价各购入 13 万股 NELWebworld Inc 股票，然后在加州大学图书馆的电脑终端机上，以 50 个不同化名，通过互联网"雅虎"（Yahoo Finance）、"狂牛"（Raging Bull）及"自由即时"（Freerealtime.com）等交谈室传递数以百计的信息。他们声称据内幕消息，折价濒临破产的公司即将被人收购。在虚假利好消息刺激下，不少股民追捧该股票，致使该股票股价在两日后从 13 美元飙升，最高达到每股 15.31 美元。3 人随即趁机将手中股票抛出，两个交易日内获暴利 36.4 万美元。当该公司下午发出并无收购计划的澄清声明后，股价下跌，盲目跟风的网上股票投资者损失惨重。

十、网络交友诈骗

网络交友是目前年轻网民非常热衷的交友方式，越来越多的网民还试图通过网络找寻自己的终身伴侣，一个庞大而繁杂的网络交友市场正成为互联网的重要组成部分。截至 2004 年年底，中国网上婚恋交友活跃用户达到 650 万。由即使聊天工具（QQ、MSN、UC 等）、各门户网站下的交友频道、网络社区、各大 BBS 论坛、聊天室、留言板、BLOG 等开拓的广阔的交友市场，在发展中却遇到了交友诈骗的瓶颈。由于目前大多数的网络交友工具在号码申请方面具有随意性和匿名性，一些诈骗分子便混迹其中，与网友建立密切关系，最终实现骗财骗色的目的。

网络交友是一种间接交往形式，正是这种间接的交往，造成了很多的不确定性。诈骗分子正是利用网络的匿名性和虚拟性，隐藏自己的真实资料，掩饰自己的缺点。诈骗分子根据需要或者伪装成浪漫的超级帅哥，或者表明自己很丑但很温柔，或者声称是富家子弟，或者称与被害人有着同样的遭遇，形成一种同是天涯沦落人的感觉，等等，迷惑一些不谙世事或者爱慕虚荣的女性，甚至未成年少女。等到网友放松警惕，将自己的真实姓名与联系方式告诉诈骗分子后，诈骗分子便提出种种理由，或者要求见面，伺机进行诈骗，或者托词急需钱财，哄骗被害人往指定的账户汇钱。如《合肥晚报》2005年7月29日报道称，泾县警方成功破获首例利用网络 QQ 聊天交友实施诈骗的案件。受害人徐某（女）称其在互联网上认识论一名男青年，该男子自称是宁国市某市长的侄子，以能够帮她调动工作为由多次骗取其钱财，共诈骗人民币2600余元。2006年《北京晚报》报道称，原宣武区检察院将对犯罪嫌疑人杨某依法做出批准逮捕决定。该案中杨某通过网络聊天结识女网友，在与对方发生性关系后，以帮助其安排工作为借口，索要对方押金，诈骗被害女青年钱财。

性别选择性堕胎行为的刑法学思考 [①]

内容摘要：针对我国新生儿性别比例失调问题日益突出的现象，出现了将性别选择性堕胎行为犯罪化的呼吁，这种观点是值得商榷的。并非所有危害社会的行为都是犯罪。我们除了需要严格的证明行为与结果之间实证上的因果关系、充分地考虑到刑法的谦抑性要求以及寻觅其他的解决方案之外，还必须从理论的困境出发，寻找有说服力的论证，来支持或反对针对某种行为的犯罪化。

关键词：性别选择　堕胎行为　刑法学思考

近日，官方统计数字显示的我国新生儿性别比例失调问题逐渐浮出水面，引起了社会的广泛关注。在众多的分析声音和解决方案中，有观察者提出，要通过国家立法程序，在刑法中对性别选择性堕胎行为予以犯罪化，从而加以控制，这种建议也得到了部分参与立法程序的立法者和主管部门的支持。其依据是，目前新生人口中的性别比例已经超过了危险预警阈值，男性超过女性。据此得出的结论是：在若干年后，我国会出现男性人口的数量远远超过适龄女性人口的数量，从而导致婚姻、社会稳定等一系列问题。而通过医疗技术手段，对胎儿进行性别选择则被认为是直接原因。其基本环节是：（1）夫妻双方在妊娠后，对胎儿进行性别判断或鉴别；（2）如果胎儿的性别与主观的愿望不符，则主要通过堕胎方式人工终止此次妊娠；（3）希求下次妊娠，而仍然重复从（1）到（2）的行为。在医学上，这种行为通常被叫作"性别选择性堕胎"。

---

① 此文原载《青少年犯罪问题》2007年第6期，与李文伟合作。

面对立法者和主管部门的呼声和对这种行为"应不应该犯罪化"的理论论证，我们可以选择逆向的思路，通过对其"怎样犯罪化"的理论假设来予以阐述。如果将性别选择性堕胎行为予以犯罪化，那么，我们来提前设想一下它与现行刑法体系和刑法理念如何驳接，会导致怎样的冲突，这是刑法学理论判断其是否应当犯罪化问题的突破口。

一、性别选择性堕胎行为的刑法概念与法秩序的驳接

之所以要将性别选择性堕胎行为犯罪化，建议者的目的在于要通过刑法的介入，杜绝或者减少这种行为，以消除或者缓解性别比例失调的隐患。目前这种隐患具体来说就是——男多女少。按照这样的思路，性别选择性堕胎在刑法中的概念，就其社会现实需要和立法原意而言，可以做医学意义上的缩小解释，即性别选择性堕胎行为是指通过医疗技术手段，对胎儿性别进行判断，进而非正常终止女性胎儿的妊娠，保留男性胎儿妊娠的行为。这是主张将性别选择性堕胎行为予以犯罪化的一种合目的性解释。

然而这种合目的性解释并非刑法意义上该概念的充分条件。合目的性解释当然并不能排除性别选择性堕胎的刑法概念，这同时包含针对男性胎儿和女性胎儿的选择性堕胎的双重可能。而且这种合目的性解释与我国《人口与计划生育法》第35条所规定的"利用超声技术和其他技术手段为他人进行非医学需要的胎儿性别鉴定或者选择性别的堕胎"行为存在明显差别，在《人口与计划生育法》中，将选择性别的堕胎规定为违法行为。根据法秩序统一的原则，刑法中对性别选择性堕胎的定义不应该仅包含针对女性胎儿的堕胎。也就是说，无论针对男性胎儿还是女性胎儿的堕胎行为都应属于刑法意义的性别选择性堕胎的范畴，即对任何胎儿都不能进行性别选择性堕胎。

根据我国的计划生育政策和相关法律、法规，人们可以按照计划生育的要求，实行堕胎。同时，我国现行法律也并没有禁止非计划生育要求的堕胎行为，如婚前性行为所导致怀孕的堕胎。而且，我国也没有对胎儿的生命权予以法律承认。就是说，这些堕胎是法律所允许，并为法秩序所认可的行为。由此可以看出，性别选择性堕胎的犯罪化所要体现的刑法呼吁功能，并非在于禁止堕胎行为，而在于禁止堕胎行为的性别选择性。

另外，主张性别选择性堕胎行为犯罪化的立法目的，乃是缓解或消除性别比

例失调的危险。而这种危险，并非只有"堕胎"一种行为手段才能达致。比如给适龄妇女服用某种药物，增加其生育某种性别的胎儿的可能性，以达到性别选择性生育的目的。因此，这些有可能实现性别比例失调危险的行为并非一定以"堕胎"作为共同手段。

二、性别选择性堕胎行为的犯罪化与刑法犯罪论体系的驳接

刑事法律的严厉性要求我们必须严肃论证性别选择性堕胎行为的主体范围。我国《人口与计划生育法》中对医务人员进行性别判断和选择性堕胎的违法性评价，在主体中并未涉及孕妇本人、孕妇亲属以及其他相关人员等非医务人员。但依据刑法典的规范性要求，如果对普通违法行为予以犯罪化，就必须重新认定行为主体的范围，这也是符合法秩序的阶梯特征的。

如前所述，堕胎行为的性别选择性是犯罪化以后刑法规范对该行为否定性评价的核心。于是，我们就需要考虑在刑法的犯罪论体系中如何界定这种选择性。从内容上，笔者认为可以将其区分为两种选择：消极选择和积极选择。消极选择，是指选择去除的性别，又包含选择将男性胎儿去除或者将女性胎儿去除两种情况。如果二者选其一，则属于性别选择性堕胎行为。如果持放任的态度，则在行为上与普通的堕胎没有区别。积极选择，是指选择保留的性别，包含选择将男性胎儿保留或者将女性胎儿保留的两种情况。如果二种情况都符合选择人的主观意志，则不存在堕胎，那只会受计划生育法规的约束，不可能成立犯罪。如果二者选其一，则也属于性别选择性堕胎行为。这两种选择的区别在于，放任的主观意志，在积极选择中，行为主体根本不可能导致堕胎的行为；而在消极选择中，则只是导致普通的堕胎行为。也就是说，在主观意识的意志内容上，"性别选择性"并不包含放任的主观意志。

不过，医务人员显然不是性别选择的决定者。从性别选择性堕胎的社会现象和实证的行为心理分析来看，医务人员并非性别选择内容的决定者。尽管他们实行的是积极的行为，但他们对性别选择大多是持一种放任的态度，因为医务人员没有参与选择保留男性胎儿还是女性胎儿的合理动机。即使是出于营利目的而进行选择性堕胎，医务人员的营利目的与孕妇本人、孕妇亲属、其他相关人员进行性别选择、进而堕胎的目的仍是不相同的。对于选择性堕胎的行为本身，医务人员可能出于营利目的而持有希望的主观意志，但具有强烈主观意志因素的"性别

选择性"指针并非指向营利。另外，是否以营利为目的，依照前文对该行为犯罪化的合目的性解释，并不当然属于犯罪构成的要件，而应当作为犯罪主体的主观恶性因素对待。所以，依照笔者的观点，医务人员与这种具有强烈主观意志因素的"性别选择性"没有关系。

"性别选择性"的意志含义对放任的主观意志的排除，对该行为刑法意义上意识主体的范围界定没有影响，这并没有排除医务人员对行为本身，即这种"性别选择性"的放任态度。也就是说，孕妇本人、孕妇亲属和其他相关人员的非放任的意志或者"希望"的意志，是"性别选择性"的主观内容，他们才是这种"性别选择性"意识状态的主要持有者。而医务人员的意识状态，则是对这种含有"希望"主观内容的"性别选择性"的放任。按照我国刑法理论中的通说，"希望"和"放任"是"故意"的意志因素的两种主要形式。从认识因素来看，根据性别选择性堕胎的医疗技术特征，这种行为需要专业的医疗器械、医疗技术、医疗场地和孕妇的配合、亲属或其他相关人员的辅助性准备以及一定的操作时间，加之我国本来已有的违法禁止（《人口和计划生育法》）和医院禁令，可以说，医务人员和孕妇本人、孕妇亲属和其他相关人员等非医务人员对自己所要进行的行为，能够达到故意的认识因素的要求。据此分析，我们能够得出医务人员和孕妇亲属、孕妇本人或其他相关人员都属于该行为犯罪化之后适格主体的结论，即如果实现了该行为的犯罪化，不仅是医务人员，孕妇亲属、孕妇本人或其他相关人员也应当成为该罪的主体。

在客观要件方面，由于具体实行性别判断和堕胎的专业技术需要以及堕胎中的行为因素不同，医务人员与孕妇本人、孕妇亲属和其他相关人员等非医务人员的行为表现并不相同。后者的行为主要体现在他们将孕妇送往医院、挂号、找医生等行为，属于医务人员进行性别判断和堕胎的辅助行为，这些行为也是他们决定要进行性别选择行为的后续。作为他们希望、要求性别选择的意识状态的行为表征，只有通过这些行为，才能判断行为主体的主观意志。而在通常情况下，性别选择性堕胎的主要实施行为，从技术性手段的判断性别，到医疗技术方法的终止妊娠，都是医务人员的技术行为。

根据以上推论，依照我国通说的以"主客观相结合"为特征的犯罪论体系，作为性别选择性堕胎行为主体的医务人员和孕妇本人、孕妇亲属以及其他相关人员，虽然都被认为是该行为犯罪化以后的适格主体，但他们在同一个刑事法律关系中主客观结合的具体情况，却并不相同。医务人员的刑事可罚性更多的或者说主要的表现在进行性别选择性堕胎的技术行为；而孕妇本人、孕妇亲属和其他相关人员等非医务人员的刑事可罚性则主要表现在进行性别选择性堕胎的"性别选择性"，即希望、要求的主观意志和决定行为。在犯罪论理论体系上，或许借用国外大陆法系针对行为后果不法评价的行为无价值和结果无价值理论，能够更好地实现对这种具体区别的表述。也就是说，对医务人员的不法评价，是类似基于结果无价值的，刑法规范主要否定的是其技术行为所造成的堕胎和由此带来的性别比例失调的危险。对孕妇本人、孕妇亲属和其他相关人员等非医务人员的不法评价，则是类似基于行为无价值的，刑法规范主要否定的是其进行性别选择的决定行为和希望、要求性别选择的意识状态。由于我国犯罪论体系强调主客观相结合，并无结果无价值与行为无价值的理论立场，所以并不影响将该行为犯罪化以后对这两类主体的处罚。

三、反思假设：性别选择性堕胎行为的犯罪化与刑法理论的诸冲突

现在让我们回到假设之前，来重新审视根据假设而得到的结论。

（一）行为主体的刑事可罚性是否满足了刑法的谦抑性要求

刑法的谦抑性是刑事立法的一项普遍原则，是指在适用其他法律足以抑止某种违法行为、足以保护合法权益时，就不要将该行为规定为犯罪；能够适用较轻的制裁方法足以抑止某种犯罪行为、足以保护合法权益时，就不要规定较重的制裁方法。刑法并不适用于所有的违法行为，只是在必要的范围内适用[①]。性别选择性堕胎行为的犯罪化，针对医务人员和孕妇本人、亲属以及其他相关人员等非医务人员的刑法否定评价，是否符合刑法谦抑性的要求？

既然将该行为犯罪化以后，医务人员和非医务人员不同的可罚性特征在刑法的谦抑性诘问上有着不同的表现形式，那么对医务人员技术性行为的刑法否定评价是否是必需的？使用其他非刑罚的方法是否也可以抑止或者减少这种行为？医务人员对该行为的"性别选择性"所持有的放任态度，是否必须通过刑罚才能得到惩罚和禁止？事实上并非如此，医务人员对"性别选择性"的内容并不具有希望的、要求的主观意志，即使是以营利为目的，也不应该绕过通过医院管理机关

---

① 张明楷.外国刑法纲要 [M].北京：清华大学出版社，1999：8.

和行政手段进行控制的可能性。我国已经颁布了《人口与计划生育法》《母婴保健法》等法律来控制性别选择性堕胎行为。目前全国有29个省、市、自治区制定了地方计划生育条例，对性别选择性堕胎行为做出了禁止性规定。如何执行这些法律是问题的关键。曾经有这样一种观点：正是因为这么多的法律、法规执行效果不佳，才应该将其犯罪化。似这只是片面地看到了刑法谦抑性要求的一个方面，即刑法在法律体系中处于保障法的地位，当其他法律不足以抑止违法行为时，则应该将其犯罪化[①]。这里恰恰需要证明的是，众多的法律、法规执行效果不理想，是出于法律本身的处罚程度不够还是执法机关执法不严？这些法律、法规是真正的"不足以抑止违法行为"么？况且有的地方还是新近刚刚出台此类法规，有的尚在立法程序之中，还没有得到充分执行，如何能够断言执行效果不佳，而急于将其犯罪化？

（二）行为的刑事可罚性是否满足了充足的因果关系

从立法原意上看，观察者呼吁将性别选择性堕胎行力犯罪化的依据主要是这种行为所引起的人口比例失调的危险性。显然，观察者对性别比例失调的担忧，是根据现在新生人口性别比例所做的预测。依前所述，将该行为予以犯罪化并非是对堕胎行为的刑法禁止，甚至也不是对堕胎的行为对象——胎儿生命权的承认和保护。事实上，将该行为犯罪化与堕胎行为对胎儿所造成的现实侵害之间没有联系。就是说，刑法意义上的性别选择性堕胎行为的社会危害性并非现实侵害，而只是一种危险性，并且这种危险性不是对行为对象（胎儿）的危险。从新生儿的成长周期来看，这种危险性也并非现实的危险，因而并不能在短期内实现观察者所预测的结果。可以说，这种危险性并不是犯罪构成的要件之一，因为一旦该行为被犯罪化，具体犯罪行为的成立并不要求其危险性达到现实的程度。所以从犯罪构成理论来看，该行为似乎属于抽象的危险犯。

就犯罪构成的客观方面来说，我们需要怀疑的是，是否具有足够的依据来认定性别选择性堕胎行为在未来可能具有的危险性。这个问题本身并非刑法学问题，却是观察者和立法者、呼吁者在要将这种行为犯罪化的过程中所必须面对的实证性问题，而且这个问题的结果是个刑法学问题。如果能够充分证明性别选择性堕胎行为在未来的危险性足以达到现实化的程度，则表明这种行为被犯罪化以

[①]　张明楷.论刑法的谦抑性[J].法商研究，1995（4）.

后，属于抽象的危险犯。反之，则表明行为的危险性达不到刑法规范所要求的证明程度，草率地予以犯罪化，其后果比性别选择性堕胎行为本身更加危险。

（三）犯罪化的理论依据所体现的犯罪论基础是否值得我们思考

我国刑法理论将社会危害性作为犯罪的本质，社会危害性理论也是犯罪论体系的根基。在行为的犯罪化问题上，是否具有严重的社会危害性也被认为是主要的判断标准。从现有的犯罪论体系上，总结出以社会危害性作为犯罪的本质特征，是合理的；但是对于没有被犯罪化的行为，以社会危害性为依据来论证是否应该将其犯罪化，在逻辑上却是循环论证。社会危害性既然被作为犯罪的本质特征的抽象，必然要具有最强烈的种属因素——只有犯罪行为才具有这种特征；需要有显著的区别因素——明确的区分犯罪与普通的违法行为和合法行为；应该作为犯罪行为的独有属性而具有主体的排他性，一种行为只要不是刑法中所规定的犯罪，就不可能具有这种作为犯罪行为独有属性的社会危害性——通常被表述为"严重的社会危害性"。正如有的学者所说，把社会危害性作为犯罪的本质特征，会带来极大的困惑，本质特征应该是某一事物所特有的性质，但社会危害性并非犯罪所独有，其他违法行为也都具有社会危害性[1]。实际上，只要从刑法学的规范意义上，严格界定这种"社会危害性"，就没有再称之为"严重的社会危害性"的必要。"严重的社会危害性"的说法，更大意义上就是为了给一种待犯罪化的行为加以犯罪的先入评价而准备的，从而可以使犯罪化的循环论证大行其道："因为它具有严重的社会危害性，所以它是犯罪，所以它具有严重的社会危害性"。当然，这并非理论设计者的初衷，但是不能无视这种危险。我们也并非反对一切行为的犯罪化，但是这种论证显然不能使人信服，需要更高要求的理论论证。

并非所有危害社会的行为，都是犯罪。我们除了需要严格的证明行为与结果之间实证上的因果关系、充分地考虑到刑法的谦抑性要求以及寻觅其他的解决方案之外，还必须从理论的困境出发，寻找有说服力的论证，来支持或反对针对某种行为的犯罪化。

---

[1] 陈兴良.社会危害性理论：一个反思性检讨[J].法学研究，2000（1）.

校园暴力犯罪中被害人向加害人的角色转化 ①

内容摘要：当前在我国，随着九年制义务教育的普及和各类学校的增多以及在校生规模的扩大，特别是高等教育逐步从"精英教育"转向"大众教育"，各项学生管理工作面临越来越多的困难。加之广大学生多处于青春期，又面临升学、就业的重重压力，校园暴力犯罪呈现日益严重的趋势，并且具有某些鲜明的特点，其中有不少犯罪人是由校园暴力犯罪的被害人转化而来的。因此，详细探讨这种转化的类型、方式和途径，深入分析转化原因等，对控制校园暴力犯罪具有极为重要的现实意义。

关键词：校园暴力犯罪　被害人　加害人

一、被害人向加害人角色转化的类型

现代犯罪学尤其是犯罪被害人学的研究表明，犯罪人和被害人之间并不仅仅是一种单纯的加害与被害的关系，也不仅仅是一种主动与被动的关系，更不是一种简单的"刺激—反应"关系，而是一种互动关系。在校园暴力犯罪中，加害方相对来说是积极主动的，而被害方则是消极被动的。但是这种关系并不是绝对的，其会随着加害人和被害人的主观方面以及客观情况的变化而发生变化。

在校园暴力犯罪中，对于加害人的侵害，被害人可能会根据主客观情况的不同而做出不同的反应：一是对加害人的侵害保持沉默，在受侵害时不做任何形式

---

① 此文原载《河南公安高等专科学校学报》2008年第3期，与向德超合作。

的反抗和斗争；二是在受侵害时对加害人的行为做出积极的反抗。在第一种情况下，由于被害人选择了容忍、沉默，所以一般不存在被害人与加害人之间的角色转化问题。在第二种情况下，由于被害人积极抗争，因此可能出现被害人向加害人的角色转化。这种转化主要包括两种类型：即时转化和间隔转化。

即时转化主要发生在群体互殴和防卫过当的情况下。在校园暴力犯罪中，被害人对于加害人的侵害行为一般会采取一定的防卫措施。当情况进一步恶化时，就可能发展为群体互殴。如果被害人的防卫措施在必要的限度内，符合刑法上"正当防卫"的规定，那么双方的地位就没有发生变化；如果被害人的防卫措施明显超过了必要的限度，出现了"防卫过当"的情况，那么被害人和加害人的角色就发生了转化。在群体互殴过程中，双方同时既是加害人，又是被害人。

间隔转化是指被害人对于加害人的侵害在当时并未做出反抗，而是在加害行为结束后的一段时期内对加害人进行报复。在校园暴力犯罪中，大部分的加害人在实施侵害行为时是有准备的，他们一般是身强力壮或人多势众，处于优势地位。相比较而言，被害人一般处于弱势地位。在这种情况下，加害人的犯罪行为容易得逞，被害人很难也不会进行抗争。但被害人受到侵害后，在相当长的时间内由于不甘心，便会产生报复心理，采取报复行动。由此，加害人和被害人的角色便会发生转化。

被害人与加害人的角色转化，不仅取决于被害人与加害人的力量对比，而且还受当时的环境因素和其他条件的影响。任何事物都是在不断运动的，而且在运动中不断变化和发展。犯罪与被害是侵害与被侵害的关系。在这种侵害与被侵害的相互作用过程中，加害人与被害人发生相互转化的可能性是存在的[①]。

二、被害人向加害人角色转化的途径

（一）学习

学习理论是由美国心理学家艾伯特·班德拉创立的。犯罪的社会学习理论认为，犯罪行为是从人们的生活经历中学习获得的。人们是否实施犯罪行为，深受社会环境中有关因素的制约[②]。在校园暴力犯罪中，被害人在受到犯罪行为的侵害

---

① 赵可，周纪兰，黄新臣．一个被轻视的社会群体：犯罪被害人 [M]．北京：群众出版社，2000：243．

② 吴宗宪．西方犯罪学史 [M]．北京：警官教育出版社，1997：591．

后，一般会产生报复心理或动机，并付诸行动。但这种报复心理或动机转化为报复行为的中介是什么，即这种动机是如何转化为行动的？笔者认为，是被害人通过向加害人学习而实现转化的。这种学习主要包括以下两种方式。

1. 观察学习。主要是指被害人在遭到犯罪侵害后，通过观察加害人的行为而学会其犯罪所采取的手段、方法等。在校园暴力犯罪中，被害人在遭到侵害后，会回忆并记住自己的被害经过，且开始注意加害人对他人进行侵害的方法，以期学会报复加害人的方式，达到"以其人之道，还治其人之身"的目的。除此以外，被害人还会通过社会、媒体进行学习。大众传播媒介如广播、电影、电视、报刊等，都有关于暴力犯罪的报道。尤其是近年来，随着互联网的普及，被害人获得这方面学习的机会增多，很容易从中学到攻击行为的方式和技巧。

2. 通过直接体验学习。被害人遭到侵害后，对被害过程记忆犹新。通过回忆加害人对犯罪时间、地点和行为方式的选择等，被害人可以学到不少日后进行报复的手段和技巧。一旦条件成熟，便会实行报复行为或实施其他校园暴力犯罪行为。

（二）模仿

校园暴力犯罪的被害者转化为加害者是通过一系列的学习实现的。这种学习的具体表现形式便是模仿。法国著名的犯罪社会学家塔尔德曾提出了著名的模仿规律。他认为，少年犯罪和其他犯罪都是通过学习获得的，而不是由生理或生物因素、自然因素决定的。这种犯罪学习的具体形式和机制就是模仿。学习犯罪的过程，可能是对已有的犯罪行为方式的有意识的模仿；也可能是已有的犯罪行为方式对人们产生无意识的暗示的结果。犯罪人首先是心理和生理正常的人，他们由于偶然的原因而降生到存在大量犯罪的环境中，使他们有意识或无意识地进行犯罪性模仿，学会了犯罪行为的方式，并按照这种方式进行犯罪[①]。另外，塔尔德还提出了三种模仿规律：距离规律、方向规律和插入规律。

笔者认为，用互动的观点来解释被害人向加害人的转化是合适的。校园暴力犯罪的被害人在遭到加害人的侵害后，心理上处于一种悲愤和恐惧的状态，一些被害人会产生报复心理。他们将加害者的一系列攻击行为记忆下来，并在此基础上对加害者的这些攻击行为予以模仿。在时机成熟时对加害者进行报复性攻击或

---

① 吴宗宪. 西方犯罪学史 [M]. 北京：警官教育出版社，1997：357.

实施其他暴力犯罪行为，从而实现被害者向加害者的转化。例如，甲与乙平时有矛盾并多次吵架，乙认为甲不给他面子，便纠集丙、丁两人去"教训"甲，好让甲对自己"尊敬"些。甲在挨打之后，模仿乙的行为，纠集了更多的人对乙、丙、丁进行打击报复。在这个案例中，甲在受到犯罪侵害后，模仿乙的行为方式，利用同样的手段对乙进行报复，由被害人转化为加害人。

三、被害人向加害人角色转化的诱因

被害人向加害人的角色转化的因素可以分为内在的因素和外在的因素两种。外在因素主要有被害人的被害、对被害感的反应、被害的频率和强度等。内在因素主要包括被害人的被害经历、被害人的性格和特征等。

（一）被害人向加害人角色转化的外在诱因

1. 被害事件是被害人向加害人角色转化的根本原因。之所以说被害事件是被害人向加害人角色转化的根本原因，是因为没有加害人对被害人的侵害行为，就不会有犯罪的发生，更谈不上被害人向加害人角色的转化。如前所述，校园暴力犯罪中的被害人在受到犯罪侵害后，会产生报复心理。当报复作为暴力的一个重要组成部分时，被害在暴力犯罪中作为原因要素的重要性就会变得相当明显。事实上，在校园暴力犯罪中，报复是被害人对加害人进行暴力攻击的行为动机，即被害人向加害人角色转化的最普遍动机。在这种以攻击对抗攻击、以暴力对抗暴力的情况下，加害人和被害人的角色便发生了转化。

2. 被害后的反应是被害人向加害人角色转化的强化外因。针对犯罪人的临床研究表明，犯罪人所认为的"不公正"的事件的数量远远高于非犯罪人。并且犯罪人对这类"不公正"事件的反应通常更持久、更频繁并且更具有暴力色彩。被害与犯罪之间的联系是相当出人意料的。无论被害是直接的还是间接的，是实际的还是想象的，是个人的还是共同的，"已经成为被害人"这一意识不仅为犯罪提供了诱因和借口，而且提供了必要的合理性和中立性，从而使被害人可能无视任何正式的和非正式的社会控制，包括道德抑制和刑罚威慑等，最终转化为一个毫无怜悯之情的加害者。校园暴力犯罪中的被害人把对加害人的报复行为看作是一种正当或正义的行为，是加害人所应当受到的一种惩罚，是实现公平正义的一种手段。对于被害人的这种反应，中和技术理论可以给我们一个很好的解释。这种理论认为，大多数少年犯罪人和犯罪人并不完全信奉犯罪的价值观，也不把自

己看作是犯罪人，他们大多是拥有传统的价值观和态度，因此，当他们实施犯罪行为时，就与这种传统的价值观和态度发生矛盾。为了顺利实施犯罪行为，他们学会了一些抵消或中和其行为的犯罪性质、将其行为合理化的技巧，通过使用这种技巧消除心理上的罪恶感，实施犯罪行为①。校园暴力犯罪中的被害人认为自己已经是被害人，便有理由和借口对加害人进行所谓的"正义的报复"。他们将自己的加害行为的违法性进行中和，将其犯罪行为合理化。另外，被害人还可以从他人被害的案件中产生具体的被害，而且还可能会产生不公正的情绪和对加害人的愤怒，这也促使他们做出对加害人实施报复行为的决定。

3. 被害的频率和强度是被害人向加害人转化的重要外因。一般来讲，被害人受到侵害的频率越高、强度越大，其向加害人转化的可能性就越大，反之，这种可能性就越小。笔者认为，被害人被害的频率，在校园暴力犯罪的间隔转化中所起的作用要大于被害的强度所起的作用。而在校园暴力犯罪的即时转化中，被害的强度相比较而言则起主导作用。在间隔转化中，如果被害人长期受到加害人的侵害，其心理长期处于一种愤怒、恐惧和羞辱状态，必然会使其形成一种巨大的心理压力。如果其心理素质、较差，加之外界信息的刺激，就可能使其精神状态随之改变，从而对加害人进行报复。在即时转化的情况下，加害人的侵害强度越强，超出被害人的容忍能力的可能性也就越大。如果被害人为了保护自己的身体免受侵害，在对加害人的侵害行为进行反抗时明显超过了必要限度，则可能造成由被害人向加害人的即时转化。如果加害人的侵害强度相对较弱，在被害人的容忍能力之内，那么被害人就会忍气吞声，就不会发生即时转化的问题。

（二）被害人向加害人角色转化的内在原因

1. 被害经历。"探讨被害与犯罪之间的联系，应强调生活经历对于违法者和犯罪者的态度和行为的塑造作用，而不是从犯罪生理变态和心理异常中探求原因。"②被害经历作为社会生活经历的一种，增加了被害人向加害人转化的可能性。美国犯罪学家辛格通过研究发现，在未成年时成为被害人，在很大程度上意味着在成年后成为犯罪人；犯罪行为的被害人比非被害人有更多的暴力行为，即被害经历是严重的人身攻击行为的最佳预报因子。为什么会这样？在校园暴力犯罪中，被害人遭受犯罪侵害后，虽然会愤怒、恐惧，但也可能逐渐漠视这类暴力行

---

① 吴宗宪. 西方犯罪学 [M]. 北京：法律出版社，1999：415–416.

② 郭建安. 犯罪被害人学 [M]. 北京：中国人民公安大学出版社，1990：202.

为的发生，对这类暴力犯罪产生认同感，并通过学习和模仿，对加害人或其他人实施暴力犯罪行为。尤其是在校园帮派性质的暴力殴斗中，失败一方在受到侵害后，总是寻找机会去寻求胜利。这样在殴斗过程中被害经历的增加，又使他们的侵害欲不断得到加强，从而陷入一种恶性循环。

2. 被害人的性格特征和意志因素。当被害人受到犯罪行为侵害时，他们的性格特征、意志因素对其行为的选择起着非常重要的作用。当性格暴躁、意志薄弱的人受到犯罪侵害时，往往难以有效地克制自己的冲动，常进行即时的、强有力的反抗。相反，当性格温和、意志坚定的人受到犯罪侵害时，往往会持一种容忍、退让的态度。对于前者而言，由于其反抗是在行为当时做出的，因此可能会由被害人向加害人即时转化。对于后者而言，由于其克制能力较强，因此受到侵害时可能不会做出反抗。如果加害人不再对其进行侵害，随着时间的推移，其对加害人的仇恨可能会逐渐减弱，报复的欲望也就随之逐渐消失；如果加害人仍不断地对其进行侵害。被害人的容忍能力则可能会随着加害的频率和强度的增强而下降，在忍无可忍的情况下，就会对加害人实施报复，实现由被害人向加害人的间隔转化。需要说明的是，不同的被害人对于侵害行为可能会做出不同的反应，这还同他们的年龄、性别、习惯、生活环境等一系列相关因素密不可分。

四、被害人同社会的互动

依互动理论，我们不仅应当研究犯罪对社会作了什么，而且应当研究社会对犯罪作了什么[1]。从这个角度来讲，我们应该探讨社会对校园暴力犯罪的被害人做了些什么，从而促使他们由被害人转化为加害人。

（一）同学之间的人际关系问题

校园暴力犯罪的被害人大都为青少年，由于他们的生理和心理都尚未成熟，因此在被害后会产生一定的愤怒、恐惧、羞辱等心理反应。这时他们非常需要周围同学的支持和帮助，并协助他们同犯罪行为做斗争。然而在校园暴力犯罪发生后，很多学生以"各人自扫门前雪，休管他人瓦上霜"为信条，避免惹祸上身；有些同学则会怀着一种看热闹的心理，对发生在身边的犯罪行为熟视无睹；还有的同学则讥笑被害人无能、懦弱。被害人在得不到周围同学的关心和帮助，甚至

---

① 白建军. 控制社会控制：一种犯罪学的范式分析 [J]. 中外法学，2000（2）.

遭到冷嘲热讽的情况下，心理会发生一系列的变化，促使他们由被害人向加害人转化。

（二）学校管理方面的问题

学校作为一个教育性事业团体，教书育人是其天职。但学校也应该维护好校园秩序，为学生的学习和生活提供一个良好的环境。然而现在很多学校的管理相当不完善，校园暴力犯罪时常发生。在校园暴力犯罪发生后，学校难以对犯罪人采取有效的制裁和防范措施，以防止这类犯罪的再次发生。学校对被害人的关心和保护也远远不够。在这种情形下，被害人会认为要想对犯罪做出反击，只能靠自己，于是便对加害人进行报复，从而实现了由被害人向加害人的转化。

（三）社会不良价值观念和文化因素的渗透问题

当校园暴力犯罪发生后，被害人在被害后有可能得不到社会的理解、同情和帮助，有时甚至会受到不公正待遇，遭到社会的抛弃，这给他们的心理造成了极大的伤害，使他们的价值观念产生一定的扭曲。这时社会上消极的价值观念和文化因素就可能乘虚而入，使他们认为"以暴制暴"才能恢复正义，才能还自己以公道，才能获得心理上的平衡，由此导致其由被害人向加害人转化。

当然，我们并不能把校园暴力犯罪中被害人向加害人转化的责任都归咎于社会。事实上，被害人自身也是有一定责任的。如有的被害人由于心存戒心，对学校、老师和同学们不信任，拒绝同他们建立联系，不愿意把自己的被害情况及时告诉老师和同学，或向司法机关报案，因此导致社会对其缺乏了解，也无法及时、有效地给予其帮助和保护。

综上所述，被害人对于其自身向加害人的转化固然负有一定的责任，但其对社会的不信任也从另一个侧面说明了社会在保护和帮助被害人方面是做得不够的。同时社会上的一些不良观念乘虚而入，对于其由被害人向加害人的角色转化起到了一定的推动作用。

犯罪控制宏论 ①

　　内容摘要："犯罪控制"就是使犯罪不超出一定范围或使犯罪处于自己的影响之下，即将犯罪状况限制在正常度以内。所谓犯罪正常度是指具体时空背景下国家和社会对犯罪状况可以容忍的限度。犯罪控制的首要选择是社会控制，即通过对影响犯罪生成的各种社会因素的控制把社会生产和社会生活组织尽可能带进持续发展的有序状态。犯罪控制的次级方案是法律控制，包括刑事立法控制与刑事司法控制两个方面。应当说，司法控制是我国当前和今后相当长的一段时期内犯罪控制的策略重点。在市场经济条件下，犯罪控制作为一个完整的控制系统，其组成要素中的施控者、受控者和控制作用的传递者都具有特定的功能，同时犯罪控制是一个处于始终不断的信息变换和反馈状态中的动态过程。

　　关键词：犯罪控制　社会控制　法律控制　控制系统

　　"控制"一词有两重含义：一是掌握住不使任意活动或超出范围，即操纵、驾驭、遏制；二是使处于自己的占有、管理或影响之下②。"犯罪控制"就是使犯罪不超出一定范围或使犯罪处于自己的影响之下，即将犯罪状况限制在正常度以内。应当说这是"犯罪控制"一词的题中应有之义，也是近年来犯罪学界不使用"消灭犯罪"甚至不简单使用"犯罪预防"一词的由来所在。"犯罪控制以犯罪无

---

① 此文原载《法学评论》2008年第5期。
② 中国社会科学院语言研究所词典编辑室.现代汉语词典：修订本[M].北京：商务印书馆，1999：723.

法消灭为前提，也是一种不得已的理性选择。"[①] 目前，"犯罪控制"的提法因其具有现实的理论意义已经为我国越来越多的犯罪学学者所接受[②]。

关于犯罪预防与犯罪控制的关系，有学者称犯罪控制是指在犯罪行为发生后或过程中采取的不使犯罪行为继续发生或再次发生，并防止犯罪数量和质量超出正常范围（或曰社会能容忍的范围）的硬性抑制手段。犯罪控制着眼于对犯罪场[③]（现实场和心理场）的控制，主要目的和作用在于消除犯罪目标，减少犯罪机会，加大犯罪的风险和代价，强化犯罪人和潜在犯罪人以及一般公众对国家权威以及刑罚的畏服，促使人们对社会规范和社会秩序的遵守与维护，从而把犯罪控制在正常范围内。犯罪预防是指对犯罪的事先防范活动，具体说，是指旨在减少和消除犯罪原因，避免犯罪发生的各种社会组织和管理、建设与发展活动。犯罪预防着眼于犯罪原因的消除，主要目的在于使犯罪无从发生。犯罪预防与犯罪控制的根本区别在于：前者是对犯罪的积极避免和主动出击，后者是对犯罪的被动防守和事后处置[④]。笔者认为，区分犯罪预防与犯罪控制的理论意义和实践意义均不大，而且两者也难以区分，犯罪事先预防措施同时也是在控制犯罪，犯罪的事后控制又何尝不是在预防犯罪？两者如果说有区别也仅仅是表达的角度不同而已，犯罪控制从犯罪的规模出发，犯罪预防从犯罪的时间出发。前述两者的区别可以视为狭义上的区别。在广义上，犯罪预防可以包括犯罪控制（前述主张区别两者的学者持如此观点）[⑤]，犯罪控制亦可以包括犯罪预防。本文在广义上使用犯罪控制概念，它包括犯罪的事先控制（狭义的犯罪预防）和犯罪的事后控制（狭义的犯罪控制）。

需要指出的是，"犯罪预防"蕴含的一个义理是所有的犯罪都应当预防，也可以预防，而这事实上既无可能，也无必要。因为有些犯罪防不胜防，或者说只能做"量"上的预防，不能做"质"上的预防，比如盗窃罪；还有些犯罪或许表

---

① 储槐植. 任重道远：犯罪学基础理论研究 [M]// 肖剑鸣，皮艺军主编：《罪之鉴》（上）. 北京：群众出版社，2000：11.

② 当前出版的犯罪学教材中，大多采用了犯罪控制的概念。

③ 参见周密主编：《犯罪学教程》一书中由储槐植先生执笔的第十二章"犯罪场"。

④ 储槐植，许章润. 犯罪学 [M]. 北京：法律出版社，1997：268-269.

⑤ 赵宝成教授认为犯罪预防也是一个概括性术语，是指犯罪控制以及与之相对的狭义的犯罪预防活动和措施的总和。他为犯罪预防所下的定义是：国家、社会（群体、组织）和个人所采取的旨在消除犯罪原因、减少犯罪机会、威慑和矫正犯罪人，从而防止和减少犯罪发生的策略与措施的总和。在笔者看来，用该定义来界定犯罪控制也未尝不可。

达着人类呼唤进步的心声或者先兆，因而对其根本不必预防，比如我国1979年刑法典规定的投机倒把罪。鉴于此，储怀植先生认为："迄今为止的人类历史经验表明，犯罪可以控制，但无法消灭。这是由基本犯罪规律决定的。……犯罪现象是社会各种矛盾的综合反映，这就是基本犯罪规律。它既说明了犯罪的基本性质，又反映了犯罪的基本原因。社会矛盾无法消灭，尽管解决矛盾的方法和方法的法律评价可以变化。提出'消灭犯罪'或类似要求，都是不切实际的幻想。超现实的期望可能导致适得其反的后果。'犯罪控制'的提法是科学的。"[①]

一、犯罪控制的一般标准——犯罪正常度

原则上说，犯罪控制的一般标准就是犯罪正常度。"度"在哲学上指一定事物保持自己质的数量界限。在这个界限内，量的增减不改变事物的质，超过这个界限，就要引起质变[②]。所谓犯罪正常度是指具体时空背景下国家和社会对犯罪状况可以容忍的限度，一般是从反向理解的，即不是无法忍受的状态。应当指出，这里的国家主要是指国家机构，而社会是指独立于国家机构的、不受国家控制的非官方自治领域[③]。至于如何评价犯罪程度正常与否，应当把握以下几点。

（一）评价主体

对犯罪正常度进行评价的主体大致包括国家、社会公众和专门研究机构及人员三大类。受评价主体的利益观和认识能力以及其他因素的影响，这三类主体对犯罪正常度做出的评价不尽相同。

1. 国家对犯罪正常度的评价属于对犯罪状况的正式反应。因为国家的评价对构建社会秩序发挥着巨大的作用，并且总是与一定的刑事政策相联系，甚至关系到具体行为人的自由和生死，因此，国家对犯罪正常度的评价具有全局性、程序性和权威性的特点。

2. 社会公众对犯罪正常度的评价属于对犯罪状况的非正式反应。由于社会公众只能通过亲身经历和大众传播媒介来了解犯罪状况，并且也只能通过各种媒体和一定范围内的口头传播表达出来，因此与国家评价相比，社会公众对犯罪正常

① 储槐植.刑事一体化与关系刑法论 [M].北京：北京大学出版社，1997：66.

② 中国社会科学院语言研究所词典编辑室.现代汉语词典（修订本）[M].北京：商务印书馆，1999：312.

③ 黑格尔.法哲学原理 [M].范扬，张企泰，译.北京：商务印书馆，1995：173-174.

度的评价具有区域性、无程序性和非权威性的特点。

3.专门研究机构及人员对犯罪正常度的评价一般属于对犯罪状况的中立性评价。这种评价是在不带有"情感逻辑"即"价值无涉"①的情况下，对犯罪状况进行纵横比较的基础上做出的，既要考察本国历史上的犯罪状况，又要考察同期国外的犯罪状况；既要弄清国家对犯罪正常度的评价，也要弄清社会公众对犯罪正常度的评价。而且专门研究人员自己对犯罪正常度的评价既可以通过学术期刊及教材专著表达出来，也可以通过各种学术会议和有关媒体表达出来，因而，这种评价一般来说更为客观和公允，即具有远离功利和情感的中立性色彩。

（二）评价对象

评价犯罪正常度的对象是犯罪的质和犯罪的量以及它们之间的关系。犯罪的质是指造成国家利益受损、威胁到公共安全使不特定多数人感到恐慌，并造成多人人身伤亡以及巨大财产损失等重大犯罪案件在刑事案件总数中的比例。通常情况下，各国都是重大犯罪案件在刑事案件总数中的比例不大，暴力犯罪与非暴力犯罪之比也总是前者小于后者。如果比值呈现增大趋势，则表明犯罪将要或已经超过了正常度。

犯罪的量，是指一定时地实际发生的刑事案件数及其与一定时地人口总数的比例数（犯罪率）。我国社会处于改革开放的特定时期，由于人口增长和社会矛盾增多，刑事案件数和犯罪率有所上升是正常现象。"一般说来，（刑事）案件的年增长率在'百分比一位数'不会造成社会震动。如果连续几年的年递增率均达'百分比二位数'，则将超出社会心理承受能力，属于不正常现象了。"②

（三）评价根据

评价犯罪正常度的根据可以分为外部根据与内部根据。外部根据又可以分为纵向评价和横向评价两类。纵向评价是根据本国（本地）历史（可长可短）上

---

① 所谓"情感逻辑"，是指研究者自始至终抱着对犯罪现象的义愤开展研究，并把这种情感注入思维逻辑和判断过程之中，给研究客体蒙上了过多的情感色彩，减弱了理智与科学的成分。所谓"价值涉入"，就是研究者把自身的价值观和道德倾向直接带入整个研究过程之中，从而使观察者带上"有色眼镜"去认识研究客体，客体在未被认识之前，就已经由观察者涂上他所臆想的色彩，这种价值涉入阻碍了对研究对象鞭辟入里的观察，从而在很大程度上干扰研究的客观性。所谓"价值无涉"，是指在资料收集、资料分析阶段，在观察研究客体的客观特征的过程中排除研究主体的主观好恶，防止主体把自己的价值评价直接转移到研究客体之上。参见皮艺军.论犯罪学研究中的"价值无涉"原则[J].政法论坛，1993（3）.

② 储槐植.刑事一体化与关系刑法论[M].北京：北京大学出版社，1997：67.

的犯罪发展情况，对现在的犯罪正常度做出评价，有的学者以犯罪高峰期^①来说明犯罪超出正常度的特定时期。横向评价就国家而言是以外国同期的犯罪情况为参照系来评价本国的犯罪正常度，就地区而言是以外地（外省、外市、外县）的犯罪情况为参照系来评价本地的犯罪正常度。内部根据是以当前本国（本地）的实际犯罪情况为根据来评价犯罪正常度。内部根据按不同犯罪类型有不同标准：对公职人员犯罪——社会公众是否有较普遍的愤怒情绪；对暴力犯罪和财产犯罪——公众的安全感是否受到较普遍的威胁；对经济犯罪——市场经济秩序是否受到较明显的干扰。这三个标准构成了内部根据的基础^②。

应当说，评价犯罪正常度的方法是多种多样的，主要有官方犯罪统计、抽样调查、民意测验、专家评估等。需要特别指出的是，对犯罪正常度的评价结论只能是大致的定性结论（即是否超出正常度），目前受人类认识能力和水平的制约，还无法达到定量的结论（例如犯罪正常度的参数或百分比）。

二、犯罪控制的首要选择——社会控制

犯罪控制的首要选择是社会控制，即通过对影响犯罪生成的各种社会因素的控制把社会生产和社会生活组织在尽可能带来持续发展的有序状态。简言之，就是把社会控制在有序状态中。有序社会是社会矛盾较少或者社会矛盾容易合理解决的社会。社会控制得好，犯罪就少；社会控制得最好，犯罪就最少。对犯罪的社会控制是一个宏大的工程，其相关观念的转变与具体措施的推行都不是一蹴而就的工作。

从不同的角度和层面，可以将犯罪的社会控制做以下分类。

（一）宏观控制与微观控制

1.宏观控制。宏观控制是从整个社会的宏观层面提出的指导性控制策略，例如整顿市场经济秩序，加强精神文明建设和思想教育工作，减少社会不公正现象，完善社会主义法制，等等。

对犯罪实行宏观控制，首先要适时正确地确定控制目标。社会生活的复杂性、犯罪种类的多样性和控制力量的有限性，使任何国家都很难同时对现实社会

---

① 犯罪高峰期包括两种含义：一是指在一定时期内，犯罪绝对数量最高的一段时间；二是指犯罪出现最多的年龄段。本处是在前一种含义上使用的。

② 储槐植.刑事一体化与关系刑法论[M].北京：北京大学出版社，1997：68.

中存在的所有犯罪实行卓有成效的全面控制。犯罪的宏观控制，只能是在一定时期内集中部署控制力量，有重点、有选择地控制某类或某几类犯罪的增长。因此，适时正确地确定宏观控制的目标，既是对犯罪实行宏观控制的先决条件，也是保障宏观控制措施有效性的前提。确定宏观控制目标的基本依据是，现实的犯罪状况及其对社会生活、经济发展的影响程度。不同种类的犯罪对社会的危害程度是不同的，同一类犯罪在不同时期也会由于其发生率的增减而对社会生活、经济发展产生不同程度的影响。对犯罪的宏观控制，应当根据一定时期内犯罪的现实状况和可能的发展趋势，把那些对社会安宁和经济发展危害最大的犯罪作为控制的重点对象，而把减少这类犯罪的发生作为自己的目标。

根据犯罪的现状确定宏观控制的目标。既可以根据已经显现出来的犯罪状况来确定，也可以根据对社会问题可能引起某类犯罪增加的预测来确定。根据显现出来的犯罪状况确定宏观控制目标，往往是在该类犯罪的增长已经严重威胁到社会经济的发展或者已经使社会公众的安全感锐减的情况下，对之采取控制措施。在这种情况下，集中力量采取有效措施，控制这类犯罪发生的条件，遏制其继续增长的趋势，往往会得到社会各界的广泛认同和支持，也容易收到明显的效果。但是也应当看到，这种情况下实施的宏观控制，是以社会已经遭受到犯罪的严重危害为代价的。与之相反，根据对可能增长的犯罪的预测来确定宏观控制的目标，往往是在该类犯罪大量增加之前，在其尚未对社会造成实质的严重危害的情况下对之采取控制措施的，因而更具有"防患于未然"的功效，能够最大限度地减少其对社会的危害。因此，在实施宏观控制时，应当尽可能地根据对犯罪状况变化趋势的预测来确定控制目标，尽可能地把犯罪控制在对社会构成威胁之前[1]。

2. 微观控制。微观控制是从社会局部的微观层面设计的操作性控制措施，例如警察街区巡逻，组成警民联防，加强内部治安保卫工作，做好"两劳"释放人员的帮教工作，倡导"邻里守望"[2]，具体落实社区控制方案，等等。微观控制通过在对犯罪率产生较大影响的某些场所，或者某些行业，或者某些人的周围开展

---

[1]　康树华，赵可. 中国现阶段市场经济与犯罪控制 [M]. 北京：光明日报出版社，1993：406–407.

[2]　邻里守望是指一定范围的社区居民联合起来，相互照看，共同预防犯罪。在英国，第一个邻里守望项目于1982年在 Mollington Cheshire 建立，10年后，全国发展到8万多个，覆盖了400多万个家庭。同时，守望项目由邻里守望引出了街道守望、社区守望、校园守望等名目繁多的守望项目。每一个守望计划中都有一个协调员，他保存一张志愿者的名单，在社区警察的指导下，向项目的成员提供建议、指导和支持。

经常性的调查、防范活动，防止或者制止犯罪的发生。微观控制的目标不是控制某一类或几类犯罪的发生，而是控制特定范围内可以发生的各类犯罪，因此相关控制措施并不随着某一类犯罪或者几类犯罪的减少而结束或者松懈，而是一项经常性的工作。

具体而言，微观控制是在犯罪的多发区域内实施的控制措施。在这些区域内，或者存在着具有犯罪倾向的人，或者存在着诱发犯罪的因素，或者存在着有利于犯罪实施或者完成的条件，或者便于藏匿犯罪人、犯罪工具或者赃物，因而犯罪常常在这些区域内发生。在这些区域内部署犯罪控制力量，就可以在各种具体场合及时发现和制止犯罪，减少犯罪的发生率和成功率。因此，微观控制对于局部范围内犯罪率的升降具有极为明显的影响。

犯罪的宏观控制与微观控制，是犯罪控制的两个方面、两种类型，它们之间具有密切联系。一方面，宏观控制目标对微观控制具有指导意义，宏观控制能够帮助微观控制明确其在特定时期的工作重点，使微观控制更适应于控制犯罪的实际需要。另一方面，宏观控制的目标又必须通过微观控制并贯穿于微观控制之中才能实现。离开了微观控制，宏观控制目标就难以实现。

（二）主体控制与条件控制

1. 主体控制。对犯罪的主体控制坚持的基本理念是，如果每个人都不去犯罪，就会实现最佳的犯罪控制效果。其具体做法是通过思想政治教育工作、提升公民的道德水准以及法律威吓等措施，达到消灭或者抑制人们的犯罪动机之目的。应当说我国在改革开放前相当长的一段时间内，对犯罪进行主体控制所取得的成效是举世公认的，但随着改革开放的深入进行，社会价值观与道德观日益多元化以及法律威吓功能的弱化，特别是近年来流动人口的急剧增加，主体控制措施面临着越来越多的困难，成效已不是十分明显。现在的主体控制的对象主要限定为犯罪高发人群，如无固定职业的流动人口、脱离学校教育的青少年、刑满释放人员等。在这个意义上，主体控制也被称为积极控制。

目前在我国，来自犯罪的最大威胁是流动人口的犯罪问题。20世纪80年代以来，我国的人口流动性加强，人们称此现象为"民工潮""打工潮"。大规模流动人口的出现是我国社会变革、经济体制转轨及走向现代化过程中的一种带有规律性的必然现象，对我国的经济与社会发展的影响是深远的。但与此同时，由于疏导、管理、服务和教育等各项配套工作一时跟不上，目前这种人口的转移和流动在很大程度上尚处于盲目无序状态，这对交通运输、城市住房、福利、卫生、劳动就业以及社会治安都带来很大的冲击和压力，从而给社会带来某些负效应。其中，流动人口的犯罪问题尤为突出。我国辽宁省犯罪课题研究结果表明，流动人口的多少与刑事案件的发案率高低呈正相关，相关系数为0.7。由于流动人口主要是从农村流入城镇，因而城镇的犯罪率比农村高。另据一些省、市统计，在城市中发生的刑事案件，其作案成员约有半数以上来自农村，就盗窃犯罪来说，流动人口作案高达70%—80%[①]。流动人口犯罪是一个棘手的问题，关系到社会的稳定与发展。我国各大城市的流动人口犯罪皆呈上升趋势，但由于流动人口的特殊性，公安机关对流动人口犯罪案件侦破率低，打击不力，因此，专门研究流动人口犯罪的状况与特点，从而采取有力措施控制流动人口犯罪是我们的当务之急，也是对犯罪进行主体控制的重中之重。

2. 条件控制。对犯罪的条件控制坚持的基本理念是，既然不能消灭和抑制人们的犯罪意识，那么通过限制犯罪行为的条件使犯罪行为不能轻易成功，就成为当前迫不得已的犯罪控制策略。换句话说，就是从犯罪被害人的角度控制被害，因而也称为被害控制。

沿着这一思路，美国犯罪学家和建筑学家奥斯卡·纽曼在《可防御的空间：通过城市设计预防犯罪》（1973年）一书中提出了"防卫空间理论"。"可防御的空间"思想的理论根据：利用环境设计改变物理环境的空间样式和功能，以此改变居民的行动方式和增加相互间的社会联系，达到控制犯罪的目的[②]。纽曼在书中说："既然我们不能抑制人们的犯罪动机，我们何不从犯罪的目标和条件上去限制犯罪。因为众所周知，没有作案的条件和目标，犯罪是不能发生的。"[③]防卫空间就是一种本身具有控制犯罪的自然属性的建筑设计模式，这种建筑设计模式向居民和潜在的犯罪人都表明，这座建筑内外的所有人都受到监视，从而对潜在犯罪人的心理产生抑制作用，使其不敢在这一地区进行犯罪。他指出，防卫空间作为居住环境的一种模式，是能对罪犯加以防卫的社会组织在物质上的表现形式。住宅区规划设计的特点对抑制犯罪产生一定的影响，防卫空间具有以下四个特征：（1）区域性。指某一区域的合法使用者对这一地区行使权利的愿望和能力。

---

① 公安部. 中国现阶段犯罪研究 [M]. 北京：中国人民公安大学出版社，1993：79.

② 伊藤滋. 城市与犯罪 [M]. 夏金池，郑光林，译. 北京：群众出版社，1988：187.

③ 魏平雄，欧阳涛，王顺安. 市场经济条件下的犯罪与对策 [M]. 北京：群众出版社，1994：205.

就是说，某一区域的居民能够区分合法使用者和陌生人，从而产生一种自治的气氛，在自己所属的区域内实行控制，防卫陌生人接近，减少本区域的被害机会。（2）监视。在环境设计时即考虑到该区域的合法使用者能够观察到这一区域内的日常活动，以便于发现可疑活动以采取对策。尤其指出，住宅区的平面布局和门窗设置应使居民能自然地监视户外的活动，尤其是对人口和公共区域的监视。（3）外形。也就是某一区域的外观，这种外观应当既不吸引犯罪分子，也不与周围的社区隔离，因为有经验的犯罪分子有时从外观上就能看出哪些地方容易实施犯罪。易受侵袭的住宅不宜用特殊的、与众不同的材料和建筑形式。（4）环境。建筑设计时要选择环境，尽量将房屋建在低犯罪率而又容易监视的地方[①]。居住区应布置在城市相对安全的区域。

防卫空间的这几个要素能够在一定程度上控制被害，因为犯罪分子在这种空间内犯罪要冒很大的风险，犯罪分子通过代价——收益分析，就会觉得在这里犯罪得不偿失，从而放弃犯罪的念头，使这个地区保持较低的犯罪率。除此以外，该理论还提出两种减少犯罪机会的环境设计，即信道设计和监察系统控制。前者就是通过设计栅栏屏障，加强过道守卫、增加门锁等防止未经允许的人进入某建筑物或者区域，预防与减少犯罪；后者就是配置现代化的观察监视系统，将闯入社区的人和潜在的犯罪者置于监视之下。

归纳起来，防卫空间理论的实践运作主要从以下三个方面着手：（1）制造作案障碍。其中又可分为三项：其一，目标加固。包括门窗加固，安装报警系统。其二，目标转移。包括以信用卡代替现金使用。其三，控制作案工具。例如控制武器、炸药等。（2）制造犯罪"得不偿失"的条件，增加犯罪分子被抓、被判刑的可能性，使其感到犯罪的威慑，以增大犯罪的"失"的方面。而威慑的最大的发挥，不在于威慑之重，而在于违法必究，罚必当罪。（3）加强正规（警察和司法人员）与非正规（居民、邻里、亲友等）的监视巡逻，使犯罪分子不敢轻易动手等。目前，国外运行的"社区预防""邻里守望"，就是发动街区的居民采取以"环境预防为主要内容的行动"[②]。

此外，在欧美还流行把犯罪控制分为犯罪的行为控制、犯罪的情景控制和犯罪的社区控制三种。犯罪的行为控制也称作犯罪定向控制，主要通过控制基本

① 冯树梁.中国预防犯罪方略[M].北京：法律出版社，1994：756.

② 肖剑鸣，皮艺军.犯罪学引论[M].北京：警官教育出版社，1992：76.

的社会与经济结构以及影响个人，特别是儿童、青少年及他们家庭的社会成员来减少犯罪，包括城市控制政策、家庭控制政策、教育政策、青年政策、就业政策等。犯罪的情景控制，着眼于犯罪而不是罪犯，旨在减少作案机会，主要措施包括增加犯罪代价的措施、增加犯罪危险的措施和减少犯罪所得的措施等。犯罪的社区控制是把行为控制与情景控制结合起来，落实到社区之中，旨在使社区的居民团结一致，以集体的力量战胜犯罪，主要方法包括健全社区组织、加强社区防卫和促进社区发展①。

三、犯罪控制的次级方案——法律控制

犯罪控制的次级方案是法律控制。法律控制理论认为，犯罪是刑事立法和刑事司法功能不当的产物，因此强调控制犯罪应当着眼于加强和改革刑事立法和刑事司法。在法国，以雅克·雷奥对、斯蒂法尼为代表的部分犯罪学者们强调对犯罪的特殊控制，即运用法律所规定的或允许的刑事法律措施、惩治措施以及刑后措施来正确对待犯罪人，防止累犯。他们尖锐地批评了产生高频率累犯现象的现代资本主义社会对待犯罪人的制度，主张改进、完善刑事立法和刑事司法。在美国，倡导法律控制理论的学者，在刑事立法方面，强调加重刑罚与减轻刑罚并用，通过重惩严重犯罪直至适用死刑，威吓潜在的犯罪分子不敢以身试法，长期剥夺严重犯罪分子的自由甚至生命使其丧失再犯罪的能力；对一些轻微犯罪施予各种非监禁甚至非处罚，以避免监禁或刑事处罚的"标签"作用和监禁的各种副作用，避免被处罚人与社会对立心理和情绪，以免其继续、甚至从事更加严重的犯罪。在刑事司法方面，强调改革侦查、起诉和审判等司法实践，提高刑罚的确定性，即犯罪必然会受到惩罚的程度，加强警民关系，改进侦查技术和手段，提高破案率，取消辩诉交易等，从而达到防止潜在的犯罪分子心怀侥幸心理以身试法的目的；改善矫正实践，避免制造累犯；提高司法的公正程度，避免因不公正司法而引发的犯罪和累犯②。

可见，对犯罪的法律控制从大的方面可以分为刑事立法控制和刑事司法控制。

---

① 麻国安.中国的流动人口与犯罪 [M]. 北京：中国方正出版社，2000：191.

② 比较犯罪学编写组.比较犯罪学 [M]. 北京：中国人民公安大学出版社，1992：336.

（一）刑事立法控制

刑事立法控制是指国家通过刑事立法的方式将某些行为规定为犯罪或者不再规定为犯罪，对人们的行为方式提供引导，改善人们的观念和态度来实现对犯罪的控制。刑事立法对犯罪的控制过程又可以分为五个阶段[①]：（1）刑法立法首先是基于一种实际存在或者似乎存在的中长期的社会变化。在社会经济和法律之间存在着，或者似乎存在着某种不协调。因此，有必要对犯罪做出定义。由此可见，这样一种对犯罪行为的定义乃是社会变化的结果，而不是社会变化的原动力。法律体系必须适应变化了的社会体系。刑法作为社会的调节器，在社会重要的经济方面和社会生活方面的重大利益受到危害，或者在社会的某一个阶层证明这样的重大利益受到危害时，刑法就能发挥其调节作用。（2）个别骇人听闻的犯罪案件的发生使公众产生不安，而这样的案件被大肆渲染以后，更进一步引起公众的种种恐惧，从而动摇了公众自身的安全感，使之处于惶惶不安的心态境地。（3）由于个别骇人听闻的犯罪案件的发生，公众因此而产生的不安、恐惧受到了舆论的不断渲染，以致一幅实际上也许并不存在的犯罪浪潮的图景完全显示在公众面前，促使公众产生"必须采取对策"的想法。与此同时，社会思想家和活动家们纷纷指出控制这类社会问题的重要性，于是，刑事立法的"专家们"开始聚集在一起商讨应对方案。（4）专业和利益有关的团体利用公众的不安，并且组成专门委员会，对公众的不安、恐惧加以引导。专门委员会的任务是组织信息，按照科学的要求将其发表。如果对于公众的不安、恐惧不经过如此的引导和系统化的过程，就不可能形成法律。（5）最后，专家委员会就一项法律草案形成一致的意见，赋予科学性的内涵，在政府机构的参与下，将这项法律草案呈递给立法机构进行审议、通过。

刑事法律颁布以后，其直接震慑作用并非依赖刑罚的严厉，而是在于能否实际施行，在于稳、准、迅速地破案。若要有效地震慑罪犯，则必须使罪犯在实施犯罪行为之前就感到自己将冒有被破获、被证明有罪、被判决的极大风险。一项法律一经颁布，只能说，它是对刑事审判发出的一项指示，是对一种被确立了的定义进行尝试。然而，颁布的刑法还必须为广大民众和公众舆论所接受，这样才能在社会控制意义上取得效果。所以，如果一项法律不能为刑事审判所运用，立

---

① 汉斯·约阿希姆·施奈德. 犯罪学 [M]. 吴鑫涛，马君玉，译. 北京：中国人民公安大学出版社，1990：874.

法者不能得到公众舆论对这项法律表示认同的话，那么这项法律在社会控制意义上就不能发挥其全部的震慑作用。诚然，也存在着另一类刑法，立法者并没有充分考虑到这类刑法所具有监督的可能性，因而，一开始就失去了它们完整的震慑效果。如挪威曾经通过一项法律，规定雇佣女佣的东家过分使用女佣劳力为犯罪行为。然而这项法律无法制定出有效措施对家务劳动进行监督、控制。这条刑律几乎是把一种完全属于外人无法了解的行为定作犯罪。这样的刑法条文实质上是矛盾的。它一方面确定了刑罚，但又无法让其实施。对于这一荒谬的立法，人们只能解释为：一个多元化社会的议会中，在这项立法时，倾向雇员和倾向雇主的双方不得不达成妥协的结果。唯一对这项法律感到满意的只有那些担心雇主索求苛刻的保姆、女佣。这一法律的准则未经彻底检验而颁布，使与雇主对立的利益集团得益①。

另一方面，刑事立法还负有创立和捍卫社会生活的基本价值观的任务，从而实现犯罪控制的目标。这些基本价值观是在人的一生的社会化过程中代代相传、生生不息的。因而，刑事立法创立和捍卫价值观的任务也是在长期的、复杂的社会化过程中完成的。指导性地参与这一过程的有刑事审判体系、公众舆论以及口头发表、书面出版的舆论（新闻媒体）。1934年瑞典禁止酒后驾驶机动车法就是说明这一社会化过程的例子②。当年的情景是，瑞典的机动车司机酒后驾车造成大量的人身伤亡事故。因此，瑞典的立法者将饮用酒类（血液中酒精含量为千分之一点五）和在酒精作用的状态下驾驶机动车的行为确立为犯罪。这部刑法在当时就得到了通过与颁布。但是，瑞典的公众把酒后驾驶机动车"确实"视为犯罪，却是在几十年之后的事情。因为，大部分酒后驾车肇事者对于他们被判的短期徒刑不以为然。相反，他们组成协会，在他们被判的每周年纪念日聚会饮酒以纪念他们身陷囹圄的时光。兼之，瑞典议会中也有人一再声称酒后驾车肇事者总比其他所有罪犯要好些。只有过了几十年后的今天，瑞典的公众才真正把酒后驾车的行为视为犯罪。这是由于新的法律观念的产生，公众的态度和行为方式出现了变化，才开始认真地对待这项法律。至此，酒后驾车的现象下降了，公众逐步接受

---

① 汉斯·约阿希姆·施奈德.犯罪学 [M].吴鑫涛，马君玉，译.北京：中国人民公安大学出版社，1990：882.

② 汉斯·约阿希姆·施奈德.犯罪学 [M].吴鑫涛，马君玉，译.北京：中国人民公安大学出版社，1990：884.

了这一法律。只有在这种情况下，刑事立法才得以充分发挥其震慑作用，起到犯罪控制的效果。

总的来说，理性的、有明确犯罪动机的或者经过精心策划的犯罪行为是能够受到刑法的震慑的。但是，对于感情用事、动机不很明确、一时冲动所犯的罪行，刑法的震慑作用就非常微弱。在实际生活中，大多数罪犯在实施犯罪行为时并不怎么考虑可能的后果。这些人异常乐观，总认为自己的犯罪行为不会被人发觉，不会被揭露。大部分犯罪分子只顾眼前，不考虑将来。刑法只对于那些有判断力、有远见、能够深思熟虑的人才具有强有力的震慑作用。然而，这些人又往往不会自己去触犯刑律。刑事立法的困难在于：犯罪发生往往是基于犯罪分子在社会成长过程中形成的缺损、其感情不稳定、自我失控以及受制于某种犯罪的亚文化等等，而这些个人的和社会的因素并不受（至少不直接受）刑事立法的影响。刑法对于事业有成的人们具有良好的震慑作用。对于这样的人，犯罪意味着太多的丧失。因为，他们的成就已经将他们与整个社会体系联系在一起。对他们来说，犯罪给他们造成的不是正式的后果（例如被判决、坐牢），而是那些更令他们惧怕的非正式的后果（例如他们的声誉和社会地位的丧失）。刑事立法的另外一个难处是触犯刑律的人往往是那些穷困潦倒的人。他们对前途失去了任何希望，相信只有犯罪使自己才有所获。对于这些人，刑法的影响仅仅是在他们经历了一次判决之后更加懂得要竭尽全力避免再次被捕①。这就是说，刑事立法在犯罪控制方面的作用需要谨慎对待。

（二）刑事司法控制

刑事司法控制（或称刑罚控制、刑事控制）主要指国家刑事司法系统通过侦查、起诉、审判、执行等刑事诉讼活动对犯罪实行控制。总体说来，对犯罪的司法控制属于典型的事后控制，应该说在犯罪控制体系中，司法控制实属"下策"：一方面，司法控制是针对已然犯罪的，虽然有相当的一般控制和特殊控制的意义，但作为其前提的已然犯罪毕竟已经给社会造成了危害；另一方面，近几十年来国际社会的实践经验已经证明了司法控制并不能足够有效地控制和减少犯罪。因此，研究人员、公众和决策者们不再把抑制犯罪增长的希望寄托在强化司法控制方面。与司法控制相比，社会控制注重事前控制，是治本之策。此外，被害人

---

① 汉斯·约阿希姆·施奈德.犯罪学 [M]. 吴鑫涛，马君玉，译.北京：中国人民公安大学出版社，1990：883.

学研究与被害调查、环境犯罪学以及人们对后工业社会犯罪增长特定原因认识的深化，都为社会控制成为犯罪控制的重心提供了理论前提。社会控制也因此在世界范围内逐渐被提到了控制犯罪的战略高度。

但是，也应当看到，在我国目前和今后相当长的一段时期内，司法控制仍然是犯罪控制的策略重点，这主要是因为：其一，犯罪控制系统中最容易落实兑现的便是司法控制，因为有专门的职能部门作为控制主体，这些职能部门的职责就是控制犯罪；其二，司法控制有国家强制力作为保证，因而具有最强的现实控制力；其三，在社会治安形势严峻的背景下，犯罪控制的策略重点除司法控制外别无其他良策[①]。

四、建立市场经济条件下的犯罪控制系统

（一）控制系统概述

控制活动，直观地说，就是施控者（施控主体）对受控者（受控客体）的一种能动作用。这种作用能够使得受控者根据施控者的预定目标而动作，并最终达到该目标。所以，控制作为一种作用，至少要有施控者、受控者以及控制作用的传递者这样三个基本要素。由这三要素组成一个整体，相对于某种环境而言，才能具有控制的功能和行为。因此，我们把由施控者、受控者和控制作用的传递者三个部分所组成的，相对于某种环境而言具有控制功能与行为的系统称为控制系统。在控制系统中，要实现控制，还必须有充分的信息交换和反馈，从而形成一个闭合回路。没有反馈信息的非闭合回路不可能实现控制，施控者正是根据反馈信息，才能比较、纠正和调整它所发出的控制信息，从而实现控制目的。

犯罪控制系统，是一个以控制犯罪为预期结果的闭合控制系统，它同样由施控者、受控者和控制作用的传递者三要素组成。在市场经济社会这样一个外在环境中，通过犯罪控制信息的输入和反馈信息的回输，实现对犯罪的有效控制。

（二）市场经济条件下犯罪控制系统各组成要素的特定功能

1. 施控者

施控者是控制系统中的施控主体，负责制定控制的预定目标，发出控制信息以及根据反馈信息不断修改和调整控制措施，它对整个控制系统的稳定运行和控

---

① 储槐植. 刑事一体化与关系刑法论 [M]. 北京：北京大学出版社，1997：76–77.

制目标的最终实现起着极为关键的决定性作用。

　　我国所要建立的是主体多元化的市场经济，在经济活动当中存在着广泛复杂的产权关系、经营关系和交换关系以及经济主体间的权利义务关系等。这些社会关系的调整必须纳入法制的轨道，才能保证我国市场经济的良性循环和健康发展。首先，市场经济的建立和发展呼唤调整各种社会关系，尤其是经济关系的法律和法规。这就要求立法机关适应经济发展的新形势，不断更新思想观念，建立、健全一系列的法律规范和制度。特别是对犯罪现象要从新角度全方位地进行考察和研究，不断修改和完善市场经济的刑法体系。其次，高质量、高效率、高速运行的市场经济必然要求司法机关改变目前机构臃肿、分工不清、效率低下及执法不严、打击不力的现状，迫切需要一支忠于职守、法纪严明、灵活机动、适时善任的执法队伍，及时、有效、严厉地打击各种刑事犯罪活动，对潜在犯罪人形成强大的法律震慑力，打消其实施犯罪的念头。同时，司法机关还要改善矫正罪犯的实践，要控制再犯，真正把罪犯改造成为市场经济的生力军。最后，现代市场经济要稳定运行，就离不开宏观计划调控。政府机关通过宏观计划、行政法规、政策等不仅可以调整市场经济的发展方向，还可以调动宣传、教育、科技等一切宏观调控措施，积极地配合司法机关的司法活动，努力搞好犯罪控制工作。

　　如果将立法机关、执法部门和政府机构称为犯罪控制系统中的正式控制的施控者，那么在市场经济条件下，还应当重视非正式控制的施控者在犯罪控制系统中所起的作用。由于道德观念对控制社会具有独特的作用，因此历来的统治者都依赖它、利用它，并随着经济的发展，根据自己的需要，不断地改造它、充实它。"人们自觉地或不自觉地，归根结底总是从他们阶级地位所依据的实际关系中——从他们进行生产和交换的经济信息中，吸取自己的道德观念。"[①]这种道德观念对个人观念的渗透往往是通过团体、家族进行的，它在控制犯罪方面的作用是不容低估的。随着生产活动的日益社会化，个体的社会化趋势也更加强烈，每个人都不可避免地处在几个不同的团体当中，同时接受来自其中每个团体的思想观念的影响。每个人都必然意识到自己是某些团体的成员，行为往往受团体观念、意识的潜移默化的影响，更多考虑到社会义务和行为的社会效果，从而使个人欲望服从于社会环境，并遵守各种社会准则。我国由于历史原因和固有的文化

---

① 马克思恩格斯选集：第 3 卷 [M]. 北京：人民出版社，1977：133.

传统，家族观念根深蒂固，人们历来对家族是驯服和顺从的。人们的信念、习惯和传统心理的形成，往往可以追溯到家族的教育和影响上。所以，在一定程度上，道德的评价在控制犯罪上的作用常常要大于刑罚的威慑。当前人们的道德观念正在面临市场经济大潮的冲击而无所适从，这时应当发挥家族、团体这些犯罪控制系统中非正式控制的施控者对于个体道德观念的渗透作用，取其精华，去其糟粕，使之符合整个社会的道德准则，发挥其在控制犯罪方面的积极作用。历史证明，这种道德观念的渗透越深越广，在一定阶段里所要求的社会秩序也就越稳定。

2. 受控者

受控者，即犯罪控制系统中的被控对象，指的是发生在社会各领域内的犯罪活动。在系统中，要求这些犯罪活动必须具有在可能性空间中各种发展的可能性的预测。这是因为控制的目的在于保持或改变受控者的状态，因而受控者必须是可以改变的。如果受控者没有状态的变化，即事物的未来状态只有一种可能性，也就无所谓控制了。具体说来，犯罪活动必须存在能够被预防、制止或者发生这种事实的各种可能性，而不是犯罪事实必将发生，而且犯罪控制的目标状态，可以从犯罪发展的各种可能性中被选择出来，犯罪控制系统才能实现其控制目的。

应当指出的是，在市场经济建立和完善的过程中，犯罪活动会呈现出新的特点：由于新旧体制的转换，社会各方面利益的调整，生产和分配形式的变化，引起人们之间新的利益冲突和各种矛盾，有的因处理不当而激发形成刑事案件或突发事件；由于受拜金主义和极端个人主义的侵蚀和影响，少数人私欲恶性膨胀，以致不惜铤而走险，以身试法；受境外黑社会势力和犯罪活动的渗透与影响，带有黑社会性质的犯罪活动开始在我国出现，吸毒贩毒、卖淫嫖娼等曾在我国绝迹的社会丑恶现象当前又死灰复燃并呈蔓延之势；市场经济体制形成发展过程中人财物、产供销"大流通"，给管理工作提出了新的课题，难度加大，使犯罪分子有许多可乘之机；科学技术的迅速发展为与之而来的新的犯罪形态提供了物质上的手段；变革中的心理观念和社会思潮的涌动为犯罪的滋生和蔓延提供了一定的思想、心理条件。这些都要求我们随着经济的发展不断地更新观念，加强对新形势下的受控对象——犯罪活动的全面深入研究，为犯罪控制工作铺平道路。

3. 控制作用的传递者

控制作用的传递者指的是，在具体控制系统中，为实现一定的控制目的，施控者向受控者施加的信息、物质和能量。它们在实施控制时是可以调节的，因而是可控的，以此区别于来自施控者以外的对受控者的干扰（影响和作用）之不可控。为了使整个犯罪控制系统的结构、运行达到最优化，在实践中，往往采取有效且可操作的综合性犯罪控制措施，将控制犯罪的治标手段与消除犯罪根源的治本性措施结合起来。

这些综合性的控制措施大体可以归纳为三个层次。第一个层次，是发现各种孕育犯罪的环境和潜在的机会，并对之加以改善和控制。具体措施包括：通过住房、灯光、活动场所等的环境设计增加实施犯罪的障碍和难度；通过邻里互相照看住宅和民间治安组织防范犯罪；通过司法机关追诉犯罪的诉讼活动震慑潜在的犯罪分子；通过多种形式的公共教育，促使公众认识自身的被害性和掌握简单的控制被害方法等。第二个层次，是鉴别潜在的犯罪人和犯罪高发区域并进行早期干预。这些措施主要包括：预测犯罪，发现犯罪高发时间和特定空间，进行犯罪社区控制等。第三个层次，是防止已经犯过罪的人员再犯，主要是通过刑罚处罚对罪犯产生威慑作用以及监管机关对其实施的教育改造等达到防止再犯的目的。这三个层次是相互联系，彼此照应的，每种措施对控制犯罪都具有不可替代的作用，从而共同形成控制犯罪的科学体系。

在当前市场经济繁荣发展的条件下，犯罪的原因、手段、方式方法等具有多样化的特征，所以控制犯罪的措施也应当多种多样，而且要互相衔接和配合。同时，与社会经济发展同步进行的立法工作、司法改革等，也为这些多样化的控制措施的实施创造了可能条件。由于这些措施的可控制性，如果因受条件限制不能同时实施，也可以分难易、分层次逐步实施。

（三）犯罪控制系统与所处的市场经济大环境之间的互动关系

任何事物都是处在一定的环境之中的，在事物通过自身的活动改变所处环境的同时，也接受着环境的影响和作用。作为一个特定的控制系统，它也是处于一定的环境之中，并且控制系统与环境之间也是相互作用的，控制系统的控制功能就是在系统与环境间的相互作用中实现的。这样的环境可以是自然的、社会的，政治的、经济的，也可以是整体的或是局部的。犯罪控制系统作为一个统一的整体，对于它所处的外界环境而言具有相对封闭的边界。但是，它并不是完全独立于环境之外而绝对封闭的，相反它是开放的。这种开放性集中体现在犯罪控制系统与其所处的社会环境之间的相互影响和相互作用。这里，我们主要就犯罪控制系统与市场经济大环境之间的互动关系进行初步探讨。

1. 市场经济诱发犯罪的因素分析

犯罪学界历来是将经济因素作为引发犯罪的一个重要原因加以着重研究的。市场经济的建立和发展，其内在的某些属性和副作用必然会刺激犯罪的产生和增长：（1）市场经济具有盈利性，生产经营的目的不是为了自我消费，而是为了盈利，资源配置、投资决策等都受盈利左右，首先考虑的是经济效益——增值。并且生产经营者对价值和超额价值的追求是没有止境的。在这种情况下，商品拜物教、货币拜物教、"一切向钱看"的思想有可能在一定程度上泛滥开来，致使某些人置党纪国法于不顾，不惜代价地采取各种手段捞取不义之财；（2）生产经营者独立决策和追求盈利，会导致生产经营活动的盲目性，表现为利润丰厚的生产经营项目往往会招致供应者队伍的迅速膨胀，其结果可能造成经济危机，引起社会经济生活的剧烈波动，诱发各种潜在的犯罪持续发生；（3）市场主体对自身利益的追求决定了市场经济具有竞争性的特征。市场竞争是无情的，优胜劣汰是竞争的必然结果，竞争中的劣势者为了不被淘汰，可能采取不正当的竞争手段，如假冒商标、投机诈骗、虚假广告等；（4）商品的生产和交换突破了狭小封闭的地域范围，一切生产活动都卷入到全国乃至全世界的大市场中，在商品的产、供、销各个环节上，生产者、经营者间的矛盾更加突出，更加广泛，伴随对经济利益的追求，这些矛盾随时有激化的可能，从而导致犯罪的增多；（5）市场经济否认了过去的平均主义分配模式。在体制变革的过程中间，可能会出现严重的分配不公现象，造成分配上的差距，引起社会矛盾和犯罪的发生。此外，随着经济的发展，物质资料日益丰富，贫富差距加大，人财物的大量流动，公共复杂场所的猛增，都会给犯罪分子以伺机作案的方便条件和可乘之机。

2. 市场经济抑制犯罪的因素分析

市场经济运行机制在某些方面也会起到抑制犯罪的作用，这主要表现在以下几个方面。（1）商品生产和经营面向市场，产品质量、品种，特别是成本要受到社会核算，首先是地方市场的核算，继而是全国市场的核算，最后是国际市场的核算。经济核算是市场经济的特点和企业经营状况的标志。没有经济核算，就没有费用与效用的比较，就没有成本与效益的计算，就无法进行资金周转。应当改变产品经济条件下经济核算有名无实，流于形式，以致被扭曲为账面的应付上级的现象，要让经济核算成为企业的中枢神经，将企业的生产经营情况真正置于社会、公众的监督之下，成为企业的一种自我约束机制，使企业的活动、企业负责人的决策在正当的法制轨道中进行，消除以往以一纸账目作合法外衣的损害国家、集体、公众生产者利益的犯罪行为。（2）市场经济的功能之一是能够沟通经济效益与社会效益之间的联系，使经营者的收入与他们创造并得以实现的价值直接挂钩，成正比关系，真正体现按劳分配原则。与此同时，物价、工资、利税、劳动人事关系逐步得到理顺，分配不公的差距逐渐缩小直到消除，从而缓解多数社会成员的心理失衡以及由此引起的社会矛盾和犯罪现象。（3）市场经济中，市场调节是第一性的，是调节机制的基础，它不带有人的主观色彩。通过市场调节，不断实现合理的社会分工，资源配置的优化，使物质资料得以丰富，实现社会总需求与总供给的相对平衡，使国家、集体和个人的利益得以全面协调，消除社会利益与个人利益之间的对立的经济因素；消除传统经济体制中造成的生产资料匮乏、消费资料紧缺、供求关系不平衡的矛盾；消除因为经济现象引发的各方面的利益冲突，从而消除犯罪原因中的诸多经济因素。（4）竞争是市场经济的突出特点，优胜劣汰是竞争的无情法则。在竞争的动力和压力作用下，企业为了使自身的活动长期符合市场的要求，在追求经济效益长期化的基础上，建立起合理的经济行为，即建立企业的自我约束机制，从而符合社会利益的要求，一定程度上避免企业为实现对商品生产、经营活动的独占而采取非法的竞争手段，以及为追求高额利润产生的违法犯罪行为。（5）市场经济除了市场调节这只"看不见的手"之外，也需要国家通过银行、财政、社会保障、外汇以及法律等构成的宏观调节机制的调控作用，引导社会经济协调发展，从而避免市场调节的盲目性，有效地防止由于经济生活的波动引起的社会犯罪问题。（6）市场经济的建立和发展，在人民群众物质生活日渐丰富的同时，也会刺激他们的消费欲望，进一步刺激工商业向前发展，形成生产与消费间的良性循环。工商业的发展，会为社会提供更多的就业机会，长期困扰政府、市民的住房问题也会与经济发展同步而得到相应的改善。这些都在一定程度上缓解了由于社会闲散人员过多，活动空间过于狭窄带给人们的忧郁感、焦虑感和不安定因素，从而相应地减少给社会治安问题带来的困扰。

（四）犯罪控制系统运行的基本法则——反馈

环境对于被控对象的影响和作用往往是随机的，有时甚至是难以预料的，这种干扰的随机性常常会使控制系统偏离目标状态。因此，实际控制所要求的，是每实施一次控制，被控者发展变化的可能性空间就缩小一些，直至达到预期的目标状态，而并非是把被控者的可能性空间精确地缩小到某个唯一状态。

控制论的创始人维纳说过："为了能对外界产生有效的动作，重要的不仅是我们必须具有良好的效应器，而且必须把效应器的动作情况恰当地回报给中枢神经系统，而这些报告的内容必须适当地和其他来自感官的信息组合起来，以便对效应器产生一个适当的调节输出。"① 可以这样说，一切有目的的行为都是需要反馈的行为，如果一个目标要达到的话，那么来自该目标的若干信号就有必要在某个时候来标正行为。任何控制系统和控制过程，由于环境变化的干扰信息的作用，总会使被控者的输出状态偏离给定的状态。控制系统运行的反馈方法，或称反馈控制所依据的，也就是这种被控者的现实状态与给定状态之间的偏差信息。它的基本运行过程就是：控制系统把控制信息传输出去后，又将信息作用的结果返回到控制系统，并对控制系统地再输出发生影响。信息就在这种循环往返的过程中，不断改变信息内容，最终实现控制目的。

犯罪控制过程就是一个处于始终不断的信息变换和反馈状态中的动态过程。这就要求犯罪控制具有适时性和灵活性的特点，能够通过各种渠道及时地发现社会犯罪活动的特征和趋势以及对犯罪控制手段做出反应，尽早获得实际成就与目标状态之间的偏差信息，迅速地做出反应，校对、修正原来采用的控制手段，采取新的控制措施对犯罪活动进行预防和控制。犯罪控制系统这种运行的方法，即反馈控制的意义在于，减少或消除控制信息与目标状态之间的偏差，提高整个系统运行的内在稳定性，实现系统行为、功能和结果的最优化，从而达到预防控制犯罪的目的。在市场经济条件下，犯罪控制系统采用反馈方法有独到的优势：市场经济是一种开放的经济、交换的经济，各领域频繁的经济联络和交流不但要求有效地开发和利用信息资源，而且能够将各种信息迅速集中起来，及时传递出去。并且，现代化的工具和信息处理手段在司法机关的广泛应用，以及司法工作人员素质的不断提高，都为信息交换和反馈在犯罪控制系统中的顺畅流动准备了必要的物质手段和思想基础。

---

① N. 维纳. 控制论 [M]. 郝季仁，译. 北京：科学出版社，1963：8.

犯罪预防的新思路——利用环境设计预防犯罪

——奥斯卡·纽曼的"防卫空间理论"述评 [①]

内容摘要：为了有效地预防犯罪，美国犯罪学家和行为建筑学家奥斯卡·纽曼提出了"防卫空间理论"并将这种方法系统化。其理论根据是：利用环境设计改变物理环境的空间样式的功能，以此改变居民的行动方式和增加相互间的社会联系，达到预防犯罪的目的。防卫空间就是一种本身具有防范犯罪的自然属性的建筑设计模式，这种建筑设计模式向居民和潜在的犯罪人都表明，这座建筑内外的所有人都受到监视，从而对潜在犯罪人的心理产生抑制作用，使其不敢在这一地区进行犯罪。"防卫空间理论"虽然开拓了环境设计的新理念，为预防犯罪提供了富有可行性的新思路，但由于缺乏完整的体系建构，而且实践也已经证明，这种预防犯罪的新模式仍然具有相当的局限性。

关键词：环境设计　犯罪预防　防卫空间理论

任何犯罪都是在一定的空间内发生的，因此有必要通过环境设计，制造一种防卫空间以预防犯罪的发生。美国犯罪学家和建筑学家奥斯卡·纽曼在《可防御的空间：通过城市设计预防犯罪》（1973年）一书中提出"防卫空间理论"并将这种方法系统化。"可防御的空间"这一思想的理论根据是：利用环境设计改变物理环境的空间样式的功能，以此改变居民的行动方式和增加相互间的社会联

[①]　此文原载《刑法论丛》2008年第2卷，与李艳霞合作。

系，达到预防犯罪的目的①。纽曼在书中说："既然我们不能抑制人们的犯罪动机，我们何不从犯罪的目标和条件上去限制犯罪。因为众所周知，没有作案的条件和目标，犯罪是不能发生的。"②防卫空间就是一种本身具有防范犯罪的自然属性的建筑设计模式，这种建筑设计模式向居民和潜在的犯罪人都表明，这座建筑内外的所有人都受到监视，从而对潜在犯罪人的心理产生抑制作用，使其不敢在这一地区进行犯罪。

一、"防卫空间理论"产生的社会背景

利用环境设计改变物理环境的空间样式的功能以达到预防犯罪的目的，奥斯卡·纽曼这一"防卫空间理论"的产生有着深刻的社会背景。以现代建筑结构的社会效益优先原则为指导，考虑到建筑为人服务的功能，结合建筑空间性的特点，在自然科学的推动下，西方建筑结构所体现的开放、随意的民族传统最终促成了"防卫空间理论"的产生。

（一）现代建筑结构的社会效益优先原则要求与犯罪预防结合

从经济学的角度而言，城市建筑结构的形成是厂商和居民追求最大效益和效用的结果。优化城市空间建筑结构一直是人们追求的理想，但不同时期人们关注点却不同，回顾城市发展的历史，城市空间建筑结构优化的目标大致可以分为四种类型③：视觉效益优先、环境效益优先、经济效益优先和社会效益优先原则。欧洲中世纪盛行的以高直尖塔式的教堂为其主要外在形式的哥特式建筑，在人与"神"的尺度对比中显示了当时人卑微的社会地位；文艺复兴冲破了人们精神的桎梏，带来人类历史上一场伟大的思想解放，人文主义的倾向反映在城市规划思想上，建筑结构从"神"的尺度降为"人"的尺度；工业革命促使现代建筑的出现，在大城市地价日益昂贵的情况下，为了在有限的土地上建造更多的房屋，现代高层建筑在芝加哥出现，顿时风靡全球，而对经济效益的过分追求，忽视了城市的社会效益和环境效益，造成城市空间结构过分集中，使城市充斥着玻璃和混凝土以及高架道路和立体交叉的建筑。在人本主义和科学主义两大哲学思潮成为今日西方哲学的背景下，把人的问题作为研究的主要出发点，关心人、对人的本

---

① 伊藤滋. 城市与犯罪 [M]. 北京：群众出版社，1988：187.

② 魏平雄，欧阳涛，王顺安. 市场经济条件下的犯罪与对策 [M]. 北京：群众出版社，1994：205.

③ 江曼琦. 城市空间结构优化的经济分析 [M]. 北京：人民出版社，2000：163.

质进行反思成为哲学的根本任务。人们越来越认识到，作为构成城市的主要要素并在城市中起主导作用的人，不仅仅是"经济人"，而且也是"社会人"，他们也需要一个良好的工作、生活环境和良好的人际交往①。重视保护原有的社区结构，创造优美的城市生态环境、社会环境，反对把主观意志强加于人的做法，提倡群众参与，协调好各种关系和力量，用社会价值决策观念替代优良者价值决策的观念，这已成为世界各国城市建筑结构规划的主题。社会效益优先原则促使现代建筑结构设计必须考虑居民安全的需要，必须与犯罪预防相结合，一方面由犯罪学发展的历史决定，另一方面则由于美国当前的社会状况。

以贝卡利亚为代表的犯罪古典学派注重人的行为，并把人的行为作为处罚的出发点；而以龙勃罗梭为代表的犯罪实证学派则重点考虑"人"的因素，正如美国犯罪学家施耐德所言，龙勃罗梭完成了由"行为"到"行为人"转变的历史使命。菲利、李斯特拓宽了犯罪学研究的方面，从20世纪以后，越来越多的人把犯罪当作一种社会现象来研究。人们开始观察社会对犯罪所造成的影响，开始研究政治、经济、文化、居住环境、生活环境等对犯罪的影响作用。另一方面，美国是世界上犯罪率最高的国家之一，大量的犯罪不仅直接威胁公民的人身、财产安全，还造成了人们的恐惧。犯罪给美国造成极大的损失，《美国新闻与世界报道》曾就此专题采访了许多经济学家和刑事司法专家，并根据调查情况对社会为犯罪问题所付出的代价做了如下估算：

刑事司法体制开支　　　　　　780亿美元

私营企业与个人保安开支　　　640亿美元

生命丧失与工作损失　　　　　2020亿美元

危害企业犯罪造成的损失　　　1200亿美元

酗酒开车所造成的损失　　　　1100亿美元

除了物质损失之外，美国社会还付出了不可估量的精神代价。犯罪不断发生使整个社会不得安宁，人们失去安全感。警方不断告诫公众：不要在夜间独自出门，不要让人看出家中无人，不要让陌生人进屋，务必在门上装上猫眼与锁链，迁入新址务必换上新锁，晚上家里务必拉上窗帘，汽车库内务必关紧窗门，取下钥匙，察觉异常务必立即报告警察……《美国新闻与世界报道》1994年1月17日

① 江曼琦.城市空间结构优化的经济分析[M].北京：人民出版社，2000：171.

社论对犯罪问题给儿童们所造成的困境做出了这样的概述："美国人从来没有像今天这样被夺走了行为自由，他们感到必须把家园改造成城堡，为了保证孩子安全必须把他们关在家里。"[①] 所以美国联邦政府和地方各级政府对犯罪预防问题都很重视，联邦政府于1984年通过的《联邦综合犯罪防止法》，这一立法的通过使美国犯罪学家和社会各界对犯罪预防取得了基本的共识，即犯罪预防必须是多层次、综合性的以实现减少犯罪总量和减轻公民对犯罪的恐惧为目标。近年来，美国倡导了综合理论来预防犯罪。

综合预防理论包括三个层次：第一层次，一般性而不是针对具体犯罪而是找出各种有利于滋生犯罪或进行犯罪的环境机会，而加以改善和控制。包括：(1)通过环境预防设计预防犯罪；(2)通过邻里合作预防犯罪；(3)通过大众宣传工具预防犯罪；(4)通过法律的威慑预防犯罪。第二层次包括四个方面：(1)预测犯罪，主要采取临床预测和保险统计式预测两种方式；(2)发现犯罪高发区，进行社区预防；(3)对轻微违法行为或少年犯罪实行转处—非刑事处罚，以避免刑罚的副作用；(4)通过学校教育，预防青少年犯罪。第三层次包括三个方面：(1)通过适用刑罚的特别威慑作用预防被判刑的罪犯再次犯罪；(2)通过监禁刑剥夺犯罪人的犯罪能力，预防其再次犯罪；(3)通过矫正措施预防其再次犯罪。其中第一个层次的第一个方面，通过环境预防设计预防犯罪，即充分体现了现代建筑结构与犯罪预防结合。总之，社会效益优先要求建筑设计不能仅仅从个体上考虑，还必须结合环境因素，从社会犯罪预防的角度考虑。

（二）建筑为人服务的功能决定了建筑结构与犯罪预防的结合

从以人为本的角度出发，建筑的功能包括基本的物质功能和精神功能，而现代建筑往往只重前者而忽视后者，但建筑作为人生存的空间，一旦出现就会作为一个社会存在影响着人们的观念形态，建筑的这一作用是不能低估的。现代建筑是工业革命的产物，现代派的建筑师肩负着使建筑适应工业化革命、工业化社会的重任，所以只得把建筑当作工业产品来建造。既然是工业产品，就得按工业化的方式大量生产，大量销售，因而在这种技术的"大爆炸"中诞生了没有装饰、没有传统的现代建筑，这正是工业化时代的反映，是新的建筑产品、新材料和新建筑体系所带来的结果。20世纪20年代是现代建筑的黄金时代，50年代达到了

---

① 端木义万.美国犯罪文化透视[M].南京：南京大学出版社，1999：237.

顶峰，迅速普及并商品化，到了60年代后期，现代建筑运动已基本上失去了作为一种思想体系的生产力，它全面地受到了冲击，原因正是其未考虑到建筑中"人"的因素。

我们正走向高技术和高情感两个方向，每当一种新技术被引进社会，人类必然会给一种新技术配上一种起补偿作用的、加以平衡的反映，否则，人们就会感到一种由于高技术所造成的孤独感，新技术就会受到排斥。建筑和城市同样如此，当冷冰冰的代表今天科学成就的摩天大楼林立于城市之中，使城市的尺度远离了人的尺度，人们在城市中感到的是紧张和压抑[①]。人们需要自己的住宅满足自己的精神需求，舒缓自己的紧张气氛。所以，住宅在建筑结构创造上应结合当地的自然环境，民族文化传统及当地的风俗习惯、审美观念，关心人的情感，使之具有更加丰富的精神内涵。德国曾于20世纪70年代以定点爆破的方式炸毁了一座早期的"无生命感"的住宅，从而宣布了人们对建筑态度的改观，而强调居住的人性化，德国的规划手法抛弃了"兵营式"，变得更加开放与活泼，这一举动被德国称之为"把城市交还给居民"。在城市住宅建筑领域从居住环境到居住条件两方面给予"都市细胞"以更趋人性化的关照，业已成为人居建设的主导方针。

1992年6月11日的《明星》刊载有这样一篇新闻："不能在此居住和生活"，标题下有简短的解释：没有绿地，只有灰色（指住宅的颜色），在柏林的黑勒斯多夫的混凝土仓库式建筑住着9万人！奥斯卡·纽曼先生认为，应该让建筑设计师、城市规划师、建筑公司等清楚地了解，如何在设计和规划的最初阶段就着手解决住宅区的安全问题，他的这一思想出自其对纽约市的悉心观察和研究。为了能很好地利用有限而又十分昂贵的地皮，在战后的纽约，高塔般的仓库式建筑林立。作为纽约市的建筑师，纽曼认为，这种住宅虽然能较好地利用空间，但并未能考虑到居民心理上的需求。也正是出于这个原因，未过多久，这些大楼的内部便开始遭到居民的破坏，最常见的是信箱和照明设施被毁，楼梯上方的墙壁和电梯间涂满了乱七八糟的字句……因此，这些巨大的仓库式混凝土建筑物又在短时期内看上去像个贫民窟[②]。

当前，社会犯罪问题已成为美国人除医疗保险以外所面临的最大问题。1995年美国民意测验显示：89%的人感到犯罪问题日益严重，83%的人担心一生之中

---

① 刘先觉. 现代建筑理论 [M]. 北京：中国建筑工业出版社，2001：56.

② 徐久生. 德语国家的犯罪学研究 [M]. 北京：中国法制出版社，1999：351.

有朝一日成为受害者，87% 的美国人认为犯罪问题应该是美国政府和国会首先解决的问题。《美国新闻与世界报道》1995 年 2 月 6 日提供了这样一个犯罪时针①：

财产犯罪	每 3 秒钟 1 起
盗窃罪	每 4 秒钟 1 起
抢劫罪	每 48 秒钟 1 起
暴力犯罪	每 16 秒钟 1 起
强奸犯罪	每 5 分钟 1 起
杀人罪	每 21 分钟 1 起

建筑应该从其为人服务的功能出发，结构设计时应与犯罪预防相结合。正如马斯洛的人的需要的理论所指出的，人的需要分为生理需要、安全需要、社交需要、宗教需要、自我实现的需要五个层次，安全需要包括对自身安全、财产安全的需要，而且只有在生理需要、安全需要等较低的需要得到满足时，才考虑社交需要、宗教需要、自我实现的需要。而在当前的美国，犯罪严重威胁到人们的安全，为了提高人们的生活的总体水平，建筑应该应与犯罪预防相结合，因为建筑的最高本质是人，建筑空间其实是人性的一种空间化，而不能是缺乏人的生活气息的冷冰冰的机器和千篇一律的方盒子。

（三）建筑空间性的特点使建筑结构必须考虑犯罪预防

建筑不同于绘画、雕塑的一个重要特点，是人可以进入其中来感受它的效果。在建筑中，人是在建筑物内行动的，随时随地领会其内部内容。所以，建筑物的空间，即长、宽、高围起来的空间，是应该切实引起我们关注的，美观的、好的建筑物就必须是其内部空间吸引人、令人振奋，在精神方面使我们感到高尚的建筑，20 世纪 70 年代兴起的行为建筑学即从此出发，研究建筑的结构规划与行为之间的关系，取得了很大的成就。

行为建筑学是研究人类行为与建筑环境关系的学科，目的在于建立一套符合行为规律的科学设计程序及理性的建筑设计方法。行为建筑学研究的重点在于设计方法的改进，而有关社区住宅的空间行为与规划设计的关系是其重要的研究方面，这正是现代建筑的起点，也是行为建筑学关心的主题。无论是犯罪学、建筑学、城市空间规划学都为人们更好的生活提供指导，而住宅区作为人类生活的主

---

① 端木义万. 美国犯罪文化透视 [M]. 南京：南京大学出版社，1999：232.

要私密空间，安全居于首位。规划设计在某种程度上应该考虑空间行为的规律，这样才能符合人们生活和社会文化习惯的需要①。为了在规划设计中达到这一目的，应考虑秘密性、领域感和个人空间的处理。秘密性、领域感和个人空间是人类社会的普遍要求，直接影响到人的安全感与生活舒适的程度，但不同的民族和社会却表现出有很大的差别。这就要求建筑师和规划师在进行规划设计时需要注意这些特点和要求，以满足人们活动行为的需要。

心理学家奥尔特范在《环境与行为》一书中，分析了空间行为方式的三种重要概念，并设计了他们的关系：认为私密性是了解环境与行为关系的中心概念，个人空间与领域行为是人为达成理想私密所使用的行为规则，而拥挤与孤独感则是实现的失败。

行为建筑学家和犯罪学家奥斯卡·纽曼认为，应该让建筑设计师、城市规划师、建筑公司等清楚地了解，如何在设计和规划的最初阶段就着手解决住宅区的安全问题；于1975年将人的领域性行为解释为获得秘密的手段，并将领域性的原理应用于住宅区设计，进而提出了防卫空间的理论。

（四）自然科学的进步促进建筑结构与犯罪预防的结合

现代科学技术中的结构工程学、环境工程学、心理学、环境物理学、生态学、智能化以及设备技术均为建筑师的创作提供了更加广阔的领域和手段，为人们创造了多种现代化的生活环境，为现代化建筑的发展提供了物质基础。工业革命兴起后，新的工程结构技术、新的建筑材料出现，致使建筑自身向前发展，又作为社会存在的外化形象影响人们的观念形态。1851年钢和玻璃打造的"水晶宫"开拓了人们的视野，对社会刺激很大。

技术是一把双刃剑，它在促进人们生活水平提高，为防卫犯罪提供技术条件的同时，也引发了许多犯罪问题。20世纪60年代，德国城市规划部门从高层建筑能够较快地并十分廉价地满足住房需求这一思想出发，在一些大城市四处兴建高层混凝土建筑。许多调查结果均证明，住在这种大楼里的犯罪高于一般的犯罪率。谢尔曼曾于1979年在联邦刑警局出版的《城市建筑与犯罪》一书中公布了他的研究成果。在被老百姓称为"小曼哈顿"的德国不来梅市卫星城，奥斯特霍尔茨－泰内诺尔调查发现，与不来梅市相比，卫星城14—17岁居民的犯罪率是

---

① 刘先觉.现代建筑理论[M].北京：中国建筑工业出版社，2001：35.

前者的两倍；18—20岁居民的犯罪率是前者的三倍。在德国的其他的一些城市如基尔、汉诺维、慕尼黑等地进行的调查得到了类似的结果。而高层建筑的犯罪形式主要有入室盗窃、电梯间的抢劫、强奸，最为突出的是毁坏、破坏财产等。纽曼发现从建筑的角度来看，在高层建筑大楼里最容易作案的地点是入口处、电梯间的走廊。他还考虑了高层住宅楼和低层住宅楼每一层的犯罪率。根据纽曼的经验，高层住宅楼（他指五层以上）的犯罪率明显高于低层住宅楼。他认为建筑物的犯罪率几乎是按照比例地随着建筑物的增高而增加的[①]。

另一方面，高技术为犯罪预防提供了条件，例如我国的长春明珠智能化生态园的园区安全系统。其安全系统包括围栏报警、园区监控、入园识别、园区在线巡更、单元可视对讲、家属安防系统。围栏报警即园内全部围栏有户外型四光束、双光束主动红外报警探头；园区监控是指园区围栏和园内设计安装有不留任何监控死角的户外低照度摄像机，昼夜24小时忠实地监控园内围栏和周界及园内情况。入园识别是在每一人进入小区时都能准确地识别其是否是小区的居民，从而做出不同的反映。园区在线巡更即园内设计有动态的在线巡更系统，在园内的各个要害地点和部门设有专门的巡更确认装置。单元可视对讲是指单元住户之间的可视性的直接地密切联系。家属安防系统指安装幕帘市电子栅窗、智能门窗管理和紧急呼救误读的自动解除系统[②]。

（五）西方建筑结构所体现的开放、随意的民族传统最终促成防卫空间理论的产生

一个民族和地区在长期的社会发展过程中所形成的文化表达方式，宗教文化、社会思想、文明的进步以及自然条件的影响因素都使得建筑产生了丰富多彩的民族性和地域性，成为建筑文化中丰富的内涵。一方面，中国建筑强调"围合"和"中心"，国有长城→城有城郭→村有围壕→家有院墙，院中有院，园中有园，所有这些都说明"围合"的意象，封闭型在中国的建筑中表现得更强烈；而起源于希腊文明的西方建筑，则更多地表现为开敞性，城市中多有广场与现代城市的共享空间。另一方面，我国自秦砖、汉瓦时代基本形成的建筑风格，一直沿袭到近代。不论建筑规格如何变化，都讲究"长幼有序，内外有别"和"四世同堂，尊老爱幼"的伦理文化，我国的建筑传统相当稳定，也反映出中华民族的

---

① 徐久生.德语国家的犯罪学研究 [M].北京：中国法制出版社，1999：351.

② 布鲁诺·赛维.建筑空间论 [M].北京：张似赞，译.北京：中国建筑工业出版社，1985：15.

安定性与保守性。而西方的建筑史表明，从古希腊建筑文化发展到古罗马建筑、拜占庭建筑、初期基督教建筑和罗曼建筑、哥特式建筑、文艺复兴建筑、巴洛克建筑、古典主义建筑与洛可可装饰风格等等，其建筑风格及装饰风格都是随地域和民族的文化特色而变化形成的，随着历史文化的演变而发展。所以，西方建筑风格表现出多样性，这从一个侧面表明了西方人文思想的发散性，随着城市的发展，物质生活水平的提高，在文化艺术领域更容易泛起新思潮，审美取向也因而多有动迁。由此可见，防卫空间理论首先在西方产生具有社会渊源。

就民族心理而言，美国人重视私人空间。一方面，美国人的自我观念在其思想中占据主导性的地位，它以个人主义的形态渗透在人们的行动之中，美国人把个人作为抉择的具体参照点，在个人主义与文化之间的分接口上，尽管个体要服从家庭和社会群体的规矩，还要遵循其所处阶层的社会惯例，但只要没有妨碍对于家庭和传统社会的责任，个体也被给予了个人表达的巨大空间。即使是国家，为他们提供安全的保护的同时，也要尊重他们的自主权，不应对他们的个人生活进行不必要的干涉。另一方面：美国人与一个社团和居民相一致的"暂时性"。一般说来，美国人不恋守自己的家乡，他们喜欢到处闯荡以求得到更好的发展机会。据社会学家调查，美国人一生搬家14次（而日本人只有5次），而中国人则很少搬家。美国政府的统计资料显示：美国每年有17%左右的人搬家。另一个重要方面：社会生活与私生活的相互渗透。由于这种相互影响的加强，着重点已从"社区"移开，在美国城市中已很少有"邻里"的观念了[①]。

所以，美国人选择居住环境时，重视共享空间和私人空间，重视建筑结构的私密性和公共性，以更好地适应开放、随意的行为特征。而防卫空间就是一种本身具有防范犯罪的自然属性的建筑设计模式，其利用环境设计改变物理环境的空间样式的功能，以此改变居民的行动方式和增加相互间的社会联系，达到预防犯罪的目的，正适应了美国人的民族特征。因此，防卫空间理论最早在美国产生就不足为怪了。

二、"防卫空间理论"的主要内容

奥斯卡·纽曼研究了空间行为规律尤其是领域性的原理，以及与建筑环境相

---

① 端木义万. 美国犯罪文化透视 [M]. 南京：南京大学出版社，1999：36.

互关系的理论，提出了防卫空间的符合行为规律的建筑设计方法，并在《可防御的空间：通过城市设计预防犯罪》一书中将这种方法系统化。他指出，防卫空间作为居住环境的一种模式，是能对罪犯加以防卫的社会组织在物质上的表现形式。

（一）防卫空间的四个要素

住宅区的规划设计的特点对抑制犯罪产生一定的影响，防卫空间具有以下四个特征：区域性、监视、外形和环境。

1. 区域性，指某一区域的合法使用者对这一地区行使权利的愿望和能力。指某一区域的居民能够区分合法使用者和陌生人，从而产生一种自治的气氛，在自己所属的区域内实行控制，防卫陌生人接近，减少本区域的被害机会。

奥斯卡·纽曼尤其强调明确的领域等级：从公共到半公共，半私密到私密的领域。这样，有助于扩大居民占有空间的活动范围，增加居民对周围环境的责任和认同感，从而加强居民对环境的控制。各级领域的界线可以是真实的障碍物，也可以是象征性的设施。前者如建筑物形成的分界，墙、门等，后者如敞开着的入口、灯柱、绿篱、台阶等，能使外来者意识到正从一个公共领域进入私密或半私密的领域。半公共、半私密领域所服务的居民数量不宜过多，以便居民相互熟识与相互交往。公共性与私密性之间要有缓慢的、平稳地过渡；各级层次的边界要有弹性。在有些多层公寓的设计中，进入分户门就是完全私密的，而出口、楼梯口又是完全公共的，这种情况下，对安全防卫不利，同时人们也不愿外出活动①。纽曼于1977年主要针对住宅区空间划分了四个等级：私密、半私密、公共、半公共，这一层次又称为"亲密等级"（如图1）。在任何建筑物内部，人们都需要私密度不同的有层次的环境，例如住宅可分为：卧室—起居室—门厅—入口等私密性不同的空间等级，除此，不同层次空间之间要有可感知界限和自然过渡，共同结合成一个整体环境。只有这样才能使不同的使用者各行其是②。

---

① 邓庆尧.环境艺术设计 [M]. 济南：山东美术出版社，1995：206.

② 邓庆尧.环境艺术设计 [M]. 济南：山东美术出版社，1995：204.

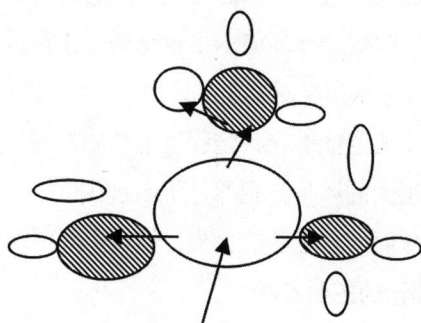

图 1

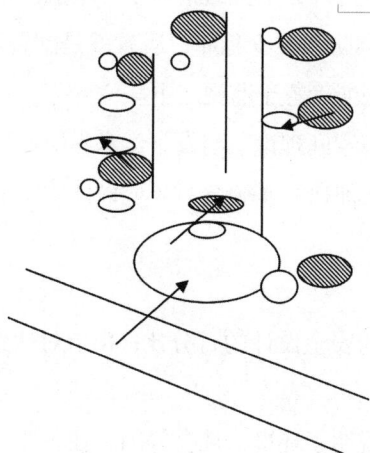

图 2

注：

图1：表示不同层次的私密性所形成的领域以便居住者对环境的控制，展示了由公共→半公共→半私密→私密空间的过程，图中的空白部分表示社会的公共空间，大圈表示半公共空间，阴影部分表示半私密空间，小圈表示个人的私密空间。

图2：表示高层住所的领域范围，展示了从公共的街区到半公共的大楼空间再到相对私密的楼层区域最后到个人的私密空间这一递进过程。

2. 监视，在环境设计时即考虑到该区域的合法使用者能够观察到这一区域内的日常活动，以便于发现可疑活动以采取对策。尤其指出住宅区的平面布局和门窗设置应使居民能自然地监视户外的活动，尤其是对入口和公共区域的监视。

3. 外形，也就是某一区域的外观，这种外观应当既不吸引犯罪分子，也不与周围的社区隔离，因为有经验的犯罪分子有时从外观上就能看出哪些地方容易实施犯罪。易受侵袭的住宅不宜用特殊的与众不同的材料和建筑形式。

4.环境，建筑设计时要选择环境，尽量将房屋建在低犯罪率而又容易监视的地方[①]。居住区应布置在城市相对安全的区域。

防卫空间的这几个要素能够在一定程度上预防被犯罪侵害，因为犯罪分子在这种空间内犯罪要冒很大的风险，犯罪分子通过代价——收益分析，就会觉得在这里犯罪得不偿失，从而放弃犯罪的念头，使这个地区保持较低的犯罪率。

（二）防卫空间理论的主要实践

防卫空间理论提出两种减少犯罪机会的环境设计，即信道设计和监察系统控制。前者就是通过设计栅栏屏障，加强过道守卫、增加门锁等防止没经允许的人进入某建筑物或者区域，预防与减少犯罪；后者就是配置现代的观察监视系统，将闯入社区的人和潜在的犯罪者置于监视之下。

奥斯卡·纽曼的"防卫空间理论"引发了学术界研究环境设计以预防犯罪的高潮，美国加利福尼亚州犯罪研究基金会对环境设计的安全系数提出了这样一个公式：

$$E=(R/M-1)*100$$

E是环境设计要达到的安全设计的百分比；R指对达到安全系数的阻力；M指受犯罪人的威胁。

还有的犯罪学家列表说明了环境、社会等因素在犯罪产生过程中的作用。其示意图如下[②]：

| 产生犯罪者和促使产生犯罪的大量因素 | → | 效用和活动失去控制 | → | 对环境利用的竞争 | → | 侵犯目标有机可得 | → | 监视失败 | → | 犯罪机会 | → | 犯罪 |

图3　环境、社会等因素对犯罪产生作用图

在建筑结构与犯罪是否存在某种联系这个问题上，在犯罪学界同样存在着两种不同观点，但犯罪学界已基本达成共识，即两者之间虽没有直接的联系，但存在着间接的联系。建筑结构方面预防犯罪的具体措施包括：（1）在建筑设计时就

---

① 冯树梁.中国预防犯罪方略[M].北京：法律出版社，1994：756.
② 肖剑鸣，皮艺军.犯罪学引论[M].北京：警官教育出版社，1992：76.

请将来入住的居民提出建议和意见。（2）逐步取消混凝土仓库式的建筑风格，代之于有利居民经常接触和交流的建筑风格，建造防范性高的建筑设施、街区和城市。（3）避免能够诱发犯罪的工程，提高罪犯接触犯罪目标的难度。（4）在建筑物内部增加技术预防设备，具体地讲，就是通过安装闭路电视和安装照明装置监视观察不到的死角。（5）尽可能避免和消除建筑物上的其他弱点 ①。

归纳起来，防卫空间理论的实践运作主要从以下3个方面着手：

1. 制造作案障碍。其中又可分为三项：（1）目标加固。包括门窗加固，安装报警系统。（2）目标转移。包括以信用卡代替现金使用。（3）控制作案工具。例如控制武器、炸药等。

2. 制造犯罪"得不偿失"的条件，增加犯罪分子被抓、被判刑的可能性，使其感到犯罪的威慑，以增大犯罪的"失"的方面。而威慑的最大的发挥，不在于威慑之重，而在于违法必究，罚必当罪。

3. 加强正规（警察和司法人员）与非正规（居民、邻里、亲友）的监视巡逻，使犯罪分子不敢轻易动手等。目前，国外运行的"社区预防""邻里守望"，即发动街区的居民所采取的以"环境预防为主要内容的行动" ②。

三、"防卫空间理论"的启迪意义

"防卫空间理论"无论是从理论上还是实践上都对我国的犯罪预防有积极的启迪意义。

（一）理论上的探讨

纽曼在理论上对防卫空间作了开创性地探讨，提出了利用环境设计来预防犯罪的新思路。一方面，该理论表现了对犯罪预防政策的合理调整。犯罪预防是犯罪学研究的出发点和归宿，离开犯罪预防，整个犯罪学就失去了其存在的价值。刑事古典学派以刑罚威慑预防理论为其犯罪预防政策的价值取向，重视对犯罪人犯罪后的刑罚处罚的预防；19世纪下半叶，面对持续增长的高犯罪率和高累犯率，刑事实证学派关于须剔除产生犯罪的社会环境因素和犯罪人方面因素的价值取向开始在西方国家犯罪预防政策中占了上风，从而显示了侧重犯罪前预防的倾

---

① 徐久生 . 德语国家的犯罪学研究 [M]. 北京：中国法制出版社，1999：354.

② 肖剑鸣，皮艺军 . 犯罪学引论 [M]. 北京：警官教育出版社，1992：76.

向。二战之后，犯罪预防的重心已转到被害预防上来，实践证明，减少被害机会就会在实际上导致犯罪减少，从而实现犯罪预防的根本目标。纽曼的"防卫空间理论"体现了西方国家力图以现代化科技快速反应的方式和手段，从情境与环境设计上遏制犯罪发生的预防犯罪政策价值取向。

另一方面，该理论预示着新的犯罪预防体制出现，为犯罪预防注入了更新的要素。以往犯罪预防的体制局限于旧的理论观点和奉行局限性的刑事政策，仅以片面、静止的眼光来建立犯罪预防体制。而"防卫空间"作为居住环境的一种模式，是能对罪犯加以防卫的社会组织在物质上的表现形式，防卫空间的几个要素——区域性、监视、外形和环境能够在一定程度上预防被犯罪侵害，因为犯罪分子通过代价——收益分析，就会觉得在这里犯罪得不偿失，从而放弃犯罪的念头；该理论还提出信道设计和监察系统控制这两种减少犯罪机会的环境设计模式。"防卫空间理论"作为一种新的预防犯罪的模式虽然缺乏完整的体系建构，但却为新的犯罪预防体制的出现提供了启示，在此之后，"防卫空间理论"引发了学术界研究环境设计以预防犯罪的高潮。

（二）实践上的示范意义

纽曼不仅在理论上对防卫空间作了开创性地探讨，而且在实践中丰富了此种理论，为人们做出了榜样。尤其为住宅区的规划设计提出了新的课题，并且得到广泛的实际运用，产生了世界性的影响[①]。

以纽曼为首的研究小组，进行了为期三年的有关住宅安全防卫问题的研究。他们跑遍了美国的大城市，查遍了大量的犯罪记录，总结了犯罪与住宅环境的关系，发现犯罪率高的地区有如下的特点：

（1）住宅区，拥有1000户以上的居民，整个地段由原先靠近的旧街坊合并而成，缺乏进一步的区间分割，人们可以在场地中自由畅行。

（2）住宅。一般为7层以上板式或十字形的高层公寓，每幢楼住150—500户居民。典型平面的双面走廊，电梯位于中间。住宅入口、门厅处于来自街道的视线之外，便于罪犯藏匿的防火楼梯等。

（3）环境形象。居住区布局呆板，住宅形象单调、乏味。

对上述特征加以分析发现，这类居民区的犯罪率高的原因在于（不考虑社会

---

① 刘先觉. 现代建筑理论 [M]. 北京：中国建筑工业出版社，2001：286.

原因）：领域划分混乱，界限模糊，许多空间无人过问，居民与外来者都不易产生领域性的感受与行为。环境形象低劣，难以激发居民维护、管理环境的热情，居民互不相识。本应属于"半私密"的"次级领域"，如电梯、双面走廊、防火楼梯都成了居民可以任意出入的"公共领域"，在管理不良的情况下，这些场所就成为犯罪现象的多发地段。由此，纽曼提出了一系列的有防范犯罪改进意见的设计方案。他尤其关注保证所有空间看上去都属于某些住户，避免那些平时没有人的空间，如分离的楼梯间和电梯间等，该设计重视那些住户旁边的属于非私人空间的所有权问题，在该地设置窗户提高监视能力是非常重要的。纽曼亲自领导了一些住宅区的改造工作，并取得了预期的效果。事实证明，居民的领域感和社区感可以转化为社区的责任心。领域还能使占有者积极参与领域的管理与建设，而这些活动反过来加强了领域的完整与同一，加强了外来者对该领域的尊重。此外，领域还使各个占有成员增强了从属于同一空间的范围的认同感。

（三）对世界各国预防犯罪实践的影响

纽曼的切身实践促进了"防卫空间理论"的深入发展，而且由于防卫空间理论思想本身难度不大、可行性较强，所以这一理论经过20年的发展，已在预防犯罪领域产生了巨大的影响。它不仅在北美颇为流行，并在具体的预防犯罪的实践中得到比较广泛的应用，其研究成果已广泛地应用在社区规划和建筑设计中。

在加拿大，警察部门参与城市规划的建筑设计，从控制和预防犯罪的角度对城市规划建筑设计提出意见性的建议；新的建筑蓝图不仅要送交消防部门审批，也要送交警察部门和犯罪学家审批，提出改进的意见[①]。

日本在组织志愿者进行预防犯罪方面的工作更为突出，成立了诸如防卫协会、保护司、母亲会、兄姐会等社会组织、民间团体，对预防犯罪起了重要作用。至于安装防盗门窗，加强观察监视系统更是司空见惯。除此，日本还对不同的建筑物提出不同的对策：甲、低建筑物对策（2层以下）乙，中、高建筑物对策（3—14层）丙，较高建筑物对策（15层以上）丁，地下建筑物对策。根据管理形式划分的建筑物对策：甲、私人管理空间对策乙，半公共管理空间对策丙，公共管理空间对策。日本还提出了以下政策。1.传统性住宅区对策：传统的住宅，用木制板墙或树篱把院子围起来，私人管辖的地区非常明显，这样私人就可以监

---

① 魏平雄，欧阳涛，王顺安. 市场经济条件下的犯罪与对策 [M]. 北京：群众出版社，1994：206.

视陌生人的进出，但用坚固的墙进行的城墙式的防范有一个缺点，就是有人闯进墙内，墙外人就看不见（如下图 A）。2. 密集性住宅区对策：木结构房屋密集型的市区和新型住宅区的住宅，像道路那样的公共区域和住宅区那样的私用区域紧挨着，甚至私用区域延伸到公共区域内（如下图 B），因此私人对陌生人的监视无法发挥其作用 [①]。

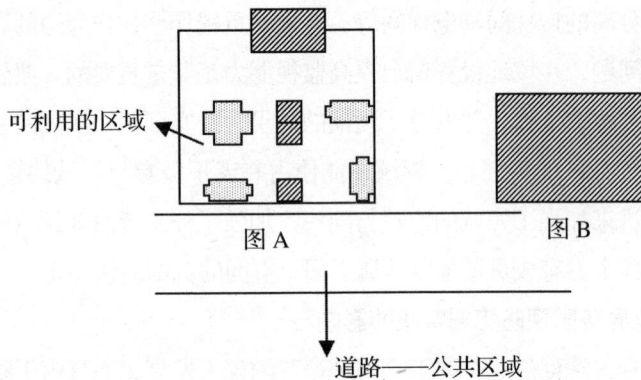

图 4　日本预防犯罪的传统性住宅区对条件与密集性住宅区对比图

我国随着城市居民楼房向高层和密集型发展的趋势，一些城市对居民的安全预防进行了有益的探索，取得了成效。如上海所实施的将安全防卫纳入住宅设计规划，即上海政府针对前些年新建高层楼房住宅在建筑防范设施上的漏洞，以至各类刑事犯罪案件在住宅大楼内时有发生的问题，召集市公安局、市建委、市规划局、设计院、房地产管理局等有关部门，针对住宅安全防卫的薄弱环节，研究制定了《关于住宅建设计中安全防卫的若干问题》。该规定的实施基本上解决了住宅区安全设施薄弱的情况，在防卫工作中做到了"未雨绸缪，不临渴而掘井"，受到了广大居民的欢迎。

1990年2月在莫斯科召开的预防犯罪国际研讨会上，已将环境预防理论提高到与社会防卫理论同等重要的战略意义。特别是新社会防卫论在国际上盛行40年，但西方犯罪仍在增长，这不得不引发了人们的深思。所以有的犯罪学家指出："与其坐等'治本'的药，不如寻求可得'治标'的药更为现实。"[②] 实践证明，

---

① 伊藤滋. 城市与犯罪 [M]. 北京：群众出版社，1988：177.

② 肖剑鸣，皮艺军. 犯罪学引论 [M]. 北京：警官教育出版社，1992：78.

防卫空间理论在预防财产犯罪方面效果显著，对于其他类型的预防效果甚微。不过，由于财产犯罪在世界各国犯罪及所占比例都较多，所以"防卫空间理论"在一定程度上显示了预防犯罪的效果。

四、"防卫空间理论"在实践中的局限性

"防卫空间理论"虽然开拓了环境设计的新理念，为预防犯罪提供了富有可行性新思路，但却缺乏完整的体系建构，而且实践证明"防卫空间理论"作为一种预防犯罪的新模式也具有一定的局限性。

（一）防卫空间措施在不同的地区实施的效果不相同

实践证明，各种防卫空间措施在不同的地区实施，所表现出的效果并不相同。美国犯罪学界对其中几项进行了验证和考察。

1. 改善街头照明环境

这一措施的倡导者认为，改善街头照明环境能对罪犯产生威慑作用，同时能增强人们对本地区的观察和监视能力，从而有减轻犯罪和减弱恐惧心理的作用。但是，这一措施在不同地区实施的效果却不相同。在新奥尔良市，改善街头照明环境与犯罪率似乎并无关系；在亚特兰大市，改善街头照明环境仅对夜盗罪起了一定的预防作用。根据美国近年来犯罪学家对40项实验结果进行的研究，发现有7项试验的结果证明，改善街头照明环境至少减低了一种犯罪的发案率；发现有3项试验的结果证明，改善街头照明环境增加了本地的犯罪的发案率；发现有7项试验的结果证明，实验前后犯罪情况没有变化。至于公民对犯罪的恐惧感，在7项调查中只有一项表明当地居民的安全感有所增强。

2. 给自己的财产打上记号

这一措施的目的是增强罪犯处理赃物的困难，以减少财产盗窃的可能性。犯罪学家 N.B. 特勒等人对99项这种措施的效果进行了评估，尽管通过这一措施加强了警民的合作，增强了公民的犯罪预防意识，但是绝大多数方案未能产生预期的效果。

3. 电视监控的报警系统

据纽约市的一项调查表明：闭路电视监控对于发生在居民住宅区内的犯罪作用不大，但对于减少企业机构里的犯罪确有较大的作用，但在佛罗里达州进行的同样实验表明，采取这项措施并没有减少企业机构中的犯罪率，不过确实使老板

和雇员的安全感有所增强。同样，安装报警系统的措施在不同地区效果也不同[①]。

（二）防卫空间理论不可单独适用

从实践及理论的角度看，可防御性空间的设计可以构成犯罪预防的一个必备条件。在城市设计的过程中，可以根据城市的不同情况设计不同的环境整治方案，形成一种抵御犯罪的良好环境。但是，环境与社会行为之间的联系并非单项的，而是一种复杂的互动关系。因此，可防御性空间计划必须与其他正式预防措施相配套时，才能发挥其应有的作用。这些正式的社会预防的措施包括：（1）根据对犯罪地理学上的认识，建立跨地区的警察组织；（2）在任务密度提高时，增加警察到现场的人数。

（三）控制犯罪呈现出单一性

实践证明，防卫空间理论虽然在预防财产犯罪方面效果显著，但对于其他类型的犯罪预防效果甚微。随着当前经济的发展和技术的进步以及人们预防被害意识的加强，数据显示，在某一区域社会犯罪的总的数量比例中，智能型犯罪日益增多，而直接利用活动空间和居住空间的财产犯罪则相应减少；在某一区域犯罪所直接造成的社会损失比例中，作为传统犯罪类型的财产犯罪，其比例相对于智能型犯罪而言也日益减少。随着信息时代的到来，"防卫空间"这一直接针对环境改善以预防犯罪的模式对于犯罪的预防功能越来越面临严峻的挑战。

---

① 冯树梁.中国预防犯罪方略 [M].北京：法律出版社，1994：757.

寻租理论视野下的若干法定犯罪解析 [①]

内容摘要：随着世界范围内犯罪浪潮的增长和人们对犯罪问题的日益关注，各国学者都在运用不同的理论从不同的角度对各类犯罪进行解析，逐步深化对犯罪问题的认识，以期找到控制犯罪的良策。笔者认为应从寻租理论出发，探讨和分析市场经济条件下法定犯罪中的设租和寻租现象及其形成原因，从刑事立法和司法的角度提出减少设租，实行非犯罪化，以实现刑法效益最大化的犯罪控制对策。

关键词：设租 寻租 租金 刑法效益

一、寻租理论概述

（一）内容界定

从经济学意义上讲，"租"最初是指土地的租金，即地租。土地资源稀缺和对价格的变化缺乏弹性，决定了土地能够获得地租。大卫·李嘉图学派将租金理解为永远没有供给弹性的生产要素的报酬；经济学家马歇尔则认为租金还包括了准租金以及暂时没有供给弹性的生产要素的报酬。现在，更多的人将"租"定义为不同体制、权力和组织设置而获得的额外收益。美国经济学家克鲁格（Krieger）在《寻租社会的政治经济学》中把这种超额收入称为"租金"（rent），而把谋求得到这种权力以取得租金的活动称为"寻租"（rent-seeking）。公共选择理论则认为，一切由于行政权力干预市场经济活动，造成不平等竞争环境而产生的收入都称为"租金"，而对这部分利益的寻求与窃取活动称为"寻租行为"。也有人把

---

① 此文原载《河南公安高等专科学校学报》2009年1期，与李艳霞合作。

"寻租"定义为"用较低的风险成本获取较高的收益或超额利润"①。经济学家布坎南等人认为，寻租是人们凭借着政府"保护"而进行的寻求财富转移而造成的浪费资源的活动，租金是付给资源所有者款项中超过那些资源在任何可替代的用途中所得到的款项的那一部分，是超过机会成本的收入。这里的政府"保护"可作两方面的理解：一是积极方面，即政府根据法律对其进行保护；一是消极方面，即将政府禁止也理解为另一意义上的保护，只不过方式不同而已。

寻租理论认为，政府干预是租金和"寻租"行为的根源。租金来源于政府对社会经济生活的干预，即政府对经济、社会生活的管制所造成的垄断。换句话说，租金是由政府创造出来的，即"设租"。只要政府不取消垄断，租金就不会消失。在寻租理论中有一个基本预设———人都是"经济人"，即每一个人都会理性地计算和衡量得失，只要条件具备，他就会努力地追求个人利益的最大化。按照寻租理论的解释，政府主动设租的行为源于政治人的"经济人"本性。"由于利益制约是对人类行为的最大制约形式，在政治市场上的政治人必然仿效经济市场上的经济人行为，以经济人的面目出现"②。政府作为公共权力的执掌者，在一切可能的领域内，都有可能萌发使自身利益最大化的思想，并运用手中的权力和公民的"无知"贯彻这一思想。政府对公民的强制是寻租生成的土壤，政府利用强制权力介入市场的两个惯用手段是垄断和直接干预经济。政府作为公共物品的提供者，与私营企业不同，它的产出具有非市场性质，即垄断性。与市场产出相比，非市场产出总的说来没有一个评价成绩的标准，所以官僚机构的活动大多不计成本，其效用只来自预算。这个大缺口为寻租者提供了生机：政府产出的代理权中"含金量"很高，围绕着政府对市场的垄断与管制即设租产生了寻租理论。寻租理论由四个部分构成：垄断、管制与寻租的关系；寻租、设租及其相互关系；制度、体制、产权与寻租的关系；政府行为与寻租的关系。这四个部分是相互联系、相互制约的，涵盖了寻租社会的方方面面。寻租社会的运行，从表层上说，与垄断管制密切相关，没有垄断与管制就不会产生寻租现象；但是从深层上看，寻租又与制度、体制、产权密切相关。任何寻租现象的产生都离不开政府的干预，所以寻租现象自始至终都伴随着政府行为。在寻租社会里，寻租与设租

---

① 林喆. 权力腐败与权力制约 [M]. 北京：法律出版社，1997：118.

② 汪翔，钱南. 公共选择理论导论 [M]. 上海：上海人民出版社，1993：52.

往往相互联系、互为因果①。寻租理论的独特性在于把政府作为市场经济的参与者看待，即把政府干预行为本身"市场化"了。

（二）理论渊源

寻租理论是20世纪70年代以后西方经济理论尤其是公共选择理论中发展出来的一种新学说，其萌芽是 Anne O.Krieger 于1974年在《美国经济评论》上发表的一篇论文《寻租集团的政治经济学》。自该文提出寻租这一概念以来，西方各经济学派从不同角度对寻租现象进行了分析和研究，各学派的寻租理论都认为政府对经济生活的干预导致了政府设租，从而使租金得以产生，而租金的存在必然引起寻租活动。总之，政府对经济和社会生活的管制或干预导致了租金的产生。

此后，寻租理论由于以经济学视角研究资源在生产和非生产领域之间的配置问题，从而大受经济学界青睐，其研究得到长足的发展。作为一种理论概念框架，寻租理论可以较好地说明市场经济条件下政府干预行为的局限性。政府过多干预、强化行政管制本身就是一种"设租"行为，创造了新的寻租环境，并为新一轮的寻租打下了基础，以期获得因垄断而发生的高额货币或非货币租金。总之，寻租理论的发展使经济学的研究视野从生产性的寻利活动（增进社会福利的活动）拓展到非生产性的寻租活动（降低社会福利的活动），将政府干预行为当作市场经济行为来研究，而且将有利于社会福利的寻利竞争和不利于社会福利的寻租竞争区分开，其理论出发点对社会问题的研究有很大的启迪意义。

（三）实践运用

在现实生活中存在着许多与土地类似、供给有限的资源，这些资源在短期内也能获得与地租性质相同的报酬，就是泛化的租金。在现代寻租理论中，一切利用行政权力大发横财的行为都被称为寻租行为。而租金则是泛指政府干预或行政管理市场竞争而形成的级差收入，即超过机会成本的差价。在这个意义上，无论在发展中国家还是在发达国家，经济租金和寻租行为都是普遍存在的，因为只要政府对市场进行干预从而影响资源配置，就会产生经济租金；有经济租金存在，就会有寻租行为发生。寻租理论就是研究非生产性竞争活动为主的经济学，研究那种维护既得利益或对既有利益进行再分配的非生产性活动。寻租可以说是一种世界性的现象，只不过在不同国家、不同阶段，其程度和规模不一样。一般说

---

① 卢现祥 . 寻租经济学导论 [M]. 北京：中国财政经济出版社，2000：7.

来，发展中国家的寻租规模要远大于发达国家；政府干预多的国家要大于干预少的国家；公有制比例高的国家要大于公有制比例低的国家；转型国家可能要大于非转型国家，这是因为两种体制和两种规模的摩擦必然为寻租活动留下空间①。总之，从经济学角度入手的寻租理论以其强大的说服力，赢得了越来越多人的认同。

寻租的普遍存在造成极其严重的社会后果：导致社会资源的浪费，财富产出的减少；催生了社会上的既得利益集团；毒化了社会风气②。因此，有效治理寻租是社会发展的必然要求。当然，寻租并不都是不合法的，亦有合法寻租，例如有些地区向中央寻求特殊的优惠政策；有些类别的企业向政府寻求优惠政策或垄断地位；有些幼稚行业寻求贸易保护等。但是行贿受贿、贩毒走私等寻租活动是非法的，而且实践证明，运用寻租理论研究非法行为具有很强的说服力。

二、应用寻租理论解析法定犯罪

近年来，世界各国的刑事法网日益严密，刑法规定的犯罪越来越多，特别是有关市场经济的刑事立法急剧增加。同时，伴随着法定犯罪数量的增加，世界范围内实际发生的犯罪行为也呈现出愈来愈多的势头，而且各国犯罪出现了数量大、速度快、国际化、严重化的趋势。据美国调查显示，20世纪80年代，被关在联邦监狱及各州监狱里的人数虽然增长了三倍，但暴力犯罪数量还是大幅度增加③。联合国的一份犯罪调查也表明，目前许多国家都面临日益严重的犯罪挑战。全世界犯罪案件的数量1975–1980年增加了11%，1980–1985年增加了23%，增加的速度愈来愈快；1980–1990年平均每年递增5%，超过人口数量的增长和大多数国家经济的增长。就当今世界各国的犯罪而言，一般地说，发展中国家的犯罪率低于发达国家。发达国家的生产力相对先进，物质生活比较富裕，经济立法比较严密，但犯罪问题却日益突出④。这引发了人们的深思：刑法规定的犯罪增多，法定犯罪圈扩大，刑事法网更加严密，可为什么犯罪没有得到控制反而日渐增加？法定犯罪的数量增加与实际犯罪增加成正比的原因是什么？

① 卢现祥.寻租经济学导论 [M].北京：中国财政经济出版社，2000：8.

② 贺卫.寻租经济学 [M].北京：中国发展出版社，1999：240–241.

③ 加利·贝克，吉蒂·贝克.生活中的经济学 [M].薛迪安，译.北京：华夏出版社，2000：181.

④ 邓正刚.穿越时空的较量 [M].北京：法律出版社，2001：5.

从寻租理论角度来看，其原因就是立法权力、司法行政权力设置了稀缺性、设置了租金。国家权力的垄断运作与纯粹市场化运作的差价就是租金的空间，法定犯罪的增加幅度越大，即立法权力的扩张、司法行政权力的过度适用程度越严重，国家权力的垄断运作与纯粹市场化运作之间的差价即租金的空间就越大，从而导致寻租活动频繁，犯罪数量增大。一定意义上讲，国家权力对市场的某一方面进行干预，确能弥补市场的缺陷，但往往公共权力在哪里发生作用，寻求租用权力的事件也就如影随形地出现在哪里。国家权力对市场干预的"度"越大，租金的价值就越大，寻租活动也就愈演愈烈，寻租成为国家权力干预市场的最大副产品。而寻租的结果必然使一大批掌握公共权力的人以权易钱、易色，同时寻租活动本身也是寻求政府垄断运作与纯粹市场化运作之间的差价的违法行为。如此，犯罪更加严重，社会秩序也愈来愈混乱；犯罪的严重、社会的混乱又使得政府不得不采取措施，实施控制，一定程度上又干预了市场的正常运作，进行设租从而引发又一轮的寻租活动，寻租又引发犯罪。这样，"干预（设租）—寻租—犯罪—干预（设租）"成为市场经济中的一条循环着的链条。为什么这三者会形成一个循环链条呢？道理很简单，因为国家权力对市场的干预，即法定犯罪对人们行为的控制意味着国家能够对市场和普通的纳税人行使某种权力，国家权力所禁止或者说法定犯罪所规定的是市场正常运作和人们所需要的，而犯罪人也正是利用了这一市场规律和人性的需要进行寻租活动，进而实施犯罪。就是说，法定犯罪圈越大，设租的范围越大、方面越多，可供出租的权力就越大、机会就越多，寻租的范围也相应增大，犯罪可能也越大；同时，法定犯罪承受的刑罚越严厉，租金的价值越大，寻租的诱惑越强烈，犯罪越严重，这一恶性循环从俄罗斯黑手党的发展过程及美国禁酒法的设立与废止中可见一斑。

20世纪90年代初，俄罗斯犯罪的渗透程度到了前所未有的地步。据报道，俄罗斯黑手党控制了70%—80%的私有企业和银行，最重要的是，俄罗斯黑手党对正常的经济复苏造成了重大障碍，而且其控制和影响的不仅仅是传统的犯罪活动（如卖淫和吸毒），还控制和影响着许多经济活动。俄罗斯黑手党迅速发展有历史原因，也与苏联的经济立法有很大关系。1987年5月，戈尔巴乔夫一方面说其打算首次允许开办私人和合作企业，另一方面却仍然对那些决定建立自己企业的人加以限制。由于限制了市场的准入，在国家控制和市场推进之间存在许多差异，因而就产生了许多套利的机会。结果少数被允许开办自己企业的人常常一夜间就成了百万富翁，社会贫富极端变化，引起社会混乱。同时，一些暴徒、勒索团伙和黑手党开始对此进行武力干预、勒索财产，并在几个月内就控制了70%—80%的私营部门。当时的俄罗斯政府意识到，戈尔巴乔夫政府对经济的禁止正是引发犯罪的潜在经济刺激，必须采取有力措施予以消除。于是1992年1月29日叶利钦正式表示，任何人都可以在街角销售东西。不久，路上就肩并肩地站满了销售洗发水、伏特加、银制品的妇女，黑手党的租金寻求机制受到破坏，其发展从此走向下坡路。可以这样说，戈尔巴乔夫政府对经济的禁止立法为黑手党的发展设置了租金，同时引发了寻租的扩大，造成黑手党势力的增强和犯罪的增加；而叶利钦政府采取的措施却是消除租金的来源，破坏寻租的产生机制，遏制黑手党势力的增强，终致犯罪率下降。

从法律的功能以及古今中外的法治实践史来看，加大或加重人们实施某类、某种行为的法律责任并不能直接产生减少此种、此类行为的必然结果，相反，有时候法律的禁止正为犯罪的发生提供了机会，法律禁止的方面正是犯罪容易实施的方面，而且禁止的力度越大，租金越多，犯罪所获得的利润越大。美国宪法史上禁酒令的诞生与取消无疑是最好的例证。1919年1月，美国国会批准了第十八条宪法修正案，规定在全国境内禁止一切酒类的制造、运输和贩卖。然而，黑手党知道美国人不能没有酒，于是，将禁酒令视为天赐良机，悉心经营非法酒类业务。美国著名的犯罪集团——卡朋家族正是从非法卖酒中发迹的，禁酒当年就获得6000万美元的利润。由于从这种非法贸易中可以获取巨额利润，因此犯罪的组织者不惜花大价钱买通警察和其他执法人员入伙，参与帮派活动，使用暴力威胁和谋杀手段，以巩固自己的势力范围，从而大大发展了犯罪组织。不久，美国不得不取消禁酒令，使酒的销售合法化，从而取消了租金获取的机会，卖酒的犯罪形式从此销声匿迹[①]。可以这样说，美国有组织犯罪集团正是利用了禁酒令的颁布这一设租机会的产生，大规模地开展寻租活动，获得了大量的租金，取得"长足"的发展。在此基础上，第二次世界大战后，美国有组织犯罪集团的非法行当和投资趋于多样化，他们不仅以合伙的形式从事卖淫、毒品交易、走私等传统的非法活动，而且成功地控制了正规的、合法的商业活动的重要部门。到20世纪80年代，有组织犯罪的活动扩展到了国际范围，影响到千千万万合

---

① 加利·贝克，吉蒂·贝克.生活中的经济学[M].薛迪安，译.北京：华夏出版社，2000：181.

法公民的日常生活。有组织犯罪人通过国家权力的禁止这一设租行为广泛开展寻租活动，获得了大量的租金。可以这样说，有组织犯罪人通过对法律的践踏迅速聚敛财富。

从一定意义上说，市场经济条件下法定犯罪圈的扩大非但不能抑制犯罪，反而会使人铤而走险，寻求权力所设的租金，实施更多、更为严重的犯罪。由此观之，如何设立科学合理的法定犯罪体系，防止刑事立法的广泛化、重刑化倾向，已不再仅仅是一个理论问题。应根据刑法效益观的要求，用尽可能节省的刑罚资源取得最佳的控制犯罪效果，刑罚的投入必须合理，轻重适当。在市场经济条件下应根据市场自身的运行规律，减少对市场的干预，以市场内部的运行机制消化自身的问题，减少政府设租，实行非犯罪化，以实现更大的刑法效益。

三、减少设租，实行非犯罪化，实现刑法效益

刑法效益，是指从刑法的成本与收益的比较关系出发，尤其是从刑法自身成本与收益之比较出发，以最佳的、最少的刑法成本投入，尤其是最少的刑法自身成本的投入，获得最佳的、最大的收益[①]。刑法效益包含两个基本要素：其一，刑法成本的投入最小化，即在能够取得立法者主观上追求的目标实现所需的各种可供选择的不同量的刑法成本投入中，选择最有效、最合理的刑法的成本投入，使刑法的成本能够最有效地利用，而不使刑法的成本尤其是刑法自身成本的投入量不足或过剩。其二，立法者主观上所追求的目标在客观上能够最大限度地实现。也就是说，节省刑法的成本投入固然是需要的，但刑法成本的节省必须控制在不妨碍立法者所追求的目标在客观上的实现，即在能够有效地达到目标的前提下节省刑法成本的开支。因此，获得刑法最佳效益的关键在于：合理地确定最有效的、最小量的刑法成本投入和确定实现立法者主观追求目标的最佳、最大限度。要从成本——收益两者的对比关系出发确定这个最小量和最大限度，确定两者之间的平衡点[②]。

首先，应从效率的角度考虑最大化的刑法的效益取得问题。市场经济条件下，人财物的运行有一定的规律，应让市场利用自身的运作调节人财物的配置。

---

① 陈正云，张汝杰.刑法效益与刑法公正关系论析 [J].现代法学，1997（2）.

② 陈正云，张汝杰.刑法效益与刑法公正关系论析 [J].现代法学，1997（2）.

国家、政府应遵循市场中各要素的运行规律，较少对其进行干预，以减少"设租"现象的出现，从而有力地预防寻租现象的发生。而且，从长远看，这种遵循正有利于刑法效益的发挥。其次，应从刑法的成本投入角度来考虑最小化的问题。法定犯罪圈扩大即国家立法权和司法权的过度滥用，表明刑法调控范围过大，刑法投入成本过高，因而导致刑法不具有最佳效益；同时也表明国家刑罚权滥用，将不应禁止的行为当作犯罪来规定，侵犯了公民应有的权利，破坏了社会经济生活正常运行的规律。但公民权利的行使和规律的运行是必然的，这一必然性易被犯罪人所利用，在国家禁止与公民应有的权利以及客观规律之间寻求租金，开展寻租活动从而引发犯罪。对这一点，美国学者胡萨克曾指出："假如刑法禁止一种行为，而这种行为从道德角度来看公民又有权实施，又怎么想象国家因此而有理由来处罚他呢？"[①] 他还评论说："我们（指美国——笔者注）的刑事司法制度似乎明显地被滥用到了无所不及的程度，也许不久就要到崩溃的边缘，我们最大的社会政治失败之一就是对当代诸多问题表现得无能或不愿采取有效的非刑事处理方式来解决。""（某种行为）是处于罪与非罪之间的行为是合适的话，那么刑事制裁就不应如此广泛地适用。那些构成社会事务合法目的的许多行为并不符合应受谴责与应受申斥行为的范围，因而似乎不适于以刑事方式来处理。现在所急需的是对哪些行为应予以刑罚制裁进行反思。"[②] 另外，当刑法调控强度过度，即刑罚量过度投入时，所设租金的价值更大，对犯罪人的诱惑相应加大，寻租也更易发生，刑法因而也不具有效益性。

既然国家权力的扩张，法定犯罪圈的扩大，导致对公民权利侵害的同时又设置了租金，使得寻租活动增多，犯罪扩大，那何不实行非犯罪化以减少寻租机会的增加呢？而且，市场经济条件下，市场规律自身的运行长期看来也具有效益性、经济性。非犯罪化的根本意义就在于"避免刑法对社会生活的过多干预，使刑事司法力量更有效地对付严重犯罪，将刑法应当归罪的行为范围限制在确保国家、社会的公益与秩序和维护公共利益所必需的最低限度内"[③]。"非犯罪化"是一种刑事政策思想，主张将某些被认为社会危害不大的犯罪行为排除出犯罪范畴，

---

① 道格拉斯·N·胡萨克.刑法哲学[M].谢望原，译.北京：中国人民公安大学出版社，1994：220.

② 道格拉斯·N·胡萨克.刑法哲学[M].谢望原，译.北京：中国人民公安大学出版社，1994：4.

③ 汉斯·海因里希·耶施克.世界性刑法改革运动概要：1978年在日本刑法学会第54届大会上的讲话[J].何天贵，译.法学译丛，1981（1）.

不予刑罚处理。这种思想有很多先进之处，例如提出了刑法经济观念，强调刑罚的使用应限制在最低限度；提出了刑法手段最后性的观念，强调刑罚的严厉性、强制性，非到万不得已不动用刑法等。因而，西方一些国家对这一刑事政策思想都在不同程度上有所贯彻，将某些轻罪从犯罪范畴中排除，如有必要则适用行政制裁或民事制裁。在"非犯罪化"思想影响下，许多国家将堕胎、同性恋等排除于犯罪之外，将违警罪非犯罪化，将某些原来刑法中既可判刑又可罚金的行为改由行政机关罚款处理。非犯罪化在西方国家于20世纪50至60年代兴起，要求刑事立法者缩小刑法的处罚范围，以保护公共安全与秩序所绝对必要的范围为限。而且，知识经济的到来，社会历史的巨大发展和文化的巨大变迁与扩展、渗透，使得市场经济中法定犯罪的内涵不可避免地发生变化，具体表现为一些刑法上固有犯罪的非罪化，即把原规定为有罪的行为不再作为犯罪加以规定，而让位于社会信用机制、道德规范以及用舆论谴责或其他社会制裁方法进行约束。

　　中国法制建设已步入基于市场经济内在需求的法治走向，应当从多种效率差异的制度结构中选择社会成本最小而社会收益最大的改革方案，从而促成社会收益和效率最大化。在这一过程中应确保改革成本小于改革收益，为此，应当逐步对有关市场经济的法定犯罪实行非犯罪化，以实现刑法效益的最大化。

交往理性——国有企业家职务犯罪防治的新思路 [①]

内容摘要：哈贝马斯的交往理性理论为研究我国国有企业家职务犯罪的防治提供了崭新的思路。国有企业家职务犯罪难以根除，只能控制在可容忍的范围内，在确立了这一理念的基础上，构建理性交往平台，通过自我反思和平等的商谈对话的方式寻求防治国有企业家职务犯罪的前提条件和制度导向，最后通过全民参与、对权力重新合理设置及加强权力运行的监控等具体措施来防治国有企业家职务犯罪。

关键词：交往理性　国有企业家　职务犯罪　防治

哈贝马斯是当代德国乃至世界最有成就的哲学家、思想家和社会学家之一，在哲学、政治学、社会学等众多学科都获得了丰硕的成果。20世纪80年代以来，中国学者掀起哈贝马斯学说研究的热潮，其交往理性理论广受关注。在1989年出版的《交往与社会进化》及后来的《交往行动理论》等几部著作中，哈贝马斯发展出一套"交往行动"（communicative action）理论，在对现代理性反思的基础上，其认为理性不仅是主体与客体各自的理性，还意味着主体之间（即人际交往）的理性，只有发挥交往理性的作用，重新回到生活世界，才能实现社会的进化。

哈贝马斯认为，"生活世界殖民化"愈演愈烈，即现代社会的市场金钱机制和官僚的权力机制侵蚀了本属于私人和公共领域的非商品化的行为领域，生活世界越来越商品化和官僚体制化，交往逐渐丧失理性。这一"生活世界殖民

---

① 此文原载《烟台大学学报》（哲学社会科学版）2015年第2期，与李艳霞合作。

化"现象在当前我国亦是值得关注的现象，这在国有企业家职务犯罪中尤为明显。《2013中国企业家犯罪（媒体样本）研究报告》指出，国企贪腐案件连续五年居高不下，受贿、贪污、挪用公款在当年国企高管犯罪数量和比例一直稳居前三名。根据最高人民检察院工作报告，我国每年涉及国有企业管理人员腐败的案件占全年立案查处职务犯罪的24%—30%，国有企业成了腐败的重灾区，每年都有万名左右国企工作人员受到立案查处。在2013年受到刑事追究的国有企业高管达87位，所有罪名皆与贪腐有关。当前，我国正当的社会人际交往被权力和金钱严重扭曲。哈贝马斯认为只有实现交往行为合理化，才能实现整个生活世界的理性。其设想的方案是拯救和重建理性，具体而言，实现交往行为合理性有三种途径：其一，社会全体成员遵守共同的普遍的规范标准，进而指导实现交往行为合理化；其二，交往主体选择恰当的语言进行对话，相互理解是交往行动的核心；其三，交往主体通过对话达成共识，追求相互理解与意见一致的目标。可见，这三项途径包括确立共同规范标准，选择理性的方式交往，通过对话达成共识。本文以哈贝马斯关于实现交往理性的三种途径为契机，探究了防治国有企业家职务犯罪的新思路，以抛砖引玉求教于同仁。

一、确立一种理念——国有企业家职务犯罪防治的局限性

理念的重要性，可从梁启超先生"思想者事实之母也，欲建造何等之事实，必先养成何等之思想"[①]中得到明证。在防治国有企业家职务犯罪过程中，理念的确立尤为重要，诚如哈贝马斯所言，"承认和重视共同的规范标准"是实现交往行为合理化的首要条件。这一共同的规范标准应满足"普适主义"，即"普遍遵守这个规范，对于每个人的利益格局和价值取向可能造成的后果或负面影响，必须被所有人共同自愿地接受下来。"[②]在防治国有企业家职务犯罪的过程中，我们应当明确，国有企业家职务犯罪难以根除，只能控制在可容忍的范围内，这一理念亦应达成共识。

不同文化对行为的认识往往大相径庭。但对于个体和企业"收买"政府等有权机关，以使其做出利于己方决定这种做法的定性，不同文化间并无本质上的分

---

① 梁启超. 国家思想变迁异同论 [M]// 饮冰室文集. 北京：中华书局，1996：85.

② 哈贝马斯. 包容他者 [M]. 曹卫东，译. 上海：上海人民出版社，2002：45.

歧，皆称为腐败。一位泰国官员曾表示："你称之为腐败的那些行为，我则称之为生存之道。腐败在泰国是一个社会问题，可是现在没有更好的解决办法。更何况（部门里的）每位工作人员都已经卷入（腐败活动）多年了。"①腐败产生于任何机会和心理倾向并存的地方②。制度、法律等的缺失为腐败的产生塑造了外部机会，"有限理性"的主体通过经济分析力图获得最大化的利益，腐败产生。这一状况，在我国这样一个人情大于法治的国家尤甚。实践中，"中国社会在正式规定的各种制度之外，在种种明文规定的背后，实际存在着一个不成文的又获得广泛认可的规矩，一种可以称为内部章程的东西。恰恰是这种东西，而不是冠冕堂皇的正式规定，支配着现实生活的运行。"③实践中发生的事情不断证明，我们的生活被这种潜规则所支配，并逐步取代明文规定，导致工作、生活出现种种不确定性。我国当前正处于经济转型时期，制度、法律都不健全，关系网成为市场运行的关键因素。这样一种高度人格化的制度环境迫使中国企业家不得不培养各种社会关系和人际网络，尤其重视与有权的政府官员的关系交流，而国有企业家许多本身兼有政府官员背景或拥有和政府沟通的先天优势，成为当前经济运行最大的赢家。《2013中国企业家犯罪（媒体样本）研究报告》显示，国有企业职务犯罪的涉案人员绝大多数都是国家长期培养的已经"成熟"了的企业家，许多还曾在国家经济管理部门担任过领导职务。他们大多经历丰富，有从事企业管理和经营活动的经验，在对外交往和调动人脉、资源等方面也有较强的能力。而民营企业家却缺乏这一便利条件，为了在竞争中立足进而取得利益，寻租难以避免，行贿和受贿相伴产生。总之，基于我国当前经济政治制度以及文化因素的影响，难以根除国有企业家职务犯罪。

连续五年发布的中国企业家犯罪报告揭示，我国国有企业家犯罪呈现出愈演愈烈之势，现象令人惊骇，且危害性极大。2012年度被媒体报道的我国国企高管案例共计107例，除两例外逃或通缉外，其余105例分别处于立案、侦查、起诉或审判阶段，或者结案交付监狱执行。2011年度我国国企高管犯罪涉嫌犯罪88

---

① 杰瑞米·波普.制约腐败：建构国家廉政体系[M].清华大学公共管理学院廉政研究室，译.北京：中国方正出版社，2003：15.

② 杰瑞米·波普.制约腐败：建构国家廉政体系[M].清华大学公共管理学院廉政研究室，译.北京：中国方正出版社，2003：17.

③ 吴思.潜规则：中国历史中的真实游戏[M].昆明：云南人民出版社，2002：2.

例，2012年增幅为21.6%。2013年国有企业家犯罪或涉嫌犯罪的案件为87件，其中61例案件报道了涉案人数，共计犯罪人数为268人。这一现象亦例证了难以消除国有企业家职务犯罪的困境。

反腐败并不是最终目的，惩治国有企业家职务犯罪亦不是最终目的，这一系列的工作服务于提高政府整体的诚实和廉洁程度，创造一个更加公正和高效的政府这一大目标，致力于扭转腐败对经济发展和整个社会产生的消极影响。为了实现这一目标，惩治国有企业家职务犯罪的代价不能过于高昂，不能影响公共部门的正常运转。

二、构建理性交往平台——国有企业家职务犯罪防治的场域条件

哈贝马斯认为，避免"生活世界殖民化"，实现交往行为的合理化的第二个途径是选择恰当的语言进行对话。交往行为本质上是一种语言行为，而相互理解是交往行动的核心。选择理性的交往方式、构建理性交往平台进而寻求防治国有企业家职务犯罪的前提条件和制度导向是职务犯罪防治的场域条件[①]。其中"理性"是与理解有关的理性，偏重的是人与人的理解和取信的关系。"理性"的交往行为是一种"主体—主体"遵循有效性规范，是一种程序合理性，交往参与者的自我反思和主体间的对话是构建交往理性的重要前提[②]。

（一）自我反思——防治职务犯罪的前提条件

哈贝马斯认为，自我反思是理性构建的基础，反思是为了理解生活世界，这种反思所达成的理性就存在于达成的过程中。自我反思要求交往者按照统一性原则在差异甚至对立中证明命题的有效性。在国有企业家职务犯罪的防治过程中，自我反思，理解国有企业家职务犯罪的原因，探讨其犯罪的过程是对其予以防治的前提条件。

（二）平等的商谈对话——防治职务犯罪的制度导向

哈贝马斯认为任何事实上的存在都必须在商谈过程中得到改进，在平等的

---

① 法国社会学家皮埃尔·布迪厄将场域解释为是由社会成员按照特定的逻辑要求共同建设的，是社会个体参与社会活动的主要场所，是集中的符号竞争和个人策略的场所。本文引用"场域"二字，并将其界定为社会成员共同建设的防治国有企业家职务犯罪的外部条件和宏观因素。

② 哈贝马斯. 在事实与规范之间：关于法律和民主法治国的商谈理论 [M]. 童世骏，译. 北京：生活·读书·新知三联书店，2003：239.

对话中得到正当性的证明，其从平等的商谈的视角解答了正当性和事实性之间的关系问题，这一角度亦对防治国有企业家职务犯罪起到了制度导向的作用。

虽然职务犯罪的危害性举世公认，各国都力图惩治职务犯罪，我国亦加大了打击职务犯罪的力度，但正如《2013 中国企业家犯罪（媒体样本）研究报告》显示，国有企业家职务犯罪仍呈现出数量大、危害严重的趋势，这促使学者不得不重新审视国有企业家职务犯罪的原因和控制路径。在历经了社会学、政治学、经济学、法学等多种角度分析腐败现象、剖析犯罪原因、并探求治理对策的基础上，从制度方面提出防治职务犯罪的方略渐入人们的视野，并逐步受到认可。

邓小平曾指出："制度好，可以使坏人无法任意横行；制度不好，可以使好人无法做好事。"[①] 制度在人的行为选择上起着关键性的作用，制度的创立为理性行动者提供了一个行动的规则，一个协商的平台，亦是一个博弈的均衡。

防治国有企业家职务犯罪，应倡导平等的商谈对话模式的制度导向。一方面，实现市场竞争机会平等。打破垄断，使得国有企业家与民营企业家在市场竞争中面临的机会平等，如此，才能防止国企因为有租金而设租，民企寻租，才能使得市场建立在平等商谈的基础上。2013 年底适用的《中共中央关于全面深化改革若干重大问题的决定》特别强调，要"让国企和民企拥有更平等的市场地位，形成更良性的竞争环境"，正体现了这一体制重建的趋势。另一方面，实现国有企业内部事务管理的公开与人员平等的参与。通过股东会、董事会、监事会与职工代表大会、工会等形式实现一般国企职工对企业内部事务的参与，并通过多种方式扩大对企业事务影响的深度和广度，实现平等、公开的现代企业制度，改变国企"一把手"独大的局面，力图对国企高管施以有效的监督。2000 年 9 月，原国家经贸委发布了《国有大中型企业建立现代企业制度和加强管理基本规范（试行）》中明确规定，企业不再套用党政机关的行政级别，也不再比照党政机关干部的行政级别确定企业经营管理者的待遇，实行适应现代企业制度要求的企业经营管理者管理办法。2008 年 9 月和 2009 年 6 月起，上海和广东分别就"取消国企行政级别"问题，进行了试点改革。但时至今天，改革并没有取得成功，国企和国企领导人的行政级别制度仍然根深蒂固，无法撼动[②]。可见，国企内部的现代企业制度的改革尚需时日。

---

① 邓小平. 邓小平文选：2 卷 [M]. 北京：人民出版社，1994：333.

② 社论. 取消国企行政级别，不妨从"铁总"开始 [N]. 扬州晚报，2013-03-22（A17）.

三、运用民主交往方式——国有企业家职务犯罪防治的具体措施

哈贝马斯断言："理性更多的是与运用知识的方式联系在一起，而较少地与知识有关，实现交往理性的第三个途径是要建立话语民主的社会，主体间普遍对话及其反思意旨在于一种真正的民主制。""普遍对话是交往的正式理想……只有民主制才能使交往成为共同体中起组织作用的重要过程。"[①]哈贝马斯强调民主的对话、讨论，将其作为国家政治经济生活的基础和中心，通过对话、讨论，逐步提升国民的政治参与意识和道德实践意识。哈贝马斯认为，应限制国家对社会的干预，形成自主的公共领域，人们通过自主交往培养自由的政治人格和民主的政治文化，从而使公共领域成为一切政治权威的基础，并将政治权力最终置于人民和公共领域的参与和监督之下。根据这一观点，防治国有企业家职务犯罪应当强调民主交往方式的适用，全民参与、对权力重新进行合理设置，如分散部分垄断权力、推出新的制度，并加强对其权力运行的常规监控。

（一）民主交往的主体——全民参与防治职务犯罪

哈贝马斯认为增强公民的参与程度是实现交往理性的重要方面。无数国家的实例亦表明，凡是在官方真心实意地反腐败却以失败告终的地方，一般总是缺少一个要素——公民社会的参与[②]。单靠政府的力量难以有效遏制腐败，公民的参与对于防治职务犯罪至关重要。这可从下面数据中可见一斑：数据显示，2003年至2008年，全国检察机关查办职务犯罪的线索80%来自群众举报[③]。

拓宽公民参与防治国有企业家职务犯罪的渠道，力图构建来信、来访、电话、网络"四位一体"举报体系。我国已然进行了许多有益的尝试。2007年山东省信访局"网上信访"系统正式开通。公民只要登录山东省信访局网站，点击"网上信访网站"进入系统注册后，即可足不出户在网上反映问题、表达诉求、提出意见和建议，且可随时从网上跟踪来信去向，查询所反映事项的办理情况。2014年5月1日生效的《国家信访局关于进一步规范信访事项受理办理程序引导来访人依法逐级走访的办法》进一步细化了信访工作的原则、管辖、期限、程序和罚则等。其第四条明确规定，信访人提出信访事项，一般应当采用书信、

---

① 哈贝马斯.哈贝马斯精粹[M].曹卫东，译.南京：南京大学出版社，2004：161.

② 杰瑞米·波普.制约腐败：建构国家廉政体系[M].清华大学公共管理学院廉政研究室，译.北京：中国方正出版社，2003：47.

③ 袁定波.最高检12309举报电话开通5天电话举报逾万件[EB/OL].（2009-06-29）[2014-04-26].

电子邮件、网上投诉等书面形式。信访人采用走访形式提出信访事项，应当根据信访事项的性质和管辖层级，到依法有权处理的本级或上一级机关设立或者指定的接待场所提出……对跨越本级和上一级机关提出的信访事项，上级机关不予受理。检察机关与审判机关亦已做了许多探索。2009年6月22日，检察机关统一举报电话12309正式开通，最高人民检察院举报网站正式更新。5天内，最高检接到12309电话举报已过万件，网上举报达6000余件，公民举报更加便利畅达。2014年3月10日，十二届全国人大第二次会议第三次全体会议上，最高人民检察院检察长曹建明在最高人民检察院工作报告中表示，2013年最高检健全职务犯罪举报、查处机制；拓展人民群众举报腐败犯罪的渠道，构建来信、来访、电话、网络"四位一体"举报体系；加强举报线索集中统一管理，规范流转程序，及时核查处理。2014年3月28日，最高人民法院"网上申诉信访平台"正式开通。最高人民法院表示，将开展远程视频接访，让上访群众在当地就可以向法官反映申诉信访问题。纪检部门亦创造条件力图拓宽公民参与防治国有企业家职务犯罪的渠道。2014年2月中旬，北京市纪委十一届三次全会暨全市党风廉政建设和反腐败工作会议上，各级纪检监察机关表示，继续加快电子监察平台和廉政风险防控信息系统建设，强化对权力运行的制约和监督。西城区将进一步完善信访举报制度，推进信访网上受理，拓宽社情民意反映渠道，落实查办案件工作双重领导体制的要求；顺义区将坚持惩治腐败"零容忍"，认真受理信访举报线索，建立健全问题线索管理机制，严肃查办违纪违法案件，强化对权力的监督和制约。

（二）民主交往的条件——对权力重新合理设置

防治国有企业家职务犯罪的关键并非清除腐败分子，消除腐败机会更加关键。许多国家反腐败的历史不断证明，只撤换或惩罚腐败的人员远远不够，腐败仍将持续，因为腐败的机会仍然存在，组织体制和制度仍然存在，文化依然如故。正是这种产生腐败的机会环境让腐败再次发生。文化因素通过几千年逐步积淀在每个人的骨髓中，难以通过一朝一夕的变革而改变，而制度的变革却可以收到立竿见影的效果。所以，防治国有企业家职务犯罪的关键是确立民主交往的条件——对权力进行合理设置，废除一些制度，推出新的制度。

一方面，我国应在一些领域减少政府的管制和控制，进行体制重建。减少贿赂动机、取消政府补贴、贸易限制等方式实现经济自由化。打破行政垄断，倡导市场经济。在其他一些重要领域引入政府管制。如为了建设和谐、可持续发展的社会，制定新的规则控制环境污染、保护工人和消费者的安全、健康以及规范金融和证券、房地产市场，并力图在设计政府管制措施的时候，把可能导致的腐败机会压缩到最低。另一方面，打造规范的国有企业的市场主体，积极建立现代企业制度。近年来，国有企业家职务犯罪的事例不断提醒我们，贪欲和权力是对制度构成最严重破坏且最难以制约的因素，而制约职务犯罪最有效的手段就是依靠"法治"以规范权力的运作。制定企业的公司治理结构，建立完善的股东会、董事会、监事会、经理制度，完善财务管理、人事管理及行政管理等，真正落实现代企业制度，让总经理、董事长等国企高管扮演各自的角色，剥离其具有的"官""商"双重身份，厘清其"官商政商"界限，让董事会、监事会等发挥真正的监督制约作用。

（三）民主交往的监管——加强权力运行的监控

防治国有企业家职务犯罪的本质实然是制约权力的滥用。无数实例告诉我们，凡有权力存在的地方都可能出现权力的滥用和权益交易的腐败。"一切有权力的人都容易滥用权力……有权力的人们使用权力一直到遇到界限的地方才休止。"[①]《2013中国企业家犯罪（媒体样本）研究报告》显示，国有企业的法定代表人、董事长、实际控制人等"一把手"往往是职务犯罪的高发人群，46位国有企业家犯罪人平均年龄为53岁，可见，其职务犯罪是其理性分析、利弊博弈后的"谨慎"抉择；另一方面亦说明没有对权力运行良好的监督制约，面对自己管理、经手、支配的财物，权钱交易难以避免。

而当前我国对国有企业家权力运行的监督制度尤为缺乏。一方面，国有企业内部监督制约形同虚设。财务管理是国有企业家职务犯罪的高发领域，这一现象凸显了国企内部监督的虚置。虽然有股东会、董事会、监事会甚至职业经理人等制度，但尚不完善；纪检监察、审计、工会等部门作用微弱，这增加了国有企业家滥用职权的风险。另一方面，国有企业外部监管失控。国企高管兼具"官""商"双重身份，薪酬与国家、政府的扶植力度相关，在行政级别制度、职务晋升、考核中亦与市场经营脱离，而由政府决定。这导致企业内部机构、监督制约机制虚化和企业决策程序形式化，更导致国企管理行政化，国企受到众多行政机关严苛的纪律与道德约束，但这些约束大多仍停留在原则的宣示、运

---

① 孟德斯鸠. 论法的精神 [M]. 张雁深，译. 北京：商务印书馆，1987：154.

动式的执法、事后选择性地追惩上，处于失控的状态①。

加强对国有企业家权力运行的监督，应当力图构建内部监督与外部监督结合、官方监督与民间监督并重、内省监督与国际合作监督相衔接的监督机制。其一，坚持内部监督和外部监督相结合。健全国有企业内部机构的监督机制，构建科学的现代企业管理制度。实现股东会、董事会、监事会等的规范职能，并充分发挥国有企业内部纪检监察、审计、工会等部门的作用。外部监督主要指舆论监督。舆论监督是新闻媒体运用舆论的独特作用，帮助社会公众了解政府事务、社会事务及涉及公共利益的事务，并逐渐促使其沿着法治的方向运作的一种社会监督方式，这一方式随着时代的进步，尤其是网络的迅猛发展，已成为一种庞大的社会力量。如果没有舆论监督，"无疑是一种缺乏'体内自动平衡机制'的有重大缺陷的社会，是一个失去自我警报系统的社会。"②其二，坚持官方监督与民间监督并重。强化官方行政监督。适当扩大行政监察、审计机关等的权限，完善其管理体制，使其能相对独立行使监察、审计权力；加强行政监察、审计队伍建设，力图培养一支训练有素，懂政策、法律和技术的监察、审计队伍；积极推进行政权力公开透明运行。群众监督是公民依据宪法实施监督权，包括批评建议、检举控告等权利，是市民社会唯一可以与国家权力相抗衡的民间力量，这一方式在实践中经常与舆论监督的方式结合并用，共同达到监督的效果。其三，坚持内省监督与国际合作监督相衔接。一方面，强化国有企业家内省的纪律监督。调查显示，依法查处的国有企业家职务犯罪人都具有党员的身份，故内省的纪律监督尤为必要。纪律监督主要指党的内部监督，即党组织的监督和党员之间的监督。坚持党务活动公开透明，通过加强民主集中制，加强党的组织生活制度，强化党委内部的监督和纪委的监督。另一方面，反腐败是全世界面临的共同任务。随着国际经济一体化趋势的增强，腐败现象日趋国际化，逐步形成了国际间腐败力量相互影响甚至相互勾结的特点。数据显示，我国大批掌握权力的贪官和国企高管外逃引发了大量资金流失，加强国际间的反腐合作与监督势在必行。总之，只有构建了这三方面的有效的监督机制，才能强化对权力运行的监督，有效防治国有企业职务犯罪。

---

① 市场与法治是遏制国企高管犯罪的根本之道 [EB/OL].（2009—07—22）[2014—04—26].

② 萧功秦.监督的缺位 [M]// 中国热点.北京：中国统计出版社，1999：22.

论民营企业家犯罪的产生、剧增及危害——由符号互动理论解读 [①]

内容摘要：随着人们对企业家犯罪问题的日益关注，不同学者尝试运用不同的理论从不同的视角对民营企业家犯罪进行解析。应从符号互动理论出发，探讨我国社会主义市场经济转型时期民营企业家犯罪产生的主体因素和环境原因，从"情境定义"的角度分析其急剧增长的缘由，并进一步挖掘其严重的社会危害性，以期厘清民营企业家犯罪这一严重社会现象。

关键词：民营企业家　符号互动　情境定义

符号互动理论是社会心理学也是社会学中的重要理论，20世纪六七十年代以来流行于西方社会学界。这一理论认为，社会是由互动着的个人所构成，社会现象的解释只能从这种互动中寻找[②]。"符号互动"（Symbolic Interaction）的概念最早由布鲁默在1937年出版的《人与社会》一书中提出，此后经许多重要的思想家，如库利、托马斯、米德等人的努力，这一理论终于形成体系，成为有独特理论视角和方法论基础的重要理论。符号社会学理论真正成为一个强大的理论流派是在二战之后。布鲁默认为，符号互动指人与人之间通过语言的和非语言的、有声的和无声的符号而实现的相互交往的活动，所有的社会活动都是人际符号互动的结果。布鲁默建立了符号互动理论的基本框架，成为符号社会学的集大成者。符号

---

① 此文原载《刑法论丛》2014年第2卷，与李艳霞合作。

② 贾春增.外国社会学史[M].北京：中国人民大学出版社，2008：271.

互动论的核心规定是：人类创造和运用符号；识别他人使用的符号，并运用符号进行自我认识以及对情境进行理解并做出反应，最终发生人与人之间的行动以及这些行动的稳定性与结构。20世纪90年代以后，符号互动论变得更加成熟、更具包容性，并与后现代主义、文化理论、符号学等发生了广泛的联系。

民营企业家犯罪，是近年来中国市场经济发展中十分突出的现象。从2009年始，连续四年发布的中国企业家犯罪媒体案例分析报告以定量分析的方式揭示了我国当前民营企业家犯罪急剧增长的趋势，现象令人惊骇，原因引人深思。本文从符号互动理论的视角试图揭示民营企业家犯罪的产生原因、分析其急剧增长的缘由并进一步论述其严重的社会危害性，以期进一步厘清民营企业家犯罪这一严重社会现象。

一、心灵、自我和社会是人际符号互动的过程——符号互动解析民营企业家犯罪的产生

符号社会学理论认为，心灵、自我和社会不是分离的结构，而是人际符号互动的过程。心灵、自我和社会的形成和发展，都以符号使用为先决条件，通过中介物"符号"才能实现。人际交往中最重要的就是正确地选择和使用符号。人际交往以通过运用符号来解释和确定相互间行动的意义为媒介，并以此为依据而发生互动。其强调两个方面：其一，人具有创造与运用符号的能力，并依赖符号应用的能力来适应环境以求得生存。其二，人类对于某一客体所采取的行动主要根据他们对客体所赋予的意义[①]，众多的行为又构成了整体环境。可见，符号互动的发生一方面强调"自我"，另一方面则强调客观行为因素——社会，而心灵是社会过程、符号互动后"自我"的内化。而当前愈演愈烈的民营企业家犯罪也是以这种"符号互动"方式产生的，一方面有"经济人"特征和长期漠视法律的"自我"存在，另一方面又有客观行为发生的条件，包括外部不合理的金融政策与企业内部不合理的管理制度因素等诸社会因素，于是，"自我"在客观社会环境中运用经济分析的符号，识别、分析他人使用的符号，进而进行自我认识、解读，对客观社会情境进行理解并做出反应，最终发生人与人之间的行动，民营企业家犯罪应运而生。

---

① 宋林飞.西方社会学理论[M].南京：南京大学出版社，1999：276.

（一）主体角度："经济人"特征和漠视法律的"自我"是民营企业家犯罪产生的内因

一方面，"经济人"特征的"自我"存在是民营企业家犯罪产生的内生性缘由。"经济人"的基本预设普遍存在于经济学家和社会学家的研究中，符号社会学亦承认这一预设。符号互动理论注重人的理性行为，将人的个性看作是社会现象，强调个性中的主动性、创造性根源。许多学者认为，人是自利的，其最关心自己的利益，"经济人"的动机在于最大限度地满足自己的私利，并为自己利益的实现竭尽全力寻找各种机会。成本—收益分析法是"经济人"所采用的基本方法。在英国著名哲学家和经济学家约翰·穆勒笔下的"经济人"是市场经济得以运行的主体，将所有会计算、有创造性、能寻求自身利益最大化的人都囊括在内。但亦要明确，在现实生活中，由于人们认知水平和能力的有限性、所获信息的不完全性以及环境的复杂性，"经济人"的理性是有限的，即"有限理性经济人"，其只能在特定的环境中实现自己效用的最大化。民营企业家的活动主要发生在经济领域，其自身亦不能摆脱"经济人"的宿命，是具有利己动机，追求自身利益的最大化的个体。许多案例彰显了这一内在特性，并不断触动着经济分析的道德底线。《2012年中国企业家犯罪媒体案例分析报告》显示，2012年发生在产品质量环节的企业家犯罪7例，其中国企1例，民企6例。而2012年度产品质量类犯罪案件更多发生在事关民生的食品及药品安全领域。民营企业家"经济人"的本性和"唯利润主义"的工作惯性使得民营企业家犯罪的严重危害性始露端倪。

另一方面，企业家自身法律意识淡漠是其犯罪产生的重要个体性原因。改革开放三十多年来，民营企业运营的法治化趋势提升显著，聘请法律顾问或设立专门的企业法务部门，已成为企业规范化运作的基本特征之一。但实践不断显示，法务人员只是专注于解决企业经营中的民商事法律问题，鲜有关注企业发展或企业家所面临的刑事法律风险的。可见，民营企业家对防范犯罪产生的法律意识太过淡漠。《2012年中国企业家犯罪媒体案例分析报告》的相关统计资料也印证了上述结论。在2012年能明确教育背景的74例案件所涉及的74位企业家中，具有大专、本科及研究生教育背景的共48人，占大多数，良好的受教育经历，理应养成一定的法律意识。但在相关案件审理中，当事人却辩称，不懂法、不知法，不明确自己行为的性质，对可能招致的法律风险并无警惕和防范，这一现象在民营企业家犯罪中尤为明显，加之民营企业内部决策程序不规范，财务管理较为混乱，在追求最大利润的工作惯性和"经济人"本性的作用下，使得一些民营企业家长期游走于法律风险的边缘。而在诸多法律风险中，刑事法律风险无疑能够导致企业和企业家终局性成败，而这一风险贯穿于民营企业的设立、经营乃至破产清算的全过程，时时存在。总之，民营企业家有着"经济人"的秉性，又长期极为漠视刑事法律，跃跃欲试地寻找利益的同时不断突破法律的界限，民营企业家犯罪在所难免。

（二）环境因素：不合理的金融政策和内部管理的混乱是民营企业家犯罪产生的外因

一方面，我国现今不合理的金融政策是企业家犯罪产生的外部因素。《2012年中国企业家犯罪媒体案例分析报告》显示，在2012年企业家犯罪案件所涉罪名中，融资类罪名所占比重大是一个突出特征。在统计的245个案件中，仅非法吸收公众存款罪（33例）和集资诈骗罪（11例），占全部案件数的近五分之一，而且，触犯这两项罪名的犯罪人全部是民营企业家，这两项罪名涉及的案例数，在报告统计的2012年民营企业家犯罪的158例案件中，所占的比例超过四分之一。实然，非法吸收公众存款罪与集资诈骗罪并非代表企业家融资类犯罪的全部，大量的融资类犯罪以合同诈骗罪定罪处刑，而且，骗取贷款罪、保险诈骗罪、贷款诈骗罪、票据诈骗罪、金融凭证诈骗罪、挪用资金罪等也与企业融资问题直接相关，若将这些罪名计入，融资类犯罪将在2012年企业家犯罪，亦包括民营企业家犯罪中排列第一。依据《2012年中国企业家犯罪媒体案例分析报告》对245个企业家犯罪案例的统计，在203件能够识别出具体的刑事风险点的案例中，排名前两位的企业运行刑事风险环节为财务管理和企业融资。发生在企业融资环节的企业家犯罪54例，其中国企7例，民企47例。原因何在？这主要归咎于我国不合理的金融政策。一方面，银行利息和高利贷的利差过大，导致民众争相借钱给进行集资的企业。股市持续低迷、房市调控、银行存款负利率等因素叠加，致使民间资本保值压力增大，急需投资渠道。近几年，一方面，融资领域尤其是非法集资类案件高发，亦反映出民间资本急需投资和民间融资借贷市场亟待疏导规范的现状；另一方面，民营企业很难从银行贷款，只能转向民间融资。当前，我国的证券市场、金融市场发展不尽完善，银行贷款政策不利于民营企业，其合法融资渠道狭窄，民营企业欲通过上市、发债以及商业银行贷款等方式取得融资的渠道较为有限。但其资金需求缺口巨大，只能转向民间借贷。可见，在民间资本市场供需两旺，而金融制度不合理，相关疏导性制度又安排缺失的情况下，融资类犯罪高发具有一定的必然性，故一些民营企业家铤而走险。

另一方面，企业内部管理制度混乱是民营企业家犯罪产生的内部原因。在《2012年中国企业家犯罪媒体案例分析报告》对企业家犯罪领域的统计中，无论是国有企业抑或民营企业，财务管理领域都是犯罪案件高发的领域。在203件能够识别出具体的刑事风险点的案例中，发生在财务管理环节的企业家犯罪69例，其中民企38例。对于营利性组织的企业而言，财务管理是其基本制度之一，但本应作为企业生命线的财务管理制度却成为犯罪高发区，这暴露出企业内部管理制度的混乱，这一状况在民营企业中尤甚。这种混乱主要表现在以下两个方面：其一，民营企业的公司管理制度虚化，缺乏对企业家的监督。公司已经成为我国民营企业的主流组织形式，许多民营企业已建立起较为完善的股东会、董事会、监事会等。但是，民营企业的这一公司制度实际运行却徒俱其表，许多仍然秉行家族式的管理方式，企业家对企业决策、人事安排、财务调配具有绝对的控制权，广泛存在"一把手"监督失控的现象，给企业家犯罪提供了制度空间。在《2012年中国企业家犯罪媒体案例分析报告》收集的许多职务侵占案件中，民营企业家的权力范围非常大，在企业内部几乎没有任何约束，实施侵占行为几乎没有任何障碍。报告揭示，民营企业家犯罪在表现形式上往往是上下级相互配合的"窝案"，这亦从侧面说明了民营企业中上级意志的不受监督性。其二，民营企业盲目执着于对营利的最大追求，导致对风险控制机制的放松。民营企业也建立起一套营利考核机制，据此对不同部门进行绩效考核，但是在民营企业中，对于营利考核机制的强调却超过了风险控制机制的监督，营利仍旧是民营企业的最大追求，如此导致相关工作人员相互配合、相互包庇，共同实施犯罪行为，这正是导致民营企业家犯罪上下级共犯时常发生的重要原因。

总之，实例不断表明，民营企业家存在着无节制地追求利益的经济分析倾向和法律意识淡漠等个体性"自我"因素，同时，民营企业家置身的大环境又包含不合理的金融政策和内部管理的混乱等原因，于是，"自我"在客观社会环境中运用经济分析，识别他人使用的符号进行自我解读，对客观社会做出符号反应，民营企业家犯罪最终爆发。

二、人的行为存在于互动之中——"情境定义"解释民营企业家犯罪据增

符号互动理论认为，人的行为存在于互动之中。人们不仅生活在一个物质世界中，而且还生活在一个自己用语言符号创造出来的符号世界中，人们对周围世界的反应就是对符号世界的反映。人们赋予事物的某种意义产生于人们的互动之中，即人们的态度、观念总是受到他人的影响，一个人对于事物的定义总是能从他人的定义中找到根源，这引发了符号互动理论中的一个比较重要的概念——"情境定义"（Definition of Situation）。其由美国社会学家托马斯首先提出，其含义是：人们的行为源于他们对周围的人或事物所下的定义，通过特定的客体群以及这些客体的各种潜在的行动意向，每个行动者都得出一种情境定义，这种定义提供一个总的参考框架，行动者根据这一框架对具体行动方案的结果进行评估[①]。总之，"情境定义"形成于社会交往中，一旦形成又反过来指导与制约着人们的社会交往。实然，公共关系活动、传播活动等社会活动时刻营造着情境，"情境定义"确在近几年民营企业家犯罪剧增的社会传播过程中发挥着重要的作用。

连续四年发布的中国企业家犯罪媒体案例分析报告以定量的方式揭示，民营企业家犯罪数量据增。2010年民营企业家犯罪案例86例，占当年所有企业家犯罪144例的59.7%。其中约50个都是资产或涉案金额超过亿元的企业家或老板。2011年民营企业家犯罪案例111例，占当年所有企业家犯罪202例的54.9%。而2012年民营企业家犯罪案例199例，占所有306例案例的65%，民营企业家犯罪数量和比例大幅提升。尤其是当年发生的案例更为明显，2011年收集的当年落马的案例不足30例，而2012年收集的当年落马的案例超过百人。民营企业家数量的急剧增加使得学界不得不深入思考其原因，从符号互动的角度分析，国有企业家犯罪增大了民营企业家犯罪的示范效应，共同犯罪助长了民营企业家犯罪，而政府部门的职务犯罪更是为民营企业家犯罪的急剧增长提供了支撑。

（一）横向比较：国有企业家犯罪加剧了民营企业家犯罪的示范效应

据《2012中国企业家犯罪媒体案例分析报告》显示，我国国有企业家犯罪呈现出愈演愈烈之势，且危害性极大。一方面，数量剧增。2012年度被媒体报道的我国国企高管案例共计107例，除两例外逃或通缉外，其余105例分别处于立

---

① 贾春增. 外国社会学史 [M]. 北京：中国人民大学出版社，2008：272.

案、侦查、起诉或审判阶段，或者结案交付监狱执行。2011年度我国国企高管犯罪涉嫌犯罪88例，2012年增幅为21.6%。另一方面，国企贪贿犯罪极为突出且数额巨大。2012年企业家犯罪的一个突出特点是由国企企业家作为主体的受贿案件占全部国企企业家犯罪案件的34.2%，高居国有企业家涉罪罪名的榜首。在39例涉及该罪的企业家犯罪案件中，32例报道涉及了犯罪所得。其中，犯罪所得最少的为8万元，最多为4747.99万元，犯罪所得金额共计20311.7984万元。2012年国企企业家犯罪排名第二位的是贪污罪，在24例涉及贪污罪的企业家犯罪案件中，22例案件报道涉及了犯罪企业家的犯罪所得。在22例案件中，犯罪所得最少的是3.98万元，最多为6500万元，犯罪所得金额共计26743.8630万元。2011年国企企业家贪腐金额平均每人是3380万元，其中光明集团创始人、前董事长冯永明贪污7.9亿元，如果去掉这一特殊案例，平均每人贪污金额也达到2077万元，而2010年平均每人贪污金额是957万元，而2012年国企企业家贪腐平均数额比2011年又得到持续上升。

在市场经济的大环境中，作为市场经济两大主体的国有企业和民营企业共同形成一个符号世界，共同作用着彼此间形成的"情境"，而"情境"是"经济人"特征和长期漠视法律的"自我"在外部不合理的金融政策和内部管理混乱的环境中通过社会交往形成的，其一旦形成又反过来指导与制约着其主体成员的社会交往。国有企业在我国市场经济中处于显性地位，在政策、资源配置、市场份额、市场竞争等方面都居于主导地位，而国有企业家犯罪尤其是贪贿案件高发这一现象，在"情境"中形成了不断突破界限的示范效应，使得民营企业家在现行体制下也不断谋求快速致富的方略。但国有企业与民营企业间发展条件的差距较大，要想获得更多或是和国有企业相同的利益，民营企业家只能想尽办法去"寻租"；而且，原材料成本上升、用工成本上升、人才缺乏、税费负担重和资金成本上升，进一步挤占了民营企业的利润率。于是，民营企业家更倾向于采用包括犯罪行为在内的短期行为来迅速获取经济竞争优势，2012年民营企业家的融资类犯罪、涉税类犯罪与涉黑犯罪异常突出正印证了这一点。总之，国有企业家犯罪加剧了民营企业家犯罪的"情境效应"，使得本身存在劣根性和管理制度不太规范的民营企业家犯罪数量剧增。

（二）纵向分析：共同犯罪助长了民营企业家犯罪

据《2012中国企业家犯罪媒体案例分析报告》统计，在245例案例中，有

239个案例（其中2例案件中企业所有制类型不详）提及了涉案人数。在明确涉案人数的239例案件中，涉案人数总计为1305人。共犯案件共141例，涉案人数总计1207人，其中1例案件涉案人数最多的74人，平均每例共同犯罪的涉案人数为8.56人。在141例共犯案件中，其中国有企业家共犯案件40例，民营企业家共犯案件101例。在101例民营企业家共犯案件中，其中2人共同犯罪的22例，3人共同犯罪的20例，4人以上共同犯罪的59例，总计犯罪人数为1034人。在2012年民营企业家共犯关系明确的案件中，上下级共同犯罪的40例，占案件总数的41.7%；商业伙伴共同犯罪的案件26例，占案件总数的27.1%；家庭成员共同犯罪的案件16例，占案件总数的16.7%；同级同事共同犯罪的案件9例，占案件总数的9.4%。可见，企业家与下级共同犯罪是最常见的共犯关系，其次为商业伙伴共同犯罪，这一现象体现出基于不正当利益输送关系而相互配合、相互包庇的行为特征，具有较大的社会危害性与隐蔽性。

布鲁默说："行动者根据他所处其中的情境和他的行动方向来选择、检查、重组和改变意义"[①]。民营企业上下级及其商业伙伴基于共同的利益以及市场经济运行的共同分析、预测做出对其所认可的"符号世界"的反应，这种共同的反应也恰形成了其所共同认可的某种"情境"，而这一"情境"又反过来影响其内部元素的运作方式，而如前所述，民营企业内部管理制度大多都处于混乱状态，财务管理紊乱，"一把手"监督失控等，而这一缺陷更加剧了不良情境影响其内部元素的广度和深度，资料也不断显示，在市场经济不健全的当下，在民营与国有企业的管理政策中存在较大差异情况下，民营企业家力图占据市场份额，扩大效益，需要融入这一不良的"情境"之中，而这一"情境"本身就存在许多陷阱，民营企业家在牟利的同时亦面临着各种潜在危险，一旦到一定程度，犯罪产生，民营企业家犯罪愈演愈烈。

（三）交织剖释：政府官员犯罪支撑了民营企业家犯罪

连续四年发布的中国企业家犯罪媒体案例分析报告揭示，企业家犯罪与政府官员犯罪伴生，而2012年这一现象尤甚，其中铁道部部长刘志军案件尤为世人关注。这起案件涉案官员位高权重，更集中展现出特定行业中企业家与政府官员犯罪伴生的犯罪现象。除此案以外，在2012年被媒体曝光的犯罪企业家或者企

[①] 宋林飞.西方社会学理论[M].南京：南京大学出版社，1999：278.

业家被刑事调查的案件中，还有中铁集装箱运输有限公司董事长罗金保、中铁电气化局总经理刘志远、山西煤炭进出口集团董事长杜建华、山西商人丁书苗等案件也反映出这一犯罪现象。这种企业家犯罪与政府官员犯罪伴生现象反映出中国权力与资本不正当结合的社会状况，引人深思。

三、人类的交往是理解与定义的过程——符号互动彰显民营企业家犯罪的危害性

布鲁默指出"人类的交往是理解与定义的过程"[①]，定义就是对客体的方式；理解就是确定客体的意义，理解与定义的共同性，是社会组织存在的先决条件。在此基础上布鲁默提出"共同行动"（Joint-action）的概念，指两个以上的人共同采取的行动。在共同行动中，处于不同社会地位的人通过各自的解释、定义而相互作用、结合在一起，形成一个持续不断的过程，当人们对某些事物的定义具有共同认识时就会出现固定模式的行动。社会是由处于符号互动过程中的人类构成的，群体成员的共同行动是可重复的、稳定的，它构成"文化"或"社会秩序"，社会结构是行动者置入情境定义的客体之一。由于行动者所下的定义和他们的行为经常变化，迫使他们再次进行调整，因而社会结构也总是处于重新改造的过程中。这一观点转而是用来阐述民营企业家犯罪的危害性。

（一）经济发展方面：市场经济发育受阻

在市场经济体中，企业家是最具有活力与创新性的市场要素。企业家的行为不仅关系到企业的发展和生死存续，而且其自身对社会经济的健康发展也肩负重任。1800年首次提出"企业家"概念的法国经济学家让·巴蒂斯特就曾指出：正是企业家使经济资源的效率得以提高。另外，企业家犯罪不仅会导致其自身的终局性失败，而且更关乎其身后企业的发展和企业职工的切身利益。从这个意义上，也可以说企业家犯罪对国家的经济秩序和社会稳定起着破坏作用。正如《2012中国企业家犯罪媒体案例分析报告》所提到的，企业家犯罪不仅仅意味着其个人所累积的企业家技能做了反向作用的发挥，还预示着对社会和经济体健康运行的深度危害。

2012年企业家犯罪统计数据显示，民企企业家所触犯罪名在数量上排名前

---

① 贾春增.外国社会学史[M].北京：中国人民大学出版社，2008：271.

三的依次为：非法吸收公众存款罪、职务侵占罪、诈骗罪。相对于国企企业家的职务犯罪，民营企业家的融资类犯罪、涉税类犯罪与涉黑犯罪异常突出。从涉案企业的行业特征来看，涉案企业高度集中在能源与矿产、金融投资、房地产经营或建筑行业；从地域上看，高度集中于北京、广东、浙江和江苏等地。这一数据反映出我国经济发展在行业和地区间发展的不平衡。犯罪高发的能源、金融、房地产等行业，所需资金量大，对于经济的拉动作用较大，垄断性较强。这些行业目前在我国经济发展中占有主导地位，但亦成为犯罪影响最严重的领域。而在地域上，犯罪集中的浙江与江苏地区是我国民营经济发展的重镇。在全国工商联发布的《2012民营企业500强榜单》中，浙江入围企业为172家，江苏入围企业为108家。可见，行业、地域经济发展愈强则民营企业家犯罪影响愈大。实例不断证明，很多民营企业家，无视法律的规定，任意突破界限，并通过其所认可，与上下级以及政府官员等的"共同行为"形成固定的模式行动，大规模走私贩私，偷逃关税，甚至对国家金融机构、国有企业甚至各级政府部门实施各种诈骗活动，而这一行为又通过民营企业家犯罪这一主体的"共同行为"不断重复、固定，调整、改造着应该由产品和服务的供给和需求引导的市场经济，使得我国市场经济的良性发展严重受阻。

（二）道德运行视角：社会道德滑坡

《2012中国企业家犯罪媒体案例分析报告》显示，2012年企业家背信犯罪不在少数，如贪污受贿、侵占挪用、滥用职权、制假售假、环境污染、信息欺诈、内幕交易等等。民营企业家犯罪亦然如此，职务侵占、融资类犯罪、偷逃税款类犯罪明显。如《2012中国企业家犯罪媒体案例分析报告》所言，背信犯罪是对企业管理者违背其对企业以及投资者的信义义务，包括忠实义务和勤勉义务，利用其职务地位谋取私利，从而危害企业以及投资人利益的犯罪行为的统称。从更广泛的意义而言，企业家罔顾其承担的社会责任实施的犯罪行为亦应属此类。诚信原则，这一在私法领域被认为的"帝王条款"，在我国市场经济转型阶段，被肆意地践踏。

当前，民营企业家背信犯罪的产生既有着社会历史原因，又与现实制度密切相关。《吕氏春秋》曾言："民舍本而事末则好智，好智则多诈，多诈则巧法令，以是为非，以非为是。"人们一向存有"无奸不商"的道德判断，而这一道德偏见在贫富差距加大的当下被扩大化，社会上存在了较普遍的仇富心理，普遍存有一种对其致富手段合法性的质疑，这一质疑通过"从众心理"被进一步放大。另外，现实市场经济制度的失范亦使得民营企业家对诚信经营的信心不足。如前所述，我国市场经济尚处于初级发展阶段，政府与价值规律界限模糊，许多行业中存在大量的"潜规则"，亦影响到企业家诚信精神的形成。中国企业家调查系统发布的《2012中国企业家成长与发展专题调查报告》显示，在对于关于企业的经营环境的调查中，近六成（59%）的企业家同意"不少企业家对进一步深化市场化改革信心不足"这一说法，超过七成（73.1%）的企业家同意"目前愿意做实业的企业家越来越少"这一说法。这表明，民营企业家对企业经营环境的信心不足，缺乏发展的动力，而这直接导致了民营企业家通过短期行为包括违法犯罪行为攫取利益的倾向。而这一行为更加恶化了本已经信任缺失的道德秩序。当前信任、信用、信心的普遍缺失已是不争的事实，社会信用体系呈现崩溃之势，作为市场经济主体的民营企业家，在不规范的市场经济秩序下频频实施着突破规则的背信违法犯罪，这一从市场经济领域扩展到道德范畴的不良的"共同行为"在一个个主体中不断重复、继而稳定，构成道德滑坡的整体状况，影响着每一个人，诚如布鲁默所言，群体成员的共同行动构成"文化"或"社会秩序"，其使得社会结构也处于重新改造的过程中，社会危机重重。

（三）社会秩序立场：社会腐败加剧

就民营企业家犯罪而言，固然存在着无节制地追求利益的非理性倾向和法律意识淡漠等个体性原因，但从犯罪规律而言，民营企业家犯罪和其他犯罪一样，其客观的社会环境因素不可忽视。正如前述所言，民营企业家犯罪剧增的客观因素归结于我国当前市场经济转型时期不规范的社会宏观经济环境和民营企业内部混乱的微观经济环境存在容易滋生犯罪的土壤。民营企业家因为没有可资直接依赖的公共权力优势，更多的是依靠自身企业活动的"合法外壳"作为掩护，从事非法吸收公众存款、企业性职务侵占以及从事经济欺诈等犯罪活动，或通过利用社会"黑恶势力"进行非法交易或者通过行贿手段收买国家权力，以图获取非法的经济利益。

对民营企业家而言，刑事风险并不遥远，其贯穿于企业的设立、经营乃至破产清算的全过程，影响着企业员工乃至整个社会的稳定。民营企业犯罪首先影响市场经济秩序，使市场经济主体饱受其苦。这在2008年陶寿龙非法吸收公共存款案件中可见一斑。浙江江龙印染公司在2008年的金融风暴中倒闭，其董事长和总裁陶寿龙夫妇卷走6亿元资金，却留下欠薪数月的4000多名员工，不得已最后政府出面筹措资金，解决职工的工资问题，但数千人的再就业又成为一个社会难题。民营企业家犯罪对社会更大的影响是其对其他行业运行的不良的社会示范作用。就社会群体而言，企业家属于社会的高智商、精英群体，其言行在社会中具有"样板"作用。当民营企业家突破界限成为一种常态、一种经营手段，和国有企业家犯罪达成一种共识，形成一种固定模式的行为，一种运行的"正常"方式，继而由互动着的各个符号主体组成的社会就会变成一种人人突破界限的文化、一种社会秩序，社会处于重新改造的过程中，社会各个行业的腐败加剧。

第二部分 **02**

| 刑事诉讼法学 |

附带民事诉讼中几个问题的探讨 ①

内容摘要：本文对附带民事诉讼的性质、原告人的范围、法律适用、处理权以及实施中存在的问题，从立法原意和实体操作的角度，提出了自己的看法。并对适用中存在的争议进行了法理分析，尤其是揭示了人民检察院提起附带民事诉讼的利弊所在，进而提出应予取消的构想，对附带民事诉讼中存在的立法缺陷及其完善提出了建设性的意见。

关键词：附带民事诉讼　法律适用　理论研究

一、关于附带民事诉讼的性质问题

我国《刑事诉讼法》第77条规定："被害人由于被告人犯罪行为而遭受物质损失的，在刑事诉讼过程中，有权提起附带民事诉讼。如果是国家财产、集体财产遭受损失的，人民检察院在提起公诉的时候，可以提起附带民事诉讼。"根据这一规定，所谓附带民事诉讼，是指司法机关在刑事诉讼过程中，依法解决被告人刑事责任的同时，附带解决由被害人等所提起的，由于被告人犯罪行为所造成的物质损失问题而进行的诉讼活动。在理解附带民事诉讼的性质时要注意以下几点。

（一）附带民事诉讼是两种诉讼的结合部。这种附带的民事诉讼与刑事诉讼是由同一个行为引起的，由于这一行为既在刑法上属于犯罪行为，又在民法上属

---

① 此文原载《江西公安专科学校学报》1999年第2期，与刘源吉合作。

于侵权行为，为避免裁判上的矛盾，并减少讼累，而允许司法机关根据被害人及其他有关人员的申请，利用刑事诉讼程序，对这两种诉讼合并加以解决。可见，这种诉讼活动的性质是一种具有民事诉讼特征的民事损害赔偿；但它又不同于民事诉讼中的损害赔偿，它是由犯罪行为所引起的，是在刑事诉讼中提出来并且同刑事案件一并解决的。也就是说，这种民事诉讼是由追究被告人刑事责任的刑事诉讼所派生的，是刑事诉讼的一部分，两者紧密联系，不可分割，所以称它是刑事诉讼附带民事诉讼，简称附带民事诉讼。

说到底，由于刑事上的犯罪行为侵害的主要是国家和社会的利益，而民事上的侵权行为侵害的主要是公民个人或法人的利益，因此，从解决问题的急所来看，应首先考虑解决侵权问题。这就是民事诉讼必须附带于刑事诉讼，而刑事诉讼不能附带于民事诉讼的原因所在。显然，附带民事诉讼是以刑事诉讼为主，以民事诉讼为辅的混合诉讼。我们知道，一般的民事侵权行为尽管也可能造成一定的危害，但不会侵犯刑法所保护的社会关系。而犯罪行为不同，它是一种具有多维性的破坏行为，在有些情况下，它既有可能侵害国家和社会的利益，又有可能同时侵害公民个人的利益。这就为刑事诉讼与民事诉讼的结合提供了可能，因为所面对的毕竟都是同一案件事实。

（二）附带民事诉讼是一种诉讼活动。既然是一种诉讼活动，其最终的处理权只能在人民法院，而且一旦形成诉讼，就一要有诉讼行为，即当事人起诉、应诉、人民法院裁判等；二要有诉讼法律关系，即人民法院与诉讼参与人以及原告人与被告人在诉讼活动中形成的特定关系。因此在研究附带民事诉讼时应当研究诉讼程序问题，这里有一点需要说明，就是被害人或有关人员由于犯罪行为而遭受到物质损失，不一定非得通过附带民事诉讼才能得到补偿。我国1997年新刑法第36条规定："由于犯罪行为而使被害人遭受经济损失的，对犯罪分子除依法给予刑事处罚外，并应根据情况判处赔偿经济损失。"第37条规定："对于犯罪情节轻微不需要判处刑罚的，可以免予刑事处罚，但应根据案件的不同情况，予以……赔偿损失，或者由于主管部门予以行政处罚或者行政处分。"这说明，审判人员可根据案件的不同情况，在被害人没有提起附带民事诉讼的情况下，也可以直接判处被告人赔偿因其犯罪行为而给被害人造成的经济损失。这里的"赔偿经济损失"，属于非刑罚方法的一种，它追究的仍然是被告人的刑事责任，而不属于民法上的追究被告人民事责任的赔偿损失，因而也不属于附带民事诉讼的范畴。有人认为1997年新刑法第36条、第37条的规定属于解决附带民事诉讼问题的实体法律规范，这显然是一个误解，其基本观点混淆了民事责任与刑事责任的区别。

（三）附带民事诉讼的诉讼方式民事化。人民法院在处理附带民事诉讼时，主要采用民事诉讼的解决方式。原告与被告在诉讼中的地位平等，享有并承担同等的诉讼权利和诉讼义务。人民法院可以对附带民事案件进行调解，原、被告双方有权在法律规定的范围内处分自己的民事权益和诉讼权利，在法院宣告判决前可以自行和解，被告人在诉讼过程中可以对原告人提起反诉。而这些，在刑事诉讼中（自诉案件除外）是严格禁止的，另外，附带民事诉讼的胜诉方在证明标准上只需要具有优势证据即可，而不需要达到刑事诉讼中对被告人定罪客观验证无疑的程度。

（四）附带民事诉讼的附带性。尽管附带民事诉讼方式民事化，但它毕竟是刑事诉讼附带的民事诉讼，这种附带性不容抹杀。附带性主要体现在它有很多方面都带有刑事诉讼的特征。如在审判组织的组成上，附带民事诉讼如单独作为民事诉讼提起可能适用简易程序独任审判，但如果刑事案件本身是由合议庭审判的，那么附带民事诉讼也应当由同一审判组织进行审判；在上诉、抗诉的期限问题上，附带民事诉讼也从属于刑事诉讼的上诉、抗诉期限；在证明责任问题上，附带民事诉讼免除了当事人的证明责任，只要检察机关公诉的刑事案件事实成立，附带民事诉讼也就随之成立。而在单独的民事诉讼中，当事人要承担对其主张举证的责任；在审判管辖问题上，仅就民事问题，可能是归基层人民法院管辖，但只要刑事案件归中级人民法院管辖，则附带民事诉讼也归中级人民法院管辖。

附带民事诉讼是一个比较复杂的问题，涉及调整的法律规范不但有《刑法》《刑事诉讼法》，而且还有《民法》《民事诉讼法》，处于多部门法的交叉点，这些法律所调整的问题又往往是纷繁多样、错综复杂的。由于刑事诉讼法对附带民事诉讼问题规定得过于简略，司法实践中又提出了一些根本性问题需要从立法上解决，法学界或司法界在附带民事诉讼许多问题上也存有不同的观点和认识，对这些问题有必要予以澄清。

二、关于附带民事诉讼的原告人问题

附带民事诉讼原告人，指的是民事权益受到犯罪行为侵害而依法向人民法院提起附带民事诉讼的人。附带民事诉讼的原告人主要有以下几种。

（一）被害的自然人

任何公民由于被告人犯罪行为而受物质损失的，在刑事诉讼过程中，都有权提起附带民事诉讼。被害的自然人是附带民事诉讼中最常见的原告人。当被害人是未成年或无诉讼行为能力的精神病患者时，他们的法定代理人或者亲属可以代为提起附带民事诉讼。在司法实践中，并非每个被害人都能够以自己的行为去提起民事诉讼。提起诉讼，除了必须具有诉讼权利能力以外，还必须具备诉讼行为能力，即行为人以自己的行为实现诉讼权利和履行义务的能力。科学研究表明，行为能力与一个人身体发育的状况和年龄有关，精神病患者和未成年人就没有或不完全具有行为能力。为了保护这部分公民的正当合法权益，使这些被害人因犯罪行为而遭受的经济损失得到弥补，给被害亲属以感情上的安慰，并通过对犯罪分子判处刑事损害赔偿，以惩戒、教育、改造犯罪分子，教育群众，因而对未成年人或患精神病的被害人可由其法定代理人或近亲属代为诉讼。

当被害人死亡时，已死亡的被害人原有提起附带民事诉讼的行为能力，由于被害人死亡后已无法进行这一诉讼行为，其诉讼行为应由谁代行，法律未做出明确规定。我们认为，为维护这部分人的合法权益，可由其法定继承人代为提起。继承人是与死者具有血缘关系或婚姻关系的亲属，依法享有继承被害人财产的权利。被害人因被告人的犯罪行为而遭受经济损失，无疑使继承人丧失了这部分财产的继承权利。而且在被害人死亡的情况下，继承人本身还可能要支付死者的丧葬费等，可以说，继承人也可直接或间接地成了犯罪行为的受害人。通过提起附带民事诉讼挽回自己所受到的经济损失是继承人的一项理所应当的权利。根据我国《继承法》规定，享有继承权的有配偶、子女、兄弟姐妹、祖父母、外祖父母。其中子女包括非婚生子女、养子女和有抚养关系的继子女；父母包括生父母、养父母和有抚养关系的继父母；兄弟姐妹包括同父母的兄弟姐妹、同父异母或同母异父的兄弟姐妹、养兄弟姐妹、有抚养关系的继兄弟姐妹。这些有继承权的继承人都有提起被继承人因犯罪行为而遭受的物质损失赔偿的权利。法定继承人提起附带民事诉讼后，他们在附带民事诉讼中处于原告的诉讼地位，享有民事原告一方当事人的一切诉讼权利和义务。但是，他们并不是被害人，不能享有被害人的一切诉讼权利和义务。比如，不能参加刑事部分的法庭调查，对刑事部分处理结果不能发表意见，他们的发言也不能作为刑事证据中被害人的陈述来使用，等等。

在司法实践中，有一种情况，就是所有顺序的继承人都不愿作为附带民事原告参加诉讼，因为他们很可能因死者生前欠下大量债务而不愿成为继承人，但他们又因充满对被告人杀害亲人的愤恨而具有强烈地要求被告人承担民事责任的愿望①。在这一矛盾中，如果死者的亲属因不愿成为继承人而放弃参加附带民事诉讼，显然在民事上便宜了被告人，而对死者家属却是不公正的。我们认为，在这种情况下，应当允许被害人的其他近亲属（如舅舅、姑父、外甥等）作为原告提起附带民事诉讼，而不一定非得要求他具有继承人的身份。另外一种情况是，刑事案件被害人临死前往往经过抢救治疗，其费用有一些是医院或其他单位甚至是素不相识的热心公民垫付的。按照民事诉讼的理论，垫付人只能与受益的被害人形成债权债务关系，垫付人作为债权人只能向被害人追偿债务，被害人死亡后，他只能向被害人的继承人追偿，但被害人的继承人很可能放弃继承，或根本不存在继承人，这就使债权人无法追偿；即使死者的继承人表示继承并向法院提出民事赔偿的要求，垫付人追偿医疗费很可能还会形成新的诉讼。这样，就会严重挫伤社会上助人急难，救死扶伤良好的社会风尚的树立，而且也可能增加法院的诉累。因此我们认为，法律应当允许因救治被害人而为其预交医疗费的公民或单位直接提起附带民事诉讼。

（二）检察机关

根据我国《刑事诉讼法》第77条的规定，如果是国家、集体的财产遭受损失的，人民检察院在提起公诉时，可以提起附带民事诉讼。这里，对"可以"如何理解，有不同的认识。有人认为，"可以"是一个不特定的而又富有弹性的中性词，从法律范围的角度讲，"可以"是一个任意性的法律规范，它既可以理解为人民检察院可以提起，也可以不提起；又可理解人民检察院提起，也可以由被害的法人单位提起②。我们认为，这一理解，并不符合立法原意。从字面上理解，"可以"确实是和"应当"相对应的，它是弹性条款，意味着检察院可以提起，

---

① 王策来. 完善刑事诉讼立法研究 [M]. 北京：中国人民公安大学出版社，1993：69.

② 陈卫东等. 刑事特别程序的实践与探讨 [M]. 北京：人民法院出版社，1992：87-88.

也可以不提起，但从立法原意上来看，这一规定有其特殊性，为什么不是"应当"而是"可以"呢？这主要有两层考虑：一是如果被告人没有能力支付，人民检察院提起附带民事诉讼也没有意义，在这种情况下，人民检察院就不提起；如果被告人有支付能力，人民检察院则必须提起附带民事诉讼，不存在"可以"和"不可以"的问题。在考虑到国家、集体财产遭受损失时，被害的法人单位可能提起附带民事诉讼，在这种情况下，人民检察院就不能再提起，只有在被害的法人单位不提起附带民事诉讼时，为了保护国家、集体的财产不受损失，同时也为了不使被告人得到经济上的便宜，人民检察院才可以代表国家提起附带民事诉讼。

立法原意上尽管如此，但并不说明这一立法原意一定能在司法实践中得到有效的贯彻执行。我们认为，从根本上说人民检察院不宜成为附带民事责任的原告人，刑事诉讼法的这一条款应取消。主要理由如下。

1. 如果人民检察院以自己的名义起诉，由于它有代表国家实施法律监督的职能，实际上是以国家的名义为保护他人的民事权益而提起诉讼，那么以诉讼平等为主要特征的民事诉讼中的一系列原则，都不可能在民事诉讼活动中得到有效的遵循。如果人民检察院成为附带民事诉讼的原告，就表明人民检察院也是诉讼当事人之一，因为刑事诉讼法第二项规定的"当事人"中包括附带民事诉讼的原告人。而我国的检察机关事实上不可能成为一方当事人，因为首先检察机关和人民法院都是国家的司法机关，其性质、任务也相同，如果前者是当事人，后者是司法机关，这是说不通的；其次，我国的检察机关与当事人事实上是平等的，既要保留检察机关的特殊权利，又要让其成为当事人，这也是矛盾的，事实上也办不到；再次，如果把检察机关降低到当事人的地位，就会削弱其法律监督的职能。

2. 无法遵循民事诉讼中的"处分"原则。根据我国《民事诉讼法》第13条的规定，当事人有权在法律范围内处分自己的民事权利和诉讼权力。在现实生活中，国家财产都已交付给具体的民事主体或国家主管机关、职能部门经营管理，不存在抽象意义上的国家财产。集体财产更无须多述。他们在经营管理中，不同程度地行使着国家财产和集体财产的处分权。随着市场经济体制的建立和完善，国家直接管理经济职能的弱化，民事主体之间的产权关系必将进一步明确化。经营管理国家财产过程中所拥有的处分权也必将更加受到尊重，同样在附带民事诉讼中的处分权也应受到尊重。但如果人民检察院提起附带民事诉讼，一方面成为当事人，另一方面却很显然又无处分权，这就与我国《民事诉讼法》第13条的规定相抵触，其法律效力就受到了严重的挑战。

3. 人民检察院在附带民事诉讼中的地位难以确定。如果人民检察院提起附带民诉讼，既是刑事公诉人，又是民事原告人，法院的判决书中应分别开列。如果检察机关认为民事赔偿没有达到预期目标提出上诉时，是上诉人还是抗诉人？如果人民检察院在上诉时应是上诉人身份，同时又在刑事上提出抗诉，这岂非具有双重身份？人民检察院是具有强制力的国家机关，在处理刑事案中具有扣押被告人财产等手段，而人民检察院又是一方当事人，其间能保证不存在一方当事人对另一方当事人"先下手为强"的情况？总之，只要人民检察院提出附带民事诉讼，就不再是附带的民事诉讼，因为几乎所有的民事诉讼原则都已不再适用，由此将在理论上和实践上带来一系列难以解决的问题。

4. 不利于调动有关民事权利主体的诉讼积极性。如果法律规定由人民检察院提起附带民事诉讼，遭受损失的国家、集体财产的经营者就会产生依赖心理。他们很可能悠然地等待人民检察院把诉讼所得的赔偿款项汇到他们的银行户头上，因为由国家司法机关出面追偿债务是他们求之不得的。这不仅追偿的效益更高，而且省却了自己的精力和财力。司法实践中极少见国有企业事业单位遭受犯罪分子侵害致损向人民法院提起附带民事诉讼的情况，不排除他们在等待依靠人民检察院为自己追偿损失的可能，并不见得他们对财产受损不屑一顾。甚至有部分遭犯罪分子侵害财产受损失的国营单位，很可能认为自己无权附带民事诉讼，必须由检察机关代为自己提起附带民事诉讼，在我国法律意识普遍较为淡薄的现实情况下，因法律规定的片面性而出现反客为主的认识是不足为奇的。

5. 从司法实践来看，自1980年《刑事诉讼法》实施以来，检察院提出附带民事诉讼的极为罕见，有的省甚至从未出现过检察院提起附带民事诉讼的情况。这主要是因为人民检察院在刑事诉讼中的主要任务是侦查、批捕和公诉。在目前检察院人员少，任务重的条件下，由检察院提起附带民事诉讼，势必加重人民检察院的负担，这既不利于检察机关集中力量及时、准确地查明事实，获取各种证据材料，及时把犯罪分子交付审判，也不利于全面维护国家和集体的财产利益。而且从检察机关自身而言，大多数也都不愿意在提起公诉的同时，再提起附带民事诉讼，因为这会使自己处于一个说不清、道不明的尴尬境地。

6. 有人担心取消了这一条款，会不利于保护国家、集体的财产。因为国家集体财产遭受损失的被害法人单位可能出于种种考虑不提起带民事诉讼，例如提起附带民事诉讼以后最终却得不到预期的赔偿数额甚至得不到任何赔偿，或担心赔偿所得尚不足以支付参加诉讼的支出，也有的担心参加诉讼将有损于自己的企业形象，等等。这当然也不排除现实中确实有部分人对国家、集体财产漠不经心的情况。我们认为解决上述问题的办法不是由人民检察院提起附带民事诉讼，而是应该加强对被害法人单位的法律监督，人民检察院可以督促有关经营管理国家财产的部门提起附带民事诉讼，对于渎职者可以追究其渎职的刑事责任。这比由人民检察院直接提起附带民事诉讼要好得多。

（三）被害的法人单位

关于被害的法人单位是否有权向人民法院提起附带民事诉讼，在附带民事诉讼的理论和实践中尚属有争议的问题。有人认为，因犯罪行为而造成国家、集体财产损失的被害法人单位无权直接提起附带民事诉讼，而应由人民法院代为提起，被害单位只能向人民检察院提出建议。至于建议是否被接受，则由检察院决定，因为法律规定有权提起附带民事诉讼的是"被害人"，而没有规定"被害单位"。人民检察院提起附带民事诉讼既代表了国家利益，又能防止因被害单位提起诉讼产生不必要的拖延诉讼[①]。我们不同意这种观点。我国《刑事诉讼法》第77条第一款规定的有权提起附带民事诉讼的"被害人"显然不仅是指"被害的公民个人"而且应当包括所有自然人和法人。事实上，这里的"被害人"是说受我国法律保护的一切财产权利和人身权利的主体，他们都可能成为具体的犯罪侵害的对象，从而成为"被害人"。在有些犯罪中，被害人只能是公民个人，诸如伤害罪、强奸罪等。但在盗窃、抢劫、纵火等犯罪活动中，"被害人"显然应当包括企事业单位，都有权提起附带民事诉讼。

还有人认为，我国《刑事诉讼法》第77条第一款是仅就被害人而言，第二款规定的如果国家、集体财产遭受损失时，人民检察院可以提起附带民事诉讼，这是专对被害法人单位而言。对此，陈卫东先生认为这是对法律的误解，实际上本条第二款是在第一款的基础上而对第一款的补充和说明。在第一款规定了被害人（包括自然人与法人）有权提起附带民事诉讼之后，又基于被害法人单位的特殊性，第二款规定了人民检察院可以代行被害法人单位提起诉讼，但绝不意味着

---

① 武延平．谈谈刑事附带民事诉讼 [J]．法学研究，1984（2）．

排斥或否定被害法人单位的起诉之权①。我们认为这一认识是很有见地的，被害的法人单位不仅有权提起附带民事诉讼，而且在他们提起诉讼的情况下，人民检察院就可以不必再提起了。只有在被害法人单位迟迟没有提起附带民事诉讼时，人民检察院出于法律监督和保护国家、集体财产的需要，才可以提起附带民事诉讼。尽管由人民检察院提起附带民事诉讼有许多问题难以解决，但立法原意确实如此。而且在法律上确立被害的法人单位有权提起附带民事诉讼有着积极的作用，这也是保护国家、集体财产利益的需要。被害的法人单位具有可以全面陈述受损失的情况，提供第一手证据材料，直接提出赔偿的具体要求等方面的优越条件，这对于法庭判明双方的责任是非，做出正确判决至为重要。所以由被害的法人单位提出附带民事诉讼，以维护国家和集体的经济利益是十分必要的。而且，由被害的法人单位提起附带民事诉讼，并由他们亲自参加，可以从中受到教育，有利于吸取教训，采取有效措施，保护国家和集体财产，这也是由人民检察院提起诉讼所不能起到的作用。

三、关于附带民事诉讼中的法律适用问题

（一）实体法的法律适用问题

有人认为，人民法院对附带民事诉讼做出判决时，应当适用1997年新刑法第36条和第37条的规定作为实体法，而不应适用民法。其理由有三：第一，我国1997年新刑法第36条和第37条都规定，对于犯罪行为给被害人造成物质损失的，应根据情况判处赔偿经济损失。这两条规定从一定的意义上来讲，是处理附带民事问题的实体法；第二，《民法》是处理单纯民事案件；第三，《民法》中也没有对犯罪行为造成物质损失应如何赔偿的法律依据，所以不能适用民法的有关规定②。

我们认为，这一认识是错误的。首先，应该明确，我国1997年新刑法第36条和第37条的规定，属于非刑罚处罚方法中的一种，它追究的仍然是被告人的刑事责任。如果说这两条规定是追究被告人的民事责任问题，那么就与刑法规定犯罪与刑事责任的本质相矛盾，因为在一个国家的刑法典中是不可能出现追究民事责任的条款的。而且既然刑法可以规定民事责任问题，那还要民法何用？在

---

① 陈卫东.刑事特别程序的实践与探讨[M].北京：人民法院出版社，1992：87–88.

② 孙华璞.刑事审判学[M].北京：中国检察出版社，1992：218–219，220.

明确了这两条是追究被告人的刑事责任的法律规定以后，同时也可以肯定这种刑事责任的实现方式不是附带民事诉讼，而是由人民法院直接根据案件情况做出判决。我们知道，附带民事诉讼主要是解决被告人的民事责任问题的，这也是不容置疑的，所以我国1997年新刑法第36条和第37条的规定不是附带民事诉讼的实体法，因为一个追究刑事责任的刑法条款怎么可能成为追究民事责任的实体法呢？混淆了刑事责任与民事责任的区别，就失去了讨论问题的基础。其次，认为民法是处理单纯民事案件的实体法也是片面的，应该说，民法是处理民事责任问题的实体法，凡属处理民事责任问题，原则上都要遵循我国民法通则的规定。再次，刑事附带民事诉讼处理的是犯罪行为的两种危害后果，这两种危害后果分别触犯我国《刑法》和《民法》两个法律规范，在处理上当然应当分别适用《刑法》来解决刑事责任问题，适用《民法》来解决民事责任问题，这是天经地义的。而且适用《民法通则》可以正确合理地确定附带民事诉讼的赔偿范围问题，从而能使附带民事诉讼得到彻底解决。

（二）程序法的法律适用问题

这也是诉讼法学界众说纷纭的问题之一。对此，我们认为审理附带民事诉讼的程序法应视案情而定，分别适用《刑事诉讼法》和《民事诉讼法》。我国《刑事诉讼法》第78条规定："附带民事诉讼应当同刑事案件一并审判，只有为了防止刑事案件的过分迟延，才可以在刑事案件审判后，由同一审判组织继续审理民事诉讼。"从这一规定可以看出，审理附带民事诉讼有两种方式：一种是附带民事诉讼与刑事案件一并审理。这样做的好处是适用同一管辖、同一诉讼资料、一次查明案情，有利于提高效率，节省费用。合并审理时审理的附带民事诉讼虽然本质上是解决被告人的民事责任问题，但是却从属于刑事案件，以刑事案件存在为前提，审理案件也以刑事案件为主。因此，审判程序应原则上按刑事诉讼程序进行。这样做也符合合并审理附带民事诉讼的提高效率、从快打击刑事犯罪的宗旨。但是在审理过程中，应当考虑附带民事诉讼本身的特点，适时采用民事诉讼的一些原则，比如，法院可就民事部分进行先行调解。但是，当民事诉讼与刑事诉讼法发生冲突时，要执行《刑事诉讼法》的规定。

第二种审理方式是为了防止刑事案件过分迟延，先审判刑事案件，然后由同一审判组织继续审理附带民事诉讼。在这种情况下，附带民事诉讼成为一个完全独立的损害赔偿之诉。对它的审理也不影响刑事案件的生效，理应遵循民事诉讼规定的程序进行。由于附带民事诉讼案件与预先审理的刑事案件是基于同一行为事实，因此，已发生法律效力的刑事判决所确定事实在附带民事诉讼的审判上仍具有法律效力，在审理民事案件时不再做重复调查。

四、关于附带民事诉讼的处理权问题

（一）公安、检察机关的处理权问题

根据《刑事诉讼法》第78条的规定，附带民事诉讼应当同刑事案件一并审判。这说明，只要刑事案件能够进行到人民法院的审判阶段，其附带的民事诉讼就只能由人民法院处理，公安、检察机关和人民检察院可否对附带民事诉讼进行调解，刑事诉讼法并无明文规定。我们认为，应当赋予公安、检察机关主持调解附带民事诉讼的权利，因为即使诉讼进行到审判阶段，人民法院也必然要对附带民事诉讼先进行试行调解。如果公安、检察机关能够对附带民事诉讼主持调解成功，何乐而不为。当然，这种调解由于缺乏民事诉讼法律关系的主体（人民法院），因此不具有法院调解的性质。但是，公安、检察机关也是我国的执法机关，他们对附带民事诉讼所主持的调解可以视为司法调解中的一种，而不应当归属于民间的人民调解。如果公安、检察机关主持调解不成，则应当将附带民事诉讼原告人所提出的诉讼要求转给人民法院处理。

还有一种情况是，刑事公诉案件进行到立案、侦查和起诉阶段就已终结，这时公安机关能否对所提起的附带民事诉讼进行处理？有人认为，公安机关立案侦查的案件，最后由公安机关依法对被告人作了行政处理（如劳动教养、行政拘留等），或者是撤销了案件，如果被害人提起了刑事附带民事诉讼，为了及时结案和减少诉讼，公安机关也可以处理；对人民检察院不起诉或撤销的案件，如果当事人也提起了物质损失赔偿要求，人民检察院在做出不起诉或撤销案件的同时，也应一并对民事部分做出处理决定。我们认为，在这种情况下，公安、检察机关也只能对所提起的附带民事诉讼主持调解，如果调解成功，当然没有问题。如果调解不成，则应当允许被害人向人民法院民庭提起单独的民事诉讼或者作为自诉人向人民法院提起自诉并附带民事诉讼，而不应由公安、检察机关直接做出处理决定，这首先是因为被害人的本意是既追究犯罪嫌疑人的刑事责任也追究他的民事责任，只不过公安、检察机关认为犯罪嫌疑人不应承担刑事责任，而根据1996年修订的新刑事诉讼法的规定，即使公安、检察机关对犯罪嫌疑人不应追究

刑事责任做出决定也并不立即发生法律效力，因为被害人一方面可以申请复议、复核，另一方面也可以直接向人民法院提起刑事自诉附带民事诉讼。其次，赋予公安、检察机关在这种情况下对附带民事诉讼的处理权，实际上就等于剥夺了被害人的上诉权利。法律只规定当事人对一审法院的判决、裁定不服有权提起上诉，对公安、检察机关的处理决定是不能提起上诉的。再次，即使公安检察机关做出处理决定，当事人拒不执行这一决定时，处理内容也无法实现，因为法律并未规定这种处理决定有强制性和排他性的效力，因而不能对当事人进行强制执行。

（二）人民法院刑庭的处理权问题

这主要是指人民法院刑庭在对刑事案件宣告无罪的情况下，能否继续审理附带民事诉讼的问题。

这要涉及对刑事诉讼法第77条规定的"犯罪行为"应如何理解的问题，有人认为，这里的"犯罪行为"应做实体上的理解，其主要理由是："从理论上讲，附带民事诉讼是因为被告人的犯罪行为同时触犯两种法律规范，使其行为具有两重性，既是刑法上的犯罪行为，又是民法上的侵权行为。"如果这种行为失去了犯罪的属性，那么也就转化成为一种单纯的民事侵权行为；这种单纯的民事侵权行为造成的损失，也只能是一种纯民事案件。民事案件应当按照民事诉讼程序解决，而不应按照附带民事诉讼程序处理①。也有人认为，对这里的"犯罪行为"应做程序上的理解，其主要理由是：我国刑事诉讼法多次提到"犯罪行为""犯罪事实"，在不同的诉讼阶段有不同的法律上的意义和效力。而只有在审判阶段，人民法院对于人民检察院提起公诉的案件或者自诉人自诉的案件，经过审理认为构成犯罪并处以相应刑罚之时的犯罪行为才具有全部实体上的意义。在此之前，无论在任何诉讼阶段上认定的犯罪行为，都主要表现为诉讼上的意义。十分明显，如果把诉讼中提到的"犯罪行为""犯罪事实"理解为都必须是法院生效判决所确定的，那么"民事诉讼"大都不可能被刑事附带提起，就是公安、检察机关的刑事诉讼也大都成为不可能了。因此，我国《刑事诉讼法》法第77条规定的"犯罪行为"，是指公检法机关在刑事诉讼过程中被追诉为犯罪的行为，也就是说，它只具有程序上的意义②。

---

① 孙华璞.刑事审判学 [M].北京：中国检察出版社，1992：218-220.

② 陈卫东.刑事特别程序的实践与探讨 [M].北京：人民法院出版社，1992：87—88.

我们认为，上述两种认识都有一定的道理，但都有一定的片面性。应该说在附带民事诉讼的提起等程序问题上，我国《刑事诉讼法》第77条规定的"犯罪行为"只具有程序上的意义，不做这样的理解，附带民事诉讼就不可能被提起，但在人民法院对附带民事诉讼的处理等实际问题上，这里的"犯罪行为"必须作实体上的理解，这是因为在被害人等依据程序上对犯罪行为的认识提起附带民事诉讼时，附带民事诉讼实际上是刑事诉讼的一部分，具体地说是人民检察院审查起诉工作的一部分，也就是说这本身就是刑事诉讼，因为刑事诉讼法明确规定人民检察院在审查起诉工作中要审查有无附带民事诉讼。就是说，程序上的犯罪行为只提供犯罪成立的可能性，这种可能性是否能变成现实性，要看人民法院根据案件事实所做出的判决，不管人民法院对刑事案件做出什么样的判决，程序上所认识的犯罪行为的使命都已经结束，因为对刑事案件实体上已经做出了裁断，剩下的就是附带民事诉讼如何处理这一实体问题了，这时，就需要对我国《刑事诉讼法》第77条规定的"犯罪行为"做实体上的理解。也许有人会说，附带民事诉讼既然依程序上对犯罪行为的认识已经提起，人民法院就应当对此也一并做出裁断，这在人民法院对被告人做出有罪判决的情况下，也就是说实体上认为被告人的行为构成犯罪的情况下，当然没有问题，但在人民法院对被告人做出无罪判决的情况下，特别是在做出证据不足，指控的犯罪不能成立的无罪判决的情况下，再由人民法院刑庭对附带民事诉讼继续进行审理，就不符合我国《刑事诉讼法》第77条关于"犯罪行为"的规定。我们认为，在这种情况下，刑庭不能对附带民事诉讼继续进行审理。主要理由：若被告人被人民法院从实体上做出无罪判决从而不追究他的刑事责任的话，附带民事诉讼也就随之失去存在的前提，不能继续进行，即所谓"皮之不存，毛将焉附？"因此，在被告人的行为被人民法院做出无罪判决的情况下，刑庭不能对损害赔偿做出判决。被告人造成的经济损失只能作为一般民事赔偿问题，另案提起民事诉讼，转由民庭处理。而且民庭审理民事案件经验丰富，业务熟悉，可以更好地审判，有利于及时保护被害人的合法权益，使损害纠纷得到正确、合理的解决。

五、附带民事诉讼的上诉、抗诉及二审程序问题

我国《刑事诉讼法》第180条第2款规定："附带民事诉讼的当事人和他们的法定代理人，可以对地方各级人民法院第一审的判决、裁定中的附带民事诉讼部

分，提出上诉。"这说明，附带民事诉讼的当事人有权采取分离程序向上级法院提出上诉而引起二审程序，这是明确的。但是，也有几个问题需要注意。

第一，如果刑事被告人对刑事裁判未提出上诉，而民事当事人则对附带民事部分提出上诉，那么二审法院是将刑事、民事两部分合并进行全面审理，还是只对民事部分进行二审，然而刑事部分过了上诉期即发生法律效力。对此，我国《刑事诉讼法》中并无具体明确的规定。我们认为，二审法院在这种情况下，没有必要再将刑事与附带民事诉讼合并进行审理，只需对民事部分进行二审即可，因为上诉是一种诉讼权利，而权利是可以放弃的。既然刑事被告人已放弃上诉的权利，那么二审法院就没有必要对刑事部分再进行审理了。刑事部分如果超过了上诉的法定期限，应该立即生效。如果二审过程中发现刑事部分确有错误，可以通过审判监督程序予以纠正。

第二，如果附带民事诉讼当事人对一审裁判未提出上诉，而刑事被告人仅对刑事部分提出上诉，二审法院应如何处理，法律也未做出规定。对此有两种互相对立的观点：一种观点认为，在这种情况下，附带民事部分的判决即使超过了上诉期也不能生效，刑事部分的上诉对附带民事部分，有连带的上诉作用，因为刑事部分与附带民事部分的案件事实关系密切，这样做有利于二审法院全面调查案件事实，对一审不当的判决做出全面处理[1]。另一种观点认为，如果附带民事诉讼当事人对一审裁判未提出上诉，过了上诉期就应该生效，而不管刑事被告人是否对刑事部分上诉。其理由是附带民事诉讼是可分离之诉，如果附带民事诉讼的当事人已经放弃了上诉权，二审法院就没有必要对附带民事诉讼再进行审理，如果审理，则不符合引起二审程序的法律规定。应该说，上述两种观点均有一定的道理，谁对谁错尚需今后在立法中加以解决。我们认为，比较起来，前一种观点更符合刑事附带民事诉讼的基本理论，在程序上也更好操作一些。因为，在刑事部分上诉引起二审程序的情况下，只要二审发现一审刑事部分有错误，其附带民事诉讼判决的可能性就大受怀疑，即使在二审维持一审的情况下，一审对附带民事诉讼的判决也仍然可能有错误，更不用说在二审撤销一审刑事判决发回重审的情况下。如果这时附带民事诉讼判决已经生效，那么只能通过审判监督程序予以纠正。这就容易产生矛盾，刑事部分要发回原审法院

---

① 王国枢.刑事诉讼法学 [M].北京：北京大学出版社，1989：214.

重审，而其所附带的民事诉讼却需要提起审判监督程序。特别是在二审法院撤销一审法院的有罪刑事判决，而宣告被告人无罪的时候，这时一方面附带民事诉讼成立的基本条件都不具备，因为它只不过是一起单纯的民事案件，而另一方面附带民事诉讼的判决却已生效，这是不可想象的，其谬误之处也是显而易见的。鉴于此，建议有关刑事诉讼的司法解释明确做出规定，对刑事部分的上诉附带民事部分，如此起连带的上诉作用。

附带民事诉讼中精神损害赔偿问题研究 ①

内容摘要：在单纯的民事诉讼中，公民或法人的精神受到损害可以要求赔偿损失，这已不成为问题，但我国现行《刑事诉讼法》将附带民事诉讼的赔偿范围仅仅局限于物质损失，而没有提及精神损失。本文作者指出，在附带民事诉讼中确立精神损害赔偿不仅是司法实践的需要，而且是协调不同部门法冲突的需要；不仅符合刑事附带民事诉讼制度的本意，而且有利于保护被害人的合法权益。当然附带民事诉讼中的精神损害赔偿必须具备相应的条件，还要受到一定范围的限制，同时要遵循精神损害赔偿的原则。

关键词：附带民事诉讼　精神损害赔偿

关于精神损害赔偿问题的讨论由来已久。随着法制化进程的发展以及各学科的深入研究，我国已经承认和接受了有关精神损害赔偿的理论，而且在司法实践中，也有不少案件涉及精神损害赔偿问题。《民法通则》第120条规定："公民的姓名权、肖像权、名誉权、荣誉权受到侵害的，有权要求停止侵害，恢复名誉，消除影响，赔礼道歉，并可以要求赔偿损失法人的名称权、名誉权、荣誉权受到侵害，适用前款规定。"这就为精神损害赔偿提供了法律依据。但是，由于法律规定的比较原则，给实践中处理此类案件带来了诸多不便。另外，有关精神损害的理论研究也还不够深入，如精神损害赔偿的范围、数额的确定等等都需要进一步的探讨。

---

① 此文原载《烟台大学学报》（哲学社会科学版）2000年第3期，与汤春乐合作。

具有民事诉讼性质的刑事附带民事诉讼，在实体法上当然也应适用有关民事方面的法律规定，就是说，在附带民事诉讼中理应能够提出精神损害赔偿的诉讼请求。但是，我国《刑事诉讼法》第77条规定："被害人由于被告人的犯罪行为遭受物质损失的，在刑事诉讼过程中，有权提起附带民事诉讼。"其中并未提及精神损害赔偿问题，就是说，被害人在精神方面受到损害时不能提起附带民事诉讼。事实上，不同部门法之间存在法律冲突。如何协调这种冲突？笔者认为，随着精神损害赔偿理论的深入研究，结合实践的需要，在刑事附带民事诉讼中确立精神损害赔偿是十分必要的。

一、有关精神损害赔偿的理论

（一）精神损害赔偿的概念

"精神"一词，在不同的领域中，有着不同的含义和范畴从本质上讲，精神是同物质相对应的、与意识相一致的哲学范畴。它是对由社会存在决定的人的意识活动及其内容和成果的总称、它至少包含着两个层次：其一，精神产生，即"思想观念、意识的产生。"[①] 其二，社会精神活动，即一定社会人们的精神生产、思想传播和精神承受过程的总称，是社会生活的两大领域之一。而法律上的"精神"一词虽然是基于哲学概念之下的，但却无法涵盖哲学上"精神"一词的全部内容，而只是哲学上精神概念中的一个组成部分。它主要是指人们的某种精神活动，并且人们在法律上对精神的探讨总是同精神损害以及对精神损害所导致的法律后果，即精神损害赔偿联系在一起才显示出它的意义。因此，研究什么是损害，特别是法律意义上的损害的范围就显得很有必要。"损害"在现代汉语中被解释为"使事业、利益、健康、名誉等蒙受损失。"[②] 我们日常生活中所使用的损害概念没有精确的含义，它包括在任何情况下某个人或某个组织的价值的任何一种形式的减少。在《侵权法》中，"损害"概念因为损害赔偿的目的是为了使被害人的某种合法权益得以恢复，从而明显地区别于一般意义上的损害，它仅指那些因违法侵害行为所导致的损失，并且为使被害人的权利得以恢复、利益得到满足，而应由侵害人依法赔偿的这样一种责任性的情况。所以，我国《侵权法》中

---

① 马克思恩格斯选集：1卷 [M]. 北京：商务印书馆，1978：30.

② 中国社会科学院语言研究所词典编辑室 . 现代汉语词典 [M]. 北京：商务印书馆，1984：1091.

的损害概念包含有并且必须包含有非法的要素，而合法的致人损害并不能构成侵权法中的损害概念。

在近代的侵权法中，无论是大陆法国家还是英美法国家，对"损害"价值的多少都是以金钱作为衡量标准的，也就是说，只有能够用金钱来衡量的损害才是侵权法所指的损害。在瑞士，"损害"一词仅指"金钱损失"，非金钱损害的赔偿在概念上是不能成立的，而仅仅只是一种假设。在20世纪五六十年代的苏联，对"损害"概念的理解也仅仅局限于财产损失的范围内。我国台湾著名学者史尚宽先生认为，损害不仅仅包括财产内容，而且还包括非财产方面的内容。在我国《民法通则》颁布之前，《侵权法》中的损害概念因受苏联、东欧等国家的理论观点和立法的影响而几乎与之相同。但随着时代的进步，科技的发展，特别是医学技术的发展，人类文明程度的提高，许多人逐渐认识到损害的概念停留于单纯的物质财产上的损失，是远远不能在法律范围内保护被害人自身的诸多权益的。因此，许多国家如比利时、法国、意大利、德国等都先后在法律上确定非财产损害也是侵权损害的重要部分。1987年通过的我国《民法通则》第120条也确认了非财产性的几种人格权的侵害可以导致侵害人承担赔偿责任

随着非财产损害相继被各国的侵权法所承认，"损害"的内涵不断增加、丰富，外延也不断扩大，故此，我们在考虑"损害"的概念时，不仅要考虑到对损害概念的金钱评价和人身物理损伤，还应该更多地考虑到作为社会的人的多方面的利益和要求。现代医学在研究人体结构的前提下，更为重视社会心理对人的作用。对社会环境的破坏，同样也可以造成对人体的重大伤害。因此，在现代侵权行为法中，对损害的判断是以法律上是否存在对应的权利以及这种权利是否受到侵害为前提的。可见，现代科学在损害方面所形成的新观念，已经远远超出了近代侵权法中物化的人或生物的人所限定的范围。在现实生活中，虽然某些因侵权行为而造成的消极后果的确无法用金钱来衡量，甚至不具备易于为人们所辨认的物理特征，但只要该后果是由侵害法定的权利所造成的，或者是侵害法定利益所造成的，抑或说只要存在侵害法定权利的事实，就构成了侵权法中的损害。

综上，我们可以对精神损害的概念做如下归纳和分析。

第一，精神损害是对人的生理或心理方面的损害。生理上的损害主要是指人的生命健康和身体各部位蒙受损伤；心理方面的损害是指对人的精神活动的损害，它主要包括对人的感情、情绪、意识等活动的侵害，从而对人的情绪、情感

思维、意识等产生障碍，使人产生愤怒、恐惧羞愧、焦虑、沮丧、悲痛、抑郁、绝望等不良后果。

第二，精神损害是对公民和法人及其他权利主体的精神利益的损害，它是相对物质利益损害而言的无形的非财产损害。对这种利益的侵害不能以权利主体是否具有生物学上的人身（生理和心理）为要件，也不以权利主体是否具有财产为要件，受害者还可以是不具有生物意义上的权利主体，也就是说法人、合伙组织、个体工商户以及非法人的组织等权利主体也可以成为精神损害的被害人。我国《民法通则》正是从这一理论观点出发，规定了法人的名称权、名誉权、荣誉权受到侵害，有权要求停止侵害、恢复名誉、消除影响、赔礼道歉，并可以要求赔偿损失其他权利主体如合伙组织、个体工商户等也应参照这一规定。

精神损害赔偿的实质，在于赔偿被害人所遭受的损害。因此，精神损害赔偿就是权利主体因其人身权益受到不法侵害而引起精神损害从而要求侵害人进行赔偿的一种责任制度。

（二）精神损害赔偿的性质

关于精神损害赔偿是否能够用金钱赔偿，在理论上各国民法学界一直有争议，归纳各种观点，主要有两派，即反对派和赞成派

反对派观点又可以分为两种。第一种观点认为，基于财产之外的人的身体、生命、名誉、尊严在受到损害时，用金钱来赔偿无疑是把人同商品等同起来，其本身就侮辱了人格，降低了人的价值。第二种观点从强调精神损害赔偿在技术上评价的困难和不可能性，从而否认精神损害赔偿的可行性。他们认为，精神损害是一种精神上和心理上的痛苦，这种损害是无形的或抽象的，因而也是无法衡量的 [①]。

赞成派的观点则从不同的角度对精神损害赔偿进行探讨：第一，精神损害赔偿具有惩罚功能。法律之所以确立精神损害的物质赔偿制度，其目的在于惩罚侵权行为人，尤其是惩罚那些主观上有过错的侵权行为人，如若不进行精神损害的物质赔偿就不足以达到惩罚，制止侵权行为的目的。第二，精神损害赔偿具有满足的功能。从心理学角度看，精神损害的物质赔偿的目的在于使被害人的受损害心理，通过侵权行为人给被害人以一定的金钱补偿后，在获得物质补偿的同时，

---

① 王利明. 人格权法新论 [M]. 长春: 吉林人民出版社，1994: 653–654.

产生一种心理上的满足感，从而使其痛苦得以解脱。第三，精神损害赔偿具有补偿功能。精神损害的物质赔偿足以补偿被害人所遭受的精神利益及生理和心理上的损害。通过赔偿使其所受损害得以弥补，而对侵害人的惩罚则应归于《刑法》和其他法律去完成。第四，精神损害赔偿具有双重功能。从精神损害赔偿的社会功能角度探讨，精神损害赔偿具有多重社会功能。精神损害赔偿是将对被害人所受的非财产损害以合理的补偿和命令侵害人就自己的行为满足被害人要求从而使被害人的心理得以慰藉。它具有补偿性和满足性这双重功能，是一个独立的请求权。第五，精神损害赔偿具有克服功能。满足功能的特点在这一功能中似乎又得到赞同。从现代医学的角度出发，精神损害赔偿制度是以改变人所处的外部环境为主要目的，通过改变外部环境而促进生物内部环境向好的方面发展，帮助被害人克服因侵权行为所造成的消极影响，从而尽快地恢复身心健康。显而易见，克服功能只是在满足功能的基础上，更进一步探讨精神损害赔偿是为被害人克服损害创造有利条件。而所创造的条件仍是指物质方面的改善。第六，精神损害赔偿具有调整的功能。法官的手中掌握着一种权力，即他可以视侵害人和被害人之间的具体情况，用精神损害赔偿制度作为一种调整手段，增加精神损害赔偿数额，以弥补财产损害赔偿未能满足被害人的要求，起到一种补充的作用。

我们认为，精神损害赔偿的性质可以从以下三个方面来阐述。

第一，精神损害赔偿具有填补损害的补偿性。公民因精神损害要承受一定程度的精神痛苦，使身心受到损害。为了恢复身心健康，必定会耗费一定的金钱之类的非财产性损害，由于不能恢复原状，因此侵害人对被害人支付一定数额的金钱，其性质仍属于经济补偿。另外，对于被害人受到侵害后导致休息、住院、工作效率降低等所减少的收入予以赔偿，也是真正的经济补偿。法人虽然没有"痛苦"，但遭受到损害也会给其造成一定的损失。

第二，精神损害赔偿具有对侵权行为的制裁性。判令侵害人向被害人支付一定数额的金钱，既是承担因自己行为而产生的法律责任，又是国家对侵害人的一种法律制裁。特别是在社会主义市场经济条件下，判令支付金钱是除刑罚以外最有效的法律制裁措施。法律要求侵害人向被害人支付一定数额的金钱，其目的是对侵权行为的一种惩罚，使其从中接受教训，不致重犯。它体现了确立精神损害赔偿制度的一个目的。

第三，精神损害赔偿具有慰藉被害人的抚慰性。精神损害赔偿绝不能准确地以数学上的"等量"来计算其赔偿金额、对于被害人的损害，除了能用金钱来补偿因损害所产生的经济损失外，还可以用一定数额的金钱赔偿来抚慰被害人因非财产价值被侵害所产生的痛苦、失望、怨愤和不满，使被害人心理上获得慰藉，使其内心的怨愤得以平息，从而也可以消除原有的报复情绪。

（三）确立精神损害赔偿制度的意义

1. 权利主体合法权益的保障。在现代侵权行为法中，财产权、人身权、人格权是权利主体享有的三项基本权利。随着世界各国人权运动的发展，人格权作为人权的主要表现形式也越来越受到重视，它是个人在社会中所应享有的基本人权，也是人能够真正作为一个人存在并同他人协调地生存所必备的权利，是人把自己与社会联结在一起并与社会发生各种联系与交往的前提。人格权是"人之作为人所应有"的权利，它以身体和精神活动的安全与完整为客体，并且以维护主体的自由尊严、安全为目的。由此可见，人格权作为一项重要权利，是不容侵犯的，如果侵害则需承担一定的法律责任。精神损害赔偿制度正是基于对人格权的保护而规定的侵害人格权所应承担法律责任的一种法律制度。通过精神损害赔偿，维护个人精神活动的安全与自由，保障权利主体合法权益不受侵害。

2. 现代社会法制发展的结果。随着现代侵权行为法的发展，人格权保护逐步成为一项独立的法律制度。人格权的确立表明，现代的法律已不再把人只当作仅有生理需要或生存需求的劳动力来看待了。在人身权的基础上，法律开始注意到了人所具有的更高层次的安全、相属与相爱、尊重及自我实现的需要。另外，人格权在现代侵权行为法中的确立，直接意味着人格利益在现代法中的特定，同时表现为与特定的人格利益相对的请求权的产生。这样就摆脱了在近代法中人格利益依附人身权而存在，人格损害赔偿的请求权依附于人身损害赔偿的请求权而存在的局面。因此，人格损害成为一种独立的请求[①]。这样，精神损害赔偿也就成为一种独立的法律制度。

3. 与国际社会相适应的需要。1900年的德国《民法典》首先提出了非财产损害的概念，1907年瑞士《民法典》则进一步将与权利主体的人格利益有关的权利明确地称之为人格权，并在《债务法》第49条规定了人格利益受到侵害时，被害人可对损害提出赔偿请求的权利。这就确立了精神损害赔偿制度。在英美法国

---

① 申政武.论人格权及人格损害的赔偿[J].中国社会科学，1990（2）.

家，开始时对精神损害赔偿有所限制，即只有当身体遭到损害并直接引起精神痛苦的，才能请求精神损害赔偿。此后随着人权运动的兴起，英美国家也逐渐放松了对精神损害赔偿的限制，并且出台了一些专门的法律，对人格权加以保护，并在受到侵害时提出赔偿请求。一些社会主义国家也确立了精神损害赔偿。因此，我国也应适应国际社会的发展，确立精神损害赔偿，使我国法律制度更加完善，以充分保护权利主体的合法权益。

二、附带民事诉讼中精神损害赔偿的必要性与可行性

刑事附带民事诉讼是指有关司法机关在刑事诉讼过程中，解决被告人刑事责任时，附带解决由被害人等提起的因被告人犯罪行为所造成损害的赔偿问题的诉讼活动。传统的刑事附带民事诉讼，仅局限于审理物质损害的赔偿，排除精神损害赔偿。但是，由于世界各国都开始确立精神损害赔偿制度，我国的《民法通则》也确立了精神损害赔偿制度，这就对传统的附带民事诉讼提出了挑战。

笔者认为，应当在附带民事诉讼中确立精神损害赔偿。有人依据附带民事诉讼的性质，将其分为附带财产损害的民事诉讼和附带精神损害的民事诉讼两大类。而所谓附带精神损害的民事诉讼，是指由于被告人实施了侵犯他人人身权利和其他合法精神权利的犯罪行为，造成公民、法人等严重的精神损害和其他物质损害的结果，在刑事诉讼过程中，被害人或人民检察院提出要求赔偿精神损害的诉讼活动①。这种意见很值得赞同。

（一）附带民事诉讼中确立精神损害赔偿的必要性

1.附带民事诉讼中确立精神损害赔偿是司法实践的需要。我国的《民法通则》确立了精神损害可以用物质赔偿的制度。近年，在处理刑事案件的司法实践中，也出现了刑事被害人要求赔偿因犯罪行为造成的精神损害的新情况。如人民法院审理的金某朱某侮辱罪，被害人沈某诉名誉权受侵害案，就因为刑事附带民事诉讼制度的局限性，使因被告人的侮辱罪、诽谤罪给被害人造成人格、名誉等非财产性的精神损害，无法适用刑事附带民事诉讼，而只能分案审理，先由刑庭审理侮辱诽谤案，再由民庭审理精神损害赔偿纠纷案，形成讼累，给被害人、法院都造成了不便。由此可见，在刑事附带民事诉讼中确立精神损害赔偿是司法实践的

---

① 关今华.附带精神损害赔偿的诉讼可行性探究 [J].法学研究，1992（4）.

需要，符合公民、法人诉讼的愿望，这有利于提高法院的办案效率，节省诉讼资源。

2. 附带民事诉讼中确立精神损害赔偿是协调不同部门法冲突的需要。《民法通则》打破了过去不能以金钱赔偿精神损害的传统观点。但是这一规定却与我国刑事诉讼法有关附带民事诉讼的规定产生了矛盾。而由于刑事诉讼和非财产性精神损害赔偿的民事诉讼不能合并审理，就使人民法院不能适用《民法通则》和《民事诉讼法》的有关规定，追究有关责任人的法律责任。这样，在处理具体的案件中，就会带来很大的不便，产生法律适用上的混乱，有损于法律的协调性、权威性。

3. 附带民事诉讼中确立精神损害赔偿符合刑事附带民事诉讼制度的本意。法律之所以确立刑事附带民事诉讼制度，其本意就是考虑犯罪行为造成的民事损害与犯罪事实之间存在一定的联系，从而把刑事诉讼与民事诉讼合并审理。如果因犯罪行为造成的精神损害赔偿作为民事诉讼由民庭另案处理，这就割裂了刑事诉讼与精神损害赔偿的民事诉讼之间的内在的有机联系，就违背了设立刑事附带民事诉讼的本意，无法发挥这项制度的优越性。它既增加了当事人不必要的讼累，又加重了法院不必要的工作量。精神损害赔偿同物质损害赔偿一样，都是由于犯罪行为所造成的，为什么非要对两者采取不同的审理方式？

4. 附带民事诉讼中确立精神损害赔偿更有利于保护被害人。刑法中侮辱罪、诽谤罪等犯罪行为是一种严重侵犯名誉权的行为，它给被害人造成的精神损害比一般民事侵权行为往往严重得多。如果说在侵犯他人名誉权等民事侵权行为中被害人依法可以获得精神损害赔偿金，那么由于侮辱诽谤等犯罪行为遭受精神损害，被害人就更有权获得精神损害赔偿金。并且，在司法实践中，有一些侵犯他人名誉权、姓名权等人身权利的犯罪行为，没有给被害人造成直接经济损失或经济损失很小，但给被害人造成的精神损害却十分严重这种情况下，如果只赔偿被害人数额不多的经济损失，显然不能弥补被害人所遭受的精神损失，也不利于打击和惩罚犯罪分子。因此，在刑事附带民事诉讼中确立精神损害赔偿能够切实有效地保护被害人的合法权益。

（二）附带民事诉讼中确立精神损害赔偿的可行性

1. 理论上的可行性。从学理上看，因侮辱、诽谤等犯罪行为产生的刑事诉讼与由该犯罪行为产生的精神损害所提起的民事诉讼，具备合并审理的可行性。行为人在侵犯他人的人身权等犯罪过程中，其行为可能产生违反刑事法律和民事法律而造成两种危害社会的结果。一方面，行为人实施了诸如侮辱诽谤他人人身权利的犯罪行为，对社会造成了危害，侵犯了《刑法》所保护的社会关系，构成了刑事上侵犯人身权利罪（如侮辱、诽谤罪），受到刑事处罚；另一方面，行为人由于实施了该犯罪行为侵犯了他人人身权利，造成非财产性的精神损害（有时可能由此伴生间接的财产损害），并应当承担民事上的赔偿责任，这又构成了民法上侵权行为的损害赔偿之债，从而形成了精神损害赔偿的民事诉讼。在这里，民事诉讼与刑事诉讼之间，都是基于同一犯罪事实。既然附带民事诉讼的目的就是要在解决被告人刑事责任的同时一并解决由于其犯罪行为所造成的损害的民事责任，那么基于犯罪产生的刑事诉讼和民事诉讼当然就具有合并审理的可行性。并且在附带民事诉讼中既然能解决由于被告人的犯罪行为而造成的物质损害的民事赔偿责任，那么为什么不能一并解决由于被告人的犯罪行为而造成的精神损害的赔偿责任呢？因此，在理论上，对刑事附带民事诉讼确立精神损害赔偿是完全可行的。

2. 司法实践中的可行性。在某些犯罪中，由于被告人的犯罪行为所造成的被害人的精神损害远远大于被告人的犯罪行为给被害人造成的物质损害。如不对精神损害赔偿做出规定，就不足以保护被害人的合法权益以及有力地打击和惩罚犯罪。精神损害之所以能用金钱来赔偿，在于精神利益的物质转化性和精神损害恢复的物质性。精神利益的物质转化性是指精神利益与物质利益有不可分割的联系，这种联系表现在当公民或法人及其他权利主体的精神利益处于安全状态时，常常能够转化为物质利益，否则就失去这些利益如公民声誉良好，则易于找到好的工作，取得较高薪水；法人信誉良好，则其产品畅销，能带来较高的经济利益精神损害恢复的物质性是指精神损害单纯依靠侵害人的行为还不足以使损害恢复，而必须有被害人的配合行为。首先，被害人的配合行为必须借助于一定的物质条件或物质手段。公民、法人及其他权利主体的精神利益的恢复必然是一个物质参与过程，这个过程要支出一定的费用，这种费用是由于侵害人的行为引起的，因此应由侵害人承担；其次，被害人的配合行为需要付出一定的时间代价。被害人精神利益的恢复是有一个渐进过程的，在这个过程中需要支出一定的费用；最后，被害人要重新树立自己的形象，必须通过一定的活动，而这种活动也是以物质手段为代价的。由此，我们可以看出，精神损害赔偿在司法实践中是可行的，它具有积极的意义，特别是在某些犯罪中，允许被害人提出精神损害赔偿的诉讼请求，能在一定程度上补偿被害人所遭受的精神痛苦，在人们越来越重视精神生活的今天，对精神损害进行赔偿就显得更加必要。

三、附带民事诉讼中精神损害赔偿的范围

（一）附带民事诉讼中能够提起精神损害赔偿诉讼请求的条件

我们认为，在刑事附带民事诉讼中，被害人能够提起精神损害赔偿诉讼请求的条件主要有以下三个。

1. 必须有被害人遭受精神损害的事实。被害人只有在因被告人的犯罪行为而遭受到精神损害时，才可以提起精神损害赔偿的附带民事诉讼。评价"精神损害事实"应从两个方面进行：（1）社会上人们对被害人的不利评价，如被害人名誉受贬低，人物形象受玷污，造成不良影响，人格尊严受到损害等；（2）被害人造成精神损害的程度，这既要观察被害人的具体反映，又要根据行为人的侵害状况，按"一般人的观念"衡量被害人可能遭受精神损害的轻重程度；（3）被害人可能造成间接物质损失的不良后果，如被害人遭受精神损害后影响其正常的生产、工作、经营等情况，减少其正常的经济收益等。通过以上三个方面的评价，看被害人是否存在精神损害的事实，如果存在，就可以提起精神损害赔偿的附带民事诉讼。

2. 被告人必须有过错。过错是指行为人的主观心理状态通过其行为表现出来的并受社会舆论和道德谴责的这样一种综合因素[①]。过错可以分为故意和过失在附带民事诉讼中提起精神损害赔偿，必须有被告的过错，即故意或过失在这里故意作为一种过错当然没有什么争议，如在侮辱、诽谤罪中，被告人都是由于主观上的故意才实施犯罪行为的，当然也就给被害人造成精神上的痛苦但是"过失"能否作为被告人的一种过错呢？笔者认为"过失"也可以作为被告人的一种过错，如在伤害案件中，由于被告人的伤害行为，给被害人人身造成损害，这种身体上的损害会引起精神上的痛苦（如肢体残废生活不能自理，精神上就会痛苦）。在这里，被告人对被害人精神损害就是一种"过失"。再如，在强奸案件中，被害人会因此而遭受精神上的痛苦，但被告人的主观过错对被害人的精神损害来说也

---

① 王利明.人格权法新论 [M].长春：吉林人民出版社，1994：98.

是一种"过失"。因此，我们认为，被告人的主观过错包括故意和过失只要被告人主观上存在过错，造成被害人的精神损害，被害人就能提起诉讼。

3. 因果关系。因果关系是指被害人遭受的精神损害与被告人的犯罪行为有因果联系，也就是说，由于被告人的犯罪行为而导致了被害人遭受精神损害。只有当精神损害与犯罪行为存在因果关系时，被告人才承担责任，被害人才能提起诉讼。并且，这种因果关系是直接的因果关系，如果是间接的因果关系，则不能提起诉讼。直接因果关系是被告人的犯罪直接导致被害人遭受精神损害，如侮辱诽谤罪就直接导致被害人精神上的痛苦。如果犯罪行为没有直接导致被害人精神损害，那么被害人就不能提起诉讼。

（二）确定附带民事诉讼中精神损害赔偿的原则

1. 补偿为主，惩罚和抚慰为辅的原则。精神损害赔偿的目的就在于填补被害人因侵权行为而遭受的精神损害，而惩罚侵害人和抚慰被害人只不过是补偿精神损害所派生的。这一原则在附带民事诉讼中也适用。由于犯罪行为对被害人造成的精神损害比一般的侵权行为要多得多，因此如果只强调精神损害赔偿的抚慰性和惩罚性，而不补偿被害人所遭受的精神损害，那么就不足以保障被害人的合法权益不受侵害。

2. 公平原则。公平原则就是在精神损害赔偿中，既要考虑法定因素，又要考虑酌定因素，两者相互结合。法定因素主要包括侵害人的过错程度，被害人精神损害程度和后果，侵害行为的后果和社会影响等。酌定因素包括当事人主体的类别，侵害人的认错态度和被害人的谅解程度，双方当事人的经济状况，社会经济状况的变化，等等。在具体的赔偿中，应综合考虑法定因素和酌定因素，适当确定赔偿数额，做到既能补偿被害人所遭受的精神损害，惩罚侵害人，又不超出一定限度，给侵害人造成无法承受的经济负担。这样不仅符合法律公平的目的，在司法实践中也易于执行。

3. 法官自由酌量原则。这一原则赋予法官在处理精神损害赔偿案件时有自由裁量权。法官可以在法律允许的范围内对案件灵活处理。由于精神损害并不像财产损害那样容易判断，因此在进行精神损害量的评价和确定精神损害赔偿的具体数额时，必须赋予法官自由裁量的权力。按照此原则，法官在审理具体案件时，可以根据法律和事实来合理地确定赔偿数额，法官的自由酌量并不意味着法官可以在确定精神损害赔偿数额时随心所欲，为所欲为。他必须依据客观事实，分析和判断各种因素做出处理或判决。一般认为，法官在确定数额时，应考虑被害人的精神损害程度、与侵害人的关系、社会地位、职业、知名度、经济条件，侵害人的过错程度、经济状况、当地的经济水平、地方习惯等多种因素。

（三）附带民事诉讼中精神损害赔偿的范围

附带民事诉讼中精神损害赔偿的范围是指，公民、法人及其他权利主体因侵害人的哪些犯罪行为造成精神损害，从而要求侵害人进行赔偿的范围。

1. 公民可以提起精神损害赔偿的范围。（1）侵犯生命健康权的犯罪行为。生命健康权是一个人所起码享有的基本权利，对生命健康权的侵害不仅会造成被害人生理上的损害，也会给被害人带来心理上的痛苦。在国外，精神损害赔偿主要是针对侵犯生命健康权的行为进行的。特别是侵犯生命健康权的犯罪行为，如杀人、故意伤害等，都会给被害人带来身体和精神上的双重损害，因此，对这些犯罪行为造成的精神损害应当能够提起赔偿诉讼。（2）侵犯公民名誉权、荣誉权、隐私权等犯罪行为。名誉权、荣誉权、隐私权等都是公民的一些基本的人格权，对这些权利的侵犯会使公民的声誉降低，影响公民在社会中的地位如侮辱、诽谤罪，经常使被害人遭受精神痛苦，甚至会造成精神失常，自杀等不理智行为。这些犯罪行为给被害人带来的精神损害是显而易见的，对此，被害人应有权提起精神损害赔偿的诉讼请求。（3）侵犯公民贞操权的犯罪行为。如强奸，它给被害人带来的精神痛苦是无可名状的，并且持续时间较长。对这种犯罪，笔者建议也应赋予被害人提起精神损害赔偿诉讼的权利。（4）侵犯公民自由权的犯罪行为。公民的自由权也是一项基本权利，不允许任何人随意剥夺。在诸如非法拘禁等剥夺公民自由权的犯罪中，也会给被害人带来精神上的痛苦，如孤独、悲伤、忧虑等，对这种犯罪行为，侵害人也应给予被害人一定的精神损害赔偿。

2. 法人及其他权利主体提起精神损害赔偿的范围。法人有没有"精神"，会不会有"精神痛苦"，能否提起精神损害赔偿的诉讼请求，这些问题曾是我国法学界争论不休的问题，现在大部分学者都主张法人也可以提出精神损害赔偿的诉讼请求。在外国，如日本有人主张那些无法感受精神痛苦的法人，在遭受名誉毁损时，有权请求精神损害赔偿。[①] 我国台湾学者也主张"非财产上损害尚包括被害人之信用等无形损害，对这种无形损害，法人可以请求赔偿。"[②] 我国《民法通

---

① 法律用语辞典 [M]. 东京：自由民国社，1985：26.

② 曾隆兴. 现代损害赔偿论 [M]. 台北：五南图书出版公司，1984：261.

则》第120条也规定，法人的名称权、名誉权、荣誉权受到侵害的，也可以要求赔偿损失。既然在民事法律上，法人能够提起精神损害赔偿的诉讼请求，那么在《刑法》上，对侵犯法人人格权的一些犯罪行为，法人也应该有权提起精神损害赔偿的诉讼请求。具体来说，有以下两类行为：（1）侵害法人商业信誉、商品声誉的犯罪行为。商业信誉、商品声誉是一个企业生存的基础，包含有巨大的经济利益，一旦遭到侵害，会给法人带来不可估量的损失因此，我国《刑法》第221条规定：捏造并散布虚伪事实，损害他人的商业信誉、商品声誉，给他人造成重大损失或者有其他严重情节的，处二年以下有期徒刑或者拘役，并处或单处罚金。这一规定，给法人或其他权利主体在商业信誉、商品声誉遭受犯罪行为侵害时，能够提起精神损害赔偿的诉讼请求提供了法律依据。（2）侵犯商业秘密的犯罪行为。商业秘密是指不为公众所知悉，能为权利人带来经济利益，具有实用性并经权利人采取保密措施的技术信息和经营信肩、侵犯商业秘密的犯罪行为，也会给权利人带来损失，这种损失在某种意义上应视为精神损害，对其赔偿也应视为精神损害赔偿。

论刑事诉讼简易程序的若干正义要求 ①

　　内容摘要："迟来的正义为非正义"。毫无疑问，刑事诉讼简易程序追求快速实现正义。但是，效率和正义之间的冲突却是不可避免的。这就需要探求一条既能保证效率的同时又能保证正义的途径。

　　关键词：简易程序　效率　正义　适用范围　权利保障

一、引言

　　在世界范围内的人权保障潮流和源自美国司法领域的"正当程序"革命的影响下，刑事诉讼普通程序更加注重了程序运行过程中的人权保障和程序的正当性。正是因为如此，刑事诉讼普通程序越来越精密，也越来越烦琐，而其运行所需要的国家司法资源（包括人力、物力、财力和时间等四个方面）也日益水涨船高。

　　但是，国家的司法资源是有限的，而刑事诉讼又是一项大量耗费国家司法资源却又不可或缺的司法活动。况且，当前各国的刑事案件激增，若是每一件刑事案件均依普通程序（若无特殊说明，文中的"普通程序"均指刑事诉讼普通程序）一步一步走下来，任何国家都会不堪重负，以致刑事案件积压状况十分严重。

　　刑事案件多种多样，有的涉及重大罪行，案情复杂，取证困难或是证据真伪掺杂，不易明辨；而有的则是罪行轻微，案情简单，取证容易且证据明了，真伪易判。如果不分案件种类，均"一视同仁"地适用同一种普通程序，显然是毫不经济也

---

　　①　此文原载《政法论坛》2004年第5期，与周伟合作。

是毫无必要的。尤其是在后面这种刑事案件上耗费大量司法资源，实是不值。

为节约国家司法资源，使之合理配置；为使普通程序的价值真正得以实现，避免大材小用；为提高诉讼效率，解决案件积压状况，于是，刑事诉讼简易程序应运而生。

本文将从简易程序（若无特殊说明，文中的"简易程序"均指刑事诉讼简易程序）的两个价值要求入手，重点分析其若干正义要求，并据以评论我国现行刑事诉讼法中规定的简易程序，就其不足之处提出改善的建议。

二、简易程序的价值要求

简易程序作为刑事诉讼的一种程序，其价值要求必然与刑事诉讼的价值有莫大关系。

现在普遍看来，大多数的刑事诉讼法学者都是主张刑事诉讼价值多元化，即刑事诉讼的价值非以一个价值为其价值，而是包含两个以上的多个价值内容。而对于这多个价值究竟是哪几个，学者们各有主张。有的学者把刑事诉讼的价值概括为秩序、公正和效益三个方面[①]；有的学者将其概括为公正、效率和效益[②]；有的学者则认为是程序正义、实体正义和经济效益[③]；还有的学者主张把自由、秩序、公正和效率作为刑事诉讼的价值[④]。如此等等，众说纷纭。如何评价各家说法，非本文重心所在，此不赘述。但是，如果对上述诸说取交集，就会得到正义（公正）和效率（效益）两个价值。也就是说，学者们都把正义（公正）和效率（效益）作为刑事诉讼的多元价值的组成。为便于下文论述，本文就将刑事诉讼的价值定位在正义和效率上[⑤]。

正义与效率这两项价值的关系，在刑事诉讼中有其统一的一面。正义的实现

[①] 陈光中，陈瑞华，汤维建. 市场经济与刑事诉讼法学的展望 [J]. 中国法学，1993（5）. 宋英辉. 刑事诉讼目的论 [M]. 北京：中国人民公安大学出版社，1995：15-17.

[②] 他们对刑事诉讼的效率和效益作了区分，认为前者要求刑事诉讼活动取得最大收益，后者则要求刑事诉讼活动要达到最好的社会效果。

[③] 陈瑞华. 刑事审判原理论 [M]. 北京：北京大学出版社，1997.

[④] 李文健. 刑事诉讼效率论 [M]. 北京：中国政法大学出版社，1999.

[⑤] 一般认为，正义与公正、效率与效益这两组概念各自所表达的价值内涵是相同的，是在同一意义上使用的。如果说有区别的话，也仅是在对同一价值目标的强调面或侧重点不同而已。参见李文健. 刑事诉讼效率论 [M]. 北京：中国政法大学出版社，1999：29-30. 笔者此处采正义、效率两词。

要有效率来保障，即正义要有效率地实现"迟来的正义为非正义"（Justice delayed is justice denied, or delay of justice is injustice）；而对于效率来说，真正的效率应是正义的效率。正如波斯纳所说的那样："正义的第二种含义——也许是最普通的含义——是效率。"[①] 因此，在刑事诉讼中，刑事诉讼活动，尤其是刑事审判活动有效率地进行，既会使犯罪嫌疑人、被告人、被害人等当事人的合法利益得到及时充分的关注和维护，防止因诉讼的拖延而使之处于悬而未决的状态；也会使刑法的实施过程更易得到社会公众的认同，使刑罚的合理性得到更强的证明，从而使被破坏了的社会秩序及时得到稳定，使被破坏了的社会关系及时得到恢复。由此正义和效率同时得到了彰显。

然而，正义与效率毕竟不是同一种价值，两者发生冲突也是无法避免的。刑事诉讼中对正义的追求，有时要耗费大量的人力、物力、财力和时间。这时，显然就偏离了效率的要求。同样，对效率的一味追求，虽然会节省人力、物力、财力和时间，但是却会带来无视正义甚至抹杀正义的恶果。有学者曾把表现刑事审判过程中正义与效率两者发生冲突的三个方面归纳：（1）司法资源的有限性从总体上限制了司法部门对正义的绝对追求；（2）在正常情况下，刑事审判程序公正性的增强会直接导致司法资源耗费的增大，以至于降低审判活动的效率；（3）对程序效率的不适当追求往往会使正义的要求无法在刑事审判过程和结果中实现[②]。笔者认为，即使是在刑事诉讼的整个过程中，这三种表现也是存在的。

刑事诉讼普通程序，应当说是刑事诉讼程序尤其是刑事审判程序的正常形态或完整形态，人权保障和程序正当这两者的要求在普通程序里表现得淋漓尽致。如前所述，普通程序日益精密、烦琐，一旦运作，便需要大量的国家司法资源予以支持。显然，效率在这里退居第二位，正义则是普通程序的核心。"只有在正义得到实现的前提下，才能谈得上提高经济效益。同时，对程序经济性价值的追求，也不能妨碍正义目标的实现，否则即为本末倒置。"这便是正义优先原则[③]。基于此意义，普通程序可以说是在兼顾正义与效率的基础上，先正义后效率的刑事诉讼程序。

---

① 理查德·A·波斯纳.法律的经济分析（上）[M].蒋兆康，译.北京：中国大百科全书出版社，1997：31.

② 陈瑞华.刑事审判原理论[M].北京：北京大学出版社，1997：109-110.

③ 陈瑞华.刑事审判原理论[M].北京：北京大学出版社，1997：111.

而简易程序则不然。

简易程序的出现，可以说是对正义和效率这两项基本价值的一次重新协调。"从理论上讲，设立简易程序的主要目的在于对于正义和效益这两大程序价值目标加以适当的协调，以避免或减缓两者的冲突和矛盾。"[1] 为提高刑事诉讼的效率，基于程序繁简分立的原则，产生了简易程序。因此，简易程序是现代刑事诉讼发展的产物，是以效率立身的。其意义概括说来，有如下几点。

第一，顺应了刑事诉讼制度日益追求诉讼效率的趋势。"21世纪特别是二战以来，在刑事案件数量日益增长，而刑事司法资源相对有限的情况下，效率已成为各国刑事审判程序设计所追求的重要价值目标。"[2] 而简易程序通过对刑事诉讼程序尤其是普通程序的若干环节和步骤的简化或省略，使处理整个案件所需要的司法资源大为减少，从整体上提高了刑事诉讼的效率，顺应了历史的潮流。

第二，使国家有限的司法资源得到有效配置，有助于普通程序所追求的正义目标得以实现。正是因为简易程序的出现，使有限的国家司法资源更多地流向普通程序。这样就使运行普通程序所需要的司法资源得到了最大的保证，从而人权保障和程序正当得以真正实现。

第三，简易程序追求高效率在一定程度上也有利于保护当事人合法权益，从另一个角度实现人权保障。《公民权利与政治权利国际公约》第14条中规定，被告人应"立即受审，不得无故稽误"。当事人进入刑事诉讼程序中，若案件迟迟不得终结，当事人的利益则始终处于不稳定的状态。这种状态显然是十分不利于当事人合法利益和人权的保障的。简易程序的快速结案，能使这种不稳定的状态尽早结束，使当事人尽早从讼累中解脱。从这个角度看，人权也得到了保障。

但是，作为现代刑事诉讼产物的简易程序并不是唯快速是从的，它同样要体现刑事诉讼的正义价值。只不过与效率价值相比，正义似乎是"退居二线"。基于此意义，简易程序可以说是在兼顾正义与效率的基础上，先效率后正义的刑事诉讼程序。

应当看到，简易程序能够快速结案，是以牺牲当事人尤其是被告人的一些合法权益为代价的。而且，被告人一旦进入简易程序，他就失去了被宣告无罪的权利和机会。当然，这种牺牲是必要的，否则，简易程序又会走回到普通程序的老

---

[1]　陈瑞华. 刑事审判原理论 [M]. 北京：北京大学出版社，1997：378.

[2]　陈光中. 刑事诉讼法实施问题研究 [M]. 北京：中国法制出版社，2000：241.

路，丧失其存在的意义。但是，这种牺牲应是有限度的。作为现代刑事诉讼价值之一的正义价值和作为现代刑事诉讼目的之一的人权保障①，是绝对不能容忍无视当事人尤其是被告人的合法权益的野蛮做法在现代刑事诉讼中死灰复燃。那么该如何给这种因正义退居二线而带来的必要的牺牲划定范围呢？笔者认为，可以从以下几个方面加以规定。

1. 从简易程序的适用范围上加以限定。简易程序显然不应当适用于所有的刑事案件，这是由其先效率后正义的价值追求所决定的。因此需要明确划定可以适用简易程序的刑事案件的范围。但是这并不表示凡是这个范围内的刑事案件均适用简易程序，还应当考虑控辩裁三方的意愿。只有在三方一致同意的情况下，才能适用简易程序。只有这样，才能最大限度地发挥简易程序的功能，使之不被滥用以践踏被告人的合法权益。

2. 明确规定简易程序中被告人权利的保障措施。简易程序是现代刑事诉讼发展到一定阶段的产物，理应体现现代刑事诉讼的理念。它不应当无视人权，尤其是被告人的诉讼权利。所以，应当合理规定合乎人权保障的制度，防止简易程序染上无视人权的恶疾。这样才能使其在充分展示其效率价值的同时，也实现它的正义价值。

3. 合理设置简易程序的运作程序，尤其是简易程序的救济程序。简易程序的运作程序显然应比普通程序简单，但也应是合理的简化，要防止程序的虚无。同时，简易程序无论如何简化，救济程序是绝不可缺省的。否则，正义只能是短命的。

笔者认为，做好上述三个方面的工作，即可有效保障简易程序正义价值的体现。而其中最为重要的，则是前两个方面：简易程序的适用范围和简易程序中被告人权利的保障。

三、简易程序的适用范围 ②

从理论上讲，普通程序是可以用来审理任何刑事案件的。但是应当认识到，

---

① 对于刑事诉讼的目的，我国学界一般的观点是惩罚犯罪和保障人权。宋英辉先生首次将刑事诉讼的目的表述为"控制犯罪"和"保障人权"，有学者表示赞同。然而，无论如何，人权保障作为刑事诉讼的目的之一是公认的。

② 本文仅讨论刑事公诉案件，自诉案件不在其列。

普通程序的"造价"相当高①，用普通程序来审理那些罪行严重、案情复杂、取证困难、证据不易认定或是被告人对所控罪行不予承认的有一定难度的刑事案件，可以说是恰如其分，理所应当；而对于那些罪行轻微、案情简明、取证容易、证据易于认定且被告人对所控罪行不持异议的轻微刑事案件，若也一律同等对待，恐怕只能说是大材小用，浪费资源。

既然如此，就需要对刑事案件进行"分流"，把一部分刑事案件分离出来以适用简易程序，减轻普通程序的审理负担，实现国家司法资源的合理配置。这就需要合理规定简易程序的适用范围。

1989年奥地利维也纳的第14届世界刑法学协会代表大会通过的有关刑事诉讼中的简易程序的决议中建议："对简单案件，可以采取、也应当采取简易程序，……"1994年巴西里约热内卢的第15届世界刑法学协会代表大会通过的有关刑事诉讼中的人权问题的决议中建议："严重犯罪不得实行简易审判，也不得由被告人来决定是否进行简易审判。至于其他犯罪，立法机关应该规定实行简易审判的条件，并且规定保障被告人与司法机关合作的自愿性质的方法，例如由律师进行帮助等。建议简易程序只适用于轻微罪行，目的是加快刑事诉讼的进程，以及向被告人提供更多的保护。"

从上述两份国际性学术文件的有关建议中，可以看出人们对于简易程序的适用范围问题达成了一定的共识。笔者认为，简易程序的适用范围含有两方面的内容。一是适用简易程序的刑事案件的范围，这是客观方面的界定；二是控辩裁三方的合意与否，即检察官、被告人和法官三方对于属于适用简易程序的刑事案件范围的刑事案件是否可以适用简易程序的态度，这是适用简易程序的主观方面的限定。现就这两方面分述如下。

（一）适用简易程序的刑事案件的范围

对于适用简易程序的刑事案件范围的界定，可以从三个方面加以限定：一是犯罪性质，二是犯罪情节，三是事实和证据情况。

从犯罪性质来说，只有那些社会危害性小的犯罪才可以适用简易程序，而那些社会危害性大的犯罪不可适用简易程序。这可以从三个方面加以分析。首先，

① 当今世界各国都在逐步采用含有对抗因素的普通程序，如此一来，若适用普通程序进行审理，首先，对控辩裁三方的知识、经验和技能都有相当高的要求；其次，要消耗大量的人力、物力、财力和时间等司法资源。基于此意义，普通程序相对于简易程序，似乎可称为"贵族程序"。

社会危害性大的犯罪在认定上（包括犯罪事实本身的认定和被告人是否为造成该犯罪事实之人的认定）存在很大困难，须经过大量的举证质证方能最大限度地认定犯罪。而且由于判决事关被告人的财产权益、人身自由甚至生命的限制或剥夺，这其中烦琐、复杂的环节和参讼各方与法官的万分认真、谨慎的诉讼心态，远非简易程序所能包容、所应包容。这应是普通程序的任务。而社会危害性小的犯罪在认定上远不必如此费力。其次，社会危害性大的刑事案件在审理过程中，被告人、被害人及其他诉讼参与人的权利需要得到充分的保障，这就难免要设立多种人权保障机制。如此一来，程序的设置必然十分庞杂。而社会危害性小的犯罪因其性质的轻微，被告人大可免受性质严重的刑事犯罪案件中的被告人所可能面临的种种极为不利的处境，其权利保障较之容易。此外，性质严重的刑事犯罪社会影响大，涉及多方面的利益，需要极为谨慎、严格地审理，方能使判决具有说服力，才易使之为被告人、被害人、追诉机关和社会公众所接受。而要达到这种效果，简易程序实难胜任。相反，性质轻微的刑事案件则不必如此劳师动众。因此说，只能是社会危害性小、犯罪性质轻微的刑事案件方能适用简易程序。

从犯罪情节来说，只有情节轻微、简明的刑事案件才能适用简易程序，而情节恶劣、复杂的刑事案件则不可适用简易程序。这是因为情节恶劣、复杂，对案件事实的调查提出了很高的要求，欲使其明晰，必然消耗大量的国家司法资源，这显非简易程序适用之本意。而情节轻微、简明的刑事案件则不须如此。由此可见，即使是性质轻微的刑事案件，若是情节恶劣、复杂，审理起来的难度也远非简易程序所能承载。

从事实和证据的情况来看，只有事实清楚、证据充分的刑事案件才能适用简易程序。简易程序是一种快速审判程序，要保证其快速，就要求事实和证据少有或没有争议。若是事实不清、证据不足，这就需要耗费相当的人力、物力、财力和时间来进行案件事实的认定和证据的搜集、检验。这样的程序恐怕难以配得上"简易"二字。所以，事实清楚、证据充分是适用简易程序的条件，同时也是使简易程序真正成为"简易程序"的保证。正是因为如此，简易程序才只能用作一审程序，而不能用作二审或审判监督程序等。这是因为进入二审或审判监督程序的刑事案件，或者在事实认定上存有争议，或者在定案证据上存有争议，或者在事实和证据两方面都有争议。这种刑事案件显然不能适用简易程序。所以，在"事实清楚、证据充分"这一条中，已暗含了简易程序的审级问题。

上述三个方面相互依赖，缺一不可，必须同时满足才有可能适用简易程序。也就是说，适用简易程序的案件范围是犯罪性质轻微、情节轻微、简明而且事实清楚、证据充分的刑事案件。

（二）控辩裁三方的合意

控辩裁三方的合意，可以从两个方面加以分析。一是简易程序的选择权，二是简易程序的否决权。

简易程序的选择权，指的是控辩裁各方就可以适用简易程序的刑事案件，是否选择适用简易程序的权利。控诉方（检察官）发动刑事审判程序，可以选择适用何种程序。这一方面是由其刑事审判程序发动者的身份决定的；另一方面，检察官及其代表的检察机关作为国家司法追诉权的行使者之一，对于适用何种更合理的司法资源配置方式既能达到追诉的目的，又能达到节约国家司法资源的目的，是有选择权的。

对于辩护方而言，被告人作为被追诉者，往往是身不由己地卷入刑事诉讼程序之中的。不过，在被动地卷入刑事诉讼程序尤其是刑事审判程序之后，被告人应马上变成一个积极的刑事诉讼参加者以维护自己的利益。在这事关自己权益的程序中如何能最有效地防御进攻、反驳指控、保护自己，或者尽可能地节约自己的能量，达到合法权益的最大保护，被告人应当具有选择适用可预知的结果以最有利于自己的程序进行诉讼的权利。

作为裁判者的法官虽然在刑事诉讼程序尤其是刑事审判程序的启动之时是消极被动的，"就像出了故障的闹钟，……只在有人摇动时才能工作"[①]。但是刑事审判程序一旦被启动，法官就应当积极地行使法律所赋予的国家审判权。作为刑事诉讼三角结构中的最高权威者和国家司法资源的调配者，法官拥有简易程序的选择权也是不言而喻的。

简易程序的否决权，是对应前述选择权而产生的。控辩裁任何一方就可以适用简易程序的刑事案件选择适用简易程序与否做出的决定，都是从有利于自己的方面出发的。当一方或两方的选择与另两方或一方的利益[②]有冲突时，基于刑事诉讼的正义价值，必然要求制约选择权的力量出现，有时产生了另两方或一方的

---

① 陈瑞华.刑事审判原理论[M].北京：北京大学出版社，1997：10.

② 对法官而言，其利益是指在不违背正义的情况下，尽可能地节约国家司法资源，而非指法官的个人利益。

否决权。

　　不过，具体说来，控辩裁三方各自的否决权的行使以及行使的效力是存在差别的。由于诉讼的结果对于处于辩护方的被告人的利益是最有直接关系的，因此，在他认为检察官、法官两方做出的适用简易程序的选择于己不利时，应当可以随时行使自己的否决权，而这种否决又是带有一票否决的性质。而在被告人选择适用简易程序时（当然是在可以适用简易程序的前提下），控裁双方若无特殊的理由，一般还是不行使否决权为宜。然而，在检察官认为自己握有足以认定被告人犯有非轻微罪的证据时，对于被告人的选择，检察官也是可以否决的。对于裁判方而言，因诉讼结果与其没有多少联系，其天职又在于保证法律的正确实施、维护法律的公正和权威，所以不应过多地纠缠于控辩双方的争论之中。基于此，法官的否决权的效力应是最弱的，甚至可以说是附随性的。也就是说，在控、辩一方选择适用简易程序，而另一方没有否决的情况下，法官在认定双方的这种"默示"合意是出于自愿和理智，而不是被迫和冲动所致，则不应擅用否决权。当被告人选择适用简易程序，而控诉方又没有足够的否决理由时，法官为平衡控辩双方、国家权力与个人权利的力量对比，一般应支持被告人的选择，不宜行使否决权。对于控诉方选择适用简易程序，而被告人出于理智的考虑而予以否决时，基于被告人的否决权的一票否决的绝大效力，法官必须随之否决，不得选择适用简易程序。但是，在一定情况下，法官是可以依职权否决简易程序的适用的。这种情况指的是在简易程序启动后，才发现该案件并不属于可以适用简易程序的刑事案件的范围，法官必须立即停止运行简易程序，转而适用普通程序重新审理。不过，应当看到这种依职权否决不同于此处所论述的简易程序否决权。因"简易程序否决权"是指对他方决定适用简易程序的选择的否定，此时，简易程序尚未启动。

　　行文至此，简易程序的适用范围理论上的两个方面的内容已是眉目清晰。适用范围的限定对简易程序来说，正如一套过滤机制，滤出不合要求的刑事案件，留下合乎要求的刑事案件。这对于正当启动简易程序，保证简易程序的正常运行，实现正义和效率，起到了预先保障的重要作用。

　　考察国外刑事诉讼法的有关条文，几乎都是规定简易程序只能适用于犯罪性质轻微（如德国规定的"轻罪"案件①、美国规定的"微罪案件"② 等）、可能判处低自由刑（如德国规定的"一年以下的自由刑"③、澳门特区的"不超过三年徒刑"④ 等）或罚金刑且被告人选择适用或同意适用的刑事案件。具体规定较为多样，此不赘述。

我国现行刑事诉讼法第174条规定了适用简易程序的三种情形。第（2）、（3）两项是自诉案件，本文不做讨论。而第（1）项规定的是公诉案件的适用情形："对依法可能判处三年以下有期徒刑、拘役、管制、单处罚金的公诉案件，事实清楚、证据充分，人民检察院建议或同意适用简易程序的。"可以看出，法条的前半部分规定了适用简易程序的刑事案件的范围，是"对依法可能判处三年以下有期徒刑、拘役、管制、单处罚金的公诉案件，事实清楚、证据充分"。同时，《最高人民法院关于执行〈中华人民共和国刑事诉讼法〉若干问题的解释》（以下简称《解释》）第221条规定："人民法院对公诉案件的被告人可能判处免予刑事处分的，可以适用简易程序。"对于条文中的诸项刑罚是法定刑还是宣告刑，是一罪之刑还是数罪之刑，《解释》第220条做出了明确规定："是指被告人被指控的一罪或数罪，可能被宣告判处的刑罚⋯⋯"。对于控辩裁三方的合意问题，法条的后半部分规定简易程序的适用须由"人民检察院建议或同意"，《解释》第217、218条规定了人民法院的否决权和选择权，而对于被告人的选择权和否决权，两份法律文件都未做规定。对于上述诸项规定，不少文章和著作都做出了一定的评价。归纳起来，批评和建议主要有以下几个方面。

1. 关于适用简易程序的刑事案件范围的界定，有的文章认为，我国以宣告刑为标准进行判定，在司法实践中容易导致混乱。因为根据我国现行刑法第63、67、68条的规定，犯罪分子有自首或立功表现的，可以减轻处罚；有重大立功表现的，可以减轻或免除处罚；自首又有重大立功表现的，应当减轻或免除处罚。那么，杀人、放火、强奸、抢劫等严重犯罪案件的被告人也有可能被判处3年以下有期徒刑，直至被免除处罚。因此，依法条的规定，适用简易程序的刑事案件

---

① 德国刑事诉讼法典（第407条）[M]. 李昌珂，译. 北京：中国政法大学出版社，1995：153.

② 王以真. 外国刑事诉讼法学参考资料 [M]. 北京：北京大学出版社，1995.

③ 德国刑事诉讼法典（第407条）[M]. 李昌珂，译. 北京：中国政法大学出版社，1995：153.

④ 赵秉志. 澳门刑法典澳门刑事诉讼法典之 "澳门刑事诉讼法典" [M]. 北京：中国人民大学出版社，1999：273.

的范围，无疑会扩大至严重刑事案件，这既不符合简易程序适用范围的理论要求，也显然与立法原意不符①。另外，有的文章还认为，"三年以下"这个用语不够规范。因为按照我国现行《刑法》第99条规定，"以上""以下""以内"含本数。我国现行《刑法》在规定刑罚时，以"有期徒刑三年以下"或"三年以上"为不同的量刑幅度，而且往往是区分轻罪与重罪的界限。由于"三年以下"与"三年以上"本数重合，适用简易程序的刑事案件范围又仅以宣告刑为依据，而实际科刑则是在庭审之后，因此使得庭审前选择是否适用简易程序十分困难②。从理论上来说，大量严重刑事犯罪只要其有期徒刑的量刑幅度有"三年以上"的字样，就会有可能被判三年有期徒刑而适用简易程序，而且这还未包括虽没有"三年以上"字样却因有减轻、免除刑罚情节的严重犯罪案件。由此可见，依现行《刑事诉讼法》和《解释》的规定，适用简易程序的刑事案件已是严重超编了！为弥补此漏洞，学者们均建议待将来再次修订刑事诉讼法时，应以法定刑作为适用简易程序的刑事案件的界定标准，且明确规定最高法定刑不得超过3年有期徒刑③。笔者认为，由立法来更改，当然效果最好；但修改《刑事诉讼法》还须再等上若干年，为今之计，应当由最高人民法院重做解释，将宣告刑改释为法定刑，同时特别指出，适用简易程序的刑事案件的有期徒刑的最高法定刑不得超过3年。

然而，有的学者的主张却与前述观点不同。他们认为虽然1994年第15届世界刑法学协会代表大会通过的决议中有"严重犯罪不得实行简易审判"的字样。但决议本身无效力，且意大利的简易审判适用除无期徒刑以外（意大利现无死刑）所有案件，并未产生多大不利影响，所以主张扩大简易程序的适用范围，认为那些对被告人的最终处刑虽然高，但情节简单、证据充分、控辩双方争议很小或无争议的刑事案件，只要"注意监督制度的配套"，"显然可适用简易程序审理"④。对此，笔者实难苟同。笔者认为，上述决议作为一种国际性学术文件，本

---

① 姚莉，尹世康.我国刑事诉讼简易程序中存在的若干问题 [J].法学,1999(3).卞建林，李菁菁.略论刑事简易审判程序中的若干问题 [J].法学杂志，1998（3）.柯葛壮.我国大陆与港澳台地区刑事简易程序比较研究 [M]// 陈光中，江伟.诉讼法论丛：第2卷.北京：法律出版社，1998.

② 卞建林，李菁菁.略论刑事简易审判程序中的若干问题 [J].法学杂志，1998（3）.

③ 姚莉，尹世康.我国刑事诉讼简易程序中存在的若干问题 [J].法学,1999(3).卞建林，李菁菁.略论刑事简易审判程序中的若干问题 [J].法学杂志，1998（3）.柯葛壮.我国大陆与港澳台地区刑事简易程序比较研究 [M]// 陈光中，江伟.诉讼法论丛：第2卷.北京：法律出版社，1998.

④ 陈光中.刑事诉讼法实施问题研究 [M].北京：中国法制出版社，2000：247–248.

身当然是无效力的。但是，并不能因为其无效力而蔑视其中合乎正义的内容。其次，意大利的做法，还有美国的辩诉交易可适用于任何刑事案件的做法，其本身的合理性实令人生疑。像这种片面追求高效率而无视正义的做法亦绝非简易程序产生之本意。辩诉交易当然有其合理因素，但并不是合理在其可适用于任何刑事案件。退一步讲，即使可以将我国的简易程序所适用的刑事案件范围扩大至除死刑、无期徒刑以外的刑事案件，目前的刑事执法水平对于这种在我国可以说是新生事物的简易程序①，操作起来能不出现混乱吗？所以，无论是从理论还是从实践来看，扩大简易程序所适用的刑事案件范围的主张实难成立。

2. 关于控辩裁三方的合意问题，由于无论是《刑事诉讼法》还是《解释》均仅将适用简易程序的选择权和否决权赋予人民检察院和人民法院，学者们纷纷对此表异议，主张在人民检察院和人民法院决定适用简易程序时，应当征得被告人同意，如果被告人不同意，则不得适用简易程序②。更有学者明确指出，"应规定被告人享有简易程序适用的申请权和否决权"③。笔者认为，若仅是规定人民检察院和人民法院在决定适用简易程序时须征得被告人同意④，实质上只是规定了被告人适用简易程序的否决权。这样，被告人在适用简易程序问题上仍只是处于被动的地位，因为他只能对控方、裁方的选择决定做出同意与否的表示，而不能自己主动去选择简易程序的适用。虽然选择也有被他方否决的情况，但无论结果如何，被告人的适用简易程序的选择权是不能予以抹杀的。否则，不但是对被告人的正义权利的否定，也是对被告人刑事诉讼主体地位的否定，仍是将其视为刑事诉讼的客体。

然而，有些学者认为，虽然现行刑事诉讼法和《解释》中没有明文规定被告人的选择权，但在实际上被告人是可以选择简易程序的。他们的依据是《解释》

---

① 有学者认为，我国在 1996 年修订刑事诉讼法之前，根据全国人大常委会 1983 年 9 月通过的《关于迅速审判严重危害社会治安的犯罪分子的程序的决定》，在刑事司法实务中存在着的"速决程序"（或"从重从快程序"）也是一种"简易程序"，只是不科学不合理罢了。

② 卞建林，李菁菁. 略论刑事简易审判程序中的若干问题 [J]. 法学杂志，1998（3）. 陈瑞华. 刑事诉讼的前沿问题 [M]. 北京：中国人民大学出版社，2000：416. 陈光中. 刑事诉讼法实施问题研究 [M]. 北京：中国法制出版社，2000：247-248. 柯葛壮. 刑事简易程序的改革和完善 [J]. 上海社会科学院学术季刊，1999（2）. 熊秋红. 刑事简易速决程序探究 [M]// 陈光中，江伟. 诉讼法论丛：2 卷. 北京：法律出版社，1998.

③ 姚莉，尹世康. 我国刑事诉讼简易程序中存在的若干问题 [J]. 法学，1999（3）.

④ 这一点在刑事诉讼法修改之前已有学者提出，只是修改时未予采纳。

的若干规定。《解释》第222条规定："（一）公诉案件的被告人对于起诉指控的犯罪事实予以否认的，……（四）辩护人做无罪辩护的"刑事案件"不应当适用简易程序"；第229条在规定由简易程序转向普通程序时，以"公诉案件被告人当庭翻供，对于起诉指控的犯罪事实予以否认的"作为转换情形之一。基于此，这些学者们得出了被告人获得"自由选择简易程序"的权利的结论[①]。对此，笔者实难苟同。仔细考察《解释》规定的三种情形，实际上都是被告人否认指控，即不认罪的情况（"辩护人做无罪辩护的"实际上也是建立在被告人不认罪的基础之上的）。然而，被告人是否认罪与被告人是否拥有选择权并不是同一个问题。被告人不认罪，显然不应适用简易程序，这是因为案件事实不清，或控、辩双方对案件性质的认识存在争议（如是否构成犯罪，或辩方对控方指控的罪名存在争议等），不能适用简易程序。基于此意义，可认为这是部分地承认了被告人的部分否决权。但是，被告人认罪并不意味着要适用简易程序，因为"被告人做出的有罪供述仅仅表明他对指控所持有的态度，这与是否自由选择简易程序完全是两回事"[②]。如果认为被告人认罪就要适用简易程序，则是否定了被告人认罪后的适用简易程序的选择权和否决权。因此，这些学者的观点值得商榷。

因此，笔者也建议，在将来的立法中，应同时赋予被告人适用简易程序的选择权和否决权。

四、简易程序中被告人权利的保障

简易程序作为一种先效率后正义的刑事诉讼程序，是对普通程序的简化。其特点就是定案不再受到以直接、言词原则为基础的审判方式的检验，这必然使被告人的一些诉讼权利无法行使或无法充分行使[③]。然而，正如前所述，现代以来，刑事诉讼中的人权保障问题日益引人注目。有学者指出："刑事诉讼中的人权保障如何，……是一个国家人权发展的重要标志，反映着一个国家，一个民族的民主、进步与文明的程度。"[④]因此，简易程序中程序的简化并不意味着程序的虚无，

[①] 陈瑞华.刑事诉讼的前沿问题 [M].北京：中国人民大学出版社，2000：431.

[②] 陈瑞华.刑事诉讼的前沿问题 [M].北京：中国人民大学出版社，2000：431.

[③] 熊秋红.刑事简易速决程序探究 [M]// 陈光中，江伟.诉讼法论丛：第2卷.北京：法律出版社，1998.

[④] 樊崇义.刑事诉讼与人权保障 [M]// 陈光中，江伟.诉讼法论丛：第2卷.北京：法律出版社，1998.

更不意味着对人权尤其是被告人的基本诉讼权利和合法权益的忽视甚至无视。简易程序中被告人权利的保障，作为简易程序的正义价值的突出表现，其意义是不可抹杀的。

1989年第十四届世界刑法学协会代表大会通过的有关刑事诉讼中的简易程序的决议中建议："……应确保被告人享有获知被控内容和有罪证据的权利，享有获得法庭审判的权利，包括提供证据的权利和延聘律师为其辩护的权利。"1994年第十五届世界刑法学协会代表大会通过的有关刑事诉讼中的人权问题的决议中建议："……规定保障被告人与司法机关合作的自愿性质的方法。"

同简易程序的适用范围一样，从上述两份国际性学术文件的有关建议中，可以看出人们对于简易程序中被告人权利的保障也达成了一定的共识。归纳起来，可以得出在简易程序中被告人权利保障的三个方面：一是被告人对被控内容和有罪证据的获知权；二是被告人获得庭审、提供证据和得到律师为其辩护的辩护权；三是自愿理智地决定是否适用简易程序的选择权（包含否决权）。本文则拟从这三个方面对简易程序中被告人诉讼权利的保障问题进行论述。

（一）被告人的获知权

被告人在简易程序中的获知权与在普通程序中的获知权二者是同源所出。这里的被告人的获知权至少含有两个内容：一是获知自己被控内容（主要是罪名），二是获知控方所掌握的证据（包括有利证据和不利证据）。这些应知内容是被告人有效地进行防御和辩护的前提条件。知其攻击，方有防御；知其指控，方有辩护。如果被告人（辩方）不知控方的指控，想要展开有效的辩护，实是无米之炊。因此，获知权是一种前提权利，在普通程序中如此，在简易程序中亦是如此。

我国现行《刑事诉讼法》中虽未对被告人的获知权有明确的规定，但根据《解释》第218条适用简易程序时人民检察院要移送全案卷宗和证据的规定，适用简易程序的被告人可以充分获知被指控的内容和相关证据材料。从这个角度来看，我国的简易程序中被告人的获知权得到了充分的保障。但是笔者认为，这样虽可保障被告人的获知权，但这种全卷移送制度又走上了《刑事诉讼法》修改以前的老路，与现行刑事诉讼法所做的具有起诉状一本主义倾向的起诉制度的精神相抵触。况且这种做法，究其本意，方便审判的用意要远大于保障被告人获知权的用意。如此一来，法官又难免会对案件产生预断，对被告人产生偏见，其中立地位又受到挑战。所以笔者认为，对被告人获知权的保障还是应绕过法院或审判法官，由控辩双方"私下"沟通为好。而这又涉及现下讨论正热的证据开示制度（或曰"证据展示制度"：Discovery）。限于篇幅和本文的目的，此处不对其加以讨论。

（二）被告人的辩护权

简易程序中被告人的辩护权，是在损失了部分程序正义的简易程序中保护被告人诉讼权利的又一重要手段。

进入简易程序的刑事案件往往是证据确实充分的。而这种"确实充分"到底是不是真的确实充分，由于简易程序的程序设计，直接、言词原则无法或难以充分发挥自己应有的作用。在这种情况下，被告人不能与证人、鉴定人当面对质，而只能与控诉方尽力一搏。因此在简易程序中若要切实实现被告人的辩护权，至少需要两个条件：一是控诉方（公诉人）出庭，二是被告人获得律师的帮助。

第一个条件，即控诉方（公诉人）出庭，是使被告人的辩护权得以行使的前提条件。试想，没有相对方的出庭，被告人与谁去辩护？与法官吗？法官是中立的裁判者，不代表任何一方，他行使的是审判权而非追诉权。如果法官再身兼追诉权和审判权，无疑是纠问式诉讼幽灵的复活，开历史的倒车。显然被告人与法官是无从辩论的。与自己辩论吗？更是笑话。所以作为追诉者的公诉人是必须出庭的，否则刑事诉讼的三角结构便被破坏殆尽。两造尚不具备，何来诉讼？

第二个条件，即被告人获得律师的帮助，则是使被告人的辩护权得以有效行使的重要条件。被告人大多是不精通法律，没有经过专门技术训练的人。在没有辩护律师的帮助下，单枪匹马地与精通法律、技术娴熟的公诉人对抗，双方优劣之势立判。而这时被告人的成功定罪是建立在双方力量悬殊的不公正基础之上的。有了律师的帮助，虽不能说是双方力量一定均衡，但比被告人形只影单、孤立无援的处境要好得多。

考察我国现行刑事诉讼法的规定，关于实现被告人辩论权的第一个条件，即公诉人出庭的规定存在着不足。《刑事诉讼法》第175条赫然规定："适用简易程序审理公诉案件，人民检察院可以不派员出席法庭。被告人可以就起诉书指控的犯罪进行陈述和辩护"。《解释》第217、218两条规定，适用简易程序的，人民检察院应当移送全部卷宗和证据材料。笔者认为，仅"可以不派员出席法庭"这一条，便几乎等于剥夺了被告人的辩护权。如前所述，没有公诉人作为对抗的一方，辩护权是毫无意义的。退一步讲，即使法条所规定的"被告人可以就起诉书指控的犯罪进行陈述和辩护"是可行的，那么全卷移送使审判法官产生的对案件的预断和对被告人的偏见，也大大抵消了被告人的这种辩护效果。因为法官会在不知不觉中发生身份的"错位"，把自己变成控诉人，失去了自己应有的中立心态。更何况《解释》的这一规定明显与刑事诉讼法第150条关于卷证材料移送范围的规定直接抵触，纯属违法解释。因此笔者建议，来日修订刑事诉讼法时，明确规定公诉人必须出庭。

对于第二个条件，即被告人获得律师帮助方面，根据刑事诉讼法第96条和第33条规定，"犯罪嫌疑人自被侦查机关第一次询问后或者采取强制措施之日起，可以聘请律师为其提供法律咨询、代理申诉、控告。犯罪嫌疑人被逮捕的，聘请的律师可以为其申请取保候审。""公诉案件自案件移送审查起诉之日起，犯罪嫌疑人有权委托辩护人。"可以说，现行刑事诉讼法对于被告人获得律师帮助的保障还是比较充分的。但是，也有学者指出，"与普通程序一样，简易程序中也存在着指定辩护范围较小的问题"①。

（三）被告人的选择权（含否决权）

简易程序中被告人的选择权主要是指被告人自愿理智地决定是否采用简易程序的权利。其关键在于自愿、理智。自愿是指被告人选择的做出是出自真心，非因外力强制所致。理智是指被告人的选择是在对简易程序的性质、运作及选择简易程序后的法律后果有较为确实、明白的认识后做出的，非因一时冲动或不明白而妄选。

在上文中，笔者对被告人的选择权已有论及。由前述可知，这种选择权对被告人来说是非常重要且必要的，是保障其诉讼权利的另一重要手段。简易程序因其设置目的的局限性，是以牺牲部分程序正义为代价来换取较高的诉讼效率的。被告人一旦进入简易程序，就不可能享有在普通程序中所能享有的较为完备的程序保障，而且很容易被判有罪。这样，被告人必须就自己部分诉讼权利的取舍做出慎重的选择，以决定是否适用简易程序。

如前所述，简易程序的选择权不单被告人享有，控诉方和审判方也有选择权。对于他方的选择权，为尽可能地保障被告人的诉讼权利，从被告人的选择权中就衍生出了被告人的否决权。

---

① 陈光中.刑事诉讼法实施问题研究[M].北京：中国法制出版社，2000：244.

　　上文中对被告人的否决权也已有论及，它可以保障被告人的选择权的有效行使，使被告人出自己愿地进入简易程序，真正成为刑事诉讼的主体。否则，若是由作为裁判者的法官或作为追诉者的检察官来做出是否适用简易程序的决定而不考虑被告人的意愿，那么"简易程序的举行就会变成官方强加给被告人的一种诉讼模式，甚至变成国家强加给被告人有罪判决结论的活动"[①]。基于此意义，被告人的否决权应是一票否决权。而且，笔者认为，被告人的否决权在一定情况下还可以自我否决。这是指在被告人选择或同意进入简易程序后，被告人发现或得到了能主动出击、有效证明自己无罪的证据时，应当完全能够改变自己的命运，把自己从必然通向有罪判决的简易程序中解脱出来，以还自己清白之名。这种否决权可以说是选择适用简易程序的选择权和否决权在简易程序运行过程中的自然延伸，有切实保障被告人真正的自愿、理智之功用。当然，被告人的这种否决正在运行的简易程序，转而适用普通程序的权利的行使，并不要求被告人以自己有足够证明自己无罪的证据为前提，因为无罪推定是现代刑事诉讼的基本原则，被告人本无证明自己有罪或无罪的义务。只要被告人发现有可能使自己获得无罪判决的情况，就应当给其提供充分的便利去利用这一情况，而不能因被告人曾"认罪"就粗暴地予以限制和剥夺。不然，简易程序的正义价值又无从体现。

　　要保障被告人的选择权和否决权的有效行使，律师的参与也是不可或缺的。正是由于大多数被告人不精通法律，不明白简易程序的适用对自己权益的影响，因此唯有律师的帮助，才能为其提供简易程序方面的咨询，使其对简易程序的性质、功能以及选择简易程序后的法律后果有较为清楚的认识，从而被告人才有可能在真正意义上自愿、理智地行使自己的选择权。这样既可保证简易程序的顺利进行，也会使被告人减少心理抵触，易于接受审判结果，减少上诉。

　　关于我国现行《刑事诉讼法》中关于被告人选择权和否决权的规定，前文已做分析，此不赘述。不过需要提及的是，由于我国未规定被告人的选择权，所以《刑事诉讼法》第229条中规定的那种由简易程序转入普通程序的情形，不可视为被告人行使自我否决权所致。

　　此外，国外的刑事诉讼法中有被告人若选择简易程序则给以适当减刑的规

[①]　陈瑞华. 刑事诉讼的前沿问题 [M]. 北京：中国人民大学出版社，2000：415.

定①。笔者认为，无论"诱惑"怎样，只要被告人是在明白何种程序于己真正有利或是纯是出自自愿和理智而进行选择，那么其他都是次要的。

五、结语

经前文分析，从简易程序的若干正义保障及其在我国简易程序规定中的情形来看，我国简易程序实有改善之大必要。此为不足，应当指出。

综观世界，适用简易程序来处理部分刑事案件已成为一种世界性的实践活动②。我国顺应潮流，在重新打造普通程序的同时，规定了自己的简易程序。虽不完善，但毕竟是迈出了可喜的一步。笔者认为，这恰可看作我国《刑事诉讼法》与国际接轨的一个注脚。

---

① 意大利刑事诉讼法典：第442条 [M]. 黄凤，译. 北京：中国政法大学出版社，1994：158.
王国枢，项振华. 中外刑事诉讼简易程序及比较 [J]. 中国法学，1999（3）.
② 熊秋红. 刑事简易速决程序探究 [M]// 陈光中，江伟. 诉讼法论丛：第2卷. 北京：法律出版社，1998.

犯罪控制视野下的刑事诉讼论纲 ①

内容摘要：就国家启动刑事诉讼而言，打击犯罪是其最原始、最基本的功能，而人权保障是保证刑事诉讼不偏离既定方向的有力手段，打击犯罪与人权保障必须统一在犯罪控制的"力度"范围之内。换句话说，犯罪控制既是刑事诉讼中打击犯罪的"度"，也是刑事诉讼中人权保障的"度"。本文从犯罪控制的角度出发，选择刑事诉讼总论中的目的、效率和模式等重要问题展开全新的诠释，既反对在刑事诉讼过程中过分注重打击犯罪，也反对在刑事诉讼过程中片面追求人权保障。

关键词：犯罪控制 刑事诉讼目的 刑事诉讼效率 刑事诉讼模式

自从美国学者赫伯特·帕卡将犯罪控制与正当程序作为两个对立的模式代表刑事司法体制中最基本的两项理念，以体现刑事司法中不同的基础意识形态和某项价值选择以来，在整个刑事法领域，人权保障的呼声就一浪高过一浪，而犯罪控制一度成了漠视人权的"替罪羊"。其实，帕卡为了形象地说明问题，是从刑事诉讼侧重打击犯罪的角度使用"犯罪控制"一词的，而这与刑事法学中在更为广泛意义上使用的犯罪控制一词的本来含义是不相同的。换句话说，帕卡所使用的"犯罪控制"一词只具有代表某种刑事诉讼模式的"符号"意义。鉴于此，本文在讨论到帕卡的模式时改称其为"打击犯罪模式"与"正当程序模式"，尽管帕卡对前者所用的词是 crime control model。而且作为一种学理上的探讨和出于归类研究的需要，这两种模式说法背后的语言分别是"过于注重打击犯罪"与"过

---

① 此文原载《中国法学》2004年第4期。

于注重人权保障"，说到底是一个"度"的问题。就这一点而言，犯罪控制既是刑事诉讼中打击犯罪的"度"，也是刑事诉讼中人权保障的"度"。需要指出的是，在当代各国的刑事诉讼实践中，片面追求其中之一的诉讼模式几乎是不存在的。

另一方面，应当说犯罪控制与人权保障都是十分宏大的概念体系，都不是仅仅局限在规范的刑事法视野中来讨论的问题，犯罪控制的首要选择是社会控制，次级方案才是司法控制（通过刑事诉讼控制犯罪来实现），而人权保障看起来更像是一个宪政问题。而且它们本来不是一对对立的矛盾体，或者说它们之间也不是此消彼长与此长彼消的关系。因为犯罪控制中不仅包括打击犯罪的内容，而且也包含人权保障的内容，所以说，犯罪控制与人权保障是两个层面上的问题，就国家启动刑事诉讼而言，打击犯罪是其最原始、最基本的功能，而人权保障是保证刑事诉讼不偏离既定方向的有力手段，打击犯罪与人权保障必须统一在犯罪控制的"力度"范围之内。从逻辑上说，犯罪控制与犯罪失控是一对矛盾，打击犯罪与放纵犯罪是一对矛盾，而人权保障与漠视人权是一对矛盾。就此而言，犯罪控制视野下的刑事诉讼可能被赋予各种全新的意义。

一、犯罪控制自视

"控制"一词有两重含义①：其一是掌握住，不使任意活动超出范围，即操纵、驾驭、遏制；其二是使处于自己的占有、管理或影响之下。"犯罪控制"就是使犯罪不超出一定范围或使犯罪处于自己的遏制之下，即将犯罪状况限制在正常度以内。应当说这是"犯罪控制"一词的题中之义，也是近年来犯罪学界不使用"消灭犯罪"，甚至不简单使用"犯罪预防"一词的由来所在。"犯罪预防"蕴含的一个机理是所有的犯罪都应当预防，也可以预防，而这事实上既无可能，也无必要。因为有些犯罪防不胜防，或者说只能做"量"上的预防。鉴于此，储槐植先生认为："迄今为止的人类历史经验表明，犯罪可以控制，但无法消灭这是由基本犯罪规律决定的……犯罪现象是社会各种矛盾的综合反映，这就是基本犯罪规律，它既说明了犯罪的基本性质，又反映了犯罪的基本原因。社会矛盾无法消灭，尽管解决矛盾的方法和方法的法律评价可以变化。提出'消灭犯罪'或类似

---

① 中国社会科学院语言研究所词典编辑室编.现代汉语词典（修订本）[M].北京：商务印书馆，1999：723.

要求，都是不切实际的幻想。超现实的期望可能导致适得其反的后果。'犯罪控制'的提法是科学的。"①

（一）犯罪控制的一般标准

原则上说，犯罪控制的一般标准就是犯罪正常度。所谓犯罪正常度是指具体时空背景下国家和社会对犯罪状况可容忍的限度。一般是从反向理解的，即不是无法忍受的状态。至于如何评价犯罪程度正常与否，应当把握以下几点。

1. 评价主体。对犯罪正常度进行评价的主体大致包括国家、社会民众和专门研究人员三大类，受评价主体的利益观和认识能力以及其他因素的影响，这三类主体对犯罪正常度做出的评价不尽相同。（1）国家对犯罪正常度的评价属于对犯罪状况的正式反应。因为国家的评价对构建社会秩序发挥着巨大的作用，并且总是与一定的刑事政策相联系，甚至关系到具体行为人的自由和生死，因此，国家对犯罪正常度的评价具有全局性、程序性和权威性的特点。（2）社会民众对犯罪正常度的评价属于对犯罪状况的非正式反应。由于社会民众只能通过亲身经历和大众传播媒介来了解犯罪状况，并且也只能通过各种媒体和一定范围内的口头传播表达出来，因此与国家评价相比，社会民众对犯罪正常度的评价具有区域性、无程序性和非权威性的特点。（3）专门研究人员对犯罪正常度的评价一般属于对犯罪状况的中立性评价。这种评价是在不带有"情感逻辑"（即"价值无涉"）②的情况下，对我国犯罪状况进行纵横比较的基础上做出的。他们既要考察我国历史上的犯罪状况，又要考察同期国外的犯罪状况；既要弄清国家对犯罪正常度的评价，也要弄清社会民众对犯罪正常度的评价。而且专门研究人员自己对犯罪正常度的评价既可以通过学术期刊及教材、专著表达出来，也可以通过各种学术会议和有关媒体表达出来，因而，这种评价一般来说更为客观和公允，即具有远离功利和情感的中立性色彩。

2. 评价对象。评价犯罪正常度的对象是犯罪的质和犯罪的量以及它们之间的关系。犯罪的质是指造成国家利益受损，威胁到公共安全，使不特定多数人感到恐慌，造成多人人身伤亡以及巨大财产损失等重大犯罪案件在刑事案件总数中的

---

① 储槐植.刑事一体化与关系刑法论[M].北京：北京大学出版社，1997：66.

② 所谓"情感逻辑"是指研究者自始至终抱着对犯罪现象的义愤开展研究，并把这种情感注入思维逻辑和判断过程之中，给研究客体蒙上了过多的情感色彩，减弱了理智与科学的成分。所谓"价值无涉"是指在资料收集、资料分析阶段，在观察研究客体的客观特征的过程中排除研究主体的主观好恶，防止主体把自己的价值评价直接转移到研究客体之上。

比例。通常情况下，各国都是重大犯罪案件在刑事案件总数中的比例不大，暴力犯罪与非暴力犯罪之比也总是前者小于后者。如果比值呈现增大趋势，则表明犯罪将要或已经超过了正常度。犯罪的量，是指一定时间、地点实际发生的刑事案件数及其与一定时间、地点人口总数的比例数（犯罪率）。"一般说来，（刑事案件）的年增长率在'百分比一位数'不会造成社会震动。如果连续几年的年递增率均达'百分比二位数'，则将超出社会心理承受能力，属于不正常现象了[①]。"

3. 评价根据。评价犯罪正常度的根据可以分为外部根据与内部根据。外部根据又可以分为纵向评价和横向评价两类。纵向评价是根据本国（本地）历史（可长可短）上的犯罪发展情况对现在的犯罪正常度做出评价，如有的学者以犯罪高峰期来说明犯罪超出正常度的特定时期。横向评价就国家而言是以外国同期的犯罪情况为参照系来评价本国的犯罪正常度，就地区而言是以外地（外省、外市、外县）的犯罪情况为参照系来评价本地的犯罪正常度。内部根据是以当前本国（本地）的实际犯罪情况为根据来评价犯罪正常度。内部根据按不同的犯罪类型有不同标准：对公职人员犯罪——社会公众是否有较普遍的愤怒情绪；对暴力犯罪和财产犯罪——公众的安全感是否受到较普遍的威胁；对经济犯罪——市场经济秩序是否受到较明显的干扰。这三个标准构成了内部根据的基础[②]。

应当说，评价犯罪正常度的方法是多种多样的，主要有官方犯罪统计、抽样调查、民意测验、专家评估等。需要特别指出的是，对犯罪正常度的评价结论只能是大致的定性结论（即是否超出正常度），目前受人类认识能力和水平的制约，还无法达到定量的结论（例如犯罪正常度的参数或百分比）。

（二）犯罪控制的首要选择

犯罪控制的首要选择是社会控制，即把社会生产和社会生活组织在尽可能带来持续发展的有序状态。简言之，就是把社会控制在有序状态中。有序社会是社会矛盾较少或者社会矛盾容易合理解决的社会。社会控制得好，犯罪就少；社会控制得最好，犯罪就最少。对犯罪的社会控制是一个宏大的工程，其相关观念的转变与具体措施的推行都不是一蹴而就的工作。从不同的角度和层面，可以将犯罪的社会控制做以下分类：

1. 宏观控制与微观控制。宏观控制是从整个社会的宏观层面提出的指导性控

---

① 储槐植. 刑事一体化与关系刑法论 [M]. 北京：北京大学出版社，1997：67.

② 储槐植. 刑事一体化与关系刑法论 [M]. 北京：北京大学出版社，1997：68.

制策略，例如整顿市场经济秩序，加强精神文明建设和思想教育工作，减少社会不公正现象，完善社会主义法制，等等。微观控制是从社会局部的微观层面设计的操作性控制措施，例如警察街区巡逻，组成警民联防，加强内部治安保卫工作，做好"两劳"释放人员的帮教工作，倡导"邻里守望"①，具体落实社区控制方案，等等。

2. 主体控制与条件控制。主体控制坚持的基本理念是如果每个人都不去犯罪，就会实现最佳的犯罪控制效果。其具体做法是试图通过思想政治教育工作提升公民的道德水准，以及利用法律威慑等措施，达到消灭或者抑制人们的犯罪动机之目的。应当说我国在改革开放前相当长的一段时间内对犯罪进行主体控制所取得的成效是举世公认的，但是，随着改革开放的深入进行，社会价值观与道德观日益多元化以及法律威慑功能的弱化，特别是近年来流动人口的急剧增加，主体控制措施面临着越来越多的困难，成效已不是十分明显。现在的主体控制的对象主要限定为犯罪高发人群，如无固定职业的流动人口，脱离学校教育的青少年人，"两劳"释放人员等。在这个意义上说，主体控制也被称为积极控制。条件控制坚持的基本理念是既然不能消灭和抑制人们的犯罪意识，那么通过限制犯罪行为的条件使犯罪行为不能轻易成功就成为当前迫不得已的犯罪控制策略，换句话说，就是从犯罪被害人的角度控制被害。

（三）犯罪控制的次级方案

犯罪控制的次级方案是司法控制（或称刑罚控制、刑事控制）。司法控制主要指国家刑事司法系统通过侦查、起诉、审判、执行等刑事诉讼活动对犯罪实行控制。司法控制是典型的事后控制，应当说在犯罪控制体系中，司法控制实属"下策"。首先，司法控制是针对已然之犯罪的，虽然有一定的一般控制和特殊控制的意义，但作为其前提的已然之犯罪毕竟已经给社会造成了危害；其次，近几十年来国际社会的实践经验已经证明了司法控制并不能足够有效地控制和减少犯罪。因此，研究人员、公众和决策者不再把抑制犯罪增长的希望寄托在强化司法控制方面。与司法控制相比，社会控制注重事前控制，是治本之策。此外，被害

---

① 邻里守望是指一定范围的社区居民联合起来，相互照看，共同预防犯罪。在英国，第一个邻里守望项目于1982年在 Mollington Cheshire 建立，10年后，全国发展到8万多个，覆盖了400多万个家庭。同时，守望项目由邻里守望引出了街道守望、社区守望、校园守望等名目繁多的守望项目。每一个守望计划中都有一个协调员，他保存一张志愿者的名单，在社区警察的指导下，向项目的成员提供建议、指导和支持。

人学研究与被害调查、环境犯罪学以及人们对后工业社会犯罪增长特定原因认识的深化，都为社会控制成为犯罪控制的重心提供了理论前提。社会控制也因此在世界范围内逐渐被提到了控制犯罪的战略高度。

但是也应当看到，在我国目前和今后相当长的一段时期内，司法控制仍然是犯罪控制的策略重点，这主要是因为：（1）犯罪控制系统中最易落实兑现的便是司法控制，因为有专门的职能部门作为控制主体，这些职能部门的职责就是控制犯罪；（2）司法控制有国家强制力作为保证，因而具有最强的现实控制力；（3）在社会治安形势严峻的背景下，犯罪控制的策略重点除司法控制外别无其他良策①。

二、犯罪控制与刑事诉讼目的

正如前文所述，国家刑事司法系统通过刑事诉讼活动对犯罪所实施的控制在犯罪控制系统中属于司法控制的范围，尽管这是犯罪控制的次级方案，但是在我国当前乃至今后相当长的一段时期内，都是犯罪控制的策略重点。因此，研究犯罪控制视野下的刑事诉讼问题就具有了某种急迫的现实意义。当然，刑事诉讼作为一种处理刑事案件的活动，涉及的法律和社会问题既繁多又复杂，既具有浓烈的理论色彩，又具有相当的实践价值。限于篇幅和研究能力，笔者只能选择若干问题从犯罪控制的角度进行审视，并拟定某些问题清单，以期对我国正在进行的刑事司法改革有所裨益。

关于刑事诉讼的目的，我国诉讼法学界有多种认识。其中，笔者十分赞赏陈建军先生的观点，他将刑事诉讼目的区分为浅层目的与深层目的两个层次。浅层目的包括根本目的和直接目的：根本目的是维护法治秩序和民主政治制度；直接目的是公正地实施刑法和公正地保障人权；深层目的是通过刑事诉讼实现自由、平等、公正和安全。特别值得肯定的是陈建军先生强调了刑事诉讼的主体不同其目的也不同，"国家进行刑事诉讼立法和司法的首要目的是惩罚犯罪，维持社会秩序，巩固国家政权。之所以会产生这样的目的，是因为人们之间利益的冲突、个人与国家利益的冲突危及国家的秩序和社会的稳定，因此需要平衡这些利益关系，保持现存社会秩序的稳定和连续，更何况法本身特别是诉讼法本身就是定纷

---

① 储槐植 . 刑事一体化与关系刑法论 [M]. 北京：北京大学出版社，1997：76-77.

止争的产物。当事人参与刑事诉讼的目的主要是保障人权、实现自由、平等和公正。"① 依笔者的理解，陈建军先生是从刑事诉讼主体不同目的及不同层次关系的角度来协调刑事诉讼中所谓的"打击犯罪"与"人权保障"的矛盾的。在笔者看来，打击犯罪本身并不会引起人权保障方面的问题，只有超出犯罪控制范围的过度打击才会导致人权保障的弱化以及其他一系列社会问题。同理，人权保障本身也不会引起打击犯罪方面的问题，只有超出犯罪控制范围的过度保障才会导致放纵犯罪的后果，同样也会带来其他一系列更为严重的社会问题。也就是说，打击犯罪与人权保障之间并不是逻辑上的一对矛盾，因而在刑事诉讼目的中，二者可以并存，并且统一在犯罪控制的"力度"范围之内。

不过，从国家启动刑事诉讼的角度来看，打击犯罪和保障人权的综合效果才是刑事诉讼的效应，在这种效应衡量中，可以将打击犯罪的效果作为正效应，而将侵犯人权的现象作为负效应，两者之和即为刑事诉讼的最终效应。打击犯罪是刑事诉讼追求的目的所在，但是为了刑事诉讼的整体效应，必须在追求这个目的的过程中，避免侵犯人权现象的发生。所以，从国家的角度而言，保障人权不是刑事诉讼追求的基本目标，它的功能只是为了减少刑事诉讼中侵犯人权行为的负效应，以提高刑事诉讼的整体效应。诚如陈建军先生所言："刑事诉讼的目的是各刑事诉讼主体的目的的综合反映，但占主导地位的始终是国家关于刑事诉讼的目的，其他诉讼参与人的刑事诉讼目的是通过国家的刑事诉讼立法和司法来体现的。"② 这就好比一个企业，在很大程度上，对利润（打击犯罪）的追求几乎是企业生产的唯一目的，但是，衡量一个企业的效应却应该是利润量（正效应）与污染环境（侵犯人权）的量（负效应）之和，所以，企业为了整体效应必须要采取环境保护（保障人权）措施。但任何一个企业都不会将环保作为生产的目的，而且对环境保护的投资作为成本会直接影响到企业的利润。如果一个企业的环保成本导致这个企业的利润为零甚至为负，我们说这个企业的经营是失败的。从这个意义上说，鉴于国家在刑事诉讼中的显赫地位，或许将刑事诉讼的目的表述为犯罪控制也不为过。关于这一点，陈建军先生在谈到安全作为刑事诉讼的深层目的之一时说，在刑事诉讼中，安全是指在公正的刑事诉讼立法的前提下，通过国家司法机关追究和惩罚犯罪的活动，使遭到犯罪行为破坏的社会秩序得以恢复，使

---

① 陈建军. 刑事诉讼的目的、价值及其关系 [J]. 法学研究，2003（4）.

② 陈建军. 刑事诉讼的目的、价值及其关系 [J]. 法学研究，2003（4）.

遭到犯罪侵害的受害人的人身财产权利得到保护，社会呈现有序发展的状态[①]。这一段描述简直可以作为刑事诉讼中犯罪控制的理想状态的蓝图。

三、犯罪控制与刑事诉讼效益

效益是刑事诉讼的内在价值之一。波斯纳指出："正义的第二种含义——也许是最普遍的含义——是效益。"[②] 我国学者认为，诉讼效益与效率不同效益的内涵主要指投入最小的司法资源，取得最大的收益；而效率则是司法机关在单位时间的工作量。[③]

随着犯罪数量的增长与司法资源有限性之间的矛盾日益突出，刑事诉讼的效益观逐渐普及，这也是犯罪控制的必然要求：首先，如果刑事诉讼不注重效益，国家的刑事司法系统就不能顺利履行其职能，造成大量的刑事案件积压，在某种程度上会刺激犯罪的激长；其次，犯罪分子在实施犯罪后，会毁灭、伪造证据，而且由于自然原因证据也会逐渐灭失，如果不注重诉讼效益，就会导致无法及时破案，甚至使犯罪分子得以逃脱刑事制裁，严重影响刑事司法系统在公众心目中的地位和威信，对打击犯罪也极为不利；第三，诉讼期限的拖延会严重损害诉讼参与人的利益。被告人在法院做出生效判决之前，其自由、财产乃至生命等实体权利往往处于待判定状态，同时由于处于被告人的地位，其名誉、信誉以及与他人的交往都会受到很大的影响；证人、被害人等由于需要接受司法机关的多次调查询问，受诉讼的牵连影响到正常的工作和生活。因此，在当代社会，不注重效益的刑事诉讼不仅可能造成犯罪失控，而且人权保障的力度也会大为削弱。基于犯罪控制的考虑，用效益这一价值标准对刑事诉讼活动进行分析，主要应当围绕以下两点进行：一是使投入的司法资源能够得到最大程度地节约，或者说尽量减少司法资源的投入量；二是使大量的刑事案件尽快地得以处理，即最大程度地发挥办案的效率。具体来说有以下几个方面[④]。

---

① 陈建军.刑事诉讼的目的、价值及其关系 [J].法学研究，2003（4）.

② 理查德·A·波斯纳.法律的经济分析（上）[M].蒋兆康，译.北京：中国大百科全书出版社，1997：1.

③ 马贵翔.公正·效益·效率——当代刑事诉讼的三个基本价值目标 [J].中外法学，1993（1）.

④ 李文健.刑事诉讼效率论 [M].北京：中国政法大学出版社，1999：57–61.

（一）刑事诉讼程序的设立应确保诉讼活动迅速而有效地进行

迅速地审判可以使法院早日对案件做出裁判，从而降低司法资源的耗费，这不仅有利于社会共同利益的维护，而且也可以使被告人等诉讼参与人早日摆脱或减少讼累。正如贝卡里亚所言："惩罚犯罪的刑罚越是迅速和及时，就越是公正和有益。说它比较公正是因为它减轻了捉摸不定给犯人带来的无益而残酷的折磨，犯人越富有想象力，越感到自己软弱，就越感到受这种折磨。还因为，剥夺自由作为一种刑罚，不能被实施于判决之前，如果并没有那么大的必要这样做的话。监禁只不过是对一个公民的简单看守，这种看守实质上是惩罚性的，所以持续的时间应该尽量短暂，对犯人也尽量不要苛刻……刑罚的及时性是比较有益的，这是因为：犯罪与刑罚之间的时间间隔越短，在人们心中，犯罪与刑罚这两个概念的联系就越突出、越持续，因而，人们就自然把犯罪看作起因，把刑罚看作不可缺少的必然结果。……只有使犯罪和刑罚衔接紧凑，才能指望相连的刑罚概念使那些粗俗的头脑从诱惑他们的、有利可图的犯罪图景中立即猛醒过来。"[①] 以上经典性论述足以表明刑事诉讼及时性对于控制犯罪的价值。为确保诉讼活动的迅速进行，刑事诉讼程序应按以下原则设计：（1）减少不必要的审级；（2）适当减少参加法庭审判的审判官；（3）对程序参与者所提出的申请及时做出处分；（4）严格遵守法律对实施诉讼行为所规定的时间限制；（5）赋予刑事被告人获得迅速审判的权利等。

（二）刑事诉讼程序应当简捷、便利、明确和易懂

刑事诉讼程序设计得越烦琐、复杂，司法人员在诉讼中所受到的不必要限制则越多，诉讼过程中的经济耗费也就越大。因为，繁杂的程序不仅会降低刑事诉讼活动的速度，而且也容易使单位时间内的人力、物力和财力的投入更多，耗费更大。为了节省不必要的耗费，刑事诉讼程序的设计应遵循下列两项原则：一为"不过剩"，即诉讼中要尽量剔除显然不必要的程序，所谓"不必要"即对于实体真实的发现并无裨益。二为"不重复"，即已经起诉的同一案件在同一或不同法院再行起诉者，就不应该再行受理。这项原则在大陆法中称为"一事不再理"，在英美法中称为"禁止双重危险"。二者尽管在表述方式和具体内容上有些许差异，但二者的精神实质是一样的，即在效益观的支配下，承认国家刑罚权的可穷尽性。

---

① 贝卡利亚.论犯罪与刑罚[M].黄风，译.北京：中国大百科全书出版社，1993：56-57.

（三）刑事诉讼程序应确保司法资源的合理配置

在国家司法资源相对稀缺的前提下，只有将有限的司法资源进行合理配置，才能达到即不损害公正目标的实现，又能提高刑事诉讼效益的最佳效果。对司法资源的合理配置一般采取程序分流的途径来实现：一是对所涉罪行较为严重，社会影响较为重大的案件采取普通程序来处理；二是对那些罪行较轻，事实清楚，被告人又认罪的案件则采取简便、迅速的程序来加以处理。这种程序分流的做法较好地处理了效率与公正的关系，可以节省大量的司法资源，当是刑事诉讼改革的有效途径。

四、犯罪控制与刑事诉讼模式

刑法与刑事程序之间的密切关联之一，就是凭借刑事诉讼以实施刑法的"效率"与"妥当性"（fitness）的问题。"效率"要求刑事程序之运作迅速地处理大量案件，从而使社会治安得以维持；"妥当性"则要求程序运作过程的合法性，不能为了达到发现真实的目的而不择手段。刑事司法体系的构建，必须兼顾这两方面的问题。因此，要研究刑法实际效益如何，就必须实际地考虑以下问题：刑事程序作为一种社会控制（Social Control）手段，应如何评价其效率性与妥当性？在实际运作上，二者所占据的比重如何？怎样去从事此项评价工作？笔者认为，从犯罪控制不能以牺牲人权为代价的基本立场出发，考虑到法制社会假定人性本恶的前提，结合我国刑事诉讼的具体情况，在刑事诉讼模式中探讨下列问题仍然是有意义的。

1. 刑事诉讼适用刑罚的目的。刑事诉讼适用刑罚的目的是在"调和国家与个人之间的利益与关爱"的基础上追求犯罪人能够自我控制，而不仅仅是报应或预防未来的错误。刑事诉讼的最佳效益是在个人无法达到自我控制目的时，才由社会介入干预，处罚应是最后运用的纠正措施，否则国家无须干预。特别是对一些轻微的刑事犯罪，完全可以让其自生自灭，而不必动用强大的国家机器，通过刑事诉讼对之予以"高射炮打蚊子式"的猛烈打击。即使是真正的犯罪人，也应予以尊重与关切，而不应当将犯罪人视为异类，排斥于正常人际间的各种联系与关系之外。只有这样，才能取得良好的犯罪控制效果。

2. 对国家司法官员权力运作的态度。这可以从刑事诉讼立法和刑事诉讼司法两个层面来考虑。在立法层面，立法过程必须民主、公正，对国家司法官员的授权性规范必须明确具体，权力范围必须有所限制，同时必须有对权力的监督和制约条款。在司法层面，必须强调"法无明令不得行"，国家司法官员在刑事诉讼中以遵守法律为第一要务，在法无明文规定的情况下，司法官员无权进行刑事诉讼活动，这是刑事法制的基本要求。司法官员不能以打击犯罪为借口，在法律规定的权力之外临时增设处置权力，而且司法官员在刑事诉讼过程中只有通过严格地执行法律，才能赢得社会公众的信任。其实在法制社会中，如果公众相信国家司法官员权力的运作，甚少发现潜藏的权力滥用的事实，司法官员也将回应此种信任，尽量以"公平"及"公开"的方式进行权力运作；但如果对司法官员不信任，反而会在"合法性"的外表下，存在着不少权力滥用的事实。当然，司法官员的权力滥用本身也是犯罪控制的对象。

3. 关于辩护制度的重要性。这可以从诉讼理念和制度设计这两个层面来加以考虑。在诉讼理念层面，首先，要正确看待国家利益与个人利益之间的关系，应当说在大多数情况下，国家利益与个人利益是一致的，国家利益代表着绝大多数人的个人利益。只有在少数情况下，才会发生国家利益与个人利益的冲突，一般来说这种冲突是可以调和的。基于此，即使是对真正实施了犯罪行为的人，国家在进行追诉的过程中，也必须保障其个人的合法权益不受侵犯，更何况犯罪嫌疑人、被告人未必是真正的犯罪人。这就是国家设置辩护制度以维护个人合法权益的根据。其次，从诉讼结构与控辩平衡的角度，应当看到辩护力量的弱小在诉讼三角结构关系中是最突出的问题，也是控辩不均衡的主要体现。而控辩不平衡易导致过度地打击犯罪，这是诱发新一轮犯罪增长的重要原因之一，实际也超出了犯罪控制的"度"的范围。第三，要树立对我国辩护人的信任。一段时期以来，我国刑事立法尤其是刑事司法实践中对辩护人充满着不信任的色彩，认为他们是专门帮助犯罪嫌疑人、被告人洗脱罪名的，其表现是过多地限制辩护人的权利和活动范围，有意、无意地贬低辩护人的诉讼地位，以至于某些辩护律师甚至说出"他们像防贼一样地防着我们"之类的语言。这种对辩护人的不信任使辩护制度几乎流于形式，而且刑事辩护率始终不高。诚然，我国的个别辩护人在刑事诉讼过程中有违反程序法的行为，甚至帮助犯罪嫌疑人、被告人串供、伪造证据、毁灭证据等，但这毕竟是很少发生的现象，不能以偏概全地将所有辩护人视为刑事诉讼的"障碍"，对辩护人缺乏应有的信任，而完备的辩护制度和充分的辩护对于被告人的服判、息诉以及量刑后的执行都是至关重要的，这在犯罪控制上具有无可替代的作用。

在制度设计层面，至少有以下几个方面需要考虑：其一是辩护人介入刑事诉讼的时间，可以考虑提前到犯罪嫌疑人第一次被讯问后或者采取强制措施之日起；其二是应当增设讯问犯罪嫌疑人时的律师在场权；其三是应当扩大辩护人阅卷的范围，取消对辩护人会见犯罪嫌疑人方面的不当限制；其四是对辩护人发表的辩护意见应当予以足够的重视，对合理的辩护意见应当采纳，辩护人合法的辩护活动享有豁免权；等等。类似于这样的制度设计，不仅使辩护制度真正落到实处，而且充分表达了我国对民主化、法制化进程的信心和决心，以及通过刑事诉讼控制社会就是控制犯罪的理念，这在很大的程度上会改变犯罪控制的面貌和格局，取得令人意想不到的效果。

犯罪控制视野下的刑事审判：模式、
功能与法官的态度 ①

刑事诉讼中的审判，是指人民法院对人民检察院提起公诉的或者自诉人提起自诉的案件进行审理和裁判的诉讼活动。从犯罪控制的观点出发，如果刑事审判完全不注重通过审理弄清刑事案件的主要事实，而只是被动、消极的单纯依赖裁判解决争端，无视社会秩序被犯罪破坏的事实，那么争端能否彻底解决的确令人怀疑，相反犯罪却可能越来越处于失控状态，各种争端此伏彼起，刑事审判的效率大为降低，最终解决争端的目的并不能达到。这当然又涉及刑事审判中犯罪控制的"度"的问题，因此有必要为刑事审判确立一些原则，赋予现代刑事审判以科学的特征②，在审理和裁判之间寻找到合适的落脚点。比如刑事审判应当具有被动性或应答性，这是毋庸置疑的。法院要开始对任何一件刑事案件的审判，一般必须有控诉一方提出正式的控诉和指控。没有公诉人或自诉人的起诉，法院不会主动地发动诉讼或主动审理某一案件（即不告不理）；上级法院若想对一件未决的刑事案件进行复审，首先也必须有控辩双方中某一方的上诉或者抗诉申请，否则案件不会自动进入复审程序；还有在法庭审判过程中，要想就某一程序性事项做出裁定，也须以有关各方提出了申请或请求为前提。"但是这种被动性或应答性仅适用于法院在启动审判程序方面，并仅适用于法院做出判决或裁定的场合。

---

① 此文原载《中外法学》2006年第4期。

② 根据陈瑞华教授的观点，这些特征有：和平性和非自助性，启动方面的被动性和应答性，审判的多方参与性，法院审判的集中性，确定被告人刑事责任的最终性和权威性，法官制作裁判的非合意性。

审判一旦启动，法官不可能永远地被动下去，他们仍有权主动地实施各项诉讼行为。在许多国家，主持刑事审判的法官拥有广泛的调查权和自由裁量权，但他们在启动审判程序方面仍是被动的。"①再比如，法院对刑事案件有定罪权和量刑权。在对被告人是否定罪方面完全取决于控方的控诉质量，法院通常是被动应答的。但在确认被告人有罪的前提下，是否对被告人处以刑罚、处以何种刑罚以及刑罚的轻重则是由法院主动做出决定的。这关系到国家刑罚权的实现和对被破坏的社会秩序的恢复，显然不是被动的裁判能够达到的。量刑过程中，犯罪控制的观念浮出水面，成为刑事审判活动的一个标尺。

一、现代刑事审判的模式与犯罪控制

西方学者将现代两大法系的刑事审判模式一般分别称为"职权主义审判模式"（审问式程序）和"当事人主义审判模式"（对抗式程序）。前一种可追溯到罗马帝国统治的最后一个世纪，形成于中世纪的欧洲大陆各国，成为当今大陆法系通行的刑事审判模式。后一种可追溯至古希腊和罗马共和国时期，成为当今英美等国采取的刑事审判模式。这两种模式的划分标准有两个：其一是对它们的形成具有极大影响的法律传统，这种传统与两大法系在其历史形成和演变过程中所具有的独特法律文化密切相关。其二是两种模式分别设定了不同的发现真实的方式和途径：前一种模式依赖于法院主导进行的官方司法调查，后一种模式则凭借那种由当事人主导进行的法庭对抗。

（一）职权主义审判模式与犯罪控制

职权主义审判模式被视为一种"对客观事实的司法性调查"活动（judicial quasi-scientific search for the truth），其核心问题是由法官依职权查明案件的事实真相。在职权主义审判模式下，非职业法官尽管可以与职业法官一起组成所谓的"陪审法庭"，但他们并没有职能上的区分，而拥有同样的裁判权：既要对被告人是否有罪问题做出裁断，也要对有罪被告人的量刑问题做出裁决。据资料介绍，非职业法官由于不熟悉法律，他们不得不听从职业法官向他们就法律适用和程序运作等问题所做的指示。结果，非职业法官对法庭有关定罪量刑的裁决只能发挥极小的影响力。如在德国，他们对定罪问题的影响程度仅为14%，对量刑问题的

---

① 陈瑞华. 刑事审判原理论 [M]. 北京：北京大学出版社，1997：11.

影响则为6.2%①。这样，职业法官实际上主导着法庭的审判。

职权主义审判模式实行裁判中心主义②，起诉中实行卷证移送制度，庭前审查具有实体性质，美国学者埃尔曼评价道："由于大陆法系法官所据有的关键地位，他甚至很少在进入法庭之时，对眼前案件争议的问题装作一无所知。相反，他已细心研究卷宗，甚至可能近乎做出他的裁决。"③这种模式下，法官主导和控制着证据的提出和调查程序，控辩双方居于次要、消极、被动地位。法官在庭审中是唯一主角，审判活动以法官对案情的调查为主线展开，案件事实的认定和证据的取舍，均由法官依职权判断。检察官仅处在配角地位，他只在法官调查事实之后，必要时才对法官忽略或遗漏的事实进行补充性调查。在提出证据方面，检察官也不能发挥主要作用，尽管理论上认为控方提出证据以支持公诉主张，但证据主要是由法官提出并由其组织调查的，因而使诉审职权不能彻底分离。另一方面，被告人及其辩护人的活动也受很大限制。庭审中，辩方只有经法官许可才能提出证据或反驳控方证据，而且一般只能在法官调查后才能进行。这时诉讼与其被看成是一场争斗，不如被看作是一个官方的全面调查。如德国《刑事诉讼法》第244条第二款规定："为了查明事实真相，法院应当依职权主动收集足以证明一切事实真相的证据，以及对做出决定有帮助的一切证明方法。"法国《刑事诉讼法》第30条规定："在陪审制公判审理中，审判长可以根据他的自由裁量权，以自己的名誉和良心采取自认为对查明事实有用的一切处置方法。"

在包括法国、德国在内的各大陆法系国家中，人们普遍对法院在控制审判程序、维护正义方面的作用表示信任、理解和尊重。但这里暗含着这样一种价值观念：审判程序主要是法院用以查明真实、实现公正裁判结果的一种工具或手段。换言之，作为职权主义审判程序构成要素的每一项原则和规则，其主要意义都在于确保法官实现的实体真实目标。法官为查明真相，有权主动采取法律所允许的

---

① 赫尔曼.中国刑事审判改革的模式 [M]// 陈瑞华.刑事审判原理论.北京：北京大学出版社，1997：316.

② 裁判中心主义是大陆法系各国采纳的刑事诉讼原则。其含义是，刑事诉讼活动应把达到公正的裁判结果作为中心目标，判断刑事诉讼程序的主要价值标准在于它是否具有产生公正裁判结果的能力。为实施这一原则，法官和陪审官应积极主动地搜集证据，全面客观地查明案件事实真相，不受控辩双方在法庭上提出的证据范围的限制，必要时可以在法庭之外实施调查；同时，检察官在提起公诉时应将侦查卷宗及其所掌握的证据一并移送法院，使法院有机会在开庭前进行充分的准备活动。——笔者注。

③ 埃尔曼.比较法律文化 [M].贺卫方，高鸿钧，译.北京：三联书店，1990：175.

一切必要的手段和方法[①]。今天，这种绝对工具主义的程序价值观念已经在大陆法系国家失去了影响力。但是，法院仍保留了传统上十分强大的司法调查权，因为人们对法院作为公正实施法律、维护人权的司法机构仍然保持着很大的信任。"即使在20世纪德国法院已成为确保公民免受政府压迫的屏障的情况下，这种愿意接受法院司法控制的观念仍没有发生变化。"[②]法院对审判程序的广泛控制固然导致控辩双方的参与受到了严格限制，但这有助于事实真相的查明，并促进刑事实体正义目标的实现。在大陆法系各国，这种对公正裁判结果的高度重视在一定程度上限制了程序正义观念的发展，造成了一种较为浓厚的工具主义程序价值理念的盛行。"实体真实"主义者在追求个案的真相的同时，甚至主张将有碍于寻找真相的正当程序抛弃，这种奉"实体真实"主义为至上的观点，显然忘却了诉讼上的客观真实正是正当程序的运作结果。而且，作为职权主义审判模式中法官裁判案件的前提和基础的"实体真实"又是人的认识的客体，"是属于作为认识的真实而非作为存在的真实。"[③]由于人的认识要受到许多限制，不但常常受着科学条件和技术条件的限制，而且也受着客观过程中的发展及其表现程度的限制[④]。因而，这种"实体真实"难免片面，甚至有错。倘若以这种认定片面或有错的"实体真实"作为裁判的基础的话，岂不会导致误裁错判吗？而这显然又背离了"实体真实"主义查清案件真相的宗旨。

从犯罪控制的观点来看，对实体真实的过分关注和对犯罪的过度打击并不是刑事审判过程中犯罪控制的主旨，相反只是一种迫不得已的手段选择，对犯罪频繁的严厉打击可能造成犯罪控制方面的诸多问题。因为一方面犯罪浪潮事实上在不断高涨，另一方面法院也在不断地通过有罪判决"生产"罪犯。看起来法院惩罚犯罪的效率很高，其实一种不是恰如其分的打击会诱发新一轮犯罪的增长，由于程序不正当和没有获得公正审判的机会，被告人往往不主动接受定罪量刑的结果，刑罚制裁的效用大打折扣。同时公众对犯罪的承受力越来越减弱，对法院控制犯罪的能力和方法越来越抱怨，犯罪失控的危险也在增加。由于大陆法系职

---

① 陈瑞华. 刑事审判原理论 [M]. 北京：北京大学出版社，1997：320.

② 赫尔曼. 中国刑事审判改革的模式 [M]// 陈瑞华. 刑事审判原理论 [M]. 北京大学出版社，1997：320-321.

③ 平均安治. 修订刑事诉讼法讲义：第1卷 [M]. 东京：有斐阁，1954：6.

④ 毛泽东选集 [M]. 北京：人民出版社，1977：270.

权主义审判模式为寻找"实体真实"而不惜牺牲一切代价，奉国家、社会利益至上的价值观念和审判目的具有的片面性和缺陷，以及司法实践中侵犯人权，违背诉讼正当程序的现象日益加剧，犯罪控制的效果并不如预期的那样显著，从而招致社会的强烈不满，导致了审判模式的适度改革，如法、德等国的审判模式中正当程序的价值观念日益明显。与此相适应，通过刑事审判控制犯罪的能力也有所增强。

（二）当事人主义审判模式与犯罪控制

当事人主义审判模式实际上是一种由控辩双方主导进行，法官作为仲裁者确保双方遵守规则的竞赛。美国的达马斯卡教授称当事人主义审判模式是"理论上处于平等地位的对立双方在有权决定争端裁决结果的法庭面前所进行的争斗。"[1]基顿教授也认为，当事人主义"审判是不相一致的事实陈述和法律理论之间的竞争"[2]。美国宪法修正案第14条规定："任何人，没有经过正当法律程序，亦不得剥夺任何人的生命、自由和财产，亦不得对任何在其管辖权下之人，不给予法律上平等之保护。"当事人主义审判模式注重控诉与辩护力量的平衡，审判活动主要围绕控诉方的举证和被告方的反驳而进行，交叉询问程序是这种模式的核心。法官处于相对消极仲裁者的地位，但仍具有较大权威，对庭审中的活动有较大的控制力，检察官和辩护律师控制和主导着证据的提出和事实的调查。这种模式比较彻底地实行控辩审职权的分离，陪审团对法庭审理程序没有任何控制权，但他们可以完全摆脱检察官侦查结论及其证据的影响和牵制。法官及陪审团的基本任务是听取双方证人的交叉盘问和辩论，根据庭审查明的事实来做出裁决。法官并不亲自调查取证，也不主动干预控、辩双方审查证据的活动，而是以独立的仲裁人身份来解决控辩双方的冲突，他与双方保持相等的司法距离，而不偏向任何一方。这种中立性和被动性是实现公正审判的重要条件。

当事人主义审判模式的基础理念包括两个方面：一是"公平竞争理论"（the sporting theory of justice）。根据这一理论，国家与被告人个人之间发生的刑事争端应由检察官与被告方通过直接的对抗或竞争而解决，控辩双方在作为裁断者的陪审团面前展开理性的交涉和说服活动，各有自己的有关案件事实和法律结论的"一面之辞"。随着人类程序正义观念的发展，"公平竞争理论"的具体含义也逐

---

① 陈瑞华.刑事审判原理论 [M].北京：北京大学出版社，1997：305.

② 乔恩.R.华尔兹.刑事证据大全 [M].何家弘，译.北京：中国人民公安大学出版社，1993：7.

渐发生了相应的变化。当事人主义审判模式中控辩双方对抗性的减弱以及法官对程序控制程度增强的发展趋势，即说明了这种理念上的变化。但是从目前的情况来说，"公平竞争理论"仍不失为这种模式的一项基础理念。二是建立在高度尊重个人主体性基础上的程序正义观念，以保护个人权利、限制国家权力为价值取向，强调恪守正当程序。这种观念又有两项基本要素：（1）作为司法裁判者的法官须尽量减少对裁判制作过程的控制和介入，保持消极的中立；（2）个人有权通过积极、主动和广泛的程序参与来维护自己的权益，有权自行选择和处分自己的前途和命运。应当说，这种采取由控辩双方在裁判者面前展开积极对抗的制度，比那种由法院对裁判制作过程实施广泛官方控制的制度具有更大的公正性。

在当事人主义审判模式下，刑事案件的事实真相不应由一名裁判官员单独、积极地去探究，而应由那些与案件结局有着直接利害关系的诉讼各方从有利于自己的角度通过对抗而得以揭示。在一个典型的当事人主义审判程序中，控辩双方所进行的活动旨在说服裁判者接受其"一面之辞"，以求获得有利于自己一方的诉讼结局，而不是以一种超然的方式报告案情[1]。他们"不是像一个珠宝商，慢慢地在光线下转动钻石，使它的每一片小平面都全部显露"，而是"好比把钻石稳定于一个角度，使它单独的一面特别惹（人注）目。"[2] 换言之，控辩双方的职责在于帮助法官和陪审团成员分别从不同甚至完全相反的两个角度看待和处理案件。这样，审判程序就没有被设计成一种由法官积极调查事实真相的司法调查程序，而是尊重双方在追求有利的实体利益目标方面的积极性和主动性，使事实真相在双方的对抗中得以显露。正如德维林（P·Devlin）教授所描述的那样："获得案件事实真相的最佳方法是让每一方参与者都能主动寻找事实：在这两方面的事实对抗中，双方会将真相真正揭示于天下……两个与案件结局都有着利益牵连的探索者分别从正反两个方向开始搜寻事实真相，这要比那种仅由一名公正的探索者从田地的中间开始查明真相更不可能丢失任何方面。"[3] 不仅如此，控辩双方的对抗事实上还可以抑制裁判官员的不当预断和偏见，迫使其从两个不同的角度审查证据和认定事实。一些来自实务方面的材料显示，在那些不采取这种模式审判的情形下，裁判官员大都有在调查早期即对被告人有罪与否形成判断的心理倾

---

① 陈瑞华. 刑事审判原理论 [M]. 北京：北京大学出版社，1997：313.

② 哈罗德·伯尔曼. 美国法律讲话 [M]. 北京：三联书店出版社，1988：24–34.

③ 陈瑞华. 刑事审判原理论 [M]. 北京：北京大学出版社，1997：313.

向，并在以后遇有与其冲突的情况下仍维持其原有结论。由控辩双方主导的当事人主义审判模式"似乎是唯一有效的对策，借以抵御人们借熟识事物对并未完全清楚的事物作过分轻率结论的人性之自然倾向。"而且双方的辩论"等于使案件置于正反两方面意见之间悬而未决"，直到裁判者可以"探索它的一切特性和微妙差别"为止[①]。

当事人主义审判模式体现着公平、公正、公开的原则，审判主要是在保障人权的前提下，消极地追究犯罪。从犯罪控制的角度来看，"设计这个体系的目的是公平地起诉人们，而不是控制犯罪的蔓延。"[②] 这种审判模式虽然在维护人的基本尊严和合法权益方面作用匪浅，但在与犯罪作斗争方面明显感到力不从心。统计资料表明，美国对杀人案的侦破率只有70%，一般的刑事案件侦破率则更低了。美国法学家乔治·W.皮尤承认，从罪犯交付审判的观点看，美国刑事司法制度显然是效率不高的[③]。对犯罪打击不力，使得犯罪分子愈来愈猖獗，对法律正当程序的利用，使得犯罪分子的手段又愈来愈高明。"警官热诚地工作才获得罪证，但是由于严格地根据法律对技术问题的规定，罪证被扔出法院，所以有罪的人自由自在地走了，任何时候有这样的事，老百姓就不信任这个体系。"[④] 这种状况不能不说是当事人主义审判模式倡导的正当程序观念、保障人权的单一价值理念所导致的。为了扭转这种控制犯罪的被动局面，当事人主义审判模式将关注的视线转向职权主义模式并借鉴其控制犯罪的规定，如英国设立了检察官起诉制度，以加强对犯罪分子的追诉。美国修改了非法证据排除法则，增加了例外的规定，以便达到犯罪控制的目的。

（三）混合式审判模式与犯罪控制

从20世纪40年代以来，随着二战的结束，西方两大法系国家的刑事审判模式出现了较为强劲的融合趋势。一方面，英美法系国家在缓慢地吸收、采纳职权主义审判模式中的一些制度或程序。如检察官作为国家的刑事追诉官员，以国家的名义承担控诉职能，这一制度就是通过吸收大陆检察制度而发展起来的。通过吸收大陆法系的制度，英美刑事审判模式中逐渐呈现出一些不同于那种在民事诉

---

① 哈罗德·伯尔曼.美国法律讲话[M].北京：三联书店出版社，1988：28.

② 特德·杰斯特.我们与犯罪作斗争一直失败[J].国外法学，1982（3）.

③ 乔治·W.皮尤.美国与法国刑事司法制度之比较[J].法学译丛，1986（4）.

④ 特德·杰斯特.我们与犯罪作斗争一直失败[J].国外法学，1982（3）.

讼中实行的纯粹对抗式的特征。另一方面，大陆法系国家的立法者们也一直在从英美对抗式程序中寻找改革的灵感和动力，与审问式程序相关的许多制度都是先从英美移植而来后又经过与法律传统的妥协而形成的（如陪审法庭制度）[①]。大陆法系国家纷纷移植英美当事人主义审判模式或者采纳其中的若干内容，是两大法系刑事审判模式相互融合趋势的主流。

这方面的代表国家是日本。日本关于刑事审判模式的改革措施主要有：（1）对其原有的卷宗移送主义的起诉方式进行了改革。日本刑事诉讼法规定，检察官在起诉时只应将起诉书移送给法官，而不得把任何可能使审判官产生预断的文书、物件或其他证据移送给审判官，也不得在起诉书中引用上述内容。法庭所要调查的证据一般由检察官和被告方当庭提出和调查，证人一般由双方当庭传唤和询问。这一"起诉状一本主义"的改革既减少了主审法官在庭审前产生预断的可能，也会导致控辩双方对抗性的增强和法官主导作用的削弱。法官的作用在很大程度上局限于对各方当事人提出的证据进行评估，这为庭审过程中当事人主义审判模式的建立创造了前提条件。（2）当事人控制着法庭调查证据的范围。在法庭审判过程中，对证据的调查范围基本上由当事人自行请求确定，法官所要采纳并作为定案根据的证据一般由控辩双方当事人直接向法庭提出，法官一般不再仅根据检察官卷宗的内容自行出示证据。（3）采纳了作为当事人主义审判模式核心的交叉询问程序，使控辩双方在事实调查过程中起着主导作用。日本刑事诉讼法规定了两种调查证据的方式：一是由审判长或陪席审判官首先询问证人、鉴定人，检察官、被告人或辩护人在前项询问已经完毕并告知审判长后，依次询问证人、鉴定人。在此情形下，对该证人、鉴定人的调查，如果是出于检察官、被告人或辩护人的请求时，应当由已提出请示的一方首先进行询问。这种方式又可称为"由法官控制的交叉询问"。二是由检察官、被告人或辩护人主导进行的交叉询问程序。日本刑事诉讼规则对这种交叉询问方式做出了明确具体的规定，确立了主询问、反询问、再主询问、再反询问等询问方式和顺序，并规定了询问和回答的方式。在日本的司法实务中，由当事人主导进行的交叉询问程序上被固定下来，并成为日本法庭调查过程中真正得到采纳的程序。为了与这种由当事人主导控制的交叉询问程序相适应，日本还确立了一些英美法系的证据法规则，如排除

---

① 陈瑞华. 刑事审判原理论 [M]. 北京：北京大学出版社，1997：322.

传闻证据规则。日本《刑事诉讼法》第320条规定，除法律明文规定的情况之外，"在公审期日代替供述的书面材料，或在公审期日外以他人的供述为内容所做的供述，都不得作为证据。"

日本通过上述改革，法官（或主审法官）的积极主导作用受到了很大的削弱，他事实上不能再像过去那样"为查明事实真相而采取一切证明手段和措施"。但是，法官为查明事实真相，仍可依职权自行扩大证据调查的范围，自行提出证人、书证或物证，也可以对证人、鉴定人进行主动询问，在证据调查中仍可发挥一定的主导作用。这说明日本仍保留了一些传统的职权主义模式的特征。特别是日本并没有将英美的陪审团审判制度移植过来，这就使得对抗式程序的确立受到了内在的限制。另外，纯粹的当事人主义模式建立在英美法系法律传统的基础上，它有其固有的基础理念，而在日本，大陆法系的法律传统仍在发挥强大的作用，它们对于一切"异己"的程序模式、制度设计等均会产生相当强的排斥力。

日本"二战"以后建立的这种集当事人主义与职权主义的优势于一体的混合式审判模式，高扬"正当程序"与"实体真实"两面旗帜，主张在"正当程序的范围内寻求实体真实主义""在坚持程序正义的同时，实现实体真实发现的要求，是刑事诉讼的目的。"[1]"日本在美国的影响下，采取了当事人主义的诉讼结构，虽然日本当时在美军占领的形势下，不得不接受美国的诉讼模式，但是现在的日本法学家和司法界都一致肯定了这种变化。认为现在的司法制度和诉讼程序注意保护人权，比战前的刑事诉讼程序好。"[2]保留传统的职权主义，既重视"正当程序"又注重"实体真实"，表现了日本的审判价值观念和审判目的的多重化、完美化，这种观念和目的在其《刑事诉讼法》第1条表现得明白无误："本法律是在刑事案件中，完全、彻底地维护公共福利和确保个人的基本人权，查清事实真相，并且正确地、迅速地适用和实现刑罚令。"有学者对日本的这种混合式审判模式提出质疑，如埃尔曼教授就说："义务本位而非权利本位的法律文化的强大生命力，在日本这个西方化和工业化的国家来得尤为明显，在西方法律的表象背后，传统的作用与规则依然存在。家长制而非法制的等级身份结构，依然使得个人只是作

---

① 土本武司. 刑事诉讼法要义 [M]. 东京：有斐阁，1991：16.

② 陈光中. 外国刑事诉讼程序比较研究 [M]. 北京：法律出版社，1988：23.

为他人的条件而存在。"①

在笔者看来，日本实行这种兼顾正当程序与实体真实，保障人权与惩罚犯罪并举，以职权主义制衡和补充当事人主义，以当事人主义制衡和补充职权主义的混合式审判模式，正是出于对刑事审判过程中犯罪控制的"度"的考虑。受到制衡和补充的当事人主义与受到制衡和补充的职权主义组合，既避免了因当事人主义的成分太多而只注意保障人权，忽视了惩办犯罪之弊端，又避免了因职权主义因素太多而过分注重惩罚犯罪的同时却侵犯了公民的合法权利之缺陷，这不能不说体现出该模式追求的价值日臻完善。其实，这也符合法律正是诸种价值载体的特征的。然而"鱼和熊掌不可兼得"，不想失去任何有价值的东西的日本刑事诉讼法，尽管"但书"频频，但实践总是会将这种纸上的均衡打破的②。因为，任何一种理想在其所标榜的政治制度下总是不可能全部实现的。所以，我们一方面在认可日本式的审判模式表征着多重价值观念，且表征着诉讼文明与进步的发展潮流时，更应看到这种完美的审判模式在司法实践中是不可能完全实现的③。

（四）我国的刑事审判模式与犯罪控制

我国传统的刑事审判理念类同于大陆法系，甚至可以说，其对"职权探知"和"实体真实"的强调较之于大陆法系有过之而无不及。其中的道理在于，我国历来把法院的审判视为惩治犯罪，稳定社会秩序的最后一个司法环节，是完成政治任务的工具和手段。为抢占法庭审判这一惩罚犯罪的"阵地"，法官自然应当完全掌握这一程序的控制和主导权，而不能任由控辩双方尤其是辩护方牵着鼻子走④。在这种观念支配下，我国传统的刑事审判模式存在许多问题，有学者曾一针见血地指出："在刑事诉讼立法实际工作中，大家习惯于公安司法机关说了算，职权诉讼有余，'两造'诉讼不足，尤其是在刑事诉讼中，如何充分调动和发挥控辩双方的主动性和积极性，从立法到实际工作都有很大缺陷，"⑤正是由于认识到传统刑事审判模式所存在的问题，我国1996年修正后的《刑事诉讼法》在借鉴英美法系当事人主义审判模式相关做法的基础上，对传统的刑事审判模式进行

---

① 赫尔曼.中国刑事审判改革的模式 [M]// 陈瑞华.刑事审判原理论.北京：北京大学出版社，1997：90.

② 徐友军.比较刑事程序结构 [M].北京：现代出版社，1990：24.

③ 谷国文.现代刑事审判模式评析 [J].法商研究，1998（1）.

④ 左卫民，周长军.刑事诉讼的理念 [M].北京：法律出版社，1999：75.

⑤ 樊崇义.刑事诉讼法学研究综述与评价 [M].北京：中国政法大学出版社，1991：698.

了较大的改革，基本上确立了控辩对抗的格局，一定程度上出现了"当事人主义化"的趋势。现行的刑事审判模式具有以下特点：其一，在卷证移送方面，规定检察机关在提起公诉时应移送有明确的指控犯罪事实的起诉书、证据目录、证人名单、主要证据复印件或者照片。这表明法官的庭前审查基本上限于程序性内容而不能再对被告人是否有罪、证据是否确实、充分等实体问题进行审查，而且禁止法官在庭审前实施讯问被告人、勘验、检查、扣押、鉴定等庭外调查活动。这一定程度上可以避免法官在对被告人有罪已形成肯定性判断的情况下开始法庭审判，从而确保法官的中立地位。其二，法官在庭审中的主导作用有所削弱。在现行的法庭审判程序中，法官不再承担过多的司法调查职能，而在很大程度上局限于听审和裁断；控辩各方事实上主导着法庭调查和辩论程序，法官的参与在很大程度上起到补充或辅助调查的作用。法官预断的减少与其主导作用的削弱相结合，使得控辩各方的参与既能充分进行，又能富有意义和效力。其三，控辩双方在法庭调查中的积极性和主动性得到发挥。公诉人在提出证据证实指控方面开始担当主角，由自己亲自询问控方的证人、鉴定人，出示控方物证，宣读控方的书面材料，并接受辩方的质证和诘难，与辩护方展开辩论。同时，被告人和被害人也拥有了充分实施攻击——防御活动的自主性，因为他们有权首先做出陈述，并亲自或通过他们的委托人——辩护人或诉讼代理人对公诉方证据进行质证，或直接提出本方的证据。其四，法官并没有像当事人主义审判模式中那样成为消极的仲裁者，而是能够控制庭审过程并对法庭调查进行必要的补充，从而在保持中立地位的前提下积极地参与法庭审判过程。

当然，由于当今中国的立法者尚未摆脱"法院不过是惩罚犯罪，进行阶级专政的'刀把子'"的传统思维观念，因而，我国新构建的刑事审判模式仍然保留了相当浓厚的职权主义色彩[①]。法官在开庭之前还可以阅读和了解证据目录、证人名单和主要证据复印件或者照片等相当广泛的证据材料，尽管其范围已被大为削减。因而，法官形成庭前预断的危险性并未消除；法庭调查仍以对被告人的讯问开场，被告人没有沉默的权利，只有如实回答的义务，如果拒绝回答或作虚假回答，可能被以"态度不老实"为由从重处罚；法庭调查中，控辩双方向被告人、证人、被害人或鉴定人的讯问或询问都必须经过审判长批准；证人可以不出庭作

---

① 左卫民，周长军.刑事诉讼的理念[M].北京：法律出版社，1999：77-78.

证，书面证据仍在广为运用；交叉询问制度并未明文规定下来；在法庭审理过程中，法官仍然有权根据查明案情之需要开展勘验、检查、扣押、鉴定和查询、冻结等广泛多样的调查活动，由此所获得的证据材料也可以不经控辩双方当庭质证即可成为法院据以定案的证据；等等。

在笔者看来，我国以前类似职权主义的刑事审判模式由于较为便利、快捷和简单易行，因而在惩罚犯罪、打击犯罪和维护社会秩序等方面起着重要作用，这一点得到了理论界与司法实践部门的一致首肯，也得到了广大社会公民的认可。但是在人权保护方面的确存在着许多问题，甚至在一定程度上助长了司法机关侵犯人权的现象，产生了大量的冤假错案，程序工具主义和有罪必罚的观念十分盛行。事实上，即便对犯罪如此打击，也并没有真正控制住犯罪率的快速增长，相反统计数据表明，多年来我国的刑事案件数一直呈显著的增加势头，至今也未知是否攀至"峰顶"。这样，不仅是人权保障，犯罪控制也面临着人们越来越多的责难。我国现行的刑事审判模式以职权主义为主、以当事人主义为辅，这是因为它一方面承认了职权主义模式在惩罚犯罪方面的积极意义，鉴于我国的犯罪状况，刑事审判应在惩罚犯罪方面继续努力；另一方面又在审判程序中引进了较之以前多得多的当事人主义因素，这是很好地认识我国政治、经济、文化、法律传统等诸多国情的确证，也是在惩罚犯罪不等同于犯罪控制以及人权保障犯罪控制的重要方面的观念上的飞跃。刑事审判模式的构建一则要求顺应人类法制文明、进步的潮流，二则要求很好地反映一国政治、经济格局中的公民权利主体、利益的多元化状况。当权利、利益发生冲突时，立法首先应当考虑以一个公正的程序在保障公民的正当权利能得到行使的情况下，要求法官公正裁决，达到犯罪控制的目的。我国刑事审判模式中当事人主义的因素增多，正是重视了公民在政治、经济生活中的这种重大的变化，而在立法上赋予了其相应的权利，这不仅是人权保障的需要，也是现代犯罪控制观所要求的。

有学者认为，我国不能完全实行当事人主义审判模式，固然与我们的政治、经济现状紧密相关，当事人主义审判模式主张公民权利的积极主动行使，而限制法官查案的能力，更与我国法制国情相去甚远。由于我国公民长期受职权主义审判模式的影响，诉讼为公民提供参与的机会不多，人们的诉讼行为处处掣肘，导致诉讼观念淡薄，而诉讼观念淡薄反过来又影响诉讼行为的有效实施。两者的相互作用，导致诉讼文化的不发达，即使诉讼落到自己头上，也没有积极行使诉讼权利的意识。人们在诉讼中的这种被动地位与中国的诉讼缺乏一种倡正祛邪的积极感召力不无关系。也有的学者认为，中国人长期以来有一种"厌讼""耻讼"的观念，因而诉讼的主动性不强，而私下以约定俗成、世代相传的习惯解决纷争的现象却比比皆是。缺乏法制传统使人们谈"讼"色变。因而，要使公民在审判程序中积极行使诉讼权利，推进审判程序，依我国公民目前的这种诉讼观念淡薄、诉讼主动性不强的状况来看恐怕是一时难以实现的。例如，要求证人出庭作证而不是要求证人一律出庭作证的立法规定，立法者也是从我国的法制国情出发而做出的。我国公民主动出庭作证意识的淡化，决定了其轻易不会出庭作证。对于证人来说，他作证以后担心的不是自己的误工损失，也不是没有作证的能力，而是担心自己因做了不利于当事人的证明之后遭到报复，担心这种举措损害了和谐的人际关系。我国人均占有的司法资源极为有限，不可能像西方发达国家那样能做到为证人改名换姓、转换居所，甚至变换职业等。因而立法对证人出庭作证没有作强制性规定，这是有充分的实际依据的。以我国法制国情的观点还可以分析审判模式中类似的问题，而分析的结果是既从模式整体方面又从模式的细节方面足以说明我国现行的刑事审判模式符合我国的法制国情，符合我国的政治、经济国情，是独具中国特色的审判模式①。

笔者认为上述观点不是没有道理。从犯罪控制的角度来说，当事人主义因素多一点，还是职权主义因素多一点，并不是区分一个刑事审判模式优劣的标准。模式是否适宜，关键要看其是否与所在国的政治、经济、法制、国情保持基本一致，特别是与一国当前的犯罪浪潮是否高涨，犯罪控制的力度是否适当，人权保障是否符合国际标准和发展趋势等有着密切的关系。那种主张完全照搬西方当事人主义审判模式的做法不仅不符合我国国情，因为我国法律"并不是也不可能是在与法律文化遗产和现存的外国文化完全绝缘的条件下产生和发展的……，但是无论是借鉴历史上或外国的经验都必须从我国的实际出发，使这种借鉴适合我国国情。"②而且，当事人主义刑事审判模式也不符合我国当前控制犯罪的实际要求。总体而言，改革开放以后我国的犯罪严重性逐年上升，严厉惩罚犯罪的刑事政策受到了前所未有的挑战，对犯罪宽严相济的理念逐步得到政府、学者和公众的认同，刑事诉讼中人权保障的意识有所增强，犯罪控制观也在逐渐现代化。在

---

① 谷国文. 现代刑事审判模式评析 [J]. 法商研究，1998（1）.

② 陈光中. 中国法律教程 [M]. 北京：法律出版社，1992：31.

这种背景下，刑事审判模式的改革也有一个渐进的过程，坚持职权主义的优势和专长，逐步借鉴当事人主义的合理因素，在刑事审判中体现新型的犯罪控制观，确立体现最低限度公正标准的基本程序保障规则和原则[①]，无疑是在宏观上必须把握的主题。至于在某些局部细节上的程序设计参照哪种模式运行，则不是问题的根本所在。否则，即使理论上和立法上设计得完美无缺的刑事审判模式，倘若不适合我国国情而发挥不了实效，犯罪控制的目的不能达到，人权保障也会最终落空，这样的模式又好在何处呢？

二、刑事审判的功能与犯罪控制

功能，即功效、作用，是指物质系统自身所具有的，以及在作用于外部环境过程中所表现出的能力。功能具有两个特性：其一，系统功能只有在系统与环境相互作用时，或者只有在系统活动过程中才表现出来；其二，系统功能包含目的性，无论生物界还是非生物界，物质系统运动及其功能的活动变化，总是趋向于某个目标或方向[②]。

（一）刑事审判功能与犯罪控制总述

刑事审判的功能是指刑事审判在整个诉讼运行体系中所发挥的功效和作用。从整体功能上看，刑事审判前的各个诉讼阶段，如侦查、起诉等，虽然都是不可缺少的，但从一定意义上讲，它们都是为刑事审判从实体上解决案件所做的准备工作；从近现代刑事诉讼的特征来看，多数国家的刑事诉讼都是以审判为中心的，刑事审判质量的好坏，决定着整个刑事诉讼的质量。从大的方面来说，刑事审判的功能可以分为结果功能和程序功能两类。所谓结果功能，就是通过刑事审判解决纠纷、化解社会冲突的功能。刑事审判的初始功能就是解决纷争。尽管随着社会的发展，刑事审判的功能不断得到丰富，并在此基础之上派生了许多其他功能，甚至一些功能从功能价值上已超出了其初始功能范围，但就刑事审判功能的内在本质规定性讲，刑事审判的基础功能仍然是解决争议。所谓程序功能，包括刑事审判的保障功能和刑事审判的秩序功能等。保障功能，即通过刑事审判程序规范的实施和刑事审判模式的选择等，对程序的发展及其方向进行有效保障，

① 陈瑞华. 刑事审判原理论 [M]. 北京：北京大学出版社，1997：411–415.

② 于光远. 自然辩证法百科全书 [M]. 北京：中国大百科全书出版社，1994：249.

确立诉讼参与人的诉讼地位及诉讼权利，从而保证刑事审判目的和任务的实现；秩序功能，即通过刑事审判程序规范的实施和刑事审判模式的选择等，规定诉讼秩序，稳定诉讼格局，推进诉讼过程，有效地控制诉讼体系的内在秩序[①]。随着人类社会文明的发展和诉讼程序的逐步发展和完善，刑事审判所具有的各种功能逐步为人们所认识和关注。

值得注意的是，功能与结构是一组相对的概念。结构是指物质系统内部诸要素的秩序，是诸要素相互联系和相互作用的方式；功能是系统自身所具有的，以及在作用于外部环境过程中所表现出的能力。结构与功能是相互影响、相互作用、相互制约的。功能潜在于结构当中，依赖于结构而存在；结构体现着功能，是功能的载体。结构与功能的辩证关系具体可以概括为如下几种情况：（1）系统的结构相同，功能也相同。结构是功能的基础，它规定着功能的性质，控制着功能的范围和大小。（2）同一结构系统同时具有多种功能。这种情况主要由于功能不仅受结构的控制，而且与系统的组成要素，特别是系统所处的环境有关。（3）系统的结构不同，却具有相似或相同的功能。功能对于结构具有相对独立性。系统功能在外部环境不断作用下，经常地发生变化，这种变化反过来引起结构的变化，当系统功能的变化发展到某种程度，就会导致旧结构的瓦解，新结构的产生。从上述原理出发，鉴于刑事审判的结构实际上就是刑事审判的模式，因而可以将刑事审判模式与刑事审判功能的关系论述如下。

第一，刑事审判模式是刑事审判功能的客观基础，从根本上制约着刑事审判功能的性质，规范着其范围和大小。刑事审判模式的内容是控辩审三方的法律地位和相互关系。考察现代各国刑事审判模式，不难发现无论是当事人主义还是职权主义，都具备控辩审的三方构造，所不同的是三方的法律地位和相互关系上有所差异。也就是说各国的刑事审判模式既有较大不同，又有相似之处，这就决定了各个不同国家在刑事审判的功能上，既有所不同，又有共同之处。这些共同性具体表现在：第一，控诉职能决定了犯罪控制是各国刑事审判的共同功能之一，无论是当事人主义还是职权主义，无论刑事审判的目的是惩罚犯罪还是保障人权，由于控诉职能的分立，对犯罪诉讼的独立进行，决定了刑事审判必有犯罪控制的共同功能；第二，控审分离决定了各国刑事审判都必然具有保障程序公正，

---

① 有关诉讼功能问题的论述，可以参见汪建成《诉讼功能论》；王新清、赵旭光《略论刑事诉讼的功能——从刑事程序法的视角》；张爱球《诉讼功能论》。

保障人权的功能，无论审判的进行由谁来主导，法官的独立性是各国的共同特点，控方的攻击与辩方的防御是各国在刑事审判过程中都予以保障的权利。可以说，保障程序公正，保障犯罪嫌疑人、被告人的合法权益是各国刑事审判应有的共同功能。

第二，刑事审判功能不仅受刑事审判模式的控制，而且与刑事审判模式的各组成要素，特别是与其所处的法制环境有关。这就可以解释为什么许多国家的刑事审判理论相似，模式也相似甚至相同，但在社会中所表现出的作用、功效却往往大相径庭。影响刑事审判功能发挥的因素举不胜举，尽管有些因素的作用微乎其微，但各种因素相互联系相互作用的合力却是巨大的，足以影响甚至改造刑事审判的功能。其中，对刑事审判功能影响最大的莫过于刑事审判所处的法制环境了。法制环境是一个非常复杂的概念，大致包括以下几个因素，即政治体制、社会法制心理、法制传统习惯、社会法制现状等。这些因素的不同，决定了刑事审判的功能并不因刑事审判模式的相同而相同。这对我国的司法改革与刑事诉讼理论研究具有非常重大的意义。考察一种诉讼模式，一项具体的诉讼制度，并不能因为它在其他国家发挥了很好的合乎目的的功能，就想当然地认为也适用于我国。就目前的刑事诉讼模式而言，笔者认为关键的问题并不在于模式设计得是否合理与完善，而在于设立的模式、程序是否发挥其应有的功能。因此，如果法制环境不改善，单单改造刑事审判模式是难以奏效的。

第三，刑事审判功能相对于刑事审判模式具有一定的独立性。在法制环境的作用下，刑事审判作为一个物质系统，其功能也会经常地发生变化。这种变化积累到一定的程度，就会发生质变，从而改变现有的模式，导致新的刑事审判模式的产生。或许这对于中国目前正在进行的司法改革，具有一种全新的理论意义。在司法实践中，我们可以看到，当法制环境改变的时候，刑事审判的功能也就不可避免地发生着微妙的变化。最典型的莫过于"严打"政策了，在这种政策的影响下，我国刑事审判惩罚犯罪的功能就会突显，而对犯罪嫌疑人、被告人的人权保障则相应降低。这同样也影响到了刑事审判模式，我们的死刑复核制度也就是在这种政策的感召下，下放了部分复核权，造成了一定的混乱。"可见，如何成功地进行司法改革，实现既定的刑事诉讼的目的，法制环境的改革应该先行。"①

---

① 王新清，赵旭光.略论刑事诉讼的功能：从刑事程序法的视角 [EB/OL].

就犯罪控制而言，刑事审判的每一项功能都可以与犯罪控制发生某种程度的联系。换句话说，刑事审判某项功能的强弱，其实是在犯罪控制方面进行"度"的选择结果。比如刑事审判解决纠纷的功能，它是指刑事审判具有化解与消弭社会冲突的作用，这是刑事审判最重要的功能。在刑事审判过程中，通过调查证据，查明案情，正确运用刑法，合理解决被告人的刑事责任问题，惩治犯罪行为，解决控诉方与辩护方之间的争议以平息纠纷，维持社会利益的合理格局和维护社会秩序，使得权利享有者特别是被害人心情舒畅地走出法庭，继续参加社会生产创造财富。在很多情况下还可以教育犯罪行为人，使他认识到自己行为的错误，最终矫正不良行为，再次地投入于社会生产。这样就防止了纠纷双方因冲突的发生给他们各自参加社会生产造成的人为阻碍，甚至防止了可能因矛盾激化而造成的更严重的后果。上述方面都是犯罪控制的重要内容。当然也要看到，通过刑事审判解决纠纷具有正规性、过程性、对抗性，并非任何纠纷适用审判方式解决都能收到最佳效果。因此，现代社会还需要调解、仲裁、当事人自行和解、行政裁决等大量解决纠纷方式的存在。

又如刑事审判的保障功能，看起来与犯罪控制无关，实则不然。刑事审判过程中当然要确立诉讼参与人的诉讼地位，对其各项诉讼权利予以保障，否则刑事审判就只能沦为惩罚犯罪的工具，而这并不是科学的犯罪控制观所要求的。因为，牺牲保障功能的刑事审判，并不能使纠纷得到合理的解决，如果刑事审判像封建社会那样只剩下威慑和恐吓功能，表面上起到了控制社会的效果，实际只能使各种业已发生的社会矛盾进一步激化，犯罪控制的努力成果终归化为乌有。或许还会使整个社会陷入某种巨大的危机之中，历史上发生的每一次革命大约都跟国家权力过于庞大，公民权利弱小到极致有关，到那时，不仅是犯罪控制，整个社会控制都会土崩瓦解。由此看来，刑事审判过程中的保障功能实在不可小觑，我国目前尤其需要在这方面增大力度，法律要对各种诉讼权利予以明确规定，起码要达到国际通行的最低限度的公正标准，并且要确保这些法定权利在诉讼过程中得到充分的实现。但是也要看到，保障功能也不能过分强调，刑事审判的程序设计不能由于过多考虑诉讼权利的行使，而让刑事审判变得毫无效率、旷日持久，冗长而无趣，甚至让真正的犯罪人一次又一次猖狂地无罪走出法庭，那必然也是失败的刑事审判，犯罪失控将不可避免。

（二）刑事审判功能与犯罪控制分述

刑事审判的功能除了取决于刑事审判模式之外，还受诸多因素的影响。这些因素，包括社会经济发展水平、社会文明程度、法律实施官员的素质、国民性、法文化、犯罪数量的增减等。其中，犯罪数量的增减对国家、社会及其一般成员对于刑事审判的需求有直接的决定作用，从而会直接影响国家的刑事政策，成为影响刑事审判功能的重要因素。一般来说，犯罪愈是在性质上严重化和数量上明显增加，维护现存经济、政治等制度及一般生活条件的需求就愈强烈，国家、社会及其一般成员就会要求刑事审判在犯罪控制方面充分发挥其作用，国家的刑事政策会相应做出调整，进而影响刑事审判的功能。即使国家的刑事政策没有调整，犯罪状况及数量的变化也会影响法律实施官员在犯罪控制方面的心理活动，从而对刑事审判产生某种程度的影响。同时，由于犯罪增加，警察、检察官、法官的工作负担会随之加重，造成人财物等资源不足，这更有可能影响刑事审判过程中程序法的适用及对犯罪嫌疑人、被告人及其他诉讼参与人的权利保障。具体而言，刑事审判的功能体现在以下方面。

1. 实现刑事司法公正的功能

公正是一个历史的、相对的概念，在不同的社会制度、经济条件和历史时期内具有不同的形式和内涵。但是，作为评价某种行为的标准和刑事司法的最高价值，公正仍是人们追求的理想目标，具有强烈的历史发展延续性，尤其在刑事审判中，司法公正被看作是实现刑事审判目的，合理保护国家、社会和个人权益的一种重要保障。司法制度和司法程序真正永恒的生命基础就在于它的公正性。公正是司法价值观中的第一要素，这是不容置疑的[①]。司法公正具有实体公正和程序公正两方面含义。所谓实体公正，在刑事审判中表现为认定罪名准确、罚当其罪，也就是要公正裁判。这是人类在刑事审判活动中共同的追求。然而，由于刑事审判是由已知推断未知的活动，这一追求有时是无法完全实现的。因为法官因种种原因可能不能认定案件事实，因此其裁判仅是由法律授权终止诉讼的一种法律行为，并不能等同于实体公正。为了保证最大限度地实现实体公正，程序公正的问题就被提了出来。所谓程序公正，是指规定国家司法权全部运行过程的理性形态。按照其实质要求，程序公正主要包含两个内容：其一，要求法官的独立性

---

① 宋英辉，李忠诚. 刑事程序法功能研究 [M]. 北京：中国人民公安大学出版社，2004：354.

和公正性。这意味着法官在诉讼中处于中立的地位，并依据法律做出裁判，不受任何外来因素的干预。其二，当事人双方的平等性。这里的平等意味着人格的平等、利益的均等和权利的对等，也就是西方法学家所说的诉讼双方"平等武装"。程序公正包含了审判公正、程序合法、公正执行等内容，其与实体公正相比，具有可把握性和可操作性，并可避免为了追求实体真相而采用刑讯逼供等非法手段可能导致的更多冤假错案出现的混乱局面①。程序公正从实体公正中独立出来，并以自己的可操作性来最大限度地实现实体公正，使得实体公正逐步失去了在诉讼活动中的绝对主导地位。可以说，实体公正与程序公正均是司法活动所追求的目标，二者之间并无孰轻孰重之分。

刑事审判是法制社会中正义的象征，是公正精神的体现，实现刑事司法公正的功能与其说是法律功能，不如说是一种社会功能，而且是层次极高的功能，是法制社会的最基本需要。从犯罪控制的角度来看，每一次公正的刑事审判都会增强犯罪控制的砝码，当事双方只有通过公正的程序获得公正的实体判决结果，才会服判息诉，定纷止争，从而权威的司法得到尊崇，司法的权威得以确立，法制社会通过犯罪控制所期望的良性社会秩序才会形成。另一方面，每一次不公正的刑事审判都有加剧犯罪失控的危险，因为对当事双方不公正的刑事审判是刺激犯罪增长的重要因素，重罪轻判无疑是鼓励犯罪人继续犯罪，轻罪重判也可能促使犯罪越来越重——假如贪污100万元就可能被判处死刑，那他还有什么理由不进一步贪污1000万元呢？特别是程序不公正的刑事审判，不仅无法使当事双方心服口服，从而"缠讼"不已，并对刑事审判失去信心，而且更为可怕的是，不公正的程序可能"制造"大量的冤假错案，由于现代刑事审判救济程序的设立，导致刑事诉讼的多次重复进行，既降低了刑事审判的效率，又极大地浪费了本已稀缺的司法资源。上述过程中，犯罪控制的弱化显而易见。因此可以说，司法公正是刑事审判实现犯罪控制的支点。

2. 提升刑事司法效率的功能

刑事审判模式的设计由于其本质上只追求公正，所谓单位时间内的办案量不在考虑范围之内，最多不过是提出了一个及时或避免不合理迟延的基本原则。这种设计在司法实践中必然会遇到巨大的挑战，那就是人们不可能容忍无限期拖延

---

① 宋英辉，李忠诚. 刑事程序法功能研究 [M]. 北京：中国人民公安大学出版社，2004：352.

对一个案件的审理，同时把另外一个急需处理的案件阻挡在司法门外①。我国台湾地区有学者认为，在诉讼上追求权力与在社会上通过交易行使权力是不同的，因为除本案原、被告外，还有成千上万的人们正在或即将利用法院。所以，不能为了某一个案件的审理花费过多的劳力、时间和金钱，从而阻碍了其他案件进入诉讼程序②。这就是说，在刑事审判中，每一次拖延案件的审理往往意味着我们在埋头追求司法公正的时候不自觉地误入了另外一个司法不公正的泥潭。

效率在直接的意义上讲与公正有本质区别，即"仅仅效率原则本身不可能成为一种正义"③。一般而言，提升效率将使公正做出不同程度的让步，二者存在一种本质上的对立。因为提升效率一般要求相对放宽对国家行使刑罚权的限制并相对减少或缩短控、辩双方对抗的机会和时间，如此则必须容忍办案错误率有一定程度的增长。然而公正与效率之间并不是水火不相容的，相互对立的事物如果能找到结合点往往产生神奇的效果。追求司法公正与司法效率的平衡或调和，无疑是完善刑事司法制度的最重大的课题。正如美国经济学家奥肯所言："提出平等与效率的抉择问题，当然不意味着每件对一方来说是好的事情，就必然对另一方是坏的。"④在更深远的意义上也可以说，效率是另一种形式的公正，落实到刑事审判中，就是尽最大可能无拖延地解决所有已经起诉的刑事案件。值得注意的是，司法效率是在保证案件质量的前提下进行的，而不是对快速结案的片面追求，它体现了司法资源有限性对诉讼活动的制。效率是为了使公正尽快地实现，以最小的代价实现。这是由于刑事诉讼是一种消耗大量人力、物力和财力的活动，在司法资源相对不足的情况下，对其消费效果提出经济合理性要求也就理所当然了。刑事审判作为诉讼活动的重要组成部分，对司法效率的提升负有当然的责任。不过，在刑事审判过程中，如果出现了公正与效率无法平衡或调和而处于正面冲突的情况，还是应该确立公正优先的理念。就是说，刑事审判在考虑效率要求时，对控辩均衡对抗与法官居中裁判的"等腰三角结构"的基本格局不能因顾及效率而进行过多地改造，特别是对控辩平等这一带有极强程序性的核心要件。如果因考虑效率而使控诉高于辩护，那么刑事审判活动就成了效率优先，这

---

① 马贵翔.刑事诉讼结构的效率改造 [M].北京：中国人民公安大学出版社，2003：2.

② 邱联恭.司法现代化与程序法 [M].台北：三民书局，1992：277-278.

③ 约翰·罗尔斯.正义论 [M].何怀宏，译.北京：中国社会科学出版社，1988：67.

④ 阿瑟·奥肯.平等与效率 [M].王奔洲，译.北京：华夏出版社，1999：3-4.

与司法公正是背道而驰的。

就犯罪控制而言，通常情况下，刑事审判的司法效率越高，纠纷解决的渠道越畅通，其所体现的犯罪控制力度就越强；司法效率越低，刑事案件积压越多，犯罪控制的力度就越弱。换句话说，司法效率几乎可以看成是刑事审判中犯罪控制的同义语。但是，也要清醒地认识到公正优先于效率，司法公正是刑事审判中犯罪控制的主旨和灵魂，如果丧失了司法公正，也就意味着犯罪控制的根基轰然倒塌，所谓的司法效率只能是一时的表象，长久来看，由于司法救济程序的存在，刑事审判的重复进行在所难免，纠纷并不能彻底解决，这不仅造成司法效率的降低，而且必然导致犯罪控制方面出现更为严重的问题。从我国目前的情况来看，首先应当采取各种措施和通过程序设计确保司法公正的实现，比如，刑事审判应当为证据裁判主义提供基本程序、方式和空间；遵守公开审判原则，保证在法律规定的框架下实行最大程度的公开；确保法官的中立性，这是独立行使职权和公正司法的前提；在公开的法庭上，在公众的注视下，刑事审判应当为双方当事人地位的平等提供充分的条件保障等。在这个前提下，刑事审判过程也需要进一步提升司法效率以达到犯罪控制的理想目标，如严格遵守法定期限，注重刑事审判的及时性原则；建立证据开示制度，提升庭审工作效率；尝试采用辩诉交易程序，以及实行普通程序简化审，或者扩大简易程序的适用范围，等等。这方面国外有许多成功的经验可供借鉴，如在美国，为实现司法效率，联邦证据规则第403条允许法官排除那些本来具有可采性的证据，只是因为该证据的采用会花费过多的时间或可能误导陪审团。该规则第611条授权法官可以在法庭上控制证明的次序和询问证人的方式[1]。同时，证据规则中的推定和司法认知也都有利于提高效率。另外，美国大量适用辩诉交易，也为其刑事审判程序的整体效率的提高创造了条件[2]。

3. 保证司法民主的功能

刑事审判保证司法民主的功能就是通过刑事审判活动中普通民众的广泛参与，实现民主化司法，保证人们对国家司法权的行使享有广泛的参与权和决策权。"在一个民主法治的社会，凡是国家机关，均应受到国民直接或者间接的约

---

① 宋英辉，李忠诚. 刑事程序法功能研究 [M]. 北京：中国人民公安大学出版社，2004：353-354.

② 中国政法大学刑事法律研究中心和美国耶鲁大学中国法中心联合主办的中美证据法研讨会纪要，第7页。

束，即使是司法机关也不能例外。"[1] 为了显示国民是国家的主人和司法权来自人民，各国根据本国的具体情况，设立了国民参与司法的不同方式。具体来说，主要有以下几种[2]：（1）公民法官制度。就是把公民直接任命为法官，负责特定案件的审理。其最具代表性的是英国的治安法官。在英国，大约有2.7万名治安法官，他们大多是兼职的，负责治安法院管辖的案件的审理及重罪案件的预审。其处理的案件数量占英国全部刑事案件的90%以上。（2）陪审团。就是由公民组成的陪审团和法官予以分工来进行审判的制度。在英美法系国家，从公民中任意的符合条件的陪审员是负责案件事实的法官，而诉讼的指挥、证据的取舍、法律的适用则由职业法官负责。在美国，对于重罪案件，还实行大陪审团审查起诉的制度。（3）参审制。就是由陪审员和职业法官一起组成合议庭，共同审理案件，认定事实，适用法律。参审制适用于大陆法系国家，如德国的舍芬庭、法国的重罪法庭以及我国的人民陪审员制度等。

从犯罪控制的角度出发，公民参与司法可以减轻法官的工作负担，节省司法开支，从而间接地提升了司法效率；陪审员是从民众之中选出的，他们能够保护弱者，维护公民权利，避免出现职业法官由于长期的工作习惯形成的冷酷心理和官僚化作风；陪审员参与刑事审判，还可以了解司法的运行状况，保持对法律的信念，有利于维护社会秩序和建设法治国家；由于陪审员也是普通人，对于他们做出的判决，被告人易对裁判产生认同心态，有利于罪犯认罪伏法，积极改造，重归社会，从而达到犯罪控制的客观效果。另外，与此相关的是，公民通过参与旁听法庭审理受到直观、生动的法制教育或者通过各种媒体表达对自己所了解的刑事案件的不同看法也是司法民主的表现。这在犯罪控制方面也具有不容忽视的作用，因为在公开审判的法庭上，控辩双方就案件事实和证据以及围绕被告人的刑事责任问题进行正面交锋、激烈辩论，本身就是一个传播法律知识和法律意识的过程；同时每一个对刑事案件发表看法的公民都在自觉或不自觉地阐述自己犯罪观的内容，从而成为犯罪控制环节中的一员，或多或少在为犯罪控制做出有形或者无形的贡献。

值得一提的是，我国上海市徐汇区法院于2002年8月开创了一项在国内尚属首次的闪耀着司法民主精神的刑事审判改革——量刑答辩制。该院在对一个在上

---

① 蔡墩铭.两岸比较刑事诉讼法 [M].台北：五南图书出版社，1996：224.

② 宋英辉，李忠诚.刑事程序法功能研究 [M].北京：中国人民公安大学出版社，2004：355.

海市淮海路抢劫一位女士手机的被告人开庭审理的过程中，公诉人要求法庭判处被告人有期徒刑四年，被告人的辩护律师在行使量刑请求权时则认为，被告人对被害人造成的伤害并不严重，且涉案手机已被被害人夺回，庭审中被告人又能坦白交代犯罪行为，请求法庭判处被告人三年有期徒刑。被告方就刑期与公诉人"讨价还价"，这是上海徐汇区法院"答辩量刑"的新尝试。该制度将刑事审判的量刑权一分为三，公诉机关享有量刑建议权，辩护方享有量刑请求权，法官在保障控辩双方权利的基础上行使最终的量刑决定权；在分权的基础上，法院在庭审辩论阶段增设一个新的量刑答辩程序，以此作为合议庭评议的前置程序，法官需就公诉人与被告人、辩护人在量刑意见上的差异，组织双方就具体量刑幅度进行充分的答辩，并在判决书中进行评判，阐明最终量刑的理由。在笔者看来，量刑答辩制不仅体现了当事人共同参与诉讼的原则和刑事审判的民主化，而且就犯罪控制而言，这种尝试显然具有积极的作用，这种类似于量刑阶段的辩诉交易，有利于被告人认罪服判和及时息讼，可以考虑在全国某些地区进行试点，待观察其效果以后进行推广。

三、刑事法官的态度与犯罪控制

（一）走下"法律化身"神坛的法官

任何一项刑事判决，看起来是由法院的名义做出的——这当然十分必要，因为不能让法官（包括陪审员，下同）独自去面对社会，同时在一个法治国家，法官躲在刑事程序的背后从而受到保护也被认为是合乎常理的，但事实上所有的刑事判决都是由具体的法官斟酌全案的事实、证据并且依据有关的法律规定做出的。从法理上说，法官和法院都是国家审判权的行使者，不同的是，法院是抽象的行使者，法官是具体的行使者。在表现形式上，法院是庄严的国徽、肃穆的法庭和挂有"某某人民法院"牌匾的一级国家机构。因此，全国各地各级的法院给普通公民的印象，应当是趋同的，共性大于个性的。而法官则是一个个具体的个人，他们在身材、相貌、口音、性格、人生经历、专业背景等方面都存在很大的区别。不过，我们在法律条文中看到的"审判人员""法官"这些名词所体现的仍然是抽象的法官，只有在对具体个案的处理过程中，纸上的法官才走进了现实生活，成为活生生的裁决者。法律关于法官和法官行为的规定实质上只是对法官的最低要求，一名法官完全遵守这些法律规定审理案件，并依法最终做出公正的判决，可以说他是一名合格的、称职的法官，当然做到这样已经很不容易。

　　然而，由于刑事案件千变万化，诉讼程序错综复杂，控辩双方的争议交锋形势跌宕起伏，法律的相关规定又大多较为原则而且常常时过境迁，因此仅仅成为一名"合格的法官"机械遵守法律规定而不是把握法律的精神从事刑事审判，似乎并不能满足国家和社会的需要。美国学者博登海默形象地描述了法律问题的复杂性和处理这些问题所需的能力："法律是一个带有许多大厅、房间、凹角、拐角的大厦，在同一时间里想用一盏探照灯照亮每一间房间、凹角和拐角是极为困难的，尤其当技术知识和经验受到局限的情况下，照明系统不适当或至少不完备时，情形就更是如此。"① 在一个高度法制化的社会中，人们对法官提出了更多更高的要求，期待着涌现大量通过刑事判决平息纠纷，维护社会秩序，实现犯罪控制目标的优秀法官。现代法官被"要求恰如其分地把握法律的精神，把法律内涵的人文关怀、公平正义反映在司法活动中，特别是在一些特殊案件中，需要运用大量的法律原则和规则解决同一纠纷，做出非此即彼的判断时，理性的法律价值观念、缜密的逻辑推理、渊博的学识和丰富的司法阅历显得尤为重要。"②

　　正是如此，人们逐渐把法官从"法律的化身"这样一个神坛上一次又一次地请入现实生活中，越来越将其作为一个普通人的身份来考察他们的行为及其裁判结果。在这一过程中，法官不再是面无表情、对世事不闻不问、对犯罪增长漠不关心的"石佛"，而成为同样受认知因素、情感因素和某一价值观约束的活生生的人。人们通常认为法官的裁判决定于案件事实与法律规则，这听起来很有道理，其实不尽然。"按照传统的刑事诉讼模式，对于刑事法官的裁决唯一具有法律意义的变量是事实。法律是恒定的，刑事法官的个性不起作用。但这一模式与事实不符。"③ 因为一方面案件事实的存在虽然是客观的，但很难说法官认定的案件事实就是客观的；另一方面，法律规则本身和人们对法律规则的理解并不是一成不变的，法律规则的实然与应然之间相距甚远，而且同一个法官在不同时期处理前后类似的两个案件时对同一法律规则的理解也可能有很大的差距。这样，

---

① E·博登海默.法理学：法律哲学与法律方法 [M].邓正来，译.北京：中国政法大学出版社，1999：198.

② 李晓宇.重塑法官文化 [M]// 张海棠.程序与公正.上海：上海社会科学院出版社，2005：444.

③ 汉斯·约阿希姆·施奈德.犯罪学 [M].吴鑫涛，马君玉，译.北京：中国人民公安大学出版社，1990：525.

法官的态度或个性就成为影响刑事裁判的重要因素，有时候甚至是决定性因素，当然法律规则始终是法官态度的脊梁，因为"法官除了法律便没有别的上司。"①而犯罪控制理念又是刑事审判中法官态度的晴雨表，这是由于在大多数情况下，"犯罪不仅是一种对权利或利益造成损害的有害行为，同时又是一种伤害某种被某个聚居体共同承认的道德情感的行为，"②而且国家在一定时期内犯罪现象的性质、程度、规模等状况也是刑事法官作为社会整体中的一员所必然关心的，因而刑事案件比其他性质的案件更能触动或引起刑事法官的复杂情感反应，进而影响到他们在刑事审判中的态度③。刑事法官试图通过其刑事裁判影响犯罪控制的面貌和格局，至少认为在对犯罪的司法控制方面大有作为，用他们自己的话来说，这是最后一道关口了。

（二）刑事法官的态度与法律规则

刑事法官在对刑事案件做出裁判时当然应该自觉地尊重和服从法律规则，其理由大致如下④：(1)法律规则通过对权利义务的配置以及对违规者的制裁，将人与人、人与社会、人与国家的关系进行规范定型，实现社会的有序化，消除"个人之间的战争状态"，使人们能够享受到和平、有序所带来的安全与舒适。同时，法律规则又是普遍人性的理性产物，它能更合理地反映绝大多数人在现实条件下的普遍人性或者说共同性人性的要求。因此对法官而言，服从规则，依据规则裁判既是对人性中的无限自我性的警惕，也是对当下绝大多数人的人性中的适度自我性的尊重和满足。(2)法律规则是人类长期的智慧和经验的积淀。它不仅是一种规范，还是具有丰富内涵的"一种描述"，"它告诉了人们事物是怎样，同时也指出了事物应当是怎样。"⑤规则根源于历史，立足现实，面对未来，它不仅有处置当下的能力，还有规范、预测未来的功能。因此，对规则的需要和服从是人类对自身认识局限性深刻认识与反思的一种理性选择。法官依靠规则，能够弥补其

---

① 马克思恩格斯全集：第1卷 [M]. 北京：人民出版社，1979：76.

② 加罗法洛. 犯罪学 [M]. 耿伟，王新，译. 北京：中国大百科全书出版社，1996：22.

③ 经验表明，不同的情感反应会导致形成不同的态度。喜爱、同情等具有"联接性的情感"能产生一种"联接性的态度"，而与此相反，厌恶、愤怒、恐惧等"分离性情感"则是"一种反对的方式"和"对抗的开始"。

④ 曾康. 规则与态度：决定刑事裁判的因素分析 [M]// 徐静村主编. 刑事诉讼前沿研究：第1卷，中国检察出版社，2003：340-346.

⑤ 伯纳德·施瓦茨. 美国法律史 [M]. 王军，译. 北京：中国政法大学出版社，1997：4.

在认识和把握事物上的不足，更能使其获得对事物清晰、全面、合理的认识，从而保证裁判最大限度地人性化与合理化。（3）法律规则是法官赖以生息和保持其职业特性的土壤，正是丰富的法律规则催生和成就了法官这一行当，如同市场和经济交易成就了企业人和商人一样。法官如果不是以作为其智识优势的法律规则来作为裁判的依据，而是随心所欲或者以其他因素决定裁判的结果，法官职业将失去其独特性和垄断性。因此，一个具有自我生存理性的法官职业群体不仅会自觉遵循规则，更会维护规则，并且本能上存在使规则日趋复杂化、精致化的倾向。可以说，服从规则是法官自我生存理性的选择。同时，法官的生成过程就是一个用法律改造人的过程，法官在成为法官之前就已经被"制度化"，而且法官在从业过程中，其制度化也总是处于一种持续的、不断强化的过程中。从某种意义来讲，法官完全是一种"制度背景"①的产物，当他们在对案件进行裁判时，由于其"制度化的人性"特色，存在着遵循规则的天性。（4）利用法律规则抵御与化解职业风险是法官自我关怀的重要体现。法官作为利益争执的裁判者，不管其如何衡平和公正，也不论其裁判技艺如何精妙，其裁决结果总是一方败诉，而另一方胜诉，控辩两方双赢的局面几乎不可能发生。就是说，法官的裁决总是导致利益的此消彼长。这种利益格局的变动极易引起对法官的非议、责难甚至攻击。好在依据法律规则败诉方"已经被给予充分的机会表达自己的观点和提出证据，并且相信是公正无私的法官进行了慎重地审理，所以对结果的不满也就失去了客观的依据而只得接受。"②另一方面，在整个国家权力体系中，司法权是最弱小的权力分支，这注定法官自身防范与抵御攻击手段的先天不足。所以"法官都坚持声称他们的决定都是'法律'迫使的，因此他们不应当受输家或任何其他对结果不满的人的谴责"③，从而转移或减轻对他们的不满和压力；同时，法官遵循法律规则可以获得立法机关与行政机关的支持，进一步增强对风险的抵御和化解能力，防止或尽可能减轻职业风险给法官个人带来的危害。另外，在大多数情况下，刑事法官都要将被告人送进监狱，甚至在个别情况下还要判处被告人死刑。由于犯罪者毕竟是人类的同类，基于对同类的怜悯，如果法官不是依据法律规则进行裁判，判处刑罚就会给其内心带来压力与不安。如果法官严格遵循法律规则

---

① 弗里德曼.法律制度[M].北京：中国政法大学出版社，1994：203.

② 谷口安平.程序的正义与诉讼[M].王亚新，刘荣军，译.北京：中国政法大学出版社，1996：11.

③ 波斯纳.超越法律[M].苏力，译.北京：中国政法大学出版社，2001：143.

进行裁判，情况则可能相反。因为他们会认为自己的判决代表着正义，至少代表着法律，因而犯罪者是罪有应得。这时候，法律规则成为法官自我心灵保护、自我精神关怀的重要手段。早在1929年，弗兰茨·亚历山大和胡戈·施陶布就已经写道："法官逃避到虚假精确的条款堆里，法学家对任何试图理解人类动机表现出常常完全令人惊讶的恐惧心理意味着逃避个人责任。如果成功地根据书面法律将某一案件尽可能恰当地同某一条款对上号，（法官）自己的正义感就得到安慰。而对不公正的责任就由不具个人特色的书面法律承担。"①

　　然而，"法律不只是一套规则，它是在进行立法、判决、执法和立约的活生生的人。它是分配权利和义务，并据以解决纷争，创造合作关系的活生生的过程。"在这个过程中，"法官带进来的……不仅有他广泛的人生和政治偏好，而且还有他们专门的文化能力，即他对法律的知识和经验。"② 这意味着，司法裁判决不仅仅是机械的适用规则。"如果将法官总是在努力追寻'唯一'正确的答案，而不是在个人价值和偏好的影响下运用裁量权这样一种描述当真，那就是一个错误。"③ 就是说，法律规则是通过"活生生的人"——法官起作用的，法官个体的知识、经验、价值、偏好、情感等因素无一不影响着裁判的结果。当然，法官个体因素对裁判的影响通常体现为一种综合效用，这种综合效用下法官内心产生的较为持久的心理倾向就被称为法官的态度。现代心理学理论认为，态度由三种基本要素构成：关于对象的信念；喜爱或厌恶对象的情感；以及在信念认知、情感、心理倾向基础上的行为的准备成分④。法官的态度也是如此，它以认知信念、价值观念和情感因素为基础，并且一旦形成便具有稳定性特征。虽然任何人的认知信念与价值观念常常与时俱进，情感因素也因人而异，但由于法官严格的任职条件与选拔方式，决定了绝大多数人在就任法官时，其价值观念、情感因素已经进入了相对稳定期，即使发生变化，也通常是渐进式的。法官态度的稳定性意味着法官总是在特定的价值体认下进入裁判活动的，就是说，法官对任何具体案件的裁判都具有态度的预设性，对任何规则的适用都是一种批判的过程，是预设态度下

---

① 汉斯·约阿希姆·施奈德.犯罪学 [M].吴鑫涛，马君玉，译.北京：中国人民公安大学出版社，1990：527.

② 伯尔曼.法律与宗教 [M].梁治平，译.北京：三联书店，1991：38、148.

③ 波斯纳.超越法律 [M].苏力，译.北京：中国政法大学出版社，2001：240.

④ 马向真，韩启放.社会心理学原理与方法 [M].南京：东南大学出版社，1997：185；申荷永.社会心理学原理与应用 [M].广州：暨南大学出版社，1999：102.

对规则的舍弃或选择。尽管法官的职业特征要求其不应当有显著的态度倾向，也尽管存在有关的法律规则诸如回避制度以排除那些具有显著态度倾向的法官，但是，人的价值体认和情感的客观存在决定了法官态度的存在是客观的，法官总是态度中的法官①。而且，态度作为个体对一定对象的客观存在的内在心理倾向，它"不是自足的，也不停止在它们所产生的那种情绪中"②，相反，它一旦形成便具有对象性，即"任何态度都是指向某一具体对象的，或者是某一人、某一群体，或者是某一物"③，从而影响着事物的发展与结果。

刑事法官的裁判不能无视法律规则，裁判总是规则下的裁判；同时，刑事法官的裁判也无法超越态度，裁判也是态度下的裁判。可以说，刑事裁判不会是纯粹的规则适用结果，也不总是完全决定于法官的态度，而是规则与态度两种取向共同作用的产物，是规则与态度的耦合④。法律规则与刑事法官的态度之间是一种相互依存、相互促进与彼此规定、彼此制约的关系。规则为态度的释放与表达提供了正当形式，又从态度那里获得真实性与合理性；同时，规则制约着态度，态度消解规则⑤。

（三）刑事法官的态度对裁判的影响

刑事法官的态度直接或者间接地影响到对案件的裁判，这种影响有时甚至是决定性的。跟任何人一样，法官也有自己的好恶和观念，这些都是在其个人的成长环境、所受的教育及其个人经历的融合下形成的。不管是哪一位法官，也不管他所选取的是哪些材料，要消除其个人的影响是不可能的，"即使是任命其他的人来行使司法权也无济于事，尽管在总体上以及对某个特定的案件来说，这都会影响所做出的判决。"⑥路德维希·本迪克斯首次于20世纪发表的著作中，贯穿着法官判决的非理性力量、事实与法律条文的含糊不清、法律保障的相对性、一种民主的忠于宪法的法官身份、"阶层司法"以及法官脱离生活实际等思想。在他

---

① 曾康.规则与态度：决定刑事裁判的因素分析 [M]// 徐静村.刑事诉讼前沿研究：第1卷.北京：中国检察出版社，2003：346-348.

② 休谟.人性的断裂 [M].冯援，译.北京：光明日报出版社，2000：172.

③ 马向真，韩启放.社会心理学原理与方法 [M].南京：东南大学出版社，1997：157.

④ "耦合"本是物理学上的一个术语，是指两个或两个以上的体系或两种运动形式之间通过各种相互作用而彼此影响以至联合起来的现象。

⑤ 曾康.规则与态度：决定刑事裁判的因素分析 [M]// 徐静村.刑事诉讼前沿研究：第1卷.北京：中国检察出版社，2003：350-353.

⑥ 刘立宪，谢鹏程.海外司法改革的走向 [M].北京：中国方正出版社，2000：126.

看来，判决不是客观事实，而是判决者的精神创造。性别、年龄、生活经验、对案件和作案人的同情或厌恶、自卑感或自高自大以及自身的经济利益都影响法官做出的判决。判决不只是一种纯粹的逻辑过程的结果，而是受到法官个性的非理性成见的决定性影响。他说："一名认真的和具有自我批评精神的，了解他的工作的心理界线的刑事法官能体会到他的实际断案与这种断案的社会必要性之间的悲剧。他会意识到，他做出判决的内在必然性受到而且必定受到超越个人观点的影响，这种判决的执行可能导致并且在许多案件中已经导致歪曲事实和强加于作案人。他的实际判断也许不是案情的真实写照，而是由于他个性决定的，因此是歪曲的写照。"①

国内有学者认为，法官的态度对裁判的影响主要体现在以下几个方面②：（1）法官的态度影响着法官对案件的认知与评价。在刑事司法过程中，法官的裁判建立在案件认知和评价的基础上，但认知和评价总是背景化的，不管是针对案件事实，还是针对法律规则，这种背景便是法官所具有的个体性、预设性态度。态度决定了法官认定案件事实和适用法律规则的倾向，影响着法官看到什么，听到什么，想到什么。比如具有强烈女权倾向的法官，因其对妇女的权益持有较一般人更为关注与尊重的态度，对侵犯妇女的犯罪行为往往会产生较强的厌恶甚至憎恨的情感倾向，因而在裁判中，对有利于被害人的事实和法律规则常常十分敏感，唯恐有所遗漏而对有利于被告人的事实和法律规则的敏感度往往不够，极端情况下，甚至视而不见。其他如存在强烈的儿童保护倾向、男权主义倾向、生态保护倾向等不同态度倾向的法官，在对案件的裁判中，同样会存在与女权倾向的法官类似性质的情况。可以说，法官是态度的法官，态度是预设的倾向，因此，案件事实在进入法官的认知以前，其结果的倾向性已经由法官的态度确定，而在认知中的判断不过是法官对已然倾向的证明和寻求逻辑的自洽。（2）法官的态度决定了其裁判行为的积极性。对法官来讲，他对案件的态度是积极的还是消极的，将直接影响到其行为是积极的还是消极的。更重要的是，法官行为的积极与否不仅仅是行为本身的问题，它会影响到行为的结果——对案件的裁判。虽然积极、热

① 汉斯·约阿希姆·施奈德.犯罪学[M].吴鑫涛，马君玉，译.北京：中国人民公安大学出版社，1990：527.

② 曾康.规则与态度：决定刑事裁判的因素分析[M]// 徐静村.刑事诉讼前沿研究：第1卷.北京：中国检察出版社，2003：348-350.

情的态度并非总会产生好的裁判，但是好的裁判通常只能在积极、热情的态度下产生；而低质量的裁判通常是与消极、冷漠的态度相伴而生。这一点在实践中已经被反复地证明。（3）法官的态度决定了其裁判行为的取向甚至结果。社会心理学理论认为"态度具有动机的作用，它制约人对某一事物的行为方向。广泛地说，个体表现出来的行为通常与内在的态度有一种一致性的关系。"[①] 态度本身就是行为的准备状态，是行为的直接准备。虽然法律要求法官是一个高度理性、远离态度的职业群体，但现实中，法官是很难达到那种理想要求的。在很多情况下，法官仍然无法超越态度对行为的直接决定。这种情况常常是一种只可意会、难以言说的境界，我们无法做出明白无误的判断，但完全能够体会到。譬如，当被告人的被控行为的严重程度刚好处于罪与非罪或此罪彼罪的临界，且法官对这一点的认识不成问题时，确定被告人的行为是否有罪，是此罪还是彼罪，则无疑取决于法官的态度。尽管法官不论做出有罪或无罪、此罪或者彼罪的判决，总要在判决书中陈述若干理由，但这些也许并非真正的原因。当然，这种情形是态度直接决定法官行为的一种最显著的表现，但绝不是唯一的表现。

　　国外的研究成果也早已表明，法官的态度对裁判具有重大的影响。早在1949年，美国犯罪学家弗雷德里克·J.戈代尔根据在新泽西州的调查，确认对刑事法官裁决的主要影响来自法官的个性。这一论断被来自加拿大的经验型调查所证实。这项研究工作是在多伦多大学犯罪学中心的约翰·霍格思领导下进行的，发表于1971年。在1965至1970年间，对安大略省的所有法官用一种标准化的个性调查表———一种关于法官态度和刑法价值观念的调查表———犯罪控制视野下的刑事审判进行调查。此外还用一种裁决调查表对2500个案例做出认真分析：对于刑事判决来说，事实只在9%的案例中起决定性作用，而50%以上的刑事判决是在刑事法官的个性影响下形成的，其余41%的判决只能由事实和个性因素一起来说明。据此他们得出结论：裁决绝对不是在一种不偏不倚、消毒无菌的环境气氛中做出的。法庭审理的戏剧性，法庭上的礼俗和仪式造成一种感情气氛，这种气氛对刑事法官的裁决态度产生深刻的主观影响。"一切迹象说明法官们以选择性的方式来标定他们的社会环境，使环境与他们的个人看法相一致。在形成判决的动态过程中，客观的外部世界被改造成主观世界。其结果就是刑事法官的裁决，

---

① 马向真，韩启放. 社会心理学原理与方法 [M]. 南京：东南大学出版社，1997：186.

这些裁决与法官们的认定相一致，好像是从他们的主观价值观中产生的一样。"①
可见，法官态度对裁决的影响不仅仅是一种理论上的分析，而且是一种活生生的
现实。

在笔者看来，按照理性的逻辑规律指导判决思维过程的刑事法官犹如凤毛麟
角，其实他们只是根据一种在司法领域里的习惯做法，主要是无意识地、本能地
或直觉地对刑事案件做出裁决。他们分析案件事实组合的各种可能性，常常完全
凭感觉，在习惯的甚至是熟练的思考过程中选择在他们看来好像是"正确"的裁
决。刑事法官作为一个群体取得一种相当稳定可靠的实际裁决经验，但是他们只
是通过对案件信息和事实的解释进行选择才获得的：刑事法官们倾向于把案件信
息与他们事先形成的看法——以他们的个人态度为依据——协调起来。同时，他
们力求过滤掉可能与他们长期以来形成的犯罪人形象相冲突的信息，并且凭借其
获得的信息来决定是否对被告人定罪量刑，希望影响某种公共利益或者在相互冲
突的公共利益中做出选择。这往往是不全面的，而且确定一个刑事判决将产生怎
样的影响的机会也是有限的，尤其是在我国这样一个类似于大陆法系的成文法国
家。一般来说，刑事法官自身在某一特定领域知识的局限性，或者一方或双方当
事人在争辩过程中所提供的，以及用来解释问题的信息的准确度的差异等，都
会对法官的准确判断产生影响。另外，刑事法官在审判过程中还会追求一种被
称之为"社会的一致意见"所产生的影响，但是在一个多元化的社会中，社会
价值观正处于急剧的变化之中，一般情况下，是很难确定是否存在关于某个问
题的社会一致意见的。而且，在理解哪些是社会的一致意见时，法官自己的价
值观会不可避免地形成思维定式。即使刑事法官本人的正直无私、聪明才智以
及严于律己是不容置疑的，但刑事审判中的自由裁量权在潜意识中或在不知不觉
中还是会受其个人因素的影响的。量刑可以为此提供一个很好的例子。在相似的
情况下，不同的法官所做出的处罚不一样是允许的，只要这一特定的刑罚没有超
出可接受的范围。

不过，也应当看到，即使判决的形式在很大程度上受到法官无意识的心理过
程的影响，他仍然可以凭借自知之明和自我批评精神做出一种相对客观的判决。
对此，卡多佐（Cardozo）法官指出："你可以说法官在演绎日常习俗时是否比其

---

① 汉斯·约阿希姆·施奈德. 犯罪学 [M]. 吴鑫涛，马君玉，译. 北京：中国人民公安大学出版社，
　1990：528.

他人明智和真诚这一点是不能确定的，我并不打算否认这种说法。……事实上，法官所得出的结论必须经受不断的检验和再检验、修正和调整；但是，如果他们是凭着良心和智慧行事，在他们的结论中应该达到真理和智慧的一个平均值。"[1]应该说，法官态度中的认知信念、价值观念、情感因素等虽然因人而异、内涵丰富、表现多样，但是在一个特定的社会时期内，人们对什么是正当的认知信念、合理的价值观念、健康的情感因素等均有一个基本统一的认识和标准，由这些公认的认识和标准所生成与支配的法官态度才是合理的态度，否则就是不具合理性的法官态度。合理的法官态度对裁判的影响是积极的，这种积极性主要从两个方面体现出来[2]：其一，当法官的合理性态度与法律规则的价值取向一致时，有利于法官获得对法律规则的认同与深刻的理解，提高法官服从法律规则的自觉性与积极性；其二，因时过境迁，法律规则本身的价值取向出现"规制的非合理性"[3]时，合理的法官态度能够起到价值平衡的作用，减少因法律规则的不合理而产生的非合理性裁判。不具合理性特别是极端不具合理性的法官态度，对裁判行为及结果的影响是消极的。它存在扭曲法律规则的合理价值取向，产生非合理性裁判的现实可能性，因而需要对法官的非合理性态度进行抑制。

在合理的法官态度中，犯罪控制理念是极其重要的内容。这包括两个相互关联的方面：其一，法官态度中的犯罪控制内容同样能够影响刑事裁判行为及其结果。事实上在我国，大多数刑事法官都对刑罚在犯罪控制中的作用抱有过高的期望值，他们普遍认为，对犯罪予以打击，对罪犯判处刑罚、将其送进监狱甚至处以死刑，就能恢复被犯罪行为破坏的社会秩序，实现公平和正义，并且使被害人得到抚慰。他们甚至认为，惩罚犯罪本身就是犯罪控制，因为他们手中握有并且也只握有这样的权力。于是在刑事审判过程中，他们越来越相信站在他们面前的所有被告人都是有罪的，对罪犯是需要予以打击的，并且对其量刑也越来越重，因为社会上的犯罪现象越来越多，使刑事法官们开始怀疑是由于他们对罪犯适用的刑罚过于轻缓导致的。这当然是一种偏见。犯罪控制中不仅包含着惩罚犯罪，而且包含着不惩罚犯罪。比如对大量轻微犯罪行为的非犯罪化和非刑罚化，

---

[1] 刘立宪，谢鹏程. 海外司法改革的走向 [M]. 北京：中国方正出版社，2000：123-124.

[2] 曾康. 规则与态度：决定刑事裁判的因素分析 [M]// 徐静村. 刑事诉讼前沿研究：第1卷. 北京：中国检察出版社，2003：350.

[3] 马克斯·韦伯. 经济与社会 [M]. 北京：商务印书馆，1997：57.

在罪与非罪模棱两可或者在证据不够充足时做无罪处理，以及对大量自诉案件的调解，等等。同时，由于犯罪控制是一种"度"的选择，其中必然包含着大量人权保障的内容，牺牲人权保障成就"犯罪控制"的想法早已受到人们的唾弃，甚至走向自己的反面成了犯罪失控的代名词。更为重要的是，对犯罪的司法控制毕竟是人类迫不得已的选择，相对于社会控制而言，总是处于次级地位。而犯罪的原因主要是社会因素，基本跟刑罚适用的轻重无关。由此看来，刑罚在犯罪控制中的作用似乎并不像某些法官想象的那么大。因此，在法官态度中是否树立科学的犯罪控制观，是衡量态度是否合理的标志之一。其二，刑事法官通过其裁判行为及其结果影响犯罪控制特别是对犯罪进行司法控制的发展方向，而犯罪控制的客观效果又反过来影响到法官的态度。刑事法官是在一个动态的犯罪控制系统中完成裁判行为的，其裁判结果是犯罪控制中的一个重要环节。在目前的社会背景下，刑罚在犯罪控制中的作用虽然不大，却是不可缺少的必要条件。刑事法官的每一次裁判不仅需要解决被告人的刑事责任问题，而且需要安抚被害人，化解社会矛盾，平息纠纷，维护社会秩序，这些都理所当然是犯罪控制的内容，并且决定着对犯罪的司法控制的未来发展方向。反过来，如果刑事法官的裁判不能发挥出上述功能，则有可能将犯罪控制引入误区，并且形成不合理的法官态度，导致犯罪失控的后果，那就不仅是刑事审判上的失败，更有可能是一个国家和社会结构即将解体的前兆。

犯罪控制视野下的暂缓起诉裁量权 ①

内容摘要：随着起诉裁量权的扩大化，在刑事起诉程序中运用高质量的犯罪控制策略，可以减少人与人之间的冲突，促使人们积极行动并且积极合作，它还可以很好地实现有限司法资源的适当配置，从而实现诉讼效率。暂缓起诉的价值就在于它在起诉阶段将一部分刑事案件进行分流，使其不必进入审判程序，这不仅有利于节约司法资源，实现诉讼的经济原则，同时国家检察机关通过暂缓起诉对刑事案件的介入处理，也可以达到弱化社会矛盾，调整社会关系，恢复社会秩序的目的，从而实现犯罪控制的社会整体效益。

关键词：犯罪控制 起诉政策 暂缓起诉 恢复性司法

犯罪控制是一个系统，犯罪控制系统的目的是追求犯罪控制的整体效益。整体效益的公式是：整体效益 =（犯罪产出价值 x 时间 x 空间）/（犯罪损失 x 犯罪投入价值）。犯罪控制的整体效益是犯罪控制系统以至各项措施进行功利评定的基本标准，也是刑事政策调整和控制措施变更的基本依据②。匈牙利学者阿尔培德·欧德说："在我们当今的时代里，几乎所有刑事司法程序改革都有两个基本目的。一是发现实施一种迅速、简便和成功程序的新方式和新途径；换言之，使刑事诉讼活动的进行更有效率；二是确保诉讼参与人的权利，这与公正的要求密

---

① 此文原载《当代法学》2007年第6期。

② 储槐植. 刑事一体化与关系刑法论 [M]. 北京：北京大学出版社，1997：309.

切相关。"① 因此，笔者认为，在刑事起诉程序中应当追求"犯罪控制的社会整体效益"，以更低的诉讼成本实现最大化的诉讼效益——犯罪控制。在某种意义上，实现犯罪控制的社会整体效益可以作为刑事起诉程序改革的指导思想。

一、犯罪控制视野下的刑事起诉政策

在国家追诉主义占主导地位的现代刑事诉讼中，追诉机关按照何种原则起诉，不仅制约着审判机关的权限，更重要的是直接影响犯罪控制目的能否得到完全实现，因此，起诉政策问题历来受到各国的普遍关注。在这方面，立法和学说上有起诉法定主义和起诉便宜主义之分，二者的主要区别在于追诉机关对于认为确已犯罪的嫌疑人有无决定不起诉的自由裁量权。

所谓起诉法定主义，是指只要具有犯罪的客观嫌疑，具备起诉条件，公诉机关就必须提起公诉的追诉原则。在19世纪中叶以前，由于有罪必罚的报应刑刑罚思想和注重对犯罪人进行特殊预防的刑事政策在刑事法领域占据着主导地位，起诉法定主义被广泛采用。应当说，起诉法定主义对于保障有效地追究犯罪，保证公诉权严肃而公平地行使，防止刑事追诉受政治势力左右和检察官徇私舞弊，维护法制的统一和法律的权威性方面，有着积极的作用。但是，另一方面，绝对的起诉法定主义也有其自身难以克服的弊端：一是容易造成轻微犯罪遭受短期自由刑的弊害。轻微犯罪人被起诉后，法院依罪刑相适应原则通常处以短期自由刑或财产刑。由于短期自由刑存在多方面的弊端，轻微犯罪人往往得不到改造，无益于社会。二是容易给无辜者和不适应刑罚处罚的犯罪嫌疑人带来莫大的诉讼负担。采取严格的起诉法定原则，其结果是常常将不适合刑罚处罚的犯罪嫌疑人推入繁杂冗长的诉讼程序，使一些本可以通过其他措施得到改过机会的犯罪嫌疑人承受原能够避免的诉讼负担。三是可能成为某些检察官恣意起诉无辜犯罪嫌疑人的借口，虽然经过法律审判被宣告无罪，但这类嫌疑人所遭受的沉重负担无法挽回。因而，对于部分刑事案件来说，起诉法定主义与具体的正义和刑事政策相违背②。

随着社会经济、政治等条件的变化，人类对刑事诉讼的价值追求也日趋多元

---

① 熊秋红.刑事简易速决程序探究 [M]// 陈光中，江伟.诉讼法论丛：第2卷.北京：法律出版社，1998：166.

② 陈岚.论检察官的自由裁量权：析起诉便宜原则的确立及其运用 [J].中国法学，2000（1）.

化，强调有罪必罚的报应刑观念所支配的单一的有罪必诉的追诉思想让位于同预防主义的刑罚思想及非刑罚化政策紧密联系的更加注重合目的性的实现具体正义及诉讼经济的追诉思想，绝对的起诉法定主义也越来越受到各国司法实务中实际需要的追诉裁量的挑战。在这种背景下，许多国家在保留起诉法定主义合理性的同时，纷纷采取了起诉便宜主义①。所谓起诉便宜主义，是指虽然具有犯罪的客观嫌疑，具备起诉条件，但起诉机关斟酌各种情形，认为不需要起诉时，可以裁量决定不起诉的原则。与起诉法定主义相比，起诉便宜主义体现了充分考虑刑事程序所涉及的各种利益并在此基础上予以权衡选择的理念。自由裁量权可以使检察官根据案件事实、证据、诉讼参与人情况和社会舆论等各方面的实际情况，采取更适于该具体案件的处理办法，使法律所追求的价值得以实现。这样就把现代刑罚思想的贯彻从法官的定罪量刑阶段推进到检察官的起诉环节上，并更符合诉讼经济和合理原则。"实际上，所有的制度都只是某种程度的审问式或抗辩式，所有的制度都或多或少允许一定的自由裁量权。"②根据布莱克法律大辞典的解释，裁量（Discretion）是指公共职能领域，在法律授予的某种情境中，根据自己的判断和理智而不是在他人的控制之下做出官方行为的权力（或权利）③。起诉裁量权的核心是检察机关对认为已构成犯罪的犯罪嫌疑人做出不起诉决定，即对犯罪事实清楚、证据确实充分，符合起诉标准的案件，根据犯罪嫌疑人的个人情况和社会公共利益的需要，对犯罪嫌疑人不再追诉，从而使正在进行的刑事诉讼归于终结。

可以说，在现代世界各国的刑事程序中，起诉法定和起诉便宜的观念在行使国家追诉权方面同时发挥着作用。当然，在英美法系和大陆法系国家，起诉法定主义和起诉便宜主义的调整作用有所不同。在英美法系国家，检察官对案件享有广泛的自由裁量权，并殊少受到限制；而在大陆法系国家，检察官对案件享有的不起诉裁量权受到较多限制。我国在对犯罪行使追诉权方面，同样实行起诉法定与起诉便宜相结合的原则。一方面，职权原则要求当发生犯罪时国家侦查、起诉机关负有予以追究的职责。我国《刑事诉讼法》第83条规定，公安机关或者人民检察院发现犯罪事实或者犯罪嫌疑人，应当按照管辖范围，立案侦查；第141

---

① 宋英辉，吴宏耀.刑事审判前程序研究 [M].北京：中国政法大学出版社，2002：253.

② 麦高伟，杰弗里·威尔逊.英国刑事司法程序 [M].北京：法律出版社，2003：137.

③ 宋英辉，吴宏耀.不起诉裁量权研究 [J].政法论坛，2000（5）.

条规定，人民检察院认为犯罪嫌疑人的犯罪事实已经查清，证据确实、充分，依法应当追究刑事责任的，应当做出起诉决定，按照审判管辖的规定，向人民法院提起公诉。这是我国刑事诉讼中起诉法定主义的法律基础。同时，我国刑事诉讼法也确认了起诉便宜主义，即第142条第二款规定，对于犯罪情节轻微，依照刑法规定不需要判处刑罚或者免除刑罚的，人民检察院可以做出不起诉决定。从犯罪控制的角度来看，检察机关决定对涉嫌犯罪的被告人提起公诉，使得对犯罪的惩罚获得了国家的支持，对遭到犯罪行为侵害的社会关系予以修复。另一方面，检察机关根据当前政治、经济和社会发展的需要，依据犯罪现状、规模、程度和趋势的判断，以及个案中犯罪行为和犯罪人的具体情况，依照法定程序对犯罪嫌疑人做出不予起诉或暂缓起诉的决定，也是起诉程序中犯罪控制的具体体现。如日本刑事诉讼法第248条规定："根据犯人的性格、年龄及境遇以及犯罪的轻重、犯罪的情状、犯罪后的情况，没有必要追诉时，可以不提起公诉。"再如，英国检察官在审查案件时，在证据检验结束后，虽然认为根据现有证据可以给被告人定罪，但并不意味就要提起公诉，还要从公共利益考虑，看对被告人是否有必要追究刑事责任，公众是否有兴趣对被告人起诉来决定最终起诉与否。英国刑事案件起诉规则第6条从正反两个方面列举了支持进行起诉与反对进行起诉的公共利益因素[①]。在我国香港，"如果提出检控的建议有充分证据支持，检控人员便须根据可证明的事实及整体有关情况，研究是否基于公众利益提出检控。决定是否基于公众利益提出检控可以适当考虑的因素，每宗案件各不相同。"[②]上述关于日本、英国以及我国香港地区的检察官在决定是否起诉时考虑的因素，总体上均属于刑事诉讼中犯罪控制的"度"的考量范围。值得注意的是，香港特别行政区的律政司刑事检控专员江乐士有一句发人深省的话："毕竟，他（指检控人员）首要关注的不在于取得胜诉，而在于令公义得以彰显。"[③]因此，作为实现公共利益的检控行为本身具有独立价值，在法律框架下，诉与不诉以及如何诉，均由犯罪控制的目标和原则、措施指引进行。因为检察官审查起诉的过程实质上也是一个犯罪控制的过程，基于社会公共利益提出的公诉固然可能由于证据不足或者其他方面的原因导致被法院做出无罪判决，但公诉行为本身及检察官在庭审控诉活动中的

---

① 卞建林，刘玫. 外国刑事诉讼法 [M]. 北京：人民法院出版社，2002：352–353.

② 江乐士. 香港特别行政区的律政司及刑事检控制度 [J]. 澳门检察，2001（2）.

③ 江乐士. 香港特别行政区的律政司及刑事检控制度 [J]. 澳门检察，2001（2）.

表现已在社会公众当中形成了对某种危害社会公共利益行为的强烈谴责，同时检察官越是愿意起诉案件，公民对该类案件就越愿意报案，上述过程中，犯罪控制的目的悄悄地达到了。

归纳起来，在刑事起诉程序中，犯罪控制的"度"的考量具有导向功能、规制功能和中介功能。导向功能是指能为刑事起诉的运用指明方向、路线和途径；规制功能是指能规范、限制具体的刑事起诉活动。中介功能是指能使有关刑事起诉的理论、立法和司法衔接起来。实质上，所有的刑事司法活动都是在这三个基本功能的作用下展开的。刑事起诉权是以国家强制力为后盾的诉讼职权，其依据和内容来源于法律制度，但其效果却在很大程度上取决于社会道德力量的支持。由于在审查起诉过程中对犯罪控制的"度"的考量，将刑事司法的过程社会化，能大大加强社会对刑事司法的道德认可程度。由于"法的规则再现社会道德的经验即法的思想"，因此对它的"解读"就应在产生它的价值观点下进行①。犯罪控制的"度"的考量能从"法律精神"和"法制理念"的高度，帮助执法者对司法个案做出正确合理的判断。因此，在刑事起诉程序中运用高质量的犯罪控制策略，可以减少人与人之间的冲突，促使人们积极行动并且积极合作；它还可以很好地实现有限司法资源的适当配置，从而实现诉讼效率。正如博登海默所言，当两种公共利益之间，或者一种"有价值的个人利益"与重大公共利益之间形成冲突时，"必须考虑整个社会秩序结构及其占支配地位的价值结构和支配该社会的正义理想，以发现一个能够解决有关相互抵触的原则或社会利益之间的冲突问题的正确答案"②。这可以作为刑事起诉程序中犯罪控制的理想目标。

二、暂缓起诉制度的定位及论争

随着社会形势的变化和诉讼制度的发展，各国检察机关的起诉裁量权有逐渐扩大之势。特别是在一些国家，检察机关甚至拥有广泛的处置权力。通过对德国、荷兰、苏格兰及英格兰和威尔士的立法、政策和实践的实证研究，发现扩大检察官的起诉裁量权是刑事司法制度发展的普遍趋势，而且其正当性一贯是基于以下原则：有效地管理日益膨胀的司法体系，或者使犯罪者和（或）被害人恢复

① H.科殷.法哲学 [M]. 北京：华夏出版社，2002：220.

② 博登海默.法理学、法哲学与法律方法 [M]. 邓正来，译.北京：中国政法大学出版社，1998：583.

到产生破坏或者侮辱效果的涉案犯罪行为以前的状态，或者通过刑事司法机构对犯罪问题的处理更加普遍地重建被大量犯罪行为破坏的社会准则和社会传统[①]。从世界各国的情况来看，在传统起诉裁量权扩大化的基础又出现了两种新形式：暂缓起诉和恢复性司法。

（一）暂缓起诉制度概述

暂缓起诉制度是指检察机关根据法律的授权，在对法律规定的一定事项进行综合考虑之后对本该起诉的轻微犯罪被追诉人做出暂时不予起诉的处分，同时检察机关又规定一定期限的考验期，视被追诉人表现，再决定是否对其提起公诉的一种制度。简单地说，就是检察机关在一定期限内保留提起公诉的可能性，如果在考验期内未再违法犯罪，则做出不起诉决定，反之，检察机关则重新对轻微犯罪被追诉人提起公诉。如果轻微犯罪被追诉人重新犯罪的，则还需对新罪一并提起公诉[②]。暂缓起诉实际上是在起诉和不起诉之间做了一个缓冲，对不起诉附加了在一定期限内进行考察的条件，既体现了检察机关对于具体案件处理的慎重性，同时又赋予了检察机关一定的起诉自由裁量权，使刑事追诉符合刑事诉讼的犯罪控制目的。因此，从诉权的角度来看，检察机关的暂缓起诉权是一种待诉权，其本质是检察机关享有的一种暂时搁置其起诉权的自由裁量权。

暂缓起诉具有如下特征：（1）暂缓起诉只能由检察机关做出。暂缓起诉是公诉权之一部分，而公诉权专属于检察机关，其他任何机关都无权行使。（2）暂缓起诉的适用范围主要是轻罪。建立暂缓起诉制度，目的就在于对那些行为触犯刑法，应予起诉，但情节较轻，本人确有悔罪的表现，又不具有不起诉的法定条件的犯罪嫌疑人，给予一个悔过自新的机会。因而，暂缓起诉对重罪一般不适用。（3）暂缓起诉是附条件的不起诉。这是暂缓起诉的本质特征。暂缓起诉必须附有条件或期限，否则就不是暂缓起诉而是不起诉。不起诉是无条件的，犯罪嫌疑人不需承担任何义务。暂缓起诉与之不同，如果犯罪嫌疑人拒绝承担义务，检察机关就会对其进行起诉。（4）暂缓起诉决定做出后案件的处理结果具有不确定性。这是暂缓起诉与不起诉的又一重大区别。不起诉的效力具有终局性、确定性，检察机关一旦对犯罪嫌疑人做出不起诉决定，就立即终结诉讼程序，非经法定事由不得就同一案件再行起诉。检察机关做出暂缓起诉决定并

---

① 王守安. 检控裁量模式理论及其借鉴 [EB/OL].

② 樊崇义. 刑事诉讼法实施问题与对策研究 [M]. 北京：中国人民公安大学出版社，2001：659-665.

不意味着案件终结。在起诉"犹豫"期间，暂缓起诉的决定并不具有实质确定力，检察官将对犯罪嫌疑人继续观察，只有在"犹豫"期间届满，而犯罪嫌疑人没有被检察机关撤销暂缓起诉决定时，则该暂缓起诉决定就具有与不起诉决定一样的实质确定力，即终结诉讼程序的效力[①]。

（二）我国关于暂缓起诉制度的争议

我国现行的刑事诉讼法并没有关于暂缓起诉制度的规定，但从1992年开始，我国基层检察机关在对未成年人和在校大学生的刑事检察活动中，开始试行暂缓起诉制度（又称"暂缓不起诉"或"附条件不起诉"），并据称取得了良好的效果[②]。近年来，这个制度在许多地区得到推行，据估计，全国有三分之一的检察机关实行过或正在实行暂缓起诉制度。根据某市人民检察院《关于对犯罪的未成年人实行暂缓起诉制度的规定》，暂缓起诉制度包括以下内容：其一，适用对象是未成年人；其二，适用的实体条件有：（1）犯罪情节较轻，可能被判处3年以下有期徒刑；（2）具备较好的帮教条件；（3）在确定的3至12个月的考察期间未犯新罪；程序条件是：（1）涉嫌犯罪的未成年人写出保证书；（2）家长出具担保书，并与检察机关签订帮教协议书；（3）通过检察长审批决定是否暂缓起诉；（4）办理取保候审手续；（5）定期帮教与考察；其三，可能的结果有两种：未犯新罪就做出不起诉决定或又犯罪而移送起诉[③]。

有论者认为，暂缓起诉从教育、感化、挽救未成年人的愿望出发，基于非刑罚化的考虑做出制度设计，总体方向是值得肯定的。但提出以下质疑：其一，任何一个制度的设计特别是付诸实施首先必须考虑其是否符合立法精神，是否具有法律依据，如果离开立法或超越立法，再好的制度在实施中也是对法律的违背，是对法律权威的破坏。而暂缓起诉恰恰是没有法律依据的"违法试验"。其二，暂缓起诉制度是否真正有利于未成年人改过自新值得怀疑。我国当前未成年人犯罪日趋严重，过于主张非刑罚化会加剧未成年人犯罪的势头，不利于遏止犯罪。同时由于整个犯罪形势的严峻，使得社会公众对社会生活安全的呼声更高，对犯罪的报应理念更加强烈，非刑罚化的处理容易引起公众对司法的不满。暂缓起诉

---

① 毛建平，段朋学.暂缓起诉若干问题研究[M]// 徐静村.刑事诉讼前沿研究：第1卷.北京：中国检察出版社，2003：280.

② 尹祖光，曾为民.破例缓诉："迷途羔羊"步入大学殿堂[J].民主与法制，2003（6）.

③ 刘桃荣.对暂缓起诉制度的质疑[J].中国刑事法杂志，2001（3）.

制度在效率上的优势会基于社会公众对安全的迫切需要而让渡于对秩序和公正的价值要求。其三，暂缓起诉制度在减少未成年犯罪污点上的优势可以通过其他途径来完善。刑事诉讼应当遵循快速、及时原则，使被追诉人尽早地从诉讼程序中解脱出来。而暂缓起诉对原本符合不起诉条件的在能够立即做出决定时，仍然要给予考验期，人为地增加了未成年人害怕追诉的心理负担，不利于未成年人尽快从诉讼中解脱出来，及时回到正常的生活轨道①。

针对上述关于暂缓起诉的法律依据的质疑，另有学者认为，我国现行刑事立法的规定为暂缓起诉制度的施行提供了法律依据。从程序上看，我国《刑事诉讼法》第142条第二款的规定，赋予检察机关相当程度的自由裁量权，为暂缓起诉制度的施行留下了"法律空间"。从某种意义上说，暂缓起诉是对体现起诉便宜主义精神的酌定不起诉的灵活运用和适度调整。从实体上看，我国现行《刑法》第72条规定："对于被判处拘役、三年以下有期徒刑的犯罪分子，根据犯罪分子的犯罪情节和悔罪表现，适用缓刑确实不致再危害社会的，可以宣告缓刑。"其所体现的"将罪行较轻的罪犯放在社会上教育改造"的思想同样可以作为暂缓起诉制度的立论依据。另一方面，固然任何一项改革都应当在合法的限度内进行，不能突破法律，搞"制度创新"。问题在于，如何认识制度创新与突破法律的关系。在法律没有禁止的情况下，对某项制度做适当的调整，使其与时俱进，适合现实需要，是否就是对法律规定的违背。如果这种观点能够成立的话，那么当前正在进行或者已经付诸实施的诸多改革措施：如证据开示、主诉检察官办案责任制、被告人认罪案件简化审等，从一开始就是没有依据的"违法试验"②。

对上述认识，有学者发表评论，由一个地方检察机关创设一项新的起诉制度是不符合法定程序的。按照我国《立法法》的规定，对诉讼制度创设的权力属于全国人大。地方检察院在无任何法定授权的情况下自行创设一项诉讼制度是不妥的③。另有学者论证了暂缓起诉与我国《刑事诉讼法》第142条第二款规定的相对不起诉之间的区别：(1)两者的性质不同。相对不起诉具有终止诉讼的程序效力，而暂缓起诉就其实质来说，属于诉讼中止的情形，诉讼是否继续进行，取决于被

---

① 刘桃荣.对暂缓起诉制度的质疑 [J]. 中国刑事法杂志，2001（3）.

② 黄京平，刘中发，张枚.暂缓起诉的法理基础与制度构建——兼论对犯罪的未成年人适用暂缓起诉的必要性与可行性 [EB/OL].（2003-06-12）.

③ 高一飞.暂缓起诉制度探析 [EB/OL].（2005-12-06）.

告人在考验期内的具体表现如何。当然，相对不起诉决定做出后检察机关依然可以再行提起公诉，但这是对现行不起诉决定实行监督和制约的需要，两者的基础截然不同。（2）两者的法律后果不同。不起诉决定不具有对犯罪嫌疑人定罪的实体效力；而暂缓起诉具有不确定的法律后果，它并不排除犯罪嫌疑人被法院定罪的可能性。（3）根据现行刑事诉讼法的有关规定，相对不起诉适用的条件为"犯罪情节轻微，依照刑法规定不需要判处刑罚或免除刑罚的"，对这种不起诉，检察机关自由裁量权的行使考虑较多的是犯罪本身的因素，而暂缓起诉中，检察机关在刑事自由裁量权势并不局限于案情，同时更多地要考虑到犯罪嫌疑人个人的情况，同不起诉相比，暂缓起诉中检察机关享有更为灵活的起诉裁量权[①]。据此分析，该学者认为，我国的暂缓起诉是立法之外的一种司法中合理而不合法的改革。

三、犯罪控制视野下的暂缓起诉制度

在笔者看来，从犯罪控制的社会整体效益出发，暂缓起诉制度尽管在我国目前没有法律依据，但司法实践中的试点运作及其效果，已充分说明了这项制度在刑事起诉程序中的犯罪控制方面具有重要作用。我们国家为了打击各种犯罪，每年需要投入大量的社会资源，仅关押一名犯人，每年就需花费一万元以上的费用[②]，如何科学合理地配置司法资源，以最小的诉讼成本获得最大的犯罪控制收益，已成为司法实践中必须解决的重大问题。暂缓起诉制度产生的直接动因正是来自刑事犯罪增多导致的对诉讼经济的要求。另外，各国刑事诉讼的现实也表明对犯罪不应当也不可能做到每案追究。国家应当将有限的司法资源放到追究大案、要案上去。对于轻微案件，应当用尽可能少的司法资源对之进行处理，只要达到犯罪控制的目的即可。暂缓起诉的价值就在于它在起诉阶段将一部分刑事案件进行分流，使其不必进入审判程序，这不仅有利于节约司法资源，实现诉讼的经济原则，同时国家检察机关通过暂缓起诉对刑事案件的介入处理，也可以达到弱化社会矛盾，调整社会关系，恢复社会秩序的目的，从而实现犯罪控制的社会整体效益。

---

① 樊崇义.刑事诉讼法实施问题与对策研究 [M].北京：中国人民公安大学出版社，2001：59.

② 毛磊.刑事犯罪走势前瞻 [N].人民日报，2002-11-17.

特别需要指出的是，在未成年人案件中扩大检察机关的起诉裁量权，实行暂缓起诉，符合联合国的刑事司法准则。《联合国少年司法最低限度标准规则》（北京规则）规定，"应酌情考虑在处理少年犯时尽可能不提交至主管当局正式审判"。1989年联合国第44届大会通过了儿童权利公约，1990年又通过了联合国预防少年犯罪规则（利雅得规则）和联合国保护被剥夺自由少年规则，这些文件构成了国际社会预防少年犯罪、少年司法管理和保护被拘押少年的权利的基本法律。我国对于上述几项文件都予以承认并且于1991年12月29日签署、批准了儿童权利公约。联合国的有关文件对于检察机关在决定对未成年被告人是否起诉时应考虑的因素均有所涉及，如北京规则第5条从一般意义上对少年犯的处理做了规定："少年司法制度应强调少年的幸福，并应确保对少年犯做出的任何反应均应与罪犯和违法行为的情况相称"。同时，联合国关于检察官作用的准则第19条对于检察机关对少年被告人的起诉也做了明确规定："在检察官拥有决定应否对少年起诉酌处职能的国家，应对犯罪的性质和严重程度、保护社会和少年的品格和出身经历给予特别考虑。"由此，在检察机关考虑是否对少年被告人提起公诉时，不仅应考虑到案件本身的严重程度，而且着重考虑到少年个人的有关情况，案发后的表现等等，综合各种因素酌情决定。而从我国现行的不起诉条件来看，对于犯罪的严重程度给予了足够的重视，但是对于被告人个人情况的考虑强调不足，检察机关在少年案件中享有的起诉裁量权受到较多的限制，对保护未成年人的指导思想体现不足。暂缓起诉制度的建立可以弥补这一不足，以适应复杂的司法实践的需要。在对未成年人犯罪案件的处理方面，暂缓起诉的作用最为突出。检察机关运用其起诉自由裁量权，针对特定犯罪嫌疑人，确定暂缓起诉的考察期，对于考察期满不再危害社会的人做出不起诉的决定，使其得以正常生活和工作，为其弃恶从善创造条件，也有利于社会秩序的长久稳定[①]。

对未成年人犯罪适用暂缓起诉制度可以弥补不起诉和起诉之间的空挡，有利于发展和完善我国的公诉制度。我国修改后的《刑事诉讼法》扩大了不起诉的适用范围，诉讼法学界一般将不起诉划分为绝对不起诉、相对不起诉和存疑不起诉三种。其中，争议较大的是相对不起诉，其适用条件似于我国原先实行的免予起诉制度，但在适用的范围上作了严格制，在原有的"依照刑法规定不需要判处刑

---

① 高一飞.暂缓起诉制度探析 [EB/OL].（2005–12–06）.

罚或者免除刑罚"的基础上增加规定了"犯罪情节轻微"的条件，从而使得检察机关决定是否起诉裁量权较之原先的免予起诉大大缩小。从立法目的上来看，这一做法显然在于防止起诉裁量权的滥用，但这一限制是否会抑制起诉裁量权应有功效的发挥，在我国理论界和司法实践部门尚存有争议[①]。我国的公诉制度已经形成了起诉与不起诉相结合的比较合理的格局，但这种格局仍有不完善之处，在司法实践中检察机关经常会陷入这样一种两难境地：对于有些不法分子，虽然并不具备不起诉条件，但又具有可宽宥的情节，对他们提起公诉就显得罪行较轻，不起诉又显得偏宽。暂缓起诉实质上是在起诉和不起诉之间增加了一个缓冲期，对不起诉附加了在一定期限内进行考察的条件，体现了检察机关对于未成年人犯罪案件处理的慎重性，同时也体现了检察机关起诉自由裁量权的人性化，使刑事诉讼符合维护公共利益的目的。所以，如果建立暂缓起诉制度，就能对这类犯罪分子准确地适用法律，妥善处理。但是，暂缓起诉制度毕竟是一种新生事物，适用效果究竟如何仍需实践的检验，而且，适用的条件如何把握，相应的配套制度尚需健全等一系列问题还需进一步探讨。

---

① 张穹. 人民检察院刑事诉讼理论与实务 [M]. 北京：法律出版社，1997：293-295.

博士生导师学术文库

A Library of Academics by
Ph.D.Supervisors

刑事一体化的承继与拓展

——刘广三教授文集

（下）

刘广三 著

光明日报出版社

刑事司法环境下的"隐形程序" ①

内容摘要:"隐形程序"作为我国刑事司法内部环境的组成部分,具有不同的渊源和表现形式,且对刑事司法活动具有重要影响。本文在对我国刑事司法中"隐性程序"存在的原因及其对刑事司法的负面影响进行系统分析的基础之上,提出对其进行合理化改造建议:在刑事司法过程中,应当贯彻程序公开、透明的原则,充分保障当事人的合法权益,以营造良好的刑事司法环境。

关键词:刑事司法环境 隐性程序 程序公正

人类的任何活动都是在一定的环境中进行的,人类的活动会对周围的环境造成一定的影响,相反环境对人类的活动也会产生反作用,即促进或阻碍活动的进程。刑事司法活动作为人类解决纠纷的一种方式,有其存在的现实环境。良好的司法环境会对刑事司法活动会产生积极的作用;相反,不良甚至恶劣的司法环境会对刑事司法活动产生诸多的负面影响。

所谓刑事司法环境,是指与刑事司法活动有关的各种环境,包括内部环境和外部环境。其中内部环境,即指在刑事司法运作过程中的各种影响因素的总和,它具体存在于刑事程序之中;而外部环境,则是指存在于刑事司法程序之外的,对刑事司法活动产生影响的各种因素的总和。内部司法环境是制约刑事司法活动的根本性因素,具体包括司法体制、诉讼制度、司法组织、司法人员、司法经费等。但是,外部司法环境对刑事司法活动也具有重要的影响,具体包括法律意

---

① 此文原载《法学杂志》,2009年第6期,与于岭合作。

识、法律传统、法律文化、社会舆论、司法机关与其他机关之间的关系等。刑事司法的内部环境作为一个统一的整体，对于它所处的外部环境而言具有相对封闭的边界。但是，它并不是完全独立于外部环境而绝对封闭的。刑事司法活动是一个处于不断的信息变换和反馈状态中的动态过程。刑事司法的内部环境与外部环境之间相互影响、相互作用。刑事司法内部环境能够通过各种渠道及时地发现外部环境因素的变化而适时做出相应的调整，同时，刑事司法内部环境又独立于外部环境的变化趋势。本文所讨论的"隐性程序"即属于刑事司法内部环境的范畴，它对我国刑事司法活动具有重要的影响。

一、"隐形程序"的概念及其特征

（一）"隐形程序"的概念

"隐形程序"是与"显形程序"相对应的称谓。所谓"显形程序"，是指我国法律和相关司法解释所明确规定的一些程序与规则。根据我国《宪法》和《立法法》的有关规定[①]，全国人大及其常委会有权制定和修改法律，同时，最高人民法院和最高人民检察院作为我国最高司法机关拥有对法律实施中的具体问题进行相应的司法解释的权力。法律的概括性、普遍性等特征决定了在任何一个国家都必须建立相应的法律解释制度，"法律的实施以解释过程为前提"[②]，法律解释是立法活动的继续和必要延伸。因此，这里的法律和司法解释应当理解为全国人大及其常委会制定和修改的法律、最高人民法院和最高人民检察院制定的相关司法解释。它具体规定于我国《刑事诉讼法》、最高人民法院和最高人民检察院所做的司法解释之中。这些法律和司法解释不仅具有法律效力，而且以法定的形式向社会公布，使得公众具有相应的知悉渠道。因此，这些程序性规定对于公众而言是

---

① 中国《宪法》第62条规定："全国人民代表大会行使下列职权：……（三）制定和修改刑事、民事、国家机构的和其他的基本法律"；中国《宪法：第67条规定："全国人民代表大会常务委员会行使下列职权；……（二）制定和修改除应当由全国人民代表大会制定的法律以外的其他法律；（三）全国人民代表大会闭会期间，对全国人民代表大会制定的法律进行部分补充和修改，但是不得同该法律的基本原则相抵触"；《立法法：第7条规定："全国人民代表大会和全国人民代表大会常务委员会行使国家立法权。全国人民代表大会制定和修改刑事、民事、国家机构的和其他的基本法律。全国人民代表大会常务委员会制定和修改除应当由全国人民代表大会制定的法律以外的其他法律；在全国人民代表大会闭会期间，对全国人民代表大会制定的法律进行部分补充和修改，但是不得同该法律的基本原则相抵触。"

② 达维德. 当代主要法律体系 [M]. 漆竹生，译. 上海：上海译文出版社，1984：109.

"显性"的。

"隐形程序"则是指我国法律和司法解释并未做出明确规定，但在司法实践中，却被广泛适用的一些程序与规则，它所包含的内容非常广泛。具体而言，所谓"隐形程序"，就是在司法机关内部通行或者认可，但未向外界公布的办案规则与程序。之所以称之为"隐形"是因为这些办案规则与程序未经有权机关依法制定并公布于众，外界往往无从知晓；之所以称其为"程序"又是因为其在诉讼中几乎与国家颁布的诉讼规程有着同等的效力和功能，甚至有时成为司法人员办案的首选规则。这些"隐形程序"在静态上主要是以内部红头文件、请求、批示、指示、通知、讲话、经验总结、工作报告、惯例等形式表现出来；在动态上，主要表现为"暗箱操作"①。

（二）"隐形程序"的特征

由于"隐形程序"没有明确的法律依据，也缺乏固定的表现形式与载体，使得当事人无从知晓或缺乏相应的知悉渠道，使其成为不为公众所知晓，但在司法实践中却广泛适用的程序与规则。因此，相对于"显性程序"而言，"隐形程序"具有秘密性和非法性。此外，"隐形程序"还具有多样性、单方性和随意性等特征。

1. 多样性

"隐形程序"在我国司法实践中的表现形式多种多样。（1）在时间上，它可以存在于司法过程的各个阶段，包括立案、侦查、审查起诉、审判和执行的任一阶段；（2）在空间上，它既可以在司法境域之内出现，也可以在司法境域之外产生。（3）"隐形程序"得以产生的原因也是多方面的，它既可以基于司法机关和司法人员的某些因素，也可能由于诉讼当事人甚至案外人的缘由而形成。

2. 单方性

按照程序参与原则的要求，公正的程序应当保障那些对裁判结果具有利害关系的人能够真正参与到诉讼中去，使其有机会发表自己的观点和提出支持该观点的证据，以及反驳对方提出的观点和证据，从而对裁判结果的产生发挥积极的影响。一般认为，它是正当程序（Due process）最基本的内容和要求，也是满足程

---

① 王超.论隐性程序[J].中国刑事法杂志，2002（1）.

序正义的最重要条件[①]，根据这一原则，控辩双方应当平等地参与整个诉讼过程，禁止裁判者同诉讼的任一方当事人进行单方面的接触。然而，在"隐形程序"中，作为裁判者的法官与作为控方的检察官单独接触现象较为严重，如在庭审前，承办案件的法官同检察官提前沟通，一起查阅案卷、讨论案情；对于经当庭质证存在疑问的证据予以调查核实时，法官往往仅采取单方行为；在改变罪名之前，法官通常与检察官事先进行商议，等等。

3.随意性

程序的规范性要求诉讼的进行应当严格依照诉讼法所规定的程序进行，而不能由司法人员、诉讼参与人随心所欲、恣意妄为。由于"隐形程序"没有明确的法律规定，缺乏必要的规范性，常常游离于法定的诉讼程序之外，没有统一的行为模式，程序是否启动以及如何启动、如何进行等完全取决于实施者，而不受程序法的调整和约束，使得裁判结论根本无法从程序过程中产生，而是来源于程序之外的没有亲历整个诉讼过程的某种权威力量。因此，"隐形程序"具有较强的随意性。

正是由于"隐形程序"具有上述诸多特征，使得与案件结局有直接利害关系的控辩双方对其获得胜诉的结局缺乏合理的预期，他们往往被排除于法定的诉讼程序之外，失去反驳不利于本方主张、影响裁判结论的机会，而只能被动地承受裁判者对自己权益的处分，消极地等待裁判者对自己权益、前途甚至命运的裁决。

二、刑事司法中的"隐形程序"

（一）刑事司法中"隐形程序"的渊源

"隐形程序"是我国司法实践的产物，作为一种异化的诉讼程序与规则，它在司法实践中具有不同的渊源和具体的表现形式。

1.刑事政策

刑事政策在我国法制现代化进程中具有不可取代的作用，在我国刑事立法滞

[①]　谷口安平.程序的正义与诉讼 [M].王亚新，刘荣军，译.北京：中国政法大学出版社，1996：13；陈瑞华.刑事审判原理论.大学出版社，2003：54–58页；戈尔丁.法律哲学.三联书店，1987：240–243；彼得·斯坦·香德.西方社会的法律价值 [M].北京：中国人民公安大学出版社，1990：97–98.

后的情况下，刑事政策可以对刑事法律制度进行适当地补充。因此，在缺乏相关法律规定的情况下，按照刑事政策的精神，在司法实践中逐步形成了一些具体的程序与规则。如在我国，宽严相济既是刑事立法政策，也是刑事司法政策和刑事执行政策[①]。在这一刑事政策指导下所进行的刑事和解以及对未成年人犯罪案件所采取的一些特殊程序与规则等等。

2. 司法机关的内部规定

司法机关针对某类案件或某种情形所发布的内部文件、解释、通知、经验总结、工作报告等等，它虽不具有普适性，但其针对性较强，在司法实践中往往处于优先的效力层次上，而成为办案人员的首选。如由于最高人民检察关于"人民监督员"制度的规定，而使人民监督员拥有启动或者改变案件诉讼程序的权力。再如最高人民法院关于刑事审判工作的会议纪要往往成为法官进行刑事审判的重要参考依据。

3. 司法实践中的习惯性做法

在长期的司法实践中，司法机关的一些习惯性做法或通行的惯例也形成了"隐形程序"。这些自发形成的程序与规则在刑事司法活动中也发挥着一定的作用。如检察机关通常以建议公安机关撤案的方式来代替不起诉。再如下级法院为了避免错案，搞所谓"疑案报请"；上级法院为给下级法院所审理的案件进行把关，搞所谓"批示""指示"；等等。

（二）刑事司法中"隐形程序"存在的原因

在我国司法实践中，大量存在的"隐形程序"似乎具有较强的生命力，且在很大程度上替代了"显性程序"的权威地位。但是，任何事物都具有其生存的环境与土壤，司法实践中形成"隐形程序"的原因也是多方面的。

1. 法律漏洞

我国现行法律漏洞的客观存在成为"隐性程序"得以产生的重要原因。由于我国现行法律多为粗线条的概括性规定，存在着大量的法律漏洞和空白；同时相对稳定的法律具有滞后性，随着社会情势的不断发展和变化，司法实践也面临着一些新情况、新问题，导致法律规定与社会现实之间存在一定空隙和不适应性。为了实现个案的社会妥当性和社会公正，不得不允许司法人员拥有一定的自由裁

---

① 马克昌. 论宽严相济刑事政策的定位 [J]. 中国法学，2007（4）.

量权甚至法官造法以填补法律漏洞，如在司法实践中，司法机关所做的司法解释在一定程度上亦起到了弥补法律漏洞的作用。因此，在刑事司法活动中，"隐性程序"的存在往往不可避免。

2. 司法机关管理的行政化

由于我国司法机关在管理上的行政化倾向，导致司法人员丧失其独立性，庭前或庭外活动中心化、实质化，从而使得"隐性程序"具有其生存的土壤。如法院内部行政化管理模式下形成所谓案件审批制度，以及审判人员在法庭审理之前或之后就如何判决问题向庭长、院长或审判委员会汇报，由后者进行审批之后才能定案。这种"审者不判、判者不审"所带来的结果就是合议庭形式化、庭审形式化、庭前活动中心化、实质化，大量的"隐性程序"由此得以产生。

此外，司法机关内部的目标管理和绩效考核制度的存在[①]，使得公、检、法之间和法院上下级之间关系更加紧密，司法人员为了取得较为理想的考核结果，也会有意规避法定的程序，而采用一些非程序化的处理方式。

3. 司法效率的考量

在司法实践中，司法人员广泛采用"隐形程序"，部分原因是出于权力行使的便利和效率的考量。随着犯罪数量的日益攀升和刑事诉讼程序的日趋复杂化，现阶段我国刑事司法资源越来越呈现出一种稀缺状态。据统计，1998年至2002年，全国各级法院共审结一审刑事案件283万件，比前五年上升16%，判处犯罪分子322万人，上升18%[②]。最高人民法院院长肖扬2008年所作最高人民法院工作报告中称，2003年至2007年，最高人民法院审理刑事案件4802件；监督指导地方各级人民法院审结一审刑事案件338.5万件，总数比前五年上升19.61%。由此可见，我国现阶段严峻的犯罪形势和司法资源匮乏的矛盾日益突出。由于程序公正需要耗费大量的司法成本，具体包括时间成本、资源成本、人力成本等，因此，在司法风险相对较小的情况下，司法者往往会选择一些"隐形程序"来应付日益繁重的刑事司法任务，因此，"隐形程序"就成为一种现实的权宜之计。在某些情况下，"隐形程序"的运用，在一定程度上节约了司法资源、提高了司法效率。如检察机关起诉部门通过提前介入公安机关的侦查活动，对其收集证据

---

① 如检察机关常常将"不起诉率""撤诉率""有罪判决率"等作为重要的考核指标；而法院往往将"上诉率""改判率"发回重审率等作为重要的考核指标。

② 参见《全国人民代表大会常务委员会公报》，2003（2）。

的活动进行必要的指导，确保起诉案件的质量，避免了不必要的诉讼拖延，有效地提高了诉讼效率。

4. 司法实践的现实需要

我国《刑事诉讼法》规定，公、检、法三机关分工负责，互相配合，互相制约。然而，在司法实践中，三机关之间制约不足而配合有余，往往出于某些案外因素，为达成双方或多方均能接受的处理结果，从而对案件做出某些非常规的处理。这些掌握国家公权力的司法机关之间关系处理的非法律化，往往导致法律的虚无和随意。如遇有"事实不清、证据不足"的情况，法院往往并不直接做出无罪判决，而是建议检察机关撤诉进而使案件补充侦查或撤案。再如，在一些地方，"三长会议"①"协调定案"制度盛行，往往以"事关大局"为由，由政法委牵头，动辄召开所谓"三长会议"，实行"联合办公"，对所谓"本地区有影响、有震动"的大要案进行"协调定案"。

（三）"隐形程序"对刑事司法的负面影响

在我国的刑事司法环境中，"隐形程序"和正当程序常常相伴而生、结伴而行，如影随形，但其却不能够登堂入室，为大众所知晓。"隐性程序"虽然对弥补法律漏洞和提高诉讼效率起到了一定的积极作用，但其负面效应却不容忽视。

1. 对程序公正的不当影响

英国有一句古老的箴言："正义不仅要得到实现，而且要以人们能看得见的方式得到实现"（Justice must not only be done, but must be seen to be done），这是英美普通法自然公正原则要求过程公开的最朴素的表达方式。这句法谚大体意思是说正义应当通过公开的程序加以实现。相反，"没有公开则无谓正义"②，因为"一切肮脏的事情都是在'暗箱作业'中完成的，追求正义的法律程序必然是公开的、透明的"③。因此，程序公开是程序正义的重要内容和必要前提，它不仅包括结果公开，也包括整个过程公开。也就是说，"看得见的方式"也是程序正义不可或缺的内在品质之一，正义实现的过程也应当符合一些"看得见"的标准及尺度④。然而，"隐性程序"是司法人员在法律所明确规定的程序之外实施的自利性的任

---

① 三长即公安局局长、检察长、法院院长。

② 伯尔曼. 法律与宗教 [M]. 梁治平，译. 北京：三联书店，1991：48.

③ 王利明. 司法改革研究 [M]. 北京：法律出版社，2001：52.

④ 王超. 正义，看得见吗：以刑事诉讼为例 [J]. 贵州警官职业学院学报，2002（3）.

意行为，不受程序法的调整和约束，没有统一的行为模式，随意性较大，因而是一种排除正当程序、失却规范的行为。"隐性程序"的广泛存在，使得广大民众无法充分了解司法权力及整个诉讼程序的运作方式，无法亲眼看见实现正义的全过程，从而不利于增强社会公众对司法的认同感，使公众对司法产生怀疑，甚至丧失信心，进而严重损害了法律的权威性。

2.对当事人合法权益的漠视与侵犯

在我国司法实践中，由于"隐形程序"的暗箱操作，使得合法、规范的程序被弃置不用或成为走过场，而真正起决定作用的"隐性程序"所具有的秘密性和单方性，使得当事人的合法权益在很多情况下难以得到应有的保障。

由于"隐形程序"没有明确的法律依据，缺乏固定的表现形式与载体，使得当事人无从知晓或缺乏相应的知悉渠道，因此，当事人的知情权无法得到保障，程序的参与权和监督权更是无从谈起。多方参与的程序可以为控辩双方均提供一种参与裁判制作过程、影响裁判结局的机会，使双方能够通过进行说服、协商、争辩等理性方式左右、制约裁判的结果，从而成为自身实体权益乃至个人命运的决定者。然而，仅有单方参与的"隐形程序"却剥夺或弱化了诉讼当事人参与诉讼程序、影响裁判结果的机会和权利，从而使其产生强烈的不公感，这种感觉源于他们的合法权益受到司法机关的忽视，他们的道德主体地位遭受否定，他们的人格尊严遭到了贬损。

此外，由于"隐性程序"缺乏必要的约束和监督，容易滋生司法腐败，诱发司法不公，进而严重损害司法的权威性。"一切有权力的人都容易滥用权力，这是一条万古不变的经验"[①]，而缺乏民众监督与制约的"隐形程序"更为某些人员攫取个人利益提供了便利和可能。

三、刑事司法环境的完善

基于"隐形程序"对刑事司法活动所带来的各种负面影响，应当对"隐形程序"进行必要的改造。在刑事司法过程中，应当贯彻程序公开、透明的原则，充分保障当事人的合法权益，以完善我国的刑事司法环境。

---

① 孟德斯鸠.论法的精神（上册）[M].北京：商务印书馆，1997：154.

（一）"隐形程序"转化为"显形程序"

司法活动必须遵循法定程序，符合法律要求。这种合乎规范性的要求，是司法作为一种重要的社会冲突解决方式所具有的形式正义和能够为社会所认可的基本根据之一。因此，应当逐步吸纳成熟、理性的隐形程序和规则，将司法实践中某些有价值的"隐性程序"进行系统梳理和规范，按照有关的法制原则进行修正、补充和完善，并适时地上升为法律或有关的司法解释，使其从隐形走向公开，只有公开的程序才能使人理解并真正服从，从而树立司法权威。同时，这种将司法实践中成功的经验和做法上升为法律的过程也符合法律创制的过程。通过使"隐形程序"由幕后走向前台，主动接受民众和舆论的监督，刑事司法活动得以在公正与公开的司法环境中进行。

（二）取缔不合理的"隐形程序"

由于"隐形程序"对程序公正的损害和对当事人合法权益的漠视与侵犯，使其缺乏必要的正当性；同时，由于违反法定程序的相应法律后果的缺失，使得司法人员敢于规避程序法的规定而大量采用"隐形程序"。因此，应当避免和取消与我国法律规定和精神相违背的"隐形程序"，对于那些司法实践中不合理的、甚至有害于司法公正的"隐形程序"应当明确予以取缔，并设置相应的程序性制裁措施，以防止司法权力的异化，切实维护司法的公正与权威，以营造良好的刑事司法环境。

从精神损害赔偿看附带民事诉讼①

内容摘要：根据我国现行《刑事诉讼法》和有关司法解释的规定，不仅在刑事附带民事诉讼中不能提起精神损害赔偿，而且在刑事案件审结后被害人单独提起的民事诉讼中也不能提起精神损害赔偿。但我国民法通则和有关司法解释却允许受害人对民事侵权行为提起精神损害赔偿之诉。上述部门法之间的矛盾显而易见。从应然的角度来说，法学界对附带民事诉讼中能否提起精神损害赔偿存在否定说、肯定说和折中说三种意见。本文对上述三种意见进行了客观的评价，并将其纳入动态的法制化进程中做了一个模式化的展望。

关键词：精神损害赔偿　附带民事诉讼　取消

一、现行法律关于精神损害赔偿问题的有关规定阐释

关于精神损害赔偿问题的讨论由来已久。随着法制化进程的发展以及各学科的深入研究，我国已经承认和接受了有关精神损害赔偿的理论，而且在司法实践中，也有不少案件涉及精神损害赔偿问题。《民法通则》第120条规定："公民的姓名权、肖像权、名誉权、荣誉权受到侵害的，有权要求停止侵害，恢复名誉，消除影响，赔礼道歉，并可以要求赔偿损失。法人的名称权、名誉权、荣誉权受到侵害的，适用前款规定。"这就为精神损害赔偿提供了法律依据。但是，由于法律规定的比较原则，给司法实践中处理此类案件带来了诸多不便。另外，有关精神损害的理论研究也还不够深入，如精神损害赔偿的范围、数额的确定等等都需要进一步的探讨。为此，最高人民法院于2001年2月26日颁布的《关于确定民

---

① 此文原载《法治研究》2010年第7期。

事侵权精神损害赔偿责任若干问题的解释》规定，因民事侵权行为遭受精神损害可以向人民法院起诉请求赔偿；随后最高人民法院于2003年12月26日颁布的《关于审理人身损害赔偿案件适用法律若干问题的解释》规定，因生命、健康、身体遭受侵害而起诉请求赔偿精神损害的，人民法院应予受理。据此，在民事诉讼中，对于民事侵权行为造成的精神损害可以要求赔偿。

但是，我国现行《刑事诉讼法》第77条规定："被害人由于被告人的犯罪行为而遭受物质损失的，在刑事诉讼过程中，有权提起附带民事诉讼。"据此，最高人民法院2000年12月13日颁布的《关于刑事附带民事诉讼范围问题的规定》第1条规定："因人身权利受到犯罪侵犯而遭受物质损失或者财物被犯罪分子毁坏而遭受物质损失的，可以提起附带民事诉讼。对于被害人因犯罪行为遭受精神损失而提起附带民事诉讼的，人民法院不予受理。"这一司法解释之所以将精神损害赔偿请求排除在刑事附带民事诉讼范围之外，主要是考虑："《刑事诉讼法》第77条明确规定只能对犯罪行为造成的'物质损失'提起民事诉讼，而且从理论上讲，犯罪行为对被害人造成的精神损害，通过确定被告人的行为构成犯罪，判处一定的刑罚，本身就是对被害人的一种抚慰，如果允许被害人对犯罪行为造成的精神损害提起附带民事诉讼，则所有犯罪对被害人都会造成一定的精神损害，所有的犯罪都能提起附带民事诉讼，这显然不符合立法原意。"[①]2002年7月15日最高人民法院通过批复的形式再次明确规定："根据刑法第36条和刑事诉讼法第77条以及我院《关于刑事附带民事诉讼范围问题的规定》第1条第二款的规定，对于刑事案件被害人由于被告人的犯罪行为而遭受精神损失提起的附带民事诉讼，或者在该刑事案件审结以后，被害人另行提起精神损害赔偿民事诉讼的，人民法院不予受理。"以上规定排除了在刑事诉讼中就被害人受到的精神损害提起附带民事诉讼要求赔偿的可能性，甚至排除了被害人在刑事案件审结后单独就精神损害提起民事诉讼要求赔偿的可能性。

二、关于附带民事诉讼是否可以提起精神损害赔偿问题的争议

尽管对这个问题现行的法律规定和有关司法解释已做出了明确的规定，但法

---

① 熊选国《〈关于刑事附带民事诉讼范围问题的规定〉的理解和适用》本文中，作者还进一步指出，《关于刑事附带民事诉讼范围问题的规定》出台的背景是"下级法院普遍反映附带民事诉讼的范围过宽，影响刑事案件的及时审结"。

学界一直存有较大争议，主要有三种观点。

（一）否定说

否定说认为，对于被害人因犯罪行为遭受精神损失而提起附带民事诉讼，或者单独提起精神损害赔偿民事诉讼的，人民法院应不予受理。其理由除了依据现行法律规定和有关司法解释之外，还有以下两点。

1. 刑事犯罪与民事侵权在责任承担方面的不同。在责任承担方面，刑事案件中能够有效惩罚犯罪人，犯罪人也将受到严厉的刑罚处罚；而在民事侵权案件中，如果侵权人不承担赔偿精神损害抚慰金，就难以对侵权人的侵权行为进行有效处罚。因此，依据刑事法律对被告人定罪处罚的本身就是对被害人精神方面最好的"平复"和"抚慰"，有了对被告人的刑事处罚，也就无须再用经济赔偿的手段制裁被告人、安抚被害人了[①]。

2. 现实的考虑。犯罪行为不可避免会给被害人造成精神损害，如果人民法院受理被害人因犯罪行为受到精神损害提起的精神损害赔偿的话，则意味着绝大多数刑事案件都要提起精神损害赔偿诉讼，涉及的范围太大。而且精神损害与物质损失或者经济损失不同，精神损害是一种无形的、抽象的损害，本质上难以通过具体数额进行计量。因此，从我国当前司法实践和社会状况的现实角度出发，考虑到司法解释规定的可行性，人民法院还是不宜受理被害人提起因犯罪行为受到的精神损害赔偿诉讼[②]。

（二）肯定说

肯定说认为，对于被害人因犯罪行为遭受精神损害而单独或附带提起民事诉讼的，人民法院都应当予以受理，对其提出的精神损害赔偿的诉讼请求应予以支持。肯定说的理由大体如下[③]。

1. 附带民事诉讼中确立精神损害赔偿是司法实践的需要。我国的《民法通则》确立了精神损害可以用物质赔偿的制度。近年，在处理刑事案件的司法实践中，也出现了刑事被害人要求赔偿因犯罪行为造成的精神损害的新情况。如上海闵行区人民法院审理的金某、朱某侮辱罪，被害人沈某诉名誉权受侵害案，就因

---

① 范方平.怎样审理刑事附带民事案件 [M].北京：人民法院出版社，1995：30.

② 李洪江.刑事附带民事诉讼若干争议问题研究 [J].法制资讯，2008（2）.

③ 刘广三，汤春乐.附带民事诉讼中的精神损害赔偿问题研究 [J].烟台大学学报（哲学社会科学版）2000（3）.

为刑事附带民事诉讼制度的局限性，使因被告人的侮辱罪、诽谤罪给被害人造成人格、名誉等非财产性的精神损害，无法适用刑事附带民事诉讼，而只能分案审理，先由刑庭审理侮辱诽谤案，再由民庭审理精神损害赔偿纠纷案，形成讼累，给被害人、法院都造成了不便。由此可见，在刑事附带民事诉讼中确立精神损害赔偿是司法实践的需要，符合公民、法人诉讼的愿望，有利于提高法院的办案效率，节省诉讼资源。

2. 附带民事诉讼中确立精神损害赔偿是协调不同部门法冲突的需要。《民法通则》打破了过去不能以金钱赔偿精神损害的传统观点。但是这一规定却与我国刑事法律中附带民事诉讼中的规定产生了矛盾。而由于刑事诉讼和非财产性精神损害赔偿的民事诉讼不能合并审理，就使人民法院不能适用《民法通则》和《民事诉讼法》的规定，追究有关责任人的法律责任。这样，在处理具体的案件中，就会带来很大的不便，产生法律适用上的混乱，有损于法律的协调性、权威性。并且，刑事附带民事诉讼本质上属于民事诉讼，理应适用有关民事方面的法律规定。

3. 附带民事诉讼中确立精神损害赔偿符合刑事附带民事诉讼制度的本意。法律之所以确立刑事附带民事诉讼制度，其本意就是考虑犯罪行为造成的民事损害与犯罪事实之间存在一定的联系，从而把刑事诉讼与民事诉讼合并审理。如果因犯罪行为造成的精神损害赔偿作为民事诉讼由民庭另案处理，这就割裂了刑事诉讼与精神损害赔偿的民事诉讼之间的内在的有机联系，就违背了设立刑事附带民事诉讼的本意，无法发挥这项制度的优越性。它既增加了当事人不必要的讼累，又加重了法院不必要的工作量。精神损害赔偿同物质损害赔偿一样，都是由于犯罪行为所造成的，为什么非要对两者采取不同的审理方式呢？

4. 附带民事诉讼中确立精神损害赔偿更有利于保护被害人。《刑法》中侮辱罪、诽谤罪等犯罪行为是一种严重侵犯名誉权的行为，它给被害人造成的精神损害比一般民事侵权行为往往严重得多。如果说在侵犯他人名誉权等民事侵权行为中被害人依法可以获得精神损害赔偿金，那么由于侮辱、诽谤等犯罪行为遭受精神损害，被害人就更有权获得精神损害赔偿金。并且，在司法实践中，有一些侵犯他人名誉权、姓名权等人身权利的犯罪行为，没有给被害人造成直接经济损失或经济损失很小，但给被害人造成的精神损害却十分严重。这种情况下，如果只赔偿被害人数额不多的经济损失，显然不能弥补被害人所遭受的精神损失，也不利于打击和惩罚犯罪分子。因此，在刑事附带民事诉讼中确立精神损害赔偿能够切实有效地保护被害人的合法权益。

（三）折中说

折中说认为，在刑事附带民事诉讼中，被害人请求精神损害赔偿的，人民法院不予受理，但可告知当事人按照民事诉讼程序另行起诉，被害人单独提起民事诉讼要求精神损害赔偿的，人民法院应当依法予以受理。折中说的理由大体如下：考虑到前述两种意见各有道理，为兼顾两者意见，当事人在附带民事诉讼中不能提起精神损害赔偿，在单独的民事诉讼中可以提起精神损害赔偿，这样既符合《刑法》《刑事诉讼法》的规定，也符合民事法律的规定[①]。

值得注意的是，有学者提出了一种新的折中说。该学者认为，合理的做法应当是，刑事案件被害人可以在附带民事诉讼与单独提起民事诉讼两者之间进行选择，既可以选择提起刑事附带民事诉讼，也可以选择单独提起民事诉讼。刑事案件被害人提起附带民事诉讼，公权优先，法院为了及时结案以及其他审判上的便利可以规定附带民事诉讼不能包括精神损害赔偿要求，当然，刑事被害人则可以获得一些好处，例如：不交纳诉讼费用，提起附带民事诉讼的权利间接地具有一定的权力性质——人民法院量刑时要考虑被告人是否充分地赔偿被害人；刑事案件被害人也可以单独提起包括精神损害赔偿要求的民事诉讼，人民法院必要时可以将刑事案件与民事诉讼合并审理，但是私权优先，人民法院原则上不能为了迅速结案等理由去限制当事人的诉权，并且在被告人不能充分赔偿被害人的情况下原则上不影响量刑，在被告人较为充分地赔偿被害人损失的情况下则应当在量刑时作有利于被告人的考虑。这样一来，公权与私权，被告人与被害人的权益均得到了较为合理的安排[②]。这一观点与以前的折中说比较起来增加了被害人的选择权，似乎更加有利于保护被害人的利益。

三、笔者的认识

（一）对上述三种观点的简要评价

首先应当承认，否定说在我国目前占据着统治地位，不管其阐述的理由是否充分。附带民事诉讼毕竟规定在刑事诉讼法和适用于刑事诉讼过程中，而我国

---

① 李洪江. 刑事附带民事诉讼若干争议问题研究 [J]. 法制资讯，2008（2）.

② 曲新久. 论刑事附带民事诉讼中公权与私权的协调 [J]. 法学，2003（8）.

《刑事诉讼法》第77条又的确规定了"物质损失"，因而精神损害赔偿在现行刑事诉讼法中没有法律依据。不仅如此，最高人民法院也多次用司法解释或者批复的形式做了明确规定，其法律权威不容置疑。在一个强调法制的社会中，各级刑事司法实践部门从未开附带民事诉讼精神损害赔偿的先例，这种法制精神毋庸置疑。但这并不能表明对现行的这些法律规定无可厚非。

其次也应当看到，肯定说更加符合法理。附带民事诉讼本质上是民事诉讼，只不过是附带在刑事诉讼过程中，因而附带民事诉讼与单独的民事诉讼在实体上的处理不应该有实质性差别。既然单独的民事诉讼可以提起精神损害赔偿，那么附带民事诉讼应该也可以提起。换言之，肯定说以我国现行的民法通则及有关民事侵权行为精神损害赔偿的司法解释，甚至以宪法中的有关条文作为依据进行深层次的理论探讨，有利于协调部门法之间的矛盾和冲突，这在法理上是完全可以说通的。但这种观点的障碍在于必须逾越现行《刑事诉讼法》的规定及有关司法解释，而且从目前的司法实践来看，即使在只赔偿物质损失的情况下，刑事附带民事诉讼的"空判"现象都十分严重，即"刑事附带民事诉讼案件不断增多，被害人获得民事赔偿的数额也不断增加，而实际得到的赔偿却微不足道"[1]，更何况再加上精神损害赔偿了。

再次应当指出的是，折中说尤其是新折中说既兼顾了《刑法》《刑事诉讼法》《民法》《民事诉讼法》及相关司法解释的规定，又兼顾了公权与私权、个人利益与国家利益的均衡，似乎是目前情况下的两全之策。但是这种观点也存在一些问题，至少无法解释附带民事诉讼与刑事被害人单独提起的民事诉讼之间究竟有何本质上的差别，致使两者的实体处理完全不统一。更为重要的是，如果按照这种观点，由于绝大多数刑事案件都对被害人造成了某种程度上的精神损害，这就有可能导致他们趋之若鹜地规避《刑法》《刑事诉讼法》和有关司法解释的规定，而大量提起单独的民事诉讼以要求精神损害赔偿。因为一旦允许精神损害赔偿，被害人交纳的那一点诉讼费就不值得一提了。如此一来，折中说反而不如肯定说合理。

（二）法制进程中的思考

在笔者看来，法制不仅仅是一个静态的制度及其适用过程，更是一个动态的

---

[1]　详细分析造成这个问题的具体原因，可以参见刘青锋《何以刑事附带民事判决几乎不能执行？》。

进程。就是说，现行有效的所有法律规定及司法解释如果都是合理的话，也只是适应了当前我国的经济、政治、文化和社会发展等各方面的基本状况。在未来的一段时间内，随着各方面条件的变化，相关法律规定必须与变化后的社会发展状态相适应。当然这其中需要处理好与法律的稳定性之间的关系。鉴于此，我们可以将上述讨论的问题纳入法制化的进程中做一个模式化的展望。

第一个阶段：维持否定说的立场，在现行《刑事诉讼法》和有关司法解释未做修改的情况下，坚持附带民事诉讼不能提起精神损害赔偿。但这个阶段不会太长了，对相关法律规定进行修改的呼声一浪高于一浪。

第二个阶段：作为一种妥协的产物，折中说更有可能被有关立法机关或者司法机关接受，在对现行法律不做太大修改的情况下就能实现。就是说在附带民事诉讼中不能提起精神损害赔偿，但在被害人选择单独提起民事诉讼的情况下可以提起精神损害赔偿。由于这种观点自身固有的不合理性，在实践中必然带来一系列新的问题，对之再次进行修改的要求呼之欲出。

第三个阶段：随着我国政治、经济、文化和社会等各方面的科学发展，肯定说或许最终会被立法机关或者司法机关接受，应当说允许被害人在附带民事诉讼中提起精神损害赔偿是大势所趋，是尊重和保障人权以及法律人性化的表现。

第四个阶段：或许还有第四个阶段，那就是刑事附带民事诉讼制度的取消，而将其回归民事诉讼。就目前的法律规定和有关的学术研究而言，附带民事诉讼中存在的问题无比之多，而对其中每一个问题的争议也相持不下[1]。有人评论："从民事诉讼与刑事诉讼各自的地位、功能和特点看，区别如此之大，以至于将一个程序放在另一个程序之中，两者的冲突是必然的。在以公诉为主的程序中附带解决私权问题，最终的结果，只能是牺牲'附带'一方的'局部秩序'。因此，应该将附带民事诉讼程序从刑事诉讼程序中独立出来回归民事诉讼。从近年来刑事案件的数量、构成和法官业务结构的现状来看，也有必要这样做。"[2] 当然，对这个问题也有争议，附带民事诉讼制度毕竟存在了很多年，对其合理性和存在的意义似乎不应有过多的疑虑。但随着社会的发展，人们对刑事附带民事诉讼制度及其运行状况的利弊分析越来越客观，从趋势上而言，其弊大于利的特点逐渐呈现。因而取消附带民事制度让其回归民事诉讼，可能是未来附带民事诉讼制度的

---

① 具体争议情况可参见陈卫东主编《刑事诉讼法资料汇编》。

② 王九川.关于刑事附带民事诉讼问题的几点看法[J].法制资讯，2008（2）.

发展方向。还有一点或许是许多人没有注意到的，从立法技术上而言，取消附带民事诉讼制度将会带来更多的益处。目前的情况是，我国《刑事诉讼法》典用第77条、第78条两个条文规定了附带民事诉讼，可以说是简单得不能再简单的规定了。但查阅全部法典，"附带民事诉讼"一词总共出现了18次，使用频率可以说是相当高。再举一例，在最高人民法院《关于执行〈中华人民共和国刑事诉讼法〉若干问题的解释》中，从第84条到第102条共19个条文规定了附带民事诉讼，但"附带民事诉讼"一词在该解释中总共出现了75次，可见其使用频率也相当高。即便如此规定，从理论界到司法实践部门，对附带民事诉讼中存在的问题仍然莫衷一是，无法解决，甚至还有太多的问题没有相关的法律规定作为依据。设想一下，如果取消了附带民事诉讼制度，将为我国未来的刑事诉讼法再修改提供更多的法条空间，做出立法技术上的巨大贡献。不仅如此，或许取消了附带民事诉讼制度并且允许在被害人单独提起的民事诉讼中包含精神损害赔偿，才能真正保护被害人的权益。

论无证搜查的程序性原则①

内容摘要：无证搜查作为刑事诉讼中一项由公权力主导的侦查措施，具有内在的损害被搜查对象利益的可能性，这就要求立法对其从程序原则性上进行控制。搜查必要性原则解决了无证搜查存在的根本基础，情形紧急原则进一步限制了无证搜查的范围，而公开与秘密相结合原则能最大程度发挥无证搜查与保护被搜查人员的合法权益的作用，法定原则从根本上保证了无证搜查的依法进行，在为无证搜查提供法律依据的同时使无证搜查制度获得正当品性。

关键词：无证搜查　必要性原则　情形紧急原则　公开与秘密相结合原则　法定原则

无证搜查是刑事诉讼中一项由公权力主导的侦查措施，它具有内在的损害被搜查对象利益的可能性。我国侦查机关长期以来在打击犯罪、保护人民这面大旗下，从功利的角度实施基本没有限制的无证搜查。笔者认为，为实现刑事诉讼的双重目的，有必要设置可行性的无证搜查原则，从程序上来控制无证搜查，以遏制违法无证搜查行为。马克斯·韦伯曾指出："从法学上讲，一种现代的法是由'法的原则'组成的，也就是说，由抽象的准则组成的，准则的内容是：一定的事实应该带来一定的法律后果。正如在所有的制度里那样，最通行的划分'法的原则'，可以分为'命令的''禁止的'和'允许的'等法律原则，个人命令、或

---

① 此文原载《烟台大学学报》（哲学社会科学版）2010年第3期，与庄乾龙合作。

者禁止或者允许别的人做某事的主观的权利，就是渊源于这些法的原则。"[①]法律原则是个人权利的源泉，从维护被搜查人权利角度出发也应该设置一些无证搜查原则，这些原则应是无证搜查所应有的，并从程序上起到控制公权力的作用，以体现无证搜查的正当性。

一、搜查必要性原则

无证搜查只有在具备必要性时才能发动。刑事搜查的目的是为了寻找犯罪嫌疑人、查获犯罪工具、赃物等，原则上涉及与犯罪有关的人员与物体都可以进行搜查，但对于一般违法行为不能进行刑事搜查。因无证搜查缺乏严格的司法审查，为约束搜查的任意性，这里的必要性要求应高于普通搜查的必要性要求。根据我国《刑事诉讼法》第111条第二款规定："在执行逮捕、拘留的时候，遇有紧急情况，不另用搜查证也可以进行搜查。"根据此条规定，必要性应该解释为只有在执行逮捕、拘留时才能适用无证搜查。这里存在一个如何理解执行逮捕、拘留与紧急情况之间关系的问题。《公安机关办理刑事案件程序规定》（下文称《公安规定》）207条显然作"重叠式"理解,《人民检察院刑事诉讼规则》（下文称《检察规则》）第179条对此没有做出一个明确的说明。有些学者认为对此应该做并列式理解[②]。笔者同意第一种观点，做重叠式理解更符合立法意图。在执行拘留、逮捕时并不意味着必须进行搜查，在情况不紧急的情况下，或者没有必要搜查的情况下只需要执行拘留、逮捕即可。实务中伴随拘留、逮捕而出现的高频率搜查并不意味着执行逮捕、拘留的必然后果是搜查。有证搜查属于"有因"搜查，搜查人员根据客观情况经过分析认为如果存在合理怀疑，则可以申请搜查证进行搜查。无证搜查对此必要性要求应该高于有证搜查，以防止无证搜查的滥用。但应高于何种程度呢？笔者认为侦查人员结合案件的客观情况分析判断，达到较高怀疑的程度方符合无证搜查的必要性。但侦查人员的分析判断必须建立在客观事实基础上，不能主观臆断。

无证搜查除需要高于有证搜查的必要性条件外，还须满足"没有必要或来不及申请搜查证"这一必要条件。来不及申请搜查证属于积极的无证搜查必要条件。在申请搜查证有可能丧失获得重要的犯罪证据或者犯罪嫌疑人逃跑的情况

---

① 　马克斯·韦伯.经济与社会（下卷）[M].林荣远，译.北京：商务印书馆，1998：20.

② 　张斌.我国无证搜查制度法理之构建:《刑事诉讼法》第111条第二款质疑[J].现代法学,2003(4).

下，可以不申请搜查证直接进行搜查。没有必要搜查是无证搜查的消极要件。在搜查证的取得变得没有必要的情况下，获取搜查证除了浪费时间外没有其他意义，则可以直接实施搜查行为。

根据德国《刑事诉讼法》第111条的规定，如果怀疑存在加重的抢劫罪或任何一种恐怖性质犯罪，那么，即使最低的限制也不适用。在这些情况下，警察没有司法授权也可以在街道或公共场所设置检查站，而且有权命令任何通过检查站的人停下来进行搜查①。上述规定创造出一种新的无证搜查模式，即按照罪名的轻重来决定是否进行无证搜查。有学者甚至认为"即使执法官员没有理由认为通过搜查可以找到武器、证据或者可能实施威胁的人，他们也依然可以对被捕人和临近的壁橱及其类似空间进行搜查。"② 笔者认为此种规定虽有一定道理，但对搜查的必要性不做任何条件限制的做法缺乏合理性。即使属于恐怖活动的犯罪，如果没有一定程度的怀疑是犯罪嫌疑人或有重要的犯罪证据就不能进行无证搜查，否则执法人员很有可能会打着查获恐怖活动犯罪或其他严重犯罪的幌子进行无证搜查而侵害相关人员的合法权益。无证搜查必要性还体现在搜查方法与搜查对象上。原则上在无证搜查中以任意搜查为主，强制搜查为辅。在能够使用命令的方式让被搜查人交出相关证据的时候，就没有必要用强制的方法进行搜查。在实施强制搜查的过程中应该使用与被搜查人反抗相当的方式进行搜查，以能制止被搜查人阻止搜查为必要，不能超过必要的限度，否则可能构成违法搜查。在无证搜查的对象上也应遵循必要性原则，搜查中只能针对有利于实现无证搜查目的的对象进行搜查，以不超过特定的搜查对象为必要。没有必要进行无证搜查的，即使能方便地进行搜查且能获得有用的证据，也只能申请搜查证之后再进行搜查。

根据搜查对象不同，无证搜查又可分为人身搜查与住宅、汽车等场所搜查。人身搜查容易侵害到相应的合法权益，其必要性条件应高于场所搜查。原则上只有在有相当理由怀疑下为获取证据、排除危险才有必要对人身进行无证搜查，如对被拘留人、逮捕人的身体、衣服口袋，及与被拘留人、逮捕人有关的容器进行搜查。此外在附带搜查中在被拘留人、逮捕人立即可控制范围内也可无证搜查。但能否对被拘留人、逮捕人进行体内或脱衣无证搜查呢？原则上必须以有高度怀

---

① 宋英辉，孙长永，刘新魁，等.外国刑事诉讼法 [M].北京：法律出版社，2006：417.

② 约书亚·德雷斯勒，艾伦·C.迈克尔斯.美国刑事诉讼法精解：第1卷·刑事侦查 [M].吴宏耀，译.北京：北京大学出版社，2009：196.

疑为必要，如果只是一般的怀疑，则不能进行体内搜查。例如，"有女性犯罪嫌疑人携带凶器抢劫而被捕，在带入警察局监牢前，由女警察对女性进行脱衣搜查，在搜查时其胸罩中发现一小包毒品。州法院判决此为非有效的附带搜查，因为警察没有理由相信凶器或证据藏于胸罩内。"对于场所无证搜查以有较高怀疑为必要条件，这里的较高怀疑标准应以有证搜查为参照物。

我国《刑事诉讼法》中并没有关于搜查必要性原则的直接规定，但从相关法律规定中能够推导出无证搜查必要性原则。《公安规定》第207条规定了在"执行拘留、逮捕的时候"，遇有五种"紧急情况"，即"可能携带凶器的；可能隐藏爆炸、剧毒等危险物品的；可能隐匿、毁弃、转移犯罪证据的；可能隐匿其他犯罪嫌疑人的；其他突然发生的紧急情况。"上述规定属于附带搜查的情况，执行拘留与逮捕成为附带搜查的原则性必要条件，"携带凶器、可能隐藏爆炸、剧毒等危险物品、可能隐匿、毁弃、转移犯罪证据、可能隐匿其他犯罪嫌疑人的情况"成为附带搜查的具体必要条件。但这里并没有对无证搜查的种类做出具体的划分，且缺少同意搜查与紧急搜查情形的规定，有必要在参考上文所述内容基础上增加相应的搜查种类，并对不同种类的无证搜查设置不同的必要性条件，以符合无证搜查的必要性原则。

二、情形紧急原则

必要性原则只是构成无证搜查的基础性原则，所有的无证搜查只有在有必要的情况下才可能进行，并以必要性指导无证搜查行为。情形紧急原则是无证搜查应遵循的另一重要原则。根据我国《刑事诉讼法》第111条第二款的规定，无证搜查需要符合情形紧急原则，但相关的司法解释并没有对何为情形紧急做出明确的规定。实务中主要由侦查人员根据自己的经验来进行判断，也鲜有因案件不具备情形紧急的情况而判无证搜查无效或违法无证搜查情况的出现，以至于情形紧急原则成为一种摆设，没有起到实际的作用。笔者认为这里的情形紧急一般是出于时间上的考虑，如果让执法人员去申请搜查证是不切实际的，执法人员必须立即采取行动，如在执法人员获取搜查证之前被拘留人、被逮捕人实施毁灭证据或者拿出携带的武器等。情形紧急作为无证搜查、扣押正当化的理由，同时也限定了相应搜查活动的范围。

一般而言，无证搜查分三种情况：附带搜查、同意搜查、紧急搜查。因每种搜查发生的条件不同，其情形紧急程度也应该有所不同。附带搜查中更容易涉及情形紧急的问题。拘留、逮捕的严厉性使得嫌疑人有足够的动机使用任何可以利用的武器对抗执法、逃跑或藏匿犯罪证据，鉴于上述风险因素，法律规定了附带无证搜查制度。那么在附带搜查中什么样的情形才属于情形紧急，我国刑事诉讼法与相关司法解释对此做了细化，但遗漏了一种重要的情形，即执法人员人身安全受到威胁的时候。另有人认为，同意搜查实际上是权利人对权利的一种放弃，被搜查人对是否搜查有主动权，且搜查属于任意搜查种类，比较缓和，没有必要遵循情形紧急原则。笔者认为，同意搜查同样应该遵循情形紧急原则。虽然同意搜查需要被搜查人的配合，但搜查的发动权在侦查人员手里，搜查行为仍是对被搜查人权利的一种侵犯，并且很多情况下，被搜查人的"同意"带有一定的非自愿性，特定的环境下不同意搜查可能会引起侦查人员或其他人的"合理怀疑"，"同意"行为会带有一定强迫性。假如被搜查方只是出于想证明自己的无辜或清白，而实际上没有情形紧急的情况下，侦查人员实施搜查的，也属违反情形紧急原则的无证搜查。同意搜查遵循情形紧急原则有助于限制此种搜查行为的频繁出现，有利于保护被搜查人的合法权益。

紧急搜查可以细分为住宅紧急搜查与人身紧急搜查[①]。由于紧急搜查本身带有急迫必要条件，因此其只要符合证据可能被伪造、变造、毁损或者藏匿的条件，为保全证据，搜查人员在情况紧急时可以对犯罪嫌疑人、第三人的身体或随身携带的物件进行无证搜查。紧急搜查下的紧急情形判断比较容易，但多数学者认为应该对情形紧急做狭义的解释。如学者批评德国《刑事诉讼法》中只规定了最低限度的防止非法搜查的实体性和程序性保障措施[②]。而且，实践中，几十年来实际上不存在为住宅免受搜查而提供的宪法保护，因为解释什么是"紧急情况"的权力主要归于警察。不少学者主张对"紧急情况"进行狭义解释并加强对司法命令的控制[③]。从限制无证搜查的运用，保护被搜查人的合法权益角度来讲，这种观点是值得肯定的。

---

① 德国刑事诉讼法典 [M]. 李昌珂，译. 北京：中国政法大学出版社，1995：36.

② 马斯·魏根特. 德国刑事诉讼程序 [M]. 岳礼玲，温小洁，译. 北京：中国政法大学出版社，2004：111.

③ 苏珊·瓦尔特. 德国有关搜查、扣押、逮捕以及短期羁押的法律：批评性的评价 [M]// 陈光中，汉斯—约格·可尔布莱特. 中德强制措施国际研讨会论文集. 北京：中国人民公安大学出版社，2003：165.

三、公开与秘密相结合的原则

理论界对侦查程序公开与否一直争论不休，表现为两种观点。一种观点认为侦查应当秘密进行，秘密原则是各国侦查程序所遵循的法治原则，侦查的保密状态有利于侦查的顺利进行。但该观点同时又指出，目前随着犯罪嫌疑人和律师在侦查期间参与权的扩大，对侦查的保密要求有所松动，外界可以通过一定的程序安排，了解侦查活动的进展①。另一种观点认为侦查程序应当公开，因为侦查、审判同属于刑事诉讼程序的组成部分，既然审判公开已经得到各国的广泛认可，那么侦查公开也应当成为现代刑事诉讼的原则之一，但同时又主张应当对侦查公开设置例外，除了审判阶段不宜公开的情形同样适用于侦查阶段之外，还应当考虑是否会妨碍刑事诉讼的顺利进行，是否会给犯罪嫌疑人的声誉带来不应有的损害以及是否会影响公正审判②。而实务界对此看法较一致，认为从保证侦查的顺利进行角度考虑应该对搜查保密。

现代刑事诉讼追求的是双重诉讼目的——惩罚犯罪、保障人权。侦查程序是刑事诉讼法律制度的重要组成部分，搜查行为对于实现这两个目的扮演着极为重要的角色。秘密侦查有利于查获犯罪，实现惩罚犯罪的目的，但公开侦查行为是实现程序正义，保障犯罪嫌疑人人权的重要途径，因此对于搜查行为不能绝对的秘密或绝对的公开，而应公密结合。但应该如何实现公密结合呢？这最终取决于惩罚犯罪与保障人权、实体公正与程序公正两者之间的博弈。两者孰轻孰重无法一言蔽之，在不同的诉讼阶段应有所侧重。侦查阶段的搜查行为对查获犯罪嫌疑人、获取证据至关重要，特别是无证搜查多数属情形紧急的情况，如果不适当保密会严重地破坏侦查的顺利进行，案件无法侦破，则刑事诉讼的启动就失去了意义。但我们也不能对此绝对保密，这不符合程序公开的原则，也与世界各国程序由秘密转向公开的趋势相违背。有条件的公开无证搜查活动会起到一系列的有益作用。首先，无证搜查活动公开可以在很大程度上监督侦查人员的行为，督促依法进行。其次，可以有效地保护被搜查人的合法权益，在公开中减少侦查人员与被搜查人的冲突，减少被搜查人对侦查人员的仇视。最后，可以对社会公众起到特殊的教育作用。但这里的公开应该是有选择的公开，部分公开。如果公开内容

---

① 孙长永. 侦查程序与人权 [M]. 北京：中国方正出版社，2000：34-37.

② 樊崇义. 刑事诉讼法实施问题与对策研究 [M]. 北京：中国人民公安大学出版社，2001：307-317.

过多、公开内容不适当会导致不必要的麻烦。如果犯罪嫌疑人有同伙很可能会走漏风声，不利于对同案犯人的抓获。犯罪嫌疑人会极力抢先或事后毁灭证据、伪造证据、阻止证人作证，严重妨碍侦查的顺利进行。如若媒体公开过大，很可能会对社会起到反面不利的影响，观看者有可能模仿其犯罪行为，增加其反侦查能力。总之，公密结合必须做到公开、秘密有度，该公开的公开，该保密的保密。

公开一般是指向律师公开，向当事人公开，向社会大众公开。保密同样是对上述三者的保密。在搜查阶段应该对律师作有限制的公开，这种限制到底有多大，就我国目前司法实务情况来看限制还是比较大的，律师一般只能事后看到有关的搜查令，事前一般不会知晓搜查行为。但对于无证搜查问题，事前的搜查知情似乎已经不可能，但应保证事后的知情，这不但是对犯罪嫌疑人人权的重要保障，同时也是对无证搜查的一个重要有效的监督。实务中很多情况下在无证搜查之后没有任何的补办手续，实属重大违法行为，搜查证或其他补办手续是后续诉讼程序中的重要证据组成部分，是维护犯罪嫌疑人、被告人合法权益的重要方式，也是证明侦查机关依法搜查的重要依据。对于当事人而言，无证搜查中应保证被搜查人的在场，知晓被搜查的原因。但对于搜查后获取的证据有可能涉及其他案犯情况的则可以暂不向其说明，对于针对本人的证据应该向其说明，这不但能击破犯罪嫌疑人的顽固犯罪心理，同时能减弱犯罪嫌疑人对侦查人员、其他司法人员的对抗情绪，也是对被搜查人或犯罪嫌疑人的尊重，有利于诉讼程序的进行。就社会公开而言，主要是通过媒体的形式对社会进行公开。诚然现代社会中媒体在社会公正、司法独立、民众知情权中扮演着极为重要的角色，但我们必须认识到媒体对案情侦查行为的透漏不当也可能会对案件的侦破带来灾难性的后果。笔者认为，在无证搜查侦查行为中应该严格限制媒体的介入，只允许对搜查大致情况的了解，不能涉及案件中被搜查人的姓名与详细案情以及发展情况，并且不能做过于详细的报道，案件宣判后，才能对涉及的无证搜查行为进行报道。

公密结合的原则还包括有些无证搜查可以公开进行，而有些无证搜查行为可以秘密进行的情况。在紧急搜查或附带搜查中，针对特殊的情形，可以秘密进行。但相对于公开搜查而言，秘密搜查对被搜查人的权利侵犯具有隐秘性的特点，这种特征决定了秘密搜查的合法性无法通过侦查机关相对方即被搜查人来监督，因此秘密无证搜查除了符合一般的无证搜查程序外还应符合一些严格的条件：第一，只能针对严重的罪行，如危害国家安全的犯罪、恐怖组织、黑社会性质组织犯罪。第二，只能针对犯罪嫌疑人进行无证秘密搜查，不能针对第三人进行。第三，明确秘密无证搜查是获得重要证据的必要途径。

四、法定原则

所谓法定原则，是指侦查人员在无证搜查中必须遵循法律的明确规定进行无证搜查。搜查行为本身容易造成对人权的侵犯，无证搜查更是如此，在缺少法律审查，搜查人员单凭主观辅之客观的判断更易出现错误判断或者借机实施无证搜查行为。所有的诉讼行为都应遵循法定原则，但无证搜查行为遵循法定原则更有特殊的意义。

无证搜查是发生在国家与被搜查人之间的冲突，侦查人员代表国家进行搜查是执行公务，而被搜查人有可能是犯罪嫌疑人，也可能是无辜者。犯罪嫌疑人本身对国家、侦查人员持反抗态度，在搜查行为中侦查人员与嫌疑人之间发生的是直接对抗，嫌疑人的对抗行为与职务行为的冲突很可能造成意外事件的出现。如果被搜查人实际上并不是嫌疑人，他会因被搜查人员的"无证无理"搜查行为而为自己的"清白"倍感恼怒，外在的冲突与内心的愤恨会直接增加双方的对抗性。为此严格依照法律规定的程序进行搜查，是保障搜查顺利进行的重要武器，也是现代正当程序的要求。正当程序认为，即使查获犯罪的证据是从犯罪嫌疑人那里获取的，但获取的程序存在违法情形，即使犯罪分子最终被公正的处罚，也是违反程序法的行为，是不公正的行为。

我国《刑事诉讼法》与相关司法解释虽然对无证搜查做出了一些规定，但其规定粗疏，相关程序并不完善。《刑事诉讼法》第111条第二款规定"在执行逮捕、拘留的时候，遇有紧急情况，不另用搜查证也可以进行搜查。"公安部颁布的《公安机关办理刑事案件程序规定》第207条规定："执行拘留、逮捕的时候，遇有下列紧急情况之一的，不用《搜查证》也可以进行搜查"，最高人民检察院颁布的《人民检察院刑事诉讼规则》第179条规定："在执行逮捕、拘留的时候，遇有紧急情况，不另用搜查证也可以进行搜查"。规定本身缺乏严密性，如对紧急情形的解释，不另用搜查证也能进行搜查的范围是什么，如何进行无证搜查，都没有做出详细的规定。法律规定粗疏不说，无证搜查的法定种类也表现出单一化——附带搜查。世界各国一般规定了三种无证搜查：紧急搜查、同意搜查与附带搜查。紧急搜查，是指紧急情况下，因来不及办理搜查证所进行的搜查。在英国，警察在追捕过程中或者为了保护生命、健康或者防止对财产的严重损害，可以在无搜查证的情况下进入场所进行搜查[①]。依法国《刑事诉讼法》规定，在现行犯案件中，司法警察官根据犯罪的性质认为可以扣押[②]。同意搜查，是指取得被搜查人同意而进行的搜查。同意搜查在许多国家都是被允许的，如英国32%的搜查都是经同意的搜查，而治安法官签发的有证搜查只占12%[③]；在美国，大约有98%的无证搜查都是以同意搜查的方式进行的[④]。法国《刑事诉讼法》第76条规定，初步侦查中对于人身、住所的搜查必须经过被搜查人的同意，实务上，绝大部分搜查都是司法警官经被搜查人同意后进行的[⑤]。按德国法的规定，警察或检察官可以对被检查人予以留置，在留置的情况下，可以经本人同意后搜查其人身和携带的物品[⑥]。可见紧急搜查与同意搜查在国外搜查侦查行为中起着重要的作用。由于我国法律规定无证搜查的单一性，加之附带搜查要求的条件较高，实务中的无证搜查使用率极低，甚至有证搜查也得到了极大的规避与替代[⑦]。而紧急搜查与同意搜查在很大程度上能解决上述问题的存在，因此立法吸纳同意搜查与紧急搜查制度是必要的，也是可行的。紧急搜查、同意搜查与附带搜查一样应该遵循相应的法定程序。对于紧急搜查范围有不同的认识，有学者认为，紧急搜查可以涵盖所有类型的搜查，如英国的规定。但笔者认为从限制公权力角度出发，不宜扩大紧急搜查的范围，以下的观点较为适当："为保障公共安全，排除社会不安定因素，对正在预备犯罪、实行犯罪或者犯罪后即时被发觉的犯罪嫌疑人、在追缉过程中的犯罪嫌疑人可以进行紧急搜查。紧急情形是指，有理由相信嫌疑人身上带有武器或其他攻击性工具，可能对警察或他人的生命造成威胁。"[⑧]对同意搜查应该遵循以下基本的条件：搜查人员向当事人出示自己的身份证明，向当事人表明搜查的意图，保证当事人同意的自愿性；当事人明确知道自己享有的权利并知晓搜查应

① 孙长永. 侦查程序与人权 [M]. 北京：中国方正出版社，2000：100-102.

② 参见《法国刑事诉讼法》第56条.

③ 孙长永. 侦查程序与人权 [M]. 北京：中国方正出版社，2000：108.

④ 皇甫长城，马凌. 浅论同意搜查制度 [J]. 人民检察，2005（8）.

⑤ 孙长永. 侦查程序与人权 [M]. 北京：中国方正出版社，2000：103—104.

⑥ 孙长永. 侦查程序与人权 [M]. 北京：中国方正出版社，2000：99.

⑦ 左卫民. 规避与替代：搜查运行机制的实证考察 [J]. 中国法学，2007（3）.

⑧ 宋英辉. 刑事诉讼法修改问题研究 [M]. 北京：中国人民公安大学出版社，2007：311.

当承担的法律后果；搜查人员应取得适格当事人的同意，并在搜查人员同意的范围内进行搜查；作为一项权利，被搜查人可以随时终止同意搜查。

每一种无证搜查都会有特定程序要求，以下就无证搜查共同应该遵循的法定程序做一分析。

首先，除秘密搜查外，搜查人员应向被搜查人表明自己的身份。这是搜查人员正当行使职务的要求，也是减缓被搜查人与搜查人之间冲突的一个重要方法。搜查人员身份证明的方式应该是向被搜查人提供真实有效的证件，并以被搜查人确切明知是搜查人员为限，当然如果被搜查人故意装作看不懂的情况下，可以寻找其他证人证明。搜查人员不能以口头方式告知，也不能拿着证件在被搜查人面前迅速一晃，致使被搜查人员无法看清。

其次，应严格遵守搜查范围与搜查时间的规定。无证搜查中的每一种搜查类型都应该有特定的搜查范围，不能随意地扩展。如附带搜查中只能针对被拘留人、被逮捕人迅速触手可及的范围内进行搜查，同意搜查中只能对同意人所同意的范围内进行搜查，紧急搜查只能在符合紧急搜查目的范围内进行。对于搜查的时间，应禁止夜间搜查，但可以存在连续追缉犯罪人的例外，只是应对其连续追缉行为做出严格的限制——不间断的追缉。

再次，无证搜查后必须迅速补齐所有手续。《检察规则》第179条规定"在执行逮捕、拘留的时候，遇有紧急情况，不使用搜查证也可以进行搜查"，但"搜查结束后应当及时向检察长报告，及时补办有关手续"。对此有两个问题需要注意：第一，无证搜查后的补办手续只规定在《检察规则》中，《检察规则》只能约束检察院的检察行为。无证搜查的权力享有者除了检察侦查人员外还包括公安机关侦查人员，为此应提高法律位阶，将其规定在《刑事诉讼法》中，统一无证搜查之后的补齐手续行为。第二，对于及时补办手续的含义没有说清楚。什么是及时？法律没有做出具体的规定，实践中的做法也不一致，最好有一个具体的时间限制，不但清楚明晰，易于操作，还可以制约搜查人员的拖延行为，立法可以规定搜查完毕后的三日内补齐所有手续。对于补办什么样的手续，为什么要补办这样的手续的疑问虽已经有学者注意到了，但该学者认为没有必要再补办什么手续[①]。笔者认为这里的补办手续是必要的。主要有两个理由：第一，可以有效地限

---

① 张斌.我国无证搜查制度法理之构建：《刑事诉讼法》第111条第二款质疑 [J]. 现代法学,2003(4).

制侦查人员的搜查行为，起到制约搜查人员权力的作用。第二，可以保证作为侦查人员依法搜查的证明，也是追究其违法搜查，保障被搜查人合法权利的重要证据。对于补办的手续主要涉及两个方面的内容：第一，无证搜查一般是出于情况紧急而进行的，被滥用的可能性比较大，容易侵害被搜查人的合法权益，由于事前缺乏理由审查，事后制约就显得尤为重要。为此，搜查人员在无证搜查之后，应在特定的时间内对无证搜查的具体情况做一书面报告，包括搜查的前因后果，搜查行为的具体内容，搜查的结果等，并对搜查所应具备的条件原则（如无证搜查的必要性、情形紧急）等情况进行分析。待有关人员做出认定后再审查确定无证搜查是否合法。第二，有关部门人员审查合格后，应颁发无证搜查证书。作为特殊情况的事后颁发证书行为，可以证明无证搜查合法性，而不是如个别学者所认为的在此情况下没有什么手续可以补办。

最后，明确违法无证搜查的法律后果。违法搜查行为，不但是对职务行为的亵渎，还会侵害到被搜查人的合法权益。只有明确无证搜查的法律后果方能有效地预防、惩罚违法无证搜查行为。根据权利义务承担主体不同，法律后果可以分为两种情况：违法搜查人员的法律后果与被搜查人的权利。违法搜查人员承担违法搜查法律后果可以有两种：第一，排除违法搜查获得的证据，如果因违法搜查抓获犯罪嫌疑人则应无条件释放。证据的非法排除可以在很大程度上起到威吓搜查人员，以防止搜查人员进行违法搜查，也是"错误不能产生利益"格言的重要体现。但是如果属于技术上的违法，如在搜查前的告知行为中，由于搜查人说话速度过快，被搜查人没有听清楚搜查人员的名字与详细的理由，但只要基本上能够理解，则不能排除非法证据，这属于有瑕疵的行为可以补正。第二，搜查人员依法承担行政责任或刑事责任。违法搜查情形严重的，相应机关可以对其做出行政处分，触犯刑法的要承担相应的刑事责任。被搜查人因侦查人员的违法搜查行为受到人身、财产、名誉损害的，有权要求搜查机关予以赔偿、赔礼道歉、公开消除不良影响等。

论协商性刑事司法理念的倡扬①

内容摘要：刑事司法领域因社会主体多元、利益多元的出现，传统刑事司法无法兼顾公正与效率、程序与实体正义及惩罚犯罪与保障人权。协商性刑事司法在程序与实体之间吸收"协商"因素则较好地兼容了上述刑事司法诸要素。为此，在由分配正义到协商正义理念转变下，需重构协商主体、协商程序和协商内容，树立适合我国国情的协商性刑事司法理念。

关键词：传统刑事司法　协商性刑事司法　理念

刑事诉讼以国家为主导而展开，社会主体一般居次要地位。在国家占主导地位的时代，一般社会主体的诉讼地位受到较大的限制。极端的代表是专制国家的诉讼：国家处于绝对的优势地位，一般社会主体成为恣意审判的对象。时移世易，国家与社会之间的关系随着社会的发展而发生变化，这从根本上会影响到刑事司法模式，并更新刑事司法理念。我国1996年修订的《刑事诉讼法》为天生软弱的社会主体力寻援助之手②，但无奈仍成为"稳定压倒一切"的刑事政策与"实体公正"理念的牺牲品。法律的刚性与现实利益的多元性迫使社会主体自发寻求新的纠纷解决路径——协商解决刑事诉讼纠纷。时值《刑事诉讼法》再次提到修改议程，面对传统刑事司法的内忧外患与协商性刑事司法实践先行，有必要从理论上拨清迷雾，正视协商性司法的是与非。

---

① 此文原载《江西警察学院学报》2011年第1期，与庄乾龙合作。

② 如提高被害人的诉讼地位，增加犯罪嫌疑人、被告人的诉讼权利等。

一、传统刑事司法的"内忧外患"

受国内理论、实务界对"惩罚犯罪"的关注批评与国外程序正义理论的影响，1996 年修订的《刑事诉讼法》不仅吸收了对抗制的很多因素，还注意提高诉讼效率，增加了简易程序的规定。刑事司法公正与效率暂时得到了表面上的融洽共存 [①]。但该法在给予一般社会主体"同情之泪"时，又通过"明升暗降"律师权利的方式，剥夺或限制犯罪嫌疑人、被告人的权利。简易程序的不科学规定造成程序不但没有简易，反而造成被告人权利遭到简化的不良后果。面对公正与效率俱损的局面，内在但不同于传统刑事诉讼纠纷解决方式自发产生，星星点火式的纠纷解决新方式虽没有成燎原之势，但对传统刑事纠纷解决模式带来了"点"式的外在冲击。传统刑事司法处于内忧外患的局面。

（一）传统刑事司法的"内忧"

1. 公正与效率的纠缠。最高人民法院前院长肖扬曾提出："一个时代需要有一个主题，人民法院在 21 世纪的主题就是公正与效率……锲而不舍地追求公正与效率，应当成为新世纪人民法院法官最崇高最光荣的职责。" [②] 此设想是美好的，但现有的刑事司法模式不但没有很好地实现两者的融合，反而一定程度上拉大了两者之间的距离。法律对犯罪嫌疑人的定罪量刑，规定了严格的证据条件，因此不少案件往往因为证据不充分久拖不决。"正义被耽搁等于正义被剥夺。"没有了效率就无公平可言。这主要归因于立法、司法的脱离实际与片面理想化："不注意实际条件和多种复杂因素的制约去追求理性化不仅难以奏效，而且还可能因为完全破坏了既成的有序状态而使情况更糟。" [③] 刑法修正案接二连三地出现旨在增加新的罪名，法律繁杂增多的背后是社会发展的进一步复杂化与大量犯罪的出现。犯罪率一路飙升 [④] 与司法低效的矛盾冲突需要便捷的诉讼制度，以有效地解决刑事纠纷。但同样因社会的发展，国家一元主导向国家、社会二元主导的发展变化，使得公众权利意识得到了普遍的提高，设计较繁杂的程序以保障社会主体

---

① 马明亮.协商性司法：一种新程序主义理念 [M]. 北京：法律出版社，2007：3.

② 肖扬.公正与效率：新世纪人民法院的主题 [J]. 人民司法，2000（1）.

③ 龙宗智.相对合理主义 [M]. 北京：中国政法大学出版社，1999：138.

④ 1998 年至 2002 年这 5 年来，人民检察院共批准逮捕各类刑事犯罪嫌疑人 3601357 人，提起公诉 3666142 人，比前 5 年分别上升了 24.5% 和 30.6%。2002 年共审结一审刑事案件 283 万件，比前五年上升 60%，判处犯罪分子 322 万人，上升 18%。其中，判处五年以上有期徒刑、无期徒刑和死刑的 81.9 万人，占百分之 25%。

的权利成为刑事诉讼不得不考虑的问题。而这最终形成了一种现实悖论：要公正降低了效率，要效率则要牺牲公正。

2. 程序正义与实体正义的内耗。刑事诉讼的理想目标是程序正义与实体正义兼顾且互相促进。但正如罗尔斯所言："古往今来的社会制度都是不尽如人意的，完全符合正义的社会不仅从来没有出现过，而且将来也不会出现。"① 理想是我们追求的目标，但毕竟与现实不同。传统刑事诉讼为实现程序正义遵循程序法定原则，具有刚性与单一性特点。而刑事实体内容却表现出主体与利益的多元性，特别是随着社会的发展，刑事实体内容的多元性更趋向复杂化。程序的单一难以保证主体多元、利益多元的实体正义，甚至在一定程度上会阻碍实体正义的实现。"有时尽管从法律程序上是合法的，但结果却不合理或不尽合理……我们在实际生活中在与各种组织机构打交道都不时会遇到这种情况：每个机构的每个办事员都似乎按照规定行事并且似乎无可指摘，但结果对你不利而且不合理……专门化的加强为法律功能的实现设置了大量程序上的障碍。"② 苏力教授强调的"专门化的加强"实际上就是指程序的刚性与单一。甚至有人认为："某些程序权利的保障，即使长期以来在英国被誉为司法公正之基本权利，也根本没有任何法律意义。"③ 实体正义重视个体，尽量满足多元主体的多元利益。在单一程序不能满足或保障实体公正结果时，实体正义会内在地突破既定的程序，寻求新的能实现有利结果的渠道。程序的封闭单一性与实体的扩张性使得程序正义与实体正义在实现的过程中充满了矛盾与冲突。在实体纠纷解决方式冲破既定程序之后，程序坚持者站在程序正义的角度不接受实体处理结果并指责违反程序，属违法行为。实体坚持者则站在实体正义的角度论证实体结果的合理性，并指责程序的僵化与不近人情，这也是合理与合法难以达成一致的深层原因。因此传统刑事司法纠纷解决模式所秉承的程序与实体正义兼顾理论一直处于对抗内耗状态中，最终会削弱两者而不是兼顾。

3. 惩罚犯罪与保障人权的失衡。刑事诉讼不仅要惩罚犯罪还要保障人权，这既是重要的刑事诉讼理念也是具体制度设计所应遵循的重要原则。传统刑事纠纷的解决建立在查清事实基础之上，坚持绝对"对"与"错"的是非观念。在不能

---

① 胡启忠. 契约正义论 [M]. 北京：法律出版社，2007.

② 朱苏力. 法治及其本土资源 [M]. 北京：中国政法大学出版社，1996：90.

③ 莫诺·卡佩莱蒂. 当事人基本程序保障权与未来的民事诉讼 [M]. 徐昕，译. 北京：法律出版社，2000：14.

分清是非的情况下，只能按照"无罪推定"原则宣布被告人无罪。但在被告人有罪的情况下，如何实现惩罚犯罪？国家在查处犯罪中处于主导地位，一般社会主体则处于辅助地位，在刑事诉讼中没有过多的话语权。即使在被害人要求从轻或免除对犯罪人处罚的情况下，国家亦可置之不理继续"依法"惩罚犯罪。在此情况下虽能惩罚犯罪，但保障人权目的实现了吗？虽然惩罚犯罪与保障人权作为一种理念与原则应贯穿于刑事诉讼过程中，而不是在每一个诉讼阶段都要实现平衡，但原则与理念都需要具体制度来落实。我国刑事诉讼分为立案、侦查、起诉、审判、执行五个阶段。毋庸置疑，立案、侦查阶段主要以侦查犯罪为主，程序的封闭与秘密性将犯罪嫌疑人与外界基本隔离。虽然在起诉与审判阶段犯罪嫌疑人与被告人享有一定的权利，但因法律的僵性规定，此种权利受到了很大的限制，缺乏与相对方的自由互动，刑事诉讼以立法的形式合法限制甚至剥夺了犯罪嫌疑人、被告人的应有权利。在刑事执行阶段，犯罪人的权利又回落到诉讼程序开始阶段，与犯罪人切身利益相关的减刑、假释完全由他人来主导进行。如此，整个刑事诉讼更多体现出惩罚犯罪的思想，保障人权则处于失衡状态。

（二）传统刑事司法的"外患"

1.新型刑事纠纷解决模式的应急内生。司法实践基于现行刑事司法制度对各方利益的实现遭遇"瓶颈效应"的现实，应急产生新的纠纷解决模式——刑事和解。与传统纠纷解决模式不同，刑事和解试图在程序中给个人定位以防止埋没主体，道德话语与个性情景在此受到重视。刑事和解的出现既满足了加害方与受害方各自的利益，也迎合了司法实务部门提高司法效率与解决疑难案件的要求，同时刑事和解因能从根本上起到"息诉"的作用而达成构建和谐社会的目的。因此，即便在缺乏相应法律基础的情况下，以刑事诉讼当事人为内在主体、司法实务部门为外部推动与构建和谐社会的有力政策组成的合力仍催生出刑事和解，并以较大的惯性继续保持发展势头。新型刑事纠纷解决模式并不限于刑事和解，其他如"污点证人作证豁免"①"简化审判程序"② 及简易程序等都是对传统刑事纠纷解决模

---

① 梁玉霞.论污点证人作证的交易豁免：由綦江虹桥案引发的法律思考 [J].中国刑事法杂志，2000（6）.

② 如2003年3月，最高人民法院、最高人民检察院与司法部联合发布的《关于适用简易程序审理公诉案件的若干意见》与《关于适用普通程序审理"被告人认罪案件"的若干意见》；2002年，北京市朝阳区人民检察院指定的《轻伤害案件处理程序实施规则》；2003年北京政法委出合的《关于处理轻伤害案件的会议纪要》等。

式的实践反思。

2. 新型刑事纠纷解决模式的外来引进。新型刑事纠纷解决模式司法实践的应急内生，不但一定程度上解决了司法棘手问题，还促使理论学者进一步总结反思，引进并构建域外带有"合意""协商"内容的恢复性司法与辩诉交易制度。恢复性司法制度虽游离于刑事诉讼程序之外，但因对诉讼主体意志的关注而在国外备受青睐。它不但能避开传统刑事纠纷解决模式单一的弊端，还是对传统纠正罪犯方式收效甚微的最好回应。辩诉交易同样在尊重当事人主体基础上，协商犯罪嫌疑人、被告人的罪与刑。荷兰的"警察交易"制度、德国的附条件不起诉制度与处罚令程序及口供基础上的协商程序、我国台湾地区的缓起诉制度与审判中的协商程序、日本的犹豫起诉制度、意大利的"基于当事人请求而适用刑罚的程序"与简易程序、法国的有罪答辩制度与刑事调解制度与俄罗斯的"在刑事被告人同意对他提出的指控时做出法院判决的特别程序"等都包含着诉讼主体间的协商精神，以双方或三方合意的形式解决程序或实体问题。

无论是司法实践的自发回应还是理论的外来引进，新型刑事纠纷解决模式都是对传统刑事纠纷解决模式的一定程度上的反思或者不承认。新型模式虽一时以其合理性战胜合法性，但毕竟形式上属于违法，是对传统纠纷解决模式的外在"点式"冲击。此"点式"冲击并不限于对刑事诉讼特定地方的破坏，它会以"点"为中心向周边蔓延，最终动摇传统刑事司法得以存在根基。回避甚至反对不但不能解决现有的刑事纠纷还有可能逼迫出更多的"违法"纠纷解决模式，正视它并予以合理引导才是出路。

二、协商性刑事司法的兼容并蓄

通常所说的协商性司法主要是指当事人可以协商选择嵌入诉讼程序的谈判、和解、调解、辩诉交易或处刑命令程序、恢复性程序等合意型纠纷解决方式来解决纠纷[①]。即在传统以公力解决纠纷模式中吸收私力救济因素[②]。诉讼案件当事人

---

① 王建源．迈向对话的正义：协商性司法的制度逻辑 [M]// 司法改革论评．厦门：厦门大学出版社，2007：124—146.

② 诉讼中的私力因素与私力救济相关，但不等同于私力救济。私力救济指的是当事人认为权利受到侵害时，不通过国家机关、社会组织等中立第三者的力量，而依靠自身或私人力量，实现权利，解决纠纷。常见的私力救济形式有自决与和解，自决主要表现为强制和武力，和解则通常表现为交涉与合意。现代法治国家禁止将私力救济作为解决纠纷的方式，其实禁止的是前者，即不允许当事者实施强制和武力自决，但并不排斥后者。

通过合作协商在遵循一定程序之下就实体与程序内容交换各自的意见，并切实的影响案件处理结果。如此，不但摆脱了程序单一带来的刚性干涉，还在程序规则与实体内容交互过程中实现程序正义与实体公正的兼顾，并进一步实现公正与效率、惩罚犯罪与保障人权的目的。

1. 公正与效率的水乳交融。传统刑事纠纷的解决缺少当事人双方合意的实质影响。与案件具有切身利益关系的主体在纠纷解决过程中，不能充分、有效地发表意见，如此，即便诉讼结果对自己有利，当事人因程序压抑也可能滋生偏见与不满。即传统纠纷解决模式过于关注规范内容，而忽视了体现个人权利内容的价值因素。协商性司法既承认规范要遵守，也同意规范背后的价值选择同样重要。"规范是我们必须接受的，价值则是我们优先接受的 '规范告诉我们的是，什么必须要做；价值告诉我们的则是，什么值得去做。"[①] 协商性司法对规范与价值的双重兼顾，使得当事人双方在诉讼过程中既能遵守规范又充分发挥自己的权利去影响关系自己切身利益的结果。当事人因对结果中包含着自己做出的"裁判"而会"心服"。正如康德所指出的："当某人就他人事务做出决定时，可能存在某种不公正。但当他就自己的事务做决定时则绝不可能存在任何不公正。"[②] 法院裁决也会因"和谐"解决双方之间的矛盾纠纷而获得社会的认可，从而降低申诉、抗诉与上诉等现象，如此公正与效率得到兼顾，两者得到了实质融合而不是表面上的融洽。

2. 程序公正与实体公正的张弛有度。因我国一贯偏重实体而轻视程序的做法，在职权主义诉讼模式中引入当事人主义因素在学界与实务界基本达成共识。但实践证明1996年修订的《刑事诉讼法》对程序做出的改革并没有实现预期的目的，这固然与制度和理念之间的"时间差"有关，但与刑事对抗程序本身的僵硬也有莫大的关系。加之我国虽有体现当事人主义的程序制度，但重视实体结果理念不变，造成程序归程序、实体是实体相脱离甚至互相排斥的结果。传统纠纷的解决在"程序与实体"即"皮"与"肉"分离的情况下进行，结果可想而知。"要改变这些因素，律师和法官就必须接受一种正当的争议解决的新概念。这一概念包括争议双方之间更加坦诚相对的概念，也就是减少对抗，接受对成本、他人的

---

① 哈贝马斯. 包容他者 [M]. 曹卫东，译. 上海：上海人民出版社，2002：66.

② 尹田. 法国现代合同法 [M]. 北京：法律出版社，1995：20.

权利、公共利益等相关考虑。"①这一新概念就是协商。"协商"与"互动"是链接"程序"与"实体"、变"死程序"为"活规则"的枢纽。协商本质上是一种互动权利的充分有效表达。协商性司法认为:"法律权利给了权利主体在法定范围内为实现利益要求而表现意志、做出选择、从事一定活动的自由……权利主体可以自主决定其是否实际享有、行使或实现某种权利,而不是被迫地去享有、行使或实现该权利。"②当事人双方平等地行使交往权利,平等地沟通交流,把关于对案件纠纷、证据等相关意见按照一定的程序注入刑事案件。通过程序合作实现实体正义。而程序的错误或不公正也会在双方程序合作中得到纠正。如此程序与实体公正之间由紧张摩擦代之以张弛有度。

3. 惩罚犯罪与保障人权的合理兼顾。刑事诉讼纠纷的解决应遵循该惩罚则惩罚、该保护应保护的原则,即惩罚犯罪与保障人权兼顾。"正义是给予每个人他应得的部分的这种坚定而恒久的愿望。"③传统刑事司法秉承分配、绝对正义的观念,法院对当事人双方之间的缺乏"公正"的要求置之不理。这本质上反映了司法裁判机关对法律的过于严格执行,从应然的角度理解执行惩罚犯罪与保障人权。法律源于生活,法律条文的逻辑建构再精细复杂也难以代替现实世界。"法律是由各种实践、话语和制度构成的统一体,国家法持续地在这个法律多元性形式上施加单一体的影响,但总是难以完全成功。"④传统纠纷解决模式在分配正义的指引下机械执行法律的应然规定忽视了生活实然的一面,犯罪嫌疑人、被告人的合理诉求不能得到有效的保护,体现出惩罚犯罪有余而保障人权不足的不合理性。协商性司法关注当事人的诉求,正视现实需要,尊重当事人主体地位,用双方或三方之间的协商对话弥补法院对法律机械执行带来的弊端。法律不能与社会同步的现实需要由法官来理解执行从而尽可能缩小两者之间的差距,但相对于案件当事人,法官对法律的理解执行可能对他们意味着意思是强制。就对案件纠纷的解决现实感受而言,案件当事人可能比中立的法官更有发言权。既然如此吸收当事人的协商因素会更接近于生活,更利于案件纠纷的解决,更能做到惩罚犯罪

---

① 阿德里安 A·S·朱克曼. 危机中的民事司法 [M]. 傅郁林, 译. 北京: 中国政法大学出版社, 2005: 17.

② 张文显. 法哲学范畴研究(修订版)[M]. 北京: 中国政法大学出版社, 2001: 309–311.

③ 查士丁尼. 法学总论 [M]. 张企泰, 译. 北京: 商务印书馆, 1989: 1.

④ 王建源. 迈向对话的正义: 协商性司法的制度逻辑 [M]// 司法改革论评. 厦门: 厦门大学出版社, 2007: 140.

与保障人权的合理兼顾。

三、协商性刑事司法理念的本土倡扬

无论是制度构建还是理念引进都需要与本土资源衔接，否则可能出现"水土不服"抑或产生嫁接之后的"法律怪胎"。在充分考虑到现有国情与国际协商性司法的立法、司法实践基础上，笔者认为要实现协商性刑事司法的本土化改造，需要在以下几个方面做出努力。

（一）刑事纠纷解决理念的转变

1. 刑事立法与司法中由分配正义到协商正义的转变。我国传统刑事纠纷解决中国家始终处于主导地位，一般社会主体不能对结果产生实质性的影响，即强调公力救济而忽略了私力救济。这与立法、司法所遵循的分配正义有关。"分配的正义是仲裁人的正义；也就是确定'什么是合乎正义'的行为。无论怎样，如果他在履行他的职责，便可以说是把每一个人的应得分配给每一个人；这是真正的正义分配，可以被称为分配的正义。"① 可以说传统刑事司法追求的是一种虚拟的正义、中庸的正义，这种正义过于追求普适性与形式性，而且受束于法律规定的架构，只考虑结案的合法律性，很少触及案件所产生的背后的现实社会原因②。在一个民主、法治、文明的社会，法律应是合意的产物，而不是以统治工具为目的由少数人设立的规则。民主协商的立法过程应由民主协商的司法过程来承接和延续。协商性司法追求的不单单是立法层面的分配正义，更多地关注案件背后的社会原因，通过"协商"达成对现实纠纷解决的"合意"。即协商性司法是多元利益相互妥协的结果，并不消极地散落于法律规则之中，它带有务实精神，因地制宜，是法律与现实的妥协，也是两者的最佳结合。进一步而言，协商性司法是对裁判性司法传统进行反思的结果，其以"对话"取代了"对抗"，以理性的"沟通""协商"取代了诉讼技巧，以主体间的"合意"取代了裁判者的"决定"，并最终以妥协的正义或称之为"协商的正义""互利的正义"取代分配的正义③。总之，大一统的分配正义理念不能满足主体与利益多元化所需求的现实正义。与集

---

① 布莱恩·巴里. 正义诸理论 [M]. 孙晓春，曹海军，译. 长春：吉林人民出版社，2004：12.

② 马明亮. 协商性司法：一种新程序主义理念 [M]. 北京：法律出版社，2007：67.

③ 王建源. 迈向对话的正义：协商性司法的制度逻辑 [M]// 司法改革论评. 厦门：厦门大学出版社，2007.

权和计划经济相适应的国家统一分配正义的刑事纠纷解决理念应逐渐让位于与民主和利益多元化的市场经济相适应的协商正义。协商正义或者新型正义应该得到重视与提倡。

2. 事实认定由客观真实到合意真实理念的转变。传统刑事纠纷解决模式建立在"查明案件事实"的客观真实基础之上，严格按照规则追究犯罪嫌疑人、被告人刑事责任。而这促成了传统的刑事司法的特征："通过对规则的严格适用实现国家建立的法律秩序，但是这种秩序是由国家强制力保证的，与社会缺乏内在的亲和力，往往无法有效调动个体采取有效行动，促成人与人之间的相互合作、形成、发展、选择更为人们偏好的、有效的秩序……"[①] 而协商性刑事纠纷解决模式强调双方或三方的合意，"合意证据"成为裁判的基础，案件事实具有假定性。正如德国魏根特教授所言："在协商的刑事诉讼制度下，判决不是建立在努力查明事实真相的基础上，而是基于假定的案件事实和被告人对这种处理的认可上。"[②]"面对面互动中取证是在事实问题和法律问题这个方法学分离的假定之下进行，其目的是要得到确定的事实和可靠的证据"[③]。因此协商性纠纷解决模式重视合意事实，而不是法律规定的客观事实。

（二）协商性刑事司法的祛魅

协商性刑事司法看似与传统刑事司法相违背，并表现出若干差异，加之带有"合意"内容的纠纷解决模式的增多，许多人对协商性刑事司法存在误解，在此有必要祛魅澄清。

1. 协商性刑事司法的程序问题。协商的字面含义容易引起人们的错觉：认为协商解决纠纷不需要程序，可以较随意地进行[④]。笔者认为协商并不意味着放任不管，它是通过有序的公开争论与推理来实现的，这是"区别于早期私人复仇、神明裁判的根本性要素，是避免法律诉讼蜕变为民间私斗替代物的关键所在。"[⑤] 协商性司法内在的需要"言语情景"以保障主体协商的自愿与真实，而这都需要相

---

① 苏力 . 道路通向城市：转型中国的法治 [M]. 北京：法律出版社，2004：29.

② 托马斯·魏根特 . 德国刑事诉讼程序 [M]. 岳礼玲，温小洁，译 . 北京：中国政法大学出版社，2004：166.

③ 尤尔根·哈贝马斯 . 在事实与规范之间：关于法律和民主法治国的商谈理论 [M]. 北京：生活·读书·新知三联书店，2003：288.

④ 李少平 . 论少年司法中协商性司法模式的价值 [J]. 法律适用，2004（12）.

⑤ 李责成 . 协商性刑事司法原理 [J]. 刑事法杂志，2009（8）.

应的程序存在。"私力救济在公力救济的阴影下，公力救济也在私力救济的阴影中……没有公力约束的私力救济不免走向野性，没有私力支撑的公力救济难免显得空洞。"① 体现私力救济的协商性纠纷解决模式不但需要程序的支持，还需要在公力救济程序下才能发挥更大的作用。"仔细观察审判过程，就可以发现法官所做出的判决后面，存在着审理过程本身，尤其当事者活跃的辩论活动所给予的重大影响或制约。如果把着眼点移到这个侧面，则可以得到另一种关于审判的印象，即围绕对立的主张和论点进行争议的当事者中间存在一个具有权威的第三者，通过这样三方相互作用把当事者争论引导或收敛到一个合理解决的社会机制上，这就是审判。"② 因此作为规范主体对话行为的程序，成为协商顺利进行必不可少的保证。

受协商性司法是在很大程度上对传统程序的一种突破的影响，人们误认为应有多元程序来适应利益多元与主体多元的情况，协商性刑事司法程序应与传统刑事司法程序相并列。考察国外情况，荷兰的劝解官制度、法国的复合调解制度、日本的民事调停法更坚定了人们对其应适用独立程序的认识。但我们必须同时看到域外更多国家中的协商性司法并没有独立的程序，而是散落在程序法中的各个角落。协商性刑事司法本质上是在程序中吸收当事人的"对话""协商"因素，强调程序的"合意"性，以弱化程序的"对抗性"与"刚性"。协商性刑事司法程序不是对传统程序弃而不用，而是内生于传统程序之内，是对传统程序的一种改造与扬弃。它镶嵌于传统刑事司法体系之中，处于"补充地位"而不是对既有司法模式的全方位替代。

2. 协商性刑事司法与恢复性司法的关系问题。"值得指出的是，在刑事司法中，两大法系共同采用的协商性司法以恢复性司法的影响最大"③ "现代意义上的协商性司法产生于20世纪70年代的刑事司法实践之中。起初这种司法模式被称之为恢复性司法。"④ 上述观点皆认为，恢复性司法就是协商性司法的一种。诚然恢复性司法与协商性司法共用某些价值理念，但两者有着本质的区别。恢复性司

---

① 徐昕. 论私力救济与公力救济的交错：一个法理的阐释 [J]. 法制与社会发展，2004（4）.

② 棚濑孝雄. 纠纷的解决与审判制度 [M]. 王亚新，译. 北京：中国政法大学出版社，1994：256.

③ 王建源. 迈向对话的正义：协商性司法的制度逻辑 [M]// 司法改革论评. 厦门：厦门大学出版社，2007：125.

④ 唐力. 论协商性司法的理论基础 [J]. 现代法学，2008（6）.

法出现的动因在于现行治理犯罪取得的效益甚微，传统司法忽略了被害人。它提出的重要目标在于恢复被害。而协商性司法主要是因为案件的积压，疑难案件增多及特殊群体需特殊的诉讼程序来适应。恢复性司法游离于正统程序之外，它内在的排斥刑事诉讼程序，一般在非官方的主持下进行。而协商性司法仍在刑事诉讼程序之内，只是程序进行的方式有了些许的改变。正如马明亮博士所言："历史的看，协商性司法主要使命感或者说价值取向在于协助诉讼程序摆脱现代社会所带来的司法困境，它所带来的冲击主要是诉讼程序目标、控辩审的关系以及司法裁决的制作过程。"① 但该学者将刑事和解、调解看成是恢复性司法的一种实践形式是存在问题的。刑事和解最本质的内容不是追求恢复被害而是旨在在追求纠纷的解决，且需遵守正统的刑事诉讼程序，与恢复性司法有着本质的区别，应属于典型的协商性司法。在我国现阶段澄清恢复性司法与协商性司法问题颇为重要。正如张绍彦教授所言："……修复性司法在一个国家或一个社会，它实施的一个基本社会背景是什么？那就是法治后时代，它是作为法治化的一种法治化了的司法制度的补充"② 。恢复性司法在西方国家之所以能生根发芽乃至茁壮成长，正是因为法治现代化的完成得以在法治国家民众当中树立法治的信仰，因此，即便面临着恢复性司法对现代司法的"解构"，法治大厦仍然能够得以挺立，作为非正式的司法模式的恢复性司法尽管在形式上是对法治的颠覆，但其价值目标仍然能与法治的目标保持一致③ 。张教授所言虽有绝对化之嫌，但他看到了问题的关键所在。在一个法治还没有发达甚至不健全的时代，建设非正式的恢复性司法缺乏可行性。协商性司法不但具备恢复性司法的"协商"功能，还有较严格的程序保证，契合我国国情。

（三）协商性刑事司法的本土重构

1. 协商主体。参与协商性司法的主体必须具备特定的协商资质，这是顺利开展协商性司法的重要前提。一般而言，协商主体必须具备掌握协商合意的一般规则，包括认知能力、反思能力及言说沟通能力。协商主体的认知能力是所有能力的前提，并以所认知范围内的法律与事实为协商的范围。言说能力资质将会把那些谎言、颠倒黑白、言不由衷的商谈排除在外。一个成熟的主体应该具有："选

---

① 马明亮 . 协商性司法：一种新程序主义理念 [M]. 北京：法律出版社，2007：67.

② 顾则鸣 . 刑事司法改革初探 [J]. 犯罪与改造研究，2004（3）：45.

③ 刘方权 . 恢复性司法：一个概念性框架 [M]// 恢复性司法论坛 . 北京：群众出版社，2005：155.

择陈述语句的能力，把自己作为客观的观察者所掌握的外部世界的事态用陈述性语句呈现出来，以便使他人能分享言说者的知识和信息的能力；具有构成规范调节语句的能力……；具有构造自我情感表达的能力，使别人能理解自己的个性、意向和需要等主观性。"① 反思能力将协商进一步推向前进，只有主体不断反思自己的位置，思考他者的语言，并对两者关系展开不断追问和思索，他才有可能不固执于自己而将自我意志强加于他人。另外，在传统对抗式刑事诉讼中的"非此即彼势不两立"的狭隘心态拉大了本已成对峙之势诉讼主体。协商性司法要求协商主体有开放的心态，这是诉讼主体走出"自我为中心"思想樊篱的重要内在保证②。开放的心态催生理解的力量，理解的力量推动人际关系的和谐，最终推动刑事纠纷的和谐解决③。

2. 协商程序。完善公正的协商程序是协商性纠纷解决模式得以存在的重要保证。但程序构建的理念必须与中国国情相适应，否则只会成为幻想而不是构想。衡量程序公正的最为有效方法是看能否为相关主体所接受。为此，笔者认为应从以下几个方面对协商程序做出努力。

首先，应能为法律文化传统所接受。伦理与道德在我国法律文化传统中占据重要地位。中华人民共和国成立前封建统治阶级极力宣扬伦理道德，甚至一度成

---

① 汪行福. 通向话语民主之路 [M]. 成都：四川人民出版社，2002：83.

② 我国刑事诉讼参与主体表现出较强的"自我中心主义"思想。法官、检察官、警察都有较强的以"己"为中心的"偏颇"观念。律师与当事人、警察及司法官员之间缺乏最基本的信任与尊重，法律共同体难以形成与诉讼主体缺乏开放的心态有着莫大的关系。

③ 笔者认为应该在上述理念下构筑我国的协商性刑事司法主体，鉴于理论界对协商主体的不同看法，在此一并就具体的协商主体设想做一陈述。司法犯罪嫌疑人与被告人是刑事诉讼的主体，其成为协商的主体自不待言。以和为贵的传统观念不但是协商性司法的本土基础也影响着国民对犯罪的一般看法。在刑事诉讼当事人中，民众更同情受害人。目前刑事司法系统还无法完全摆脱"民愤"的影响与此有着莫大的关系。因此我国未来的刑事协商必须有被害人的实质参与，这是化解民愤的一重要渠道，也是保证"协商"和谐进行的重要条件。对于公安、检察院与司法机关，由于所处诉讼阶段不同，他们在协商过程中角色扮演的主次有别。一般而言，检察院与法院起主要角色，协商一般在审查起诉与审判阶段进行。"因侦查阶段进行协商存在很多风险，一般只限于轻微犯罪与青少年犯罪为妥。"（马明亮. 协商性司法：一种新程序主义理念 [M]. 北京：法律出版社，2007：291.）笔者认为上述观点值得商榷。鉴于侦查阶段的秘密性与侦查机关的行政性，在此阶段进行协商有可能带来不必要的麻烦，（详细内容参见吴巡龙. 我国宜否扩大采用认罪协商制度以减轻司法负荷 [J]. 台湾"本土"法学杂志，2003（50）：104.）应将侦查机关排除在协商主体之外。协商主体能力的平等是协商平等进行的重要保证。法律的专业化与事实的复杂化使得外行的犯罪嫌疑人、被告人、被害人与专业的检察人员与法官之间的能力存在先天的不平等。为此需要外来力量来弥补这种不平衡。律师无疑是其最佳人选，即在纠纷解决过程中律师也应成为协商主体。

为维护秩序的代名词。现行法律则较彻底地排除了伦理内容，代之以罪刑法定、程序法定。如前所述，伦理道德在协商性司法中扮演着一种要角色，但这与现行法律规定排斥伦理道德内容^① 有较大的出入。协商性司法在法律文化传统中遭遇有历史基因但无现实平台的尴尬。为此，协商性司法程序必须充分尊重这种现实：我国自古以来有"无讼""厌诉""耻诉""合为贵"的思想，这些思想受到儒、法、道三家思想家的共同颂扬。而"不枉不纵法律思想成为现今刑事司法制度的舵手"^②。在通过现实、实体层面获得纠纷解决时，必须尽力不违反法律层面的公正，即尽力减少程序正义与实体公正之间的摩擦来维护协商程序的公正。

其次，应能为现行诉讼制度所容纳。我们不能否认现行刑事诉讼模式仍是职权主义。检察官与法官甚至警察在诉讼程序中仍扮演着极为重要的角色，特别是检察院还带有司法机关的性质。协商程序应尊重现行诉讼制度，适应职权主义诉讼模式，适度限制主体协商的权利，充分发挥检察机关的监督作用，而不是盲目移植域外的法院司法审查制度来对协商内容提供监督与救济。

最后，应能为诉讼参与主体与一般社会主体所认肯。程序的正当与否与诉讼参与主体的利益密切相关，反之，诉讼参与主体与一般社会主体能否接受协商程序也成为构建与检验程序是否正当的重要标准。参与主体的接受标准可以具体化为权利与义务。所有话语的参与者都有同等的权利做出解释，主张建议和论证，并可以对话语的有效性提出疑问或表示反对，这是言说者言说的权利，而义务也是权力的延伸：言说者用话语的正义性和多元性制止极权的非正义性的义务，并且自愿地与他者一起寻求真理的义务。哈贝马斯强调：只有每个人都实际拥有话语的权利，而不是表面上拥有这种权利，而实际上却处于某种交往的强迫下，那么"理想的话语中环境"才可能变为现实的商谈环境^③。为此，协商性程序的构建应以保证诉讼参与主体自由行使话语表达权为指导理念。

"对权力行使产生的结果，人们作为正当的东西而加以接受的性质，这种权力的行使及其结果就可以称之为具有'正当性'或'正统性'。"主体的接受性也是衡量"正当性"的标准。他们的接受性标准在一定时期可以具体化为对犯罪这

---

① 如死刑赦免制度、亲亲得相首匿等制度都没有法律规定。

② 任华哲，程媛媛. 试论合作式司法在中国刑事实践中的发展趋势 [J]. 武汉大学学报，2008（6）.

③ 郑璐. 商谈与和谐：哈贝马斯商谈伦理的现代意蕴 [J]. 中共南京市委党校南京市行政学院学报，2004（6）.

种"恶"进行"交易"的忍耐限度，换言之，他们是社会道德观的维护者。诉讼参与者与一般社会主体在协商性司法中起到相互牵制的作用：诉讼参与主体有扩大协商范围的内在动力，一般社会主体则有限缩协商内容的天性。为此我们必须充分考虑上述两者的特性以构建适合我国国情的协商性刑事程序，将协商性刑事司法控制在诉讼参与主体与一般社会主体都能接受的范围之内。

2. 协商内容。"法律商谈，尽管始终是同现行法律相联系的，却不能在一个毫不含糊地确定的法律规则的封闭空间中进行……既具有法律性质，也具有道德性质……从论辩逻辑的角度来看，这些通过法律程序而建制化的论辩过程，仍然是向道德商谈开放的。"[1]法律与道德的联系是协商存在的基础，也决定了协商内容的开放性。但这种开放是受到限制的。正如哈贝马斯所言："在法律商谈中，对道德实践的论辩性处理在法律建制化过程中可以说被'本土化'了；也就是说，道德论辩在方法上受到现行法律的约束，实质上受到议题和举证责任方面的限制，在社会的角度受到参与条件、豁免和角色分配方面的限制，在时间上受到做出决定的时间限度的限制。但另一方面，道德论辩也被作为一个公开程序而建制化，它服从自己的逻辑、控制他自己的合理性。法律框架并不干预到这种论辩的内部，以至于使这种论辩在实证法之边界上止步不前。法律本身准许并激发一种论证机制，这种机制以一种实证法所无法确定的形式超越这种法律。"[2]协商的最终结果可能体现在罪与刑上，但协商的过程是对纠纷事实逐渐取得的一致认可。这与严格规则主义下法律事实的认定有着较大的区别。协商下的纠纷本身，"很多情况下并不像一般所理解的那样，只是一方失去的就是另一方获得的所谓'要么全有、要么全无'的斗争过程，而经常可以理解为当事者对相互间在行为期待上的认识不一致加以调整，以期重新形成使双方都能满意的关系这样一种共同努力的过程。"[3]因此，协商内容并不是法律先验的分类，具有较大的弹性。具体到刑事诉讼中，双方或三方根据权力交往理论开展协商。控诉与辩护的功能不再单一，侦查主体与被侦查主体、审判主体与被告不再是简单的对立关系，彼此之间

---

① 尤尔根·哈贝马斯. 在事实与规范之间：关于法律和民主法治国的商谈理论 [M]. 北京：生活·读书·新知三联书店，2003：282.

② 尤尔根·哈贝马斯. 在事实与规范之间：关于法律和民主法治国的商谈理论 [M]. 北京：生活·读书·新知三联书店，2003：584–585.

③ 棚濑孝雄. 纠纷的解决与审判制度 [M]. 王亚新，译. 北京：中国政法大学出版社，1994：120.

形成一种交互的权利（力）。这种权利（力）并不是由哪一方单独"占有权力随着人们开始一起行动而产生，一旦他们分散开去，它就马上消失。"① 证据事实的认定、法律的解释理解与运用和法律责任的协商认定等内容不再成为法官、检察官的独享，而成为协商主体在上述权利、权力交互行为中的对象。

但我们必须承认以下事实：道德与法律之间的界限会随着罪行的轻重而改变，犯罪行为越严重，这两者之间的界限会越清晰，以至于无法期待协商主体的统一认识。即便勉强达成共识，也会招致社会舆论的批评与谴责。就目前我国国情而言，对于严重的犯罪不宜适用协商，一来可以避免协商解决可能触犯"众怒"，二来可以尽量减少因贫富差距而产生的罪刑失衡。

---

① 尤尔根·哈贝马斯.在事实与规范之间：关于法律和民主法治国的商谈理论 [M].北京：生活·读书·新知三联书店，2003：189.

论刑事初查的属性及其立法完善 ①

内容摘要：刑事初查作用、证明对象与初查主体、行为及初查证据都显示初查具有侦查属性。借鉴域外各国刑事初查立法实践，结合我国立法、司法经验，通过侦查的三段化改造来完善刑事初查是一种有效途径。明确初查的法律地位，把立案纳入侦查程序并相对独立化强制侦查阶段，将有利于实现刑事诉讼惩罚犯罪与保障人权之目的。

关键词：刑事初查　初查属性　立法完善

一、问题的提出

囿于贪污、贿赂、渎职案件侦破的困难，检察机关先后在"1985年1月召开的第二次全国检察机关信访工作会议的文件"《关于加强贪污、贿赂案件初查工作的意见》《关于检察机关反贪污贿赂工作若干问题的决定》《关于要案线索备查、初查的规定》《人民检察院举报工作规定》《人民检察院刑事诉讼规则》等相关司法解释、部门规章等文件中确立了职务犯罪的初查，并经历了由粗疏规定到细致

---

① 此文原载《山东警察学院学报》2011年第1期，与庄乾龙合作。

规范的发展过程。刑事初查法律文件主要出现在检察领域^①，但这并不意味着以公安为主导的侦查主体中不存在刑事初查。职务犯罪案件的侦办固然有自己的特殊困难，但随着社会的复杂化，各种类型的犯罪都变得复杂起来。特别是在经济犯罪中，一些经济违法行为与经济犯罪的区分并不容易，单靠书面审查已变得力不从心，初查在判断是否立案的过程中已变得不可或缺。但上述法律文件都属于司法解释或部门规章与内部规定等，法律效力层次较低。刑事诉讼基本法的缺位与司法实践需要之间的矛盾使人们对刑事初查属性产生了重大分歧。有人认为这种立案前的初查行为仅仅是一种非侦查性质的调查活动^②。该观点认为，立案前的初查活动在刑事诉讼法中缺乏规定，侦查行为只能发生在立案之后，之前的侦查行为是违法的。另有观点认为，1999年最高人民检察院的《人民检察院刑事诉讼规则》中规定，初查行为的适用主体有两个：一是侦查部门，二是举报中心；初查由侦查部门进行时，可以理解为是侦查；初查由举报中心进行时，其性质又变得模糊不清^③。按照该学者的观点，部分初查行为属于侦查，而部分初查行为性质并不明确。还有观点认为，诉讼行为是在立案后才开始的，立案之前的行为应当是行政行为^④。从特定角度而言，上述分析均有一定的道理，但都是从法律规定层面进行分析，没有看到问题的实质。也正是因对初查属性界定不明，导致司法实务困难的增加：初查行为发生在立案之前，不属于刑事诉讼行为，初查获取的证据就不能作为刑事证据来使用；被初查人在获知侦控机关的动向后很容易毁灭一些极有价值的证

---

① 1998年8月5日公安部下发的《关于公安派出所受理案件有关问题的通知》中规定"派出所对受理和发现的犯罪线索，应当进行审查，或按照刑侦部门的要求展开初步调查工作。"公安机关办理经济犯罪案件的若干规定：第6条规定"公安机关接受涉嫌经济犯罪线索的报案、控告、举报、自首后，应当进行审查，并在七日以内决定是否立案；重大、复杂线索，经县级以上公安机关负责人批准，立案审查期限可延长至三十日；特别重大、复杂线索，经地（市）级以上公安机关负责人批准，立案审查的期限可延长至六十.公安机关接受行政执法机关移送的涉嫌经济犯罪案件后，应当在三日内进行审查，并决定是否立案。上级公安机关指定管辖或书面通知立案的，应当在指定期限内立案侦查。"第7条规定"在立案审查过程中，可以请有关单位协助调查，或者依照规定的程序采取必要的调查措施，但不得采取刑事强制措施，不得查封、扣押、冻结财产。"第8条规定"立案审查一般不公开进行，不直接与被控告、举报对象联系。确实需要向被控告、举报对象了解情况的，不得影响被控告、举报对象的正常工作或者生产经营。需要向被控告、举报对象调取证据材料的，应当征得被控告、举报对象同意；被控告、举报对象为单位的，应当征得该单位的法定代表人或主要负责人同意。"

② 张大群.模拟刑事立案程序的一种方案[J].政法论坛，1996（2）.

③ 吕萍.刑事立案程序的独立性质疑[J].法学研究，2002（3）.

④ 姜焕强.论初查在刑事诉讼中的法律地位[J].河北法学，2005（4）.

据或证据线索，但因初查属性的不明，无法将其毁灭证据的行为纳入刑法范畴中，以致遗漏了这一重要的犯罪行为；初查属性的不明更导致律师与公安、检察机关对待初查证据态度不一致而产生矛盾冲突。总之，初查属性的明确化是解决上述司法实务困难的关键，也是为初查之应有法律地位"正名"的最佳途径。

二、刑事初查侦查属性之表现

"在马克思主义哲学中，属性指事物本身所固有的性质。"[①] 根据我国刑事诉讼法的规定，侦查是指刑事诉讼中的侦查机关为了查明犯罪事实、抓获犯罪嫌疑人，依法进行的专门调查工作和采取有关强制性措施的活动。从我国法律规定来看，侦查属性表现为侦查的证明性、职权性与程序性。下文就刑事初查中所包含的与上述内容相关的因素进行分析，以阐述刑事初查之侦查属性。

（一）从刑事初查作用与证明对象看

侦查目的在于收集、调取犯罪嫌疑人有罪、无罪或罪轻、罪重的证据，即侦查并不一味地追求查获犯罪嫌疑人，在侦查中还需注意收集、调查犯罪嫌疑人无罪、罪轻的证据，对于有证据证明属于无罪的案件应停止侦查行为，从而在侦查行为中起到案件分流的作用。初查的首要目的在于搜集相应证据材料证明案件是否具备立案的标准。侦查机关认为有犯罪事实需要追究刑事责任的，应当立案；认为没有犯罪事实，或者犯罪情节显著轻微，不需要追究刑事责任的，不予立案。因此，刑事初查同样起到了案件分流的作用。另外，刑事初查证据的证明对象是否有犯罪事实和需要追究刑事责任，这与侦查证明对象具有一致性。德国的侦查工作可以始于以下两种情形：第一，官方发现犯罪后，每一个侦查人员根据德国《刑事诉讼法》第160条、第163条的规定均有义务开始进行侦查程序；第二，在以下两种情形下侦查程序因有关当局的告发而启动：当涉及非正常死亡或发现无名尸体时，社区的公家机关有告发义务；对在审判时发生的违法行为，法官有告发义务。在法国刑事诉讼有广义与狭义之分，广义的刑事诉讼程序还包括起诉之前的预备阶段，即检察官在提出控告之前也有一个决定是否提出指控而进行的调查。表现为两种类型：第一，司法警察对非现行犯罪进行的初步调查；第二，

---

① 夏征农.辞海[M].上海：上海辞书出版社，1999：1380.

司法警察、共和国检察官和预审法官对现行重罪和轻罪进行的调查[①]。在非现行犯罪案件中，司法警察在接受控告后可以采取听取有关人员的陈述、事实查证、勘验等措施，但原则上不得采取强制措施，类似于我国司法实践中所称的初查。在现行犯罪案件中，司法警察得知发生某一现行犯罪时，应立即报告检察官以便其监督；同时启动侦查程序，可以采取搜查、扣押、鉴定、听取证人证言和犯罪嫌疑人陈述的措施，必要时还可以采取拘留[②]。意大利《刑事诉讼法典》明确规定了刑事初期侦查行为，由司法警察负责。司法警察可以寻找犯罪信息和与犯罪有关的物质和痕迹，寻找可以对重建案件事实具有重大影响的人员，为请求完成特殊性任务而进行某种行为，并通告相关人员，同时也可以实施所有典型或非典型的活动获得证据。

可见，德国、法国、意大利等国家的侦查始于出现犯罪嫌疑或针对现行犯，目的在于查获犯罪，这与我国的初查作用基本一致。在初查与侦查中，侦查人员在证明犯罪事实过程中都遵循逆向思维，从现有的证据材料出发，根据事物间的联系，运用概念、判断、推理等逻辑思维方式，采取各种侦查措施，收集各种犯罪信息，证实或否定各种设想，如此反复进行，不断修正，去粗取精，去伪存真，以查明案件真实情况。围绕刑事证明对象，刑事初查的起因与初查的思维模式与侦查行为是一样的，这符合人们认识客观世界的规律，即从根本上而言，刑事初查之侦查属性根基于其对刑事侦查活动规律性的体现。

（二）从刑事初查主体与初查行为看

《人民检察院刑事诉讼规则》第127条规定："侦查部门对举报中心移交举报的线索进行审查后，认为需要初查的，应当报检察长或检察委员会决定。举报线索的初查由侦查部门进行，但性质不明、难以归口处理的案件线索可以由举报中心进行初查。"根据本解释的规定，初查行为大部分是由侦查部门进行的，即与后续实施典型侦查行为的主体是重合的。对于该条后半部分的规定"性质不明、难以归口处理的案件线索可以由举报中心进行初查"，与《人民警察法》第9条、《治安管理处罚条例》第34条、《关于公安机关执行〈人民警察法〉有关问题的解释》中关于对违法犯罪行为的检查、盘问及实施的其他强制行为具有相似性，在无法明确区分的情况下划为行政行为，待查明属犯罪性质时再转为刑事立案侦查，但

[①] 孙长永，杨柳. 论刑事立案前的初查 [J]. 河北法学，2006（1）.

[②] 卞建林，刘玫. 外国刑事诉讼法 [M]. 北京：人民法院出版社，2004：15，119，303.

在立案之前仍会有初查的存在。这里的初查主体仍为立案后侦查的主体，只是在线索获取上由行政线索转化为刑事线索。因此，刑事初查具备侦查的主体属性。

《人民检察院刑事诉讼规则》第128条规定："在举报线索的初查过程中，可以进行询问、查询、勘验、鉴定、调取证据材料等不限制被查对象人身、财产权利的措施。不得对被查对象采取强制措施，不得查封、扣押、冻结被查对象的财产。"上述询问、查询、勘验、鉴定等初查行为与立案之后的侦查行为除强制性有所区别外没有任何区别。另外，在初查过程中遇有特殊情况，可以先采取带有强制性的紧急措施①。1998年8月5日公安部下发的《关于公安派出所受理案件有关问题的通知》中规定"派出所对受理和发现的犯罪线索，应当进行审查，或按照刑侦部门的要求展开初步调查工作。"公安部门虽然没有对初查的具体行为做出规定，但在实务中公安部门仍然依据其他的相关法律规定实施一些具体的"初查"行为。如依据《人民警察法》第9条，对有违法犯罪嫌疑的人，行使留置、盘查权，其留置时间最长可达48小时。依据《关于公安机关执行〈人民警察法〉有关问题的解释》，在执行追捕逃犯、侦查案件、巡逻值勤、现场调查等职务活动中，可对形迹可疑、有违法犯罪嫌疑的人进行盘问和包括人身以及所携带物品的检查。再次，依据《治安管理处罚条例》第34条，对违法人员可以行使传唤、强制传唤、讯问被传唤人、询问证人取证的权力。这些留置、盘查、传唤及询问等虽与立案之后的侦查行为有区别，但与侦查行为的作用有相似之处。虽然由此获取的证据线索需要转化为刑事证据才能使用，但立案之前仍然要对案件进行刑事初查。如若在经过留置、盘查、传唤发现属于犯罪的情况下，初查的线索即成为立案、进一步侦查的必要证据。特别是依据我国《刑事诉讼法》第61条的规定，公安机关可以在紧急情况下，充分行使拘留权，这与侦查行为没有本质区别，体现出初查的侦查属性。

（三）从刑事初查证据看

刑事初查证据包括证据的收集、表现形式与证据能力等方面的内容。根据我国《人民检察院刑事诉讼规则》第128条规定，② 刑事初查中的证据收集主要采用

---

① 主要指以下几种情况：正在预备犯罪，实行犯罪或者在犯罪后即时被发觉的；犯罪嫌疑人企图自杀、逃跑或者在逃的；有毁灭、伪造证据或串供可能的；其他需要采取紧急措施的。

② 在举报线索的初查过程中，可以进行询问、查询、勘验、鉴定、调取证据材料等不限制被查对象人身、财产权利的措施。不得对被查对象采取强制措施，不得查封、扣押、冻结被查对象的财产。

任意性手段，排斥强制性手段的运用。有学者以此为由认为初查收集证据的手段缺乏强制性与典型侦查行为收集证据的方式有别，不属于刑事诉讼证据[1]。笔者认为不能以是否具有强制性作为判断是否属于侦查行为的标准，该论者犯了以偏概全的错误。侦查行为本身包含着任意侦查与强制侦查两种形式，且原则上只有在任意侦查难以有效获取证据的情况下才能使用强制侦查手段。由于初查行为是为立案做准备，规定初查采用任意调查方式有利于保护被调查人的合法权益，防止权力的滥用，这是与初查的特殊阶段相适应的。意大利刑事诉讼法规定，在初步侦查中，司法警察有权勘验现场、询问证人。也可以对没有处于拘禁状态或者处于临时拘禁状态的犯罪嫌疑人，在有辩护律师在场的情况下进行讯问，以获取信息。在紧急情况下还可以采取搜查、扣押、查封等行为。根据英国1964年修订的《法官规则》第1条的规定，当警察认为可获得有用的信息，即开展侦查，他有权询问任何人，而不论该人是否为犯罪嫌疑人[2]。可见意大利与英国一般也将初期侦查中的调查手段限制为任意性调查为主，只有在特殊情况下才允许强制侦查手段的运用。

　　与刑事初查的调查手段相对应，刑事初查证据的表现形式也多种多样，主要有物证、书证、鉴定结论、勘验笔录和视听资料等，这与侦查阶段获取的证据形式存在很大的重合。另外，有学者认为，刑事初查证据不具有诉讼证据能力，应该转化为诉讼证据才能使用[3]。论者主要理由在于初查证据缺乏合法性。但从实然角度来看，我国检察机关与公安机关的相关司法解释与有关规定都有关于初查主体与程序的规定，有法律依据，具有合法性。退一步而言，持证据转化的论者认为初查证据没有法律依据，没有合法性，言外之意属于非法证据。那么非法证据应予以排除才是，又怎能转化为合法证据呢？论者在此似乎忘记了一个前提，即被转化的证据应该是合法的证据。综上，刑事初查获取的证据在证据的获取主体、程序、表现形式及证据的特征上与侦查获取的证据没有本质区别。

---

① 柳忠卫，滕孝海.论贪污贿赂犯罪初查证据的转化 [J].刑事法杂志，2009（4）.
② 汪建成，黄伟明.欧盟成员国刑事诉讼概论 [M].北京：中国人民大学出版社，2000：96-97.
③ 柳忠卫，滕孝海.论贪污贿赂犯罪初查证据的转化 [J].刑事法杂志，2009（4）.

正如有学者所言[①]，我国《刑事诉讼法》第82条的规定，是对强制侦查的规定，"立案的实质是为强制侦查提供法律依据。一旦立案，强制侦查即为合法，侦查机关有权实施搜查、扣押、冻结、监听等措施（法律做出特别限制的长期羁押即逮捕除外）。而没有立案，就不能采取强制性取证和人身控制措施。"[②] 立法并没有否定立案之前的任意侦查，初查具有任意侦查的属性。总之，立案不仅仅指立案决定，它是一个过程，对报案控告等材料的审查，是公安检察机关是否做出立案决定的准备阶段，而且这个准备阶段是必须进行的，缺少这样的准备阶段，就不可能准确做出是否立案的决定。初查是因，立案决定是果；初查是司法人员对受案材料的判断过程，立案决定是判断结论，无因则无果，无过程则必无结论。所以初查符合人们准确判断事物的客观规律，是开启刑事诉讼程序的必经之路，具有侦查属性。

三、结论：侦查三段化改造

鉴于刑事初查的侦查属性，在充分考虑我国刑事诉讼现实国情基础上，结合国外立法实践，笔者认为可以将初查纳入侦查中来，以侦查为主体，结合立案改造，形成侦查三段论。

（一）明确刑事初查法律地位

有学者认为："没有立案这一形式上和逻辑上的障碍，初查便合理地具备了侦查的法律性质，初查就是初步侦查，它是刑事诉讼活动的当然组成部分。"[③] 该学者把立案程序看成了初步侦查之侦查属性的法律障碍，犯了形式主义错误。从应然角度而言刑事初查具有侦查属性，只是我国的法律对此没有做出明文规定而

---

① 根据我国《刑事诉讼法》第82条的规定"侦查是指公安机关、人民检察院在办理案件过程中，依照法律进行的专门调查工作和有关的强制性措施"。可见，我国刑事诉讼立法上的"侦查"具有特定内涵，它指的就是两种侦查行为：强制性措施和专门性调查工作。所谓强制措施，具体就是指拘传、取保候审、监视居住、拘留和逮捕这五种人身强制措施；而所谓专门性调查工作，按照刑事诉讼法的规定，则是指讯问嫌疑人、勘验、检查、搜查和扣押物证、书证等等证据保全措施。按照侦查行为的理论分类，上述两类侦查行为其实都是强制侦查行为，因为，一方面，这两类侦查行为的实施，均可能干预相对人的重要生活权益；另一方面，这两类侦查行为的实施，均不以被追诉人同意为前提，带有强制性。可见，我国刑事诉讼立法上所规定的"侦查"，其实相当于国外和法理上所谓的"强制侦查"，因此，我国刑事诉讼法规定的、作为侦查前置程序的"立案"程序，其实只是强制侦查行为的前置和开启程序，而非所有侦查行为的前置和开启程序。

② 龙宗智.取证主体合法性若干问题 [J].法学研究，2007（3）.

③ 林劲松.回顾与反思：透析刑事案件初查制度 [J].甘肃社会科学，2006（1）.

已，在保留立案程序的情况下，立法确立刑事初查的法律地位不会有任何的影响。笔者认为法律可以做出这样的规定：对于报案、控告、举报、自首的材料和发现的犯罪线索，应当进行初查。即初查的目的在于查找犯罪线索，寻找立案所需要的证据，从而确立立案之前的初步侦查的法律地位。初步侦查与立案之后的侦查行为除了强制性外没有本质区别，如此不但可以提高对犯罪的应急，还可以有效地制约初查的随意性，以立案条件弥补我国程序软弱、司法控制欠缺所带来的弊端，如此既能保证侦查犯罪效率的提高又能保障人权，有效地实现惩罚犯罪与保障人权的有机结合。

英美国家把警察的职务行为视为行政行为。警察在治安防范、交通管理、警戒防卫等日常活动中发现了现行犯、犯罪踪迹等，或者在犯人、被害人以及第三人报案后发现侦查线索，即开始侦查①。英美国家的做法遵循了社会生活规律，实践中大量的犯罪案件是在例行日常行政检查中发现的。我国没有将治安警察与司法警察严格分开。公安民警通常承担刑事司法和治安调查双重职责，这与社会的复杂化相关。据某公安机关的统计，在其侦查的302件案件中有283件采用了留置盘问，占全部案件数的93%，其中做出延长留置盘问的又占了大多数②。在一个纠纷产生但没有确定其性质之前，无法确定是由治安警察还是司法警察来处理。因此不严格区分司法警察与治安警察是实践的需要。也正因为此，上述权力的赋予恰好可以部分满足初查的需要，初查获得治安行政程序的性质似乎是皆大欢喜的结果。"然而这也形成了明显的法理冲突，一个流畅的程序过程中是否可以插入一个性质截然不同的程序，如经侦部门在接案时，本属于刑事司法程序，但在接案与立案的间隙却插入了一个行政程序，并且这个行政程序是内生程序，并非由性质不同主体实施的外来程序。"③为此笔者认为，只要警察发现违法犯罪线索都可以进行初查，但一旦确定属犯罪行为应交由刑事侦查人员来进行初查，将上述初查行为一并列入刑事初查中来，一来可以澄清初查的性质，降低刑事侦查机关借行政手段行追究犯罪以规避刑事制约之可能性。二来可以理顺以行政手段获取的证据成为立案的根据但不能成为刑事诉讼证据之间的矛盾，同时将上述手段纳入刑事初查程序中来可以以严格的程序约束权力机关，保障被初查人的合法权益。

---

① 朱德宏. 初查中所收集人证的证据效力 [J]. 公安研究，2007（6）.

② 陈卫东. 刑事诉讼法实施问题调研报告 [M]. 北京：中国方正出版社，2001：30.

③ 栾时春，柳学全. 侦查部门初查存在问题研究 [J]. 犯罪研究，2005（6）.

（二）将立案纳入侦查程序

保留立案但应取消其独立地位，将其纳入侦查程序中。刑事案件以初查开启，初查的目的在于寻找符合立案条件的证据，使立案成为任意侦查与强制侦查的分水岭。如德国以"简单的、初期的怀疑"作为开启正式侦查的条件，德国警察法及警察在实务中渐渐尝试用"前置侦查"来解决界定初期的怀疑的功能[①]。这里的前置侦查就类似于我国的初查。

立案程序设置的目的在于起到案件分流与保障无辜者合法权益的作用，但因种种原因实践中立案程序非但没有起到上述作用还带来一些弊端，如实践中的"不破不立""有案不立"等。对此，一些学者提出应废弃立案程序，改为由侦查来启动刑事诉讼程序[②]。笔者认为上述观点值得商榷。立案程序固然有其弊端，但此弊端与其他相关制度不配套有关，侦查机关的考核制度、立案率、破案率等内部制度是其主要原因。我们不能因外在因素而否定本身具有合理性的法律制度。在缺乏程序正义理念、重视实体结果的法律制度环境下，立案的案件分流屏蔽功能与保障人权作用仍不可忽视。那种废弃立案程序带有激进变革思想的观点并不合时宜。意大利之变革就是其一适例。

意大利1988年的刑事诉讼司法改革是激进式的改革，刑事诉讼启动程序（初步侦查）改革也与旧法有显著区别。这种改革是彻底的、激进式的，但是它与有

---

① 罗科信. 德国刑事诉讼法 [M]. 吴丽琪，译. 北京：法律出版社，2003：357.

② 吕萍. 刑事立案程序的独立性质疑 [J]. 法学研究，2002（3）；万毅. 程序正义的重心：刑事侦查程序论——兼论我国侦查程序改革 [J]. 金陵法律评论，2002.

着浓厚思想根基的职权主义存在矛盾①。法国比较法学家勒内·达维佳指出："立法者可以大笔一挥取消某种制度，但不可能在短时间内改变人们千百年来形成的，同宗教信仰相连的习惯和看法。"立案在学者与实务人员、普通群众中已有深厚的基础，并积攒了深厚的立法与司法经验，因其些许的弊端而弃之不用，并不是明智的做法。司法实践中公安机关随意插手经济纠纷事件已屡见不鲜，如若废弃立案程序改为人口松散的侦查程序作为启动程序，在人权保障有所欠缺的现代中国，更为侦查部门随意插手经济纠纷或其他非犯罪案件提供方便。以刑事"恐吓、威胁"手段来解决民事甚至行政问题会随之增多，旧病未除，又添新恙，这不是司法改革之道。保留立案程序可以有效地解决上述问题。另有观点认为应在承认初查的法律地位基础上，保留立案阶段，但应降低立案条件，将"发现有犯罪事实"改为"发现有犯罪嫌疑"②。上述观点显然受到了国外侦查启动条件低法律规定的影响，这与我国实体法与国外规定差别较大有关，我国的犯罪圈明显小于国外的犯罪圈，犯罪的起刑点高，在我国属较轻的犯罪的在国外一般认为属于重罪，我国大量的行政违法行为在国外都被规定为犯罪，立案条件高是与我国特殊法律环境相适应的，因此没有必要降低立案条件。

（三）刑事强制侦查程序相对独立化

以立案作为初查与强制侦查的分界点，立案之前的初查行为，以任意侦查为

---

① 意大利1988年《刑事诉讼法典》严格限制审前行为在审判中具有实质性证明价值的情形。根据该法有关规定，证据必须在法庭上提出，公诉人在初步侦查中单方面收集的材料在审判中没有更多的证据价值，没有当事人参与抗衡的公诉案卷在法庭上不再有效。只有在个别情况下，公诉人在初步侦查阶段实施的，具有实质性证明价值的行为可以作为证据在法庭上使用，如第500条规定：证人先前的庭外陈述只能作为弹劾证明提出，但警察或公诉人在搜查时，在犯罪正在实施时或犯罪实施地所收集的证据例外，在这种情况下，先前不一致的陈述具有实质性证明价值。第503条规定：辩护律师在场时，向公诉人提出的被告人或其他当事人先前不一致的陈述可以作为实质性证据；法官可以依职权提出包括在为审判准备的卷宗里的侦查行为笔录；第512条规定：日后不可能重复进行的侦查行为的笔录，公诉人可以作为实质性的证据提出。但是，在宪法法院做出的一些裁决和1992年立法改革后，情况发生重大变化，甚至违反上述规定设定了不同规则，现在，初步侦查行为的证明性价值在法庭上广泛适用。如1992年254号判决扩大了同案犯的庭外陈述作为实质性证据在法庭上提出的可能性，而不论同案犯在庭审时是否供认。根据新规则，与旧刑事诉讼法一样，根据控方单方面收集的证据可以对被告人定罪。1992年，意大利宪法法院考虑到新刑事诉讼法有关规定存在较大的不合理性，裁定第500条部分规定违宪。第500条的新文本规定：根据当事人的请示，公诉人案卷中的任何证人的先前陈述可以在法庭上提出，即使与庭审陈述不一致，并且，即使证人在法庭上拒绝或省略回答全部或部分与先前陈述事实相关的问题，该陈述也具有实质性证明价值。

② 詹琳玲，李哲．浅议我国的侦查启动程序：立案[J]．法制与社会，2009（3）．

主要手段，如要求报案人、控告人、举报人进一步说明情况，提供材料。委托发案单位或其他单位、共同上级单位进行调查，必要时也可由侦查人员进行询问、勘验、鉴定、检查等，在出现现行犯且情形紧急情况下可以使用带有强制性的搜查、拘留、逮捕等。适时采取强制措施是突破案件的有效手段[①]。对所涉财产可以进行查询，但不能实施查封、扣押、冻结等侦查手段。初查中能否使用技侦手段呢？如监听、录像、拍照等。有学者认为技侦手段很容易侵犯当事人的合法权益，在初查阶段不能使用此种带有强制性的侦查手段，笔者认为一般情况下上述观点是成立，但对于复杂的贪污贿赂或经济犯罪案件，非此手段无法进行侦查的情况下，可以在遵循严格程序情况下使用技侦手段，这是考虑市场经济发展过程中经济犯罪频发、复杂的需要，也是严惩腐败犯罪所需。立案之后，侦查机关可以使用强制侦查手段，如此既可以兼顾诉讼效率又可以实现保障人权的目的。另外，初查的期限亦应有别于强制侦查的期限。期限可以督促侦查主体尽快进行初查，防止程序拖沓，提高诉讼效率。现在有些地方的公安机关按照公安部的"对经济犯罪案件报案决定受理后，必须在15天内做出初查情况报告，提出是否立案的处理意见"的相关规定，将初查的期限定为15天。也有一些单位结合最高人民检察院的人民检察院刑事诉讼规则的相关规定将初查的期限限定为30天[②]。笔者认为，案件复杂程度不同，划分单一的初查期限不具有可行性，应分情况确定初查期限。一般情况下初查期限为15天，案情复杂，在上述期限内无法完成初查的，经同级人民检察院批准，可以延长至30天。案情极其复杂，在上述期限内仍无法完成初查的，经上级人民检察院批准可以再延长30天。从非法证据排除角度考虑，初查证据与强制侦查证据的排除强弱亦应有所区别。因初查以任意手段为主，可以考虑对于因轻微的程序瑕疵而获取的证据不予排除，但强制侦查获取的证据只要违反法律程序就应予以排除，如此，才能有利于实现保障人权的目的，保证强制侦查程序相对独立意义的最大化。

---

① 姜绍明.初查，从一句传闻开始 [J]. 人民检察，2004（8）.

② 栾时春，柳学全.侦查部门初查存在问题研究 [J]. 犯罪研究，2005（6）.

网络购物诈骗犯罪的惩治困惑及思考——基于刑事一体化理念 ①

内容摘要：近些年来，网络购物诈骗多发，危害极大，但对该类犯罪的惩治面临刑事程序法、刑事实体法以及证据法上的三重困惑。本文认为在程序法层面应当依据正当法律程序原则，完善初查、立案管辖以及立案监督制度；从实体法层面应当进一步贯彻罪刑法定原则，灵活处理行为定性、改良犯罪构成中数额标准确定方法、扩大被害人概念外延；在证据法层面应当贯彻证据裁判原则，扩充证据种类。意在使《刑事程序法》《实体法》《证据法》能够在刑事一体化理念之下协调运转，以达到对三重困惑的消解。

关键词：网络购物诈骗　刑事一体化　正当程序　罪刑法定　证据裁判

当前，利用计算机在网络交易中进行诈骗的新型犯罪案件多有发生。据相关数据显示，2010年7月，北京市网络交易诈骗同比上升51.9%②。此类案件中，往往被害人数量较多，分布广泛，惩治犯罪分子追回财产的呼声强烈。警方加大对该类犯罪的打击力度以及开展专项行动的做法不失为遏制其上升态势的良策，但由于我国立法上对于网络诈骗相关规定存有些许缺失，使得司法实践中惩治该类犯罪面临刑事程序法、刑事实体法以及证据法上的三重困惑。因而笔者试图从刑事一体化角度对该三重困惑进行思考，旨在为该方面立法及司法提供一定的解决思路。

---

① 此文原载《刑法论丛》2011年第4期，与耿冬栋合作。

② 卢国强，李舒 . 北京：传统电信诈骗案件下降新型诈骗方式仍需提防 [EB/OL].2010-07-23.

一、网络购物诈骗形式及危害

网络购物诈骗指以非法占有为目的，在网络交易过程中，利用虚构事实或隐瞒真相的方法，骗取财产的行为。该犯罪属于新型诈骗，隐匿于网络交易活动之中。

（一）网购流程以及发展状况

网购，顾名思义即通过网络进行买卖交易，更为专业的名称为电子商务。淘宝网是近几年来比较受欢迎的购物网站之一，以其为例，购物流程如下图[①]。

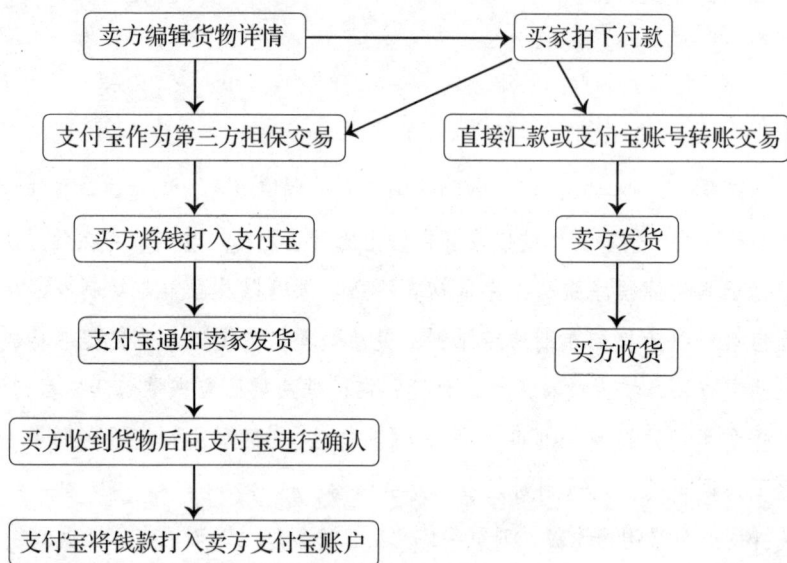

```
┌──────────────────┐              ┌──────────────┐
│ 卖方编辑货物详情 │ ──────────→ │ 买家拍下付款 │
└──────────────────┘              └──────────────┘
           │                         │        │
           ↓                         ↓        ↓
┌──────────────────────┐   ┌────────────────────────────┐
│ 支付宝作为第三方担保交易 │← │ 直接汇款或支付宝账号转账交易 │
└──────────────────────┘   └────────────────────────────┘
           │                            │
           ↓                            ↓
┌──────────────────┐            ┌──────────┐
│ 买方将钱打入支付宝 │            │ 卖方发货 │
└──────────────────┘            └──────────┘
           │                            │
           ↓                            ↓
┌──────────────────────┐        ┌──────────┐
│ 支付宝通知卖家发货     │        │ 买方收货 │
└──────────────────────┘        └──────────┘
           │
           ↓
┌──────────────────────────┐
│ 买方收到货物后向支付宝进行确认 │
└──────────────────────────┘
           │
           ↓
┌──────────────────────────┐
│ 支付宝将钱款打入卖方支付宝账户 │
└──────────────────────────┘
```

图 1　网购流程图

网络购物交易发展迅速。根据中国电子商务协会7月上旬发布的《2011年中国电子商务行业研究报告》，2011年我国网购市场交易规模将达到76341亿元；而另据中国电子商务协会和易观国际等机构的乐观预计，随着电子商务与零售业的进一步紧密结合，到今年年底，我国网购市场交易额有望突破万亿元大关，未来五年还将保持20%以上的复合增长率，到2015年网购市场交易额将突破22,000亿元[②]。网购方式正迅速地被更多的人所接纳，而由此带来的问题日益增长。

[①]　说明：由流程图可以看出，网购诈骗行为更容易发生在直接汇款或者转账交易中；在第三方担保交易过程中，卖方欺骗买方提前确认也是网购诈骗方式之一。

[②]　万亿网购市场税收流失或超百亿，专家称对网店征税有法可依。

（二）网购诈骗的特殊危害

近些年来，网购逐渐成为深受人们喜爱的新兴购物方式。虽然交易的买方与卖方在网络交易平台进行注册时会被要求提供真实身份资料，但交易平台在一般情况都会严格保管会员资料，因此即使买卖方实名制进入交易网络，由于网络交易方式的特殊性，买卖方均以自行注册的用户名而不是真实姓名进行交易，买方会向卖方提供真实地址和姓名以便收货，相反不大可能会掌握卖方的真实身份资料。而在该种交易中一旦发生欺诈事件，由于身份难以确定，行为人的法律责任很难被追究。而从目前新闻报道来看，这类诈骗犯罪模式具有"星罗棋布"特征，即受害者数量众多，分布广泛。有不少受害者特别是被骗金额较少的人反映，发觉被骗以后到公安机关报案，公安机关多半都会以数额没有达到立案标准而做出不予立案的决定，有的接待人员则直接答复不可能因为少量涉案金额立案到外地去侦查。一些受害者甚至想通过联合报警的方法使数额累计以达到法律规定的标准。实际上，受害者被骗以后往往会先与交易平台提供商联系，提供商做出自己的判断处理，多为关闭卖家店铺，冻结其关联电子账户。此时，对于个人受害者来讲，店铺已经被关闭，不能通过正常浏览网页的途径获得其他交易信息，也就无从联系其他受害人。在要求交易平台客户服务中心提供其他受害者或者是卖家身份信息时，客服会以保护会员资料且受害者不能出示公安机关出具的已立案证明为由不予提供。在维权的道路上，受害者遭遇"踢皮球"，无从对犯罪分子进行惩治，也无从挽回损失。

网购诈骗行为以网络为依托，具有技术性强、隐秘程度高、涉及范围广等特点，加上我国法律存在真空，致使这种犯罪的行为人难以被追究刑事责任。也正是由于以上原因，此种类型的犯罪对我国社会危害性极大。受害人数量多、范围广，事件得不到解决，受害人多在网络发帖呼吁联合互助。在网络中寻人不仅无异于大海捞针，而且会为一些自控力不强的潜在犯罪分子提供作案方法，还可能使已得逞的犯罪分子变本加厉，在一定程度上是对社会秩序的隐形侵蚀和破坏。因此，及时处理此类案件，追究犯罪分子的刑事责任，安抚受骗被害人，恢复被破坏的网络交易秩序为大势所趋。

二、惩治网购诈骗犯罪的三重困惑

（一）诉讼法上的困惑

1. 初查制度不完善

多数网购诈骗案件不能被顺利立案的直接原因是公安机关怠于初查以发现足够立案的证据。初查顾名思义是立案前对案件的初步侦查。目前，我国对于初查最权威的规定是最高人民检察院于1999年1月27日公布的《人民检察院刑事诉讼规则》。该概念的创制是由于检察机关长期的司法实践结合工作需要得出，最初仅适用于检察机关承办的自侦案件。而后公安机关结合工作需要，借鉴该经验并在实践中广泛使用。从表象来看，公安机关有怠于初查以发现更多线索促成立案之嫌；事实上，初查制度本身存有应然合理性和实然形式违法性的内在矛盾。

在司法实践中，初查确实有存在必要。以网购诈骗行为为例，单独一个被害人在当地公安机关报案，公安机关需要进行初查。基于网络交易平台网站掌握有足够充分的电子交易信息，同其联络便可核实报案材料的真伪，同时能够迅速了解被控告的卖家是否同时存有诈骗其他人的情况，综合已有材料才能做出究竟是否需要立案的正确判断。如果不进行初查就认为被害人口说无凭，或以被害人被骗金额达不到立案标准为由草率做出不立案决定有失偏颇。

依据我国今日的法律体系，没有刑事诉讼法的授权，初查制度就是形式违法[①]。初查制度在理论上就面临合法性不明与法律性质不清的困境[②]，实践中，初查措施侵权性与初查控制的欠缺性亦违背正当程序的要求[③]。

2. 立案管辖冲突

根据《最高人民法院关于执行〈中华人民共和国刑事诉讼法〉若干问题的解释》第二条规定，犯罪地是指犯罪行为发生地。以非法占有为目的的财产犯罪，犯罪地包括犯罪行为发生地和犯罪分子实际取得财产的犯罪结果发生地。

从犯罪行为发生地来看，网购诈骗案件中的犯罪地不仅限于行为的发出地，还应当包括诈骗行为通过网络触及的各个被害人所在地。

由犯罪分子实际取得财产的犯罪结果发生地来看更为复杂。当被害人直接将钱款打入犯罪分子指定银行账户时，可视为犯罪分子已实际取得财产，因此可将

---

① 卢乐云. 检察机关初查制度之价值评析及其实现：以法律监督权为视角 [J]. 中国法学，2010（1）.

② 林劲松. 回顾与反思：透析刑事案件初查制度 [J]. 甘肃社会科学，2006（1）.

③ 卢乐云. 法治视域中的初查悖论及其消解 [J]. 湖南大学学报（社会科学版），2010（1）.

其开户行所在地视为犯罪结果发生地。若被害人是通过第三担保交易系统支付则另当别论。钱款一旦打入卖方的第三方担保交易账户，其就可以随意支配钱款，可以利用账户资金在所属网络交易平台进行交易。而电子账户没有实体"开户行"，若严格按照IP地址进行判定，由于IP地址可隐藏、可篡改，会增加判别犯罪地的难度，给办案带来不便，若以钱款到账时犯罪分子实际所在地为准则又不确定地扩大了犯罪地的外延，会为确定管辖造成混乱。

网购诈骗行为通过计算机实施犯罪，衍生出多个犯罪地，因此也就产生公安机关立案管辖冲突。多地区公安机关都有管辖权的情况下极有可能导致为规避诉讼风险、减少自身办案负担而互相推脱或怠于协作、重复立案浪费司法资源的现象。

3. 立案监督不力

在前文提到的案例中，公安机关以不接受不同地区受害者联名报案或者单起案件达不到立案标准为由不予立案。尽管根据我国《刑事诉讼法》的相关规定，检察机关享有立案监督权，但因为立法及司法实践上的一些问题，该立案监督权并没有完全发挥出其设立之初的理想效用。

结合网购诈骗行为不能被顺利立案的情况，凸显出目前检察机关立案监督权的两点不足之处。

第一，刑事立案监督信息来源不畅。首先，未必人人清楚了解检察机关的监督权，因而未能积极主动地向检察机关申诉，要求其进行立案监督；其次，公安机关存有的行政考核制度，导致"不破不立"的错误办案思想，对于不予立案的案件可能不备记录，检察机关主动监督时，同样会存在由于缺乏相关材料而不能发现案件的可能。

第二，检察机关立案监督权缺乏强制力保障。对于公安机关应当立案而没有立案的案件，根据《刑事诉讼法》第85条的规定，检察机关应当要求公安机关说明不立案理由，认为该理由不成立的，应当通知公安机关立案。如果公安机关无视检察机关的立案通知，一直不予立案，法律并未有此种情况下检察机关的立案监督权如何行使的规定。此处法律规定的缺失使得检察机关的监督权显得苍白无力。

（二）刑法上的困惑

1. 定性存在争议

该类新型犯罪以网络为依托，涉及计算机电子商务等新元素，定性为合同诈骗罪还是诈骗罪存有争议。最根本争论点在于诈骗行为是否是通过《合同法》意义上的"合同"进行。

有学者认为，在小额贸易中利用网络或电子商务手段诈骗行为是合同诈骗犯罪[①]。买卖双方在交易平台上的交易行为属于电子商务，卖家在网站发布商品、买家拍下并付款这一系列的行为可以视为两者签订了买卖合同。具体来讲，卖方描述商品的性能、设置免责条款、标明价格在网上出售的行为可以视为《合同法》上的要约；而买方浏览商品网页以后拍下并付款的行为，可视为对卖方要约的承诺，由此买卖合同达成。卖方以种种理由欺骗买方提前确认支付货款或者买方通过汇款等形式将货款直接打给卖方，而卖方却迟迟不发货，或者干脆在聊天工具中将买家拉黑，或者被交易平台强制关闭店铺以后销声匿迹，显然是通过合同进行诈骗的行为。

上述判断是基于诈骗金额满足我国《刑法》规定的合同诈骗罪数额标准要求的理想状态。由于合同诈骗罪与诈骗罪存在竞合关系，特别是网购诈骗案件中存有多次小额诈骗情形，数额在立案之时难以确定，所以行为定性难成为立案的阻碍之一。

2. 关于数额标准规定的不完善

以诈骗罪为例，2011年2月21日最高人民法院、最高人民检察院发布的《关于办理诈骗刑事案件具体应用法律若干问题的解释》第1条规定"诈骗公私财物价值三千元至一万元以上……认定为《刑法》第二百六十六条的'数额较大'……各省、自治区、直辖市高级人民法院、人民检察院可以结合本地区经济社会发展状况，在前款规定的幅度内，共同研究确定本地区执行的具体数额标准，报最高人民法院、最高人民检察院备案"。由于我国地域辽阔，经济发展不平衡，该授权显示出其科学性。但科技的发展缩短了人们之间的空间距离，各地区分别确定数额标准已不适应当前跨地区犯罪时有发生的现状。如果单一被害人报案时因为行政地域的划分不考虑其他地区被害人受害情况，极可能多数被害人被骗取得金额达不到所在地区的立案标准数额；倘若允许将各个受害者被骗金额进行累加，又可能出现一些中间值，在案件涉及的地区中，达不到某些地区数额标准，而在另一些地区又远远超过，究竟以哪个数额为准，法律并未明确。且纵观各地诈骗

---

① 广东省广州市越秀区人民检察院课题组. 合同诈骗罪的司法实务研究 [J]. 法学杂志，2009（10）.

罪数额标准，绝大多数为20世纪90年代制定，远远落后于经济发展状况。

3. "被害人"外延较窄

我国1996年修订的《刑事诉讼法》明确了被害人的诉讼当事人地位，同时赋予了相应的诉讼权利，但由于制度设计上存有缺陷，致使司法实践中操作性受到限制，对被害人的保护力度未达到该制度设立之初衷；亦有许多学者提出加强在刑事诉讼中对被害人的保护力度，完善相应保护制度，但大部分都围绕在赋予被害人上诉权、建立国家援助、抑或是改革刑事附带民事诉讼程序使被害人有望获得精神赔偿等需要革新制度的问题上。

笔者认为，这些观点对于被害人保护制度的设计确有进步意义，但因为以相对局限的思维理解被害人概念，在此基础上设计出的被害人保护的制度构建不甚完整。换言之，被害人保护制度设计的基石在于"被害人"概念，即哪些人可以被称为被害人。目前的被害人保护制度设计旨在保护刑事诉中的被害人。如果严格按照这个保护对象，只有案件进入刑事诉讼程序的被害人才能受到保护，则缩小了"被害人"外延，难以体现出该制度对那些在刑事案件中合法权益遭受损害，但由于种种原因案件不能顺利进入或还未进入刑事诉讼程序的被害人的保护。而被害人的报案材料能被迅速审查、立案，意味着有望通过司法途径惩罚犯罪、挽回损失，不失为对其的一种保护。公安机关怠于初查相互推诿不愿立案恰恰是对被害人保护制度的违背。

（三）证据法上的困惑

网络诈骗行为一旦被立案，公安机关需要进行侦查推进诉讼程序。网络交易的特殊性产生了电子交易网页或者是保存下来的聊天记录等电子证据作为证明案件事实材料的可能。电子证据首当其冲成为影响刑事诉讼启动的重要因素。然而我国《刑事诉讼法》第42条规定的七种证据种类中并没有列明电子证据，对于这些电子证据在刑事诉讼中的定位理论界亦存有争议，存在如书证说、视听资料说、物证说、鉴定结论说、混合证据说、独立证据说等不同观点[①]，其中独立证据说为通说观点。电子证据在表现形式上可能与现有的法定证据种类中几种相类似，但不置可否的是其生成过程具有特殊性，其本身具有虚拟性、多样性、镜像性、脆弱性等特征，不适宜将其归为现有七种证据种类中的任何一种。在2010

---

① 邵军.论电子证据在我国的适用 [J]. 政治与法律，2005（2）.

年6月13日公布的两个证据规定中，把对电子证据的审查等规定设于法定七种证据种类之外的做法，似乎印证了对电子证据独立证据种类地位的肯定①。

倘若漠视目前我国《刑事诉讼法》的规定，在刑事诉讼程序中直接使用除法定七种证据以外的新型证据，便是对法律赤裸裸的违背；而如果严格按照七种证据种类审查判断新型证据，会造成高科技犯罪中重要证据不能使用，必然给案件侦破以及而后的审查起诉以及审判带来问题。

三、刑事一体化视域下网购诈骗的惩治策略

刑事一体化作为刑事法律学科内历久弥新的话题，既是刑事科学研究方法论的指导思想之一，也为刑事科学提供了一个新的研究视角②。笔者正是基于该视角提供的研究思路，试图从《诉讼法》《实体法》与《证据法》之间的运转思考目前结构与机制的不足之处并针对性地进行协调完善，以达至消解上述三重困惑的目的。

（一）依据正当法律程序原则，明确刑事诉讼价值目标

现代司法理念认为，刑事诉讼程序法绝不是实体法的影子，正当化的刑事诉讼程序自身具有独立的价值和地位，尤其自成体系的组成要素，即程序公正以及由此而独立承载着得安全、平等、自由、正义、效率以及人权保障等程序价值目标③。因而，作为贯彻正当程序基石，不完善的刑事程序难以体现程序正义，必须通过规则设置与制度构建来弥补。

1. 初查制度完善

基于初查制度存在必要性及目前窘境，笔者认为应当对现存制度进行以下两方面的改良。

（1）取消立案程序的独立地位。立案程序虽然是催生初查制度的直接原因，但也是初查制度面临难以解决的理论困惑的根源所在④。仅以某种事实性行为存在作为启动刑事程序的条件，避免现行制度下初查缺乏先行合法性程序，为解决初查制度理论困惑的最佳路径。

---

① 详见2010年6月13日最高人民法院、最高人民检察院、公安部、国家安全部、司法部公布的《关于办理死刑案件审查判断证据若干问题的规定》第29条。

② 贾凌.刑事一体化问题研究述评 [J].刑法论丛，2009（4）.

③ 郝银钟.刑事诉讼目的双重论之反思与重构 [J].法学，2005（8）.

④ 林劲松.回顾与反思：透析刑事案件初查制度 [J].甘肃社会科学，2006（1）.

（2）在立法中明确初查制度的法律地位，尤其是在我国《刑事诉讼法》中加以规定，赋予公检机关对各自侦查案件的初查权，同时设置初查程序，明确初查措施以及对初查的监督机制。

2.立案管辖立法完善

基于现有的法律规定，侦办此类案件可由被害人所在地的公安机关进行立案侦查，以最初受理的公安机关或者是已知的最严重犯罪地公安机关管辖为准。如果犯罪分子所在地因案件的侦破逐渐明晰，且由当地公安机关侦查更为有利时，也可以交由该地公安机关进行侦查。为破除管辖冲突导致的相互推诿或重复立案现象，笔者认为，立法完善可以从以下两方面着手。

（1）适当扩大犯罪地外延。当前法律规定与司法解释已不能适用利用新手段尤其是计算机进行跨地区犯罪的情形，犯罪地外延有必要在原有基础上适当扩大。刘祥林等《刑事案件地域管辖争议问题研究》一文借鉴《办理毒品犯罪案件适用法律若干问题的意见》的做法为我们提供了很好的思路，可以将犯罪预谋地、犯罪预备地、犯罪所得窝藏地或者销售地等均列入犯罪地范畴，增加与犯罪有关地区公安机关管辖的可能，以降低办案难度。

（2）补充修订相关法律，明确移送管辖的案件，避免相互推诿久拖不决；完善协商管辖机制，建立协作平台，及时进行信息互通，协商合作避免重复立案。

3.立案监督立法完善

首先，对于立案监督信息来源不畅问题，笔者认为，可以创设受理报案材料的备案登记制度。公安机关对于接到的报案、自首、控告等材料都应当进行备案登记，进行初步侦查后再行判断究竟是否需要立案。而后，根据备案登记内容对于检察机关日后主动进行立案监督便极具参考价值。值得一提的是，这种做法并不意味着检察权力的扩张，而是对目前检察机关受限的立案监督权一定程度的解放。

其次，至于检察机关立案监督权的强制力，其立案监督权既然由《刑事诉讼法》规定，其强制力的保障也理应由该法来赋予。强制力设置应至少包括两部分：立案监督调查权与立案监督处置权。通过调查权查明公安机关对案件的处理究竟是否符合法律规定，通过处置权对违反程序行为进行制裁，从根本上保证立案监督的权威，避免该制度形同虚设或达不到理想之效用。

（二）贯彻罪刑法定原则，完善刑事实体法相关规定

我国1997年《刑法》废除了1979年《刑法》中规定的类推制度，同时该法第三条"法律明文规定为犯罪行为的，依照法律定罪处刑；法律没有明文规定为犯罪行为的，不得定罪处刑"的规定被理论界视为首次以法律形式确认罪刑法定原则。罪刑法定原则的实行，以具有一部相对完善的刑法典为前提[①]。因此，贯彻罪刑法定原则对网购诈骗行为进行惩治，除依靠现有法律以外还需要立法上修葺不适以弥补缺失。

1.灵活处理行为定性

合同诈骗罪是诈骗罪的一种特殊形式，且合同诈骗罪的犯罪构成要件中，关于数额标准的规定明显高于诈骗罪，因此，只要一种行为符合合同诈骗罪的犯罪构成，其必然也符合诈骗罪的犯罪构成。笔者认为，比照实践中将符合合同诈骗犯罪构成，但未达到该罪数额标准而高于诈骗罪数额标准的按诈骗罪定罪量刑的做法，可以将网购诈骗行为中达不到合同诈骗罪数额又高于诈骗罪数额的按照诈骗罪处理。网购诈骗客观行为属于通过电子合同进行诈骗，但数额在侦破案件之前不能确定是否达到了合同诈骗罪要求的"数额较大"标准，在进行初查了解情况以后估计受骗人数达多人，可以先降低标准以涉嫌诈骗罪进行立案侦查，如若侦查完毕发现诈骗所得金额超过2万元，则可以再进行变更，以合同诈骗罪移送审查起诉以及提起公诉。

近年来由于科技发展，以电信、计算机等新型手段进行犯罪的屡见不鲜，这些犯罪呈现出犯罪空间虚拟性、手段智能化、危害广泛化等与传统诈骗不同的特点，也给案件侦办增加了难度。刑法基于保护特殊法益将集资诈骗罪、保险诈骗罪、合同诈骗罪从诈骗罪中独立出来，是否可以考虑独立出网络诈骗罪值得商榷。

2.犯罪构成中数额标准确定方法改良

各地区频繁修法以适应经济发展可能耗时耗力，且不能解决跨地区诈骗犯罪数额依据难题。笔者借鉴了刘四新等提出的以经济学中的恩格尔定律为基础建立确定和调整财产犯罪数额标准的理论模型思路[②]，认为恩格尔定律中数据统计较为

---

① 陈兴良.代序：中国刑事司法制度：理念、规范与体制之考察[M]//刑事法治论[M].北京：中国人民大学出版社，2007：23.

② 刘四新，郭自力.恩格尔定律与财产犯罪数额标准之确定[J].法学家，2008（4）.

烦琐，初步设想不如参照国际惯例，单以人均国民生产总值（GNP）为基数，建立数学模型，根据变化的 GNP 数值计算出不同的数额标准。对于跨地区财产犯罪案件使用涉及各地区 GNP 平均值为基数进行计算数额标准。

该设想还不成熟，首先笔者能力有限，数学模型的建立仅存在设想阶段；其次立案阶段受制于已掌握证据材料范围，对于犯罪涉及全部地区和总金额可能并不明确，故而在立案阶段对于立案数额标准应当简单化。因而，可以仅以当前所知的涉及地区 GNP 平均值为基数进行计算和判断。

3. 被害人保护制度的完善

首先，对"被害人"应当作广义的理解。刑事诉讼中的被害人是指其人身、财产及其他合法权益遭受犯罪行为侵害的人[①]。以笔者之见，应当将"被害人"概念从刑事诉讼的限制中解脱出来，即无论公安机关做出立案与否的决定，或者检察机关做出提起公诉或不予起诉决定，合法权益遭受犯罪行为侵害的人都应当被称为被害人。在此扩张解释的基础上，无疑对被害人保护制度的设计不应当被局限于严格以立案作为启动标志的刑事诉讼的各个阶段，还应当提前到被害人报案以后、司法机关立案之前的阶段内。

其次，对被害人的保护不仅需要创设一些新制度，如建立犯罪被害人援助制度，还需要依靠已有程序，如加强立案监督，尤其是对应该立案而不立案情况的监督，使得被害人遭受不法侵害的状况能够顺利进入司法视野，由司法机关按照法定程序进行处理。虽然不一定追究犯罪人的刑事责任，但至少是司法机关对被侵害权利的肯定和对不法行为的否定，在实现国家对不法行为人刑事追诉权的同时，在一定意义上可以视为是对被害人的保护。

（三）贯彻证据裁判原则，完善证据种类

我国《刑事诉讼法》第 47 条规定，对一切案件的判处都要重证据，重调查研究。可见我国虽然没有明确规定证据裁判原则，但也是认可的。裁判并非专指狭义上的审判，证据裁判原则的内在精神要求在刑事诉讼不同阶段进行的各类裁判均必须依靠证据而进行[②]。公安机关在立案侦查阶段对于案件的办理也应当遵循证据裁判原则。电子证据日渐成为发现、惩治犯罪的利器。前文所述两个证据规定中对电子证据收集保存审查等规范即为明证。贯彻证据裁判原则利用好这个利

---

① 宋英辉. 刑事诉讼法学 [M]. 北京：中国人民大学出版社，2007：69.

② 樊崇义，张晓玲. 现代证据裁判若干问题探讨 [J]. 北京市政法管理干部学院学报，2002（2）.

器的首要任务便是解决电子证据的证据资格问题，即其合法性问题。

笔者认为赋予电子证据合法身份有两种途径：一是比照增设视听资料为新证据种类的做法，修改《刑事诉讼法》第42条之规定，增设电子证据，使之成为第八种证据种类；二是在《刑事诉讼法》中撤销证据种类的规定，只明确证据定义，规定一切可以证明案件事实的材料都可以作为证据使用，避免列举方式的闭合性不适应社会发展，同时规定严格的证据规则对证据进行审查判断即可。由于修法成本高、程序复杂，且不能长久地满足实践需要，以笔者之拙见，采用第二种途径更为适宜。此外，应当完善该种证据收集、提取、保存等程序的法律规定，明确收集提取主体资格，杜绝随意收集，以致毁损证据能力，降低证明力。

（四）配套制度的完善

完善相关刑事法律仅能在网购诈骗行为发生以后对犯罪人进行惩治，从犯罪学社会预防与情景预防角度来讲，还需要其他一些配套制度来防患于未然。

1. 出台网络交易法，对网络交易平台运作过程进行规制，设立专门人员对其进行监管，明确卖方的市场准入资格，严格实名制验证，规范网络市场交易秩序。

2. 敦促网络交易平台严格执行法律法规，加强行业自律，主动提示消费者堤防诈骗消息，定期更新交易黑名单以及对诈骗行为的惩治信息。

3. 消费者应提高自身警惕性，选择可靠卖家，不贪图小便宜，尽量通过第三方担保系统进行交易，一旦发觉被骗应迅速向网站投诉或报警。

四、结语

我们从网购诈骗这个小的切入点暴露出我国刑事法领域在面对新兴网络犯罪时的不足着手，在刑事一体化视域下分析应对策略。在笔者看来，新形势下的网络犯罪，能够带给我们的不仅是对传统理论的再次关注，如本文中提到的刑事诉讼的立案监督等。对传统的反思，也能使我们去创造一些新颖的理论或者制度。如在本文中所指出的传统证据理论和传统的管辖权确定原则在面对网络诈骗时无所适从的问题，促使我们去寻找新的解决思路。网络已成为人民生活的一部分，一个小小的网络诈骗，却能折射出许多制度在我国或缺失或僵化的现状，可以说是一个有价值的问题。在本文的结尾，笔者有必要指出，网络犯罪因危害以及新颖性值得刑事领域的学者以予回应。法律要直面生活才更能富有生命力。

试论未成年人犯罪逮捕必要性证明中案例指导的作用①

内容摘要：长期以来，我国司法实践中没有将逮捕必要性证明问题作为逮捕工作的核心，导致实践中未成年犯罪嫌疑人的审前羁押率较高，不符合对其教育、矫正的基本宗旨。因此，有必要对逮捕的价值追求重新认识，并以此为基点进一步探讨逮捕程序中必要性证明重要性。根据我国国情现状及逻辑思维的基本规律，应将类比推理逻辑引入我国的未成年人逮捕必要性证明过程中，由检察机关在遵循先例的基础上对逮捕活动加以审查，并且赋予侦查机关和辩护方充分的异议权和参与权，以达到节约司法资源和有效降低未成年人羁押率的目的。

关键词：未成年人　逮捕必要性　案例指导

一、未成年人逮捕制度中逮捕必要性证明的地位

（一）逮捕制度的自然机理决定逮捕必要性证明的地位

逮捕作为刑事诉讼中最为严厉的强制措施，在各国的适用都受到严格的程序化规制。由于该类手段的运作是在刑事诉讼进程中展开的，因而，它应保持与刑事诉讼整体一致的价值追求。逮捕措施是犯罪控制的有力手段之一，逮捕的功能或作用有意无意地促进犯罪控制的效率。不过，这种效率的增长不能以漠视犯罪嫌疑人的人权为代价②。根据无罪推定原理，没有经中立法官依照正当审判确定有

---

① 此文原载《青少年犯罪问题》2011年第6期，与张敬博合作。

② 刘广三.犯罪控制视野下的刑事诉讼 [M].北京：中国公安大学出版社，2007：172.

罪之前，被告人都是无罪的。逮捕行为本身的目的只能是为了更好保障犯罪嫌疑人到庭参加诉讼，绝没有事先对其加以定罪惩罚的意图。逮捕权的正当性只来源于诉讼正常进行的程序性保障要求。依照我国法律规定，对犯罪嫌疑人实施逮捕需要满足"有证据证明犯罪事实，可能判处徒刑以上刑罚，有逮捕之必要"三个基本条件。其中有证据证明犯罪事实是逮捕的前提，只有能够证明犯罪嫌疑人是某类刑事案件的实施者，才有可能对其开展逮捕活动；这种确认犯罪嫌疑人的基本犯罪事实的工作是将犯罪嫌疑人纳入刑事诉讼的前提条件。其次，可能判处有期徒刑以上刑罚是对前一条件的补充。犯罪嫌疑人的罪行必须要达到一定的严重程度才有必要对其逮捕。从罪行上判断，如果犯罪嫌疑人将不可能被实施监禁刑罚，即没有必要逃跑或者妨碍诉讼。最后，实施逮捕行为真正需要判断是该犯罪嫌疑人有无逮捕必要性问题，这才是审查逮捕工作的核心和落脚点，是对犯罪嫌疑人整体的判断，是将刑事诉讼与逮捕行为统一起来的节点。只有犯罪嫌疑人确实具有一定的妨碍诉讼可能性或社会危险性，将其放置社会可能引起不良后果的情形才需要对其逮捕。因此，这必须有一整套的预测性的方法，以确定这种可能性的大小，也即对犯罪嫌疑人逮捕必要性的判断，其是对前两个条件的延伸和总结。逮捕必须遵循适合性原则的要求，羁押必须是达到目的之适合手段，才属合适，所谓目的必须是"合法之目的"。因此，羁押仅能且仅应作为达到合法目的之措施，才属合适[①]。

　　长期以来，我国刑事司法领域对逮捕措施没有形成有效的制约，过分关注逮捕条件中前两个要件，使得法律的合理性原则被漠视。从价值追求上看，逮捕条件中三个要件是有位阶的，证据条件是前提，罪行条件是基础，逮捕必要性证明是核心。只要犯罪嫌疑人没有干扰诉讼的危险性，就应该将其放置在社会上等待审判。因此，逮捕制度的实质上是对犯罪嫌疑人妨碍诉讼危险性的评测以及非监禁措施效果的考察，更多体现的是一种在法律框架内的强制手段合理程度的把握，如果超出合理程度的运用强制手段，从根本上说也是违法的行为。只有有效证明逮捕行为是必要的，才能保证该逮捕行为具有正当性。这种正当性不仅是刑事诉讼法的规定，更是刑事强制措施合理性适用的基本要求。

---

① 林钰雄. 刑事诉讼法 [M]. 北京：中国人民大学出版社，2005：266.

（二）未成年人犯罪程序的价值取向决定逮捕必要性证明的重要地位

根据以往的经验，未成年人犯罪一般多属激情犯罪，由于其判断力和控制力较弱，该类犯罪的后果一般较重，往往比较容易达到逮捕要求的证据条件和罪名条件。但从逮捕必要性条件考虑，未成年人的思想尚未定型，犯罪预谋能力不强，进一步妨碍诉讼的可能性较小，一般受到司法机关传唤和控制后很难有效实施进一步的犯罪活动。因此，该种犯罪行为不具有延伸性。相反，如果将其投入监狱，未成年犯罪人受到交叉污染的可能性将大大提高，犯罪链将得以衔接，不利于未成年人犯罪的矫正和防治。因此，未成年人犯罪的逮捕应该更加注重逮捕必要性证明，除非有明显优势证据表明未成年人可以影响诉讼才能采取逮捕措施。但从近年来未成年人的犯罪特点来看，该类犯罪呈现低龄化、团伙化的特点，针对这种情况，应该在逮捕措施上灵活地加以应对。为有效地防止团伙化未成年犯罪人的串供、破坏诉讼进程的危险，应充分重视对逮捕必要性的审核和论证，有效贯彻在逮捕进程中宽严相济政策，不能一成不变。

二、未成年人逮捕必要性证明的进程及其逻辑分析

1. 逮捕必要性证明的要素分析

我国立法对逮捕必要性内容的表述为"采取取保候审、监视居住等方法，尚不足以防止发生社会危险性，而有逮捕必要。"其中对何为社会危险性界定模糊，导致理论与实务界对此理解不够统一。有学者认为，社会危险性包括两个方面的内容：一是妨碍刑事诉讼顺利进行的危险，如逃跑、串供、毁灭证据等；二是继续危害社会的危险[①]。也有学者指出，逮捕必要性内容应从以下几个方面加以审视：罪行危险性、保障诉讼的正常进行可能性、重新犯罪的危险性、犯罪嫌疑人和被告人的自身情况[②]。较为全面的观点认为；逮捕的必要性应当包括两个方面的内容：一是具有社会危险性；二是采取取保候审、监视居住不足以防止发生这种社会危险性。其中社会危险性包括犯罪嫌疑人罪行危险性和人身危险性。而人身危险性又包括两个方面的内容：一是可能妨碍刑事诉讼的危险性；二是可能再次犯罪的危险性[③]。根据以上观点可以看出，学者对社会危险性的理解关键在于对罪

---

① 陈卫东.刑事诉讼法律汇编[M].北京：法律出版社，2005：170.

② 杜学栋.无逮捕必要的条件[J].中国检察官，2006（4）.

③ 朱孝清，张智辉.检察学[M].北京：中国检察出版社，2010：371.

行危险性判断的争议。有的学者认为罪行危险性不属于逮捕必要性考察的内容，不需要在逮捕必要性证明中再次予以考察；有的学者认为罪行的危险性在一定程度上反映了犯罪嫌疑人的人身危险性，因此应和人身危险性要素一起作为社会危险性考察的内容。虽然，罪行危险性已经作为逮捕罪行条件予以考察，但是两者的考察角度并不相同。在逮捕的罪行要求考察罪行危险性时，侧重对法定量刑条款的对照和法定证据的客观认定；而从社会危险性考察时，侧重对犯罪人主观恶性的考察，其目的是为了综合犯罪人的人身危险性决定其有无逮捕必要，是一种从客观实际提取主观恶性的过程。因此，应在逮捕必要性证明中再次考察犯罪人的罪行危险性，但是证据收集工作可以不必重复。

2. 逮捕必要性的证明的理想模式

逮捕措施作为剥夺犯罪嫌疑人人身自由权利的一项措施，跨栏跑式的程序制约在其实施过程中是必不可少的。任一环节的程序审查都为了防止该项权力界限的盲目扩张，损害犯罪嫌疑人的基本人权。从应然的角度来看，逮捕必要性的证明应该采用一种诉讼化的模式，由中立法官对控辩双方的诉求加以抉择，只有等腰三角形诉讼架构才能更好发挥逮捕审查的程序价值。同时，由于逮捕是侦查过程中一种特殊的强制措施，考虑到效率价值的追求，各国一般都采用法官快速裁量的方式来决定是否需要对犯罪嫌疑人加以羁押。通过速审的方式保障刑事诉讼程序的正常进行，但是这种对效率的追求是建立在逮捕正当性的基本要求之上的。因此，各国刑事诉讼中对逮捕裁决的焦点就集中在了逮捕必要性的证明上，而非案件事实的证明。案件事实的证明是其后的刑事审判所要解决的问题，逮捕更多的是一种程序性的手段。由于中国的特殊国情，我国没有将逮捕的审批权交由法官，而是将其交给了检察机关，使得构建均衡的刑事诉讼构架的愿望无法实现。这种立法设置将检察机关放在了一个较为尴尬的地位上，将原本具有举证义务的主体变成了裁决机关。因此，对检察机关中立性保证成了逮捕程序中最令人担忧的问题。为防止检察机关将逮捕行为变成传统的行政审批式的活动，更需要参与逮捕程序的各方在对抗基础上对逮捕必要性问题加以证明及辩论，以保证逮捕决定的公正性。

3. 逮捕必要性各要素证明的逻辑分析

现有的司法实践中，全国检察机关认定逮捕问题时还没有形成统一的证明模式，各地在此问题上形成了不同做法。有的检察院在审查逮捕必要性时，聘请社会调查员对未成年嫌疑人进行评估和品格证据的收集。有的地方以公安机关作为该项工作的主体；有的地方由检察机关自己开展该项工作。一般而言，我国的司法改革步骤的推进和措施的施行大都是先由地方自发实践，再由中央安排统一试点，最后由立法加以固定。而现今对未成年人逮捕必要性的证明还处在各地自发探索的阶段。各地区的做法尚不统一，有必要对未成年人的人身危险性证明的方式和程序加以梳理。

从逻辑上对逮捕必要性进行分析，该种论证是一种以归纳推理为主要形式的思维过程，这与传统的庭审论证逻辑形式有一定差别。在大陆法系，传统的庭审论证一般是严格的三段论式的演绎推导。因此，大小前提的确定有效性决定结论的确定性。与之相对的，归纳推理无法根据有效的前提必然推导出有效的结论，即使前提完全正确也不一定能够保证结论的准确，只能通过更科学的归纳方式保证结论尽可能地接近客观实际。对犯罪嫌疑人社会危险性的证明包括人身危险性及罪行危险性两个方面。其中罪行危险性的证明是一种近似庭审判决的演绎推理过程，主要考察其所犯罪行的构成要件及证据要求，结合相应法条的比照，进行对应的演绎推理。而人身危险性证明包括对妨碍刑事诉讼的危险性和再次犯罪危险性证明。妨碍诉讼危险性证明是一种典型的预测性推理，不可能采用演绎逻辑推导出某个确定的答案，只能采用归纳推理进行趋势性、或然性地预测。再次犯罪危险性同样很难得出一个确定性的结论，只能根据以往经验进行归纳，得出一个概率性的结论。司法实践中针对未成年人的社会调查收集其品格证据的方式并不全面。仅考察某类事物的一部分对象，却得出了一般性的结论的方式不具有普遍性，在归纳推理中属于简单枚举的归纳方法，其最大的弱点就是可靠性不强。因此，用该方式得出的结论作为未成年人是否需要逮捕的考量因素对犯罪嫌疑人来说不够公平，忽视了对其人权的特殊保护。

那么如何进行未成年犯罪逮捕必要性证明才符合归纳逻辑的基本规律呢？如果将影响犯罪嫌疑人再次犯罪的所有可能因素和条件都列举出来，显然不太可能，也是不现实的。因此，对未成年人再犯可能性采用归纳推理的高级的形态—科学归纳法是比较合适的。它是根据对一类事物部分对象及其属性之间因果联系的认识，对该类事物的所有对象做出一般性结论的归纳推理形式。这就要求在进行再犯可能性归纳推理之前，寻找未成年人犯罪行为与犯罪结果之间的科学联系及因果关系，包括心理学原理、生物学原理、社会学原理等，在这些原理基础上，收集相关证据，再据此加以归纳推理，得出未成年犯罪人是否可能再犯的结论。针对未成年犯罪人妨碍诉讼危险性的归纳推理，由于其具有较强的预测性质，因此采用概率归纳的方式更为合适，也即对一类事物的部分对象采用数学方法随机调查，得出该类事物整体可能具有某种属性的概率。通过随机调查未成年犯罪人妨碍诉讼的可能性的概率得出或然性的概率，使其具有较强的参考价值。

　　从理论上说，运用这些归纳推理方法得出未成年犯罪嫌疑人再犯可能性和妨碍诉讼可能性的结论更为可靠，也最为科学。但实然状态下，由于受到各方面条件的限制，这些逻辑证明方法很难实现。首先，审查逮捕的法定期限很短，只有七天时间。如果采用以上逻辑推导方式进行证据收集是十分困难的，现有的法定期限只可能做单纯书面审查。其次，法定证明主体不够明确。现有的法律没有明确逮捕必要性证明主体，各地在试点的过程中的做法也不统一。公安机关很难有如此的积极性进行复杂的逻辑证明推导，辩护方又缺乏必要收集手段和能力。因此，在未成年人的逮捕必要性证明中，最好适用类比推理与反证相结合的证明逻辑，也即实现判例指导制度。类比推理是一种由特殊到特殊的思维模式，其很好地克服了归纳逻辑对资源和时空的庞大要求，也很好地解决了逮捕必要性证明过程中正义价值追求问题。科学必须是经验的，这是它的唯物主义基础。科学是更广泛的经验主义，因此，它的准确性大于个人的经验主义，个人经验主义的弊端在于经验范围的狭窄。科学的理论就是对经验的总结，或者更准确地说，对感知经验的总结[①]。对既往经验的承认是归纳逻辑的宗旨，采用类比方式将以往经验和反证相结合既有效地提升了效率，也很好地保障了犯罪嫌疑人的人权。通过对相似案件的类推适用，形成同案同判的司法认定，将有效地提升逮捕决定的公信力。同时，这种方式一定程度上缓解了检察权面临的公诉职能和审查逮捕职能之间的矛盾。最为关键的，它有效地解决了逮捕必要性证明中盲目归纳推理得出不可靠结论。同时，相应的反证制度将很好地缓解公安机关及辩护人的证明压力，只要双方能够证明该案与先例不同，才可以产生新的认定。

---

① 刘昊阳. 诉讼证明科学 [M]. 北京：中国公安大学出版社，2007：17.

三、我国未成年人犯罪逮捕必要性证明制度的重构——案例指导期度

2010年3月11日召开的十一届全国人大三次会议上，最高人民检察院检察长曹建明在高检院工作报告中提出要建立健全案例指导制度。案例指导制度在检察工作中已经有所运用，最高人民检察院公报已发布多个典型案例对全国检察工作加以指导。因此，在逮捕过程中运用遵循先例的原则对未成年人案件进行批捕审查工作符合国家司法改革趋势。我国的案例指导制度是以典型案例的形式对办理类似案件进行指导，其发生作用的机理与判例法近似，因此有必要借鉴西方国家判例制度的合理成分和积极因素①。应在未成年人逮捕必要性证明中学习西方适用遵循先例的做法。既然绝对真实是不能获得的，那就应当以其具有某种"正当性"而被接受。这种正当性表现为认定的真实是在合法的程序中得来的，具有（程序的）正当性和合理性，这就具备了"合理的可接受性"②。由于归纳推理往往很难获得一种确定性的答案，那么适用先前既已确定的判例的可靠性往往更大，同时这种方式更利于未成年犯罪嫌疑人的权利保护，毕竟提出反证要比正向证明容易得多。

在未成年人犯罪案件中对逮捕必要性证明适用案例指导制度，必然对未成年人犯罪的特殊保护起到很大的推动作用。首先，有利于解决各地对于未成年人逮捕必要性证明过程中做法不一所带来的同案不同判问题。其次，进一步增强了检察机关作为逮捕审查机关的中立性，也使得其做出的决定更有说服力；第三，有利于提高审查逮捕的工作效率，有效的分流绝大数的案件，一定程度上也能够有效降低羁押率；第四，有利于辩护人发挥作用，争取非羁押方式的权利。现有的法律规定中，辩护人收集证据提出相反证据的较弱，很难形成与侦查机关的抗衡，侦查机关在收集未成年人品格证据时往往也带有倾向性，只收集需要逮捕的相关证据，因此，未成年人的权利不能得到有效保护。设立案例指导制度后，将能够有效改变现有单方追诉的局面，给予控辩双方平等举证权将更加有利于未成年人辩护权的实现。

未成年人逮捕必要性证明中贯彻案例指导制度的目的是对未成年人的逮捕必

---

① 王军，黄海龙，王守安.检察机关案例指导制度的建立与完善 [J]. 人民检察，2010（9）.

② 普特南.理性、真理与历史 [M]. 童世俊，李光程，译.上海：上海译文出版社，1997（2）.

要性判断采用较为简单的经验化的做法。实施案例指导制度后，对未成年人的人身危险性的判断不需要单独运用社会调查或者提出品格证据的形式加以证明，只需对以往相似判例加以举证，如果能够证明基本要素一致，即可以证明该未成年人的人身危险性结果，再结合其罪行危险性及案件证据事实等要素决定其是否应该被羁押。如果公安机关或者辩护方认为该犯罪嫌疑人具有较为独立的个性特点、生活环境或与以往判例具有明显差别的特性，则需举证加以证明，承担相应的举证责任。

逮捕必要性证明中案例指导制度还需要完善相应的配套措施。首先，品格证据作为反证提出时，必须有所取舍。品格证据的收集不仅涉及犯罪人的个性特点、家庭背景、成长环境等，其中最为重要的就是对于犯罪嫌疑人前科劣迹的运用。世界各国对未成年人的前科劣迹都规定有消除制度。因此，在实行案例指导制度后，需要强调对未成年人逮捕必要性证明中提出反证不能以其前科劣迹作为依据。这也是以对未成年人权利保护，更好矫正教育的目的。其次，需要有效实行专家辅助人制度。针对未成年人逮捕必要性证明中很多涉及未成年人心理、个性及其社会学等专业知识的特点可以允许辩护方或者侦查机关聘请专家辅助人。最后，逮捕必要性证明还需要将取保候审制度进行完善。逮捕必要性证明中还有非常重要的一个要素是监视居住、取保候审这些非监禁措施的效能。因此，取保候审、监视居住的改善在很大程度上可以有效降低犯罪嫌疑人的社会危险性。所以，对非监禁措施的改革也十分必要的。

从刑事诉讼法修正案看刑事诉讼法基本原则新走向 ①

内容摘要：从刑事诉讼法历次修正案内容可以看出，刑事诉讼基本原则表现出明显得稳中求变的特点。其先后经历了重视权力行使到规范权力运行，以及从对人权的间接保障到直接赋予的发展过程。但刑事诉讼法基本原则集中规定模式带有明显的宣示意味，未来立法有必要对刑事诉讼法基本原则作独立散在规定、务实效用及人权保障为核心的方向性转变。

关键词：刑事诉讼法修正案　刑事诉讼法基本原则　新走向

一、表象概览：刑事诉讼法基本原则立法演变

一般而言，刑事诉讼基本原则具有规范性、科学性、概括性、普适性与指导性的特点。刑事诉讼基本原则是由刑事诉讼法明确规定的法律原则。原则体现法律的基本精神，任何具体的法律规定都必须和基本原则相符合②。刑事诉讼基本原则，借鉴并吸收了古今中外有关刑事诉讼的共同文明成果，是公安司法机关长期工作实践的科学经验总结，反映了刑事诉讼基本规律。刑事诉讼基本原则总体来说比较抽象、概括，不具有严格的规范形式，但也正因为此，刑事诉讼基本原则具有灵活性，能够弥补法律规定的不足和填补法律漏洞。刑事诉讼基本原则的抽象与概括特点使其具有更强的涵盖力。具体而言，刑事诉讼具体原则既适用于刑

---

① 此文原载《法治研究》2012年第7期。

② 陈光中．刑事诉讼法 [M]．北京：北京大学出版社，2009：90.

事诉讼法的立法活动，也适用于刑事诉讼的具体运作；既适用于有具体规则的诉讼活动，也适用于没有具体规则而需要司法官员依裁量权予以处理的诉讼活动①。总之，刑事诉讼基本原则对司法机关与诉讼参与人正确理解、运用刑事诉讼法具有重要的指导作用，是实现刑事诉讼惩罚犯罪及保障人权任务的重要机制。

正因为此，我国在刑事诉讼立法与历次修订刑事诉讼法中都极为重视刑事诉讼基本原则。但因基本原则是构建具体刑事诉讼程序、制度的基础和航标，是整个刑事诉讼法的基石，处于牵一发而动全身的根本性地位。与具体规则相比，刑事诉讼法基本原则在历次修改中的变动性较小。但我们仍然可以从两次修订变化中看出其发展规律与演变特点。以下通过图表的方式就刑事诉讼法基本原则的立法演变做一考察分析。

刑事诉讼法基本原则法条对照表

	1979年《刑事诉讼法》	1996年修订的《刑事诉讼法》	2012年修订的《刑事诉讼法》
侦查权、检察权、审判权由专责机关行使原则	第三条：对刑事案件的侦查、拘留、预审，由公安机关负责。批准逮捕和检察（包括侦查）、提起公诉，由人民检察院负责。审判由人民法院负责。其他任何机关、团体和个人都无权行使这些权力。人民法院、人民检察院和公安机关进行刑事诉讼，必须严格遵守本法和其他法律的有关规定。	第三条：对刑事案件的侦查、拘留、执行逮捕、预审，由公安机关负责。检察、批准逮捕、检察机关直接受理的案件的侦查、提起公诉，由人民检察院负责。审判由人民法院负责。除法律特别规定的以外，其他任何机关、团体和个人都无权行使这些权力。人民法院、人民检察院和公安机关进行刑事诉讼必须严格遵守本法和其他法律的有关规定。第4条：国家安全机关依照法律规定，办理危害国家安全的刑事案件，行使与公安机关相同的职权。	未做修改

---

① 宋英辉. 刑事诉讼法学 [M]. 北京：北京师范大学出版社，2010：23.

续表

	1979 年《刑事诉讼法》	1996 年修订的《刑事诉讼法》	2012 年修订的《刑事诉讼法》
人民法院、人民检察院依法独立行使职权原则	无	第 5 条：人民法院依照法律规定独立行使审判权，人民检察院依照法律规定独立行使检察权，不受行政机关、社会团体和个人的干涉。	未做修改
以事实为根据，以法律为准绳原则	第 4 条：人民法院、人民检察院和公安机关进行刑事诉讼，必须依靠群众，必须以事实为根据，以法律为准绳。	第 6 条：未做修改	未做修改
公民在适用法律上一律平等原则	第 4 条：对于一切公民，在适用法律上一律平等，在法律面前，不允许有任何特权。	第 6 条：未做修改	未做修改
分工负责、互相配合、互相制约原则	第 5 条：人民法院、人民检察院和公安机关进行刑事诉讼，应当分工负责，互相配合，互相制约，以保证准确有效地执行法律。	第 7 条：未做修改	未做修改
人民检察院依法对刑事诉讼实行法律监督原则	无	第 8 条：人民检察院依法对刑事诉讼实行法律监督。	未做修改
使用本民族语言文字进行诉讼原则	第 6 条：各民族公民都有用本民族语言文字进行诉讼的权利。人民法院、人民检察院和公安机关对于不通晓当地通用的语言文字的诉讼参与人，应当为他们翻译。 在少数民族聚居或者多民族杂居的地区，应当用当地通用的语言进行审讯，用当地通用的文字发布判决书、布告和其他文件。	第 9 条：未做修改	未做修改
两审终审原则	第 7 条：人民法院审判案件，实行两审终审制。	第十条：未做修改	未做修改

续表

	1979 年《刑事诉讼法》	1996 年修订的《刑事诉讼法》	2012 年修订的《刑事诉讼法》
审判公开原则	第 8 条：人民法院审判案件，除本法另有规定的以外，一律公开进行。	第 11 条：未做修改	未做修改
犯罪嫌疑人、被告人有权获得辩护原则	第 8 条：被告人有权获得辩护，人民法院有义务保证被告人获得辩护。	第 11 条：未做修改	未做修改
未经人民法院依法判决不得确定有罪原则	无	第 12 条：未经人民法院依法判决，对任何人都不得确定有罪。	未做修改
保障诉讼参与人诉讼权利	第十条：人民法院、人民检察院和公安机关应当保障诉讼参与人依法享有的诉讼权利。对于不满 18 岁的未成年人犯罪的案件，在讯问和审判时，可以通知被告人的法定代理人到场。 诉讼参与人对于审判人员、检察人员和侦查人员侵犯公民诉讼权利和人身侮辱的行为，有权提出控告。	第 14 条：未做修改	第 14 条：人民法院、人民检察院和公安机关应当保障犯罪嫌疑人、被告人和其他诉讼参与人依法享有的辩护权和其他诉讼权利。 第二款未做修改。
具有法定情形不予追究刑事责任原则	第 11 条：有下列情形之一的，不追究刑事责任，已经追究的，应当撤销案件，或者不起诉，或者宣告无罪：（一）情节显著轻微、危害不大，不认为是犯罪的；（二）犯罪已过追诉时效期限的；（三）经特赦令免除刑罚的；（四）依照刑法告诉才处理的犯罪，没有告诉或者撤回告诉的；（五）被告人死亡的；（六）其他法律、法令规定免予追究刑事责任的。	第 15 条：未做修改	未做修改

续表

	1979 年《刑事诉讼法》	1996 年修订的《刑事诉讼法》	2012 年修订的《刑事诉讼法》
追究外国人刑事责任适用我国刑事诉讼法原则	第 12 条：对于外国人犯罪应当追究刑事责任的，适用本法的规定。对于享有外交特权和豁免权的外国人犯罪应当追究刑事责任的，通过外交途径解决。	第十六条：未做修改	未做修改
刑事司法协助原则	无	第 17 条：根据中华人民共和国缔结或者参加的国际条约，或者按照互惠原则，我国司法机关和外国司法机关可以相互请求刑事司法协助。	未做修改

自 1979 年《刑事诉讼法》颁布以来，我国立法机关先后于 1996 年、2012 年两次对刑事诉讼法予以修改。从修订时间上看，时间间隔较长，第一次修订历经 17 年，第二次修订历经 16 年，修正频率较低。从修正内容上看，基本原则所占比例最低。从上述图表可以看出，刑事诉讼法对基本原则的修正表现出以下两个特点。

第一，稳中求变。历次修改法条绝对数量较少。1996 年修改条文最多，增加了 5 个条文，但对于其他条文没有做任何改动。2012 年修改了 1 个条文，但没有增加条文，法条总量不变。刑事诉讼法对基本原则的两次修正都体现出立法者的谨慎修订态度：不轻易修改或增加基本原则。

第二，集中规定。与世界其他法治发达国家有所不同，我国《刑事诉讼法》对基本原则的规定采取了集中规定模式。1979 年规定于第一章，章节名称为刑事诉讼指导思想、任务与基本原则。2012 年与 1996 年保持一致，仍规定于第一章，但在章节名称上有所改变。从 1996 年开始，第一章名称改为刑事诉讼的任务与基本原则，删除了指导思想。从其章节名称变化可以看出，1979 年《刑事诉讼法》带有较强的政治、阶级色彩，而 1979 年刑事诉讼基本原则以保障权力运行这一特点表明基本原则带有浓厚的政治性意味。从 1996 年开始，无论是章节名称还是刑事诉讼基本原则内容都体现出由原先的阶级工具价值向法治功能方向的转变。尤其是 2012 年《刑事诉讼法》"尊重与保障人权"任务的增设，必将对刑事诉讼基本原则精神产生重大影响。因为，"基本原则"作为"任务"的下一级概念，是任务的承载者之一，应该体现出"尊重与保障人权"的精神。

总之，刑事诉讼法基本原则作为贯穿于刑事诉讼整个过程中的灵魂，具有牵一发而动全身的功能。刑事诉讼法的两次修正都或多或少地涉及刑事诉讼基本原则问题。立法者遵循稳中求变的思路，不断修正刑事诉讼基本原则，使其更加符合现代刑事法治要求，契合国际人权保障精神。

二、刑事诉讼法基本原则修正之两个发展趋势

（一）法治的强调：由保障权力行使到规范权力运行的发展趋势

1979年《刑事诉讼法》规定的基本原则有侦查权、检察权、审判权由专责机关行使原则，以事实为根据、以法律为准绳原则，公民在适用法律上一律平等原则，分工负责、互相配合、互相制约原则，使用本民族语言文字进行诉讼原则，两审终审原则，审判公开原则，犯罪嫌疑人、被告人有权获得辩护原则，保障诉讼参与人诉讼权利，具有法定情形不予追究刑事责任原则与追究外国人刑事责任适用我国刑事诉讼法原则等十个原则。在这十个原则中，侦查权、检察权、审判权由专责机关行使原则，以事实为根据、以法律为准绳原则，两审终审原则及分工负责、互相配合、互相制约原则是以规范权力行使为重心的原则。具有法定情形不予追究刑事责任原则与追究外国人刑事责任适用我国刑事诉讼法原则具有中性色彩。只有公民在适用法律上一律平等原则，使用本民族语言文字进行诉讼原则，审判公开原则，犯罪嫌疑人、被告人有权获得辩护原则，保障诉讼参与人诉讼权利属于权利保障原则，而以人权保障为核心的原则只有犯罪嫌疑人、被告人有权获得辩护，保障诉讼参与人诉讼权利两个原则。总体上看，上述原则以保障权力运行为中心，忽视了诉讼参与人尤其是犯罪嫌疑人、被告人的权利保障。这不符合刑事诉讼基本原则作为程序正义基石的重要地位要求。

1996年修订的《刑事诉讼法》新增5个法条，增加了4个基本原则，分别是人民法院、人民检察院依法独立行使职权原则，人民检察院依法对刑事诉讼实行法律监督原则，未经人民法院依法判决不得确定有罪原则与刑事司法协助原则。上述4个基本原则的确立，极大地推动了刑事诉讼法的发展。新增加的原则充分考虑了国际刑事诉讼发展的总体趋势，加强了对公权力运行的控制。人民法院、人民检察院依法独立行使职权原则能够在很大程度上保证国家法制的统一，是正确发挥检察职能与审判职能的重要保证。人民检察院依法对刑事诉讼实行法律监

督原则赋予检察机关监督职责，是实现"有法必依，执法必严，违法必究"法治要求的重要保障，能够有效地克服无政府主义与法律虚无主义，规范权力的运行。未经人民法院依法判决不得确定有罪原则解决了犯罪嫌疑人、被告人诉讼地位问题，该原则不但确立了法院对被告人定罪的权力，更为重要的是，该原则有利于保障犯罪嫌疑人、被告人以辩护权为核心的诉讼权利，充分发挥辩护制度的作用，有利于进一步明确证明责任的合理分配和疑难案件的正确解决①。刑事司法协助原则的确立契合了我国国际交流频繁而产生的刑事司法协助要求，有利于解决国际刑事纠纷。

总体看来，1996年刑事诉讼法基本原则的修改是以规范公权运行为核心的，与1979年刑事诉讼基本原则以保障权力行使相比有了长足的进步。

（二）人权的保障：由间接保障到直接赋予的发展趋势

《刑事诉讼法》的两次修正在人权保障上也表现出较为明显的发展趋势。1996年修订《刑事诉讼法》增加的4个基本原则中，有3个基本原则间接涉及人权保障，分别是人民法院、人民检察院独立行使职权原则，人民检察院依法对刑事诉讼实行法律监督原则，未经人民法院依法判决不得确定有罪原则。上述3个原则的确立能够保证人民法院与人民检察院在处理案件过程中的独立与公正，从而间接实现对犯罪嫌疑人、被告人及其他诉讼参与人之人权的保障。

遗憾的是，1996年修订的《刑事诉讼法》对于人权保障直接赋予的法律条文甚少。涉及私权保护的基本原则只有3个，分别是使用本民族语言文字进行诉讼原则，犯罪嫌疑人、被告人有权获得辩护原则，保障诉讼参与人诉讼权利原则，只占刑事诉讼基本原则总数的三分之一。而在这3个基本原则中，对诉讼参与人，特别是对犯罪嫌疑人、被告人能够产生实质影响的只有犯罪嫌疑人、被告人有权获得辩护原则与保障诉讼参与人诉讼权利原则。更为重要的是，《刑事诉讼法》具体规则条文对犯罪嫌疑人、被告人、诉讼参与人之人权保障不力，缺乏实质的人权保障精神。纵观1996年《刑事诉讼法》规则条文，虽一定程度上提高了人权保障比例，但其方式主要是通过规范、制约权力的间接方式实现的。

2012年新修订的《刑事诉讼法》在人权保障方式上有了实质性的进步。这集中表现于修订后的第14条：人民法院、人民检察院和公安机关应当保障犯罪嫌

---

① 杨连峰.新刑事诉讼法基本原则增补条文刍议[J].法学评论，1996（6）.

疑人、被告人和其他诉讼参与人依法享有的辩护权和其他诉讼权利。在诉讼参与人中，犯罪嫌疑人、被告人的诉讼地位最为重要，案件处理结果与其人身自由、财产权利直接相关，因此2012年《刑事诉讼法》在本条第1款将"犯罪嫌疑人、被告人"从诉讼参与人整体中单列出来，放在"其他诉讼参与人"之前，充分显示出对犯罪嫌疑人、被告人诉讼地位和诉讼权利的重视。此外，考虑到辩护贯穿于刑事诉讼整个过程，辩护权在犯罪嫌疑人、被告人所享有的广泛的诉讼权利中处于基础性地位，为此，与犯罪嫌疑人、被告人突出的诉讼地位相对应，此次立法修订将辩护权从诉讼权利整体中单列出来，放在"其他诉讼权利"之前，以显示法律对保障犯罪嫌疑人、被告人辩护权的特别重视[①]。这也是本次修订在人权保障方式由间接向直接方向发展的集中体现。

与原《刑事诉讼法》相比，我国2012年《刑事诉讼法》的具体条文对本原则的贯彻更为彻底。如针对为学界、律师界诟病的保证金问题，我国2012年《刑事诉讼法》不但明确了保证金确定数额的事实依据，还对保证金交付程序、交付机关及领取退还保证金做出了细致性的规定，赋予犯罪嫌疑人、被告人直接性的权利。为约束批准逮捕权，我国2012年《刑事诉讼法》明确规定检察机关原则上讯问犯罪嫌疑人的倾向性规定，并规定在符合特定条件下，检察机关无条件地讯问犯罪嫌疑人，其中就包含了犯罪嫌疑人要求向检察人员当面陈述的情形，检察机关对于辩护律师提出要求的，亦应听取辩护律师的意见。可见，原有的通过规范权力间接提高权利的方式，在我国2012年《刑事诉讼法》中得到了实质性的转变，直接规定权利保障，成为人权保障制度建设的重要方式。我国2012年《刑事诉讼法》第103条更为明显，根据有利于犯罪嫌疑人、被告人、罪犯的原则，界定了"期间"的含义。而最为明显的权利直接保障是我国2012年《刑事诉讼法》第170条的规定，根据本条，人民检察院审查案件，应当讯问犯罪嫌疑人，听取辩护人、被害人及其诉讼代理人的意见，并记录在案。辩护人、被害人及其诉讼代理人提出书面意见的，应当附卷。该条不但直接增加了犯罪嫌疑人的权利，还通过"意见记录在案"与"意见应当附卷"等方式将权利保障刚性化。我国2012年《刑事诉讼法》单设未成年人犯罪案件诉讼程序以区别于成年人诉讼程序。从其程序内容规定来看，主要以维护犯罪嫌疑人、被告人之人权保障为主，并以直

---

① 宋英辉. 中华人民共和国刑事诉讼法精解 [M]. 北京：中国政法大学出版社，2012：10.

接规定其诉讼权利的方式来推动诉讼进程，如该程序中的附条件不起诉制度、不公开审理制度、分别关押制度、社会调查制度及犯罪记录封存制度都是以权利保护为核心的。

三、未来刑事诉讼法基本原则立法之三点转变性建议

刑事诉讼法基本原则历经两次修订获得了较大的发展，尤其是1996年刑事诉讼法基本原则的修订，无论是在数量还是在内容方面都有实质性的突破。2012年《刑事诉讼法》基本原则虽然在法条数量上没有作太大的改动，但加大了对人权保障方面的关注度，亦体现出较大的进步性。但纵观历次修订内容，仍然有不尽如人意之处，未来刑事诉讼立法有必要从以下3个方面进行转变，以进一步完善刑事诉讼法基本原则。

（一）原则的集中规定向独立散在的转变

刑事立法对基本原则的制定与修订采取了集中模式，将基本原则规定于第一章任务和基本原则中。这与国外刑事诉讼立法实践有很大的不同。英美法系国家虽然是判例法系国家，但也存在成文法。从英美国家成文法内容看，没有关于如我国刑事诉讼总则性的规定，更没有关于基本原则的专章性规定。在以成文法为代表的大陆法系国家（地区），也是如此。如在德国、日本，刑事诉讼法总体结构内容包括：通则、一审、普通救济（上诉程序）、特别救济（再审程序）、特别程序、执行、附则。意大利整个刑事诉讼法典分为两大部分，第一部分包括诉讼主体、诉讼行为、证据和强制措施4个组成部分；第二部分基本上采取的是诉讼阶段论的立法模式，即侦查、起诉、审判、执行与司法协助。法国刑事诉讼法总体结构上采取的是诉讼阶段论的立法模式，而且将其他国家通则或总则规定的基本内容也全部分别纳入具体的诉讼程序之中，其整个刑事诉讼法典的总体结构：提起公诉和预审、审判、上诉审程序、特别诉讼程序与执行[①]。在世界主要法治大国中，只有俄罗斯现行刑事诉讼法典结构与我国类似：总则、审判前程序（立案、侦查、起诉）、审判程序、执行。而且俄罗斯《刑事诉讼法》在总则中规定了基本原则。由此可见，在总则中集中规定基本原则并不是世界各国刑事诉讼法的主流做法。现在国际通行的、我国积极引进的刑事诉讼基本原则大都来自于

---

① 陈学权.刑事诉讼法典框架结构比较研究 [J].现代法学，2005（1）.

没有集中规定刑事诉讼基本原则的英美法系和大陆法系国家，如程序法定原则、司法独立原则、无罪推定原则、任何人不受强迫自证其罪原则、程序参与原则、有效辩护原则、强制性措施限制适用与适度原则、一事不再理与禁止双重危险原则等①。

我国《刑事诉讼法》单设一章集中规定刑事诉讼基本原则的原因在于以下两点：一是受前苏联社会主义法制体系的影响。在中华人民共和国成立之初，我国包括法制建设在内的各方面都面临资本主义阵营的打压。为稳固革命成果，加强社会主义统一战线，在法制建设方面与前苏联保持了高度一致，包括刑事诉讼基本原则的集中规定模式。二是基本原则集中规定模式的本身优势。在中华人民共和国成立之初，社会主义法学专家极少，立法水平与立法技术都处于初级阶段，"宜粗不宜细"的立法思想是权宜之计，且能起到立竿见影的效应。刑事诉讼基本原则虽然粗疏，但具有灵活性的优势，可以暂时地应对复杂的司法实践。在阶级斗争、革命阵营对立已经淡化的今天，法制环境与解放初相比已经发生了根本性的变化，加之法学专业人才的大量培养，立法技术水平都达到了相当高的程度。基本原则集中规定的政治性功能已经退化，独立散在规定的法治功能已经提上日程，这是历史发展的扬弃，是法治发展的必然要求。

基本原则集中规定模式带来的法治缺陷不容忽视。如2012年新修订《刑事诉讼法》在第二条中规定了"尊重与保障人权"。这是我国自"人权入宪"后，尊重与保障人权的规定正式在刑事诉讼法中确立下来，实现了"人权入刑事诉讼法"，使得《刑事诉讼法》成为我国除宪法外第一部宣告"保障人权"的基本法律，具有重要的积极意义。但立法将这一带有原则性意义的条款规定于"任务"中与《刑事诉讼法》第一条刑事诉讼目的发生冲突，与《刑事诉讼法》本质上的保障人权精神不协调。根据《刑事诉讼法》第1条的规定，刑事诉讼法根本目的在于惩罚犯罪与保护人民。"保护人民"这一词语含义广泛，强调《刑法》《刑事诉讼法》的一般预防功能。"尊重与保障人权"强调对刑事诉讼程序中犯罪嫌疑人、被告人合法权益的保护，契合现代刑事诉讼精神。为此，将"尊重与保障人权"作为基本原则来对待更为合理，但囿于原则的集中规定立法模式，在现有的立法框架内，无法将其看成是一种原则，这无疑会弱化"尊重与保障人权"的法

---

① 宋英辉，孙长永，刘新魁. 外国刑事诉讼法 [M]. 北京：法律出版社，2006：22-38.

治功能。

基本原则集中规定转向独立散在规定模式利于增加基本原则数量，并深度发挥基本原则应有的功能。新修订《刑事诉讼法》第五十条增加了"不得强迫任何人证实自己有罪"条款。毋庸置疑的是，本条规定属于目前法治发达国家的通行刑事诉讼法基本原则。正如我国有学者所言："'不得强迫任何人证实自己有罪'是本次修改新增加的内容，在理论上又称为'任何人不得强迫自证其罪原则'"①。但根据现行刑事诉讼基本原则集中规定模式，该"原则"因其规定于证据制度而非基本原则章节中，故该条规定不属于基本原则。如此，"任何人不得强迫自证其罪原则"只能发挥规则作用，这势必会限制该原则作用的发挥，抹杀了此次原则修订的积极意义。未来立法有必要摒弃过时的原则集中性规定，采取独立散在式的立法，以扩充基本原则的生存空间，并发挥其应有的功能。

（二）原则的宣示功用向务实效用的转变

如前所述，我国刑事诉讼立法对基本原则采用集中规定模式，带有很强的宣示性作用。在强调法的阶级性时期，法的统治工具性价值受到统治者的重视。法令是"一种号召，这是号召群众，号召他们去做实际事情。法令，就是号召人们去做大量实际事情的指令"②。在此认识指引下，法律的宣示意义被无限放大，这使得不属于技术规范的基本原则正好承担起宣传、宣示的重任。它能够集中让人们认识到法律的强大，能在短时间内给人以视觉冲击，成为号召、集中群众来维护政权、制度的强大工具。

在以程序法定、人权保障为核心的现代法治社会，过时的浓厚的带有阶级性、富有政治工具价值意味的基本原则已不合时宜，其宣示功用应得到进一步地限制，取而代之的是向基本原则务实效用方向的转变。如2012年《刑事诉讼法》规定的"依靠群众原则"就具有浓厚的宣示意味。刑事诉讼法基本原则应当是一种约束国家机关和诉讼参与人刑事诉讼中行为的基本准则，包含着具体的权利和义务，以及行为主体违反这些准则时应当承担的法律后果，而依靠群众原则是中国共产党和我国国家机关长期以来形成的一条工作路线和组织路线，虽然具有普遍意义，但将其规定为刑事诉讼法的基本原则，并不反映刑事诉讼的特点，也不包含具体的权利义务内容，违反这一原则也没有具体的判断标准，没有法律后

①　宋英辉. 中华人民共和国刑事诉讼法精解 [M]. 北京：中国政法大学出版社，2012：53.

②　列宁全集：29卷 [M]. 北京：人民出版社，1959：180.

果①。将依靠群众作为一项刑事诉讼法基本原则加以规定可能在实践中被误解，导致"按照群众的意见办理案件"，与"侦查权、检察权、审判权由专门机关依法行使的原则"和"人民法院、人民检察院独立行使职权原则"相冲突。为此，只具有宣示意义的基本原则已经不合时宜，应予以废止。

法定原则是现代法治的标志，在刑法中体现为罪刑法定原则，在刑事诉讼法中体现为程序法定原则。程序法定原则为诉讼主体实施的诉讼行为设置了特有的程序与违反程序的制裁后果。这意味着基本原则必须以具体的程序制度为载体。用抽象模糊的基本原则作为规制诉讼主体的行为准则和司法准则只能导致当事人的无所适从和法官自由裁量权的滥用。同时，我国司法实践中几乎没有发生过直接适用刑事诉讼法典规定的基本原则的情形。因此，我国现行刑事诉讼法典对基本原则的规定模式与程序规范的特征相冲突，司法利用的效率也几乎为零②。新修订《刑事诉讼法》对"任何人不受强迫自证其罪原则"的增加不单单是对国际通行刑事诉讼基本原则的吸收与借鉴，更是对旧有原则规范模式的突破与创新。抛开基本原则集中规定模式既有缺陷不谈，与传统基本原则规定相比，该原则被规定于证据制度中，这是立法第一次将基本原则以具体制度为载体的形式加以规定，增加了基本原则的务实有效性，淡化了基本原则的宣示作用。未来立法有必要以此为借鉴，不拘泥于形式主义，打破集中规定模式，将基本原则嫁接于具体制度中，使其有章可循，提高基本原则的效用性。

（三）原则的权力规范重心向人权保障核心的转变

从1979年《刑事诉讼法》的制定到2012年《刑事诉讼法》的修正，刑事诉讼法基本原则体现出浓厚的"重实体轻程序""重打击轻保护"的观念。规范权力的原则总量占据绝对优势，而以人权保障为重心的原则只占极少数。部分基本原则既不属于规范权力类型，也不属于人权保障种类，而是以实体真实为核心的。如公民在适用法律上一律平等原则，以事实为根据，以法律为准绳原则，专门机关与群众相结合的原则等，都体现了立法机关关注有效打击犯罪，注重实体正义的意图。三机关关系的规定以及把群众路线规定为刑事诉讼基本原则，突出地体现了立法机关对案件真实的过分热爱，忽略了程序正义原则在刑事诉讼原则

---

① 宋英辉.刑事诉讼法修改问题研究 [M].北京：中国人民公安大学出版社，2007：43.

② 林辛建，鄢铮炜.论刑事诉讼法典中不必规定基本原则 [J].福建公安高等专科学校学报，2006（4）.

体系中的构建，使得整个基本原则体系不够平衡①。

尽管在不同的国家，历史传统和现实情况有所不同，刑事诉讼基本原则也会存在某些差异，但是，由于刑事诉讼内在规律的作用，使得各国刑事诉讼基本原则更多地呈现出共同性和一致性。世界各国刑事诉讼中具有普遍意义的通行原则包括程序法定、司法独立、无罪推定、任何人不受强迫自证其罪、不告不理、平等对抗、诉讼及时、强制性措施限制适用与适度、一事不再理与禁止双重危险原则。在这些原则中，以人权保障为核心的原则有无罪推定、任何人不受强迫自证其罪、强制性措施限制适用与适度、一事不再理与禁止双重危险，在所有原则中占据绝大多数。而程序法定、司法独立、诉讼及时与平等对抗等原则虽然不是以人权保障为核心的，但都属于维护程序正义的原则。可见，在国际层面，刑事诉讼基本原则大都是以人权保障为核心且以程序正义为宗旨的，我国刑事诉讼基本原则距离这一目标还相差甚远。

在人权入宪的大背景下，我国还制定了人权行动计划。此次立法修订将"尊重与保障人权"吸收到刑事诉讼法中来，是对宪法的尊重，更是人权行动计划的重要组成部分。在现有立法框架内，"尊重与保障人权"的任务性规定带有提纲挈领的性质，是对刑事诉讼法性质的总体性定位。若我们仍然保持以实体真实为宗旨的基本原则不变，不但无法真正实现人权保障之诉讼目的，还与"尊重与保障人权"的任务性规定形成法律条文逻辑上的矛盾。笔者认为，未来立法有必要从目前的以规范权力为中心、偏重实体真实基本原则设置向以保障人权为核心、偏重程序正义基本原则方向转变。这一转变趋向不但是建设现代法治社会的应然要求，更是践行2012年新修订《刑事诉讼法》中"尊重与保障人权"的重要举措。这需要以基本原则独立散在规定改革为前提，废除诸如以事实为根据、以法律为准绳、依靠人民群众的原则；完善侦查权、检察权、审判权由专责机关行使，程序法定，人民法院、人民检察院独立行使职权；适用法律平等，分工负责、互相配合、互相制约，检察监督；使用本民族语言文字诉讼，有权获得辩护；无罪推定，公开审判，保障诉讼参与人参与诉讼，依照法定情形不予追究刑事责任，不受强迫自证其罪等原则；并增设一事不再理、诉讼及时、直接言辞等能够体现人权保障、程序正义的基本原则。

① 李明. 我国刑事诉讼基本原则的反思与重构 [J]. 求索，2009（7）.

论职务犯罪特殊侦查手段的优先性——以《联合国反腐败公约》为视角的分析①

内容摘要:《联合国反腐败公约》采提示性列举的方式规定特殊侦查措施的种类，包括控制下交付、电子监听与特工行动及其他特殊侦查措施。职务犯罪侦查主体享有优先选择特殊侦查手段的权力，而特殊侦查手段产生的原因与最后手段性原则对其限制的无效及可能产生的矛盾是职务犯罪特殊侦查手段具有优先性的根本原因。《公约》对追查腐败犯罪鼓励使用特殊侦查手段的态度，意在表明国际联合侦查层面特殊侦查措施的优先性。我国职务犯罪特殊侦查手段的立法缺失与履行国际义务的现实要求立法应构建契合我国国情并能与《公约》相衔接的职务犯罪特殊侦查制度。通过明确职务犯罪原则性适用特殊侦查手段规定，排除最后手段性原则与重罪原则的限制性规定，以保障职务犯罪特殊侦查手段的优先性。

关键词：职务犯罪　特殊侦查手段　优先性　联合国反腐败公约

腐败已成为社会稳定与安全的严重威胁，是民主法治的"蛀虫"，对人生价值观、社会道德观和正义观具有不可低估的腐蚀作用。它与社会主义和谐社会的建立格格不入，既是历史遗留下来的顽疾，又是世界范围内极具传染性"病毒"之一。反腐已不是一国的"分内事"，它需要各国切实合作，联手应对这一世界性"毒瘤"。《联合国反腐败公约》（以下简称《公约》）为反腐开出了一剂"猛药"：确立特殊侦查手段。

---

① 此文原载《法治研究》2012年第2期，与庄乾龙合作。

一、《公约》特殊侦查手段含义解读

为更加有效地打击职务犯罪与腐败犯罪，2000年12月，联合国宣布成立《联合国反腐败公约》特设委员会，负责起草有效的反腐法律文件，并于2003年10月1日第七届会议通过了《公约》草案，同年10月31日，联合国大会审议并通过了《公约》，同年12月10日，中国在《公约》上签字，2005年10月27日，十届人大常委会第十八次会议审议并批准加入《公约》。截至2006年，已经有140个国家签署了《公约》，并得到了中国在内的80个国家的批准。

为加大反腐力度，提升侦查的有效性与应对性，《公约》第五十条规定了特殊侦查手段。《公约》第五十条第一款规定："为有效地打击腐败，各缔约国均应当在其本国法律制度基本原则许可的范围内并根据本国法律规定的条件在其力所能及的情况下采取必要措施，允许其主管机关在其领域内酌情使用控制下交付和在其认为适当时使用诸如电子或者其他监视形式和特工行动等其他特殊侦查手段，并允许法庭采信由这些手段产生的证据。"该条款采取明示列举与兜底概括相结合的方式，确定了特殊侦查手段的种类。具体包括控制下交付、电子监听、特工行动及其他特殊侦查手段。有学者认为："鉴于特殊侦查手段的严厉性和秘密性，《公约》仅列举了三种特殊侦查手段。"[1] 或者《公约》中的特殊侦查措施主要包括：控制下交付、电子监听、特工行动[2]。笔者认为《公约》规定的特殊侦查措施不止上述三种，至少在类型上有四类，在具体种类上没有特殊的限制。《公约》中的"等其他特殊侦查手段"是对其他特殊侦查手段的省略。前三项特殊侦查手段的列举具有双重作用：一是明示此三类特殊侦查手段。二是限定其他特殊侦查手段的范围，即其他侦查手段的性质应与明示手段保持一致。可以认为，《公约》中的特殊侦查手段是开放性的，不仅仅限于有学者所认为的上述三种明示手段。

（一）控制下交付

《公约》对控制下交付这一特殊侦查手段做出了较为详细的规定。《公约》第二条第九款明确规定："控制下交付系指在主管机关知情并由其监控的情况下允

---

[1]　尚华.职务犯罪案件特殊侦查手段研究——兼论〈联合国反腐败公约〉第五十条 [J]. 中国刑事法杂志，2009（7）.

[2]　郑列.联合国反腐败公约视角下的特殊侦查措施 [J]. 政治与法律，2008（8）.

许非法或可疑货物运出、通过或者运入一国或多国领域的做法，其目的在于侦查某项犯罪并查明参与该项犯罪的人员。"《公约》第五十条第四款对"控制下交付"重申："经有关缔约国同意，关于在国际一级使用控制下交付的决定，可以包括诸如拦截货物或者资金以及允许其原封不动地继续运送或将其全部或者部分取出或者替换之类的办法。"相较于其他特殊侦查手段，《公约》对"控制下交付"不厌其烦地界定与说明足以证明《公约》对这一特殊侦查手段的重视。

《公约》对其特殊关注的原因不外乎以下两点：第一，该特殊侦查手段在国际刑事侦查法律中已渐趋成熟，有着较为丰富的实践经验。《公约》并不是第一个规定"控制下交付"的国际性法律文件。《联合国禁止非法贩运麻醉药品和精神药物公约》第一条 g 款规定："控制下交付系指一种技术，即在一国或多国的主管当局知情或监督下，允许货物中非法或可疑的麻醉药品、精神药物、本公约表一和表二所列物质或它们的替代物质运出、通过或运入其领土，以期查明涉及按本公约第三条第1款确定的犯罪的人。"《联合国打击跨国有组织犯罪公约》第二条第九款规定："控制下交付系指在主管当局知情并由其进行监测的情况下允许非法或可疑货物运出、通过或运入一国或多国领土的一种做法，其目的在于侦查某项犯罪并辨认参与该项犯罪的人员。"3个《公约》对"控制下交付"的界定基本一致：目的在于查获犯罪嫌疑人；方式是通过主管当局的控制允许实施非法行为。第二，控制下交付与其他诸如特工行动等主动型侦查方式相比，具有被动性，侵权危险性低于主动型侦查，对其运用的争议性意见较少。控制下交付的对象主要是物品，且这种物品已经被侦查机关查获并确认为属于应予追缴的对象，其侦查作用力直接对象是物而不是人，即使会涉及对某些人员的监控，但亦是相对的，且监控力度达不到物理控制的强度。就人货分离的控制模式，不涉及相关人员，侵权可能性微乎其微。在人货并行的控制模式中，因主要是监控物品的流转方向，不会轻易惊动运送人，侵犯强度与单纯跟踪相似，侵犯犯罪嫌疑人权利的危险性相对较低。另外，通过控制下交付获得的犯罪证据价值大，且不易被排除，利于实现有效应对腐败犯罪、职务犯罪的目的。

以非法物品的控制交付实施地点为标准，控制下交付可以分为国内控制下交付与国际控制下交付。《公约》重点规范对象是国际控制下交付。在国际控制下交付的过程中，非法物品可能要经历起始国、途经国与目的国，这些国家对非法物品只能实施静态的监控，而不能实施扣押、抓捕等侦查活动。也就是说，上述国家只能将刑事追诉权束缚于监控的侦查程序，至于监控以外的侦查作为，如扣押违禁品或逮捕现行犯却未必能依法实施，更谈不上对案件进行起诉、审批、执行等诉讼程序，这可以被看作是限制或者放弃这些司法管辖权的反映[①]。但根据《公约》第五十条第四款的规定，在经过缔约国特别同意的条件下，有关国家可以实施截留行为。这实际上认可了该国的刑事司法管辖权。但此刑事管辖权仍受到严格的限制：双重同意限制与行为方式限制。另外需要注意的是，国际控制下交付不同于刑事司法协作。刑事司法协作属于诉讼代理行为，而控制下交付则是一种联合侦查行为。

（二）电子或其他监视形式

电子或其他监视形式包括电子监听、电子监视、红外线望远镜、红外线摄像、秘密录音、秘密录像、秘密拍照等。它几乎包含了除控制下交付与特工行动之外的其他各种秘密监控方式。根据监控是否直接涉及行为人，可以将监控分为通讯监控和非通讯监控。对通讯进行的监控大致可以表现为邮件检查，电话监听，传真、传呼监控，网络监控以及各种通讯记录。非通讯监控是指直接利用人而非借助媒介对犯罪嫌疑人的监控，具体包括窃听、监视、秘密录像、秘密录音、秘密拍照及追踪定位等。

从域外立法实践与实践经验来看，电子监听侦查方式较为成熟，其他监视形式虽在司法实务中也经常运用到，但一般缺乏系统的法律规范，或者其他监视方式主要是参照电子监听来执行的。电子监听的秘密性与有效性使其成为现代侦查的一种重要方式，特别是在难以取证的职务犯罪中，使用电子监听侦查效果较为理想。但因其秘密性特征，使其极易侵犯人权，为此域外各国大都对电子监听进行严格的立法控制。首先，从案件范围上进行控制。电子监听一般只适用于重大复杂的组织犯罪、隐秘性犯罪案件。如美国1968年《综合犯罪控制与街道安全法》规定，秘密监听只适用于以下犯罪：间谍罪、叛国罪、劳动敲诈罪、谋杀罪、绑架抢劫罪、敲诈勒索罪、贿赂政府官员罪、赌博罪、贩毒罪、脱逃罪、伪造罪等。其次，从程序上进行控制。如德国法律明确规定，只有经过法官的允许，才可使用电子监听，在来不及申请司法令状的情况下，检察官也可以批准使用电子监听，但检察官的决定如果在3日内没有得到法官的允许，则其批准行为自动失

---

① 林宜君，陈仟万．抓毒专家小六法：侦查毒品犯罪策略 [M]．台北：台北永然文化出版公司，1999：255．

效。最后，从监听内容、期限及权利救济方面对电子监听进行控制。

对于职务犯罪或腐败犯罪能否当然适用电子监听，域外各国还有不同的看法。就现有的立法例来看，美国支持电子监听在侦查腐败犯罪中的运用。国际层面亦有相关立法实践支持。2004年召开的第十届国际刑法学大会通过的《国际经济交往中的腐败及相关犯罪决定》指出："各国应当为腐败犯罪的侦查规定适当的手段。这些手段在严重的案件中可以包括秘密侦查以及窃听通讯。""在德国，出于对公民基本权利保障的考虑，对于腐败案件是否采用电子监听措施，也即是否在刑事诉讼法第一百条 a 的规定中补充进电子监听的内容，至今尚未获得多数人的赞同……"[①]《公约》针对腐败犯罪呼吁使用电子监听的做法会加强对腐败犯罪使用特殊侦查手段的进一步认识。在承认电子监听作为腐败犯罪侦查手段的国家会起到巩固作用，而对仍处于犹豫不决的国家，则会强化其使用电子监听侦查手段倾向。总之，电子监听等特殊侦查手段契合了职务犯罪主体较强的反侦查能力与职务犯罪的隐秘性特征，是加强反腐败力度的重要手段。

（三）特工行动

特工行动是指，侦查机关根据授权，使用秘密力量，收集犯罪证据，抓获犯罪嫌疑人的特殊侦查方法，具体包括卧底侦查、普通卧底、诱惑侦查、乔装侦查与线人侦查等。

卧底侦查是指由法定侦查人员依法实施的以伪造身份的方式，打入犯罪组织内部依法进行查获犯罪、收集证据及相关资料的特殊侦查行为。卧底侦查属于典型意义上的特工行动，其主体只能是具有公务身份的警察，这是区别于普通卧底的关键。普通卧底是指不属于刑事追诉机关之人，在不特定的期间内，受信赖且有意愿，协助侦查犯罪或阻止犯罪（通常都有报酬），其身份是隐秘之人。如计程车司机、餐馆服务生、旅店老板或帮派成员等等[②]。

诱惑侦查是指："为了侦破某些极具隐蔽性的特殊案件，侦查人员或其协助者特意设计某种诱发犯罪的情景或者根据犯罪活动的倾向提供其实施的条件和机会，待犯罪嫌疑人进行犯罪或自我暴露时当场将其拘捕的一种特殊侦查的手段。"[③]诱惑侦查是利用引诱行为，其欺骗性具有表面性，不如卧底侦查的欺骗性

---

① 郑列.联合国反腐败公约视角下的特殊侦查措施 [J]. 政治与法律，2008（8）.

② 林东茂.危险犯与经济刑法 [M]. 台北：五南图书出版公司，1996：239.

③ 吴丹红，孙孝福.论诱惑侦查 [J]. 法商研究，2001（4）.

程度高。

　　乔装侦查又名化装侦查，是指侦查人员为了适应侦查活动所涉及的环境和对象，掩护自己并麻痹侦查对象，以实现侦查目的而专门改变自己的相貌、装束、言语、身份和行为目的的一种特殊侦查技能[①]。化装侦查是一种隐藏身份的秘密侦查行为，一般是短期的侦查活动，不打入犯罪组织内部，目的是获得犯罪情报或查获犯罪嫌疑人；卧底侦查也采用隐藏身份的办法，但是却要打入犯罪组织内部，而且是潜伏一段时间，目的除了收集犯罪信息外，还包括从内部瓦解犯罪组织[②]。化装侦查的"隐藏"侧重于外表，主要是从外表上进行伪装，使侦查人员看起来与一般群众无异，从而迷惑犯罪分子，在其实施犯罪时将其抓获。化装侦查一般适用于打击街面现行犯罪，如系列抢劫、系列强奸、街头诈骗等。卧底侦查侧重于"隐藏"身份，利用虚假身份搜集证据。

　　线人侦查与卧底警察相比，其侦查手段与侦查目的任务都具有较大的相似性，但其区别是明显的。第一，主体资格不同。卧底侦查主体是具有公务员身份的特定警察，而普通卧底主体是普通人员不具有公务员身份。实务中更多表现为具有前科的一些人员或者是污点证人，他们熟悉犯罪组织环境，容易接触犯罪嫌疑人并取得犯罪组织与其他犯罪嫌疑人的信任，以方便获取犯罪信息与犯罪证据。第二，他们承担的权利表现出较大的不一致性。卧底警察享有国家赋予的侦查权，有权灵活处理卧底中出现的一些紧急情况，由于卧底侦查过程中卧底警察具有一定的人身危险性，必要时卧底警察可表明身份对犯罪嫌疑人采取强制侦查措施。普通卧底不享有独立的侦查权，他们是在侦查机关的授权委托下开展"侦查"活动，其行为受侦查机关领导、监督，相应的责任由侦查机关承担。第三，被信赖的程度不同。卧底侦查人员具有公务人员身份，其选拔程序极为严格，政治上、组织上有着较高的保证，被信赖的程度较高。而一般卧底来自犯罪环境，或者有犯罪前科，或者自身素质较低，在刑事诉讼上被信赖的程度远远低于卧底警察。一般卧底所提供的犯罪信息，所做的陈述不但不具有证据能力，还必须有其他的佐证方能作为有价值的犯罪线索使用。而卧底警察所获取的犯罪信息或犯罪证据能够独立作为犯罪线索或者作为犯罪证据使用。

---

① 郭晓彬. 侦查策略与措施 [M]. 北京：法律出版社，2000：356.

② 吴丹红，楼缙东. 法治视野下的卧底侦查 [J]. 法治论丛，2005（4）.

二、职务犯罪特殊侦查手段优先性一般表现

（一）职务犯罪特殊侦查手段优先性一般表现

优先性是比较的结果。职务犯罪特殊侦查手段优先性是指侦查主体在侦查职务犯罪过程中依法享有优先适用特殊侦查手段的权力。其具体含义包括以下四个方面。

第一，侦查主体的优先性，是指职务犯罪侦查主体优先选择特殊侦查的权力。普通侦查主体不具有优先选择特殊侦查手段的权力，只有在使用普通侦查手段不能侦破案件又有其他条件保障的情况下才可使用特殊侦查手段。

第二，侦查手段上的优先性。职务犯罪与普通犯罪相比具有隐秘性特征，特别是在一对一的贿赂案件中，因缺乏受害人，加上环境的封闭性，依靠传统侦查手段破案的概率甚低，即使勉强能获得证据，亦需要通过大量的间接证据来完成，这需要耗费大量的刑事司法资源。在此类案件中使用诸如《公约》中的特殊侦查手段具有较强的应对性与有效性，能以较低的司法资源获得较大的司法利益。职务犯罪有别于普通犯罪的特性要求侦查方法异于普通侦查手段。普通刑事案件一般存在被害人，犯罪嫌疑人实施犯罪时一般会遗留相关犯罪证据，通过普通被动式侦查获得相关犯罪证据并不困难，只有在依靠普通侦查手段无法侦破案件的特殊情况下才考虑特殊侦查手段，即特殊侦查手段在普通案件中要遵循最后手段性原则限制。

第三，职务犯罪特殊侦查手段的优先性集中表现于"最后手段原则"限制的无效性。因特殊侦查手段的易侵权性，理论与实务上对特殊侦查手段的发动都持谨慎态度，只有在通过普通侦查手段不能侦破案件之后才能使用特殊侦查手段。但职务犯罪特殊侦查手段大都属于前瞻型或主动型侦查，如特工行动中的卧底侦查，是犯罪发生之前侦查机关进行的各种犯罪侦查活动。侦查与犯罪行为具有同步性，卧底侦查成为后续侦查取证的重要准备活动。因此，从侦查手段与犯罪发生的前后顺序来看，卧底侦查或者主动型特殊侦查手段都不应当被作为最后手段，即此类特殊侦查手段与一般侦查手段相比具有性质上的优先性。从最后手段性原则含义来看，只有其他侦查手段无效或不可能达到侦查效果要求的情况下才允许使用特殊侦查手段。职务犯罪案件多属于隐形犯罪、无控告人犯罪，对这些犯罪的侦查必须依靠卧底侦查、乔

装侦查等特工行动特殊侦查手段事先获得犯罪信息，方可能启动侦查程序，否则根本不可能出现"其他侦查手段无效或不可能达到侦查效果的"限制性问题，这属于特殊侦查手段使用上的优先性。从司法实务上看，如果适用最后手段原则将严重限制诸如卧底侦查等秘密侦查最为突出的功用，即前瞻性与主动性。隐形犯罪、无被害人犯罪的存在使得这种控制成为对抗犯罪实践的重大阻碍。实务中，执法机关往往利用法律上的漏洞，规避相关规定，频繁地使用其他法外侦查手段就是上述实践矛盾的结果。总之，职务犯罪特殊侦查手段的优先性既是侦查手段本身的体现亦是实务运用的要求，具有必然性。

第四，职务犯罪特殊侦查手段的优先性还表现在重罪原则限制的无效性上。从美国卧底侦查运用的历史发展过程来看，卧底侦查手段的适用范围十分宽泛，无论是严重的恐怖犯罪、有组织犯罪、白领犯罪还是轻微的、多发的街头犯罪都可以使用卧底侦查手段，这意味着美国的卧底侦查基本上没有犯罪严重程度与犯罪类型的限制。司法实务中对腐败犯罪完全可以使用卧底侦查，且事实上已取得了良好的效果[①]。英国卧底侦查的适用对象与美国相似，没有严格的限制。2000年

---

① 如美国联邦调查局（FBI）6 日在新泽西州各地逮捕 12 人，其中 11 人为公职人员，包括地方政府、议会高官。他们被控收受贿赂，从事钱权交易。美联社报道说，FBI 为搜集证据，专门成立一家"卧底"公司，这些"腐败分子"纷纷上钩。美国检察官办公室 6 日说，这 11 名公职人员涉嫌收受公司贿赂，利用自身权力为公司争取公共工程合同。另外一人没有担任公职。美联社报道说，11 人中包括两名州众议员、两名市长、3 名市政委员会成员、几名新泽西州普莱森特维尔学校董事会成员。检察官克里斯托弗·J. 克里斯蒂说，这 11 人从一些公司收取的现金贿赂从 1500 美元到 1.75 万美元不等，涉案公司多是一些为当地学校和社区提供保险业务等服务的公司。新泽西州众议院少数党领袖阿莱克斯·德克罗斯说："对于新泽西人来说，今天是令人悲伤的一天。新泽西州的腐败文化成为全美国新闻。"美联社报道说，FBI 为了方便调查，专门设立一个保险经纪公司，派出调查人员充当公司员工和嫌疑人接触，搜集证据。克里斯蒂说，几名普莱森特维尔学校董事会成员最先"上钩"，他们先后从经纪公司索取贿赂数千美元。让调查人员始料不及的是，这些得到好处的学校董事会成员还为公司引见了一些新泽西北部地区的地方官员，这些官员同样收取了经纪公司钱财。这些官员也把自己熟知的官员介绍进来，共同享受"好处费"。美联社报道说，被抓捕嫌疑人包括奥兰治市市长米姆斯·哈克特、帕塞伊克市市长萨米·里韦拉、州众议员艾尔弗雷德·E. 斯蒂尔等人。美国媒体报道，被逮捕的官员中，不少人在官场多年，经历丰富，身兼数职。斯蒂尔 1996 年担任州众议员至今，2002 年开始担任议会副议长，被抓捕前还兼任帕塞伊克代理县长。美联社报道说，现年 53 岁的斯蒂尔今年 3 月到 8 月期间共收取 1.55 万美元，帮助一些当地公司在新泽西州获取公共工程合同。根据斯蒂尔本人申报，他 2006 年从自己担任的 3 个职务中收入 15 万美元。奥兰治市市长哈克特现年 65 岁，他被控索取贿赂 5000 美元，帮助一家公司获得奥兰治市的市政工程合同。哈克特去年申报的年收入为 20 万美元。哈克特本人曾在 1975 年因绑架罪被判 30 年有期徒刑，但在服刑的第二年，受害人改变了口供，哈克特的堂兄也自己认罪，哈克特获得释放。美联社报道，6 日的抓捕行动是 FBI 全国反腐败行动的一部分，过去 5 年中新泽西州共有 100 多名公职人员因腐败落马。

RIPA法令及其实施细则都没有规定到底哪些犯罪可以使用卧底侦查手段。这意味着英国的卧底侦查不受重罪原则的限制。德国立法例虽然明确了重罪原则，但因兜底条款的存在使得特殊侦查手段的适用对象并没有受到重罪原则的严格限制。职务犯罪与一般犯罪的区别点并不在于罪行的轻重上，而在于取证的困难程度上。上述国家立法例意在证明，重罪原则并不能起到限制特殊侦查手段的作用。是否适用特殊侦查手段只受必要性原则限制，即取证难易程度的限制。职务犯罪取证困难的原则性情形使得特殊侦查手段成为一般性选择，即相较于普通侦查手段，具有了优先性。

（二）联合国反腐败公约特殊侦查手段优先性表现

《公约》对特殊侦查手段的规定亦不同程度地体现出优先性特点。根据《公约》的规定，为有效打击腐败，各缔约国均应当在其本国法律制度基本原则许可的范围内并根据本国法律规定的条件在其力所能及的情况下采取必要措施，适用特殊侦查手段。《公约》针对腐败犯罪，对缔约国特殊侦查手段的使用做了必然性要求。根据《公约》的规定，特殊侦查手段的运用受到如下两个条件的限制：首先是目的限制，特殊侦查手段的使用是为了有效打击腐败。此目的落脚点在于"有效"。特殊侦查手段正是因职务犯罪或腐败犯罪的隐秘性与传统侦查手段的低效性而产生的，高效性是其特点之一。《公约》目的之"有效"性限制对特殊侦查手段的使用起不到实质的制约作用，本质上属于提示性规定。这意味着为提高腐败犯罪或职务犯罪侦查的有效性，特殊侦查手段的运用具有必然性，优先于其他侦查手段，否则将违背"有效"目的之制约条件。

《公约》第五十条第二款规定，为侦查本公约所涵盖的犯罪，鼓励缔约国在必要情况下为在国际一级合作时使用这类特殊侦查手段而缔结适当的双边或多边协定或者安排。《公约》中的"鼓励"一词表明《公约》的倾向性立场，即在联合侦查腐败犯罪中，优先考虑特殊侦查手段。本条第四款明确规定经有关缔约国同意，关于在国际一级使用控制下交付的决定，可以包括诸如拦截货物或者资金以及允许其原封不动地继续运送或者将其全部或者部分取出或者替换之类的办法。本条规定的控制下交付不同于《禁毒公约》与《打击有组织犯罪公约》对该概念的界定。相较于后两者，《公约》中的控制下交付有了长足的进步。其允许实施截留与替换违法物品，区分了有害控制下交付与无害控制下交付，赋予相关国家在联合侦查中的实质侦查权，一改静态联合控制下交付的传统，进一步拓宽了使用本特殊侦查手段的空间，从而为优先适用控制下交付提供了延伸条件与可行性保障。

鉴于国际间的反腐败行为会涉及国家主权问题，《公约》对特殊侦查手段的运用设置了相应的条件限制。有学者可能会认为这些条件限制就是对特殊侦查手段优先性的限制，即特殊侦查手段应遵循最后手段原则。笔者认为，上述担心是多余的。根据《公约》的相关规定，对于国际一级合作使用特殊侦查手段时应受"必要情况"与"双边协定"或"多边协定"的限制。而在没有上述协定或者安排的情况下，关于在国际一级使用这种特殊侦查手段的决定时，应当在"个案基础"上做出，必要时还可以考虑到有关缔约国就行使管辖权所达成的财务安排或者谅解。《公约》对特殊侦查手段使用的限制目的有两个：一是尊重国家主权，如"双边、多边协定"或涉及管辖权的财务安排或者谅解。《公约》还为此特别指出这类协定或者安排的缔结和实施应当充分遵循各国主权平等原则，执行时应当严格遵守这类协定或者安排的条款。二是事实条件，根据案情来判断是否适合使用特殊侦查手段。上述对特殊侦查手段的两种限制都不属于使用顺序上的限制，其限制目的没有影响到特殊侦查手段的优先性。

三、我国职务犯罪特殊侦查手段优先性制度的构建

（一）我国职务犯罪特殊侦查手段现状

关于特殊侦查措施，我国现行《刑事诉讼法》并没有做出规定。涉及规范特殊侦查手段的规范性法律文件主要有《人民警察法》和《国家安全法》。

《人民警察法》第十六条规定："公安机关因侦查犯罪的需要，根据国家有关规定，经过严格的批准手段，可以采取技术侦查措施。"理论与司法实践一般将本条作为特殊侦查手段的法律依据。《国家安全法》对技术侦察措施的采用也做了一般规定。《国家安全法》第十条规定："国家安全机关因侦查危害国家安全行为的需要，根据国家有关规定，经过严格的批准手续，可以采取技术侦查措施。"从法条中我们看不到技术侦查措施到底包含哪些措施，看不到所谓"严格的批准手续"指的是什么程序，更看不到采取技术侦查措施的实施程序、监督程序和法律责任。这种规定是笼统、简陋、粗糙而又神秘的[①]。本质上，技术侦查本身并不

---

① 刘邦银. 论我国卧底侦查行为的制度建构 [D]. 上海：华东政法大学，2009：6.

能包含卧底侦查。根据相关解释，技术侦查是指国家安全机关和公安机关为了侦查犯罪而采取的特殊侦查措施，包括电子侦听、电话监听、电子监控、秘密拍照或录像，技术侦查侧重的是侦查中所使用的具体技术方法。卧底侦查中虽然可能会运用到技术侦查方法，但卧底侦查远远超过了技术侦查的范畴。从外延上看，技术侦查仅局限于以技术侦查器材为辅助的侦查手段，而卧底侦查则不仅包括技术手段，而且还包括不需要技术器材辅助就可以实施的其他手段，如跟踪、守候监视、诱惑侦查等。所以，以技术侦查涵盖卧底侦查不只是立法粗糙的问题，而是涵摄错误、立法缺失的问题。2000年年底，公安部刑侦局编写了《刑警办案须知（试行）》（2006年4月正式施行以下简称《须知》），该《须知》第150条规定："侦查人员可以运用刑事特情，了解和控制侦查对象的活动情况，必要时可以开展内线侦查，为侦查办案提供证据和线索。"但这仅属于部门内部规定，对外不具有法律效力。

上述规定要么过于粗糙、笼统、原则，缺乏明确性，要么属于内部规定不具有对外法律效力，很难将其作为特殊侦查措施的实施依据。更为重要的是，《人民警察法》与《刑警办案须知（试行）》中规定的技术侦查措施是公安机关适用的侦查手段。《国家安全法》规定的技术侦查措施针对的是危害国家安全的犯罪。没有相关法律赋予与公安机关和国家安全机关一样具有侦查权的检察机关享有特殊侦查的权力。1989年最高人民检察院和公安部在《关于公安机关协助人民检察院对重大经济案件使用技侦手段有关问题的答复》中明确了对少数重大经济犯罪案件主要是贪污贿赂案件和重大经济犯罪嫌疑分子必须使用特殊侦查手段的，要十分慎重地经过严格审批手续后，由公安机关协助使用。这只是作为一个协调部工作的"答复"，虽然具有一定的效力，但是关于特殊侦查措施如何决定和具体实施还是模糊的[①]。总之，特殊侦查手段在《刑事诉讼法》中的不完善是职务犯罪特殊侦查手段匮乏的根本原因，而立法不公导致检察机关特殊侦查手段的缺失则是职务犯罪特殊侦查措施缺乏的直接原因。

特殊侦查是随着犯罪的发展而自觉出现的，是侦查自身规律的产物。职务犯罪的隐秘性、犯罪主体的强反侦查能力与腐败犯罪的跨国性、跨区域性使得传统侦查手段难以获取相关证据与证据线索。职务犯罪特殊侦查手段的优先使用与

---

① 樊崇义，胡志风. 职务犯罪侦查适用特殊侦查措施的必要性和可行性 [J]. 人民检察，2010（6）.

其产生原因有着不可分割的联系。正如美国社会学家马科斯在评价技术侦查手段时所说："由于出现了新的犯罪方法，那些通过公开的方式不易获得证据的犯罪类型，获得了更大的采用秘密手段的优先权力。技术的改进增强了社会控制的威力。"[①] 职务犯罪使用特殊侦查手段具有必要性，构建完善的特殊侦查手段优先性制度是应对职务犯罪或腐败犯罪的有效与必由之路。

（二）职务犯罪特殊侦查手段的构建

职务犯罪特殊侦查手段的构建应考虑以下两个问题：一是我国现行立法与司法环境。二是域外经验与教训，特别是《公约》关于特殊侦查手段的相关规定。在充分考虑上述因素基础之上，可以从以下两个方面着手构建职务犯罪特殊侦查手段。

首先是立法模式问题。2012年《刑事诉讼法》对传统侦查手段采用具体立法模式，明确规定了侦查措施种类。对于特殊侦查手段，《刑事诉讼法》没有做出规定，在其他法律规范中采授权立法模式，没有明确规定特殊侦查措施的种类而是原则性规定公安与国家安全侦查机关有权实施特殊侦查措施，至于具体特殊侦查手段则由相应侦查机关确定。授权式立法模式具有较大的灵活性，能够随着社会的发展而发展，不会出现具体立法模式的机械性缺陷。但缺陷也是明显的，侦查机关权力过大，且缺乏相关程序的制约容易出现侵权现象。我国《刑事诉讼法》再修改已经提上议事日程，在相关草案提议过程中，立法机关倾向于使用授权模式规定特殊侦查手段，即赋予检察机关特殊侦查的权力，不规定具体的侦查措施。立法机关有此倾向性意见的原因不外乎以下三点：第一，此种立法模式操作简便，节约立法资源；第二，特殊侦查手段种类繁多，采取具体立法模式难以穷尽；第三，我国特殊侦查手段的司法实践经验不成熟，具体立法条件不具备。

《公约》采取了折中手段，既有明示性规定又有其他兜底性条款的规定。从域外立法与实践经验看，也多采用《公约》立法模式，明确一些重要的特殊侦查手段，对于其他特殊侦查手段则采兜底性条款的方式规定。笔者认为，《公约》立法模式的借鉴意义较大，《公约》采用提示性列举方式，规定了主要的特殊侦查措施，意在强调控制下交付、电子监听、特工行动在特殊侦查措施中的重要性。至于其他手段则应与上述三类特殊侦查手段相似，其所遵循的程序亦应与其

---

① 格雷·T·马科斯. 高科技和社会秘密实践 [M]. 北京：中共党史出版社，1994：60.

相似。未来立法可以采取授权与具体立法相结合的方式。具体来说，立法应赋予检察机关享有特殊侦查的权力，但应规定主要的特殊侦查手段使用程序，对于其他特殊侦查手段可以遵照主要特殊侦查手段使用程序。至于具体的特殊侦查措施可以参考《公约》规定，设置控制下交付、电子或其他形式的监视与特工行动，这也是履行国际义务的要求，是国内刑事法律与国际刑事法律接轨的重要体现。

　　其次是职务犯罪特殊侦查手段的程序控制。特殊侦查手段具有双面性，既有有利的一面，亦有不利的一面，需要设置严格的程序予以控制。根据特殊侦查手段运行过程，可以分为事前、事中与事后控制。事前控制主要是审批主体问题。就审批主体而言，在我国不宜实行司法令状主义，宜实行检察令状主义，但为保证审批的独立性应由上一级检察机关做出审批。如若在我国通过法官签发令状以监督控制特殊侦查会有很多障碍。我国法院没有预审法官，如果由法官负责审查特殊侦查令状，则难免会产生审判预断问题，在后续审判中无法保证中立的审判地位。侦查令状原则存在的法理基础之一是对于何时发动刑事侦查，侦查人员不能做出正确的判断，如搜查证的签发，必须以搜查具有实质原因为前提，但社会并不信任侦查员就搜查是否具有实质理由做出正确的判断，为此将搜查的实质理由判断交由法官来承担[①]。但这一理论基础并没有多大的说服力。比较法官与侦查员所受的教育、训练与经验，在具体的个案中，法官未必较侦查员能做出更为正确的判断。相反，因侦查员长期在第一线犯罪现场，侦查员或侦查长官更能发现是否具有实质理由，从而做出正确判断。这也是我国目前搜查令状由侦查机关掌握的一个重要原因。但判断"实质理由"的经验与签发令状的及时性都是以偏重于查获犯罪为存在前提的，从侦查的决定权与执行权合二为一的情况看，由与侦查主体同一层次的检察官实施审批违背了控权与权力制衡理论，因此审批权应赋予上一级检察机关。检察官在追诉犯罪过程中积累的经验与客观义务的保持使他既有能力对侦查的启动做出正确的判断又能保持一定的客观性，能够降低甚至避免法官在监督控制侦查

---

① 王兆鹏.美国刑事诉讼法 [M].北京：北京大学出版社，2005：89.

行为中出现的弊端。总之，检察令状主义①，可以有效地控制特殊侦查，利于实现惩罚犯罪与保障人权的双重刑事诉讼目的。

事前监控的有限性使得对特殊侦查的事中监控具有了重要意义。检察官在实施特殊侦查的过程中随时可能会遇到突发事件。与事前预想到的不一致，在如何处理突发事件上，检察官必须有一定的自由裁量权。但因案件环境的复杂及卧底侦查主体个人素质的差异，可能会做出不同的反应。对于类似重大突发事件，不管是否已经发生，侦查主体应在保证安全的前提下，尽快通知外围侦查人员，经过内部监控机关做出判断后，再报告给检察监控机关，由其对内部监控机关及检察官做出的行为进行判断，然后做出决定。在时间紧急来不及报告外部监控主体时，可以由内部监控机关先行做出决定交由侦查员执行，然后再向外部监控机关报告。可见事中监控需要内部监控与外部监控的互相配合，单纯依靠某一监控主体难以真正实现特殊侦查监控之目的。

事后监控主要表现为相对人权利救济、证据排除、实体责任承担等方式。事前监控具有主动性，事中监控具有实时性，而事后监控则具有制裁性或后果性。或者说事后监控是事前、事中监控的保证。没有事后监控，事前、事中监控的力度将大大减弱。如在德国缺乏事中监控的卧底侦查中，主要依靠事前与事后两种监控方式来规范卧底侦查行为。笔者认为可以从实体与程序两个方面构建我国特殊侦查事后监控制度。从实体上看，主要是从约束侦查员行为方面进行。在侦查员违法实施侦查时，应承担相应的行政、民事甚至刑事责任。但为保障侦查员违法犯罪行为能够被及时且不被遗漏的发现，应制定侦查记录制度。即侦查主体应将所有的特殊侦查行为以侦查记录卷的形式记载，上报于检察监控主体，以利于

---

① 对于检察院自侦案件中的搜查行为的监督，有学者认为存在自我监督问题，违背了控权与制衡原则，宜以法院进行控制监督。笔者认为检察机关与公安机关虽同属侦查机关，但检察机关职能表现出多元性，有侦查职能，有公诉职能，有监督职能。公安机关在刑事侦查领域的职能表现单一：侦查职能。公安机关职能的单一化使得内部各机关的直接与最终目标表现出高度的一致性，目的的一致会导致利益一体化的形成，在决定权与执行权合二为一的情况下，难以起到监督制衡的作用。检察机关职能的多元性，使得检察机关各部门之间的界限较为明确，形成了多元利益主体，检察目标的不一致、利益关系的非一体化有利于在各部门之间形成监督制衡作用。因此检察机关内部的搜查行为由检察机关内部其他部门进行监督具有现实可行性。但为提高监督制衡的效果，笔者认为可以借鉴"将检察机关的自侦案件的批捕权上收到上级检察院"的做法，将检察机关自侦案件中的搜查监督权上提到上级检察院侦查监督部门，其他具体监督措施同于检察机关对公安侦查机关搜查的监督。

检察监控主体发现侦查人员的违法犯罪行为。另外可以通过赋予相对人权利救济的方式，扩充发现侦查人员违法犯罪的渠道。从程序上看，可以设置程序性制裁措施。程序性制裁措施一般包括两个方面：非法证据排除与终止诉讼程序。这一问题需要借助改革我国非法证据排除规则及程序性制裁制度的完善方能起到程序监控作用。

（三）职务犯罪特殊侦查手段优先性制度的构建

职务犯罪特殊侦查手段的优先性首先体现在适用主体上。在我国享有侦查权的机关包括公安机关、国家安全机关及检察机关。对于职务犯罪特殊侦查手段检察机关具有当然使用的权力。公安机关与国家安全机关只有在符合特定的条件下才有权使用职务犯罪特殊侦查手段。

职务犯罪特殊侦查手段优先性应排除最后手段原则的限制。如前文所述，最后手段原则与特殊侦查手段的主动性与前瞻性特征存在冲突。如若使用这一限制原则，则特殊侦查手段将很难开启，有违特殊侦查手段设置目的。在具有被动性的特殊侦查中，亦因难以满足"用尽其他手段"的条件限制，最后手段性原则对特殊侦查手段缺乏实质的制约作用，或者说特殊侦查手段对最后手段性原则具有天然的免疫力。未来涉及职务犯罪特殊侦查优先性制度应排除这一限制性原则，方能利于职务犯罪特殊侦查手段作用的发挥。

一般特殊侦查手段都受重罪原则的限制，但对于职务性犯罪笔者认为应排除重罪原则的限制。其原因有如下三点：第一，职务性犯罪使用特殊侦查手段的原因在于其取证的困难性，其严重的社会危害性并不是决定性因素。第二，如果设置重罪原则，则在职务性犯罪中可能存在立法与执法不公问题。对于重罪使用特殊侦查手段破获的可能性远远大于轻罪使用普通侦查手段侦破的可能性。如此一来，轻罪案件可能会因取证难而不能侦破，不能将有关犯罪嫌疑人绳之以法。实务中绝大多数职务犯罪都属于轻罪，如果特殊侦查手段受重罪原则限制，则将有绝大部分案件不能使用特殊侦查手段，有违职务犯罪特殊侦查手段设置的初衷。第三，轻罪与重罪的判断应以确定的事实与证据为根据。在没有相关证据的情况下，无法做出准确的判断。而职务犯罪的秘密性使得侦查主体与审批主体很难事先获得评判轻罪与重罪的事实与证据，从而亦将无法判断是否适用特殊侦查手段。

基于上述分析，笔者认为应该设置职务犯罪均可使用特殊侦查手段的原则性规定，原因如下。第一，可以解决职务犯罪取证困难的问题。第二，可以解决立法与执法公平问题，轻罪案件未必容易取证，重罪案件也不意味着取证难度高于轻罪案件，特殊侦查手段的原则性适用，契合其出现的目的。第三，是从严治吏的要求。对于利用公务职权的犯罪，对其从严评价不单单表现在实体结果上，还应表现在整个诉讼过程中，包括侦查手段的特殊性与严厉性。有学者可能会担心，对于职务性犯罪一律可以适用特殊侦查手段可能会增加侵权危险，特别是如监听、卧底侦查行为，因具有较强的隐秘性，容易对侦查相对人的人权造成侵害。笔者认为该种担心有一定的合理性，但完全可以通过设置严格的程序对其进行控制。对特殊侦查手段的发动、运用及最后证据的采信设置一系列的严格程序，可以保证特殊侦查在合法合理的限度内得到适用。如果没有严格的程序规定，即使将职务犯罪特殊侦查手段限制在重罪案件范围内，仍然难以避免侵权现象的存在。

《联合国宪章》第二条载明，"各会员国应一秉善意，履行其依本宪章所负之义务"。1970年《国际法原则宣言》重申了这一原则，并进一步指出："每一国均有责任一秉诚意履行其依公认国际法原则与规则系属有效之国际协定之义务。"《维也纳条约法公约》第二十六条规定："凡有效条约对其当事国有拘束力，必须由各该国善意履行。"条约信守原则要求我国在制定国内法时必须尊重国际条约内容，不能以国内法为由不履行条约义务。我国已加入《联合国反腐败公约》，《公约》中关于特殊侦查的规定对我国具有当然的约束力。职务犯罪特别是腐败犯罪的跨国性比较强，特殊侦查手段的运用势必会增加涉外因素。立法将《公约》内容转化为国内法时应注意以下几点。第一，对于职务犯罪或腐败犯罪的联合侦查，立法应持鼓励使用特殊侦查措施的态度，即应优先考虑使用特殊侦查手段。第二，对于控制下交付应做出适当的司法让步，允许联合侦查机关有权拦截或替换非法物品。第三，设置适当的限制性条件。首先是联合侦查的级别限制，特殊侦查手段只能在国际一级合作时使用。其次是国家主权限制，对于特殊侦查手段的使用，必须以"双边、多边"协定为基础，对于没有上述协定或安排的，则应以缔约国管辖权所达成的协议为准，但应受到个案情况的限制。最后，事实条件的限制。只有在通盘考虑，案件需要联合侦查方能达到侦破目的时，才允许使用国际一级合作的特殊侦查措施，否则只需要在国内适用特殊侦查手段即可。

论职务犯罪特殊侦查措施优先权——以控制下交付措施为切入点 ①

内容摘要：金融危机全球化背景给刑事法领域带来了激烈震荡，随着经济前行乏力，世界范围内的腐败及其衍生犯罪日益猖獗，各国积极采取多种手段加以应对，其中强化职务犯罪控制手段成为重要措施之一。为了有效提升打击腐败行为的效果，《联合国反腐败公约》进一步丰富了职务犯罪侦查手段，进一步拓展了侦查幅度，特别是对一系列特殊侦查手段的授权和准许值得关注。我国职务犯罪侦查中仍存在侦查手段单一、侦查效能低下的现实短板。从侦查行为的客观规律及职务犯罪行为的自身特点出发，我国检察机关应确立特定条件下特殊侦查措施优先适用权，并积极设置优先适用的途径和渠道，具体可体现为对国内法的优先权、对其他侦查机关侦查行为的优先权、对其他侦查手段的优先权、不受重罪原则与比例原则限制四个方面。作为具有典型性的特殊侦查措施，控制下交付措施具有优先适用的现实价值，在必要的程序规制下的优先适用可以取得较为良好反腐效果。

关键词：职务犯罪侦查　特殊侦查措施　优先权　控制下交付

在世界性金融危机的影响下，各国经济发展趋势普遍放缓，社会财富分配不均现象日益严重，为腐败犯罪、恐怖犯罪、有组织犯罪的滋生提供了温床。因此，适当提高对这几类犯罪打击的准确性和强度，既迎合了社会对秩序性的普遍

---

① 此文原载《江淮论坛》2013年第1期，与张敬博合作。

要求，也符合世界刑事司法的发展潮流。在这几类犯罪中，职务犯罪是具有身份属性的特殊犯罪，由于牵扯公权力的限制问题，对该类犯罪的具体侦查手段也应体现特殊性。2012年刑事诉讼法修正案从立法上明确了检察机关在侦破职务犯罪时运用特殊侦查措施的合法性。为了取得更好的侦查效能，应在特定条件下赋予检察机关特殊侦查措施的优先适用权。

一、职务犯罪特殊侦查措施优先权的内涵与机理

职务犯罪特殊侦查措施优先适用，是指在同等条件下，检察机关可以在职务犯罪侦查中优先适用特殊侦查措施，突破重罪原则和手段穷尽原则，赋予其优先效力的做法。具体而言，职务犯罪特殊侦查措施优先权主要表现在三个方面：第一，侦查主体的优先性，检察机关作为职务犯罪侦查的专责机关，具有对职务犯罪侦查适用特殊侦查措施的优先性。这种优先性主要是从管辖意义上的优先。相较于纪委、公安机关，检察机关应该具有对职务犯罪人优先适用特殊侦查措施。其不仅是次序上的优先，而且一旦检察机关采取特殊侦查措施，其他部门则不能重复适用，也不能共享上述措施。第二，侦查手段优先性，特殊侦查措施较于一般侦查手段具有优先性，且不受手段穷尽原则的限制。这是指作为职务犯罪侦查与普通犯罪侦查在手段上有差异性，一般侦查活动需要按照对犯罪嫌疑人权利侵害的严重程度，渐进采用不同严厉程度的侦查手段。而职务犯罪侦查优先权是指检察机关在适用特别侦查措施时，不需要按照侵权程度进行排列，可以优先适用特殊侦查措施，不受侦查手段穷尽原则的限制。第三，适用案件类型的优先性，职务犯罪特殊侦查措施应作为突破案件侦办瓶颈的常态化侦查手段，以应对复杂隐秘的腐败类案件。为了强化打击力度和效果，可以在一定程度上突破特殊侦查措施重罪原则的限制，优先适用。从行为主义理论出发，刑罚目的在于对犯罪人的再社会化，传统的报应刑理论已日渐式微，刑事诉讼中对犯罪嫌疑人的人身强制也应顺应这种观念的变化与调整。而从实际效果看，通过刑罚达到预防职务犯罪的初衷并不现实。职务犯罪暗含公权力和政治因素的本质决定刑罚的威慑效力所能起到的作用较为有限。传统犯罪预防在职务犯罪领域中较难取得实际效果，对职务犯罪预防最终并不在于立法的是否完善和司法执行的好坏，而主要依靠政治架构中对公权的限制水平的高低。针对职务犯罪，司法活动优先职能是将其控制在一定合理的限度内，将司法活动最后防线的抵御功能发挥出来。这就要求预

防职务犯罪，其目的不单纯是对犯罪人实施的制裁，而应将关注的焦点落脚于查找该类犯罪滋生的根源，使公权力拥有者丧失实施该类犯罪的条件。在已经开启的刑事追诉活动中，对职务犯罪行为的侦查重要性应明显大于对其审判的价值，只有切实提升侦查行为的有效性才能更好地查找该类犯罪滋生的现实漏洞，起到源头打击的效果。所以，对职务犯罪侦查权优先权的确立更有利于对职务犯罪行为的查处和制约。

1.确立职务犯罪侦查特殊侦查措施优先权是保障人权定义下对公权力限制的必然要求。控制犯罪和保障人权是设计侦查模式不可回避的两大议题。在普通刑事案件中，侦查机关一般对犯罪事实探求的目标主要侧重对犯罪嫌疑人人权的保障。通常以防止事实认定偏差所致犯罪嫌疑人人权受到错误限制为目的。但在职务犯罪案件中，犯罪嫌疑人行为侵害的是国家公权力的公信力，这就决定了职务犯罪的诉讼价值追求应有所变化，在人权保障之外还应融于其他因素的权衡。针对从事公务人员这一特殊人群，其在享受国家公权力赋予特殊职责的同时，应伴随对自身一定范围内隐私权的必要放弃。虽然职务犯罪侦查活动也要求对犯罪嫌疑人基本人权加以保障，但对于诸如犯罪嫌疑人隐私权等与公众知情权相冲突的权利则有必要加以限制。

由于任何公民都有可能成为犯罪嫌疑人的潜在可能性，出于对一般公众权利保障的需要，刑事诉讼法需要通过程序化的限制对犯罪嫌疑人人权做特殊的保护。但职务犯罪是具有身份犯特征的特殊型犯罪，这一特性消除了国家司法侦查权滥用对一般公众造成潜在危害的可能性。因一般民众应不具备陷入受职务犯罪侦查潜在侵害的特殊身份，从而保障了非特定多数人的安全。相反，由于职务犯罪行为本身可能使得民众受到国家公权力的侵害，侦查权在此适当扩张反而能够更好地对公权力形成制约。

2.确立职务犯罪特殊侦查措施优先权是对权力寻租着力打击的客观趋势。职务犯罪行为人大多通过手中的公权力对其越位的个人利益加以满足，从而造成了对社会平等结构与效率价值基础平等性的不当侵害。这种行为是对人类社会共同价值追求基础的动摇，有必要将其纳入刑事法律调整的范畴中。根据国际货币基金组织阿贝德（George T.Abed）和达乌迪（Hamid R.Davoodi）的研究，其将转型经济的腐败主要分为两类：一类是国家捕获，一类是行政性腐败。国家捕获主要指的是公共部门或私人部门的个人、群体或企业为了其自身的利益，通过向政府官员提供非法的、秘密的个人报酬的方式来影响法律、规章、法令和政府其他政策的制定，它是上层腐败的一种重要表现形式。行政性腐败主要指的是通过向政府官员提供非法的、秘密的个人报酬的方式来为政府或非政府的参与者提供报酬，故意扭曲现行法律、规则和规章的执行，它主要表现为下层腐败或小腐败[①]。司法手段对前一种腐败行为是无能为力的，而对后一种腐败行为却有着极为有效的抑制作用，因此应当强调在执法阶段对权力寻租行为的着力打击。

伴随着时代的发展，职务犯罪本身也在发生着显著的变化。在承认等级划分的时代里，职务犯罪的惩处是为了保障等级森严的社会制度，这种打击是对社会成果不平等分配事实的特殊保护。在此种社会价值追求下，打击职务犯罪重在对超越职权获取利益行为的惩处。现代社会中，对平等理念的追求成为时代的主题。对职务犯罪的惩处就应转向着重打击对国家权力滥用的行为，其目的在于对国家公权力的严格限制，从而保证国家公权指向对社会群体的共同利益的追求。基于这样的立论基础，职务犯罪行为的侦查和打击就应逐步向效率价值追求的倾斜，以保证社会群体在追求利益的过程中能处于统一公平的前提下，防止公权对利益追求的异化行为。

特别是在社会转型期间，控制职务犯罪行为，从根本上还是需要在犯罪行为之上的社会行为本身来进行规制。刑事诉讼活动只能对既已发生的犯罪行为进行处理，其对犯罪的震慑和调节的源泉依靠的是对职务犯罪打击的准确性，而不是刑罚的严厉性。权力寻租行为的调整和改变，需要在漏洞查找后采用制度规制的方式加以补救。权力寻租行为直接追求的是经济利益，这种犯罪具有明显的动态性，受到宏观经济、国家政策波动等因素的影响而不断变化。由于立法的滞后性，检察机关在查处职务犯罪行为时跟不上犯罪的节奏，仅仅依靠传统的侦查手段较为困难，需要进一步提升职务犯罪侦查的手段，配置职务犯罪特殊侦查措施适用的优先性，以适应对这种犯罪的打击形势。

3. 确立职务犯罪侦查权优先权是刑事政策导向和民众心理的反映。刑事政策是刑事立法和犯罪现实状况的连接桥梁，刑事政策反映了一段时间内国家对犯罪形势的判断和应当措施总体方针。刑事政策与刑法之相互的位置而言，在宏观上，政策应优位于法律。不是说政策可以直接替代法律，因为政策直接替代法律

---

① 过勇，胡鞍钢. 行政垄断、寻租与腐败：转型经济的腐败机理分析 [J]. 经济社会体制比较，2003（2）.

不符合现代法治社会的本质要求；而是指政策是法律的制定依据或者说是立法指导方针，是指刑事政策作为决策科学、领导科学，其学科位置在刑法之上①。我国当前所坚持的宽严相济的刑事政策注重对刑事犯罪类型加以区分打击，职务犯罪作为应该予以从重打击的犯罪，需要在侦查手段上有所体现，应该适应较为高效严厉的侦查手段。同时，作为转变经济增长方式，进一步加快民主进程的改革方向，职务犯罪是我国经济政治文明建设过程中的重要障碍，必须予以清除。这也对职务犯罪侦查的专业性和高效性提出了更高的要求。依据犯罪控制的规律，对犯罪的控制主要是建立在对犯罪无法消灭的承认前提之上。这就决定对职务犯罪的控制应依靠刑罚矫治和威慑两种方式。职务犯罪的再犯率很低，刑罚威慑的效应主要是针对潜在犯罪人而言，而该威慑的强度和广度存在微妙的界限。而严密法网是一项系统工程，需要两条腿走路：一是在立法上降低职务犯罪的入罪条件，调低对职务犯罪的容忍度。比如，下调对职务犯罪的数额要求、条件要件，提高立法对职务犯罪的敏感度。二是需要加强对职务犯罪的侦查力度，提升检察机关的侦查能力，以保障对职务犯罪行为的精确打击。这就需要对职务犯罪侦查活动赋予更广泛的侦查权限并赋予特殊侦查措施一定的优先效力。与此同时，司法活动讲求亲历性，控制职务犯罪行为需要随时关注群众的意见和态度，寻求法律效果、政治效果、社会效果的统一。当下检察机关在处理职务犯罪侦查活动时，更多的关注政治效果和法律效果，对社会效果有所忽视。注重职务犯罪侦查行为的社会效果就必须充分考虑到侦查的参与性和秘密性之间的界限。传统侦查手段对询问证人、现场勘查等很难在职务犯罪侦查中发挥良好的效果。而特殊侦查措施的多种措施更具亲历性，也使得初查阶段秘密性得到更好的保证，对犯罪嫌疑人的声誉和公信力的保障更加全面。

4. 确立职务犯罪特殊侦查措施优先权是检察能动性和侦查程序化的基本要求。随着刑事诉讼活动更趋于理性化，对职务犯罪的打击被逐渐从普通刑事案件调查中独立出来，由独立的机构来实施，这是刑事诉讼逐步深化成熟的表现。在我国，检察机关是具有职务犯罪侦查权的法定侦查部门。基于法律监督职能运作的检察机关，其行使职务犯罪侦查权是一种具有能动性的权力。检察机关作为司法能动的主体，应尽可能回应社会现实和社会演变的新趋势，积极应对腐败等

---

① 卢建平. 刑事政策与刑法关系论纲 [J]. 法治研究，2011（5）.

社会现象发展的具体形势，不拘泥于传统的侦查模式和方法，尽可能地利用高效便捷的侦查手段探究职务犯罪案件事实，这就需要将特殊侦查措施配置在优先状态。

5. 确立职务犯罪特殊侦查权优先权是国际社会对腐败形势总体打击趋重形势的变化需要。各国也普遍对腐败犯罪、有组织犯罪和恐怖活动犯罪等特殊的犯罪形式采用愈加严厉的控制手段，适用更为高效便捷的侦查措施，赋予侦查机关更为广泛的权限。《联合国反腐败公约》（以下简称《公约》）中明确了一系列特殊侦查措施加强对职务犯罪打击。《公约》第五十条第一款规定："为有效地打击腐败，各缔约国均应当在其本国法律制度基本原则许可的范围内并根据本国法律规定的条件在其力所能及的情况下采取必要措施，允许其主管机关在其领域内酌情使用控制下交付和在其认为适当时使用诸如电子或者其他监视形式和特工行动等其他特殊侦查手段，并允许法庭采信由这些手段产生的证据。"该条款对侦查机关适用的特殊侦查手段种类予以了明确。《公约》第五十条第二款规定，为侦查本公约所涵盖的犯罪，鼓励缔约国在必要情况下为在国际一级合作时使用这类特殊侦查手段而缔结适当的双边或多边协定或者安排。该条文赋予了特殊侦查措施在侦查职务犯罪行为时的优先效力。2012年刑事诉讼法修正案已明确检察机关具有实施特别侦查措施的职权。

二、职务犯罪的自身特点与特殊侦查措施优先权的关联性

由于职务犯罪与普通犯罪是在完全不同的语境和利益评判标准中进行衡量的，在赋予各侦查主体具体侦查手段时也应有所差异。职务犯罪自身的特点，使得特殊侦查措施成为职务犯罪案件侦破的重要保证。

1. 职务犯罪本身的社会危害性较强，且极具发散性。职务犯罪是对公权力权威的亵渎和破坏，是对国家权力基础的侵蚀，其会导致国家统治基础的松动，将会对社会运行结构的内在核心形成威胁。职务犯罪的社会危害性远远高于普通刑事案件，也极易成为民众关注的焦点，引发社会舆论对公权力的质疑。同时，该类犯罪的危害性并不止于犯罪行为本身，其侵害性具有发散性。一般职务犯罪都通过公权力纽带将这种犯罪行为引申到与自身有职务往来的人员中，导致该类犯罪呈现发散性的特点，如果遏制不够及时，将引起连锁效应，牵扯一批公职人员涉及犯罪，从而引申出对职务犯罪的控制重在时效上的及时性，而不在打击的力

度。由于当前我国处于经济社会变革时期，利益格局的调整以及社会道德滑坡都导致现实生活中潜规则横行，社会层化现状明显和公权力权威下降，资本逢迎权力导致权力寻租，都对职务犯罪侦查的高效迅捷提出了更高的要求。职务犯罪侦查行为需要在这一基本社会背景下运行，其遏制社会冲突中的权势暴力，需要提供科学规范的制度保障，建立特殊侦查措施也应是一种制度化、规范化、程序化的建构过程。

2. 随着社会的进步和时代的发展，职务犯罪本身的隐蔽性、复杂性进一步增强。与一般刑事案件相比，职务犯罪自身更具有复杂性。职务犯罪案件一般诉讼结构都不完整，较少会出现明确的被害人。这就造成在司法实践中，由于危害后果缺乏明确对象指向，导致惩处该类犯罪时较难引起社会个体的共鸣。针对这种隐性的无结果犯罪，很难通过一般的侦查手段实现侦查目的，引入特殊侦查措施很有必要。权力寻租现象的随机性凸显，职务犯罪形式翻新，这些新情况新问题更加考验侦查水平。

3. 职务犯罪案件的初查具有更深层次的价值。由于职务犯罪的侦查初查结论对于整个案件的侦破更具价值，也是能否启动后续侦查的重要依据，因此，初查阶段在整个职务犯罪查处中的地位远远高于普通刑事犯罪。普通刑事犯罪案件侦查一般是由事到人的侦查方式，而职务犯罪侦查大多采用是由人到事的方法。普通刑事犯罪侦察是探索式的，对案件侦查进度无法人为加以把握，而职务犯罪侦查是印证式的侦查，因此，职务犯罪侦查中初查阶段是确定犯罪嫌疑人和案件线索的关键阶段。而初查阶段同时需要保护犯罪嫌疑人的名誉权，不能采用一般侦查手段，优先适用特殊侦查措施显得很有必要。各国职务犯罪侦查部门的权限大都具备案件开始前的"秘密侦查"权。各国对职务犯罪不是立即开展正式侦查，而大多是先"秘密侦查"，证据收集到一定程度时再转入公开侦查[①]。同时，贪污贿赂案件中一般难以收集实物证据和旁证，证据收集难度较大，初查阶段开始优先运用特殊侦查措施将可能揭露即将发生的犯罪行为，给职务犯罪的侦查模式带来转变。

4. 职务犯罪的情报网络的建立和犯罪侦查情报收集具有长远性和扩展性。不同于普通刑事犯罪的单一性，职务犯罪的窝案和串案越来越呈现普遍现象。而对

---

① 李卫平. 各国（地区）职务犯罪侦查机构比较 [J]. 河北法学，2004（7）.

具有关联性案件的管理和重点人员的监控和预防需要建立一整套的情报收集予以支撑。从实践看，由于法律没有明确规定检察机关可以运用有关秘密措施收集职务犯罪情报，与纪检监察、工商、审计、税务、金融等执法部门或经济管理部门的情报联系制度又不健全且沟通渠道不畅，以致侦查部门不能及时掌握执法、执纪活动中发现的涉嫌职务犯罪的情报，对职务犯罪的手段、方式等情势变化也往往掌握不及时、分析不到位、反应不迅速，形成依赖、等靠纪检监察等单位移送案件线索的思想等，从而制约了检察机关对职务犯罪情报的发现和获取能力，使案件线索的质量受损和成案率下降，影响了检察机关同职务犯罪作斗争的能力[①]。因此，从建立准确全面的职务犯罪情报网络，除了从已侦破案件中积累线索予以深挖以外，还需要对一部分案件予以低调处理，保存案件线索进行关联性深挖，特殊侦查措施的优先适用更能保证情报网络的健全和有效。与此同时，职务犯罪侦查较难形成地域配合，大多具有明确的地域界分和限制，情报信息的共享较为困难。在无协作条件下，职务犯罪侦查对各级检察机关的要求更高，孤军作战条件下手段应该更加优先和有效。

5. 现行的立法缺失造成职务犯罪侦查活动的现实尴尬。从现行立法分析，刑事诉讼法修订时未能对职务犯罪予以特殊的规定，采用严格限制检察机关的侦查权，以使其在法律监督方面发挥更大的作用，其结果导致检察机关不能及时获取证据和相关信息，严重影响检察机关对具体情况的判断的准确性和对犯罪嫌疑人控制能力[②]。长期以来，职务犯罪侦查并没能够打破传统侦查手段的藩篱，基本套用普通刑事案件侦查的模式和方法，没有在立法和实践中体现特殊性。这种侦查手段的单一直接导致侦查效果的欠佳。在司法实践中，职务犯罪侦查主要依赖犯罪嫌疑人的口供查案，一般通过讯问上先突破犯罪嫌疑人口供，再依据口供查找相应物证书证，提取相关证人证言，侦查行为的科技含量较低，对能够反映案件事实的直接证据收集不到位。同时，依据现有《刑事诉讼法》，检察机关仅仅享有拘传这一种强制措施的实施权，其他四种皆不具有，造成司法实践中侦查行为的强度不够，需要相应的技术手段加以补充，特殊侦查措施的优先适用能够较好地引导职务犯罪侦查的侦查模式从物证优先主义逐渐转变。

---

① 王建明. 健全和完善职务犯罪侦查措施要论 [J]. 人民检察，2005（6）.
② 宋英辉. 职务犯罪侦查程序中强制措施的立法完善 [J]. 中国法学，2007（5）.

三、职务犯罪侦查体系中控制下交付手段的优先适用

特殊侦查措施的运用将对打击腐败犯罪活动起到十分积极的作用。特殊侦查措施是一系列侦查手段的总称，包括监听、监视、控制下交付、特工行动等多种手段。这其中权利侵害较小并且运用最为简便的手段之一就是控制下交付措施，对其的深入研究对整个职务犯罪侦查优先权研究极具意义。

控制下交付是国际社会在打击毒品犯罪的斗争中创设和发展的一种侦查协作手段。其概念的提出，肇始于1982年联合国经济及社会理事会的麻醉药品委员会第七次特别会议 [①]。由于控制下交付措施本身的侵害性较低，且侦查的隐蔽性和效果较好，因此，在既有的毒品案件侦查和有组织犯罪侦查中应用日益广泛。《公约》第二条第九款明确规定："控制下交付"系指在主管机关知情并由其监控的情况下允许非法或可疑货物运出、通过或者运入一国或多国领域的做法，其目的在于侦查某项犯罪并查明参与该项犯罪的人员。"《公约》第五十条第四款对"控制下交付"重申："经有关缔约国同意，关于在国际一级使用控制下交付的决定，可以包括诸如拦截货物或者资金以及允许其原封不动地继续运送或将其全部或者部分取出或者替换之类的办法。"

当前和今后一段时期，我国社会经济结构不会发生大的改变，职务犯罪的发案率依然会保持当前总体水平，运用多种手段对职务犯罪行为进行有效控制需要在实践中对犯罪手段的变更相联系。司法的理性难以超越，将控制下交付优先适用也是基于实体法的不足和变革社会的情形而显现的正当性，是反腐败侦查活动中增加制度供给的必要性所致。在现阶段适用控制下交付措施，是破解当前职务犯罪形势较为严峻的突破口。腐败案件已由原先的单人犯罪转变为多人集团式犯罪，由单一领域的上下层级环境转变为多领域联合的多层级的散状分布，具有窝案串案的发展势头，呈现一种网状联系。因此，单一的查处某一犯罪人并不能取得良好的反腐效果，需要将表面腐败背后的网状结构一举破除。

有学者认为，控制下交付是世界各国的执法机关为了打击特定犯罪，以合作监控的方式，允许非法或可疑货物运出、通过或者运入一国或多国领土，待查明整个运输流程、犯罪组织以及参与人员后，即由非法或可疑货物始发地国、过境

---

① 陈晓辉.论控制下交付在反腐败案件中的应用 [M]// 陈光中.《联合国反腐败公约》与我国刑事诉讼法再修改.北京：中国人民公安大学出版社，2006：137.

地国、目的地国的执法机关同步采取搜查、扣押以及拘捕行动，以期捕获犯罪成员并瓦解整个犯罪集团的一种秘密侦查手段[①]。也有学者认为，控制下交付，也称为跟踪监控，是侦查当局虽然知道某种物品是违禁品，但不在当场没收该违禁品，而是在侦查机关的监视下允许其流通并进行追踪，以此确定参与该非法交易的人和物的侦查方法，当跟踪监控支配了被追踪者的意思决定时，这种侦查手段是不适当的[②]。从概念上分析，控制下交付定义实质是一种不具有犯意支配的被动监控措施，为了防止其他侦查行为对长期监控的影响和破坏，控制下交付的本身就含有优先适用的内涵。如果没有这种优先适用性，控制下交付是无法实施的，只要允许使用控制下交付，就必须承认这种优先性。比如，在英国，根据有关判例法，在犯罪侦查包括职务犯罪侦查中，遇到常规侦查手段难以获取证据或线索的情况时，可以使用化装侦查、布设耳目等特殊侦查措施。在德国，根据《德国刑事诉讼法典》规定，对于严重犯罪（包括公职人员严重犯罪）案件，在采取传统侦查措施或技术侦查措施难以取得成效的情况下，可以采取侦查员卧底侦查、线人等措施。在澳大利亚，对于某些隐秘型犯罪包括职务犯罪的侦查，除了可以使用技术侦查措施外，还可以使用线人或卧底侦查措施等[③]。再如，美国执法人员常用的方法就包括对犯罪嫌疑人进行跟踪和监视，利用耳目收集破案线索和证据，派特工人员进行化装侦查、电子监视技术、秘密录音技术、秘密录像技术、窃听技术等特殊侦查手段。新加坡贿赂调查局在设立之后，除具备警察署不具备的独立性之外，在侦查权能上优于普通侦查机关[④]。与此同时，《公约》第二条第九款对控制下交付的概念进行了界定："'控制下交付'系指在主管机关知情并由其监控的情况下允许非法或可疑货物运出及通过或者运入一国或多国领域的做法，其目的在于侦查某项犯罪并查明参与该项犯罪的人员。"《公约》第五十条第四款规定："经有关缔约国同意，关于在国际一级使用控制下交付的决定，可以包括诸如拦截货物或者资金以及允许其原封不动地继续运送或将其全部或者部分取出或者替换之类的办法。"这实际是将控制下交付作为一种各国联合执法的侦查措施。

---

① 龙宗智，夏黎阳. 中国刑事证据规则研究 [M]. 北京：中国检察出版社，2011：191.

② 田口守一. 刑事诉讼法 [M]. 北京：中国政法大学出版社，1999：36.

③ 朱孝清. 职务犯罪侦查措施研究 [J]. 中国法学，2006（1）.

④ 李卫红. 职务犯罪侦查优先权研究 [J]. 中国监狱学刊，2011（4）.

控制下交付作为一种特殊侦查手段，具有优先适用的内在属性。首先，控制下交付是一种典型的隐蔽侦查措施，本身的主动性和攻击性不强。虽然在实施该措施中包含了监视监听、线人贴近等手段，但总体上对犯罪嫌疑人的人身财产权的侵害性较小，是一种具有较低强制性的侦查措施。控制下交付的对象主要是物品，且这种物品已经被侦查机关查获并确认为属于应予追缴的对象，其侦查作用力直接对象是物而不是人，即使会涉及对某些人员的监控，但亦是相对的，且监控力度达不到物理控制的强度。人货分离的控制模式，不涉及相关人员，侵权可能性微乎其微。在人货并行的控制模式中，因主要是监控物品的流转方向，不会轻易惊动运送人，侵犯强度与单纯跟踪相似，侵犯犯罪嫌疑人权利的危险性相对较低。另外，通过控制下交付获得的犯罪证据价值大，且不易被排除，利于实现有效应对腐败犯罪、职务犯罪的目的。其次，控制下交付措施是一种具有谋略性质的侦查手段，与传统的强制手段相比，其更注重技术要求的时机和程度的精确操作，而不注重侦查力量的数量上的堆积，其需要的是时机和强度的掌握，因此对侦查部门的人员、装备要求不高，较容易开展工作。再次，控制下交付措施的实施具有一定的功利性选择。控制下交付措施实施的核心追求是对案件线索的深挖，是在可控条件下短暂对犯罪行为的放纵，以查找浅层线索背后整体犯罪结构。因此，这种措施实施较容易受到干扰，需要相对封闭的侦查环境。因此，其需要具有相对于其他侦查措施的优先性，以保证其封闭的环境要求。

（一）控制下交付适用优先适用的具体表现

在职务犯罪侦查过程中，该措施的优先适用可以有以下的表现形式。

1.控制下交付措施优先权可以表现为侦查主体的专门性和管辖优先性。我国《刑事诉讼法》规定职务犯罪侦查由检察机关执行。因此，当职务犯罪案件与普通刑事案件交叉时，应明确检察机关实施的控制下交付行为的优先性，防止该措施受到其他侦查措施的干扰和影响。这不仅涉及侦查主体专门性的问题，还涉及检察机关与公安机关案件管辖的协调问题。由于职务犯罪的公权性，按照从严治吏的思想，对公权力犯罪理应优先打击。相对于追究私权犯罪侦查手段，控制下交付行为应具有优先适用的效力。检察机关对某类物品或者财产实施转移监控时，任何其他机构不得查封扣押或者收缴。检察机关的职务犯罪特殊侦查措施的适用应具有人员、场所、物品多种优先效力[①]。同时，检察机关可以在实施控制下

---

① 张利兆，王志胜．职务犯罪侦查优先权问题探析 [J]．人民检察，2009（4）．

交付措施时要求公安机关共享相关证据，并要求其在人员、设备上给予必要支援和帮助。

2. 控制下交付的优先性体现在国际条约对国内法的优位上。《公约》对控制下交付行为规定了三种情形：可以采用包括诸如拦截货物或者资金以及允许其原封不动地继续运送或将其全部或者部分取出或者替换之类的办法。作为拦截是指不直接对涉嫌腐败犯罪的货物或者资金采取法律上的强制措施，而是采取一定的监控方式，将其放行或佯装放行，以迷惑犯罪嫌疑人的侦查手段[①]。依据该条约规定，我国检察机关在处理涉外贪腐人员财产有转移他国时，可以申请他国履行条约义务，对该财产实行控制下交付，以保证涉贪财产的追缴和犯罪线索的深挖。与之相应的，他国的反腐败侦查部门实施的控制下交付监控的财产也应该予以放行，不能随意查封或扣押，以遵守条约的规定。

3. 控制下交付对一般侦查行为具有优先适用的效力。职务犯罪的扩散性决定了其侦查手段必须具有针对性和迅捷性。由于职务犯罪常常是复合犯罪，即贪污、受贿、渎职类案件之间必然具有关联性，无论在犯罪人员间还是在具体犯罪行为上都具有关联犯罪，单独犯罪、单次犯罪较少，多是习惯性犯罪和团伙的关联性犯罪，因此，单独抓获某一犯罪嫌疑人、破获某一犯罪案件往往不能根除社会毒瘤，涤清社会风气。同时，由于控制下交付措施本身的隐秘性要求的封闭稳定的运行环境，在优先适用了控制下交付行为后，应防止对受监控的犯罪人受到拘捕或讯问，以及对涉案财产的流转不能采取相应的扣押冻结手段，以保证其正常流动。职务犯罪侦查应具有一定惯性，优先运用控制下交付等长线侦查措施，可以有效防止片面定案。控制下交付措施本身就是一种复合型侦查行为，在这一措施内可能会包含秘密拍照、秘密搜查、卧底侦查、监听监控等多种侦查手段。控制下交付行为的取证方法呈现一种多样化的样态，从静态的针对犯罪嫌疑人的取证形式向以动态犯罪进程为对象的取证形式转变，可以更为真实地接近犯罪的实际进行状态，有利于证据的收集和利用。

现代刑事侦查强调以人为本的侦查方法，如何正确把握基本案情后充分印证犯罪嫌疑人的主观心理也是侦查活动的重要任务之一，优先运用控制下交付使得从主客观相结合的角度考察犯罪人的主观心理变得更为容易。控制下交付应该

---

① 李秀娟 .《联合国反腐败公约》与中国侦查程序的完善 [M]// 赵秉志，杨诚 .《联合国反腐败公约》在中国的贯彻 . 北京：法律出版社，2011：254.

作为职务犯罪案件侦查的优选措施，在具备适用控制下交付的案件中作为优先运用，检察机关整体上应给予特殊侦查部门给予必要的交通、设备、人员等方面的优先权。同时，职务犯罪的隐秘性决定了该类案件一般无犯罪现场，在控制下交付中涉及勘验检查，提取物证等侦查手段时，也应该在控制下交付行为收到预期效果后才能运用。

4. 职务犯罪侦查中的控制下交付不需受案件种类的限制。职务犯罪行为作为一类特殊案件，对其优先运用技术侦查措施，不是因为其罪行的严重，而是在于其犯罪手段的隐秘性和侦破的困难性。在职务犯罪中适用控制下交付行为最为核心的目的是对职务犯罪隐秘性的破解，而与职务犯罪的罪行的轻重无关。因此，控制下交付在职务犯罪侦查中不需要划定案件的范围，在主要涉财性职务犯罪中都应该优先适用控制下交付行为。

5. 控制下交付措施在职务犯罪初查过程中具有侦查阶段的优先权。特殊侦查措施应更多地在初查阶段予以运用，注重尽早介入职务犯罪侦查。刑事初查阶段在职务犯罪中的重要性远远高于普通刑事案件，大多数职务犯罪的定性和突破都是在初查阶段完成的。在职务犯罪侦查的初查阶段就应该广泛运用特殊侦查措施，包括控制下交付这种具有前瞻性的侦查行为，以尽早掌握犯罪嫌疑人的犯罪事实。但如果在监控中发现涉案嫌疑人确与案件无关，应及时停止侦查，防止错误采取其他侦查措施给犯罪嫌疑人带来的声誉上的损害。

（二）控制下交付行为的程序控制

职务犯罪侦查优先性是侦查行为追求高效的重要保障，但侦查高效的价值落脚点还应是在诉讼正义的追求上。职务犯罪侦查优先性仅仅应体现在时间上优先适用和侦查手段的多样化。这种优先权的优先效力不能建立在对人权保障价值的优先，而是相对于普通犯罪侦查手段上的优先性，其最终也应在程序约束的总体范畴内考量。这就决定对职务犯罪特殊侦查采取程序控制上不应有所减弱。控制下交付实施过程中可能涉及多种监控手段，包括秘密侦查人员和线人实施的秘密监控、监听等技术手段的综合运用，取证方法呈多元化态势。由于控制下交付主要是一种外部监控手段，不同于卧底侦查因高度的封闭性而在多数情况下难以从外部获取令状，加上非替代性控制下交付还存在违禁品流失的风险，其在审判程序上可以考虑由检察机关负责人批准，特殊情况下由地市级侦查

机关负责人审批 [①]。

职务犯罪特殊侦查措施的程序控制需要从静态和动态两方面考察。从静态而言，立法应明确规定控制下交付措施的启动条件、适用时限、适用范围、违反的责任与后果，证据失效、适用的理由和后果，所收集证据的保存、使用和销毁。从动态角度而言，对特殊侦查措施运行的监督和审批机构，赋予适当的司法裁量权，以防止权力的异化，在程序和制度设计上，将这种异化的可能性降到最低，并完善救济措施。同时需要通过增强侦查干警的快速反应能力，强化绩效考核措施，提升控制下交付措施的实效。立法应同时明确控制下交付措施收集证据的效力，并通过非法证据排除规则，约束控制下交付中可能涉及的诱惑侦查和线人侦查行为，当这些行为对犯罪嫌疑人犯意构成引诱时，应确立证据失效的效果，防止控制下交付行为在诉讼中功能被异化。

---

① 龙宗智，夏黎阳．中国刑事证据规则研究 [M]．北京：中国检察出版社，2011：240.

论我国刑事诉讼专家辅助人制度的完善 ①

内容摘要：我国2012年《刑事诉讼法》首次确立了专家辅助人制度，但由于规定得过于简略，对许多问题不够明确，在适用中可能带来诸多困难。因此，有必要借鉴意大利刑事诉讼的"技术顾问"制度和俄罗斯刑事诉讼的"专家"制度的有益经验，对我国的刑事诉讼专家辅助人制度予以完善。未来的刑事诉讼法应明确专家辅助人的诉讼地位和职责，确立其应享有的诉讼权利和承担的诉讼义务，并且应当明确专家辅助人意见为法定证据，赋予被追诉人和检察机关在审前阶段聘请专家辅助人的权利。

关键词：刑事诉讼 专家辅助人 证据种类 制度 完善

2012年3月14日第十一届全国人民代表大会第五次会议对我国1996年刑事诉讼法进行了重大修改（以下简称"新刑事诉讼法"），此次修改对我国的刑事诉讼制度进行了多方面的制度创新，其中引人关注的制度创新之一是首次在中国刑事诉讼中引入专家辅助人制度②。笔者认为，中国刑事诉讼中的专家辅助人制度规定得过于简略，对许多问题不够明确，在适用中可能带来诸多困难，有必要引入意大利刑事诉讼中的"技术顾问"制度和俄罗斯联邦刑事诉讼中的"专家"制度的有益经验，对我国刑事诉讼中的专家辅助人制度予以完善。

---

① 此文原载《中国司法鉴定》2013年第2期，与汪枫合作。

② 2012年《刑事诉讼法》第192条第二款规定："公诉人、当事人和辩护人、诉讼代理人可以申请法庭通知有专门知识的人出庭，就鉴定人做出的鉴定意见提出意见。"

一、专家辅助人制度基本范畴

（一）专家辅助人的含义

我国新刑事诉讼法第192条并没有直接规定专家辅助人这一概念，而是使用了"有专门知识的人"这一称谓。为了论述的方便，笔者将"有专门知识的人"暂且界定为"专家辅助人"，以区别于鉴定人。所谓专家辅助人是指通过接受教育、学习和长期实践等方式获得某一领域的专门知识和经验，在诉讼过程中，接受公诉人、当事人和辩护人、诉讼代理人的委托对鉴定意见进行解释和说明，并提出意见的人。专家辅助人制度是指刑事诉讼法有关专家辅助人诉讼地位、职责、诉讼权利和义务、参与的诉讼程序和专家辅助人意见的证据价值等法律规范的总称。

（二）与相关概念的辨析

1.专家辅助人不同于鉴定人。鉴定人是指受公安司法机关或个人的指派或者聘请，运用自己的专门知识或技能，对案件中的专门性问题进行分析判断并提出科学意见的人。专家辅助人与鉴定人不同。首先，鉴定人与专家辅助人的资格要求不同。根据全国人民代表大会常务委员会《关于司法鉴定管理问题的决定》的相关规定[①]，鉴定人除要求具有相关学科教育背景外，还必须具有相应的技术职称和工作年限，并在司法行政机关登记注册。而专家辅助人只要求具有某一领域的专门知识或经验即可。其次，鉴定人只能在一个鉴定机构中从事注册范围内的司法鉴定业务，具有职业性的特征。而专家辅助人则无上述要求。

2.专家辅助人不是证人。证人是知道案件情况并提供证言的人。在我国，除因生理上、精神上有缺陷或者年幼而不能辨别是非、不能正确表达意志的人以外，凡是知道案件情况的人，都有作证的义务，不同于专家辅助人。首先，法庭陈述的内容不同。证人向法庭所做的陈述是自己耳闻目睹的有关事实而不是自己

---

① 2005年2月28日第十届全国人民代表大会常务委员会第十四次会议通过的《全国人民代表大会常务委员会关于司法鉴定管理问题的决定》的相关规定。如三、国务院司法行政部门主管全国鉴定人和鉴定机构的登记管理工作。省级人民政府司法行政部门依照本决定的规定，负责对鉴定人和鉴定机构的登记、名册编制和公告。四、具备下列条件之一的人员，可以申请登记从事司法鉴定业务：（一）具有与所申请从事的司法鉴定业务相关的高级专业技术职称；（二）具有与所申请从事的司法鉴定业务相关的专业执业资格或者高等院校相关专业本科以上学历，从事相关工作五年以上；（三）具有与所申请从事的司法鉴定业务相关工作十年以上经历，具有较强的专业技能。

的意见。而专家辅助人并没有亲身感受案件事实，只是对鉴定意见和鉴定人的陈述提出自己的意见，这样的意见并不是证人证言，而是意见证据。其次，作证的强制性不同。根据我国新刑事诉讼法规定，除了法定情形外，证人有强制作证的义务。而专家辅助人是接受公诉人、当事人和辩护人、诉讼代理人的委托参与庭审，并发表相关专业意见，不具有强制出庭的义务。

（三）专家辅助人制度的价值

从学理的角度来说，专家辅助人制度建立的原因是鉴定意见本身可能存在错误或局限性。鉴定意见是诉讼活动中鉴定人运用科学技术或专门知识对诉讼中涉及的专门性问题进行鉴别和判断所提供的书面意见，出具鉴定意见的主体是鉴定人。虽然我国的司法鉴定制度对鉴定人资格的取得进行了相应的制度规范，但作为主体的人，对科学知识的掌握是有局限性的，并且相关领域科学技术的发展呈现阶段性，从不成熟到成熟有一个渐进发展和逐步被人类认识的过程。所以，从认识论的角度来说，任何人对客观事物的理解都是相对的。同样，作为出具鉴定意见的鉴定人，自身的知识结构和对科学知识的理解可能存在不足，鉴定人出具的鉴定意见也会存在盲区和偏差。这种盲区和偏差可能对事实认定者产生误导，使其做出错误的判断。

从中国刑事司法实践来看，中国近年报道的一些刑事错案如"佘祥林案""杜培武案"和"滕兴善案"等都与法院错误的采信鉴定意见有着或多或少的联系。在"佘祥林错案"中，侦查机关发现无名尸体后，仅根据尸体的体长、体表疤痕、牙齿等人体特征以及张某亲属的辨认便认定无名尸体是张在玉而并没有对尸体进行 DNA 检验。在"杜培武案"中，对抛尸现场、汽车上遗留的泥土来源和衣袖火药残留物等的鉴定，都是在经过测谎仪确认杜培武存在作案可能性的基础上做出的。在"滕兴善错案"中，湖南省麻阳县公安局委托另一地区公安处对无名女尸和在麻阳县城打工女青年石小荣的照片进行颅像重合鉴定，根据"可定为同一人"的鉴定意见，认定无名女尸就是石小荣。事实上石小荣至今仍活着，最终酿成错案①。通过分析上述错案可知在"佘祥林错案"中，侦查机关进行同一性认定的鉴定意见科学依据不足，没有应用同一性认定价值更大的 DNA 分型技术进行个体识别。在"杜培武案"中，由于测谎技术的准确性有限，在认定被追诉人是

---

① 陈士渠.刑事错案的证据分析——以侦查为视角 [D]. 北京：中国政法大学，2008.

否说谎的问题上价值不高。在"滕兴善错案"中，颅像重合技术被应用，而这一技术本身具有不成熟和不稳定的特点，其结论只能作为参考，不能作为同一性认定的依据。从科学知识在刑事诉讼中的应用来说，并非所有的科学技术都能适用于刑事诉讼，因为应用这些技术所做出的鉴定意见难以达到排除合理怀疑的刑事证明标准的要求。也就是说鉴定意见本身可能是科学的，但其在刑事诉讼中却可能没有证明价值。

刑事诉讼专家辅助人可以提高当事人、公诉人、辩护人和诉讼代理人实质参与诉讼的能力，弥补犯罪嫌疑人、被告人专业知识的不足，增强对其鉴定意见质证的能力。具体来讲，在我国刑事诉讼中引入专家辅助人制度存在以下价值。

1. 有利于增强辩护能力。对被告人和辩护人来说，专家辅助人的介入，就案件中专门性问题提供专业咨询，有助于被告人和辩护人对案件的准确理解，增强他们的举证和质证能力，弥补其专业知识的不足，有利于实现与控方的平等对抗，增强了我国刑事诉讼模式的对抗式因素。

2. 有利于准确认定案件事实。就法官而言，在准确认定案件事实的基础上正确适用法律，是法官的职责所在。在刑事案件中，案件事实包括根据常识可以认定的案件事实和需要专门知识才可以认定的案件事实即专门性事实。专家辅助人的参与，弥补了法官在专门知识方面的局限，使其对鉴定意见的理解更加科学辩证，而不是盲目地对鉴定人出具的意见"偏听偏信"。

3. 有利于诉讼效率的提高。通过专家辅助人的参与，容易使控辩双方明确专门性问题的争议点，并就争议点展开充分的举证和质证活动，而不会由于自己专业知识的欠缺或对专门性问题的错误理解，过分关注与实质性问题无关的细枝末节，从而提高了刑事诉讼的效率。

那如何防止这些存在瑕疵的鉴定意见对法庭造成误导呢？这是我国刑事司法制度必须慎重处理的问题。构建完善的刑事诉讼专家辅助人制度，在一定程度上可有效纠正鉴定人的错误判断，防止刑事司法人员错误的采信证据，纠正他们对鉴定意见的盲信，使刑事司法活动符合正义的要求。因此，由具有专门知识的专家辅助人在庭审中，代表辩方与控方，针对鉴定人出具的鉴定意见进行质证和辩论，不仅可以切实解决专业垄断、暗箱操作的问题，达到真正意义上的去伪存真，而且能够制约法官对证据取舍的任意性，弥补法官专业知识的不足。

二、意大利、俄罗斯专家辅助人制度的评介

意大利和俄罗斯等具有大陆法系传统的国家，在其刑事诉讼法中设置了类似于专家辅助人的制度，该制度对于保证鉴定意见的可靠性，保证法庭采信证据的科学性和保障诉讼程序的顺利进行发挥了显著的作用。以下分别就意大利和俄罗斯刑事诉讼中的专家辅助人制度予以评介。

（一）意大利的"技术顾问"制度

在意大利，专家辅助人被称为"技术顾问"。《意大利刑事诉讼法典》第225条规定："在决定进行鉴定后，公诉人和当事人有权任命自己的技术顾问，各方任命的技术顾问数目不得超过鉴定人的数目。在国家救助法规定的情况和条件下，当事人有权获得由国家公费提供的技术顾问的协助。"[①] 根据这一规定，技术顾问的选任机制是由控辩双方自行聘任的。任命方式分为两种：一是由控辩双方各自选任；二是由国家为当事人出资指定。聘请技术顾问是当事人的一项法定诉讼权利，国家有义务保证无力聘请技术顾问的当事人得到无偿指定的技术顾问的协助。同时技术顾问的立场并非完全中立，他往往从有利于己方当事人的角度就案件中的专门性问题提供帮助。

《意大利刑事诉讼法典》第222条具体列举了四类人员不得担任技术顾问，对技术顾问的资质进行了限制性规定[②]。同时该法典详细规定了技术顾问享有的权利：第一，参加聘任鉴定人的活动并向法官提出要求、评论和保留性意见，不过其评论和意见并不是鉴定意见。第二，参加鉴定工作，向鉴定人提议进行具体的调查工作、发表评论和保留性意见。第三，如果技术顾问是在鉴定完成之后任命的，他可以对鉴定报告加以研究，并要求法官允许他询问接受鉴定的人和考察被鉴定的物品和地点。由此可见，技术顾问不仅可以就鉴定人的选聘向法官发表自己的意见，还有权参与鉴定人的鉴定工作，对鉴定人的鉴定工作发表自己的观点，分析鉴定人出具的鉴定报告，询问鉴定人、考察被鉴定的物品和地点，对鉴定人进行监督。

---

① 意大利刑事诉讼法典 [M]. 黄风，译. 北京：中国政法大学出版社，1994：74.

② 意大利刑事诉讼法典第222条：（1）未成年人、被禁治产人、被剥夺权利的人、患有精神病的人；（2）被禁止包括暂时禁止担任公职的人、被禁止或者暂停从事某一职业或技艺的人；（3）被处以人身保安处分或防范处分的人；（4）不能担任证人或者有权回避作证的人。有上述情形之一的，不得担任技术顾问。

（二）俄罗斯的"专家"制度

《俄罗斯联邦刑事诉讼法典》第58条规定："专家是具有专门知识、依照本法典规定的程序为了在研究刑事案件的材料方面协助查明、确认和提取物品和文件、采用技术手段、向鉴定人提出问题以及向控辩双方和法院解释其职业权限范围内的问题而被聘请参加诉讼行为的人员"[①]。俄罗斯将专家辅助人界定为"专家"，并被赋予"其他刑事诉讼的参加人"的身份，对专家的任职资格条件进行了规范。专家必须具有专门知识，专家可以由控辩双方自行聘任。该法典也对专家的职责进行了规范，查明、确认和提取物品和文件，采用技术手段，向鉴定人提出问题，向控辩双方和法院解释其职业权限范围内的问题是专家参加刑事诉讼的职责所在。

《俄罗斯联邦刑事诉讼法典》第74条将"专家的结论和陈述"作为法定的证据种类加以规范，并在第80条中分别对"专家的结论"和"专家的陈述"进行了定义[②]。专家的结论是指以书面形式提交的就控辩双方向他提出的问题所做出的判断。专家的陈述是指在接受询问时所陈述的关于需要专门知识的情况的信息材料，以及依照本法典第53条、第168条和第271条的要求对自己的意见所做的说明[③]。

《俄罗斯联邦刑事诉讼法典》第58条，规范了专家在刑事诉讼中享有的权利和承担的义务。第一，如果他没有相关的专业知识，可拒绝参加刑事诉讼。第二，经调查人员、侦查员、检察长和法院的许可向侦查行为的参加人提出问题。第三，了解他所参加的侦查行为的笔录并提出声明或意见，声明和意见应记入笔录。第四，对调查人员、侦查员、检察长和法院的行为（不作为）和限制其权利的决定提出申诉。第五，专家有义务在调查人员、侦查员、检察长和法院传唤时及时到案。此条规定了专家在参加刑事诉讼程序时，为了履行其职责的需要，赋予专家一系列相应的权利，如向侦查行为的参加人提问的权利等，同时也强化了专家参与刑事诉讼时应承担的义务，如经传唤必须到案的义务等[④]。《俄罗斯联邦刑事诉讼法典》第270条具体规定了专家如何参加法院诉讼程序，审判长应向专

① 俄罗斯联邦刑事诉讼法典 [M]. 黄道秀，译. 中国人民公安大学出版社，2006：64.
② 俄罗斯联邦刑事诉讼法典 [M]. 黄道秀，译. 中国人民公安大学出版社，2006：74.
③ 俄罗斯联邦刑事诉讼法典 [M]. 黄道秀，译. 中国人民公安大学出版社，2006：76.
④ 俄罗斯联邦刑事诉讼法典 [M]. 黄道秀，译. 中国人民公安大学出版社，2006：64.

家说明第58条规定的权利和责任，对此专家应进行具结保证，其保证书应归入审判庭笔录[①]。

（三）简要评论

作为传统大陆法系国家的意大利和俄罗斯，为了适应本国刑事诉讼模式转变的需要，平衡控辩双方的力量，增强辩方质证和对抗追诉的能力，在传统鉴定制度的基础上，构建了具有自身特色的专家辅助人制度。虽然两国的历史、文化和法律传统存在差异，但其专家辅助人制度呈现出许多共性。意大利的"技术顾问"制度和俄罗斯的"专家"制度是在大陆法系的传统上，大量吸收英美专家证人制度的优点而进行的制度创新，符合混合式诉讼结构的特点。无论是"技术顾问"制度，还是"专家"制度，都赋予控辩双方平等地选聘"技术顾问"或"专家"的权利，确立了专家辅助人为履行职责而享有的权利和义务。意大利虽未像俄罗斯在立法中明确"专家"的诉讼参与人地位，但对技术顾问在刑事诉讼中享有权利和义务进行了相应的规定，实际上赋予技术顾问诉讼参与人的地位。专家辅助人不仅可以在审判程序参与刑事诉讼，而且将专家辅助人的参与权提前到审前程序，强调审前程序对被追诉人的权利保障。从程序上说，通过双方专家辅助人对鉴定过程和鉴定意见的分析、监督和见证，使做出鉴定意见的程序更具公开性和透明性，体现了程序的公正价值。在实体上，专家辅助人的参与有利于全面地揭示案件事实，保证审判人员听取各方的意见，在全面评价鉴定人意见和专家辅助人意见的基础上，科学地认定案件事实。

总的来说，法官心证的形成并不是完全建立在专家辅助人的意见之上，而仍旧以查证属实的鉴定意见为基础，因此专家辅助人意见并不影响法官独立地判断和采信证据，可以避免对抗制诉讼中可能出现的控辩双方的专家证人通过诉讼技巧来左右事实认定的可能。

三、完善我国刑事诉讼专家辅助人制度的设想

（一）完善我国专家辅助人制度的设想

我国新刑事诉讼法第192条规定控辩双方可以在审判阶段聘请专家辅助人参加刑事诉讼，但未明确专家辅助人的诉讼地位、专家辅助人意见的证据资格以及

---

① 俄罗斯联邦刑事诉讼法典 [M]. 黄道秀，译 . 中国人民公安大学出版社，2006：234.

专家辅助人能否参与审前程序等问题。若上述问题不予明确规范，将可能导致专家辅助人制度不能得到有效执行。

1. 明确专家辅助人的诉讼地位。专家辅助人在刑事诉讼中的诉讼地位是完善专家辅助人制度首先需要解决的问题。我国新刑事诉讼法仅从外延上界定了诉讼参与人的范围，并没有从内涵上揭示诉讼参与人的含义。有学者根据我国刑事诉讼法关于诉讼参与人范围的列举，总结出诉讼参与人具有如下特征：(1) 诉讼参与人是依法参加刑事诉讼的人，这是诉讼参与人构成条件中的首要条件。没有参加刑事诉讼，不在刑事诉讼中充当任何角色，也就不可能成为诉讼参与人。(2) 诉讼参与人是享有一定诉讼权利、承担一定诉讼义务的人，这是诉讼参与人构成条件中的关键条件。(3) 诉讼参与人是国家司法机关及其工作人员以外的人，这是诉讼参与人构成条件中的排除条件[1]。根据我国刑事诉讼法的规定，其他诉讼参与人是指除当事人以外的诉讼参与人，包括法定代理人、诉讼代理人、辩护人、证人、鉴定人和翻译人员。他们在刑事诉讼中不是独立承担诉讼职能的诉讼主体，但他们同样享有参加诉讼活动所必需的诉讼权利，并承担相应的诉讼义务[2]。新刑事诉讼法虽然首次引入了专家辅助人，专家辅助人可以依法参加刑事诉讼，满足了诉讼参与人构成条件中的首要条件，但对专家辅助人在刑事诉讼过程中，应当享有的诉讼权利和应当承担的诉讼义务没有做出相应的规定，缺乏诉讼参与人构成条件中的关键条件。我国应借鉴《俄罗斯联邦刑事诉讼法典》和《意大利刑事诉讼法典》有益经验，修改新刑事诉讼法第106条的相关规定，增设专家辅助人为其他诉讼参与人，明确其应享有的权利和承担的义务。如拒绝参加刑事诉讼的权利、向侦查阶段鉴定人提问的权利，了解侦查阶段笔录内容和提出意见的权利以及保密的义务。由此，确立专家辅助人刑事诉讼参与人地位。

2. 专家辅助人意见的证据能力。证据能力又称"证据资格""证据的适格性"，是指某一材料能够用于严格证明的能力或者资格，亦即某一材料在法律上允许作为证据进行调查并得以采纳的能力[3]。如前所述，《俄罗斯联邦刑事诉讼法典》第十章"刑事诉讼中的证据"第80条将鉴定人和专家的结论和陈述均确定为法定的证据种类。我国新刑事诉讼法第48条规定的法定证据种类不包括专家辅助人

---

① 许江. 论刑事诉讼参与人范围的完善 [J]. 南京大学学报（社会科学版），2008（5）.

② 樊崇义. 刑事诉讼法学 [M]. 北京：中国政法大学出版社，2009：145.

③ 刘广三. 刑事证据法学 [M]. 北京：中国人民大学出版社，2007：175.

意见这一证据类型。一般说来，在刑事诉讼法中明确规定证据的"法定种类"，具有两个法律意义：一是限定证据的法定表现形式，将已经确立的证据种类视为"证据"，而在此之外的其他实物、文件、笔录则被排除于"证据"之外。二是为证据转化为定案根据设定一种独立的资格要求，那就是证据必须属于刑诉法所确立的法定证据种类之一，否则，就不具有证据能力，而应被排除于法庭之外[①]。因此，我国新刑事诉讼法虽然首次创造性的确立了专家辅助人制度，但是并没有确立专家辅助人意见的证据种类，导致专家辅助人意见不具有证据资格，不能作为认定案件事实的依据，只是一种质证鉴定意见的有限方法。这种立法上的缺陷必然导致专家辅助人制度在司法实践中的功用大打折扣。笔者认为应修改我国新刑事诉讼法典第48条的规定，增设专家辅助人意见为法定证据种类之一，确立专家辅助人意见的证据资格。

3. 完善专家辅助人参加刑事诉讼的审前程序。我国新刑事诉讼法虽然对专家辅助人制度进行了规定，却只是规定公诉人、当事人或者辩护人、诉讼代理人可以在刑事诉讼的审判阶段申请其委托的专家辅助人参加刑事诉讼。在刑事诉讼的侦查和审查起诉阶段，公诉人、当事人或者辩护人、诉讼代理人能否聘请专家辅助人向侦查机关和检察机关发表关于鉴定意见的意见呢？对此立法未做出相应的规定。笔者认为，为了增强被追诉人在审前程序中对抗追诉的能力，应允许被追诉人在审前程序聘请专家辅助。具体改革设想如下：（1）侦查阶段应引入专家辅助人。在刑事诉讼中，侦查机关承担侦查职能，为了追诉犯罪和收集证据，承担对涉案的专业性问题进行鉴定并提出证据的责任。在此阶段，鉴定意见是否科学、客观，对于案件性质的准确定性，是否适用强制措施、适用何种强制措施等起着非常重要的作用。例如：在故意伤害案中，公安机关出具的关于轻微伤、轻伤和重伤的损伤程度鉴定意见，对于案件的定性和量刑起着关键的作用。由于现行三个关于损伤程度鉴定的标准存在模糊性，各鉴定人对标准的理解可能并不一致，常常会对鉴定意见争论不休。这时如果允许被追诉人聘请专家辅助人对出具的鉴定意见进行审查，并发表自己的意见，对做出是否提起重新鉴定和补充鉴定的申请有着重要的参考价值。也为侦查机关审查被追诉人的申请理由是否充分和做出是否同意的决定提供了科学依据，有利于侦查机关查明犯罪事实和收集完备

---

① 陈瑞华. 证据的概念与法定种类 [J]. 法学杂志，2011（1）.

的证据，更利于刑事诉讼的顺利进行。有鉴于此，笔者认为，立法应赋予被追诉人在侦查阶段聘请专家辅助人的权利。（2）审查起诉阶段应引入专家辅助人。审查起诉阶段是联结侦查程序和审判程序的关键阶段。在此阶段，检察机关承担着检验侦查成果、监督侦查活动和准备控诉的职责。检察机关应讯问犯罪嫌疑人和听取其委托人的辩护人的意见。如果允许犯罪嫌疑人在审查起诉阶段聘请专家辅助人，检察机关应允许专家辅助人审查追诉机关出具的鉴定意见并听取其关于鉴定意见证据的观点和看法。专家辅助人可以从科学的角度来质证追诉机关出具的不利于被追诉人的鉴定意见，有效增强了被追诉人对抗追诉的能力，从而实现了对被追诉人有效辩护权利的保障。同时，也为检察机关正确的审查判断鉴定意见提供了有价值的参考，以利于其正确的做出是否同意补充侦查、重新鉴定和补充鉴定等的决定。

四、结语

科学是对真理不断探索的过程，科学也不是静态的，科学总是以更具解释力的新理论取代旧理论。科学解释本身具有主观性，科学证据的实质是在法律上取得资格的专家或鉴定人应用科学知识和技术对案件中有关科学事实进行的阐释，只不过这种解释又以证据的形式呈现在法庭上。尽管科学区别于常识的一个重要方面是科学知识的精确性，然而，这并不表明科学知识总是确定无疑的。因此，我国刑事诉讼法有必要进一步完善专家辅助人制度来减少鉴定意见证据的主观性和不确定性，以实现法官准确认定案件事实，正确适用法律的目标。

职务犯罪侦查权独立性研究——以法律监督为视角①

内容摘要：检察机关是国家的法律监督机关，检察机关通过对职务犯罪进行侦查实现对国家工作人员的监督。我国法律明确规定检察机关作为国家法律监督机关，不受个人、社会团体的干涉，但在司法实践中，检察机关的独立性问题并没有得到保障。检察机关的独立性受到其他国家权力的干涉，尤其是受到国家行政权力的干涉，因此，从法律监督的角度来看，保障检察机关的独立性是非常必要的。保障职务犯罪侦查权独立性主要涉及三个方面的问题：一是机构独立；二是人事独立；三是财政独立。

关键词：法律监督　侦查权　独立

一、职务犯罪侦查权与法律监督的关系

职务犯罪是国家工作人员利用职务之便，以贪污受贿等手段非法牟取经济利益或滥用职权，玩忽职守，侵犯公民人身权利和民主权利，破坏国家对公务活动的管理职能，破坏国家管理秩序，依照《刑法》规定应当受到刑罚处罚的犯罪行为的总称②。我国法律规定职务犯罪由检察机关立案侦查，同时我国检察机关被定位为法律监督机关。学界对于检察机关的职务犯罪侦查权一直存有争议，甚至有的学者主张取消检察机关的职务犯罪侦查权，还有学者认为应当将"检察机关的

---

① 此文原载《法学杂志》2013年第6期，与马云雪合作。

② 孙谦. 检察：理念、制度与改革 [M]. 北京：法律出版社，2004：379.

诉讼权能与法律监督权能分离。"① 但笔者认为检察机关的职务犯罪侦查权是有法理依据的，也与我国的国情相适应。因此，笔者尝试以法律监督与职务犯罪侦查权二者关系为视角，强调职务犯罪侦查权独立性的重要价值，并以此为基础提出职务犯罪侦查权独立性的保障。

（一）法律监督的含义

根据我国《宪法》《人民法院组织法》《检察官法》的规定，我国检察机关即人民检察院在法律性质上是国家专门的法律监督机关。我国的检察机关之所以被定位为法律监督机关，是与我国的权力机构模式相适应的。我国《宪法》第二条和第三条规定："中华人民共和国的一切权力属于人民。"我国建立的政权组织结构模式是人民代表大会制度，作为行使权力的最高国家机关，其他国家机关都由它产生、向它负责、受它监督。具体地说就是人民代表大会是国家立法机关，又是最高国家权力机关，由它产生政府、法院、检察院②。与三权分立的结构相比，由于一元分立的权力架构在权力制约上存在着明显的不足，为了弥补制约监督的不足，保证国家权力在法治轨道上正确运行，需要在人民代表大会下设立专施监督的法律监督权能，并将该权能赋予某一机关，使其成为专门的法律监督机关，行使专门的法律监督权力。从检察权的历史来看，检察部门从法国时代的"国王代理人"发展成为今天的社会公益和国家利益的代表。在我国一元权力结构下，法律监督的职能通常赋予检察机关行使，这是权力设置与运行的必然结果。从检察权的运行来看，只有将检察权独立于司法权和行政权，才能实现国家权力之间的制衡。

（二）职务犯罪侦查权是法律监督的具体表现形式

我国《刑事诉讼法》第18条明确规定了检察机关侦查职务犯罪的范围，主要涵盖贪污贿赂犯罪、国家机关工作人员的渎职犯罪，国家机关工作人员利用职权实施的非法拘禁、刑讯逼供、报复陷害、非法搜查的侵犯公民人身权利的犯罪以及侵犯公民民主权利的犯罪。从现代民主政治的角度来看，国家机关工作人员的职务犯罪在本质上是一种权力滥用，是权力运行过程中发生的权力失控现象。检察机关通过对国家工作人员职务犯罪进行侦查，可以保证公务活动的廉洁性，使国家机关公务人员在法律允许的范围内行使权力，具有鲜明的法律监督特色。

---

① 杜睿哲，张芸.检察权的配置：回归原点与制度修正 [J].甘肃社会科学，2012（2）.

② 樊崇义，陈国庆，种松志.检察制度原理 [M].北京：法律出版社，2009：115.

联合国《关于检察官作用》第15条规定："检察官应适当注意对公务人员所犯的罪行，特别是对贪污腐化、滥用权力、严重侵犯人权、国际法公认的其他罪行的起诉，和依照法律授权或当地管理对这种案件进行侦查。"因此，检察机关应当拥有职务犯罪侦查权，这是法律监督者身份的关键内容，也是对国家公权力进行一般监督的主要方式。

在研究职务犯罪侦查权独立性上，多数学者以"三权分立"的理论为依据。但从上面分析可以看出由于中西方国家在权力结构模式上的不同选择直接导致不同体制下检察制度的差异。在三权分立的结构下，立法、司法、行政权相互制约，因此并不需要一个独立的监督机关对国家权力进行制约，因此，在三权分立下发展完善的检察权，虽然提起公诉本身就具有监督性质，但是这种监督与制约是分权模式下的当然表现形式，不会被冠以法律监督的名号。因此，在探讨职务犯罪侦查权的独立性问题时，应首先立足于我国的政治体制，在我国现有的权力结构框架下，以法律监督为视角来探讨职务犯罪侦查权独立性的问题。

二、职务犯罪侦查权独立性是实现法律监督的必然要求

"党的十七大以来，中央对新时期检察工作做出一系列重要指示，突出强调要加强对执法活动的法律监督，切实解决执法不严、司法不公的问题。"[①]从权力制衡角度来看，法律监督的实质就是对权力进行制衡。由于权力具有扩张性，因此对权力的运行必须进行监督和控制。正如孟德斯鸠认为："一切有权力的人都容易滥用权力，这是万古不易的一条经验。有权力的人们使用权力一直遇到有界限的地方才休止"[②]。检察机关通过对职务犯罪行使侦查权来对国家机关工作人员和国家工作人员权力进行制衡。如果要真正地实现检察机关对国家机关权力的制约，必须保证职务犯罪侦查权的独立性。爱尔兰学者柯思·布鲁特和比特·奥斯博内在2000年3月提出的研究报告中对检察权的独立性做了阐述：检察权独立性是检察制度的核心要素。我国《宪法》及《人民法院组织法》也明确规定："人民检察院独立行使检察权，不受行政机关、社会团体和个人的干涉。"由此界定了检察机关作为法律监督机关的独立性。从我国的法律规定和司法实践情况可以

---

① 杜睿哲，张芸. 检察权的配置：回归原点与制度修正 [J]. 甘肃社会科学，2012（2）.

② 孟德斯鸠. 论法的精神（上册）[M]. 张雁深，译. 北京：商务印书馆，1963：154.

看出，检察机关不受行政机关、社会团体和个人的干涉主要指的是不受行政机关的干涉。

此外，众所周知，香港在1974年廉政公署成立以前曾是个贪腐盛行的社会。廉政公署成立后的数年间，香港便跻身全球最清廉地区之列，目前在"透明国际"80个国家和地区排名中位居第十二位，在亚洲则仅次于新加坡。与此相应，香港廉政公署也走过了从最初被质疑到很快确立强大公信力的过程。香港廉政公署的独立性是其在反腐败中取得如此辉煌成绩的制度性原因。尽管我国内地与香港地区在体制上有所区别，但是在保持检察机关独立性的问题上却是可以借鉴的。借鉴的关键在于必须保持职务犯罪侦查权的独立性，也只有保障其具有独立性方能通过职务犯罪侦查实现权力之间的制衡。

总之，职务犯罪侦查权作为法律监督的重要内容之一，检察机关应当对国家机关工作人员行使国家权力进行监督，促使其严格执法。但是如果要达到权力制约权力的效果，就必须要保证检察机关对职务犯罪进行侦查的独立性。只有检察机关保持独立，不受不当的干涉，才能达到权力制约的目的。这是检察机关作为法律监督机关的地位以及行使职务犯罪侦查权的必然要求。

三、职务犯罪侦查权独立性现状

从法律监督角度来讲，职务犯罪侦查权的独立性是实现法律监督的必要选择，我国职务犯罪侦查权独立性表现在哪里？检察机构的独立可从两个方面来考察，一个是内部结构，另一个是检察院与其他国家机关的关系。

从检察机构的内部设置来看，职务犯罪侦查权相对独立性表现在职务犯罪侦查权的一维性。职务犯罪侦查由反贪、反渎部门负责，职务犯罪侦查权仅接受检察院内部的党委领导，而党委内部的领导一般是由副检察长兼任，从检察院领导体制来看，这种体制的一维性保障了检察机关的相对独立性。

从检察机构的外部来看，职务犯罪侦查权不独立表现在与同级党委的关系、与当地人民政府的关系以及与公安机关和国家安全机关的关系等上面。

（一）检察机关与党委的关系

从案件来源看，检察机关对职务犯罪的侦查一般有两个渠道：一是党的纪律检察委员会调查的案件认为需要立案侦查的，纪律委员会一般会将案件直接移送给检察院职务犯罪侦查部门。二是检察机关接受举报等并对可能构成犯罪的进行立案侦查。司法实践表明，大多数职务犯罪案件的侦查来源于上述两个渠道。通常情况下，检察机关在接受纪委监督部门移送的案件材料后独立进行侦查，纪委监督部门不再介入。但是如果案件涉及正处级或副局级以上的国家工作人员时，就需要检察机关和上级党委等部门进行协调，这种情况下一般通过"党内请示报告制度"以报告的形式加以协调。中国检察机关的领导体制是：在党的领导下，上级检察院领导下级检察院工作，各级检察院接受同级人大及其常务委员会监督。从这种领导体制可以看出，坚持党的领导是检察机关正确行使职权的保证，但是在具体个案侦办中，党对检察机关的领导只是方针、政策的领导，而不是对具体案件的领导。但在司法实践中，这种对具体案件的党内请示报告制度无疑妨碍了检察机关犯罪侦查权独立性的行使。

（二）检察机关与同级人民政府的关系

首先，从我国检察机构的设置来看，我国检察机关分为最高人民检察院和地方各级人民检察院。地方各级检察院分为省、自治区、直辖市人民检察院，省、自治区直辖市人民检察院分院，自治州和省辖市人民检察院，县、市和区检察院。此外，还有一些专门检察院。从上面可以看出，我国检察院的机构设置和行政区划完全一致，人民检察院是国家权力的直接代表，在本质上是与地方政府严格分离的，但另一方面它又主要服务于与自己相对的行政级别的地域范围，这不免受地方行政机关的影响，很难保持自身的独立性。因此，在这种体制下检察机关通过行使职务犯罪侦查权来履行法律监督的职能过程中不可能真正摆脱地方保护主义的影响，在查办职务犯罪的过程中很难克服地方保护主义的阻力。

其次，检察机关的财政同样受制于当地人民政府。根据《国家预算管理条例》："国家预算管理实行统一领导、分级管理、权责结合的原则"和"各级人民政府是预算管理的国家行政机关。"[①] 由此可见，检察机关的经费保障来自两个途径：一个是业务经费来源于上级检察机关的拨款；二是其他所有费用均来自当地政府财政拨款。地方各级侦查部门的经费也相应地由各级政府财政解决。

再次，我国的检察机关人事管理体制具有行政化的特点。虽然我国法律规定检察官由同级人民代表大会常务委员会任免，但在实际的操作中，检察官却同其他公务员一样，接受同级党委组织部门的考核，要参加公务员考试。政府的人事

---

① 邵俊武.论执行管辖的完善与地方保护主义的遏制 [J]. 当代法学，2001（6）.

部门还要行使管理职能，检察官的任命还要经人事部门批准。目前在这种人事管理体制下，检察官在行使职务犯罪侦查权的时候无法实现真正的独立。

（三）检察机关与公安机关、国家安全机关的关系

从职务犯罪侦查技术装备方面来看，由于检察机关的办案经费缺乏，在技术装备方面严重不足，职务犯罪侦查中需要采取技术侦查手段时往往依赖于国家安全机关和公安机关。实践中通常的做法是采取借用和帮忙的方式来弥补检察机关在技术侦查方面的不足。但是从整体来说，由于检察机关在职务犯罪的侦查中缺乏必要的技术设备的支持，这种借用和请求其他国家机关帮忙的方式很大程度上影响了检察机关自侦案件的独立性。

从上面的分析可以看出，职务犯罪侦查权独立性问题之所以受到了上述的限制与两个方面有关：一是职务犯罪侦查权法律规定比较粗疏，二是职务犯罪侦查权制度性保障存在问题。

四、职务犯罪侦查权独立性的保障

检察机关通过对职务犯罪进行侦查，将国家权力的运行置于自己的监督之下，实现对法的执行和适用的监督。同时，这对于促进国家机关工作人员依法行政、推进依法治国具有重要意义。但是，要实现上述目标就要确保职务犯罪侦查权的独立性。由于职务犯罪涉及方方面面的国家权力，检察机关在办案过程中受程序外因素的影响较其他侦查机关更多，因而程序独立性受损的可能性更大，实践中许多该立案不立案、不该撤销案件而撤销案件的情况充分说明了这一点。要防止检察机关在办案过程中受外在因素的影响，实现对国家权力的监督，就必须确保检察机关在行使职务犯罪侦查权时保持自身的独立性，具体表现为不受来自其他国家权力的干涉。

但从我国目前的立法、制度来看，职务犯罪侦查权的独立性存在着严重的问题，笔者认为应该从法律和制度构建两方面来保障职务犯罪侦查权的独立性。

（一）职务犯罪侦查权独立性的法律保障

首先，我国《宪法》第131条规定："人民检察院依照法律规定独立行使检察权，不受行政机关、社会团体和个人的干涉。"我国《刑事诉讼法》《人民检察院组织法》和《检察官法》也做出了同样的规定。但由于职务犯罪案件涉及方方面面的国家权力，受外在因素的影响较多，而我国的宪法及法律规定过于原则和概

括，且没有规定违反该法律规定的后果，因此，即使检察机关在行使职务犯罪侦查权过程中受到不当的干涉，也无法诉诸法律。同时，由于我国宪法不具有可诉性，这也导致检察机关在行使职务犯罪侦查权的过程中受到不正当干涉时无法通过法律的途径加以解决。因此，笔者主张，检察机关可以就包括党委、人大及其常委会、行政机关、司法机关在内的国家机关于涉职务犯罪侦查权独立行使的问题以书面方式向这些机关的上级检察机关提出司法建议申请，这种申请不具有强制效力。上级检察机关受理申请后，根据情况决定是否向这些国家机关提出司法建议。同时，法律也应该明确规定收到检察机关建议书的机关必须对该建议予以回复。

其次，我国2012年新修改的《刑事诉讼法》第148条增加规定："人民检察院在立案后，对于重大的贪污、贿赂案件以及利用职权实施的严重侵犯公民人身权利的重大犯罪案件，根据侦查犯罪的需要，经过严格的批准手续，可以采取技术侦查措施，按照规定交由有关机关执行。"根据该条的规定，可以采用技术侦查手段的案件有两类，其中之一是贪污、贿赂案件和利用职权实施的严重侵犯公民人身权利的重大犯罪案件，并且这些案件达到案情重大才能实施技术侦查手段。所谓的技术侦查是指侦查机关在办理刑事案件过程中，依据国家赋予的特殊侦查权力，运用各种专门的技术手段，收集证据、查明案情，具体包括使用科技手段跟踪定位、监视、监听谈话或通信等[①]。由于技术侦查手段具有隐秘性等特点，容易侵犯犯罪嫌疑人的人身权利，因此，在技术侦查手段的适用上设有范围限制是必要的。但是，法律只规定了"经过严格的批准程序"却没有明确具体的程序性规定，这一严格的批准程序是什么，法律并没有明确说明。此外，2012年《刑事诉讼法》第148条规定的"按照规定交有关机关执行"中的有关机关具体是指哪些机关，法律没有做出明确规定。不可否认2012年新《刑事诉讼法》中增加的检察机关职务犯罪技术侦查权是立法的一大进步，该规定有利于实现检察机关对职务犯罪的侦查，从而实现对国家权力的监督，但是从目前的规定来看仍然需要进一步完善，使之更具有操作性。从世界各国的立法例来看，对于这种特殊侦查措施的适用一般都是通过申请令状的方式由法官批准。但是由于我国并没有建立以令状为中心的司法审查制度，从我国目前的现实情况出发，检察机关自侦案件技

---

① 宋英辉. 职务犯罪侦查若干问题 [J]. 河南社会科学，2011（4）.

术侦查权的批准权可以给予上级检察机关的侦查监督部门行使。从立法者的意图来看，之所以规定"交有关机关执行"是因为检察机关并不具备实施这些技术侦查手段的条件，通常情况下只有公安机关才具备实施这些技术侦查措施的条件。尽管这种规定符合我国目前的司法实践，但是其不利于对职务犯罪的侦查，也损害了职务犯罪侦查权的独立性。

2012年新《刑事诉讼法》实施后，有的地区的检察机关在技术装备和设施资源方面的保障上采取了相应的措施，例如有的地区的检察院对于一些非常用的技术装备由市检察院或某些检察院集体购买，全市的检察机关共用，这在一定程度上促进了检察机关技术装备的合理配置。但是从长远来看，如果要真正地通过职务犯罪的侦查来达到法律监督的目的，就要通过相应的立法保证检察机关充足的办案经费，在技术设备上提供支持，确保检察机关能够独立行使职务犯罪侦查权来实现对国家机关工作人员的监督。

（二）职务犯罪侦查权的制度保障

检察机关是职务犯罪侦查的职能机关，其独立性是打击腐败犯罪取得成功的一个重要保证，是职务犯罪侦查工作能否顺利进行的必要条件。但是在我国，检察机关在行使职务犯罪侦查权的过程中往往受制于地方党委和地方政府，一定程度上制约了检察机关职务犯罪侦查能力的发挥。因此从制度上确保检察机关职务犯罪侦查权的独立行使对于实现法律监督具有重要意义。笔者试图从以下几个方面来探讨保障职务犯罪侦查权的独立性问题。

1.机构独立

职务犯罪是国家机关工作人员或国家工作人员在执行职务过程中实施的犯罪，由于这类犯罪主体比较特殊，例如，通常情况下这类犯罪主体都具有较高的社会地位，有着庞大复杂的关系网，因此，在对这类犯罪案件的侦查过程中经常会受到许多庞大复杂关系的干扰，这些庞大复杂的关系中涉及了国家权力的方方面面，如行政权力等。有时这种干扰会给检察机关对职务犯罪的侦查造成相当大的阻力。因此，检察机关在侦查职务犯罪的方面应当赋予其相当的独立地位，只有检察机关具有相对的独立性，才能在侦办职务犯罪的过程中排除其他权力的不当干扰。从总体来看，检察机关行使职务犯罪侦查权是绝大多数国家的做法。而在保证检察机关独立性的方面各国都规定了相当完备的配套制度，其他国家在检察机关独立性方面的做法很值得我们借鉴。例如，在日本，检察官是独任制官厅，因此其本身具有独立的性格[①]。这对于检察官在行使检察权时不受其他权力不当干预、公正地行使权力是非常必要的，具体制度包括：

第一，检察官的身份保障。日本法律赋予了检察官强有力的身份保障以保证检察官在行使权力时不受其他权力的干预。因此《检察官法》明确规定："除因年限或检察官资格审查会议决定外，检察官不会因办案意见方面的原因而被罢免。"从该规定可以看出，检察官在对职务犯罪案件的侦查过程中，不必担心因侦办案件的原因而受到罢免，这对于检察官能够积极行使自身的权力具有极为重要的意义，从而有力地保证了对国家权力的有效监督与制约。因此，我们可以借鉴日本的做法，在法律上明确规定检察官侦办案件的过程中不因办案意见的原因而被罢免。

第二，在日本，检察权的行使在整体上是统一的，即所有的检察官是作为一个整体进行职权活动。检察官在行使检察权的过程中要受到上级的领导和指挥。这样的领导体制有利于检察官在行使职务犯罪侦查权的过程中保持相对的独立性，避免受到其他国家权力的不当干涉。但是从我国检察机关的领导体制来看，从中华人民共和国成立至今，检察系统的领导体制经历了"垂直领导—双重领导—监督—双重领导"四次变化。在目前，我国检察机关采取的是双重领导的体制。检察机关要受同级党委和上级检察院的领导。笔者认为，在领导体制方面，中国共产党是中国的执政党，我们必须坚持党的领导，这是毋庸置疑的。但是在坚持党的领导的前提下，要确保检察院独立行使职权，即应明确规定党对检察机关的领导应当只是方针政策的领导而不是对个案的干预。因此，为了确保检察机关职务犯罪侦查权的独立性，应当取消目前我国司法实践中存在的对某些特殊案件的"党内请示报告制度"，将职务犯罪案件的侦查权完全交由检察机关独立行使。

2. 财政独立

目前，我国检察机关的经费大部分都还是来自当地政府财政部门的供给。笔者认为，这实际上就形成了检察机关依赖于人民政府的局面，财政干预司法是检察机关不能实现独立的根本症结所在。因为，如果检察机关在经费上受制于地方政府，那么就很难避免地方政府对检察官的干涉和控制，在这样一种体制下，检

---

① 甄贞. 检察制度比较研究 [M]. 北京：法律出版社，2010：375.

察机关的独立性就根本无法实现。因此，要改变目前检察官办案经费受制于地方政府的现状，就必须改变目前的分配体制。笔者建议首先应当在法律上明确规定检察机关所需要的办案经费占国家财政收入的比例，由人大批准后在政府预算中单独列出，以免受其他政府部门限制与干预。在目前我国检察机关办案经费严重短缺的情形下，可以将检察机关的业务经费分别列入中央和省级财政预算，但随着我国社会财富的增加，各级检察机关的全部经费应列入中央财政，并通过立法的形式予以确定。这种方式对于"避免检察机关在侦办案件中由于经费的问题而受制于地方政府"来说具有重要的意义。这也是确保检察机关的职务犯罪侦查权的独立性的重要经济保障。

宽严相济视野下的刑事简易程序 [①]

内容摘要：适用简易程序审理的案件，因其诉讼时间的缩短，能够减少犯罪人因对未来的不可知和对将要到来的刑罚所产生的焦虑和恐惧；在程序上体现了宽严相济的刑事政策理念。2012年我国《刑事诉讼法》对简易程序进行的大幅度修改，在诸多方面贯彻了宽严相济的刑事政策，但修正后的简易程序仍有很多不尽人意的地方，需要进一步完善。

关键词：宽严相济　刑事简易程序　刑事诉讼法

刑事政策是一国对犯罪反应的集中体现，其在打击犯罪、维护社会秩序等方面有着举足轻重的作用，对于指导刑事立法和司法活动有着非常重要的意义。随着社会的发展变革，犯罪状况的不断变化，我国也相应地对刑事政策进行着调整：从中华人民共和国成立的惩办与宽大相结合的刑事政策到改革开放时期的"严打"刑事政策的贯彻，再到目前的"宽严相济"刑事政策。宽严相济刑事政策的最早表述是在2004年12月全国政法工作会议上，时任中共中央政治局常委、中央政法委书记罗干向全国政法机关明确提出的政治要求，2006年10月，中共十六届六中全会通过了《关于构建社会主义和谐社会若干重大问题的决定》，明确提出实施宽严相济的刑事政策 [②]。

贯彻实施宽严相济刑事政策是缓解刑事司法资源供需矛盾的有效途径。宽严

---

① 此文原载《山东科技大学学报》（社会科学版）2013年第1−2期，与彭心韵合作。

② 陈宝成.最高法副院长称"花钱买刑"有望被规范 [EB/OL].[2012−02−20].

相济刑事政策所提出的区别对待的策略，要求我们在制度设计和司法实践当中体现出"当宽则宽，该严则严，宽严相济"的基本原则。在这一原则的指导下，笔者认为，以审理简单、犯罪人认罪的刑事案件为主要内容的简易程序应当对"当宽则宽"的方面予以更多的关注。而2013年我国新出台的《刑事诉讼法》（以下简称"新刑诉法"），也从多个方面加强了宽严相济刑事政策在简易程序中的适用。同时，我们也应该看到新刑诉法所修正的简易程序，在贯彻宽严相济刑事政策方面存在不足之处。

本文首先分析宽严相济刑事政策如何在简易程序中得以体现，继而以新刑诉法为基准，对宽严相济刑事政策在简易程序中的适用加以评析。

一、宽严相济刑事政策与简易程序的关系

宽严相济刑事政策在实体上的贯彻实施主要是对不同犯罪情况进行区别对待，对重罪适用严厉的刑罚，而对轻罪则适用较为轻缓的刑罚。而在程序上来说，选择简易程序的审理方式则是宽严相济刑事政策的客观要求，简易程序是相对于普通程序而言的，是通过对刑事诉讼程序的一些环境、步骤加以简化从而迅速结案的一种特别的审判程序。实践证明，正当、充分地适用简易程序，在维护底线正义，节约诉讼资源，提高审判效率的基础上，体现了对被告人认罪、简单犯罪案件的从宽处理，是贯彻宽严相济刑事政策的重要途径。在刑事诉讼程序中，处理是宽还是严，主要以处理方式对被追诉人所造成的痛苦或损害为基准的。被告人在审判过程中遭受的精神痛苦很大部分是因为不可预期的未来命运的焦虑所造成的，这种焦虑一般与持续时间长短成正比[①]。而我国刑诉法明确规定的两种诉讼程序，即普通程序与简易程序，就是针对不同案件设置的宽严不同的审理方式。其以轻罪与重罪的划分来设定诉讼程序，轻微的犯罪适用更轻缓的程序，严重的犯罪适用带有惩罚性的诉讼程序[②]。"对轻微犯罪及危险性小的犯罪人处理以宽松刑事政策，既是为了节省有限的司法资源，集中力量惩治严重犯罪和危险性大的犯罪人，也是为了使人们感受到法律合乎情理的一面，从而为惩治严重犯罪营造良好的社会氛围"[③]。

---

① 樊崇义，吴光升. 宽严相济与刑事审判程序 [J]. 人民司法，2007（12）.

② 蒋熙辉. 刑事政策之反思与改进 [M]. 北京：中国社会科学出版社，2008：202.

③ 赵秉志. 和谐社会构建与宽严相济刑事政策的贯彻 [J]. 吉林大学社会科学学报，2008（1）.

新刑诉法第214条规定："适用简易程序审理的案件，人民法院应当在受理后二十日以内审结；对可能判处的有期徒刑超过三年的，可以延长至一个半月。"相比于普通程序，简易程序审理持续的时间较短。如上文所述，审判持续的时间长短对被告人的处境有很大影响，适用简易程序诉讼时间的大大缩短，减少犯罪人因对未来的不可知和对将要到来的刑罚所产生的焦虑和恐惧，减少其诉讼负担，使其尽早地脱离诉讼程序，接受刑法的教育和制裁，进而早日重返社会。对主动认罪、事实清楚的犯罪人适用简易程序，在程序上给予犯罪人从宽处理，在诉讼持续时间以及刑罚的可预期性这两个方面体现了宽严相济的刑事政策。

虽然说新刑诉法中关于简易程序的修改，是对宽严相济刑事政策中的"宽"的一面进行强调，但是在司法实践中也要把握好"宽"的尺度，对不应该适用简易程序的案件绝不走捷径，不能为响应"宽"的号召，而当严不严。

二、在贯彻宽严相济刑事政策方面，简易程序在新刑诉法中的进步之处

（一）扩大了简易程序适用范围

新刑诉法第208条规定："基层人民法院管辖的案件，符合下列条件的，可以适用简易程序审判：（一）案件事实清楚、证据充分的；（二）被告人承认自己所犯罪行，对指控的犯罪事实没有异议的；（三）被告人对适用简易程序没有异议的。人民检察院在提起公诉的时候，可以建议人民法院适用简易程序"。可以看出，相比较我国1996年《刑事诉讼法》①新刑诉法扩大了简易程序的适用范围，简易程序的适用取消了判处三年以下有期徒刑、拘役、管制、单处罚金的要求，即对可能判处三年以上刑期的犯罪行为，只要其符合新刑诉法中简易程序的三个条件，都可适用简易程序。简易程序适用范围的扩大，表明对被追诉人可以更多地采用较为轻缓的审判程序。例如对那些可能被判处三年以上有期徒刑的被告人，依照1996年《刑事诉讼法》对这些人是不能适用简易程序的，而在新刑诉法中，只要这些被告人符合了适用简易程序的三个条件，对其是可以给予程序上从宽处理的。

---

① 1996年《刑事诉讼法》第174条规定：下列案件可以使用简易程序：（1）依法可能判处三年以下有期徒刑、拘役、管制、单处罚金的公诉案件，事实清楚、证据充分，人民检察院建议或者同意适用简易程序的；（2）告诉才处理的案件；（3）被告人起诉的有证据证明的轻微刑事案件。

在诉讼程序中，对案件进行分流，在保障实现正义的基础上，尽可能地对犯罪事实清晰、被告人认罪的案件适用简易程序，一方面可以最大化地追求诉讼效率，降低犯罪嫌疑人在诉讼程序中停留的时间，在程序上给予这些犯罪人从宽处理；另一方面将简易程序节约的司法资源集中起来解决重大复杂的案件，减少漏网之鱼，实现诉讼公正和资源的合理分配。

（二）规定公诉人应出庭支持公诉

1996年《刑事诉讼法》第175条规定"适用简易程序审理的公诉案件，人民检察院可以不派员出席法庭"，而在实践中这种"可以"几乎都演变成了一般不出庭。公诉人的不出庭，一方面在一定程度上破坏了我国诉讼结构的稳定性，虚化了检察院对适用简易程序审理案件的监督。我国控辩审三方成等腰三角形，体现了审判中立、控辩平等对抗的理念，公诉人不出庭，由法官代为宣读起诉书、出示证据，行使控诉职能，不符合我国控审分离的刑事诉讼原则。另一方面，损害了适用简易程序的被告人的诉讼权利，尽管适用简易程序的被告人对指控的犯罪事实没有异议，但其在量刑情节可能会与检察官意见相左，或者审理时提出发现具有自首、立功等从轻减轻情节，可能需要与公诉人进行讨论，而公诉人不出庭就间接地剥夺了被告人和公诉人进行辩论的权利，不利于审判活动的顺利进行。

因此，新刑诉法在扩大简易程序适用范围的同时，规定"适用简易程序审理的公诉案件，人民检察院应当派员出席法庭。"该条文规定公诉人应当出庭指控犯罪，加强了检察院对法院审判活动的监督，使得简易程序的诉讼构造正常化，从这方面来说，也体现了宽严相济政策中的"宽中有严"的理念。

（三）赋予了被告人程序选择权

根据1996年《刑事诉讼法》，对简易程序的启动，检察院享有建议权，法院享有决定权，而对于与程序选择利益最相关的被告人则没有赋予其程序的选择权，只能被动接受检察院和法院为自己安排的审判模式。如果检察院、法院认为事实清楚、决定适用简易程序，而被告人对适用简易程序有异议的，由于没有被赋予简易程序适用的否决权，这在一定程度上危及了简易程序公正性的基础，更与以人为本、民主法治、维护当事人合法权益的现代诉讼理念相背离。故1996年《刑事诉讼法》的这种设置是不合理的。

新刑诉法第208条将"被告人对适用简易程序没有异议"作为适用简易程序

的条件之一，赋予了被告人享有程序选择的权利，这对真正树立被告人在简易程序中的诉讼主体地位是大有益处的。但遗憾的是，此次刑诉法的修改虽然赋予了被告人适用简易程序的否决权，但是并没有赋予其主动要求适用的申请权，不利于改变司法机关垄断简易程序启动权的现状。因此，我们期待在以后的相关法律解释出台的时候可以赋予被告人程序申请权，这对扩大简易程序的适用比例，发挥简易程序在司法实践中落实宽严相济刑事司法政策有着重要的作用。

（四）将普通程序简化审程序纳入简易程序

普通程序简化审，是指在现有刑事诉讼法律的框架内，对某些适用普通程序的刑事案件，在被告人做有罪答辩的前提下，在事实清楚、证据充分的基础上，采取简化部分审理程序，快速审结案件的一种新的庭审方式[①]。这是近年来全国各级法院按照最高人民法院、最高人民检察院、司法部共同制定的《关于适用普通程序审理"被告人认罪案件"的若干意见（试行）》而尝试适用的一种审判程序。我国《刑事诉讼法》只规定了两种审理程序：普通程序和简易程序，适用于不同繁简程度案件。可见简化审并没有获得法律上独立的地位，是属于普通程序的一种特别情况，它是在保证司法公正的前提下，对按普通程序审理的案件在审理时对某些环节进行的简化，是为提高诉讼效率而根据案件的不同情况所做的灵活运用，是在现行的刑事诉讼法律规定的范围内对普通程序所进行的改革。

《关于适用普通程序审理"被告人认罪案件"的若干意见（试行）》第1条规定：被告人对被指控的基本犯罪事实无异议，并自愿认罪的第一审公诉案件，一般适用本意见审理。可见新刑诉法简易程序的适用条件，基本上吸收了"被告人认罪"的适用范围，使得诉讼法的程序分流功能更加明晰，衔接得更为紧凑。

三、在贯彻宽严相济刑事政策方面，简易程序在新刑诉法中有待完善的地方

（一）使"酌情予以从轻处罚"法定化

2003年，我国最高人民法院、最高人民检察院和司法部联合颁布了《关于适用简易程序审理公诉案件的若干意见》（以下简称为"《意见》"）。其中第9条规定："人民法院对自愿认罪的被告人，酌情予以从轻处罚。"从本条规定可以看出，

---

① 董新建. 检察机关适用宽严相济刑事司法政策实务 [M]. 北京：中国检察出版社，2007：111.

人民法院在审理案件时，对于自愿认罪的被告人，只是酌情可以予以从轻处罚，也就是说，人民法院在是否从轻处罚的问题上，享有很大的裁量权，在被告人主动认罪的情况下，法院也可以选择不对其从轻处罚。从刑罚适用效能来说，这种赋予人民法院根据案件的不同情形做出处理的权利，对确保不枉不纵是有积极意义的，但是在我国宽严相济刑事政策提倡对主动认罪的行为人实行刑罚轻缓化策略的大背景下，笔者认为这样的规定是不合时宜的。

对被告人来说，量刑奖励是促使其如实供述犯罪事实并选择简易程序的动力所在。人总是趋利避害的，不能以道德上的高要求来期待被告人主动认罪伏法，应当使其意识到他能从认罪中获得一定的好处，从而增强其认罪的主动性和自愿性。同时，在从轻处罚的诱惑下，选择适用简易程序放弃在庭审中与公诉方对抗的被告人，一旦收到与自己预期心理落差较大的判决结果时，可能会产生被骗的感觉，进而认为司法不公，从而造成不必要的上诉、申诉，增加了诉讼成本，激化了社会矛盾。因此，为了打消被告人在认罪时的顾虑，有效地贯彻和落实宽严相济刑事政策的要求，在刑事简易审判程序中，对于自愿认罪的被告人，人民法院应当对其从轻处罚，将现行法律中规定的被告人自愿认罪酌定从轻处罚情节改变为法定从轻处罚情节。

（二）扩大简易程序适用的阶段

就我国现行法律中，简易程序只适用在审判阶段，对审判程序进行简化，以求尽快审结案件。而在司法实践中，犯罪嫌疑人的审前羁押现状严重，大量事实清楚、情节轻微的案件，因为侦查机关精力有限，而没有及时移送检察机关进行公诉。为了更迅速地使被告人脱离诉讼程序，缓解犯罪嫌疑人长时间停留在诉讼程序中所造成的心理压力，对那些轻微犯罪的行为人可以在侦查起诉阶段予以相应的简化，在程序上对其从宽处理。

侦查起诉阶段的简化可以从以下几点入手。首先，对于犯罪事实清楚、证据单一的这部分犯罪人适用简化的审前程序，使其快速进入审判程序，例如：扒窃、盗窃、抢夺等现场被抓的人员。对于情节轻微对犯罪事实供认不讳的犯罪人，抓获机关可以直接将其送至法院，可以在法院内部设置一个独立的常驻检察官，若该检察官认为案件事实清楚，可以交至法院当场做出判决。若检察人员认为案件事实有所争议，可以不予接收，在这种情况下公安机关应当移交检察院，适用普通的起诉程序。

当然，审前简易程序的应用要有所限制，只能适用事实清楚、没有争议、证据确凿且不需要采取侦查措施的案件。该程序的设置要以保障不侵害犯罪嫌疑人的基本诉讼权利为基准，若犯罪嫌疑人对案件事实有异议，不同意适用简易审前程序，应该及时更正为现行的公诉程序。

（三）引进辩诉交易

近年来，在宽严相济理念的影响下，辩诉交易受到广泛关注。所谓辩诉交易，是指案件在法院开庭审理前，控方检察官通过对被告人的辩护人与被告人达成的被告人做出有罪答辩，检察官做降格指控、减少指控或者承诺向法官做出有利于被告人量刑建议的协议的一种司法制度①。

对于我国是否应该引入辩诉交易，学术界有不同的声音。赞成的学者认为辩诉交易在节约诉讼资源的同时，还能缓和社会矛盾，减少社会的对立面。而不赞成的学者认为辩诉交易有"以钱换刑"的嫌疑，违背"法律面前人人平等"的原则。有选择地引进辩诉交易未尝不可，我们不能因为一个制度可能存在的缺陷而对整个制度加以排斥。我们可以先在小范围内进行尝试，例如先在简易程序中引进辩诉交易。对那些主动认罪并积极赔偿损失获得被害人谅解的犯罪人，适当降低刑罚处罚，在鼓励犯罪人主动认罪进行赔偿的同时，也体现法律对这部分犯罪人的宽容，也是符合我国宽严相济刑事政策的基本要求的。"被害人同意有时可以成为由此岸通向彼岸的桥梁"②，被害人具有诉讼当事人的地位，被告人与检察官进行辩诉交易时，必须取得被害人的同意。

（四）确保简易程序中最低限度的公正

程序设计的标准有两个：一是正义，二是效率③。所谓的正义，换言之就是公正。在刑事诉讼中，公正就是指对参与诉讼的各方利益进行平衡，对诉讼中处于弱势地位的被追诉人的权利做出更加完善的保障。而效率，就是指在刑事诉讼中，应以最少的司法资源投入获得最大的诉讼收益，使诉讼活动既快捷，又不增加过多的经济成本。简易程序的广泛运用体现的就是司法实践中对效率的追求。但是同时，在运用简易程序对案件进行快捷处理时，不能忽视对犯罪嫌疑人、被

---

① 杨永飞.宽严相济刑事政策刍议[J].工会论坛，2012（2）.

② 杨春嵘.论被伤害权对同意效力范围的限制：兼论被害人同意在三阶层犯罪体系中的位置[J].清华法学，2003（3）.

③ 季卫东.法治秩序的建构[M].北京：中国政法大学出版社，1999：23.

告人的基本权利的保护，不能以牺牲公正为代价换取诉讼效率。亦即在简易程序中也要确保最低限度的公正的实现。

根据第十四届国际刑法学协会代表大会的决议，适用简易程序的案件至少应确保被告人以下几项权利：（1）获知被指控内容和有罪证据的权利；（2）获得中立法庭审判的权利；（3）提供证据和进行辩护的权利；（4）聘请律师为其提供辩护的权利[①]。我国适用简易程序的前提条件是被告人认罪，对适用简易程序没有异议，但这绝不意味简易程序仅仅是一个"走过场"的认罪程序，对于有争议的案件事实，证据的采用以及量刑的轻重等涉及被告人直接利益的问题都需要审判中予以确认。因此，为保证最低限度公正的实现，基本的程序权利在简易程序中也是必不可少的。

作为国家审判机关、刑事政策具体执行者的人民法院，应当对宽严相济的理念进行合理地把握，以此来完善相关的司法制度和指导相应的司法活动，以有效地贯彻和落实我国的宽严相济刑事政策，力争审判程序与刑事政策的和谐统一。正如有学者所说"刑事政策在其制定和实施过程中，始终关注如何以最小的社会资源耗费达到最大的预防和控制犯罪的预定效用"[②]。对认罪悔罪的犯罪人，选择适用较为缓和的简易程序，这样既节约了诉讼资源，提高了审判的效率，又体现了宽严相济刑事政策中的"轻其所轻"方面，减少了犯罪人在诉讼程序中停留的时间，有助于缓解被追诉人的心理压力和对不可知的恐惧。2012年新出台的《刑事诉讼法》对简易程序进行了合理的完善，这对于最大限度地化解社会矛盾、维护社会和谐稳定具有重要意义。当然，简易程序并不是一个孤立的制度，它的有效实施必须借助于正当的司法环境以及配套制度的支持。正如文中所述，修正后的简易程序还是有很多不尽如人意的地方，我们期待尽快出台相关的司法解释，对其加以进一步的完善，在简易程序中更全面地贯彻和落实宽严相济刑事政策。

---

① 刑事简易程序研究课题组.刑事简易程序扩大适用问题研究 [J]. 华东政法大学学报，2011（3）.

② 梁根林.刑事政策解读 [M]// 陈兴良.中国刑事政策检讨.北京：中国检察出版社，2005：51.

刑事司法中审判权与检察权的关系 [①]

一、检察权与审判权的关系

目前我国学界对检察权属性认识的多元性及不确定性，引发了对于检察权对审判监督上的不同声音。有观点认为检察院是不可能监督法院的 [②]。另有观点认为，建立审判监督制度是完善法律的重要内容，是实现依法治国的根本途径，因而，对于审判监督不仅不应当弱化，还应当进一步加强 [③]。笔者认同此观点。一方面，随着社会公众对裁判不公现象的日益不满及对司法公正的期望与日俱增，要求检察机关强化对审判权监督的呼声日益高涨；但另一方面，对诉讼的本质及其架构研究的深入也使得对抗制诉讼模式也日益得到更多人的认可。上述两种趋势互相交织，互相影响，也使得隐含的检察权与审判权的冲突也日益紧张，有时甚至产生冲突。在现有法律框架内，检察权对审判权的监督有两种途径：其一，通过诉讼的方式，主要方式为对法院的审判活动与判决结果进行监督，包括刑事审判、民事审判及行政审判。其具体实现的路径为在刑事审判及民事、行政审判监督中又有所区别。其二，非诉讼的方式，即对法院办理案件过程中的一些违法行为可以提出纠正意见，通知法院予以纠正。

目前，检察机关进行诉讼监督的主要方式是对法院确有错误的裁判提出抗诉。根据诉讼阶段的不同，抗诉又可以分为二审抗诉与审判监督抗诉。在刑事审

---

① 此文原载《山东审判》2013年第6期。

② 谢佑平，万毅. 检察监督原则另论 [J]. 政治与法律，2002（5）.

③ 邓思清. 论审判监督的理论基础 [J]. 法律科学，2003（3）.

判过程中，检察权对审判权的监督是通过诉讼的形式实现的。通常，对于审判活动是否违法的判断是由出庭支持公诉人做出的，从而为检察院的监督提供支持与依据。而在对民事与行政审判过程中，鉴于我国民事公诉及行政公诉均在探索阶段，人民检察院对法院的监督就不可能通过诉的形式出现，而主要是一种事后监督。检察权对审判监督的启动主要是通过当事人申诉或其他机关交办进行的。与刑事诉讼领域法律规定的检察院监督方式比较完备相比，民事和行政检察监督领域只规定了抗诉权，法律规定的空白地带较大。对法院违法行为的监督可以划分为庭审过程中的违法行为和其他违法行为的监督。比如当出庭公诉的检察人员发现法庭审判活动有违反法定程序的情况时，检察院可以提出书面纠正意见。当法庭在审判活动中出现不规范行为，但又没有明显违法时，人民检察院可以向人民法院发出检察建议书，建议人民在以后的审判活动中纠正与避免。对于审判人员在审判活动中的徇私舞弊枉法裁判行为情节严重的，构成犯罪的应该按照案件的管辖范围移送侦查部门，追究有关人员的刑事责任。抗诉或纠正违法行为既包括程序方面内容，也包括实体方面的内容，司法实践中更多涉及的是实体部分。

就检察机关的检察监督审判权的现状来看，检察监督职能发挥得不够充分，还存在诸多缺陷与不足，造成不足的原因是多方面的，从历史传统来看，在我国由行政权力以外的权力主体承担监督职能先天缺少强势基础[①]。此外以下因素的存在也对检察机关的法律监督权的弱化起到了推波助澜的作用，具体为如下几点。

1. 检察院法律监督权定位不够明确。尽管我国《宪法》第129条规定检察机关是我国的法律监督机关，奠定了检察院的法律监督地位。然而，遗憾的是并没有就检察机关应如何行使这一法律监督权做出翔实的规定，由此导致在司法实践中对法律监督与职权都产生较大的分歧，致使检察机关的该项权能处于两难的境地。

2. 检察机关的法律监督属性一直都面临着不同的意见。这种对检察权法律监督属性认识上的多元性和不确定性严重地削弱了法律监督职能的发挥。各种因素的合力使得拥有各项职能的法律监督制度不仅没有形成整体强势格局，反而使得多种权能纠缠在一起，如"多米诺"效应一样被虚置与弱化。在司法实践中，检察机关面临着如何协调作为诉讼一方当事人与法律监督者双重身份的难题。再加

---

① 王戬. 论加强我国检察机关法律监督职能：基于传统与进路的分析 [J]. 政治与法律，2007（2）.

之审判权中心主义及法院裁决的终局性，以上种种因素使得检察机关在行使法律监督权时在一定程度上有种无助感，法律监督权容易流于形式。

3. 检察机关目标考核指标不合理，致使检法关系利益化，影响了检察机关的法律监督职能的发挥。目前，全国各地检察机关均设置了目标考核标准，对于改变案件定性、撤回案件、无罪判决案件均设定了程度不同的扣减分数的规定，而考核结果对于检察院以及案件办案人员均有不同程度的影响。在此情况下，检察机关为了规避风险必然会加强与法院的事前沟通，尽量避免无罪、撤诉、改判案件的出现。从而也使得法律监督在某种成为考核指标的牺牲品。

4. 审判权对检察权制约过度。审判权对检察机关的制约过度，势必会削弱检察权的法律监督职能。此方面又主要表现为如下几点：其一，审判权对公诉权存在过度制约的现象。按照我国刑事诉讼所规定的公诉转自诉制度之规定，被害人在不满检察机关做出的不起诉决定时，可以依法向人民法院提出自诉。此举虽有积极意义，但利弊共生，其缺陷也是显而易见的。从某种程度上来讲，该项制度实际上剥夺架空了公诉机关的公诉权，损害了国家机关公诉权的完整性，对检察机关的起诉裁量权造成了巨大的冲击。而且，公诉转自诉之后，被害人没有侦查权，通常由不具有专门的法律知识，难免会陷入孤立无援的境地。可见，该项制度既过度制约了检察机关的公诉权，又没有较好有效地保障被害人的利益。其二，在案件审理过程中，法院不仅享有核实证据的权力，而且还享有调查取证权。我国法律规定人民法院对公诉案件依法调查核实证据时，发现对认定案件事实起到重要作用的新的证据次材料应当告知检察人员和辩护人。必要时，也可以直接提取，复制后移送检察人员与辩护人。人民法院在审理过程中发现了新的可能影响定罪的犯罪事实，可以建议检察院补充或者变更起诉，如果检察院不同意，人民法院应当就起诉书指控的犯罪事实进行裁判。可见，我国现行的刑事诉讼制度带有明显的审判职权主义模式，也体现出审判权对检察机关公诉权的过度制约。

二、检察权监督审判权的改进与完善

检察权与审判权的协调不是能够一蹴而就的。在各种权力及因素进行博弈的合力下，检察权与审判权的关系不可避免地呈现出动态的发展趋势。我们追求的是检察权与审判权之间关系协调，力量平衡与运行畅通。为此，在检法关系的调整中，首先要保证审判独立于权威性。因为检察权监督审判权不是为了监督而监督，相反，恰恰是基于我国的国情与历史传统造就了审判权行使过程中产生的判决不公。因此，在检法关系的调整中，绝不可舍本逐末，因强调检察监督而侵犯审判权的独立性与权威性。其次，应按照我国目前的宪政体制，充分发挥检察权对审判权的监督作用。通过强化法律监督，维护公平正义。应进一步加大对审判程序、审判结果、审判人员职务廉洁性的监督力度。同时要强调检察监督的实效性与法定性。鉴于我国目前检察机关的法律监督存在的困境，笔者认为应从以下几个方面入手予以改进与完善。

1. 正确认识检察权与审判权的基本定位，各司其职。要处理好检察权与审判权的关系，首先就要应明确各自的定位，认真履行各自的职责，并取消互相配合原则。刑事诉讼法对于检察权和审判权在刑事诉讼各个阶段的职责、权限、程序等做了具体的规定以保证刑事诉讼活动的前后衔接与整体配合。检察院和法院应根据法律规定各自完成法定职责，保证刑事诉讼活动的顺利进行。法院应坚持中心地位，在办理案件过程中必须做到不偏不倚。

2. 检察权与审判权之间互相平衡，衔接畅通。首先应保证审判权的独立性与权威性，检察机关的法律监督权不是为了监督而监督，在二者关系上法律监督权是为了保障审判权的独立性与权威性而存在，不可本末倒置，喧宾夺主。其次，我们应充分发挥检察机关检察权对审判权的法律监督作用，明确检察机关法律监督权的性质，定位其首要任务，应从立法角度明确人民检察院应如何行使这一法律监督权，法律应将理论上争议不大的，实务上行之有效的法律监督手段纳入法律范围。此外，我们还应注意强调检察监督的时效性，进一步加大对诉讼程序，审判结果及法律廉洁性的监督力度。再次，检察系统应设置合理的考核指标，让考核机制合理化、科学化，充分发挥检察权的制约作用。

三、公诉权与审判权

检法关系改革的具体目标是在确保两机关分工明确、各自职权得到充分行使的基础上，强化法院在诉讼中的中立性、独立性，实现彼此间的合理制约。具体举措如下。

首先，侦查程序中以检察监督为主、法院救济为辅。目前，我国刑事审前程序中的侦查权过于强势，程序过于封闭，属于典型的行政式治罪程序。在审前程序设计中，缺乏应有司法权力对侦查行为进行审查与制约，也没有应有司法救济机制。公安侦查机关除了对侦查对象采取逮捕强制措施外，其余的侦查行为，都由公安侦查机关决定，给侦查权滥用留下了很大空间。可见，对侦查权进行必要的制约是我国刑事审前程序法治必须首先解决的问题。两大法系中，大多数国家采用法院司法审查体制，采用法院司法令状为主、检察监督为辅的制度，体现了司法权对于行政权的监督。

在我国侦查程序中直接引进西方式法院司法审查制度不符合中国国情，存在诸多障碍，主要表现如下：其是我国人民代表大会制度不同西方三权分立宪政制度。西方三权分立宪政制度下，警察机关侦查权与检察机关的追诉权均应受到法院司法审查。我国实行的是议行合一的人民代表大会制度，国家权力是统一不可分割的。但根据权力制衡原理，在人民代表大会制度下分设行政机关、审判机关、检察机关与军事机关，分别赋予不同权能，前三机关分工负责，相互制约、相互配合。在司法体制上，我国实行的是两院制司法体制，检察机关作为专门的国家法律监督机关，与法院并列为司法机关，在刑事诉讼中特别在审前程序履行了审查监督职责，主要表现在对公安侦查行为进行审查、纠正、救济等监督活动。检察权与审判权是一种并行权力，根据不同分工分别对行政权进行监督制衡。此外，宪法还赋予检察机关法律监督机关的地位，专门对行政权和审判权进行监督制约，从这个意义上说，检察权不仅要在审前程序中对侦查进行监督制约，而且还要对整个刑事诉讼活动包括审判活动进行监督制约，可见，检察机关在整个刑事诉讼中特别侦查程序中有保障人权和维护程序公正的宪法使命。如果再在审前程序中导入法院司法审查制度，就会出现检察司法监督与法院司法审查两者之间的职能重叠和冲突，有违我国的宪政制度。其二，我国目前的司法体制和法院组织体系中缺乏治安法官设置。在国外，设立治安法官或预审法院制度，刑事审判由审判法官负责，而治安法官、预审法官和审判法官分属不同的法院，而且无论何种法官，都依法独立行使职权。我国人民法院独立行使审判权，指的是法院并非法官独立行使审判，而且这种独立行使审判权仅指独立于任何行政机关、社会团体和个人，并不能独立于国家权力机关和法律监督机关，也不能脱离执政党的领导。可见，在现行法院组织体系，即使勉强设立预审法院或治安法官制度，也会因其组织体系不成熟而丧失司法审查机能，反而进一步加剧审判程序中先入为主的弊端，严重损害司法中立和审判独立。其三，西方式消极司法审判制度不适于我国转型期社会对刑事法治的需求。理想的刑事法治国家既要对侦查权过度膨胀予以限制，又要对侦查权消极不作为而导致公民普遍缺乏安全感而予以监督纠正。我们从侦查权与公民基本权利这个均衡点去看侦查程序中司法审查制度，便发现只有积极司法监督权才能纠正侦查权消极不作为。西方式消极司法审查权在这方面不大可能有太多的作为。因为，积极司法审查权因直接毗邻侦查可以主动介入侦查程序而予以监督纠正。此外，在我国这样一个权利意识淡薄的传统国度里，公民自我维权意识弱，在相当多情形下，被侵权公民往往不会主动提出权利诉求，而西方司法审查制度因其消极性不能主动予以司法救济，但是，积极检察司法监督可以主动介入侦查程序，主动纠正侵权行为。从这个角度看，检察机关积极主动的司法监督的某些优势是法院消极被动的司法审查所不可取代的。

有鉴于此，在侦查程序中，对侦查权制约不能全盘引入西方式司法审查制度，而应坚持以检察司法监督为主，法院司法救济为辅。具体设想：（1）建立侦查立案与撤案报备审查机制。凡是进入刑事立案程序案件，公安侦查机关都应在规定时间内将相关案件材料向侦监部门报备，以便接受审查监督。侦监部门应对刑事立案进行程序审查，监督刑事立案是否合法。同样，撤案也应建立向侦监部门报备审查程序。还应建立刑事罪案信息登记备查制度。公安侦查机关应将有关案件资讯向侦监机构报备，以方便侦监部门掌握罪案信息动态，对其中应当立案而没有立案的进行立案监督，以彰显检察积极监督的优势。（2）实行强制侦查行为检察司法令状制度。凡是侦查机关需要采取逮捕、搜查、扣押、冻结及监听等涉及公民基本权利和自由的强制侦查都必须取得检察司法令状。（3）确立检察司法令状法院救济机制。检察司法令状制度虽基本上能对侦查行为产生一定的制约与控制作用，在侦查权与人权保障之间实现一种均衡。但检察司法令状制度也只能作为制衡侦查权的第一道防线。由于其本身可诉性特征不充分，还应以法院司法救济机制为辅助措施。在整个侦查程序包括后续的审查起诉程序中，凡是犯罪嫌疑人、被告及其代理人、律师均有权对检察司法令状提出变更、撤销的权利。检察侦监部门应对这种变更、撤销的请示进行复审，并在规定时间内予以书面答复。书面答复必须进行必要的说理。如果请求人不服检察答复，可以向法院内设专门机构提出诉求，法院应及时进行审查，也可以调取有关案件材料，检察侦监部门应予配合。法院在审查时，必须采用司法程序，审查程序必须是对抗性的。

其次，在审查起诉程序做到法院制约为主、配合为辅。（1）法院制约关系。具体设想如下是对滥用公诉权的制约。我国检察机关独占公诉权，具有启动审判程序及确定审判范围的权力，检察机关一旦提起公诉，法院必须启动审判程序。假如检察官不能公正行使公诉权，就会使一些原本不应该进入审判程序案件轻易进入审判程序，对被追诉人的权利会带来不必要的损害。因此，在审前审查起诉程序中，法院有必要对公诉权进行必要制约以排除一些不必要或无理由进入审判程序的案件。在司法实践中，检察机关在庭审后又撤回起诉案件时有发生，既影响了刑事审判严肃性，也造成了审判环节不必要的检法冲突。二是对滥用起诉裁量权制约。我国起诉制度坚持以法定主义为主、便宜主义为辅原则，检察机关在行使公诉权享有很大的自由裁量权，具有积极意义，符合诉讼经济原理，也与恢复性司法和目的性司法的发展要求相互契合。但是，公诉自由裁量权在司法实践中表现得并非完美无缺。现代法治国家赋予检察机关一定的自由裁量权的同时，均也设置了一些适当的制约机制，以防止裁量权滥用。我国《刑事诉讼法》尽管也确立了一项被害人自我救济以防止检察官滥用公诉权的制约保障制度，但这项制约仅局限于有具体被害人的案件。此外，法院在制约上显得比较消极，不能直接裁定检察机关提起公诉。（2）法院配合关系。在审前程序尤其是审查起诉环节上，当被追诉人权利需要司法救济，被追诉人的抗辩权过于弱小，控辩双方产生强烈对抗的情形下，或者在检察机关滥用公诉权的情形下，检法之间的制约才成为必要。通常情况下，在审查起诉中，检法关系上还是具有相互配合的机理。我国在审查起诉环节上，检法之间的合作关系主要体现在：一是控辩协商。在刑事诉讼中，控辩之间并非总是对抗，在一定条件下双方可以彼此做出一定的妥协进行协商，但为了保证这种协商的合法性及公正性，必须得到法庭支持与配合。检察官与辩方在审前程序中进行协商时，必须以书面形式记录协商过程，检察官与律师会谈的记录必须提交法庭，法庭可以根据双方认可案件事实及相关因素径直做出判决，这是审前程序中检法互相配合表现之一。当然，法院也要对协商活动的合法性、真实性与自愿性进行必要的审查。二是速决程序。为了节省司法资源，提高诉讼效率，在那些事实简单、清楚的刑事案件中，都有一个快速处决的价值需求，案件要不要启动速决程序，检方一般在审前程序中已经形成，但速决程序的启动和运行，必须得到法院的配合与支持，近年来，我国司法实践中普通程序简化审制度的实施也充分表明了检法两者在速决程序方面配合空间还是很大的。特别在我国当前司法资源紧缺、诉讼任务十分繁重的今天，检法在速决程序中的合作更显得尤为必要了。

此外，还应当在控审分离的原则指引下，对法院角色重新定位，使其不再承担事实上的刑事追诉职责，真正成为中立的司法裁判者。应充分贯彻"不告不理"原则，将法院的审判严格限制在起诉书载明的范围，不得对被指控的被告人和犯罪事实之外的其他人和事实进行主动审查。对于检察院起诉指控的罪名有异议的，应按适当程序要求检察院重新提起公诉并给予辩护方以充分准备的机会，绝对禁止法院越俎代庖直接变更罪名并径自做出有罪判决。检、法两机关在对罪名认定上存在分歧且检察院拒不变更指控罪名的，法院可以根据2012年我国《刑事诉讼法》第195条做出事实不清、证据不足、指控罪名不能成立的无罪判决。这既体现了法院对检察院起诉的制约，也彰显了裁判者的权威。

我国刑事速裁程序试点的反思与重构 [①]

　　内容摘要：构建刑事速裁程序是司法实践中优化诉讼资源、提高诉讼效率、保障人权的必然要求，是化解简易程序提速难困境的切实需要。构建刑事速裁程序可以从域外省略式审判程序立法中寻求借鉴，从我国司法诉讼制度改革和诉讼实践中寻找基础。我国刑事速裁程序试点一年来成效显著，但也暴露出速裁程序适用案件范围过窄等立法缺陷和司法实践不足。构建刑事速裁程序应健全侦、诉、审、执、司的联动机制，完善刑事速裁的启动与回转程序、庭前准备程序，探索"多案并审"的集中审理模式，规范不公开审理程序，推进科技审判建设等。

　　关键词：刑事速裁程序　试点　反思　重构

　　为进一步完善刑事诉讼程序，合理配置司法资源，提高审理刑事案件的质量与效率，维护当事人的合法权益，第十二届全国人大常委会第九次会议于2014年6月27日通过了《关于授权最高人民法院、最高人民检察院在部分地区开展刑事案件速裁程序试点工作的决定》(以下简称《决定》)，明确了试点案件范围，刑事案件速裁程序主要适用于事实清楚，证据充分，被告人自愿认罪，当事人对适用法律没有争议的危险驾驶、交通肇事、盗窃、诈骗、抢夺、伤害、寻衅滋事等情节较轻，依法可能判处一年以下有期徒刑、拘役、管制，或者依法单处罚金的案件，进一步简化庭审程序，明确北京等18个城市开展为期两年的刑事案件速裁程序试点工作。根据《决定》，2014年8月22日，最高人民法院、最高人民检察院会同公安部、司法部联合发布了《关于在部分地区开展刑事案件速裁程序

---

　　① 此文原载《法学》2016年第2期，与李艳霞合作。

试点工作的办法》（以下简称《试点办法》），试点工作正式启动。刑事案件速裁程序的适用是我国适逢经济转轨、社会转型特殊时期的必然选择，本文即从阐述刑事速裁程序适用的必要性和可行性发轫，通过研究一年多来刑事速裁程序试点工作的具体情况，力图构建能够有效推广适用的刑事速裁程序。

一、我国刑事速裁程序构建的必要性与可行性

根据《决定》，刑事速裁程序是指对于案情简单、事实清楚、证据充分，被告人自愿认罪，当事人对适用法律没有争议的轻微刑事案件，在遵循刑事诉讼基本原则的前提下，简化审判工作流程的一种快速审判程序。构建刑事速裁程序有利于优化诉讼资源，提高诉讼效率以有效分流案件，是新一轮司法体制改革拓展、进步使然，是减少羁押，使得被告人尽早回归社会，保障人权的需要，是及时惩治犯罪，维护司法公正和社会秩序，促进社会和谐稳定的需要，是贯彻宽严相济、惩办与教育相结合的刑事政策的需要，亦是化解案多人少的矛盾，解决长期羁押和劳教废除后的实践困境的需要。另一方面，刑事速裁程序在我国构建具有域外省略式审判程序立法的借鉴和我国民事诉讼小额速裁程序和刑事快速审理程序的参照，并有以审判为中心的诉讼制度改革和认罪认罚从宽制度的铺垫。

（一）刑事速裁程序构建的必要性

1.有利于保障人权的实现

制度建构应当服务于保障人权的终极目标，追求高效率的刑事速裁程序的构建有利于加强人权的司法保障，主要体现在保障犯罪嫌疑人、被告人和被害人权利两个方面。一方面，刑事速裁程序有利于保障犯罪嫌疑人、被告人的人权。法学家贝卡利亚曾言：诉讼本身应该在尽可能短的时间内结束，这是因为"惩罚犯罪的刑罚越是迅速和及时，就越是公正和有益"[①]。而刑事速裁程序所追求的高效正体现这一点。另一方面，在刑事诉讼过程中，不仅犯罪嫌疑人、被告人盼望尽快摆脱讼累，被害人亦期盼案件能尽快审理完结，权利得以维护，及早得到相应的经济赔偿和精神安慰。鉴于我国刑事附带民事诉讼具有"在解决被告人刑事责任的同时，附带解决因被告人的犯罪行为所造成的物质损失的赔偿问题"的功能，轻微刑事案件的尽快解决有利于化解犯罪人与被害人之间的矛盾，有利于及

---

① 贝卡利亚. 论犯罪与刑罚 [M]. 黄风，译. 北京：北京大学出版社，2014：57.

时补救被害人的损失，修复受损的社会关系，恢复正常的社会秩序。当然，"在改革刑事司法制度，使其达到现代化的过程中，一个最主要的挑战就是要保证在加速度司法过程的同时保证公平。"① 因此，基于优化诉讼资源、提高诉讼效率而构建的刑事速裁程序，必须有助于实现刑事诉讼所追求的公正目标。

2. 有助于满足合理配置司法资源的现实需要

当前，中国正处于经济转轨、社会转型的特殊时期，刑事犯罪呈高发态势，进一步推动刑事案件繁简分流，优化资源配置，是当前司法实践的迫切需要，刑事速裁程序应运而生。一方面，《刑法修正案（八）》将扒窃、入户盗窃以及危险驾驶等违法行为入罪，轻微刑事案件明显增多，在全部刑事案件中所占比例呈明显上升趋势。据统计，《刑法修正案（八）》颁布以来，全国法院判处一年以下徒刑的刑事案件占到了43%，其中，以盗窃罪和危险驾驶罪为基本形态②。对于这些轻微刑事案件，统一适用简易程序，易导致轻微犯罪案件烦琐审理，司法资源浪费现象突出，司法实践中"案多人少"的矛盾更加突出。2015年11月1日生效的《刑法修正案（九）》进一步降低了入罪门槛，在众多修改、增加的罪名中，刑罚大多较为轻微，其中危险驾驶罪、使用虚假身份证件、盗用身份证件罪、代替考试罪的最高为拘役刑。司法实践对推动刑事案件繁简分流，优化司法资源配置的需求进一步加大。另一方面，废止劳教制度之后，实践中对于过去的劳动教养案件亟须分流处理，一部分作为刑事案件处理，导致犯罪圈进一步扩大，这部分轻微犯罪案件需要通过速裁程序予以解决。总之，我国当前单一化的简易程序分流功能不足，实践中迫切需要引入比简易程序适用范围更加广泛深入的新制度，切实改善公安司法部门"案多人少"现状，缓解办案压力。刑事速裁程序的增设，标志着刑事简易速裁程序正在向多元化方向改革③，逐渐形成普通程序、简易程序、速裁程序相互衔接的多层次、多元化诉讼体系，实现了诉讼程序与案件难易、刑罚轻重相互适应。对于大部分轻微刑事案件采用速裁程序，繁简分流，优化司法资源配置，有效保障了司法机关能够集中精力审理疑难、复杂、重大刑事案件，更好地防止冤假错案的发生，符合我国司法实践需要和刑事诉讼制度发展规律。试点一年多的实践状况亦表明，

① 麦高伟，弗里·威尔逊. 英国刑事司法程序 [M]. 姚永吉，译. 北京：法律出版社，2003：13.

② 全国人大常委会表决通过刑事案件速裁程序试点 [EB/OL]. [2015-12-05].

③ 熊秋红. 刑事简易速裁程序之权利保障与体系化建构 [J]. 人民检察，2014（17）.

刑事速裁程序确实有效避免了诉讼拖延，促进了程序正义，有效缩短了羁押时间，避免了被告人在羁押场所的"交叉感染"和"罪刑倒挂"。

3. 有利于化解简易程序提速难的困境

2013年施行的《刑事诉讼法》大幅度扩充了简易程序的适用范围，但由于庭审程序简化幅度不大，法院和检察院"案多人少"的矛盾并未得到有效缓解。实证表明，相对于大量的轻微刑事案件，我国一元化的简易程序已不能满足刑事案件繁简分流的需要，简易程序对轻微刑事案件难以体现高效、速决的优势，难以达到有效提高诉讼效率的目的。笔者以2004年至2013年10年间我国刑事诉讼的有关统计数据为依据（如图1、图2）[①]，分别解读了2004—2013年轻微刑事案件判决人数在同年生效判决人数中的比例状况与2004—2013年简易程序在一审刑事案件结案数中的适用比例状况，展现了简易程序提速难的困境。

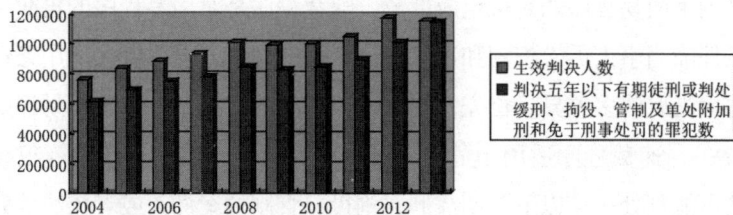

图1　2004—2013年轻微刑事案件判决人数在生效判决人数中的比例与趋势

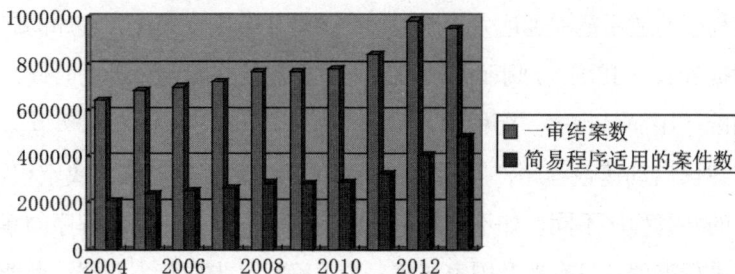

图2　2004—2013年简易程序在一审刑事案件结案数中的适用比率与趋势

---

① 除特别说明外，本文所列数据均来源于2005~2014年《中国法律年鉴》，中国法律年鉴出版社出版。

　　图1、2反映了我国刑事案件在审判阶段的一个尖锐矛盾，即因轻微刑事案件判决的人数在生效判决人数中的比例过高与简易程序在一审结案数中适用过低之间的矛盾。一方面，简易程序的适用比例低。图2反映出2004—2013年简易程序的适用数量与一审结案数之间的巨大差距，2004—2011年简易程序的适用比率为30%强，即使在因2012年我国《刑事诉讼法》生效而引发的简易程序适用比率较高的2013年，简易程序的适用比率仅占一审结案数的50.44%。另一方面，在2004—2013年10年间判决生效的人数中，判处五年以下的轻微刑事案件所占比率高。图1反映了我国近10年间判决轻微刑事犯罪的人数在生效判决人数中的比例与趋势。在判决生效的人数中，判处五年以下有期徒刑或拘役、缓刑、管制或单处附加刑以及免于刑事处罚的轻微刑事案件所占比率很高。10年间，所占比率最高的为2013年，为89.14%；最低的为2005年，比率为81.88%。总之，我国简易程序在轻微刑事案件审判程序中适用比率不高，难以有效提高诉讼效率。

　　化解现有简易程序提速难的困境，需引入刑事速裁程序。刑事案件速裁程序是广义刑事简易程序的有机组成部分，速裁程序是对简易程序的再简化，两者均体现了保障当事人诉讼权利和追求诉讼效率的理念，但二者在适用条件和办案程序等方面尚有诸多差异。首先，刑事速裁程序的适用条件窄于简易程序，根据《试点办法》，速裁程序适用于危险驾驶、交通肇事、盗窃、诈骗等犯罪情节较轻、依法可能判处一年以下有期徒刑、拘役、管制的案件，或者依法单处罚金的案件。而根据2012年我国《刑事诉讼法》的规定，对于案件事实清楚、证据充分；被告人承认自己所犯罪行，对指控的犯罪事实没有异议；被告人对适用简易程序没有异议的所有基层人民法院管辖的刑事案件均可以适用简易程序审判。可见，简易程序的适用范围远远大于速裁程序的适用范围。其次，程序的启动条件不同。根据2012年我国《刑事诉讼法》，人民检察院在提起公诉的时候，可以建议人民法院适用简易程序。而根据《试点办法》，公安机关、辩护人、人民检察院都可以建议启动速裁程序，但人民法院对适用速裁程序有最终决定权。再次，两者众多的办案程序不同。如不公开审理的情形不同。适用简易程序的案件，一般应公开进行审理，只有涉及国家秘密、个人隐私、未成年人犯罪、商业秘密的案件才不公开审理。但根据《试点办法》，人民法院适用速裁程序审理的案件，被告人以信息安全为由申请不公开审理，人民检察院、辩护人没有异议的，经本院院长批准，可以不公开审理。最后，办案期限不同。简易程序审理时限是20

日，对可能判处3年以上有期徒刑的案件审限可以延长至一个半月。但人民法院适用速裁程序审理案件，一般应当在受理后七个工作日内审结。总之，速裁程序进一步简化了简易程序，其广泛适用能有效化解现有简易程序提速难的困境，这在试点法院一年多的实践中已见端倪。

（二）刑事速裁程序构建的可行性

1. 域外省略式审判程序立法的借鉴

化解司法实践中案多人少的矛盾，优化诉讼资源，有效分流案件是各国的共同目标，鉴于简化式刑事审判程序难以有效解决这一实践需求，各国都在积极寻求适合自己国情的省略式刑事审判程序。无论是以大陆法系为代表的处罚令程序，还是以英美法系辩诉交易为代表的被告人认罪程序，以及域外法治国家和地区狭义的庭审简化程序，都是提高诉讼效率的重要手段。省略审判程序虽然以英美法系国家为代表，但是一贯重视庭审程序的大陆法系国家专门适用于轻微刑事案件的书面审理程序更应引发我们的关注，这种书面审理程序以德国的处罚令程序为代表。处罚令程序是大陆法系国家和地区处理简单轻微刑事犯罪案件的一种书面审理方式，即法官不须开庭审理，只须根据公诉人的建议进行书面审查后直接发布处刑命令。在该程序中，法官根据检察官的书面申请进行案件审查，并据此对被告人处以罚金等轻微刑罚，而不进行正式的直接、言词式审理。虽然其名称不尽相同，如德国、意大利称之为"处罚令程序"，日本称之为"简易命令程序"，我国台湾地区称之为"简易判决处刑程序"，但其基本内容是一致的①。我国现今试行的刑事速裁程序和处罚令程序有着法文化方面的亲缘性、同质性，速裁程序的设计除了需要开庭审理之外，很多内容与处罚令程序既"形似"又"神似"，存在明显的借鉴痕迹②。

2. 司法诉讼制度改革的铺垫

刑事案件速裁程序改革试点，是有序推进司法诉讼制度改革的重要举措，是完善以审判为中心的诉讼制度改革和刑事诉讼中认罪认罚从宽制度、强化人权司法保障的具体措施，而已开展的司法诉讼制度改革为刑事速裁程序试点工作奠定了制度和实践基础。一方面，以审判为中心的诉讼制度改革推进了刑事速裁程序改革的有效、深入开展。2013年10月，最高人民法院在第六次全国刑事审

---

① 叶肖华. 处罚令程序的比较与借鉴 [J]. 苏州大学学报（哲学社会科学版），2010（2）.

② 徐玉，李召亮. 我国刑事提迅速裁程序构建初探 [J]. 山东审判，2014（6）.

判工作会议上提出"以庭审为中心"的改革方向。审判中心主义不是要取消侦查、起诉、审判、执行作为办案流程的阶段，而是要强调审判作为办案流程的中心。《试点办法》反映了审判为中心的诉讼理念，在17条的程序规范（第18条规范的是《试点办法》的试行时间）中有8条以"人民法院"为程序的主体，在剩下的9条中又有3条与"人民法院"直接相关。顺应以审判为中心的诉讼制度改革的需要，《试点办法》中亦强调了公检法机关的配合。实践表明，许多试点地区已经形成了公检法司之间在案件基本信息、文书电子文档、电子讯问笔录等方面的共享机制，并呈现出积极的成效。另一方面，认罪认罚从宽制度促进了刑事速裁程序改革的出台。针对我国刑事犯罪高发，司法机关办案压力大增的严峻形势，2013年11月召开的十八届三中全会提出了完善被告人认罪认罚从宽处罚制度，这一制度确定了构建被告人认罪案件和不认罪案件的分流机制，对提高司法效率，节约司法成本提出了新的要求。在这一刑事制度导向下，刑事速裁试点工作应运而生，并进一步深入开展，不仅明确对被告人当庭认罪、同意量刑建议和适用速裁程序的，不再进行法庭调查、法庭辩论，而且进一步明确对被告人认罪认罚案件的案件，可以从宽处罚。总之，以审判为中心的诉讼制度改革和认罪认罚从宽制度的适用为刑事速裁程序的适用奠定了制度和实践基础。

3. 我国司法诉讼实践的奠基

我国长期的司法诉讼实践为刑事速裁程序的构建奠定了实践基础。首先，民事小额速裁程序的参照。早在2011年3月17日，最高人民法院下发了《关于部分基层人民法院开展小额速裁试点工作指导意见》，安排部署在全国90个基层人民法院开展小额速裁试点工作，进一步合理配置审判资源，最大限度地满足人民群众的司法需求。民事司法实践也充分证明，民事诉讼小额速裁程序有效提高了司法效率，大大节约了审判资源，让法官把更多精力用于复杂疑难案件的审理，及时化解了社会矛盾，促进了社会和谐。2013年1月1日生效的新民事诉讼法吸收了司法实践中的成功经验，明确规定了民事诉讼的小额速裁程序：基层人民法院和它派出的法庭审理符合本法第一百五十七条第一款规定的简单的民事案件，标的额为各省、自治区、直辖市上年度就业人员年平均工资30%以下的，实行一审终审，为刑事案件速裁程序司法操作提供了很好的借鉴。其次，刑事快速审判程序的奠基。早在2006年12月28日最高人民检察院第十届检察委员会第六十八次会议通过《最高人民检察院关于依法快速办理轻微刑事案件的意见》，对于案情简单、事实清楚、证据确实充分、犯罪嫌疑人、被告人认罪的可能判处三年以下有期徒刑、拘役、管制或者单处罚金的轻微刑事案件，在遵循法定程序和期限、确保办案质量的前提下，简化工作流程、缩短办案期限的工作机制。此后，北京、河南、江苏等地的公检法机关结合本地实际情况联合发布了快速办理轻微刑事案件的相关规定，各地推进的快速办理轻微刑事案件的制度为刑事速裁程序的适用积累了丰富的实践经验。最后，最高司法机关的力推。2015年2月4日最高人民法院发布的《关于全面深化人民法院改革的意见——人民法院第四个五年改革纲要（2014—2018）》进一步明确指出："健全轻微刑事案件快速办理机制。在立法机关的授权和监督下，有序推进刑事案件速裁程序改革。"最高人民检察院《关于深化检察改革的意见（2013—2017年工作规划）》亦提出了依法有序开展试点的明确要求。最高人民法院还编写《刑事案件速裁程序试点实务与理解适用》一书，编发《刑事案件速裁程序试点工作专报》，及时沟通信息、交流经验，推动工作开展，这些都为刑事速裁程序的逐步完善和健全奠定了坚实的基础。

二、我国刑事速裁程序试点的不足反思

2014年6月全国人大常委会授权"两高"进行刑事案件速裁程序试点，开创了在司法领域进行"试验性立法"的先河。一年来，在各级党委统一领导下，在公安机关、司法行政机关积极配合下，试点人民法院、人民检察院依照《试点办法》积极开展刑事案件速裁程序改革实践，试点工作平稳有序，进展顺利。截至2015年8月20日，各地确定基层法院、检察院试点183个，共适用速裁程序审结刑事案件15606件16055人，占试点法院同期判处一年有期徒刑以下刑罚案件的30.70%，占同期全部刑事案件的12.82%。其中检察机关建议适用速裁程序的占65.36%。据抽样统计，检察机关审查起诉周期由过去的平均20天缩短至5.7天；人民法院速裁案件10日内审结的占94.28%，比简易程序高58.40个百分点；当庭宣判率达95.16%，比简易程序高19.97个百分点。检察机关抗诉率、附带民事诉讼原告人上诉率为0，被告人上诉率仅为2.10%，比简易程序低2.08个百分点，比全部刑事案件上诉抗诉率低9.44个百分点[①]。试点地方根据《试点办法》制定实施方案或实施细则开创了许多新的诉讼制度，对提高诉讼效率起到了良好的诉

---

① 最高人民法院、最高人民检察院关于刑事案件速裁程序试点情况的中期报告 [EB/OL].（2015-11-03）[2015-12-05].

讼效果。总之，审判效果和诉讼效率提升明显，试点工作已取得显著成效。笔者仅通过至今为止能搜集到的关于18个试点城市中的广州①、杭州②、济南③、南京④、郑州⑤、福州⑥一年来的刑事速裁程序适用情况⑦，对试点现状予以进一步解读（如表1）。

表1 广州、杭州、济南、南京、郑州、福州等地刑事速裁程序的司法实践状况

试点城市	试点成效				试点采用的新制度	适用速裁程序最多的前三类案件
	平均结案周期（天）	当庭宣判率	附带民事诉讼原告人上诉率	上诉率		
广州	5.7	88.2%	0	0.96%	1. 专员专立，专庭专审、多案并审 2. 主动启动，提高适用率 3. 通过司法改革提速裁判	危险驾驶、盗窃、毒品案件
杭州	4	100%	0	0	1. 远程视频提讯、庭审、短信快送达、诉讼文书及电子证据网上流转、网络化诉讼程序和送达、卷宗的传递、书记员记录改革 2. 建立刑事速裁案件风险管控体系	危险驾驶、交通肇事、盗窃案件
济南	5.7	100%	0	0.6%	1. 量刑磋商制度 2. 庭审"两分两总"模式 3. 七项法律援助工作制度	危险驾驶、盗窃、故意伤害案件

---

① 刘冠南. 广州"刑事速裁"试点走在全国前列 [N]. 南方日报，2015-09-16（A06）.

② 余建华，孟焕良. 积极稳妥推进刑事速裁程序改革 [N]. 人民法院报，2015-06-11（001）.

③ 余东明. 量刑建议允许磋商不搞"一锤子买卖"[N]. 法制日报，2015-08-12（005）.

④ 王丽丽. 刑事速裁让公正来得更快一些 [N]. 检察日报，2015-07-22（005）.

⑤ 赵红旗. 平均4个工作日结案体现轻罪快判 [N]. 法制日报，2015-08-11（005）.

⑥ 彭波. 刑事速裁程序试点实施一年 不仅仅是为了办案快 [N]. 人民日报，2015-07-22（018）.

⑦ 迄今为止，许多试点地区的刑事案件速裁程序适用情况并没有报道或报道不完全，在有限的资料中，笔者选取了其中富有代表性的城市予以统计；再者，虽然刑事速裁程序是整体性的程序，但鉴于以审判为中心的诉讼制度改革的趋势，本文在刑事速裁程序的各个对比项的选择以及数据的采用等方面以法院为主；最后，鉴于统计资料有限，试点各地所统计的时间节点并不都一致，具体请参考脚注。

续表

| 试点城市 | 试点成效 | | | | 试点采用的新制度 | 适用速裁程序最多的前三类案件 |
	平均结案周期（天）	当庭宣判率	附带民事诉讼原告人上诉率	上诉率		
南京	5.8	100%	0	0.8%	公检法司联动机制	危险驾驶、交通肇事、盗窃案件
郑州	4	100%	0	0.28%	协商启动模式；法庭审判的智能化、信息化；在看守所设立速裁法庭	危险驾驶、盗窃、故意伤害案件
福州	4.6	100%	0		公检法司协调机制；集约化诉讼模式；两级法院、看守所建立法律援助站；完善援助的"福州模式"	危险驾驶、盗窃、毒品案件

实践证明，试点法院在提高诉讼效率、节约诉讼资源方面的成效有目共睹，但刑事速裁程序试点工作毕竟才开展一年多，很多问题仍需要司法机关在实践中不断发现、探索、总结、完善，《试点办法》和司法实践中亦存在许多不足之处。

（一）《试点办法》中的缺陷

2014年8月，最高人民法院、最高人民检察院、公安部、司法部联合颁布的《试点办法》中明确要求，试点地方应紧密结合实际制定实施细则，加强监督指导及时总结评估，对实践证明可行的，及时提出修改完善有关法律规定的建议；对实践证明不宜调整实施的，及时恢复施行有关法律规定。经过一年多来的试点，《试点办法》中的许多缺陷愈发凸显，有待进一步完善。

1. 速裁程序的案件范围过窄

《试点办法》将刑事速裁程序的案件范围界定为：对危险驾驶、交通肇事、盗窃、诈骗、抢夺、伤害、寻衅滋事、非法拘禁、毒品犯罪、行贿犯罪、在公共场所实施的扰乱公共秩序犯罪情节较轻、依法可能判处一年以下有期徒刑、拘役、管制的案件，或者依法单处罚金的案件。这一范围过于狭窄，难以起到优化诉讼资源，有效分流案件、提高效率的作用，这一状况从表2中可见一斑。

表2 2004—2013 年生效判决的人数、审判机关判处各种刑罚的人数及所占比例以及免于刑事处罚的人数及比例

年份	2004	2005	2006	2007	2008	2009	2010	2011	2012	2013
生效判决人数	767951	844717	890755	933156	1008677	997872	1007419	1051638	1174133	1158609
判处五年以上直至死刑的人数及所占比例	146237 (19.04%)	150878 (17.86%)	153724 (17.26%)	151378 (16.22%)	159020 (15.77%)	162675 (16.30%)	159261 (15.81%)	149452 (14.21%)	158296 (13.48%)	12515 (10.79%)
判五年以下有期徒刑的人数及所占比例	363012 (47.27%)	395139 (46.78%)	409571 (45.98%)	430110 (46.09%)	463166 (45.92%)	459621 (46.06%)	461523 (45.81%)	95043 (9.08%)	96039 (8.18%)	484511 (41.82%)
判三年以下有期徒刑的人数及所占比例	—	—	—	—	—	—	—	365037 (34.71%)	3955741 (33.69%)	—
判处缓刑、拘役、管制及单处附加刑的人数及所占比例	244065 (31.78%)	283221 (33.53%)	311896 (35.01%)	335122 (35.91%)	367806 (36.46%)	357147 (35.79%)	367679 (36.50%)	422934 (40.22%)	504423 (42.96%)	395983 (34.18%)
免于刑事处罚的人数及所占比例	12345 (1.61%)	13317 (1.58%)	14239 (1.6%)	15129 (1.62%)	17312 (1.72%)	17223 (1.73%)	17957 (1.78%)	18281 (1.74%)	18974 (1.62%)	19231 (1.66%)

《中国法律年鉴》没有统计近10年来判处一年以下有期徒刑及判处拘役、管制或者依法单处罚金的人数。根据载于2015年7月22日的《人民日报》的《刑事速裁程序试点实施一年不仅仅是为了办案快》一文所言，统计数据显示，全国法

院判处一年以下有期徒刑、拘役、管制、单处罚金的案件占全部刑事案件总数的近40%，每年约40万件左右。但基于我国司法实践和域外的立法经验，可以得出结论，相对于我国刑事司法实践分流的需要，速裁程序适用范围过于狭窄。一方面，从图1和图2可以看出，在所有判决生效的人数中，判处五年以下有期徒刑、缓刑、拘役、管制及单处附加刑或免于刑事处罚的轻微刑事罪犯所占比率很高，占到80%以上，这些轻微刑事案件与速裁程序适用范围的刑事案件的社会危害性没有太大区别，判决的实际刑期许多时候是基于我国司法实践中审前羁押期限的考虑，所以，将刑事速裁的适用范围做缩小限制，显然不符合我国的司法实践要求。另一方面，在域外国家，刑事案件普遍将判处三年监禁作为轻罪与重罪的界限。无论是大陆法系国家的处罚令程序还是英美法系国家的辩诉交易制度，其适用范围都包括了可能判处三年以下的大部分犯罪。既然刑事速裁程序立足于对轻微犯罪的快速审理，仅仅限定范围为对危险驾驶、交通肇事、盗窃、诈骗、抢夺、伤害等依法可能判处一年以下有期徒刑、拘役、管制的案件，或者依法单处罚金的案件显然过于局限。而且，随着《刑法修正案（八）》将扒窃、入户盗窃、危险驾驶等违法行为入罪，《刑法修正案（九）》中增加了几项最高刑为拘役的轻微刑事犯罪，我国轻微刑事案件明显增多。刑事速裁程序的案件过窄，难以有效分流案件，难以契合提高诉讼效率的目的。

2. 不公开审理的速裁案件范围笼统

我国现行庭审坚持"公开审判原则，不公开审判为例外"的审判方式，即除了绝对不公开的涉及国家秘密、个人隐私、未成年人犯罪案件以及依当事人申请决定不公开的涉及商业秘密的案件以外，其他的一审案件一律公开进行。而对于刑事速裁程序的审判方式，《试点办法》第十二条规定，对不公开审理的情形限于以下三个条件：第一，被告人以信息安全为由申请不公开审理。第二，人民检察院、辩护人没有异议。第三，经人民法院院长批准，可以不公开审理。以上三个条件必须同时具备，缺一不可。增加不公开审理的情形，有利于对被告人的教育改造和回归社会，符合尊重人权的立法精神。但是《试点办法》未对"信息""信息安全"的内涵、外延做出具体解释，而信息不仅指音讯、消息、通信系统传输和处理的对象，还可以泛指人类社会传播的一切内容，外延宽泛。所以，法官在司法实践中可能做出有利于己方的解释，滥用自由裁量权，使得我国刑事案件不公开审理的事由扩大，对我国目前"以公开为原则，不公开为例外"

刑事案件审理方式造成冲击，最终损害司法公信力，不利于社会的稳定。

3. 被告人从宽处罚的规定模糊

《试点办法》第十三条对被告人的从宽处罚做了规定，人民法院适用速裁程序审理案件，对被告人自愿认罪、退缴赃款赃物、积极赔偿损失、赔礼道歉，取得被害人或者近亲属谅解的，可以依法从宽处罚。这一关于被告人从宽处罚的规定过于模糊，不利于被告人权利的保护和刑事速裁程序的有效适用。一方面，"可以"二字的适用赋予了法官自由裁量权，法官可以根据案件的具体情况和被害人及其近亲属的谅解情况，酌情从宽处罚。但不从宽的可能性使得被告人难以预料法院对自己的处罚界限，致其权益处于未定状态，导致被告人欠缺认罪的动力，亦使得司法工作人员具有利用这一权限，将其污化为"诱供"之嫌。另一方面，"从宽"的处罚界定过于模糊。我国刑法规定，对于犯罪嫌疑人、被告人的从宽处罚情节有三种情形：从轻、减轻和免除。仅有"从宽"的界定，却没有具体从宽情节的明确规范，在赋予法官自由裁量权的同时，亦使得被告人对自己自愿认罪、退缴赃款赃物、积极赔偿损失、赔礼道歉，取得被害人或者近亲属谅解后的处罚难以预期。目标不明，使得被告人案发后缺乏补偿被害人以及将涉案社区的危害降低到最低程度的积极作为的动力，不利于被害人权利的有效保护、纠纷的及时化解和整个社会秩序的持续稳定。

4. 被害人权益保护条款立法粗糙

刑事速裁程序有利于保障犯罪嫌疑人、被告人的合法权利，如避免长期羁押、减少长时间等待宣判结果的心理煎熬，并因认罪坦白而从轻处罚等。但在强调保护被告人诉讼权利的同时，不应忽视被害人权益的充分保障。我国现行刑诉法虽然赋予被害人以刑事案件当事人的诉讼主体地位，但被害人缺乏参与诉讼的法律路径，缺乏完善的权利保障机制，没有独立的上诉权，其合理诉求往往容易被忽视或遗忘，这一状况在《试点办法》中可见一斑。《试点办法》对被害人权益保护条款立法粗糙，主要表现在以下3个方面：首先，《试点办法》提到"犯罪嫌疑人"有17处，提到"被告人"有21处，但仅有3处提到"被害人"，分别是犯罪嫌疑人、被告人与被害人或者其法定代理人、近亲属就赔偿损失等事项达成调解或者和解协议的才能适用速裁程序，人民法院适用速裁程序对被告人依法从宽处罚需取得被害人或者近亲属谅解，人民法院适用速裁程序审理案件，应当听取被害人及其诉讼代理人的意见。但是，未明确规定被害人及其诉讼代理人对于不同意适用速裁程序的法律后果，使得该条的规定缺乏实际法律效力。其次，由于刑事速裁程序是一种简化的诉讼程序，是简易程序的再次简化，取消法庭调查和法庭辩论阶段，法官对案件事实的审查只能依赖于庭前收集的案件材料，但《试点办法》并未规定被害人不同意检察机关指控的案件事实时的救济，这不利于被害人诉讼参与权的保护，也不利于法官查明案件事实真相。最后，由于《试点办法》对刑事速裁程序的改革主要集中于审判程序，对侦查程序、审查起诉程序中被害人诉讼权利保护的相关法律规定不完善，不利于保障被害人的知情权和程序参与权。

（二）司法实践中的不足

关于刑事案件速裁程序《试点办法》中的缺陷直接导致司法实践中的适用不足：试用速裁程序的案由过于集中，主要集中于危险驾驶案件，许多试点地区占到试用速裁程序的一半以上，这可从上文现状论述中可见一斑；速裁程序的适用仍有较大的提升空间，根据笔者在某一试点地区的实证研究，该地区刑事案件速裁程序的适用比例仅占同期审结的判处一年以下有期徒刑的9.8%。最高人民法院、最高人民检察院在《关于刑事案件速裁程序试点情况的中期报告》中亦坦言，一年多来的刑事案件速裁程序试点工作虽然取得初步成效，但仍存在工作开展不平衡、庭审程式化、各地认识不一致、有些环节协调不顺畅等问题[1]，针对已然试用速裁程序的刑事案件，其司法实践中的不足主要表现为以下两个方面。

一方面，过分追求诉讼效率而导致对被告人、被害人的诉讼权利保障不力。刑事案件速裁程序改革的目标是优化司法资源，提高案件审理的质量和效率，但是一味追求诉讼效率可能会顾此失彼，削弱对犯罪嫌疑人、被告人、被害人等诉讼参与人的程序权利的保障，使其不能充分行使自己的诉讼权利，从而使其实体权益受到司法体制的侵害。如在许多试点法院试行的庭审科技化、智能化、信息化改革，许多时候确实能起到提高诉讼效率的目的，但对被告人和被害人的权利保障考虑欠缺，难以有效保障其知情权和程序参与权。如果说此种情况是难以做到完善地保护被告人、被害人的诉讼权利，那实践中有些试点地方出现的对被告人、被害人诉讼权利保障不力的情况则是主动作为。实践中有些办案人员出于提高办案效率的动机，急于结案，采用诱供等手段取得非法证据或瑕疵证据，使无

① 最高人民法院、最高人民检察院关于刑事案件速裁程序试点情况的中期报告 [EB/OL].（2015-11-03）[2015-12-05].

罪或罪轻的被告人妥协，有违"不得强迫自证其罪"的原则，更与刑诉法规定的"保障准确、及时地查明犯罪事实，正确应用法律，惩罚犯罪分子，保障无罪的人不受刑事追究"的刑事诉讼任务严重不符。设置轻微刑事案件速裁程序的最直接原因是为了提高诉讼效率、化解司法实践中"案多人少"的矛盾，但一定要坚守程序公正原则，保障犯罪嫌疑人、被告人、被害人等诉讼参与人的实体权利和程序权利，做到"简程序不减权利"。

另一方面，过度强调法院的"单兵作战"而致使公检法司沟通协调不顺畅。刑事诉讼涉及侦查、起诉、审判、执行等环节，只有公检法司沟通交流、协作配合，就案件快速办理达成统一认识和做法，才能更好地实现案件的快速审理，真正提升诉讼效率。根据《试点办法》所适用的刑事速裁程序改革的核心是庭审环节，主要规范作为公诉机关的检察院如何开展审查起诉工作，以及作为审判机关的法院如何简化庭审活动。但是，侦查阶段作为审查起诉阶段的基础，是审判阶段查明案情、做出公正判决的根基，承担着调查证据、查获犯罪嫌疑人的重任，这一重要地位在"简化法庭调查和法庭辩论环节"的刑事速裁程序中尤为显著。然而，《试点办法》对侦查程序少有涉及，对侦查环节的诉讼期间以及相关强制措施等程序都没有具体规定，造成办理轻微刑事案件"提速难"的困境。另外，鉴于刑事速裁程序针对的是依法可能判处一年以下有期徒刑、拘役、管制的案件，或者依法单处罚金的案件，其缓刑适用率较高，如广州刑事速裁程序适用一年以来，缓刑适用率达38.5%[①]，所以，其执行环节亦很重要，但《试点办法》没有规定速裁案件的执行程序。在许多试点地区，因为侦、诉、审、执环节沟通协调不畅，各个环节的取证规程和证据标准等不同，难以及时化解速裁案件在侦查取证、法律帮助、审查起诉、证据开示、社会调查评估、审理方式、格式裁判文书制作、收监执行、社区矫正等过程中遇到的问题，检法"各自为战"或"单兵作战"，这导致难以形成轻微刑事速裁程序的工作合力，使得诉讼效率提高严重受限。

三、我国刑事速裁程序之重构

在吸收试点地区的刑事速裁程序经验与反思其不足的基础上，应该明确，构建刑事速裁程序是一项系统性、整体性工程，既有刑事诉讼程序的改革，也有工作机

---

① 周聪. 广州"刑事速裁"一年 六成审判危险驾驶 [N]. 新快报，2015-09-16（A12）.

制的完善；既有审判环节的革新，也需要侦查、起诉、执行等环节的跟进健全。

（一）构建刑事速裁程序侦、诉、审、执、司的联动机制

根据《试点办法》，刑事速裁程序虽然省略了许多庭审程序，但控、辩、审三方基本诉讼结构仍然保持，只是查明案件的重心前移到了审判前程序，故构建刑事速裁程序，不仅应关注审判环节，更应跟进以侦查、起诉、执行等环节，构建速裁程序侦、诉、审、执、司的联动机制。法院在探索轻微刑事案件速裁程序的同时，要加强与公安机关尤其是检察机关的沟通，主动作为，制定速裁案件量刑指导原则，最高人民法院已然编写了《刑事案件速裁程序试点实务与理解适用》一书，其为量刑协商制度的完善奠定了基础。刑事速裁程序的顺利运转必然需要公安机关及时侦查、检察机关集中移送、审判机关即审即判、司法行政部门无缝对接，搭建轻微刑事案件快速办理的绿色通道，力图实现法院内部刑庭、立案庭、研究室、办公室、执行庭等部门的协调，法院与公安、检察机关、执行机关的协作以及与司法行政机关的协调机制等。厦门市思明区法院自2014年7月启动刑事案件速裁程序试点工作以来，在思明区政法委的主持下，由法院、检察院、公安局、司法局开展联动机制，共同推进速裁程序的适用，南京市试点法院亦探索公检法司联动机制，这一做法值得借鉴。

构建侦、诉、审、执、司的速裁程序联动机制首先应该是完善侦查程序相关法律规定。通常情况下，办理刑事诉讼案件最难掌控的时间发生在侦查阶段[①]。因此，完善侦查程序的相关法律规定，对于提高案件办理的整体效率，保证处理结果的公平、公正，具有十分关键的作用。因此，公安机关、人民检察院和人民法院在各自的诉讼环节，对符合条件的轻微刑事案件，应当及时启动速裁程序，可以对侦查期限做出必要的限定，如对于案件事实清楚，犯罪嫌疑人在案，并且认罪的轻微刑事案件，侦查机关应当在立案之后十日之内侦查终结；对于符合适用刑事速裁程序条件的案件，应当在移送审查起诉时，向人民检察院提出适用刑事速裁程序的书面建议，并充分听取犯罪嫌疑人、被害人及其法定代理人的意见[②]。起诉阶段，检察机关应当开辟速裁案件立案移送绿色通道，将速裁案件与普通案件分开起诉、集中起诉，建立受案快速分流制度，简化速裁案件办案审批流程，简化起诉书、量刑建议书、适用速裁程序建议书的制作；制作速裁程序建议书送

---

① 陈在上. 轻微刑事案件侦、捕、诉联动机制构建 [J]. 河南教育学院学报，2014（1）.

② 王长水，曹晓可. 刑事案件速裁程序之初探 [J]. 公民与法，2014（11）.

交法院，由立案庭当天集中立案，集中移送刑庭；刑庭当天集中向送达起诉状、集中排庭等。

总之，速裁程序工作系统性强、整体性强，涵盖侦查、公诉、审判、执行各个诉讼环节，涉及司法理念、执法规范、专业队伍、工作机制等多个方面，特别强调各政法机关的联动配合。只有在保证办案质量的基础上全程提速，速裁程序的制度优势才能充分展现。

（二）健全刑事速裁的启动与回转程序

《试点办法》明确了刑事速裁程序的三种启动方式：一是公安机关建议启动，公安机关侦查终结移送审查起诉时，认为案件符合速裁程序适用条件的，可以建议人民检察院按速裁案件办理；二是辩护人建议启动，辩护人认为案件符合速裁程序适用条件的，经犯罪嫌疑人同意，可以建议人民检察院按速裁案件办理；三是人民检察院建议启动。《试点办法》明确规定，人民检察院一般应当在受理案件后八个工作日内做出是否提起公诉的决定。决定起诉并建议人民法院适用速裁程序的，应当在起诉书中提出量刑建议。刑事速裁程序的启动应该进一步完善，许多试点地区的检察机关在提起公诉时一并提起《适用轻微刑事案件方式建议》适用速裁程序，法院立案部门经形式审查，立案时将案件立为速裁程序，然后送交业务庭室，这一完善举措值得推广。应当明确，刑事速裁程序的最终适用权由人民法院决定。《试点办法》明确规定，人民法院经审查认为事实清楚、证据充分，人民检察院提出的量刑建议适当的，可以决定适用速裁程序。在此基础上，许多试点法院的实施细则中，进一步明确了法院对适用速裁程序的决定权。即使检察机关没有建议适用轻微刑事案件速裁程序，当案件送交法院业务庭后，业务庭审判人员发现可以适用速裁程序，在报告业务庭庭长决定并征得被告人同意后，由立案部门将案件转为速裁程序，同时告知检察机关。考虑到诉讼效率的提高，许多试点法院尝试建立量刑磋商制度，由法院牵头，规定在一定期限内加强检察院、法院、被告人的沟通协作，对于起诉书的量刑建议，如果法院认为过重或过轻，被告人认为太重的，允许磋商，只要在开庭前各方意见一致，即可适用速裁程序。济南市法院在健全量刑磋商制度方面的经验值得借鉴。但需要明确，刑事速裁程序的最终启动一定要征得被告人的同意。

刑事速裁的回转程序是指在适用刑事速裁程序过程中，一旦发现案件不符合适用速裁程序条件的，应该及时停止适用，转为普通程序或简易程序。《试点办法》第十四条明确规定了刑事速裁程序回转程序。这一情况主要针对法院立案部门已将案件立为刑事速裁程序，业务庭室发现案件存在诸如可能被判处一年有期徒刑以上刑罚、被告人翻供或对人民检察院提出的量刑建议有异议、被害人对适用法律有争议、附带民事诉讼赔偿争议尚未解决、司法行政机关的社会调查评估意见显示不适宜适用速裁程序等情形的，报告业务庭庭长决定，转为其他程序普通程序或简易程序审理。如实行刑事速裁程序一年以来，广州市12个基层法院适用速裁程序审结的案件共2608件、2655人，在刑事速裁的2608个案件中，转为简易程序审理的73件，转为普通程序审理的57件，程序转换的主要原因是赔偿问题需再协调或被告人翻供[①]。

（三）完善刑事速裁的庭前准备程序

以审判为中心的诉讼制度改革再一次明确了刑事审判在刑事诉讼中的核心地位，构建刑事速裁程序应以审判程序为核心。庭前准备程序是庭审程序顺利进行的保障，完善刑事速裁的庭前准备程序主要包括以下内容：一是通知送达，开庭三日以前通过电话、传真、网络电邮等多种简便方式将开庭时间、地点、案由和被告人分别通知人民检察院、被告人、辩护人、被害人及其诉讼代理人和其他诉讼参与人，并记录在案；庭前要商请检察机关就集中审理的批次案件指派同一检察员出庭支持公诉，力图实现同级检察院、法院在集中审理刑事速裁案件方面步调一致，进一步提高办案效率，力图在司法实践中尽快形成"集中公诉—集中审理"的诉审模式[②]；二是开庭一日以前准备庭审笔录，安排好法警以及其他技术设备工作。速裁程序一般要采取集中审理的方式，重视庭审程序的信息化与科技化、智能化，所以，开庭前要确保庭审笔录的完整性和准确性，确保法警到位，保证法庭科技设备能够正常运作，保障利用科学技术质证过程的顺利开展。三是开庭前认真阅卷，梳理案件的重点与焦点，全面审查、核实事实证据，求证被告人是否承认自己所犯罪行，是否对指控的犯罪事实没有异议，是否同意适用速裁程序，确保当事人对适用法律没有争议，犯罪嫌疑人、被告人同意人民检察院提出的量刑建议，保证案件事实、法律适用以及程序适用不存在争议，防止在后续庭审中出现不适宜适用速裁程序的情况，继而进行程序回转，导致诉讼拖延；四是拟判意见提前制作，适用速裁程序的案件都是案情简单、事实清楚、证据充

---

① 周聪.广州"刑事速裁"一年六成审判危险驾驶[N].新快报，2015-09-16（A12）.

② 吴敦，周召.轻微刑事案件速裁机制初探：以程序分流与程序构建为主线[J].法律适用，2014（8）.

分、适用法律无争议的案件，无特殊情况都要当庭宣判，所以，正式开庭前，法官要认真全面地审查定罪量刑的事实证据并提前制作拟判意见，同时，根据庭审情况对拟判意见做出必要的调整修正。许多试点法院在庭前准备好格式裁判文书，在保证最终裁判结果正确、适当的基础上，使判决形式更加规范化、精细化，这一举措需要借鉴推广。

（四）规范刑事速裁的庭审程序

刑事速裁程序由独任法官审判，无须组成合议庭，除此以外，应当规范刑事速裁程序的如下庭审程序。

1.扩大适用范围，明确法定从宽界限

如前所述，在我国近十年司法实践中，判处五年以下有期徒刑或判处缓刑、拘役、管制及单处附加刑和免于刑事处罚的罪犯占所有判决生效人数的80%以上，2013年更是占到所有判决生效人数的89.14%。鉴于我国长期的司法实践和域外的司法经验，考虑到减少法规适用的阻力，为了有效分流案件，提高司法效率，面对现行刑事速裁程序适用案件范围过窄的状况，应该扩大刑事速裁程序的适用范围，界定为危险驾驶、交通肇事、盗窃、诈骗、抢夺、伤害、寻衅滋事、非法拘禁、毒品犯罪、行贿犯罪、在公共场所实施的扰乱公共秩序犯罪等情节较轻、依法可能判处三年以下有期徒刑、缓刑、拘役、管制的案件，或者依法单处附加刑或免于刑事处罚的案件。

明确被告人从宽处罚的规定。明确界定，人民法院适用速裁程序审理案件，对被告人自愿认罪，退缴赃款赃物、积极赔偿损失、赔礼道歉，取得被害人或者近亲属谅解的，应该依法从宽处罚，如此避免被告人对自己处境的担忧。另一方面，应当借鉴西方辩诉交易的适用规定，明确对被告人从宽的阶段性规范。如在侦查阶段积极退缴赃款赃物、积极赔偿损失、赔礼道歉，取得被害人或者近亲属谅解的，应当减轻处罚；在审查起诉阶段积极退缴赃款赃物、积极赔偿损失、赔礼道歉，取得被害人或者近亲属谅解的，应当从轻处罚；等等。明确对被告人的从宽处罚规范，在限制了法院裁量权不当行使的同时，亦使得被告人能对自己行为的处罚结果做出合理的预期，有利于鼓励被告人案发后积极作为，有益于被害人权利的及时救济和社区不利影响的及早消除。在司法实践中，对罪行较轻、真诚悔罪的被告人，只要符合法定条件，应当减少剥夺自由的强制措施的适用，应当尽可能适用缓刑，更多依法适用非监禁刑。《最高人民法院、最高人民检察院关于刑事案件速裁程序试点情况的中期报告》中提及，刑事速裁案件被告人被拘留、逮捕的占52.08%，比简易程序低13.91个百分点；适用非监禁刑的占36.88%，比简易程序高6.93个百分点[①]。刑事速裁的这一成效充分体现了认罪认罚从宽的精神，有利于罪犯改造和回归社会，应当以立法的形式进一步明确固定。

2. 规范不公开审理程序

健全刑事速裁程序不公开审理的相关规范包括：明确不公开审理案件适用范围，严格审查不公开审理申请，建立不公开理由告知制度，赋予被害人不公开审理救济权。首先，刑事速裁程序应赋予被告人不公开审理的申请权，在此基础上，将不公开审理案件的适用范围限定为对信息安全的保护，为了防止法官自由裁量权过大，应当严格明确不公开审理案件的适用范围，对"信息安全"的内涵、外延做出具体解释。其次，法院决定适用速裁程序审理的案件，被告人以信息安全为由申请不公开审理，而检察机关坚持以公开为原则、以不公开为例外的基本理念不同意不公开审理的，人民法院应当严格审查不公开审理的申请，谨慎决定不公开审理，检察机关作为宪法明确规定的监督机关亦应当加强诉讼监督，切实防止法院滥用权力。再次，若被告人申请不公开理由成立，人民检察院、辩护人也没有异议，且人民法院认为可以不公开审理，经法院院长批准后，应当当庭说明不公开审理的理由；在规定的期限内，将不公开审理的理由和具体情况，以书面形式通知被害人及其法定代理人。最后，应赋予被害人及其法定代理人申诉权。即如果被害人不服人民法院关于不公开审理的决定，在规定期限内，向提起公诉的人民检察院申诉，请求人民检察院向人民法院提出异议，人民检察院在审查后，应当及时向人民法院转达，由法官对被害人的异议进行审查，异议理由成立，则应当驳回被告人的申请，公开审理；异议不成立，则驳回被害人的请求[②]。

3. 探索"多案并审"的集中审理模式

适用速裁程序的案件案情简单、事实清楚、证据确实充分、适用法律无争议且可能判处的刑罚相对较轻，所以庭审程序可以在简易程序的基础上进一步省略，这已在《试点办法》中得以明确。适用速裁程序的案件庭审以进一步查明事实真相、明确法律适用为目的的，并不严格区分法庭调查和法庭辩论程序，庭审程

[①] 最高人民法院、最高人民检察院关于刑事案件速裁程序试点情况的中期报告 [EB/OL].（2015-11-03）[2015-12-05].

[②] 王长水，曹晓可. 刑事案件速裁程序之初探 [J]. 公民与法，2014（11）.

序中许多可以简化或省略，在此基础上，进一步探索采用"多案并审"的集中审理的庭审模式。针对案件特点探索不同的庭审模式，对案由相同的适用速裁程序的同批次轻微刑事案件，在庭前商请检察机关集中公诉的基础上可以同庭审理，集中查明被告人基本情况、集中告知权利、集中进行法庭调查和辩论、集中听取被告人最后陈述、集中宣判并告知上诉权利。如广州地区刑事速裁程序适用一年多以来，六成为危险驾驶案①，法官即采用"多案并审"的集中审理方式，效率比平时提高数倍，使得在案多人少的情况下，法官有更多的精力细致研判疑难复杂案件。但对于案由不同的批次轻微刑事案件，应分别审理、一案一审，不能同庭审理，即不能集中查明基本情况、集中告知权利、集中进行法庭调查和辩论、集中听取被告人最后陈述②，但是考虑到庭审的顺畅性、严肃性，应尽量在同一时间段内依次进行庭审并当庭宣判，如此，可以达到既加快庭审进程又进一步查明案件事实、强化内心确信的目的。北京市丰台区人民法院在刑事速裁程序中针对案件不同情况即分别采用"单案单审"和"多案并审"两种庭审模式，值得推广。

4. 推进科技化、智能化与信息化审判的建设和应用

实证表明，大数据推动了社会的进步，人类的生产、生活以及认知方式、思维模式等都发生着根本性变化，各个行业无不受其影响。互联网浪潮的高涨和技术的逐渐成熟更加推动大数据在各行业领域的扩展，审判程序亦应随之变革，强调提高诉讼效率的刑事速裁程序改革首当其冲。在刑事速裁程序中，应当加快远程视频提讯建设，开展远程庭审，网络化诉讼和送达、卷宗传递，采用视频方式记录庭审，全程录音录像。实践表明，多数试点地区的刑事速裁案件庭审主要采用视频方式记录，全程录音录像，每个案件均制作光盘存档，书记员仅制作简化的庭审笔录，这一方式实现了现代科技与庄严庭审的有效结合。

科学技术在审判程序中的应用对送达制度的影响最为直接。为了提升诉讼效率，提高服务能力，探索司法文书电子送达的广泛应用，促使送达方式多样化已是大势所趋。新民诉法的颁布实施明确了司法文书电子送达在民事诉讼中的应用。重庆市江北区法院、九龙坡区法院早在2012年已开始对辩护人的文书送达采用电子方式的探索，采用手机短信的方式通知辩护人开庭的时间、地点。我国现行刑事诉讼法中虽没有关于"刑事诉讼的送达方式和程序参照民事诉讼法的相

---

① 周聪. 广州"刑事速裁"一年六成审判危险驾驶 [N]. 新快报，2015-09-16（A12）.

② 吴敦，周召. 轻微刑事案件速裁机制初探：以程序分流与程序构建为主线 [J]. 法律适用,2014(8).

关规定"的条款，但是其送达通常依附于民事诉讼的送达。所以，实行刑事速裁案件在庭前、庭后的送达亦可效仿或者借鉴民事诉讼关于司法文书电子送达的方式，通过传真、电子邮件、手机短信、录音电话、网络公告以及微博、微信等新型社交媒介及时送达，如此，节省了时间和精力，节约了司法成本。同时，出于对办案人员人身安全的考虑，采取电子邮件、手机短信进行送达时应采用法院的公共邮箱或公用短信系统集中发送。另外，各地法院可以依托现代信息技术，逐渐完善并充分利用法院的官方网站、微博平台等，将案件的开庭时间、地点、案由等相关信息及时在法院官方网站、微博平台等进行公布和更新，开庭公告以及出庭通知书等材料亦可制作成电子版上传至官方网站、微博平台等以便辩护人自行上网下载、打印，并将回执在开庭时予以交回，无须再人为送达①，此举同样也是利用科学技术快速推进刑事轻微案件办理流程的有效途径。上海地区法院在科技审判建设方面走在了前列。

审判的科技化、智能化与信息化过程中，对数据电文证据的举证、质证和认证困难重重，难以把握。上海市高级人民法院对于电子证据的审查、判断和适用方面予以了深入探索，对手机短信、电子邮件、网页证据在法庭上出示的方式，审查手机短信、电子邮件、网页证据真实性、合法性、关联性的方法和注意事项等予以了深入探索，并形成了较为统一的办案思路②，这应在全国有条件的地区推行，并逐步适用。

5. 明确、简化、公开裁决过程

明确、简化、公开刑事速裁程序的裁决过程包括明确、简化速裁审判的决定程序、速裁审判的裁决载体和深化审判流程公开和裁判文书公开等。首先，考虑到适用刑事速裁程序的轻微刑事案件事实清楚、证据充分、法律适用无争议、判处刑罚轻等自身特征，应赋予独任法官相当的最终裁断权及文书签发权。即审判员担当独任法官的，由审判员全权负责、直接签发文书，助理审判员担当独任法官的，由其所在合议庭的审判长审核后签发文书，均不再报庭长、分管院领导审批，真正实现"让审理者裁判、由裁判者负责"③。采取这种明确、简化的速裁裁

---

① 张士博.基层法院刑事案件速裁机制实证研究：以广东省 A 市某基层法院为考察对象 [D]. 重庆：西南政法大学，2015：40.

② 电子证据如何在法庭上举证，且看上海高院的相关解答 [EB/OL].（2015-10-23）[2015-12-05].

③ 吴敦，周召.轻微刑事案件速裁机制初探：以程序分流与程序构建为主线 [J]. 法律适用，2014（8）.

决决定过程主要基于两点理由：其一，适用速裁程序的轻微刑事案件本身特征决定了负责任、有良知的独任法官不会发生裁断错误，赋予其最终裁断权具有可行性；其二，由独任法官直接裁断并自行签发文书，可以省却不必要的中间环节，缩短诉讼期限，减少不必要的时间耽搁，提升审判效率。其次，明确、简化速裁审判的裁决载体即判决书。速裁案件的判决书应当明确、简化，根据不同案件类型制作格式化、模板化判决书，对审理查明的事实、证据简写，案件事实一目了然，文字简练清晰，既便于被告人了解案件情况，又缩短了文书制作时间。最高人民法院于2004年制发填充式、表格式两种格式裁判文书样式，启动速裁案件专项统计平台，这一举措对于明确、简化、公开速裁程序的裁决过程具有指导性的意义。在此基础上，广州市法院在2014年年底探索进一步精简文书内容，制定了速裁程序庭审笔录专用模板和14类速裁案件的填充式判决书，为刑事案件速裁程序试点工作扎实推进奠定了基础。最后，为了保障刑事速裁程序裁决过程的明确与简化，应当继续深化审判公开"三大平台建设"中的审判流程公开和裁判文书公开。进一步完善量刑规范化制度，细化速裁案件的量刑标准和缓刑适用条件，提高检察机关量刑建议准确性和人民法院刑罚裁量科学性，落实认罪认罚从宽政策。阳光是最好的防腐剂。通过这一公开的方式使得刑事速裁程序的裁决过程更加明确、简化，在提高诉讼效率的同时，指向真正的公正。

6. 完善被告人与被害人的权利保护程序

适用速裁程序审理案件是"简程序不减权利"，犯罪嫌疑人、被告人、被害人的各项权利仍应依法得到保护，故而构建刑事速裁程序应当完善被告人与被害人的权利保护程序。

一方面，刑事速裁程序应当保障犯罪嫌疑人、被告人的知悉权、程序选择权和辩护权。刑事诉讼是国家机关追诉犯罪的活动，国家追诉机关参与刑事诉讼中具有侦查取证权、程序主导权、追诉权。为确保刑事速裁的程序正义，犯罪嫌疑人、被告人至少应有知悉权、程序选择权和辩护权与之抗衡。而行使程序选择权和辩护权的前提即是其应当具有知悉权。只有当犯罪嫌疑人、被告人知悉自身的诉讼境遇，才能保障其做出程序选择时的真实自愿。而犯罪嫌疑人、被告人知悉权行使的必要前提是相关公安司法机关的告知义务。许多速裁试点地区在庭前准备阶段，审判人员会全面充分地核实案件事实情况，并且向被告人告知权利义务；庭审时审判人员将再次询问被告人意见，如果被告人对事实、法律、量刑建议等有异议，或法院在审查案件过程中发现不宜适用速裁程序的情形，案件随即转为简易程序或普通程序重新审理。不仅是审判机关，其他公安司法机关亦应积极保障犯罪嫌疑人、被告人的权利。广州市公、检、法、司各机关注重在诉讼各阶段保障被告人的知悉权、程序选择权、获得法律帮助权。司法局驻看守所值班律师在羁押场所通过广播开展专项法律知识讲座，介绍速裁程序及法律援助的法律知识；检察院建立证据开示制度，听取嫌疑人对证据的意见并予以核实；法院在送达起诉书副本时向每一个速裁案件被告人送达权利义务告知书，告知其有向驻所值班律师、驻法院值班律师获取法律帮助的权利，确保被告人在诉讼阶段至少获得一次法律帮助，这些做法值得推广适用。

另一方面，完善被害人刑事速裁程序的参与权，充分保障其知情权。鉴于《试点办法》对被害人权益保护条款的立法粗糙，应该完善速裁程序的各个阶段中的被害人权利的保障。侦查机关在移送审查起诉时，应当向被害人及其法定代理人送达通知书；检察机关在审查起诉过程中，可以听取被害人的意见，被害人提出申请的，应当听取被害人的意见；检察机关做出起诉决定，并认为应当适用刑事速裁程序的案件，在向人民法院提出建议之前，应当听取被害人的意见，将被害人的意见附卷一起送达人民法院进行审查。在审判阶段，法院应注重各方当事人的权利保护，保障速裁案件被害人的参与权，被害人可以在庭审中发表影响性陈述，向法官表达对案件的看法及对被告人量刑的处理意见；对于被害人不服人民法院做出的适用刑事速裁程序的决定，被害人有权在规定的期限内，向本级人民法院院长提起申诉，请求审查承办法官的决定是否合法，院长如果认为被害人申诉理由成立，应当指令承办法官撤销适用刑事速裁程序的决定，适用简易程序或普通程序审理，相反，则驳回被害人的申诉请求[①]。总之，通过健全、完善被告人与被害人的权利保护使得刑事速裁程序在保护人权的基础上实现提高诉讼效率的目的，及时实现公平正义。

---

① 王长水，曹晓可. 刑事案件速裁程序之初探 [J]. 公民与法，2014（11）.

中美禁止令制度比较研究 [①]

内容摘要：美国的禁止令种类比我国多，且禁止令与刑罚之间的界限模糊。美国的禁止令有强制适用和酌定适用两种适用方式，强制禁止令适用范围比我国广，酌定禁止令有不同的优先级别。在美国，违反了禁止令并不必然导致收监执行。如果法官决定撤销禁止令，应当举行听证程序。美国禁止令在执行过程中有专业化的执行机构和执行队伍作为保障，并且有先进的科学技术作为支撑。我国可以吸收美国禁止令制度中的合理成分，逐步扩大禁止令的适用范围，设立撤销禁止令的听证程序，加强执行机关的人员保障，吸收社会参与禁止令的执行，加大禁止令执行中的科技投入。

关键词：禁止令　自由裁量　社会参与　听证程序　电子监控

严格来讲，在美国的刑事司法中，我们找不到一个与我国的"禁止令"相对应的一个概念。英语中含义最类似的一个词是"injunction"，它有禁令、强制令的意思，既可以要求行为人做出一定的行为，也可以禁止行为人从事一定的行为。要求行为人做出一定行为的禁令叫强制令（mandatory injunction），禁止行为人从事一定行为的禁令叫禁止令（prohibitory injunction）。本文所讨论的主要是第二层含义上的禁止令。

---

① 此文原载《刑法论丛》2016年第2卷，与李洪杰合作。

一、美国的禁止令措施

《美国法典》（以下简称《法典》）和《美国量刑指南》[①]（以下简称《指南》）规定了多种缓刑、假释、受监督释放的条件，其中包含有多项禁止性条件，与我国刑法中的禁止令有较大的相似性，因此作者将其称为美国刑法中的禁止令。总结起来，这些禁止性条件主要有以下几种。

（一）强制条件

《法典》第3563节（a）条规定对重罪、轻罪以及违法行为，被告人不得实施另一邦、州或者地方法律规定的犯罪。其中第（3）款规定，上述犯罪中的任何被告人都不得非法持有管制药品。第（5）款也规定，上述犯罪中任何被告人都不得非法使用管制药品，并应当提交缓刑释放之后15日内的一次药检，在其后至少接受两次间歇性的（时间由法院决定）针对非法使用管制药品的检测，但如果被告人现有的报告或者其他可靠的信息表明罪犯将来滥用管制药品的可能性低的话，法院可以修改或者暂停检测[②]。

（二）酌定条件

法院可以酌情判决其他缓刑条件。《法典》第3563节（b）条规定，如果与第3553节（a）条第（1）（2）款有合理关联，或者条件中对自由或者财产的剥夺有合理必要的话，法院可以附加更多条件[③]。法院在量刑时应当考虑犯罪的性质和案情以及被告人的前科和性格特征以及其他四个条件：（A）犯罪行为的性质和案情，以及被告人的犯罪历史和性格特征；（B）出于反映犯罪严重性、提高法律权威、公正惩罚犯罪的需要；（C）基于判决威慑犯罪行为的需要；（D）保护公民免受被告人再次犯罪侵害的需要；（E）以最有效的方式向被告人提供必需的教育或者职业培训、医疗或者其他矫正项目的需要[④]。《指南》也做出了类似规定，同时

[①] 《美国联邦量刑指南》由美国联邦量刑委员会于1987年11月1日颁布，旨在通过制定统一的量刑制度消除地区之间的量刑差异。最初该指南在全国范围内有法律效力，但是由于该指南限制了法官的自由裁量权，联邦最高法院于2005年裁定量刑指南违宪，该指南由强制适用变为参考适用。即便如此，该指南在美国刑事量刑体系中仍占有举足轻重的地位，已经被法官和法律从业者们接受。作者撰写本文时参考了《指南》的中文译本。《指南》的翻译见吕忠梅.美国量刑指南：美国法官的刑事审判手册[M].北京：法律出版社，2006.

[②] U.S.Code, Title II , Part II , Chapter 227 , Subchapter B , § 3563, （a）（1）（3）（5）.

[③] U.S.Code, Title 18 , Part II , Chapter 227 , Subchapter B , § 3563, （b）.

[④] U.S.Code, Title 18 , Part II , Chapter 227 , Subchapter A , § 3553, （a）（1）（2）.

列举了一些酌定条件，其中酌定的禁止性条件有以下几种。

1. 职业限制

对于自然人犯罪，法院可以判决被告人不得从事特定的、与构成犯罪的行为有合理的直接联系的职业、商业或专业，或虽可以从事这些职业、商业或专业，但是不得超过指定的程度或者情形[①]。法院如果裁定具有以下情形的，可以判处一项缓刑或者受监督释放条件，以禁止被告人从事特定的职业、商业或者专业，或者限制被告人从事上述活动的期限：（1）被告人的职业、商业或者专业与宣告罪行之间有合理的直接联系；（2）判处该限制对保护公众是合理必需的，如果法庭有理由相信缺少这些限制的话，被告人将继续从事与宣告罪行类似的违法行为。美国还对法院的裁量权进行了一定程度的限制，要求如果法院决定判处一项从业限制，应当在保护公众所需必要的最低期限和最低限度内[②]。实践中有的法院因被告人索取贿赂而判其不得竞选或者担任选举产生的职位，如市议员[③]。

2. 禁止接触特定的地点或人

《法典》禁止被告人经常到特定的场所或者接触无必要的人，未经法官或者缓刑官的许可，不得离开所在的司法辖区[④]。《指南》也规定，被告人不得经常出入非法出售、使用、传播或管理管制药品的场所，或者法院指定的场所；不得与任何从事犯罪活动的人联系，非经缓刑官允许，不得与任何被判处重罪的人联系。法官在实际审判中对法律的规定进行了延伸，做出了旅行限制的禁止令，如有的法院禁止有的毒贩重返以色列，因为其贩毒的行为产生于以色列[⑤]。

3. 禁止滥用管制物品和酒

《法典》禁止被告人过度饮酒，或者禁止在没有执业医师开处方的情况下使用《管制药品法案》第102条（《法典》第802节）所规定的麻醉药品或其他管制药品[⑥]。《指南》也规定，被告人不得过量饮酒，非经医生处方不得购买、持有、

---

① U.S.Code, Title 18, Part II, Chapter 227, Subchapter B, §3563, （b）.

② United States Federal Sentencing Guidelines, §5F1.5（a）、（b）.

③ United States v.Peete, 919 F2d 1168（CA6 Tenn 1990）.

④ U.S.Code, Title 18, Part II, Chapter 227, Subchapter B, §3563, （b）（6）.

⑤ United States v.Warren, 186 F3d 358（CA3 NJ 1999）.

⑥ U.S.Code, Title 18, Part II, Chapter 227, Subchapter B, §3563, （b）（7）.根据《美国法典》第802节第（6）条的规定，"管制药品"是指《管制药品法案》列明的第Ⅰ至Ⅴ级的药品或其他物质，或者这些物质的直接前体物质，但是不包括1986年《国内税收法案》所规定的蒸馏酒精、酒水、麦芽饮料或者香烟。

使用、传播或管理任何管制药品或任何与管制药品相关的物品（paraphernalia）①。犯人还应该参加矫正项目或者接受检测，以确定是否符合缓刑条件。如果法院有理由认为被告人有滥用麻醉品、其他管制药品或者酒精的情形，可以要求被告人参加由联邦缓刑办公室批准的药物滥用矫正项目，这种项目可以包括检测被告人是否重新使用毒品或酒精。法院还可以要求被告人参加精神治疗项目，要求性犯罪分子参加治疗和监视项目。如果被告人拒绝接受检测、没有通过检测或者有质疑检测结果的其他原因，被告人将被收监执行②。

4. 禁止持有武器

对判处缓刑和受监督释放的被告人，法院可以禁止其持有枪械、破坏性装置以及其他武器③。《指南》在缓刑的"特别"条件中也规定，如果被告人本次犯罪是重罪或者先前实施了重罪，或者在本次犯罪中使用了枪械或者其他危险武器，则禁止其持有武器或者其他危险武器④。为了保证该禁止性条件的有效执行，联邦最高法院授权任何执法人员或其他授权官员未经缓刑犯允许或没有签发许可令的情况下，在任何时间均可以搜查其人身、住所和汽车⑤。

（三）其他条件

除了上述条件之外，《指南》还规定了若干附加条件，赋予法官一定自由裁量权，允许他们根据案件情况来适用。

1. 家庭拘禁（Home Detention）

家庭拘禁是指将被告人连续限制在其住所，未经允许不得离开，由缓刑办公室采取适当的监控手段进行监督。家庭拘禁可以作为缓刑条件，但是只能作为监禁刑的替代性措施⑥。判处家庭拘禁之后，被告人应一直待在住所，但是在家庭拘禁的期限因人而异，实践中大多数罪犯都不是24小时在家，在参加有偿工作、社区服务、宗教服务、医疗保健、教育或者培训的情况下可以离开。罪犯可以在事先规定的情况下外出，如到警察局报到或者到缓刑官处证明自己在家中等。罪

---

① United States Federal Sentencing Guidelines，§5B1.3（c）（7）and 5D1.3（c）（8）.

② United States Federal Sentencing Guidelines，§5B1.3（d）（4）.

③ U.S.Code，Title 18，Part II，Chapter 227，Subchapter B，§3563，（b）（8）.

④ United States Federal Sentencing Guidelines，§5B1.3（d）（1）and 5D1.3（d）（1）.

⑤ Samson v.California，547 U.S.843（2006）.

⑥ United States Federal Sentencing Guidelines，§5F1.2 and commentary.

犯还可以参加必要的维持生计的活动，如从事就业、外出采购或者接受医疗等。

2. 宵禁（Curfew）

法院可以禁止被告人在傍晚或深夜（evening and nighttime）离开其住所，条件是法院认为这样做能够给予被告人的犯罪行为公正的惩罚，能够保护公众免受被告人可能在夜间实施的犯罪行为的侵害，或为了帮助被告人康复，有必要限制被告人夜间外出[①]。在美国，宵禁主要适用于社会危险性比较小并且有稳定的居住条件的未成年犯。宵禁的主要目的是预防夜间的混乱与犯罪行为，同时也能防止未成年人遭受犯罪侵害，增强父母的家庭责任。

3. 间歇拘禁（Intermittent Confinement）

被间歇拘禁被告人仍然处于监狱局的管理下，在夜间、周末或者刑期的间歇在服刑机构服刑，其余时间在社会上工作、学习和生活，期间一般不超过1年或者罪犯的刑期。法院可以判处间歇拘禁作为缓刑、受监督释放第一年的条件[②]。在美国，威斯康星州最先规定了这一执行方式，允许犯人在监狱外工作以继续供养家庭，北卡罗来纳州和马里兰州随后也引进该制度。

4. 限制联邦权益

法院可以根据《法典》第21篇862条的规定，剥夺被宣告犯有传播或者持有管制药品的人享有的某些联邦权益。这里的"联邦权益"是指"由联邦的某一机构或者联邦设立的基金会提供的任何赠予、契约、贷款、专业执照或者商业执照"，但"不包括任何退休金、福利、社保、卫生、残疾、退伍、公共住房或者他类似的权益，或者被告人根据其资格所应得到的其他款项和享受的服务。"[③]被宣告犯有州或者联邦法律规定的交易或持有毒品的个人，可以被否定某些联邦权益，法院可以对其无资格享有权益的期限进行自由裁量。而当被告人有三次及以上传播毒品犯罪时，法院应当永久性否定其权益[④]。

---

① United States Federal Sentencing Guidelines，§5B1.3（e）（5）.

② United States Federal Sentencing Guidelines，§5B1.3（e）（6）.

③ United States Federal Sentencing Guidelines，§5F1.6 and commentary.

④ U.S.Code，Title 18，Part II，Chapter 21，§862.

二、中美禁止令制度比较

（一）禁止令措施

1. 美国禁止令种类多

我国禁止令内容详见《关于对判处管制、宣告缓刑的犯罪分子适用禁止令有关问题的规定（试行）》（以下简称《规定》），主要有三种：禁止接触特定的人、禁止进入特定的区域和场所、禁止从事特定活动。《规定》对禁止令的内容进行了细化，而且有兜底条款，但都围绕这三种内容展开。美国禁止令内容虽与我国有重合，但是禁止令种类更为广泛。美国的禁止令在立法上采取的是不明确列举的方式，赋予法官根据案情自由裁量的权力。职业限制、禁止接触特定的地点或人、禁止饮酒都是中美两国常见的禁止令，但是有些禁止令是美国司法实践所特有的。如禁止持有武器是美国特有的，原因在于美国允许公民持有枪支，而我国立法严控枪支。美国有家庭拘禁、宵禁、间歇拘禁这些影响人身自的禁止令，而我国没有。美国还限制罪犯的联邦权益，虽然这些权益中的内容部分与职业禁止类似，但是其中绝大多数都是我国所没有的。

2. 美国禁止令与刑罚界限模糊

一般来讲，作为非监禁刑的监管措施，禁止令应当与一般的刑罚有差异，尤其是较少限制罪犯的人身自由，以防止禁止令异化为刑罚，或者成为平衡刑罚的一种手段。但是美国的禁止令除了我们常见的禁止性措施之外，还对人身自由有较大程度的限制，如联邦层面有家庭拘禁、宵禁、间歇拘禁等，各州的法典也规定了震慑拘禁（shock incarceration）、军训矫正营（boot camp）等措施。这些禁止令不同于监禁刑，但是又与限制人身自由的刑罚之间的界限模糊。如家庭拘禁就是传统刑罚执行方式的变通，将本应在监狱服刑的犯人监禁在家庭中进行考察，宵禁和间歇拘禁同样也对罪犯的人身自由有较大的限制，他们与自由刑之间的界限已经变得越来越模糊。反观我国，将禁止令与刑罚进行了明显区分，尤其是在涉及罪犯人身自由的禁止令措施上，规定得更是谨小慎微，最严重的也就是控制罪犯自由活动的范围，限制其进入或者接近特定的场所，对人身自由的限制不大。

美国的禁止令措施之所以较多限制人身自由，与美国的非刑罚化和非监禁化的趋势有关。一方面，"自20世纪80年代以来，由于形势政策的改变，导致美国监狱人口剧增，监狱人满为患，随之带来的是监狱管理经费开支剧增、监狱管理问题增多等困境。"① 另一方面，原有的缓刑制度在监管过程存在较多问题，对监管措施革新也变得越来越有必要，一系列中间制裁措施（intermediate sanctions）应运而生。家庭拘禁、宵禁、间歇拘禁等本质上都是一种中间制裁，其共同点在于罪犯不必在监狱或其他封闭的矫正机构中执行，而是在家里接受社区的监督。它与一般意义上的刑罚有很大的相似特征，较多地限制了人身自由，但是它又不是一种完全意义上的刑罚。它对人身的限制和对罪犯的惩罚介于缓刑、假释与监禁刑之间。中间制裁"是在保证社区安全的前提下，进一步拓宽替代监禁刑的适用范围，以适应不同犯罪人的不同级别的危险性和治疗不同犯罪人的需要，并通过不同层次的管理体制来改造犯罪人、让犯罪人更好地适应社会和回归社会。"②

（二）禁止令的适用

1.禁止令依附的刑罚执行方式

由于刑罚的种类和刑罚的执行方式不同，中美两国禁止令依附的刑罚执行方式有很大的差异。美国的禁止令主要依附于不同的刑罚执行方式，而我国的禁止令除了依附于缓刑这一刑罚执行方式之外，还依附于管制这一刑种。

美国在缓刑、假释、受监督释放中均可以适用禁止令。在缓刑中，法官适用的禁止令有强制适用和酌定适用两种。如果被告人的监禁刑期超过一年或者有成文法的明确规定时，法院应当判处一定期限的受监督释放，可以同时附加禁止令作为条件。在罪犯被假释之后，法院也可以附加禁止令。在我国，禁止令主要依附于缓刑。《刑法修正案（九）》（以下称《修九》）扩大了禁止令的适用范围，对利用职业便利实施的犯罪或实施违背职业要求的特定义务的犯罪，法院可以做出职业限制，禁止罪犯在刑罚执行完毕或假释之日起三至五年内从事相关职业。管制犯也可以适用禁止令，由于管制是我国特有的刑罚种类，外国很少有类似的立法。

2.美国强制适用范围广

禁止令在适用方式上可以分为强制适用和酌定适用两种。美国以酌定适用为主，但强制适用也有一定比重。美国的强制适用禁止犯罪和禁止非法持有、使用管制药品两种禁止令，但是这两种措施适用范围广，包括重罪、轻罪和违法行为，涵盖了各种类型犯罪。而我国仅要求危害食品安全犯罪和危害药品安全犯罪

---

① 唐彦.美国刑事执行法律制度借鉴 [J].广东技术师范学院学报（社会科学版），2013（11）.

② 孔凡玉.浅议美国的非居住式中间制裁制度 [J].法学研究，2012（5）.

这两种犯罪中适用禁止令①。美国强制要求适用禁止令，主要是凸显对这类犯罪的预防和打击力度，这与我国的规定比较相似。美国将针对管制药品的禁止令提高到全国层面强制适用，是为了加大对管制药品犯罪的打击和预防力度。在我国危害食品安全犯罪和危害药品安全犯罪事关民生，危害后果极大，且罪犯具备相关的技能，适用管制或者宣告缓刑之后再犯的可能性极大，因此我国对判处缓刑的强制适用禁止令。

美国的强制条件中有一条是对任何犯罪，不得实施另一联邦、州或地方法律规定的犯罪，虽有重复禁止的嫌疑，但是有合理性，主要原因在于中美两国的政体不同。我国的采取的是单一制政体，法律法规在全国范围内有效，禁止性规定自然适用于全国。而美国采用联邦制，地方有立法权，这些立法可能与犯罪地的立法不同，在一个地区合法的行为在其他地区可能违法甚至犯罪，因此有必要做出这样看似重复禁止的规定。

3. 美国将酌定条件分为不同优先等级

我国酌定适用有两种情形，一种是管制或者缓刑的考察方式，另一种是判决执行完毕后或假释中的职业限制，立法并没有对这些禁止令进行优先程度的划分。在美国，对于绝大部分犯罪，立法者赋予法官充分的自由裁量权，允许其根据案情自由决定是否适用禁止令以及禁止令的内容。但是为了进一步细化这些条件，《指南》还对酌定条件进行了分类，分别为"标准"条件（"standard" conditions）、"特别"条件（"special" conditions）和附加条件（additional conditions），这些条件在适用时有不同的优先程度，但是否适用以及如何适用交由法官裁量，不做强制性规定。

首先，《指南》推荐适用"标准"条件，主要有：没有法院或者缓刑官的许可，不得离开司法辖区或特定的地理区域；避免服用过量酒精等。其次，《指南》建议在一些情形中适用"特别"缓刑条件，主要有：如果被告人本次犯罪是重罪或者先前实施了重罪，或者在本次犯罪中使用了枪械或者其他危险武器，则禁止其持有武器或者其他危险武器；在未遵守分期偿还计划的情况下，未经缓刑官批

---

① "两高"于2013年5月2日发布的《关于办理危害食品安全刑事案件适用法律若干问题的解释》第十八条规定，在危害食品安全犯罪中，法官可以对于符合刑法规定的缓刑适用条件的犯罪分子适用缓刑，但是应当同时宣告禁止令，禁止其在缓刑考验期限内从事食品生产、销售及相关活动。同样，根据《关于办理危害药品安全刑事案件适用法律若干问题的解释》的规定，法官在危害药品安全犯罪中适用缓刑时也应当宣告禁止令。

准不得发生新的债务或开立另外的信用账户。再次，法院可以针对具体案件适用附加条件，主要有社区监管、家庭拘禁、从业限制、宵禁等。

（三）违犯禁止令的后果

美国立法界认为违反了缓刑和受监督释放的行为是一种"破坏信用"的行为，虽然在衡量破坏信用的程度时要考虑导致撤销的行为的性质，但对于新的犯罪行为判处适当的惩罚不是撤销判决的根本目的，真正的目的在于制裁没有遵循监管条件的违反者，对新的犯罪行为的惩罚将留给负责对新犯罪判决的法院。所以，撤销缓刑或受监督释放之后所判处的刑罚应该与作为撤销基础的犯罪行为所判处的刑罚应当累加执行[①]。

1. 违反禁止令的后果

在美国，缓刑和受监督释放中违犯禁止令的后果基本相同。违犯禁止令并不一定导致撤销缓刑，法院可以在考虑《法典》第3553规定的情形（犯罪性质、案情、被告人的前科、性格特征等）后，继续执行缓刑而不延长缓刑期、变更缓刑条件，也可以撤销缓刑而执行原判的监禁刑期，或者在没有原判刑期的情况下，执行根据原判决可以判处的任何监禁刑期[②]。撤销缓刑或者受监督释放时，法庭可以对被告人判处依据先前有罪认定而可能判处的任何刑罚，但只有在三种情况下被告人才可以被判处监禁刑：新的实质犯罪被认定成立、违反行为表明被告人继续自由行动有再犯实质犯罪的较大危险或为了维护法庭权威而有必要判处监禁刑[③]。美国还将违反行为分为三个级别：重罪行为（new felonious criminal conduct）、较轻犯罪行为（less serious criminal conduct）和技术性违反行为（technical violations），违反行为的等级和最初犯罪的种类决定了量刑范围[④]。

在我国，违反了禁止令并不一定导致撤销或延长。在我国，没有延长禁止令期限的规定。根据《社区矫正实施办法》第二十三条的规定，违反人民法院禁止令情节轻微的，县级司法行政机关应当给予警告，并出具书面决定。对于缓刑，与美国一样，违反了禁止令并不必然导致撤销缓刑。只有当违反禁止令情节严重

---

① See United States Federal Sentencing Guidelines，§7A3（b）.

② See United States Federal Sentencing Guidelines，§7A3（a）.

③ 美国法学会.美国模范刑法典及其评注[M].刘仁文，王祎，译.北京：法律出版社，2005：225-226.

④ U.S.Code，Title 18，Part II，Chapter 227，Subchapter A，§3553，（a）.

时，才应撤销缓刑。《规定》第十二条并列列举了情节严重的几种情形，没有像美国那样有级别划分①。由于我国存在管制这一非监禁刑，违反了禁止令后只能由负责执行的社区矫正机构所在地的公安机关进行治安处罚。

2. 撤销禁止令的程序

在美国，缓刑官发现了违反情形之后，应当迅速报告给法院，但如果违反行为程度较轻，不构成持续性违反行为的一部分，或不报告不会导致对个人或者公众过分危险或与法院任何命令不协调的话，也可以不报告。如偶尔没有提交月度报告或者轻微的违法行为，一般就不需要报告②。法庭在撤销缓、变更刑之前，应当以书面形式告知被告人理由并且召开听证会。联邦最高法院认为，撤销程序虽然不是提起公诉，但是也可能导致自由丧失，应当受到正当程序原则的限制，因此听取和反驳对自己不利的证据，并提交新证据。但在听证程序中的证明标准不是排除合理怀疑，而是优势证据标准③。

在撤销禁止令的程序方面，我国没有美国的听证程序，而是一种行政化的审批方式。发现罪犯有违反行为之后，罪犯居住地同级司法行政机关向原裁判人民法院提出撤销缓刑、假释建议书并附相关证明材料，人民法院应当自收到之日起一个月内依法做出裁定。在此过程中，仅有法院单方参与，法官在审查材料之后走内部审批即可，罪犯无法发表自己的意见，其合法权利有受侵犯的风险。

（四）禁止令的保障

1. 禁止令执行过程的机构保障

禁止令虽不同于刑罚，但由于其有禁止性内容（尤其是对罪犯的人身自由进行限制的禁止令）很容易造成对人身自由的剥夺，从而异化成为一种刑罚。因此禁止令的执行需要在预防犯罪、保障人权方面进行权衡，这需要专业化的执行机构和执行队伍。在禁止令的执行方面，美国的专业化更强。美国市级、州级和联邦级别均配备专门的执法人员——缓刑官（probation officer）。缓刑官应当有学制四年的学士学位，联邦级别的缓刑官应当有硕士学位。缓刑官往往在矫正管理

---

① 规定：第十二条列举的"情节严重"，主要指以下情形：1.3次以上违反禁止令的；2.因违反禁止令被治安管理处分后，再次违反禁止令的；3.违反禁止令，发生较为严重危害后果的；4.其他情节严重的情形。

② See United States Federal Sentencing Guidelines，§7B1.2（a）.

③ Gagnon v.Scarpelli，411U.S.778（1973）.

领域具有适当经验，或在被承认的大学受过相关学科的适当培训①。当缓刑犯被分配给具体的缓刑官后，缓刑官会根据每个犯人的情况不同特点，专门制定监管方案，选择合适的监管方式。美国还吸收社会机构参与禁止令的执行。如前文提到禁止管制药品和酒的禁止令，就吸收了药物检测机构的合作，犯人除了接受检测之外，符合条件的还需要参加矫正项目。对于被受监督释放的罪犯，还可以参加中途之家（halfway house）或者居住式社区矫正中心（community residential centers），以提升对社会的适应性。

而我国在此方面有待提升。我国禁止令由司法行政机关指导管理的社区矫正机构负责，虽然在部分地区已经形成了完整的社区矫正工作模式，但是社区矫正工作队伍的专业化与实际需求相差悬殊。社区矫正要求社区矫正工作人员具备法学、教育学、社会学、心理学等方面的知识，而很多地区的社区矫正执法人员中，对教育学、社会学、心理学方面的知识掌握较少，更没有一个取得心理咨询师资格，有的甚至连电脑都不会使用。我国社区矫正人员的来源十分复杂，有的地方不得不从监狱、看守所抽调干警来解决司法所的压力，他们的确有一技之长，却达不到应有的专业性，难以长期从事社区矫正工作。我国社会参与程度也不足，在配套的监管、教育方面付之阙如，更没有引入社会的力量。虽然我国在基层司法机构方面比较完善，但能向司法机构提供服务的组织，如心理咨询机构、矫正机构、职业培训机构等规定的并不完善。

2. 禁止令的技术保障

禁止令的内容广泛，如果不依靠一定的科技手段，仅靠人力监督不仅时常捉襟见肘，也未必能够得到良好的效果。美国对社区服刑人员的科技监管依托于国家执法和矫正技术中心（National Law Enforcement and Corrections Technology Center），该中心旨在研发用用于社区监管的科技，如电子监控、性犯罪计算机监控技术、矫正人员室内定位和追踪技术、综合犯罪数据和全球卫星定位系统位置数据比对技术、酗酒和嗑药分析技术等②。在美国，禁止令的执行中往往选择电子监控作为禁止令的技术保障，它的一个重要作用就是使得家庭拘留得以真正实现。《指南》将电子监控作为一项适当的监督手段推荐在家庭拘留和宵禁中使用。

在我国，司法行政部门也已经发现了高科技在执行禁止令方面所拥有的便捷

---

① 美国法学会. 美国模范刑法典及其评注 [M]. 刘仁文，王祎，译. 北京：法律出版社，2005：309.

② 李志，应方淦. 社区服刑人员的科技监管：来自美国的探索 [J]. 价值工程，2013（12）.

和高效，也开始探索 GPS 定位系统和电子手环等高科技措施。但是目前我国对这些高科技仍然处于知悉层面，不仅在技术上存在漏洞，真正发挥高科技的作用也尚需时日。

三、我国禁止令制度的完善

禁止令制度在我国处于起步和摸索的阶段，所以立法规定禁止令制度方面显得极为谨慎，且司法实践也处于摸索中。美国的禁止令制度自确立到现在已经有一百多年的历史，现在已经日臻完善。考察美国的禁止令制度，吸收其合理成分，对我国禁止令制度的完善和发展有重要意义。

（一）逐步扩大禁止令适用范围

《修九》扩大了禁止令的适用范围，法院可以禁止部分罪犯在刑罚执行完毕或假释之日起三至五年内从事相关职业，这与美国的禁止令可以适用于假释和受监督释放的规定有些相似。基于预防犯罪的目的，我国可以将禁止令首先扩大到假释犯。一方面，假释犯为判处有期徒刑或无期徒刑的犯罪分子，其人身危险性和社会危害性往往高于缓刑犯和管制犯，将具有一定再犯可能性的罪犯置于社会中，会增加社会的不稳定因素。举轻以明重，对缓刑犯和管制犯可以适用禁止令，对假释犯当然也可以适用，这有利于刑法规范的内部协调。另一方面，三种罪犯有很大的相似性。假释犯、缓刑犯和管制犯都需要进行社区矫正，人身自由都受到了一定程度的影响，在考验期内所遵守的规定类似。对缓刑犯和管制犯可以适用禁止令，对假释犯也可以适用。此外，职业禁止已经适用于假释犯，在时机成熟之后，可以扩大对其禁止的内容。当禁止令之适用到假释犯之后，再逐步拓展到暂予监外执行的犯罪分子和刑罚已经执行完毕的犯罪分子。

（二）设立撤销禁止令的听证程序

在法院做出禁止令之前，法庭审理的过程就相当于一个听证的过程，被告人在有充分发表意见的权利。而在撤销禁制令时，整个司法程序的运作就是一个行政审批模式，缺乏民主性和公开性，罪犯难以发表自己的意见，反驳司法行政机关的意见。而撤销禁制令的后果是收监执行，罪犯面临着长时间的监禁刑，其效果与法院直接判处被告人监禁刑并无区别。因此，从保障人权的角度出发，基于正当程序原则，我国有必要设立撤销禁止令的听证程序，给罪犯一个公开的申辩机会。听证会上，罪犯和社区矫正机构可以充分发表意见，就违反事实、情节、法律后果等充分发表意见，法院也可以向双方发问以了解案情。听证结果可以作为判断被告人的违反行为是否属于"情节严重"，既保护了罪犯的合法权益，又约束了法官的自由裁量权。

（三）加强禁止令执行的机构保障

《社区矫正实施办法》明确规定由县级司法机关开展基层社区矫正的管理工作，基层司法所承担社区矫正的日常工作任务，从机构设置上看，社区矫正机构已基本在全国确立[①]。但我国社区矫正的专业化程度有待提升，不仅在数量上扩充，以确保工作人员与矫正对象的比例合理，也要提升工作人员的专业素质，改变人员结构。目前我国很多高校都已经开设了社会工作专业，而对口工作却十分稀缺，这些毕业生也成为开展社会工作的潜在人力资源，有必要将其纳入禁止令的执行中。此外，还需要配备一定数量的法律和心理方面的工作人员，提供法律咨询和心理咨询，疏导和安抚被矫正人员。

（四）吸收社会参与禁止令的执行

社区矫正也不是政府本身的事情，它与社区中的每个个体息息相关。社会参与禁止令的执行，能够调动更多的社会资源，弥补政府的不足，促使罪犯更好回归社会。社会中有大量的青联、妇联、工会、志愿者协会等社会组织，有广泛群众基础和专业知识，可以将这些机构吸收到社区矫正的执行中。一些非政府组织、基金会等公益组织也专门开设了社区矫正方面的公益项目，它们也可以吸收到社区矫正的执行之中。目前，我国已经出现了类似中途之家这样的社会组织，部分地区已经开始探索"政府指定服务项目——社团运作——政府购买服务"这样的运作模式，吸纳更多的社会机构参社区矫正[②]。

（五）增加禁止令执行的科技投入

将科技装备运用到禁止令的执行中事半功倍。在美国，较为流行的电子监控措施是电子手环或者电子脚环。如电子手环定位监控系统采用GPS和基站定位相结合的原理，能自动发出定位信号，警察或者缓刑官能够实现对佩戴者的实时监控，掌握其行动轨迹。我国在禁止令的执行过程中已经注意到使用电子监控技

---

① 全国已有97%的地（市、州）、94%的县（市、区）和89%的乡镇（街道）开展社区矫正工作，社区矫正工作规模和覆盖面进一步扩大，社区矫正人员大幅增长，并将持续一段时间，全国社区矫正工作面临着新的挑战，同时也对进一步统一规范社区矫正实施工作提出了新的要求。

② 董林栋.浅议我国社区矫正之社会参与制度的完善 [J]. 经济视角，2013（2）.

术，很多地区已经展开了试点。如上海2011年5月开始启用第一代"电子手铐"，要求被告人刘某在缓刑期内必须随身携带"实时监管器"，不得人机分离并保持24小时处于开机状态^①。但是囿于财力和技术的限制，这些装备仅能在部分经济水平较发达的地区使用，在落后的地区难以大范围的推广。我国目前仍欠缺一个像美国的国家执法和矫正技术中心那样专门服务于社区矫正的技术机构，难以提供所需的技术支持。这些都无疑掣肘了禁止令的执行效果。因此，我国有必要在技术方面进一步加大物力、财力投入。

---

① 刘建. 上海启用第一代"电子手铐"[N]. 法制日报，2011-05-18（01）.

论辨认的真实性 ①

内容摘要：辨认在我国刑事诉讼中占有重要的地位，往往成为定案的关键，因此错误辨认也是导致错案的重要原因。辨认的真实性受多方面因素的影响。首先，辨认人的记忆不可靠。辨认人对案件事实的感知不完整，且在感知案件事实后会遗忘或重构案件事实。辨认人在辨认过程中做出的判断是相对判断，很容易猜测出辨认结果。其次，辨认的场所封闭，组织人在追诉心理下容易丧失中立性，会对辨认人会进行暗示。我国司法人员难以对辨认笔录进行实质审查，审查的过程实际上就是对辨认笔录的确认。我国已经初步确立了部分辨认规则，但现有的辨认规则已经失灵。为了有效避免辨认过程中的暗示和猜测，我国可以引入"双盲"辨认规则和顺序辨认规则，同时对辨认过程进行同步录音录像。

关键词：暗示　猜测　实质审查　双盲辨认　顺序辨认

辨认是为了查明案件事实，在侦查人员的主持下由被害人、目击证人或者知情人对嫌疑人、物品或者尸体等进行同一认定的活动。辨认往往直接将嫌疑人与案件事实关联，极有可能成为定案的直接证据。辨认的真实性会对案件的最终结果具有决定性影响，因此，对辨认真实性的保障以及对辨认笔录的审查就变得尤为重要。

一、错误辨认是导致错案的重要原因

辨认在侦查过程中具有不可代替的作用，而辨认活动很容易受到辨认人员

---

① 此文原载《法学杂志》2016年第7期，与李洪杰合作。

自身的限制以及侦查人员的影响，导致辨认结果失真，因此错误辨认往往是导致冤假错案的重要原因。即使在法治发达的美国，错案也经常发生，其中一个重要原因是辨认错误。对错案研究比较深入的是"无辜者"计划，该组织致力于通过DNA技术来纠正错案。截至2015年9月25日，该组织已经成功纠正了325个错误判决。经统计发现，证人的错误辨认是错判的主要原因，有235个案件存在这一因素，占错案总数的72%。这些错案大都是强奸、伤害类案件中，被告人均因被害人的指认而被判有罪，且都是在判决后通过DNA测试才得以纠正的。由于并非每一个案件都有生物证据，因此潜在的错案数量可能更多。

在我国，近年来引起社会广泛关注的刑事错案中也可以发现辨认错误的存在。因绝大多数被曝光的错案都有刑讯逼供行为，所以在各界提出的刑事错案致错因素中，刑讯逼供往往被推到风口浪尖。但是如果我们仔细分析就会发现案件的许多蹊跷之处，如已"死亡"被害人"复活"、真凶出现等，这与错误的辨认及办案部门对辨认结论的错误采信有重大联系。有学者就对媒体曝光的19起刑事错案进行了分析，"在这19起错案中，除1起案件没有辨认结论、2起案件批捕情况不详以外，其余16起案件中不该被采信的辨认结论均至少被一个诉讼程序采信了，甚至有的辨认结论被五个或六个诉讼程序所采信。显然，在这16起错案中，都存在着办案人员盲目轻信辨认结论的现象……"[①]侦查人员轻信了辨认结果，以刑讯逼供的方式来"印证"辨认结论，这种以定罪结论反制证据调取和证据审查的办案模式最终导致了错案的发生。如湖北"佘祥林案"，湖北警方在证人错误辨认后把无名女尸错当成佘祥林之妻张在玉，这就导致了在案件开始时侦查机关即先入为主[②]。与此类似的还有"滕兴善故意杀人案"，证人错把无名碎尸认为被害人石小荣，从而导致侦查方向出现错误[③]。

二、影响辨认真实性的因素

"辨认其实就是心理学中的再认。再认是在感知外界信息的基础上，将储存在记忆中的表征与辨认对象进行比较，做出判断的过程。"[④]辨认对主、客观条件

① 王佳.刑事错案与辨认[J].人民检察，2011（14）.

② 李文健，郭菁.证据与错案关系之探讨[J].广西大学学报（哲学社会科学版），2009（S2）.

③ 金陵.杀人碎尸者被毙16年后被杀者仍健在[EB/OL].（2005-06-16）[2015-09-26]

④ 姜丽娜，罗大华，应柳华.心理学视野下的辨认规则解析[J].山东警察学院学报，2008（1）.

的要求比较严格，从辨认人目击案发过程到做出辨认，期间的任何差错都有可能导致辨认结果失真。

（一）辨认人的记忆不可靠

1. 辨认人的记忆受到影响

首先，辨认人对案件事实的感知不完整。感知是记忆的基础，没有感知就没有辨认。辨认人对客体特征的感知程度与感知案件事实的时间长短、光照条件、地形地貌、距离等物理条件有很大关系，也同辨认人当时的健康状况、精神状况等相关。人们不可能对案发时所有的事情都予以注意，只能获取其中一小部分信息。在有的条件下，辨认人极难对案件特征进行感知，如在深夜里的抢夺案件，案发时间很短，光照条件差，在极度惊恐的情况下，被害人几乎不可能对劫匪有清晰的印象。感知还与辨认人的经验和阅历有关，对于同一起交通事故，受到惊吓的乘客极有可能记不住任何有价值的信息，而有经验的交警却能有效描述案发过程。但遗憾的是，绝大多数辨认人不是专业人士，不能达到这样的感知水平。

其次，辨认人感知案件事实后会遗忘或重构案件事实。在感知案件特征后，人对案件的记忆过程实际上是对案件信息的一个遗忘过程，客体特征在人脑中的印象总是在不断减少。这是一个生活常识，也被无数研究证明。人们的记忆也容易受到外界因素的干扰，记忆会随着时间的推移而变化，整合并加入新的信息。"人们如果接触到了关于案件的信息，就很有可能将这些信息纳入记忆中去，结合先前目击的关于案件的信息，重新构建关于此事的记忆，从而影响到之后辨认的准确性。"[1] 即使接触的不是案件信息，也有可能将这些本不存在的信息整合到记忆之中，从而对原有的记忆进行重构。而实践中辨认人往往在案发很久才被要求进行辨认，这时辨认人头脑中遗留的感知特征已经被遗忘或者重构，很可能不具备进行辨认的条件，也即进行辨认已经超过了所需的必要时间。

2. 辨认的相对性

"目击者只是感知到案件的某一部分，要凭借头脑内仅存的信息辨别出犯罪嫌疑人，就必须将本身具有的丰富知识和感知的案件材料相结合，做出判断。"[2] 而由于主客观因素的影响，辨认人的猜测也影响着辨认结果的真实性。

由于事过境迁，辨认人的记忆中往往掺杂了很多与案件无关的记忆，他们

---

① 姜丽娜，罗大华，应柳华. 心理学视野下的辨认规则解析 [J]. 山东警察学院学报，2008（1）.

② 何恬. 对目击人辨认的心理分析 [J]. 江苏公安专科学校学报，1997（5）.

会有意或者无意地把案发后的事物甚至假想的事物融入真实发生的事情当中，因此，辨认人做出的判断是相对判断。进行同时列队辨认或者同时照片辨认时，目击证人会将同时呈现在自己面前的所有辨认对象的特征与头脑中的特征进行比对，倾向于指认队列中相对于其他人而言最像记忆中的罪犯的那一个，这种指认是相对准确的，而非绝对正确①。在进行特征比较时，辨认人很难客观地将被寻找客体的特征与受审查客体的特征认真比较，只是得出一个模棱两可的结论。而人们往往有一种追诉犯罪的心理，尤其是被害人作为辨认人员时，他们会先入为主地以为被辨认的人员中有嫌疑人。虽然其头脑中存储的客体特征已经非常模糊，他们也极有可能会勉强地从中选出一个，即使被挑选的人极有可能不是真正的罪犯。

实践中很多辨认人在辨认之后对辨认结果非常确信，但是这种确信与辨认的真实性并非呈绝对的正比例关系。通过实验发现，证人的确信程度与辨认结果的准确性之间的联系大概在0.4的范围内，1是两者间联系的理想程度，0是表明两者间没有任何联系②。也就是说，确信度与准确性之间没有必然的联系，很多言之凿凿的证人的辨认是错误的，而很多不确定的证人的辨认结果可能是正确的。

（二）主持人员的暗示

"暗示是用含蓄、间接的方式对他人的心理和行为施加影响，使其按照一定的方式去行动或接受己方的意见、观点。"③辨认人应当基于自己的记忆进行辨认，而不应该受到组织人的影响，但是不可否认的是，组织者可以让辨认人的确信更加膨胀，也可能让辨认人的自信缩小。心理学研究表明："辨认过程中，辨认活动的组织者与辨认人之间存在着高度的人际影响和加工。无论组织者是否故意对辨认人施加影响，其下意识、不经意的一些行为都有可能为辨认人所'意会'，并严重地影响辨认人的注意和自信，以使自己的辨认结论趋向主持者的要求。"④

一方面，辨认场所的封闭性为暗示创造了条件。我国对辨认的场所没有具体规定，但是实践中辨认一般在侦查机关内部进行，如公安局、派出所内，也

---

① WELLS GL: What do we know about eyewitness identification?[M]. 48 American Psychologist, 1993: 553–571.

② WELLS, G.L., E.Seelau. Eyewitness Identification: Psychological Research and Legal Policy on Lineups[J]. Psychology, Public Policy and Law 1, 1995: 765–791.

③ 张泽涛. 目击者错误指证的原因分析及防范 [J]. 中国刑事法杂志, 2002（4）.

④ 杜春鹏，丁燕鹏. 完善我国侦查辨认规则 [J]. 人民检察, 2007（1）.

有的在看所内。这些场所较为封闭，外界无法对其进行有效的监督，这给组织者对辨认人进行暗示创造了条件。另一方面，侦查人员的追诉倾向决定了其容易对辨认人施加影响。辨认活动由侦查人员组织进行，这实际上是由案件的承办人主持进行的。作为主持人的侦查人员是否超然于案件之外而不会运用自己手中的职权，对辨认的结果有重要影响，片面追求实现自己更重视的"侦查人员"角色所应当完成的使命会使其置程序的公平与正义于不顾①。辨认对象往往是侦查人员千辛万苦抓捕到的，其组织辨认往往是让辨认人对被抓捕对象进行指认，从而让自己确认自己的想法。当侦查人员急于明确嫌疑人或者自己已经对嫌疑人非常确信时，其行为难免带有暗示性，甚至连自己都不会察觉。

"辨认组织者的期待会和被测对象之间有意或无意地产生交互影响，后者会因此调整自己的行为，这已经被四十多年的社会研究证实了。"侦查人员的暗示包括有意识的暗示和无意识的暗示。有意识的暗示主要表现在主持者的主持方法、对目击者的指导语言以及辨认完成后对目击者的信息反馈等方面。方法上，主持者会把与嫌疑人的特征相差很大的其他人放在辨认对象之中；语言上，主持者会说出"从中选择一个"这样的话；在信息反馈方面，组织人员会说"你确定吗""你再仔细看一看"等。这样或明或暗的暗示无疑给辨认人的心理产生了潜移默化的影响，使得辨认过程成为对侦查人员办案成果的确认过程。"暗示使辨认人重构了他们的目击经历，更愿意证实和报告他们具有很好的认知陌生人的能力，从而影响了辨认的准确性。"②无意识的暗示是指侦查人员本无暗示的故意，但是其客观行为却给辨认人以暗示。主持者有可能挑选出与他们抓获的犯罪嫌疑人的外貌特征反差极大的人供辨认人辨认；组织者还可能将嫌疑人的照片在每次辨认中都出示给被害人或者目击证人，或者使其在辨认的队列中过分突出，或者仅仅给嫌疑人戴刑具；更有的组织人将嫌疑人的照片与11名韩国明星的照片放在一起进行辨认，这既有违司法的严肃性，也有暗示的倾向。"这些都在客观上突显了犯罪嫌疑人，流露侦查人员的意思倾向，而对辨认人施加了不当暗示。"③

①　张纬武.刑事辨认制度研究 [D].成都：四川大学，2006：50.

②　姜丽娜，罗大华，应柳华.心理学视野下的刑事辨认规则解析 [J].山东警察学院学报，2008（1）.

③　封涵书.侦查辨认客观性缺失问题研究 [J].湖南公安高等专科学校学报，2008（8）.

三、辨认笔录内容的真实性难以实质审查

一旦辨认人的辨认结果与侦查人员的期待结果相一致时，侦查人员就很容易陷入对辨认结果的迷信，对相反的证据视而不见，导致做出错误的决定。本着"分工负责、相互配合、相互制约"的原则，检察院、法院原有可能防止错误辨认产生不良后果。但是，这些规定在实践中并没有产生积极的效果，承办人只能对辨认笔录进行事后的形式审查，却无法进行实质审查，错误辨认仍很容易蒙混过关。

辨认由侦查机关组织实施，由于侦查活动具有封闭性的特征，外部对其制约有限，虽然有的辨认中有见证人，但是见证人非专业人员，对于辨认中的暗示很难有准确的判断。即使发现侦查人员存在暗示的行为，也不愿意提出意见，因为见证人往往是侦查机关聘请的保安或者与侦查人员关系密切的人。因此辨认中产生的不规范行为，只能通过对辨认笔录的审查予以发现。而辨认笔录往往采用格式模板，由组织人员填写。笔录仅是对辨认过程的程序化记载，对辨认的过程记载不全面，且有选择性，不能有效反映辨认的全过程，更不会记录组织者的言行、行为等细微，但是会对辨认人产生暗示的活动。虽然承办人可以通过询问辨认人来了解辨认的过程，但是这种情况很少见，且由于距离辨认已经很长时间，辨认人对辨认过程的印象减弱，对辨认中是否有暗示等问题难以做出有效说明。因此，承办人无法通过审查辨认笔录来判断辨认过程中是否存在暗示行为。由于缺乏对辨认原理以及辨认笔录的正确认识及有效的监督手段，办案人员只能本着"眼见为实，耳听为虚"的原则，相信辨认人亲眼做出的判断，轻信辨认笔录。

四、辨认笔录真实性的保障

辨认是在对辨认对象进行对比后做出的有相对确定性的判断，"辨认笔录可谓所有证据种类中最不可信、包含最大潜在危险的证据。"[①]因此原刑诉法没有将其列为法定的证据种类。但是即便如此，辨认笔录在刑事诉讼证明中仍然发挥着不可替代的作用，否定其证据资格只能因噎废食，因此修改后的刑诉法将其列为法定的证据种类。影响辨认真实性的主要因素在于暗示和猜测，这些都发生在侦查阶段，检察院和法院无法阻止或纠正，只能以事后审查的方式进行形式审查。

---

① 程飞.刑事辨认笔录作为证据使用的审查判断 [J]. 商品与质量，2012（4）.

因而，辨认笔录的真实性的保障应当从源头抓起，即用辨认规则来保障辨认笔录的真实性。虽然辨认过程被侦查人员主导，但影响辨认的暗示和猜测因素可以通过辨认的组织规则来进行制约。

（一）现有辨认规则失灵

辨认人在感知和记忆阶段受影响是辨认前的一种客观情况，对此我们无能为力。但是，通过设立一定的辨认规则，可以将辨认之前的这些不利因素的影响降到最低，同时阻隔辨认过程中影响真实性的因素。目前，我国在刑事辨认中已经确立了混杂辨认规则、辨认前说明规则、禁止暗示规则和分别辨认规则，这些规则为了保证辨认笔录的真实性发挥了巨大作用。但总的来说，我国现行的辨认规则相对简单粗糙，实践中产生了很多问题，主要在于难以避免辨认过程中的暗示和猜测。

现行的《公安机关办理刑事案件程序规定》和《人民检察院刑事诉讼规则》都为辨认人的猜测提供了广阔的空间[①]。根据司法解释的规定，侦查机关在主持对人的辨认时，犯罪嫌疑人一定出现在被辨认的对象中，至少是主持机关认为里面有。辨认人基于对司法机关的信任，在辨认时就已经知道被辨认人中有犯罪嫌疑人，不然侦查机关就不会组织辨认。猜测就这样产生了：既然要求自己进行辨认，那么犯罪人肯定已经被抓获；既然犯罪人已经被抓获，那么犯罪嫌疑人必然已经被混杂在所提供的辨认对象中。"在这种先入为主的判断的支配下，辨认人很可能不是'辨认'出，而是'选择'出犯罪嫌疑人。这是在辨认活动中很难避免的，也正是辨认最为致命的一个缺点。"[②] 同样，辨认中的暗示也普遍存在。某市检察机关对近三年来全市公诉案件辨认活动中存在的问题进行了统计。统计发现侦查机关的暗示行为比较突出。辨认时存在给辨认人以明显提示、辨认前使辨认人见到辨认对象、陪衬的辨认对象不具有类似性等问题。例如，某院办理的"齐某某、杜某某寻衅滋事案"中，侦查人员辨认前告知辨认人照片中"肯定有

---

① 公安机关办理刑事案件程序规定：第二百四十九条规定："为了查明案情，在必要的时候，侦查人员可以让被害人、证人或者犯罪嫌疑人对与犯罪有关的物品、文件、尸体、场所或者犯罪嫌疑人进行辨认。"人民检察院刑事诉讼规则：第二百五十七条规定："为了查明案情，在必要的时候，检察人员可以让被害人、证人和犯罪嫌疑人对与犯罪有关的物品、文件、尸体或场所进行辨认；也可以让被害人、证人对犯罪嫌疑人进行辨认，或者让犯罪嫌疑人对其他犯罪嫌疑人进行辨认。"

② 谢鹏. 刑事侦查中辨认的缺陷与司法危险 [J]. 广西公安管理干部学院学报，1999（2）.

一个人是""肯定有一个人在现场出现过",在辨认人明确表示"好像是""不能确定"时,侦查人员则强调"只能是或者不是"。

(二)确立新的辨认规则

对辨认真实性的干扰主要在于暗示和猜测,在原有规则难以保证辨认真实性的情况下,有必要引入新的规则予以规制,将暗示和猜测的影响降到最低。结合国内外的司法实践以及学者长时间的对比研究,我国引入"双盲"列队辨认("double-blind"lineup)和顺序列队辨认(sequential lineup)比较可行,同时需要在辨认中落实同步录音录像。

1."双盲"辨认规则

"双盲"规则是一种不同于以往的辨认规则,"双盲"主要是指组织者和辨认人对辨认对象的"盲"。在"双盲"辨认中,组织者应该是未参加侦查活动的人,不知道被辨认对象中是否有嫌疑人 / 物,以此保证组织者的"盲";在辨认开始前,组织者应当告知辨认人自己不知道辨认对象中是否有嫌疑人 / 物,以此保证辨认人的"盲";在辨认过程中,除了必不可少的交流之外,主持人员不应同辨认人有任何形式的交流,即使是必要的询问,也应掌握限度。组织者更不能有暗示性质的语言、肢体、表情等。"双盲队列辨认旨在防止队列辨认的组织者(一般指侦查人员)不经意地影响辨认人在辨认过程中的判断以及辨认人对辨认结果的确定性。"[1] 这一功能源于规则的组织方法:

首先,在"双盲"辨认中,组织人应该是侦查人员以外的人。此举的主要目的是隔断组织人员对辨认人的影响。一方面,"实验结果表明,当由一名不知道案情并且不知道谁是嫌疑人 / 物的人负责组织辨认时,辨认过程的暗示因素最小,而辨认结果的准确性显著提高。因此,心理学家提出了'双盲程序'的建议,即在辨认程序中使主持人和辨认人都不知道嫌疑人、物是否在队列中。"[2] 另一方面,主持人员不知道被寻找客体是否在其中,不确定谁是最终需要被指认的对象,也不会对辨认结果有过多的期待,仅进行组织活动,无从做出暗示。

其次,组织人员告知自己不知道辨认对象中是否有嫌疑人 / 物。这可以有效减少辨认人的猜测心理。"这一点对于实际的队列辨认来说尤为重要,一方面是

---

[1]　See Wells, etlal .Eyewitness identification procedures:Recommendations for lineups and photospreads[J]. Law and Human Behavior, 1998, 22, 603-647.

[2]　王佳 . 刑事辨认的原理与机制 [M]. 北京:北京大学出版社,2011:183.

因为，多数辨认人倾向于使用相对判断法；另一方面是因为，辨认人通常认为除非警察相当肯定罪犯不在队列中，否则他们就没有必要安排这次辨认了。也就是说，警方组织辨认人进行辨认这一行为本身就对辨认人产生了暗示——'我们已经找到罪犯了'。"① 被告知后，辨认人没有必要必须从中选择出一个答案来，也可以做出不肯定或者否定判断，因为他们不可能对辨认对象的同一认定程度达到百分百的确信。辨认人在辨认前不知道辨认对象的信息，不知道被寻找客体是否在其中，仅将大脑中现存的记忆特征与受审查客体的特征进行比较，不会先入为主地"猜测"。

最后，主持人和辨认人之间交流应该有限度。交流是沟通双方的渠道，也是进行暗示的最主要方式，主持人的语言、动作、眼神等都可以对辨认人产生影响。"双盲"的主要目的是阻隔一方对另一方的暗示，因此，阻断这种干扰的渠道，可以将暗示降低到最低程度。当然，在辨认过程中，为了保障辨认顺利进行，可以有一定限度的交流。

2. 顺序辨认规则

顺序辨认方法是指将嫌疑人和具有相似特征的陪衬人或照片按照顺序依次展现在辨认人面前，辨认人在看到被展示的辨认对象之后必须做出"是"或"不是"的判断，然后才能进行下一个辨认对象的展示。无论哪一种辨认，辨认人的猜测在所难免，但是我们可以通过辨认规则将猜测的影响降到最低。传统的同时辨认（simultaneous lineup）是将每个辨认对象的形象进行横向比较之后然后才与头脑中的印象进行比较，这样做出相对判断（relative judgment）。当辨认对象中没有真正的罪犯的时候，出错的概率非常高，因为辨认人倾向于从中挑选出一个②。而顺序辨认中辨认人每次比较的是每个辨认对象的形象与自己头脑中的印象，这是一种绝对判断（absolute judgment）。辨认人看见一个就判断一次，这就有效减少了辨认人对辨认对象进行比较后猜测出辨认结果的可能③。有研究就显示，顺序辨认的

① 王佳. 刑事辨认的原理与机制 [M]. 北京：北京大学出版社，2011：128.

② Wells, G.L., E.Seelau. Eyewitness Identification: Psychological Research and Legal Policy on Lineups[M]. Psychology, Public Policy and Law 1，1995：765-791.

③ See Steblay, N.K., Dysart, J.E., & Wells, G.L.（2011）.Seventy-two tests of the sequential lineup superiority effect: a meta-analysis and policy discussion.Psychology, Public Policy, and Law, 17, 99 - 139.

错误率比同时辨认的错误率低14%①。

　　在顺序辨认中更应该妥善选择陪衬者，不能不恰当地突出嫌疑人，否则会比传统的辨认更容易出现差错。顺序辨认中，如果陪衬者将嫌疑人明显地突出，极有可能造成辨认人错误挑选出这个陪衬者，因为在顺序辨认中辨认人与辨认对象呈一对一状态，能够选择的余地非常小，当发现个体特征极其明显的辨认对象时，很容易马上选择。而同时在辨认中，辨认人即使发现辨认对象中有一个比较突出，也有机会对其他辨认对象进行筛选，其选择的余地更大。

　　3. 对辨认过程进行同步录音录像

　　书面的辨认笔录因为其格式化的形式只能静态记载辨认活动中的部分内容，内容不全面且结果容易被侦查人员篡改。而司法人员对辨认笔录的审查只能是事后的形式审查，无法窥探辨认的真实情况。因此，为了给检察官和法官创造实质审查的机会，可以将辨认过程同步录音录像。同步录音录像可以对辨认过程进行动态、全程展示，将辨认对象的外在特征、辨认人辨认过程中的表情和语言、组织人员的组织方式、辨认的最终结果等予以全部记录，这就为辨认笔录的实质审查提供有力的证据支撑。录音录像也能规范组织人员在辨认过程中的行为，防止其采取暗示性措施。因为当得知自己的行为被全程录像时，组织人员会为了防止日后被发现有不规范行为而严格按照辨认规范组织辨认。

---

① See Steblay, N.K., Dietrich, H.L., Ryan., Racynski, J.L., & James, K.A.（2011）.Sequential lineup laps and eyewitness accuracy.Law And Human Behavior[J]. 2011, 35（4）: 262–274.

刑事速裁程序实施问题与对策研究——以北京市 C 区法院为样本 [①]

内容摘要：刑事速裁程序试点工作两年期限即将届满。试点过程中，通过适用速裁程序在一定程度上提升了诉讼效率，取得了一定的实效。但仍存在着适用率不高、效率提升不明显、被告人权利保障不足等问题。在今后的改革中，应明确速裁程序以效率为价值追求，全程简化诉讼流程，建立强制律师帮助制度，改革审理方式，明确量刑优惠幅度，原则上实行一审终审，进而完善速裁程序，使其成为普通程序、简易程序之外的第三种诉讼程序。

关键词：速裁程序 诉讼效率 实施问题 改革完善

2014年6月27日，第12届全国人大常委会第9次会议通过了《关于授权最高人民法院、最高人民检察院在部分地区开展刑事案件速裁程序试点工作的决定》，授权最高人民法院、最高人民检察院在北京、天津、上海等地开展刑事案件速裁程序（以下简称速裁程序）试点工作。随后，最高人民法院、最高人民检察院、公安部、司法部于2014年8月26日下发了《关于在部分地区开展刑事案件速裁程序试点工作的办法》（以下简称《办法》），对于速裁程序的实施做了具体规定。

速裁程序，是指对于某些特定类型的轻罪案件[②]，由于被告人对起诉的事实、

---

① 此文原载《法学论坛》2016年第5期，与李晓合作。

② 根据《办法》规定，速裁程序的案件范围为危险驾驶、交通肇事、盗窃、诈骗、抢夺、伤害、寻衅滋事、非法拘禁、毒品犯罪、行贿犯罪、在公共场所实施的扰乱公共秩序犯罪情节较轻、依法可能判处一年以下有期徒刑、拘役、管制的案件，或者依法单处罚金的案件。

罪名及量刑建议均予以认可，而适用的一种较之简易程序更为简化的快速审理程序。与简易程序相比，速裁程序进一步缩短了案件审理期限，省略了法庭调查、法庭辩论环节，且裁判结果必须在量刑建议幅度内做出。在司法改革大背景下，速裁程序对于优化审判资源配置，实现刑事案件的繁简分流，贯彻以审判为中心的诉讼制度具有重要意义。北京市 C 区法院作为速裁程序的首批试点法院，积极开展试点工作，且由于该院案件基数大，类型多样，以该院试点情况为样本进行考察，对于发现速裁程序实施过程中存在的问题，研究完善速裁程序的对策，具有重要的理论和实践价值。

一、速裁程序的实施现状及效果

（一）实施现状

1. 案件数量

北京市 C 区法院于 2015 年 2 月开始速裁程序试点工作，截至 2015 年 12 月 31 日，共适用速裁程序审结刑事案件 332 件 348 人，占该院全年刑事案件数（3330 件）的 9.97%，占该院全年简易程序案件数（2210 件）的 15.02%，平均每月适用速裁程序审结 27 件左右。

2. 案件类型

在适用速裁程序审理的 332 件案件中，从犯罪主观方面看，故意犯罪案件 329 件，占 99.1%，主要包括危险驾驶、盗窃、妨害公务、故意伤害等轻微刑事案件；过失犯罪案件仅 3 件，占 0.9%，全部为交通肇事案件。（见表 1）

表 1

案由	故意犯罪案件					过失犯罪案件
	危险驾驶	盗窃	妨害公务	故意伤害	其他轻微刑事案件	交通肇事
件数	151	85	32	21	40	3
占比（%）	45.48	25.60	9.64	6.33	12.05	0.9

从具体案由看，332 件速裁程序案件中，危险驾驶案 151 件（占 45.48%），盗窃案 85 件（占 25.60%），妨害公务案 32 件（占 9.64%），故意伤害案 21 件（占 6.33%），贩卖毒品案 12 件（占 3.61%），寻衅滋事案 7 件（占 2.11%），非法拘禁

案6件（占1.81%），容留他人吸毒案5件（占1.51%），信用卡诈骗案4件（占1.20%），交通肇事案3件（占0.90%）。非法持有毒品案2件（占0.61%），抢夺案1件（占0.3%），故意毁坏财物案1件（占0.3%），掩饰、隐瞒犯罪所得案1件（占0.3%），非法经营案1件（占0.3%）。（见图1）

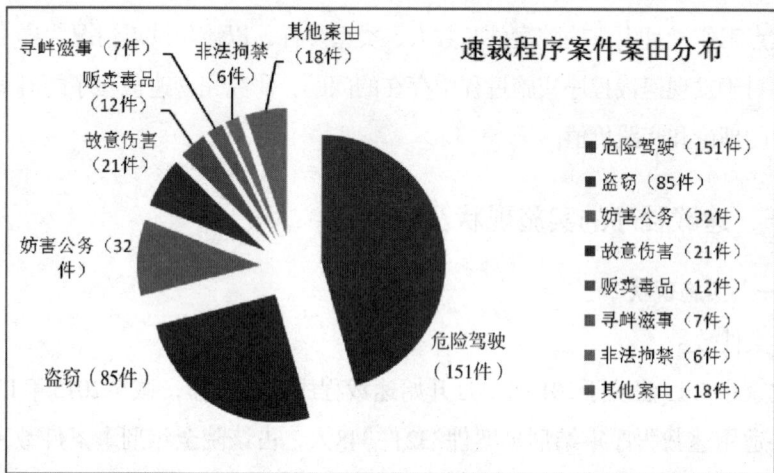

图1

由图1可知，在《办法》所规定的11类案由中，目前该院已经审理了危险驾驶、交通肇事、盗窃、抢夺、伤害、寻衅滋事、毒品犯罪及妨害公务犯罪，大部分案由已经涉及。其中，危险驾驶案在速裁程序案件中所占比例最大，其次是盗窃案，两类案件数量占速裁程序案件数量70%以上。

3. 程序启动与变更

从程序启动看，绝大多数案件为公诉机关建议适用速裁程序，法院主动适用速裁程序的案件很少。332件速裁程序案件中，公诉机关建议适用的有318件，占比为95.8%；法院经审查认为符合适用速裁程序条件，在征得公诉机关、被告人及辩护人同意后，主动适用的有14件，占比为4.2%。

从程序变更看，公诉机关建议适用速裁程序的案件中，有一成以上的案件变更为简易程序或普通程序审理。2015年全年，公诉机关共建议适用速裁程序的案件368件，其中有50件转为简易程序或普通程序审理，占比13.6%。

在变更程序的案件中，因自首、立功或其他事实不清、需要公诉机关进一步核实的有19件；因需要进行调解或退赔工作而无法在短期内结案的有7件；因被告人当庭对适用速裁程序有异议而转为其他程序的有5件；因公诉机关量刑建议不当而转为其他程序的有12件；因其他原因而不适用速裁程序的有7件。（见图2）

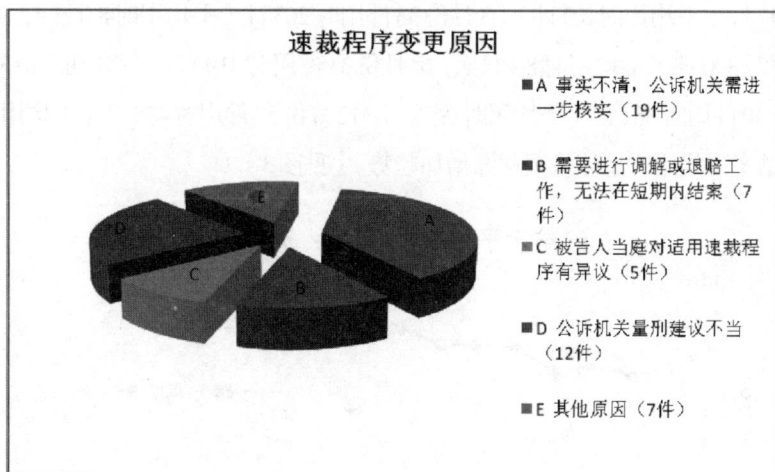

速裁程序变更原因

■A 事实不清，公诉机关需进一步核实（19件）

■B 需要进行调解或退赔工作，无法在短期内结案（7件）

■C 被告人当庭对适用速裁程序有异议（5件）

■D 公诉机关量刑建议不当（12件）

■E 其他原因（7件）

图2

由此可见，在当前刑事审判实践中，法官主动适用速裁程序审理案件的积极性不高。对于公诉机关未建议适用速裁程序审理的案件，或者虽建议适用速裁程序，但案情仍需进一步查明的案件，法官仍然倾向于适用简易程序或普通程序审理。

4. 强制措施及刑罚

在强制措施种类方面，被告人被取保候审的有54件54人，因被拘留、逮捕而处于被羁押状态的有278件294人。在刑罚方面，332件速裁程序案件中，所有被告人都被判处拘役以上的刑罚，不存在判处管制、单处附加刑、免除刑事处罚的情形。其中，判处拘役刑共有287人，占82.5%，判处六个月以上一年以下有期徒刑61人，占17.5%。在刑罚适用方式方面，判处监禁刑的案件278件294人，判处缓刑的案件54件54人，这与被告人被采取的强制措施类型完全一致，即被告人审前被羁押的，则判处监禁刑，审前被取保候审的，则判处缓刑。由此可见，速裁程序案件目前主要判处的刑种为拘役，主要的刑罚适用方式为监禁刑。这与独任简易程序在刑罚种类和适用方式方面并没有明显区别。

5. 审理用时

宏观而言，332件速裁程序案件审理共计用时2675日，每一案件审理平均用时8.1日。其中，2月份10件用时65日（平均用时6.5日），3月份14件用时85日

（平均用时6.1日），4月份23件用时153日（平均用时6.7日），5月份31件用时196日（平均用时6.3日），6月份18件用时141日（平均用时7.8日），7月份31件用时247日（平均用时8.0日），8月份33件用时263日（平均用时8.0日），9月份44件用时390日（平均用时8.9日），10月份31件用时319日（平均用时10.3日），11月份40件用时381日（平均用时9.5日），12月份57件用时435日（平均用时7.6日）。结案平均用时总体呈现逐渐增加趋势。（见图3）

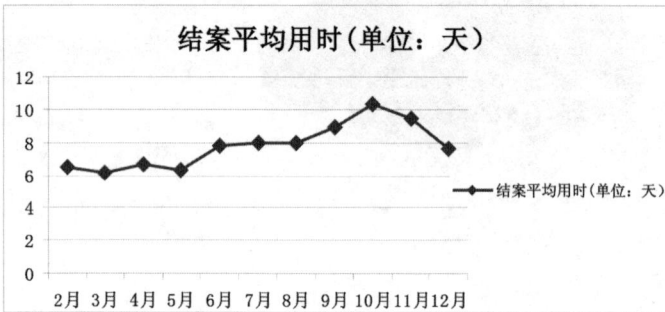

图3

微观而言，332件速裁程序案件中，1—7日内审结的有158件，占47.6%。8—10日内审结的有89件，占26.8%。11—14日内审结的有66件，占19.9%。15日以上审结的有19件，占5.7%。（见图4）

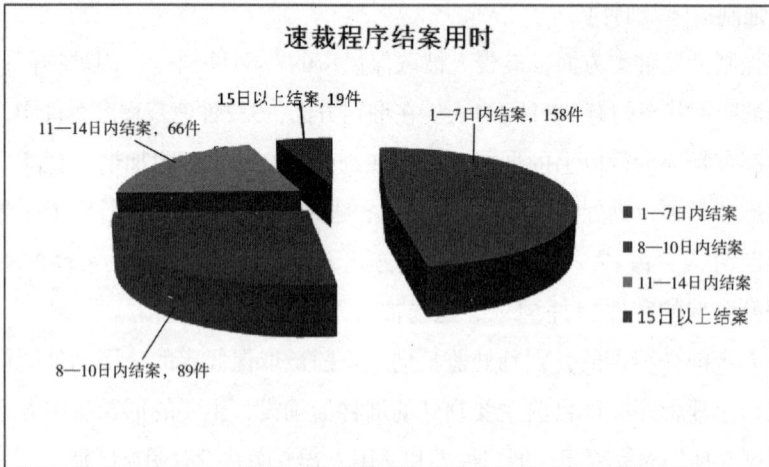

图4

值得注意的是，11月有2件速裁程序案件20日方才审结，12月有1件速裁程序案件32日方才审结，这3个案件的结案用时甚至超过了一般简易程序的结案用时。这主要是因为虽然《办法》规定适用速裁程序的，一般应当在7个工作日内审结，但在试点工作推进过程中，这一审限要求逐渐放宽，法官在审限压力较小的情况下，个别案件审理时间过长，导致部分速裁程序案件不能及时结案，难以体现该程序预想的效率优势。

（二）实施效果

1. 案件审理时间缩短，诉讼效率在一定程度上提高。

速裁程序作为一种新类型的诉讼程序，在原有简易程序的基础上再次简化审理程序，对于提升诉讼效率、推进案件繁简分流起到了一定的积极作用。

从整个案件处理流程看，总的用时有所减少。公安机关侦查终结移送审查起诉时，认为案件符合速裁程序适用条件的，可以建议公诉机关按照速裁程序办理。公诉机关经审查，认为符合速裁程序适用条件的，一般应当在8个工作日内做出是否起诉的决定。法院在受理速裁程序案件后，一般应当在7个工作日内审结。如此一来，适用速裁程序的案件，从立案侦查、审查起诉到做出裁判，全部用时一般在1个月左右。而简易程序、普通程序案件，从立案侦查到做出裁判，用时快者也需要3个月左右。

从庭审流程看，庭审中由于省略了证据调查及法庭辩论环节，庭审耗时减少，每个案件的庭审过程大概在5分钟左右，诉讼效率得以提高；审理结束后，所有适用速裁程序的案件均当庭宣判；在裁判文书制作环节，不一一列举证据名称，节省了裁判文书制作时间。从该院试点情况看，在10日内（一般为7个工作日）结案的有247件，占比高达74.4%；从审理期限来看，平均用时为8日左右，较之简易程序用时大为缩短。

2. 大多数被告人服判息诉，取得了良好的法律效果和社会效果。

适用速裁程序审理的332起案件中，295起案件311名被告人对一审判决服判，提出上诉的仅有37起37人，一审服判息诉率达88.9%。

适用速裁程序审理的案件均为犯罪情节较轻，事实清楚、证据充分，被告人认罪认罚的案件。由于有公诉机关相对明确的量刑建议，且量刑建议一般相对较轻，被告人对量刑建议通常表示接受，对最终所判处的刑罚有合理的心理预期。因此，法院在量刑建议的幅度内判处刑罚，被告人大多表示服判不上诉，从而节省了司法资源，达到案结事了的目标。

二、速裁程序实施中存在的问题分析

（一）使用率偏低

根据北京市 C 区法院的统计数据，速裁程序案件占该院刑事案件的比例接近10%，占该院简易程序案件的比例为15%，且主要集中在危险驾驶案和盗窃案。实际上，在该院适用简易程序的案件中，宣告刑为一年以下有期徒刑、拘役、管制、单处罚金的案件占比约为50%，且从罪名看，绝大多数均系被纳入速裁程序的常见罪名。可见，有相当一部分本应适用速裁程序的案件，适用了简易程序，导致速裁程序的适用率偏低。

速裁程序适用率偏低的原因，除了在规范层面上，适用速裁程序的限制性条件较多之外。更重要的是，在实践操作层面，法官适用速裁程序的积极性不高，不仅不愿意主动适用，而且更愿意将公诉机关建议适用速裁程序的案件转为适用简易程序。从北京市 C 区法院的统计数据看，法官主动适用速裁程序的比例仅为4.2%，而同期将速裁程序转为其他程序的比例则达到13.6%。造成这一现象的原因在于适用速裁程序后，法官在认定事实、罪名及量刑方面的风险增加。

刑事案件要求法官准确全面认定案件事实，正确适用法律，并适当量刑，具体需要查明被告人是否实施了客观行为、是否构成犯罪、构成何罪及量刑情节等方面的事实。上述几个方面的事实均需法官一一查明，否则会构成错案，被追究相应的责任。但根据《办法》规定，适用速裁程序审理的案件，开庭审理时不再进行法庭调查和法庭辩论。法庭调查是认定案件事实的基础环节，是整个刑事庭审的核心。省略法庭调查使法官陷入事实认定的困境与尴尬中。一方面，法官必须在被告人认罪认罚的基础上对事实做出判断；另一方面，法官又无法利用庭审举证、质证环节查明在案证据的来源、真实性、关联性等问题。这就迫使法官在速裁案件中进行大量的庭下阅卷等"办公室作业"，客观上增加了事实认定错误的风险。法庭辩论是准确认定罪名、全面考量量刑情节的关键环节，省略了法庭辩论，意味着控辩双方在罪名、量刑情节等方面无法展开有效的辩论，客观上增加了法官在罪名认定和量刑方面的风险。在强化法官司法责任的背景下，上述风险均系法官不可承受之重，影响了法官适用速裁程序的积极性。

（二）诉讼效率提升有限

诉讼效率的提升大体可从两方面进行：一是在工作量不变的情况下，增加人力资源，加大工作强度，延长工作时间；二是减少相应的工作量。从试点法院看，目前适用速裁程序虽然在一定程度上提升了诉讼效率，突出体现在审理用时的大幅度缩短。但这种效率的提升更多的是法官基于审限、考评等压力所致，实际工作量并未明显减少。这一点从审理用时的变化趋势就可以看出。在速裁程序试点初期，由于严格规定法院必须在7日内结案，故2月份到5月份期间审理用时均不超过7日。后期随着审限的放宽，审理用时即呈现出逐渐增加的趋势，其中10月份平均审理用时超过了10日。从根本上看，速裁程序的效率优势较之简易程序并不明显。其原因在于下述。

1.《办法》并未从全程上简化诉讼流程，导致其与简易程序过于趋同化。

以简易程序为例，大体的诉讼流程为：送达起诉书副本、通知诉讼参与人、庭审排期、送达出庭通知书、开庭审理、制作、校核、送达裁判文书、变更强制措施、送监执行（监禁刑执行）、移转执行（附加刑执行）、向被告人家属寄送判决书、向被告人户籍地派出所寄送判决书、向被告人居住地司法局、检察院监所、派出所寄送社区矫正文书（被告人被判处缓刑）。程序之烦琐可见一斑。而速裁程序的诉讼流程较之简易程序，仅在开庭审理环节省略了法庭调查和法庭辩论，整个诉讼流程并未得到根本简化。由于速裁程序案件案情本身较为简单，加之此前北京市C区法院试行的"轻刑快审"机制改革，此类案件的庭审过程已经接近形式化。因此，速裁程序仅仅省略法庭调查和法庭辩论环节，就工作量而言，与此前的简易程序、轻刑快审等并无明显差别，提升诉讼效率自然有限。

2."简程序"不"减权利"，导致办案环节未实质性简化。

从逻辑上看，被告人放弃诉讼权利与诉讼程序简化之间是相辅相成的，要"简程序"，必然要"减权利"。相反，如果不减少被告人相应的诉讼权利，则诉讼程序不可能从根本上得以简化。但根据《办法》规定，被告人在速裁程序中享有程序选择权、出庭受审权、最后陈述权、上诉权等等。因此，"除了直接言词原则所保障的权利之外，被指控人在刑事案件速裁程序中享有绝大部分在普通程序中享有的基本权利。"[①] 可见，在试点过程中，对被告人大部分诉讼权利均没有予以削减。例如在庭审过程中，虽然省略了法庭调查和法庭辩论环节，但相关的诉讼权利仍要告知被告人，如申请法庭通知新的证人到庭等权利，但告知之后

---

① 李本森.我国刑事案件速裁程序研究：与美、德刑事案件快速审理程序之比较 [J]. 环球法律评论，2015（2）.

这些权利实际上又没有行使的时间和空间条件，不仅降低了诉讼效率，也使得司法工作人员十分困惑，不知如何处理。又如在实践中，危险驾驶案件被告人为了"暂时释放"而大量上诉，导致诉讼效率不高，甚至拖延诉讼。被告人的诉讼权利不减少，保障被告人诉讼权利的办案环节自然也不会减少。速裁程序的这种"简程序"不"减权利"的设计方式，必然难以从根本上简化办案环节，提升诉讼效率。

（三）被告人权利保障不足

速裁程序实际上是被告人让渡了部分诉讼权利，使得司法效率得以提升。但被告人权利的让渡不是无限的，只有保障被告人最低限度的诉讼权利，速裁程序才具有正当化依据。因此，无论是英美法系国家还是大陆法系国家，在刑事案件快速处理机制中，均对被告人的权利提供了最低限度的保障，主要包括：程序选择权的保障、认罪自愿性的保障、辩护权的保障以及量刑优惠权的保障[①]。在上述权利保障中，可从程序适用条件和适用后果两方面划分，程序选择权、认罪自愿性及辩护权保障系适用速裁程序的前提条件，其中辩护权保障又处于核心地位，只有充分保障被告人辩护权，才能确保被告人认罪自愿性及程序选择权。量刑优惠权系适用速裁程序的法律后果，只有明确被告人的量刑优惠权，才能鼓励被告人自愿适用刑事速裁程序。根据北京市 C 区法院试点情况看，被告人的辩护权及量刑优惠权保障均存在明显不足。

1. 辩护权保障不足

根据《办法》规定，速裁程序中建立了法律援助值班律师制度，法律援助机构在人民法院、看守所派驻法律援助值班律师。犯罪嫌疑人、被告人申请提供法律帮助的，应当为其指派法律援助值班律师。通过值班律师提供法律帮助，可保障被告人认罪的自愿性及程序选择权，维护其合法权益。但该条所规定的法律援助制度并非一种强制性的法律帮助，只有犯罪嫌疑人、被告人提出申请的，才由值班律师向其提供法律帮助。如果犯罪嫌疑人、被告人不申请，则不提供法律帮助。根据北京市 C 区法院的实践，虽然由司法局指派法律援助律师在看守所值班，但实际上被告人要求会见值班律师的少之又少，且绝大多数也没有自行委托辩护律师。如此一来，被告人在没有辩护律师提供帮助的情况下，其认罪的自愿

[①]　熊秋红 . 刑事简易速裁程序之权利保障与体系化建构 [J]. 人民检察，2014（17）.

性、程序选择权以及与控方进行量刑协商的能力均大打折扣。

2. 量刑优惠权保障不足

根据我国法律规定，在被告人认罪的情况下，可以选择适用速裁程序、简易程序或普通程序审理。根据一般法理及逻辑分析，同一个案件，适用的程序越简便，越能节约国家司法资源，就应该给予被告人更大幅度的量刑优惠，从而体现认罪认罚从宽原则，鼓励被告人适用更加简便的诉讼程序。但根据《办法》规定，适用速裁程序的案件，从宽处罚的依据仍然为被告人认罪、退缴赃款赃物、赔偿损失、赔礼道歉、被害人谅解等传统情节，与适用其他程序的案件并无区别，从宽的幅度也无区别，被告人的量刑优惠权保障不足。根据北京市 C 区法院的实践，适用速裁程序的案件在量刑以及刑罚适用方式上，与简易程序相比，并未有明显区别。

三、完善速裁程序的若干建议

未来我国"繁简分流"的大方向必然是"繁者愈繁，简者愈简"，由此方能实现审判中心、直接言词审理、证据裁判等一系列相关的司法改革。与我国既有的普通程序、简易程序相比，速裁程序只有在价值追求、功能定位及操作规则上与前者有明显区别，才能真正发挥程序分流作用，为整个司法改革创造条件。

（一）明确速裁程序的效率导向，全程精简诉讼流程

公正与效率是刑事诉讼程序的两大价值取向。美国学者贝勒斯在阐述程序法原则时主张，审判程序的设计应当遵循以下理念：对于控辩双方存在争执的问题，审判程序的设计应当更加精密化，以有效解决争执，更加彰显程序的公正性；对于控辩双方没有争执的问题，则应尽量简化审判程序，以节约司法资源，侧重体现司法的效率性[①]。

"在我国刑事诉讼法已经规定了普通程序和简易程序的情况下，如果再增加一种速裁程序，必定是其价值取向与普通程序和简易程序有明显的不同，否则其设立就失去了正当性基础。"[②] 在整个刑事诉讼程序体系中，不同的程序应有不同的价值追求和功能定位。普通程序作为一种最严格的诉讼程序，要求相关的证据

---

① 刘静坤 . 被告人认罪认罚可探索适用速裁程序 [N]. 人民法院报，2015–01–21.

② 汪建成 . 以效率为价值导向的刑事速裁程序论纲 [J]. 政法论坛，2016（1）.

调查、证人作证、控诉辩论均在法庭上实现，并且赋予了被追诉者相应的诉讼权利，来对抗国家指控。因此，普通程序的价值取向是公正。简易程序作为一种相对简化的诉讼程序，在法庭调查环节，可以简化或省略无争议的事实，集中精力解决量刑、罪名变更等有争议的问题。因此，简易程序的价值取向是兼顾公正与效率。速裁程序，由于控辩双方无法形成有效争点，对抗性不复存在，法庭审理过程中省略了证据调查和法庭辩论环节，直接由法院对被告人定罪量刑。因此，速裁程序的价值取向则是效率。

在以效率为价值导向下，应全程精简诉讼流程：1. 简化庭前程序。速裁程序的庭前送达工作可尝试"即送即审"的批量式、一站式审理模式。在向被告人送达起诉书之后，除因被告人聘请律师或申请法律援助参与诉讼等特殊情况外，法官、书记员可即行开庭审判。因速裁案件的被告人对指控事实、罪名及量刑建议皆无异议，故无须再给被告人预留答辩时间。"即送即审"的审判模式省略了送达起诉书、排庭、提押、法庭布置等一系列庭前环节，有利于集中、高效地处理案件。2. 简化庭审程序，当庭裁判送达。在速裁程序中，由于省略了法庭调查和法庭辩论环节，被告人的质证权、申请证人出庭权等已无行使的时空条件。因此，在庭审权利告知时可以省略对上述权利的告知，仅告知被告人有申请回避权及最后陈述权即可。庭审结束后，只要未出现特殊情况，法官应当庭宣判并即行送达。采取"即审、即判、即送达"的审判方式可省庭下烦冗的另行宣判、送达判决书等辅助性工作。3. 简化判后辅助性工作。对于判后的文书送达、送监执行、移转执行、归档等程序，可以适当简化文书的内容和数量，制作格式表格，省略认定说明等，促使尽快结案归档。

（二）建立强制律师帮助制度

"保障认罪的被告人获得律师帮助权是简易速裁程序获得正当性的关键所在，因为存在不同的选择机会时，如果被告人缺乏足够的信心就将面临选择的困难，而辩护律师的有效帮助无疑可以增加被指控人在认罪和程序选择等决策上的信心。如果缺律师的有效帮助，刑事被告人的法定诉讼权利在实践中就要被打折扣。"① 只有被告人获得有效的律师帮助，才能在自愿、明知、明智的情况下选择认罪与否，是否同意控诉方的量刑建议，并就量刑问题与控诉方展开协商。因

---

① 熊秋红. 刑事简易速裁程序之权利保障与体系化建构 [J]. 人民检察，2014（17）.

此，获得有效的律师帮助是适用速裁程序的前提和关键。这一点在我国目前的诉讼环境下尤其重要。

根据《办法》规定，速裁程序中，律师在看守所为拟适用速裁程序的被告人提供法律帮助，向被告人告知并解释其依法享有的诉讼权利，并针对适用速裁程序的有关问题提供专业意见。但前文指出，这种律师帮助是以被告人提出申请为前提的。在实践中，绝大多数被告人基于不了解诉讼程序等多种原因，并未提出律师帮助的申请，也未自行委托辩护律师或申请法律援助律师出庭参与诉讼。因此，为了切实保障被告人认罪的自愿性及其程序选择权，增强其与控方进行量刑协商的能力，在速裁程序中应当明确规定强制律师帮助制度，即适用速裁程序的案件，在被告人签署同意适用该程序的具结书前，必须要有律师为其提供法律帮助，否则不能适用速裁程序。

需要明确的是，律师帮助应该是有效和具有实质意义的，而不应沦为走形式，走过场的程序。因此，提供帮助的律师应该对于被告人案件的信息有较为翔实的了解，其应查阅案卷材料，掌握涉及被告人有罪、罪轻的证据，能够为被告人的量刑有一定的评估，如此其方能提供准确的、有效的帮助，也才能帮助被告人进行有效的量刑协商。在律师介入时间上，可以提前到被告人被侦查机关第一次讯问或者采取强制措施之日起，这样能够使被告人早日知道速裁程序及相关利益，保障被告人获得充分、普遍、有效的律师帮助，不仅可以督促被告人早日认罪，摆脱讼累，也可以促使案件更加快速办理，提高整个诉讼程序的效率。

（三）明确以形式审查为原则

我国的速裁程序和美国的辩诉交易制度在技术设计上更加接近，强调被告人的自愿认罪和程序选择权，以及尊重检察官的量刑建议权，因此在审理方式上，主要进行形式审查，并不围绕证据等事实问题进行实质审查[①]。在形式审查方面，法官应当审查被告人认罪自愿性，保障被告人充分的程序知悉权。被告人是否受到律师帮助，对认罪结果是否知悉，认罪是受到胁迫等都是法官审查内容，目的是排除侦查人员或检察官强迫被告人同意适用速裁程序。而相关的事实证据问题，原则上不属于审查范围。法官经审查后确认被告人系自愿认罪并适用速裁程序的，可以在量刑建议幅度内做出裁判，对被告人定罪处罚。明确了速裁程序案件的形

[①]　李本森. 我国刑事案件速裁程序研究：与美、德刑事案件快速审理程序之比较 [J]. 环球法律评论，2015（2）.

式审查原则，有利于减轻法官的错案追究压力，鼓励法官积极适用速裁程序。

（四）实行公诉人不出庭的审理方式

在速裁程序的审理方式上，有学者认为可借鉴德国的处罚令程序，进行书面审理①。对此，笔者认为，速裁程序作为一种审判程序，必须保持基本的控辩审三方构造，否则就失去了审判程序的特质。此外，我国的速裁程序对被告人适用的绝大多数是自由刑，且缓刑比例不高，单纯适用财产刑的少之又少。这与德国的处罚令程序显然不可同日而语。此外，在德国的处罚令程序中，增设了被告人提出异议后转为一般诉讼程序审理的救济途径。而我国则没有专门的救济途径。因此，我国的速裁程序适用书面审理方式并不可取。但是，由于速裁程序省略法庭调查和法庭辩论这两个公诉人出庭的关键履职环节。因此，从实际出发，可以实行公诉人不出庭的审理方式，即法官根据检察官的申请，在审核卷宗材料之后安排开庭审理，听取被告人的意见。公诉人无须出庭，公诉意见可通过书面方式随案一并向法官提交。

（五）明确量刑优惠幅度

在被告人认罪的案件中，应给予一定的量刑优惠。例如在英国，根据其量刑指南规定，被告人做有罪答辩的，根据案情不同，可以减轻十分之一到三分之一不等刑罚量。在意大利，被告人认罪的，在量刑时可以减少三分之一的刑罚量。在我国目前的司法实践中，根据量刑规范化文件，对于被告人认罪的，可以减轻10%以下的刑罚量。但是，对于被告人认罪但适用不同程序的，所减轻的刑罚量是否有所不同，量刑规范化文件并未提及。因此，应明确被告人认罪的，适用的程序越简便，减轻的刑罚量越多这一基本原则，从而鼓励被告人适用速裁程序。具体可有两种方案：一是对于被告人认罪案件，根据适用程序不同，分别确定不同的减轻刑罚量幅度。例如，被告人认罪适用普通程序的，可以减少5%以下的刑罚量。被告人认罪适用简易程序的，可以减少5%—10%的刑罚量。被告人认罪适用速裁程序的，可以减少10%—20%的刑罚量。二是在被告人认罪之外，将适用速裁程序本身作为减少刑罚量的独立依据，以鼓励被告人更加积极适用速裁程序，提高速裁程序适用率。例如，对于适用速裁程序的案件，可在原有的实体量刑优惠的基础上，再从程序上给予10%—20%的从轻处罚幅度。通过上

---

① 潘金贵，李冉毅. 规则与实效：刑事速裁程序运行的初步检视 [J]. 安徽大学学报，（哲学社会科学版），2015（6）.

述两种途径，明确量刑优惠幅度，使被告人的量刑优惠权落到实处。

（六）原则上实行一审终审

速裁程序中，被告人是否享有上诉权是一个有争议的问题：有认为应该赋予被告人完整的上诉权，有认为应该实行一审终审，被告人不享有上诉权，有认为可赋予被告人有限制的上诉权。从《办法》规定看，则赋予了被告人完整的上诉权。但是，刑事速裁程序的价值取向就是提高诉讼效率，因此在审级上原则上应当实行一审终审。从司法实践看，原则上实行一审终审是有现实基础的。一方面，从速裁案件上诉数量及目的来看。根据最高法院有关统计，全国速裁案件的上诉率仅有2.2%，而且几乎所有的上诉都不是对判决结果不满，而是为了拖延时间，逃避去监狱服刑。从北京市C区法院试点情况看，上诉案件绝大部分是危险驾驶案，上诉目的在于通过上诉使判决暂缓生效，从而使刑事拘留期满后被取保候审，可以暂时获得一段时间的自由。真正因为对定罪、量刑、诉讼程序等不服而上诉的几乎没有，且上诉后均在较短时间内撤回上诉。另一方面，从二审法院审理情况看，上诉意义已被消解。二审在审理上诉案件中需要审查的是一审在事实认定、法律适用和程序上的问题。在事实认定上，速裁程序的案件是被告人认可的事实清楚、适用法律无争议案件。在证据的审查上，因为减少了法庭调查阶段，没有举证质证环节，文书上也没有关于证据采用的表述，因而无从审核。在审判程序上，速裁程序采用独任审判，审理程序极度简化，发生程序重大违法或影响公正审判的情形几乎没有。因此，对于速裁程序案件，二审的审查已经不具有多少实质意义。从极少数上诉案件看，二审法院亦均在较短时间内进行书面审查，并做出维持原判的裁定。

因此，从速裁程序的效率功能导向出发，结合试点过程中的实践状况，可以明确速裁程序案件原则上实行一审终审。只有对于特殊案件，如被告人替人顶罪的、在非自愿情况下做出有罪供述的等，可以借鉴德国的有限上诉权的做法[①]，在速裁程序案件的上诉程序中，设置前置过滤审查程序，淘汰不符合上诉条件的上诉案件。

---

① 根据德国刑事诉讼法第313条规定，简易程序中的被告人对判决具有有限的上诉权，即在上诉前需要由法院做资格审查，审查符合上诉条件的可以上诉，否则就会被驳回上诉。

认罪认罚从宽制度适用范围的厘清 ①

内容摘要：明确认罪认罚从宽制度的适用范围是有效适用这一制度的关键，司法实践中法律职业人对其认识存在的差异折射出立法和司法的缺陷。应当明确，认罪认罚从宽制度适用于任何性质、任何诉讼程序类型的案件，广泛存在于刑事诉讼过程中。

为贯彻落实《中共中央关于全面推进依法治国若干重大问题的决定》中"完善刑事诉讼中认罪认罚从宽制度"的改革部署，作为完善刑事诉讼认罪认罚从宽制度先行探索的刑事案件速裁程序于2014年开始试点。成效显著的刑事速裁试点工作加速了认罪认罚从宽制度的整体进程。2016年9月3日，第十二届全国人民代表大会常务委员会通过了《关于授权最高人民法院、最高人民检察院在部分地区开展刑事案件认罪认罚从宽制度试点工作的决定》（以下简称《授权决定》），根据《授权决定》，最高人民法院、最高人民检察院会同公安部、国家安全部、司法部于2016年11月16日进一步发布了《关于在部分地区开展刑事案件认罪认罚从宽制度试点工作的办法》（以下简称《试点办法》），认罪认罚从宽制度试点工作正式启动。为了有效适用认罪认罚从宽制度，明确其适用范围极为关键。为了了解司法实践中法律职业人对于这一问题的认识状况，笔者带领的项目组于2016年3月至9月对北京、福州、烟台、芜湖、安阳、郑州、成都等地的法院、检察院和律师事务所进行了问卷调查，共发放《"刑事诉讼中认罪认罚从宽

---

① 此文原载《人民法治》2017年第1期，与李艳霞合作。

司法实证研究"课题问卷（法律职业人卷）》1500份，收回946份。其中法官和检察官填写576份问卷，律师填写370份；包含北京241份、芜湖67份、郑州51份、安阳40份、烟台102份、成都80份、福州67份、深圳298份。问卷分跨东中西部地区，亦跨我国南北方，反映了我国法律职业人对这一问题的基本认识。

一、认罪认罚从宽制度适用范围的认识现状

认罪认罚从宽制度的适用范围包括认罪认罚从宽制度适用的案件性质类型、适用的诉讼程序类型和适用的诉讼阶段。本次调研问卷主要从量刑幅度和适用程序角度探讨了认罪认罚从宽制度的适用范围。

（一）量刑幅度视角

从量刑幅度看，您认为可以适用"认罪认罚从宽"的案件类型见图1。

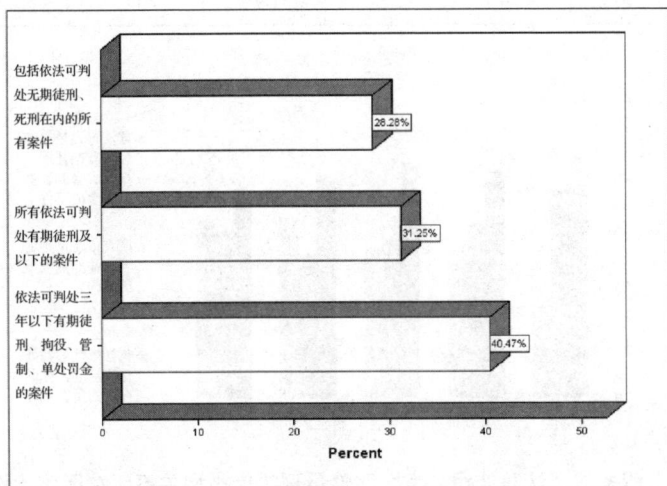

图1 "认罪认罚从宽"案件适用的量刑幅度类型示意图

从图1可见，在关于本题的940份有效问卷中，40.47%的被调查者认为"从量刑幅度看，适用认罪认罚从宽的案件类型为依法可判处三年以下有期徒刑、拘役、管制、单处罚金的案件"，31.25%的被调查者认为"从量刑幅度看，适用认罪认罚从宽的案件类型为所有依法可判处有期徒刑及以下的案件"，28.28%的人认为"从量刑幅度看，适用认罪认罚从宽的案件类型为包括依法可判处无期徒刑、死刑在内的所有案件"。

表 1　职务与"认罪认罚从宽"案件的量刑幅度类型关系示意表

职务	依法可判处三年以下有期徒刑、拘役、管制、单处罚金的案件（人数及比重）		所有依法可判处有期徒刑及以下的案件（人数及比重）		包括依法可判处无期徒刑、死刑在内的所有案件（人数及比重）		总计
法官	86	43.7%	75	38.1%	36	18.3%	197
法官助理	43	41.3%	33	31.7%	28	26.9%	104
检察官	58	43.3%	39	29.1%	37	27.6%	134
检察官助理	56	40.9%	36	26.3%	45	32.8%	137
律师	137	37.2%	112	30.4%	119	32.3%	368
总计	380	40.4%	295	31.4%	265	28.2%	940

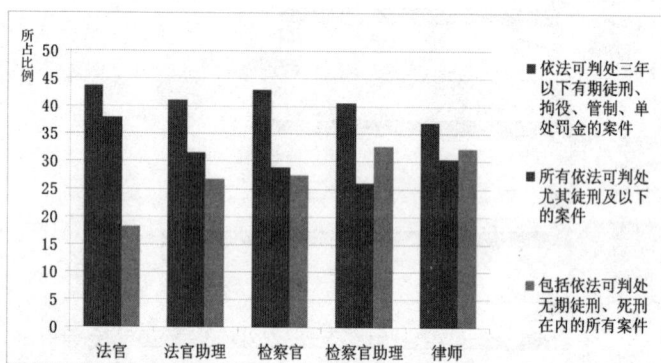

图 1　职务与"认罪认罚从宽"案件量刑幅度类型关系示意图（比例）

从表1、图2可见，在197名法官中，认为"从量刑幅度看，适用认罪认罚从宽的案件类型为依法可判处三年以下有期徒刑、拘役、管制、单处罚金的案件"的有86人，占比为43.7%；认为"从量刑幅度看，适用认罪认罚从宽的案件类型为所有依法可判处有期徒刑及以下的案件"的有75人，占比为38.1%；认为"从量刑幅度看，使用认罪认罚从宽的案件类型为包括依法可判处无期徒刑、死刑在内的所有案件"的有36人，占比为18.3%。法官群体对"认罪认罚从宽"案件的量刑幅度范围的认识情况与图1所示的情况类似，法官助理、律师、检察官以及检察官助理群体对这一问题的认识与图1所体现的认识十分接近。可见，职务与这一问题的认识相关度不高。

（二）适用程序角度

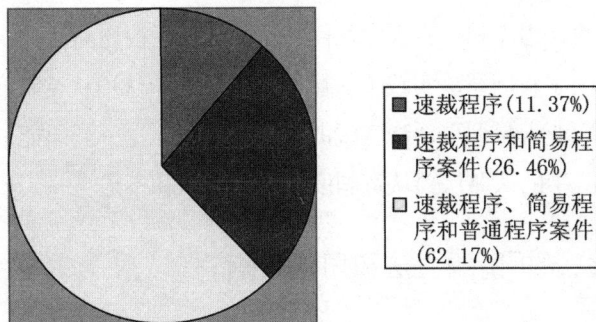

速裁程序(11.37%)

速裁程序和简易程序案件(26.46%)

速裁程序、简易程序和普通程序案件(62.17%)

图3　"认罪认罚从宽"案件适用的程序类型示意图

从图3可以知道，在关于"从适用程序看，您认为可以适用"认罪认罚从宽的案件类型是？这一问题的941份有效问卷中，11.37%的被调查者认为"从适用程序看，适用认罪认罚从宽的案件类型为速裁程序案件"，26.46%的被调查者认为"从适用程序看，适用认罪认罚从宽的案件类型为速裁程序和简易程序案件"，62.17%的被调查者认为"从适用程序看，适用认罪认罚从宽的案件类型为速裁程序、简易程序和普通程序案件"。

表2　职务与"认罪认罚从宽"案件的程序类型关系示意表

职务	速裁程序案件	比重	速裁程序和简易程序案件	比重	速裁程序、简易程序和普通程序案件	比重	总计
法官	48	24.37%	38	19.29%	111	56.35%	197
法官助理	6	5.77%	26	25.00%	72	69.23%	104
检察官	6	4.48%	37	27.61%	91	67.91%	134
检察官助理	6	4.38%	33	24.09%	98	71.53%	137
律师	41	11.11%	115	31.17%	213	57.72%	369
总计	107	11.37%	249	26.46%	585	62.17%	941

从表2和图4可以看出，不同的法律职业人持这三种观点的比例与图3所体

现的认识情况十分接近。但是，项目组经过分析发现，职业也是造成理解差异的一个重要因素。如法官群体认为"认罪认罚从宽"适用速裁程序案件的比重最高，占比为24.37%，远超过其他职业群体。检察官助理认为"认罪认罚从宽"可以适用于速裁程序、简易程序和普通程序案件的比例最高，占比高达71.53%。

以上调研反映了我国司法实践中法律职业人对认罪认罚从宽制度适用范围认识的现状。法律职业人是刑事司法实践的主体，所以，这一调研能一定程度上透视出我国司法实践中的认罪认罚从宽制度的适用现状和不足。

二、上述认识折射的立法和司法缺陷

从实证调研数据来看，即使在法律职业人内部，对于认罪认罚制度适用的案件范围依然有很大争议，尤其表现在可以适用该制度案件的量刑幅度方面。在940份有效的问卷中，认为适用于三年有期以下轻罪、有期徒刑及以下的案件和包括无期、死刑在内的所有案件的被调查人的比例分别为40.47%、31.25%和28.28%；而就该制度能够适用于哪些诉讼程序的案件这一问题，虽然62.17%的被调查者认为"适用认罪认罚从宽的案件类型为速裁程序、简易程序和普通程序案件"，但仍有11.37%的人认为"适用认罪认罚从宽的案件类型为速裁程序案件"，26.46%的人认为"适用认罪认罚从宽的案件类型为速裁程序和简易程序案件"，而实证研究表明，法官、法官助理、检察官和检察官助理、律师持这一认识的比例相近。司法工作人员对于认罪认罚从宽制度的适用范围理解各异，不利于这一制度在司法实践中的有效适用，亦不利于犯罪嫌疑人、被告人权利的保护、司法效率的提高，更有损司法权威。

司法适用缺陷的完善有赖于认罪认罚从宽制度相关立法的健全。关于认罪认罚从宽制度《授权决定》和《试点办法》并没有明确规定其适用范围，但在第12、16、17条中谈及了刑事速裁程序的审查起诉和审判程序，并在第十六条明确了"对于基层人民法院管辖的可能判处三年有期徒刑以下刑罚的案件，事实清楚、证据充分，当事人对适用法律没有争议，被告人认罪认罚并同意适用速裁程序的，可以适用速裁程序。"第18条规定，对于基层人民法院管辖的可能判处三年有期徒刑以上刑罚的案件，被告人认罪认罚的，可以依法适用简易程序审判。在第19条中明确了法院适用速裁程序或者简易程序审查的认罪认罚案件应当转为普通程序审理的情形。可见，《试点办法》认可认罪认罚从宽制度适用于速裁、简易诉讼程序，并通过认可适用的诉讼程序反映了其适用案件的量刑范围，但对于认罪认罚从宽制度适用的诉讼程序并没有明确规定，尚有许多适用范围方面的问题有待于进一步明确。例如认罪认罚从宽制度除了适用有期徒刑及以下刑罚的刑事案件，可否适用于无期及死刑的案件？认罪认罚从宽制度除了适用于速裁、简易程序外，可否适用于普通程序？认罪认罚从宽制度可否适用于侦查阶段，可否适用于二审、死刑复核和再审阶段？对于可能判处无期徒刑或者死刑的毒品犯罪案件、黑社会性质组织犯罪犯罪案件、暴恐犯罪案件是否可以一律适用？

三、明确认罪认罚从宽制度的适用范围

应明确认罪认罚从宽制度适用于任何性质、任何诉讼程序类型的案件，广泛存在于刑事诉讼过程中。对于认罪认罚从宽制度的适用范围，《授权决定》和《试点办法》虽没有明确规定，但是《试点办法》的第1条却规定，认罪认罚从宽制度适用于犯罪嫌疑人、刑事被告人自愿如实供述自己罪行，对指控的犯罪事实没有异议，同意检察院量刑建议并签署具结书的案件。第二条规定了不得适用认罪认罚从宽制度的情形:（一）犯罪嫌疑人、被告人是尚未完全丧失辨认或者控制自己行为能力的精神病人的;（二）未成年犯罪嫌疑人、被告人的法定代理人、辩护人对未成年人认罪认罚有异议的;（三）犯罪嫌疑人、被告人行为不构成犯罪的;（四）其他不宜适用的情形。可见，《试点办法》并未对"从宽"的案件类型等适用范围做出限制，只要"认罪""认罚"真实、有效，就可以适用"从宽"，所以，明确认罪认罚从宽制度适用范围应遵循开放性的基本原则。

其一，认罪认罚从宽制度适用于任何性质的刑事案件，适用于可能判处死刑在内的所有案件。只要犯罪嫌疑人、被告人在诉讼过程中自愿选择认罪认罚从宽制度并且符合相关条件，就应当给予犯罪嫌疑人、被告人获得从宽处罚的机会，如此，有利于保障犯罪嫌疑人、被告人的权利，有助于提高诉讼效率，节约诉讼资源，而不应限制案件的性质。当前法官等法律职业人对这一问题的认识较为保守。本项目组调研发现，在关于"认罪认罚从宽案件适用的量刑幅度类型"的940份有效的法律职业人问卷中，仅有28.28%的被调查者认为"从量刑幅度看，适用认罪认罚从宽的案件类型为包括依法可判处无期徒刑、死刑在内的所有案件"，40.47%的被调查者认为认罪认罚从宽制度应适用于可判处三年以下有期徒刑以下的轻罪案件。但出于保障人权、提高诉讼效率、减少社会对抗、促进司法

公正的考虑，认罪认罚从宽制度不应当限制案件适用范围，其应适用于任何性质的案件。《试点办法》第十六条明确把可能判处三年有期徒刑以下刑罚的刑事速裁程序案件纳入可以适用认罪认罚从宽制度的范畴，第18条进一步把认罪认罚从宽制度适用案件的范围拓展到基层人民法院管辖的可能判处三年有期徒刑以上刑罚的适用简易程序的案件。可见，《试点办法》把其适用的量刑幅度限制在"可能判处有期徒刑及以下的案件"，对于能否适用于判处无期徒刑和死刑案件并没有做出明确规定。但《试点办法》中第26条规定，办理犯罪嫌疑人、被告人认罪认罚案件，本办法没有规定的，适用刑法、刑事诉讼法等有关规定。根据这一规定，并秉承《试点办法》第4条所规定的办理认罪认罚案件应当坚持贯彻的宽严相济的刑事政策，本文认为认罪认罚从宽制度的适用范围，从量刑幅度而言，应当包括依法可判处无期徒刑、死刑在内的所有案件。

其二，认罪认罚从宽制度适用于任何诉讼程序，这一结论已被实证调研结果所证实。在关于认罪认罚从宽制度适用的诉讼程序的调研中，62.17%的被调查者认为"适用认罪认罚从宽的案件类型为速裁程序、简易程序和普通程序案件"，各类法律职业人对这一问题的认识高度一致。这一认识在《试点办法》亦有所体现。《试点办法》第十六条明确把刑事速裁程序纳入认罪认罚从宽制度的范畴，第18条中把简易程序归入认罪认罚从宽制度的范围，并进一步通过第19条，规定了认罪认罚从宽制度中，速裁程序和简易程序转化为普通程序的情形。《试点办法》虽没有明确规定认罪认罚从宽制度适用于普通程序，但根据第26条的规定，我国《刑法》《刑事诉讼法》等有关法规都是认罪认罚从宽制度的法律渊源。可见，《试点办法》只是认罪认罚从宽制度试点的一个重要法律渊源，1996年最高人民法院、最高人民检察院、司法部颁布的《关于适用普通程序审理"被告人认罪案件"的若干意见（试行）》这一司法解释至今仍可在司法实践中发挥重大作用。司法实践亦证明，这一司法解释对于规范普通程序中认罪认罚从宽制度的适用起着重要的引领作用。所以，应当明确认罪认罚从宽制度适用于包括普通程序在内的任何诉讼程序。

其三，认罪认罚从宽制度适用于侦查、起诉、审判整个刑事诉讼过程。这一结论已在《试点办法》得到证实。《试点办法》第8、9条把侦查过程中，认罪认罚从宽制度适用的具体要求做了明确规定，明确侦查机关应当告知犯罪嫌疑人享有的诉讼权利和认罪认罚可能导致的法律后果，犯罪嫌疑人自愿认罪认罚的，记录在案并附卷。第10至14条明确了在认罪认罚从宽制度中，检察机关在审查起诉过程中的职责：应当告知犯罪嫌疑人享有的诉讼权利和认罪认罚可能导致的法律后果，听取犯罪嫌疑人及其辩护人或者值班律师的意见，记录在案并附卷；犯罪嫌疑人自愿认罪，同意量刑建议和程序适用的，应当在辩护人或者值班律师在场的情况下签署具结书；提起公诉的，应当在起诉书中写明被告人认罪认罚情况，提出量刑建议，并同时移送被告人的认罪认罚具结书等材料。第15条到23条对认罪认罚从宽制度适用中，法院在审判阶段的具体职责做了进一步的详细规定，包括速裁、简易以及速裁的二审程序。总之，为了合理分流刑事案件，优化诉讼资源，认罪认罚从宽制度应适用于整个刑事诉讼过程中，包括侦查、起诉、审判，一审、二审、死刑复核和审判监督整个刑事诉讼过程。

只有轻罪、重罪案件和普通、简易、速裁程序以及整个诉讼过程中都能适用认罪认罚从宽制度，才能有利于减少社会对抗，维护当事人的合法权益，促进司法公正，合理配置司法资源，修复社会关系，亦有利于推动刑事诉讼程序制度的层次化改造，推进以审判为中心的诉讼制度改革。但是，并不是所有性质案件、诉讼程序、诉讼过程都应当适用认罪认罚从宽，在特殊情况下，对某些犯罪不能适用。并非对所有的案件都应当"从宽"，"从宽"应当划定必要的界限，对于罪行极其严重、影响极其恶劣的犯罪，如重大的危害国家安全犯罪、黑社会性质组织犯罪、恐怖活动犯罪、重大毒品犯罪等等，考虑到社会综合治理，即使被敌人认罪认罚，裁决也不宜从宽。

刑事诉讼法关于技术侦查措施规定中的模糊性语言及其限定研究 [①]

内容摘要：作为此次刑诉法修改的一大亮点，我国2012年《刑事诉讼法》首次规定了技术侦查措施。但是新法中有关技术侦查措施的规定包含了大量的模糊性语言。根据我国现阶段的实际状况，这些模糊性语言有其存在的必然性和现实基础。然而过多的模糊性语言使法律的可操作性、稳定性和统一性大打折扣，也为侦查机关滥用权力打开方便之门。基于国内外司法实践，结合模糊语言学的相关理论，我国有必要从立法、法律解释和程序设计三重维度，对这些模糊性语言进行限定。

关键词：技术侦查措施　模糊性语言　核心内涵　词义外延　程序

技术侦查是各国司法实践中常用的侦查取证方法之一。随着时代的发展，犯罪范围的扩大以及犯罪手法的多样化、隐秘化、高科技化，技术侦查措施逐渐成为侦查机关对付犯罪的一把利器，且受到了世界上大多数国家的普遍认可。《联合国反腐败公约》第五十条规定：允许其主管机关在其领域内酌情使用控制下交付和其认为适当时使用诸如电子或者其他监视形式和特工行动等其他特殊侦查手段，并允许法庭采信由这些手段产生的证据。我国2012年《刑事诉讼法》（以下简称"新刑事诉讼法"）在侦查一章中专门增加了有关"技术侦查措施"的规定，为这种在实践中现实存在且广泛实施的侦查手段提供了法律上的依据。然而，新

---

① 此文原载《中国刑事法杂志》2017所第1期，与李胥合作。

刑事诉讼法一经出台，其对技术侦查措施过于"原则性"的规定便受到了一些学者的抨击。学者们认为，虽然新刑事诉讼法采取立法"宜粗不宜细"的思路为技术侦查发展留下了空间，但这种模糊性的规定并不有利于控制犯罪，也可能造成技术侦查的滥用。因此，对于技术侦查的适用对象、批准手续、执行主体等基本问题，有必要做到明确化和类型化①。《刑事诉讼法》中有关技术侦查措施规定的原则性和概括性在很大程度上体现在"模糊性语言"的适用上。在本文中，笔者拟从这些"模糊性语言"入手，对我国《刑事诉讼法》有关技术侦查规定的完善和适用提出自己的见解。

所谓技术侦查措施，指的是侦查机关在侦办案件的过程中利用技术手段调查犯罪嫌疑人，获取案件证据的一种秘密侦查方式，包括电子监听、秘密录像、秘密拍照等手段②。虽然新刑事诉讼法侦查章第八节的节名为"技术侦查"，但在该节中既包含技术侦查，也包含使用人力的秘密侦查手段。基于此，本文将重点探讨刑诉法第148、149、150和152条中的模糊性语言。

一、关于技术侦查措施规定中模糊性语言的具体表现

"模糊"在《现代汉语词典》中被解释为"不分明，不清楚"③。"模糊"在自然语言中大量存在，人们往往通过一些"模棱两可"的表达来灵活地、生动地反映纷繁多变的客观世界。语言学家石安石指出，所谓模糊语言即语义边界不明的表述，这些表述毫无疑问都在一定的区域内予以归属，但在处于该区域边界地带的半影范围内，其可否归属并无定论，而在这个范围之外，它们又显然不被归属④。

"模糊语言"也广泛地存在于法律条文中。整体来看，2012年《刑事诉讼法》有关技术侦查规定中的模糊性语言主要集中在以下几个方面。

1. 在技术侦查的适用范围方面，模糊性语言包括新刑事诉讼法第148条中的"其他严重危害社会的犯罪案件"和"重大犯罪案件"。法律通过这些词汇表明，技术侦查措施的适用应遵循重罪原则，只适用于严重的犯罪案件。可能判处死

①　胡铭. 技术侦查：模糊授权抑或严格限制 [J]. 清华法学，2013（6）.

②　陈卫东. 刑事诉讼法理解与适用 [M]. 北京：人民出版社，2012：305.

③　中国社会科学语言研究出版社编辑室. 现代汉语词典 [M]. 北京：商务印刷出版社，2010：961.

④　张乔. 模糊语言学论集 [M]. 大连：大连出版社，1998：5.

刑、无期徒刑的案件自然属于"严重""重大"的范围，但其外延如何，法律却没有做出明确的界定。

2. 在技术侦查的适用条件方面，新刑事诉讼法第148条通过"根据侦查犯罪的需要"一词做出概括性规定。作为极具秘密性和技术性的侦查措施，技术侦查为侦查机关办理案件提供了极大的便利，当通过其他手段难以实现侦查目的，或者适用常规的侦查手段会对有关人员的人身安全构成极大危险时，侦查机关自然可以根据"需要"采取技术侦查措施。但作为一种具有扩张性和侵犯性的侦查手段，其适用条件理应受到一定限制，而这种范围边界在立法中却处于一种模糊不定的状态。

3. 在技术侦查的审批程序和执行程序方面，新刑事诉讼法规定实施技术侦查措施应经过"严格的批准手续"，必须"严格"按照批准的内容执行，但何谓"严格"却没有明确的标准可言。根据中国裁判文书网中关于适用技术侦查措施案件的判决显示，无论是辩护人还是法院都几乎没有对技术侦查措施的审批程序和执行程序提出任何异议，"严格"一词的底线似乎处于法律规范的"阴影"范围内。此外，就执行机关来说，检察机关采取技术侦查措施应交由哪些"有关机关"执行，法律同样没有做出规定。

4. 在技术侦查措施的种类和适用对象方面，可以说，"技术侦查措施"本身即是一个边界不明的"模糊性语言"。新刑事诉讼法并没有明确规定技术侦查的具体内涵，也没有列举哪些手段属于技术侦查的范畴。基于司法实践，人们一般认为侦查机关采取的监听、密拍密录、密搜密取、邮检等手段属于技术侦查措施，但对于手机定位、电脑定位、查询通话记录是否也可包含在技术侦查的范围内却并没有形成统一的认识。在措施针对的对象方面，新刑事诉讼法第149条再一次通过"根据侦查犯罪的需要"进行概括性的授权。然而，这种"需要"的边界是什么？是否可以对犯罪嫌疑人之外的公民一概采取技术侦查措施？立法对此没有给予明确的回应。

5. 在技术侦查措施的适用期限方面，新刑事诉讼法第149条中有"及时"和"复杂、疑难"的模糊性语言。根据规定，在不需要继续适用技术侦查措施的情况下，侦查机关应及时解除技术侦查措施。对于复杂、疑难的案件，采取技术侦查措施的期限可以延长。然而，立法对于"及时"的最晚期限，"复杂、疑难"的具体标准却没有明确规定。

6. 在通过技术侦查措施收集的材料的适用方面，新刑事诉讼法第152条规定了证据的"庭外核实"制度。对于该类证据的使用可能危及有关人员的人身安全，或造成"其他严重后果"的，审判人员在"必要的时候"可以对证据进行庭外核实。然而，什么情况属于"严重后果"和"必要的时候"，审判人员对证据进行庭外核实需要那些前提条件，立法却没有明确的界定。

综上，我们不难发现，新刑事诉讼法有关技术侦查措施的模糊性语言适用范围极为广泛。新刑事诉讼法在有关技术侦查措施的四个法条中，均有模糊性语言的使用。模糊性语言的运用已延伸到技术侦查措施的适用范围、条件、程序等各个方面。从模糊性词语的内容上来说，这些词汇基本上都属于限权性词汇。2012年《刑事诉讼法》在赋予侦查机关使用技术侦查措施的权力、确定技术侦查材料证据资格的同时，也通过"严格""重大""及时""必要"等具有限制性的模糊性语言对技术侦查措施的具体内容和程序做出了一定的限制。

二、关于技术侦查措施规定中模糊性语言存在的意义及缺陷

（一）技术侦查措施规定中模糊性语言存在的现实意义

英国语言学家舍奈尔指出，为顺应瞬息万变的客观世界的要求，语言需要具有一定的灵活性，而这也为模糊性语言提供了生长的土壤[①]。使用一定的模糊性语言往往是立法的必然选择，其数量的多少与立法质量的高低并不存在必然的联系。自新刑事诉讼法生效实施后，立法有关技术侦查的"粗放式"规定受到了许多学者的诟病。然而，从法条本身和立法背景的角度出发，新刑事诉讼法第148条至第152条中规定的模糊性语言具有一定的现实意义和存在基础。

1. 扩大法律的适用性，提高法律灵活度。一方面，"尽管法律的确定性是相当必要的，但这可能导致其过于死板，而法律须能跟上不断变化的情况。因此，许多法律条款不可避免地具有不同程度的模糊性，而法律条款的整合与应用则是实践问题。"[②] 立法面对的是千变万化的客观世界，这意味着作为社会控制工具的法律一定是具有一定灵活性的一般化规则、标准和原则，只有这样随着社会发展不断产生的新生事物才能够被及时有效地纳入规范化运行的轨道。随着科技的发

---

① 张乔.模糊语言学论集 [M]. 大连：大连出版社，1998：31.

② 姜廷惠.立法语言的模糊性研究——兼及对《中华人民共和国刑法》语言表述的解读 [M]. 北京：中国政法大学出版社，2013：3.

展，技术侦查措施必将向复杂化、多样化发展。因此，模糊性语言的使用有利于提高法律的灵活性，以适应多变的社会生活。另一方面，技术侦查措施具有极高的秘密性，这一特点也使得有关技术侦查的具体信息被长期垄断于侦查机关内部，无论是一般学者还是立法部门都对其知之甚少，因而立法很难做出明确、细致的规定。但有关技术侦查立法的缺失和技术侦查对公民合法权益的侵犯，又使得立法机关不得不采取有效措施对其进行规范。为解决上述矛盾，相关的立法语言就必然会具有一定的模糊性，以提高法律的适用性，并为法律的进一步细化奠定基础。

2. 权力博弈中的现实选择。大量的模糊性语言背后更多地体现的是权力的博弈。首先，刑事诉讼法的修改一直是各职能部门将共同"垄断"的权力进行再分配的过程①，而新刑事诉讼法有关技术侦查措施的规定更是牵涉到了不同权力部门之间的利益。其中最主要的就是技术侦查权如何在检察院和公安机关之间分配的问题。"最高人民检察院有权批准没问题，但谁来执行？检察机关还是坚持他们自己来执行。但有的机关觉得公安机关来执行比较合适。"② 不同执法部门在这一问题上争论不休，最高人民检察院还为此召开座谈会，以获得学者和各界的支持。基于各部门在这一问题上的较大分歧，以及技术侦查入法的现实需要，立法者不得不采用模糊性的立法技术解决这一问题，通过"经严格批准""交有关机关执行"等模糊性用语，概括性地规定了技术侦查措施的审批主体和执行主体。其次，技术侦查措施因其高隐秘性而难免与公民的隐私权相冲突，而这便引起了惩罚犯罪和保障人权之间的矛盾。就保障人权而言，新刑事诉讼法的规定应更为明确，以使公权力受到有效的约束，提高刑诉法的确定性和公信力。但就惩罚犯罪而言，国家机关有必要获得相当的权力保障刑事诉讼的有效进行，并针对具体的情况行使一定的自由裁量权。在技术侦查措施中，为保障公民的合法权利，法律需要对技术侦查的适用范围、主体、对象以及审批程序和适用程序做出明确具体的限定，而从证据收集和破案效率的角度出发，技术侦查措施又不能过于公开，以避免让犯罪分子提前了解侦查机关的办案措施和手段，最终导致手段失灵③。为权衡以上两种矛盾，立法在规定技术侦查措施的同时，也不得不采用一定

---

① 王震. 现阶段立法细化技术侦查规则的瓶颈研究 [J]. 山东警察学院学报，2014（6）.

② 姚冬琴. 刑诉法大修内幕——四位亲历者讲述修法 10 年博弈 [J]. 中国经济周刊，2012（12）.

③ 戴佳. 技术侦查：捆住左手放开右手 [N]. 检察日报，2012–05–14（05）.

的模糊性语言对有关规则做出概括性和原则性的处理。

3. 调和理论争议的必然产物。虽然技术侦查手段在国内外的司法实践中被广泛使用，但作为一种不断发展的特殊侦查手段，学者们对技术侦查的概念、适用程序等问题存在着大量的争议。加之技术侦查的隐秘性和技术性，许多侦查手段的性质和适用方式不为人们所知，这也在一定程度上增加了人们之间形成统一认识的难度。有关资料表明，立法机关最初的讨论稿中曾尝试界定技术侦查措施，并提出了两种方案，一种方案是从技术侦查的字面意义和司法实践出发将其界定为"采取监控通信、秘密拍照、录音录像、截取计算机网络信息等技术手段获取犯罪证据的措施"；另一种方案则是在第一种方案的基础上，突出强调技术侦查是"影响公民通信、住宅或者隐私权利的措施。"然而，囿于技术手段的更新发展，以及学者们对于某些技术侦查手段的理论争议，这两种方案皆未能成行。最终，立法放弃这一努力，只规定了"技术侦查措施"这一模糊性概念[①]。另外，就技术侦查措施的审批程序而言，许多学者认为，由于检察机关的监督具有被动性和滞后性，且难以避免自侦案件中适用技术侦查措施的内部审批制度，所以我国应效仿国际上法治先进国家的做法，构建司法审查制度和司法令状制度。但另一些学者认为，出于我国的立法规定和司法实践，法院作为技术侦查措施的审批主体不符合我国现阶段的司法体制。由此他们提出，将技术侦查审查批准权交由检察机关行使才是适合我国国情的最佳选择。鉴于这两种审批模式在中国语境下都存在着一定的缺陷，且一直以来的司法实践使技术侦查措施的审批程序形成了一定的"固定模式"，难以立即改变。所以在未能探索出更为合适协调方案和审批模式前，立法只能通过"严格的批准手续"这一模糊性表述加以规定[②]。

（二）技术侦查措施规定中模糊性语言的立法缺陷

不能否认，模糊性语言的使用可以将机械的法律条文的内涵扩大到实现刑事诉讼目的需要的范围，使有关技术侦查的规定更加灵活，更能满足现实的需要；但另一方面，大量的模糊性语言也增加了技术侦查措施在适用中的困难，并为有关机关"便宜行事"提供合理的"法律依据"。

1. 模糊性语言影响了法律的可操作性。新刑事诉讼法在技术侦查措施的适用条件和范围中规定了"根据侦查犯罪的需要""其他严重危害社会的犯罪案件"

① 陈卫东. 刑事诉讼法理解与适用 [M]. 北京：人民出版社，2012：216-217.

② 王震. 现阶段立法细化技术侦查规则的瓶颈研究 [J]. 山东警察学院学报，2014（6）.

等裁量性内容，这虽然为侦查过程中的实际需要留下余地，但这些主观性较强，没有统一标准可言的内容，也让法律对案件类型的限制难以界定，法律的可操作性受到一定程度的影响。虽然《公安机关办理刑事案件程序规定》对"严重危害社会的犯罪案件"做出了一定限定，① 但通过对中国裁判文书网上显示的2015年涉及技术侦查措施的226个判决进行整理和统计，笔者发现，技术侦查在司法实践中的适用范围依旧可谓"五花八门"。从整体来看，除去毒品类犯罪和相关严重暴力犯罪案件（故意杀人罪、抢劫罪、绑架罪）后，在剩余的107个案件中，判处七年以上有期徒刑、无期徒刑、死刑的案件仅占15%，判处三年以上七年以下有期徒刑的案件为29%，而三年以下有期徒刑、拘役、管制的案件数量却占到了56%。如果说最终判处三年以上七年以下有期徒刑的案件，在侦查阶段尚且可以被界定为"可能判处七年以上有期徒刑"的严重犯罪案件，那么判处拘役、管制的案件是否也可以被包含在"严重"的范围之内呢？由此可见，虽然《公安机关办理刑事案件程序规定》和《人民检察院刑事诉讼规则（试行）》均对技术侦查措施适用案件范围做出了一定的限制，但司法实践中对"严重危害社会的犯罪案件"的具体内涵仍未形成统一的认识。从具体方面来看，实践中侦查机关适用技术侦查措施的主要目的有三种：一是获得破案线索，即通过技术侦查措施发现犯罪嫌疑人实施犯罪行为，或在案件发生后，从不特定人群中锁定犯罪嫌疑人；二是证明犯罪事实，即在侦查案件的过程中，侦查机关运用技术侦查措施获得证明犯罪事实的证据，并在庭审的过程中提出；三是抓捕犯罪嫌疑人，即在确定犯罪嫌疑人后，侦查机关运用技术侦查措施确定犯罪嫌疑人的位置，对其进行布控，最终抓获犯罪嫌疑人。在这三种情况中，第二种情况涉及的案件类型较为统一，在有关的81个案件中，毒品类犯罪、故意杀人罪等严重暴力犯罪案件，以及最终判处七年以上有期徒刑的案件占64%。与此相对，在第一和第三种情况中，案件类型呈现出一种较为分散的状态。利用技术侦查措施获得破案线索的52个案件中，仅有42%的案件涉及《公安机关办理刑事案件程序规定》中指明的严重犯罪。

---

① 根据《公安机关办理刑事案件程序规定》，所谓"严重危害社会的犯罪案件"是指：（一）危害国家安全犯罪、恐怖活动犯罪、黑社会性质的组织犯罪、重大毒品犯罪案件；（二）故意杀人、故意伤害致人重伤或者死亡、强奸、抢劫、绑架、放火、爆炸、投放危险物质等严重暴力犯罪案件；（三）集团性、系列性、跨区域性重大犯罪案件；（四）利用电信、计算机网络、寄递渠道等实施的重大犯罪案件，以及针对计算机网络实施的重大犯罪案件；（五）其他严重危害社会的犯罪案件，依法可能判处七年以上有期徒刑的。

而利用技术侦查措施抓捕犯罪嫌疑人的91个案件中，涉及严重犯罪的案件数量占55%。综上我们不难发现，在侦查实践中，"严重"一词的外延因技术侦查目的的不同而存在着一定的差异，刑事诉讼法在规定技术侦查措施时秉承的"重罪原则"在实践中具有极大的灵活性，并没有得到绝对严格地贯彻和落实。

2.模糊性语言的使用不利于法律的稳定和统一。新刑事诉讼法规定，技术侦查措施的适用应经过"严格审批"，但其对"严格"的标准却没有统一规定。《公安机关办理刑事案件程序规定》第256条规定："需要采取技术侦查措施的，应报设区的市一级以上公安机关负责人批准"。这种内部审批的方式导致审批的严格与否由公安机关自行裁夺，这在一定程度上可能造成不同机关、不同地域根据各自需要对严格的标准做出不同解释。由此类推，由于缺乏统一的标准和适用内部审批制度，不同地域、不同机关，甚至同一机关的不同时刻都可能根据案情或主体自身的需要对技术侦查措施的适用范围、措施种类、适用对象等做出不同的解释，很难有统一标准可言，这无疑影响了法律的稳定性和统一性，让人们无所适从。例如，在黑龙江省建三江农垦法院的一份有关危险驾驶罪的判决中，辩护人指出公安机关在普通刑事案件中使用技术侦查手段进行侦查活动，严重侵犯了被告人及证人的通讯自由和通讯秘密。然而，法院指出，侦查机关调取被告人和证人的通话记录仅仅是依职权向有关部门调取的书证，并非动用了重大刑事案件中使用的跟踪、监听、监控等技术性手段，该辩护意见不能成立。由此，我们似乎为技术侦查措施的种类找到了相对明确的边界。但综观2015年的226个判决，笔者发现在各地判决中提到的技术侦查措施不仅包括电话监听、手机定位、跟踪、秘密拍照、网络侦查等狭义上的技术侦查手段，还包括调取通话详单、提取被扣押手机或电脑中的数据信息，以及通过分析手机串号等措施追踪被盗手机等具有一定技术性的侦查手段。那么，哪些措施才属于新刑事诉讼法规定的技术侦查措施呢？若不明确这一问题，人们将难以对侦查机关是否采用技术侦查措施，这些措施的适用是否合法等问题做出明确的判断，新刑事诉讼法对技术侦查措施的种种限定在实践中也很可能沦为一纸空文。

3.模糊性语言的大量使用可能带来权力的滥用。新刑事诉讼法有关技术侦查措施规定中的模糊性语言基本上都属于限权性词汇。然而，在司法实践中这些"限制性词汇"却难以真正起到限制性的作用。一方面，依据《公安机关办理刑事案件程序规定》和《人民检察院刑事诉讼规则（试行）》，技术侦查措施由侦查机关自行决定，这种内部审批模式为侦查权力的滥用提供了可能。技术侦查措施具有秘密性和技术性的特点，适用技术侦查措施将在一定程度上侵害公民的合法权益，根据比例原则和必要性原则，技术侦查措施适用的条件、范围、种类、对象、期限应当受到严格明确的限制。在批准程序尚不明确，侦查主体自行决定技术侦查措施适用的前提下，大量模糊性语言的使用，无疑为公权力机关自行裁量留下了过为宽泛空间，所谓的限制性词汇反而为有关机关自行决定技术侦查措施的适用提供了某种"法律授权"。另一方面，模糊性词语的使用让侦查机关的行为难以得到有效的监督。由于法律并没有明确规定技术侦查措施的种类、适用范围、适用条件和适用程序，法院难以对侦查机关适用技术侦查措施的合法性进行审查，辩护人也难以针对非法证据排除问题提出有效的辩护意见。2015年的相关判决显示，在全部的226个案件中，法院未采纳通过技术侦查措施获得证据的判决只有两例，因程序违法而未采纳的情况只有1例。在辩护方面，辩护人针对技术侦查手段获得证据提出辩护意见的案件有11例，而判决采纳辩护意见的情况只有1例。在关键问题缺乏明确界定的情况下，法院对证据的审查缺乏必要的根据，辩护人对技术侦查措施的适用范围、条件等方面提出的程序违法的问题，也有可能由法官通过"裁量"的方式纳入程序合法的范畴。更为重要的是，在这些案件中，辩护人提出的侦查机关违法采取侦查措施的辩护意见，均被法院以技术侦查手段经过合法审批为由予以否决。在技术侦查措施由侦查机关内部审批的前提下，几份侦查机关自行出具的审批文件和工作说明能否为侦查行为的合法性提供有效证明？监督机关能否通过单纯审查侦查机关"内部文件"的方式对侦查行为进行有效制约？答案恐怕是否定的。第一，如上所述，模糊性语言与内部审批模式相结合可能给予侦查机关过多自由裁量的空间。审批文件说明的仅仅是侦查机关经由法定程序采取技术侦查措施，而审批部门做出决定的依据是否合理合法却难以在审批文件中展现出来。第二，一些通过经审批采取的技术侦查措施获得的证据是否具有证据能力，还需要法律的明确规定。2015年的判决显示，一些案件中侦查机关在查办其他案件时，通过经批准采取的技术侦查措施获得相关联案件的犯罪线索、证据，并在相关联案件的庭审中，将这些信息作为证据向法庭出示。这种"搭便车"的情形无疑在一定程度上架空了新刑事诉讼法关于侦查机关在立案后才能采取侦查措施的规定，为有关机关便宜行事提供了机会。在这种情况下，技术侦查措施自然通过了合法审批，但由此获得的证据能否成为他案的证据，还需要法律的进一步界定。

由此可见，模糊性语言固然有其优越性，但其使用应当是有限度的，对于授予国家专责机关权力的内容更应尽量做出明确的规定，对模糊性语言的运用做出一定的限制，否则，很容易造成权力机关将某些侵犯个人合法权利的行为解释于模糊性语言的语义范围之内，影响立法目的的最终实现。由于技术侦查措施一般是在当事人无法知悉的情况下实施的且极具侵犯性，若不进行严格的限制，极有可能造成国家公权力对私权利的侵害，违背刑事诉讼的目的和价值，所以法律对于技术侦查措施的适用对象、批准手续、执行主体等基本性问题，有必要进一步做出明确化和类型化的规定。

三、关于技术侦查措施规定中模糊性语言的限定探讨

基于大量使用模糊性语言所带来的种种问题，学者们几乎一致认为，立法者有必要进一步明确有关技术侦查的规定中模糊性语言所指代的内容，限制模糊性语言的使用。一些学者结合域外国家有关技术侦查措施的有关规定，主张采取概括与列举相结合的方式，在细化分类的基础上，根据不同犯罪的社会危害性以及不同技术侦查措施的特点，对技术侦查措施进行具体化和明确化的规定[①]。另有一些学者主张通过司法解释进一步细化相关规定，以使其更符合立法本意[②]。但综上所述，模糊语词具有存在的必然性，其很难通过修改法律的方式彻底消除。

多年来，许多语言学家试图对模糊语言的语义范畴做出精确的划定，但都以失败告终。"人们倾向于使语言范畴的划分过于呆板精确，但其并未提供一种处理语法模糊性的有效方法。"[③]英美有关学者在对模糊语义进行形式化处理的基础上，提出了"隶属函数"的概念，并指出："语义的核心成分可以为模糊词语的语义界限建立一个参照标准"。语义范畴的组合和其他元素的排列是以某一元素与典型元素的相似度为衡量标准的。在核心语义确定的情况下，某元素与核心成分的相似度越高，其隶属度也就越高；反之，隶属度越低。所谓的模糊只局限于词义范围的边缘部分，当超过这个范围，模糊也就不复存在[④]。

---

① 兰跃军. 比较法视野中的技术侦查措施 [J]. 中国刑事法杂志，2013（1）.

② 李明. 进步与不足：新刑事诉讼法技术侦查措施规定之反思 [J]. 时代法学，2013（1）.

③ 张乔. 模糊语言学论集 [M]. 大连：大连出版社，1998：19.

④ 张乔. 模糊语言学论集 [M]. 大连：大连出版社，1998：14–15.

由此可见，模糊语义的范围可以从两个维度做出限制：语词的核心成分和词义外延。通过限定这两个"变量"，我们可以将模糊语词的内涵控制在一个较为确定的范围内。语言学对模糊语言的处理方法似乎为我们系统处理有关技术侦查规定中的模糊性语言提供了一个新的进路。既然模糊性语言难以被彻底消除，那我们能否通过其他方法对立法语言的模糊性做出一定的控制呢？

1. 立法层面——确定核心内涵

模糊语词的含义是由核心意义来决定的，核心意义不仅决定真值条件，也决定推理模型[①]。核心内涵的精确程度在一定程度上影响了语义外延的范围。为保障法律语言的精确性，许多国家在起草法规条文时，通常对关键词语做出非常具体而详细的定义。模糊性和概括性表达用于英文法律规章时通常在同一部法律规章中有进一步的说明。在新刑事诉讼法有关技术侦查措施的规定中，许多模糊性语言并没有明确限定其核心成分，这可能导致语义范围的不必要扩张，为公权力的滥用创造条件。例如，在"严重危害社会的犯罪案件"中，人们对"严重"一词的内涵拥有大致上共通的判断，但这种判断并不明确，在缺乏监督的情况下，侦查机关可能会对其外延进行任意的解释，引起适用上的混乱。基于此，我们应进一步确定某些模糊性语言的核心内涵。

（1）适用范围——何为"严重""重大"的犯罪案件

技术侦查措施是一把"双刃剑"，它在提高侦查效率的同时，也可能对公民的基本权利造成严重侵犯。所以，从各国的司法实践来看，技术侦查措施的适用应严格遵守法定主义原则，只能适用于法律规定的特定案件。日本1999年8月18日颁布的《关于犯罪侦查中监听通信的法律》在附则中明确列举了9种可以适用监听的有组织犯罪，主要涉及毒品类犯罪（如《大麻管理法》《兴奋剂管理法》《麻醉药品及精神药品管理法》《鸦片法》等规定之罪）、集体非法越境类犯罪（主要为《出入境管理及难民认定法》规定的犯罪）、枪械类犯罪（包括《武器等制造法》《持有枪支、刀具等管理法》规定的犯罪），和有组织杀人罪（《关于处罚有组织犯罪及规制犯罪收益等得法律》第三条第1款第3项所列之罪）[②]。《德国刑事诉讼法典》第100条（a）中列举了5种可以采取监视电信往来措施的犯罪，包括危害国家安全和公共秩序类犯罪；严重侵犯他人人身权利、财产权利、危害公共

---

① 张乔.模糊语言学论集[M].大连：大连出版社，1998：18.

② 邓立军.外国秘密侦查制度[M].北京：法律出版社，2013：391–392.

安全、受贿等性质严重的犯罪；枪械类犯罪；毒品类犯罪；《外国人法》《政治避难程序法》所规定的某些犯罪[①]。由此可见，国外有关技术侦查措施的规定一般将技术侦查措施的适用范围限定为性质严重的犯罪，或隐秘性、组织性较强，一般侦查手段难以满足需要的犯罪，如毒品犯罪和贿赂犯罪。

我国的新刑事诉讼法在坚持"重罪原则"的基础上，明确列举了危害国家安全犯罪、恐怖活动犯罪、黑社会性质组织犯罪、重大毒品犯罪、重大贪污、贿赂犯罪和利用职权实施的严重侵犯公民人身权利的重大犯罪案件6类可以采取技术侦查措施的犯罪，但立法中使用的"重大""严重危害社会"两个模糊性语言却缺乏明确限定的核心内涵，在实践中可能引起不同理解，从而造成技术侦查措施的滥用。虽然《公安机关办理刑事案件程序规定》《人民检察院刑事诉讼规则（试行）》对技术侦查措施的适用范围做出了进一步限定，但其规定较为笼统，在司法实践中未能得到有效的贯彻。因此，立法有必要在对实践中技术侦查的适用目的和不同技术侦查措施的特点进行分类总结的基础上，通过明确列举或确定可能判处的最低年限的方式，明确界定技术侦查措施的适用范围。

（2）适用条件——明确"根据侦查犯罪的需要"的标准

新刑事诉讼法在148条中将技术侦查措施的适用条件规定为"根据侦查犯罪需要"，但对哪些情况属于"侦查犯罪需要"却没有具体规定，这实际上赋予有关机关自行决定的权力。作为国家基本法律，刑事诉讼法不可能对每一种技术侦查手段的适用条件进行明确规定，但其可以通过规范共通性条件的方式将"侦查需要"的内容具体化[②]。日本《关于犯罪侦查中监听通信的法律》规定，监听通信措施的适用必须满足两个前提条件：第一，存在足以怀疑将进行通信的情况，而该通信的内容与规定的犯罪具有关联性；第二，使用其他方法查明罪犯或犯罪情况显著困难[③]。《德国刑事诉讼法典》第100条（a）规定："在有理由怀疑某人实施了规定的犯罪行为，以其他方式不能或者难以查明案情、侦查被指控人居所的情况下，允许监视、录制电信往来"[④]。《加拿大刑事法典》也为司法窃听规定了法定条件，包括有合理原因相信已经违反或将违反法律；任何一方通讯当事人同意窃

---

① 邓立军．外国秘密侦查制度 [M]．北京：法律出版社，2013：399-400．

② 樊崇义，兰跃军，潘少华．刑事证据制度发展与适用 [M]．北京：人民法院出版社，2013：203．

③ 邓立军．外国秘密侦查制度 [M]．北京：法律出版社，2013：379．

④ 邓立军．外国秘密侦查制度 [M]．北京：法律出版社，2013：399．

听；窃听具有有效性和相关性[①]。基于必要性原则和相关性原则，技术侦查措施的适用一般应满足两个要求，第一是有证据证明犯罪嫌疑人实施了或者正在实施法定可以运用技术侦查的犯罪行为；二是采用一般侦查措施难以查明罪犯、收集罪证。我国新刑事诉讼法在第二次修改前，一些学者在建议稿中建议将技术侦查措施的适用条件规定为"使用其他侦查手段难以取得证据或有重大危险"[②]，"采用一般侦查行为难以查明案件事实"[③]，但新刑事诉讼法却采用了较为模糊的规定为技术侦查措施的适用留下"余地"。笔者认为，技术侦查措施由于高隐秘性而难免与公民的基本权利产生冲突，其使用应具有严格的条件限制，立法有必要明确"侦查需要"的具体内涵，限定技术侦查措施适用的具体标准。

（3）措施种类和适用对象

我国2012年《刑事诉讼法》和《人民检察院刑事诉讼规则（试行）》并没有对技术侦查措施的种类做出明确规定。根据《公安机关办理刑事案件程序规定》第255条规定技术侦查措施主要是指记录监控、行踪监控、通信监控、场所监控等专门技术手段。然而，这一规定只概括性地明确了技术侦查的直接目的，并未指明技术侦查的具体手段和本质特点，也未能对实践中侦查人员划定技术侦查措施的范围提供有效指引。现阶段，理论界对技术侦查的概念存在多种看法：一些学者认为，技术侦查与秘密侦查是等同的，二者之间没有差别[④]；一些学者认为技术侦查与秘密侦查存在一种交叉关系，一些技术手段的适用是公开的（如测谎检查），另一些技术手段则具有隐秘性（如秘密拍照等）[⑤]；另有一些学者认为技术侦查从属于秘密侦查[⑥]。针对这些争议，我国《刑事诉讼法》更应明确技术侦查措施的核心内涵，以防止其被任意解释。

根据国内外的实践经验，技术侦查措施是一类侦查行为的总称，其中包含了多种技术手段，如秘密监听、电子监控、通讯截获等，不同的技术手段在运用时的特点和程序有所不同，有关的立法也有所不同。例如，瑞士针对互联网普及的

---

① 邓立军.全球视野与本土架构——秘密侦查法治化与刑事诉讼法的再修改[M].北京：中国社科出版社，2012：223.

② 陈光中.中华人民共和国刑事证据法专家拟制稿[M].北京：中国法制出版社，2004.

③ 徐静村.中国刑事诉讼法（第二修正案）学者拟制稿及立法理由[M].北京：法律出版社，2005.

④ 何家弘.关于秘密侦查立法之我见[J].法学杂志，2004（6）.

⑤ 宋英辉.刑事程序中的技术侦查研究[J].法学研究，2000（3）.

⑥ 樊崇义，兰跃军，潘少华.刑事证据制度发展与适用[M].北京：人民法院出版社，2013：196.

情况制定了《对邮件和电讯监控法令》，英国为规范通讯数据获取行为而制定了《通讯截获法》。此外，不同的技术侦查手段对公民的隐私权有着不同程度的干预，基于此，各国一般将干预程度较大的技术侦查手段限定于严重犯罪，并对其设定更为严格的适用程序[①]。

一些学者认为，我国的《刑事诉讼法》应效仿国外的立法模式，明确规定所有的技术侦查手段，并根据每种手段的特点做出不同的立法规定[②]。然而，笔者对此观点持怀疑态度。一方面，在《刑事诉讼法》这一基本法中明确列举所有技术侦查措施并对其适用做出相应规定显然是不可能的。另一方面，从我国《刑事诉讼法》的发展特点来看，从1979年《刑事诉讼法》到1996年《刑事诉讼法》，再到2012年的《刑事诉讼法》，我国《刑事诉讼法》的每一次修改都历时十余年之久。与此相对，技术侦查措施却处于不断的发展变化之中，新型技术侦查手段层出不穷。在刑事诉讼法中穷尽所有技术侦查手段，显然难以满足时代的发展需要。因此，现阶段的《刑事诉讼法》应首先确定技术侦查措施的核心内涵，在列举主要措施手段的同时，明确技术侦查的本质特点，对于其"秘密性"和"技术性"做出清晰的界定。而具体侦查手段的规制问题，可以通过单独立法或司法解释的方式加以解决。

（4）审批程序——细化审批程序，明确执行机关

刑事诉讼法在规定技术侦查措施的审批程序时采取了"经过严格的批准手续"这一模糊性的表述，其中"严格"一词涉及两个核心问题——由谁批准和怎样批准。

作为一种不得已而为之的侦查措施，各国对技术侦查都规定了较为严格的批准程序。在审批主体方面，国外立法一般采取以下几种模式：以荷兰为代表的法官授权与检察官授权相结合的模式；以德国为代表的法官授权和行政授权相结合的模式；以美国为代表的法官授权、行政授权和自行授权相结合的模式；以日本为代表的法官授权和自行授权相结合的模式；以英国为代表的行政授权与自行授权相结合的模式[③]。虽然不同模式下的审批主体有所不同，但各国基本上都采取了外部审批模式或外部审批与内部审批相结合的模式，即一般情况下由执法机关以

---

① 王东.技术侦查的法律规制[J].中国法学，2014（5）.

② 詹建红.理论共识与规则细化：技术侦查措施的司法适用[J].法商研究，2013（3）.

③ 王东.技术侦查的法律规制[J].中国法学，2014（5）.

外的行政机关、检察院、法院进行审批，但对于侵权较轻微的技术侦查措施或特殊情况下延误会产生危险的可以由执法机关自行决定。

在审批程序方面，各国立法也都做出了相应明确的规定。如日本《关于犯罪侦查中监听通信的法律》第4、5、7条，对法院签发监听令状、监听令状的记载事项，以及对于同一事实签发监听令状进行了规定[①]；《法国刑事诉讼法典》第100-1条规定，预审法官做出的书面决定应包括拟截收通信联系的各种鉴别事项、采取截取行动针对的犯罪行为，和措施持续时间[②]；《加拿大刑法典》第184.2、184.3、185、186、188条分别对一般授权、对私人通信与无线电话通信的同时授权、不得授权、授权的内容与限制，和紧急情况下的授权做出了明确的规定[③]。

根据新刑事诉讼法第8条规定："人民检察院依法对刑事诉讼实行法律监督"。因此，笔者认为，立法可以将检察机关确定为技术侦查的审批主体，对于公安机关申请的技术侦查，可以由同级人民检察院进行审批；对于人民检察院自行侦查的案件，可以由上级人民检察院审批。在审批程序上，刑事诉讼法以及相应的司法解释应对审批的期限、审批的内容等做出更为具体的规定，以避免审批期限的无限延长，方便法院和辩护人对审批程序进行审查和监督。

当然，审批主体和审批程序的厘清涉及检察机关和公安机关之间的权力分配问题，为防止技术侦查程序的滥用，我国有关部门有必要进一步协调人民检察院和公安机关在技术侦查措施运用中的关系，以便于技术侦查措施顺利实施。

2. 解释层面——合理确定词义外延

与明确词义的核心内涵相比，对模糊性语言的外延的理解是一个"仁者见仁，智者见智"的问题，立法难以根据明确的标准做出统一的界定。为防止侦查机关自由裁量权无限扩大，避免技术侦查措施的滥用，有关人员在界定模糊性语言外延时，有必要遵循一定的解释原则。

（1）合目的性原则

合目的性要求对法律的解释要符合立法的意图和精神，不仅关注形式、技术层面的问题，也要通过实体的价值判断对法律解释进行实质性评判[④]。法律是立法

---

① 邓立军. 外国秘密侦查制度 [M]. 北京：法律出版社，2013：380-381.

② 邓立军. 外国秘密侦查制度 [M]. 北京：法律出版社，2013：393.

③ 邓立军. 外国秘密侦查制度 [M]. 北京：法律出版社，2013：357-369.

④ 汪海燕. 刑事诉讼法解释论纲 [J]. 清华法学，2013（6）.

者意志的体现，解释者不能脱离立法者的意图对法律进行随意解释。当法律用语出现模糊，单纯利用文义解释难以得到唯一的结论时，解释者应综合运用伦理解释，通过整体分析法律规范，探求立法的目的和意志，并以此为指引，进行解释活动。正如德沃金所言："法官应将法律作为一个整体，在某种有关人民权利与责任的融贯一致的原则体系中，经由努力寻找关于其所在社会的政治结构与法律学说的最佳建设性阐释，来裁决疑难案件。"①2012年《刑事诉讼法》修改的一大亮点在于，新刑事诉讼法在坚持惩罚犯罪和保障人权并重的前提下，在第二条任务明确增加了"尊重和保障人权"的规定，以突出强调人权保障的重要性。这一规定对我国刑事诉讼制度和程序的设定起到了提纲挈领的作用，也充分体现了立法者强化刑事诉讼中人权保障的立法意图。在对有关技术侦查规定中的模糊性语言进行解释时，有关人员应严格遵循上述目的，减少对公民合法权利的侵害。例如，出于保护公民安全感和隐私权的需要，我们在理解"其他严重危害社会的犯罪案件"时，就应当坚持"重罪原则"，将"严重"一词限定为危害国家、社会及公民重大利益的严重犯罪，对于较轻犯罪，不宜采取技术侦查手段。在严重犯罪中，侦查机关是否应适用技术侦查也应视情况而定，如果不采用技术侦查措施也能达到侦查目的，就不能采用该措施。在庭外核实证据方面，由于庭外核实不符合公开审判原则和控辩对等原则，可能对被告人的辩护权和质证权造成侵害，因而只能作为例外情况。法官在理解"必要的时候"时，应当兼顾人权保障与打击犯罪的平衡。对于公开质证不会危及有关人员人身安全，产生其他严重后果，或者采取其他保护措施可以防止危害结果发生的技侦材料，法官应对这些证据当庭审核。

（2）谦抑性原则

"谦抑性"最早是刑法学理论中的一个概念，它指的是"对于一项违法行为，只有通过其他救济手段如和解、仲裁、民事诉讼、行政诉讼仍不能达到惩戒的效果时，才可以考虑适用刑罚；只有较轻的刑罚不足以保护合法权益时，才可以适用较重的刑罚。"②刑法的谦抑性是有由实施效果的严厉性决定的。在信息化社会高速发展的今天，越来越多的高科技监控手段逐渐进入技术侦查领域。这些手段的实施极有可能对犯罪嫌疑人及无辜人的生活形成全方位的"笼罩"，其对公民

---

① 姜廷惠.立法语言的模糊性研究：兼及对《中华人民共和国刑法》语言表述的解读[M].北京：中国政法大学出版社，2013：201.

② 廖斌，张中.技术侦查规范化研究[M].北京：法律出版社，2015：26.

的影响丝毫不会亚于刑罚。因此，对技术侦查措施的理解与适用也应秉承谦抑性原则。技术侦查措施中的谦抑性原则主要包括两个方面。第一，技术侦查措施只能作为"最后手段"采用，即只有在一般侦查手段收效甚微或有重大危险的必要情况下，才能适用[①]。第二，技术侦查措施对相对人的影响应当被限制在最小的程度。一方面，在适用对象上，技术侦查措施只能针对犯罪嫌疑人本人，只有在特殊情况下才可对与犯罪有关联的其他人运用技术侦查手段；在适用事项上，技术侦查事项应仅限于犯罪嫌疑人涉嫌实施的犯罪及与该犯罪具有相关性的情况；在手段的选择上，应保证采取的技术侦查手段对公民权利造成的损害不大于该手段能保护的公共利益。基于此，在理解"侦查犯罪的需要"时，我们应做出限缩性解释，将其理解为"侦查的必须"，只有对犯罪嫌疑人已经实施严重犯罪存在理由充分的怀疑，而且采用其他侦查方法无法侦破案件时，才可以采取技术侦查措施。在技术侦查措施的选择上，有关机关也应尽量选择对当事人利益侵害最低的手段。

（3）语境解释原则

模糊词义适用极限的确定与一定的语境密切相关。由于所处时间、空间不同，人们对同一个模糊性语言往往会产生不同的理解，这便要求我们具体问题具体分析，根据所处的社会背景、侦办的案件特点等因素，对词义的外延进行一定限缩和扩张。

例如，虽然《刑事诉讼法》并没有明确规定技术侦查措施的具体手段，但对于国家安全机关和公安机关来说，基于现阶段的侦查实践，技术侦查措施主要指六类技侦措施：电子侦听、电话监听、电子监控、秘密拍照或录像、秘密获取某些物证以及邮件检查[②]。一般情况下，在解释技术侦查措施一词时，解释者会根据侦查实践中形成的六类措施对该词的外延进行界定。但进入21世纪后，随着互联网的快速发展，网络警察利用互联网技术侵入个人电脑，截获通信信息已成常态。这种"侵入式"的监控手段不仅具有秘密性和技术性的特点，而且对公民通讯自由和隐私权的干预丝毫不亚于传统的六类技侦措施。若不将其纳入技术侦查措施进行统一规范，很难防止其对公民基本人权造成侵害。基于此，在对技术侦

---

① 陈光中，陈泽宪.比较与借鉴：从各国经验看中国刑事诉讼法改革路径 [M].北京：中国政法大学出版社，2007：291.

② 万毅.解读"技术侦查"与"乔装侦查"：以《刑事诉讼法修正案》为中心的规范分析 [J].现代法学，2012（6）.

查措施进行解释时，有必要根据社会的发展，对其外延做出适当的扩张。

3. 程序层面——防止"私有语言"和"虚假标准"的出现

模糊性与主观性有关，即不同的人根据各自的主观性认知对同一词语的词义范围存在不同的理解。在明确词义的核心内涵，明确解释标准的前提下，人们依旧可能根据各自不同的经验、知识和理想对词义做出不同的解释和选择。这种集体层次上的众说纷纭无疑也是模糊性产生的原因之一[①]。通常情况下，解释者并不会公开这种解释的理由，尤其在我国技术侦查措施采取内部审批模式的前提下，审批机关对于法律规定的理解和适用更是难以受到外界的审查和监督，这也造成某些模糊性语言退缩到"私有语言"和"虚假标准"的范畴。维特根斯坦曾对私有语言做出这样的解释："这种语言的语词指称只有讲话人能够知道的东西；指称他的直接的、私有的感觉。因此另一个人无法理解这种语言。"[②] 而与此相对应的虚假标准则是指某项需要决策者自己设定的标准[③]。私有语言和虚假标准仿佛是矗立在人与人之间的"巴别塔"，使人们彼此之间不能互相理解。例如，新刑事诉讼法规定："执行机关必须严格按照批准的措施种类、适用对象和期限执行技术侦查措施"。但所谓的"严格执行"只是一种内部流程，检察机关、法院以及辩护人都无从知晓，即使立法确定了明确的标准，有关机关也有可能对"严格"的内涵做出随意裁夺。由此可见，私有语言和虚假标准的出现都在一定程度上增加了法律的神秘性和不稳定性。

随着司法实践的不断发展和立法技术的不断提高，立法者必然会对法律中的模糊性语言做出一定的调整，以减少私有语言和虚假标准的出现。但模糊性语言的存在具有必然性，在刑事诉讼法中对所有模糊性语言均做出明确的列举和限定显然是不可能也是不必要的。在这种情况下，一些程序性的控制也能在一定程度上对立法语言的模糊性起到消解作用。这种程序性控制可以分为以下几个方面。

第一，设立审批主体和监督主体。根据司法实践和《公安机关办理刑事案件程序规定》，我国技术侦查措施的批准程序是内部审批程序。虽然新刑事诉讼

---

① 张乔. 模糊语言学论集 [M]. 大连：大连出版社，1998：51，95.

② 姜廷惠. 立法语言的模糊性研究：兼及对《中华人民共和国刑法》语言表述的解读 [M]. 北京：中国政法大学出版社，2013：184.

③ 姜廷惠. 立法语言的模糊性研究：兼及对《中华人民共和国刑法》语言表述的解读 [M]. 北京：中国政法大学出版社，2013：166.

法规定要遵守严格的批准程序，但在审批机关与执法机关具有利益一致性前提下，内部审批程序在程序控制上存在难以规避的风险。迫于办案压力，审批机关在做出决定时主要看重的是技术侦查对侦查活动的效用价值，而非如何合理有效地对技术侦查进行程序上的控制和制约。在这种情况下，内部审查具有明显的授权性倾向，其对侦查权的制约只能停留在理论上和形式上。更何况在内部审批模式下，有关的审批程序和审批标准难以被外部机关和人员知晓，批准手续是否严格更是无从得知，审批机关对模糊性语言进行任意解释的可能性就必然存在。例如，在实践中部分侦查机关基于领导批示对简单、轻微的刑事案件采用技术侦查措施，甚至为"落实"当地政府的政策，对非刑事案件也适用技术侦查[①]。对此，我国有必要明确外部审批机关和监督机关，由检察机关或法院统一行使审批权和监督权。如上所述，基于我国的司法实践，可以确定检察机关作为技术侦查措施的审批主体和监督主体，对有关技术侦查措施的实施进行审批和监督。

第二，公开技术侦查措施的适用情况和有关理由。技术侦查措施具有极强的隐秘性，往往由执法机关单独进行，其他部门很难参与其中。而且当事人很难察觉技术侦查措施的实施，难以就执行机关的违法行为提出检举控告。在这种情况下，若不向监督部门和当事人公开技术侦查实施的具体情况，很有可能造成执行机关对有关法律规定设定任意的解释标准。因此，为防止技术侦查执行人员有意或无意地歪曲法律规定，侵害当事人的合法权利，执行机关有必要对技术侦查措施实施的情况制作详细的笔录，交由监督部门审查，并将采取的技术侦查措施的形式要件和所获得的有关材料在技术侦查措施实施结束后告知当事人，当事人可以审查并提出异议。

日本《关于犯罪侦查中监听通信的法律》在第23、24条中明确规定："检察官或司法警察员应当将已经制作监听记录的意旨以及有关监听批准和实施的事项，以书面通知记录于监听记录的通信当事人。当事人有权查阅、复制相关的通信部分"[②]。《意大利刑事诉讼法典》也规定当事人的辩护人经通知有权审查有关窃听笔录和录音，有权参加录音材料的删减工作，可以获得相关材料、录音的副本或复制品[③]。

---

① 李明. 进步与不足：新刑事诉讼法技术侦查措施规定之反思 [J]. 时代法学，2013（1）.

② 邓立军. 外国秘密侦查制度 [M]. 北京：法律出版社，2013：386.

③ 邓立军. 外国秘密侦查制度 [M]. 北京：法律出版社，2013：412.

我国《刑事诉讼法》并没有明文规定技术侦查措施的记录审查程序，也没有规定侦查措施实施后的告知程序。但《关于实施刑事诉讼法若干问题的规定》《公安机关办理刑事案件程序规定》第259条和《人民检察院刑事诉讼规则（试行）》第265条对采取技术侦查的决定书的附卷和出示做出了规定。[①] 不能否认，这些规定在一定程度上保障了当事人的知情权，强化了技术侦查的外部审查。然而，这种告知方式在告知对象和告知内容上存在不足。一方面，由于刑事诉讼法仅规定辩护人具有阅卷权，这种阅卷告知方式导致可能只有犯罪嫌疑人和辩护人了解技术侦查措施的适用情况，而其他被监控人很难知悉自己被监控的事实。另一方面，这种阅卷告知的内容只限定为采取技术侦查的决定书和通过技术侦查措施获得且作为证据使用的材料，当事人难以知悉技术侦查措施的具体情况和详细信息。因此，我国有必要建立有关技术侦查措施的记录、审查和告知机制，向监督部门和当事人公开技术侦查措施的审批决定、适用情况和期限延长理由等问题，使技术侦查措施重见"阳光"。

此外，对于技术侦查措施获得证据的庭外核实问题，由于新刑事诉讼法规定的庭外核实制度缺少控辩审三方的诉讼结构，为保障被告人辩护权和质证权，司法实践中应限制庭外核实的适用。为防止所有技术侦查措施所获得的证据都进行庭外核实，法官有必要在判决或裁定中明示庭外核实证据的理由，对庭外核实的"必要性"进行详细的说明，并接受社会和有关机关的监督。

结语

格兰维尔·威廉姆斯曾说："由于法律必须用语词表达，语词有一个不确定的半影地带，因此它必然会导致一些边际情形的出现。"[②] 在2012年《刑事诉讼法》中，立法者首次在"侦查"一章中规定了技术侦查措施。但在有关技术侦查措施的4条规定中，《刑事诉讼法》运用了大量的模糊性语言。现代刑事诉讼致力于寻求犯罪控制和保障人权两大价值目标的平衡，新刑事诉讼法将技术侦查措施法

[①] 《关于实施刑事诉讼法若干问题的规定》《程序规定》第259条和《诉讼规则》第265条规定：如果采取技术侦查措施收集的材料作为证据使用，采取技术侦查的决定书应当附卷，辩护律师可以依法查阅、摘抄、复制，在审判过程中可以向法庭出示。

[②] 姜廷惠.立法语言的模糊性研究：兼及对《中华人民共和国刑法》语言表述的解读[M].北京：中国政法大学出版社，2013：5.

定化虽然有利于公安机关、检察机关打击犯罪，同时模糊性词语的使用也有利于扩大法律的适用性和灵活度，满足社会的发展变迁和有关机关的现实需求，但是这种"宣言式"的规定，容易导致公安机关、检察机关权力的滥用，也容易使新刑事诉讼法对技术侦查制度的限制和规范难以得到有效的落实，从而妨碍了保障人权的价值目标的实现。基于此，我国有必要从司法实践出发，从立法、法律解释和程序设计三重维度，对这些模糊词汇的模糊性做出一定的限制。

论认罪认罚从宽制度的立法完善

——以实证研究为视角 ①

内容摘要：认罪认罚从宽制度的有效适用有利于促使犯罪嫌疑人、被告人如实供述犯罪事实，减少社会对抗，节约司法成本，提高司法效率。但实证研究表明当前我国法律职业人与被告人对认罪认罚从宽制度的认识存在诸多差异，这一差异折射出认罪认罚从宽制度的立法缺陷，主要表现为"认罪""认罚""从宽"内涵界定不明、从宽效力和幅度缺乏规定以及程序设置缺失，应在厘清认罪认罚从宽制度适用的价值取向的基础上，明晰"认罪""认罚""从宽"的内涵、明确从宽的效力与幅度、完善程序设置等。

关键词：认罪认罚从宽制度　立法完善　实证研究

认罪认罚从宽制度是我国宽严相济刑事政策的制度化，高度契合"以审判为中心"的诉讼制度改革稳健运行的迫切需要。2013年实施的修改的2012年《刑事诉讼法》（以下简称"新刑事诉讼法"）和相关司法解释中，已经有了些许"认罪认罚从宽"程序方面的规定，主要体现在简易程序和当事人和解的公诉案件诉讼程序中；2003年颁布《关于适用普通程序审理"被告人认罪案件"的若干意见（试行）》是较为全面规定普通程序"认罪"从宽的规范性文件；2014年6月通过的《关于授权最高人民法院、最高人民检察院在部分地区开展刑事案件速裁程序试点工作的决定》是完善这一制度的先行探索；2014年10月通过的《中共中央关于全面推进依法治国若干重大问题的决定》首次明确提出"完善刑事诉讼中认罪认罚从宽制度"；2016年9月，第十二届全国人民代表大会常委会通过了《关

---

① 此文原载《山东大学学报》（哲学社会科学版）2017年第4期，与李艳霞合作。

于授权最高人民法院、最高人民检察院在部分地区开展刑事案件认罪认罚从宽制度试点工作的决定》（以下简称《授权决定》），11月16日，《关于在部分地区开展刑事案件认罪认罚从宽制度试点工作的办法》（以下简称《试点办法》）的颁布标志着刑事诉讼中认罪认罚从宽制度正式、全面适用。

有效适用认罪认罚从宽制度，明确"认罪""认罚""从宽"的含义、从宽的幅度以及具体适用程序至关重要。当前认罪认罚从宽制度的立法缺乏专业性、明确性、可操作性的具体规定，但是，在正式试点工作实施以前，多地司法实践部门已开展了一些相关探索。为了了解司法实践中法律职业人和被告人对于这一制度的认识状况以推进立法完善，2016年1月至9月北京师范大学刑事法律科学研究院与北京、郑州、成都、福州等地部分法院、检察院和律师事务所合作开展了实证调研[①]。问卷横跨东中西部地区，纵跨南北方，基本反映了我国法律职业人和被告人对这一制度的基本认识。

一、认罪认罚从宽制度的认识现状剖析

（一）关于"认罪""认罚""从宽"的含义

正确理解"认罪""认罚""从宽"的含义是有效、合理适用认罪认罚从宽制度的前提。笔者调研发现，司法实践中，法官、检察官、律师等法律职业人与被告人对"认罪""认罚""从宽"含义的理解不同。

首先，关于"认罪"的含义。在164份有效被告人问卷中，53.66%的被告人认为"认罪的含义是指认可起诉事实及罪名"，26.22%的认为指"认可起诉事实"，

[①] 2015年年底至2016年2月，北京师范大学刑事法律科学研究院"刑事诉讼中认罪认罚从宽制度司法实证研究"项目组成员在北京市朝阳区人民法院和北京市人民检察院第一分院和北京市昌平区人民检察院有针对性地开展了预调研，在此基础上，项目组于2016年3月至9月对北京、福州、烟台、芜湖、安阳、郑州、成都等地进行问卷调查，包括北京市人民检察院第一分院、北京市朝阳区人民法院、北京市昌平区人民检察院、福州市人民法院、莱阳市人民法院、烟台市芝罘区人民法院、烟台市芝罘区人民检察院、烟台市牟平区人民法院、蓬莱市人民法院、芜湖市中级人民法院、安阳市中级人民法院、郑州市中级人民法院、成都市武侯区人民法院、成都市高新区人民法院等。共向法官和检察官发放《"刑事诉讼中认罪认罚从宽司法实证研究"课题问卷（法律职业人卷）》问卷1000份，回收576份。在北京、郑州、烟台、成都发放《"刑事诉讼中认罪认罚从宽司法实证研究"课题问卷（被告人卷）》200份，回收167份。另鉴于律师在刑事诉讼中必不可少的诉讼地位和在认罪认罚从宽制度中所起的重要作用以及法律职业人调查问卷的全面性，项目组于2016年4月至8月对北京、烟台、深圳等地的律师进行了问卷调查。共向律师发放《"刑事诉讼中认罪认罚从宽司法实证研究"课题问卷（法律职业人卷）》问卷500份，回收370份。

12.80% 的认为是"认可罪名"，7.32% 的认为指"认可起诉事实或罪名"。在940份有效法律职业人问卷中，46.72% 的法律职业人认为"认罪的含义是指认可起诉事实及罪名"，30.08% 的认为是"认可起诉事实"，9.53% 的认为是"认可罪名"，13.67% 的认为指"认可起诉事实或罪名"。可见，被告人和法律职业人对"认罪"含义的理解有差异。而且，从表1、图1获知，不同类别的法律职业人对其理解差别较大，即职务这一影响因子与认罪含义的理解相关度较高。

表 1 被调查人职务与其对认罪含义的理解关系示意表

		你认为"认罪"的含义是				总计
		认可起诉事实	认可罪名	认可起诉事实及罪名	认可起诉事实或罪名	
职务	法官	97（49.2%）	4（2%）	69（35%）	27（13.7%）	197
	法官助理	22（21.4%）	7（6.8%）	58（56%）	16（15.5%）	103
	检察官	55（41%）	7（5.2%）	60（44.8%）	12（8.9%）	134
	检察官助理	48（35%）	6（4.4%）	67（48.9%）	16（11.7%）	137
	律师	61（16.5%）	64（17%）	186（50.5%）	58（15.7%）	369
总计		283	88	440	129	940

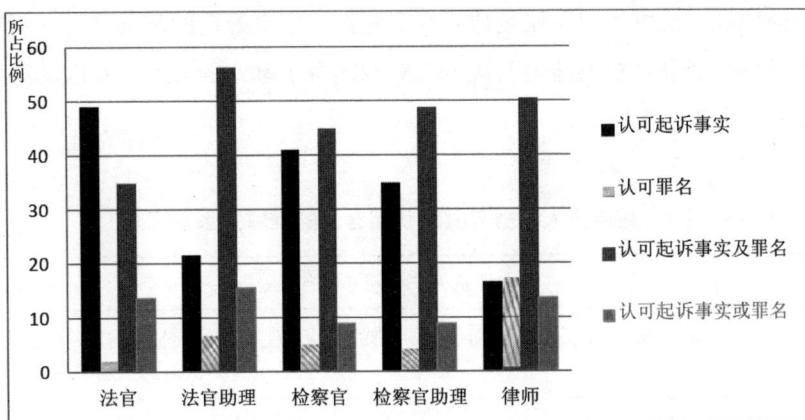

图 1 职务与"认罪认罚从宽"案件量刑幅度类型关系示意图（比例）

其次，关于"认罚"的含义。在162份有效被告人问卷中，有92人，占比为

56.79%的被告人认为"认罚的含义是指愿意接受刑事处罚";有68人,占比为41.98%的被告人认为指"认可公诉机关的量刑建议";而只有2人,占比为1.23%的认为指"不仅愿意接受刑事处罚,而且认可公诉机关的量刑建议"。被告人的学历、年龄、性别、地区等影响因子对这一结论影响不大。在936份有效法律职业人问卷中,56.94%的认为"认罚的含义是指愿意接受刑事处罚即可",42.52%的认为是指"认可公诉机关的量刑建议",0.53%的认为指"不仅愿意接受刑事处罚,而且认可公诉机关的量刑建议"。法律职业人中持各种认识的比例与被告人比例类似。但是,调研发现,在197名被调研法官中,认为"认罚的含义是指愿意接受刑事处罚即可"的有142人,占比为72.1%;认为指"认可公诉机关的量刑建议"的有54人,占比为27.4%;认为指"不仅愿意接受刑事处罚,而且认可公诉机关的量刑建议"仅有1人。可见,法官群体持"认罚的含义是指愿意接受刑事处罚即可"这一观点的比例较大,远大于被告人对认罚含义的认识比例;而法官助理、检察官、检察官助理与律师职业人群体持每种观点的比例与被告人近似,详见表2、图2所示,所以,职务这一影响因子与认罚含义的理解相关度较高。笔者认为,法官这样理解"认罚"含义原因有二:其一,法院更加重视"审判权由法院行使",认为被告人表示接受法院的刑事处罚即构成"认罚",由此更加突出法院地位;其二,法官具有长时间的司法经验,对"认罚"有着较宽泛的把握,认可量刑建议是建立在愿意接受刑事处罚的基础之上。只要被告人愿意接受刑事处罚,即表明被告人对刑罚有了基本的态度,不以其认可检察机关的量刑建议为标准。

表2 被调查人职务与其对认罚含义的理解关系示意表

		你认为"认罚"的含义是			Total
		愿意接受刑事处罚即可	认可公诉机关的量刑建议	不仅愿意接受刑事处罚,而且认可公诉机关的量刑建议	
职务	法官	142(72.1%)	54	1	197
	法官助理	50(49.1%)	52	0	102
	检察官	82(61.2%)	51	1	134

续表

职务	检察官助理	69（50.7%）	66	1	136
	律师	190（51.8%）	175	2	367
统计		533（56.9%）	398	5	936

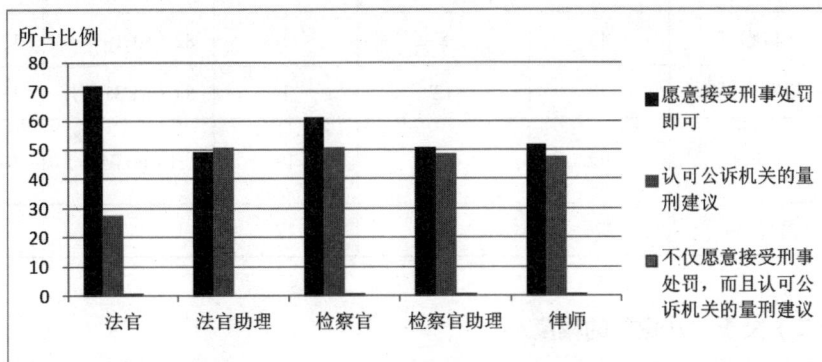

所占比例

■ 愿意接受刑事处罚即可
■ 认可公诉机关的量刑建议
■ 不仅愿意接受刑事处罚，而且认可公诉机关的量刑建议

图2　被调查人职务与其对认罚含义的理解关系示意图（比例）

最后，关于"从宽"的含义。在163份有效被告人问卷中，有64人，占比为39.26%的被告人认为"从宽的含义是指从轻处罚"；有27人，占比为16.56%的被告人认为指"减轻处罚"；有8人，占比为4.91%的被告人认为指"免除处罚"；有64人，占比为39.26%的被告人认为指"以上均属于"。年龄、性别等影响因子对这一结论影响不大，但学历、地区等影响因子与从宽含义的理解相关度较高，不同学历、地区的被告人对从宽含义的理解差别较大。在939份有效法律职业人问卷中，29.37%的法律职业人认为"从宽的含义是指从轻处罚"，7.32%的认为指"减轻处罚"，1.91%的认为是指"免除处罚"，61.40%的认为是指"以上均属于"。与被告人比较而言，法律职业人对"从宽"的理解更为宽松，法律职业人中持"以上均属于"这种观点的多达61.40%，而被告人中仅为39.26%。可见，法律职业人更全面地理解了认罪认罚从宽制度设立的初衷，即以被告人的认罪认罚态度换取从宽处理，从而节约司法资源，提高诉讼效率。如表3所示，职务这一影响因子对本题影响不大。

表3　被调查人职务与其对从宽含义的理解情况关系示意表

| | | 你认为"从宽"的含义是 | | | | 总计 |
		从轻处罚	减轻处罚	免除处罚	以上均属于	
职务	法官	72	4	1	120（60.91%）	197
	法官助理	29	2	1	71（68.93%）	103
	检察官	43	8	1	82（61.19%）	134
	检察官助理	40	12	1	84（61.31%）	137
职务	律师	92	42	13	221（60.05%）	368
	总计	276	68	17	578	939

（二）关于"从宽"的幅度

鉴于认罪认罚从宽制度适用于包括刑事速裁、简易、普通程序在内的所有诉讼程序，所以，笔者分类做了调研。

首先，关于"适用速裁程序预期的从宽幅度"这一问题，25.75%的被告人认为"预期的5%到10%"，16.77%的被告人认为"预期的10%到15%"，13.17%的被告人认为"预期的15%到20%"，44.31%的被告人则认为"预期的20%以上"。性别、年龄、学历、地区对于这一结果影响不大。在关于这一问题的941份有效的法律职业人问卷中，23.07%的法律职业人认为"速裁程序案件中被告人从宽处罚的最高幅度应为基准刑的5%到10%"；30.48%的认为"应为基准刑的10%到15%"；25.71%的认为"应为基准刑的15%到20%"；20.74%的认为"应为基准刑的20%以上"。

其次，关于"适用简易程序预期的从宽幅度"这一问题，22.16%的被告人认为"预期的5%到10%"，20.96%的被告人认为"预期的10%到15%"，20.36%的被告人认为"预期的15%到20%"，36.53%的被告人则认为"预期的20%以上"。年龄、性别、学历对于这一结果影响不大，但不同地区理解稍有不同。在关于本题的939份有效法律职业人问卷中，持"基准刑的5%到10%""基准刑的10%到15%""基准刑的15%到20%""基准刑的20%以上"观点的法律职业人占比分别为30.97%、31.07%、25.77%、12.09%。

最后，关于"适用普通程序预期的从宽幅度"，28.74%的被告人认为"预期的5%到10%"，24.55%的被告人认为"预期的10%到15%"，10.18%的被告人认为"预期的15%到20%"，36.53%的被告人则认为"预期的20%以上"。年龄、学历、性别、地区等影响因子对这一结果影响不大。在关于本题的939份有效法律职业人问卷中，持"基准刑的5%到10%""基准刑的10%到15%""基准刑的15%到20%""基准刑的20%以上"观点的法律职业人占比分别为41.57%、26.83%、23.65%、7.95%。

可见，办理认罪认罚案件的法律职业人与适用这一制度的被告人对于"从宽"幅度的理解有很大差异；另从表4获知，即使同是法律职业人，不同群体理解差距较大。可见，厘清"从宽"的具体幅度对于统一司法适用极为关键。

表4　职务对普通程序从宽处罚最高幅度认识的影响示意表

		对同一案件，您认为普通程序案件中被告人从宽处罚的最高幅度为				总计
		基准刑的5%到10%	基准刑的10%到15%	基准刑的15到20%	基准刑的20%以上	
职务	法官	97（49.74%）	57（29.23%）	24（12.31%）	17（8.72%）	195
	法官助理	33（31.73%）	45（43.27%）	20（19.23%）	6（5.77%）	104
	检察官	77（57.46%）	32（23.88%）	19（14.18%）	6（4.48%）	134
	检察官助理	60（43.8%）	42（30.66%）	27（19.71%）	8（5.84%）	137
	律师	124（33.6%）	75（20.33%）	132（35.77%）	38（10.3%）	369
总计		391	251	222	75	939

（三）关于办理适用认罪认罚从宽案件的程序事项

《授权决定》2016年9月正式生效，《试点办法》同年11月正式适用，但其中却缺乏关于办理适用认罪认罚从宽案件的具体程序性规定。为了了解司法实践中办理此类案件的程序重点，笔者分类进行了调研。

首先，从表5可知，关于"办理速裁程序关注的重点"这一问题的943份有效问卷中，78.7%的法律职业人认为是"认罪认罚的自愿性与否"。关于"办理速裁程序的难点或障碍"的942份有效问卷中，70.6%的法律职业人认为是"被告人认罪认罚的自愿性难以保障",40% 的法律职业人认为"公诉机关的量刑建议不当",60.2% 的法律职业人认为是"司法责任、错案追究方面的压力"。其次，关于"办理简易程序关注的重点"的 941 份有效问卷中，68.8% 的法律职业人认为是"认罪认罚的自愿性与否"，50.9% 的法律职业人认为是"量刑证据及量刑建议情况"，71.6% 的法律职业人认为是"犯罪事实及证据情况"。最后，关于"办理普通程序关注的重点"的 942 份有效问卷中，50.3% 的法律职业人认为是"认罪认罚的自愿性与否"，47.7% 的法律职业人认为是"量刑证据及量刑建议情况"，79.8% 的法律职业人认为是"犯罪事实及证据情况"。

表 5 办理速裁程序关注重点示意表

		响应		个案百分比
		数量	占比	
办理速裁程序案件所关注的重点	认罪认罚的自愿性与否	704	40.7%	78.7%
	量刑证据及量刑建议情况	404	23.3%	45.1%
	犯罪事实及证据情况	623	36.0%	69.6%
总计		1731	100.0%	193.4%

从以上调研数据可以看出，保证认罪认罚的自愿性至关重要，尤其在偏重诉讼效率的刑事速裁程序中。简化诉讼程序、实现诉讼效率是以权利的让渡为前提，所以保护权利行使的自愿性在认罪认罚从宽制度适用中居于举足轻重的地位，调研结果也反映了这一结论。

二、上述认识折射出的立法缺陷

上述问卷体现出司法实践中法官、检察官等不同类别的法律职业人、被告人对认罪认罚从宽制度的理解存在诸多差异，折射出这一制度立法的不足，具体表现在以下方面。

（一）"认罪""认罚""从宽"的内涵不明确

2003 年颁布的《关于适用普通程序审理"被告人认罪案件"的若干意见（试行）》第 1 条将"认罪"的含义阐述为"对被指控的基本犯罪事实无异议"，这是法律法规首次谈及"认罪"的含义。此后十多年间，对"认罪""认罚""从宽"

的内涵没有一部法律法规、司法解释明确予以界定,《授权决定》《试点办法》亦没有明确规定。长期以来,我国实行"宽严相济"的刑事政策,但一直未将其制度化和法律化,对于何为认罪、何为认罚、认罪认罚包括哪些情形、对认罪认罚如何从宽等均未做出具体而明确的规定,实体法和程序法中对嫌疑人、被告人认罪认罚从宽规范的缺失,致使认罪认罚从宽未能形成完整的制度体系。

法律职业人及被告人等不同群体对这一概念的理解各异,导致司法实践中认罪认罚从宽制度在各地的适用情况存在较大差异,这在笔者调研过程中时有发现,尤其从地区这一影响因子对被告人卷中诸多问题产生较大影响中可见一斑。即使同为法律职业人,法官、法官助理、检察官、检察官助理、律师对这一概念的理解亦存在较大差异,这从职务这一影响因子与认罪、认罚含义的理解的密切联系中管窥一斑。被告人由于利益驱动或法律知识的缺乏,对"认罪""认罚"有不同理解情有可原,但法律职业人对"认罪""认罚"理解的差异容易导致司法适用不同。因为认罪是认罚、从宽的前提,认罪之后,检察官才能提出有利于被告人的量刑建议,法官才能从宽处罚。总之,"认罪""认罚""从宽"的内涵不明导致司法混乱,进而致使司法公信力丧失,所以,明确其内涵十分重要。

(二)从宽的效力和幅度缺乏规定

认罪认罚从宽制度的核心是"从宽"。"认罪""认罚"是前提,"从宽"是结果,从宽效力和幅度的确定是推动司法工作人员和犯罪嫌疑人、被告人积极适用这一制度的有效砝码。但笔者调研发现,我国现行相关法律法规和司法解释规定的缺失导致不同地区、不同法律职业人对从宽幅度的把握差别极大,容易造成滥用从宽裁量权的危险。具体而言,该缺陷包括以下几个方面。

首先,欠缺从宽效力的规定。我国法律给予认罪被告人一定的量刑优惠,如《刑法》第67条第3款的规定[①]。酌情从宽处罚是现阶段我国刑事案件中嫌疑人、被告人主动认罪的减轻情节之一,但并非法定的从轻情节,而由法官酌情判断。酌情从宽具有较大的裁量空间,导致司法裁判出现较大的随意性,致使被告人是否认罪,认罪后是否能得到从轻处罚,具有较大的不确定性。这种不确定性极大阻碍了认罪认罚从宽制度的推行,加大了犯罪侦查和法院审判工作的难度,不利

---

① 《中华人民共和国刑法》第67条第3款规定:"犯罪嫌疑人虽不具有前两款规定的自首情节,但是如实供述自己罪行的,可以从轻处罚;因其如实供述自己罪行,避免特别严重后果发生的,可以减轻处罚。"

于犯罪嫌疑人、被告人"认罪""认罚"的权衡选择。

其次，欠缺从宽幅度与认罪认罚的阶段性规定。嫌疑人、被告人认罪在不同诉讼阶段体现出的主观意愿和客观价值有很大区别。侦查期间认罪能较大减少侦查资源的浪费，提高诉讼效率，而审查起诉、审判期间认罪，对诉讼资源的节约有限，所以，对嫌疑人、被告人不同阶段认罪认罚的从宽幅度应明确区分，但我国当前的法律法规并没有区分。2016年最高人民法院发布的《关于人民法院量刑指导意见》仅规定被告人当庭认罪[①]这一种情形。从宽幅度未能考虑认罪认罚的阶段性不利于对认罪认罚从宽制度的科学、有效、规范适用。

最后，欠缺从宽幅度与认罪认罚的程序性规定。我国当前的法律法规并没有规定"从宽"的程序性含义和不同程序中"从宽"的幅度，实践中被告人从宽处罚的自由裁量权完全交予法官，但法官法律素养的差别以及对该问题理解的各异导致不同地区量刑差异较大，即使是同一地区，不同职业群体，对"从宽"幅度的理解亦存在较大差异，这在笔者"关于刑事速裁、简易、普通程序中从宽幅度的适用"的调研过程中可见一斑，如此容易导致裁量权的滥用。另一方面，检察机关的量刑建议与法官的最终量刑很难达成默契，造成量刑建议难以落实，导致检察机关的诚信危机。明确界定普通、简易、速裁程序中"从宽"的幅度，使"从宽"规范、统一、有序迫在眉睫。

（三）认罪认罚从宽制度的程序设置缺失

调研发现，认罪认罚从宽制度在实践中适用各异，法律职业人办理速裁、简易、普通程序关注的重点、难点不同，地区差异较大，即使同一地区，不同案件的适用程序也存在一定差异，这源于我国当前相关立法的缺失，立法不足不利于当事人，尤其是犯罪嫌疑人、被告人、被害人诉讼权利的保障，更有碍认罪认罚从宽制度的有效适用。突出表现在以下几个方面。

首先，认罪认罚从宽制度中犯罪嫌疑人、被告人的程序选择权之欠缺。《关于适用普通程序审理"被告人认罪案件"的若干意见（试行）》把程序适用的决定权赋予人民法院。简易程序适用的决定权亦在法院，检察机关对于程序适用有

---

① 《关于人民法院量刑指导意见：第三部分"常见量刑情节的适用"第7条规定："对于当庭自愿认罪的，根据犯罪的性质、罪行的轻重、认罪程度以及悔罪表现等情况，可以减少基准刑的10%以下，依法认定自首、坦白的除外。"

建议权。在当事人和解的公诉诉讼程序中，嫌疑人、被告人和被害人有权和解，即有权选择适用和解程序。《关于授权最高人民法院、最高人民检察院在部分地区开展刑事案件速裁程序试点工作的决定》将速裁程序适用的决定权赋予法院，检察机关对于程序适用有建议权，公安机关侦查终结移送审查起诉时，能够建议检察院按速裁案件办理。嫌疑人、被告人的同意虽是速裁程序适用的必要条件，但其无主动要求适用速裁程序的权利（仅在侦查终结阶段，辩护人认为案件符合速裁程序适用条件的，经嫌疑人同意，可以建议检察院按速裁案件办理）。总之，我国现行刑事诉讼制度设计的相关认罪认罚从宽制度的启动主动权在法院、检察院，被告人只能被动应对公诉机关的建议和审判机关的决定。这一缺失是对嫌疑人、被告人程序选择权的漠视，不利于其权利的保障。

其次，认罪认罚自愿性缺乏明确的制度保障。调研显示，司法实践中已经关注到保护认罪认罚自愿性的重要性，而且，从《关于适用普通程序审理"被告人认罪案件"的若干意见（试行）》第7条[①]、最高院《解释》第227条[②]、《关于在部分地区开展刑事案件速裁程序试点工作的办法》第11条[③]可以看出，我国法律法规已经注意到审查嫌疑人、被告人的"认罪""认罚"自愿性这一关键，但仍缺乏有效的制度保障。笔者调研发现，仍有多达36人，占比为22.22%的被告人为了获得量刑方面的从宽处理"会违心认罪"，这导致认罪认罚从宽案件存在着较大的错案风险，可见，保障认罪认罚自愿性在这一制度的适用中居于举足轻重的地位。

最后，适用认罪认罚从宽制度的举证方式之阙如。《关于适用普通程序审理"被告人认罪案件"的若干意见（试行）》明确规定，对于被告人自愿认罪并同意适用本意见进行审理的，可以简化举证程序。《关于在部分地区开展刑事案件速

---

① 《关于适用普通程序审理"被告人认罪案件"的若干意见（试行）》第7条规定："对适用本意见开庭审理的案件，合议庭应当在公诉人宣读起诉书后，询问被告人对被指控的犯罪事实及罪名的意见，核实其是否自愿认罪和同意适用本意见进行审理，是否知悉认罪可能导致的法律后果。"

② 《最高人民法院关于适用〈中华人民共和国刑事诉讼法〉的解释》第227条规定："对被告人认罪的案件，在确认被告人了解起诉书指控的犯罪事实和罪名，自愿认罪且知悉认罪的法律后果后，法庭调查可以主要围绕量刑和其他有争议的问题进行。对被告人不认罪或者辩护人作无罪辩护的案件，法庭调查应当在查明定罪事实的基础上，查明有关量刑事实。"

③ 《关于在部分地区开展刑事案件速裁程序试点工作的办法》第11条规定："人民法院适用速裁程序审理案件，应当当庭询问被告人对被指控的犯罪事实、量刑建议及适用速裁程序的意见，听取公诉人、辩护人、被害人及其诉讼代理人的意见。"

裁程序试点工作的办法》《试点办法》没有规定庭审举证方式。法律法规的缺失导致司法实践适用的多样，在关于"认罪认罚前提下证据的出示情况"这一问题调研中，39.52%的被告人认为"有必要，正常宣读、出示证据"，32.93%的被告人认为"有必要，但可以从简"，26.95%的被告人认为"没有必要宣读、出示证据"，这导致实践中出现两个极端：其一，固守刑事诉讼法规定的证据种类及顺序，证据的出示不顾案情的具体情况和庭审状况，导致诉讼资源的浪费；其二，举证过于简单。这两种情况都不利于被告人权利的保护，亦有损司法权威。

三、认罪认罚从宽制度的立法完善对策

应当首先确立适用认罪认罚从宽制度的价值导向，公正基础上追求效率。认罪认罚从宽制度体现了合作型司法的基本特征，被追诉方自愿认罪，诉讼程序对抗性大为降低，诉讼效率得以提升。该项制度倡导者的初衷亦是借此提高诉讼效率和优化司法资源配置，但认罪认罚从宽制度并未违背司法公正的原则。在确立价值导向的前提下应进一步具体勾画该制度的实体和程序事项，明确该制度的具体内涵、从宽效力与幅度、办理程序等。

（一）明晰"认罪""认罚""从宽"的内涵

明确"认罪"是对犯罪事实的承认，被追诉者对犯罪的基础事实表示承认即属于承认犯罪事实，勿需对起诉书记载的事实全盘认可。笔者调研发现，30.08%的法律职业者认为"认罪的含义是指认可起诉事实"，陈光中先生亦认为"被追诉人的认罪应当是被追诉人自愿承认被指控的行为构成犯罪，但不包括被追诉人对自己行为性质（罪名、犯罪形态等）的认识"[①]。被追诉人自愿承认犯罪事实即属"认罪"，被追诉人对行为性质的误判不影响认罪。嫌疑人、被告人如实供述了自己的犯罪事实，体现了愿意与司法机关合作的态度，减少了司法运作成本。罪名确定应由检察院和法院认定，嫌疑人、被告人仅是刑事诉讼中被追诉的对象，其难以确定自己触犯的罪名。不能苛求"认罪"必须包括认可起诉的罪名，否则会打击嫌疑人、被告人认罪的积极性，亦不符合诉讼规律，但调研显示，仍有46.72%的法律职业人认为"认罪的含义是指认可起诉事实及罪名"，完善"认罪"的认识任重道远。

---

① 陈光中，马康.认罪认罚从宽制度若干重要问题探讨[J].法学，2016（8）.

明确"认罚"是嫌疑人、被告人在认罪的基础上自愿接受所认之罪在实体法上带来的刑罚后果，是被追诉人对于可能刑罚的概括意思表示，但是不仅限于对刑种、刑度和执行方式的认同。这一观点亦被笔者调研所证实，法律职业人和被告人对于"认罚"内涵的理解占比最多的是"认罚的含义是指愿意接受刑事处罚"。"认罚"判断标准应当为接受公安司法机关提出的抽象刑罚。由于主观认识随着诉讼程序的运行而深化，对是否不起诉和判处刑罚的预测具有相当的不确定性，最终的刑罚只有经过裁判者的最终处理才能确定。只要被追诉人同意可能的刑罚结果就应认为被追诉人已经"认罚"[1]。应明确，嫌疑人的退赃退赔体现出悔罪性，应属于认罚的表现形式。《人民法院第四个五年改革纲要（2014-2018）》提出明确被告人自愿认罪、自愿接受处罚、积极退赃退赔案件的诉讼程序、处罚标准和处理方式，构建被告人认罪和不认罪案件的分流机制，优化配置司法资源。在此文件中，最高人民法院已将被告人"自愿认罪""自愿接受处罚"和"积极退赃退赔"并列，作为被告人认罪认罚的可能形态。

应当明确，"认罪""认罚"并非同步，两者是并列的关系，被告人认罪却不认罚，也应当从宽。基于刑事速裁程序适用于可能判处一年以下的轻罪案件，被告人"认罪""认罚"容易同步，但认罪认罚从宽制度广泛适用于速裁、简易和普通程序等，适用于可能判处死刑在内的任何性质的刑事案件。在重罪案件中，难以保障"认罪""认罚"的同步性，被告人"认罪"不"认罚"的情况较为常见。很多对指控罪名不持异议的被告人，对自己可能受到的刑事处罚非常关注，他们选择认罪的原因是为了追求最有利于自己的量刑裁决[2]。在此种情况下，不能苛求"认罪""认罚"同步，在被告人自愿认罪的情况下，即使被告人不认可检察机关的量刑建议，或对量刑的种类和幅度提出异议，法院也应当对其适用宽大的刑事处罚。

明确"从宽"具有实体法和程序法的双重效力。在2016年1月召开的中央政法工作会议上，孟建柱指出，实行认罪认罚从宽制度，既包括实体上从宽处理，也包括程序上从简处理[3]。一方面，"从宽"具有实体法上的效力，即量刑的宽缓。

---

[1] 陈光中，马康.认罪认罚从宽制度若干重要问题探讨[J].法学，2016（8）.

[2] 陈瑞华."认罪认罚从宽"改革的理论反思：基于刑事速裁程序运行经验的考察[J].当代法学，2016（4）.

[3] 李阳.攻坚之年看司改风向标[N].人民法院报，2016-01-23（002）.

从宽以刑法的既有量刑条款为限度，应当包括尽可能宽的范围。根据刑法规定，自首、立功、坦白等情节存在着从轻、减轻、免除处罚等从宽处理方式，如刑法第67条第1款规定[①]，与现行刑罚接轨，"从宽"也应包括从轻、减轻或免除处罚。这一观点亦被笔者调研所证实，认为"从宽包括从轻、减轻和免除处罚"的法律职业人占比为61.40%，被告人为39.26%。应当明确，"从宽"不包括罪名和罪数的交换，认罪认罚从宽制度与辩诉交易截然不同[②]。另一方面，"从宽"具有程序法的效力，即程序从简，根据案件的不同情况，对认罪认罚的犯罪嫌疑人、被告人分别适用不同的诉讼程序[③]。简易、速裁程序应当成为一个独立的从宽处罚情节。相对于普通程序而言，简易、速裁程序审理期限较短，被告人权利不确定状态大大缩短，有利于被告人权利的保护，亦有益于社会秩序的稳定。

在明晰了"认罪""认罚""从宽"各自内涵的前提下，认罪认罚从宽制度的整体含义亦需明确。笔者认为，认罪认罚从宽制度是建立在控诉机关指控被追诉人有罪前提下的制度延伸，以检察机关审查起诉阶段的协商建议为基础，以法院司法审核确认为最终归宿，被追诉人在自愿基础上认罪、认罚，选择特定程序处理案件，充分体现了实体从宽与程序从简。认罪认罚从宽制度兼有实体与程序的双重性质，既存在于刑法适用的定罪量刑过程中，也存在于刑事普通、简易、速裁等不同程序以及侦查、起诉、审判、执行等不同阶段，但其更多体现为一种程序性质，且实体部分适用的效果依赖于程序建构的完善。理解认罪认罚从宽制度的内涵时，应注意以下两点：其一，认罪认罚的时间段不应局限于某个诉讼阶段和诉讼程序中，在侦查、起诉、审判、执行等不同阶段，在普通、简易、速裁等不同程序中都会存在认罪认罚从宽的可能性。其二，厘清认罪认罚从宽制度的内在逻辑，即认罪认罚与从宽的关系。认罪认罚可能导致从宽处罚，但并非一律从宽，二者并不存在必然联系。为确保量刑的合理性、科学性，应当综合考虑案件的具体情况。

（二）厘清从宽的效力和具体幅度

---

① 刑法第67条第1款规定："犯罪以后自动投案，如实供述自己的罪行的，是自首。对于自首的犯罪分子，可以从轻或者减轻处罚。其中，犯罪较轻的，可以免除处罚。"

② 关于认罪认罚从宽制度与辩诉交易制度不同的详细论证，参见樊崇义，徐歌旋.认罪认罚从宽制度与辩诉交易制度的异同及其启示 [J].中州学刊，2017（3）.

③ 陈卫东.认罪认罚从宽制度试点中的几个问题 [J].国家检察官学报，2017（1）.

首先，明确从宽的效力，确立从宽激励机制，给予认罪被告人更为明确、优惠的量刑折扣。为充分体现从宽精神，增加"应当从轻、减轻、免除处罚"的具体适用情形，保证嫌疑人、被告人在做出认罪决定之时能够预知认罪给其带来的好处，实现"应当型"与"可以型"从宽的协调适用。笔者调研亦证明了确立从宽激励机制的重要性。针对"认罪认罚前提下，被告人选择程序的依据：程序公正抑或实际从宽"这一问题，认为"哪种程序从宽幅度大，就选择哪种程序"的人员占比为51.55%，年龄、学历、地区、性别等影响因子对这一结论影响不大。可见，明确从宽激励对认罪认罚从宽制度适用的重要性。

其次，确立从宽幅度的阶段性差异。在侦查、起诉、审判等不同阶段，嫌疑人、被告人认罪认罚的价值有重大区别，认罪认罚越早，越有利于加快办案进度、节约司法资源。理应依据认罪认罚不同的时间节点，设定不同的从宽幅度，以鼓励尽早认罪认罚。在参照美国量刑指南的基础上，考虑到我国司法实践的状况，可以考虑适当提高认罪从宽的幅度，并明确规定在不同阶段认罪可以取得逐级递减的折扣幅度。如对于一些可能判处10年以上有期徒刑的案件，若嫌疑人在侦查阶段认罪认罚可以考虑突破最高50%的从宽幅度。

最后，确立从宽幅度的程序性差异。一方面，明确在普通、简易、速裁等不同程序中，从宽幅度应有所不同。普通、简易、速裁程序适用不同情节的案件，从宽幅度不应苛求统一，这亦在笔者调研中得到证实。笔者从被告人角度调研适用普通、简易、速裁程序从宽处罚的幅度是否应有所不同。有51.50%的被告人认为"应有所不同"，其中80.23%的被告人认为"程序越简单，从宽处罚幅度越大"。另一方面，明确不同程序中的"从宽"幅度应是基准刑的10%到15%。笔者调研发现，法律职业人、被告人关于不同程序中"从宽"处罚的最高幅度观点各异。在普通、简易、速裁等不同程序中，被告人多将"从宽"理解为"预期的20%以上"，占比分别为36.53%、36.53%、44.31%；法律职业人对"从宽"的理解多为基准刑的10%到15%，占比分别为41.57%、31.07%、30.48%。被告人基于功利主义的考虑，倾向于从有利于自己的角度理解"从宽"，对从宽的预期过大；法律职业人对"从宽"的理解更为客观、专业、谨慎，对"从宽"的把握较为严格，更加符合我国司法实践。

（三）规范认罪认罚从宽制度的程序设置

首先，赋予嫌疑人、被告人适用认罪认罚的程序选择权，规范启动程序。这一权利是嫌疑人、被告人选择认罪认罚的自然延伸。当事人和解的公诉诉讼程序允许嫌疑人、被告人和被害人依法就法定范围的案件进行协商并达成和解协议，享有选择适用和解程序的权利。在速裁、简易程序或认罪认罚程序的适用中，也应当赋予嫌疑人、被告人选择权，以体现程序的正当性和统一性。应当明确，程序选择权既包括嫌疑人、被告人有权主动申请适用认罪认罚程序，也包括其对司法机关主动适用该程序的被动同意。在赋予嫌疑人、被告人适用认罪认罚的程序选择权后，需进一步规范该制度的启动程序。应将认罪认罚从宽制度适用的最终决定权赋予法院，将这一程序启动的主动权赋予检察院和嫌疑人、被告人，简化对嫌疑人、被告人的反复讯问，如此，加速了诉讼进程，节约诉讼资源，亦会提高其诉讼参与度，提升对判决的接受和认可程度。

其次，明确公安司法机关办理认罪认罚案件的主要法定职责——保障"认罪""认罚"的自愿性。这已被实证调研所证实。在关于"办理速裁、简易、普通程序关注的重点"的调研过程中，认为关注重点为"认罪认罚的自愿性与否"的法律职业人占比分别为78.7%、68.8%、50.3%。可见，较之普通、简易程序，强调诉讼效率的刑事速裁程序更注重认罪认罚的自愿性。一方面，保障"认罪""认罚"的自愿性是防范冤假错案，实现司法公正的必由之路；另一方面，被告人自愿认罪导致其放弃部分公正审判权，进而带来程序简化和效率提升[1]。认罪认罚从宽制度倡导者的初衷亦是优化司法资源配置，实现公正基础上的效率。所以，嫌疑人、被告人是自愿承认其所犯罪行，并非在充分证据面前被迫认罪，公安司法机关有义务、亦应注重审查、保护嫌疑人、被告人"认罪""认罚"的自愿性。为了保障"自愿性"的实现，公安司法机关应当逐步健全相关法定职责，积极履行告知义务，充分听取嫌疑人、被告人的供述和辩解等。

最后，明确适用该制度时，适当简化庭审方式、简化举证方式，注重庭审的灵活性和针对性。认罪认罚案件，控辩双方对定罪或量刑并无争执，庭审的目的旨在通过审查确保案件事实的真实性以及被告人认罪认罚的自愿性，没有组织组织法庭调查和法庭辩论之必要[2]。公诉人举证最需考虑的是如何清晰、条理、逻辑

---

[1]　闵春雷.认罪认罚从宽制度中的程序简化 [J].苏州大学学报（哲学社会科学版），2017（2）.

[2]　顾永忠，肖沛权."完善认罪认罚从宽制度"的亲历观察与思考、建议 [J].法治研究，2017（1）.

地向法庭证明指控事实的存在，所以，被告人认罪前提下，举证应着重针对双方的分歧点，对无异议的相关证据，在庭审中可简化出示，这一灵活的举证方式在笔者调研中亦得到证明，32.93%的被告人认为"有必要举证，但可以从简"。总之，对认罪认罚案件适用更加灵活、简化的庭审方式不仅能够促进案件繁简分流，实现诉讼及时，优化司法资源，亦是程序从简的重要体现。

刑事诉讼中非法证据及其证明力辨析 ①

内容摘要：刑事诉讼中的非法证据及其证明力问题涉及保护人权与制裁犯罪的关系问题。本文通过对非法证据及其证明力的辨析，反驳了在此问题上的许多片面观点和认识，强调了现代社会保护人权的重要意义，并通过多方论证最终得出结论：在刑事诉讼中对非法证据一律不得采信，即非法证据不能成为定案的根据。这实际上也是我国目前在证据制度上的唯一选择。

刑事诉讼中的非法证据及其证明力，即非法证据能否采纳为定案根据问题，在诉讼法学界一直存在着激烈的争论，从世界各国的司法实践来看，做法也截然不同。究其原因，主要在于对此问题所涉及的社会价值的取向迥异：如果完全采纳非法证据则对保护人权不利，甚至使许多诉讼程序的规定流于形式；如果完全不采纳非法证据似又对制裁犯罪不利。而围绕这一问题长期以来的各执一端则表明：无论在何种社会制度和证据制度下，制裁犯罪和保护人权，作为法制建设中的两个杠杆往往难以保持完全一致，二者发生矛盾的现象在所难免。那么，如何完成对社会价值的成功取舍，最大限度地实现规律的社会功效，以最终实现法制目标，反映在对非法证据及其证明力的态度问题上，便具有重要的意义。

一、非法证据概述

（一）非法证据的内涵及特征

刑事证据是司法人员依法收集、律师依法取证或当事人及其他诉讼参与人依

---

① 此文原载《烟台大学学报》（哲学社会科学版）1998年第4期，与孙世岗合作。

法提供的采取法定的证据形式对证明刑事案件有联系的事实。毫无疑问，该定义中的"依法""法定"等表述，说明证据其实是指合乎法律规定要求的证据，即"合法证据"。在这里，收集、提供证据的主体是司法人员、律师、当事人及其他诉讼参与人；证据内容是"对证明刑事案件有联系的事实"；证据的取得要依法进行，并以法定的证据形式出现于刑事诉讼之中。与此相联系，刑事诉讼法学界普遍认为证据的特征是客观性、相关性和法律性（或称为合法性），三者统一于证据之中。

"证据具有客观性和相关性才有证明案情的事实能力，才能成为'事实上的证据'；证据的法律性是把事实上的证据纳入刑事诉讼轨道所必须具有的特征。证据有了法律性才能具有证明案情的法律效力，即才能成为'法律上的证据'，最终成为刑事诉讼证据。"[①] 故此，刑事诉讼证据是"'事实上的证据'与'法律上的证据'的统一，是具有证明能力的内容与具有证据效力的证据形式及收集、提供证据的人员（主体）和程序合法性的统一。"[②] 其合法性表现于四个方面：证据内容合法；证据形式合法；收集、提供证据的主体合法；取证程序合法。

上述四个方面的有机统一则成为合法证据（查证属实前为证据材料），若有一方面不符合法律规定，则为非法证据。因为有关证据之内容、表现形式、提供收集的主体及取证程序方面的法律是为了确保证据的客观性、相关性和法律性，因此，违背以上证据四方面之合法性的任何一方面或几方面的事实材料即不成为（合法）证据，这样的材料进入刑事诉讼中作为证明案件真实的依据时，将由于其不合法性而成为受到排斥的非法材料，我们权称之为"非法证据"。显而易见，非法证据不具备证据特征的一部或全部，这又在一定意义上成为其应有之特征。该特征具体表现为证据的收集或提供主体不合法，取证程序不合法，内容不合法，表现形式不合法之一方面或几方面的综合。

（二）非法证据的类型

1. 收集或提供主体不合法的非法证据。如我国《刑事诉讼法》第48条第二款规定："生理上、精神上有缺陷或者年幼，不能辨别是非，不能正确表达的人，不能做证人。"若由上述主体作证人提供证据，将不符合法律对于收集、提供证据主体的规定，是为非法证据。

---

① 李学宽. 论刑事诉讼中的非法证据 [J]. 政法论坛，1995（2）.

② 李学宽. 论刑事诉讼中的非法证据 [J]. 政法论坛，1995（2）.

2.取证程序不合法的非法证据。这是一般意义上人们所理解的非法证据。如《刑事诉讼法》第43条中规定："严禁刑讯逼供和以威胁、引诱、欺骗及其他非法方法收集证据。"若以上述方法收集证据，将因为不具备收集程序的合法性而成为非法证据。

3.内容不合法的非法证据。即不能证明案件真实情况的或与案件事实无联系的事实材料，因其不具备证据的客观性、相关性，对案件真实的查明毫无意义而为非法证据。我国《刑事诉讼法》第42条第1款也规定，证据是"证明案件真实情况的一切事实。"

4.表现形式不合法的非法证据。《刑事诉讼法》第42条第二款列出了证据的七种表现形式，即物证、书证，证人证言，被害人陈述，犯罪嫌疑人、被告人供述和辩解，鉴定结论，勘验、检查笔录，视听资料。"这是为了从形式上保障证据的事实内容的客观性而明确规定的……事物的形式必须适合事物矛盾运动的内容，内容决定形式……证据是客观事实这一本质便决定了诸如梦幻、占卦等等的东西不可能成为它的表现形式。"①

以上对非法证据的分类纠正了实践中和学理上一些人对于非法证据类型的片面认识。提到非法证据，一些人仅认为是违反《刑事诉讼法》第43条的有关规定而以法律禁止的方法收集的证据，或仅认为是不履行法定手续而收集来的证据。这仅是从取证程序不合法的角度来看待非法证据的。其实非法证据的其他表现形式也不可忽视。中国《诉讼法大辞典》给"非法证据"释义为："不符合法定来源和形式的或者违反诉讼程序取得的证据资料。"尽管这一释义已比较完整，但还是忽略了收集、提供证据主体不合法的非法证据。非法证据之所以为非法，顾名思义是不符合法律的规定，而这一评价结果当然是出于司法工作人员对其做出的判断，此判断的过程即为查证证据（材料）是否属实的过程。任何证据资料不经查证属实也不会成为定案的证据（及其裁判的证据、推理的证据）。正如《刑事诉讼法》第42条第三款规定的那样："以上证据必须经过查证属实，才能成为定案的根据。"实际上，无论法律对于证据内容上、形式上，还是其他方面的规定，都是为了保障证据的内容和形式的统一，从而保证证据的客观性，确保用于证明的事实材料与案件真实间具有一定的或相当的联系，以求揭露和惩罚犯罪，

---

① 樊崇义.刑事诉讼法学[M].北京：中国政法大学出版社，1997：197–198.

保护公益和人权，进而实现社会公正和正义。因此，"实践之中，不存在不体现任何公正的法律，也不存在脱离具体法规的追求公正的理念。"① 然而，体现在证据制度中，体现在对非法证据的评价或规定中，如何实现社会公正和正义呢？有学者指出："公正的实质"是"取决于对证据的不利作用与它所提供的证明价值的对比取舍的结果。"② 而非法证据所带来的不利作用与它所提供的"证明价值"之比较与取舍的争论历久不衰，这就涉及非法证据的证明力问题。

二、非法证据的证明力辨析

（一）证据的证明力概述

证据的证明力是指据事实对案件事实证明作用之有无和程序③。与证据的证明力相联系的另一个概念是证据的证明能力。一般学者认为这两个概念是不同的。所谓证据的证明能力，又称证据资格，是证据之所以成为证据而在法律上允许其作为证据的资料④。证据的证明力和证据能力统一于证据这一套体系当中，二者既相互区别，又紧密联系不可或缺。对于二者的关系，长期以来有以下几种观点。

1. 先后关系说。即证据能力与证明力之间是有顺序关系的，此种学说又分为两派：（1）证据能力为先说。我国台湾地区有学者论述说："证据必须先有证据能力，即须先为合格之证据，或可受容许之证据，而后始生证据力⑤问题。因此学者有谓证据能力，系自形式方面观察其资格；证据力系自实质方面观察其价值。"⑥（2）证据力为先说。我国多数学者坚持认为"证据能力的产生必须先有证据力的存在为前提，并且为先决条件，没有证据力存在这个先决条件，证据能力就失去了存在基础，变成了无源之水无本之木。而证据力的产生则丝毫不依赖于证据能力⑦。"

2. 互为前提说。该说认为证据力反映证据的客观性、相关性，证据能力反映

---

① 邢怀桂 . 刑事诉讼证据能力初论 [J]. 现代法学，1995（6）.

② 汪建成 . 非法取得证据的证明力之我见 [J]. 法学与实践，1993（1）.

③ 江平 . 中国司法大辞典 [M]. 长春：吉林人民出版社，1991：248.

④ 樊崇义 . 刑事诉讼法学 [M]. 北京：中国政法大学出版社，1997：193-195.

⑤ 笔者注，此处"证据力"与本文中"证明力"同，只是叫法有别，以下同。

⑥ 邢怀桂 . 刑事诉讼证据能力初论 [J]. 现代法学，1995（6）.

⑦ 邢怀桂 . 刑事诉讼证据能力初论 [J]. 现代法学，1995（6）.

证据的合法性，而作为定案依据的证据必须同时具备上述三个特征方可采信。证据力再强的证据材料，如其无证据能力就不能被采纳；同样，证据能力再完备的证据材料，如其不具备证据力则对案件真相的查明毫无意义。因此，证据力和证据能力是互为前提的，二者辩证地统一于证据之中[①]。

笔者认为，上述第一种观点的两种学说仅以证据本身的两个特征为出发点讨论其关系问题，难免失之偏颇。事实上，证据是诉讼中的特有概念，无论是证据能力还是证据力都属于证据范畴，离开诉讼程序去探讨证据能力与证据力的关系则失去意义。而上述第二种观点则紧紧地把握了这一点，较好地说明了证据能力与证据力之间的关系。

（二）有关非法证据证明力问题的观点及评价

对于能否采纳非法证据用于刑事诉讼程序的问题，主要有下列六种学说。这些观点基本上涵盖了理论界对非法证据的证明力的看法，其探讨问题的角度虽然是在非法证据的取舍与否上，但该问题与非法证据的证明力问题密不可分；而且虽然大部分所涉及的非法证据仅为非法获得的证据，但这无损于对各种非法证据的证明力之探讨。有关证据的证明力问题的探讨，在深层次上也就是有关诉讼价值问题的探讨。如前所述，非法证据的证明力之取舍反映的是制裁犯罪与保护人权这两重价值如何取舍、如何统一的问题，而对这一问题的最终解决都将直接影响到非法证据在法律上的生死存亡。现根据诉讼法学理论及相关司法实践对这些学说分别评述如下。

1. 采信说。该说认为应当重视证据的客观性，实事求是地处理问题。如果非法获得的证据在调查属实后于证明案件真实确有必要，则可予采信。笔者认为，采信说侧重于证据的客观性和相关性，但忽略了证据的法律性。而证据的法律性是证据能力的外在特征，失去它将失去证据的资格，既然没有证据资格也就不能成为证据，又何谈证据之证明力？如前所述，证据的两大特征之关系是互为前提的，是相辅相成的，二者统一于证据之中，故离开证据理论而单纯去探讨有关证据的问题所得出的结论是不能令人信服的。从深层次看，采信说侧重于惩罚犯罪，但却漠视了人权的保护；而任何公正的程序必然是在惩罚犯罪与保护人权两重价值相比较而于两者统一之方向上所做出的选择。采纳了非法证据，无异于承

---

①　邢怀桂 . 刑事诉讼证据能力初论 [J]. 现代法学，1995（6）.

认了非法取证行为；而如此又会引起司法权力膨胀，滥用权力现象增多的情况。其实靠采信非法证据而换取的惩罚犯罪的短期效果也会为人权被侵害、司法黑暗等现象所造成的后果抹杀；甚至可能因为漠视人权而使公民对于司法失去信心，使法制社会的理想破灭。结合我国"人治为本，漠视人权"的历史传统而言，法制建设的价值选择应向重视人权的方向靠拢才是。

2. 区别对待说。认为应将非法取得的口供和物证区别对待：非法逼取的口供无论其真实性如何，若作为证据，就等于承认刑讯逼供、威胁取证、诱骗取证等诸非法活动，从而直接背离《刑事诉讼法》第43条等有关禁止性规定；而非法取得的物证则不会因收集程序和方法的违法而改变性质，只要查证属实，可予采用。笔者认为，区别对待说将非法取得的口供和物证相区别定取舍，其实这在学理上是典型的自我矛盾。因为"它之所以否认非法取得口供的可采性，主要在于其采证手段的非法性，然而从这样的观点出发显然不能推导出对非法取得的物证的采纳，因为后者也是非法的。"① 这种学说在理论上不能自圆其说，在实践中也是有害的，因为它同样也会引起与采信说一样的社会后果。

3. 去伪存真、线索转化说。此说认为应以补证方式即重新而合法地取证使非法证据合法化，或以之为"证据线索"，以期靠它获取定案证据。此说认为这样既是对非法取证行为的彻底否定（通过重新而合法地取证），又是灵活地运用一非法证据。笔者认为，该学说所主张的无论以何种方法补救非法证据所带来的不利作用，但最终还是利用或使用了非法证据，只不过是间接利用或使用从而让人觉得其"比较自然或合理"而已，但是"它并没有正面解决如何均衡非法证据所涉及的利益冲突问题，而是坚持怎样使用非法证据以用来证明案情这个出发点，因而它对于维护诉讼程序和严明司法纪律是微不足道的。"②

4. 排除加例外说。该说认为对非法取得的证据原则上应予排除，但可保留一定的例外情形。这些例外情形主要可考虑以下两方面因素："（1）案件的危害程度；（2）司法官员的违法程度。""设定例外的情形可以从犯罪性质方面分，也可以从法定刑方面分，还可考虑被告之主观恶性等方面……"③。在笔者看来，排除加例外说似乎给非法证据以一线曙光，以个别的承认取得个别的所谓公正合理，

---

① 邢怀桂. 刑事诉讼证据能力初论 [J]. 现代法学，1995（6）.

② 徐鹤南. 论非法取得的刑事证据材料的排除 [J]. 政法论坛，1996（3）.

③ 徐鹤南. 论非法取得的刑事证据材料的排除 [J]. 政法论坛，1996（3）.

其实这种做法从根本上损害了进而否定了有关排斥的总原则。正如社会上的某些做法，在强调一律走"前门"的同时又不恰当地开一些"合理的后门"，显然开始也往往加以严格"规定"，但后门毕竟不如前门那么正大光明，其"规定"即使在内部也显得中气不足；结果，当人们渐而发现走后门比较方便时，便逐步冷落了前门，这样，"前门"难道不仅仅成为一副掩人耳目的饰物吗？况且"司法上对原有的法律规则附加例外或限制条件，在许多情形下无异于开始使用一种适应于未来所有相似情形的新的规范标准。"① 刑事诉讼中对两重价值的取舍不应以实践自定的标准施行，而应以司法和立法的确认才合法和正当，实际的本质上的施行只有害于法制建设。司法权力不应膨胀到损害立法权的地步。

5. 区别对待、衡量转化说。该说认为应当将取得证据的手段与证据本身区别开来，同时要衡量非法证据之不利作用及其本身"有效价值"，以其结果定取舍。"取证手段不能因证据的采纳而被肯定，对违法取证行为理应制裁。同时由于取证手段与证据本身不同，非法取证行为带来的危害与它所获取的证据的有效价值也应分别对待。"② 具体做法是："当法院经裁量认为证据的不利作用超过了它所具有的证明价值时，则应该及时排除使用此类证据，以保证法院的审判向着公正方向发展。"③ 笔者认为，区别对待、衡量采证说在实践中有一定的意义：它可使惩罚犯罪的诉讼活动达到最大效率，在维护公益维持秩序方面发挥最大作用。但这种学说在证据理论上不免有失偏颇。根据证据两特性互为前提辩证统一于证据中的原理，既然非法证据的证明能力尚不具备，它也即没有证据资格，又怎能拿到法律上的通行证去证明案件真实呢？况且，其"衡量理论"即以衡量非法证据的不利作用与其本身"有效价值"的结果或取舍的理论也会因为非法证据（取得手段非法并且没有证据能力）而抹杀了其对刑事诉讼的法律价值，那么所谓的非法证据的"有效价值"又有什么意义呢？并且理论上衡量两价值的标准即平衡两价值冲突的标准反映在司法上的可操作性也不强。

6. 排除说。该说认为《刑事诉讼法》第43条等有关法律条文既已明确规定严禁非法取证，理应严格遵守，坚决执行。我国法制建设要求"有法必依"，依法办事，违法取证不仅有损于法制之尊严，也有害于诉讼参与人的诉讼权利，有

---

① E. 博登海默. 法理学法哲学及其方法 [M]. 邓正来，姬敬武，译. 北京：华夏出版社，1987：306.

② 汪建成. 非法取得证据的证明力之我见 [J]. 法学与实践，1993（1）.

③ 汪建成. 非法取得证据的证明力之我见 [J]. 法学与实践，1993（1）.

损于正当程序及其所保障和促进的社会公正和正义，这对长远的法制建设是不利的。况且国外立法上也为此做出了规定：如美国1961年的"马普诉俄亥俄州"一案中做出以下判例："通过违反宪法的搜查和没收获得的一切证据，按照法律规定，在州法院是不可采证的。"① 笔者认为，排除说虽然采取了一刀切的方法，这在大多数学者看来未免太"绝对化"，认为这样不利于诉讼中惩罚犯罪和保护人权两重价值的平衡或统一；但是结合刑事诉讼理论和实践分析，这却是唯一值得支持的学说。

三、结语

我国证据理论的发展，刑事诉讼法律规范的完善，诉讼实践的要求以及法制建设的目标都将越来越要求保护人权，这是问题的基点所在。故此有必要强调以下几点。

第一，根据证据理论，证据得到法律确认须具备三大特征：客观性、相关性和法律性。其中法律性不可忽视，它直接决定了证据能力，而证据能力又与证明力统一于证据之中；同时证据证明力的概念只有对于刑事诉讼才有意义，失去刑事诉讼这一法域，证据证明力将无任何法律意义。而且诉讼受法律的调整和规范，离开法律的诉讼同样也无法律意义。然而，我们探讨非法证据的证明力问题又不能离开法律和法制。法律既然作为一种规范建立了证据制度，就应以法律规范为标准，离开这一点则毫无意义。

第二，我国《刑事诉讼法》第12条规定："未经人民法院依法判决，对任何人都不得确定有罪"，这是对无罪推定原则的确认。法院的审判结果离不开证据（不言而喻，此处的证据显为"合法证据"），既然没有证据证明犯罪嫌疑人有罪，又如何确认他有罪？既然确认犯罪嫌疑人有罪（的过程）须依法进行，为什么诉讼中还要允许非法（取证）行为和非法（证据）因素？既然非法行为和非法因素已为法律所排斥，那又何必逆法律而强取呢？并且《刑事诉讼法》第43条、第46条、第47条等都从立法意义上排斥了非法证据。最高人民法院《关于未经对方当事人同意私自录制其谈话取得的资料不能作为证据使用的批复》中规定："证据的取得必须合法，只有经过合法途径取得的证据才能作为定案的根据。未经对

---

① 汪建成.非法取得证据的证明力之我见[J].法学与实践，1993（1）.

方当事人同意私自录制其谈话，系不合法行为。以这种手段取得的录音资料，不能作为证据使用。"如若这是出于对对方当事人诉讼权利的保护之意，那么排斥所有非法证据的使用和利用即是对于诉讼参与人人权的保护，这在诉讼司法实践中代表了一定的价值趋向，即保护人权。

　　第三，我国的法制建设还不完善，当前的司法实践中尚存在大量问题。因此主张采信、使用或利用非法证据将导致一些不利后果，其实对于一些学者提出的施以一定惩戒和救济措施作为采信、使用或利用非法证据所带来的不利后果的补偿，从根本上说亦是治标不治本的举措。况且，对于非法证据不予采用，并不意味着就一定放纵犯罪。如果排除非法证据将带来打击犯罪的不力或将严重地放纵犯罪之后果，那么保护人权地提起也将因犯罪猖獗、国民遭殃而在实践中失去了意义。而事实上，正是出于对上述两重价值的权衡取舍，才使我国刑事诉讼立法最终确立了无罪推定原则。无论从理论上还是从实践上看，打击犯罪保护人权，以实现社会公正和正义根本上还是靠诉讼参与人法律意识的增强，全民法律素质的提高。排除非法证据，强调严格依照刑事诉讼规程办案，会增强诉讼参与人的诉讼守法意识，从而逐步纠正轻程序法重实体法的法律偏私，让保护人权的内容更好地体现在刑事诉讼活动中。

　　总之，"一定的法律规范总体现一定的公正追求，而这种公正追求又反过来使其法律、法规的建设更有利于实现这种追求。"① 有法必依，执法必严，严格依照法律规定办事，是纠正当今法制环境中的不正之风，逐步实现由人治向法治的过渡，实现法制社会的必要途径。而保护人权则是当前法律应倾向的价值基点，这在我国有着特殊的意义，并且也符合国际潮流。

---

① 邢怀桂. 刑事诉讼证据能力初论 [J]. 现代法学，1995（6）.

论电子证据的搜查、扣押 ①

内容摘要：电子证据是指以其储存的文字、数据、图像、声音、程序等电子化信息资料来证明案件真实情况的电子物品或电子纪录。随着网络犯罪的增多，电子证据的搜查、扣押问题日益突出。而我国现行法律对此又缺乏相应的法律规定，理论界的相关探讨也比较少。本文从讨论电子证据的法律性质入手，着重对电子证据搜查、扣押的对象和范围、第三人权益的保护及协助义务、电子邮件的搜查、扣押等问题进行深入分析，以期推动相关立法的完善，并能对我国当前的刑事司法实践有所裨益。

关键词：网络犯罪 电子证据 搜查 扣押

计算机的日益普及和网络技术的飞速发展，在给我们的生活带来极大便利的同时，也带来许多人类以前从未遇到的新问题。在证据学方面，传统的证据概念受到电子信息的巨大冲击。在司法实践中，电子证据发挥着越来越重要的作用，然而，我国目前对电子证据却缺乏有效的法律规制，相关立法严重匮乏和滞后。尤其是在网络犯罪中，对于电子证据的搜查、扣押几乎无法可依。因此，探讨与之相关的法律问题，不仅具有重要的理论价值，而且对我国当前的刑事司法实践具有积极的指导意义。

一、电子证据的法律性质

网络犯罪是指行为人未经许可对他人电脑系统或资料库的攻击和破坏，或利

---

① 此文原载《北方法学》2007年第1期，与向德超合作。

用网络进行经济、刑事等犯罪活动。如涉及与网络数据有关的犯罪活动，包括截获、修改以及窃取数据；网络入侵，包括干预及破坏网站运营；网络接入犯罪，包括从事黑客活动和病毒传播；其他如网络色情、网络诈骗等利用网络进行的犯罪等①。相对于传统犯罪而言，网络犯罪具有隐蔽性、智能性、连续性、无国界性及巨大的危害性等特点。电子证据则是指以其储存的文字、数据、图像、声音、程序等电子化信息资料来证明案件真实情况的电子物品或电子纪录②。根据我国《刑事诉讼法》第42条的规定，我国的刑事诉讼证据共有下列七种：（一）物证、书证；（二）证人证言；（三）被害人陈述；（四）被告人、犯罪嫌疑人的供述和辩解；（五）鉴定结论；（六）勘验检查笔录；（七）试听资料。电子证据是近年来随着互联网技术的飞速发展才出现的一种证据，尚未被纳入法定的证据形式范畴。关于电子证据的性质，学术界主要有以下几种观点。

（一）视听资料说。有学者指出："视听资料是指以录音、录像、电子计算机以及其他高科技设备储存的信息证明案件真实情况的资料。"③"音像证据指通过录音、录像、电子计算机及其他电磁方式储存的信息来证明有关事实的资料，也称视听资料或音像资料……近年来国外还提出关于电子证据的概念，其内容大多属于音像证据的范畴。"④ 主张该说的理由主要是：两者以电磁或其他形式存储在非传统意义上的书面介质之上，都必须通过一定的方法转化为人们能够感知的可读或可视的形式；而且，现在的许多视听资料就是以数字形式存储的，能够直接为计算机所处理。

（二）书证说。该说认为电子证据应是一种特殊的书证。其理由主要有：首先，1999年我国颁布的《合同法》第11条规定："当事人订立合同，有书面形式、口头形式和其他形式。书面形式是指合同书、信件和数据电文（包括电报、电传、传真、电子数据交换和电子邮件）。"该条就明确规定了电子数据是书证的一种形式。其次，数据和书证一样，都是以其记载的内容或表达的思想来证明案件事实，只是存贮的介质不同而已⑤。

---

① 伊伟鹏. 网络犯罪的电子证据及其采信规则 [N]. 人民法院报，2002-04-15（3）.

② 汪建成，刘广三. 刑事证据学 [M]. 北京：群众出版社，2000：204.

③ 陈光中，徐静村. 刑事诉讼法学 [M]. 北京：中国政法大学出版社，2000：211.

④ 何家弘. 新编证据法学 [M]. 北京：法律出版社，2000：217.

⑤ 陈志敏. 电子数据证据问题探析 [J]. 河南公安高等专科学校学报，2001（4）.

（三）区别说。该说认为电子证据不能简单地说是哪种证据，而应区别不同情形来确定其证据类型。持该说者认为，电子证据根据其产生及表现形式可以分为三种：其一是计算机输入、储存、处理（包括统计、综合、分析）的数据；其二是按照严格的法律及技术程序，利用计算机模拟得出的结果；其三是按照严格的法律及技术程序，对计算机及其系统进行测试而得出的结果。据此，可做不同分析。首先，从承载介质看，如果输入、储存的信息记录在诸如硬盘、磁盘、光盘等介质上，即为物证；计算机处理过的信息如果仍存储在上述介质上，也为物证；如果输出打印到纸张上，即为书证。从输出方式看，如果以纸张形式表现，即为书证；如果以声音、图像形式表现，即为视听资料。其次，利用计算机模拟是根据已知条件和事实，依照法律程序和技术要求进行计算机演示，以确定犯罪的可能概率，因而，模拟的结果可列为勘验、检查笔录。再者，对计算机及其系统测试，是运用软件按照法律程序对机器及系统的性能、受损情况等进行测量、测算、鉴定，来确定犯罪的危害程度，因而可列为鉴定结论[①]。

（四）独立证据说。近年来赞同该说者越来越多，主张应将电子证据作为一种新的证据类型。持该说的学者认为，电子证据具有两个主要特点：其一，以所存储信息的内容来证明案件事实；其二，其存在方式是以二进制代码的形式（即数字化形式）存储于存储介质中。前者使电子证据具有书证、视听资料的某些特征，但后者则使它区别于所有证据种类。数字化信息的一个突出特点是它以"0"和"1"两个数的不同编码存储，信息一旦数字化就可以利用计算机随意加码、编辑，而不具有其他证据相对稳定可靠的特点[②]。由此，为了避免对电子证据性质归属的无休止争论，也为司法实践提供统一的依据，有必要将电子证据规定为一种新的证据种类。

以上四种观点虽然都有其合理之处，但笔者更倾向于赞同第四种，即主张将电子证据确立为独立的证据。由于电子证据有着自身的特殊性，并不能被以上七种证据形式中的任何一种所涵盖，所以应该单独将其列为一类新的证据形式。

---

① 蒋平.计算机犯罪的刑事对策探讨 [J].江海学刊，1998（3）.

② 李文燕.计算机犯罪研究 [M].北京：中国方正出版社，2001：338.

二、我国法律关于对证据搜查、扣押的规定

（一）一般规定

我国《刑事诉讼法》第109条规定："为了收集犯罪证据、查获犯罪人，侦查人员可以对犯罪嫌疑人以及可能隐藏罪犯或者犯罪证据的人的身体、物品、住处和其他有关的地方进行搜查。"第114条规定："在勘验、搜查中发现的可用以证明犯罪嫌疑人有罪或者无罪的各种物品和文件，应当扣押；与案件无关的物品、文件，不得扣押。"在理论上，有学者将搜查定义为，"执行机关依法对与案件有关的场所或人身进行强制性的寻查、寻找和提取证据材料的专门活动"[①]。扣押是指"侦查人员在勘查、搜查的过程中，对于能够证明犯罪嫌疑人有罪或者无罪的物品和文件，依法予以提取、留置、封存的一项侦查措施"[②]。证据的搜查、扣押对于发现犯罪嫌疑人、查明案情具有重要的意义。

我国《刑事诉讼法》第111条规定："进行搜查，必须向被搜查人出示搜查证。在执行逮捕、拘留的时候，遇有紧急情况，不另用搜查证也可以进行搜查。"据此，在我国，搜查可以分为有证搜查和无证搜查两种情况。一般而言，侦查人员进行侦查时，必须向被搜查人出示搜查证，但是在执行逮捕、扣留的时候，如果遇到紧急情况不用搜查证也可以进行搜查。

（二）电子证据搜查、扣押的特殊性

网络犯罪同传统犯罪相比具有隐蔽性、技术性、跨国界性和巨大危害性等特点，遗留下来的证据比较少，而且很难被司法机关发现和掌握。网络犯罪由于所涉及的范围非常大，犯罪嫌疑人在犯罪后常常将证据进行删除或是采取保密措施，使得网络犯罪电子证据的搜查、扣押变得相当困难。网络犯罪所要搜查、扣押的证据一般是以电磁记录形式存储在一定载体上的电子数据，必须通过电脑等类似的设备才能进行处理，对其进行解读。如果对电子证据不适时地进行搜查、扣押，犯罪嫌疑人很容易对其进行篡改或是删除，严重影响证据的证明能力和证据力。

由此可见，网络犯罪电子证据收集的对象与传统的证据收集对象如人身、物品、场所等有着很大的不同，它常常储存在电脑或电脑网络系统的相关设施中，

---

① 樊崇义.证据法学：3版 [M].北京：法律出版社，2003：246.

② 姜伟，刘绍武.收集证据实务 [M].北京：群众出版社，2002：208.

对它的收集必须借助于电子、电磁或光学方式进行。但是，这些信息没有固定的物理特征，我们并不能看到其本体，并且非常容易受到篡改和删除，所以，要判断其是否被改动过是非常困难的。因此，我们对于网络犯罪电子证据的搜查、扣押可以根据 ID、PASSWORD 判断犯罪行为是否为犯罪嫌疑人所为。由于电脑网络信息系统内含的是瞬间性、跨地区处理、传送量大的资料，所以以犯罪嫌疑人为保证资料传送的安全性和秘密性，对电子数据进行了相关的保密措施。在这种情况下，若不能得到密码，则无法获知电子数据的具体内容，无法判断其是否为犯罪嫌疑人实施网络犯罪的证据，从而不能准确地对其进行搜查、扣押。

对于电子证据的搜查、扣押，原则上也应是持搜查证进行，但是，由于电子证据与其他证据相比更加容易受到篡改和删除，所以在紧急情况下，侦查人员也可以进行无证搜查、扣押，以保证能够及时地收集到证据，查获犯罪嫌疑人。

三、电子证据搜查、扣押的对象及其扣押后的保全

由于电子证据是存储在电脑及其相关设备上的，所以在对电子证据进行搜查、扣押时，我们要分清和其他与本案无关的电子数据等相关财产的区别。

（一）电子证据搜查、扣押的对象

我国《刑事诉讼法》第114条对扣押物证、书证的对象和范围进行了原则性的规定，《公安机关办理刑事案件程序规定》第210条、《人民检察院刑事诉讼规则》第189条均有类似的规定。因此，在对电子证据搜查、扣押的过程中，侦查人员应当分清哪些电子数据是与本案有关的证据，哪些电子数据是与本案无关的数据，以便做到扣押的正确性。网络犯罪搜查、扣押的对象是存储在电脑及其网络系统中的电子数据，它通常是与公民或相关单位的其他合法电子数据存放在一起的，其存放电子证据的载体也常常与公民或相关单位的合法财产相联系，在实践中往往很难区分，这常常使得公民或相关单位的一些合法数据或财产被司法机关搜查、扣押，造成较为严重的后果或财产损失。因此，对于电子证据的搜查、扣押要严格把握。

1. 对存储在电脑硬件及其相关设施等有形载体中的电子证据的搜查、扣押

对存储在电脑硬件及其相关设施中的电子证据的搜查、扣押一般不会存在太大的问题，因为这种电子数据与写在纸上的数据之间没有太大的区别，可以根据我国《刑事诉讼法》第114条的规定对其进行搜查、扣押。如行为人利用电脑制

作淫秽图片，侦查人员就可以对存放在电脑硬件及其相关设施中的电子数据进行搜查，并对电脑硬件及其相关设施如键盘、鼠标、显示器等进行扣押。美国纽约北区地方法院在1986年Lamb一案中，由于被告人涉嫌制作儿童猥亵图片，司法机关对其电脑硬件及其相关设施如鼠标、键盘、显示器等均进行了扣押。被告人抗辩称电脑并非犯罪工具，也不是犯罪成果，不应该在被扣押之列，但法院以电脑使收发猥亵图片更加便利为由而予以驳回。

2. 电脑网络中数据处理系统电子证据的提取

一般来说，搜查、扣押电脑网络中数据处理系统中的数据，首先要找到计算机主系统所在的位置才能对电子证据进行搜查、扣押。然而，进入计算机主系统并不同于入室进行搜查，计算机系统的敏感性和复杂性可以保证计算机系统的安全性，侦查人员并不是随意输入一些指令就可以对电子证据进行搜查、扣押。特别是在电子数据的载体不能被司法人员取走，不能在侦查机关的计算机系统中被鉴定，而需用检查中的计算机系统进行分析时，对电子证据的搜查、扣押就变得相当困难。在现实中，网络犯罪的犯罪嫌疑人进行犯罪所留下来的证据通常是与其他电子数据存储在一起的，根据我国《刑事诉讼法》第114条的规定，侦查人员应该对与本案有关的电子证据进行搜查、扣押，对于与本案无关的电子证据则不能进行搜查、扣押。如果犯罪嫌疑人利用其单位的计算机系统进行网络犯罪，但是犯罪记录在系统的终端机上已被删除，仅仅在主机系统中留有记录，若对主机系统进行搜查、扣押，必然会影响该公司的正常营业，造成严重的经济损失。在此种情况下，侦查人员应该把与本案有关的电子证据复制到其他的物质载体上加以扣押，而不能对该主机系统进行扣押。

然而在侦查过程中，尤其是侦查的初级阶段，侦查人员对犯罪嫌疑人所实施的网络犯罪往往不能迅速确定，对网络犯罪电子证据的范围也不够明确。另外，犯罪嫌疑人往往对计算机系统采取了保密措施，使侦查人员不能迅速破解。在这种情况下，如不及时对该计算机系统进行扣押，则有可能出现电子证据被篡改、删除的情况，导致不能及时地收集证据，抓获犯罪嫌疑人，查明案件的真实情况。在这种情况下可以对整个计算机信息系统进行搜查、扣押，但是在侦查人员取得相关的电子证据后，应当及时地解除扣押，对与本案无关的物品应当及时返还，以免造成更大的财产损失。

（二）电子证据扣押后的保全

电子证据的特征决定了某电子证据自生成后直到提交给法庭时止，应当保证其在储存、传输等各个阶段均保持了数据和信息的原始状态，没有任何人为的或自然的因素影响、破坏，否则会影响该电子证据的证明能力和证据力。目前，对储存在计算机存储设备中的数据进行证据保全，缺乏法律依据且不便于操作。一般对采取以下几种方式保全的电子证据可以采信。

1. 以财产保全方式查封、扣押办公用具及商业资料，将存储设备妥善加以保管，并在笔录上注明扣押存储设备的品牌、型号谋些品牌的存储器具有唯一的识别号。

2. 对于具有时限性的电子证据如利用网络对他人进行侮辱诽谤的事实，司法机关对当时的数据加以记录并由公证机关进行公证。

3. 对于涉及他人（包括第三人）的权利及客户隐私权的电子证据、隐藏或加密的电子证据、被破坏的电子证据、扣押存储设备将损害不特定多数的合法客户的权利及危害他们的数据安全的，改由权威技术机关对电子证据以书证或鉴定结论形式提交。

四、电子证据搜查、扣押过程中第三人权益的保护和协助义务

网络犯罪所涉及的第三人，如在收信人和发信人之间担任中介角色的网络电信服务业者（Internet Service provider）权益保护及其负担的相关协助义务，也是一个值得探讨的问题。

由于互联网是多人进行信息传输的媒介，其中网络电信服务业者（ISP）在其中承担了一个中介作用。因此，网络犯罪常常涉及网络电信服务业者，对电子证据的搜查、扣押常常会对他们的权益造成一定的影响。

（一）网络电信服务业者权益的保护

对于计算机中存储的大量电子数据，可能仅仅只有一部分与犯罪有关，然而，侦查人员在对电子证据进行搜查、扣押时，常常将与本案无关的电子数据一并进行扣押，从而引发一些争议。作为信息传输中介的网络电信服务业者，其服务器中的电子数据不仅有犯罪嫌疑人网络犯罪的电子证据，而且还有其他人的一些相关资料。如果对网络电信服务业者存有电子数据的服务器进行扣押，必然会影响其正常的经营活动。

1998年日本东京地方法院判决了一起因司法机关扣押网络公司服务器争端案件。在该案中原告人是一家网络电信服务业者，该公司成员在东京分公司所设服务器的数据库中藏有名为"地下影院"的一个色情网页，导致多人对该网页中的淫秽图片、影片进行复制和浏览。但该公司成员在网页和电子邮件中使用的地址均为"morokin"，其真实姓名不详。侦查人员在对该案进行侦查时，持有扣押物品为"顾客名簿"的搜查证对该公司进行搜查，并对与该公司签订有通信服务合同中存有有意开设成人网页的428名客户的姓名、地址和联系方式等电子数据资料的磁片进行了扣押。该网络公司提起诉讼要求解除该扣押。东京地方法院在裁定中认为，该网络公司并非是犯罪嫌疑人而是电信通信业者，对客户的资料负有保密的义务。在本案中，犯罪嫌疑人使用的是"morokin"网址，虽然有428名客户有意开设成人网页，但是并不能认为他们与本案有牵连，所以认为该扣押并没有必要。

对此，笔者认为侦查人员在搜查、扣押存有电子数据的记忆媒体（如电脑硬件、磁片服务器等）时，若该载体并非犯罪嫌疑人所有，而为网络电信服务业者所有时，该载体内与本案有关的电子数据可以作为搜查、扣押的对象，而对于与本案无关的电子数据，常常涉及网络电信服务业者同其客户之间的隐私和商业秘密，不应作为搜查、扣押的对象。因此，对电子证据的搜查和扣押，与对网络电信服务业者权益保护的调和成为一个重要的议题。笔者认为，对涉及网络犯罪电子证据的搜查、扣押的必要性可以作为解决上述问题的方法之一。侦查人员应当根据当时的具体情况判断对电子证据的扣押有无必要性，如有必要则可以将电子证据作为搜查、扣押的对象，如无必要则可以通过复制方式将有关本案的电子证据进行扣押，以保障网络电信服务业者的权益。电子证据搜查、扣押的必要性可以结合以下几个要素进行判断：犯罪嫌疑人涉嫌犯罪的内容、该电子数据作为证据的证明价值、电子数据受到篡改及删除的可能性，以及该电子数据所有人的商业秘密和隐私的保护等。

（二）网络电信服务业者的协助义务

计算机犯罪侦破专家顿。巴尔凯尔曾对侦查计算机犯罪的检查侦缉人员的计算机文化素质进行过一次专门的调查，调查结果表明，只有50%的被调查者能够回答出计算机的基本结构、程序工作原理和功能，以及程序编制人员的工作情况，其中少数人能够解释程序设计语言指令、读懂计算机的信息传输，极少数能分辨罪犯的"木马计""异步冲杀"等作案手段[①]。由于侦查人员缺少计算机方面的相关知识和技术，他们在侦查网络犯罪中常常不能进入相关的信息储存系统，获得相关的电子证据。即使是在侦查人员具备相关的网络知识和技术的情况下，由于大多数计算机系统中都安装具有保密功能的安全软件，侦查人员也不能够获得相关的电子证据。这就要求这些电子证据的占有人提供相应的帮助，以便侦查人员能够获得相关证据。由于我国《刑事诉讼法》并未规定犯罪嫌疑人具有协助或保存证据的义务，所以侦查人员一般不能在犯罪嫌疑人的帮助下获取相关的证据。如果侦查人员获取犯罪证据时需要犯罪嫌疑人提供帮助，则该电子证据又有被篡改、删除的危险。鉴于此种情况，如果侦查人员不能自己提取相关的证据，则可以获得网络电信服务业者的帮助，网络电信服务业者有协助的义务，但是与本案无关的电子资料，网络电信服务业者有权拒绝提供。

在网络犯罪的侦查过程中，首先发现的一般是犯罪嫌疑人所建立的网页，或与他人进行联络的电子邮件的信箱地址，如在色情网页的犯罪方式中，行为人通常在网络电信服务业者提供的主机上设置个人网页，在网页上提供淫秽图片、影片进行广告宣传，在这里电子邮件信箱是作为与顾客交易的媒介。在网络侵害名誉犯罪中，犯罪嫌疑人利用自己或他人的电脑进入网络，再连线进入留言板（BBS），散布损害他人名誉的言论。然而，电子邮件的地址一般为代号，需要网络服务业者提供该电子邮件使用者的姓名、地址、联系方式等资料才能对犯罪嫌疑人进行进一步追查。网络服务业者有义务提供以下资料：1. 电脑稽核纪录，包括电脑使用者的账号、连线 IP 的地址、使用次数和时间等。2. 客户登记资料，即申请账号时所填写的基本资料，包括客户的姓名、地址、联系方式等。3. 犯罪事实资料，包括文本、屏幕书面及原始程式等。

五、电子邮件的搜查、扣押

在网络犯罪中，行为人常常把电子邮件作为犯罪工具进行犯罪活动，或者把它作为联络的方式，它对侦查机关抓获犯罪嫌疑人、查明案情具有重要的意义。电子邮件进行信息传输的过程可以简单概括如下：发信人将其电子邮件发送到与其订有合同的网络服务业者的服务器中，然后直接或通过代理服务器把信息传送

---

① 汪建成，刘广三 . 刑事证据学 [M]. 北京：群众出版社，2000：217.

到与收信人订有合同关系的网络服务业者的服务器中，收信人再进入自己的信箱，便可以阅读电子邮件的内容。在收信人阅读电子邮件之前，该电子邮件会存储在网络服务业者的服务器中，但收信人阅读之后，该邮件的内容仍会在网络服务业者的服务器中存留一段时间。由于电子邮件的内容可能涉及通讯人的商业秘密和隐私，所以侦查人员必须通过严格的法定程序对其进行扣押，网络服务业者也不能随意将电子邮件的内容泄露给侦查人员。

电子邮件在阅读前后分别在网络服务业者和收信人的掌管下，下面分两种情况分别加以讨论。

（一）收件人阅读前电子邮件的搜查、扣押

由于电子邮件在阅读之前处于网络服务业者的掌握下，尚未被收信人所控制，所以对尚未阅读的电子邮件的搜查、扣押，应该通过电信部门依照严格的法律规定进行。我国《刑事诉讼法》第116条规定："侦查人员认为需要扣押犯罪嫌疑人的邮件、电报的时候，经公安机关或者人民检察院批准，即可通知邮电机关将有关的邮件、电报检交扣押。不需要继续扣押的时候，应即通知邮电机关。"《人民检察院刑事诉讼规则》第192条、《公安机关办理刑事案件程序规定》第215条也做了类似的规定。如果对尚未阅读的电子邮件的搜查、扣押掌握不好，非常有可能侵犯他人的商业秘密和隐私，所以，侦查人员必须按照法定的程序在规定的范围内对电子邮件进行搜查、扣押。

（二）收件人阅读后电子邮件的搜查、扣押

收件人在阅读电子邮件之后，其内容分别存储在网络服务业者服务器和收件人的电脑硬件或磁片中。对于存储在收件人电脑硬件或磁片中的电子邮件，侦查人员可以直接根据我国《刑事诉讼法》第114条的规定进行搜查、扣押。若存储在收件人电脑硬件或磁片中的电子邮件的内容已被犯罪嫌疑人修改或删除，侦查人员仍应按照前一种情况进行搜查、扣押。

总之，随着电子信息技术的快速发展，在以传统证据为客体的证据法框架内，电子证据的搜查、扣押遇到了许多崭新的问题，特别是电子证据搜查、扣押的对象及其范围，电子证据搜查、扣押过程中第三人权益的保护和协助义务等等。对此，如有相关立法加以明确，并且在司法实践中注意对相关人员的权益保护，电子证据就能成为迅速揭露和证明犯罪事实的有力武器。

第三部分 03

刑事证据法学

刑事诉讼中的图像电子证据初论 [①]

内容摘要：在日常生活和刑事诉讼过程中，电子形式的图像证据已经较为常见。对这种与传统的图像证据截然不同的新型证据形态，需要从证据规则、证明过程等角度进行新的探索。图像电子证据的证明能力和证明力的认定，具有鲜明的技术特征，离不开刑事鉴定和法庭科学的支持。更重要的是，它为传统的证据规则和刑事证明理论提供了新鲜而又充满挑战的内容。

关键词：图像电子证据的数据内容　表达内容　目的性冗余　功能性冗余

随着电子成像设备的广泛应用，在刑事诉讼中，电子形式的图像证据越来越广泛的代替传统的图像证据；在众多领域内电子设备的使用，也使得很多其他的证据类型向图像电子证据转化。图像电子证据与传统图像证据在证据的认定与证明上有着诸多的新鲜特征，传统的证据规则如何与之协调面临着新的挑战。

一、图像电子证据概述

图像电子证据是指以信息系统中的数据形式存储的能以图像形式表现内容的证据材料。其存储媒介并非传统的光学胶卷与相纸或印刷出版物，读取需要通过相应的信息系统和读取设备，自身也包含着与所在的信息系统的数据联系。图像电子证据是一类重要的电子证据。

根据图像内容的来源，可以将图像电子证据分为原生型图像电子证据和保存型图像电子证据。二者主要以两个条件区分：第一，对另外一幅图像的拍照而产

[①]　此文原载《法学论坛》2009年第1期，与李文伟合作。

生的图像电子证据，称为保存型图像电子证据。这里的"图像"是指已经生成的图像，在信息系统中表现为已经存在的图像文件。如给一幅油画拍摄数码照片，或者对一张打开了的数码照片用屏幕快照软件拍摄照片。第二，原生型图像电子证据包含着符合图像生成目的的，拍摄对象的图像细节，比如图像的分辨率、可放大倍数等。保存型图像电子证据只包含符合图像生成目的的内容，而丢失了部分符合原图像生成目的的图像细节。比如对电子显微镜中的显示图像利用显微镜自身的拍摄装置拍摄所获的图像，属于原生型图像电子证据，这种拍摄符合电子显微镜所显示图像的生成目的——显示一个细胞核，并能够根据显微镜的显示能力，将这幅显示细胞核的照片放大到能够放大的倍数，以显示更多的细节。而如果从目视镜入口用普通数码照相设备拍照所获的图像，则属保存型图像电子证据。这种拍摄只能够显示电子显微镜所显示的内容是一个细胞核，而不能显示更多的细节。

根据在刑事诉讼过程中，图像电子证据的生成来源，可以分为可控来源的图像电子证据和不可控来源的图像电子证据。可控来源的图像电子证据是在刑事侦查过程中，作为侦查手段用于保存现场情况和必要证据而进行的刑事侦查照相，以及对信息系统中的环境情况采取屏幕快照等产生的电子图像数据。这种图像电子证据生成于刑事诉讼过程中，其生成方式、程序、保存方法，能为刑事诉讼的主体——主要是侦查人员和检方所控制，因此可以称为可控来源的图像电子证据。另一种是在刑事侦查过程中由侦查人员和控方收集到的已经生成的图像电子证据，或者在审前准备过程中由辩方提供的图像电子证据。这种图像电子证据的生成不在刑事诉讼过程中，或者其生成不为侦查人员和检方所控制，可称为不可控来源的图像电子证据。

根据生成设备的不同，图像电子证据可以分为数码相片、信息系统屏幕快照、软件合成图像等。

根据图像电子证据在信息系统中的数据组织类型和实现原理，又可以有多种不同的分类。如矢量图像、向量图像以及各种压缩格式的图像等等。

出于论述的需要，笔者将图像电子证据的内容分为图像电子证据的数据内容和表达内容两种。这种分类并非是集合性的种属分类，而是指从不同角度对图像电子证据的内容所做的逻辑分类和不同指称。图像电子证据的数据内容是指在信息系统中实现作为图像基本要素的形状、灰度分布、色彩、布局搭配的数据和数据参数。图像电子证据的表达内容是指以图像形式表示的，能为人的肉眼所识别的，并按照正常的注意力标准和理解能力所能够理解的图像含义。其中，"能为人的肉眼所识别"包含了技术的辅助因素，比如，图像放大。图像电子证据的数据内容是以信息系统和数学模型，以及量化运算为对象而指称的。图像电子证据的表达内容是以人的识别能力、理解能力及人的主观思维为对象而指称的。图像电子证据的数据内容和表达内容是同一问题的两个侧面，之间没有任何关系。也就是说，图像电子证据的数据内容的改变与表达内容的改变之间并不是且也不可能存在因果关系，而是同一个事实针对两种不同对象的指称而已。

图像电子证据的数据是指图像电子证据在信息系统中作为档案存储的内容，在现代的信息系统中，多以文件的形式表示。图像电子证据的数据不仅仅包含着图像电子证据的数据内容，还包含着与图像的基本要素无关的数据和数据参数，还存有一些冗余数据，如体现文件与信息系统数据联系的环境数据、日志数据等。

图像电子证据在刑事诉讼中涉及的问题很多，本文主要从图像电子证据的证明能力审查和证明力判断及对其进行的刑事鉴定[①]展开论述。

二、图像电子证据证明能力的认定

（一）图像电子证据的合法性审查

刑事诉讼程序及证据规则对刑事证据的收集、保存、处理有着严格的规定和步骤。作为一种刑事证据，同样要求按照刑事程序和证据规则对图像电子证据进行审查。与传统的证据材料不同的是，"电子证据"作为图像电子证据与电子证据材料的属性交集，在对证据的程序性审查方面，突出地表现出对其"电子"属性的依赖。若非如此，便不能准确地反映电子证据的存在状态和证据品格。其主要表现在两个方面。

1. 图像电子证据的数据本身是对证据材料进行程序性审查的对象。对其数据本身进行程序性审查要求通过判断证据材料的来源、收集方式、保存方式等方面来认定是否合乎诉讼程序和证据规则，与传统证据材料的区别在于，图像电子证据的数据本身比对证据材料的来源、收集方式、保存方式进行纯粹程序性的审

---

① 本文所指的鉴定，应理解为广义的鉴定概念，而不特指某一鉴定制度，也包含专家证言、法庭科学等不同于我国鉴定制度的内容。

查更能够反映证据材料的存在状态和证据品格。在技术可能的情况下，证据材料的来源、收集方式、保存方式等审查客体直接就是电子证据本身的数据属性。比如，证据在信息系统中存储所使用的数据格式；特定信息系统在证据材料中的日志信息；特定信息系统对其中产生的数据的可分析特征；等等。因此当对证据材料的证明能力产生争议的时候，包括对电子证据进行的正常程序性审查，必须要借助对证据材料的数据分析。这种数据分析，是对电子证据进行鉴定的任务之一。

2. 图像电子证据的数据可以为刑事诉讼程序的进行提供证明载体，即为程序性审查提供数据证明。传统的证据材料除了对本身进行物理处理以证明程序进行之外，更多的是借助文书和档案来证明程序的进行状态。比如在书证上加盖印章，证明证据材料处理状态和真实性；对证据材料进行封装保存，编号，存档；填写侦查文书，证明程序需要的多人在场；等等。有些证据材料，由于本身物理属性的限制和保存证据的需要，只能通过文书和档案来证明程序进行。电子证据所采用的数据格式具有自身独特的技术特征，可以利用数据这些特征在不破坏证据可靠性的前提下，对其进行处理，进行必需的加密、存档。同时，针对电子证据容易被恶意篡改的缺点，也必须要求对其进行电子手段的数据保护。这不仅仅是出于安全性考虑，在有严格的 SOP 程序（Standard Operating Procedure 标准操作流程）[①]的情况下，电子证据在诉讼进行中的每一个阶段，都可以以数据添加的形式在电子证据中有所表现。例如，对进入到诉讼程序中的图像电子证据，可以利用图像数据格式的数据特征，在其中嵌入来源信息、加密校验数据、数字签证、电子水印等。这些电子手段的数据保护，与对传统物证的密封保存，在刑事诉讼程序中的意义是一致的，只不过技术实现不同而已。这些后来嵌入到图像电子证据中的数据，出于安全性考虑，多与原有的电子证据融为一体，需要进行技术手段的还原与分析，才能够为诉讼进行的程序性审查提供数据证明。这种数据分析，也是对电子证据进行鉴定的任务。

（二）图像电子证据的真实性考察

与对其他证据的鉴定一样，对图像电子证据的真实性考察也是运用技术手段，对图像电子证据的真伪进行鉴别。主要有两种基本的方式：一是间接鉴别。

---

① SOP 程序是指在刑事侦查和审判程序中，针对图像电子证据等需要特殊规程的证据制定的制式化程序规则和人员行为守则。

通过鉴定电子证据的安全性以推定电子证据的真实性。一种方法是鉴别产生电子证据的信息系统和操作规程是否安全和运作正常，以产生电子证据的信息系统的安全和正常运作推定所产生的电子证据的真实性。这种方法主要是针对数量大、使用频率高的证据而言，尤其是对于在刑事诉讼中大量存在的可控来源的图像电子证据，由于数量很大，而且其生成可以为侦查程序所控制，所以他们的真实性审查多采取这种推定的方法。有的国家的证据法允许通过具结（Affidavit）的方式推定电子证据的真实性①，对这种具结方式的审查，比如对操作人的交叉询问，需要法庭科学的支持。另一种方法是通过鉴定电子证据的安全性措施的有效性来推定其真实性。通过信息系统中的电子签名、加密算法、口令等安全措施的有效性来推定电子证据的真实性。这两种方法经常结合运用。二是直接鉴别。如果间接鉴别仍有存疑，可以直接对电子证据的数据内容和表现内容进行鉴定。与间接鉴别的推定方法相比，直接鉴别需要更加专业的知识和严格的标准。

间接鉴别在对证据的真实性没有争议之时，是最广泛采用的证据真实性考察方法。出于司法资源和诉讼经济的考虑，有的国家的电子证据法规定，只要诉讼双方均认可的电子证据，则可推定它有真实性。而直接鉴别则需要有鉴定专家和法庭科学的支持，不能采用推定的方法。

由于图像电子证据的易复制性，对其进行真实性考察的一个重要手段是参照原本，即将待鉴定的图像电子证据样本与其原本进行比对。首先要做到确定原本，这包含搜寻原本的查找工作；查找过程中的鉴别工作，即判断所查找到的数据是否确为原本。对所查找到的材料进行确定是否为原本的鉴别，不能依赖图像电子证据的数据内容或者表现内容，但可以参考其中的环境数据、日志数据等与数据内容、表现内容无关的数据；或者使用其他的调查方法。因为找寻原本的目的，是将其数据内容和表现内容与待鉴定的样本进行比对，以确定待鉴定样本的真实性。如果在此之前，既以样本来确定原本的真实性，显然在逻辑上是错误的。

电子证据典型的特征之一就是可以做到复制数据与原数据完全相同。图像电子证据也是如此，因此，图像电子证据的原本与非原本之间的区分并不表现在信息系统中的文件上，而是表现在两者的数据内容和表现内容上。即一个文件是对

---

① 具结是证人向法庭提交的在法律上可采做证据的书面陈述，其证人多为日常操作人员。南非《1983年计算机证据法》，加拿大《1998年统一电子证据法》，菲律宾《电子证据规则》均采用这种方式。

原图像数据文件的完全复制，则两者均可视为原本，这里的"完全复制"可以通过特定算法认定涵

。这对于侦查和鉴定过程中对电子证据的数据提取和处理有着重要意义。

并非所有待鉴定的图像电子证据都存有原本，因为并非所有待鉴定的图像电子证据都被复制并修改过。在不存有原本或者没有找到原本的情况下，对其鉴定要根据图像电子证据的自身特征。主要有比对法、像素分析法、条件分析法、数据分析法等技术手段，限于篇幅，不在此展开。

三、图像电子证据的证明力判断

图像电子证据证明力判断主要体现在对其进行的可靠性判断、关联性考察。现代刑事诉讼中对证据证明力的认定已经淘汰了法定证据制度，而多由证明力认定主体的自由心证决定，即使在没有自由心证制度的国家，证据的证明力也没有法定的效力阶梯。因此，对图像电子证据证明力判断提供的技术支持，并不是直接对图像电子证据的证明力进行鉴定，也并非对其证明力大小提出基于技术的建议；而只是应证明力认定主体的要求或程序进行的需要确定证据的存在状态，属于一种事实的表达。

（一）图像电子证据的完整性、可靠性考察

完整性是考察电子证据证明力的一项重要指标，有的学者认为，他是考察传统证据材料所不具有的特殊指标[①]。从共同点上看，完整性与可靠性都是电子证据的证明力考察的主要指标。二者均不是证据材料的固有属性，而是在刑事诉讼过程中，出于特定的诉讼价值论对其进行的主观评价。这种评价有区别于其他诉讼（如民事诉讼、行政诉讼）的特殊性（往往表现为更高的的要求和更加严格的标准），也有别于在刑事诉讼过程中对证据材料进行程序性评价的形式性，他们是对证据材料在诉讼中所体现的能够影响诉讼结论的实质含义的价值判断。例如，一幅图像究竟表示了何种实质含义，这幅图像所表示的实质含义与刑事诉讼中的待证事实之间的联系，图像里的人物是甲还是乙，图像所表现的场景是清晨还是黄昏，并非此"完整性"与"可靠性"所判断的内容，而是属于关联性问题；对证据的完整性与可靠性考察，是在正常的注意力标准和理解能力条件下，对诉讼中证据

---

① 何家弘.电子证据法研究 [M].北京：法律出版社，2002：151.

的存在与其所表示的实质含义的联系的稳定性的考察。这种稳定性不仅是证据证明力的主要内容，也包含了证据的证明能力要素。在这方面，对证据进行技术鉴定的一个任务，就是将对证据的完整性和可靠性考察所需要的、以专业知识和技术条件为背景的注意力标准和理解能力，转化为正常的注意力标准和理解能力。

从不同点上看，尽管图像电子证据的可靠性与完整性密切关联，但图像电子证据的完整性并非是其可靠性的必要条件。对图像电子证据的图像基本要素，如形状、灰度分布、色彩、布局搭配进行数据处理，可以造成图像的内容的改变，这会导致证据可靠性的降低甚至丧失。但是相对于其他电子证据而言，图像电子证据的可靠性对其完整性的依赖明显要低。

首先，图像电子证据通过技术手段判断是否被修改和修改部分的可能性要大于其他电子证据。这取决于图像电子证据的图像属性。图像电子证据在刑事诉讼中作为证据作用的体现，根本上取决于图像电子证据的图像属性。图像与其他证据材料的显著区别是图像表现内容的连续性，即邻近像素之间的相关性。在图像上任意的选取两个不同的点，这两个点之间的必然存在自然的、合乎图像色彩、分辨率、亮度、前景与背景因素的过渡。图像中存在着打断这种自然过渡的局部，则可以判断为被修改。这种特性无论是在数字图像还是传统图像中均有体现。例如，一份在没有授权的情况下被修改了的财务电子表格，在没有原本对照，缺乏安全技术措施的情况下，很难认定何处被修改，因此该表格的可靠性难以认定。而图像电子证据即使数据被修改，仍然可以根据对其图像内容的分析，判断是否被修改，进而进行可靠性认定。如果只对图像中的部分进行了修改，也可以借助技术手段，找出修改的部分，判断出其余的未经修改的部分。

其次图像电子证据的数据中允许存在冗余数据，这取决于图像电子证据的电子属性。图像电子证据是以数据的形式，通过信息系统的转换来表7K图像的表达内容的。在图像电子数据中存在两种数据冗余。一是以图像的生成目的为对象的数据冗余，可以称为"目的性冗余"。比如超出人眼的识别能力的多余色彩位数和分辨率的图像数据。二是图像电子数据在满足自身的格式要求和生成目的的范围内，为实现加密、日志、数据关联等功能而允许添加的数据冗余，可以称为"功能性冗余"。比如在文件中加入的日志、加密数据、环境数据等。这两种冗余的存在，使得图像电子证据在完整性受到破坏时，在第一种数据冗余的情况下，图像的数据内容发生变化，但图像的表达内容并不一定发生变化。在第二种数据冗余的情况下，图像的数据内容并不一定发生改变。

笔者认为，图像电子证据的数据内容和表达内容是证据可靠性的核心部分，无论图像电子证据的数据发生何种变化，只要其表达内容和数据内容没有改变，则可肯定图像电子证据的可靠性。在图像电子证据的表达内容和数据内容发生改变的情况下，根据其被改变的程度来认定可靠性。如果是对图像进行部分修改，在可以确定修改部分的前提下，仍可认为其余部分具有可靠性。如果不能确定何处被修改，则认为可靠性丧失。这主要考虑到：1.图像电子证据的脆弱性。与传统图像证据不同，图像电子证据生成时没有底片可以作为原本参考，而且在很多情况下，找不到证据的原本。加之其容易被修改的特征，在很多条件下，找到并能够确定具有完全完整性的图像电子证据很困难。这是出于诉讼经济和效率的考虑。2.图像电子证据在刑事诉讼中作为证据作用的体现，根本上取决于图像电子证据的图像属性。在这一点上不同的理论体现为对图像电子证据在刑事证据中的分类的不同。美国联邦刑事证据规则第1001条（2），将图像证据从"书写和记录证据"① 中分离出来，规定"照相"包括静止图像、x 射线胶片、录像带和电影胶片（"still photographs, X-ray films, video tapes, and motion pictures."）。而根据美国联邦最高法院证据咨询委员会（Evidence Advisory Committee）对1001（1）的解释，1001（1）所包含的证据，可以符合最佳证据原则的扩展至"计算机，摄像系统，及其他现代技术形式（computers, photographic systems, and other modern developments.）"，其中摄像系统包括了图像电子证据（digital images）。而没有将图像电子证据归入到1001（2）中的"图像证据"中。在大多数国家的证据法中，电子证据也是在新近的修改和立法中，才被纳入证据法中，大多并没有对图像电子证据进行特殊规定。一般比较常见的做法是采用"混合"的态度，即以电子证据的规则处理图像电子证据的数据；通过打印等手段将图像电子证据转化为传统图像证据，以书证的规则处理图像电子证据的表达内容，对于图像电子证据特殊性的考虑仍是空白。

在对图像电子证据进行可靠性认定的过程中，首先，技术鉴定的任务要求从

---

① 美国联邦刑事证据规则（FEDERAL RULES OF EVIDENCE）的1001，（1）中的"writings and recordings"词条，国内有翻译为"文字和录音"笔者认为，此种翻译理解过于狭义，参考原文的语境分析和其他英文文章通说的语义，译为"书写和记录证据"较为妥当。参见 Fed.R.Evid.1001（2）.

技术上判断和回溯对图像电子证据的未授权修改，并应该使证明力判断的主体明确地知晓。其次，证明力判断的主体，需要根据刑事诉讼的证明力认定规则（如自由心证制度）来判断图像电子证据的清晰度、色彩，被修改的程度等能否使得在正常的注意力标准和理解能力条件下，图像本身和它的表现内容有着足以关联诉讼待证事实的稳定性。

影响图像电子证据可靠性的主要因素是对它的数据处理，具体来说，主要有三种分类方法，多种分类。

1.对图像电子证据的数据处理，根据是否以图像的表达内容为直接对象，可以分为透明的数据操作和图像操作两种。一种是透明的数据操作，是指直接对体现图像电子证据保存形式的数据进行操作，最典型的是数据编码。即对原有的图像数据采用编码算法，根据图像的使用目的对图像数据中的冗余进行抽取处理。比如JPEG方式静止图像编码（DCT，Discrete Cosine Transform）的变换处理。对图像进行数据编码在电子信息系统中十分常见，几乎所有的数码照相设备和信息系统中的图像快照软件，为了减少文件体积和便于传输，都会提供易于操作和选择的格式对图片进行编码。也就是说，有的图像电子数据的生成便是编码处理的结果。在刑事诉讼中，可控来源的图像电子证据的生成目的是在诉讼中作为刑事证据使用，不可控来源的图像电子证据根据使用情况的不同，有各自的用途和目的。比如，以民用照相为目的的图像电子数据的像素数、分辨率等技术参数，参照的是人眼的色彩与视觉分辨率，对图像进行数据压缩。与以网站发布为目的的图像电子数据的技术参数，参照的是网络的传输带宽对图像进行数据压缩。基于不同目的对图像电子证据的数据处理，对于其表达含义来说，一般情况下造成了识别度的变化，比如，图像的清晰程度、色彩失真程度、可供放大识别的倍数等等。这些被合乎原始目的的处理并不会当然的导致否定其对象在刑事诉讼中的可靠性，尽管采用其作为证据材料的原本有时是出于技术上的无奈和侦查结果的限制。

并非所有的对图像电子证据的数据编码都会造成证据完整性的破坏。对图像电子证据的数据编码有可逆编码和非可逆编码两种。被编码处理过的数据能够通过再处理完全复原成原来的数据，这种编码称为可逆编码或信息保持编码[1]。允许

---

[1] 正田英介，常深信彦.图像电子学[M].薛培鼎，译.北京：科学出版社，2002：106.

一定程度的数据丢失，不能够复原原来数据的编码方式为非可逆编码。对图像电子证据进行非可逆编码，必然会造成证据完整性的破坏。而对其进行可逆编码，则并不一定不造成证据完整性的破坏。在图像电子数据中存在的两种数据冗余中，如果没有功能性冗余，可逆编码的逆转换则能够完全复原数据。在有功能性冗余的情况下，可逆编码也可能造成功能性冗余部分的数据丢失。图像电子证据的这种特性，符合图像数据中的加密数据、环境数据的作用原理。

另一种典型是图像操作，是指用图像处理软件对图像电子证据材料进行图像处理，这种处理本质上也是一种数据操作。由于软件技术的发展，现代的图像处理软件多采用"所见即所得"（WYSIWYG, What You See Is What You Get，也称"可视化操作"）的操作方式，操作者可以直接用虚拟的画笔、剪切工具等种类繁多，功能强大的图像处理软件组件对图像进行操作；这种处理既可以造成图片识别度的变化，也可以直接改变图像电子证据的表达内容。与数据压缩相比，其对图像所做的更改更能够反映操作者行为的目的性，而少有过失行为的可能。

2. 对图像电子证据的数据处理，根据是否对图像的内容造成改变，可以分为关联内容的数据处理和非关联内容的数据处理。非关联内容的数据处理主要有两种情况，一种是只对图像数据中的功能性冗余进行处理的数据操作。比如通过数据转换，对图像电子证据中的加密信息进行分析。这种操作也是对有安全措施的图像电子证据进行鉴定的内容之一。另一种是采用可逆编码的数据处理。比如使用放大的方法来观察图像细节。不改变图像的数据内容和表达内容，是非关联内容的数据处理的基本要求。操作人员选择合适的分析算法和转换方式，并不影响图像电子证据的可靠性。确定其是否采用了适当的分析算法和转换方式，也是对图像电子证据进行鉴定的内容之一。

如果基于鉴定需要，必须要对证据进行关联内容的数据处理，则应该制作副本。图像电子证据作为一种电子证据，具有易于复制的特性。在对证据进行必要的破坏性采样等关联内容的操作时，必须保留原件的备份。但是如果原件中包含有防止复制等安全措施，在不能取消、避开、兼容安全措施的情况下，则不能制作副本。因为此时证据原件采取了保护原件内容的技术措施，对其进行复制不能保证原本与副本无异，副本没有备份和取样的可靠性，同样也造成证明力的可靠性丧失。

3. 根据数据处理与进入刑事诉讼程序的时间为界，可以分为进入诉讼之前的数据处理和诉讼中的数据处理。对图像电子证据在诉讼中的数据处理，对控辩双方均应该有严格的 SOP 规则予以限制。刑事鉴定的主要任务是再现进入诉讼之前的数据处理，并对诉讼中数据处理的 SOP 规则的执行给予技术支持。

在鉴定过程中，如何认定针对证据的数据处理是否滥用，在刑事诉讼的过程中，由于两造的对抗，先入的断定是"修改"还是"篡改"，只是对抗性话语的一种表现，并没有实际意义。鉴定工作的任务在于确定是哪些技术手段，并确定这些技术手段对证据所造成的具体影响，并转化成法庭科学的语言。

（二）图像电子证据的关联性认定

关联性问题不仅仅是证明力问题，也是证明能力问题。相对于文字证据等书证来说，图像证据更加典型地体现了在不同人的注意力水平和理解能力的条件下，图像作为一个证据本身和其表示的含义这两者之间的稳定联系，与刑事诉讼中的待证事实之间的不确定关系。比起书面证据材料中语言文字的语法解释、翻译，图像所表示的含义更加缺乏普通的判断标准。在关联性认定的问题上，不能依赖于鉴定技术。鉴定技术所能够提供的技术支持则表现在尽最大可能地表现证据中所蕴含的事实细节。对于图像电子证据来说，主要有两种类型的技术处理：一种是辅助技术处理；一种是自动技术处理。辅助技术处理和自动技术处理都是采用技术方法对图像电子证据进行数据处理，两者的区别在于在处理的过程链中，是否依赖计算机视觉。计算机视觉在刑事鉴定中，具体指的是由计算机进行同一认定和种属认定工作。这是相对于计算机只进行辅助技术处理，如放大、缩小样本、分析边界，而由人进行同一和种属认定而言的。在不依赖于计算机视觉，由人对证据进行同一认定和种属认定的鉴识过程中，鉴定程序所进行的技术处理是为辅助技术处理。在对证据进行同一认定和种属认定的鉴识过程中，依赖计算机视觉所进行的技术处理是为自动技术处理。

现代图像处理工程学的发展，为对图像证据的关联性判断提供了更加精密、准确的技术分析手段。主要的辅助技术处理原理有图像的数字化，图像灰度、空间坐标、控件频域变换，图像二值化、分割，灰度图像分析，二值图像处理，模式识别等。

自动技术处理的技术手段，通常是辅助技术处理手段的高度发展。辅助技术处理也应用计算机视觉的原理，但其并不由计算机来应用这些原理，而是依靠鉴定人，并由鉴定人将其转化成证明力认定主体可以理解的事实细节。自动技术处理多应用在目的样本与参考样本之间的枚举式同一认定和种属认定上。比如，一份指纹样本在海量存储的指纹样本库中进行的同一认定。

对图像电子证据关联性认定的辅助技术处理和自动技术处理的优越性，使得很多其他的证据类型向图像电子证据转化。比如对物证利用 X 射线、计算机断层摄影（CT）、磁共振成像技术进行检测，对医学生物组织的三维结构重构、细胞级别的组织提取，DNA 检测等，最终都转化成对数字图像的处理。这种转化不仅是指证据的承载媒体从传统媒介到电子媒介的转化，更重要的是指在诉讼证过程中，用以获取证据资料的证据方法的转化。

这种转化给证据的证明能力和证明力的认定提出了难题。从证明力的角度，转化之后，只有生成的原生型图像电子证据才具有与原证据等同或接近的效力。这也不可避免涉及图像电子证据的证明力认定问题。

（三）图像电子证据证明力比较的规律

我们根据图像电子证据的特性，对其进行技术分析，可以参照证据规则的原则和精神，总结其证明力比较的一些规律性因素，从而为证明力的认定提供必要的参考。

在对待证事实进行证明过程中，由于控辩双方的对抗性质，经常就待证事实的同一细节提供相同内容或者相反内容的证据。涉及图像电子证据的主要有两种情况。一种是就同一待证事实存在若干图像电子证据；另一种是就同一待证事实同时存在传统图像证据和图像电子证据。在这两种情况下如何确定两种内容相似或者相反的证据的证明力，是在证据审查和证明的过程中经常需要面对的问题。在本文中，我们主要讨论第一种情况。

就同一待证事实存在若干图像电子证据，只涉及图像电子证据之间的证明力对比。现代证据法在废除了法定证据规则的同时，也承认了一部分学理上和经验上的证明力比较的规律，而赋予法官进行证明力认定的自由裁量权；与此同时也规定了详尽的证据规则，对证据的证明力认定进行指导。同样，根据图像电子证据的特性，也存在一些认定其证明力高低的规律。根据笔者对图像电子证据的定义和分类，可以基本上确定以下的几项规律。

1. 功能性比较规律。图像电子证据的表达内容与待证事实存有关联，能够证明待证事实，肯定或者否定基于待证事实的某种判断，是为图像电子证据的功能，这与其他证据的功能并无二异。图像电子证据的功能性比较，是指就同一待证事实，认定能够更好地实现证明功能的图像电子证据具有证明力优势。主要体现在图像电子证据的来源、分辨率、清晰度等方面。具体来讲，就同一待证事实，原生型图像电子证据的证明力要大于保存型图像电子证据；高分辨率的图像电子证据的证明力要大于低分辨率的图像电子证据；清晰度高的图像电子证据的证明力要大于清晰度低图像电子证据。根据区分原生型图像电子证据与保存型图像电子证据的两个条件可以看出，原生型的图像电子证据能够更好地表现符合图像表达内容的目的所体现的事实。因为其符合根据图像生成目的所设计实现的技术要求，以更充分，更专业的显示事实细节，而其往往也表现为清晰度，分辨率等要素。从图像电子证据的技术角度而言，高分辨率的图像具有更大的放大倍数，在相同清晰度水平下，可以表示更多的事实细节。高清晰度的图像电子证据，在相同分辨率的水平下，可以更加清晰、明了的表示事实细节，从而具有更大的证明优势。

2. 目的性比较规律。并非在所有情况下，原生型图像电子证据的证明力都大于保存型图像电子证据，判断这种例外的指针是图像成像的目的。图像电子证据的目的比较是功能性比较的例外或补强因素。目的性比较是指比较符合图像生成目的的图像表达内容与诉讼中的证明对象是否同一，对功能性比较的结果进行否定或补强。例如，现有两幅图像电子证据，表达内容均为同一对象的细胞核和线粒体。但其中原生型图像电子证据是从电子显微镜的自带拍摄装置拍摄而来，其拍摄目的指向的是 a 组对象。而待证事实指向的是 b 组对象。在此原生型图像电子证据中，b 组对象并非焦点，其细节表现程度不能达到 a 组对象的程度。在这种情况下，就不排除会有根据其他机会保存下来的针对 b 组图像的保存型图像电子证据，这种保存型图像电子证据，在对 b 组对象的证明力认定上，要较之前述之原生型图线电子证据有证明优势。

3. 信度比较规律。信度比较是在待比较的图像电子证据的可靠性已经确认的情况下，对其证明力进行的比较。信度比较体现了最佳证据规则的要求。根据美国联邦最高法院证据咨询委员会对美国联邦证据规则第 1001（1）的解释，1001（1）所包含的证据，可以符合最佳证据原则的扩展至"计算机，摄像系统及其他现代技术形式"，其中摄像系统包括了图像电子证据（digital images）。在其他国家的证据规则中，也包含着对同类证据 的证据品格进行比较，择优使用的原则。信度比较是在证据规则对图像电子证据的可靠性业已确认的前提下，对证据的证据品格的比较，这是出于诉讼经济和刑事证据的功能实现的考虑。对于图像电子证据而言，主要表现在未经压缩数据处理的图像电子证据较之于压缩过的图像电子证据，以及有可靠加密措施的图像电子证据较之于没有加密措施的图像电子证据或未被修改过的图像电子证据较之于修改过的图像电子证据具有证明力优势。

在诉讼过程中，法庭科学和鉴定行为可以对证据进行技术分析，确定待比较证据的技术参数、类型差别，为法官进行证明力比较提供法庭科学的支持。

电子形式的图像证据取代传统的图像证据，不是一种趋势，而是正在发生的事实；发掘图像电子证据中存在的问题因素，解决现有证据规则所面临的新问题，与"电子证据"给刑事诉讼带来的新鲜空气一样，不仅要解决制度和规则的问题，还要更新诉讼主体的意识，以正确的处理手段和使用方法，保证诉讼效益的最大化。

对传闻证据规则的反思——基于对规则本身与引进论者的考察①

内容摘要：传闻证据规则的产生背景、生存环境、理论基础和发展进程都与英美国家司法环境有着特定的联系，我国不完全具备这样的条件。引进论者在论证论据与对国情的认知、未来诉讼制度的预想方面都存在较大的错位。在笔者看来，修改完善相关性规则不但能起到引进传闻证据规则预想的作用，同时还能避免传闻证据规则本身存在的缺陷与引进该规则后没有土壤适合其生存的局面出现。

关键词：传闻证据规则　相关性规则　反思

排除传闻证据是英美证据法上的重要证据规则之一，它是建立在这样一个命题之上的：当陈述是由人们在法庭外做出时，在提出这些陈述以证明陈述所宣称的事项时，这些陈述不具有可采性。但在例外与豁免的情况下，传闻证据具有可采性。一般而言，传闻证据包括狭义与广义两种，狭义上的传闻证据只包括言词证据，而广义上的传闻证据还包括书面传闻证据与行为传闻证据。本文认同一贯的观点，即从广义上理解传闻证据规则。传闻证据规则在英美法系经历了上百年的发展时间，人们对其优劣争议也从没有间断过。时值我国司法改革，《刑事诉讼法》修改再次提上日程。面对修订《刑事诉讼法》吸收当事人主义因素的倾向，诸多学者、实务界人员呼吁引进传闻证据规则，认为引进传闻证据规则能从根本上解决很多问题。论者对传闻证据规则本身进行了较为深刻的阐述，并着力分析

---

① 此文原载《证据科学》2009年第6期，与庄乾龙合作。

我国引进传闻证据规则的必要性、可行性，提出相应的立法建议。对此，笔者持怀疑态度。基于对传闻证据规则本身与引进论者所持观点的一点反思，笔者就该规则对完善我国刑事证据立法是否具有借鉴意义略陈己见。

一、对传闻证据规则本身的反思

传闻证据规则从产生到发展都有其独特的社会环境，也正是因其独有的环境赋予了传闻证据规则特有的含义，若离开这些环境其是否还会有原来的意义，起到原来应有的作用，是令人怀疑的。从规则本身来讲，笔者认为应从以下几点值得反思。

（一）对规则产生背景的反思

英美传闻证据规则是随着陪审团诉讼方式的产生而出现的。最初的陪审团是知情陪审团，基本不需要其他证人的存在，陪审团按照自己的认知，从普通的感情出发对案件的事实做出裁决，这与当时的社会人口较少、人际关系紧密的现实相适应，最初陪审团人数众多也证明了这一点。随着社会的发展，人口增多，人际关系变得越来越松散，寻找案件的知情陪审团变得困难起来，大规模的陪审团也越来越少，陪审团在裁决案件时不得不借助其他知情人即证人，直至发展到不知情陪审团的出现。不知情陪审团的出现需要一定的理论作为支撑，于是从公平正义的角度出发，人们论证了不知情陪审团的好处：陪审团成员只有在不知情的情况下，才不会出现先入为主的现象，并能站在中立的立场做出公正的裁决。也许是这个富有说服力的理由让我们淡忘了知情陪审团向不知情陪审团转变的最初动因——寻找知情陪审团困难增加以至于不可能。直至今天我们也不能想当然地得出不知情陪审团做出的裁决就比知情陪审团做出的裁决公正的结论。从某种角度而言，知情陪审团做出的裁决可能会更公正。陪审团成员没有受过专业的训练容易被表面现象所误导。为降低陪审团被误导的可能性而通过立法制定了传闻证据规则，在审判时由法官做出指示以确保陪审团的公正裁决，因此传闻证据规则更多的是为不知情陪审团服务。我国不存在陪审团，从其发生原因来看传闻证据规则失去了最初依据。正如有学者所言："在职业法官审理的模式下，法官凭借其专业知识与技能行使事实认定和法律裁判的职能，并无对其审理行为加以过多干涉的必要，否则反有影响法官自由裁量和心证之虞。在具有大陆法系传统的职权主义诉讼模式下，我国同样由职业法官行使对证据证明能力的判断，在这一前提下引入传闻证据规则，缺乏引入的基本出发点。"①

（二）对规则生存环境的反思

传闻证据规则因陪审团而生，需要在陪审团认定案件事实、职业法官裁决案件法律问题的二元法庭模式环境中发挥其应有的作用。二元法庭能够有效地贯彻传闻证据规则，而在如我们国家的一元法庭模式中则步履维艰。在二元法庭中，即使陪审团已经采纳了传闻证据，法官也可以稍后再指示陪审团排除，而在一元法庭中，一旦采纳所谓的传闻证据，该如何排除？法官既是事实的裁决者也是法律的适用者，传闻证据即使被形式上排除，但这种影响也不会必然被排除。英美国家实行集中型诉讼，即一般案件只经过一审而迅速集中完结，严格限制上诉审与再审的出现，这要求限制证据的总量，通过传闻证据规则可以排除大量的耗时、费力或看似无甚关联性的证据。而在我们国家则恰恰相反，我国有着发达的二审、再审程序，严格限制证据总量在我国似乎没有太大的意义，传闻证据排除过多反而容易阻碍事实真相的发现，有违二审、再审程序设置的初衷。

对抗式诉讼程序是传闻证据规则生存的另一重要环境，在对抗式诉讼程序下，案件事实真相的发现完全依靠双方积极抗辩、争论，在这种带有极端性的诉讼环境中，双方为了胜诉伪造或提供虚假证据的现象可能会大量出现，为了排除虚假证据，需要对证据的手段进行严格审查。诉讼中双方之间不能对传闻证据通过言词、行为的方式进行严格审查，不能接受交叉询问，因此传闻证据不具有可采性。而在我们国家实行带有职权主义色彩的诉讼，案件事实的发现并不完全依赖当事人，代表国家的检察院与法院在刑事诉讼中占有重要的地位，公权力在发现案件事实过程中扮演着重要角色，对证据的审查手段并不十分严格，法官可以在综合所有案件事实、证据的情况下做出是否接受传闻证据的裁断。在国家公权力介入的情况下，当事人伪造虚假证据的可能性要小于英美国家当事人主导的发现案件事实的诉讼模式。因此，可以说传闻证据生存的环境在我们国家基本上都不具备，移植没有生活土壤的证据规则，其后果如何可想而知。

（三）对规则理论基础的反思

传闻证据规则存在的传统理论基础是可靠性理论。该理论认为，证人的宣誓、行为举止和交叉询问被认为能够减少证言危险，使庭上证言比庭外证言更为

---

① 孙维萍，陈杰，郝金.论传闻证据规则在我国移植的环境与制度障碍：兼评直接言词原则的立法贯彻 [J]. 政治与法律，2008（7）.

可靠。传闻是一种存在固有不可靠性的证据，陪审团对其不能进行适当的评估，其裁决不应当基于传闻，以及排除传闻能够防止欺骗性证据。其实对这种理论进行反驳的理由是显而易见的，传闻证据规则的大量例外与豁免本身已经说明此理论存在的缺陷。既然庭上证言比庭外证言更可靠就没有必要考虑庭外证言，但大量的例外证明，庭外证言的可靠性未必就小于庭上证言。而且例外先验类型的分类造成了该规则繁杂笨拙的局面，规则复杂的本身引发了案件处理的拖沓，这是英美集中型诉讼所排斥的，同时这种先验例外分类并没有现实地将好的传闻从坏的传闻中筛选出来，最终影响到证据法的发展。

（四）对规则发展进程的反思

无论人们是褒扬还是批评传闻证据规则，该规则还是依赖其周围环境逐渐变化发展。考察其发展进程对我们充分认识该规则是必要的。从英美历年判例与证据法规定来看，传闻证据规则经历了一个从绝对排除到相对排除、从简单到复杂直至繁杂的发展过程。根据美国《联邦证据规则》802条的规定，传闻证据规则由一个基本的排除规则与29个例外和8个豁免组成。在这一证据法条文中引人注目的是庞杂的传闻例外与豁免规则，在这例外中还包含着个别的例外兜底条款，理论上为继续扩张例外奠定了基础。英国证据法中传闻证据规则的内容发展与美国相似，也经历了以例外发展为主的过程。1965年《刑事证据法》将传闻证据在刑事诉讼的适用明确扩大到了有关贸易或商事的记录，但对计算机制作的文件缺乏任何明确的规定。1984年《警察与刑事证据法》生效后扩大到任何记录文件中的陈述，包括计算机制作的文件。英国《1988年刑事审判法》第24条进一步扩大了传闻证据规则的例外[①]。传闻例外一旦形成，就会保持下来，历史中没有传闻例外被取消的例子，其重要的发展动力在于传闻例外的范围日益扩大，现在在英美一些法院要求专家证言以宣誓陈述书的形式提交，这是在要求传闻而不是禁止传闻。总之，传闻规则不是一个排除规则，而是一个可采性规则。到今天，无论是学说还是判例，似乎更注重例外的存在而不是排除。大量例外的出现架空了排除的规定，传闻证据在司法实践中运用到了一半以上，试问这样的传闻证据排除规则在现实中还能发挥多大的作用？是不是在某种程度上给诉讼带来的不仅仅是便利同时还有麻烦？自由裁量规则替代传闻规则理论的提出恐怕不是空穴来

---

① 何家弘，张卫平. 外国证据法选译：增补卷 [M]. 北京：人民法院出版社，2002：288.

风，该学者认为："一种方法是将这种规则变成《联邦证据规则》403条的平衡检验规则，在这种情况下，审判法官被赋予自由裁量权，采纳法官认为因其更可信而更具有证明力的传闻证据，排除因其更不可信而更缺乏证明力的庭外陈述。"[①] 其实该学者提出的理论与我们现行的采证规则不谋而合，根据我国相关法律规定，法官对于当事人提供的证据不预先排除，而是提交到法庭上之后，根据一定的规则由法官自由裁量。该外国学者恐怕不是有意向我们学习这种采证规则，而是传闻证据规则发展至今天的一个自然选择。

二、引进论者观点的反思

借助司法改革的契机，诸多理论学者与实务人员研究了大量的国外证据理论、规则，并谏言引进相关规则，我们并不否认以英美为代表的当事人主义诉讼模式有很多合理的因素，但对传闻证据规则不能轻言引进、移植，持引进观点的论者存在很多认知错位。

（一）理论论据的错位

宣誓、亲自到庭与接受交叉询问等是传闻证据规则保证陈述真实的条件。如有学者认为"反传闻的另一个理由就是事实的直接陈述者未经宣誓，故不可采为证据。"[②] 但该理由无法解释在没有宣誓的情况下，陈述也可以作为证据来使用的情形。亲自到庭与接受交叉询问与对抗制诉讼模式相适应，一般认为在此情况下不但能保证案件真实情况的查明，还能从程序上保证被告人的对质权。如主流观点认为："对传闻证据无法交叉询问，无法甄别其真伪……传闻证据大多经过二次以上的转述，误传的危险性大，不足以采信。"[③] 但论者没有看到此条件赖以存在的对抗制本身存在的问题。首先对抗制存在的假设前提——每一方当事人都会有效地提出异议——并不完全为真。该前提要求对方当事人起码拥有支持诉讼的必要资源，而这需要以平等的财富为前提，很显然我国现阶段还无法实现财富均衡，且贫富差距较大。其次，对抗制很大程度上建立在私人争端解决模式基础上，但现阶段"公法模式"处于上升地位，审判法官越来越成为不断发展着的复杂救济形式的创造者和管理者，这些救济形式对没有出庭的人们有着广泛的影

① 罗纳德·J.艾伦.证据法 [M].张保生，译.北京：高等教育出版社，2006：676-677.

② 贺伟军.反传闻规则值得借鉴 [J].上海政法管理干部学院学报，2000（1）.

③ 陈光中.刑事诉讼法 [M].北京：北京大学出版社，2005：216.

响，并且要求法官持续不断地介入管理和执行。随着当事人结构的扩散，事实之争不再尖锐地出现在控辩双方的对质中，事实调查的范围和证据开示过程所能发掘的厚重的事实材料案卷，提出了大量的组织和同化问题。所有这些因素都迫使审判法官在指引、组织和促进诉讼方面发挥能动作用。正如埃布拉姆·蔡斯所言："我们也许尚未达到大陆法系的调查型法官，但我们已经把传统仲裁者模式远远地抛在了后面。"①

"确立传闻证据规则有助于证人出庭作证，增强审判的直接言词性。"②"从而落实被告人的质证权，实现刑事审判方式改革的目标。"③其次确立传闻证据规则可以通过对证明力不高的证据材料过滤，促进事实真相的查明。再次，"确立传闻证据规则有助于保障人权，遏制刑讯逼供，防止非法取证。"④上述论者观点中，确保证人出庭作证是引进传闻证据规则的最根本动因，后续的几种功能可以看作是前者的衍生。论者在此颠倒了因果关系。传闻证据规则本身是竞技规则，是在证人出庭的前提下，实现交叉询问，保证被告人的对质权，以查明事实真相，解决纠纷。应该说证人必须出庭作证并愿意作证是传闻证据规则建立的前提和基础，而不是相反。英美国家的证人能出庭作证是因为法律有对证人出庭的强制性规定与完善的证人保护制度，而不是因为传闻证据规则。

英美国家将传闻证据规则看成是证据法体系的灵魂与核心："一定意义上完全可以认为，没有传闻证据规则，就没有证据法，英美证据法就失去了富有魅力的特色。"⑤而大陆法系国家受法定证据制度影响，对证明力规则⑥怀有较强的反感情绪："如果认为证据的证明力是裁决者依据其丰富经验决定的，那么建立在对证明力的事先否定判断之上的排除规则显然具有了潜在的危险性。"⑦与职权主义诉讼模式相适应，德国建立了直接言词原则，该原则以规范法官的审理为核

---

① CHAYES A. The Role of the Judge in Public Law Litigation[J]. Harvard Law Review, 1976（89）: 1281–1284, 1302.

② 吴丹红，黄士元. 传闻证据规则研究 [J]. 国家检察官学院学报，2004（1）.

③ 吴丹红，黄士元. 传闻证据规则研究 [J]. 国家检察官学院学报，2004（1）.

④ 沈德咏，江显和. 变革与借鉴：传闻证据规则引论 [J]. 中国法学，2005（5）.

⑤ 约翰 .W. 斯特龙. 麦考密克论证据·5 版 [M]. 汤维建，译. 北京：中国政法大学出版社，2004：代译序，9.

⑥ 传闻证据规则本身虽然属于可采性规则，但传闻证据规则具有否定证据证明力的隐性特征。

⑦ 乔恩 .R. 华尔兹. 刑事证据大全 [M]. 何家弘，译. 北京：中国人民公安大学出版社，1993：92.

心，客观上起到了与传闻证据规则相同或相似的作用。有论者由此认为传闻证据规则与直接言词原则具有同源性^①或者一致性，但传闻证据规则与直接言词原则的差别是明显的。传闻证据规则是竞技规则、技术规则，而直接言词原则是规范审判法官审理程序的规则，即直接言词原则本质上属于程序规则。正如有学者所言："反思证据规则在我国得以中兴的历史，我们不能不遗憾地得出结论：证据规则在我国受到重视，从一开始就是作为审判方式改革的附庸出现的。这种先天依附性，直接导致我国学者在设计证据规则的时候，自觉不自觉、或多或少地受到诉讼程序的影响。换言之，我国很多学者设计的证据规则则带有诉讼程序的色彩，似乎更像是庭审规则或诉讼规则。"^②在我国传闻证据规则实际上也是随着庭审改革而出现的，甚至有学者认为："传闻证据规则对我国诉讼制度最大的现实意义在于：如何抑制书面证言的恶性膨胀，如何促进证人作证，实现庭审对抗式程序的基本功能。"^③以程序为论据理由来论证技术传闻规则，缺乏基本的论据与论点的对应，如此得出的结论说服力能有多大呢？

（二）国情认知的错位

持引进论观点^④的多数学者认为，我国现实的国情已经具备传闻证据规则生存需要的各种条件。"我国综合国力的提高能够满足构建传闻证据规则所消耗的司法资源"，这种认知准确吗？我们的综合国力真的能够强大到构建以奢侈为代价的传闻证据规则吗？随着我国经济的发展国力逐步提高确实是一个现实，但我们也必须清醒地认识到，我们是一个拥有10亿农村人口的农业大国，农民离若干年前提出的小康生活还差距甚远，几个富裕村的出现并不能代表整个农村生活水平的大幅度提高，在贫困线上挣扎的农民也不在少数。相反，我们经济发展水平极不平衡，社会阶层分化现象严重，广大农民、下岗工人等呈现普遍贫困化的趋势。大多数被追诉人正是来源于其中。^⑤即使是在英美发达资本主义国家，也

---

① 余茂玉，曾新华．关于排除传闻证据的理由、范围和意义的思考 [J].渤海大学学报（哲学社会科学版），2008（1）.

② 刘品新．我国构建证据规则的视角调整 [M]// 何家弘．证据学论坛：二卷．北京：中国检察出版社，2001：96.

③ 吴丹红，黄士元．传闻证据规则研究 [J].国家检察官学院学报，2004（1）.

④ 以下引用的是朱立恒《论传闻证据规则在我国的确立与适用》等文内容。

⑤ 以2003年为例，我国法院受理的第一审全部刑事案件中，被告人的比例，农民占60.12%，无业人员占22.4%，工人占4.25%，私营企业主、个体劳动者3.68%，原国家工作人员占3.14%。

有学者对以昂贵代价为基础的传闻证据规则提出了质疑。

在这一平衡过程中，需要进一步考虑的是，因为排除传闻导致的不公正案例以及维系该规则所令人瞠目的成本问题。维系这一规则所带来的成本并不仅仅是其服务于正义所具有的因素，它还包括就这一规则进行诉辩所耗费的时间。当然不仅是当事人所承担的资源成本，因为在我们的制度中，实际上法院的所有成本——薪金、行政费用和资本费用——都是由公众所承担的。就像诉讼对当事人很昂贵一样，我们的制度也是由不计其数的公共财政支撑的……不计其数的时间被用于传闻规则的讲授和写作，这些都是价格不菲的活动。在某些法学院，学生在证据课上要花半数时间来学习错综复杂的传闻规则……不计其数的学术资源被耗费在这个规则上了。像其他规则一样，也应当要求传闻规则降低其耗费，只有其在成本上具有正当性的情况下，才应当对之予以维持[①]。

该段论述可谓客观诚恳，就连发达的资本主义国家也不得不承认传闻证据规则是一件昂贵的奢侈品，现有的司法资源难以承受。传闻证据规则的建立需要一系列的制度作为支撑。它是对抗制模式下的产物，交叉询问制度是其发挥作用的内在有效工具，律师制度[②]的完善是其必要的辅助，所有这些，都需要紧跟传闻证据规则的建立而予以完善。而我国新刑事诉讼法需要对律师的调查取证权做了很大程度的限制。律师调查取证需要得到被调查人甚至公安、检察机关的同意，在审查起诉阶段只能查阅诉讼文书及技术性鉴定材料，而在审判阶段只能查阅主要证据复印件、证据目录与证人名单。另外没有庭前证据开示制度，交叉询问缺乏"争议点"明确的前提条件，加之法律援助制度不发达，所有这些都会限制传闻证据规则预期功能的发挥。

引进论者认为："刑事诉讼法学的研究水平也得到了长足的进展，尤其是程序正义理论得到了极大发展，诉讼程序的价值被广为传扬……我国律师制度的完善有助于我国确立并贯彻传闻证据规则。"应当承认我们的法学研究与对程序正义的认识都有了很大的提高，但同时必须认识到所有这些都停留在法学学者、实务人员极其有限的范围之内，我们国家90%以上的人可能对此连一个肤浅的表

---

① RONALD, Allen.The Evolution of Hearsay Rule to a Rule of Admission,76 Minn[M].L.Rev.,1992:797,797–801.

② 司法部部长张福森在2004年召开的全国律师队伍建设工作会议上介绍，目前我国还有206个县连一名律师也没有，363家律师事务所不足3名律师。在我国的13亿人口中只有10.2万名执业律师，一万人里尚不到一名。

面含义都没法了解，又该谈何"程序正义深入人心"？笔者对此做了一个小的调查①，在问及20个犯罪嫌疑、被告人及刑满释放人员中，只有1个人知道什么是程序正义，他们更多的是希望法律能给他们一个及时、公正的结果。诚然学者应该承担起推动法律进步的任务，但也不能不顾大多数人的感受，发一顿感慨就想当然地推动了我国法律的发展。从实施传闻法则的技术准备而言，由于发源于英美法的传闻法则具有高度复杂和精密的内涵，历经数百年绵延至今，在庭审机制上积累了丰富的诉讼经验，积淀了深厚的诉讼文化，在传闻法则下其法官、检察官、律师具备娴熟的庭审驾驭能力。任何非英美法国家在引入文字性法则方面都不难，但要想移植其操作经验和诉讼文化，绝非一蹴而就的事情②，这需要改变现在的法学教学模式，培养学生在激烈对抗中对传闻的感性、理性认识，培养他们的反应灵活能力，培养律师的对抗思维，培养法官在法庭上"无动于衷"的心态，所有这些到底有多大的可能？规则若引进了，但根植于传闻规则内的诉讼精神欠缺所带来的危险，不得不引起我们的注意。

（三）未来诉讼制度预想的错位

当今世界两大诉讼模式处于相互借鉴、融合过程中。按照主流的观点，我们隶属于职权主义诉讼模式，而职权主义诉讼模式吸收借鉴当事人主义因素以弥补完善职权主义之不足，在理论上不成问题，在实践中也有类似的做法。但我们并不由此得出未来的诉讼制度应朝着当事人主义方向发展的结论③。"继续深化庭审改革"这一术语相信大家都不陌生，它不但频繁地出现在专家学者论文中，也时常出现在司法实务、立法实践中。这主要起因于我国1996年《刑事诉讼法》修改中借鉴吸收了某些当事人主义因素，但《刑事诉讼法》修改之后并没有实现预想的结果，反而有更多的问题出现，因此才出现了上面的术语"要继续深化庭审改革"，继而"继续吸收借鉴英美当事人主义因素"似乎成了潜台词。实际上有很多论者也正是受此影响，加之受大气候的影响，向英美学习借鉴就成了理所当然。但我们必须持客观认真的态度认清这一问题：未来的诉讼法律制度将走向何

---

① 笔者于2005年在临沂监狱以访谈形式调查了9名在押罪犯，于2006年在莒南看守所以问卷形式调查了6名犯罪嫌疑人，同年对5名释放人员以访谈的形式进行了调查。

② 钟朝阳.论传闻法则的局限性 [J]. 甘肃政法学院学报，2008（2）.

③ 当事人主义诉讼模式构建的观点，详细内容参见：李伟.关于完善我国刑事诉讼模式的几点建议：基于人权保护原则，白冬《论刑事诉讼人权保障机制的目标模式》。

方？一个国家的诉讼法律制度向哪一个方向发展不是由哪几个专家学者所决定的，它取决于国家综合制度因素。在我国诉讼模式下的辩方，由于调查取证权的天然缺陷，其取证能力极为有限，辩方取证需经被取证人甚至控方的同意，在实践中，辩方申请检察院、法院调查取证的比例亦极为微小[①]。考虑到民族性格特征，为刑事案件作证对国人而言本已难能，还需要其出庭接受质证无疑更是一件极其困难的事情，而辩方在此种社会背景下说服证人出庭当然难上加难。在缺乏取证能力和不平等武装的前提下引入传闻证据规则，其结果必然也是加剧辩方的弱势地位和控辩不平等的状况，挤压辩方的取证空间[②]。如此一来带有当事人主义烙印的传闻证据规则能够在我国起到应有作用吗？以日本为代表的混合式诉讼较成功地融合了当事人主义与职权主义两大因素，这与其强烈的学习型民族性格有着重要的联系。在以官本位、结果正义、报应心理强为主导的我国民众心理中强行嫁接以己为本位、程序正义、预防心理等因素会适得其反，"秋菊打官司"型诉讼并非是一般民众的心理也是我们民族性格的表征。为此，当事人主义或者以当事人主义为主的诉讼法律制度的预想并不现实，以此构建带有根本性当事人主义因素的传闻证据规则也就失去了可行性。

三、结论——变革与出路

既然传闻证据规则不可行，庭审改革又势在必行，那又该如何面对改革？出路又在何方？笔者认为"条条道路通罗马"的格言同样适用于我们的司法改革。纵观世界各国的司法改革之路、证据法发展历程，横看各国借鉴、吸收路径，我们不难发现没有一种制度天生就只有劣迹或优势，只是随着社会的发展，某些或者局部不能适应。法律天生具有保守性，喜稳定，痛变革，修修补补是法律的内在本质，彻头彻尾、洗心革面那是革命的天性，我们再也不能拿着影响我们几代人的革命思维看待法律、司法改革。笔者认为可以从修改完善相关性规则来替代传闻证据规则的引进。

根据我国相关法律的规定，一项事实要成为证据需要符合三个基本特征：关联性、合法性、客观性。这里的关联性在英美国家又称为相关性。我国法律对相

---

① 卞建林，刘玫. 外国刑事诉讼法 [M]. 北京：人民法院出版社，中国社会科学出版社，2002：277.

② 孙维萍，陈杰，郝金. 论传闻证据规则在我国移植的环境与制度障碍：兼评直接言词原则的立法贯彻 [J]. 政治与法律，2008（7）.

关性问题只是做了一个简单粗疏的规定，没有详细的说明，法官享有较强的自由裁量权，谈不上是一个完整的证据规则。相关性规则是英美证据规则的基础性规则，传闻证据规则则属于排除性规则。传闻证据规则排除的证据并不意味着都没有相关性，更多的是出于其他的社会政策考虑，或者为了节省庭上时间，符合集中型诉讼模式，约束法官的自由裁量权，指引法官对陪审团做出准确的指示而存在的。笔者认为就我国现在的证据制度完全可以通过完善相关性规则来实现替代传闻证据规则引进的目的。

首先，实现促使证人出庭和保证证人出庭率的目的。传闻证据规则本身并不能保证证人出庭，翻阅英美证据的相关法律规定也没有找到证人应该出庭作证的条款，而是在程序法中有此规定。英美遵循了证据归证据，程序归程序的立法方法，传闻证据规则只是起到了促进证人出庭的作用。正如某学者所言："对证人而言，出庭作证并不能给他带来直接的利益，而在大多数案件中法院的判决结果也与证人无直接的关系。因此，单纯依靠传闻排除规则并不能形成证人出庭的驱动利益，也不能解决证人出庭率低的问题。"[①] 相关性规则认为，只要是与案件有关的都可以用来作为证据，但是相关性应该受到证明力的制约，对于容易引起危险、怀疑、混淆争议或过分拖延、浪费时间等的证据应予排除，如果对此情况当事人能找到出庭证人，迅速弥补上述危险、怀疑，可以采纳为证据。如此一来，相关性规则不但不会如传闻证据那样以机械先验分类将有相关性的证据排除在外，同样会在客观上促进证人出庭。

其次，实现排除不可靠的证据，保证案件得到公正处理的目的。相关性规则本身能保证不具有相关的证据得到排除，传闻证据中的不可靠证据的说法更多地考虑到政策性的因素，不可靠不等于没有相关性。对于没有相关性的证据则不会有可靠性，无论是根据相关性规则还是传闻证据规则，结果都是一样的。有相关性情况的，根据传闻证据不可靠的情形，又可分为两种情形：对于有可能存在上述消极因素的几种情形的，法官可以根据法定条件排除；对于不可靠又有一定的相关性但根据上述消极因素不能排除的，则法官根据综合案件情况，在分析其他证据基础上考虑是否排除。因此从这一角度而言，相关性规则对传闻证据规则的第二个目标的实现更切合实际。

---

① 纪格非.传闻证据排除规则在借鉴过程中存在的问题反思：以最高人民法院《关于民事诉讼证据的若干规定》第56，69条为背景的研究 [J]. 中国司法，2005（4）.

再次，实现约束法官的自由裁量权的目的。传闻证据规则将特定的情形以法律刚性规定形式排除了法官的自由裁量权。相关性规则根据相关性与危险规则同样约束了法官的自由裁量权，法官同样不会有不受限制的自由裁量权，就这一点而言传闻证据规则与相关性规则本质上没有任何区别。

复次，实现完善程序公正，保证犯罪嫌疑人、被告人对质权的目的。传闻证据规则在保证程序正义、被告人对质权上起到了重要的作用。但我们需要深刻分析认识这一传闻证据功能。传闻证据规则有大量的例外情形，这些例外情形在案件处理中起着重要的作用，我们只看《联邦证据规则》807条的规定，这一条被称为剩余例外，又称为包罗万象的例外，理论上是一种没有限制的例外，法官可以通过自由裁量权将无数的传闻纳入证据中来。根据参议院司法委员会的意见："我们希望剩余传闻例外的使用将会很罕见，只适用于例外情况。本委员会并不打算为审判法官创设一个广泛的许可，许其采纳规则803和804（b）规定的其他例外之一的传闻陈述。"[①] "根据包罗万象的例外而提供的传闻证据中，有54%被采纳。如果仅仅考虑刑事案件，则有61%的包罗万象的传闻证据被采纳。"[②] 加上其他情况的例外，实务中到底有多少例外，恐怕这个数字是惊人的，那么在这些例外中被告人通过所谓的传闻证据规则还能保证其对质权吗？也许有人说我们引进之后的传闻证据没有那么多的例外，查阅论者的观点我们不难发现例外数量只是相对于英美国家少了一点，但例外中使用的术语没有英美国家那么精确，术语的模糊外加例外兜底条款的规定，最后的结局也会如上文美参议院司法委员会认为的那样：限制适用例外只是一厢情愿，例外的无限膨胀使得传闻证据保证被告人对质权的作用降到最低。就此而言，传闻证据规则对对质权保障作用并不比相关性规则强。

最后，实现在对抗中发现案件真实，公正处理案件的目的。正如上文所分析的，传闻证据由于大量例外的存在只能就部分案件实现被告人与出庭证人对质，实现部分程序对抗利于发现案件的真实。但在传闻证据因例外而机械分类排除的证据中可能会将一些相关性证据排除在外，这些证据对查明案件真相可能起到重要的作用，这种以"牺牲真相"为代价而进行对抗查明真相又有多大的实际意义

①　FENNER，G.M．The Residual Exception to the Hearsay Rule：the Complete Treatment[J]．33 Creighton L.Rev，2000：265，303．

②　RAEDER，M.S．Commentary：A Response to Professor Swift[J]．16 Minn.L.Rev，1992：507，514-516．

呢？或许这两种真相会彼此抵消掉。正如有学者所言："在合理的证据法体系中，实行传闻证据规则常常有碍于探求真实……"[①]可以说"在传闻证据规则中，存在着一个悖论：确立传闻证据规则是为了通过排除庭外陈述、促进证人作证，从而达到发现事实真相的目的，但是排除传闻证据本身已经对发现事实真相的途径进行了制约，从某种程度上来说又是设置了障碍。"[②]根据相关性规则，大凡与事实相关的证据都可以作为证据来采纳，不会因其他无谓的因素排除掉，也许有些证据在证明某个事实上作用不大并有不可靠的危险，但随着证据的累积增加在形成的证据锁链中起到重要的证明作用。运用证据证明案件是一个非常复杂的过程，断章取义地判断某个证据不能证明某个事实就断言这个证据对证明案件没有作用的做法是极端错误的。我们认为，相关司法解释做出的当庭认证的做法不符合实际，证据的审查判断需要综合分析，不能就事论事。当庭认证的做法不现实也不合理。因此在发现案件真实上，笔者认为相关性规则会比传闻证据规则起到更好、更大的作用。

根据上文分析，笔者认为可以在借鉴美国相关性规则[③]基础上，对我国相关性规则做如下完善。首先，从正面规定相关性规则，即任何对待证案件事实有实际证明能力的证据都具有相关性；其次，从反面规定排除相关性证据的特殊情形，即如果证据可能导致不公正或浪费时间等的相关消极因素超过它的证明力时可以排除，不予采用；最后，明确影响证明价值的因素，即潜在推论的强度与推论链条起点的确定性。"证明力的首要测量手段是把证据性事实与要素性事实乃至诉讼要件链接起来的推论的强度，该强度的大小取决于推论中的归纳概括的粗略概率。"[④]概率越高，推论强度越大，则证据的证明价值也就越高，反之证明价值则越低；推论链条起点的确定性是指作为推论前提条件的确定程度。如果证人对于自己的感知事实不确定或者书面证言中包含着模棱两可的含义，则其证明价

---

① 吴丹红，黄士元．传闻证据规则研究 [J]．国家检察官学院学报，2004（1）．

② 吴丹红，黄士元．传闻证据规则研究 [J]．国家检察官学院学报，2004（1）．

③ 联邦证据规则第401条规定："相关证据"是指任何事实的存在具有任何趋向性的证据，即对于诉讼裁判的结果来说，若有此证据时更有可能或更无可能；第402条规定相关证据一般具有可采性，不相关的证据不可采；第403条规定：相关证据，如果具有不公正、混淆争议或误导的危险，或对其过分拖延、浪费时间或无须出示累积证据的考虑，在实质上超过其证明价值时，亦可被排除，不予采用。

④ 罗纳德 J．艾伦．证据法 [M]．张保生，译．北京：高等教育出版社，2006：167．

值会大打折扣，直接影响到后面的推论结果。对于什么样的情况属于不公正、混淆争议或误导的危险会超过证据证明力并没有一个明确的答案。法官在司法实践中应遵循上述原则衡量证据"消极因素"与"证明力"两者之间的大小，以内心的置信程度作为是否排除证据的标准。笔者认为法官可以粗略的以表1中的内容的作为本规则的操作方式。

表 1 危险因素影响力与证明力情况对比 [①]

所提出的相关证据的证明力	消极因素影响	法官应否排除证据
高	高、中或低	否
中	高	否（可能是）
中	中或低	否
低	高	是
低	中	否（可能是）
低	低	否

在证据证明力高于或等于消极因素影响力时，法官应采纳证据；而在证据证明力低于消极因素影响力时，法官并不是绝对的排除证据，只有在证据消极因素影响力明显大于证据证明力时才宜绝对排除证据。"如果证明力接近'中等'范围下限，但消极因素影响力并不高，可以不排除证据，但如果证明力非常低，且消极因素影响力接近'中等'范围的上限，则宜排除该证据。" [②]

---

① 罗纳德 J. 艾伦. 证据法 [M]. 张保生，译. 北京：高等教育出版社，2006：676.

② 罗纳德 J. 艾伦. 证据法 [M]. 张保生，译. 北京：高等教育出版社，2006：175.

美国非法证据排除规则运行的司法环境及其启示

——以美国非法证据排除规则之演进为视角[①]

当前，非法证据排除规则是我国刑事诉讼理论界所探讨的热点问题之一。在这其中，有学者论及"从以上所述的联合国以及其他国家的有关非法证据排除规则的情况看，其重视和完备程度似乎都不如美国。美国的非法证据排除规则发展有百年历史，形成了一整套的制度，包括排除的程序和例外情况，而联合国和各国规定的没有这么具体"[②]。所以本文从展示美国非法证据排除规则的演进为切入点，借此着力分析该规则运行的司法环境[③]，并进而希望能够发现一些对于完善我国的非法证据排除规则有益的线索。

一、美国非法证据排除规则及其演进

要了解美国的非法证据排除规则首先应当明确哪些证据为"非法证据"。在美国，"非法证据"的英文为"evidence illegally obtained"，指用不合法的方式取得的证据。而"非法"最初含义仅指违反美国联邦宪法第四修正案有关不得非法搜查、扣押的规定；后来随着该规则的发展，"非法"的含义也扩大到违反联邦宪

---

① 此文原载《证据学论坛》2010年第7期，与施亚芬合作。

② 杨宇冠.非法证据排除规则研究 [M].北京：中国人民公安大学出版社，2002：207.

③ 刑事司法环境包括内部环境和外部环境。刑事司法内部环境包含刑事司法内部可能影响刑事法律实施的因素，其构成要素包括刑事司法人员、司法组织、司法体制、诉讼制度、司法经费等；刑事司法外部环境包含刑事司法外部可能影响刑事法律实施的因素，其构成要素包括党的领导、社会舆论、新闻媒体、法律意识、法律传统和法律文化等。本文各处提到的"司法环境"都是从外部司法环境的角度加以分析的。

法第五修正案、第六修正案、第十四修正案以及其他法律规定。所以，对于美国的非法证据排除规则应理解为：以违反宪法及其他法律规定及侵害公民基本权利的行为而取得的证据应被排除，不得在刑事指控中用于证明被告人有罪。

非法证据排除规则在美国经历了一个从最初确立到蓬勃发展，再到予以一定限制的过程，其总体演进呈现出一条曲线状态：1914年著名的"威克斯诉合众国案"①标志非法证据排除规则在美国得以正式确立。之后，联邦最高法院不断对该规则的内容进行完善和发展，尤其是在20世纪60年代美国发生正当程序革命之际，非法证据排除规则得到蓬勃发展。1961年"马普诉俄亥俄州一案"②中该规则扩大至州法院适用，到1966年的"米兰达诉亚利桑那案"③中确认了规则也适用于非法取得的言词证据。这样，非法证据排除规则在美国得到完全确立。从70年代以后，美国联邦最高法院的司法理念日趋保守。20世纪80年代，在首席大法官伯格的主导下，在"合众国诉莱昂案"④"纽约州诉夸利斯案"⑤"尼克斯诉威廉斯案"⑥"默里诉合众国案"⑦等案件中，联邦最高法院对非法证据排除规则做出了不少例外裁决，这标志着非法证据排除规则进入了限制期。这一时期，联邦最高法院先后确立了非法证据排除规则的四种主要例外情形："善意例外""公共安全例外""必然发现例外"和"独立来源例外"。⑧这些例外规则，至今仍然是美国法律的组成部分。

在明确了美国非法证据排除规则的总体演进后，有必要进一步分析该规则的具体演进状况，以便于更深入了解此规则。对此，本文从以下三方面展开分析。

1.从适用领域而言，该规则最初适用于联邦法院，最后发展到在全国各级各

① Weeks v.United States 232 U.S.383（1914）.

② Mapp.Ohio，367 U.S.643，652（1961）.

③ Miranda v.Arizona，384 U.S.（1966）.

④ United States v.Leon 468 U.S.897（1984）.

⑤ New York v.Quarles 467 U.S.649（1984）.

⑥ Nix v.Williams 467 U.S.431（1984）.

⑦ Murray v.United States 487 U.S.533（1988）.

⑧ "善意例外"的基本内容是警察善意的执行公务，而非故意违法搜集证据，由此所获得的证据虽然最终被认定为非法证据，但仍然可采；"公共安全例外"是指在紧急情况下，警察为了保护公共安全，违反"米兰达规则"获得的陈述，亦可在法庭上使用；"必然发现例外"指如果公诉方可以证明证据通过其他合法渠道必然能够发现的话，非法收集的证据仍然可以使用；"独立来源例外"的内容为对非法手段以外的独立来源取得的证据可以不予排除。

类法院适用，成为全国性的法律。美国非法证据排除规则的确立得从1914年著名的"威克斯诉合众国案"①说起。在该案中，该案中联邦警察是在未持任何司法令状的情况下，到被告人的家中进行搜查，并扣押了被告人的文件、信件、财物等，还逮捕了被告人，又用扣押的信件作为证据指控被告涉嫌通过邮件发展非法赌博等9项罪名，初审法院受理了此案，并依据公诉方的证据，判处被告人罚金和监禁。威克斯上诉到美国最高法院。美国联邦最高法院受理了此案，9名大法官一致同意撤销原判、发回重审，认为警察无证搜查和扣押被告人的信件和财产的行为，违反了美国联邦宪法第四修正案，裁定非法搜查和扣押所获得的证据不得在联邦法庭上使用②。虽然这标志着非法证据排除规则在美国的正式确立，但在很长一段时间内其适用范围只限于联邦法院。从1914年非法证据排除规则确立之后，联邦最高法院不断对该规则的内容进行完善，其中涉及的一个难题是非法证据排除规则在各州的适用。到1960年的"埃尔金斯诉合众国一案"③中裁定，宪法第四修正案禁止在联邦检控中使用非法获得的证据，不论证据是由联邦警察还是州警察获取的。一年之后，联邦最高法院最终在"马普诉俄亥俄州一案"④中做出裁决，宪法第四修正案要求各州法院排除通过非法搜查和扣押获得的证据。在该案判决中有一段经常被人引用的评论："我们的裁决不仅合乎逻辑地叙述了以前的判例，而且还具有非常重要的意义，在宪法和常识之间不存在抵触。现在，联邦检察官不得使用非法扣押的证据，而一街之隔的州检察官却可以，尽管假定他按照同一条修正案的禁止性规定执行职务。因此，州通过采纳非法扣押的证据实际上在鼓励违反本应受到支持的联邦宪法。"⑤至此，违反宪法第四修正案的非法证据排除规则适用于全国的各级各类法院。

2. 从排除的对象而言，根据其分类，美国非法证据排除规则的发展体现于两方面。一是根据排除的证据与非法行为联系的紧密程度，该规则的适用从非法行为直接所得的证据扩展到间接所得的证据，即"派生证据"或"衍生证据"。非法证据排除规则在1914年确立时只适用于非法行为直接所得的证据。但在1920

---

① Weeks v.United States 232 U.S.383（1914）.

② 王燕.美国非法证据排除规则的发展 [J].贵州工业大学学报（社会科学版），2007（4）.

③ Elkins v.United States 364 U.S.206（1960）.

④ Mapp.Ohio，367 U.S.643，652（1961）.

⑤ 伟恩.R.拉费弗.刑事诉讼法：上，下 [M].卞建林，沙丽金，译.北京：中国政法大学出版社，2003：125.

年的"西尔沃索木材公司诉合众国案"①中就出现了"毒树之果"理论的渊源。在该案中联邦执法官员非法搜查和扣押了被告的一批文件，后经法院命令，文件又返还给被告人。检察官通过大陪审团发出了扣押令让被告人交出这些文件。法院认为这个扣押令是无效的。到1939年"纳敦诉合众国一案"②中法兰克福特大法官明确提出"毒树之果"这一概念，认为以非法监听所获得的会话内容为线索获得的其他证据如同毒树的果实，不得作为证据而使用。当然，为在阻吓警察非法行为与控制犯罪两者之间进行平衡，最高法院在实践中并不必然排除所有毒树的果实，而是具有适当的灵活性。二是对于非法获取的实物证据和言词证据这两类不同的证据，美国非法证据排除规则呈现不同的演进轨迹。对待非法获取的实物证据问题经历了从绝对排除到相对排除的过程，依据非法证据排除规则所排除的证据首先是实物证据，而到了限制期时，大量的例外规则是针对实物证据的。该规则确立后随着不断发展，后来才延展到适用于非法获取的言辞证据。1914年"威克斯案"确立的是对被告人的审判中排除非法搜查所得到的证据。1066年，美国最高法院审理了"米兰达诉亚利桑那案"③，创建了米兰达规则，该规则确认了非法证据排除规则也适用于非法取得的言辞证据。而从此以后，对于非法获取的言词证据美国基本采用绝对排除的态度。

3. 从非法证据排除规则所保护的权利来看，其首先保护宪法第四修正案所规定的权利，后来逐步扩大到保护宪法第五、第六、第十四修正案等所规定的权利。因为起初的非法证据排除规则只是指违反第四修正案的排除规则，而且在司法实践中使用最多的也是违反第四修正案的非法证据排除规则，所以，人们在提到非法证据排除规则往往指违反第四修正案的排除规则。但为了全面了解非法证据排除规则，有必要强调非法证据排除规则不仅仅适用于违反了宪法第四修正案对公民权利之保护的情形，也适用于违反了其他一些法律规定对公民权利之保护的情况。如米兰达案件是把非法证据排除规则与被告人的权利完全联系起来的一个新的里程碑。其中最主要意义是它把宪法第五修正案不得强迫自证其罪的规则也纳入了非法证据排除规则的范围。第六修正案包含了被告人的5种权利，其中与非法证据排除规则有关系的是得到律师帮助的权利。如果在刑事诉讼程序中的

---

① Silveithome Lumber Co.v.United States 251 U.S.385（1920）.

② Nardone v.United States 308 U.S.338（1939）.

③ Miranda v.Arizona，384 U.S.（1966）.

一些关键阶段没有律师在场，被告人也没有放弃得到律师的权利，这些程序中所获得的有关证据将被排除。另外，法院也可能以违反美国宪法第十四条修正案规定的正当法律程序为根据实施非法证据排除规则①。

二、从美国非法证据排除规则的演进分析其运行的司法环境

一种法律制度、一个法律规则的发展演变并不是只呈现一种必然的现象，其背后总有多种因素的制约和影响。也就是说法律制度、法律规则的运行总会受到其所处的司法环境的影响。当然，对于美国非法证据排除规则也是如此。

（一）政治制度方面

这又可以细分为以下三方面。

1. 三权分立的政治体制。毫无疑问，没有一个足够中立、独立和强大的法院系统存在，绝难产生我们现代语境下的非法证据排除规则。中立之所以重要，是因为警察代表国家行政机关进行取证行为，如果法院没有超然于行政机关之外，很难想象它能够对警察的取证行为予以否定。要知道，通过非法手段取得的证据一旦被排除，就构成了对警察行为的否定性评价，对于警察而言，这是非常不利的事情。与中立的理念相连接，法院自身的独立、强大也是一个必要条件——我们无法奢求一个人力、财力等均受制于行政机关的法院系统会有足够的底气对行政机关的非法行为做出正确的判断。美国是典型的实践启蒙思想家们分权制衡理论的国家。美国宪法把国家公权力分给了立法、行政、司法三大部门。从美国议会、总统、法院三者的关系上，我们可以看出其制度建构上的多中心主义。而美国社会中的一切问题，最后都会转化为法律问题加以解决。从这一点来看，美国社会是以法院为核心在运转。将眼光放到美国刑事诉讼这一相对微观的领域，司法（法院）中心主义是其重要特征。刑事诉讼中的强制性侦查措施的采取，无论如何都逃不过法院治安法官的审查。对于违法侦查所取得的证据，法院将适用非法证据排除规则，不愿意采纳这些证据，体现了美国司法的中立、独立精神，也体现了法院拥有对刑事执法人员的行为进行裁判的强大、权威的地位。因此，美国非法证据排除规则的发展与三权分立体制赋予法院的中立、独立和强大地位有重要关系。

---

① 杨宇冠.非法证据排除规则研究[M].北京：中国人民公安大学出版社，2002：51，59，62.

2.联邦制。联邦制代表了一种政府形式。在美国，联邦政府和州政府之间的分权明晰。"就司法权而言，美国共有52个（即50个州、联邦政府及华盛顿特区）司法领域，有如52个分离独立的国家，而这52个司法领域唯一共通的是美国联邦宪法。"① 这也就是美国联邦宪法及联邦最高法院在国家法治运行之中地位无比重要的原因所在。非法证据排除规则的演进中也体现了联邦制对其的影响。由于美国实行的是两个独立的法院系统，即州法院系统和联邦法院系统，因而1914年美国联邦最高法院审理"威克斯诉合众国案"中初步确立的非法证据排除规则在当时仅限于联邦法院针对联邦执法人员适用，与此同时，最高法院允许各州自行决定该规则在本州系统内是否适用。于是，在美国就出现了一种奇特的双轨制现象，一方面，联邦警察非法扣押的证据不得在联邦法庭上使用；另一方面，不但州法庭可以采纳非法扣押的证据，而且允许在联邦法庭上采纳州警察人员非法扣押的证据，或者州警察将非法扣押的证据交给联邦警察之后，联邦警察可以在联邦法庭上使用该证据②。这种情况，随着1961年美国联邦最高法院对"马普诉俄亥俄州一案"的判决做出才告结束：在联邦刑事诉讼程序之中，州警察抑或联邦警察违法行为收集的证据，皆为宪法第四修正案所禁止使用的证据。此外，在联邦制下，美国警察机构庞大复杂、管理分散、缺少严格的等级秩序，且警察内部缺少惩戒机制，一旦有非法取证行为之类的检举，难有一个统一上级行政机构进行调查、处理。因此，排除非法证据成为最有效的抑制非法取证的手段。总之，联邦制对美国非法证据排除规则的演进产生了重要影响。

3.政党及其领袖的意见。政党政治在西方国家中的作用至关重要，政党特别是执政党常常会在法官产生的方式上对司法施加影响。美国总统里根和尼克松是对排除规则持反对意见的总统，他们对刑事诉讼的期望更倾向于打击犯罪这一目的。因此他们上任时任命的大法官就主张改革非法证据排除规则，希望通过改革来控制日益增多的犯罪，增强社会稳定，"例外"作为改革的一部分应运而生。1969年沃伦大法官退休后，保守的尼克松总统任命联邦哥伦比亚特区上诉法院保守派法官伯格出任联邦最高法院首席大法官，联邦最高法院大法官构成发生了较大变化，逐渐为持保守主义观点的法官所主导。这些大法官虽然没有推翻排除非法证据规则，但却通过一系列裁决，对这一原则的适用做出了限制，设立了一些

---

① 王兆鹏.美国刑事诉讼法[M].北京：北京大学出版社，2005：1.

② 刘晓丹.美国证据规则[M].北京：中国检察出版社，2003：160.

可不排除非法证据的例外，非法证据排除规则开始出现了一些松动①。里根总统一直主张废除非法证据排除规则，1995年共和党在众议院开会期间递交了旨在扩大"善意例外"的范围的《1995年非法证据排除规则改革法案》，并获得众议院通过（但至今仍未获得参议院通过）②。

（二）崇尚自由、保障权利的法律文化

由于不同国家历代的生产方式、社会组织、政治法律的运作、思想意识、地理环境等不同，以及不同国家在历史与现实的联结和本民族文化与外民族文化的相互融合与冲撞等方面的具体情况的差异，形成了不同国家民族的有关法和法律生活的群体认识、评价、心理状态和行为模式。这种具有定势化的有关法和法律生活的群体性认识、心理状态、价值观念和行为模式，即为法律文化③。可以说，法律文化牵动几百年甚至上千年的民族传统和民族情结，法律文化的不同导致刑事诉讼价值观的差异，进而影响包括非法证据排除规则在内的具体制度。以美国为例，该国对非法证据排除规则的执行最为坚决，从最初非法证据排除规则确立时只适用于违反宪法第四修正案，后扩展到适用于违反宪法第五、第六、第十四修正案等情况。可见，非法证据排除规则所保护的公民权利范围在不断扩大。这种状况从美国法律文化方面考察而言就在于，美国政治体制与法律制度自始就是由一些逃避专制统治和宗教迫害的人们按照社会契约原则创制的，他们对集权独裁和专制抱有强烈的反感，个人本位的理念深入人心，民众的个人权利意识普遍较高，对国家权力有一种内在的警惕与防范意识。美国公民普遍认为个人权利是与生俱来的，且不受非法剥夺，其中以生命权、自由权和财产权最为基本。美国宪法修正案第4条规定："任何公民人身不受非法搜查，拘留或监禁。且公民的财物、文件、住所不受非法搜查和扣押"。他们主张人生而平等，应享有同等的权利，不能以牺牲少数公民的重要权利来实现所谓的社会利益。所以这种法律文化为美国的非法证据排除规则打上了保护个人权利和严格限制侦查机关侦查权力的烙印。美国最高法院一直认为，在排除非法证据以保护个人的宪法性权利与采纳非法证据以谋求侦查案件得更为便利性之间，前者比后者更重要。这种价值取向

---

① 刘海鸥．论美国联邦最高法院对美国警察搜查权的调控：以非法证据排除规则的演变为视角 [J]．北京人民警察学院学报，2007（4）．

② 王燕．美国非法证据排除规则的发展 [J]．贵州工业大学学报（社会科学版），2007（4）．

③ 汪海燕．制约非法证据效力的背景与理论 [J]．政治与法律，2001（4）．

使得近一百年以来美国最高法院不断拓宽非法证据排除规则的适用领域，将规则保护的权利范围从第四修正案扩大到第五、六、十四修正案及其他法律规定。

（三）判例法的法律传统

1776年，美国人取得了独立战争的胜利，建立了自己的国家。但在法律传统方面并没有一个明显的破旧立新的过程，即古老的英格兰普通法律制度得到了很好的传承。这之后，虽然国会的制定法开始大量增加，反映在刑事司法领域，诸如1946年的《联邦刑事诉讼规则》、1975年的《联邦证据规则》等，但类似的立法大多是对已有的普通法效力的确认，并将其法典化的步骤而已。众所周知，普通法系的一个重要特点就是法院的判例对后来的审判有效，特别是上级法院的判例为下级法院在处理类似案件中提供准则，美国最高法院的判例对各级法院有效。虽然法官须遵循先例原则，但这并不能成为故步自封的理由，美国的普通法律制度也处在一个不断完善自己的过程之中。由于在司法实践中，法官碰到的案件事实千差万别，有的甚至永远无法做到水落石出，所以从一个比较宏观的角度审视，单个判例不应被视为绝对不变的法律实体；一个个判例应该被视为不断接近法院解决特定法律问题之规则过程。个案的判决并不重要，重要的是法院在一系列相似案件判决中适用的规则[1]。这样的规则的形成过程，在非法证据排除规则领域内得到了淋漓尽致的体现：从1914年的"威克斯诉合众国案"的判决以来的近百年时间内经历了非常曲折的过程，并且可以预见随着时代、社会条件的改变，该规则的内容及适用还会继续经历变化。这种变化，主要是通过美国联邦最高法院的具有法律效力的个案判决实现。可以说，美国联邦最高法院近百年来关于非法证据排除规则的一个个经典判决，创设了该司法救济手段，而这一切又是建立在美国判例法的法律传统上的。

（四）不同犯罪形势对非法证据排除规则的影响

控制犯罪和保障人权是各国刑事诉讼追求的两大价值目标。刑事诉讼的各项制度、规则如若只强调保障人权，则这样的制度、规则在设计上是不科学、不合理的，因为其不利于社会秩序的形成，最终也无法实现对人权的保障。非法证据排除规则也是如此，有效控制犯罪以形成人们能安居乐业的稳定的社会秩序也是适用该规则时所需兼顾的。由此，一定时期的社会犯罪形势也成为非法证据排

---

[1]　刘晓丹.美国证据规则[M].北京：中国检察出版社，2003：9.

除规则发展的一个直接因素。当社会的犯罪形势较为缓和时，国家的刑事法制的设计也相对较为宽松，趋向于打击犯罪与保护人权的平衡，甚至会向后者有所倾斜，此时非法证据排除规则就可能得到确立和强化；当社会犯罪形势严峻，或者国家的统治受到威胁或挑战的时候，国家往往趋向于使用"严刑重典"来打击犯罪、巩固政权，而对于人权保护的重视程度则相对降低，国家的刑事程序设计和刑事政策就会侧重于对犯罪的惩罚和制裁，非法证据排除规则就可能被弱化甚至遭到废弃[①]。如美国的非法证据排除规则发展到20世纪80年代，面对着持续增长的犯罪率，美国社会各界意识到必须用强有力的手段来维护社会秩序，国会、司法部及理论界形成了一股强烈的反对排除规则的潮流。因此，美国联邦最高法院在适用该规则的态度上出现松动，确立起了适用该规则的几种例外情形。尤其是20世纪90年代以来，随着恐怖主义及毒品犯罪的泛滥，刑事司法打击犯罪的功能被日益强化，美国联邦最高法院不再坚持非法证据排除规则是一项宪法原则，而认为它只是一项由法院制定的旨在防止警察非法行为的一般法律原则。

（五）科学技术的影响

随着人类科学技术水平的提高，非法证据排除规则也面临着新的问题与挑战。一方面，科学技术的运用不断地丰富和发展传统的非法证据排除规则之内涵，使非法证据排除规则的适用范围进一步扩大。一般而言，传统的非法证据排除规则的适用范围仅限于非法获取的供述和非法搜查、扣押获取的实物证据。在1967年"卡兹诉美国一案"之前，美国联邦最高法院认为宪法第四修正案保护的对象仅仅限于具体的"地点"和"物品"，而不包括与他人人身财产无涉的无形的谈话内容；而在此案的判决之中，最高法院推翻了以上观点，认为凡是未经司法授权而实施的电子监听，都属于宪法第四修正案所禁止的非法搜查与扣押的范围之列。由此，监听被纳入非法证据排除规则的适用范围之中。另一方面，通过科学技术手段获取的证据与传统的证据收集方法相比，在非法证据排除规则的适用上也存在一些差别。以非法监听获取的证据之排除为例。美国对传统的非法搜查、扣押获取的实物证据采取的是原则上排除但附加例外的立法模式，但是在关于非法监听证据的排除方面却遵循的是另外一种思路。美国联邦最高法院认为，违反监听法中所规定之程序要件应否赋予证据排除之效果，应视此项程序要件之

---

① 杨滨. 论刑事诉讼非法证据排除规则 [EB/OL].（2005–11–27）.

违反是否属于"核心角色",也即监听法有关证据排除之规定,并非所有违反监听法规定之程序,均具有证据排除之效果。唯有违反监听法规定之程序要件,将无法达成立法者限制"监听在真正需要情况下始得实施"之目的时,违法监听所得之证据始应加以排除①。

三、对我们的启示

第一,我国非法证据排除规则也得经历一个不断完善的精细化过程。

一项制度从建立到完善不是一蹴而就的,总需要经历一个逐步发展的过程。就非法证据排除规则而言,根据我国目前《刑事诉讼法》和最高人民法院在《关于执行刑事诉讼法若干问题的解释》的有关规定②,我国已存在排除非法取得的言词证据的排除规则。但与此同时,我国对非法证据排除规则的立法还存在法律规定不明确、不全面、不彻底的问题,如排除的对象仅限于非法取得的言词证据、对"非法的方法"界定不清楚、没有规定排除规则的适用程序等。可以说,当前我国的非法证据排除规则尚处于初步确立阶段,还不够完善。而从上述分析得知,美国非法证据排除规则自确立后也经历了不断修正与精细化的过程,才形成了今天"排除加例外"的局面,在这过程中有许多司法环境方面的因素在影响着美国非法证据排除规则的发展。从中我们首先可以得出的启示是,在我国加快建设法治国家的进程中,在人权保障入宪的大背景下,公民的权利保护意识正在逐步加强,刑事司法的理念正在逐步更新。这些外部司法环境因素必然会作用于非法证据排除规则,促使其发生变革。本文认为,当务之急应在以下两方面对其加以完善:(1)应将非法获取的实物证据纳入非法证据排除规则的适用范围。虽然我国已存在排除非法取得的言词证据的排除规则,这有利于保障公民的生命权、健康权和自由权等宪法性权利,但是如何对待非法获取的实物证据在我国法律及司法解释中都没有提及,司法实践中往往采纳这些证据,而非法获取实物证据往往侵犯了公民的另一个重要宪法性权利即财产权。这样,就出现了规则一方面保

---

① 陈学权.论科技发展对刑事证据制度的影响[J].人民检察,2008(1).

② 我国1996年《刑事诉讼法》第43条规定:"禁止用刑讯逼供、威胁、引诱、欺骗等非法方法收集证据";最高人民法院《关于执行刑事诉讼法若干问题的解释》规定第61条规定:"凡经查证确实属于采用刑讯逼供或者威胁、引诱、欺骗等非法的方法取得的证人证言、被害人陈述、被告人供述,不能作为定案的根据。"

护公民的一部分宪法权利不受非法侵害，另一方面又纵容非法侵害公民另一部分宪法权利的悖论。因此，为避免发生这种悖论，建立全面、完善、彻底的非法证据排除规则，应将非法获取的实物证据也纳入非法证据排除规则的适用范围。当然，在提出这样一种批评的同时，并不代表对非法实物证据一定要全部排除。在我国现有法治化建设水平下，非法证据排除规则针对非法实物证据有所保留，是既符合我国国情又与美国"排除加例外"的实践有相通之处的做法。（2）随着我国科学技术的发展，监听措施在侦查实践中也在大量运用，而目前我国法律对监听的适用程序、非法监听的后果等都没有做出规定，这不利于保障公民合法权利。因此我们可以借鉴美国的做法，将非法监听也纳入非法证据排除规则的适用范围。

第二，由于我国的政治、法律文化、法律传统等影响非法证据排除规则运行的司法环境因素与美国存在不同之处，该规则在中国必将形成与美国不同的演进之路。

借鉴与引进美国非法证据排除规则发展中的有益经验，不仅符合我国改革开放基本国策的精神，也有利于司法公正这一法律终极目标的进一步实现。但借鉴与吸收的同时，绝不能忽视对影响非法证据排除规则在中美两国运行的不同司法环境因素的研究与认识。因为在不同的司法环境因素的制约下，中国的非法证据排除规则必然形成与美国不同的演进之路。

其一，就法律传统而言，我国具有成文法的法律传统，没有建立判例制度，几乎所有的法律规则都是由立法机构确立于成文法之中，然后再由最高法院通过司法解释加以发展和完善的。鉴于受这种深厚的成文法法律传统的影响，我们不可能期望就非法证据排除规则实行由最高人民法院通过裁判个案予以创建的先例，即美国非法证据排除规则并非由国会通过成文法加以确立，而是由美国联邦最高法院逐步在司法判例中加以确立和完善的司法经验，这与中国是不相适应的，至少在我国短时期内是无法实现这一梦想的。虽然受制于成文法的一系列"先天限制"，但立足于我国当前的国情，比较现实的做法还是通过立法者的不断努力和最高人民法院的司法解释不断使非法证据排除规则得以完善。

其二，就法律文化来看，可以说任何一个国家的法律文化往往是一种法律制度或规则起源和发展重要因素之一。中美两国法律文化存在的重要差异会影响到非法证据排除规则在两国的不同发展情况。我国几千年的封建专制统治和儒家思想的熏陶使民众普遍对政府的权力抱有很高的信任感和依赖感，广大人民有一种把对自己权利的保障寄希望于行政力量的心理。民众以国家权力本位主义为理念，强调政府对个人权利的干涉与调整。这种理念反映在刑事诉讼的价值取向上，突出表现为重视惩罚犯罪目的的实现，民众评判国家司法制度公正与否往往在于司法机关能否有效打击犯罪及保护人民生命财产安全。总之，我国不具备美国那样的崇尚自由、保障权利的法律文化，因此这成为目前我国非法证据排除规则的排除对象和所保护的权利范围都极为有限的原因之一。而且可以预测，由于受我国这种浓厚的国家权力本位和不太重视个人权利保护的法律文化的影响，在未来对非法证据排除规则进行完善后也很难达到该规则在美国对个人权利的保护程度。

其三，从法院在整个国家政治系统中的地位来分析，由于法院排除非法取证的行为是对政府行为的一种限制和否定，所以法院必须有足够的权威、独立性和超然性才能实行非法证据排除规则。而在司法与行政不分或司法受制于行政的情况下是不可能产生和实行非法证据排除规则的。而目前中国法院在这两方面都存在严重的问题：一是司法与行政不分问题。中国法院不仅在组织上具有明显的行政化倾向，还存在严重的刑事追诉倾向，在不少问题上还远远不是中立的司法裁判者，而是通过各种方式来支持和配合检、警机构的刑事追诉活动。中国法院在行使司法裁判权方面所存在的行政化和追诉化问题如果得不到解决的话，那么，包括诉讼制度、证据制度在内的诸多司法改革举措，也就根本没有展开的前提和基础①。这其中当然的包括了对非法证据排除规则的改革和完善。二是司法受制于行政的问题。"就人类天性之一般情况而言，对某人的生活有控制权，就等于对其意志有控制权。"② 在中国，司法机构完全对应行政区划设置，且其财源来源于地方政府，地方法院易受地方行政权干预而沦为"地方的法院"。总之，我国法院还不具备像美国法院所拥有的足够的权威性、独立性、超然性来否定警察的非法取证行为，这也成为导致非法证据排除规则在司法实践中极少得到实施的因素之一。因此，在这种情况下可以预见，我国立法对非法证据排除规则的发展和完善不会一蹴而就，并且该规则在实践中的事实还会面临巨大的障碍。

---

① 陈瑞华.刑事诉讼法的前沿问题 [M].北京：中国人民大学出版社，2005：536.

② 汉密尔顿.联邦党人文集 [M].程逢如，译.北京：商务印书馆，1980：396.

对犯罪构成刑事推定功能的质疑

——兼论利用影响力受贿罪之证明责任分配 [①]

　　内容摘要：四要件犯罪构成改革论者将刑事推定对象泛化，是对无罪推定原则的公然违反。犯罪构成与刑事推定之间是一种原则与例外的关系，刑事推定以修正犯罪构成的方式降低证明难度是出于诉讼效率及其他刑事政策的考虑。利用影响力受贿罪本身证明的困难使得其缺乏实践操作性，在以坚持四要件犯罪构成维护司法公正基础上，有必要设置刑事推定以修正其犯罪构成，增强本罪名的可操作性。

　　关键词：犯罪构成　刑事推定　利用影响力受贿罪　证明责任

　　自四要件犯罪构成理论构建以来，对它的质疑之声就没有间断过。尤其是近年，对四要件犯罪构成理论质疑似乎已成声讨之势。部分学者认为应推倒重来，构建新的理论体系。持反对意见者多认为传统的四要件犯罪构成理论缺乏出罪功能，片面强调定罪功能；缺乏刑事推定功能，加重了检控方的证明责任，不能在控辩双方之间形成实质的对抗，即四要件犯罪构成理论抑制了刑事程序中公平与效率的诉讼功能。在笔者看来，四要件犯罪构成理论虽并不完美，但程序法中存在的缺陷并不是现行四要件犯罪构成理论造成的。上述学者没有弄清诉讼程序或刑事推定与犯罪构成理论的关系，错误地赋予犯罪构成以刑事推定功能。

---

　　① 此文原载《中国刑事法杂志》2011年第7期，与庄乾龙合作。

一、质疑前提：对四要件犯罪构成理论批判之批判

（一）从犯罪构成的控权功能上看

犯罪构成概念来源于中世纪意大利的纠问式诉讼程序，在诉讼程序中以类型的法定化确定被告人的罪与刑。犯罪构成的本源意义在于控制司法权。犯罪构成在被引入到实体法之后，与罪刑法定主义相配合，其主要功能仍在于控权。司法人员对犯罪的认定必须符合犯罪构成要件，这意味着犯罪构成越封闭对相关司法人员的控权作用就越强。我国四要件犯罪构成被学者称为耦合式的犯罪构成，其封闭性程度高于英美法系的"双层次犯罪构成"、大陆法系的"三层次递进式犯罪构成"。公安司法人员在侦控犯罪、定罪量刑的过程中必须通盘考虑犯罪客体、犯罪客观方面、犯罪主体与犯罪主观方面，这有助于抵制司法人员的随意性。"双层次犯罪构成"与"三层次递进式犯罪构成"一般由积极的构成要素与消极的构成要素两部分构成，这也是反对论者所持重要理由，认为积极要素与消极要素的对立为控辩双方展开实质的对抗从而维护犯罪嫌疑人、被告人的合法权益打下了基础。笔者认为假设犯罪构成中消极因素能起到推定作用，利于提高诉讼效率，但相应的也为公权对私权的侵犯埋下了隐患。在上述条件下，控辩双方对证明责任的承担并没有严格清晰的界限，有的只是"度"的区分。如果不严格确定控方的证明范围，不但会继续模糊控辩双方证明责任之间的界限，控方证明的"度"也会随之减轻。这不但不符合罪刑法定原则，更是对无罪推定原则的公然违反。

改革论者认为我国犯罪构成理论重在定罪，缺乏出罪功能，辩护范围缺乏明确性。笔者认为，我国的犯罪构成要件中虽没有明确积极要素与消极要素的分立，但实际上辩方辩护的范围比上述两种犯罪构成理论更为宽泛。辩护方可以从犯罪主体、犯罪主观方面、犯罪客观方面、犯罪客体等任何一个方面进行辩护，法律没有做出任何的限制。而不是如某学者所认为的："追根溯源，实体辩护空间狭窄的根源在于我国犯罪论体系的封闭性。"[①] 该论者继而提出的理由是我国没有规定超法规的阻却事由可以作为实体辩护理由。但笔者认为我国四要件犯罪构成中实际上暗含着超法规的阻却事由，立法以肯定的方式确立定罪的根据，但从反面看不符合上述情形的都可以作为实体辩护的理由。如被害人承诺

---

① 吴纪奎. 犯罪论体系与刑事诉讼模式 [J]. 中国刑事法杂志，2009（3）.

问题，虽然在犯罪构成要件中体现不出来，但若被害人承诺将阻止犯罪嫌疑人、被告人的主观恶意，即不符合犯罪的主观方面要件。总之，四要件的犯罪构成的控权功能远高于"双层次犯罪构成"与"三层次犯罪构成"，且对辩方辩护权的保护更为全面。

（二）从犯罪构成发挥作用的诉讼模式上看

犯罪构成属于静态的理论，其作用的发挥离不开动态的诉讼程序。英美法系诉讼属于典型的当事人诉讼模式，控辩平等思想意识浓厚，且有相应的制度保证"平等武装"的实现。如辩方的"调查取证权""证据开示制度""非法证据排除规则"等利于提高辩方的诉讼对抗能力。相应的刑法中的犯罪构成也以"平等对立因素"的方式出现，或者说犯罪构成中的"双层分立"为"平等主体"双方提供了证明责任分担的前提。另外在英美法系国家，刑事司法活动中法官的权力处于核心地位，法官通过诸如"司法令状""违法审查"等动态的诉讼程序有效的控制公权的滥用。

"早期的大陆法系国家认定犯罪采取的是职权主义诉讼模式，对应的犯罪构成理论为行为构成要件说。行为构成要件理论设置的诉讼规则属于综合规则，充分贯彻无罪推定，有利于体现公正和保障人权。"[①] 但彻底的无罪推定原则将证明责任全部交由控方，难以应对犯罪率的逐步攀升。德日等国家逐渐在借鉴英美法系国家的举证责任分配理论，给予辩方一定的举证责任义务，以减轻控方的证明负担，彻底的无罪推定转向有限制的有罪推定或者相对的无罪推定。这虽从一定程度上减轻了控方的证明负担提高了诉讼效率，但是辩方的人权保障能力相应的受到了削弱。德日等国家对当事人主义诉讼模式的借鉴更多的局限于形式方面，并没有在实质上实现"控辩平衡"，即辩方在诉讼程序中没有得到有效"平等武装"。这意味着以德、日为首的大陆法系国家阶层递进式犯罪构成模式虽解决了静态的定罪分层问题，但在诉讼模式上缺乏实质的"分层装置"，没有协调好司法公正与效率的关系。

在我国，犯罪客体要件、客观要件、主体要件、主观要件处于同一阶层，各自独立，彼此之间不存在层次关系。在诉讼程序中控方应就犯罪构成的四个方面进行证明，根据无罪推定原则辩方在诉讼过程中并不承担刑事证明责任。我国诉

---

① 彭文华. 论犯罪构成的诉讼机能 [J]. 佛山科学技术学院学报，2008（5）.

讼模式虽在改革中部分借鉴了当事人主义因素，但在控辩双方之间并没有形成实质的"平等"，仍以职权主义模式为主。在此模式下，司法机关并没有占据核心地位。公检法三机之间没有形成有力的制衡关系，特别是侦控机关的权力没有得到司法权的有效制约。若将现行的犯罪构成修改为具有推定功能的犯罪构成，虽能减轻控方的证明负担，但相应的诉讼程序并不能平衡或弥补因犯罪构成"松懈"而造成的公权扩张的缺陷，势必会重蹈大陆法系覆辙：缺乏与当事人主义诉讼模式相匹配的程序要件，从而使程序正义的天平发生倾斜，削弱了犯罪构成维系司法公平的机能。封闭的四要件犯罪构成要求控方承担刑事证明责任的高要求与现行的职权主义诉讼模式有着较大的适应性，即四要件犯罪构成为处于天然劣势的辩方提供了一静态的"庇护场所"。也许有论者认为我国的四要件犯罪构成理论反映到诉讼实践中不利于提高诉讼效率，实则不然，诉讼效率的高低与诉讼模式有着更为重要的关系。从世界范围来看，无论是英美法系国家还是大陆法系国家都受到案件率上升、诉讼效率降低等问题的困扰。英美国家双层次犯罪构成理论并没有提高诉讼效率，反而因控辩双方的"势均力敌"造成了司法"扯皮"现象，旷日持久的世纪审判屡屡在英美法系国家上演就是一明证。英美与大陆等国家相继构建辩诉交易、快速审判等程序正是实体法无法解决诉讼效率的结果。四要件犯罪构成要求侦控机关承担证明责任，能够充分利用公权的便利迅速查明与案件有关重要事实，避免诉讼中因双方对"事实不清"而相互纠缠局面的出现。因此，四要件犯罪构成不但不会降低诉讼效率且在一定程度上能提高诉讼效率。

二、刑事推定：对四要件犯罪构成矫正之矫正

（一）犯罪构成推定功能的再矫正

对四要件犯罪构成持反对观点的学者多认为犯罪构成各要素之间应具备推定功能，所持理由是"早期的构成要件不具有推定机能，随着诉讼经验的进一步积累，迈耶发现某一犯罪行为一旦具备构成要件符合性，通常也会具有违法性，因此构成要件实际上就是违法性认识的根据。构成要件与违法性要件之间的这种类似于烟与火的常态关系，表明二者之间存在一种推定关系。"[①]笔者认为，该论者有断章取义之嫌。本段话意在表明犯罪构成的发展：由原先的纯客观、记述的要

---

① 聂昭伟，魏云燕.论犯罪构成对证明责任分配的影响：兼论我国犯罪构成的完善 [J].广西政法管理干部学院学报，2006（6）.

素发展为包含主观有责与违法要素的内容，其中的推定要素是各构成要素不可缺少的一个证明，而不是从前者推出后者的关系。"当某一行为具有构成要件符合性时，就不仅能够推定该行为具有违法性，同时也可以推定其具有有责性"的结论意在强调构成要件符合性、违法与有责性是犯罪构成的必要要素，而不是如该论者所说属于刑事诉讼中的推定。将犯罪构成各要素关系的说明看成是刑事诉讼中的推定关系，进而影响刑事证明责任的分配的观点犯了偷换概念的错误。

德日等国的三层次递进式犯罪构成亦有许多未决的问题，如构成要件符合性的功能仍然众说纷纭，有行为构成要件说、违法类型说、违法有责类型说。现在的通说采用违法类型说，在确定构成要件的立场后，重要的问题经常就被掩盖了。在构成要件与违法性的关系问题上争论不清[①]。另外若将三层次犯罪构成理解为具有诉讼推定功能，则与大陆法系证明责任分配关系相矛盾。大陆法系将证明责任区分为主观证明责任和客观证明责任。客观的证明责任固定属于检控方，不能随意转移，很明显犯罪构成中的推定不属于客观证明中的推定。主观的证明责任可以在举证双方之间进行转移，但这种转移并不能改变因举证不能而造成的不利后果所承担的既有规定。主观证明责任属于疑点形成责任，在一方举证证明疑点形成之后随即卸除本方的证明责任，等待另一方举证反驳。另一方提出证据反驳的结果无非有两种：第一，反驳成功，则疑点解除；第二，反驳失败，疑点成立。但无论是何者并不能推定犯罪行为的成立，只是向指控成功迈进了一步。论者所持三层次构成要件具有推定功能实指指控的"一步到位"，这与主观证明责任中的"逐步推进"责任明显不同。因此论者所持三层次犯罪构成的推定与刑事诉讼中的证明责任分配存在明显的矛盾，不能形成对应关系。

（二）刑事推定与犯罪构成的关系

刑事推定是一个极有争议的概念。但一般认为"推定是指根据法律规定或者经验法则，从基础事实推导出推定事实。"[②] 刑事推定包含以下几个重要因素：基础事实、推定根据与推定事实。其中基础事实应该保证它的准确性，推定根据只能是法律或者经验。根据此分类刑事推定又可以分为事实推定与法律推定。就刑事推定的法律根据而言只能是具体的而不能是抽象的，否则宜导致推定行为的滥用。在司法实务中事实推定的运用远远高于对法律推定的运用，甚至可以说任何

---

① 西原春夫.犯罪实行行为论[M].戴波，江溯，译.北京：北京大学出版社，2006：54.

② 宋英辉，何挺.我国刑事推定规则之构建[J].人民检察，2009（9）.

案件中都不能离开事实推定。法律推定与事实推定的最大区别在于法律推定属于类型化的规范，突出特征表现出较强的规范性与使用的可重复性。法律推定是一种直接推定，如巨额财产来源不明罪中关于"主观方面的推定"。事实推定是在建立盖然性基础之上的，法官利用经验知识进行合理推定。事实推定与法律推定之联系表现为："实则各种所谓推定之起源，最初均系基于人类经验所为之推论。其中一部分，经常为同样之推论者，即逐渐形成一种法则，最终成为法律之推定……事实上之推定，系本于人类之经验，是以不得违背经验法则。"①

犯罪构成是一种理论上的抽象，没有具体法律条文对犯罪构成进行明确规定，是学者根据相关法律条文对犯罪构成进行归纳总结得出来的。很明显犯罪构成中的推定功能不是指法律推定，因为法律推定必须满足类型化与具体化这两个要件。刑事案件的复杂性决定了构建一个统一的法律推定规则适用于所有案件的不可能性。那么犯罪构成中的推定是否是指事实推定呢？事实推定属于司法实践中裁判者自由心证的范畴，事实推定使被告人承担提供证据的责任，这种责任属于疑点形成责任，即被告人在控方证明础事实存在后，基于利益性与必要性，为阻止推定生效而承担的诉讼负担②。那么论者所持犯罪构成具有推定功能中的基础事实是什么呢？"具体到犯罪构成中，由于构成要件符合性与违法性、有责性之间存在着一种推定关系，因此，控诉方在对基础事实的构成要件符合性进行证明之后，没有必要证明每一个被告人都不是正当防卫，不是紧急避险、未经合法授权等等。"③根据该论点，犯罪构成推定中基础事实应该是构成要件符合性，推定事实则是违法性与有责性。如此将回归到起源意义上的犯罪构成，即犯罪构成成为客观的、记述的、价值中立的，排除主观有责，此推论一旦成立，那么刑事案件岂不适用的是过错推定原则？即只要出现客观违法就推定行为人主观上有责，这明显与无罪推定原则相悖离。

实际上该论者犯了"具体事实"泛化的错误。刑事推定只能运用于个案中，最多不能超越类案。比如在主观明知方面，可以通过基础事实进行推定，但这里的基础事实不是和明知没有关系，基础事实实际上已经暗含着明知的内容。犯罪构成中的基础事实与推定事实之间距离过远，缺乏紧密联系，缺乏推定的基础或

---

① 李学灯. 证据法比较研究 [M]. 台北：台湾五南图书出版有限公司，1993：254.

② 赵俊甫. 重新认识刑事推定 [J]. 法律适用，2009（3）.

③ 刘春善. 诉讼证据规则研究 [M]. 北京：中国法制出版社，2000：280.

推定的概率，就不能产生推定的效果。如集资诈骗犯罪中，根据犯罪构成中的推定，只要行为人有集资未还行为就可以推定主观上有诈骗的目的，但这种推定是不符合刑事推定规则的，基础事实与推定事实之间的关系过于松散，有较多的可能性存在。只有在具备"携带集资款逃跑的，挥霍集资款致使集资款无法返还的，使用集资款进行违法犯罪活动致使集资款无法返还的"等具体条件下方可在基础事实与推定事实之间产生推定关系。那么犯罪构成与刑事推定之间到底是一种什么样的关系呢？

笔者认为犯罪构成与刑事推定之间是一种原则与例外的关系。犯罪构成是入罪的唯一标准，检控方必须严格按照犯罪构成要求举证，这是控制国家权力，保障无罪推定功能得以发挥的原则性规定。即犯罪的证明责任完全交由控方负责，排除犯罪构成要件之间的任何推定关系，通过完整的规则体系确立犯罪标准。此犯罪构成的原则性规定侧重保障被告人权，以司法公平为目标，这恰恰与四要件犯罪构成改造论者所认为的平面的犯罪构成不利于发挥辩护功能与不利于保障人权相反，"辩方无须承担任何举证责任，没有义务说服法官以规避责任。这使得辩方在诉讼中处于相对有利地位，既可以利用沉默权获取主动，也可以针对犯罪构成要件分别进行抗辩。"[①]但公平正义不能缺少效率，在正义的基础上寻求效率的最大化是法治建设的最佳出路。为防止四要件犯罪构成在维护司法公平过度关注，需要效率制度的制约与补充。推定本质上改变了实体法的构成要件，其根本特征是通过一定的方法降低刑事证明的难度，即"将诉讼的证明对象从推定所欲产生的法律效果的'理想'要件（即推定事实）改变为推定的前提要件（即基础事实），从而达到降低证明难度的效果。"[②]因此刑事推定是提高诉讼效率的一有效装置。但因推定是一种定罪机制，一旦适用将会对被告人产生不利影响，因此应予以严格限制适用。刑事推定对于犯罪构成只能是一种补充、例外关系，只有在犯罪构成本身已经严重影响到案件事实的查明，或者严重影响到刑事诉讼效率的时候方可进行刑事推定以对犯罪构成进行修正限制。

（三）四要件犯罪构成之无罪推定诉讼功能

我国四要件犯罪构成使检察机关成为证明责任的主体，辩方不承担实质上的证明责任，这将有利于贯彻罪刑法定原则，发挥犯罪构成的无罪推定诉讼功能。

---

① 彭文华. 论犯罪构成的诉讼机能 [J]. 佛山科学技术学院学报，2008（5）.

② 樊崇义，史立梅. 推定与刑事证明关系之分析 [J]. 法学，2008（7）.

有论者认为："移送审查起诉的证据材料范围过窄。……在司法实践中，诉讼卷所包含的材料往往只是证明嫌疑人有罪的证据，即支持侦查终结结论的证据。而罪轻或无罪的证据，则统统归于侦查卷。侦查机关讳莫若深，检察机关更无从见到。"① 究其原因，还是犯罪构成理论这一核心指挥棒潜在地影响着侦查取证部门的思维，产生了片面举证、片面移交证据的意识②。该论者没有看到犯罪构成的无罪推定与人权保障功能的作用。四要件犯罪构成要求检控方全面收集刑事证据，司法实务中片面举证、片面移交证据的意识恰恰与四要件犯罪构成要求相违背，怎么会是犯罪构成要件本身的错误呢？该论者颠倒了上述两者的因果关系，正是因为司法实务中有片面举证、片面移交证据的做法，四构成要件才严格限制检控方的证明责任，以防止其违反检察官的客观公正义务。假如将我国的犯罪构成修改为具有推定功能的犯罪构成岂不是将侦控方的片面举证合法化吗？司法实务中片面举证行为的真正原因是检控方内部的破案率、起诉率、胜诉率等不恰当的考核制度。

有论者分析控辩审三方在定罪过程中的关系、地位和定罪程序后认为："既然犯罪构成是作为一种定罪模式而存在的，那么犯罪构成就理所当然地应把控辩双方的程序性要求都反映出来。"这要求，作为犯罪构成的要件的实体内容，应当包括肯定性的和否定性的两部分③。进而提出四构成要件缺乏否定性的部分，即缺乏程序性要求。笔者认为四要件犯罪构成不但没有排除程序性要求还极大地体现了程序性要求，那就是对无罪推定原则的维护。四要件犯罪构成能够防止那些非犯罪的行为任意地进入刑法所调整的范围，能对出人入罪的司法擅断起到实质性限制作用，其在规范国家刑罚权行使的同时，也构成了对国家权力的实际制约。四要件犯罪构成没有直接否定性的规定，主要是因为四要件犯罪构成是从肯定性方面制约国家的入罪行为。权力方应严格遵循有法律依据方能行使权力的原则，而对于辩方即权利主体则应遵循没有禁止的则即可行使权利的原则。四要件犯罪构成肯定性的反面就是否定性。从此意义上看，四要件犯罪构成的否定要件更为开阔。照此推理，就大陆法系的三层次犯罪构成而言，辩方不但可以以违法性与有责性作为辩护理由，还可以对构成要件符合性进行辩护，如此所谓的三层

---

① 卜开明，刘维翔. 侦查终结若问题之比较研究 [J]. 中国刑事法杂志，2003（4）.

② 邓正伟. 犯罪构成理论对刑事诉讼的制约及完善 [J]. 中国刑事法杂志，2008（7）.

③ 刘远，葛进. 以人权保障为视角看犯罪构成 [J]. 法学，2005（4）.

次犯罪构成的"推定功能"又有何意义？进而言之，递进式的犯罪构成或双层次的犯罪构成的"推定功能"不但是对无罪推定原则的违反，就连理论"假设"中的推定都没有发挥其应有的诉讼功能。

三、实务研判：四要件构成下利用影响力受贿罪之证明责任分配

《刑法修正案（七）》第13条在受贿犯罪主体上突破了传统范围，明确了利用影响力受贿罪，弥补受贿罪对犯罪主体规定的缺陷。该罪的确立严密了贿赂型犯罪法网，实现了社会需要与刑法完善的良好对接，但囿于本罪内容的"扩张性"与证明的相对复杂性使得其可操作性受到很大的限制。

（一）利用影响力受贿罪之刑事证明困境分析

《刑法》第388条后增加一条作为第388条之一："国家工作人员的近亲属或者其他与该国家工作人员关系密切的人，通过该国家工作人员职务上的行为，或者利用该国家工作人员职权或者地位形成的便利条件，通过其他国家工作人员职务上的行为，为请托人谋取不正当利益，索取请托人财物或者收受请托人财物，数额较大或者有其他较重情节的，处三年以下有期徒刑或者拘役，并处罚金；数额巨大或者有其他严重情节的，处三年以上七年以下有期徒刑，并处罚金；数额特别巨大或者有其他特别严重情节的，处七年以上有期徒刑，并处罚金或者没收财产。""离职的国家工作人员或者其近亲属以及其他与其关系密切的人，利用该离职的国家工作人员原职权或者地位形成的便利条件实施前款行为的，依照前款的规定定罪处罚。"

本罪的证明困境之一是对犯罪主体的证明。根据本条的规定，该罪的犯罪主体可以分为三类：离职的国家工作人员、近亲属及与其关系密切的人。对于前两种主体比较好判断，较难以判断的是第三类主体，即与其关系密切的人。这一主体的界定实际上是一兜底性条款，原则上将与国家工作人员一切有关系的人员都纳入到了本罪主体范围之内。至于什么样的关系属于密切，密切的标准是什么？是以来往的次数为标准还是以认识的时间长短为标准？是以具体利害关系为标准还是以是否是正常交往为标准？恐怕很难以其中的某一项作为判断该罪的主体标准。有学者认为，分析认定具体案件中的行为人是否属于"其他与该国家工作人

员关系密切的人"，主要应看双方平时的关系如何①。笔者认为这一标准恐仍难以实现预期目的。假设关系人与国家工作人员以前关系很好，后因某些事情他们关系闹僵，很少来往，但关系人受他人之托要求关系人请求国家工作人员帮忙，关系人无奈向国家工作人员发出请求，而国家工作人员打算利用这次机会缓和他们之间的关系，随即满足了关系人的要求，那么在此情景下的"双方平时的关系"应该是密切的还是松散的？似难以得出确切的结论。另按照四要件犯罪构成理论，检控方必须对该罪的犯罪主体进行证明，此严格的定罪构成对利用影响力受贿罪有着特殊的意义，因为本罪具有较大的内在扩张性，若实行前文论者所持推定的犯罪构成则极有可能会超出本罪预设的极限，侵害到无辜者的合法权益，且不利于保障犯罪嫌疑人与被告人的人权。但在具体的刑事诉讼中，检控方对于诸如"来往次数"与"时间长短"进行举证证明的困难可想而知，对每一次的来往交流进行举证几乎不具有可能性。在犯罪嫌疑人反驳虽有来往，但处在关系不密切的情况下，检控方将处于更为尴尬的境地。从某种程度上说，检控方对于"密切关系"的证明处于一种不可能状态。

本罪证明困境之二是对"利用影响力"的证明。首先对于何为影响力是仁者见仁，智者见智。有论者将影响力分为形式的影响力与实质的影响力②，有论者将影响力分为权力性的影响力与非权力性的影响力③，还有论者并不做区分，认为只要属于影响力，不管是否实际上影响到了国家工作人员都属于本罪中的影响力④。从严密刑事法网角度看，宜将职权性与非职权性影响力及形式与实质性影响力都包括在内，但从刑法的谦抑性与斡旋受贿（主体是国家工作人员）的对应性上看，宜排除职权性的影响力。抛开此争论不言，从证明的难易程度上看，显然程度深的影响力的证明要难于程度较浅的影响力的证明，因为对诸如形式上的影响力的证明要比实质上的影响力证明容易得多。但即便如此，影响力的证明难易程度也是相对而言的。就相对较易证明的形式影响力而言，检控方需要对什么样的情况能够产生影响力进行证明，而这更多的是一个司法经验的问题，其判断带有价值

---

① 王荣利. 反腐新罪名不会成为贪官的"免罪符"：刑法学家赵秉志详解"刑法修正案（七）"反腐新罪名 [N]. 法制日报，2009-04-22.

② 龙腾云，贾晓蕾. 论利用影响力受贿罪中的"影响力" [J]. 福建警察学院学报，2010（3）.

③ 赵秉志. 刑法修正案最新理解适用 [M]. 北京：中国法制出版社，2009：209-210.

④ 李冠煜. 论利用影响力受贿罪的客观方面 [J]. 福建警察学院学报，2010（1）.

性，难以操作。如有学者认为以下几种情况可以认为存在影响力："基于一定感情所产生的影响力；基于一定的血缘关系所产生的影响力基于一定的地缘关系所产生的影响力；基于一定的事务关系所产生的影响力①。"但在具体的案件中，感情、血缘、事务关系与影响力之间并不存在必然的联系。如在双方虽有血缘关系，但之间的感情已经淡化，甚至老死不相往来，那么他们之间的血缘关系是否有影响力是值得怀疑的，特别是在行为人提出此种反驳理由时检控方的证明还能成立吗？其次，对于"利用"行为的证明也存在相当大的困难。根据罪刑法定原则，检控方需要对行为人的"双重利用行为"进行证明。对于此问题的证明，第一个难题来自何为利用？第二个难题是检控方需要证明行为人利用影响力影响到国家工作人员，对于这一步的证明，很可能遭遇行为人承认他与国家工作人员之间有影响力，但是没有利用的反驳，而检控方对没有利用影响力的反驳的相反证据的提取是非常困难的。原因在于本罪属于较典型的封闭型犯罪，外人知晓的可能性不大，行为人与国家工作人员串通提出相反证据则易如反掌。检控方对于第二重的利用行为的证明较之于第一步的证明更为困难。在能证明第一重的利用影响力的情况下，行为人很有可能故技重施，否认利用了国家工作人员职务上的便利或条件，这将进一步增加检控方对此反驳证明的困难。

（二）利用影响力受贿罪证明之可能性进路

从理论上看，利用影响力受贿罪极大地扩大了犯罪主体，该罪中的"利用""影响力"等用语颇具模糊与笼统性，变相拓宽了公安司法人员的自由裁量权，虽利于惩罚犯罪，但相应保障人权之诉讼目的会因此而受到威胁。假若如持三要件递进式犯罪构成观点所言，在构建具有推定功能的犯罪构成情况下，将利于对利用影响力受贿罪中"密切关系主体""利用""影响力"等要件的查明，但此种推定以"常态"形式出现，违背无罪推定原则，鉴于此有必要另辟蹊径以解决本罪证明之困难。

1. 事实推定：司法解释证明之进路

在刑事诉讼过程中，司法人员根据事实之间的常态联系，以某一已经查明的事实推断另一难以证明的事实的存在是刑事推定发生作用的一般规则，这一推定方法又可以称之为事实推定。囿于利用影响力受贿罪证明之困难，需要司法人

---

① 赵秉志. 刑法修正案最新理解适用 [M]. 北京：中国法制出版社，2009：209–210.

员对案件中的事实进行合理解释，即法官在审查案件事实的过程中，需要发挥主观能动性对已经查明的事实与推定事实之间联系的强度与盖然性做出经验上的判断。如"近亲属"关系已经查明，针对这一事实法官可以凭借知识与经验判断"密切关系"是否存在。此事实推定的证明方法利于减轻控方的证明责任，降低本罪的证明难度，且法官完全可以根据每一起案件事实的不同做出合理的推定与解释具有相当大的灵活性，利于刑事法律的合法、合理适用。

但我们也要看到此种推定可能存在的弊端。在事实推定中司法者实际上是通过间接证据运用经验法则和逻辑推理得出事实结论。它本身并不转移证明责任，同时也不要求事实审理者必须作如此认定。也就是说"事实上的推定不具有法律上的推定那样强制法院认定推定事实的效果。……是自由心证适用的一种情况。"[1]因此事实推定属于"自由裁量"的范畴，会受到法官如个人能力、勤勉程度、学识等个体因素的制约，具有较大的随意性。检控方证明基础事实的范围也会随之缺乏确定性。诚如我国台湾著名刑事法学者蔡墩铭先生所言："犯罪之认定虽受证据之拘束与经验法则、论理法则之限制，但仍无法避免法官凭其主观而为犯罪之推测。尤其从事刑事裁判多年之法官，依其多年累积之经验，每每不重视证据，而依与犯罪相关联事实，即推想犯罪应该或一定为被告所为。法官所出现此种想当然之犯罪推定，除非被告能够提出有力之反证，否则始终无法改变法官对其所为之犯罪推定。"[2]

为规范推定的使用，最高人民法院针对实务中证明的困难性对若干罪名中的部分事实做出了推定规定。如对收购赃物罪中的"明知"的推定等。司法解释对推定的规范在很大程度上能够统一推定的运用，且有强制性约束力，有助于法官准确适用刑事推定以认定案件事实。为此针对利用影响力受贿罪高难度证明事项可以司法解释的方式明确基础事实与推定事实之间的关系以降低证明难度。如对"近亲属关系"基础事实的查明就可以推定为利用人与被利用人之间具有"密切关系"，对于在一定时段内来往一定次数的就可以认定为存在"密切关系"，在上述基础事实得到证明的条件下，只要查明委托人已经获得利益且其获得利益与被利用人之间有关系，就可以推定关系人实施了"利用"行为。

① 土本武司. 日本刑事诉讼法要义 [M]. 台北：五南图书出版公司，1997：124.

② 蔡墩铭. 刑事证据法论 [M]. 台北：五南图书出版公司，1997：317-318.

2. 法律推定：立法修订之证明进路

法官具体适用法律中对案件事实的推定存在任意性且不利于对人权的保障，而严格按照四要件犯罪构成对利用影响力受贿罪相关要件进行证明又存在相当大的困难，如何协调上述两者之间的关系，本质上体现为"惩罚犯罪"与"保障人权"之间的博弈。从本罪出台的立法背景来看，"惩罚犯罪"的目的显然处于主要地位，为此法律的适用有必要使其能得到有效贯彻，但为尽最大可能地维护犯罪嫌疑人、被告人人权，应在降低对其证明力度的基础上最大可能的维护被告人人权，所有这些最终将落实到立法修订上，从立法的高度设置法律推定规则。法律推定建立在事实推定的基础之上，当立法者基于一定的价值取向对司法实践中相对稳定的事实推定在法律上以条文的形式固定化之后，事实推定就上升为法律推定。"从两者的演变过程看，事实推定在先，法律推定在后。法律推定是事实推定的法律化、定型化，事实推定是法律推定的初级阶段，有待于上升为法律推定。"① 可见法律推定是事实推定的成熟化阶段，是推定的应然状态，是法律明确性与保障人权的必然要求。

就本罪而言，基础事实与推定事实之间的关系具有高度盖然性规则，这是设定法律推定规则的基础规则。对于高度盖然性的判断标准以客观标准为宜。根据社会大众一般经验，在一般情况下，出现此种事实基本就意味着会出现推定事实，则可以认定推定事实的成立。如前文所述，有必要针对以下证明难度较高的三点做出刑事法律推定规定。首先是对"密切关系人"的认定。对于近亲属法律条文没有强调"密切关系"的问题，实际上是默认或直接推定近亲属与被利用人之间的密切关系，不需要检察机关额外的证明。但对于"其他密切关系人"则需要检察机关进行证明，但因"关系"本身的隐秘性与"否定关系密切"的简易性使得对其证明的困难程度大大增加。从一般生活经验来看，关系密切者一般表现为来往频繁，行为人之间来往的频率与关系密切与否具有高度盖然性，因此法律可以规定只要检控方能够证明关系人与被利用人之间来往频繁，即可推定属于"其他关系密切人员"。本罪证明中的第二个困难在于对"影响力"的证明。从影响力产生原因来看一般不外乎以下几种情况：基于职权关系的影响；基于感情关系的影响；基于利益关系的影响。但职权关系与感情关系形成影响力的或然性可

---

① 江伟.证据法学 [M].北京：法律出版社，1999：138.

能较大，即高度盖然性条件没有达到，为限制推定的范围，宜提高影响力发生的条件因素，可以考虑规定只有存在隶属职权与特殊情感的情况下，才会产生影响力，即检控方只要能证明上述条件的存在即可推定关系人之间存在影响力，对于利益关系不论大小只要存在利益即可推定影响力的存在。但上述影响力的有无应允许辩方提出证据进行反驳；最后是对利用影响力之"利用"的刑事推定。"利用"是一个积极动词，反映在主观上表现为积极追求某一目的的实现，它是连接关系人谋取不正当利益与国家工作人员利用职权"办事"的关键点，如果不能证明这一连接点，则上述两者之间的因果链条就会断开，本罪也就难以成立。很明显检控方要想直接证明关系人"利用"了影响力困难程度很大，但检控方可以借助上述对"影响力"的证明与对国家工作人员利用职权"办事"的证明直接推定关系人利用了"影响力"，将没有利用"影响力"的证明倒置给关系人，以降低检控方的证明难度。从证明难易程度上看，关系人如果确实没有利用"影响力"则很容易获取证据来证明，即该推定虽部分卸掉了检控方的证明责任，但并没有给辩方带来沉重的负担，具有合理性。

综上，利用影响力受贿罪中刑事推定的运用宜分两步走。首先，先行实施司法适用中的事实推定；其次，在积攒到一定经验基础之上，将其上升到法律推定上来，以统一规范本罪的刑事推定，实现在"惩罚犯罪"的同时最大限度地维护犯罪嫌疑人、被告人的人权，从而发挥刑事推定连接实体正义与程序正义的功能。

未成年人刑事案件品格证据运用的理论基础

——以检察院量刑建议为视角的分析 [1]

内容摘要：从我国现实情况来看，针对未成年人刑事案件，检察院在量刑建议中使用品格证据有着深厚的理论基础。我国现行政治制度与法律规定决定了我国检察官具备客观公正义务品质，这为量刑建议中运用未成年人品格证据的可能性提供了保障。该宽则宽、该严则严的宽严相济刑事政策为未成年人品格证据的运用提供了强大的动力支持，检察机关以品格证据为量刑建议因素的践行将继续丰富其赖以生存的政策土壤。而渐趋完善的法律规定则为量刑建议中未成年人品格证据运用打下了深厚的法律基础。

关键词：未成年人刑事案件　品格证据　量刑建议

一般而言，品格证据 [2] 不能作为定罪证据来使用。因为若被告是否有罪可以由其过去的记录来证明，那么先前有坏品格但无辜的人，要为自己进行辩护，即便不是不可能，也将变得非常困难。法律不能"给狗取一个坏名字而绞死它" [3]。人格具有一定的倾向性，倾向于一种较为固定的趋向和模式 [4]。而人的倾向性特征使得人格与品格趋于一致。定罪主要针对已然行为，量刑不单是对已然行为

---

① 此文原载《青少年犯罪问题》2011年第1期，与魏小伟、庄乾龙合作。

② 品格证据有广义与狭义之分。广义来说认为，品格包含三种含义：一是意味着一个人在他所生活的、人们都认识他的社区中享有的名声；二是意味着一个人以特定的方式行为的习性；三是可以指称一个人历史中发生的某种事件，比如犯罪记录；等等。狭义说认为，品格仅指个体的名声和行为倾向。从品格证据对量刑影响的可能性上看，采广义说较合适。

③ 季美君. 英国刑事证据法中的品格证据 [J]. 中国刑事法杂志，1999（5）.

④ 陈福国. 人格心理：理论与应用 [J]. 诊断学理论与实践，2005（2）.

的评价还包含着对未然犯罪的预防。品格证据作为一种人的倾向性行为体现出人身危险性，而人身危险性大小是量刑的重要依据，正如英国著名学者肯尼教授所指出的"在定罪之后，在确定对被告人处以何种刑罚时，（被告人的）品格证据总是具有重要的意义"①。未成年人基于生理、心理发育较成人特殊之原因，个人的倾向性特征不明显，易受到社会、环境等的影响。在稳定的品格还未形成的情况下，改造与预防的可能性较高，人身危险性即量刑的重要依据要低。为此，在未成年人刑事案件中品格证据的恰当运用与成年人刑事案件相比有着更高的功利性价值，而深究理论基础则是品格证据在未成年人刑事案件量刑中功效最大化的前提。

一、检察官之客观义务性：量刑建议中未成年人品格证据运用的可能性保障

从检察制度产生至今，检察官角色发生了从国王的守护人到公共利益的看护人的变迁②。检察制度发展变迁过程中虽形成了大陆法系与英美法系两个差别较大的检察制度，但两者并没有走得太远。在突出检察官客观义务的德国与法国，检察官被认为是官方的"护法人"，而不是当事人③。日本与意大利检察官之客观义务与德法两国检察制度有较大的一致性。检察官必须在充分考虑被告人利益的基础上，从客观立场出发公正地执行职务④。在以英美为代表的当事人主义国家，检察官也不是完全属于当事人一方。在1935年美国联邦最高法院的一份判决中，大法官萨瑟兰（Sutherland）就指出："检察官可以并且确实应当真诚地、有力地进行指控。但当他重拳出击的时候，他不得随心所欲地违规出拳。正如他可以用一切合法手段实现正义一样，他有义务不使用导致错误定罪的不适当的手段。"⑤在英国，1994年《皇家检察官守则》则对检察官的客观义务做了明确规定。从具体内容来看，英国比美国更强调检察官在刑事诉讼中的客观义务。上述域外检察官发展史表明，客观义务性对检察官或检察制度的存在与发展有着本源意义。没

---

① 特纳.肯尼刑法原理 [M].王国庆，译.北京：华夏出版社，1989：559.

② 李昌林.论检察官的客观义务 [J].中国司法，2004（8）.

③ 克劳斯·罗科信.德国刑事诉讼法 [M].吴丽琪，译.台北：三民书局，1998：76.

④ 松本一郎.检察官的客观义务 [J].郭布，罗润麒，译.法学译丛，1980（2）.

⑤ 李昌林.论检察官的客观义务 [J].中国司法，2004（8）.

有客观义务性作为保障，检察制度或许会失去存在的根基。

从我国现行政治制度与法律规定来看，检察官的客观义务性是明显的。公正作为检察官客观义务的价值取向与刑事诉讼的根本目的有着高度一致性。而检察官在刑事诉讼中的司法官角色为检察官之客观义务做了有力定位。对于检察官客观义务的具体内涵有着不同的声音，分别有"义务说"①"证据说"②"职责说"③"理念说"④ 等。从特定角度而言，上述概念都有一定道理。但从突出检察官客观性之义务应然要求与切实落实检察官客观性之义务实然需要出发，检察官之客观性义务应落脚于具体体现其客观性之载体上——证据。检察官客观义务很大程度上是一种证据义务，检察官证据收集和运用的全过程都受制于检察官客观义务的潜移默化的影响，为此，上述"证据说"概念更为合理。在刑事诉讼中，检察官既要注意不利于犯罪嫌疑人、被告人的证据，又要注意有利于犯罪嫌疑人、被告人的证据。检察官客观上收集有利于犯罪嫌疑人、被告人证据的义务，为未成年人案件中品格证据的运用提供了可行性保障。根据相关法律及司法解释的规定，检察官提出量刑建议必须辅之以相应的证据证明。未成年人中的品格证据范围较成年人品格证据更为宽泛，这要求检察官在提起公诉之前必须做大量细致的调查工作。有学者认为："为保证量刑建议的有效性，应赋予量刑建议的约束力。"⑤ 笔者认为若赋予量刑建议实质的约束力会出现检察权侵犯审判权的现象，不宜做出这样的规定。量刑建议的有效与否只能由检察官提交的证据是否有力决定。通过证据之强有力的证明力以约束法官的自由裁量权，从而达到提高量刑建议的有效性的目的。

有人可能会认为，检察官在公诉活动中为了胜诉或减少司法资源的开支，没有收集未成年人有利品格证据的积极性，甚至片面地收集对未成年人不利的品格证据。笔者认为在量刑建议已有法律规定的情况下这种担心是不必要的。原因主

---

① 认为检察官客观义务是指在刑事诉讼活动中，为了发现案件事实真相，检察官应当站在客观的立场上进行刑事诉讼活动的义务。

② 认为检察官客观义务是指检察官应当保持客观公正立场，要以客观事实为依据，既要注意不利于犯罪嫌疑人、被告人的证据，又要注意有利于犯罪嫌疑人、被告人的证据，要不偏不倚。

③ 认为检察官的客观义务是指检察官依法客观公正的履行其责任的义务。

④ 认为检察官客观义务主要是一种价值追求，即指检察官在诉讼中追求案件真实正义，诉讼观念上不是一方当事人，而是实现真实正义的忠实公仆，在追诉犯罪的同时要注意维护被追诉人的合法权益。

⑤ 杨昕颖. 量刑建议之可行性和操作性的理论和实践探讨 [J]. 法制与经济，2010（5）.

要表现为以下几个方面：第一，量刑建议若作为一种法律强制规定，检察官就没有选择的余地，必须提出量刑建议，是权利同时也是一种义务；第二，在检察官提出量刑建议的情况下，出于职业利益或"胜诉心理"一般会尽职尽责全力证明量刑建议的正确性；第三，量刑建议与定罪不同，定罪率高低直接影响着起诉率高低，受部门利益与内部考核制度影响，检察机关有追求高起诉率或定罪率的积极性。但量刑建议本身不会影响到部门利益，不会受内部考核制度利益的驱使；第四，关于未成年人品格证据的运用问题，相关法律与司法解释都做了较明确的规定，从大的司法环境来看，对未成年人案件从宽处理已基本达成共识。检察官从严处置未成年人案件，或片面收集不利于被告人的品格证据的行为会受到法律与司法环境的双重制约；第五，从检察官"胜诉心理"看，提出有利于未成年被告的品格证据能降低甚至抵消"失败"的风险，因此检察官对提出有利于未成年被告人的品格证据没有抵触心理。

二、宽严相济的刑事政策：量刑建议中未成年人品格证据运用的政策背景

该宽则宽、该严则严是宽严相济的刑事政策的应有之义。片面强调哪一方都有失偏颇，但从宽严相济的刑事政策出台背景与刑法发展趋势来看，从宽应处于首要位置，否则有违宽严相济的刑事政策的初衷。宽严相济的刑事政策本质体现为区别对待，个别化处理原则，同时强调法与政策的全面理解、全面把握、全面落实。品格证据在未成年人刑事案件中的运用同时也是是对未成年人实施刑罚个别化外遇的基础。只有掌握、了解未成年人的个人性格、精神状态、健康状况，以及犯罪前的一贯表现以及犯罪后的悔罪态度等，才能使法官准确裁判量刑，从而实现刑罚个别化[1]。成文法虽然有可操作的优点，但缺乏灵活性。宽严相济的刑事政策在一定程度上弥补了成文法机械缺乏灵活性的缺陷。检察机关量刑建议的试点与统一司法解释的即将出台无疑为检察机关实践灵活的刑事政策提供了契机，而品格证据在量刑建议中的运用将进一步拓展检察权自由发挥的空间。

另外，宽严相济的刑事政策的有机运行，要求检察权功能的行使绝非仅仅实

---

① 顾静薇，孙启亮，周晓华. 品格证据在未成年人刑事案件中的运用及其制度完善 [J]. 政治与法律，2010（2）.

践法律逻辑的周密，简单实现法律功能，它更有深层的政治和社会含义，脱离政治和社会效果，法律效果也会失去方向①。这意味着检察机关在处理刑事案件过程中不能一味地追求惩罚犯罪，特别是在未成年人案件中。对刑事案件的处理理应做到惩罚犯罪与人权保障并重、秩序维护与自由、正义兼顾。基于未成年人犯罪的特殊性考虑，未成年人的司法理念，宜从成年人的司法体系中脱离出来。刑罚重点宜从"已然行为"转向"未然行为"，由报应刑观念转向教育改造为主的预防观念。着眼于"未来"的宽严相济的刑事政策要求检察机关在对待未成年人犯罪问题上具体问题具体对待。坚持"以人为本"的原则，从其性格倾向、个体原因入手贯彻宽严相济的刑事政策。刑罚的负面作用、犯罪原因的外来性与有限性及犯罪动机的低级性决定了未成年人犯罪人身危险性要低于成年人犯罪。对于有证据证明未成年被告人属于初犯、偶犯、过失犯罪、社会危害性不大、有自首、立功、悔改表现好、平时习惯良好等从轻情节的未成年犯罪嫌疑人，检察机关应予建议从轻、减轻或免除处罚。但宽严相济的刑事政策并不意味着一味地从宽，还要注意该严则严的规定。对于多次作案、累犯、手段恶劣、没有悔罪表现、主观恶性强、社会危害性大、家庭监护条件差的未成年人宜建议从严量刑。

　　传统刑事司法以"社会危害性"为标本，以"刑罚为基础"的处理模式加重了未成年人刑事政策对成年人刑事政策的依赖。近几年相关未成年人犯罪之立法与司法解释的出台为未成年人刑事政策在价值理念和实践模式走向独立提供了条件。宽严相济的刑事政策突破了以往量刑判断的基准。将与犯罪事实关联并不紧密的生活条件、家庭环境、学习情况及生活习惯等纳入量刑考察的范畴。特别是刑事立法与相关司法解释明确了"人身危险性"在未成年人犯罪案件中对量刑的影响。而"人身危险性"衡量的指标集中于未成年人的品格证据中。总之，宽严相济的刑事政策为未成年人品格证据的运用提供了强大的动力支持，而检察机关以品格证据为量刑建议因素的践行将继续丰富其赖以生存的政策土壤。

　　三、渐趋完善的法律规定：量刑建议中未成年人品格证据运用的法律基础

　　在成文法系国家中，鲜有法律对品格证据的明确规定，我国法律也不例外。

———————

① 杨春洗.刑事政策论[M].北京：北京大学出版社，1994：8.

但对于未成年人品格证据相关的法律文件不在少数。国际法律文件以《北京规则》为代表，该规则第十六条规定："所有案件除涉及轻微违法行为的案件外，在主管当局做出判决前的最后处理之前，应对少年生活的背景和环境或犯罪的条件进行适当的调查，以便主管当局对案件做出明智的判决。"该条明确规定，品格证据既可以作为量刑依据，又可以作为定罪的依据，对于未成年人案件的裁判必须建立在对品格证据的调查基础之上。

域外各国对未成年被告人进行适当地品格证据收集是少年司法制度中不可缺少的程序。如《德意志联邦共和国青少年刑法》第43条规定："在侦查程序开始之前，应当尽快对有助于判断被告人道德、思想和个性特点的被告人的生活和家庭情况、成长过程、至今为止的行为以及所有其他情况进行侦查。"《新加坡儿童和少年法》第57条规定："法院为了使处理该诉讼可能对该儿童或少年有利，应调查该人的日常行为、家庭情况、学校记录以及关于病历的资料。"日本《少年法》第11条也规定：要调查少年与家庭及监护人的关系、境遇、经历、教育程度及情况，不良行为经过、品行、案件关系、身心状况等。俄罗斯《联邦刑法典》（2003年）第89条规定："在对未成年人处刑时……还应考虑其生活和教育条件、心理发育水平、其他个人特点以及年长的人对他的影响。"泰国成立了专门的青少年观察监护中心，专门对违法青少年进行调查，包括对其家庭背景、青少年本人的历史、违法的背景等等，研究分析青少年违法的动机、人身危险性以及改造可能性，然后做出结论性报告，供有关警察和检察官处理时参考[①]。美国《联邦证据法》第404、405、607、608条确立了品格证据的适用范围、如何采集品格证据、适用方式及针对不同的诉讼主体做出了不同规定。美国《青少年教养法》的补充规定中，明确调查内容：要查明少年的年龄和社会背景；被指控罪行的性质；少年过去的违法经历的程度和性质，少年现在的智力发展和思想成熟状况；过去为治理而进行的努力的性质和少年对这种努力的反映等。英国《治安法院（少年儿童）规则》（1970年）第十条规定：法院必须考虑有关儿童或少年的平常行为、家庭环境、学校档案和病史的资料，以便对案件做出最符合其利益的处理。

法律制度的完善是一项制度走向成熟的标志，也是该制度能够有效运行的基

---

① 菊田幸一. 泰国少年司法制度[M]// 外国少年司法制度与日本保护青少年条例选. 北京：北京大学出版社，1982.

础保证。我国基本法律中虽没有明文规定品格证据，但在一些相关法律和司法解释中均规定办理未成年人案件应综合考虑未成年人的品格状况，如《未成年人保护法》对调查品格状况做出了规定；《预防未成年人犯罪法》第5条规定："预防未成年人犯罪，应当结合未成年人不同年龄的生理、心理特点，加强青春期教育、心理矫治和预防犯罪对策的研究"；第44条规定："司法机关办理未成年人犯罪案件，应当根据未成年人的生理、心理特点和犯罪的情况，有针对性地进行法制教育。"最高人民法院1995年颁行的《关于办理未成年人刑事案件适用法律的若干问题的解释》规定："在具体量刑中，不但要根据犯罪性质、情节，如犯罪手段、时间、地点、侵害对象、犯罪形态、后果等，而且还要充分考虑未成年人犯罪的动机和目的、犯罪时的年龄、是否初犯、偶犯或惯犯等情况，决定对其适用从轻处罚还是减轻处罚，以及从轻、减轻处罚的幅度，使判处的刑罚有利于未成年犯罪人的改过自新及健康成长。""对于被判处拘役、三年以上有期徒刑的未成年罪犯，犯罪后有悔改表现，认为适用缓刑确实不致再危害社会的，应当适用缓刑。"

2006年《最高人民法院审理未成年人刑事案件应用法律的解释》再次强调，对未成年罪犯量刑应当充分考虑未成年人实施犯罪行为的动机和目的、犯罪时的年龄、是否初次犯罪、犯罪后的悔罪表现、个人成长经历和一贯表现等因素。如第21条规定"在开庭审理前，控辩双方可以分别就未成年被告人性格进行调查，并制作书面材料提交合议庭。"2006年《人民检察院办理未成年人刑事案件的规定》也对审查起诉未成年犯罪嫌疑人的品格证据做出相应规定，第6条规定："人民检察院办理未成年人刑事案件，应当考虑未成年人的生理和心理特点，根据其平时表现、家庭情况、犯罪原因、悔罪态度等，实施针对性教育。"第十六条规定："审查起诉未成年犯罪嫌疑人……可以结合社会调查，通过学校、社区、家庭等有关组织和人员，了解未成年犯罪嫌疑人的成长经历、家庭环境、个性特点、社会活动等情况，为办案提供参考。"这些都为实践办案中运用品格证据提供了依据[①]。而《最高人民检察院公诉厅人民检察院开展量刑建议工作的指导意见》将品格证据与量刑之间的关系直接联系起来，如第9条规定："量刑评估应当全面考虑案件所有可能影响量刑的因素，包括从重、从轻、减轻或者免除处罚等法定情节和犯罪嫌疑人的认罪态度等酌定情节。"一案中多个法定、酌定情节并

---

① 黄茵.从检察视野看品格证据在未成年人刑事案件中的运用[EB/OL].[2010-09-26]

存时，每个量刑情节均应得到实际评价。本法条以概括加列举的形式将品格证据作为量刑建议的重要参考因素。而即将出台的《人民法院量刑指导意见（试行）》和《关于规范量刑程序若干问题的意见（试行）》进一步丰富了量刑建议中关于品格证据运用的法律规定。

与域外司法实践相比，我国关于品格证据在未成年案件量刑中的法律体系还有待完善。结合我国司法实际需要，笔者认为需要在以下几个方面继续完善相关法律规定：第一，以建立未成年人独立的司法体系为指导原则，提升未成年人刑事案件法律位阶；第二，以未成年独立司法体系的建立为基础，建立未成年人品格社会调查机制及心理评估机制，以提高检察机关量刑建议的准确率；第三，以区分原则为基础，构建未成年人品格证据规则。首先区分良好与不良好品格证据原则，并做出区别规定；其次，区分相关与非相关品格证据规则。本规则以第一区分规则为基础，只有与案件事实要素相关的不良品格证据才能予以考虑，否则应予以无条件排除。但对于良好品格证据是证明在特殊情况下，与案件事实要素无关的品格证据可以采用；最后，区分定罪与量刑原则。原则上，定罪品格证据的运用应严格于量刑品格证据。在量刑程序中对被告人的品格进行调查可以不受到庭审证据规则的限制，法庭可以充分地考虑被告人的品格状况，以便基于刑罚的个别化而对被告人准确的裁量刑罚。

四、余论：一个有待于继续展开的话题

在我国法律中，未成年人品格证据在量刑建议中的应用虽是一个新事物，但它依然体现出古老的正义观念。法官出身的卡多佐曾一针见血地指出："法院的权力很大，并且——如同一切权力那样——容易被滥用。"量刑建议本身不但是公诉权的应有之义，同时还是法官自由裁量制度的必要补充，在一定程度上提高了量刑裁判的透明度和可预测性。定罪与量刑是法院审判两大内容，量刑建议的提出将检察机关"一揽子"式的审判监督，切割为明晰的"分层"监督，从程序上有力地保障了量刑公正，增加了裁判的权威性。而一国未成年人司法的特点，折射出国家文明发展的进步程度。以此为出发点，未成年人品格证据的概念应呈开放性状态，如此方能跟上社会发展的需要，与国际未成年司法接轨，走向轻缓化、教育刑为主的"司法康庄大道"。我国宽严相济的刑事政策为未成年人司法提供了一个宽松的发展环境，而品格证据的实践默认赋予了检察机关灵活的"公

诉"空间，这不但是对量刑建议缺乏实质约束力的一种"补偿"，同时也是对"罪刑法定""罪责刑相适应"原则之机械的"柔化"与"变通"。

但法律基础的完善与检察官客观义务的可能性保障只是为未成年人品格证据在量刑建议中运用提供了条件，"万事俱备，还需东风"。执法者即检察官就是这里的"东风"。就像"好的法官执行一部不完善的法典比愚蠢的法官执行一部'不朽'的法典要好"一样，没有好的执法者，即使有再完善的法律都无济于事。检察官严格执行法律的前提是要转变司法理念。遵循"以人为本"原则，准确衡量"惩罚犯罪"与"保障人权"之间的关系，以"秩序"为代价换取"自由"并不意味着是对犯罪的放纵。积极行使法律赋予的权利，主动履行法律给予的义务是检察官有效建议量刑的基本态度。而对宽严相济刑事政策的挖掘与充分利用，则是检察官在未成年案件中运用品格证据的根本动力。量刑建议程序与实体价值功能的最大化实现，有赖于检察官的兢兢业业。"为了程序而程序"，将量刑建议作为一种"过程"来对待的结局只能是"昙花一现"，除了"作秀"没有任何意义。

量刑建议是一个新事物，但未成年人刑事司法甚至品格证据的运用并不是新问题。三者之间并不是简单的相加组合，将三者有机融合为一体仅有检察机关的一方努力是远远不够的。品格证据的运用，量刑建议的具体实施很有可能会受到各种因素的阻碍。如有法官就撰文明确提出："检察机关提出量刑建议，与法院判决无关，法院的刑事裁判文书中不应对此进行表述。"[①] 未成年人品格证据在量刑建议中的运用涉及证据规则、未成年人司法体系及公诉制度的改革，虽然在实践中已经有所探索，并有相应的法律制度保障，但若要真正落实，并非轻而易举之事，牵涉到一系列的法律与非法律的问题。"这或许印证了我国刑事诉讼制度改革是一个系统工程。"[②] 在这一系统工程竣工之前，需要多方主体以一个中心为基点，以合力向中心点靠拢，而不是各自为政分散甚至抵消各方司法主体的力量。这要求整个法律职业共同体转变司法理念，以构建"和谐刑事司法"为最终目标，切实维护司法的独立与公正。以改革部门内部不适当的考核制度为辅助，斩断彼此潜在的利益锁链，为检察监督、公正定罪量刑扫清"伦理"障碍。

---

① 熊思明.如何对待检察院量刑建议 [N].人民法院报，2003-10-16.

② 潘金贵.论量刑建议制度 [J].南京大学法律评论，2009 年秋季卷.

论刑事证明责任的性质及其运用 ①

　　内容摘要：对证明责任性质的探讨有助于深化对刑事证明责任性质的研究。证明责任是为了解决案件事实真伪不明时，法律关于诉讼风险的分配问题。而刑事证明责任的性质是指作为控诉方的检察机关，如果对指控被告人的犯罪事实不能提出证据加以证明或者证明不能满足排除合理怀疑的标准，最终导致法院没有支持控诉方的主张，败诉的风险由检察机关来承担的问题。据此，在刑事诉讼中，侦查机关和法院不承担证明责任，真正意义上的证明责任，即败诉风险的负担，始终固定在控诉一方。

　　关键词：刑事诉讼　证明责任　性质

　　刑事证明责任这个概念在我国是一个舶来品。它被人们称为诉讼的"脊梁"是整个刑事证据法学的核心所在。我国在学习国外刑事证明责任的理论与实践过程中，忽略了各国法律制度、司法传统等方面的差异，再加上翻译方面的问题，导致证明责任在我国是一个众说纷纭的概念。例如，仅就证明责任和举证责任之间的关系而言，学术界就存在并列说、大小说、种属说、包容说、前后说和性质区别说等许多观点 ②。近年来学界又越来越倾向于认为证明责任与举证责任在本质上其实是一个概念。笔者同意这样的看法。我国对证明责任的引进始于清朝末

---

① 此文原载《烟台大学学报》(哲学社会科学版) 2011 年第 4 期，与吴秋元合作。

② 樊崇义. 刑事诉讼法学研究综述与评价 [M]. 北京：中国政法大学出版社，1991：263；崔敏. 刑事诉讼证据理论研究综述 [M]. 北京：中国人民公安大学出版社，1990：89-91；樊崇义. 刑事证据法原理与适用 [M]. 北京：中国人民公安大学出版社，2001：271.

年，当时清政府借鉴的对象主要是日本；而日本关于证明责任的理论与实践又来源于德国。证明责任，在德国诉讼法术语中被写作"Beweislast"按照字面解释，德语"Beweislast"是一个复合词，其中"Beweis"意指"证明"；而"last"具有"责任""负担"和"义务"等含义。日本学者通常将德语的"Beweislast"译述为"举证责任""立证责任"。"Beweislast"的汉译有"举证责任"和"证明责任"。我国学者在更多的场合是沿用日语的"举证责任"来表述"Beweislast"的汉译。因此证明责任和举证责任只是翻译和用语习惯不同而已，并无实质的区别。

对证明责任概念的不同理解是人们对证明责任性质产生纷争的前提。因此，科学界定证明责任的概念是正确理解证明责任性质的关键。

一、证明责任的概念及性质

（一）证明责任的概念

证明责任的概念源于罗马法。它包含了两个相互关联的论点："如果原告不能证明，就应解除被告的责任""证明是主张权利人义不容辞的责任，而不是否定人的责任"[①]在这两个论点中，第一个论点反映了证明责任的内容，即如果负有证明责任的当事人不能证明他的主张成立，对方当事人就将胜诉；第二个论点实际上是为第一个论点服务的，它解决的是谁承担证明责任的问题。证明责任理论发展至今，关于证明责任的概念主要形成了三种学说，即行为责任说、双重含义说、结果责任说。

1.行为责任说

该说认为证明责任是当事人在诉讼中，对自己的主张负有提出证据，以证明其主张真实的责任。在刑事诉讼中，就是"当事人向公安机关、检察机关和法院提供证据的责任"[②]。行为责任说类似于"主观的证明责任"或"形式的证明责任"这种学说在中华人民共和国成立后相当长的一段历史时期内占据主要的位置。这和我国超职权主义的诉讼模式有关。在我国，人民法院对案件事实真伪不明的状况采取否定态度，追求绝对真实。为了揭示案件的客观真实情况，当事人要对自己的主张提供证据加以证明，法院也在全面客观地收集调查证据。

---

① 李双元，谢石松．国际民事诉讼法概论[M]．武汉：武汉大学出版社，2001：74-75．

② 甄贞．刑事诉讼法学研究综述[M]．北京：法律出版社，2002：243．

笔者认为，行为责任说回避了案件事实真伪不明的问题，追求绝对真实，只谈当事人有提供证据的责任，而不谈或淡化在真伪不明时法官如何裁判的问题，但是在诉讼实践中，真伪不明的情况却时有发生，而且法官也是适用证明责任的分配原则对案件做出裁判。例如，法院经常以"事实不清，证据不足"为由判决驳回原告的诉讼请求。实际上，将"事实不清"引起的不利诉讼后果判决给原告承担，就是对证明责任的适用和分配。

2. 双重含义说

该说认为证明责任是当事人为了使自己的诉讼主张得到法院的裁判的确认，所承担的提供和运用证据支持自己的主张，以避免对于己方不利的诉讼后果的责任[①]。这种学说把证明责任与一定的诉讼主张联系起来，认为证明责任是提供证据的责任与说服责任的统一，它"总是和一定的不利诉讼后果相联系"[②]。根据这种学说，当事人不仅要向裁判者提供证据证明自己的诉讼主张，而且在不能证明时要承担不利后果。换言之，证明责任实际上包含了行为意义上的提出证据的责任和结果意义上的证明责任。前者是指诉讼当事人提出证据证明自己的诉讼主张的责任；后者指待证事实真伪不明时的法律关于败诉风险的预先分配。在行为责任和结果责任之间，结果责任是根本的和本质的责任。

双重含义说虽然得到了大多数学者的支持，但是笔者在深入考察以后，发现这一学说存在一些问题。首先，双重含义说认为"在行为责任和结果责任之间，结果责任是根本的和本质的责任"当我们对一事物进行定义时，应该从其本质入手，认识到这一事物的根本属性，而不能任意扩大其内涵，将与之有关的一些现象都纳入其概念中，这样的定义是不科学、不准确的。其次，双重含义说内部也存在问题。毕玉谦先生对于行为责任和结果责任的关系是这样论述的："行为责任与结果责任有着密不可分的关系，行为责任从属于结果责任，离开了结果责任的举证行为就不能够成为履行行为结果的举证行为，仅为一般意义上的诉讼行为而已。行为责任会在双方当事人之间转移，结果责任则始终由特定一方当事人负担，从不发生转移。"[③] 从中我们看出，一方面，行为责任和结果责任是密不可分

---

① 卞建林. 刑事证明理论 [M]. 北京：中国人民公安大学出版社，2004：173.

② 与此类似的观点认为"证明责任，是指争议双方当事人提供证据证明有利于己的案件事实的责任，以及因证明不能（事实真伪不明）而应承担的不利风险。"

③ 毕玉谦. 民事证据法及其程序功能 [M]. 北京：法律出版社，1997：158-165.

的，但同时两者又是可以分离的，是独立的。而证明责任的内涵不应该同时包含行为责任和结果责任，因为这两种责任是完全不同的两个事物。从结果责任的角度把握证明责任，符合诉讼实际，便于指导审判实践。最后，双重含义说无法很好地解释证明责任倒置的问题。如果坚持双重含义说，那么所谓的证明责任倒置就是一种模糊的说法，而应称为"结果意义的证明责任的倒置"因为行为意义的证明责任是由双方承担的，对于自己的主张提出证据加以证明，无所谓倒置与否的问题。

3. 结果责任说

该说认为证明责任是法律预先规定的，在案件事实真伪不明时，由一方当事人承担的败诉风险负抵"证明责任是独立于当事人的特别努力或者说独立于当事人的行为而存在的，因为责任并不是指某种设置的障碍，而是指不可避免的败诉之不利后果，或者说是属于自己的利益被消灭了，仅此而已。"[①] 证明责任设置的目的是以法官的裁判义务为出发点的。对于一桩刑事案件，如果证据确实、充分，那么法官就可据此做出判决。但是事实上并不是每一个案件都会有确凿的证据，在某些情况下，也会存在无法查明案件事实真相的时候。此时，法官能否以案件事实真伪不明为理由，拒绝对案件做出裁判呢？回答是否定的。因为古今中外诉讼都奉行一条不解自明的宗旨——禁止法官拒绝对本案做出裁判。毫无疑问，如果允许法官有权拒绝对本案做出裁判，那么，诉讼制度设置的目的将会因此湮没。在事实真伪不明的情况下，法官因为受到了不能以事实不清为理由拒绝做出裁判，以及不应适用神明裁判等任意认定案件事实的方式进行裁判等原则的制约，所以在理性的模式上应当选择法律拟制事实的方式进行裁判，即依据法律将真伪不明的事实拟制成"真"或"伪"并在此基础上进行裁判。证明责任的设置阐述了这样一个道理：虽然法官做出的裁判没有以自己确信的事实或已经得到证明的事实为依据，而是以"拟制事实"为依据做出了令当事人必须接受的裁判结果。但由于这种拟制是依法律规定进行的，因此，既符合了正当程序的精神，又使裁判结果体现了实体正义并具有了公理性（正当性）。综上所述，证明责任设置的目的有两个：一是防止法官以事实不清为理由，拒绝对本案做出裁判；二是作为法官分配证明责任（如何进行裁判）的法律依据。

---

① 汉斯·普维庭. 现代证明责任问题 [M]. 吴越，译. 北京：法律出版社，2000：90.

　　笔者同意结果责任说。证明责任就是为了解决案件事实难以查明时的诉讼后果的负担问题。我国台湾学者陈朴生指出："立证责任，本有举证责任与提出证据责任之分，前者包括举证负担与说服负担，具有效果性；后者仅系举证负担，具有必要性、利益性。如举证责任始终属于控方，不生转移问题；而提出证据的责任，则按公平便利等原则做技术性之分配，且每因诉讼之进展而转移。"①也就是说，在刑事诉讼中存在着证明责任和提出证据的责任两种责任的形式。笔者认为，提供证据的责任和证明责任是一种现象和本质的关系。在具体的诉讼过程中，我们经常看到是当事人的举证与抗辩的进行处在不断地变化之中。这种举证和抗辩好比一种作用力和反作用力，推动着诉讼的进程。在刑事诉讼中，当控方的作用力大于辩方的反作用力，或者辩方的反作用力大于控方的作用力时，诉讼的进程会朝着有利于一方的方向发展，法官此时也比较容易做出对双方的裁判。而当控方的作用力和辩方的反作用力相当，诉讼的进程就会处于相对静止的状态，此时法官基于裁判职责的需要，必须对案件做出判决，法官会依据证明责任的分配原则，判决承担证明责任的一方当事人承担事实真伪不明的不利诉讼后果。由此可以看到，在具体的诉讼过程中经常出现在我们视野中的是当事人提出证据证明自己主张的现象，这种现象是处于不断变化之中的。而这种现象所反映的本质正是证明责任。证明责任是法律预先加以规定的，提出证据的责任是在诉讼进程中出现的。证明责任是相对静止的，而提出证据的责任是动态的。并不是每一桩案件中证明责任都会直接发挥作用，证明责任往往是在间接地发挥作用，督促着承担证明责任的当事人努力的提出证据证明自己的主张，以使法官形成有利于自己的心证。只有当当事人不能提供证据导致案件事实处于真伪不明的状态时，才有证明责任的直接适用，由承担证明责任的一方当事人承担事实真伪不明的不利诉讼后果。因此，证明责任是隐藏在提供证据责任背后的东西，它像一双"看不见的手"不断地推动着诉讼的进程。而提供证据的责任则不过是证明责任在诉讼进程中的影射，是一种表象而已。

（二）证明责任的性质

　　由于对证明责任概念的不同理解，导致人们对证明责任的性质的看法也莫衷一是。目前，理论界比较有代表性的观点有权利说、义务说、权利义务双重说、

---

① 陈朴生.刑事证据法学[M].台北：三民书局，1979：276.

法律责任说和负担说这五种学说 [①]。

1. 权利说

该说认为证明责任是当事人的权利。即当事人既然有权提出事实主张，那么对自己的主张，当事人提出证据的行为在法律上属于权利性质。权利说的理由主要有两点：第一，因为诉讼是法律赋予公民的一项权利，所以当事人在诉讼中提出事实主张和运用证据进行证明也是一种权利。第二，当事人对诉讼标的有处分的权利，而提出诉讼主张和运用证据进行证明正是这种处分权的体现 [②]。

笔者认为，既然将证明责任看作当事人的权利，那么对于权利，当事人既可以积极地行使，也可以消极地放弃。而证明责任的不承担与权利的不行使有本质的区别。承担证明责任的当事人不提出证据证明其主张，有可能承担败诉的风险，遭受裁判上的不公正。这与权利的本质迥然不同，当事人不行使自己的权利不会有法律上不利后果的承受。简言之，权利是为权利人的利益而设，权利人自愿放弃其权利是对自己权利的处分，应该不会有对己不利后果的发生。

2. 义务说

该说认为，证明责任是诉讼当事人的一种义务。当事人如果不履行该义务，法官就会做出对其不利的裁判。证明责任首先应是当事人对法院的诉讼义务，法院是与证明责任承担者相对的权利主体。义务说的理由是：当事人向法院提出诉讼请求后，法院则开始行使作为裁判者的权利，要求当事人提供证据证明其主张，这就是当事人负有的证明责任的诉讼义务。在这种情况下，法院是权利主体，当事人是义务主体。如果在诉讼结束时，案件事实仍然真伪不明，法官会对承担证明责任的当事人做出败诉的判决。

笔者认为，承担证明责任的当事人如果不能举证证明其主张的事实，仅有承担不利裁判后果的风险，法院并没有要求其必须提出证据证明的权利。承担证明责任的当事人如果认为自己没有必要把诉讼进行下去，或放弃诉讼权利，或不做任何表示，那么他无须主张，更无须举证。这里不得不谈到责任和义务的区别问题，笔者同意德国学者棱特（Lent）关于行为的结果是否具有违法性作为划分责任和义务的标准。棱特认为："义务的本质在于，法律要求对其规定无条件地遵守，而例外的行为违反了它；而存在责任的场合，当事人的行为是自愿的。

---

① 陈界融.证明负担原理与法则研究 [M].北京：中国人民大学出版社，2004：15–18.

② 何家弘，刘品新.证据法学 [M].北京：法律出版社，2004：297–298.

与此相应，在责任场合下的当事人行为并不违法，而违反义务就是违法的、被禁止的。"承担证明责任的当事人不提出证据证明其主张，仅导致对己不利的裁判，并无违法可言①。所以，义务说认为证明责任是诉讼当事人的义务是有误的。此外，即使认为证明责任是当事人的一种义务，但将法院作为与证明责任承担者相对的权利主体也是有失偏颇的。义务的履行是为权利的利益而设。当事人不对自己的主张提出证据加以证明，一定是对对方当事人有利，与法院的权利利益无关。将法院作为与证明责任承担者相对的权利主体是没有根据的。

3. 权利义务双重说

该说认为，应该从不同的角度来理解证明责任的性质。一方面，从诉权的角度出发，为了使胜诉的可能转化为胜诉的现实，诉讼当事人在法庭审理过程中有权提出证据，以便证明自己的诉讼主张。这对当事人来说显然是一种权利，而不是一种义务。因为，在法庭审理过程中，诉讼当事人既可以提出证据来证明自己的诉讼主张，也可以放弃。另一方面，在法庭审判过程中，负有证明责任的当事人如果证明不力或者证明不能，就必须面临对己不利的法律后果。因此，负有证明责任的当事人为了避免这种对己不利的法律后果，他就不得不提出足够的证据，以便证明自己的诉讼主张能够成立。在这种情况下，对当事人来说，证明责任很难说是一种权利，而是体现了义务的因素。因此，证明责任既不是纯粹的权利，也不是纯粹的义务，而是权利和义务的混合体②。

笔者认为，权利义务双重说源于证明责任概念的双重含义说。证明责任概念的双重含义说认为证明责任包括两层含义：一是行为意义上的证明责任，即当事人有权提供证据证明其主张的真实性；二是结果意义上的证明责任，即在案件事实真伪不明的情况下，由承担证明责任的一方当事人承担败诉的风险。所以证明责任具有权利和义务双重性质。

4. 法律责任说

该说认为，证明责任属于证明主体的法律责任。这种责任既包括当事人提供证据证明其主张及司法机关收集证据以认定案件事实的责任，也包括在不能证明时，承担其主张或认定不能成立的风险的责任③。责任说认为，证明责任既不是权

① 汉斯·普维庭. 现代证明责任问题 [M]. 吴越，译，北京：法律出版社，2000：261.

② 刘广三. 刑事证据法学 [M]. 北京：中国人民大学出版社，2007：314.

③ 陈一云. 证据法学 [M]. 北京：中国人民大学出版社，1991：153.

利，也不是义务。因为对于负有证明责任的当事人来说，他就应该就自己的主张提供证据加以证明，如果未能证明，只能对自己不利，而不是对他人履行义务。

责任说强调证明责任是证明主体无法证明自己的主张成立后，必须承担的法律责任。法律责任常常与法律义务紧密相连，法律责任以法律义务的存在为前提，法律责任是不履行法律义务者要遭受的法律惩处。按照法律责任说的观点，如果证明主体不履行证明责任或者履行证明责任不符合法律要求，那么证明主体就必须承担相应的法律责任。为了便于说明，下面以公诉案件中，检察院对指控被告人有罪的事实承担证明责任为例，说明法律责任说的错误之处。根据我国目前《刑事诉讼法》规定，人民检察院在公诉案件中应当提出并运用证据证明被告人是否有罪，人民检察院在起诉阶段就起诉书指控的犯罪事实提出证据并进行证明，以说服人民法院依法确认被告人的犯罪事实并追究其刑事责任。如果人民检察院在审判阶段提出证据证明被告人的犯罪事实但是人民法院最后没有采纳其诉讼请求，依照法律责任说的观点，人民检察院此时必须承担相应的法律责任，那么如何处理人民检察院呢？是否按照我国相关的法律处理单位违法以及犯罪的一般规定，对人民检察院处以罚款或判处罚金，对直接担任公诉人的检察官给予行政或刑事处罚？刑事诉讼的实践已经清晰地告诉我们，人民检察院及其检察官没有因指控的犯罪事实不成立而承担法律责任。因此，法律责任说将证明责任的性质归结为法律责任的论断显然有悖于司法实践中司法机关承担刑事证明责任的真实情况。

5. 负担说

该说认为，证明责任属于诉讼当事人的负担，即当事人为了获得胜诉的判决而不得不接受的负担。因为，负有证明责任的当事人不进行证明或者没有完成法律所要求的证明，就必须面对不利的诉讼后果。如果当事人愿意接受不利的诉讼后果，就必须在诉讼中接受证明的负担[①]。目前，我国多数学者同意负担说。但是，也有学者对该学说提出了批判，认为负担说视野中的证明责任概念只关注到结果意义上的证明责任，而没有关注到行为意义的证明责任。换言之，负担说只将证明责任与败诉风险联系起来，而没有将证明责任与起诉时提出证据的责任或者起诉是否成立的风险联系起来。另外，证明责任是否履行，都属于法律上的合

---

① 何家弘，刘品新．证据法学 [M].北京：法律出版社，2004：298.

法行为，合法行为只能是行使权利或承担义务，负担一词，无法为证明责任是否履行的诉讼行为准确定性[①]。笔者虽然也是从结果意义的角度来理解证明责任的性质，但和此处的负担说的理解是不同的，下文中将会说明。

二、刑事证明责任的概念和性质

上述关于证明责任的概念和性质的分析是在一般意义上的理解，没有区分是在民事诉讼中还是在刑事诉讼中。鉴于民事诉讼和刑事诉讼的差异以及刑事诉讼案件类型多样化的特点，有必要将证明责任置于刑事诉讼这一特定的诉讼背景下来讨论刑事证明责任的概念和性质。

（一）刑事证明责任的概念

刑事诉讼中的证明责任可以分为公诉人的证明责任、被告人的证明责任以及自诉人的证明责任。

1.公诉人的证明责任

在公诉案件中，检察机关是承担证明责任的主体。在审判中，公诉方要向法院提供充分的证据证明其指控的犯罪事实，而且证明要达到排除合理怀疑的标准。被告人既没有义务向法庭证明自己有罪，也没有义务向法庭证明自己无罪。换言之，被告人可以不向法庭提供任何证据，仅对公诉方提出证据进行质疑，就是完成了辩护的任务。被告人甚至可以不做任何辩护，法庭也不能就此做出对被告人不利的判决。

被告人的证明责任在刑事诉讼中，控诉机关负担证明被告有罪的责任，而犯罪嫌疑人、被告人不承担证明自己无罪的义务，是无罪推定原则一项基本诉讼要求。我国理论界的通说认为，在公诉案件中，嫌疑人和被告人原则上不承担证明责任，但因某些特殊原因如追究某类难以证明的犯罪的特殊需要，法律要求被告在某些法律规定的情况下承担一定的证明责任。体现在我国《刑法》的规定中，具体表现在以下几个方面：一是根据我国《刑法》第395条的规定："国家工作人员的财产或者支出明显超过合法收入，差额巨大的，可以责令说明来源，本人不能说明其来源是合法的，差额部分以非法所得论，处5年以下有期徒刑或者拘役，财产的差额部分予以追缴。"被告人应对其巨额财产来源的合法性承担证明

---

① 樊崇义.刑事证据法原理与适用 [M].北京：中国人民公安大学出版社，2001：277.

责任。二是根据我国《刑法》第282条第二款："非法持有属于国家绝密、机密的文件、资料或者其他物品，拒不说明来源与用途的，处3年以下有期徒刑、拘役或者管制。"被告人应对持有物的来源和用途事实承担证明责任。

2. 自诉人的证明责任

在我国刑事自诉案件中，自诉人是独立提起诉讼的控方当事人，执行着控诉职能的自诉人承担证明责任，如果自诉人不尽力向人民法院提供证据或有价值的证据线索，消极地履行提供证明责任，就会给诉讼进程造成障碍，其诉讼主张在难以得到实现的同时还将面临败诉的风险。我国《刑事诉讼法》第171条第2款规定："缺乏罪证的自诉案件，如果自诉人提不出补充证据，应当说服自诉人撤回自诉，或者裁定驳回"。自诉人不仅有承担证明责任的必要，而且客观上也具备履行证明责任的能力。由于自诉案件的案情相对简单，通常不需要侦查，且自诉人对于案件事实了解较为清楚，能够提供证据以支持自己的控诉。

基于以上的分析，笔者认为刑事证明责任泛指在刑事诉讼进程中，由司法机关以及特定的诉讼参与人提出并运用证据证明案件事实的责任。根据这一概念，刑事证明责任包含以下几项内容：首先，证明主体包括司法机关和特定的诉讼参与人，一般而言，在刑事诉讼中承担证明责任的司法机关主要是公安机关和人民检察院。其次，从表现形式上来看，提出证据和运用证据是刑事证明责任的常见表现形式。最后从履行责任的动机来看。司法机关承担证明责任是为完成法律明确规定的司法职责，而特定的诉讼参与人承担证明责任是出于维护其合法权益的需要。

（二）刑事证明责任的性质

笔者在第一部分关于证明责任性质的学说中评述了权利说、义务说、权利义务双重说、责任说和负担说这五种学说，这些学说虽然各不相同，但有一个共同点：都是从当事人的立场理解证明责任的性质，将证明责任的性质归结为当事人的权利、当事人的义务、当事人权利和义务的统一、当事人的责任和当事人的诉讼负担。证明责任是法律预先设置的，法律设置证明责任的出发点就是基于法官的裁判义务的需要。证明责任只针对法院为了克服案件事实真伪不明提供裁判的依据，法院是适用证明责任的主体。作为诉讼程序法上的证明责任仅仅是对当事人提出的一种要求，当事人是承担证明责任的主体，但不是适用证明责任的主体。当当事人的诉讼活动结束后，即诉讼程序的口头辩论结束后，裁判依据的事实处于真伪不明的状态下，法官基于裁判职责，适用证明责任作为裁判的途径。因此，从当事人的角度来理解证明责任的性质是有误的。

证明责任的性质既不是诉讼法上的权利，也不是诉讼法上的义务，证明责任就是为了解决案件事实真伪不明时，法律关于诉讼风险的分配问题。具体到公诉案件中是指作为控诉方的检察机关如果对指控被告人的犯罪事实不能提出证据加以证明或者证明不能满足排除合理怀疑的标准，最终导致法院没有支持控诉方的主张，那么败诉的风险由检察机关来承担。

三、刑事证明责任性质的运用

如前所述，证明责任属于法律关于诉讼风险的分配问题。事实上，我国现行《刑事诉讼法》关于证明责任的规定无明示性专门条款，只有一般法理指导。刑事证明制度中，最为重要的是三项法理：其一是根据"谁主张，谁举证"要求提出控诉主张者举证；其二是刑事案件的控方对控诉事实承担证明责任，这一要求已经成为通行的原则；其三是"无罪推定"原则。犯罪嫌疑人、被告人不承担证明自己无罪的责任。法律对刑事证明责任的分配没有做出明确的规定，理论界对刑事证明责任的概念和性质也存在理解上的偏差，导致实践中侦查机关和人民法院是否承担证明责任以及"证明责任的转移"等问题有诸多争议。

（一）侦查机关和人民法院是否承担证明责任的问题

明确刑事证明责任的概念和性质是正确分配证明责任的前提。证明责任是和诉讼风险紧密联系，一般认为刑事证明责任的主体主要是控诉机关和负有证明责任的当事人，即公诉案件中的公诉人和自诉案件中的自诉人。然而司法实践中，大家普遍认为，侦查机关也是承担证明责任的主体[①]。这种认识的错误是显而易见的。首先，证明责任离不开证明活动，而诉讼证明活动又是与法庭审判相联系的一个特定的概念，如果没有法庭审判，也就无所谓诉讼证明问题。这就决定了侦查机关在刑事诉讼中不可能承担证明责任。其次，提出诉讼主张是承担证明责任的逻辑前提。而在刑事诉讼中，侦查机关没有自己的诉讼主张，这也决定了侦查机关不可能成为证明责任的承担主体。最后，承担败诉风险是证明责任主体证明不利时的逻辑结果，而侦查机关没有自己独立的诉讼主张，又不承担败诉的风

---

① 甄贞.刑事诉讼法研究综述 [M].北京：法律出版社，2002：245-246.

险，因而不可能成为证明责任的承担主体①。

有学者依据我国现行《刑事诉讼法》第43条"审判人员、检察人员、侦查人员必须依照法定程序，收集能够证实犯罪嫌疑人、被告人有罪或者无罪、犯罪情节轻重的各种证据"的规定，认为法院也承担证明责任。这表现在法庭审理过程中，法庭对证据有疑问的可以宣布休庭，对证据进行调查核实，然后根据已查明的事实、证据和有关的法律规定进行判决。因此从调查核实的角度来讲，人民法院也负有证明责任②。笔者认为，就刑事证明责任性质来看，它是一种败诉风险的负担。《刑事诉讼法》第43条的规定，并没有涉及这一重要的内容。如果人民法院负有证明责任，则意味着人民法院自己提出诉讼主张，证明诉讼主张，而后又自行裁决，结果可想而知。法官所举的证据，不可能对控辩双方都有利，要么是在承担控方的证明义务，要么是在承担辩方的举证义务。这样必然会造成法官有意无意地偏袒一方，影响案件的公正审判③。因此，法院不可能成为承担证明责任的主体。

（二）"证明责任转移"

"证明责任转移"是指在刑事诉讼的证明过程中，当控方已经顺利地完成其证明责任从而导致被告人即将面临有罪判决的时候，无罪推定原则对被告人的保护就宣告结束。为了避免被告人被判决有罪，辩方不得不提出自己无罪或者足以使法官做出无罪判决的主张。此时辩方必须提出一定的证据证明其诉讼主张能够成立，这就发生了证明责任的转移，即证明责任由控方转移到了辩方。英美国家的大多数学者也认为证明责任具有转移的效力，即所谓证明责任转移是指"在审判过程中，证明责任因一方履行完毕从而移向他方当事人的情形"④。

司法实践中常见的能够导致"证明责任转移"的辩护主张主要包括：（1）对被告人患有精神病、案发时处于精神不正常状态或者未达到法定刑事责任年龄等提出的辩护主张；（2）对被告人做正当防卫辩护的；（3）关于侦查人员或执法人员行为违法性的事实主张；（4）对被告人做不在现场辩护的。

笔者以为，上述分析中的"证明责任转移"并非真正意义上的证明责任转移，

① 刘广三. 刑事证据法学 [M]. 北京：中国人民大学出版社，2007：333-334.
② 陈光中. 刑事诉讼法 [M]. 北京：北京大学出版社，2005：190.
③ 甄贞. 刑事诉讼法研究综述 [M]. 北京：法律出版社，2002：246.
④ 何家弘，刘品新. 证据法学 [M]. 北京：法律出版社，2007：297-298.

只是提供证据责任的转移，真正意义上的证明责任，即败诉风险的负担，始终固定在控诉一方。理由如下，其一，提供证据的责任是动态的，在控辩双方之间来回转移，这种转移是一种在诉讼中求胜的本能使然；而证明责任是法律预先分配好的，是静态的，一旦合理分配于一方当事人，不允许司法人员任意改变。其二，证明的标准不同。提供证据的责任证明标准一般仅要求达到"优势证据"即可。原因在于辩方所拥有的诉讼资源和诉讼手段都非常有限，且受到无罪推定原则和不得强迫自我归罪原则的双重保护，因而其证明标准通常只需达到优势证明程度即可。控方证明责任的履行所要达到的证明标准是排除合理怀疑。其三，法律后果不同。辩方如果不履行提供证据的责任，会导致其提出的主张不能成立，并不一定被法院定罪量刑。控诉方如果对指控被告人的犯罪事实不能提出证据加以证明或者证明不能满足排除合理怀疑的标准，最终导致法院没有支持控诉方的主张，那么败诉的风险由检察机关来承担。

可见，对刑事证明责任的概念和性质准确理解，可以帮助我们判断在刑事诉讼证明过程中哪些是证明责任的承担者的理论前提。在刑事诉讼中，公诉人、自诉人是刑事证明责任的主体；被告人在法定的特殊情形下可能成为证明责任的主体；侦查机关是查明案件事实的主体而非证明主体；辩护人不是证明责任的承担者，仅仅是提供证据的责任者；人民法院和其他诉讼参与人也不是证明主体。明确刑事诉讼中各主体的角色和分工，可以保证证明活动处于有序状态，从而推动诉讼顺利进行。

探寻一种新的视角：刑事认证程序视野下法官司法能动性的定量分析 [①]

内容摘要：随着社会经济的迅速发展，司法实践对法官能力提出了更高的要求。赋予法官司法能动权，改变传统的司法运行模式，不仅需要在刑事诉讼中营造有助于法官能动性发挥的外部环境，还要探寻激励法官能力提升的内在因素。刑事认证程序是法官发挥司法能动性的重要领域，通过对这一阶段法官心证的定量化分析，可以直观掌握不同因素影响法官司法能动性发挥的现状，进而采用合理搭配各学历层次法官比例，优化法院内部考核及选任方式，培养法官整体性思维等方式提升法官能动性的发挥。

关键词：法官 刑事认证 司法能动性 定量分析

刑事证据认定程序是现代司法活动中的关键环节，从一侧面生动地体现了司法活动的运行规律和内在发展趋势，通过截取这一阶段作为法官能动性发挥要素研究的截面，对分析司法实践具有较强的典型性。法官对证据的认定过程，受其自身的年龄、学历、经验等因素潜移默化的影响，对这些微妙的作用力的追踪与分析需要一种更为细致的研究方法——定量分析方法。此次研究采取调查问卷方式，样本分别选取北京、上海、广州、武汉、哈尔滨和昆明6个直辖市和省会城市的基层、中级和高级法院刑庭的法官（包括从事刑事审判工作的书记员 [②]）

---

① 此文原载《法学杂志》2012年第9期，与张敬博合作。

② 由于在司法实践中，部分书记员实际上行使着审判人员的相应职权，因而将其称为广义上的"审判人员"。

作为调查对象。由于样本的选取反映了一定的地区差异，又考虑到法院系统内部基层、中级和高级法院之间的差别，因而样本具有一定的代表性。问卷题目涉及刑事证据认定中的诸多要素问题，大体上反映了当前审判法官在对证据认定过程中自身特质发生作用的方式和效果。本次问卷调查共选取样本968份。课题组成员对回收的调查问卷进行了整理，并利用SPSS（Statistical Package for the Social Sciences）统计软件对数据进行了统计分析，从而获得了部分具有实际价值的结论，为客观局部的观察法官认证心理提供了依据，也对促进法官能动性发挥效能有所启发。

一、定量分析：探寻证据认证中法官司法能动的突破口

以服务性、主动性、高效性为主要特征的法官能动司法是当下中国尝试构建具有中国特色的司法模式。这一新模式正逐渐成为撬动整个法院领域新一轮司法改革的重要支点。由于司法能动的内涵过于宏大，如何找准法官实现司法能动性的落脚点显得更为切合实际。针对个案而言，司法能动性的发挥是具体而现实的，需要结合法官审理案件时所受的自身因素的指引和影响。

（一）刑事认证中法官司法能动性的发挥

为缓解司法活动中的过度压力，将司法融入国家社会管理大局，体现司法服务大局和社会整体的宏观统筹成为司法活动的又一指向，司法能动的观念被着重提起并在法官群体中被广泛遵守。由于立法者认识能力的有限性和立法滞后性，立法的缺失或不足在所难免，这给法官能动性的发挥提供了广泛的空间。司法能动性的发挥是法官对社会现实判断和宏观把握的体现，是将对政治和社会层面的理解运用到具体的案件处理中。在我国，法官的司法能动性发挥是建立在一定价值判断的基础之上的，体现了对社会矛盾的平复和对和谐效果的追求。从本质上，法官的司法能动与司法克制并不存在质的区别，而是在量上有所差别，是一种"程度不同的问题"[①]。当下中国法院系统的司法能动性更多地体现为一种对国家大局的尊重，对司法高效的追求，对司法服务社会理念的回归。把法官定位为司法活动的实质主体，突出法官在司法中的作用，是司法的特点决定的[②]。由于司

---

① 美沃尔夫 . 司法能动主义 [M]. 黄金荣，译 . 北京：中国政法大学出版社，2004：2.

② 魏胜强 . 法官能动与法院克制—关于我国审判管理体制的思考 [J]. 法学，2010（1）.

法以对程序规则遵守为前提，司法能动主义在办案实践中的表现就不可能是直接而显性的，只能以一种隐性形式发挥作用，要求法官更多地运用政策考量、利益衡平、柔性司法等方式实现司法的社会管理职能。

　　刑事证据的认证程序是整个刑事诉讼活动的关键环节，也是法官了解案件事实，把握案件主导方向的重要途径。从最基本的意义出发，法律上的争论有两个基础：基本事实和适用法律。社会研究方法的贡献在于让发现事实的过程更加精确，它们在诉讼中的用途越来越多[①]。由于在认证程序中，法官发挥作用的本质是通过自由心证对案件事实进行必要定性和理解，从而确定法律意义上的审判依据，而这种行为本身就是一种主观见之客观的过程，因此，法官自身特质将对这一判断过程产生较大的影响。在法官应然角色下，合格法官的标准也就与传统迥然不同，公众常期待理想法官的出现。那种理想化的人（神）是不可能有的，现实中担任法官的都是普通人，总是生活在具体社会中，会受具体社会知识条件的制约，都要解决特定社会中的具体问题。在现代社会中，不仅不可能产生和存在这种理想化法官，而且这种法官多的话，就会破坏法治[②]。法官不是机械化的个体，其思维方式和状态是由其自身多方面因素决定的。一般而言，法官的司法能动性应表现为程序性思维和理性思维的结合，规则思维是法官对程序和规则的尊重，包括对程序、法规、原理的尊重。同时，法官的理性思维是法官思维判断能力的理智与成熟，表现为法官的意识、观念或态度的自主性，这种自由性需要经过专业训练才能获得[③]。因此，对程序的遵守和理性的判断是法官思维的基本特点，司法的能动性需要法官将自身积累的经验和多方的影响力通过程序化的理性思维外化出来。刑法既不是投币机也不是计算机，承认需要自由裁量权并非乐于接受它。在刑事制裁的执行中，自由裁量权也远非乐于被接受的内容。从字面上看自由裁量权，其根本麻烦是无法可依[④]。司法能动主义主张在司法活动中超越单一的法律维度，综合、统筹、全面地分析和考量对象所关涉的各种因素，合理平衡各种诉求和利益关系，恰当解决各种规则及价值的冲突。单一的法律维度难以

---

①　汉斯·采泽尔、戴维·凯.用数字证明：法律和诉讼中的实证方法 [M].北京：中国人民大学出版社，2005：11.

②　苏力.法官素质与法学院的教育 [J].法商研究，2004（3）.

③　吕忠梅.职业化视野下的法官特质研究 [J].中国法学，2003（6）.

④　哈伯特.L.帕克.刑事制裁的界限 [M].梁根林，译.北京：法律出版社，2008：287.

对复杂事实做出合理和恰当的评价；决定是非或取舍也不能仅仅依凭法条或先例所确定的标准。法律的目的是实现社会的进步，体现社会的正义。法官在审判中对社会正义的考虑颇为重要，他们必须对相互冲突的利益加以权衡，并在两个或两个意识可供选择的、在逻辑上可以接受的判决中做出抉择。在抉择时还必须平衡他的哲学、历史、习惯、权利意识等重要因素[①]。而不同法官对程序的遵守度和理性思维能力差异巨大，司法能动性发挥的效果也可能是各异的。想要深入理解法官司法能动性的发挥就需要对法官的程序遵守度和理性思维能力进行考察，而这两种能力的决定力量往往是法官的年龄、学历、经验等一系列具体的自身特质。

同时，司法的功能不在于简单地找寻和发现案件事实与法律的对应和相符之处，更在于追求和实现司法所承载的社会及经济目标[②]。法官需要扩大审理案件的视野，将单纯的法律适用和事实认定转变到社会管理的大局之下，除了观念的更新，其自身因素也决定着这种观念转化的进程。我国法官的司法能动并不等同于西方的司法能动主义，不存在法官造法和违宪审查等环节，其司法能动更多地表现为司法主动性、积极性和服务性。在证据认定程序中，法官的能动性则具有现实迫切性。一般而言，法官对证据的认定和判断渴望建立在控辩对抗的基础之上，但我国现行立法所设定的控辩对抗条文在实践中被部分架空或异化，法官单纯依靠庭审过程很难对证据材料做出合理地判断，法官需要结合审判经验对案件事实进行决断，在一种不自觉的状态下，法官的主观性被在一定程度上扩张。在控辩平衡很难在短期内改变的前提下，法官能动性发挥与其主观因素有着较强的关联性。同时，具体到在事实判断过程中，在科层式的裁判模式下，法律事实的认定是经过筛选的，而非科层式的裁判模式则需要直面司法现实，即细节化的司法情节，这种司法情节判断更加贴近现实，这其中对经验和价值、事实和法律很难完全分开，能动司法的本质也只能在这种环境下才能更好地发挥作用[③]。在科层式的司法环境中，法院曾希望通过批复方式对案件处理产生直接影响的做法被认为是失败的。只能转向对法官个体能动性的发挥和个人裁量权的适度扩张以达到

---

① 本杰明·卡多佐. 司法过程的性质 [M]. 北京：商务印书馆，2002：38.

② 顾培东. 司法能动主义的蕴含 [J]. 法律适用，2010（2）.

③ 米尔吉安·达马斯卡. 比较法视野中的证据制度 [M]. 吴宏耀，魏晓娜，译. 北京：中国人民公安大学出版社，2006：16.

对司法灵活性的把握。为了顺应这种形势，有必要对法官的个人因素加以考察，以使得其能够和司法能动主体对应和互动。

（二）定量分析是法官司法能动性发挥微观考察的重要手段

只有合理调查研究才能更加科学地构建体制。定性研究与定量研究两种方法之间具有互补性。无论是定性的方法还是定量的方法，都具有各自的局限性。定性的方法缺乏对事物的规模、等级、范围、程度的描述，而定量的方法又缺乏对规模、等级、范围、程度的属性、价值、主观意义的把握。只有当两种方法相互配合时，所描述的犯罪现象、规律才是生动的、真实的①。定量分析本质上就是一种分析手段，能够精确做出某一两个问题的判断方法，建立在数据测算基础上对法官的认识能力判断可能更为可靠。要真正理解法官司法能动性在认证阶段如何体现，既可以采用定性分析，也可以采用定量分析。但定性分析存在一定程度的主观判断盲目性和抽象思维的局限性，定量分析则具有精确性、客观性等特点。因此，针对法官能动性发挥影响因素的分析，定性分析善于对趋势做出预测和判断，定量分析更注重对细节的考察，对具体要素的作用和节点的控制更为擅长。证据的量化是诉讼证明量化的前提，没有量化的科学是不精确的。诉讼证明科学体系的建立，就是证明准确性和精确性的量化革命。量化不仅是证明结果确定性的体现，也是证明结果由来"分析过程"，在这一分析过程中，量化的结果得以产生②。在整个刑事诉讼系统中，证据认证受到多种因素的影响。由于证据认证活动是一种心理活动的判断和规制，以经验为基础的定性分析的预测偏差是存在的，法官个体的差异以及不同心理因素的影响都造成了证据认定结论的差别，定量分析能够对法官个体更为全面地分析，从而体现人本思想的分析。当前在对认证程序的分析中，由于过多的法律分析和推导造成了程序设置的虚无化倾向，制度设计中缺乏对法官的基本人性分析，造成制度无法使法官的主体地位得到真正的彰显。因此，对证据认证程序的判断更多地需要引入定量分析，对不同影响法官认证心理的因素进行逐个分析，为更好地设置法官认证程序提供依据。刑事认证程序实质上是一种价值判断下的程序设置。法官本身是具有主观性的个体，其对证据的认定也是一种价值选取过程，刑事诉讼价值判断也决定需要发挥定量分析的优势。但是定量分析也有其局限之处。因果关系是相关关系的一种类型。统

---

① 白建军.刑事学体系的一个侧面：定量分析 [J]. 中外法学，1999（5）.

② 刘昊阳.诉讼证明科学 [M]. 北京：中国人民公安大学出版社，2007：129-131.

计理论只能帮助研究人员确定相关关系，事物之间的因果关系的确定最终要依赖于具体学科的专业理论[①]。

二、刑事认证程序中法官能动因素的定量分析

法官承担着证据认定的最终决策，从简单是非判断上升到价值判断，法官在庭审中存在心理上的不断转变，受到多种因素的影响，最终结果的得出是在立法框架内个人主观性的体现，而这种个人主观判断是其个人因素外化的直接结果。我们通过定量调查，试图体现法官个人因素对其认证过程产生的影响，进而观察这种影响如何提升其司法能动性的发挥。

（一）年龄

为更好地考察年龄和法官认证之间的关系，本次问卷调查共选取样本968份，按照年龄段进行划分，20—29岁的为21.26%，30—39岁的为38.01%；40—49岁的为30.58%；50岁以上的为10.16%。形成了具有一定阶梯搭配关系的年龄结构体系，这能较为真实的反应年龄与法官认证之间的关系。

表 1　年龄与证据证明力相关性检测表

		年龄	物证的证明力	书证的证明力	证人证言的证明力	被害人陈述的证明力	被告人供述和辩解的证明力	鉴定结论的证明力	勘验、检查笔录的证明力	视听资料的证明力
年龄	Pearson相关性	1	−0.038	−0.085*	−0.172**	−0.228**	−0.129**	−0.073*	0.043	0.077*
	显著性（双侧）		0.256	0.011	0.000	0.000	0.000	0.029	0.198	0.023
	N	955	899	890	900	900	902	906	897	865

*. 在0.05水平（双侧）上显著相关。

**. 在0.01水平（双侧）上显著相关。

本统计表（见表1）中年龄与物证、书证、证人证言、被害人陈述、被告人供述和辩解、鉴定结论、勘验、检查笔录、视听资料的证明力的相伴概率分别为0.256、0.011、0.000、0.000、0.000、0.029、0.198、0.023。其中 sig 小于0.05的分

[①] 袁建刚 . 法学理论和定量分析的关系 [J]. 燕山大学学报（哲学社会科学版），2010（12）.

别有书证、证人证言、被害人陈述、被告人供述和辩解、鉴定结论、视听资料的证明力强弱。而证人证言、被害人陈述、被告人供述和辩解的证明力强弱问题与法官的年龄之间的相伴概率，即 sig 小于 0.01，呈高度相关状态，相关系数上有两个星号显示。而视听资料与鉴定结论的相关系数分别是 0.077、−0.073，其绝对值较小，相关性较低，呈弱相关。物证、勘验、检查笔录的相关系数的绝对值最小，sig 大于 0.05，不具有相关性。由上可知，法官的年龄对证据证明力的认可程度较大的影响，特别是对证人证言、被害人陈述、被告人供述和辩解的证明力影响较大，对视听资料与鉴定结论的影响较小，而对物证、鉴定结论则没有影响。这就体现在法官认证过程中，年龄对主观性证据的影响明显，法官年龄与其主观判断存在很大的关联性。

表2　年龄与证据证明力相关性检测表

证据种类	年龄	证明力强弱				
		很强	较强	一般	较弱	很弱
物证	20—29 岁	70.4%	25.9%	3.7%	0.0%	0.0%
	30—39 岁	71.6%	28.1%	0.3%	0.0%	0.0%
	40—49 岁	72.1%	25.8%	1.6%	0.4%	0.0%
	50 岁以上	78.5%	19.0%	1.3%	1.3%	0.0%
书证	20—29 岁	41.4%	49.5%	9.1%	0%	0.0%
	30—39 岁	45.9%	47.5%	6.0%	0.6%	0.0%
	40—49 岁	47.5%	45.8%	6.3%	0.4%	0.0%
	50 岁以上	60.2%	34.9%	3.6%	1.2%	0.0%
证人证言	20—29 岁	17.6%	34.0%	44.7%	3.2%	0.5%
	30—39 岁	15.7%	49.1%	33.3%	1.6%	0.3%
	40—49 岁	18.0%	52.5.%	27.0%	2.5%	0%
	50 岁以上	36.9%	46.4%	15.5%	1.2%	0%
被害人陈述	20—29 岁	10.8%	28.6%	47.0%	13.0%	0.5%
	30—39 岁	17.2%	46.6%	32.8%	2.8%	0.6%
	40—49 岁	24.0%	42.7%	30.9%	2.4%	0.0%
	50 岁以上	29.3%	45.1%	19.5%	6.1%	0.0%

续表

证据种类	年龄	证明力强弱				
		很强	较强	一般	较弱	很弱
被告人供述和辩解	20—29 岁	10.9%	19.0%	51.1%	13.0%	6.0%
	30—39 岁	10.2%	28.0%	52.5%	7.1%	2.2%
	40—49 岁	13.4%	34.6%	39.4%	11.4%	1.2%
	50 岁以上	17.6%	34.1%	31.8%	14.1%	2.4%
鉴定结论	20—29 岁	57.0%	31.2%	11.3%	0.5%	0.0%
	30—39 岁	62.8%	34.4%	2.8%	0.0%	0.0%
	40—49 岁	59.0%	39.4%	1.6%	0.0%	0.0%
	50 岁以上	66.7%	26.2%	7.1%	0.0%	0.0%
勘验检查笔录	20—29 岁	52.4%	36.9%	9.6%	1.1%	0.0%
	30—39 岁	59.2%	37.6%	3.1%	0.0%	0.0%
	40—49 岁	47.5%	44.3%	7.4%	0.8%	0.0%
	50 岁以上	51.9%	35.8%	11.1%	1.2%	0.0%
视听资料	20—29 岁	24.6%	43.3%	25.7%	5.3%	1.1%
	30—39 岁	21.4%	45.8%	28.2%	4.2%	0.3%
	40—49 岁	18.8%	38.0%	36.3%	5.1%	1.7%
	50 岁以上	23.0%	36.5%	33.8%	4.1%	2.7%。

对待具体证据时，法官年龄对其采信证据产生了较大影响，从表2中可知，50岁以上的法官对言词证据的信任度远远高于年轻法官，而对书证、物证和视听资料等较为客观的证据却与年轻法官近似。

从表3表4中可知，年龄较大的法官更加侧重对社会现实的客观要求，而不是将判断本身作为心证的具体内容。从对样本的分析显示，随着办案年限的增长，从事审判年限越长的法官，越偏向于移送全部案件材料，强偏强调可以使其与检察官就有关证据问题提前沟通。法官更愿意在庭审前与检察官进行沟通，并且希望检方提前将案卷全部移送给法院。因此，高年龄段的法官更加注重证据认定的社会效果，希望判决能够取得更好的社会效应，希望与控方和被害人的提前沟通，希望案卷全部移送从而能够更好地产生可靠的主观判断，更希望积极解决矛盾，这是能动司法的典型表现。与此同时，随着年龄的增长，审判人员更多地采取仅邀请辩方参加或者完全自行调查的方式进行庭外调查。并对自行调查证据认可的谨慎程度也在加深，其更愿意将自行收集的证据交由控辩双方质证后再作为定案的依据。这也反映了法官随着年龄增长，其能动性发挥的积极性更加强烈，对案件把握的主动性也在增强。

表 3　庭前移送的主要原因交叉制表

			主要原因（汇总）a				总计
			可以使法官对全案证据有整体的了解和把握	可以节省开庭时间	可以使法官与检察官就有关证据问题提前进行沟通	可以使辩方全面了解控方所掌握的各种证据材料	
刑事审判工作年限	A. 五年以下	计数	174	95	77	114	192
	B. 六至十年	计数	129	73	64	108	143
	C. 十一至二十年	计数	155	86	88	120	180
	D. 二十年以上	计数	79	39	56	59	94
总计		计数	537	293	285	401	609

百分比和总计以响应者为基础。

a. 值为 1 时制表的二分组。

表 4　庭前移送的主要原因交叉制表

			主要原因（汇总）a				总计
			可以使法官对全案证据有整体的了解和把握	可以节省开庭时间	可以使法官与检察官就有关证据问题提前进行沟通	可以使辩方全面了解控方所掌握的各种证据材料	
每年办理刑事案件数量	A.9 件以下	计数	55	21	27	39	67
	B.10—19 件	计数	61	34	34	43	73
	C.20—29 件	计数	72	40	48	54	89
	D.30—39 件	计数	76	46	43	56	82
	E.40—49 件	计数	79	50	45	63	86
	F.50 件以上	计数	213	113	102	171	236

续表

		主要原因（汇总）a				总计
		可以使法官对全案证据有整体的了解和把握	可以节省开庭时间	可以使法官与检察官就有关证据问题提前进行沟通	可以使辩方全面了解控方所掌握的各种证据材料	
总计	计数	556	304	299	426	633

百分比和总计以响应者为基础。

a. 值为1时制表的二分组。

（二）学历

学历教育一直被认为是法官提升素质的一大因素，高学历对法官司法能动性的发挥会起到哪些影响，也是值得深入研究的问题。一般认为，高学历的法官体现出两个主要特点，一方面是对法律的敬畏精神，另一方面是对证据能力的判断能力的提高。法律知识在证据认证过程中主要体现在对法律理解和对法律研习的精确上。这种法律素养的培养会帮助其形成法律逻辑思维：第一，培养了法律真实的价值观；第二，培养了严格的法律推导逻辑。因此，高学历法官应该更加重视庭审活动，对控辩双方的举证质证更加信任。

此次调查对各学历层次的法官都有所涉及，其中，大专学历为4.32%；本科学历为62.27%；硕士学历为32.05%；博士学历为1.02%；其他为0.34%（见图1）。

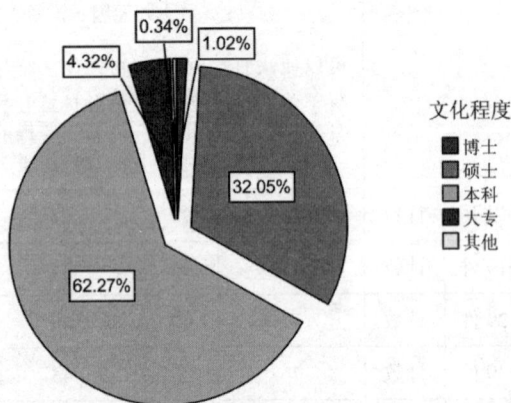

图1　不同文化程度的比例

表5　文化程度与证明力相关性检测表

		文化程度	物证的证明力	书证的证明力	证人证言的证明力	被害人陈述的证明力	被告人供述和辩解的证明力	鉴定结论的证明力	勘验、检查笔录的证明力	视听资料的证明力
文化程度	Pearson相关性	1	−.006	.111**	.133**	.151**	.110**	.086**	.036	−.017
	显著性（双侧）		0.857	0.001	0.000	0.000	0.001	0.009	0.285	0.612
	N	951	896	887	897	897	898	903	893	861

**. 在 .01 水平（双侧）上显著相关。

如表5所示，法官文化程度对认定书证、证人证言、被告人供述和辩解、被告人陈述、鉴定结论的证明力有很大的关系，而与物证、勘验检查笔录、视听资料却不存在相关性。

表6　文化程度与刑事证据证明力强弱关系百分比 [1]

证据种类	法官学历	证据证明力强弱				
		很强	较强	一般	较弱	很弱
物证	博士	88.9%	11.1%	0.0%	0.0%	0.0%
	硕士	72.1%	26.0%	1.5%	0.4%	0.0%
	本科	72.3%	26.0%	1.6%	0.2%	0.0%
	大专	75.0%	25.0%	0.0%	0.0%	0.0%
书证	博士	33.3%	66.7%	0.0%	0.0%	0.0%
	硕士	39.7%	49.8%	10.1%	0.4%	0.0%
	本科	50.2%	44.3%	4.9%	0.6%	0.0%
	大专	62.9%	37.1%	0.0%	0.0%	0.0%
证人证言	博士	0.0%	66.7%	22.2%	11.1%	0.0%
	硕士	13.2%	43.8%	40.4%	2.3%	0.4%
	本科	20.6%	48.7%	28.5%	2.1%	0.2%
	大专	41.2%	38.2%	20.6%	0.0%	0.0%

---

[1]　因其他学历者只有三人，数量较少，缺乏统计意义，故取消其他学历一栏。

证据种类	法官学历	证据证明力强弱				
		很强	较强	一般	较弱	很弱
被害人陈述	博士	11.1%	33.3%	44.4%	11.1%	0.0%
	硕士	12.4%	39.5%	38.0%	9.8%	0.4%
	本科	21.6%	43.1%	32.0%	2.9%	0.4%
	大专	27.0%	40.5%	27.0%	5.4%	0.0%
被告人供述和辩解	博士	22.2%	22.2%	11.1%	44.4%	0.0%
	硕士	8.7%	25.7%	47.5%	11.7%	6.4%
	本科	12.7%	30.0%	47.5%	8.8%	1.0%
	大专	16.7%	38.9%	25.0%	16.7%	2.8%
鉴定结论	博士	55.6%	33.3%	11.1%	0.0%	0.0%
	硕士	60.9%	29.7%	9.0%	0.4%	0.0%
	本科	60.0%	37.3%	2.7%	0.0%	0.0%
	大专	78.9%	21.1%	0.0%	0.0%	0.0%
勘验检查笔录	博士	44.4%	44.4%	11.1%	0.0%	0.0%
	硕士	54.7%	35.8%	7.9%	1.5%	0.0%
	本科	52.5%	41.7%	5.8%	0.2%	0.0%
	大专	69.4%	22.2%	8.3%	0.0%	0.0%
视听资料	博士	22.2%	44.4%	33.3%	0.0%	0.0%
	硕士	20.0%	43.4%	31.3%	5.3%	0.0%
	本科	22.4%	42.2%	29.4%	4.5%	1.4%
	大专	21.2%	33.3%	33.3%	6.1%	6.1%

如表6所示，高学历法官对言词证据的信任度递减，对客观性证据的信任度较高，基本上法官对言词证据的信任程度是与学历呈现反比关系的。高学历法官在证据的认定中更加看重客观性较强的证据，而对主观性证据呈现排斥状态，而低学历法官则更容易接近主观证据，也可能与社会性的主观判断产生亲近感。

表 7　法官文化程度与庭审证据认定方式的相关性分析

		庭前阅卷	开庭质证	庭后阅卷	自行调查核实	主管领导审批或审委会决定
职称	Pearson 相关性	−.034	.015	−.054	−.006	−.074*
	显著性（双侧）	.323	.651	.113	.863	.030
	N	859	859	859	859	858
每年办理刑事案件数量	Pearson 相关性	.025	−.062	−.124＊＊	.100＊＊	.005
	显著性（双侧）	.453	.061	.000	.002	.890
	N	920	920	920	920	919

**. 在 .01 水平（双侧）上显著相关。

*. 在 0.05 水平（双侧）上显著相关。

从样本（见表 7）的反映来看，高学历的法官对证据规则的把握更加严格，更加强调对程序的尊重，但与此同时，其对自身认识能力更加自信，更倾向于自身调查达到证据认证的目的。

（三）经验

刑事认证过程中，法官的自由心证过程离不开经验法则和逻辑规律的制约。司法裁判所下的结论，是基于法官掌握的经验和知识，由高度盖然性的经验法则而导出，经验法则成为沟通法官观察和结论之间的桥梁。但是，经验法则并非由法律加以具体规定的，也不是个别人所特有的特殊经验，更不是法官的主观臆断，而表现为一般人或一定范围内的人们所共有的知识[①]。经验法则是自由心证的重要手段，法官认识证据本身的关联性、合法性、真实性需要依靠经验法则来进行推导，做出裁断。

与司法能动相对应的是严格限制法官自身经验发挥作用的司法克制主义，其指司法机构不允许法官本人的意见或观点以迎合社会需求为由超越现存的惯例或成文法[②]。在当代中国司法语境下，法官能动并不是真正意义上的法官造法，而是运用自身的审判经验和社会经验对案件处理更加艺术，产生更加良好的社会效

---

① 江显和. 刑事认证制度研究 [M]. 北京：法律出版社，2009：136.

② 戴维·米勒，韦农·波格丹诺. 布莱克维尔政治学百科全书 [M]. 邓正来，译. 北京：中国政法大学出版社，1993：377.

果，积极主动地去服务社会大局，参与社会管理。在这样的背景下，法官的经验性对司法判断有很强的引导作用。

表 8　法官审判工作年限与非法取证措施态度的交叉对比表

			刑事审判工作年限				合计
			A.五年以下	B.六至十年	C.十一至二十年	D.二十年以上	
侦查机关的非法取证行为有哪些?（非法采取搜查、扣押、查封等措施）	是	计数	95a′ b	68b	107a′ b	59a	329
		刑事审判工作年限中的 %	34.4%	31.3%	37.5%	41.5%	35.8%
		总数的 %	10.3%	7.4%	11.6%	6.4%	35.8%
	否	计数	181a′ b	149b	178a′ b	83a	591
		刑事审判工作年限中的 %	65.6%	68.7%	62.5%	58.5%	64.2%
		总数的 %	19.7%	16.2%	19.3%	9.0%	64.2%
合计		计数	276	217	285	142	920
		刑事审判工作年限中的 %	100.0%	100.0%	100.0%	100.0%	100.0%
		总数的 %	30.0%	23.6%	31.0%	15.4%	100.0%

每个下标字母表示列刑事审判工作年限个类别的子集，其列比例在 .05 级别上彼此并无显著差异。

从样本（表8）可以看出，具有长期办案经验的法官更倾向于自行进行证据调查，而不注重庭上双方的举证质证，而且在自行调查时也不愿意过多地邀请控辩双方参与，而更希望按照自身思维进行证据认定。而缺乏审判经验的法官往往对卷宗更加重视，对自身调查能力不够自信。随着审判经验的丰富，法官个人能动性发挥的倾向也逐渐发生变化，对司法实践中程序违规行为的容忍下降，随之对司法公正与程序正义理念的尊崇程度在逐渐加深。由于审判经验会带来化解矛盾的方法和审判中的隐形规则，其与法官能动司法的关联性也很强烈。

三、求解：法官司法能动性提升的路径选择

司法的能动性与法律的社会性紧密相关，司法能动的目的在于弥补立法漏洞，协调司法的社会效果和法律效果。司法能动性的改革应与法官自身因素的特点相协调，使之成为司法进程的推动力量。

从法官特质分析，年龄、学历程度、经验与法官能动性的发挥之间存在一定的关联性。首先，年龄增长使其更加成熟，在处理案件中更加超然和冷静，司法的威严和权威性也会随着有所增长。但在对司法判断中更加保守和谨慎，对事实的判断和把握更加清晰，对事实判断的理性成分在进一步提升，这些都有助于司法能动性的发挥。但随着年龄增长，法官对规则遵守程度有所弱化，可能对司法能动性的发挥有所影响。其次，学历程度成为法官对案件事实认定的又一重要影响因素。由于对规则和司法理念的认识深入，法律思维的培养使得高学历法官对法律的把握更加准确，对证据认定的要求也更高，对法律规则的尊重程度更深，对主观性证据的否定性评价潜意识更强烈。同时，高学历也培养了法官的司法自信，对现行立法设置的程序质疑度有所提升，为法官司法能动性发挥提供了条件，但高学历使其对社会的认知度降低，影响了司法能动价值中主动性的发挥。最后，审判经验对法官能动性发挥的影响最为深刻，经验性法官的主观能动性更强，连接社会和司法更为顺畅，其能够通过案件办理弥合法律规定与社会现实间的差异，平衡社会利益。

司法能动主义是建立在整体思维上对法律个别化的现实运用。这种司法能动性表现为法官在法律允许范围内的决策权，重视对案件事实把握时的价值判断，强调个案正义。为了提高司法能动性，需要尝试改变现行司法工作模式，创造法官司法能动性发挥的有利氛围。

首先，能动司法强调司法的主动性和社会性，应充分发挥司法活动对社会的调整功能。法官需要顺应这一要求，在正确适用法律的基础上，跳出法律看社会，运用民众眼光看待法律问题，培养大局意识，处理社会事务能力和应对突发事件能力。在法院自身建设上，改善传统绩效考核机制，将对案件处理的社会评价和法律评价结合起来，形成量化指标体现在考核规则中。法院对法官的考核中，不仅应对上诉率、再审率、审判期限等结果要素进行评价，还应对证据采信合理性、证据认定和判决中的民众接受度等问题加以分析。改变传统单纯以学历

作为上级法院选调法官的标准，尽可能将年纪较轻、学历较高的法官配置在基层法院，而将具有一定审判经验的法官上提到中级以上法院，强化法官审判经验和社会沟通能力的培养。

其次，合理分配高低学历法官、经验和初任法官的比例，正确引导法官的审判经验。针对法官的年龄、学历特点，区别培训，对年轻法官采用挂职锻炼、相互帮带、体验社会等方式增强社会经验的积累，充分发挥高学历法官的专业技能，针对高学历法官的法律理想与现实的落差及时进行引导，培养其从知识型向能力型转变。有针对性地对低学历法官进行轮训和法律规则意识的培养，加大法官在职教育规模，扩大受教育范围和人数。

再次，规范案件审理，提升认证和判决的效率，针对不同类型案件，灵活配置法官组成，对于社会影响较大的案件，由审判经验丰富和社会沟通能力较强的法官组成合议庭，多元化地解决矛盾。改变法官注重法条解释，有意回避社会现实的倾向，将审判文书说理及对法律的解释和适用与社会认可程度结合起来，避免法官在司法实践中一味强调立法，忽视社会认同和司法公信力。要求法官在处理纠纷时，尽可能地对审判结果及其所可能产生的社会影响做出一个大致明确的判断或者预测。对纠纷处理结果以及这一结果所可能产生的影响做出评估，则同样要求法官必须要将这一结果放置在纠纷所在的、特定的社会文化情境系统中予以整体性的考量①。

最后，发挥法官庭审作用，提升法官能动性的效率，加强庭审阶段法官对案件息诉解纷作用的发挥。其一，应进一步明确和提升法官释明权的运用和对庭审活动的引导能力，在坚持控辩对抗基础上，加强对认证过程的控制力和主动性，保障司法的高效便捷。其二，应要求法官改变传统单一的三段论式推理模式，逐渐拓宽思维方式，引导其采用归纳和演绎相结合的推理方式，培育合理全面的思维结构。其三，应充分发挥法官在审判过程中司法手段的柔性功能，固定法官的程序规则意识，在遵守程序基础上，综合运用柔性司法手段，充分发挥多元化的纠纷解决手段。

---

① 方乐. 能动司法的模式与方法 [J]. 法学，2011（1）.

瑕疵证据补正之探析 ①

内容摘要：新颁布的司法解释对瑕疵证据做了明确具体的规定，关于瑕疵证据与非法证据的区分理论界也进行了深入的探讨。对瑕疵证据与非法证据二者之间的界定关系到瑕疵证据存在的合理性，在充分论证瑕疵证据补正合理性的基础上，以瑕疵实物证据与瑕疵言词证据为区分标准，对瑕疵言词证据和瑕疵物证补正规则分别进行了系统论述，并对瑕疵证据补正适用的程序及瑕疵证据补正之限度进行构建与分析。

关键词：瑕疵证据　非法证据　补正规则

引　言

2010年7月1日开始生效的《关于办理刑事案件排除非法证据若干问题的规定》和《办理死刑案件审查判断证据若干问题的规定》（以下简称"两个《证据规定》"），首次对瑕疵证据及其补正问题进行了明确规定。

2012年12月25日，最高人民法院发布了《关于适用〈中华人民共和国刑事诉讼法〉的解释》吸收了两个《证据规定》中瑕疵证据的相关内容，对瑕疵证据及其补正等问题进一步予以明确。两个《证据规定》以及新公布的司法解释通过列举的方式对瑕疵证据及其补正做出规定的同时并对非法证据与瑕疵证据进行明确的区分。通过对司法解释的分析可以看出，它是以证据的合法性为标准将证据分为合法证据、非法证据和瑕疵证据。司法解释中的非法证据包括非法言词证据、非法的实物证据。同样，司法解释对于瑕疵证据也做了具体的规定，主要包

---

① 此文原载《中国刑事法杂志》2013年第3期，与马云雪合作。

括瑕疵物证、书证、瑕疵证人证言、瑕疵被告人供述等证据。但是在司法实践中，我们所面对的是千差万别的案件，通过这种列举的方式并不能穷尽刑事诉讼中出现的全部瑕疵证据，那么，司法实践中如何去判断一个证据是瑕疵证据还是非法证据就变得尤为重要，正因为如此，许多理论界的研究者担心瑕疵证据及其补正规则会被滥用，将本属于瑕疵证据的列为非法证据，将本属于非法证据的误判为瑕疵证据，甚至有的学者担心这会导致证据排除规则的消解，办案人员甚至为补正瑕疵证据而弄虚作假。

正如有的学者所言，对于瑕疵证据的补正规则，人们有理由将其视为立法者所做的重大妥协，最终可能变为经补正后的不排除规则[①]。

一、瑕疵证据与非法证据区分标准

从现有的理论研究上看，我国学者早在1998年就专门探讨过瑕疵证据的问题，到目前为止，学界已经大致形成了关于瑕疵证据概念的通说。即所谓的瑕疵证据大多数属于侦查人员通过轻微违法的方式所获得的证据[②]。但何为轻微违法？这种界定具有一定的模糊性，甚至有时也缺乏一定的准确性。除了法律明确规定属于瑕疵证据的情形外，如何判断一个证据是否属于瑕疵证据往往缺乏明确具体的标准。从我国2012年《刑事诉讼法》关于非法证据的排除以及瑕疵证据的补正规则来看，区分瑕疵证据与非法证据通常情况下主要基于以下几个方面的考量。

（一）取证手段是否直接侵犯犯罪嫌疑人的重大权益标准

我国新修改的《刑事诉讼法》明确规定："采用刑讯逼供等非法方法收集的犯罪嫌疑人、被告人供述和采用暴力、威胁等非法方法收集的证人证言、被害人陈述，应当予以排除。"同时新刑事诉讼法也明确规定对于收集的物证、书证不符合法定程序，可能严重影响公正的，应当予以补正或做出合理解释；不能补正或做出合理解释的，对该证据应当予以排除。这里所规定的"收集物证、书证不符合法定程序"，主要是指违反刑事诉讼法关于搜查、扣押的规定[③]。因为物证、书证的收集通常采取搜查、扣押等手段，这些手段违法就可能侵犯公民的人身权利、隐私权等基本人权。同样对于刑讯逼供等非法言词证据予以排除也主要是由

---

① 陈瑞华.论瑕疵证据补正规则 [J].法学家，2012（2）.

② 万毅.论瑕疵证据：以"两个证据规定"为分析对象 [J].法商研究，2011（5）.

③ 童建明，张智辉，王洪祥.新刑事诉讼法理解与适用 [M].北京：中国检察出版社，2012：82.

于刑讯逼供等行为严重侵犯了犯罪嫌疑人的人身权利。因此，法律将这些证据明确规定为非法证据予以排除。2013年公布的司法解释对瑕疵言词证据也进行了列举式的规定，根据该解释，证人证言的收集程序、方式有下列瑕疵，经补正或者做出合理解释后可以采用：（1）询问笔录没有填写询问人、记录人、法定代理人姓名以及询问的起止时间、地点的；（2）询问地点不符合规定的；（3）询问笔录没有记录告知证人有关作证的权利义务和法律责任的；（4）询问笔录反映出在同一时段，同一询问人员询问不同证人的。此外，对瑕疵讯问笔录，解释吸收了《死刑案件证据规定》第21条的规定：讯问笔录有下列瑕疵，经补正或者做出合理解释的，可以采用：（1）讯问笔录填写的讯问时间、讯问人、记录人、法定代理人等有误或者存在矛盾的；（2）讯问人没有签名的；（3）首次讯问笔录没有记录告知被讯问人相关权利和法律规定的。司法解释将询问笔录和讯问笔录中存在错误的界定为瑕疵证据，主要是基于这种笔录错误并没有造成对犯罪嫌疑人的人身、财产等重大权益的侵害。在这种情况下，有可能是侦查人员的疏忽大意，并不一定意味着侦查活动本身存在着违法现象。这种形式上的错误也并未对犯罪嫌疑人或被告人的人身权利造成严重侵犯。但是这并不意味着瑕疵证据不存在任何侵权问题，只是相对于非法证据而言，瑕疵证据的侵权并不明显，并没有直接侵犯罪嫌疑人的重大权益。因此，从法律关于非法言词证据与瑕疵言词证据的规定可以看出，在审查判断非法与瑕疵证据时，可以以该证据是否直接侵犯了犯罪嫌疑人的重大权益为标准。

（二）取证手段违反了技术性程序标准

所谓的技术性程序通常是指对于特定侦查行为在时间、地点、签名、见证记录方面所提出的技术性要求，具有法律手续的性质。对这类程序的违反，通常情况下不会违反刑事诉讼的重要规则，也不会影响到当事人的重要权利，同时也不会影响到程序正义。例如根据两个《证据规定》：物证、书证的收集程序、方式有下列瑕疵，经补正或者做出合理解释的，可以采用：（1）勘验、检查、搜查、提取笔录或者扣押清单上没有侦查人员、物品持有人、见证人签名，或者对物品的名称、特征、数量、质量等注明不详的；（2）物证的照片、录像、复制品，书证的副本、复制件未注明与原件核对无异的，无复制时间，或者被收集、调取人签名、盖章的；（3）物证的照片、录像、复制品，书证的副本、复制件没有制作人关于制作过程和原物、原件存放地点的说明或者签名的；（4）有其他瑕疵的[①]。上述司法解释列举的有关证据的瑕疵主要是侦查人员调取的物证、书证在勘验、检查、搜查、提取笔录或扣押清单上没有签名的或者是没有注明物品名称、特征、数量的，这些规定主要是涉及一些手续上的程序，因此，司法解释将其列为瑕疵证据，并经过补正后可以采用。这主要是考虑这些瑕疵证据属于程序环节和步骤上的缺陷，对证据的合法性不构成实质上的影响，对这些程序的违法也不会带来严重的后果，同时也不会严重地影响到程序正义。

（三）证据真实性标准

法律规定在排除某类证据或者限制某类证据在诉讼中的使用时，既要考虑保护人权和程序正义等价值取向，也要考虑该证据的真实性问题[②]。在司法实践中，明知是虚假的证据当然不能进入刑事诉讼程序。从某种意义上讲，证据的真实性可以说是审查判断证据的中心内容。司法解释中规定的非法证据取证程序的违法性很可能直接影响该证据的真实性，法院一旦采纳该证据，就可能导致做出错误的事实认定。相反司法解释中所规定的瑕疵证据，通常情况下违法情节并不严重，即使被法院采纳也不会影响证据的真实性。司法解释中所规定的，侦查人员在相关笔录上的记录错误或者遗漏问题，对该物证、书证本身的真实性并不会产生实质性的影响。例如，司法解释关于瑕疵证人证言的规定：证人证言的收集程序、方式有下列瑕疵经补正或做出合理解释后可以采纳为证据：（1）询问笔录没有填写询问人、记录人、法定代理人姓名及询问的起止时间、地点的；（2）询问地点不符合规定的；（3）询问笔录没有记录告知证人有关作证的权利义务和法律责任的；（4）询问笔录反映出在同一时段，同一询问人员询问不同证人的。司法解释之所以将以上几种情形规定为瑕疵证据，也是基于该证据并不会必然地影响到证据的真实性，这类证据在程序上存在瑕疵，也是属于询问程序不规范之处，并不会对证据的真实性产生负面影响，对于这类证据司法解释将其纳入瑕疵证据范围，只要经过补正就可以采用。

---

① 张军，江必新. 新刑事诉讼法及司法解释适用解答 [M]. 北京：人民法院出版社，2013：66.
② 何家弘，刘品新. 证据法学 [M]. 北京：法律出版社，2008：249.

二、瑕疵证据补正合理性分析

（一）瑕疵证据补正有利于发现案件真实

我国目前处于社会的转型时期，社会发展变化迅速，使得犯罪呈现出增多的趋势，侦查机关追究犯罪的任务相当艰巨，司法实践中对案件事实真相的追求也符合犯罪日益增长的要求。但由于目前我国侦查机关在取证技术上相对于发达国家来说还存在着明显的不足。证据资源的有限性在我国刑事侦查程序中表现得尤为突出。此外，由于我国长期受传统的重实体、轻程序的理念的影响，侦查人员程序法意识和取证程序的规范意识普遍不强，导致司法实践中侦查机关在取证程序或形式上不符合法律规定的要求现象普遍存在。在这种情况下，如果将刑事诉讼中所有的在取证程序或形式上违法的证据都视为非法证据而将其排除，这必然导致本来就有限的证据资源更为稀缺，或许会阻碍事实真相的发现，从而放纵犯罪，极大地影响刑事诉讼追诉犯罪的实效性。而通过将瑕疵证据予以补正的方式对那些取证程序轻微违法的证据进行补正，从而使其具有可采性，这在我国证据资源相对有限的情况下具有重要的意义，也是符合我国司法现状的必然选择。

（二）瑕疵证据补正可以弥补非法证据排除规则之缺陷

众所周知，非法证据排除规则相对于其他措施而言是一种比较严厉的程序性制裁机制。西方国家都建立了完备的非法证据排除规则，之所以确立非法证据排除规则一般主要是基于以下考虑：逼制侦查人员的违法行为，并对那些侦查侵权行为的受害者予以救济。但是从非法证据排除规则产生以及发展的历史来看，排除规则一直受到广泛的质疑，这主要是因为排除规则的适用会带来一些负面的影响。正如有学者指出，侦查人员违反法律程序与法院否定非法证据的合法性，甚至进而导致宣告被告人无罪，两者之间并没有必然的因果关系。即不能因为警察违法，而罔顾被害人的诉求，使得可能有罪的被告人获得额外的利益[①]。由于排除规则会产生负面作用，在确立非法证据排除规则的西方国家，排除规则也主要适用于那些严重程序违法的行为。例如在美国，排除规则主要是排除那些警察侵犯公民宪法权利的证据；在德国，非法证据也只限于排除严重剥夺被告人供述自愿性的证据[②]。因此，可以得出结论就是非法证据排除规则只适用于严重的程序违法

---

① 陈瑞华. 刑事诉讼的前沿问题 [M]. 北京：中国人民大学出版社，2011：230.

② 陈瑞华. 比较刑事诉讼法 [M]. 北京：中国人民大学出版社，2010：84.

行为，而对于其他轻微的程序违法如果也同样适用排除规则的话，那么排除规则的负面作用将会更加明显。如果对所有的程序性违法行为都适用排除规则的话，那么必然会使法院定罪的能力变得困难，甚至出现大量放纵犯罪的案件。而将并非严重程序违法的证据规定为瑕疵证据，明确规定瑕疵证据经补正可以采用。这正好弥补了非法证据排除规则的缺陷。

三、瑕疵证据补正之规则

程序补正又称为违法诉讼行为的治愈，是指法院对于那些情节轻微违法的程序性违法行为，在对其做出无效宣告的同时，允许侦查人员、公诉方或者下级法院重新实施特定的诉讼行为，在纠正原有程序性违法情况的前提下，重新做出相应的诉讼决定[①]。在2013年颁布的司法解释中对瑕疵证据进行了列举式规定，总结起来主要包括瑕疵物证、书证、瑕疵证人证言、瑕疵被告人供述、瑕疵辨认笔录等证据，司法解释同时也列举了哪些程序违法的瑕疵证据可以补正，并明确规定经过补正后的瑕疵证据可以采用。从司法解释的列举可以看出，瑕疵证据主要包括瑕疵的实物证据和瑕疵的言辞证据。司法解释中瑕疵言词证据的规定主要体现询问、讯问笔录出现程序性瑕疵。一旦讯问或询问笔录出现司法解释中的瑕疵，那么要如何补正？同样，对于司法解释中规定的瑕疵实物证据，主要体现在勘验、检查、搜查、提取笔录或者扣押清单或笔录上。那么对于瑕疵物证如何补正？我国目前的司法解释只是规定对于侦查人员存在程序性瑕疵的侦查行为，法院责令办案人员进行补正，或者给出合理解释。对于不能补正的瑕疵证据予以排除不得采用。至于如何补正，司法解释并没有明确规定。

（一）瑕疵言词证据补正规则

我国《刑事诉讼法》及其司法解释对非法证据排除规则做了明确的规定，具体包括排除的方式及其程序。但是有关瑕疵证据补正方式却没有明确规定。从言词证据的适用规则来看，对于言词证据，通常情况下必须在法庭上查证属实，法庭审查证据的方式主要是询问和质证。那么，根据言词证据的特点，一旦言词证据出现瑕疵，最好的补正方式就是通过重新询问或讯问的方式予以补正。但是，是否对所有的瑕疵言词证据都采用这种方式呢？如果对所有的瑕疵言词证据都采

---

① 陈瑞华 . 论瑕疵证据补正规则 [J]. 法学家，2012（2）.

用重新讯问或询问的方式并不符合诉讼经济和诉讼效率的理念，甚至可能造成司法资源的浪费。因此，对于瑕疵言词证据的补正方式可以区分为不同的情形：（1）如果瑕疵的言辞证据中存在较大的错误情形，如侦查人员的询问笔录或讯问笔录的错误已经影响到该讯问或询问笔录的真实性，那么对于此类瑕疵言词证据应当重新进行讯问或询问。（2）对没有必要重新讯问或询问的言辞瑕疵证据，可以由办案人员进行合理地解释和说明。这里所说的没有必要重新讯问主要是针对讯问笔录或询问笔录中出现一些手续性的程序瑕疵，如询问笔录没有填写询问人、记录人等情况。对于这种情况，可以由侦查人员进行合理的解释和说明。对于侦查人员做出合理的解释和说明的，必须采取书面的形式，由做出说明的侦查人员和被询问人和讯问人签字。

（二）瑕疵物证补正规则

与言词证据不同，物证本身具有客观性，基于物证的运用规则，对物证的审查主要是应注意物证是否被伪造，是否受环境影响而发生变化[①]。由于瑕疵物证与瑕疵的言辞证据也有所不同，因此，对于瑕疵的言辞证据与瑕疵的物证应遵循不同的补正规则：（1）对容易因为环境的变化而无法补正的瑕疵物证可以采取解释说明的办法。因为对于该瑕疵物证重新侦查已经不具备现实条件。由办案的侦查人员进行解释，就成为唯一的补正方式。如果侦查人员对该物证不能做出合理解释，那么就应当予以排除，该瑕疵证据就不能采用。对于经过补正的瑕疵证据，应当由做出补正说明的侦查人员签名。（2）对于瑕疵物证有伪造可能的情况，例如物证的照片、录像、复制品未注明与原件核对无异，无复制时间，或者无被收集、调取人签名、盖章的。对于这种情况如果存在伪造可能的情形，侦查人员必须证明该证据瑕疵属于一种疏忽大意的过失，只是一种记录笔录上的错误，一种工作上的失误。如果该侦查人员对该瑕疵物证不能做出解释的，该瑕疵物证应当予以排除，不得采用。

四、瑕疵证据补正之程序

我国2013年颁布的司法解释中并没有关于瑕疵证据补正的程序性规定。那么在审判程序中出现瑕疵证据如何排除，应适用哪种程序？此外，2012年10月

---

① 宋英辉，汤维建. 证据法学研究述评 [M]. 北京：中国人民公安大学出版社，2006：230.

16日修订的《人民检察院刑事诉讼规则（试行）》（以下简称《规则》）中仅有关于非法证据排除的相关规定，《规则》中并没有涉及有关瑕疵证据补正的相关内容。关于瑕疵证据的排除是否仅仅适用于审判阶段，在审查起诉阶段检察机关是否有权补正瑕疵据？

关于在审判阶段瑕疵证据补正的程序问题，有的学者提出了法院可以直接责令公诉方对相关瑕疵证据进行必要的瑕疵补正，这与我国法院多年来实行的法院责令检察官对侦查人员违反取证问题进行调查核实的惯例相吻合①。从目前我国的司法实践来看，这种做法无疑是符合我国司法现状的，但是这种责令公诉方对瑕疵证据进行补正的方式，必然导致案件的休庭或者是申请延期审理。从诉讼理念的角度来看，这种方式似乎有悖于法庭集中审理原则。同时，也必然造成诉讼的拖沓，不利于诉讼的效率。我国2012年修改的《刑事诉讼法》第187条明确规定了侦查人员可以出庭作证。在英国，警察作为控方的证人，接受控诉一方的传唤而出庭作证。在出庭作证的问题上，警察与其他普通证人负有同样的义务与责任②。因此，在法庭审理的过程中，如果出现瑕疵证据，法院可以传唤侦查人员出庭对瑕疵证据予以说明或解释，如果是瑕疵的言词证据，应当允许侦查人员同被告人或证人进行对质，法庭通过审查判断确认瑕疵已经治愈的，就可以做出采纳有关瑕疵证据的决定。对于无法补正或者难以治愈的瑕疵证据，法院可以做出将其排除于法庭之外的决定。当然，如果侦查人员拒绝出庭作证，对瑕疵证据也没有做出合理解释或说明的，法院只有保留直接排除瑕疵证据的权力，以维护司法的公正与权威。

此外对于在审查起诉阶段检察机关是否有权要求补正瑕疵证据的，目前我国法律并没有规定，有关瑕疵证据的补正主要立足于审判阶段。但是我国2012年《刑事诉讼法》第54条第二款规定"在侦查、审查起诉、审判时发现有应当排除证据的，应对依法予以排除，不得作为起诉意见、起诉决定和判决的依据"。这意味着我国的非法证据排除规则既适用于审判阶段，也适用于审前阶段。既然检察机关有权对审查起诉阶段的非法证据排除，那么赋予检察机关对瑕疵证据补正的权力也应是其应有之义了。从我国司法实践的现状看，也应该赋予检察机关对

---

① 陈瑞华. 论瑕疵证据补正规则 [J]. 法学家，2012（2）.

② 陈光中，宋英辉，顾永忠. 中华人民共和国刑事诉讼法修改条文释义与点评 [M]. 北京：人民法院出版社，2012：267.

瑕疵证据的补正权力。我国的司法机关是法院与检察院。检察机关的司法权力自然决定了对瑕疵证据的补正权力。那么在审查起诉阶段，如果发现瑕疵证据，检察院有权要求承办该案件的侦查人员对该瑕疵证据予以解释或者说明。如果侦查人员对该瑕疵证据做出合理的解释或者说明的，检察机关可以将该证据移送审查起诉；如果侦查人员对该瑕疵证据不能做出合理解释或说明的，检察机关有权将该瑕疵证据予以排除。

五、瑕疵证据补正之限度

无论是非法证据排除规则还是瑕疵证据的补正规则都具有存在的合理性，在西方国家有关证据的合法性问题的争议，一般都是做出排除或不予排除的决定，两个《证据规定》和司法解释中关于瑕疵证据的规定是我国法律所独有的，这也是我国司法实践的必然选择。尽管如此，在理论上分析研究瑕疵证据时也不能不对瑕疵证据有可能产生的负面作用予以重视。即应对瑕疵证据的适用做出一定的限制。首先，对瑕疵证据补正一定要限制在极其轻微的程序违法方面。例如，我国法律明确规定，以非法手段取得物证或书证，可能影响公正审判的，应当予以排除，而不应再给予补正的机会。如果再给予补正的机会，那么非法证据和瑕疵证据的区分就没有了意义。此外，对于司法实践中一些容易伪造的证据，如询问笔录，在适用瑕疵证据补正规则的时候，其补正的方式也应该受到一定的限制，即应当由侦查人员出庭对询问笔录进行解释或者说明。如果侦查人员拒绝出庭，这类瑕疵证据就不应该再通过其他方式予以补正，而应当直接加以排除，不能采用。

两个《证据规定》对于不能补正的瑕疵证据并没有规定明确的法律后果。但是在2013年颁布的司法解释中对不能补正的瑕疵证据直接规定了不得作为定案依据的程序性制裁后果。这种程序性制裁措施无疑对那些不能补正的瑕疵证据是最好的限制，是立法的一大进步。

证明责任的分离与融合 ①

内容摘要：证明责任居于证据法学的核心地位。证明责任概念体系和责任分配体系的演变，既有公平、正义的理念基础和政策、利益、价值等的权衡，又有诉讼模式、立法模式、审判方式、诉讼构造等的制度性因素影响。随着各国法律文化的交流与发展，相互借鉴与融合是必然的发展趋势，而且两大法系国家证明责任制度与学说理论已经出现了从分离走向融合的态势。

关键词：分离　融合　证明责任　原因

证明责任主要涉及两大问题：一是证明责任的范畴，主要研究证明责任的概念体系及其相互关系与功能价值。二是证明责任的分配，这是研究证明责任的目的和意义所在。证明责任分离与融合的发展轨迹在证明责任这两个方面都得到了体现。分离既有新生概念与新生学说的分离，也有概念体系内部的分离和学说的更新分离；融合则指不同概念的相通性和学说的共识性。证明责任分离和融合的表象揭示着背后法律制度变迁与发展的规律。

一、证明责任的分离

（一）客观证明责任与主观证明责任

传统证明责任理论认为，证明责任是诉讼层面问题，是解决司法证明过程中证明对象在证明主体间的分配问题，研究的视角是当事人。客观证明责任概念的

---

① 此文原载《人民检察》2011年第15期，与吕泽华合作。

提出，将证明责任的研究视角从当事人转移到了裁判视角，从证明责任的当事人间的分配研究转入到了更深层次的风险分配的原因探析，从而使证明责任由诉讼层面进入了实体层面，证明责任研究开辟了新的研究领域，进而建立了以客观证明责任风险分配为核心的现代证明责任理论体系。

人类司法裁判模式经历了神明裁判、法定裁判和自由心证三种模式。当司法裁判方式进入到自由心证模式后，事实真伪的裁判权就由万能的神、法的意志传递给了司法裁判者的理性和良知。此时，具体条件下特定个体认识能力的相对性、认识手段的局限性，在司法证明"证据裁判规则"的约束下，司法裁判者"心证用尽"之后，对事实的认知会出现真、伪和真伪不明三种心理状态真和"伪"的状态，事实清楚，但是，当陷入真伪不明的心理状态时，裁判者将面临是否适用实体规范进行司法裁决的两难困惑。此时，诉讼的败诉风险应由哪一方承担，就成为司法裁判必须面对的现实问题，客观证明责任的观点应运而生。客观证明责任保障了当事人请求司法裁决的权利，是法官司法裁判的辅助手段，同时，因为客观证明责任是裁判规范，所以不管是什么样的诉讼程序，也无论证明法如何构造，甚至也不管适用什么样的诉讼原则，都可能面临客观证明责任问题[①]。这样，客观证明责任就既与"证明"无关，也与"责任"无关，而是克服真伪不明与分配不利后果双重功效的裁判规则。从而客观证明责任拓展了传统认识的"证明责任"范畴，由诉讼证明领域进入到司法裁判的实体法领域。因为真伪在不明状态下，不利于后果的分配规范，这直接决定着诉讼当事人的实体利益，所以，在辩论主义诉讼模式下，客观证明责任就对当事人的主观证明责任分配具有了投射效应，即客观证明责任是主观证明责任的诉讼投影，意味着从证明责任判决的后果中派生出了（抽象的）提供证明责任或者主观证明责任。

（二）主观抽象的证明责任与主观具体的证明责任

主观证明责任具有双重内涵——主观抽象的证明责任与主观具体的证明责任，一般两者是统一的，"在诉讼程序开始之时主观抽象的证明责任和具体的证明提供责任二者一定是相符的。当法官形成了临时的心证，导致证明法上的出发点发生转移时，二者才可能出现分离。"主观抽象的证明责任即是一种证明的压力，在具体的诉讼中就是具体的证明责任的展开，当法官进行证明评价，获得临

---

① 普维庭．现代证明责任问题 [M]．吴越，译．北京：法律出版社，2006：12．

时的心证时，则一方的证明完成，相对方就产生了证明的必要，需要提出反驳或否认，并进行诉讼证明，这种在具体诉讼中不断转移的证明责任即是主观具体的证明责任。当证明的最后，要件事实仍然真伪不明时，承担主观抽象证明责任的一方则需要承担败诉的风险。此时，主观抽象的证明责任和客观的证明责任就发挥了风险分配的裁判效果。主观抽象的证明责任具有法定性、唯一性、不转移性的特点，而具体的证明责任则会随着法官证明评价的发展而不断地进行转移。但是，无论是主观抽象的证明责任还是主观具体的证明责任都是在辩论主义诉讼模式下的证明责任分配，脱离了辩论主义，则主观证明责任在诉讼证明上的意义就大打折扣。

（三）提供证据责任与说服责任

不同于大陆法系主观证明责任和客观证明责任的分类，英美法系的证明责任包括两种含义：一是提供证据责任，又称为"证据责任""用证据推进的责任"或"通过法官的义务"，它是提出某项证据使自己的主张成为争议点的责任；二是说服责任，又称"法律责任""证明负担"，它是指由主张一方提出证据说服陪审团裁判己方主张为真的责任。提供证据责任与说服责任的证明责任分层理论是与英美法系国家特有的审判模式相适应的证明责任分类方式。在英美法国家，其审判模式实行二元庭审模式，事实审判由陪审团来裁决，而进入事实审的案件要通过法官在证据和法律两方面的严格过滤，即当事人的事实主张要得到最后的胜诉裁判，要经过两道关口：一个是由法官把持的"争点成立"的关口，一个是陪审团的胜诉审判关。提供证据责任是通过法官的责任，主张方必须通过提交证据达到使法官相信其主张可以有效成立，可以提交陪审团进行审判，否则，相对方无须提供证据即可主张法官驳回其诉讼主张。

说服责任是一方当事人的证明责任，是说服事实裁判者或法院建立确信心证的责任，否则，将承担诉讼不利的败诉效果。说服责任是抽象的证明责任，是证明到诉讼证明标准的责任要求，专属于具有最终说服责任的一方当事人，并不发生转换的问题。提供证据责任是具体的证明责任，会随着诉讼进程的发展而在当事人之间发生转移。诉讼之初，说服责任和提供证据责任往往是一致的，但随着诉讼的进程，提供证据责任在当事人之间进行转换，而说服责任则由负担说服裁判者的一方当事人承担。在英美法系的证明责任理论体系中，笔者并未发现真伪不明的风险分配的证明责任，可感悟到的是说服不了裁判者的败诉风险的承担，所以，说服责任更像大陆法系的主观抽象的证明责任，而提供证据责任更似主观具体的证明责任。当然，说服责任如果从结果意义来看，和客观证明责任的抽象风险分配具有异曲同工之处。

（四）分离的原因探析

两大法系证明责任概念体系、分配方式上的分离有着法律制度文化的背景原因，归结起来有以下几点。

1. 诉讼模式的差异。诉讼模式具有代表性的主要有两种：一是当事人主义的诉讼模式；二是职权主义诉讼模式。不同法系的国家会倾向不同的诉讼模式，一般地，大陆法系国家多采行职权主义诉讼模式，而英美法系国家多采用当事人主义诉讼模式。同时，就不同的诉讼类型而言，也有不同的诉讼构造，比如同是大陆法系国家，刑事诉讼多采行职权主义诉讼模式，而民事诉讼则更倾向于当事人主义诉讼模式。这种诉讼模式上的区别会对证明责任体系和分配模式产生重要影响。学者们普遍认为，证明责任是与辩论主义（对抗主义、当事人主义）诉讼原则密切相关的，即只有在当事人之间进行的、平等主体对抗的庭审模式下，才有真正的证明责任。而在职权主义（调查主义，指令主义）诉讼构造下，则不存在纯粹意义上的证明责任，因为此时法官并不处于当事人主义模式下的中立状态，法官有查明事实真相的义务，检察官有客观公正义务，也有查明事实真相的义务，这些职权探知义务代替了诉讼主张不成立或者不能证明的不利后果的败诉风险，成为事实查明的原动力，所以职权主义诉讼模式下是不存在证明责任的，有的是证明的协助义务[①]。但是，客观证明责任的发现，却摆脱了诉讼模式的限制，成为统一适用的证明责任类型，因为无论何种诉讼类型，只要采行自由心证裁判模式，那么在诉讼终结之时对事实的证明都会出现真、伪和真伪不明三种，不同的心证状态。因为"只要有真伪不明的存在而法官又必须裁判，与此相应的客观证明责任在各个程序中就是必需的。"[②]

2. 审判方式的区别。不同的审判方式也会对证明责任制度产生影响。英美法系国家采行陪审团审判模式，为保障陪审团审判能在规范的审判模式下进行，需要对证据规格、证明方式进行严格的限定，实行法官的庭审把关制度，这样就产生了双重的证明过程——说服法官的当事人"主张成立"的证明责任，以使法官

---

① 林钰雄. 严格证明与刑事证据 [M]. 上海：学林出版社，2002：58.

② 普维庭. 现代证明责任问题 [M]. 吴越，译. 北京：法律出版社，2006：60.

能将当事人的主张提交陪审团审判；说服陪审团地避免败诉风险的说服责任。所以，英美法系产生了"主张成立"的提供证据责任和避免败诉后果的说服责任证明责任的分离。这种证明责任的分类方式也有别于大陆法系法官裁判的审判方式下的主观证明责任和客观证明责任，以及主观抽象证明责任和主观具体证明责任的分类方式。

3. 成文法和判例法的立法模式区别。成文法和判例法是两大法系不同的立法模式。成文法具有稳定性、统一性和可预测性的特点，其以一般性的法律规范形式解决司法实际中的具体案件，法官进行司法裁决是一个查找法的过程，即一个三段论式的法律适用过程。判例法则是一个法官造法的过程，针对多样性的个案裁判实现司法的公正。这种不同的立法模式，必然影响到证明责任的相关法律问题，比如证明责任分配的各种学说和实务操作。"规范说""法律要件分类说""要件事实说"等就是以成文法为特色的大陆法系国家证明责任分配理论的表现和司法实务现实。因为证明责任分配的基本要素和公平、正义理念在立法者立法过程中融入了法规之中，司法过程则是一个分析法律规范，寻找证明责任分配的过程。这保证了证明责任分配的统一性、稳定性和可预测性，实际是法律形式化的证明责任分配方式。英美法判例制度，追求个案中的实质公正，法官拥有更高的法律地位与权威，可以通过具体个案"立法"。在法官造法的过程中，实质公正的理念将具有更为重要的意义，实质的公平、正义思想成为法官适用法律的理念保障。在证明责任分配问题上，这些影响证明责任分配的因素和公平、正义，价值、政策的个案权衡与利益衡量就成为根本性的指导原则。所以，英美法系的证明责任分配是实质分配的分配方式。这也就造成了成文法和判例法不同的证明责任分配方式的分离。

二、证明责任的融合

从大陆法系和英美法系证明责任的历史发展脉络看，其分离的历史进程是久远的，形成了各自不同的证明责任分配方式。但两大法系证明责任分配分离中体现着统一，分离发展中有着走向融合的趋势。

（一）证明责任分配的基本理念具有共通性

实质的公正，司法的公平与正义是法律永恒的主题，证明责任分配也不例外，其各种学说观点，无不透露着最深层次的公平、正义价值。大陆法系证明责任分配具有历史代表性的学说——"规范说",虽然是以立法规定的法律规范进行形式化的证明责任分配,但法律规范的制定是立法者基于各种影响证明责任分配的要素进行综合衡量后的结果,只是成文法的法系传统,造就了其法律指导性、可预测性和统一性的法系特征,从而表现在证明责任分配上,需要法官找法,从法律规范中发现证明责任分配的基本规律。英美法系实质分配的形式,综合衡量各种证明责任分配要素,同样隐含着基本的法律价值和政策的比较和权衡。因此,公平和正义是两大法系证明责任分配具有共通性的根本理念。

（二）证明责任性质功能上的统一性

大陆法系采行的客观证明责任与主观证明责任和抽象证明责任与具体证明责任的分类方法,认为证明责任问题不仅仅是诉讼领域的问题,而且是实体法领域的裁判规范,以不利益后果的败诉风险贯穿整个诉讼证明活动中的证明责任分配。英美法系提供证据责任和说服责任的分层理论,也具有等同于大路法系主观和客观证明责任的性质与功能[①],即说服责任具有客观证明责任的风险分配的意蕴和实体裁判上的不利风险分担意义,而提供证据责任具有主观证明责任的诉讼证明责任分配的性质功能。当然,也有学者提出"英美法系的说服责任与大陆法系的抽象的主观证明责任有一定的对应性,英美法系的提供证据责任与大陆法系的具体的主观证明责任具有部分的对应性[②]。"无论如何,虽然两大法系证明责任的分类方法有别,各种类型证明责任的性质和功能有差异,但基本的裁判功能和抽象与具体的证明责任的性质和功能还是具有相通性的。而且,两大法系学者已就提供证据责任属于证明责任的派生或"投影"基本达成共识。

（三）证明责任分配趋向融合

这是证明责任融合的最突出的表现。当代两大法系证明责任分配正在相互吸收与借鉴,在分配的学说观点上逐步走向融合。就当代大陆法系证明责任分配而言,"在证明责任分配的理论研究方面出现了两种倾向:一种是主张全部放弃规范说的概念法学方法,不再维持统一、抽象的形式标准,改从利益衡量、实质公平、危险领域和实质分担等更加具体化和多元化价值的角度,解决证明责任分配问题;另一种是主张在坚持规范说的立场的前提下,对之进行合理地修正,并对现代社会发生的特殊法律问题,如公害诉讼、交通事故、产品质量诉讼等特殊的

---

① 陈刚 . 证明责任法研究 [M]. 北京:中国人民大学出版社,2000:215.

② 孙锐 . 大陆及英美法系证明责任制度比较 [J]. 山西省政法管理干部学院学报,2006（3）.

证明责任分配问题，另外确立具体公平的分配规则，而不能墨守规范说的分配方法……前一种立场的代表性学说是危险领域说，后一种立场的代表性学说有盖然性说和损害归属说。"① 大陆法系国家在证明责任分配上有从形式分配向实质分配转换的趋势。而在英系法系国家，随着判例的丰富，经验的积累，成文法证明责任分配所具有的统一性、稳定性、可预测性等优点，逐渐被重视，其证明责任分配向形式化方向借鉴的趋势十分明显。

（四）融合的原因探析

当代社会信息交流的便捷，不同文化的相互借鉴与融合成为历史发展的必然趋势。正如不同法系国家诉讼模式、诉讼构造、庭审方式等的差异塑造了各异的证明责任制度文化一样，两大法系法律制度与文化的相互融合成为证明责任融合的重要原因。

1. 共通的法理基础是融合的根本原因。公平和正义是法律永恒的主题，也是指导证明责任法律制度构建的法理基础。无论是以"法律要件分类说""规范说"为代表的法律形式化的证明责任分配学说，还是以"利益衡量说"为代表的证明责任影响要素个案权衡的实质分配学说，它们都有共同的法理基础，那就是追求证明责任分配的公平与正义。无论是以立法者制定的成文法为证明责任分配的规范基础，还是以司法裁判者创造的个案证明责任分配规则，在证明责任分配活动中都以追求实质的公正为最高目标，都会对影响证明责任分配的各种利益要素进行权衡，做出综合判断。区别就在于一个是立法形式的责任分配方式，一个是司法形式的分配方式。立法分配方式具有预先指导性、统一性和稳定性，但缺乏灵活性和个案适用的动态公平；司法分配方式是个案的、具体的、不稳定的、相对不统一的，但是其具有动态的、现实的、个案性的公平。有学者对两大法系证明责任分配理论的共同性表现归结为三个方面。首先，证明责任分配追求的最高理念是实现法的正义。其次，证明责任分配必须符合诉讼公平的要求，即证明责任分配必须符合保障当事人诉讼地位平等这一诉讼程序基本原则。最后，证明责任分配要符合诉讼制度目的的需要②。

2. 共同的法律问题是融合的内在原因。客观证明责任理论的出现，将证明责任问题引入到了实体法领域，进入了司法裁判者的司法裁量活动中。共同的裁判

① 吴宏耀，魏晓娜. 诉讼证明原理 [M]. 北京：法律出版社，2002：366.
② 陈刚. 证明责任法研究 [M]. 北京：中国人民大学出版社，2000：224.

问题，共同的自由心证的裁判方式，面对共同的事实裁判的"真伪不明"问题，必然有了共同的客观证明责任问题。无论是职权主义的诉讼模式还是当事人主义的诉讼模式，无论是法官审判方式还是陪审团审判方式，真伪不明都是其自由心证用尽后的一种可能的心证状态，此时如何裁判，即客观证明责任解决的问题。这个共同的问题，将证明责任的分配引入了共同的话题之中。同样，在诉讼证明领域的诉讼程序活动中，证明责任如何在当事人之间进行合理分配，也是一个共同的话题。虽然证明责任的概念体系有多样的分类方式，责任分配的学说有各异的表述，但仅仅是分类认识的角度有差别，责任分配的对象仍是诉讼构造中双方当事人，共同的问题是如何在两者之间合理地进行证明责任分配。

3. 诉讼模式的趋同是融合的基础原因。当事人主义诉讼模式和职权主义诉讼模式是学界对诉讼模式分类的基本形式。这两种模式具有典型性和代表性，但现实世界中完全符合哪一种模式的国家甚少，更多国家的诉讼模式往往是两者的融合只是有所侧重而已，大陆法系国家更倾向于职权主义诉讼模式，而英美法系国家更多表现为当事人主义诉讼模式。现在，许多国家和地区都在吸收借鉴他国和地区诉讼制度与文化中的有益元素，比如日本、意大利以及我国台湾地区将两种模式有机融合在一起，成为混合式诉讼模式的代表。这种诉讼模式的融合趋势必然带来证明责任法律文化制度上的吸收借鉴与融合发展。

4. 立法方式的结合是融合的形式条件。传统的大陆法系国家以成文法为其立法特征，这种立法方式带来的法官裁判方式就是"适用法型诉讼"，证明责任的分配体现在法律规范之中，形成了"法律要件分类说""规范说"等法规出发型证明责任分配。而英美法系国家实行判例法，是一种法官造法的立法模式，法官裁判方式是"形成法型诉讼"。这样，证明责任的分配体现在法官基于法律理念和利益权衡的司法判例之中，形成的证明责任分配的学说必然是"利益衡量说"类学说。目前，两大法系国家和地区都在反思各自立法方式上的不足之处，进行借鉴性立法改革。

综上所述，从证明责任分离与融合的历史发展轨迹，可以探寻其理论体系发展的基本脉络和变迁的制度文化背景因素。公平、正义的观念是证明责任理论体系永恒的指导思想；利益衡量原则是责任分配的根本依据。无论在何种证明责任分配模式下，这些思想和原则都将浸润到责任分配的立法规范和司法适用之中。

不能说成文法的稳定性、统一性、预先指导性就比判例法动态性、现实性、个案实质公正性更优越，反之亦然。诉讼模式的发展变化、诉讼制度、诉讼构造、审判方式、立法模式的发展都有其各自国家和地区的制度、文化、经济、政策等深层次原因。历史的前进，文化交流的频繁，不同法系之间相互融合与借鉴，将会有力地推动证明责任制度的发展。而具体的证明责任制度构建则需要各个国家和地区理论与实务界的有识之士共同探索与钻研，探寻既反映时代特征又符合各自实际的证明责任分配之路。

刑事证据的定量分析 [①]

内容提要：本项研究采取调查问卷方式，选取我国东西南北中有代表性的7个直辖市和省会城市的基层、中级和高级法院刑庭的法官作为调查对象，对我国当前刑事审判实践中涉及刑事证据的证明力、刑事证据的认定、证明责任、证明标准等问题进行定量分析。以期发现我国的刑事法官对于刑事证据的审查判断与其年龄、文化程度、审判年限、办理案件数量等因素之间的相关性，并且得出结论：应当从影响刑事法官认定证据的各种主客观因素着手，增强司法实践中刑事证据运用的科学性与合理性。

关键词：刑事证据　定量分析　证据运用

刑事证据是刑事诉讼的核心问题"必然要体现刑事诉讼的法律价值：程序公正与诉讼效益。"[②] 在现代司法奉行证据裁判主义的情况下，对于案件事实的认定只能依赖于各种刑事证据。而证据采信的主体为法官，他们对于刑事证据的认知直接决定了对各类证据的审查和判断以及各种证据规则的具体运用，进而决定了案件的走向和最终的处理结果。因此，通过法官的视角观察和审视证据、研究法官对于各类证据的观点与态度具有重要的理论与实践意义。

本项研究采取调查问卷方式，样本分别选取北京、上海、广州、哈尔滨、济南、武汉、昆明7个直辖市和省会城市的三级法院（基层法院、中级法院和高级

---

① 此文原载《法学评论》2014年第1期。

② 张昊. 也论刑事证明标准的确立 [J]. 法学评论，2001（5）.

法院）的千余名刑事法官（包括从事刑事审判工作的书记员 ① ）作为调查对象。由于样本的选取反映了一定的地区差异，又考虑到了法院系统内部基层、中级和高级法院之间的差别，因而样本具有一定的代表性。问卷题目涉及刑事证据的证明力、刑事证据的认定、证明责任、证明标准等问题，既有对我国刑事审判实践的考察，又有对刑事证据理论的思考。大体上反映了我国刑事审判人员对于刑事证据的基本观点和态度。由于此次问卷调查取得了当地法院系统领导的大力支持与调查对象的广泛配合，因此，调查取得了良好的效果。此次调查共发放问卷千余份，回收968份，有效问卷回收率达到95% 以上。课题组成员对回收的调查问卷进行了整理，并利用SPSS（Statistical Package for the Social Sciences）统计软件对数据进行了统计分析，从而获得了部分具有启发意义的结论，现将有关的统计结果及分析结论阐释如下。

一、刑事证据的证明力

所谓证明力，即证据的证明能力、证据价值，是指证据对案件事实的证明是否有作用以及作用力的大小的程度②。理论界对刑事证据证明力特别是对证明力与证据能力的关系问题研究较为深入③，但是现行法律对于不同证据的证明力大小及不具备法定证据形式的其他证据材料是否可以作为定案的根据均没有做出明确的规定。那么，刑事司法实践中的情况又是如何？下面通过调查对象对于各类证据的接触、采纳和认知情况分别予以说明。

1. 关于法定证据的证明力问题。就法定证据的证明力而言，本次调查将其由强到弱划分为五个等级，即很强、较强、一般、较弱和很弱（变量取值分别为1–5）。表1即为统计结果，根据各证据证明力的均值可知，不同证据的证明力由强到弱分别为：物证（1.28）＞鉴定结论（1.44）＞勘验、检查笔录（1.54）＞书证（1.6）＞证人证言（2.18）＞视听资料（2.22）＞被害人陈述（2.25）＞被告人供述和辩解（2.64）。

---

① 由于在司法实践中，部分书记员实际上行使着审判人员的相应职权，因而将其称为广义上的"审判人员"。

② 卞建林 . 证据法学 [M]. 北京：中国政法大学出版社，2002：52.

③ 宋英辉 . 刑事诉讼法学研究述评 [M]. 北京：北京师范大学出版社，2009：537–538.

表 1 证据证明力强弱的统计重

	物证的证明力	书证的证明力	证人证言的证明力	被害人陈述的证明力	被告人供述和辩解的证明力	鉴定结论的证明力	勘验、检查笔录的证明力	视听资料的证明力
N 有效	912	903	913	913	913	919	909	876
缺失	56	65	55	55	55	49	59	92
均值	1.28	1.60	2.18	2.25	2.64	1.44	1.54	2.22

司法实践中法官所接触和采纳证据情况，根据个案百分比统计，其中接触较多的证据分别为：证人证言（91.5%）＞被告人的供述和辩解（84.2%）＞被害人陈述（83.3%）＞鉴定结论（83%）＞书证（77.9%）＞物证（73.4%）＞勘验、检查笔录（73.2%）＞视听资料（26.7%）；而采纳较多的证据分别为：证人证言（85.3%）＞鉴定结论（84.5%）＞物证（75.9%）＞书证（73.7%）＞被害人陈述（73%）＞勘验、检查笔录（71.3%）＞被告人的供述和辩解（69.1%）＞视听资料（24.3%）。

从上述统计结果可以看出，总体而言，实物证据的证明力强于言词证据，这也符合实物证据具有较强的客观性，而言词证据具有较强的主观性这一客观规律；司法机关及其委托的人员所制作的公文性书证（鉴定结论、勘验、检查笔录）较一般的书证具有更强的证明力；与案件具有利害关系的人员所提供的证据（被害人陈述、被告人的供述和辩解）证明力较弱。从司法实践中各类证据的采纳情况来看，法官采纳较多的是证人证言和鉴定结论这两类言词证据。这主要是由于这两类证据较其他证据形式更为常见，而且，证人和鉴定人通常与案件无利害关系，大都能够保持客观中立的立场，其所提供的证据也具有更高的可信度。同时，物证、书证等虽然在实践中较为少见，但其作为实物证据比言词证据更容易被法官所采纳。

2. 关于法定证据种类以外的其他证据材料是否可以作为定案的根据问题。1996年《刑事诉讼法》第42条第二款规定："证据有下列七种：（一）物证、书证；（二）证人证言；（三）被害人陈述；（四）犯罪嫌疑人、被告人供述和辩解；（五）

鉴定结论;(六)勘验、检查笔录;(七)视听资料。"① 所谓法定的证据种类,是指表现证据事实的各种外部表现形式,在法律上对证据所进行的划分。通常认为,这些证据种类的规定具有法律上的约束力,只有符合上述法律规定形式的证据材料,才能够作为定案的根据。对于我国法定证据种类的上述划分方式,理论界有着不同的看法,提出了许多对法定证据种类进行立法完善的建议②。调查问卷中列举了五种较为常见的证据形式:辨认笔录;侦查实验笔录;心理测试结论;电子邮件、数据签名、电子合同;公安交警部门关于交通肇事责任认定书。调查结果显示,大部分审判人员认为辨认笔录和交通肇事责任认定书可以作为定案的根据,其比例分别为34.2%和31.5%;而较少人认为心理测试结论可以作为定案的根据,其比例仅为2.3% 居中的侦查实验笔录和电子合同、邮件、数据签名则分别为42.7%和34.6%。

二、刑事证据的庭前移送

刑事案卷的移送方式决定着审判人员庭前审查的范围以及能否对其产生庭前预断的效果。对于案卷的移送方式而言,我国1996年《刑事诉讼法》既未要求全案移送,也没有实行起诉状一本主义,而是采取了折中的做法,即"对于起诉书中有明确的指控犯罪事实并且附有证据目录、证人名单和主要证据复印件或照片的,应当决定开庭审判。"③ 其主要目的在于既保证诉讼效率,又可防止法官的预断。然而,根据统计结果显示(表2),对于检察机关移送的主要证据复印件或照片能否对审判产生庭前预断的效果,大部分审判人员(53.3%)不

---

① 我国2012年刑事诉讼法第48条第二款规定:"证据包括:(一)物证;(二)书证;(三)证人证言;(四)被害人陈述;(五)犯罪嫌疑人、被告人供述和辩解;(六)鉴定意见;(七)勘验、检查、辨认、侦查实验等笔录;(八)视听资料、电子数据。"根据这一规定,法定的证据种类发生了较大的变化。由于本次调查发生在刑事诉讼法修改之前,问卷主要针对1996年《刑事诉讼法》所规定的证据种类,选取了未被该法包括进去的五种证据形式进行调查。

② 宋英辉.刑事诉讼法学研究述评[M].北京:北京师范大学出版社,2009:559-561.

③ 我国2012年《刑事诉讼法》第172条规定:"人民检察院认为犯罪嫌疑人的犯罪事实已经查清,证据确实、充分,依法应当追究刑事责任的,应当做出起诉决定,按照审判管辖的规定,向人民法院提起公诉,并将案卷材料、证据移送人民法院。"这一规定表明,我国现行《刑事诉讼法》采取的是全案移送方式。全案移送有利于法官控制法庭审判,引导和推进审判进程,因而法庭审判必然是高效率的。但是全案移送也存在弊端,一是使得审判法官事先就接触案卷材料和证据,有可能对案件产生预断,使随后的庭审流于形式;二是带来诉讼结构的不平衡,控诉方可以利用案卷材料影响审判,使本来力量强大的控诉方在审判中依然保持强势,控辩双方权利失衡,不利于保护人权,尤其是被追诉人的人权。

置可否，具有明确态度的人中，持肯定和否定观点的法官也大体相当（分别为23.7%和23%）。

表2　主要证据复印件或照片能否产生预断的效果

		频率	百分比	有效百分比	累计百分比
有效	能	221	22.8	23.7	23.7
	不一定	496	51.2	53.3	77.0
	不能	214	22.1	23.0	100.0
	合计	931	96.2	100.0	
缺失	系统	37	3.8		
合计		968	100.0		

表3　认定证据主要渠道的频率

		响应		个案百分比
		N	百分比	
认定证据的主要渠道	庭前阅卷	438	23.1	46.9
	开庭质证	827	43.5	88.6
	庭后阅卷	391	20.6	41.9
	自行调查核实	168	8.8	18.0
	主管领导审批或审委会决定	75	3.9	8.0
总计		1899	100.0	203.5

然而，"检察机关是否有必要在庭前移送全部案件材料"，根据统计，有71.7%的人认为有必要。对于其主要理由，大部分人（35.1%）认为，这样可以使法官对全案证据有整体地了解和把握，而这种对于证据的了解与把握必然会产生预断的效果。由此可见，审判人员对于能否产生预断的效果不置可否的态度，可能是由于其对自身难以做出客观评价的结果。

三、刑事证据的质证与认证

质证与认证是刑事审判的中心环节。根据2012年《刑事诉讼法》第48条规定："证据必须经过查证属实，才能作为定案的根据。"然而，审判人员对于证据的不同态度及其认证方式直接决定了证据能否被采信。

（一）刑事证据的认证方式

我国法律规定，作为定案根据的证据应当经控辩双方的当庭质证，但合议庭对证据有疑问的，也可以对证据进行调查核实。由此可见，我国法律所明确的认证方式是以当庭质证为主，辅以必要的调查核实。然而，司法实践中认定证据的途径又不仅仅局限于这两种。

1.大多数情况下是通过开庭质证方式认证证据。根据表3所示，大部分审判人员（43.5%）是通过开庭质证的方式对证据加以认定，自行调查核实证据以及通过主管领导审批或审委会决定的情况很少发生，其比例仅为8.8%和3.9%。但是，仍有相当比例的审判人员是通过庭前阅卷和庭后阅卷的方式来认定证据，其比例分别为23.1%和20.6%。根据表4显示，多数审判人员（63.9%）认为，控辩双方围绕证据问题展开的举证、质证和辩论仅对裁判具有一定的影响，而非决定性影响。

表4 控辩双方的举证、质证和辩论对裁判结果

		频率	百分比	有效百分比	累计百分比
有效	A. 具有决定性影响	293	30.3	30.8	30.8
	B. 具有一定影响	619	63.9	65.1	95.9
	C. 没有什么影响	39	4.0	4.1	100.0
	合计	951	98.2	100.0	
缺失	系统	17	1.8		
合计		968	100.0		

另外，通过对以上数据进行相关性分析可以发现，审判人员的文化程度、法律职称、每年的办案量和认定证据的不同途径与方式之间具有显著的相关性。具体而言，审判人员的文化程度越高，越偏向采用自行调查核实证据的方式；审判人员的法律职称越高，越倾向于采取主管领导审批或者审委会决定的方式。虽然控辩双方的举证、质证和辩论对于裁判结果的影响随着办案量的增长而愈加明

显，但办案数量的增加也使得审判人员更趋向于采用开庭质证和庭后阅卷的方式，且较少自行调查核实证据，这可能是由于办案压力所致。

表5　如何使用庭外自行调查所获得的证据

		频率	百分比	有效百分比	累计百分比
有效	经过控辩双方的质证以后，再决定是否将其作为定案的根据	699	72.2	75.9	75.9
	在告知控辩双方调查结果的情况下，自行决定是否将其作为定案的根据	161	16.6	17.5	93.4
	直接自行决定是否将其作为定案的根据，而不告知控辩双方调查结果	61	6.3	6.6	100.0
	合计	921	95.1	100.0	
缺失	系统	47	4.9		
合计		968	100.0		

2. 关于庭外自行调查核实证据的方式及其所获得证据的使用情况。根据表5统计，多数审判人员（75.9%）是经过控辩双方的质证以后，再决定是否将其作为定案的根据，不告知控辩双方调查结果而直接自行决定是否将其作为定案的根据的情形也比较少见（6.6%）。

（二）言词证据的审查与判断

证人证言、鉴定结论、被告人的供述和辩解等言词证据是刑事审判中出现较多的证据形式，审判人员需要对其进行审查与判断，而且他们对于这些言词证据的观点与态度对于案件事实的认定具有重要作用。

1. 关于出庭作证问题。理论界不仅研究了证人出庭作证的理论依据问题[1]，而且深入阐述了证人出庭作证的意义[2]，更有学者从反面指出了证人不出庭作证的主

---

① 证人出庭作证的理论根据，具体为：证人出庭作证是审查判断证人证言的需要；证人出庭作证是司法礼仪的需要；证人出庭作证是被追诉方行使质证权的需要。

② 证人出庭作证的意义在于：证人出庭作证使控辩双方拥有对证言审查的对等机会，有利于控辩双方进行质证，行使交叉询问的权利，保障了程序的公平与公正；有利于法院对证据进行严格审核及认证，当庭完成判断证言真实性、可靠性的采证活动，提高了诉讼的效率。

要危害①。不过，从实践中的调查情况来看，虽然证人证言和鉴定结论是审判人员采纳最多的证据形式，但在具体采信过程却存在着不同的影响因素。就作证方式而言，证人和鉴定人一般不出庭接受控辩双方的交叉询问，而是通过提供书面证言的方式作证。绝大多数案件（85%）的证人出庭率为5%以下。

从表6、表7和表8中可以看出，大部分人（64.3%）认为，证人和鉴定人不出庭作证，辩护方的质证效果会受到一定影响或明显影响；更多的人（38.2%）认为，证人的当庭证言比询问笔录更为可信；也有较多的人（50.7%）对"如果询问笔录或鉴定结论的真实性、可靠性能够得到充分保障，那么证人和鉴定人就没有必要出庭"这一观点持反对意见。由此可见，大部分审判人员对于证人、鉴定人出庭作证仍持积极肯定的态度。

表6 证人和鉴定人没有出庭作证，辩方对证人证言笔录或鉴定结论质证效果受到的影响

		频率	百分比	有效百分比	累计百分比
有效	A. 受到明显影响	87	9.0	9.1	9.1
	B. 受到一定影响	528	54.5	55.2	64.3
	C. 基本不受影响	320	33.1	33.5	97.8
	D. 完全没有影响	21	2.2	2.2	100.0
	总计	956	98.8	100.0	
缺失	系统	12	1.2		
总计		896	966	100.0	

---

① 证人不出庭作证的主要危害有：证人不出庭作证违反了《刑事诉讼法》的规定，损害了法律的权威；破坏了刑事诉讼中贯彻直接言词审理原则；使立法者加大庭审中控辩对抗力度的立法旨意无法实现；使法官委难查明案件事实真相，影响了他们做出公正的判决；必然造成对证人证言进行书面审的局面。

表7　讯问笔录与证人当庭证言，哪个通常更为可信

		频率	百分比	有效百分比	累计百分比
有效	讯问笔录	262	27.1	27.5	27.5
	二者旗鼓相当	327	33.8	34.3	61.8
	证人的当庭证言	364	37.6	38.2	100.0
	总计	953	98.5	100.0	
缺失	系统	15	1.5		
总计		896	968	100.0	

表8　如果询问笔录或鉴定结论的真实性和可靠性能够得到保障，证人或鉴定人就没有必要出庭作证

		频率	百分比	有效百分比	累计百分比
有效	A. 赞成	472	48.8	49.3	49.3
	B. 反对	485	50.1	50.7	100.0
	总计	957	98.9	100.0	
缺失	系统	11	1.1		
总计		896	968	100.0	

通过进一步分析发现，上述现象和观点同审判人员的年龄、文化程度、办案数量具有一定的相关性。即随着审判人员年龄的增长和每年办案数量的增加，证人出庭作证的比率呈逐渐下降的趋势；更倾向于认为，证人和鉴定人不出庭作证并不会对辩护方的质证效果产生较大影响；在询问笔录或鉴定结论的真实性能够得到充分保障的情况下，更偏向于证人和鉴定人没有必要出庭作证。随着审判人员文化程度的提高，证人出庭作证的比率则呈逐渐上升的趋势；更易认为，证人和鉴定人不出庭会对辩护方的质证效果产生较大影响；普遍认为，即使询问笔录和鉴定结论的真实性能够得到充分保障，证人和鉴定人出庭作证也是十分必要的。

此外，证人出庭作证的比率也与审判人员对于出庭作证的不同观点之间具有一定的相关性。具体而言，在持有下列观点的审判人员所审理的刑事案件中，证

人出庭作证的比率也会更高。即认为即使询问笔录和鉴定结论的真实性能够得到充分保障，证人和鉴定人仍有必要出庭作证；倾向于当庭证言更为可信；认为辩护方的质证效果将因证人和鉴定人不出庭而受到较大的影响。

2. 关于鉴定结论的认证问题。鉴定结论虽然具有较强的证明力，但在刑事案件的审理过程中，审判人员经常会遇到对于同一事项存在多个鉴定结论的情形，这时就需要对其进行判断并做出相应的选择。调查表明，审判人员对于鉴定结论的采信，往往更加注重全案证据的综合判断（38.2%）。同时，通过相关性分析，审判人员的文化程度和办案数量对其采信鉴定结论也会产生一定的影响。具体而言，随着文化程度的提高，审判人员更倾向于根据鉴定人的权威性来对鉴定结论予以采信；随着办理案件数量的增加，审判人员更易于根据鉴定时间的先后来判断鉴定结论的真实性与可靠性。

3. 关于被告人供述和辩解的认证问题。被告人的供述和辩解是在刑事审判中出现频率较高，但证明力较弱的一种证据。而且，它具有较强的依附性，被告人的口供必须经过查证，并有其他证据加以证实，才能作为证据使用。2012年《刑事诉讼法》第53条规定"对一切案件的判处都要重证据，重调查研究，不轻信口供。只有被告人供述，没有其他证据的，不能认定被告人有罪和处以刑罚；没有被告人供述，证据充分、确实的，可以认定被告人有罪和处以刑罚。"根据表9和表10所示，大部分的审判人员（53.5%）认为，只有相互印证一致的合法供述而没有其他证据情况下，不能认定犯罪成立；绝大部分的审判人员（76.6%）也认为，即使被告人拒不认罪，根据其他证据，大多数情况下也可判决被告人有罪。

表9　只有三名共同抢劫的被告人相互印证一致的合法供述，能否认定抢劫罪成立

		频率	百分比	有效百分比	累积百分比
有效	足以认定	278	28.7	30.1	30.1
	说不清楚	152	15.7	16.5	46.5
	无法认定	494	51.0	53.5	100.0
	合计	924	95.5	100.0	
缺失	系统	44	4.5		
合计		968	100.0		

表10 被告人拒不认罪，根据其他证据是否可以判决被告人有罪

		频率	百分比	有效百分比	累积百分比
	A. 大多数情况下可以定罪	715	73.9	76.6	76.6
	B. 少数情况下可以定罪	185	19.1	19.8	96.5
有效	C. 不能定罪	33	3.4	3.5	100.0
	合计	933	96.4	100.0	
缺失	系统	35	3.6		
合计		968	100.0		

（三）关于非法证据的排除

2012年《刑事诉讼法》在总结我国司法机关长期以来严禁刑讯逼供，排除非法证据的经验基础上，吸收了"两高三院"于2010年6月13日颁行的《关于办理刑事案件排除非法证据若干问题的规定》的主要内容，确立了非法证据排除规则。其中第50条规定："严禁刑讯逼供和以威胁、引诱、欺骗以及其他非法方法收集证据。"第54条规定："采用刑讯逼供等非法方法收集的犯罪嫌疑人、被告人供述和采用暴力、威胁等非法方法收集的证人证言、被害人陈述，应当予以排除。收集物证、书证不符合法定程序，可能严重影响司法公正的，应当予以补正或者做出合理解释；不能补正或者做出合理解释的，对该证据应当予以排除。在侦查、审查起诉、审判时发现有应当排除的证据的，应当依法予以排除，不得作为起诉意见、起诉决定和判决的依据。"

1.关于非法取证行为。根据调查结果，审判人员所发现的侦查机关的非法取证行为主要表现为刑讯逼供（21.3%）和通过威胁、引诱、欺骗等手段收集口供（23.9%）。对于这些非法的言词证据，在司法实践中大部分审判人员（56%）采取了直接予以排除。但经过进一步分析发现，审判人员的年龄和通过非法手段所取得的言词证据是否予以排除之间具有显著的相关性，随着年龄的增长，审判人员更倾向于直接排除。

表 11 非法言词证据作为定案根据，最大的负面影响

		频率	百分比	有效百分比	累积百分比
有效	损害当事人的合法权利	105	10.8	12.7	12.7
	影响案件事实的认定	230	23.8	27.7	40.4
	可能纵容非法取证行为	188	19.4	22.7	63.1
有效	破坏司法权威	62	6.4	7.5	70.6
	损害司法程序的公正性	244	25.2	29.4	100.0
	总计	829	85.6	100.0	
缺失	系统	139	14.4		
合计		968	100.0		

表 12 排除非法言词证据主要障碍的频率

		响应		个案百分比
		N	百分比	
排除非法言词证据的主要障碍	担心无法正确认定案件事实	531	30.3	56.1
	担心犯罪分子逍遥法外	380	21.7	40.2
	担心不利于提高诉讼效率	197	11.3	20.8
	重实体轻程序的诉讼观念	291	16.6	30.8
	法院缺乏足够的权威地位	227	13.0	24.0
	担心影响公、检、法之间的关系	125	7.1	13.2
总计		1751	100.0	185.1

2. 关于非法言词证据的负面影响问题。如表11和表12所示，将非法言词证据作为定案根据的最大负面影响，有27.7%的人认为，会影响案件事实的认定，对于排除非法言词证据的主要障碍，有30.3%的人担心无法正确认定案件事实，由此可见，在刑事审判中，还普遍存在着"重实体、轻程序"的诉讼观念。

（四）疑难案件的处理

在司法实践中，疑难案件主要表现为证据不足或者控辩双方对证据分歧较大，难以对案件事实做出准确地认定。根据2012年《刑事诉讼法》第195条规定："证据不足，不能认定被告人有罪的，应当做出证据不足、指控的犯罪不能成立的无罪判决。"，然而，在司法实践中，对于此类疑难案件，审判人员通常会基于自己的理解而对其做出不同的处理。

1. 对于证据不足情况的处理。如表13和表14所示，大部分审判人员（51%）在刑事审判过程中，存在以证据不足为由而直接做出无罪判决的情形。对于证据不足案件的处理方式通常是建议补充侦查（38.1%）和建议检察机关撤诉（27%）。

表 13　是否存在以证据不足为由而直接做出无罪判决的情形

		频率	百分比	有效百分比	累积百分比
有效	A. 存在	480	49.6	51.0	51.0
	B. 不存在	462	47.7	49.0	100.0
	合计	942	97.3	100.0	
缺失	系统	26	2.7		
合计		968	100.0		

2. 关于证据争议的判决书说理问题。根据表15所示，对于控辩双方争议较大的证据适用问题，大多数的审判人员（66.9%）不仅经常做出回应，而且经常能够给出相应的理由。

表 14 证据不足情况的处理的频率

		响应		个案百分比
		N	百分比	
证据不足情况的处理	建议检察机关撤诉	481	27.0	50.7
	自行调查，补充相应证据	182	10.2	19.2
	直接做出无罪判决	225	12.6	23.7
	建议补充侦查	677	38.1	71.4
	退回检察机关目行处理	137	7.7	14.5
	从轻处理	77	4.3	8.1
总计		1779	100.0	187.7

表 15 对控辩双方争议比较大的证据适用问题，在判决书中是否做出回应

		频率	百分比	有效百分比	累积百分比
有效	不仅经某做出回应，而且常常给出相应理由	621	64.2	66.9	66.9
	虽然经常做出回应，但通常只有结论，很少给出理由	85	8.8	9.2	76.1
	不仅很少做出回应，而且很少给出相应理由	49	5.1	5.3	81.4
	虽然很少做出回应，但一旦做出回应，通常能够给出相应理由	164	16.9	17.7	99.0
	通常采取回避或若不置可否的态度	9	0.9	1.0	100.0
	总计	928	95.9	100.0	
缺失	系统	40	4.1		
合计		968	100.0		

四、证明责任与证明标准

1. 证明责任。理论界对证明责任的含义及其性质，特别是证明责任与举证责任的关系问题研究较为深入[①]，但司法实践中更为关注刑事证明责任的分配问题。在我国刑事诉讼中，控方承担被告人有罪的证明责任是一项基本原则，被告人一般不承担证明责任。2012《刑事诉讼法》第49条规定："公诉案件中被告人有罪的举证责任由人民检察院承担，自诉案件中被告人有罪的举证责任由自诉人承担。"但在某些例外情况下，被告人仍要对特定事项承担一定的证明责任。如表16所示，对于被告人以刑讯逼供为由翻供时，审判人员的通常做法是，辩护方的质疑具备一定理由时，要求公诉方证明讯问程序的合法性，或者要求辩护方证明控方证据的非法性，其比例分别为40.3% 和31.9%。

表16 被告人以刑讯为由翻供时具体做法的频率

		响应		个案百分比
		N	百分比	
被告人以刑讯为由翻供时的具体做法	不予理睬，庭审继续进行	60	3.6	6.5
	斥责被告人无理狡辩、态度不老实	60	3.6	6.5
	要求辩方证明控方证据的非法性	531	31.9	57.1
	当辩方质疑具备一定理由时，要求公诉方证明讯问的合法性	671	40.3	72.2
	不管辩方质疑是否具备理由，均要求公诉方证明证据的合法性	193	11.6	20.8
	宣布休庭，庭后自行调查核实	149	9.0	16.0
总计		1664	100.0	178.9

---

① 宋英辉. 刑事诉讼法学研究述评 [M]. 北京：北京师范大学出版社，2009：656 — 667.

表 17　"犯罪事实清楚、证据确实充分"的无罪判决证明标准是否合理

		频率	百分比	有效百分比	累积百分比
有效	A. 合理	577	59.6	63.3	63.3
	B. 不合理	334	34.5	36.7	100.0
	合计	911	94.1	100.0	
缺失	系统	57	5.9		
合计		968	100.0		

表 18　年龄、文化程度和证明标准的相关系数

			"犯罪事实清楚，证据确实、充分"的有罪判决证明标准是否合理？
Spearman 的 rho	年龄	相关系数	−0.092
		Sig.（双侧）	0.006
		N	899
	文化程度	相关系数	0.085
		Sig.（双侧）	0.011
		N	895

2. 证明标准。关于证明标准的含义及其与证明程度、证明要求、证明任务、证明目的之间的关系研究较为深入，关于客观真实、法律真实与相对真实问题研究存在诸多争议[①]。但刑事司法实践中更为关注对"案件事实清楚，证据确实、充分"如何理解的问题。一般认为，我国《刑事诉讼法》所确立的证明标准是"案件事实清楚，证据确实、充分"。通过表 17 和表 18 可以看出，大部分的审判人员（63.3%）认为这一标准是合理的，但是也有相当比例（36.7%）的人认为其并不合理。而且这种认识与审判人员的年龄和文化程度具有一定的相关性，即随着年龄的增长，审判人员倾向认为这一证明标准是合理的；随着文化程度的提高，更多地认为这一标准是不合理的。

通过表 19 可以看出，认为不合理的主要原因，大部分审判人员（52.6%）认

---

① 宋英辉. 刑事诉讼法学研究述评 [M]. 北京：北京师范大学出版社，2009：686 − 696.

为，是由于其过于模糊而难以操作。通过进一步分析发现，认为此项证明标准不合理的具体原因同审判人员的年龄和办案量具有一定的相关性。通过表20可以看出，随着年龄的增长，则偏向于认为不合理的主要原因在于标准过高，难以达到或不利于惩罚犯罪；随着办案数量的增加，更多的审判人员则认为，这种证明标准不符合人们认识事物的客观规律。

表19　证明标准不合理主要原因的频率

		响应		个案百分比
		N	百分比	
证明标准不合理的主要原因	标准过高，难以达到	62	12.7	19.0
	过于模糊，难以操作	256	52.6	78.3
	标准过高，不利于惩罚犯罪	30	6.2	9.2
	不符合人们认识事物的客观规律	139	28.5	42.5
总计		487	100.0	148.9

表20　年龄、办案量和证明标准不合理层因的相关系数

			标准过高，难以达到	过于模糊，难以操作	标准过高，不利于惩罚犯罪	不符合人们认识事物的客观规律
Spearman 的 rho	年龄	相关系数	−0.167	0.174	−0.146	−0.044
		Sig.（双侧）	0.002	0.002	0.008	0.428
		N	326	326	326	325
	每年办理刑案件数量	相关系数	−0.103	0.049	−0.002	−0.228
		Sig.（双侧）	0.061	0.372	0.965	0.000
		N	331	331	331	330

五、结论

通过上述对问卷调查结果的统计分析可以看出，审判人员对于刑事证据的审查判断与其年龄、文化程度、审判年限、办理案件数量等因素具有密切的联

系。也正是由于不同的生活和工作经历，从而使其形成了对于刑事证据的不同观点和看法。因此，提高我国刑事证据运用的整体水平，除了加强理论研究和完善相应的立法外，还应当从影响刑事审判人员认定证据的各种主客观因素着手，增强司法实践中刑事证据运用的科学性与合理性。一方面，应当继续努力提高我国刑事审判人员的文化素质。虽然刑事审判人员的学历整体水平有了较大提高（本科以上达到94.9%），但高学历的审判人员比例相对较少（硕士为30.5%；博士仅为1.1%）。而文化程度较高的审判人员对于先进的刑事证据理念更易接受，且能够将其指导司法实践。如随着文化程度的提高，审判人员更倾向于实行庭前证据开示，并在其所审理的刑事案件中，证人出庭作证的比率也呈逐渐上升的趋势。另一方面，应当合理控制和调节刑事审判人员的工作量。根据调查结果显示，63.3%的审判人员每年办理刑事案件的数量在30件以上（其中50件以上的占34.8%）。如此繁重的刑事审判任务，必然使其疲于应付，往往仅注重审判效率的提高而忽视刑事程序的其他价值追求。如随着每年办理案件数量的增加，审判人员更趋向于采用庭后阅卷的方式[1]，且较少自行调查核实证据。他们也不大愿意采取证人、鉴定人出庭作证这种耗时而又烦琐的方式，而是更乐于直接采纳书面证言和鉴定结论。

此外，在刑事证据的运用过程中，刑事审判人员还普遍存在着"重实体、轻程序"的诉讼观念。有64.5%的审判人员认为，证人、鉴定人出庭作证的主要目的在于查明案件事实；对于将非法言词证据作为定案根据的最大负面影响，有27.7%的人认为，这会影响案件事实的认定；对于排除非法言词证据的主要障碍，也有30.3%的人担心无法正确认定案件事实。因此，应当使审判人员认识到建立非法证据排除规则，目的并不仅仅是排除非法证据本身，而是希望通过非法证据的排除，阻却或预防刑事诉讼中的非法行为[2]，树立正确的司法理念，并使之更好地指导司法实践之需要。

---

① 由于办案量的增加，刑事审判人员可能没有过多的时间事先进行庭前阅卷，而只能采取庭后阅卷的方式。

② 陈少林.有效证明与正当程序的内在矛盾及其解决：我国非法证据排除法则的透视及构建[J].法学评论，2004（3）.

论刑事 DNA 采样和分析 [①]

内容提要：刑事 DNA 采样和分析是查明案件事实的重要侦查措施。刑事 DNA 采样可能会侵犯被采样人的身体权、人身自由权和反对强迫自证其罪特权，不当的刑事 DNA 分析可能会侵犯其基因隐私权。我国《刑事诉讼法》关于 DNA 采样和分析的立法规定存在诸多缺陷，应进一步完善对第三人采样的程序规范、强制采样的标准和审查核准主体以及强制采样适用的案件类型。同时确立先非私密样本后私密样本的采样程序，限定 DNA 分析目的仅为同一性识别。

关键词：DNA 证据　强制采样　搜查　扣押　DNA 分析

2012年3月14日，第十一届全国人大五次会议对我国《刑事诉讼法》进行了重大修改，此次修改，对我国的多项刑事诉讼制度进行了一系列重大的改革，进一步保障了被追诉人的人权。但对于刑事 DNA 采样和分析等与犯罪嫌疑人、被告人基本人权息息相关的强制取证制度的规范则涉足很少。本文试以刑事 DNA 采样和分析为视角，比较分析美国、德国相关立法的规定，以兹为我国这一问题的刑事诉讼立法完善提供参考依据。

一、DNA 和 DNA 证据

（一）DNA

DNA 全称脱氧核糖核酸（deoxyribonucleic acid），是所有生物体的遗传密码。DNA 主要位于细胞核内46条染色体中，但在每个细胞中也有部分的 DNA 位于

---

① 此文原载《法学杂志》2015年第3期，与汪枫合作。

线粒体内。人体每一个细胞内的所有 DNA 被称为基因组。无论就设计或内容而言，基因组都很类似一本百科全书。和所有编纂严谨的百科全书一样，人类基因组都能一再地拆解为一册册的书卷、一篇篇的文章、一串串的句子以及一个个的单字。人类基因组的样式非常丰富，但是寿命却十分短暂。每当一个胎儿从在母体中受孕开始，便代表了一个独一无二的人类基因组装订、发行到世上来①。近年来，随着"人类基因组计划"的完成，人类对个体 DNA 信息掌握和理解的能力日增，事实上，DNA 所能揭示的生命信息相当广泛，不仅有个人的医疗信息，甚至还与个人的人格特质相关。DNA 信息具有危险性、持久性和牵连性等特点。DNA 信息可揭露个人的许多高度敏感的遗传信息，如智商、性格特征以及与疾病相关的信息等。现代许多疾病可以通过基因筛查的方法进行诊断，且这些信息又属个人隐私，不当扩散会对个人的就业和保险等造成不利影响，甚至包括选择配偶。所谓 DNA 信息的持久性和牵连性是指 DNA 所包含的遗传信息会长久存在，有缺陷的基因会由亲代遗传给子代，因此，缺陷基因带来的不利影响是持久的。个人的 DNA 信息与其家庭成员、族群息息相关，一旦个人的 DNA 信息被披露会对其整个家庭和族群产生不利影响。

（二）DNA 证据

纵观人类司法证明的历史，我们可以发现证明方法和手段的两次重大转变：第一次是从以"神证"为主的证明向以"人证"为主的证明的转变；第二次是从以"人证"为主的证明向以"物证"或"科学证据"为主的证明的转变②。DNA证据已被广泛应用于刑事侦查，成为科学办案不可缺少的利器。在刑事诉讼过程中，通过提取人类组织细胞中的 DNA 进行分子遗传学分析，来确认或排除犯罪嫌疑人、被告人涉案的可能，为刑事案件的侦破发挥了难以想象的价值。

刑事 DNA 证据第一次应用于刑事诉讼是发生在英国的一个刑事案件，这件具有先驱性的案件验证了 DNA 证据用于侦破刑事案件的潜能③，这起案件的侦破为这项技术指明了一个发展方向，即 DNA 检测技术作为最重要的侦查工具，实

---

① 罗伯特·波拉克.解读基因：来自 DNA 的信息 [M].杨玉龄，译.北京：中国青年出版社，2000：29–36.

② 何家弘.中国证据法学前瞻 [N].检察日报，1999–09–02.

③ GILL，P. Forensic application of DNA "fingerprints" [J]. Nature，1985（318）：577–579.

际上这项技术在20世纪得到了很大的发展①。美国证据法大师威格·摩尔曾推崇交叉询问是有史以来为发现案件事实而发明的伟大利器②，美国纽约州法官哈里斯则认为 DNA 证据被运用于刑事诉讼是查明案件事实的又一利器③。

二、刑事 DNA 采样和分析的基本范畴

（一）刑事 DNA 采样

刑事 DNA 采样是指在刑事诉讼过程中，为确定被追诉人的身份和收集犯罪证据，而从被追诉人的身体或犯罪现场等提取 DNA 样本的采集行为。刑事 DNA 采样的生物样本主要有血液、毛发、口腔黏膜细胞、唾液、精液等。进行刑事 DNA 采样的主要目的是提取犯罪嫌疑人、被告人或第三人的血液、毛发、口腔黏膜细胞、唾液、精液等体液或细胞中的核 DNA，并对 DNA 样本进行分子遗传学分析，将分析结果和 DNA 资料库中的个人基因信息或犯罪现场提取的基因信息进行比对，以达到个体识别和确定亲缘关系的目的。譬如，在性犯罪案件中，可以通过采集被害人体内犯罪嫌疑人遗留下的精液，提取其中的 DNA 样本，然后进行分子遗传学检测和分析，并将分析结果与 DNA 资料库中的个人基因信息进行比对，以确定犯罪嫌疑人的身份。

（二）刑事 DNA 采样的分类

根据不同的划分标准，可以对刑事 DNA 采样进行不同的分类。根据刑事 DNA 采样对象的不同，可以区分为对被追诉人采样和对被追诉人以外第三人采样。在刑事诉讼过程中，犯罪嫌疑人或被告人是常见的刑事 DNA 采样对象。对第三人采样经常发生在性侵害案件中，为了厘清被害人阴道内所遗留的精液，是否为其性伴侣或被追诉人所遗留，故有必要提取被害人的配偶或性伴侣的 DNA 样本。同时 DNA 是人类的遗传物质，在被追诉人下落不明的情况下，可以通过提取被追诉人血亲的 DNA 样本来间接确认或排除其涉案的可能。

另一种常见的分类是以被采样人是否自愿同意为标准来进行区分，分为强制采样和同意采样。所谓同意采样是指经由被采样人自愿同意而进行的 DNA 采

---

① 约翰·巴克尔敦，克里斯托弗.M.特里格斯，西蒙 J.沃尔什.法庭科学 DNA 证据的解释[M].唐晖，焦章平，译.北京：科学出版社，2010：2.

② John H.Wigmore，Evidence 32（James H.Chadbourn ed，3d ed.1974）.

③ People v.Wesley，533 N.Y.S.2d 643（Co.Ct.1988）.

样行为。在美国刑事诉讼中，联邦最高法院认为被采样人表示同意的意思表示必须是完全自愿真诚的，而不是恐吓或骚扰所致，否则这种同意是无效的①。刑事DNA强制采样则与同意采样不同，这种DNA采样行为是在被采样人不同意的情形下，由侦查机关违背被采样人的意愿所进行的强制取证行为。例如：为确定犯罪嫌疑人的身份对其进行的强制抽血，提取尿液和精液的行为。这些强制采样行为不仅可能侵害被采样人的人身自由、安全、健康等基本人权，还有能可伤及人性尊严和DNA信息隐私权等。

《英国警察与刑事证据法》根据取得样本的权力不同，将DNA样本分为私密样本和非私密样本，并分别进行了采样条件的规范②。属私密样本的有三类：第一类是血液、精液或其组织液、尿液或阴毛；第二类是齿印；第三类是采集口腔以外人体孔穴组织的棉棒。而非私密样本则包括阴毛以外的毛发；取自指甲或指甲下的样本；采集人体任何部分组织的棉棒，含口腔，但不包括其他身体孔穴；唾液；足迹或手部以外人体任何部分的类似压印③。

（三）刑事 DNA 分析

刑事 DNA 分析是由鉴定人基于其特有的专业知识、经验、技能、教育等，以专业鉴定书或言词陈述提交于法庭，以协助法院认定被告人是否有罪的证据。刑事 DNA 分析的对象是通过上述 DNA 采样所获得的 DNA 样本，如血液、唾液、精液或组织细胞中的核 DNA，其主要目的是确认犯罪现场提取的 DNA 样本是否为犯罪嫌疑人或被告人所遗留，即同一性确认。

德国实务界和学术界通常认为刑事 DNA 分析和比对是一种对信息自决权的侵害行为。因此，要进行 DNA 样本分析原则上必须得到法律的授权。按照德国法通说的见解，对于依据第81a、81c 条所取得的 DNA 样本进行分析，仅限于非编码区④的分析，而不及于编码区，因为，对于编码区的分析会侵害到人格最隐秘的内在领域。但从法条规定来看，并没有明文规定限定于非编码区，之所以没有在法条上明定非编码区的原因，是不想限制对 DNA 检查的其他可能性，但

---

① Florida v.Bostick，501 U.S.429（1991）.

② Graeme Laurie，United Kingdom，In Genetic Testing And The Criminal Law188（2005）.

③ Donald Chalmers，General Themes，In Genetic Testing And The Criminal Law6（2005）.

④ 染色体上的 DNA 由编码区和非编码区构成。编码区包含细胞合成蛋白质所必需的遗传信息，其又称为基因。人类基因组计划发现人类只有不到 3 万个基因。DNA 中的非编码区不参与合成蛋白质。

就目前而言，只允许对非编码区进行分析，以进行同一性识别 ①。

三、刑事 DNA 采样的法理分析

（一）刑事 DNA 采样与身体权

法学意义上的身体专指自然人的身体，是自然人的生理组织的整体，包括两部分：一是主体部分，二是附属部分。主体部分是人的头颅、躯干、肢体的总体构成，包括肢体、器官和其他组织，是身体的基本内容。附属部分如毛发、指甲等附着于身体的其他人体组织。身体虽然由各个组成部分构成，但它是一个完整的整体。身体具有完整性和完全性的基本特征。破坏了身体的完整性和完全性，就破坏了身体的有机构成 ②。

身体权是一种公民的基本人格权，表现为自然人对于物质性人格要素的不转让性支配权 ③。德国著名历史法学派法学家黑格尔是人格权理论的发展者，黑格尔认为人格权是人类最首要和最主要的私权，并认为这种权利是人类所拥有的最高利益。他将这种权利与人的生存条件，如生命、身体和生理的不可侵犯性、自由和名誉等等量齐观 ④。德国法认为人格权不仅是私法上的权利，同时也是一种宪法权利。《德国基本法》第二条对"个性自由发展，生命权，身体不受侵犯，人身自由"进行了法律规范，其第二款规定："人人享有生命和身体不受侵犯的权利。只有根据法律才能干涉这些权利。"

普通法中没有身体权与健康权的法定权利概念，即使有此术语亦多为一般用语，但这并不代表普通法国家不重视对这些权利所体现的人格利益的保护，相反，普通法国家的法律制度很早就开始关注如何维护人身完整性、支配性以及保持生理、心理健康状态等问题，最早可追溯到 13 世纪的令状制度。

身体权是人人所享有的保持身体的自主性和完整性的权利。从狭义的方面来看，是人人享有保持外在形体和内在器官、组织自主完整的权利。人作为生命的物理生物基础的肉体是不受伤害的，公民享有保持其躯体、四肢完全，不受他人伤害、任意使用或侵害的权利。在刑事诉讼过程中，为了达到发现真实的刑事

---

① Lemke，HK-STPO，§81e Rn.2.

② 杨立新.人身体法论 [M].北京：人民法院出版社，2002：397.

③ 张俊浩.民法学原理 [M].北京：中国政法大学出版社，1991：142.

④ Regelsberger，Pandekten，Bd.I，1893，S.198.

诉讼目的，有必要对犯罪嫌疑人、被告人或第三人进行 DNA 采样。不论采集的血液、唾液、精液、毛发等身体物质，其采样过程均涉及对被追诉人身体权的侵害，因此对公民进行 DNA 采样必须有法律的明确授权。

（二）刑事 DNA 采样与人身自由权

自由源于拉丁语 libertas，原意是从被束缚中解放出来。《牛津法律大辞典》将自由解释为"即不受约束、控制或限制""国家或团体应当把每一个理智健全的人当作自由人，让其能按照自己的利益进行思维和行动，按自己的方式发展自身的能力，行使和享受作为这种发展之条件的其他各项权利。"[①] 自由权是公民在法律规定的范围内，按照自己的意志和利益进行行动和思维，不受约束、控制或妨碍的权利。人身自由权属于何种权利存在不同学说。侵害自由权所侵害的客体是人身自由权，包括公民身体自由权和公民精神自由权。所谓身体自由权是指公民按照自己的意志和利益，在法律规定的范围内作为和不作为的权利。身体自由权是公民自由支配自己外在身体运动的权利。非法限制或剥夺公民的身体自由为侵权行为。精神自由权也被称为决定意思的自由，是公民按照自己的意志和利益，在法律规定的范围内，自主思维的权利，是公民自由支配自己内在思维活动的权利。侵害精神自由包括两种类型：一是欺诈胁迫；二是虚伪报告及恶意推荐。

我国《宪法》第 37 条规定："中华人民共和国公民的人身自由不受侵犯。任何公民，非经人民检察院批准或者决定或者人民法院决定，并由公安机关执行，不受逮捕。禁止非法拘禁和以其他方法非法剥夺或者限制公民的人身自由，禁止非法搜查公民的身体。"《德国基本法》第二条第 2 项规定："……人身自由不可侵犯。只有根据法律才能干涉这些权利。"根据其规定，对公民的人身自由进行限制或剥夺必须依法定程序始可为之。《德国刑事诉讼法》被称为是《德国基本法》的实施法，为了查清案件真相，必须在保障被指控人的尊严和基本权利的情况下进行。在刑事诉讼过程中，为了发现真相而对犯罪嫌疑人或被告人进行刑事 DNA 采样，除被拘留或逮捕外，对于其他人身自由未受限制的公民来说，在采样过程中必然会限制其人身自由。例如：通知犯罪嫌疑人于特定时间到警察机关接受唾液或到医院接受抽血采样等都会对其人身自由造成侵犯。根据美国刑事司法实践，同意采样必须出于被追诉人完全自愿的同意，而不是胁迫、欺诈的结

---

① 牛津法律大辞典 [M]. 北京：光明日报出版社，1988：555.

果，否则即侵犯了犯罪嫌疑人、被告人的精神自由权，属侵权行为，其所得的证据不具有合法性，应予以排除。在我国刑事诉讼中，对被害人的 DNA 采样必须取得其同意，而不得强制而为，其同意也必须是其真实自愿的表述，而不是强迫的结果。

（三）刑事 DNA 采样与反对强迫自证其罪特权

自从《美国联邦宪法第五修正案》确立反对强迫自证其罪特权之后，美国最高法院通过一系列判例使这一特权的内容丰富而具体化。随着时间的推移，第五修正案特权成为美国刑事诉讼制度的根本支柱。政府，不论是州的还是联邦的，因而必须合乎宪法地通过独立和自主获得的证据来认定有罪，并且不应强制性地利用被告人自己的嘴来证实针对他的指控[①]。反对强迫自证其罪不仅体现了无罪推定原则的精神，还符合程序正义的要求。无罪推定原则要求在刑事诉讼中把犯罪嫌疑人、被告人视为诉讼主体，并且享有相应的诉讼权利，以保护犯罪嫌疑人、被告人免受专横的刑事追究。在刑事诉讼中，证明被告人有罪的只能是控诉机关，控诉机关必须用确实充分的证据来支持其对被告人的指控，而被告人不负有提供证据证明自己无罪的义务。

反对强迫自证其罪特权不仅仅是一项证据规则，更是一项人权原则。个人的尊严和隐私受到保护是促使该原则产生的重要因素。法治社会的基本特征之一是个性自治，这种个人自治的信念是出于自我保护的本能。自我保存的人性是正当合法的，因此一个人出于自我保存的目的而不进行自我控告、拒绝为证明自己的罪行提供证据也是完全正当合法的。要求一个人自己控告自己，自己提供证据证明自己有罪且受到惩罚，无疑是违反基本自然法则的。因此，在刑事诉讼中，犯罪嫌疑人、被告人的自主权应当受到尊重，他们可以自由选择他的态度，决定是否与官方合作，而不能被强迫予以协助。

反对强迫自证其罪判断关键是是否存在强迫，因为这是判断证据是否具有合法性的基础，如果自证其罪的证言是自愿做出的，则该证词是合法的，是可以被采信作为证据的。一般来说，物证不受反对强迫自证其罪特权的保护。有学者认为反对强迫自证其罪特权所保护的证据对象仅限于言词证据[②]。在物证中，对于利用被告人的身体获得的证据如何处理，存在较大的分歧。19世纪晚期和20世

---

① 约翰·W. 斯特龙. 麦考密克论证据 [M]. 汤维建，译. 北京：中国政法大学出版社，2004：233.

② 游伟，孙万怀. 论刑事诉讼中反对被迫自证其罪的权利 [J]. 法律科学，1998（3）.

纪早期许多法院认为，把被告人的身体作为物证使用实际上就是强迫被告人作为自己的证人①。但这种观点受到了质疑，一些法院承认这种证据，法院在被告人是否能被强迫经受身体检查以提供脚印或指纹，或向陪审团展示自己或者执行人身行为等问题上存在分歧。法院为排除或采信这些证据规定了许多原则。这种不确定性的原因是明显的：使用被告人的身体，在一些方面不同于强迫他出庭和作为证人作证，而在另一些方面，确实像对待证人一样对待他，由陪审团进行审查。1966年的"施默伯诉加利福尼亚一案"中，美国联邦最高法院提出了一个彻底的主张，需要通过对证人的界定允许采信可靠的物证，并且在言词证据和物证之间做出明显的区分。在该案中，当被告人在医院对因交通事故造成的伤害接受治疗的时候被逮捕。一名警察指令医生提取血液样本，分析酒精浓度，表明被告人是喝醉酒的。该分析报告在审判中被使用，被告人由于醉驾而被定罪。法院认为，不得强迫自证其罪特权保护被告人仅仅是免于被强迫反对自己而作证，或者提供别的具有言词性或信息性的证据，这个案件中的抽血和分析报告的使用问题，并不包括对于这些目标的强制②。作者认为，以被告人、犯罪嫌疑人的身体作为 DNA 样本采集的来源，并不会使被指控人限于伪证、藐视法庭和自我控诉的困境，而仅是单纯的物证收集方法。不论是采集血液、唾液或毛发，均无须被取证人的主动协助，因此，不适用反对强迫自证其罪原则。

四、刑事 DNA 分析和基因隐私权

隐私权以个人自主决定为核心，以个人社会参与为目的，是一种随着社会变迁而动态发展的权利。伴随着人类活动空间的不断拓展，隐私权的外延与内涵日趋丰富，权能权项逐次扩张。基因隐私权也正是人类科技进步的大潮中隐私权变动发展的一个方面。

基因技术的发展不仅可以探知人的个人身份，还可以探知其健康信息和个人行为信息等。"刑事人类学派"龙布罗梭即提出所谓的"天生犯罪人"。例如研究发现：人的暴力倾向与控制大脑复合胺新陈代谢的 MAOA 蛋白质的基因有关③。

---

① 阿希尔·里德·阿马. 宪法与刑事诉讼 [M]. 房保国，译. 北京：中国政法大学出版社，2006：119.

② Schmerber v.California，384 U.S.（1966）

③ A.CASPI，Role of Genotype in the Cycle of Violence in Maltreated Children[J]. Science，2002（297）：851

基因信息能够预测个人未来生理状况。一般的信息是关于过去的，基因信息则不同。通过对基因的分析，我们不但能够解释过去，而且能够预测未来。只要掌握一个人的基因，就犹如掌握一个人未来的日记[①]。

基因信息攸关个人和他人的关系，根据已知的基因信息和一定的社会关系，可以推知他人的基因信息。由于基因决定着遗传性状，基因具有遗传的可能性，从而分析一个人的基因信息，可以推断出其一定范围内的血亲的相关基因信息。这样，一个人的基因信息所揭露的不仅仅是他本人的健康状况，还可能透露与他有血缘关系的人的健康状况，如父母、子女、兄弟姐妹等。因此某一个人携带有变异基因的信息被泄漏，不仅该个人，该家族的其他成员也可能受到社会的基因歧视。

德国《刑事诉讼法》第81a条是对被告人采集身体细胞的法律依据，但联邦宪法法院在针对1983年人口普查法的宪法判决中[②]，除判决该法部分条文不符合基本法而无效外指出：第一，在现代化资料处理状况下，基本法第二条第1项[③]和第1条第1项[④]一般人格权包括个人保护其本人资料不受无限制地提取、储存、使用和传送，并保障个人自我决定透露或使用其个人资料的权利，即保障身体信息自我决定权；第二，只有为重大公共利益时才允许限制信息自我决定，且此项限制需要一项合乎宪法的法律基础，而此项法律基础必须符合规范明确性的法治国家的要求，此外立法在该规范中必须注意到比例原则，仍需就机关规定及程序规定采取预防措施，以防止人格权受到侵害的危险。受此判决的影响，德国对于采取血液进行DNA鉴定，其信息自我决定权是否在第81a条允许采取体细胞的限制范围内开始引起怀疑和讨论。一般而言，对于此问题，可分为两种情形，纵然强制采取犯罪嫌疑人的血液而实施DNA鉴定是为了人的同一性识别，如DNA鉴定是以染色体中可以读取遗传信息区域为对象者，因其已侵犯了基本法保障的人性尊严，从而违反基本法第1条第1项，不在《刑事诉讼法》第81a条允许的范围之内，但对于染色染无记录遗传信息的部分进行鉴定分析尚存在争议。因

---

① ANNAS G. Genetic Privacy: There Ought to be a Law[J].Texas Review of Law & Politics,1999（4）: 9-11.

② BVerfGE65, 1, 1984.

③ 《德国基本法》："人人有自由发展其人格的权利，但以不侵害他人的权利或不违反宪法程序或道德规范者为限。"

④ "人的尊严不受侵犯，尊重及保护此项尊严为所有国家机关的义务。"

此对于比血型分析更敏感，可进一步透露出亲子关系或遗传病的个人身体信息的 DNA 鉴定，德国《刑事诉讼法》第81a 条至第81d 条是否满足人口普查法的保障信息决定权的要求即生疑义，为免滥用，德国乃有另外订立法律要求的声浪，在1997年增订第81e 条 DNA 分析及第81f 条 DNA 分析的命令和实施；1998年增订《刑事诉讼法》第81g 条，为将来在刑事程序中进行身体细胞及分子遗传学检查同一性比对提供依据。

五、我国刑事诉讼立法的完善

我国《刑事诉讼法》第126条规定："侦查人员对于与犯罪有关的场所、物品、人身、尸体应当进行勘验或者检查。在必要的时候，可以指派或者聘请具有专门知识的人，在侦查人员的主持下进行勘验、检查。"第130条规定："为了确定被害人、犯罪嫌疑人的某些特征、伤害情况或者生理状态，可以对人身进行检查，可以提取指纹信息，采集血液、尿液等生物样本。犯罪嫌疑人如果拒绝检查，侦查人员认为必要的时候，可以强制检查。"第144条规定"为了查明案情，需要解决案件中某些专门性问题的时候，应当指派、聘请有专门知识的人进行鉴定。"相较美国、德国的立法，我国《刑事诉讼法》仅仅上述三个法律条文对 DNA 采样和分析进行了模糊的规范，需要以下方面进一步立法完善。

第一，完善对第三人采样的程序保障。我国《刑事诉讼法》规定刑事 DNA 采样的对象仅限于被害人和犯罪嫌疑人，而强制采样的对象仅为犯罪嫌疑人。对于被害人采样必须取得其同意。那犯罪嫌疑人和被害人以外的第三人能否作为采样对象呢？我国《刑事诉讼法》却没有进行相应的法律规范。在我国刑事司法实践中，常常需要提取犯罪嫌疑人血亲的 DNA 以间接确认犯罪嫌疑人的 DNA 型别或提取被害人的配偶或性伴侣的 DNA 进行比对。在这种情况下，侦查机关应如何处理呢？在犯罪嫌疑人的血亲同意侦查机关的采样行为时，法律上应不存争议，但若其血亲拒绝采样，那侦查机关可否强制采样？其亲属是否享有免证特权？同样，对被害人的配偶或性伴侣进行强制采样也会产生一系列的问题。因此，我国刑事诉讼立法应进一步完善刑事 DNA 采样的对象，并明确对第三人采样的条件和程序，以保障第三人的合法权益。同时，明确被害人的同意是真实自愿的表达，而非出于胁迫、欺骗的结果。我国可以借鉴德国刑事诉讼立法的相关规定进行立法完善。

德国刑事诉讼法第81c条对其他人员的身体检查进行了规范。第81c条规定对被告人以外的第三人进行DNA采样的条件可以归纳为两个原则：调查事实真相原则和期待可能性原则。德国刑事诉讼法第81c条并不许对与案件无关的第三人进行身体上的侵犯，通常仅可以对第三人进行体表痕迹的检查，而不可以进行体内的检查。但根据第二款字面理解其他被告人以外的人，若对其健康并无不利，且对于真实的发现确有必要时，无须获得其同意，可以进行确定血缘检查和抽血检查。这种检查和采血只能由医生进行。德国学者认为此规定是在强调比例原则的适用，即若欲对第三人进行检查，须权衡法院调查真相澄清的义务和第三人的利益，如衡量后认第三人无法忍受时，则不得进行身体检查。通常认为须视该检查行为对查明案件的重要性而定[1]。参照上述规范，我国《刑事诉讼法》应进行相应的修改，在刑事诉讼过程中，为了查明案件事实真相的必要，且采取的采样方式对第三人的健康无不利影响的情况下，应允许侦查机关进行强制采样，但应由医师进行。在决定是否进行强制采样时，应注意惩罚犯罪和第三人利益保障之间的均衡。

第二，完善刑事DNA强制采样的标准和审查主体。我国《刑事诉讼法》规定："侦查人员认为在必要的时候，可以对犯罪嫌疑人强制进行DNA采样"。那什么是必要的时候？应由什么机关对其进行审查核准？如果单纯由侦查人员个人进行判断，将可能导致对公民基本权利的任意侵犯。《刑事诉讼法》作为一部限权法，意在规范侦查权力的行使范围以保障被追诉人的权利，权力一旦失去了制约，必然会导致滥用。根据《公安机关办理刑事案件程序规定》第212条第二款的规定："犯罪嫌疑人如果拒绝检查、提取、采集的，侦查人员认为必要的时候，经办案部门负责人批准，可以强制检查、提取、采集。"公安部的解释将强制DNA采样审查批准权授予办案部门负责人，通常是刑侦部门负责人。这一法律解释对DNA强制采样决定权进行了适当地限制，但仍不够完善。

在美国法中，刑事DNA采样被界定为一种搜查扣押行为。对被追诉人采样基本通过抽血或其他方法采取其身体细胞。对这种方式是否合法的探讨，最早是从对醉酒驾驶的驾驶员进行血液强制采样及血液酒精浓度测试开始的。在Schmerber v.California[2]一案中，美国联邦最高法院第一次真正就强制抽血采样问题

① 王建伟.DNA刑事证据采样程序规范之研究[D].北京：中国文化大学法律学院，2010.

② 384 U.S.757（1966）.

确立了强制抽血或者其他身体细胞等的采样行为必须满足宪法第四修正案、第五修正案和第十四修正案的要求。即警察进行 DNA 强制采样行为应当持有法官签发的司法令状，否则，警察所进行的 DNA 强制采样行为将被认定为非法。

在美国司法实践中，法官签发强制采样令状的标准是什么？1983年的"盖茨案"①确立了"合理根据"标准，美国联邦最高法院将合理根据界定为："犯罪行为的存在具有相当程度的盖然性"，这是申请司法令状时必须遵从的证据标准。在申请司法令状时控方的证据无须达到排除合理怀疑或优势证据的程度。如果相关情形的犯罪嫌疑程度已经足以让有经验的执法官员相信，可以在特定地点找到犯罪证据或被告人曾经实施犯罪或正在实施犯罪的可能性相当大，那么个人的隐私期待就需要做出一定的让步。因此为进行 DNA 测试为目的的强制采样行为必须满足令状原则和合理根据的要求才是合法的。侦查机关作为追诉机关，天然具有追诉倾向，DNA 采样作为一种严重侵犯被采样人人格权的行为，应借鉴美国的立法规定，将其决定权授予法官，同时，将"合理根据"作为法官审查核准强制采样申请的标准，从而对侦查权进行适当的监督控制。

第三，明确 DNA 强制采样适用的案件类型。我国《刑事诉讼法》未对 DNA 强制采样适用的案件类型进行区分。从立法规定来看，不论是轻微犯罪还是严重犯罪都可以进行 DNA 强制采样，只要侦查人员认为必要即可。DNA 采样作为一种侵犯人权的强制取证措施，应遵循比例原则，将其适用的犯罪类型进行限制，参照相关国家的立法将其限定为严重的暴力犯罪和性犯罪等。

第四，明确先非私密样本后秘密样本。我国《刑事诉讼法》将血液、尿液作为首选采样标的并不合理。血液、尿液作为私密样本紧密关涉个人隐私，不应作为首选的采样目标，而应先将同样可以达到同一性识别目的的口腔脱落细胞和毛发作为首选的采样目标。这样不仅可以减轻对被采样人身体权的侵犯，同时还可以达到发现真实的目的。只有在上述检材无法实现刑事诉讼目的的情况下，才可经过严格的授权审查程序后进行血液、精液和尿液等生物样本的采样。

英国警察与其《刑事证据法》对私密样本和非私密样本进行了法律界定，并规定了不同的采样条件和程序。对于私密样本的采样要件，第62条规定：1. 被告人须处于人身自由受拘束的情况。若其人身自由未受拘束，可以随时离去，则

---

① Illinois v.Gates 462 U.S.213，103 S.Ct.2317（1983）.

不允许采样。2. 上级警官的同意：虽然不采法官保留原则，但采样须出具巡官以上阶级的长官书面同意，紧急情况可口头同意。在被告人要求书面时，警察负有证明义务。3. 须有合理基础认为被告人有重大犯罪嫌疑：上级长官在决定是否同意时，须审查下级警员所提交的事实资料，是否具有合理基础而相信被告人涉及一个已被登记的犯罪案件，即发动采样须基于相当理由。4. 被告人同意采样：除了上述要件外，对私密样本的采样还须取得被告人的书面同意。这意味若被告人不同意，即便已满足上述要件，警察也不能进行强制采样[1]。关于非私密样本的采样条件，第63条规定：1. 非私密样本的采样以被告人同意为原则，且要求同意须以书面为之。2. 被告人不同意而为强制采样的情形与上述私密样本不得强制采取的情况不同，其列举了数种强制采取的情况：（1）被告人受警察拘禁或被羁押于警局。被告人经逮捕或经法院命令被羁押于警局，此时被告人身体受拘束，若被告人不同意采样，应由巡官以上位阶的警察长官同意后，可为强制采样。此同意原则上以书面为之。（2）被告人已被告诉或告发的案件。被告人已被告诉或告发，甚或已经起诉，表明案件已接近审判阶段。为及早确定被告人的同一性，若被告人未曾有身体样本存于警察机构，或已有存放但样本不足以作为化验之用时，警察仍可强制采样。（3）被告人曾受有罪判决。针对有罪判决者，若被警察逮捕，亦可进行强制采样。从上述规范可以发现，非私密样本的保障明显不如私密样本，或是因对基本权侵害程度所形成的差别，只有进行范围限制，才可以防止警察权过度扩张。

第五，明确 DNA 采样目的仅为同一性识别。我国《刑事诉讼法》规定进行血液和尿液采样目的是为了确定被害人、犯罪嫌疑人的某些特征、伤害情况或者生理状态。那确定被害人和犯罪嫌疑人的某些特征具体包括哪些？我国实务界认为确定其 DNA 型别是其某些特征之一。当然某些特征是否包括其他和 DNA 信息紧密相关的遗传病等信息？而这些信息又可以在刑事诉讼中发挥何种价值？从我国目前刑事诉讼司法实践来看，对犯罪嫌疑人、被告人的 DNA 样本无需进行遗传病等基因的分析，只要进行非编码区的同一性识别分析即可满足刑事诉讼的要求，所以我国刑事诉讼立法应明确 DNA 分析的目的只限于同一性比对，而不得进行其他编码区的基因分析。这不仅实现发现案件真实情况的目的，也可以防止

---

[1]　EATON S. Body Samples and Privilege against Self Crimination[J]. Crim.L.R E V.1991（20）.

对被采样人隐私权的过度侵犯，实现惩罚犯罪和保障人权的统一。

德国实务界及学术界多认为第81a条是刑事DNA非密码区分析的法律基础[①]。DNA分析目的只能是为了确认血亲或犯罪迹证，禁止分析精神、性格、疾病方面的人格特征或处理财产能力[②]。非为了确定血亲关系或确认犯罪迹证来自被告人或被害人的目的而进行DNA鉴定，其鉴定报告是否应认为无证据能力？对此尚无实务判决，一般认为违反第81e条第1款第3项，不必然会有证据禁止的效果[③]，须依个案判断，衡量个人利益及法益侵害的严重性和追诉的必要性等因素。

---

① B Verge NJW 1996，3071.

② Bundestag–Drunks 13/667，S.11.

③ BGHST37，30，32=NJW 1990，1801.

美国对手机搜查的法律规制及其对我国的启示

——基于莱利和伍瑞案件的分析 [①]

内容摘要：2014年6月25日，美国联邦最高法院对莱利和伍瑞案件做出最终判决，明确警察在对犯罪嫌疑人实施逮捕时若要搜查嫌疑人手机中的信息，必须获得搜查令。该判决是科技发展推动法律调整限制权力运行边界的产物，而利益衡量是法律调整限权边界的原则，法院独立的居中裁判是利益权衡的关键；该判决亦带来实践中的新问题——有搜查令的手机解锁面临困境。我国《刑事诉讼法》缺少对手机搜查的法律规制，应当在利益权衡中确立手机搜查保护公民权利的原则，完善手机搜查的令状原则，规范搜查条件和程序、范围，建立程序性制裁机制，提高侦查人员的法治水平。

关键词：手机搜查　利益衡量　令状原则　启示

在现代社会，手机对人的生产、生活以及社会的影响愈加广泛、深远，手机给人们带来方便、快捷的同时，亦能被用于实施严重的犯罪，给刑事侦查带来全新的课题与严峻的挑战。在很多案件中，侦查机关能否成功发现和提取手机内的信息已成为能否成功破案的关键。对手机中数据信息的发现和提取包括两个步骤：一是对手机这一存储信息的物理介质，即电子设备进行搜查，进而扣押；二是对手机内存储的数据信息进行发现和提取。对于手机这一物理介质的搜查、扣押属于是对犯罪嫌疑人、被告人财产的搜查和扣押，并非本文探讨的内容，本文

[①] 此文原载《法律科学》2017年第1期，与李艳霞合作。

的研究内容是对手机内存储数据信息的取证。众所周知，手机中存储的数据信息分为两大部分：一部分是存储在手机硬件以及相关设备等有形载体中的数据信息，包括图片、文字、录音、录像等信息资料，如手机通讯录、通话记录、手机短信、微信等其他聊天软件的记录、记事本、图库等；另一部分是存在于移动运营商网络中的电子数据信息，这些手机信息的存在是基于移动运营服务商的支持，利用"云"实现功能，如通过支付宝支付、微信支付等银行的支付信息，微信、QQ或微博的朋友圈人际关系，手机使用人浏览网页的地址、时间、内容等相关信息等。手机中存储的第一类数据信息可以理解为现行刑事诉讼法第134条①所规定的"可能隐藏犯罪证据的人的物品"，所以，若涉嫌犯罪，可以将其界定为该案的物证或书证，对手机内存储数据信息的取证行为可以界定为"搜查"。手机中存储的第二类数据信息与该手机物理介质并无直接关系，只是与该手机号及其使用互联网情况、购买移动运营服务商的服务情况等相关，对其取证行为应该属于针对"电子数据"的提取、审查等取证行为。本文所要讨论的联邦最高法院2014年判处的"莱利"和"伍瑞"案件都是与搜查手机作为物理介质存储的数据信息相关，所以，本文将"查找、取证手机内存储的数据信息的行为"界定为"手机搜查"。

如果在依法对一个犯罪嫌疑人实施逮捕过程中，警察从嫌疑人的身上搜到一部手机，其是否可以未经法院许可而直接查看手机中的信息？在2014年6月25日宣判的案件中，美国联邦最高法院对这一问题做出了否定回答。这意味着，今后警方在搜查嫌疑人的手机时必须取得授权。这一判决，对于保障犯罪嫌疑人的权利以及公民的隐私和自由具有重要的意义。本文即从介绍美国关于手机搜查的判例着眼，阐述美国对手机搜查的法律规制及其对我国的启示。

一、莱利和伍瑞案件的主要争点及联邦最高法院的态度和主要理由

（一）莱利诉加利福尼亚州案（Riley v.California）的基本案情

大卫·莱利（David Riley）是加利福尼亚州的居民。2009年8月22日，正当

---

① 《中华人民共和国刑事诉讼法》第134条规定："为了收集犯罪证据、查获犯罪人，侦查人员可以对犯罪嫌疑人以及可能隐藏罪犯或者犯罪证据的人的身体、物品、住处和其他有关的地方进行搜查。"

莱利驾车在该州的圣地亚哥市行驶的时候，因汽车牌照过期被警察拦住，在盘问过程中警察发现莱利的驾驶证已被吊销，警察随即将该车扣留并清查车内物品。清查时警察发现汽车引擎盖下藏有两支手枪，莱利遂因非法夹藏枪支被逮捕。在宣布对莱利的逮捕决定后，警察对其进行搜身。在莱利的裤兜里，警察找到了一部手机。据莱利交代，这是一部功能强大的智能手机，具有先进的计算能力、强大的存储功能并且可联网。警察当场查看了莱利的手机信息，发现有不少关于"CK"的信息（短信和通话记录），警察认为"CK"即"Crip Killers"的缩写。莱利随即被带回警局。大约两个小时之后，另一名专业侦查黑帮犯罪的警员在警察局内再次仔细查看了莱利的手机。发现了更多与黑帮犯罪有关的证据，包括莱利参与黑帮活动的照片——几张莱利站在一辆车前的照片，而这辆车被怀疑与几周前发生的枪击案有关，以此为线索，警方成功破获了大约两周前在当地发生的一起枪杀案件。

随后，检方以持枪伤害他人、谋杀未遂等罪名对莱利提起犯罪控告，并以其参与黑帮活动为由要求依法加重对莱利的刑事处罚。莱利主张，警方对其手机的无证搜查违反了美国宪法第四修正案，既未获取搜查令也不适用紧急情形，由此获得的证据应当作为非法证据而排除，不能作为对他定罪的依据。莱利的律师Jeffrey L.Fisher在法庭上指出，警方必须要非常明确地获得了手机搜查证之后才能查看当事人的手机，而且搜查证还必须标明哪些信息可看，哪些信息不能看。初审法院驳回其抗辩，莱利在三次庭审中均被判有罪，获刑15年至终身监禁不等。莱利不断上诉，加州上诉法院维持了该判决[①]。法院援引了2011年的"迪亚兹案"[②]，该案认为第四修正案允许在没有搜查令时对手机数据进行附带搜查，只要该手机与被捕者近在咫尺。加州的联邦第九巡回法院亦驳回了莱利的复审请求。在律师的帮助下，莱利将案件一直上诉到联邦最高法院[③]。

（二）美国诉伍瑞案（United States v.Wurie）的基本案情

2007年，波士顿警察在巡逻时发现布里马·伍瑞正在车里贩卖毒品，随后将其逮捕带至警局。警察从伍瑞身上搜出两部手机，其中一部是"翻盖式"手机，使用时需翻开且其功能一般少于智能手机。到达警局5到10分钟之后，警察从手

---

① Cal.App., Feb.8, 2013.

② People v.Diaz, 51 Cal.4th 84, 119 Cal.Rptr.3d 105, 244 P.3d 501（2011）.

③ 571 U.S. - - -, 132 S.Ct.94, 181 L.Ed.2d 23（2014）.

机的外屏上注意到一个名为"我家"的联系人多次来电。几分钟后他们翻开手机，屏幕背景是一个怀抱婴儿的女人的照片。在按下一个键后，翻出了他的通讯录，接着按下另一个键搜索到标记为"我家"的电话号码。随后，警察通过在线电话地址录查到这个号码对应的某公寓大楼。警察抵至公寓大楼后，找到了有伍瑞名字的信箱，还透过窗户看到一名同伍瑞手机照片上的女子相像的女人。他们获取搜查令进入公寓搜查，发现215克可卡因、大麻、吸毒用具、一把枪、一些弹药和现金。

伍瑞因销售、以销售为目的持有高纯度可卡因、非法持有枪支和弹药而受到指控。伍瑞对警察搜查其公寓获取证据的做法提出异议，认为对他手机信息的查看违反了宪法。麻省地方法院驳回了伍瑞的抗辩。伍瑞在三次庭审中都被判有罪，处以262个月监禁[①]。伍瑞上诉至联邦第一巡回上诉法院，第一巡回上诉法院一个存在意见分歧的合议庭推翻了对伍瑞抗辩的否决，认为手机不同于其他可能被进行无证搜查的物品，因为手机存储了大量用户数据，且对于执法利益的影响完全可以忽略不计，故推翻原判决，撤销了对伍瑞的定罪[②]。后该案被上诉到联邦最高法院[③]。

（三）案件主要争议点：手机搜查是否作为例外情形的"无证搜查"

这两起案件共同指向同一个问题：对被逮捕的嫌疑人，在没有获得法院搜查令的情况下，警察是否有权查看在其身上搜到的手机中的数据信息，是否可以"无证搜查"？即这两个案件涉及附随于依法逮捕的无证搜查的合理性问题。在莱利和伍瑞案件中，两地的法院得出了相反的结论。加州联邦第九巡回法院根据美国联邦宪法第四修正案[④]的相关规定对莱利定罪，认为如果被逮捕，警方不需要特别的搜查证就可以搜查被逮捕人随身携带的物品，包括钱包、手机等；而麻省的联邦第一巡回法院却未采纳对伍瑞的定罪，认为即使犯罪嫌疑人被逮捕，警方未经法院许可，也无权查看犯罪嫌疑人的手机。

根据美国联邦宪法第四修正案的规定，在对犯罪嫌疑人实施逮捕或者搜查

---

① 612 F.Supp.2d 104（Mass.2009）.

② 728 F.3d 1（2013）.

③ 571 U.S. - - - -，134 S.Ct.999，187 L.Ed.2d 848（2014）.

④ 美国联邦宪法第四修正案规定："人民的人身、住宅、文件和财产不受无理搜查和扣押的权利，不得侵犯。除依据可能成立的理由，以宣誓或代誓宣言保证，并详细说明搜查地点和扣押的人或物，不得发出搜查和扣押状。"

其住宅、文件和财产之前，警方通常必须首先从法院取得搜查证。为了保护隐私权而设的这一条款只有在一些例外情况下，警方可以未经法院许可进行"无证搜查"。最常见的一种情况，即在依法对一个犯罪嫌疑人实施逮捕的过程中，对嫌疑人身体及近距离的周边环境进行搜查，即所谓的"附随于逮捕的搜查"制度。从法理上而言，既然对一个人的逮捕合法，那对其身体及周边环境予以搜查亦是应有之意。这种"无证搜查"主要有两个目的：一是保证警察的安全，防止嫌疑人使用随身携带或近在咫尺的武器伤害警察；二是保全证据，防止嫌疑人销毁或隐匿有罪证据。

但是，对于"附随于逮捕的搜查"的具体范围，存在诸多争议。实践中，警察往往在没有搜查证的情况下搜查被逮捕人的随身物品，例如手提箱、钱包、香烟盒等。有时候警察能够从这些物品中找到一些犯罪证据。尽管这一做法招致非议，但美国联邦最高法院并没有明确认定这一做法违反宪法。近些年来，一些地方允许警察查看犯罪嫌疑人手机中的信息，认为允许警察查看嫌疑人的手机跟允许警察查看其手袋或钱包中的内容并无区别。有的法院认为，在执行合法逮捕时发现的嫌疑人的手机，属于个人物品，与逮捕行为立即产生关联，所以，可以对其实施无证附带搜查。但也有法院认为，附带搜查，必须是与逮捕同时进行，在执行逮捕时没有同时搜查该手机的行为，违反美国宪法第四修正案。如在一起案例中，法院拒绝承认在执行逮捕后 2 小时 15 分钟才对涉案的手机进行搜查行为的合法性①。总之，当前美国法院对于逮捕时发现的嫌疑人的钱包和通讯录实施无证搜查基本已达成一致。但是，对于逮捕时是否可以附带搜查嫌疑人手机中的信息却存在争议。

（四）联邦最高法院的态度和主要理由

在 Riley v.California 案和 United States v.Wurie 案件中，美国联邦最高法院针对没有搜查令的情况下搜查嫌疑人手机中的数据信息是否违反宪法第四修正案所保护的权利进行了审理。在 2014 年 6 月 25 日宣布的判决中②，美国最高法院的 9 位大法官以 9：0 的投票做出判决，撤销了对莱利案件的裁判，维持了伍瑞案件的判决结果。认为先例中允许对犯罪嫌疑人进行"无证搜查"的理由，并不能适用于针对手机中数据信息的搜查；除非遇到特别紧急的情况，警方若想查看嫌疑人手

---

① 高荣林 . 美国电子数据取证之无证搜查与证据排除规则 [J]. 上海政法学院学报，2015（5）.

② 134 S.Ct.2473.

机中的内容，必须首先取得法院的许可。最高法院的判决认为，手机存储并可能透露大量信息，包含着"生活的隐私"，因此，存储在手机上的数据也适用相关的宪法隐私保护条款；即使为打击犯罪，执法部门也不能以牺牲公民隐私利益为代价。所以，警察在对犯罪嫌疑人实施逮捕时，若要搜查嫌疑人手机中的数据，也必须获得搜查令。联邦最高法院首席大法官约翰·罗伯茨（John Roberts）在莱利和伍瑞案件的判词中针对"附随于逮捕的搜查"制度设立的两个目的阐述了具体的判决理由，大致概括为以下三个方面。

首先，与手枪等武器不同，手机并不会对警察的人身安全造成严重伤害。即使在某种特殊情况下手机可能被用作"武器"，但只要警察已扣押了该手机，这一"武器"基本上就不会对警察的安全造成威胁。所以，警察没有理由为了维护自身安全而查看手机中的信息。在美国诉伍瑞案件中，联邦第一巡回上诉法院认为搜查伍瑞手机的警察明知他们在手机里能搜到的东西就是数据信息，而且也知道这些数据根本不会伤害到他们[1]，但却强行搜查手机，违反了美国联邦宪法第四修正案保护公民隐私权的规定。

其次，就保全证据而言，只要警方扣押了该手机，这一目标基本上能够得以实现。当手机扣留在警察手里时，犯罪嫌疑人不大可能删掉手机中存储的能够证明其犯罪的证据。虽然可能存在一些比较复杂的情况（例如"远程擦除"和"数据加密"），但这些并不属于嫌疑人通过自己的行动就可以直接隐藏或毁灭证据的情况。即使面对这种情况，警察也可以通过其他途径保全证据：如为了防止"远程擦除"，可以将手机关机，取下电池，或者断网[2]。

最后亦是最重要的核心理由是：在手机出现以前，搜集被限定在特定的物理空间内，因此对于犯罪嫌疑人隐私权的侵犯较有限，而手机不同于犯罪嫌疑人携带的其他物品，其虽小巧，却有巨大的存储容量，一部手机可以存储大量的网页文件、照片和视频等，这与犯罪嫌疑人的隐私密切相关。如果允许警察"无证搜查"，将对公民的隐私构成严重侵犯。手机存储的信息不仅数量巨大，而且种类繁多。例如：短信、电子邮件、照片、视频、录音、通讯录、日志、通话记录、网页浏览记录等等。将这些信息综合起来，能够"重构"手机使用者过去几个月甚至几年的生活。在莱利和伍瑞案件的判词中，大法官约翰·罗伯茨言，十年前

---

① 728 F.3d 1（2013）.

② 高荣林. 美国电子数据取证之无证搜查与证据排除规则 [J]. 上海政法学院学报，2015（5）.

的警察搜查时，可能会偶尔无意间发现高度私人性的物品，比如日记。但今天，90% 以上拥有手机的美国人中大多数几乎都会将他们个人生活的方方面面用手机记录下来，不仅有日常信息还有私密信息。在这一情况下，若允许警察在逮捕嫌疑人之后直接查看嫌疑人手机中的内容，类似于允许警察在从嫌疑人身上搜到一把钥匙之后直接闯入嫌疑人的家中进行搜查，这对隐私权是巨大的侵犯[①]。在大法官们看来，这难以接受。

大法官认为尽管警察不能无证搜查手机数据，但是他们可以对手机本身进行检查以确认手机不会作为一个攻击性武器使用[②]。这两个案件，似乎使正义受损，但从长远看来，在手机使用已十分普及的今天，美国联邦最高法院的这一判决，显然有利于防止公民的隐私权受公权力机关的肆意侵犯，对于个人隐私的保护而言具有里程碑式的意义。这一判决，对于美国之外的其他国家，亦具有一定的启示意义。

二、对莱利和伍瑞案件判决的评析

美国联邦最高法院对莱利和伍瑞案件的这一判决，确立了原则上对手机必须持证搜查的规则，这是科技发展推动法律按照利益权衡原则调整限制权力运行边界的产物，但这一判决亦带来了实践中的新问题——有搜查令的手机解锁面临困境。

（一）科技发展推动法律调整限权边界

法国启蒙思想家孟德斯鸠曾言："一切有权力的人都容易滥用权力，这是万古不易的一条经验。要防止滥用权力，就必须以权力约束权力。"[③] 划定权力运行的边界至关重要。历史不断证明，随着科技的发展，各国的法律都在不断调整着限制公权力运行的边界。在英美法系国家，每一次调整和限权都是因为著名判例的出现。18世纪中期，英国首相威廉·皮特曾在国会的演讲中说："穷人的房子，可能已经破败、摇摇晃晃，风在其中穿梭。但风可以进，雨可以进，英格兰的国

---

① 徐子沛，冯启娜.警方未经许可查看犯罪嫌疑人手机是侵犯隐私 [EB/OL].（2017-11-07）[2016-03-15].

② 郑海平.美国最高法院的新判决：手机内容属于公民隐私，警察不得"无证搜查" [N].人民法院报，2014-08-01（008）.

③ 孟德斯鸠.论法的精神 [M].张雁深，译.北京：商务印书馆，1987：154.

王却不能进，他的权力止于这间破房子的门槛。"对每一个个体而言，房子是他的城堡，公权力必须止步于一个人的房子，当前，让权力止步的门槛将要变成手机。一个人手机中所存储的隐私信息，可能比其住宅中所能找到的隐私信息更多、更丰富。

与搜查住宅相比，对手机信息的搜查更应受到政府的保护：手机数据信息不仅包括住宅内可能找到的数据信息，还可能包括住宅中永远不可能找到的信息。手机已成为大数据时代每个人新的城堡。大法官罗伯茨在莱利和伍瑞案件的判词中认为，手机与嫌疑人携带的其他任何物品从量到质均有显著区别。手机存储的数据信息种类繁多、信息量大，当前持有手机普遍，手机的信息量可以得以无限延伸。首先，手机包含各种各样不同的数据信息，这些互相关联的数据信息远比孤立的信息透露的隐私要多，许多手机已然成为同时具有通话功能的微型电脑。其次，手机存储的信息量大。鉴于手机存储能力的强大，仅通过手机的一种信息类型就可传达包括人物、时间、地点、方式等的巨量信息，根据多张标有日期、地点、说明的照片，完全可以重构手机使用者生活的全貌。再次，手机使用的普遍性使其并非仅是使用人的一个存储设备，而构成使用人不可缺少的生活的一部分。在莱利和伍瑞案件中，法官罗伯茨谈到，在数字化时代之前，人们不会每天随身携带含有自己敏感隐私的存储器，而现在只有极少数人不会随身携带存储着自身信息的手机。据一次民意调查，近75%的智能手机用户反馈，大多数时候手机不会离他们5米之外；12%的调查对象坦承，他们甚至在洗澡的时候也会使用手机。允许警察将类似的搜查作为日常惯例，对个人权利的危害不言而喻。最后，由于联网和移动运营商网络服务等因素，手机的信息量可以得以无限延伸。使用者在手机上所看到的内容许多并不存储在手机设备本身上，越来越多的手机利用"云计算"实现各项功能。"云计算"能够使联网设备访问远程服务器上的信息，而不限于设备本身。手机用户通常可能不知道某一信息是存储于设备本身还是云端，或者同一数据可能同时存在于这两者之上。美国司法实践已达成共识，附带搜查不能延展适用到对远程文件，即对云存储的数据信息的搜索。但警察对手机数据信息搜查时，难以知晓其查到的信息是在逮捕时就已经存储在手机设备内，还是从云端数据下载的。

美国联邦最高法院的这一判决是科技发展推动法律调整限制公权力运行边界的典型实例，这一判决对于将来警方能否搜查，如何搜查犯罪嫌疑人的随身设备，如笔记本电脑、平板电脑、U盘甚至是谷歌眼镜、智能手环、智能手表等可穿戴设备、电动汽车、物联冰箱等将产生重大影响。

（二）利益衡量是法律调整边界的原则

大法官罗伯茨在莱利和伍瑞案件的判词中言，科技迅速发展，美国建国以来没有太多先例能够提供指导。我们通常的做法是通过权衡对个人隐私权所造成的影响以及政府合法利益的需要。联邦最高法院的许多案例，都曾对搜查所涉及的利益范围及无证搜查适用情形做过讨论。随着社会变迁带来的生活方式的变更，社会形势的改变以及政府权力与个人权利之间的力量变化，宪法第四修正案的保护范围也应做适应性调整。

鉴于手机等电子证据与前电子时代证据的截然不同，美国在长期的司法实践中，秉承宪法第四修正案保护公民隐私权的精神，逐渐发展形成了对手机等电子数据证据搜查的基本规则。政府的执法人员尤其是警察，在搜查当事人存储电子信息的手机等设备时，首先应看该当事人对该设备有没有合理的隐私期待，如果有，执法人员需申请搜查令才可搜查该电子设备，否则，该搜查得到的证据则会因为侵犯公民隐私而成为非法证据，进而被依法排除。如果没有合理的隐私期待，执法人员就可以对涉案的手机等电子设备进行无搜查令的搜查。所谓的"合理的隐私期待"须符合两个要件：主观条件，即该人主观上已经表现出对其隐私的真实的期待；客观条件，即此种期待也被社会普遍认可是"合理的"[①]。因此，如果政府的无证搜查行为侵犯了公民"合理的隐私期待"，则该搜查得到的证据将因程序非法被依法排除；反之，则该证据将被依法采信。为了更好地预防和打击犯罪，在此原则之外，美国法院还设立了许多例外规则。即在某些特定的情形下，执法人员可以实施无证搜查。如前所述，莱利和伍瑞案件的主要争议点即是搜查手机是否符合"附随于逮捕的搜查"制度，这一制度即是联邦宪法第四修正案的例外之一。对于"附随于逮捕的搜查"的具体范围认定是本案认定的焦点，认定这一范围的重要标准即是利益权衡原则，法官在搜查该物品的必要性与搜查对隐私利益的影响之间权衡。

美国法官秉承自由心证确立"合理的范围"，但从司法判例观之，亦符合主客观相一致的原则，结合了个人的主观愿望和社会公众的客观评价，与德国相关规定不谋而合。为了保护隐私，德国的联邦宪法法院曾创设"三步理论"。第一

---

① 高荣林.美国电子数据取证之无证搜查与证据排除规则[J].上海政法学院学报，2015（5）.

步是应该受到绝对保护的"核心隐私"，对此侵犯应绝对禁止，无须考虑比例原则，即使是公共利益也不能成为侵犯"核心隐私"的正当理由。第二步是与社会关联不大的私人活动属于"私密领域"，可以与所涉及的公共利益进行比较加以取舍（适用比例原则）。第三步是非隐私的社会领域，不受宪法关于人格自由发展规定的保护[①]。划分不同的隐私等级，并给予不同的保护，能更有效地保障个人的隐私权，限制国家权力的扩张，制约公权力对个人隐私的侵犯。

与普通物品相比，手机的特性并非通过外部特性予以展现，而是充分地体现在内容方面。手机作为重要的信息载体，对公民隐私权的影响远比普通物品大得多。一方面，实证研究表明，即使是有针对性地查找某一有罪证据，警察也不可避免地要对手机内的所有信息进行浏览和筛选。另一方面，与以往的手机相比，当前占主流的智能手机存储量更大、功能更丰富，所包含的隐私信息更复杂，法律地位应发生变化，手机存储的数据信息所包含的隐私利益应当受到宪法性保护，应当成为宪法第四修正案的保护范围。莱利案件中的辩护律师曾指出，根据美国联邦调查局统计，2012年全美约有1200万民众曾被逮捕，其中大多数都是任意穿越马路、乱丢垃圾等行为，如果警方不必持有法院搜索票，就能擅自检查遭逮捕民众的手机，将会酿成严重错误[②]。大法官罗伯茨在判决书中亦言："我们不能否认，今天的裁决将会对执法机构打击犯罪的能力产生影响，"但他补充说，"保护隐私权是要付出代价"。联邦最高法院在莱利和伍瑞案件中，在公权力与私权利的博弈中，明确了保护公民权利的立场，限制国家权力对公民权利的干涉，力图在政府防治犯罪的需求与保护当事人的隐私利益权衡中实现均衡。

（三）法院独立的居中裁判是利益权衡的关键

美国联邦最高法院通过莱利和伍瑞案件判决确立的这一规则是关于手机搜查证据能力的重要判例，是权衡维护国家秩序抑或保护公民权利的重要选择，这一利益衡量成败的关键在于法院独立的居中裁判，由其体现宪法限制政府权力的意旨，正如罗伯茨大法官在这一判决书中所言，美国宪法第四修正案的意旨即是"使法院成为约束警察的警察"。根据三权分立，宪法权利的主旨是警惕国家权力的结构性缺陷，禁止"无理搜查"，本质上是对政府搜查行为的动机和方式做出

---

① 高荣林.美国电子数据取证之无证搜查与证据排除规则 [J].上海政法学院学报，2015（5）.

② 警方是否有权搜索民众手机？美国法院展开讨论 [EB/OL].（2014-05-01）[2016-03-25].

限制[1]。宁肯牺牲执法机关打击犯罪的效率，丧失一部分实体公正，也不能以牺牲隐私利益为代价。英国学者夏普洛曾言。"既无强制，又无意志，而只有判断"[2]的法院才能对宪法及其主要条款的含义做出中立的解释和独立的判断。在中立的法院对政府合法利益的需要与手机使用者的隐私利益间独立地进行权衡，做出选择后，根据判例法的惯例，这一选择成为今后法院判决类似案件的依据，国会或州立法机关制定法律时亦能够根据数据信息的种类或其他标准做出合理的区分。

在法院具有了独立的裁判地位后，在手机搜查方面，令状原则才更有意义。政府人员如果无证搜查手机的行为侵犯了公民"合理的隐私期待"，则该搜查得到的证据将因程序非法而被法官依法排除。在秉承这一"合理的隐私期待"的基础上，居中、独立的法官利益衡量后，对被搜查对象"特定化"，以防"概括"性搜查，从而将其可能对公民权利造成的损害降到最低限度。"特定化"意味着居中、独立的司法机关签发的令状必须明确而特定地描述拟搜查的物品，而侦查机关只能根据令状的描述搜查特定的物品。美国联邦宪法第四修正案明确要求，令状必须"详细说明搜查地点和扣押的人或物"。"特定化"有利于对侦查权进行规制、约束，保护公民的合法权利，而"概括"性搜查可能导致令状原则被变相架空，严重违背法治精神。故而，美国执法部门在向法院申请签发搜查令状时，必须对拟搜查的手机等电子设备中的数据信息做出具体描述[3]。在2009年的美国诉奥特罗（United States v.Otero）案中[4]，联邦第十巡回法院阐述了搜查电子证据必须坚持特定化要求的理由，现代个人电脑不断发展，其储存能力不断提高，一台电脑可以储存一个人的大量信息，这就使得执法部门更有能力对个人隐私事务实施大范围的搜查，相应地，也就使得特定化要求更为重要。总之，符合了"特定性"和"合理的隐私期待"的法官独立签发的令状才能更有效地限定国家权力运行的界限，保护公民权利免受国家权力扩张的干涉。

（四）判决带来新问题——有搜查令的手机解锁面临困境

联邦最高法院的这一判决对美国司法实践影响深远，但我们亦应正确审视其对司法实践影响的有效性。互联网浪潮的高涨和技术的逐渐成熟推动大数据在各

[1] 姜峰.宪法权利：保护个人还是控制国家 [J].读书，2014（4）.

[2] 汉密尔顿，杰伊，麦迪逊.联邦党人文集 [M].程逢如，译.北京：商务印书馆，1980：391.

[3] 陈永生.电子数据搜查、扣押的法律规制 [J].现代法学，2014（5）.

[4] 563 F.3d 1127.

行业领域的扩展，大数据对于刑事司法程序的影响愈加广泛、深远。大数据改造了诉讼主体的诉讼行为，改变了整个诉讼过程，对侦查行为的影响尤为重大，新技术为警方提供帮助，其可以利用移动设备发送请求并很快获得搜查令。大法官罗伯茨在判决书中亦言，在法院看来，相关技术的发展使获取搜查令对打击犯罪的效率并不会造成本质性影响。在警方获得法官签发的搜查令后，搜查手机的范围、方式等程序问题应运而生，首当其冲的是手机的解锁。手机的解锁是对手机搜查的第一步，也是当前最为棘手的关键一步，这一问题在美国亦十分突出。对于没有密码的手机搜查，警察可以径行按照搜查令中的搜查范围、方式等程序进行搜查；但对于有密码的手机搜查，如何解锁，当前方案有以下三种。

其一，科技公司解锁。由科技公司解锁手机，当前正处于风口浪尖，这从当前的美国联邦调查局（FBI）与美国苹果公司的诉讼中可见一斑，这起诉讼源自2015年12月发生在加州圣贝纳迪诺的一起恐怖事件。两名嫌犯闯进残疾人中心，打死14人、打伤21人，警方在现场击毙了两个枪手，两名犯罪人的其中三部手机都在恐怖事件中损毁，其中一名男性嫌犯 Syed Farook 的 iPhone 5c 手机成为重要证据。为此，FBI 向法庭申请强制令，要求苹果公司提供"适当的技术协助"。在苹果公司 CEO 蒂姆·库克的支持下，苹果公司做了"能力和法律范围内"的事情，派出工程师对案件调查提供建议。FBI 后来又要求苹果为这部手机"开后门"，从而取出手机中的数据。苹果公司当即拒绝。FBI 向加州法院寻求援助，2016年2月，法院批准了其请求，要求苹果公司在自己的 ios 系统上开发一个新功能，允许 FBI 在犯罪嫌疑人的手机上进行无限制的密码输入组合尝试。判决书下达后，苹果公司立刻提起上诉，拒绝执行法院的强制规定。库克表示，此案不仅事关隐私，还事关公共安全，违反相关宪法权利。他将直接向美国时任总统奥巴马陈情，并准备把官司打到美国最高法院。牵扯到隐私和每个人切身利益，苹果公司的声明让美国民众十分关注。路透社援引一家第三方公司的统计结果称，目前 Twitter 上的用户大多支持苹果公司。2016年3月1日，苹果公司在一起由纽约州地区法院受理的 iPhone 授权令官司中赢得了重大胜利。联合国人权事务高级专员扎伊德·侯赛因警告称，如果苹果公司最终配合 FBI 的要求去解锁 iPhone，将会打开"潘多拉的盒子"。

其二，警察自己解锁。在美国，破译密码对于大多数警局以及联邦调查局（FBI）等情报机构或美国国家安全局等机构的警察而言，并非难事。但是当前，许多手机制造商为了保护公民的隐私权和在市场上取得竞争力，做了保护处理。如苹果公司基于对用户数据的保护考虑，任何一个 iPhone 手机，如果解锁密码输入错误达到 10 次，手机内的数据就会被自动销毁。所以，警察自己解锁有一定的风险。在苹果 FBI 大战这一事件上，美国中央情报局前技术分析员斯诺登称，FBI 有多种方式破解圣贝纳迪诺恐怖案件中的 iPhone 5c，虽然这些方式可能会较耗时、昂贵，FBI 称唯有苹果公司能用技术手段解锁这部手机，是"一派胡言"①。美国电子前沿基金会律师奈特·卡多佐和其他专家认为，FBI 在仍有其他方法可用的情况下仍然公开提起诉讼，表明他们的目的不是获取数据，而是确立司法判例，他们希望借助这样的判例强迫苹果公司和其他科技公司开发新软件或修改现有软件，以便降低安全性②。美国当地时间 2016 年 3 月 28 日，美国司法部宣布，他们计划放弃对苹果公司不愿解锁 iPhone 的起诉。检察官称，FBI 已经在没有苹果协助下成功解锁加州圣贝纳迪诺郡枪手之一使用的 iPhone5c 手机，所以法院将可以撤销其于 2 月份向苹果提出的解锁命令③。苹果与 FBI 解锁 iPhone 案终于结束。

其三，犯罪嫌疑人解锁。由犯罪嫌疑人解锁自己的手机，在美国亦存在一定争议，这在 2014 年的 David Baust 案件④中可见一斑。该案法官 Steven C.Fucci 认为，指纹并不受到宪法第五修正案⑤保护，当犯罪分子拒绝提供锁码信息时，警察可以强迫犯罪分子使用指纹解锁设备。"任何犯罪分子不必自证其罪"意味着记住的密码和锁码可以不交给执法机关。如果设备被密码保护，Baust 不需要交出密码。但如果手机被指纹保护，他将被执法部门强制要求解锁⑥。根据美国的司法传统，法官的这一裁定可能会影响未来的案件，也有可能被上诉法院或高级法院驳

---

① 斯诺登：FBI 称自己不能解锁苹果手机是一派胡言 [EB/OL].（2016-03-10）[2016-03-26].

② 醉翁之意不在酒：FBI 强迫苹果破解手机或有隐情 [EB/OL].（2016-03-04）[2016-03-29].

③ 美 FBI 称成功解锁枪手 iPhone 与苹果公司诉讼落幕 [EB/OL].（2016-03-29）[2016-03-29].

④ 2014 年 David Baust 被起诉企图勒死了自己的女友。检察官认为 Baust 可能在自己的手机内储存了攻击的视频，并向法官申请，要求 Baust 强制解锁。2014 年 10 月 30 日，美国弗吉尼亚州的一个地区法院判决，警察可以强迫犯罪嫌疑人通过指纹对手机解锁以打开手机进行搜查。但是，警察不得强迫犯罪嫌疑人披露手机密码。

⑤ 美国宪法第五修正案规定："无论何人，除非根据大陪审团的报告或起诉书，不受死罪或其他重罪的审判，但发生在陆、海军中或发生战时或出现公共危险时服役的民兵中的案件除外。"任何人不得因同一犯罪行为而两次遭受生命或身体的危害；不得在任何刑事案件中被迫自证其罪；不经正当法律程序，不得被剥夺生命、自由或财产。不给予公平赔偿，私有财产不得充作公用。

⑥ 黄斌 . 域外司法领域新动向 [J]. 法制资讯，2014（12）.

回。这一判例涉及美国宪法第五修正案的适用范围。第五修正案适用范围广泛，不仅可用于刑事检诉，也适用于任何其他在答辩中可能自证有罪的"民事或刑事、正式或非正式"诉讼。这一规则在1964年的施墨伯案件①亦得以明确。1964年施墨伯案件诉至美国联邦最高法院，大法官们最终以多数票支持了以下立场：禁止强迫自证其罪原则的适用范围仅限于经过交流获得的"证言"，该项原则保护的范围仅限于精神内容，即"强制性交流"而使个人被归罪。多数法官认为，若一个人的身体本身构成证据或作为物证的来源，则不适用禁止强迫自证其罪原则。由此判决，公民不能使用这项权利阻止政府收集生物信息，如指纹、DNA样本或声音样本，因为其基于生物信息，而不是基于记忆的密码和PIN②。所以，自从美国苹果公司推出最新的iPhone5s，允许用户通过指纹等生物信息验证技术解锁设备，虽然为基于用户所知的信息（如密码和PIN码）进行身份验证的软件敲响了丧钟，但新款iPhone和iPad中配备的Touch ID指纹识别传感器将无法保护用户隐私③，这一法律效应更应引起我们的关注。

总之，对于警察取得手机搜查令后的第一步——手机解锁，当前的问题难以解决。实然，无论是科技公司、警察还是犯罪嫌疑人自己解锁后，手机搜查的范围、方式以及所获信息的处理等问题皆会应运而生。解决这一问题最直接有效的方式是法官在搜查令中明示搜查的范围、方式等，但鉴于这一明示的确定性与科技发展水平密切相连，故实践操作难度极大。

三、莱利和伍瑞案件判决对完善我国手机搜查制度的启示

美国联邦最高法院通过莱利和伍瑞案件判决，确定了手机搜查的持证规则。若非遇到特别紧急的情况，警方若想查看嫌疑人手机中的数据信息，必须首先取得法院许可；否则，应当受非法证据排除规则的规制。可见，这一规则主要规制证据能力，这对于长期关注证据证明力，忽视证据能力的我国刑事司法实践借鉴意义颇多；尤其是其在寻求打击犯罪与保护人权的法益平衡方面成熟的制度和经

---

① 1964年施墨伯因一起交通事故在医院接受检查。其间，医生根据一名警官的命令，不顾施墨伯的反对从他身上抽取了血样。血样化验表明施墨伯当时处于醉酒状态。于是，洛杉矶市法院根据该证据判施墨伯有罪。施墨伯不服提出上诉，上诉法院维持了原判，并认为强制性血样检测并未侵犯被告人的宪法权利。

② 木秀林.指纹识别技术在美引起法律争议：或让人自证有罪[EB/OL].（2013-09-15）[2016-03-28].

③ Touch ID不如密码 法庭规定可强制指纹解锁[EB/OL].（2014-11-02）[2016-03-28].

验，对促进我国相关制度的完善意义重大。

（一）确立利益权衡中保护公民权利的原则

对于智能手机等所代表的虚拟空间，我国法律已然予以关注。在网络1.0时代，非法侵入计算机系统罪已经适用，许多传统犯罪，如侮辱罪和诽谤罪，无论发生在网上还是网下都适用同一处罚规则的做法，则获得了理论和实务的一致认可。在三网融合时代，无论是从网络自身发展的技术特性，还是从网络犯罪的演变规律来看，将网络评价为新的人类生活空间都势在必行①。国家主席、中央网络安全和信息化领导小组组长习近平同志在2014年2月27日召开的中央网络安全和信息化领导小组会议上强调，网络安全和信息化是事关国家安全和国家发展、事关广大人民群众工作生活的重大战略问题，没有网络安全就没有国家安全，提出了努力把我国建设成为网络强国的要求。对信息网络安全的关注已是大势所趋。

法律在网络科技的推动下不断更新，在这一过程中，中国刑事法和美国的刑事司法程序发展保持了高度的默契。美国联邦最高法院出于维护宪法确立的个人隐私权的原因，划出个人的专有属地，避免其受到公权力的侵犯，于2014年在莱利和伍瑞案件中确立了不得无证搜查手机中数据信息的规则；我国刑法为了为网络犯罪提供有效的处罚依据，维护社会的秩序价值，修改《刑法》。2013年9月通过的《关于办理利用信息网络实施诽谤等刑事案件适用法律若干问题的解释》最为引人注目的地方，即利用信息网络辱骂、恐吓他人，情节恶劣，破坏社会秩序的，依照《刑法》第293条第1款第（二）项的规定，以寻衅滋事罪定罪处罚，并于2015年进一步出台了《刑法修正案（九）》，以图维护网络安全；我国现行刑事诉讼法亦把"电子数据"纳入法定证据的范畴，在现行的《最高人民法院关于适用〈中华人民共和国刑事诉讼法〉的解释》（以下简称最高院解释）和《人民检察院刑事诉讼规则（试行）》（以下简称最高检规则）以及《公安机关办理刑事案件程序规定》（以下简称公安部规定）中，都对手机等电子证据的审查判断做了进一步规定。虽然修法的出发点不尽相同，但对于网络空间或言虚拟空间的关注却殊途同归。在现实的物理空间中，经历了国家权力与公民权利的较量，惩罚犯罪与保障人权的角逐，我国现行《刑事诉讼法》不断尝试限制日益扩

---

① 于志刚.网络"空间化"的时代演变与刑法对策[J].法学评论，2015（2）.

张的国家权力，举步维艰却已然取得了一些成绩。侦查行为不断被规范，非法证据排除规则不断得以完善，被告人的诉讼权利不断得以维护……在新的网络空间中，维护国家权力抑或公民权利，保护社会公共秩序抑或公民的隐私权，这一公权力与私权利的冲突矛盾亦在不断博弈中，手机搜查首当其冲。美国联邦最高法院以莱利和伍瑞案件旗帜鲜明地确立了不得无证搜查手机的规则，我国应该如何作为值得深思。

我国应该明确，在刑事诉讼中手机搜查应当遵循的原则，在公权力与私权利的权衡博弈中，应该维护公民权利，维护公民的隐私权。如前所述，当今的智能手机对信息的储存无论是数量还是质量与传统媒介大相径庭。一旦无证搜查手机，公民的隐私权必将受到极大损害。而这些隐私中必然包含了公民的财产权、人身权、名誉权等以及各种生产、生活轨迹和生物特征，一旦泄露，必然给权利人和相关人员造成严重危害。在刑事诉讼中，我国走过了从惩罚犯罪到惩罚犯罪与保障人权并举，从关注被害人权利保护到犯罪嫌疑人与被害人权利共同维护的阶段，对于在虚拟空间中的手机搜查亦应该关注公民权利的保护，并以此作为手机搜查的原则，在此基础上，确立紧急事由等例外，以契合国际趋势的同时有利于我国公民权利的保护。大法官罗伯茨在莱利与伍瑞案件的判决书中曾言，在某些紧急情况下，警方也允许在没有搜查令的情况下查看被捕人员手机。紧急情况是美国宪法第四修正案保护隐私权条款的例外，事急从权，"紧急情况"使执法人员客观上迫不得已无证搜查，包括阻止证据销毁、追捕逃犯、帮助面临危险的人等情形。

（二）完善手机搜查的程序规定

如前所述，2014年6月，美国联邦最高法院通过莱利与伍瑞案件确立了原则上对手机必须持证搜查的规则，在警方获得法官签发的搜查令，明确手机搜查的原则、条件、范围、方式等程序问题应运而生，这一系列问题在我国当前亦亟待解决。

对于手机等电子证据的搜查程序，法律没有规定。我国现行《宪法》仅在第

37条①中规定了禁止非法搜查公民的身体，现行刑法在第245条②中规定了非法搜查罪，并对司法工作人员从重处罚。2012年年底修订的《刑事诉讼法典》对搜查的审批机关、搜查理由和搜查范围等未做任何修改，在第134条至138条③中规定了刑事诉讼中的搜查程序。首先，从我国《刑事诉讼法》关于搜查的规定来看，搜查的对象是人的身体、物品、住处和其他有关的地方等有体物，并未规定手机等电子数据信息属于搜查的对象。其次，对于搜查的审批机关，1996年和2012年修改的刑事诉讼法典都没有做出明确规定。根据公安部规定第217条以及最高检规则第220条，只要经县级以上侦查机关负责人批准，侦查人员就可以实施搜查，所以，对手机等电子证据实施搜查，无须接受司法机关的审查。再次，在搜查的实体条件方面，根据《刑事诉讼法》第134条规定，搜查的理由十分简单，只要是"为了收集犯罪证据、查获犯罪人"即可，这是纯主观的目的，并没有客观方面的证据要求，所以，我国现行《刑事诉讼法》对搜查的条件实质上并未做出限制。复次，根据134条的规定，搜查的范围是犯罪嫌疑人及所有可能隐藏罪犯或者犯罪证据的人的身体、物品、住处和其他有关地方。可见，在我国，搜查令不需要对搜查的对象和范围做出具体、特定的描述和严格的限制，这极易导致侦查人员随意扩大搜查范围，侵犯相对人的财产、隐私等合法权利。就对手机等电子证据的搜查而言，如果搜查的对象和范围不受司法权的审查和制约，对公民权利造成的损害比对普通物品的搜查更为严重④。最后，根据第136条的规定，进

---

① 《中华人民共和国宪法》第37条规定："中华人民共和国公民的人身自由不受侵犯。任何公民，非经人民检察院批准或者决定或者人民法院决定，并由公安机关执行，不受逮捕。禁止非法拘禁和以其他方法非法剥夺或者限制公民的人身自由，禁止非法搜查公民的身体。"

② 《中华人民共和国刑法》第245条规定："非法搜查他人身体、住宅，或者非法侵入他人住宅的，处三年以下有期徒刑或者拘役。司法工作人员滥用职权，犯前款罪的，从重处罚。"

③ 《中华人民共和国刑事诉讼法》第134条规定："为了收集犯罪证据、查获犯罪人，侦查人员可以对犯罪嫌疑人以及可能隐藏罪犯或者犯罪证据的人的身体、物品、住处和其他有关的地方进行搜查。"
   第135条规定："任何单位和个人，有义务按照人民检察院和公安机关的要求，交出可以证明犯罪嫌疑人有罪或者无罪的物证、书证、视听资料等证据。"
   第136条规定："进行搜查，必须向被搜查人出示搜查证。在执行逮捕、拘留的时候，遇有紧急情况，不另用搜查证也可以进行搜查。"
   第137条规定："在搜查的时候，应当有被搜查人或者他的家属，邻居或者其他见证人在场。搜查妇女的身体，应当由女工作人员进行。"
   第138条规定："搜查的情况应当写成笔录，由侦查人员和被搜查人或者他的家属，邻居或者其他见证人签名或者盖章。如果被搜查人或者他的家属在逃或者拒绝签名、盖章，应当在笔录上注明。"

④ 陈永生.电子数据搜查、扣押的法律规制 [J]. 现代法学，2014（5）.

行搜查，必须向被搜查人出示搜查证。在执行逮捕、拘留时，遇有紧急情况，不另用搜查证也可以进行搜查。公安部规定第219条[①]对上述"紧急情况"进行了解释，但对于手机等电子证据的搜查程序未有任何规定。总之，我国当前对手机搜查的立法存在诸多漏洞，在司法实践中，对于手机等电子证据信息的搜查，遵循的仍是搜查程序的传统模式，这些措施难以适应手机搜查的需要。立法的空白与疏漏导致侦查人员在搜查手机等电子数据证据时不仅极易侵害相对人和第三人的财产和隐私等合法权利，而且极易损害手机等电子数据证据的客观性和原始性，完善手机搜查制度立法势在必行。

我国应当在惩罚犯罪与保护人权博弈中明确保护公民权利原则的前提下，明晰将存储在手机物理介质中的数据信息作为搜查的对象，进而完善对手机搜查的程序性规定。

首先，明确手机侦查必须遵循令状原则，规定侦查机关在实施手机搜查之前必须取得司法机关签发的令状，否则，除非符合法定的例外条件，由此获得的证据将不具有证据能力，应依法被排除。就司法审查的主体而言，根据域外的法治经验，尤其是美国联邦最高法院关于莱利和伍瑞案件判决的过程，应当是独立、中立的法院。但鉴于在我国刑事诉讼司法实践中，法院虽然是唯一的审判机关，但人事任免权受制于地方人大，财产经费受制于地方政府的尴尬状况，在我国当前阶段，考虑到令状原则的可行性，可以借鉴检察机关审查批捕的做法，先建立由检察机关对侦查机关手机搜查进行审查的机制，随着以审判为中心的司法体制改革逐步推进，在各方面条件成熟后，再建立法院对手机搜查予以审查的机制。

其次，在手机搜查的实体条件或理由方面，应当要求侦查机关在申请手机搜查以及司法机关签发搜查令状时必须对搜查的理由做出明确限定。这一理由不仅包括"为了收集犯罪证据、查获犯罪人"等主观理由，而且应当明确包括客观方面的证据要求。立法应当明确规定，只有侦查机关的申请符合以下条件，司法机关才能签发手机搜查令：有证据证明有犯罪事实发生；有证据证明拟搜查的手机

---

① 《公安机关办理刑事案件程序规定》第219条规定："执行拘留、逮捕的时候，遇有下列紧急情况之一的，不用搜查证也可以进行搜查：（一）可能随身携带凶器的；（二）可能隐藏爆炸、剧毒等危险物品的；（三）可能隐匿、毁弃、转移犯罪证据的；（四）可能隐匿其他犯罪嫌疑人的；（五）其他突然发生的紧急情况。"

中的数据信息有助于证明犯罪案件事实；有证据证明手机等电子设备中可能存储有应予搜查的文件、图片、视频或其他电子证据。这一证据应是客观存在的证据形式，并非主观臆测。

再次，就搜查的范围而言，立法应当要求侦查机关的手机搜查申请以及司法机关签发的手机搜查令状必须对拟搜查的手机范围做出明确而特定的描述。明确规定侦查机关有权对谁的手机中存储的涉嫌何种犯罪的文件、图片等数据信息进行搜查[1]，超过范围，则应被排除。美国在 United States v.Carey 案中明确了这一原则[2]。在该案中，侦查人员取得了在计算机内搜查毒品案件相关证据的授权，在搜索计算机过程中发现了儿童色情图片，于是转而在计算机上搜索儿童色情图片。法院最终判决搜索儿童色情图片违法并主张在授权对电子数据搜查时，令状上须详细记载搜索电子数据的程序和方式。我国亦应明确这一手机搜查范围。

复次，关于手机搜查的方式，出于平衡人权保障和犯罪追诉利益的需要，在搜查令上应载明在手机存储介质中所要搜索的目标，鉴识方式无须载明，由侦查人员根据案件的具体情况确定，但侦查机关在鉴识过程中所适用的方式须接受法院的事后审查，审查其是否符合法律及有关技术规范。[3]在美国，关于手机等电子证据搜查方式的确定亦经历了一个曲折的过程。受 United States v.Carey 案件的影响，为防止侦查人员在手机等存储介质中概括搜查，法院签发搜查令状时，不仅需要记载在手机等存储介质中搜索的目标范围，还需记载搜索应遵守的方式。美国联邦司法部对此持肯定态度，但司法实践表明，因为对电子证据搜索方式的事先限定而大大削弱了侦查人员的取证能力和效率，2009 年美国联邦司法部改变了先前的肯定立场。在 United States v.Grubbs 案中，美国联邦最高法院指出，除了宪法第四修正案所规定的要求，宪法和联邦最高法院的判例没有表明搜查令必须详细记载搜查的精确方式[4]。考虑到手机搜查方式立法在我国的可行性以及当前打击犯罪的客观需要，我国对手机搜查方式无须要求，但这一手机搜查方式须受检察机关的法律监督。

---

① 陈永生.电子数据搜查、扣押的法律规制 [J].现代法学，2014（5）.

② United States v.Carey, 172 F.3d 1275（10th Cir.1999）.

③ 骆绪刚.电子数据搜查扣押程序的立法构建 [J].政治与法律，2015（6）.

④ United States v.Grubbs, 547 U.S.90, 98（2006）.

最后，确立程序性制裁机制。未经司法授权搜查既是重大程序违法又侵犯被处分人的隐私权，所取得的手机中的数据信息等电子证据当属非法证据，应当予以排除，美国联邦最高法院关于莱利与伍瑞案件的判决明确了这一规则。根据我国现行刑事诉讼法第54条^①的规定，我国对犯罪嫌疑人、被告人供述和证人证言、被害人陈述等非法言词证据采用"强制性排除"，对于非法物证、书证采用"自由裁量的排除"，即不能补正或者做出合理解释的，才应当排除。如前所述，本文所讨论的"手机搜查"是指对存储在手机硬件以及相关设备等有形载体中的数据信息的搜查，这部分存储在手机中的数据信息应当被认作涉嫌犯罪的物证或书证，亦应秉承第54条所规定的"自由裁量的排除"原则，即搜查手机中的数据信息不符合法定程序，可能严重影响司法公正的，应当予以补正或者做出合理解释；不能补正或者做出合理解释的，才应当排除。建立针对侦查人员违法取证行为的程序性制裁制度对于规范侦查人员合法取证，保护公民权利至关重要。

（三）提高侦查人员的法治水平

当代美国著名法学家庞德曾经说过："法律的生命在于其实行。"法律实施是实现立法目的、发挥法律作用的前提，是实现法的价值的必由之路。美国联邦最高法院通过在 Riley v.California 案和 United States v.Wurie 案的裁判，确定了手机搜查的持证规则，这一规则所体现出地保护公民隐私权的旨趣需通过执法活动深刻体现。美国司法部女发言人埃伦·卡纳尔（Ellen Canale）在这一判决做出后表示，政府将确保联邦执法人员遵守最高法院的裁决^②，明确了美国执法机关的执法态度和水平。对这一规制证据能力规则的有效借鉴有赖于手机搜查主体法治水平的提高，而提高侦查人员的法治水平对于正确适用我国手机搜查的程序规定至关重要。

但在我国刑事诉讼中，以警察为主的侦查主体在侦查阶段拥有相当大的自由裁量权，而权力天然具有扩张的本性，手机搜查行为正是一种尚未被全面理

---

① 《中华人民共和国刑事诉讼法》第54条规定："采用刑讯逼供等非法方法收集的犯罪嫌疑人、被告人供述和采用暴力、威胁等非法方法收集的证人证言、被害人陈述，应当予以排除。收集物证、书证不符合法定程序，可能严重影响司法公正的，应当予以补正或者做出合理解释；不能补正或者做出合理解释的，对该证据应当予以排除。在侦查、审查起诉、审判时发现有应当排除的证据的，应当依法予以排除，不得作为起诉意见、起诉决定和判决的依据。"

② 刘春．美最高法院：警方查看嫌疑人手机须有搜查令 [EB/OL]．（2014-06-26）[2016-03-29]．

性审视的公权力，在司法实践中侵犯公民财产权、隐私权等的实例屡见不鲜。手机作为物理介质首先体现财产权，侦查人员为获取电子证据，一般需要较长时间内扣押存储介质，这必然损害相对人的财产权益。因为随意搜查犯罪嫌疑人手机内存储的数据信息而对其隐私权的侵犯现象则更加严重。在我国司法实践中，因为关于手机等电子证据搜查缺乏法律法规的规制，侦查人员、收集人员在手机等电子证据搜查、取证过程中的人权意识较为薄弱，对犯罪嫌疑人、被告人拘留、逮捕后，随意开展对其手机内数据信息的搜查活动，有时甚至作为侦破案件、查找犯罪证据的重要方式，在有些案件中甚至成为关键措施，这使得我国在手机等电子证据搜查、取证方面发生侵犯公民权利的现象不胜枚举。由于电子数据信息的特性，对手机的不当搜查对相对人或第三人的财产权和隐私权以及名誉权、荣誉权等权利的侵害程度更甚于传统的搜查，提高侦查人员的法治水平迫在眉睫。

提高侦查人员的法治水平应当从以下两个方面着手。一方面，树立侦查人员的法治理念，强调"法律至上""制约权力""保障权利"的价值、原则和精神。如前所述，手机等电子设备中存储的电子数据信息数量庞大，种类繁多，包罗万象，因而侦查人员在对手机这一存储介质的搜索过程中不可避免会接触到与案件无关的私人隐私信息，势必影响到相对人或第三人的隐私权保护。实践中，由于手机这一物理介质被扣押于侦查机关，则手机中所存储的数据信息一并被扣押，故而，对一般物品搜查存在的时间、地点等因素的制约在对手机等电子证据的搜查中不复存在；对一般物品搜查存在的诉讼成本担忧在对手机等电子证据的搜查中亦无须考虑，"与传统物理搜查相比，电脑搜查成本更低，时间压力也更小"[①]。只需一两名侦查人员或技术人员对数据信息进行基本不受时间和次数限制的搜索，这导致相对人或第三人的隐私权长期暴露在毫无限制的侦查权等公权力的威胁之下。侦查人员一旦滥用这一权力，对公民权利的损害严重。总之，鉴于在手机等电子证据的搜查中，侦查人员或技术人员所要搜寻的是无形、时刻都在发生着变化的电磁信号，而电子证据的无形性、隐秘性使得侦查人员或技术人员在搜查、取证过程中稍有不慎，就有可能侵犯相对人或第三人的合法权利甚至公共利益。所以，需要提高侦查人员尊重与保障人权的法治理念，注重诉讼效率及司法

---

① KERR O S . Searches and Seizures in a Digital World[J].Harvard Law Review，2005，（119）：569.

公正的平衡，遵循最小破坏原则，时刻注意自己的搜查行为是否在虚拟空间中侵害了相对人或第三人的合法权利甚至公共利益。

另一方面，强调"以法治国""依法办事"，手机搜查的侦查人员或技术人员应当依据健全的手机搜查的法律、法规认真、负责地履行相关程序，保证手机搜查行为依法进行。在依法实施手机搜查的过程中，提高我国侦查人员或技术人员的专业技能至关重要。美国联邦最高法院针对莱利和伍瑞案件的判决体现了科技发展对法律调整限制权力运行边界的影响，苹果公司与FBI之间的诉讼则反映了科学技术在刑事诉讼中的重要作用。实践证明，科技发展对刑事侦查的影响亦十分深刻。现代侦查由情报主导，信息是破案的工具，获取足够的信息是破案的必要条件。而手机是信息化的重要工具和体现，通过对手机信息的搜查、提取、分析和整理，对侦破案件起着重要的作用，尤其是在实物证据较少的行、受贿案件中。随着整个社会信息化的不断深入，掌握手机取证的基本技能成为信息化侦查时代侦查人员的必备技能。在美国，手机等电子数据信息的搜查和电子现场勘查是侦查人员需要掌握的基本技能。

我国手机搜查的专业水平相对落后。一方面，当前手机等电子证据收集方面的客观条件相对落后。其一，技术落后。电子证据的收集是技术与反技术的较量，近些年，我国一些科研机构与大专院校在电子证据收集技术领域进行了一系列研究与实验，如中科院对于磁盘碎片恢复技术的研究取得了一定的成绩，推动了我国电子证据收集技术的发展。但从整体上看，相对于发达国家还是存在很大差距。其二，我国对电子证据收集的硬件设施等投入较少，在取证机构的业务实践中，主要应用的是国外的产品或系统，硬件因素制约了我国在电子证据搜查、收集领域的发展[①]。另一方面，侦查人员或技术人员手机取证的基本技能薄弱。电子取证技术水平直接决定了电子取证结果的优劣。侦查人员在手机等电子证据取证过程中，缺乏专业知识，加之电子证据取证方法与工具的落后，难以在第一时间对电子证据取证，导致其毁损或灭失，给案件的侦破带来不必要的困难；专业技术人员却因对法律规范掌握的薄弱与取证程序的漠视等原因，而导致电子证据在取证合法性上存在瑕疵；而且，在司法活动中，还普遍存在着"重侦查、轻技术"的思想观念，侦查人员与技术人员各自为战，侦技难以实现合力破案。所

---

① 解希良. 我国电子证据收集问题研究 [D]. 山东：山东大学，2015：7.

以，应该对侦查人员和技术人员各自开展相关培训。培训侦查人员掌握一些手机等电子证据的基本知识，如电子取证的基本方法、步骤以及取证软件使用等，避免侦查人员因操作失误导致无法提取或者破坏潜在的电子证据；培训技术人员掌握全面、专业的电子取证方面的专业知识，避免其因法律规范的原因导致取证瑕疵。总之，欲实现从"由供到证"到"由证到供"的转变，提高侦查机关获取手机等电子证据的专业能力是信息化时代侦查的必经之路。

论侵犯著作权罪的司法认定——以"未经著作权人许可"的司法证明问题为主线 ①

内容摘要：在侵犯著作权罪的四种行为方式中，未经著作权人许可是其共同特征。如何有效认定未经著作权人许可，直接关系到侵犯著作权罪的司法适用。由于著作权的法定性，侵犯著作权罪的犯罪对象必须是依法受到我国《著作权法》保护、具备著作权的作品。如果作品不受我国《著作权法》保护，则不存在未经著作权人许可的问题，亦不构成侵犯著作权罪。实践中，由于涉案作品数量众多，且具备著作权的作品与不具备著作权的作品交织在一起，使得未经著作权人许可成为司法证明上的一大难题。针对这一问题，有关司法解释规定了证明责任转移的特殊认定规则，但在实践中难以推行。实践中，认定未经著作权人许可均须借助著作权集体管理组织的版权认证，这种方式缺陷很明显。现实的解决路径为：加强著作权登记备案工作，加大著作权集体管理组织参与力度，建立抽样检查制度，实施以"自诉为主、公诉为辅"的追诉方式。

关键词：侵犯著作权罪　未经著作权人许可　司法认定　司法证明

根据我国《刑法》第217条之规定，侵犯著作权罪的行为表现为以下几种：（1）未经著作权人许可，复制发行其文字作品、音乐、电影、电视、录像作品、计算机软件及其他作品；（2）出版他人享有专有出版权的图书；（3）未经录音录像者许可，复制发行其制作的录音录像；（4）制作、出售假冒他人署名的美术作

---

① 此文原载《刑法论丛》2017年第2卷，与李晓合作。

品。实施上述行为，违法所得数额较大或者有其他严重情节的，构成侵犯著作权罪。在上述四种行为方式中，虽然仅第一、三种行为方式明确指出行为人未经著作权人许可；但根据侵犯著作权罪的特征，可以推知：在第二种行为方式中，行为人未得到出版权人的授权和许可。在第四种行为方式中，行为人未得到被署名人的同意。因此，上述四种行为方式的共同特征表现为：行为人没有得到权利人的许可或者授权[①]。据此，未经著作权人许可是认定侵犯著作权罪的核心要件，直接关系到侵犯著作权罪的司法适用。由于著作权的法定性，侵犯著作权罪的犯罪对象是依法产生著作权的各种作品，不受著作权法保护的作品不属于侵犯著作权罪的保护对象。在实践中，由于涉案作品数量众多，且具备著作权的作品与不具备著作权的作品交织在一起，使得未经著作权人许可成为司法证明上的一大难题，直接制约着侵犯著作权罪的司法认定，不得已转而以非法经营罪论处。因此，以未经著作权人许可的司法证明问题为主线进行研究，对于准确认定侵犯著作权罪具有重要意义。

一、未经著作权人许可系认定侵犯著作权罪的关键

（一）未经著作权人许可的含义解读

著作权是基于文学、艺术和科学作品依法产生的权利。著作权的对象是文学艺术作品。但是，并非所有的作品都可以成为著作权法所保护的对象。历史传统、社会制度、价值取向、政治观念、意识形态、道德标准、技术条件、经济水平、国民风俗、民族习惯、公共秩序、宗教文化等各种社会条件，都可能成为影响作品合法存在和传播的因素。我国著作权法对依法禁止出版、传播的作品，不给予《著作权法》保护。可见，合法性是作品成为《著作权法》保护对象的必要条件。[②] 从这个意义上讲，著作权和其他民事权利一样，是一种法定权利而非自然权利。

未经著作权人许可包含两方面的含义：一是相关作品具有合法性，属于著作权法所保护的对象，具有合法的著作权人。据此，如果作品本身的内容与形式违反法律、危害国家安全、公众利益或破坏社会善良风俗，因而被禁止出版传播

[①] 黄晓亮.侵犯著作权罪研究 [M]// 赵秉志.侵犯著作权犯罪研究.北京：中国人民大学出版社，2008：88-89.

[②] 刘春田.知识产权法 [M].北京：中国人民大学出版社，2007：65.

的，则被定义为非法出版物，自然不存在未经著作权人许可的问题。至于合法著作权人的范围，可以是作者，也可以是依法享有著作权的公民、法人、非法人单位等。二是没有得到许可或授权。著作权许可有以下几种情形：独占许可，即著作权人授予专有许可权后，享有专有许可权的被许可人，在合同规定的有效期间和地域内，以约定的方法，独占使用作品，包括著作权人在内的其他人在该期间和地域内，不得再以相同的方法使用该作品。独家许可，即著作权人做出专有许可后，被许可人取得在许可范围内的某项权利的独占使用权，许可人不能向第三者作同样内容的许可，许可人本人保留在许可范围内使用该权利的自由。普通许可，即著作权人做出许可后，被许可人在其许可范围内享有普通使用权，但许可人有权向第三人作同样内容的许可，本人也有权在该许可范围内行使该项权利。从属许可，即被许可人在取得著作权人许可或者合同有明确约定的情况下，有权许可第三人以相同的方法使用著作权人的作品①。未经许可大致可以分为如下几种情形：一是行为人根本没有得到许可或授权。根据我国《著作权法》第24条规定，使用他人的作品应当同著作权人订立许可使用合同。行为人没有同著作权人订立合同，没有征得权利人的同意，即属于未经许可。行为人向权利人提出许可请求而被拒绝的，也属于未经许可。二是行为人超出许可范围。行为人取得了权利人许可，但应在许可范围内使用作品。超出许可范围使用的，在超出的范围内，仍然属于未经许可。三是行为人的许可已经过期。行为人取得了一定期限内的许可，在该期限届满后，如果没有继续取得许可而使用作品的，仍然属于未经许可②。

（二）侵犯著作权犯罪中的两种罪名认定模式

目前，在我国的侵犯著作权犯罪中，存在着以非法经营罪定罪和以侵犯著作权罪定罪两种模式。我国对于侵犯著作权犯罪的追究，最初按照投机倒把罪处理。此后，随着《关于惩治侵犯著作权的犯罪的决定》的实施，对侵犯著作权犯罪行为按照侵犯著作权罪论处③。1998年最高人民法院发布《关于审理非法出版物

---

① 聂洪勇.知识产权的刑法保护 [M].北京：中国方正出版社，2000：120.

② 黄晓亮.侵犯著作权罪研究 [M]// 赵秉志.侵犯著作权犯罪研究.北京：中国人民大学出版社，2008：88-89.

③ 黄晓亮.侵犯著作权罪研究 [M]// 赵秉志.侵犯著作权犯罪研究.北京：中国人民大学出版社，2008：82.

刑事案件具体应用法律若干问题的解释》（以下简称《非法出版物解释》），则首次将涉及侵犯著作权的犯罪纳入非法经营罪的调整范围。在目前的司法实践中，"侵犯著作权犯罪的罪名适用严重缺乏司法统一性，大量的侵犯著作权犯罪被以非法经营罪论处，而适用侵犯著作权罪的寥寥无几。"[①] 但是，根据《非法出版物解释》）的规定，非法出版物包含了危害国家安全的、侵犯著作权的、侮辱诽谤他人的、淫秽的以及其他非法出版物，所对应的罪名有煽动分裂国家罪、煽动颠覆国家政权罪、侵犯著作权罪、侮辱罪、诽谤罪、制作、复制、出版、贩卖、传播淫秽物品牟利罪、非法经营罪等。可见，非法出版物与侵犯著作权的出版物是种属概念关系，非法出版物包含了侵犯著作权的出版物。依照《非法出版物解释》的规定，对于以营利为目的，实施侵犯著作权行为，违法所得数额较大或有其他严重情节的，以侵犯著作权罪论处。对于行为人违法国家规定，出版、印刷、复制、发行其他严重危害社会秩序和扰乱市场秩序的非法出版物，情节严重的，以非法经营罪论处。据此，侵犯著作权罪针对的犯罪对象是侵权出版物，非法经营罪针对的犯罪对象是除侵权出版物之外的非法出版物，二者的区分十分明显，且并不存在竞合关系[②]。从非法经营罪的本质看，其旨在维护市场的准入秩序，禁止没有特定资格的单位和个人违反国家规定从事某些经营活动，强调的是经营主体的非法性，其规制范围应该限制在国家专营、专卖或其他需要国家特别许可的经营事项上。对于一般的侵犯著作权的行为，认定为非法经营罪有装口袋之嫌。"考虑到侵犯著作权罪与非法经营罪属于一般法和特殊法的关系，按照侵犯著作权罪定罪处罚，更加符合这种犯罪行为侵犯著作权的性质，也避免非法经营罪成为口袋罪。……从打击知识产权犯罪的实际考虑，……非法出版、复制、发行他人作品，侵犯著作权构成犯罪的，按照侵犯著作权罪定罪处罚，即不再适用销售侵权复制品罪和非法经营罪。"[③] 上述解释说明，当侵犯著作权行为同时构成侵犯著作权罪和非法经营罪时，应按侵犯著作权罪定罪，不适用非法经营罪。但在司法实践中，为什么大量的案件认定为非法经营罪而非侵犯著作权罪？问题

[①] 贺志军．我国著作权刑法保护问题研究 [M]．北京：中国人民公安大学出版社，2011：312．

[②] 有学者认为，侵犯著作权罪与非法经营罪不构成竞合关系，其理由主要在于二者的犯罪对象不同，非法经营罪的犯罪对象系非法出版物，侵犯著作权罪的犯罪对象系侵犯他人著作权的出版物，具体表现为侵权复制品。

[③] 李洪江．关于办理侵犯知识产权刑事案件具体应用法律若干问题的解释（二）的理解与适用 [M]//现行刑事法律司法解释及其理解与适用．北京：中国民主法制出版社，2007：358．

的根源在于侵犯著作权罪的构成要件之一，即未经著作权人许可证明起来非常困难，严重影响着侵犯著作权罪的适用。在侵犯著作权犯罪中，侵权认定主体存在差异：对于侵权出版物由国家和地方版权局认定，对于非法出版物由新闻出版机构认定，对淫秽出版物由公安机关认定。由于认定侵权出版物需要证明未经著作权人许可，需要极为分散的权利人证据，故较为困难，而认定非法出版物则较为简便易行。可见，侵犯著作权罪和非法经营罪的证明要求有高低之分。因此，对于大量的涉案作品，由于无法证明"未经著作权人许可"，无法证明属于侵权出版物，只能证明属于非法出版物，故不能认定为侵犯著作权罪，退而求其次以非法经营罪论处。

例如：案例① 甲在北京市某区贩卖盗版光盘2000张，被公安机关查获。后经北京市新闻出版局鉴定，涉案光盘所载作品属于非法出版物。后该区法院以非法经营罪判处甲有期徒刑10个月，罚金人民币2000元。

案例② 乙在北京市某区贩卖盗版光盘2000张，被公安机关查获。后经北京市版权局鉴定，涉案光盘所载作品属于侵权复制品[①]。后该区法院以侵犯著作权罪判处乙有期徒刑6个月，罚金人民币2000元。

上述案例中，甲乙二人均实施了贩卖盗版光盘的行为，但法院认定甲犯非法经营罪，乙犯侵犯著作权罪，且在量刑上亦有差别。其原因何在？案例①中，控诉方只能证明涉案光盘所载作品属于非法出版物，由于得不到权利人的配合，无法确定作品是否受我国《著作权法》所保护，自然无法认定甲未经著作权人许可，故对甲不能以侵犯著作权罪论处，只能以非法经营罪论处。案例②中，控诉方不仅能够证明涉案光盘所载作品属于非法出版物，而且由于及时得到权利人的配合并出具版权认证，明确了作品受我国著作权法所保护，故能够认定乙未经著作权人许可，对乙以侵犯著作权罪论处。

著作权属于法定权利而非自然权利。欲认定未经著作权人许可，则首先须证明涉案作品受我国《著作权法》所保护，不受我国《著作权法》所保护的作品，如依法禁止出版、传播的作品，属于非法出版物，自然不存在认定未经著作权人许可的余地。实践中，如果涉案作品品种单一，权利人数量不多，则可以通过寻找全部权利人的方式认定该作品受我国《著作权法》保护，进而认定行为人未经

---

① 侵权复制品是指侵犯著作权的出版物。实践中，如果版权局认定涉案作品属于侵权复制品，则司法机关可据此认定行为人未经著作权人许可。

著作权人许可。但如果某一案件的涉案作品数量众多，权利人分布广泛，地域分散，如何认定涉案作品受我国《著作权法》保护进而认定行为人系未经著作权人许可？如果无法认定未经著作权人许可，则无法适用侵犯著作权罪。这个问题已成为困扰司法实践、影响侵犯著作权罪适用的突出问题[①]。

二、未经著作权人许可的司法证明困境及破解

（一）未经著作权人许可的司法证明困境

司法证明，是指诉讼主体按照法定的程序和标准，运用已知的证据和事实来认定案件事实的活动。现代刑事诉讼以无罪推定和证据裁判为基本原则。基于无罪推定原则，控诉方承担证明被告人有罪的责任，被告人没有证明自己无罪的义务，且被告人有权拒绝陈述，当控方证据不能确切证明被告人有罪，或者对被告人有罪的证明存在合理怀疑时，应做有利于被告人的解释，对被告人按照无罪处理。基于证据裁判原则，裁判的形成必须以证据为依据，无相应的证据不得认定犯罪事实，且证据必须达到相应的要求。

刑事诉讼需要通过证据认定案件事实，而案件事实发生在过去，加之刑事实体法规定了严格的犯罪构成要件，这就必然会出现证明困难的问题。例如：特定犯罪的主观构成要件证明困难。犯罪主观构成要件，如明知、目的等要素，容易出现证明困难的问题。典型的在毒品犯罪中，在犯罪嫌疑人、被告人拒不供认的情况下，如何认定行为人明知是毒品，如何认定犯罪目的，都比较困难。特定犯罪的客观构成要件证明困难。典型的是在职务犯罪中，如果行为人拥有超过合法收入的巨额财产，但是本人拒不说明财产来源的，在公诉机关无法获得证据证明财产非法来源的情况下，无法认定被告人构成贪污罪、受贿罪等，只能认定构成巨额财产来源不明罪[②]。

---

① 以北京市某基层人民法院为例，其所判决的涉及侵犯著作权的案件共有近250件，其中以侵犯著作权罪论处的仅有44件，其余则全部以非法经营罪论处。从经验层面看，在以非法经营罪论处的案件中，除少数作品属于国家禁止出版、传播的非法出版物外，绝大多数作品是有著作权的，受我国《著作权法》保护，可以认定为未经著作权人许可，构成侵犯著作权罪。但从证据层面看，由于作品数量众多，权利人众多且地域分散，缺乏权利人的版权认证材料，因此无法认定作品受我国《著作权法》保护，进而无法认定未经著作权人许可，故只能以非法经营罪论处。这种现象有学者称之为"刑法相关规定的虚置"。

② 褚福民. 刑事推定的基本理论：以中国问题为中心的理论阐释 [M]. 北京：中国人民大学出版社，2012：7–11.

　　在解决上述证明困境或难题时，存在着两种方法或途径。一是在确立证明责任转移规则。证明责任转移，即在审判过程中，证明责任因当事人一方履行完毕从而移向他方当事人的情形。在证明过程中，当肯定某项事实的一方所提供的证据具有表面上的证明效力，即可假定该事实成立，相对一方若要推翻该事实就必须提供相反的证据①。在证明责任转移的情况下，只是提出证据责任的转移，而不包括结果责任的转移，结果意义上的证明责任始终固定于控诉方。在刑事诉讼中，根据无罪推定原则，指控被告人有罪的证明责任始终由控诉方承担。但是，"无罪推定原则仅仅解决了刑事证明责任中的核心问题——由谁来承担证明被告人有罪的责任，而并没有解决阻却违法事由或者阻却责任事由的证明责任的分配问题。"②控诉方承担犯罪构成要件的证明责任，但不可能要求控诉方同时承担阻却事由的证明责任，只能由被告方承担。可见，证明责任转移是在刑事诉讼中贯彻"谁主张、谁举证"原则的体现，并不是对无罪推定原则的否定，其所考虑的是诉讼活动中证明的需要和举证的便利，即由哪一方先行举证更有利于诉讼证明的推进。在这个意义上讲，证明责任转移是以举证便利和诉讼效率为前提的③。从理论及实践看，具有下列情形的，证明责任发生转移：被告方做不再犯罪现场辩护的；从被告人住所、办公处查处赃款赃物，被告方做无罪辩护的；被告人携带毒品、假币等犯罪物品作无罪辩护的；被告方做患有精神病不负刑事责任辩护的；被告方作正当防卫辩护的；被告方以合法授权，持有执照、批件或其他正当理由做辩护的；被告方以受胁迫、出于激愤、意外事故做辩护的；被告方以被告人尚不到法定责任年龄，请求免除刑事责任或做减轻责任辩护的；等等④。二是确立推定规则。推定，是指在刑事诉讼中，依照法律规定或者由法院按照经验法则，从已知的基础事实推断未知的推定事实存在的一种证据法则。例如：对于明知的推定，对于犯罪目的的推定。推定涉及两种事实，即已知事实和未知事实，或者基础事实和推定事实。推定允许当事人提出反证予以质疑、推翻推定事实。通过推定认定案件事实，在一定程度上减轻了控诉方的证明责任。但是，控诉方对于基础事实，仍然需要承担证明责任。

---

①　卞建林.证据法学 [M].北京：中国政法大学出版社，2005：443.

②　刘广三.刑事证据法学 [M].北京：中国人民大学出版社，2015：272.

③　何家弘，刘品新.证据法学 [M].北京：法律出版社，2007：297-298.

④　崔敏.刑事证据学 [M].北京：中国人民公安大学出版社，2005：307.

未经著作权人许可，在证明结构上需要从两方面进行：一是证明作品有合法著作权；二是证明未经许可。从实践经验及逻辑分析看，这两个方面的证明均存在不同程度的困难。第一个方面，证明作品有合法著作权，这是认定侵犯著作权罪的前提，且该事项属于肯定事项的证明，从逻辑分析应该具有被证明的可能性。但实际情况是在侵犯著作权罪中，涉案的作品往往种类众多，涉及不同的甚至是境外的著作权人，控诉方往往没有可能一一寻找相应的著作权人，导致作品是否有合法著作权无法证明。第二个方面，从逻辑分析，未经许可属于一种否定事项，而一般说来，否定事项往往更加难以证明。对于否定事项的证明，一般从两个方面展开。一是由相对方即权利人证明行为人未经许可，二是由行为人提供许可证明，提供不出许可证明的，则认定为未经许可。由权利人提供证据证明未经许可，同样存在权利人寻找困难的问题。由行为人提供许可证明，实际上属于证明责任转移。

（二）既有破解路径及评析——以《关于办理侵犯知识产权刑事案件适用法律若干问题的意见》第11条为对象

1. 关于证明责任转移的特殊认定规则问题

2011年1月10日，最高人民法院、最高人民检察院、公安部联合发布《关于办理侵犯知识产权刑事案件适用法律若干问题的意见》（以下简称《意见》），其中第11条对未经著作权人许可司法认定问题予以明确。该条规定：未经著作权人许可一般应当依据著作权人或者其授权的代理人、著作权集体管理组织、国家著作权行政管理部门指定的著作权认证机构出具的涉案作品版权认证文书，或者证明出版者、复制发行者伪造、涂改授权许可文件或者超出授权许可范围的证据，结合其他证据综合予以认定。在涉案作品种类众多且权利人分散的案件中，上述证据确实难以一一取得，但有证据证明涉案复制品系非法出版、复制发行的，且出版者、复制发行者不能提供获得著作权人许可的相关证明材料的，可以认定为未经著作权人许可。但是，有证据证明权利人放弃权利且涉案作品的著作权不受我国《著作权法》保护，或者著作权保护期限已经届满的除外。

从逻辑上看，未经著作权人许可属于没有发生过某个事件的事实，证明这一事实的真伪有两种方式，一是由主张经过合法授权的一方提供合法授权的证明，如果其无正当理由拒绝提供或不能提供则认定其未取得授权；二是找到全部著作权人，逐一核实其著作权人身份并要求其提供是否给予行为人合法授权的证明。

在著作权人数量众多且地域分布广泛的情况下，让控诉方在法定时限内完成这项工作显然不现实。因此，《意见》针对不同情形采用不同的认定模式。

当案件涉及的作品权利人不多，或者虽然权利人众多，但有相关的著作权集体管理组织、著作权认证机构出具版权认证的情况下，则依据权利人或相关组织的版权认证材料，认定行为人未经著作权人许可。如在一起案件中，甲贩卖盗版图书《新概念英语》共计2000册，被查获归案。本案涉及的作品权利人较为单一，侦查机关找到了涉案作品著作权人，由著作权人出具版权认证，即可认定未经著作权人许可，进而以侵犯著作权罪对甲定罪处罚。

但在涉案作品种类众多且权利人分散的案件中，确实难以一一取得权利人的版权认证时，《意见》所采取的是证明责任转移的认定模式。具体如下。

第一，控诉方首先证明涉案作品系非法出版、复制发行的作品，即非法出版物。根据目前的技术条件，认定涉案作品属于非法出版物并不困难。以音像制品为例，如果没有激光数码存储片来源识别码（SID码），即可认定属于非法出版物。

第二，控诉方证明涉案作品属于非法出版物后，证明责任即告完成。此时，除非辩护方提出具有合法授权（包含权利人放弃权利、著作权保护期限已经届满）的积极抗辩，则行为人面临有罪判决的结果。根据"谁主张、谁举证"的规则，合法授权的积极抗辩的证明责任由辩护方承担。此时，证明责任由控诉方转移到辩护方。如果辩护方不能提出证据证明得到合法授权，则此积极抗辩不能成立，据此可以认定行为人未经著作权人许可。

采用证明责任转移的模式认定未经著作权人许可，主要是针对著作权保护的特点所专门设立的。在商标和专利领域，有关权利的取得都是以到国家主管部门申报为条件，主管部门对权利归属情况掌握的比较准确。而在著作权领域，执法机关往往无从核实权利人信息。并且，商标、专利案件一般涉案权利人人数较少，一起案件只牵涉一个或几个权利人，而著作权案件，每起案件往往牵涉数百个著作权人。正是鉴于著作权案件的这一特殊性，我国2010年《著作权法》采用了证明责任转移的认定规则。该法第53条规定："复制品的出版者、制作者不能证明其出版、制作有合法授权的，复制品的发行者或者电影作品或者以类似摄制电影的方法创作的作品、计算机软件、录音录像制品的复制品的出租者不能证明其发行、出租的复制品有合法来源的，应当承担法律责任。"据此，在司法审判和行政保护工作中，行为人应当就其出版、制作活动经过合法授权承担证明责任，如果其在法定时限内不能证明，则人民法院或著作权行政管理部门均可以认定其出版、制作活动未经著作权人许可。在刑事案件中，"侵犯著作权的犯罪案件，特别是严重的犯罪案件，往往涉及权利人的数量众多……而且权利人遍布全球。如果采取一一取证的方式将是不可能的。如果采取侵权嫌疑人不能提供著作权人的权利证明，即推定其构成对著作权人的侵犯的原则来判断著作权案件，将是一种切实可行的方法，也是国际上比较通行的做法。"[①]

2. 关于"涉案作品的著作权不受我国著作权法保护"的证明问题

著作权是一种法定权利而非自然权利。一部作品要获得著作权法保护，除了具备作品的一般条件外，其思想倾向或情感的表达方式，还应不违反法律的规定。如果作品的思想倾向和情感表达的内容与形式违反法律、危害国家安全、公众利益或破坏社会的善良风俗，因而被禁止出版、传播的，则不受我国《著作权法》保护。

正是基于此，《意见》第11条规定："涉案作品的著作权不受我国著作权法保护的，不能认定为未经著作权人许可，只能以非法经营罪论处。"但实践中，当涉案作品数量、种类众多，权利人分布世界各地时，其中哪些作品的著作权不受我国著作权法保护，是一个难题。例如，在一起案件中，行为人贩卖盗版光盘2000张。经鉴定此2000张光盘全部属于非法出版物。同时，辩护方提不出合法授权的积极抗辩，能否认定这2000张光盘均受我国《著作权法》所保护，进而认定行为人未经著作权人许可呢？根据《意见》规定，似乎可以认定。"有证据证明涉案作品的著作权不受我国著作权法保护的除外"意味着只要没有证据证明涉案作品的著作权不受我国《著作权法》保护，即可推定涉案作品均受我国《著作权法》保护，进而可以认定未经著作权人许可。但实际上则不然，因为即便没有证据证明涉案作品的著作权不受我国《著作权法》保护，也不能简单地推定作品均受我国《著作权法》保护。毕竟，不受我国《著作权法》保护的作品是客观存在的，且经常与具备著作权的作品混合在一起，不能因为无证据证明就否定这一存在。但由谁证明涉案作品不属于"不受我国著作权法保护"的情形？笔者认为，例外情况的证明应由控诉方承担，不能转移到被告方。首先，涉案作品是否

有合法著作权，属于侵犯著作权罪认定中的基础事实或前提事实，控诉方应对该事实承担证明责任，即控诉方应该举证证明涉案作品具有合法著作权，进而指控行为人构成侵犯著作权罪。当控诉方不能证明涉案作品具有合法著作权时，则该事实真伪不明，既有可能具备合法著作权，也有可能不具备合法著作权。此时，自然不能要求行为人举证涉案作品不具有合法著作权。其次，控辩双方举证能力不同。举证能力包括收集证据、调查证据、利用证据的能力。在涉及作品权利人众多的情况下，控诉方欲证明哪些作品具有合法著作权，哪些作品不具有合法著作权已非常困难，辩护方的举证能力更为薄弱，如何能够提出证据证明涉案作品"不受我国著作权法保护"呢？但在实践中，当涉案作品众多时，如果没有权利人或著作权集体管理组织的配合，控诉方履行对该事实的证明责任也十分困难。如此一来，问题又回到了原点：即便实行证明责任转移的特殊认定规则，如果没有权利人的配合并出具版权认证，控诉方则不能证明涉案作品均受我国《著作权法》所保护，进而则不能认定行为人未经著作权人许可。可以说，这个问题不加以及时有效解决，未经著作权人许可就无法认定，证明责任转移的特殊认定规则也名存实亡！

三、实践做法介评——以北京市某基层法院审结的侵犯著作权罪案件为对象

（一）案件基本情况

据统计，从2008年至2015年12月，该院在涉及侵犯著作权的犯罪案件中，以非法经营罪判处的共198件，以侵犯著作权罪判处的共44件。

从犯罪对象看，音像制品是侵犯著作权犯罪的主要对象。音像制品包括电影、录音、录像等。有学者将侵犯著作权的犯罪对象分为计算机软件、电影、录音、录像等音像制品、文字作品和美术作品、其他作品四类，并进行了问卷统计，在收回的1374份有效问卷中，结果发现有大约40%的人选择音像制品是主要的犯罪对象①。这一结果与该院的司法实践较为一致，犯罪对象涉及音像制品案件占案件总数的91%。

---

① 袁彬.侵犯著作权犯罪的现状、原因及对策研究[M]// 赵秉志.侵犯著作权犯罪研究.北京：中国人民大学出版社，2008：8.

从犯罪手段看，销售行为是主要的犯罪手段。从行为手段上看，我国《刑法》制裁的侵犯著作权犯罪的行为手段包括复制行为、出版行为、制造出售行为和销售行为等。但是这些行为存在的程度是不同的。有学者对侵犯著作权犯罪的犯罪手段进行问卷统计，在收回的1418份问卷中，选择销售行为的有582人，占41%[①]。而根据该院的司法实践，在审结的案件中，犯罪人实施的全部为销售行为。可见，销售行为是主要的犯罪手段。

从刑罚力度看，整体上刑罚较轻。在审结的案件中，其中被判处拘役的占22%；判处一年以下有期徒刑（含一年）占69%；判处一年以上有期徒刑（不含一年）的占9%。可见，90%以上的犯罪人被判处了一年以下的刑罚，总体上刑罚较轻。

从罪名适用看，出现非法经营罪与侵犯著作权罪并存的局面。最高人民法院、最高人民检察院发布的《关于办理侵犯知识产权刑事案件具体应用法律若干问题的解释（二）》（以下简称《解释（二）》）在实施前，对于侵犯著作权构成犯罪的均是以非法经营罪定罪处刑。《解释（二）》实施后，虽然明确非法出版、复制、发行他人作品，侵犯著作权构成犯罪的，按照侵犯著作权罪定罪处罚，不再适用非法经营罪。但是，由于侵犯著作权罪具有较高的证明标准，并且可操作性差，一律适用侵犯著作权罪势必会放纵犯罪。因此，实践中采取侵犯著作权罪和非法经营罪并行的办法，对于达到侵犯著作权罪证明标准的，以侵犯著作权罪定罪处罚，而对于达到非法经营罪定罪标准但没有达到侵犯著作权罪定罪标准的，则以非法经营罪定罪处罚。

（二）未经著作权人许可的实践认定做法评析

从2008年北京市某基层法院审结首例侵犯著作权罪案件以来，截至2015年12月，该基层法院共审结侵犯著作权罪案件44件，判处犯罪人50余人，有效打击了此类犯罪。那么，当实践中遇到涉案作品权利人众多，且地域分布广泛，控诉方无法一一联系权利人时，如何认定未经著作权人许可？以下以该院审结的侵犯著作权罪案件加以说明。

案情：周某某在位于北京市某区的五洲友谊音像中心内，向他人出售盗版DVD光盘8张时，被公安人员查获。案发后，公安机关将上述DVD光盘8张以

[①]　袁彬. 侵犯著作权犯罪的现状、原因及对策研究 [M]// 赵秉志. 侵犯著作权犯罪研究. 北京：中国人民大学出版社，2008：6.

及随后缴获的 DVD 光盘 10934 张送检。经北京市版权局鉴定，其中的 849 张 DVD 光盘属侵权复制音像制品。法院经审理后认为，周某某以营利为目的，未经著作权人许可，发行其电影作品，情节严重，其行为已构成侵犯著作权罪，故以侵犯著作权罪判处周某某有期徒刑 1 年，罚金人民币 1 万元。

从本案中，我们可以归纳出司法机关认定未经著作权人许可的过程。

第一步：由著作权集体管理组织——美国电影协会①派员在北京五洲友谊音像中心暗查，发现该音像店内贩卖该协会会员单位的作品时，予以举报。

第二步：公安人员到场查处时，对查获的作品进行清点，通过技术手段认定全部作品均为非法出版物，并筛选出属于美国电影协会会员单位的作品。

第三步：美国电影协会对上述筛选出的作品出具版权认证，证明该作品有著作权，受我国《著作权法》所保护。

第四步：北京市版权局根据美国电影协会出具的版权认证材料，出具涉案作品属于侵权复制品的鉴定书。

第五步：法院根据版权局的侵权复制品鉴定书认定未经著作权人许可。

从该院审结的 44 件侵犯著作权罪案件中，除 4 件属于盗版图书，作品权利人相对单一，由权利人出具版权认证外，其余 40 件均涉及盗版光盘，权利人众多且地域分散，在认定未经著作权人许可时均由美国电影协会出具版权认证，一定程度上解决了侵犯著作权罪无法认定的问题。可以说，由著作权集体管理组织出具版权认证，参与刑事案件证明环节，具有合理性和可行性。

首先，我国《著作权法》确立了著作权集体管理组织的诉讼主体地位，其与著作权人之间在法律上是信托关系，可以以自己的名义行使著作权②。随着复制和传播技术的发展，作品的使用形式逐渐多样化、国际化，著作权人对作品的使用情况难以全面了解和支配，著作权集体管理组织便应运而生。著作权集体管理组织从事著作权代理、介绍或信托活动。我国《著作权集体管理条例》第二条规定著作权集体管理组织活动的范围包括：与使用者订立著作权与邻接权许可使用合同；向使用者收取使用费；向权利人转付使用费；进行涉及著作权或者邻接权的

---

① 美国电影协会属于著作权集体管理组织，其会员包含了二十世纪福克斯电影公司、环球电影公司、华纳兄弟电影公司等美国主流电影制作公司，其在北京设立办事机构，职能之一就是为与其成员公司有关的著作权诉讼提供技术支持。

② 刘春田. 知识产权法 [M]. 北京：中国人民大学出版社，2007：177.

诉讼、仲裁等。因此，在刑事案件中，著作权集体管理组织以自己的名义对涉案作品出具版权认证不存在法律上的障碍。

其次，著作权集体管理组织在法律地位上是具有一定垄断性的在自愿许可的基础上建立起来的民间机构或者半官方机构，其出具的相关著作权声明具有较高的可行性和可信性。著作权集体管理组织作为实现集中许可的中介机构，旨在解决著作权人无法完成大规模许可，以及使用者难以以合理成本获取授权的问题。因此，市场支配力被视为集体管理组织发挥功能的必要条件，并具有一定的垄断性[①]。在我国，著作权集体管理组织的产生和发展是政府主导的结果，须由国家主管机关衡量实际情形后才能设立。因此，从著作权集体管理组织的市场支配力及法律属性看，由其出具版权认证具有可行性和可信性。

但是，上述认定模式也存在明显的不足。首先，著作权集体管理组织不可能对所有被侵权作品做出著作权认证。著作权集体管理组织只能对自己会员单位的作品出具版权认证。以该基层法院审结的案件为例，目前只有美国电影协会一家著作权集体管理组织出具了版权认证，因此能够认定侵犯著作罪的案件数量较少。例如，2008年至2015年，该院共审结侵犯著作权罪案件44件，其中图书4件，其余40件涉及盗版光盘的，均由美国电影协会予以配合，出具版权认证。而同期非法经营盗版光盘的案件则达到近200件。认定侵犯著作权的案件仅占非法经营案件的五分之一。

其次，在几乎所有案件中，能够出具版权认证的作品数量少，刚刚达到侵犯著作权罪的入罪标准，刑罚较轻。2007年发布的《解释（二）》降低了侵犯著作权罪的入罪门槛，即涉案作品数量达到500张（份）以上的，即可构成侵犯著作权罪。而在以侵犯著作权罪定罪处罚的40件案件中，每起案件涉案光盘平均为613张，其中最少的510张，最多的751张。数量明显偏少，对犯罪人所判处的刑罚相应较轻，平均为5.8个月，其中最少为3个月，最多为10个月。

最后，数罪并罚依据不足，量刑不均衡。涉案作品中既有侵权复制品，又有非法出版物的，依据现有做法，按照侵犯著作权罪和非法经营罪数罪并罚，量刑上也明显重于单独的非法经营罪或侵犯著作权罪。根据罪数理论，在此类案件中，行为人实际上是在一个犯罪故意支配下，实施一个行为，符合一个犯罪构

---

① 熊琦.著作权集体管理组织市场支配力的法律规制 [J].法律科学，2006（1）.

成，只不过行为所针对的对象的性质有所不同，仍应按照一罪处理①。据统计，在同以光盘为对象的犯罪中，按照侵犯著作权罪和非法经营罪数罪并罚的有7件7人，涉案光盘总数量为34850张，平均光盘数量为4978张，总刑罚为92个月，平均刑罚为13.1个月；与此相对应，当光盘数量为4000—5000张时，以非法经营罪定罪处刑平均刑罚则为8.3个月，二者相差了4.8个月。根据现有的判例，以侵犯著作权罪定罪的，完全是由于美国电影著作权协会出具版权认证，司法机关据此认定涉案作品属于侵权复制品而不仅仅是非法出版物，从而以侵犯著作权罪定罪处罚。可见，定侵犯著作权罪存在较大的不确定性。例如，甲、乙二人同样贩卖盗版光盘5000张，甲案中，美国电影著作权协会出具了版权认证，证明其中的1000张属于侵权复制品，剩余的4000张则鉴定属于非法出版物。乙案中，美国电影协会没有出具版权认证，则5000张光盘则鉴定全部属于非法出版物。那么，对甲则要以侵犯著作权罪和非法经营罪数罪并罚，判处较重的刑罚，对乙则以非法经营罪一罪定罪处罚，处刑较轻。可见，同样是贩卖盗版光盘的行为，其法律后果存在较大差异，对乙按一罪处理，对甲则按数罪处理，并由此导致刑罚不均衡。

四、问题之解决——一种现实的路径

（一）加强音像制品著作权登记备案工作

实践中，未经著作权人许可难以认定的主要是音像制品。公安机关在查处非法出版、复制、发行印象制品时，所涉及的作品种类繁多，这些作品是否受我国《著作权法》所保护以及相关权利人均难以确定，更无法得到权利人的版权认证。因此，不能适用侵犯著作权罪而只能适用非法经营罪。鉴于此，我国的著作权管理机构可加强对印象制品的登记备案工作，建立备案数据库。当查获到盗版音像制品时，可以通过数据库进行查询，确定涉案作品是否受我国《著作权法》所保护，进而可以直接认定行为人未经著作权人许可。

（二）加大我国著作权集体管理组织的参与力度

通过著作权集体管理组织出具版权认证，认定行为人未经著作权人许可是司法机关在实践中创造性的选择。但是，目前参与版权认证这一工作的仅有美国电

---

① 马克昌.犯罪通论[M].武汉：武汉大学出版社，2010：617.

影协会，我国的著作权集体管理组织并未参与其中。但美国电影协会所能够认证的作品数量有限，且均为其所属会员单位的作品。长此以往，则不利于保护我国公民及单位的著作权。因此，公安司法及国家著作权管理等机关可就此问题与我国的著作权集体管理组织进行协商，鼓励其参与刑事司法过程，出具版权认证，保护其合法权益。

我国第一家著作权集体管理组织是1992年成立的中国音乐著作权协会，它是运作经验最丰富且运作时间最长的一个集体管理组织。其会员针对的是词曲作者，目前会员已经超过5000人。此外，中国音乐著作权协会还和世界上超过50个国家和地区的著作权集体管理组织签有相关协议，可以管理他们有权管理的那些作品，实际上中国音乐著作权协会可以代表行使权利的作品总数已经超过了4000万首。1998年中国版权保护中心成立后，国家版权局又多次指示并帮助组建文字、摄影、美术作品等著作权集体管理组织。2008年，中国音像著作权集体管理协会、中国文字著作权协会、中国摄影著作权协会相继成立。2010年，中国电影著作权协会成立。目前，我国已形成了5个著作权集体管理组织，均为非营利性的社会团体。

可见，我国的著作权集体管理组织已初具规模，并快速发展壮大。如果这些著作权集体管理组织能够有效地参与刑事司法过程，出具版权认证，认定行为人未经著作权人许可将不再是一个难题，侵犯著作权罪的司法适用空间也将大大拓宽。

（三）建立抽样检查制度

抽样检查也称样本检查，是非全面检查中最重要、应用最广泛的一种方法。抽样检查借助数理统计和概率论的基本原理，按照一定程序从所研究对象的全体中抽取一部分进行调查、检查或观测，获取数据，并以此对总体的一定目标量做出判断[①]。抽样检查以数理统计为理论依据，具有较高的应用价值和科学性，特别是在一些全数检查无法运用的场合，它就成为唯一有效的检查方式。抽样检查常可用于以下场合：1.检查为破坏性的；2.产品批量大、批数多、检查项目多；3.希望检查费用小；4.产品是连续体；5.进行工序控制的检查；等等。

在认定未经著作权人许可的问题上，如果涉案作品权利人众多，控诉方无

---

① 冯士雍，倪加勋，邹国华．抽样调查理论与方法 [M]．北京：中国统计出版社，2012：1.

法——取得权利人的版权认证，且相关的著作权集体管理组织及国家著作权行政管理机关均不能提供版权认证时，可以采取抽样检查的方法认定未经著作权人许可。具体方法为：公安机关在查获一批非法出版物后，可自行或商请同级行政执法部门、有关检验机构协助抽样取证，根据一定的比例随机挑选一定数量的作品，通过联系权利人或著作权集体管理组织，出具版权认证，进而认定样品是否属于未经著作权人许可。根据样品中认定未经著作权人许可的比率，进而计算出全案有多少作品属于未经著作权人许可。这种认定方法符合侵犯著作权案件的特点，简便易行。但在具体操作上，如抽样比例如何确定等问题需要在实践中进一步完善。

有人或许认为，采取抽样取证的方式与"事实清楚，证据确实、充分"的有罪证明标准存在矛盾，属于事实不清，证据不足，因为无法完全排除作品中存在作品"不受我国著作权法所保护"的情形。笔者认为，这种观点值得商榷。刑事诉讼中的证明标准，是指法律规定的证明责任主体运用证据对待证事实加以证明所要达到的要求或程度，又被称为证明要求、证明程度。在英美证据法上，有罪的证明标准是排除合理怀疑。排除合理怀疑的证明并不意味着此种证明已没有丝毫可疑的影子。如果不利于某人的证据非常有力，而有利的可能性甚微，那么案件的证明已经达到了排除合理怀疑的程度[1]。在大陆法系，有罪的证明标准是内心确信，即要求法官根据他个人的自由确信而确定证据，这种内心确信，必须依据法官明智推断，建立在对证据结果之完全、充分、无相互矛盾的使用之上[2]。我国刑事案件认定有罪的标准是"案件事实清楚，证据确实、充分"。所谓案件事实清楚，是指与定罪量刑有关的事实和情节都应当查清，不影响定罪量刑的细枝末节的事实，则没有必要都搞清楚。所谓证据确实、充分，是对作为定案根据的证据的质和量的综合要求。我国《刑事诉讼法》第53条规定，证据确实、充分，应当符合以下条件：定罪量刑的事实都有证据证明，据以定案的证据均经法定程序查证属实，综合全案证据，对所认定事实已排除合理怀疑。在证明标准问题上，理论界及司法实践界均认为，不同种类的案件，证明标准是不同的。犯罪的性质越严重，证明标准就越高。如死刑案件的证明标准就应当高于普通刑事案件的证明标准。这一点在联合国《关于保护死刑犯权利的保障措施》中也有相应

---

① 陈光中.证据法学[M].北京：法律出版社，2011：358.

② 刘广三.刑事证据法学[M].北京：中国人民大学出版社，2015：301.

的规定。该法律文件第4条规定："只有在对被告的罪行根据明确和令人信服的证据而对事实没有其他解释余地的情况下，才能判处死刑。"这里所说的标准显然高于排除合理怀疑，要达到100%准确①。相反，一般的犯罪案件，尤其是轻罪案件，其证明标准则可以适度降低。例如，在目前的刑事速裁程序试点工作中，有学者提出，鉴于速裁程序案件属于轻微刑事案件，证明标准可以适当降低，沿用"两个基本（基本事实清楚、基本证据确实）"的证明标准即可②。此外，在刑事诉讼内部，根据阶层论的证明标准说，基于不同的证明对象应当适用不同的证明标准，即越是关键、重要的事实和情节，在证明标准上越要从严掌握，而对于那些法律意义相对次要的事实和情节，可以适当放宽，防止在一些与定罪量刑关系不大的细枝末节上搞烦琐哲学，久拖不决。

未经著作权人许可虽然是认定侵犯著作权罪的必要条件，但这并不意味着所有的涉案作品均需版权认证。鉴于侵犯著作权罪属于轻罪案件，且往往涉及的权利人众多，一一取证不仅不可能，也无必要。根据实践状况及经验判断，涉案作品中属于"不受我国《著作权法》保护"的很少，绝大多数作品事实上均受我国《著作权法》保护。采用抽样取证的方式已经可以相对准确地认定有多少涉案作品具有合法著作权，进而认定未经著作权人许可。那种认为必须绝对准确认定的思维，实属不顾案件具体情况，过于纠缠细枝末节，其结果势必导致侵犯著作权罪沦为一纸空文。

（四）实施以"自诉为主、公诉为辅"的追诉方式

在侵犯知识产权犯罪的起诉方式上，多数国家实行自诉与公诉相结合，自诉为主、公诉为辅的原则。例如，德国、奥地利、意大利、泰国、韩国等。这主要是因为侵犯知识产权犯罪首先是侵犯权利人合法权益的犯罪，故对犯罪人是否发动刑罚权，法律交由受害人决定③。实行自诉为主，公诉为辅的追诉原则，契合了侵犯著作权犯罪的特点。一方面，赋予著作权人以自诉的权利，使其既可以行使自诉权利要求司法机关追究侵权人的刑事责任，也可以在获得理想的赔偿后放弃对行为人刑事责任的追究，更加有利于保障著作权人的合法权益，也有利于使遭到破坏的法律关系早日得以恢复。另一方面，自诉原则也符合司法经济原则，可

---

① 陈光中.证据法学[M].北京：法律出版社，2011：359.

② 汪建成.以效率为价值导向的刑事速裁程序论纲[J].政法论坛，2016（1）.

③ 赵秉志，田宏杰.侵犯知识产权犯罪比较研究[M].北京：法律出版社，2004：85.

以使公诉机关节省大量的人力、物力、财力，从而可以使其以更大的精力投入到打击其他更加严重的侵犯著作权犯罪中去。单纯的公诉原则，并不能保证使所有的侵犯著作权犯罪都受到追究，不足以维护著作权人的合法权益。我国《刑事诉讼法》司法解释虽然将侵犯知识产权案纳入自诉案件范围（严重危害社会秩序和国家利益的除外），但从实践状况看，侵犯知识产权犯罪的自诉案件几乎没有，自诉程序流于形式。对此，笔者认为可以从以下两方面鼓励权利人自诉，建立"自诉为主，公诉为辅"的追诉机制。

1. 明确公诉案件的审查判断标准。应根据"自诉为主、公诉为辅"的原则对著作权犯罪行为严重危害社会秩序和国家利益的公诉情形做出具体的判断标准。例如，可以根据侵权作品数额的多少来界定哪些属于公诉案件，哪些属于自诉案件。此外，在知识产权民事侵权案件和行政案件中，只有涉嫌严重危害社会秩序和国家利益的才能移送公安机关处理。对于不具备公诉情形的，只有权利人提起刑事自诉，人民法院才能审查处理，从而鼓励权利人提起刑事自诉。

2. 明确自诉人证据不足时的处理情形。鉴于我国现阶段公民法律意识淡薄，取证能力不强的现实，为了打消自诉人的顾虑，应明确对于自诉人提起自诉的侵犯著作权罪案件，证据不足的，可申请人民法院调取证据，必要时可以要求公安机关提供协助，搜集相关证据。

五、结语

刑事实体法所规定的内容需要借助刑事诉讼程序来实现。在司法实践中，涉及侵犯著作权的犯罪大量发生，但多数以非法经营罪论处，以侵犯著作权罪论处的并不多见。究其原因，即在于侵犯著作权罪所规定的"未经著作权人许可"的构成要件存在司法证明困境，影响了侵犯著作权罪的司法认定。最高人民法院等机关也认识到了该问题的严重性，并试图通过采用证明责任转移的特殊规则解决这一问题。但是，从理论分析和实践经验看，证明责任转移的特殊规则并不能从根本上解决这一证明难题。因此，从现实的路径出发，只有通过著作权集体管理组织的有效参与、抽样检查以及建立自诉模式，才能从根本上解决"未经著作权人许可"的司法证明难题，进而有效认定侵犯著作权罪。

从防止警察违法角度反思我国非法证据排除规则^①

内容摘要：证据是诉讼活动的核心，直接关系着案件的程序和实体处理结果。非法证据排除规则能够阻却警察违法的说法出自美国的学说和判例，也就是通过排除非法证据的方式来确保警察在收集证据过程中能够遵纪守法，进而最大限度地避免对公民权利造成侵害。实践中发挥非法证据排除规则防止警察违法的作用，需要在立法上和司法上同时满足必定性、及时性和严厉性。我国从侦查到审判的诉讼过程虽然也注意发挥该规则防止警察违法的作用，但是该规则本身具有内在局限性和外在因素导致的缺陷，因此在实际操作中发挥的作用并不理想，仍需要采取措施来完善。

关键词：程序性制裁　非法证据排除规则　警察违法　防止违法

非法证据排除规则作为一项对司法实践影响深远的证据规则，于20世纪初期发端于美国，经过漫长实践的打磨和完善，渐渐获得了不同法系中诸多国家的接受，并且被联合国以公约的形式获得认可。联合国公约的规定对于缔约国具有普遍的适用性，一旦对某项制度做出规定，缔约各国均需要遵守。随着法治国家和保护人权理念的兴起，多数国家结合本国国情逐渐确立起各具特色的规则内容。我国在2010通过两个证据规定（《关于办理刑事案件排除非法证据若干问题的规定》和《关于办理死刑案件审查判断证据若干问题的规定》）确立了非法证据排除规则，并于2012年在《刑事诉讼法》中以立法的形式做出了明确的规定。

---

① 此文原载《创新》2018年第4期，与薛明月合作。

从根本上说，法律是一种特殊的文化，而文化在广泛传播和长期继承的过程中肯定会不断被发展和创新。非法证据排除规则作为法律文化中的一项重要规则，其理论依据和实践运用都是因时而异的。经过两个多世纪经验的积累和实践的发展，该规则在理论上的主要学说包括"宪法权利说""司法正直说""防止警察违法说"等，其中以"防止警察违法"为主。根据该项学说主张的观点来看，确立非法证据排除规则能够对警察的取证行为在一定程度上发挥规范作用，降低违法取证的可能性。具体原因分析：警察无视法律规定搜集到的证据，最终目的是希望证据进入法庭，如果能够将警察违法取得的证据予以排除，将其屏蔽在法庭外，也就相当于剥夺了违法取证人员想要通过此非法证据获得的利益，阻断了非法取证行为对实体结果产生影响的通道，从而规范警察取证。

防止警察违法也是我国创设非法证据排除规则的重要目的之一，但是实践中不可避免地存在一些在制度设立之初无法预想的因素和体制中固有的局限而阻碍预设目标的达成，而且非法证据排除规则并非绝对完善与合理的规则，其预设实现的目标当然也不可能完全实现。要想正确地认识该规则防止警察违法的作用，首先需要明确"防止"的含义以及发挥作用的影响因素；其次在此基础上才能够准确分析出到底存在哪些问题，这些问题又是如何阻碍了目的的实现；最后才能提出相应的完善措施来解决问题。

一、防止的含义以及发挥作用的影响因素

"防止"一词在《现代汉语词典》中被解释为"预先设法制止（坏事发生）"，在《汉语大词典》中被解释为"防，禁也；防者，防使勿然"。通过分析"防止"的具体含义可知，"防止"强调了一种事先的预防和准备，旨在借助事先的措施禁止某件事情的发生，多数情况下是禁止坏事的发生。这就意味着事先措施是"防止"发挥作用的前提，必须直接作用于行为主体且需要使主体产生畏惧心理，这样才能发挥防止作用。"防止"是抽象的，由于针对禁止的行为，在法律的框架内针对的就是犯罪行为。"防止"在刑法中指的是预防，涵盖了一般预防和特殊预防，是通过各种法律规定和刑罚措施作用于公民或行为人，禁止其继续实施或者开始实施危害行为。从程序法的角度来看，"防止"指的是通过对个别案件中的程序违法行为进行追究制裁，从而影响到不特定的、潜在的司法人员的心理活动，使他们在意识到行为后果的基础上放弃实施。

非法证据排除规则对警察违法发挥防止作用的机制与刑罚对意图实施犯罪的人发挥防止作用的机制相似，受到诸多因素的影响，其中最主要的三个因素是必定性、及时性和严厉性，三个因素绝非孤立，必须互相作用才能达到防止目的。所谓必定性，又称之为确定性，指的是有罪必罚。确定性从根本上决定着该刑罚能否有效实施和运行，如果不能保障刑罚的确定性，那么规则就得不到社会公众的敬畏。及时性是指违法行为发生以后，司法机关应该在尽可能短的时间内查清事实并做出决定。严厉性指的是根据行为的严重程度给予足够的惩戒，以达到防备并禁止的目的。综上，非法证据排除规则防止警察违法作用的发挥需要同时具备以上三个因素，缺少其中任何一个因素都会导致防止警察违法作用的虚无化和泡沫化。

二、非法证据排除规则在防止警察违法方面的不足

（一）实践中非法证据排除规则难以对警察违法发挥足够的防止作用

我国对非法证据排除规则的如何运作做了比较细致的规定，其中，包含了程序的启动方式、排除主体、适用的证据范围、排除的后果等等。其中启动方式包括私权利启动和公权力启动；证据的排除贯穿于整个诉讼程序，因此排除主体包括公检法三个机关；规制的证据范围仅为部分证据种类；最终排除的结果为将该项证据屏蔽在诉讼程序的各个阶段之外，不再对诉讼活动产生任何影响。其实单看法律的规定还是比较完善的，如果能够合理运用的话，也能对警察违法产生较为理想的防止作用，但是理想和现实总是相去甚远，在实际运作过程中该规则防止警察违法的作用并没有完全发挥出来，具体理由如下。

1. 必定性难以保障

司法实践中针对警察违法取证的行为是否能够启动非法证据排除程序具有极大的或然性，这样便削减了在防止警察违法方面的效用。适用的必定性难以保障的原因涉及多个方面，主要包括程序启动难、证明难、排除难等。

首先，当事人行使程序启动权时面临困难。虽然我国《刑事诉讼法》中明确赋予了当事人及其法定代理人、辩护人享有启动该程序的权利，但是当事人一方必须提供相应的线索和材料，这样一来便增加了启动的难度。大多数被追诉人都属于文化程度低的群体，对法律更是知之甚少，更遑论通过合适充分的举证来证明存在非法取证行为。一般来说，被羁押的被告人除肉体保留的伤害之外，往往

难以提供足够的证据证明确实存在违法行为，而且被追诉人的请求权在我国时常存在不被重视的情况。除了上述因素以外，现实中辩护律师较为薄弱的取证能力也加剧了当事人启动该程序的难度。

其次，将公安机关和检察机关设置为排除主体在理论上存在矛盾。公安机关作为侦查机关，最重要的任务就是收集有关证据，查清案件事实的真相，最后移送给公诉机关。从被移送的证据形成的过程来看，侦查机关的司法人员在收集证据的过程中，必然会伴随着私人感情和主观认识去进行甄别和筛选，体现了侦查人员的个人意识。在一定程度上说，排除非法证据相当于对自身工作的否定。与此同时，公安机关面临着案多人少的压力，对某些违法取证行为并不会斤斤计较，更不会想到要去排除。而对于检察机关来说，其目的是对违法犯罪行为进行追诉。如果检察院启动非法证据排除程序，不仅代表着对前述侦查人员的工作进行了否定性评价，也可能使自己的工作陷入被动。现实中公安机关和检察机关受制于现有不合理考评机制的影响也降低了该程序的启动可能性，长期以来公安机关考评体系的核心观念是"及时、有力地打击犯罪"，考评的核心是破案率，因此在办案中时常提到"命案必破、集中破案、限期破案"等激进片面的口号，并在这些口号的引导下一味强调破案率，而将不捕率、不诉率、无罪判决率等因子视为影响考核的负指标[①]。受到这些考评机制的影响，司法机关和司法人员无法从非法证据排除规则中获得任何利益，甚至还可能承担不利后果，在每一个办案人员都是"理性经济人"的前提下，该规则被启动的可能性很低。

最后，审判机关在运用非法证据排除规则时也存在顾虑和自身利益的考量。[②]现实中的刑事司法领域受到社会、经济、政治、文化的影响，法官在一些案子上做出裁决的依据很难做到仅仅依靠现有的法律法规，其中还夹杂了其他因素。我国的检察机关作为法律监督机关，其监督权的射程范围很远，甚至可以直接影响到法官对案件的裁判，这种强势地位的存在使法官势必会受到影响。在当下的司法环境中，公检法三机关更加注重彼此的配合，往往忽视了制约，因此法官也更多地选择配合检察机关的工作，放弃启动排除程序，并且现阶段非法证据排除规则在法官群体中也并不受欢迎：第一，非法证据排除程序启动后，会给法官增加

---

① 万毅，师清正．检察院绩效考核实证研究：以 S 市检察机关为样本的分析 [J]．东方法学，2009（1）．

② 吴宏耀．非法证据排除的规则与实效：兼论我国非法证据排除规则的完善进路 [J]．现代法学，2014（4）．

很多工作量，容易降低审判效率；第二，法官在排除非法证据的时候需要面对多方的压力，其中压力主要来自社会公众和被害人，对于法官合法合理排除非法证据的行为，被害人和社会公众很容易认为是对被追诉人的袒护；第三，现阶段非法证据排除不属于法官考核的内容，法官并不想花费大量的时间等待公诉方递交证据而影响到考核。

2. 非法证据排除规则的及时性无法保障

制裁结果的及时性是非法证据排除规则发挥防止警察违法作用的必要不充分条件。然而实践中往往难以保障及时性，该规则在防止警察违法方面具有明显的滞后性。侦查阶段是证据收集的最主要阶段，同时该阶段还具有一定的封闭性，所以这个阶段是违法取证行为的"多发阶段"。通过以上的讨论可知，对存在问题的证据进行审查和排除往往在侦查阶段的后续阶段完成和实现，即使某项证据最终被排除，通常也会经过一段很长的时间，而且那些实施了违法取证行为的警察可能都不知道其收集的证据被排除了，漫长的时间差使得警察对最终制裁结果的切身感触必然是迟钝的。所以，即使规则设置地再严厉也难以发挥防止警察违法的目的。

3. 非法证据排除的适用范围和惩戒后果难以体现出严厉性

严厉性实现的一种重要方式是通过将可能出现的违法行为明确规定下来，使这些行为受到约束，对已然违法者和潜在违法者产生作用，使其在权衡利弊之后放弃实施。但是从现行法律来看，该项规则存在适用范围狭窄的缺陷，仅仅涵盖了部分证据类别。现实中的侦查活动可谓复杂多样，侦查人员违法取证的行为也不可能仅发生在规则适用的那几项证据类别上，针对任何一种证据的非法取证行为都会对司法权威和被追诉人权益造成严重的侵害。尤其是在大数据时代，电子证据的取证存在更大违法取证的风险，如果警察违法收集了这些证据应当如何处理？法律并未做出规定。因此，在适用范围上不应仅局限于部分证据类别。

非法证据排除规则之所以能够防止警察违法取证，其作用机制：排除警察违法收集到的证据，剥夺警察运用该项证据可能获得的利益，以此对警察产生影响。但是实际上排除证据的最终结果并不能对警察的利益产生实质影响。在现有考评机制的激励下，警察所关注的重点是犯罪嫌疑人能否被逮捕，而不是能否对犯罪嫌疑人定罪，换言之，就算法官排除非法证据甚至做出无罪判决都不足以对侦查人员的业绩造成负面评价，况且也不存在承担刑事处罚、行政纪律处分和民事侵权赔偿等风险。因此，非法证据排除规则并不符合罪责自负原则，没有对个体产生实质影响[①]，因此难以充分发挥防止警察违法的作用，更难以从根本上杜绝该类人员的违法取证行为。

（二）通过排除非法证据防止警察违法的效益较低

事物有利有弊，排除非法证据在促进司法人员依法取证方面虽然能够发挥一定的积极作用，但是也可能导致一种极端的现象，即针对原本有罪的人而无法定罪处罚，反而保护了真正的罪犯。法律文明发展至今，更加强调对被追诉人权利的保障，但并不意味着无底线地给予保护。在一些案件中，如果某项关键证据是通过非法取证获得的，会出现排除后无法定罪的极端现象，从而无法对有罪之人进行制裁。除了不能实现被害人的诉求外，亦无法满足社会公众对法律打击犯罪和维护社会秩序的合理期待。非法证据排除针对司法实践中的违法取证行为，但是并未区分过失违法行为和故意违法行为。当警察过失违法获取某项证据时，其主观上并没有违法的故意，所以排除证据的结果并未产生惩治真正违法者的效用。

三、我国非法证据排除规则的完善建议

通过以上分析可以看出，实践中非法证据排除规则的低适用率、适用上的间接性、滞后性以及预防效益的不理想等都削弱了在防止警察违法方面的作用，所以我们有必要正视非法证据排除规则存在的缺陷并对症下药，采取相应的措施加以应对，通过剥夺程序违法者的利益来倒逼司法行为的规范化。

（一）完善非法证据排除规则的相关配套措施

要解决非法证据排除规则的低适用率问题，一方面，需要充分保护律师的权利，吸纳律师共同参加该程序。虽然法律允许辩护律师能够在侦查阶段会见被追诉人，但是仅仅是赋予了权利，缺乏相应的措施去确保权利能够切实行使。在强大的国家机关和陌生的法律程序面前，律师是被追诉人唯一的协助者，对被追诉人的心理活动和诉讼活动都有着重要的影响。因此，加强对律师各项权利的保护非常必要，这样才能保证辩护方能够参与并监督侦查活动。另一方面，完善同步录音录像措施。侦查阶段最容易滋生出非法证据，然而侦查活动在一种相对封闭的环境下进行，因此，想要证明侦查人员存在非法取证行为非常困难。通过录音

[①] 陈虎. 程序性制裁之局限性：以非法证据排除规则为例的分析 [J]. 当代法学，2010（2）.

录像可以把侦查人员的讯问过程记录下来，当对取证行为的合法性发生争议时，录音录像就可以成为有力的证据材料。虽然我国也设置了录音录像制度，但是同样存在适用范围狭窄的问题，仅适用于可能判处死刑、无期徒刑等以及检察机关负责侦查的职务犯罪的案件。由此可见，一般情况下只有重大案件才可能适用录音录像制度，然而法律也并未规定对这些案件不进行录音录像的后果。因此，现实中录音录像对非法证据排除规则发挥的作用微乎其微。建议适当扩大录音录像的适用范围，并明确规定违反的法律后果。

（二）将非法证据排除纳入公检法的考核体系

长期以来，我国司法机关总结出一套完整的数字化的考核机制，并以此作为衡量标准去评价司法人员的工作能力，且作为奖惩情况的参考标准。如果不能完成规定的指标，业务水平会受到负面评价。非法证据排除规则适用于整个诉讼阶段，势必会给公检法的工作方式带来改变，如果现有的业绩考核机制不发生任何实质的变化，那么对于公检法各机关和司法人员来说都将缺乏适用该规则的动力，因此亟待改善现有的考核机制，建议将非法证据排除与公检法的考核机制适当关联。对于公安机关，应将依法取证行为列入内部考核指标，并与个人职务升迁、福利待遇等挂钩；对于检察机关和法院来说，建议将正确运用非法证据排除规则排除违法证据的行为设置为加分项，而对于错误适用该规则排除合法证据或者应当启动而未启动的行为予以适当惩戒，进而增强检察机关和法院对证据进行合理审查的意识。

（三）确保审判权独立行使，加强对法官裁量权的监督

在排除主体上，我国的规定和国外很多国家形成了鲜明的对比，许多国家都仅规定法院具有确认和排除非法证据的权利和义务，而我国将公检法三机关均规定为排除主体。从实际的运作来看，将法院规定为排除主体更符合司法规律，因此我国应着重完善以法院为主体的非法证据排除程序。然而，将法院设置为排除主体，需要法官合理地发挥自由裁量权，即法官权衡各方面因素后决定是否予以排除，并要求在判决书中对此进行说明，这就对法官的独立性和中立性提出了较高的要求。必要的监督是保障权力正常运行的必备手段，为避免法官肆无忌惮的滥用裁量权，必须对法官进行监督。首先，应适当加强和完善法官在制作判决书时对证据取舍的说理机制。其次，需要加强和完善司法救济机制。如果通过私权利启动程序未得到法庭许可时，应当允许启动者可以通过上诉方式获得上级法院

的复审。除了上述以外，想要保证法院能够正确合法地实施非法证据排除规则，还需要确保审判机关能够独立行使权力，需要彻底消除行政机关对司法的不正当干预。只有这样，才能够有效地避免法院在适用非法证据排除程序时受到的外部干涉。

（四）设置独立的证据审查程序，并对其限定诉讼期限

公安机关和检察机关启动非法证据排除程序的可能性比较小，因此应将关注的焦点放在审判阶段的法院。但是我们很容易发现法院在审判阶段对证据进行处理是一种典型的事后制裁行为，行为的发生与制裁结果之间具有天然的时间间隔。发挥防止警察违法的作用，必须保障制裁的及时性，时间间隔越短就代表规则适用越及时，公民就越能体会到公正感，这才能充分发挥防止警察违法的作用，所以务必缩短行为和结果之间的时间差。我国当前将对非法证据的审查混杂在实体审理程序中，这样做的结果不但使法官提前接触到这些证据，影响其判断，还会占用较多的庭审时间，降低诉讼效率。尽管我国最新的司法解释完善了庭前会议的功能，规定了庭前会议对非法证据排除问题的初步审查作用，并且确立了当庭裁决原则。然而我国法律和司法解释均没有赋予非法证据排除相应的诉讼期限，所以还是无法充分保障该排除结果的及时性。庭审法官对非法证据的直接接触和难以保障排除结果的及时性都导致该规则防止警察违法的作用大打折扣。综上所述，建议在我国现有的诉讼程序之外设立独立的庭前审查程序，并借鉴英美法系预审法官制度，由预审法官在庭前审查程序中将非法证据予以排除，阻却非法证据进入法庭，消除对庭审法官的影响。为了充分保障证据排除的效率，还需要对该独立的证据排除程序赋予一定的诉讼期限，以保障排除结果的及时性。

（五）扩大非法证据排除规则的适用范围

由于非法证据排除程序的适用范围有限，无法满足实践的需求，导致那些未纳入适用范围之内的很多证据被非法收集时很难处理。不管是从理论还是实践上来说，非法证据绝不会局限于部分证据类别，未纳入规制范围的证据种类也存在被违法收集的可能性，它们一旦被非法收集，对公民权利和司法权威造成的不利影响同样是非常严重的。况且，在当前的大数据时代，电子数据变得十分常见，其收集更为复杂，也更容易侵犯到公民的私权利，因此有必要将其纳入非法证据排除的适用范围。所以，建议该规则的适用范围延伸到所有的证据种类。

（六）通过增加实体性制裁来提升非法证据排除规则防止违法的作用

非法证据排除规则属于典型的程序性制裁方式，通过否定司法人员违法收集证据的行为，将非法证据阻却在法庭之外。所有的程序性制裁本质上都是间接制裁的方式，直接针对的并不是违法人员。与程序性制裁形成鲜明对比的是实体性制裁，直接针对违法者个人，要求违法人员承担实体法律责任。实践中，虽然程序性制裁在操作上对违法行为处理方便，但是现有经验表明，在违反法律程序不需要承担任何法律后果的情况下，往往难以消除侦查人员的违法取证倾向，并且程序性制裁不符合罪责自负原则，导致防止警察违法的作用十分有限。因此，法律应当本着公平正义、罪责自负的原则，增加对非法取证人员的实体性处罚措施来弥补程序性制裁的不足，这样可以提高非法取证的违法成本，从而更能防止侦查人员的违法行为。在罪责自负原则的要求下，可以允许相对人对违法取证的司法人员主张民事侵权赔偿，严重的可以由检察机关提起刑事诉讼。我国《刑法》中将侵犯公民合法权利的严重违法行为规定为犯罪，并处以刑罚，然而对于情节轻微、危害不大的违法行为并未规定为犯罪。因此，建议对于这些情节轻微的程序违法行为可以通过行政处罚或者纪律处分等措施进行制裁，以达到防止违法的效果。

（七）运用利益权衡原则，区分不同的警察违法行为

美国联邦最高法院认为，非法证据排除规则的适用必须是针对那些存在充分故意的警察，这样排除他们收集的违法证据才对警察违法具有意义，并且警察的行为具有足够的可责性，这样才值得司法系统由此付出代价。其实很容易理解美国最高法院的这种考虑，任何制裁只有针对真正的违法者施加才能发挥威慑作用[①]。为了避免盲目运用该项规则，可以根据实际情况将警察违法取证的行为进行细分，分为过失取证行为和故意取证行为。对于警察故意违法收集的证据应当排除适用。对于警察过失造成的违法取证行为应当进一步地区分，具体而言，可根据侵权的情况和造成的危害情况来区分，如果过失违法行为没有造成严重后果，比如说由于一般的技术性行为导致的违法，对于这些证据可以裁量决定是否排除；如果违法行为造成了严重后果应当直接排除适用。

---

① 林喜芬.“程序性制裁理论”的理论反思：以非法证据排除规则为分析焦点 [J]. 南京师大学报（社会科学版），2010（2）.

四、结语

通过从规则发挥防止作用的三大前提即必定性、及时性和严厉性，对我国非法证据排除程序进行反思，分析出该项规则在防止警察违法方面有"先天不足"的劣势，以及由于立法和司法实践中的综合因素导致的后天缺陷，使得该规则并未发挥预想的作用。然而所有的规则都有利有弊，都有其设立和存在的合理性，我们不能因为一项规则或制度的缺陷而对其完全否认、摈弃，应当在充分认识非法证据排除规则缺陷不足的基础之上提出合理的完善建议，以促进非法证据排除规则无限地靠近设立之初时想要发挥的作用和达到的目标。

以审判为中心视野下庭前证言运用探究 [①]

　　内容摘要：我国庭前证言在法庭上的运用几乎不受限制，这导致"案卷笔录中心主义"的裁判怪象，并有伤庭审实质化的改革进程。庭前证言的适用实际上涉及证据资格问题，直接言词原则和传闻证据规则都要求原则上否定庭前证言的证据资格，仅在例外条件下肯定其在法庭上的适用。落实以审判为中心的诉讼制度改革，应当严格限制庭前证言在法庭上的运用，让法官主要依靠当庭证言而非案卷笔录进行裁判。

　　关键词："以审判为中心"　庭前证言　证据资格

　　"以审判为中心"的诉讼制度改革（以下简称"以审判为中心"）正如火如荼地进行。这是新一轮司法体制改革的重要内容，要求"全面贯彻证据裁判规则，严格依法收集、固定、保存、审查、运用证据，完善证人、鉴定人出庭制度，保证庭审在查明事实、认定证据、保护诉权、公正裁判中发挥决定性作用。" [②] 从中共中央颁发的文件中不难看出，完善证人、鉴定人出庭制度，是落实此次改革的重要一环。证人、鉴定人出庭，就有关问题接受控辩双方的询问，既有利于案件事实的查清，亦有助于法官根据当庭的情况形成自己的心证进而做出裁判，这无疑是推动庭审实质化、落实"以审判为中心"的一大利好。然而，实践中由于种

---

① 此文原载《山东警察学院学报》2018年第4期，与程功合作。

② 参见中国共产党第十八届中央委员会第四次全体会议通过的《中共中央关于全面推进依法治国若干重大问题的决定》。

种原因，证人出庭作证一直是我国刑事诉讼活动的"老大难"，大量刑事案件没有证人出庭作证，由侦查机关制作的庭前证言笔录在法庭上得以运用，所导致的结果是法官依据侦查机关制作的案卷笔录而非庭审情况形成心证进而做出裁判，这无疑会对"以审判为中心"的落实造成损害。实现"以审判为中心"，应当进一步规范庭前证言在法庭上的运用，让刑事法官依据当庭情况而非案卷笔录进行裁判。

一、现状：我国刑事案件庭前证言的运用分析

刑事案件庭前证言的运用是一个较为复杂的问题。依照证人是否出庭作证的标准，可以将其划分为证人不出庭情况下的庭前证言运用以及证人出庭情况下的庭前证言运用。而在证人出庭的情况下，又可以进一步分为当庭证言与庭前证言一致时庭前证言的运用和当庭证言与庭前证言矛盾时庭前证言的运用。笔者将依此标准分别进行讨论。

（一）证人不出庭情况下庭前证言运用现状

尽管我国《刑事诉讼法》确立了证人出庭作证制度，但在司法实践当中，证人不出庭作证仍是一个相对普遍的现象。有学者曾对中国法院网2011年10月至2014年10月登载的刑事案件通过简单随机抽样，得到100起样本案件进行统计分析。在分析样本中，100起案件中仅有5%的案件有证人出庭[1]。结合最高人民法院曾经提供的数据，全国法院一审刑事案件中，证人出庭率不超过10%[2]。不难发现，证人出庭作证率低是中国刑事司法实践中的一大问题。其导致的最直接的结果就是在证人不出庭的情况下，大量的庭前证言在法庭上得到运用。

我国《刑事诉讼法》第187条第1款规定了证人出庭作证制度："公诉人、当事人或者辩护人、诉讼代理人对证人证言有异议，且该证人证言对案件定罪量刑有重大影响，人民法院认为证人有必要出庭作证的，证人应当出庭作证。"并且在第二款规定，人民警察就其执行职务时目击的犯罪情况作为证人出庭作证，应当适用第1款之规定。随着"以审判为中心"的推进落实，最高人民法院等五部委于2016年7月发布的《关于推进以审判为中心的刑事诉讼制度改革的意见》（以

---

① 胡铭. 审判中心、庭审实质化与刑事司法改革：基于庭审实录和裁判文书的实证研究 [J]. 法学家，2016（4）.

② 毛立军. 全国政协在青海专题调研，证人出庭率低症结何在 [N]. 人民政协报，2007-07-31.

下简称"五部委《意见》")第12条对证人出庭作证做出了区别于《刑事诉讼法》的规定:"控辩双方对证人证言有异议,人民法院认为证人证言对案件定罪量刑有重大影响的,应当通知证人出庭作证。"五部委《意见》相较于《刑事诉讼法》而言,删去了"人民法院认为证人有必要出庭作证"这一限制性要件。但即便如此,证人出庭作证的条件仍旧十分苛刻,更何况证人出庭作证的艰难不仅仅来源于法条,更在于社会背景与司法环境的长期影响。因此,在证人难以出庭作证的情况下,宽松的庭前证言运用规则便成为推动审判进行的重要"工具"。

与英美法系实行传闻证据规则的国家不同,我国的庭前证言运用规则并非规定何种情况下的庭前证言可以在法庭上使用,而是规定在特定情形下的庭前证言不能在法庭上作为定案的根据。我国《刑事诉讼法》第190条规定,对于未到庭的证人的证言笔录、鉴定人的鉴定意见等文书,应当当庭宣读。该条肯定了证人庭前证言的证据资格。2013年《最高人民法院关于适用〈中华人民共和国刑事诉讼法〉的解释》(以下简称《最高法解释》)第78条第3款:"经人民法院通知,证人没有正当理由拒绝出庭或者出庭后拒绝作证,法庭对其证言的真实性无法确认的,该证人证言不得作为定案的根据。"不难看出,我国采取的是一般情形下庭前证言具有证据资格并且可以在法庭上作为证据出示,只有在庭前证言的真实性无法确认的情形下,庭前证言才不得作为定案根据的立法体例。这种立法模式将大量的庭前证言推向法庭,而结合中国的司法实践,只有少量的庭前证言才会由于真实性等原因被排除在法庭之外。在笔者看来,这样的庭前证言运用模式,不仅是造成我国刑事证人出庭作证率低的重要原因,更是阻碍我国庭审实质化改革进程的一大桎梏。

(二)证人出庭情况下庭前证言适用现状

一般来说,在证人出庭作证的情形下,法庭应当以证人的当庭证言作为定案的根据,庭前证言便不具有证据资格。在大陆法系国家,庭前证言被视为"不具有证据能力"的证据[①];在英美法系国家,只有在成为传闻的豁免或例外的情形下,庭前证言才有可能进入法庭,其他条件下,庭前证言应作为"传闻"而不具有可采性[②]。

我国对于证人出庭作证情况下的庭前证言运用规则有着与之不同的规定。根

---

① 克劳思·罗科信.刑事诉讼法 [M].吴丽琪,译.北京:法律出版社,2003:431.

② 易延友.证据法学·原则·规则·案例 [M].北京:法律出版社,2017:206,338-342.

据《最高法解释》第78条第二款的规定："证人当庭做出的证言与其庭前证言矛盾，证人能够做出合理解释，并有相关证据印证的，应当采信其庭审证言；不能做出合理解释，而其庭前证言有相关证据印证的，可以采信其庭前证言。"尽管在域外的刑事诉讼制度中也存在当庭证言与庭前证言矛盾时庭前证言可以在法庭出示的情形，但与我国的规定相比却存在根本上的逻辑异向。在采直接言词原则或传闻证据规则的国家或地区的法律制度中，庭前证言不具有可采性，只有满足特定情形才可以进入法庭并作为证据得以使用。而我国刑事法律制度没有引进证据可采性概念，庭前证言一概具有证据资格，在当庭证言与庭前证言相矛盾的时候，庭前证言的出示可以否定当庭证言的效力。因此，在我国，即便是证人出庭作证的情况下，庭前证言一律允许进入到法庭当中，并且具有与当庭证言相互印证，并在特定情形下排斥当庭证言运用的作用。

以上讨论的是当庭证言与庭前证言相矛盾的情形下，我国庭前证言的运用现状。而在当庭证言与庭前证言相一致的情形下，一般来说，庭前证言没有在法庭上出示的必要。我国没有规定当庭证言与庭前证言相一致的情形下庭前证言的运用规则，但由于在我国的刑事诉讼法律制度中，庭前证言一概具有证据资格。因此，在司法实践中，针对当庭证言与庭前证言相一致的情形，庭前证言具有与当庭证言相互印证，互相证实证言真实性的作用。

二、问题的提出：以审判为中心对庭前证言运用的影响

（一）庭前证言与"案卷笔录中心主义"

庭前证言在证据分类中属于言词证据。言词证据受记忆、感知、表达等影响，有着较强的主观性；同时，在刑事诉讼中证人翻证现象时有发生也使得言词证据具有不稳定性[①]。因此，对于证人证言等证据，现代刑事诉讼要求证人出庭出证，并接受控辩双方的询问，法官居中观察证人的当庭表现，并据此形成自己的心证。但是，在证人难以出庭、庭前证言大量在法庭出示的情况下，法官做出裁判的依据就非证人的当庭表现而是检察官所出示的庭前证言等案卷笔录，这便会形成"案卷笔录中心主义"式的裁判怪象。

所谓"案卷笔录中心主义"，是指"刑事法官普遍通过阅读检察机关移送的

[①] 刘广三. 刑事证据法学 [M]. 北京：中国人民大学出版社，2015：204.

案卷笔录来展开庭前准备活动，对于证人证言、被害人陈述、被告人供述等言词证据，普遍通过宣读案卷笔录的方式进行法庭调查，法院在判决书中甚至普遍援引侦查人员所制作的案卷笔录，并将其作为判决的基础"①。在"案卷笔录中心主义"式的审理方式下，公诉方通过宣读案卷笔录主导法庭调查的进行，由于案卷笔录的内容过多，公诉方不可能全部予以宣读，因此，公诉一方势必会选取有利于本方的内容在法庭出示，这会使得法官本能地偏向于公诉一方的观点；此外，由于证人极少出庭，辩方无法对证人进行交叉询问，"'当庭质证'成了对公诉方宣读的证言笔录、被告人供述笔录和被害人陈述笔录，提出疑问和发表不同意见"②，而这样的质证根本难以对控方证据形成有效的撼动。辩方难以对控方证据进行有效质疑，法官的裁判主要依据书面的案卷笔录而非庭审过程。这样的法庭审理方式极易造成庭审虚化、案件的审判流于形式的结果。

纵观当下我国刑事司法实践，由于实践中辩方极少举证，法庭调查变成了由公诉方主导的对书面材料的宣读；刑事证人出庭作证率低，庭前证言可以不加限制地出现在法官面前，并成为法官裁判的依据……我国刑事司法实则仍处于"案卷笔录中心主义"的怪圈。如果对这种情况不加以限制，无疑会对司法改革的进程造成损害。甚至有学者认为，"案卷笔录中心主义"的裁判模式是造成刑事庭审虚置的首要因素③。

（二）以审判为中心需要对庭前证言的运用做出限制

以审判为中心关键在于加强庭审的实质化建设④。最高人民法院提出了四个"在法庭"的要求，即"诉讼证据质证在法庭、案件事实查明在法庭、诉辩意见发表在法庭、裁判理由形成在法庭"⑤，对于加强庭审实质化建设具有重要意义。然而，如果由侦查机关制作的庭前证言等案卷笔录仍旧可以毫无阻碍地在法庭得到运用的话，那么对于证人证言等证据控辩双方依旧无法进行有效的交锋，庭审实质化实现仍将步履维艰。只有真正限制庭前证言进入到法庭，促进证人出庭作证，让主观性强、不稳定性高的言词类证据接受控辩双方的交叉询问，进而实现

---

① 陈瑞华．刑事诉讼的中国模式 [M]．北京：北京大学出版社，2010：161．

② 陈瑞华．新间接审理主义"庭审中心主义"改革的主要障碍 [J]．中外法学，2016（4）．

③ 汪海燕．论刑事庭审实质化 [J]．中国社会科学，2015（2）．

④ 陈卫东．以审判为中心：解读、实现与展望 [J]．当代法学，2016（4）．

⑤ 参见最高人民法院2015年2月发布的《最高人民法院关于全面深化人民法院改革的意见——人民法院第四个五年改革纲要（2014—2018）》。

控辩对抗，才能使庭审实质化的建设真正落到实处。

庭前证言在法庭上的运用实际上涉及证据资格的问题。以往我国的法律只对庭前证言的证明力问题进行了规定，而忽视了庭前证言的证据资格问题，这很难使我国的刑事诉讼就此摆脱笔录裁判的方式①。庭前证言的证据资格问题是大陆法系和英美法系刑事证据制度中的重要内容，大陆法系国家确立的直接言词原则和英美法系国家的传闻证据规则都对庭前证言的证据资格问题做出了限制性规定。我国最高人民法院对"直接言词原则"做出了认可，要求"落实直接言词原则，严格落实证人、鉴定人出庭制度"②，但我国的刑事司法实践与直接言词原则的要求仍相去甚远。但应当承认未来我国刑事司法的发展仍需要不断从现代刑事证据制度③中汲取经验。

三、由内而外：立足中国刑事诉讼模式的现代刑事证据制度启示

自1979年《刑事诉讼法》颁布以来，中国的刑事诉讼立法对域外的借鉴从未停止。有学者曾言："刑事诉讼制度变迁的三十年是面向国际、借鉴域外的三十年。中国自近代以来就不再是'中国之中国''亚洲之中国'，而是'世界之中国'，中国刑事诉讼制度的建设正是在这种背景之下展开。"④但历史经验也显示，对域外法治经验的移植应当建构在本土司法模式之下。我国1996年《刑事诉讼法》的修改大幅借鉴了英美当事人主义的对抗制诉讼理念，在案卷移送方式上借鉴了英美国家"起诉书一本主义"的内容并做出修改，将全案卷宗移送制改为只移送证据目录、证人名单和主要证据复印件或照片，以消除法官庭前预断，改变实践中法官"先定后审"的局面。从制度设计上来看，1996年的《刑事诉讼法》修改体现了我国刑事诉讼立法理念逐渐与当事人主义接近的趋势，但由于我国的传统刑事司法模式更接近于大陆法系的职权主义模式，追求实体真实的刑事诉讼

---

① 史立梅. 庭审实质化背景下证人庭前证言的运用及限制 [J]. 环球法律评论，2017（6）.

② 参见最高人民法院2015年2月发布的《最高人民法院关于全面深化人民法院改革的意见——人民法院第四个五年改革纲要（2014—2018）》。

③ 现代刑事证据制度的内涵颇广，但基于本文的讨论范畴，笔者认为，庭前证言的运用规则在两大法系主要分别受直接言词原则和传闻证据规则的调整。因此，本文的"现代刑事证据制度"主要指直接言词原则和传闻证据规则。

④ 左卫民. 中国道路与全球价值：刑事诉讼制度三十年 [J]. 法学，2009（4）.

理念① 在本土刑事司法环境中根深蒂固，1996年"超职权主义"② 式的刑事诉讼制度改革对刑事司法实践的改良可谓收效甚微。因此，笔者认为，对于域外法律制度移植，应当建立在本土司法理念的基础之上，由内而外地吸收借鉴。

对于庭前证言运用规则的域外借鉴，相较于传闻证据规则，大陆法系国家的直接言词原则所处之职权主义诉讼模式与我国更为接近，因此，对直接言词原则进行法律移植看似更加契合我国的刑事法治环境。更何况直接言词原则得到了我国最高司法机关的肯定，对于直接言词原则的移植更容易为我国刑事立法、司法机关所认可。但是，笔者认为，英美法系国家的刑事诉讼制度并非完全与我国刑事诉讼制度环境格格不入，正如"审判中心主义"并非大陆法系所独有，英美法系国家的刑事诉讼制度亦体现了"审判中心主义"的内涵。在立足于我国刑事诉讼模式的前提之下，两大法系刑事诉讼制度中规范庭前证言的运用规则的内容是否值得借鉴，仍需要在研究的基础上进一步探究。

首先考察直接言词原则。直接言词原则肇始于德国19世纪的立法改革③，其引入的主要目的是为了去除侦查的法官及审判的法官进行书面审理程序（邮递传送卷宗）所带来的重大缺失④。直接言词原则包含直接原则和言词原则两项内容，随着现代刑事诉讼的不断发展，直接言词原则被赋予了许多新的含义和要求。首先，直接言词原则处于职权主义的诉讼模式之下，具有促进法官形成正确的心证和保障法官发现实体真实的功能。直接原则要求刑事法官必须亲自从事法庭调查和采纳证据活动，直接接触和审查证据，证据只有由法官以直接采证方式采纳才能作为定案根据⑤。其次，言词原则要求对于案件的审理都应当以口头方式进行，控诉方所提供的书面卷宗材料不得作为法官裁判的依据，除非有法律规定的例外情况得以为之。例如，德国《刑事诉讼法》第250条规定："对事实的证明如果是

---

① 如1996年《刑事诉讼法》。第93条和2012年《刑事诉讼法》的第118条都规定了犯罪嫌疑人对于侦查人员的提问有如实回答的义务，在我国并不存在西方国家的"沉默权"制度；再如，1996年《刑事诉讼法》第48条和2012年《刑事诉讼法》第60条均规定证人的作证义务，对比西方国家的证人"特免权"制度可以发现，在我国刑事诉讼中，追求实体真实的刑事诉讼理念仍是我国刑事诉讼程序所追求的主要价值目标。

② 1996年的法律修改采取了英美法系当事人主义的某些做法，形成职权主义框架，有学者称之为"超职权主义"。

③ 宋英辉.刑事诉讼原理[M].北京：北京大学出版社，2014：194.

④ 克劳思·罗科信.刑事诉讼法[M].吴丽琪，译.北京：法律出版社，2003：431.

⑤ 克劳思·罗科信.刑事诉讼法[M].吴丽琪，译.北京：法律出版社，2003：431.

建立在个人的认识上的，在法庭审理中应当对其进行询问。询问不允许以宣读以前的询问笔录或书面证言而代替。"在大陆法系刑事诉讼制度中，直接言词原则对于庭审质量的保障具有重要的作用。直接原则强调法官的亲历，对于庭上证据的调查和采证都要求法官亲自参与，而不得以案卷笔录作为裁判的依据；言词原则通过排斥侦查机关的书面材料，极大程度地降低了侦查机关通过控制书面材料的内容进而影响审判的可能性，证人、鉴定人等出庭作证也保障了控辩双方交叉询问的权利以及被告人的对质权。这些要求将侦查阶段对审判及案件结果的影响处于不确定状态，从而诉讼被分为"非决定性的审前阶段"和"决定性的审判阶段"①，庭审的中心化因此得到了比较好的保证。笔者认为，在我国长期侦查影响审判的刑事诉讼传统下，确立直接言词原则不失为改变我国传统司法实践的良途。但是，在现有条件之下，我国法官的整体素养尚不能完全达到摆脱案卷笔录仅依靠聆听法庭审理进而做出裁判的要求。因此，笔者认为，不妨先在我国确立言词原则，最主要的是否定庭前证言的证据能力，仅在例外情况下允许庭前证言在法庭上使用，以促进证人出庭作证，从而在一定程度上促进我国庭审实质化的建设进程。

接着考察传闻证据规则。与直接言词原则不同，传闻证据规则规范证据的可采性，而并不直接规范法官的审判行为②。因此，传闻证据规则是一项证据规则，其核心是对证据资格进行限制，决定了何种证据可以在法庭上使用，何种证据应当被排除在法庭之外。按照传闻证据规则的要求，"传闻"应当被排除在法庭之外，除非属于传闻证据的豁免或者例外。根据美国《联邦证据规则》第801条的规定，"传闻"是指该陈述并非陈述人在当前的审判或者听证作证时做出的，但当事人将其作为证据提出，用以证明该陈述所主张事项的真实性。因此，按照传闻证据规则的要求，庭前证言属于传闻证据而应当被排除于法庭之外，除非该庭前证言符合传闻证据规则的例外之规定。从发现案件的实体真实和促进庭审实质化的角度来看，英美法系国家的对抗制审判方式本身就能体现这些功能，传闻证据规则在此所体现出的功能并不明显。但是，笔者认为，传闻证据所蕴含的需要证人出庭陈述这一要求与控辩双方对抗制本身是相辅相成的，而正是二者的相互作用，才使得在英美法系国家的庭审中，对证人的交叉询问以及对被告人对质权

---

① 初殿清. 直接言词原则的双重价值维度及其在我国的适用 [J]. 法学杂志，2014（10）.

② 刘玫等. 传闻证据规则的理论与实践 [M]. 北京：中国政法大学出版社，2017：23.

的保障得以顺利落实。从这一角度来看，传闻证据规则对于庭审实质化的作用亦不容忽视。而考察传闻证据规则的历史渊源，作为英美法系国家的一项重要证据规则，其伴随着陪审团诉讼方式的产生而出现。英国陪审团经历了从知情陪审团到不知情陪审团的变革，传闻证据规则也在这一变革中为降低陪审团被误导的可能性所制定，其更多的是为不知情陪审团所服务①。因此，从其本源来看，传闻证据规则伴随着陪审团而生，陪审团可谓传闻证据规则所存在的制度基础。我国的审判方式与英美法系国家的陪审团审判相去甚远，目前在我国引入传闻证据规则尚不具备制度环境条件。但是，考察传闻证据规则，其在规范证据的可采性、限制庭前证言的适用问题上，仍旧存在一定的可参考之处。笔者认为，在不改变我国当前刑事诉讼模式的基础上，对传闻证据规则所涉及的庭前证言适用例外规则予以借鉴，仍具有一定的可行性。

综上，笔者认为，我国刑事庭前证言适用可以直接言词原则和传闻证据规则为借鉴，原则上否定庭前证言的证据能力，并结合我国实际及域外立法体例建构庭前证言适用的例外规则。

四、庭前证言的具体运用探析

（一）证人不出庭情况下庭前证言的适用

无论是在直接言词原则的要求下，还是从传闻证据规则的角度出发，在证人不出庭情况下，庭前证言原则上不具有证据能力，仅在例外情形下才得以在法庭上出示并作为裁判的根据。而进一步考察域外规则的相关规定可以发现，相关国家基本上都是以证人存在难以克服的事由而无法出庭作证，以及庭前证言具有相应的可信度之保障两方面要求建构庭前证言例外规则的，只不过在相应要求之下的具体规则方面存在着一定的差异。

证人存在难以克服的事由而无法出庭作证可谓刑事诉讼的一种妥协，在这种情形下，出于发现实体真实、保障诉讼顺利进行的目的，允许满足特定要求的庭前证言在法庭上的运用亦属正当之举。德国《刑事诉讼法》第251条规定，证人在死亡、疾病、虚弱、路途遥远（"路途遥远"需考虑陈述的重要程度）或其他无法排除的障碍导致证人在可预见的时间或者较长时间内不能到场参加法庭审

---

① 刘广三，庄乾龙.对传闻证据规则的反思：基于对规则本身与引进论者的考察 [J].证据科学，2009（6）.

理，在具有可信度保障之情形下，可以通过宣读法官询问笔录或者含有其所书面陈述的证书代替询问；美国《联邦证据规则》第804条规定，证人在死亡或者当时存在衰弱、身体疾病或者精神疾病而无法出庭情形下，可成为"反对传闻规则的例外"；英国2003年《刑事审判法》第116条规定，死亡、身体或精神状况不适宜、身处国外、证人去向不明等情形得以成为证人不能到庭的难以克服事由；日本《刑事诉讼法》第321条规定，只有在陈述人死亡、精神或身体障碍、下落不明或现在国外而不能在审理准备或审判日陈述时，庭前证言才具有证据能力[①]。综合分析上述代表性国家的规定，不难发现这些国家在证人难以出庭作证事由上的规定具有相似性：对于证人存在死亡、重大疾病或者去向不明、身处国外等情形的，在有相应可信度保障之前提下，其庭前证言具有证据能力；对于证人存在路途遥远、交通不便的情形的，在有相应可信度保障之前提下，斟酌证人出庭的必要性决定庭前证言是否有证据能力。笔者认为，以上规定具有一定的可借鉴性，但随着视频网络技术的发展，身处国外的证人在条件允许的情形下，可以通过远程视频作证来代替证人出庭作证；对于证人存在路途遥远、交通不便情况的，在证人作证补偿制度的保障下，不宜据此肯定庭前证言的证据能力。

可信度保障是一个棘手的问题。我国现有规定将庭前证言有其他证据相互印证视为具有可信度保障，甚至具有排除当庭证言适用的能力。但是，由于庭前证言受多重因素影响，其可信度并不会因此具有比较高的保障：一方面，证人受记忆、情绪、动机等因素的影响，其证言本就存在不稳定性，当这些因素无法在法庭上受到考察的时候，庭前证言所证明的事项很有可能变得扑朔迷离；另一方面，庭前证言有其他证据相互印证看似会增加庭前证言的可信度，但与庭前证言印证的证据极有可能同为检察机关提供，两项证据为同一制作主体并不能使可信度保障达到令人信服的程度。域外相关国家大都对可信度保障做出了比较严格的限制：美国通过2004年具有分水岭意义的克劳福德案[②]切断了对质权条款和传闻规则二十余年的"联姻"关系，庭前证言只有在被告人此前有反询问机会的条件下才能用作证据[③]；德国则通过法官询问来建立庭前证言的可信度，并且宣读法官

---

① 张凌，于秀峰.日本刑事诉讼法律总览[M].北京：人民法院出版社，2017：93.

② 541 U.S.36（2004）.

③ 刘玫.传闻证据规则的理论与实践[M].北京：中国政法大学出版社，2017：23.

询问笔录时，应当确定证人是否进行了宣誓[①]；英国的传闻证据规则体系庞大复杂，其繁硕的例外规则相互交织，足以建构起一个硕大的规则迷宫。一般说来，符合2003年《刑事审判法》第116条中规定的不能出庭情形的庭前证言具有证据资格，但是做出证言者的身份应当明确并且具备做出证言所需要的能力，且随时可以受到与之可信度相当的证据的质疑。此外，诉讼的各方当事人一致同意可采的证据具有证据能力[②]。日本对于传闻证据真实性的保障采英美法的做法，也是根据当事人的反询问来验证真实性的，只是日本对于庭前证言的真实性采信相对比较宽松，对于法官、检察官和司法警察的面前笔录都有采信的可能，只不过可信度有所不同。对于法官面前笔录，因法官性质上属中立一方，可以代替当事人提出反询问，因此具有较强的可信性；检察官笔录的可信性次之，需要具有特别的可信性才可以采用；司法警察面前笔录的采用标准最高，需证明犯罪事实必不可少且具有特别的可信性方得以采用[③]。考察上述国家的规定，可以给我们带来庭前证言可信度保障或认定的一些启示：第一，对于诉讼各方当事人一致同意作为证据使用的庭前证言，应当基于各方的合意而具有证据能力；第二，给予当事人反询问机会的，或者对证人进行询问时辩护人在场的，该庭前证言一般视为具有证据能力；第三，证人向法官做出的陈述一般而言具有可采性，而对于证人向检察官、警察所做之陈述，证据的采信应当受到较大的限制。

综合分析上述国家的立法经验及启示，在原则上否定庭前证言证据资格的前提下，可考虑从证人存在难以克服的事由以及庭前证言具有相应的可信度之保障两个方面着手来准许庭前证言在法庭上的运用。一方面，在法律上明确影响证人出庭作证的难以克服之事由。我国法律规定了证人无法出庭作证的情形[④]，但宜借鉴国外的立法体例进行补充、修改。首先，增加因证人死亡、下落不明等无法出庭的情形作为补充；其次，对于路途遥远、交通不便者，在给予证人作证补偿的情形下，仍应当要求证人出庭作证，不宜据此肯定庭前证言的证据能力；最后，《最高法解释》第206条第二款规定："具有前款规定情形的，可以通过视频

---

① 参见《德国刑事诉讼法》第251条。

② 英国2003年《刑事审判法》第116、124条。

③ 参见《日本刑事诉讼法》第321条。

④ 《最高法解释》第206条第1款规定："证人具有下列情形之一，无法出庭作证的，人民法院可以准许其不出庭：（一）在庭审期间身患严重疾病或者行动极为不便的；（二）居所远离开庭地点且交通极为不便的；（三）身处国外短期无法回国的；（四）有其他客观原因，确实无法出庭的。"

等方式作证。"笔者认为，在上述不能出庭作证情况下，在具备视频作证的条件时，应当要求证人出庭作证，以保障当事人的诉讼权利、庭审的公正进行。另一方面，建构不能出庭作证庭前证言的可信度保障规则。对此，笔者认为，可从以下几个方面着手：第一，由法官主导的证人询问，其庭前证言因法官的公正、中立地位而具有证据资格；第二，对证人进行询问时辩护人在场的，或者给予被告人与证人当面对质的机会的，其证言具有证据资格；第三，对于控辩双方一致同意采用庭前证言的，庭前证言基于各方合意而具有证据资格。

（二）证人出庭情况下庭前证言的运用

一般来说，证人出庭情况下，对证言的采信应以证人的当庭证言为准，其庭前证言便不宜再被采纳。但是，在证人出庭作证的实践中，存在证人当庭证言与庭前证言矛盾或者虽不矛盾但证人当庭记忆不清楚的情况。出于对发现实体真实等诉讼价值的考量，在特殊情况下，肯定庭前证言在证人出庭作证情形下的证据资格对于诉讼的推进亦不乏裨益。综合考察域外国家（地区）的相关规定，其都对证人出庭情况下的庭前证言运用进行了规定，但都有着不同的限制。我国相关的立法体例前已论述，在此不再赘述，但应当承认对于我国证人出庭情况下庭前证言的运用仍需进一步的探讨。

1. 庭前证言与当庭证言矛盾时庭前证言的运用

当证人的当庭证言与庭前证言矛盾时，如何对二者的真实性进行认定是一个两难的问题。一方面，由于出庭作证的证人会受到感知、记忆等因素的影响，证人当庭做出的证言极有可能因为这些因素而与实体真实存在较大的偏差；另一方面，庭前证言往往是由侦查机关单方面调查的方式秘密获取的，不像当庭证言那样在法庭上公开提供[①]，因此，二者的真实性都值得质疑。出庭作证的证人当庭做出的证言天然具有证据资格这一点毋庸置疑，但是，在当庭证言与庭前证言矛盾时，赋予具有比较高可信度的庭前证言以证据资格，对于案件事实的查明具有积极意义。

与当庭证言矛盾的庭前证言的证据资格，在许多国家或地区都得到了认可。德国《刑事诉讼法》第253条第二款规定："证人在法官询问下出现与过去陈述相矛盾的证言，不能以其他不中断法庭审理的方式予以确定、澄清的情况下，可以

---

① 陈瑞华. 论证人证言规则 [J]. 苏州大学学报，2012（2）.

宣读其过去询问笔录中对此有关的部分以帮助其回忆。"英国2003年《刑事审判法》亦规定，证人出庭作证情况下的前后不一致的陈述，只要口头证据可采，该陈述也可采。尽管矛盾的庭前证言可以在法庭上得到运用，但矛盾庭前证言在一些国家和地区的运用亦受到了比较大的限制。在美国，矛盾的庭前证言属于"非传闻"证据，可以被作为弹劾证据或实质证据在法庭上提出，但若是被作为实质证据提出，证人应当在之前的审判、听证或其他司法程序中经宣誓接受伪证罪的处罚[①]。日本对于矛盾庭前证言运用的限制条件大体沿用了其对于庭前证言可信度的规定，即对于在法官面前所做的书面材料可以作为证据，而在检察官面前所做的书面材料具有证据能力仅限于以前的陈述比审理准备或审判日的陈述更可信赖的特别情况[②]。我国台湾地区对此具有与日本类似的规定，在法官面前所做之庭前证言具有证据能力，而在检察官和警察面前所作陈述则受到较大限制。

将与当庭证言矛盾的庭前证言排除在法庭之外，本就是为了防止真实性难断的庭前证言对案件的事实认定产生影响，并进一步干扰法官的裁判。从对矛盾庭前证言的证据资格进行限制的国家（地区）立法体例来看，其也正是从庭前证言的可信度保障的角度入手的。因此，笔者认为，从具有可信度保障的角度确立矛盾庭前证言的证据资格具有可行性，即只有满足可信度要求的矛盾庭前证言才具有证据资格，否则，庭前证言应当被排除在法庭之外。而对于矛盾庭前证言的可信度保障规则同前述证人不出庭情况下庭前证言的适用中的可信度保障规则相一致，在此不再赘述。

2. 庭前证言与当庭证言一致时庭前证言的运用

庭前证言与当庭证言一致时，一般说来，庭前证言不具有证据资格，更没有在法庭上出示的必要。但是，在大陆法系国家，一致的庭前证言具有唤醒证人记忆的功能。德国《刑事诉讼法》第253条第1款规定："证人对某事实表示不再记得的，可以宣读过去其询问笔录对此有关的部分以帮助其回忆。"证人遗忘是一件合乎生理规律的事情，宣读与遗忘部分相关的庭前证言，既可以帮助证人回忆，又因宣读部分有限而不致干扰诉讼，因此具有合理性与可行性。此外，考察英美法系国家，亦存在一致的庭前证言作为"正誉"证据在法庭上提出的情形。《美国联邦证据规则》第801条（d）（1）（B）规定一致的庭前证言可以在以下情

---

① 参见美国《联邦证据规则》801（d）。

② 参见日本《刑事诉讼法》第321条。

况被提出：证人的当庭陈述被认为是捏造，或者证人作证的动机受到明示或暗示的质疑时，庭前证言可以被提出以证明证人当庭证言的真实性。笔者认为，尽管在庭前证言与当庭证言一致的情况下，对庭前证言的提出无碍诉讼，但由于庭前证言与当庭证言的来源为同一主体而不具有增加当庭证言证明力之功能，因而，当出现质疑人当庭证言之证据时，宜由法官结合其他证据综合判断，而无必要提出庭前证言。

综合上述分析，笔者认为可以在证人出庭作证过程中，针对证人对具体细节部分的遗忘，宣读与遗忘部分相关的内容以唤起证人记忆；对于出现与证人当庭证言相对立的证据的情形时，则无须再提出庭前证言。

五、结语

庭前证言在法庭上不加限制地运用与以审判为中心的要求相背离。通过对庭前证言的运用进行限制，并进一步在我国确立直接言词原则，是推动庭审实质化和落实以审判为中心的重要一环。但是，在现行司法条件之下，让法官抛弃庭前的卷宗，完全依据庭审的过程进行裁判尚不符合我国国情。因此，不妨以庭前证言的运用限制作为在我国贯彻直接言词原则的一块踏板——通过限制庭前证言的运用来促使证人出庭作证，进而推动控辩庭审对抗，并进一步促进我国庭审实质化的改革进程。而随着我国刑事资源的不断发展，法治水平的不断提高，进一步在我国确立直接言词原则，届时我国庭审实质化的改革才可以真正得到落实。

论侵犯公民个人信息罪的证明困难及推定的适用 ①

　　内容摘要：侵犯公民个人信息罪存在个人信息获取手段"非法"的证明困难、信息有效数量的证明困难以及犯罪行为是否发生于《刑法修正案（七）》实施后的时效证明困难。2017年6月1日起施行的关于侵犯公民个人信息犯罪的司法解释采取了将事实推定规定为法律推定的方式以应对上述证明困难，规定了批量信息有效的法律推定，但对其他两种证明困难未做回应，而新增的关于主观方面"明知"的规定极有可能产生新的证明困难。本文在厘清法律推定与事实推定概念区别的基础上，提出应当严格区分二者的界限，否则将危及无罪推定的根本原则；提出法律推定的立法创设应当以基础事实与推定事实之间存在合理关联性为界限，并且不可创设涉及犯罪成立构成要件并产生转移结果责任的推定；通过对司法解释中法律推定的司法适用具体情况进行分析，提出应当以合理关联性为前提，考虑被告必要的出罪可能性，且被告对法律推定提出的反证能够动摇法官的临时心证即可。

　　关键词：侵犯公民个人信息罪　证明困难　法律推定

　　随着信息化社会的日益发展，信息在个人生活和社会管理活动中扮演着越来越重要的作用，信息资源的搜集和利用成为占有社会财富的重要手段，侵犯公民个人信息犯罪呈现出愈演愈烈的趋势，不仅犯罪主体、犯罪手段、犯罪对象多样化，更出现了以侵犯公民个人信息为手段的上下游犯罪，与电信网络诈骗、敲诈

---

① 　此文原载《刑法论丛》2018年第3卷，与吴玥悦合作。

勒索、绑架等犯罪紧密结合，严重侵犯公民人身权利，危及社会秩序的稳定。鉴于此，2015年《刑法修正案（九）》在《刑法修正案（七）》增设出售、非法提供公民个人信息罪和非法获取公民个人信息罪的基础上进一步完善，扩大了犯罪主体范围，增加了利用工作便利加重处罚情节，加重法定刑。2017年6月1日起施行的《最高人民法院、最高人民检察院关于办理侵犯公民个人信息刑事案件适用法律若干问题的解释》（以下简称《解释》）继续贯彻了从严惩治侵犯公民个人信息犯罪的刑事政策，体现在从实体法上进一步明确犯罪构成要件，从程序法上明确排除"情节特别严重"的犯罪人适用从宽制度，为了解决实务中困扰已久的海量信息数量计算问题，将事实推定规定为法律推定，明确规定"对批量公民个人信息的条数，根据查获的数量直接认定"。

一、司法实践中侵犯公民个人信息罪的证明困难

从2009年《刑法修正案（七）》增设侵犯公民个人信息的相关罪名以来[①]，对公民信息的刑事法保护一直以建立和完善实体立法为重心展开，力图通过在犯罪构成要件层面清晰界定侵犯公民个人信息犯罪的认定标准，达到打击此类犯罪的目的。然而在司法实践中，国家对侵犯公民个人信息犯罪行为的追诉却并不理想。通过对中国裁判文书网2009年2月28日至2017年6月1日期间涉及侵犯公民个人信息犯罪的一审案件进行检索，全国仅有582起案件，这个数据不仅与国家对严惩公民个人信息犯罪的政策相矛盾，更不符合现实生活中作为被害人的公民个人信息被泄露的普遍经历。刑事实体法的精细和完备是个人信息刑事法保护的一方面，而更重要的是具体刑事诉讼程序中如何实现实体法的适用。侵犯公民个人信息犯罪在司法实践中难以追究刑事责任的主要原因是证明困难，这是源于信息技术发展而产生的证据缺乏，而能否解决证明困难是决定是否"这是一场已经失败的战斗"[②]的关键。

---

① 《刑法修正案（七）》增设"出售、非法提供公民个人信息罪"和"非法获取公民个人信息罪"，《刑法修正案（九）》将其整合为"侵犯公民个人信息罪"，本文统一使用"侵犯公民个人信息罪"，不再进行区分。

② 乌尔里希·齐白. 全球风险社会与信息社会中的刑法 [M]. 周遵友，译. 北京：中国法制出版社，2012：306.

（一）个人信息获取手段"非法"的证明困难

根据我国《刑法》第253条的规定，侵犯公民个人信息罪包括三个行为类型：一是违反国家有关规定，向他人出售或者提供公民个人信息；二是违反国家有关规定，将在履行职责或者提供服务过程中的公民个人信息出售或者提供给他人；三是窃取或者以其他方法非法获取公民个人信息。其中前两种是描述提供信息的罪状，后一种是对取得信息的非法性描述，而鉴于"窃取"的常见性，在法条中予以明示属于注意规范。前两种以违反国家有关规定为前提，在实践中是否违反了国家有关规定往往不存在证明困难，只要有关规定是明确的，而在《网络安全法》颁布实施以前，实践中也并没有国家有关规定的立法存在。证明困难主要发生在后一种"非法获取"的情况，它是从肯定角度进行的违法阻却事由强调，即如果被告能对获取手段的非法性进行成功抗辩，则不能认定为犯罪。反过来讲，"非法获取"公民个人信息罪状的关键在于证明获取手段的非法性，手段非法是侵犯公民个人信息罪犯罪构成要件的客观方面，是核心的待证事实。根据我国《刑事诉讼法》第49条规定，检察院应当承担被告人有罪的举证责任，而刑事诉讼的无罪推定原则要求控方应当以排除合理怀疑的证明标准承担证明被告人有罪的证明责任，否则控方将要承担败诉的风险。但是因为"网络交易的便捷性和低风险性使其成为罪犯获取公民个人信息的首选方式"[①]，从技术层面讲，网络交易的瞬时性、超空间性、关联信息的放射性导致了获取手段非法性的取证困难；从证明的角度讲，司法实践确实中存在"非法获取"手段证明困难时的认定模糊问题。

司法实践中的"非法获取"证明困难主要有以下两种情形：一种情况是查获的公民个人信息来源不明。实体法上明确规定了非法获取的公民个人信息来源主要有：购买、窃取以及其他非法方法。但司法实践中更棘手的问题是无法判断信息来源，大量信息交易或交换通过网络进行，提供者以虚拟身份存在，侦查机关往往仅能查到QQ号码，并且"大多非法获取的公民个人信息案件中的信息都是几经转手或者直接购买于网络，犯罪嫌疑人也不知道信息最初的来源"[②]。根据我国《刑事诉讼法》第53条关于定罪证明标准的要求，信息来源无法查明，很难讲达到了"证据确实、充分"的标准。在刑事实体法上，明确规定降低证明责任

---

① 庄晓晶.非法获取公民个人信息犯罪区域性实证分析 [J].人民检察，2011（9）.

② 庄晓晶.非法获取公民个人信息犯罪区域性实证分析 [J].人民检察，2011（9）.

的是巨额财产来源不明罪，通过运用法律推定的证明技术，降低控方对巨额财产来源的证明难度。但是，在立法没有明确侵犯公民个人信息罪的信息来源可以适用法律推定的背景下，如何解决实践中的定罪困难是学理上必须回答的问题。另一种情况是控方有证据证明个人信息（如特定数据包）是被告非法手段获取，但被告提出抗辩，称侦查机关查获的个人信息中，有部分是通过合法手段取得，例如从网络搜索、正常工作渠道取得等违法阻却主张。此时法官应当如何裁量，被告的抗辩需要达到何种证明程度？例如，在杨某非法获取公民个人信息罪案件中，"杨某上诉称：一审判决认定杨某非法获取公民个人信息260万条证据不足，该260万条中有……160万条系杨某通过正常的工作渠道获得"。二审法院驳回了此项上诉意见，认为"杨某上诉称部分车主信息系通过合法渠道获得但无法提供相应的证据或线索"。本案中，法官认为在控方完成对数据包非法获取的举证责任前提下，被告应当对其合法获取的抗辩承担证明责任，并且履行相当的提供证据义务。但是从理论上讲控方应当对每条信息的非法获取手段承担证明责任，这种概括证明方式事实上减轻了控方证明责任，而加重了被告的抗辩负担。

另外，在加重情节的证明中也存在证明困难的问题。根据我国《刑法》第253条第二款的规定，在履行职责或提供服务过程中获得的公民个人信息出售或者提供给他人的，从重处罚。加重情节的证明责任由控方承担，并且应当达到排除合理怀疑的证明标准，才算完成对加重情节的证明。在实践中往往存在这样的情况，对于查获的公民个人信息，控方无法确定其中部分的来源是否属于在履行职责或提供服务过程中获得。对于控方的指控，辩方也可能提出其中部分信息是网络购买获取并非被告人履职或提供服务过程中获得的抗辩。对于无法确定获取来源的部分信息，法官应当怎样裁判，被告的抗辩是否需要提出证据证明，如果需要应当达到何种程度？

（二）个人信息有效数量的证明困难

涉及海量证据是侵犯公民个人信息犯罪的特点之一，实际案例中涉及的个人信息数量几万到几千万甚至上亿条不等，实体法中将"情节严重"作为罪与非罪的界限，司法实践中涉案信息的有效数量是判断情节严重与否的重要因素，从刑事诉讼证明责任的分配原则讲，信息的有效数量是控方必须证明的犯罪构成要件。但在实践中，因为涉案信息往往数量巨大，不论是重复信息的剔除还是虚假信息的核实，都存在海量证据的核实困难。

重复信息的产生主要有两方面原因：一是客观上存在同一信息指向主体重复登记或者订单拆分统计的情况；二是主观上个人信息的交易或者交换过程中故意复制信息，达到增加信息条数的目的。而"从司法鉴定的角度讲，目前尚没有一种鉴定方法能够有效剔除重复信息"[①]。剔除重复信息是个技术问题，或许随着信息技术的发展会迎刃而解，这里需要讨论的是在重复信息剔除证明困难的情况下，法官如何裁量。在张某等侵犯公民个人信息罪案件中，上诉人张某上诉提出："原判认定从其使用的个人电脑中勘验出含有公民个人信息的数据9800万余条不准确，其电脑里面的数据90%是重复的，要求重新勘验"，二审驳回其诉求并认为："有公安机关依法制作的勘验笔录、张某使用的个人电脑、U 盘等证据证实，勘验笔录客观反映了从张某使用的作案工具中所勘验出包含有公民个人信息的所有数据条数，足以认定。张某的该上诉理由不能成立"。二审裁判隐含的逻辑是：所有数据条数等于所有有效数据条数。而在理论上，这种将查获的信息条数直接推论为有效信息条数的做法，并不符合事实情况。

虚假信息的核实并剔除是确定信息有效数量的另一大难题。例如在涉及个人通信信息的证据中，存在大量空号、无法接通的信息，要对几千万个电话一一拨打并核实是一项几乎不可能完成的任务，如果说可以通过自动拨打电话等技术解决的话，其他更加复杂的信息，例如住址、订单、银行征信等信息也无法通过技术自动核实。实践中基本以抽样筛查并推定全部信息为真的方式核实。但是抽样的样本数量、种类、方式，推定全样本为真的最低比例等都缺乏科学规定。在推定为有效信息的前提下，被告抗辩其中有无效信息，是否要求被告对每一条无效信息进行证明，被告对抗辩是否也可以适用盖然性的技术推定无效信息？在齐某非法获取公民个人信息罪案中，上诉人齐某提出涉案信息中存在空号或者信息不实的情况导致原判量刑过重的上诉请求，二审法官确认了无效信息存在的事实，但认为并不影响量刑，予以驳回。问题的关键是有效信息的数量，而不是有效与否，侵犯公民个人信息犯罪以"情节严重"为入罪标准，其实是数额犯，如果无效信息大量存在，那么就会影响量刑，甚至定罪，但是二审法官实际上回避了无效信息到底有多少这个重要的待证事实问题。

[①]　潘度文，林维. 如何认定侵犯公民个人信息犯罪 [J]. 人民检察，2012（16）.

（三）《刑法修正案（七）》实施之后获取的个人信息证明困难

根据刑法溯及力的从旧兼从轻原则，《刑法修正案（七）》施行之后发生的侵犯公民个人信息犯罪行为才会追究刑事责任。在实践中，查清实行行为是否发生在2009年2月28日之后往往存在困难，"犯罪事件的确定只能依靠行为人的供述，造成行为人对犯罪时间的供述能够左右案件处理结果的窘境"①。而实践中存在的另一个极端是法官自由裁量犯罪时间，并直接做出不利于被告的推论。在李某非法获取公民个人信息罪案件中，李某上诉称其所持有的绝大部分公民个人信息是在刑法修正案增设非法获取公民个人信息罪之前获取的，不应作为定罪量刑的依据。二审驳回的理由是原审判决认定李某犯罪时间为2013年3月至8月间，且查获的移动硬盘中存有大量刑法修正案增设非法获取公民个人信息罪之后认定的公民个人信息。其实二审法官回避了查获的移动硬盘中上诉人抗辩部分信息取得时间的证明问题，直接将查获信息的取得时间推定为《刑法修正案（七）》实施之后。客观的问题是技术上——区分数据获得的时间有难度，那么是否意味着法官就可以直接推定为应受刑法处罚，被告的抗辩需要提出证据证明吗，如需要应当达到何种证明程度？

二、证明困难的解决方式

解决证明困难是证据法的核心，其目的不是要更准确地查明事实，而是使法官可以做出具有相当可接受性的判决。为了解决证明困难，证据法提供了以下解决方法：一是放宽证据资格，证据资格是证据材料成为案件处理根据的前提条件，不符合证据资格要求的证据材料不可以作为定案的根据。但是通过在一定条件下放宽证据资格，可以使得原本没有证据资格的证据材料也可以作为定案依据，从而解决证明困难。美国《联邦证据规则》第404条明确规定品格证据禁止使用，但是"在杀人案中，公诉人可以提供所称被害人具有平和品格特性的证据，以反驳所称被害人是首先挑起事端者的证据"②。二是转换证明对象，也就是法律推定的适用。例如，在主观要件的证明较为困难的情况下，通过法律推定将对主观的证明转换为对客观的证明，只要对客观的证明满足了证明标准的要求，

---

① 庄晓晶. 非法获取公民个人信息犯罪区域性实证分析 [J]. 人民检察，2011（9）.

② 王进喜. 美国"联邦证据规则"（2011年重塑版）条解 [M]. 北京：中国法制出版社，2012：77.

则视为对主观的证明责任完成。例如，在《办理毒品犯罪案件适用法律若干问题的意见》中，将"体内藏匿毒品的"作为推定走私、贩卖、运输、非法持有毒品主观故意中"应当知道"的基础事实，相对主观的"明知"，客观的体内藏毒更加容易证明，从而降低了针对"明知"的证明困难。三是证明责任的倒置。通过由法律提前分配结果责任的承担者，以解决当待证事实真伪不明时，谁来承担不利后果，从而终结证明困难的状态。刑事诉讼中证明犯罪成立的证明责任由控方承担，例外情况下倒置证明责任，从而减轻控方证明困难。例如，我国台湾地区"刑法"中诽谤罪对于伪事实的证明，明确规定由被告承担。我国台湾地区"刑法"第310条规定："对于所诽谤之事，能证明其为真实者，不罚"。四是合理设置证明标准。在大陆法系国家，主张犯罪成立的要件证明责任由控方承担并应当达到"内心确信"的证明标准，违法阻却事由和有责阻却事由的证明责任由被告承担，在无罪推定和被告证明弱势的背景下，被告仅需以达到"优势证明"的证明标准即可卸除证明责任。但是在某些特定犯罪的特定事项证明上，采用降低控方证明标准的方式，解决控方证明困难。降低证明标准的方法在立法中鲜有明确规定，而主要通过在实践中法官的自由裁量来达到客观上降低证明标准的效果。

以上四种解决证明困难的方法必须是由法律预先加以规定的，通过法律提供标准，从而减少法官的认定责任，这是解决证明困难正当性和合法性的保障。事实上，证明困难在每一个案件中都不同程度地发生，通常情况下通过证明责任分配机制来解决真伪不明时谁来承担不利后果问题，在刑事诉讼中，则是由控方对犯罪成立的要件事实承担客观证明责任，也就是说，如果犯罪成立的要件事实出现真伪不明的情况，若没有特别规定，法官应当裁定控方承担败诉结果。但是，基于刑事政策以及证明便利等因素，在某些特定的犯罪认定中，打破这种常规，减轻控方证明难度，以达到追究犯罪的目的。在刑事诉讼中，解决证明困难，其实是解决控方证明犯罪成立的困难，不论采用上述哪种方法，客观上的效果都是减轻控方证明难度，增加被告被定罪的风险，其实质是增加被告抗辩的负担。

三、《解释》解决证明困难的方式和不足

（一）《解释》对法律推定的运用

一项法律推定的创设一般基于以下理由：一是证明的便利。"就像基于公正分配证明责任一样，一些推定的创设目的是纠正由于一方当事人更容易证明而引

起的不平衡。"① 证明便利的理由在民事诉讼中使用更加广泛，比如若某待证事实由一方当事人独知时，该当事人负有证明责任。但是在刑事诉讼中，鉴于控辩双方的力量对比悬殊，为了保证审判公正，证明便利的使用受到严格的限制。二是对盖然性的估计。证据法学家麦考密克认为创设推定理由中最重要的是盖然性因素。田口守一也认为推定的前提事实与推定事实之间必须存在"一般的合理的密切关系"②。建立在经验法则基础上的盖然性推定是推定设立的逻辑前提，立法者认为基础事实的证明很可能得出推定事实的存在，可以说，很难找到一项法律推定是以小概率事件为基础的，从这个意义上可以讲盖然性因素最为重要。盖然性理由不仅可以为推定提供合理性根据，并且可以产生节约司法成本的实际效果。三是刑事政策的需求。刑事诉讼中的推定设立最主要的动因是刑事政策。不论是证明便利还是对盖然性的估计，都只是为法律推定提供合理性基础，而真正将一项间接证明转变为法律推定的力量是刑事政策。刑事政策推动力的大小不仅决定是否创设一项法律推定，还直接影响法律推定的效果。"在某种情况下，政策是这样，其只能引起一个标准化的推论，一个能使案件移送到陪审团，但并不能得到有利的指示裁决的法律规则。在另一种情况下，政策是强有力的足以获得有利的指示裁决，因而，把提供证据责任转移到反对的当事人。但是其不够强大不能再分配说服责任。在其他情况下，政策是强有力的足以再分配说服责任。"③ 在我国的刑事诉讼中，"只要稍加分析就不难看出，刑法适用推定规范的案件，往往都是我国近年来一直强调严厉惩治的犯罪案件"④。

《解释》中对批量信息有效的法律推定设立的决定性原因是刑事政策。首先，从证明便利角度来说，被告并不比检察官享有更加便利的证明优势，除了被告自己明知的部分，对于批量数据中哪些数据是无效信息的证明，被告除了逐条验证，并不拥有比检察官更加便利的证明方法，特别是非法获取的批量信息有效性的证明，获取者本人并不知道提供者对哪些信息进行了故意复制或者故意捏造。其次，从盖然性的角度讲，从批量信息到批量有效信息，中间并不具备高度盖然

---

① 约翰 .W. 斯特龙 . 麦考密克论证据（第五版）[M]. 汤维建，译 . 北京：中国政法大学出版社，2004：663.

② 田口守一 . 刑事诉讼法 [M]. 刘迪，译 . 北京：法律出版社，2000：29.

③ 田口守一 . 刑事诉讼法 [M]. 刘迪，译 . 北京：法律出版社，2000：29.

④ 陈瑞华 . 论刑事法中的推定 [J]. 法学，2015（5）.

性。不仅因为数千万甚至上亿条个人信息的交换过程中发生错误的概率很高；而且个人信息随时在变化，之前的信息随时可能成为无效信息；并且出于盈利目的，现实中确实存在信息提供者故意复制和提供虚假信息的情况。相反，甚至可以说从批量信息推定出批量信息一定存在无效信息有更高的盖然性。所以，不论是《解释》对有效信息条数的法律推定，还是学者们将法律推定作为解决其他证明困难的热捧，都取决于当前严厉打击侵犯公民个人信息犯罪的政策，以及保护公民个人信息安全，维护社会和谐稳定的目的。

《解释》第11条第3款："对批量公民个人信息的条数，根据查获的数量直接认定，但是有证据证明信息不真实或者重复的除外。"此款规定是针对实践中个人信息有效数量的证明困难制定的，通过法律推定的技术方式，降低控方证明难度，为实践中有效信息的证明责任由被告承担提供法律依据。《解释》采用了上述四种解决证明困难方法的法律推定方法，通过转移证明对象，从批量有效信息到批量信息，跳过了每条信息的有效性证明，达到降低证明难度的目的。通过司法解释的方式明确信息有效性的可反驳推定将产生以下效果：一是控方一旦完成对批量信息条数的举证，则推定完成对批量信息有效条数的举证，不再需要对逐条信息的有效性进行举证；二是区别于事实推定，法律推定从批量信息到批量信息有效的推定过程不需要经验法则说理，可以直接从基础事实得出推定事实；三是信息的无效抗辩，被告应当承担至少主观的证明责任，也就是证据提供责任。《解释》施行之后，同样的案件，例如张某等侵犯公民个人信息罪案件，法官可以直接适用法律推定，而不需要进行事实推定的说理过程。《解释》通过将事实推定规定为法律推定的方式，解除实践中信息数量有效性的证明困难问题，减轻控方举证责任，体现了严厉惩治侵犯公民个人信息犯罪的刑事政策。

（二）《解释》尚未解决的问题以及新的证明困难

《解释》侧重从实体法的角度解决侵犯公民个人信息犯罪的法律规定模糊问题，通过明确"公民个人信息"的范围，明确非法提供、获取公民个人信息的行为方式，明确侵犯公民个人信息罪的定罪量刑标准等实体法规定，力图提高法条的可操作性。然而，实体法的精细并不能解决法律适用的问题，上文论述的个人信息获取手段"非法"的证明困难以及《刑法修正案（七）》实施之后获取的个人信息证明困难，《解释》中并没有做出回应，而这类问题在实践中还会持续存在。有观点认为上述证明困难只涉及取证的技术性问题，"对于司法实践层面上所存在的信息获取时间、信息来源、信息数量以及真实性等问题，其根源在于取证的困难，司法机关应加强和相关部门的配合，以保证证据的调取与核实"[①]。这种观点的逻辑前提是认为证明困难的证明责任应当由控方承担，只要控方加强与有关部门的配合，就能取得有足够证明力的证据，也就不会产生真伪不明的证明困难的问题。然而这种观点未免有些乌托邦。证明责任分配的主要功能，就是解决法官穷尽一切查证手段之后，如果事实仍旧处于真伪不明状态，由谁承担败诉责任的问题？鉴于人类认识的有限性，不论取证手段如何进步，真伪不明的状态是证据法永远面临的问题。有观点提出"侵犯公民信息犯罪中信息来源合法性的证明责任应该分配给被告方，即由被告证明自己获取信息的合法性。"[②]这种观点主张通过法律推定的方式，直接将获取手段的非法性的证明责任倒置给被告，其主要理由是"侵犯个人信息犯罪的专业性、行业性较强""控方很难查明究竟是从哪一个渠道获得"[③]，然而这种因为控方取证困难就直接将证明责任倒置给被告的观点有违背无罪推定之嫌。更普遍的观点是在最广泛意义上使用"推定"一词，主张"可以在判断非法获取公民个人信息罪的手段非法性上，运用司法推定的证明方法。"[④]这种观点认为如果行为人抗辩是通过网络合法搜集的个人信息，"结合我国国情"，行为人不可能合法获得，所以推定其是非法获得。下文将对刑事推定的含义和分类进行详细讨论，从而证明这种观点所谓的"推定"其实不是推定，而只是在司法证明过程中最普通且常见的间接证明。所以，这种观点实际上并没有为解决侵犯公民个人信息犯罪的证明困难提供特别的方法。

《解释》第5条增加"情节严重"的情形之一："知道或应当知道他人利用公民个人信息实施犯罪，向其出售或提供的"。这是基于公民个人信息的用途不同对权利人的侵害程度也有差异，被用于犯罪的个人信息危害程度高于一般盈利等用途的考虑，所以将"明知将用于犯罪"规定为"情节严重"的情形之一。事实上，主观要件中"明知"的证明是实务中的一大难题，目前主要通过司法解释的方式，对发生在毒品犯罪、走私犯罪、盗抢机动车犯罪、盗伐或者滥伐林木犯罪及销售假冒注册商标商品的犯罪案件中的明知，进行法律推定，从而达到降低控

---

① 庄晓晶等.非法获取公民个人信息犯罪区域性实证分析 [J].人民检察，2011（9）.

② 马荣，胡忠慧.大数据时代个人信息刑事法保护问题研究 [J].宁夏党校学报，2015（1）.

③ 马荣，胡忠慧.大数据时代个人信息刑事法保护问题研究 [J].宁夏党校学报，2015（1）.

④ 付强.非法获取公民个人信息罪的认定 [J].国家检察官学院学报，2014（2）.

方证明难度的效果。例如，最高人民法院、最高人民检察院2004年颁布《关于办理侵犯知识产权刑事案件具体应用法律若干问题的解释》第9条第二款，列举了四种具体行为，只要符合其中情形之一的，则应当认定为"明知"所销售的是假冒注册商标的商品。2007年最高人民法院、最高人民检察院、公安部颁布《办理毒品犯罪案件适用法律若干问题的意见》中针对走私、贩卖、运输、非法持有毒品主观故意中的"明知"认定困难，明确列举了八种行为方式，只要符合其中情形之一，并且不能做出合理解释的，可以认定其"应当知道"。上述司法解释都是在严厉打击相关犯罪的刑事政策背景下出台的，将事实推定规定为法律推定，减少经验法则的论证过程，为司法实践的定罪量刑提供更易操作的标准。结合当前对侵犯公民个人信息犯罪的严厉打击刑事政策，《解释》增加主观"明知"他人利用公民个人信息实施犯罪的情形入罪，也体现了严厉惩治、有效防范侵犯公民个人信息犯罪的政策目的，但是《解释》没有一并将"明知"的证明困难问题一并解决，势必会引发实践中的认定混乱。一方面是严厉惩治的刑事政策，另一方面却没有明确的法律推定规定，可能会导致当司法实践中通过事实推论难以达到相当的证明标准时，为了达到追究刑责的目的，法官自由裁量降低控方证明标准，甚至转移证明责任，侵犯被告人合法诉讼权利。

四、侵犯公民个人信息罪中法律推定的适用及其界限

针对侵犯公民个人信息犯罪的证明困难，其解决方式不论是司法解释的明确规定，还是理论上专家学者对推定的大力提倡，都将法律推定视为解决证明困难的灵丹妙药。法律推定的创设和适用应当在厘清推定概念的基础上，对法律推定的创设心有所畏，而在法律推定的具体司法适用中，应当以基础事实与推定事实存在合理关联性为前提，并考虑被告出罪的可能性，以保护人权为界限从而防止国家权力的过度。

（一）法律推定与间接证明的司法适用界限

鉴于学术上和实践中对推定一词的混淆和乱用，本文使用"法律推定"以强调推定的法定属性，区别于事实推定。但法律推定一词本身是画蛇添足，因为"所谓法律上推定及事实上推定，亦系误用借自大陆法系之术语。所谓事实上推定，仅为逻辑上之推论（或推理），为免混淆起见，亦不应称为推定。严格言

之，真正之推定，只有一种，即法律上之推定是已。"① 推定特指法律推定，事实推定其实是一种推论。"事实推定的逻辑结构与间接证据证明的逻辑结构完全一致，事实推定在推定中并没有独立存在的空间。所谓事实推定实际上就是间接证据证明。"② 相对于直接证明的稀缺性，在案件的认定过程中间接证明更广泛地存在，法官在认定间接事实的基础上，结合经验法则自由心证，从而得出推论事实，这是间接证明的逻辑过程。所以认为在解决公民个人信息取得手段的非法性上，"结合我国国情"推定"其是非法获得"中所谓的"司法推定"并不是推定，而只是间接证明方法而已。

区别法律推定和间接证明的意义在于，首先，二者适用的限制不同。在自由心证证据制度体系下，为了限制法官权力，防止法官滥用心证，通过证明标准以及判决说理来制约间接证明的适用，对于没有达到证明标准的间接证明（以及直接证明）的，该主张不能成立。其次，二者适用错误的法律后果不同。使用间接证明方法引起的错误属于事实认定错误，其救济适用我国《刑事诉讼法》第225条第3款的规定③，可能引发重新审判的救济程序。而法律推定的适用错误属于法律适用错误，其救济适用我国《刑事诉讼法》第225条第二款的规定④，产生二审法院直接改判的效果。最后，二者的适用前提不同。在司法实践中混淆法律推定和间接证明将会直接冲击无罪推定原则。法律推定是作为一种常规证明过程（包括直接证明和间接证明）的例外出现的，首先必须经过立法者的慎重利益权衡，其次必须以法定为前提，如果将其与间接证明相混淆，则会造成法官随意推定的后果，"要么就是法定的证明责任分配被随意改变，要么就是证明尺度被降级。"⑤"如果法官可以根据案件情况随意地改变证明责任分配要求，降低证明标准，那么'无罪推定'就会荡然无存。"⑥

根据当前的法律和司法解释，只有《解释》对批量信息的有效性做了明确的

---

① 李学灯. 证据法比较研究 [M]. 台北：五南图书出版公司，1992：249.

② 卞建林. 从逻辑到法律：推定改变了什么 [J]. 南京大学法律评论，2009（春季卷）.

③ 《中华人民共和国刑事诉讼法》第225条第3款规定："原判决事实不清楚或者证据不足的，可以在查清事实后改判；也可以裁定撤销原判，发回原审人民法院重新审判。"

④ 《中华人民共和国刑事诉讼法》第225条第3款规定："原判决认定事实没有错误，但适用法律有错误，或者量刑不当的，应当改判。"

⑤ 普维庭. 现代证明责任问题 [M]. 吴越，译. 北京：法律出版社，2006：85.

⑥ 龙宗智. 推定的界限及适用 [J]. 法学研究，2008（1）.

法律推定，规定"根据查获的数量直接认定"。个人信息获取手段"非法"，以及《刑法修正案（七）》实施之后获取的个人信息的证明困难问题，并没有法律推定的相关规定。所以，在司法实践中，法官不可直接推定信息是"非法"取得，或者直接推定犯罪行为发生时间为《刑法修正案（七）》实施之后。控方运用间接证明的方法证明案件事实，必须达到"排除合理怀疑"的证明标准，并且每一个定案证据应当"均经法定程序查证属实"。

（二）法律推定的立法创设界限

一项法律推定的创设可以产生转移主观证明责任的效果，也可以重新分配客观证明责任。在刑事诉讼中，法律推定的创设应当遵循必要的界限，否则以无罪推定为基石的现代刑事诉讼大厦就会轰然倒塌，被告人的人权保障将无从谈起。鉴于在应对侵犯公民个人信息犯罪案件的证明困难问题上，实务和理论界对推定的大力推崇，有必要强调法律推定创设的界限，防患未然[1]。

一是法律推定应当以基础事实与推定事实之间存在合理关联性为界限。根据法官在认定基础事实的前提下对推定事实的成立是否享有自由裁量权，可以将推定分为许可性推定和强制性推定。美国联邦最高法院在1979年的County Court of Ulster County v. Allen一案中[2]，确立了许可性推定的合宪性规则。麦考密克认为"如果考虑案件中的所有证据，在控诉方证明的基础事实与推定的基本事实之间有合理的联系，后者极有可能产生于前者，那么，在宪法上，这项任意性推定是可以接受的"[3]。也就是说，一项许可性的法规推定应当建立在一定程度的关联性基础上，尽管法律对于"合理"的含义难以界定，但是推论应当以不得违背经验法则和伦理法则为限。在强制性推定中，至少会转移证据提供责任，那么就应当以许可性推定同样的方式进行合理关联性的审查。如果被告没有提出反证，则基础事实应当达到排除合理怀疑的证明标准，否则该推定不具有正当性。所以，麦考密

---

① 有学者专门就我国刑事法及其司法解释中的44项推定进行了研究，并将司法推定和立法推定进行区别，认为司法推定不能创设不可反驳的法律推定。

② 该案的基本事实：警察拦截一辆汽车，车里有三位成年人和一位16岁少女，警察在少女手提包内搜查到两只大口径手枪，三名成年人被控方以非法拥有枪支罪起诉。法官根据纽约州刑法规定："存在车内的枪支，是共同乘车人所非法持有的推定证据"，告知陪审团"陪审团可以推论认定该禁止持有的枪支是被查获时共同乘车的所有人所持有"。联邦最高法院以五比四裁决，该推定并没有违反被告正当法律程序的推定，因为首先这是一个任意性推定，其次陪审团依据枪支存在车内的事实，可以合理推论出枪支系车内人所有，这样的推定可以认为是合宪的。

③ 约翰.W.斯特龙.麦考密克论证据[M].汤维建，译.北京：中国政法大学出版社，2004：682.

克提出："刑事推定法则合宪性之最佳保证应为基础事实必须确实，且推定事实可由该确实的基础事实衍生出来"①。

二是不可创设涉及犯罪成立构成要件并产生转移说服责任的推定。不论是按照罗森贝克法律要件分类说②的证明责任分配规则，还是根据无罪推定原则，或是"谁主张，谁举证"的证明责任分配规则③，都认为由控方承担犯罪成立要件的说服责任是毋庸置疑的。一项推定，不论是许可性推定还是强制性推定，都不能突破"不能让被告承担犯罪成立的说服责任"的界限。在美国，"在转移说服责任之强制推定情形，如所强制推定之事实系犯罪构成要件者，一般皆以违反'检方就每一犯罪构成要件应负证明至合理怀疑存在'的宪法原则为由，判定此种强制推定违宪"④。而许可性推定"也不分配这些事实的说服责任给被告"⑤。

另外，有学者还提出应当从证明对象的范围和犯罪类型的角度对法律推定的创设提出限制，认为"刑事推定的适用对象一般应限于主观构成要素；在犯罪类型上则限于对公共利益具有重大危险的犯罪"⑥。

在刑事诉讼中，不利于被告人的法律推定会降低控方证明难度，增加被告人被定罪的风险。法律推定的创设和适用，不可突破国家权力和被告人权利保护的相对平衡，保障刑事诉讼公平正义的底线。所以，通过创设法律推定的方式解决侵犯公民个人信息犯罪案件的信息获取"非法性"和时效证明困难应当慎之又慎，这是因为严厉打击相关犯罪的刑事政策并不足以自证其正当性。应当以基础事实与推定事实存在合理关联性为前提，以不转移说服责任为底线。在违宪审查制度缺失的背景下，从立法上防止国家权力过度扩张不仅必要而且必须。

（三）《解释》中法律推定的司法适用限制

《解释》规定了对批量公民个人信息条数的有效性推定，虽然司法解释用"根据查获的数量直接认定"回避了是许可性推定还是强制性推定的定位，但是作为

---

① 林辉煌.刑事审判之证明负担及证明程度[M].台北：元照出版有限公司，2011：152.

② 罗森贝克在对实体规范进行分类的基础上，提出了权利成立构要件、权利妨碍要件、权利消灭要件、权利排除要件。并提出主张相应要件存在的人，应当就该要件事实承担结果责任。

③ 有学者提出"谁主张，谁举证"同样也适用于刑事诉讼，并提出"谁主张，谁举证"原则完全可以作为刑事证明责任分配的一项基本原则。……既可以解释犯罪构成要件的证明责任问题，也可以解释阻却事由的证明责任问题。

④ 林辉煌.刑事审判之证明负担及证明程度[M].台北：元照出版有限公司，2011：150.

⑤ 约翰.W.斯特龙.麦考密克论证据[M].汤维建，译.北京：中国政法大学出版社，2004：682.

⑥ 劳东燕.认真对待刑事推定[J].法学研究，2007（2）.

一项不利于被告人的推定，从法定原则的角度来讲，如果法律没有明确规定是强制性推定，则应当理解为许可性推定，这是因为强制性推定对被告更加不利，也正是基于此强制性推定在适用中才受到比许可性推定更为严格的限制。批量信息有效作为一项许可性推定，在司法实践的适用中应当注意以下问题。

一是法官认定应当以基础事实与推定事实存在合理关联性为前提。也就是说，并不是所有批量信息都可以直接推定为批量有效信息。《解释》并未对批量信息的查获情况进行区分，实际上在不同的情况下，批量信息批量有效信息的关联性也不相同。例如，从批量信息查获来源是信息提供者和还是获取者的关联性就不同。如果是从信息提供者特别是第一手提供者查获，可以推定被告知晓哪些信息无效和哪些有效，从批量信息推定出批量有效信息，此时被告可以就自己知晓的内容提出反证，推翻推定效果。而如果是从非法购买者处查获的批量信息，实践中更多是多次转手买卖的信息，其有效性的关联性则很低，前文已述，甚至这种情况下批量信息包含无效信息的推定更符合经验常识。这种情况下法官不可以适用推定的方式直接免去控方的证明义务，否则违背无罪推定，不具有正当性。再如，信息种类和收集时间不同也会对关联性产生影响。例如，三年前收集的公民个人通信信息，在实践中很有可能发生变化，即便曾经有效的信息此时也非常有可能无效，直接从批量信息得出批量信息有效就缺乏合理的关联性基础。

二是应当为被告提供必要的出罪可能性。在法律推定的适用中，"必需权衡无辜被告人成功出罪的可能性。如果无辜被告人提起反驳证据的难度很高，那么，即使基础事实与待证事实之间存在强大的合理联系，该推定的正当性也值得质疑"[①]。《解释》中批量信息有效的推定规定了"但是有证据证明信息不真实或者重复的除外"。此处是对该法律推定只转移提供证据责任的注意规定。但是被告要逐条证明信息的无效也是几乎不能实现的，除非是被告自己明知，否则被告并不比控方具有任何证明便利或技术优势。例如，非法购买个人信息的被告人，并不知道哪些信息是经过提供者复制、虚构，所以对于剔除批量信息中的无效信息，只能采取逐一验证的办法，上千万条的信息对于被告来说是无法完成的。更何况在我国的司法实践中，信息条数的证明通常采用鉴定的法定方法来进行，而被告自己是无权聘请鉴定机关私自鉴定的，只能申请重新鉴定，但是否启动重新

---

① 劳东燕. 认真对待刑事推定 [J]. 法学研究，2007（2）.

鉴定，法官可以自由裁量。如此，凡是想要通过申请重新鉴定来证明信息无效的被告就陷入了无法自救的悖论中，除非被告能提供除了鉴定意见以外的证据。

三是应当强调被告对法律推定提出反驳的反证属性，能够动摇法官的临时心证即可。在刑事诉讼中，控方应当对犯罪构成要件的成立承担以达到排除合理怀疑为标准的说服责任，被告对犯罪违法性和有责性构成要件的成立承担以达到优势证明为标准的说服责任。批量信息有效性的推定是对犯罪构成要件的推定，本来应当由控方证明到排除合理怀疑的程度，但因被告不承担任何说服责任，甚至在具体地提出证据责任中，如果控方不能证明到排除合理怀疑的程度，则被告方不需要提出任何反证，即不需要履行任何提供证据的责任。在适用法律推定的过程中，当控方证明基础事实成立，法官认为推定事实成立的临时心证形成时，被告提出的反证仅需削弱控方证据的说服力，使其降低至排除合理怀疑的法定证明标准之下，动摇法官的临时心证即可，无须达到优势证明，即证明反证的事实存在比不存在更加可能，或者达到排除合理怀疑的程度。应当强调被告对法律推定提出反驳的反证属性，不能与本证相混淆，否则就提高了被告证明标准，加重了被告证明负担。所以对"但是有证据证明信息不真实或者重复"的解读，应当为"但是被告有证据证明批量信息不排除存在无效的可能性"即可。